Der amerikanische Kulturhistoriker Peter Gay hat eine Lebens- und Werk-
beschreibung des Psychoanalyse-Begründers Sigmund Freud geschrieben,
die durch Stoff- und Gedankenfülle, durch stilistische Brillanz und kunst-
vollen Aufbau besticht. Nach Meinung von Kritikern dürfte sie für längere
Zeit die gültige Freud-Biographie sein. Das monumentale Werk kann zugleich als Einführung in Freuds Lehre dienen. Nie zuvor ist die Entstehung
der Psychoanalyse so stringent mit dem Leben ihres Begründers und den
historischen und geistesgeschichtlichen Bedingungen in Beziehung gesetzt
worden.

Peter Gay, in Berlin geboren, emigrierte 1939, als Jude von Verfolgung
bedroht, in die Vereinigten Staaten. Er ist Professor für Geschichte an der
Yale-Universität in New Haven und Ehrenmitglied der Amerikanischen
Psychoanalytischen Gesellschaft. Er gilt als einer der besten Kenner der
deutsch-jüdischen Kultur. – Im S. Fischer Verlag ist 1988 sein Buch »Ein
gottloser Jude; Sigmund Freuds Atheismus und die Entwicklung der
Psychoanalyse« erschienen; 1992 sein Buch »Freud entziffern; Essays«.

Peter Gay

FREUD

Eine Biographie
für unsere Zeit

Aus dem Amerikanischen
von Joachim A. Frank

Fischer Taschenbuch Verlag

6.–7. Tausend: März 1997

Ungekürzte Ausgabe
Veröffentlicht im Fischer Taschenbuch Verlag GmbH,
Frankfurt am Main, Juni 1995

Lizenzausgabe mit freundlicher Genehmigung
des S. Fischer Verlag GmbH, Frankfurt am Main
Die amerikanische Ausgabe erschien 1987 unter dem Titel
»Freud; A Life for Our Time«
im Verlag W. W. Norton & Co., New York
© 1987 W. W. Norton & Co., New York
Für die deutsche Ausgabe:
© 1989 S. Fischer Verlag GmbH, Frankfurt am Main
Alle Rechte vorbehalten
Druck und Bindung: Clausen & Bosse, Leck
Printed in Germany
ISBN 3-596-12913-3

Gedruckt auf chlor- und säurefreiem Papier

Inhalt

ANHANG

Für
Bill und Shirley Kahn
Dick und Peggy Kuhns

»Es ist niemand so groß,
daß es für ihn eine Schande wäre,
den Gesetzen zu unterliegen,
die normales und krankhaftes Tun
mit gleicher Strenge beherrschen.«

Sigmund Freud,
»Eine Kindheitserinnerung
des Leonardo da Vinci«

VORWORT
ZUR DEUTSCHEN AUSGABE

Sigmund Freud ist vor einem halben Jahrhundert gestorben – doch er lebt noch. Er lebt in den Sprechzimmern der Psychoanalytiker, in den Aufsätzen von Literaturkritikern, in den Theorien der Sozialwissenschaftler und Anthropologen. Er lebt auch, lautstark, aber anfechtbar, in den Party-Gesprächen der Gebildeten, die wortgewandt über Verdrängung und Narzißmus, über Geschwisterrivalität und Ödipus-Komplexe reden. Über große Zeiträume seines Nachlebens hat sich Freud folglich als eine verantwortungsvolle und fruchtbare Autorität erwiesen, wenngleich ein nicht geringer Teil dieses Nachlebens schlicht modisch und seicht gewesen ist. Doch ob man bei ihm Anleihen macht oder ihn ablehnt, ob man ihn bewundert oder ihm mißtraut, ihn genau zitiert oder verzerrt – Freuds Denken ist in die eigentliche Textur der modernen Kultur verwoben.

Ironischerweise haben die gehässigen Wortklaubereien skeptischer Psychologen, die nicht weniger gehässigen Abwertungsversuche der Marxisten und die sogar noch gehässigeren Polemiken der Feministinnen alle auf ihre Art zur Unsterblichkeit Freuds beigesteuert. Es ist nicht die Unsterblichkeit, die sich Freud, in seinen seltenen optimistischen Stimmungen, ausgemalt hatte, doch sie hat ihn und sein Denken inmitten von uns am Leben erhalten. Selbst im Deutschland und Österreich unserer Tage, die einst sein Leben gefährdet und seine Schöpfung auszulöschen versucht hatten, wie wir aus lebendiger Erinnerung wissen, selbst in Deutschland und Österreich, wo sein Einfluß weniger bemerkbar ist als in englischsprechenden Ländern, spürt man Freuds Gegenwart. Wir alle »sprechen« Freud, ob korrekt oder nicht. Er ist und bleibt unvermeidlich, als ein überragender Gestalter des modernen Geistes, eine so allgegenwärtige und umstrittene Autorität, wie es Plato im klassischen Altertum gewesen ist.

Niemand wird bestreiten wollen, daß eine intellektuelle Kraft von solchem Gewicht es verdient, genau und gründlich verstanden zu werden. Doch wie Erforscher Freuds in überreichem Maße feststellen mußten, ist Verstehen ein recht seltenes Gut. Ich habe diese Biographie in der Hoffnung geschrieben, daß sie dazu beitragen möge, eine intellektuelle Atmosphäre aufzuhellen, die zur Zeit äußerst düster ist. Selbst Freud, ein glänzender Stilist und ein vorzüglicher Interpret seines Denkens, vermochte ein größe-

res Publikum nicht zu bewegen, ihn voll zu akzeptieren, geschweige denn
vollständig zu verstehen. Für diese Schwierigkeit mag es verschiedene
Gründe geben: In Freuds Werk finden sich anspruchsvolle Gedankenpassa-
gen, deren Verständnis auch die geschickteste Popularisierung nicht erleichtern kann. Mehr noch, sein Bild von der menschlichen Natur ist alles
andere als freundlich. In seiner aufrichtigen Art und Weise – und vollständige Aufrichtigkeit ist das Hauptmerkmal der Psychoanalyse – erklärte er
aller Welt, daß wir Menschen in uns mörderische und inzestuöse Wünsche
verbergen, die wir gehalten sind, entrüstet von uns zu weisen. Wir müssen
leugnen, daß wir auch die hassen, die wir lieben, daß die erhabensten Kul-
turleistungen in sexuellem Verlangen gründen, daß ein großer Teil der Geistestätigkeit nicht nur unbewußt ist, sondern sich auch dem Zugriff der
Vernunft entzieht. Widerstand gegen die Psychoanalyse war zum größten
Teil Widerstand gegen ihre beunruhigende Botschaft.

Doch darüber hinaus – und dieser Punkt ist für einen Biographen von
besonderer Bedeutung – sind Freuds Leben und seine Ideen unauflöslich
und zuweilen auf rätselhafte Weise miteinander verwoben. Das bedeutet
nicht, daß man seine Ideen flugs durch sein Leben erklären kann. Wie ich
im Vorwort zu dieser Biographie betone, hätte Freud durchaus ein vollendeter Gentleman sein und dennoch eine im Grunde fehlerhafte Psychologie
propagieren können; er hätte auch ein Schurke sein und dennoch der bedeutendste Psychologe aller Zeiten sein können. Dieses Buch ist, es sei in
aller Deutlichkeit gesagt, eine Biographie und keine Hagiographie; ich
denke, meine Wertschätzung seiner Größe hat mich gegenüber seinen allzu
menschlichen Beschränkungen nicht blind gemacht. Doch unbeschadet seiner Verdienste und seiner Mängel, die Psychoanalyse war eine zutiefst persönliche Schöpfung. Freud hat sich immer wieder selbst als Versuchskaninchen benutzt und in seine Schriften und Monographien eigene Träume,
Erinnerungen, Phantasien und Fehlleistungen einfließen lassen. Aus diesem
Grunde habe ich die beiden – Leben und Ideen – so eng wie nur möglich
zusammengebracht und seine Gedanken so erörtert, wie sie sich aus seinem
schmerzlichen und anregenden Ringen mit seinen Erinnerungen und Konflikten ans Licht drängten. Ich muß es dem Leser überlassen zu beurteilen,
ob es mir gelungen ist, Freuds persönlichem Leben, seinen allgemeinen
Theorien und ihrem komplexen Zusammenspiel gerecht zu werden. Doch
ihre unüberhörbaren Appelle an die Aufmerksamkeit und ihre wechselsei-
tige Beziehung haben mich seit dem Tag, da ich zum erstenmal daran
dachte, diese Biographie zu schreiben, sehr beschäftigt.

Eine doppelte Ironie liegt in dieser deutschen Ausgabe. Ich habe das Buch
auf englisch geschrieben (wie ich es seit mehr als fünfundvierzig Jahren
tue), obwohl Deutsch meine erste Sprache ist. Ich bin glücklich darüber,

daß es in ein Dutzend andere Sprachen übersetzt wird, doch es gibt zutiefst private, wenngleich kaum geheimnisvolle Gründe dafür, warum diese Übersetzung mir am meisten bedeutet. Es ist freilich nicht nur eine Frage des Gefühls: Der marginale Platz, den Freud heutzutage in der deutschsprechenden Welt einnimmt, war für mich eine Herausforderung, der ich nicht widerstehen konnte. Wenn es mir gelingt, Freud, wenn auch nur ein wenig, in das Zentrum der deutschen Kultur zu rücken, dann hat diese Übersetzung ihre Aufgabe erfüllt. Denn diese Ausgabe – und hier liegt die zweite Ironie – ist »nur« eine Übersetzung, wenngleich, wie mir scheint, eine sehr gelungene. Doch in gewichtiger Hinsicht ist sie maßgeblicher als die amerikanische Originalfassung. Freud war, wie gesagt, ein glänzender Stilist, ob in seinen Briefen oder in seinen veröffentlichten Arbeiten, und bei der Niederschrift dieser Biographie in englischer Sprache habe ich mich bemüht, von diesem Glanz soviel zu vermitteln, wie es in meiner Macht lag. Doch in dieser deutschen Ausgabe spricht Freud unmittelbar für sich selbst: Keines der zahlreichen Zitate aus seinem Werk ist rückübersetzt worden; alle tragen sie seinen Stempel. Diese Tatsache sollte Freud seinem ersten, dem deutschsprechenden Publikum so nah wie möglich bringen, sofern die Widerstände es erlauben. Freuds Leben und Werk verdienen eine solche Nähe ohne Abstriche.

April 1989   Peter Gay

VORWORT

Im April 1885 teilte Sigmund Freud seiner Verlobten in einem vielzitierten Brief mit, daß er »ein Vorhaben fast ausgeführt« habe, »welches eine Reihe von noch nicht geborenen, aber zum Unglück geborenen Leuten schwer empfinden wird«. Er meinte seine Biographen. »Ich habe alle meine Aufzeichnungen seit vierzehn Jahren und Briefe, wissenschaftliche Exzerpte und Manuskripte meiner Arbeit vernichtet. Von Briefen sind nur die Familienbriefe verschont geblieben.« Mit all dem »Zeug«, das er geschrieben habe und das sich um ihn her aufstapele, erklärte er, fühle er sich wie eine Sphinx, die im Flugsand untergehe, bis nur noch die Nasenlöcher aus den Haufen von Papier herausragten. Er hatte kein Erbarmen mit denen, die seine Lebensgeschichte schreiben wollten. »Die Biographen aber sollen sich plagen, wir wollen's ihnen nicht zu leicht machen.« Er freute sich schon darauf zu sehen, wie sie sich irren werden.[1] Bei meinen Recherchen für dieses Buch und während der Niederschrift habe ich mir die Szene oft vorgestellt: Freud, die Sphinx, wie sie sich von Bergen von Papier befreite, die dem Biographen unermeßlich geholfen hätten. In späteren Jahren wiederholte Freud diese destruktive Geste noch mehr als einmal, und im Frühjahr 1938, als er sich darauf vorbereitete, Österreich zu verlassen und nach England zu gehen, warf er Material fort, das eine wachsame Anna Freud, unterstützt von Prinzessin Marie Bonaparte, aus dem Papierkorb rettete.

Freud fand auch noch andere Mittel und Wege, seine Biographen zu entmutigen. Einige seiner Bemerkungen über Lebensbeschreibungen müssen jeden zögern lassen, der *sein* Leben beschreiben will. »Biographen«, schrieb er 1910 in seiner Abhandlung über Leonardo da Vinci, »sind in ganz eigentümlicher Weise an ihren Helden fixiert.«[2] Sie wählten diesen Helden vor allem deshalb aus, meinte Freud, weil sie ihm eine besondere Neigung entgegenbrächten. Ihre Arbeit sei daher beinahe notwendigerweise eine Idealisierung. Ein Vierteljahrhundert später, unter dem Einfluß des hohen Alters, seines schlechten Gesundheitszustands und der Bedrohung durch die Nazis, drückte er sich noch sarkastischer aus. »Wer Biograph wird«, schrieb er Arnold Zweig, der vorgeschlagen hatte, Freuds Biographie zu schreiben, »verpflichtet sich zur Lüge, zur Verheimlichung, Heuchelei, Schönfärberei und selbst zur Verhehlung seines Unverständnisses, denn die biographische Wahrheit ist nicht zu haben, und wenn man sie hätte, wäre sie nicht zu brauchen.«[3] Kurz, Freud setzte wenig Vertrauen in die biographische Unternehmung.

Doch wenn Freud unentdeckte Regionen der Psyche erforschte, war er durchaus bereit, sich selbst als Versuchskaninchen zu verwenden. Seine Metapher der Sphinx ist aufschlußreich, aber gewöhnlich sah er sich eher als ihren Bezwinger, Ödipus, den Helden, der als einziger dieses geheimnisvolle und tödliche Wesen besiegte, indem er seine Frage beantwortete. Wie er mehr als einmal wehmütig bemerkte, haben nur wenige Menschen ihre Gefühle, ihre Ambitionen und bösen Wünsche mit einer so großartigen Mißachtung ihrer Reputation enthüllt. Er berichtete einige seiner verräterischen Träume und analysierte sie gründlich; er zeichnete einige peinliche Erinnerungen aus seinen frühen Jahren auf. Andererseits dämmte er den Strom der Selbstenthüllung in dem Augenblick ein, da er das Gefühl hatte, daß dieser Strom seine wohlbehüteten Geheimnisse fortzuspülen drohte. »Wer mit dem Tadel für solche Reserve rasch bei der Hand ist«, schrieb er verständlicherweise, nachdem er die Deutung seines berühmten Traumes von Irmas Injektion mitten in den Enthüllungen abrupt beendet hatte, »der möge nur selbst versuchen, aufrichtiger zu sein als ich.«[4] Als furchtloser Forscher gab er den größten Teil seines innersten Wesens den Blicken der Öffentlichkeit preis; als guter Bürger schätzte er seine Privatsphäre über alles.

Freud hinterließ aufreizende autobiographische Hinweise, die Erforscher seines Lebens mit verständlicher, aber unkritischer Begeisterung aufgenommen haben. Als er 1900 seinem Freund Fließ schrieb, sagte er von sich selbst: »Ich bin nämlich gar kein Mann der Wissenschaft, kein Beobachter, kein Experimentator, kein Denker. Ich bin nichts als ein Conquistadorentemperament, ein Abenteurer, wenn Du es übersetzt willst, mit der Neugierde, der Kühnheit und der Zähigkeit eines solchen.«[5] Diese Erklärung hat wie andere solcher Art dazu gedient, diejenigen, die ihn verstehen wollten, irrezuführen. Es hat keinen Sinn, den Geist zu entstellen, indem man sich an den Buchstaben klammert. Es ist eines, Freuds Selbsteinschätzungen mit Respekt zu behandeln; ein verantwortungsbewußter Biograph kann nicht umhin, es zu tun. Es ist aber etwas ganz anderes, seine Erklärungen als Evangelium aufzufassen. Wie sich auf den folgenden Seiten mehr als einmal zeigen wird, beurteilte Freud sich selbst nicht am besten.

Die ganze Leidenschaft, mit der Freuds Ideen aufgenommen wurden, und die oft höchst subjektive Art der Selbstenthüllungen und Selbsteinschätzungen Freuds lassen es als natürlich erscheinen, daß jede Dimension seines Lebens zu widersprüchlichen Deutungen herausfordert. Trotz Jahrzehnten der Forschung und Dutzenden von Studien bleibt er rätselhaft und im höch-

sten Maße umstritten. Freud ist Genie, Gründer, Meister, Gigant unter den
Schöpfern des modernen Denkens und nicht minder nachdrücklich Auto-
krat, Plagiator, Fabulist und der vollkommenste aller Scharlatane genannt
worden. Auf jeden Verehrer, der ihn als einen Kolumbus begrüßte, kam ein
Verleumder, der ihn als einen Cagliostro schmähte. Sein Leben hat unerschöpflichen Stoff für Unterstellung, Spekulation und Mythenbildung geliefert: Ein amerikanischer fundamentalistischer Pastor brandmarkte ihn
in einem gehässigen antikatholischen Flugblatt als »einen Juden, der zum
römischen Katholizismus konvertierte« und der »wohlbekannt ist als der
Welt größter Perverser«.[6] Psychoanalytiker ihrerseits, die über solchen Unsinn spotten würden, haben nur zu oft Freud behandelt, als wäre er tatsächlich der Hohepriester seines Glaubens und jedes seiner Worte eine unan-
fechtbare päpstliche Verkündigung. Eine Versöhnung solcher Extreme
scheint nicht möglich zu sein. Sie wäre auch gar nicht wünschenswert; die
Wahrheit über Freud liegt sicherlich nicht in der Mitte.

Die Stürme um Freud sollten niemanden überraschen. Schließlich war
es, wie er mit etwas spöttischer Befriedigung sagte, sein Schicksal, »am
Schlaf der Welt zu rühren«.[7] Das Grundproblem der Psychoanalyse,
schrieb er einmal dem Romancier Stefan Zweig, war es, auf »nüchterne Art
mit dem Dämon« – dem Dämon der Irrationalität – »zu kämpfen«. Aber,
fügte er hinzu, ebendiese Nüchternheit, die den Dämon auf »ein faßbares
Objekt der Wissenschaft« reduziert, ließ seine Ideen über die menschliche
Natur um so schrecklicher, um so unannehmbarer erscheinen.[8] Kein Wunder, daß sich die Menschen zum größten Teil mit zorniger Verleugnung
gegen Freuds Botschaft zur Wehr setzten. Es ist ein Gemeinplatz, daß wir
alle heute Freud sprechen, ob es uns bewußt wird oder nicht. Wir erwähnen
beiläufig Verdrängung und Projektion, Neurose und Ambivalenz und Geschwisterrivalität. Ein Historiker nennt unsere Zeit ein Zeitalter des Narzißmus, und jeder behauptet zu verstehen, was er meint. Aber solche leichtfertigen verbalen Bestätigungen waren oft schädlicher als die vehementeste
Ablehnung. Sie sind ein mehr oder weniger bewußter Versuch, Freuds Denken seinen illusionslosen Realismus zu nehmen. Freud sagte mehr als einmal, daß er mit seinen Feinden fertig werden könne; seine Freunde seien es,
die ihm Sorgen machten.

Die erregten Debatten über Freuds Charakter waren womöglich noch
virulenter als die über seine Theorien. Freud trug selbst zu der Atmosphäre
bei, in der Gerüchte gedeihen können, indem er denkwürdige, aber irrefüh-
rende Aphorismen prägte und ungenaue Beurteilungen seiner eigenen Arbeit hinterließ. Das ist paradox. Freuds Schöpfung, die Psychoanalyse, ist
schließlich der schonungslosesten Forschung verpflichtet; sie stellt sich dar
als die Nemesis der Verheimlichung, der Heuchelei, der höflichen Ausflüchte der bürgerlichen Gesellschaft. Tatsächlich war Freud nicht wenig

stolz darauf, der Zerstörer von Illusionen, der treue Diener der wissenschaftlichen Wahrhaftigkeit zu sein. »Die Wahrheit«, schrieb er Sándor
Ferenczi 1910, »ist mir das absolute Ziel der Wissenschaft.«[9] Zwei Jahrzehnte später sagte er es noch einmal zu Albert Einstein: »Daß ich nach
Möglichkeit immer die Wahrheit sage, rechne ich mir nicht mehr zum Verdienst an, es ist mein Metier geworden.«[10]

Wir wissen sehr viel über Freud. Er führte eine umfassende Korrespondenz,
deren größten Teil ich gelesen habe; sowohl im förmlichen wie im intimen
Gewande enthüllt sie viele wichtige Wahrheiten über ihn. Er hinterließ ein
umfangreiches Werk, von dem manches offen und manches versteckt autobiographisch ist. Seine Briefe und Publikationen enthalten Abschnitte, von
denen man erwarten darf, daß sie in allen Freud-Biographien – einschließlich dieser – erscheinen. Ich habe versucht eher genau zu sein als aufsehenerregend. Dennoch, so gründlich er auch studiert wurde und so viele
aufschlußreiche Spuren er hinterließ, ziemlich große Gebiete auf der Landkarte seines Lebens bleiben weiße Flecke und erfordern weitere Erkundung. War Freuds Vater zwei- oder dreimal verheiratet? Hatte Freud ein
Verhältnis mit seiner Schwägerin Minna Bernays oder ist das die pure
Phantasie eines feindseligen Zeitgenossen oder eines einfallsreichen Detek-
tiv-Biographen? Warum hielt es Freud für ratsam, seine Tochter Anna zu
psychoanalysieren, wo er sich doch in seinen Schriften über die Technik
streng dagegen ausspricht, daß der Analytiker seinem Analysanden nahe-
steht? War Freud ein Plagiator und entschuldigte er seine unerlaubten
Anleihen mit seinem schlechten Gedächtnis oder sind solche Vorwürfe ehr-
liche Mißverständnisse seiner Methode oder vielleicht böswillige Verleumdungen eines gewissenhaften Forschers? War Freud kokainsüchtig und
schuf er seine psychoanalytischen Theorien unter dem Einfluß der Droge
oder war sein Gebrauch des Kokains mäßig und letzten Endes unschädlich?
Es gibt noch mehr Fragen. War Freud der wissenschaftliche Positivist,
der er zu sein vorgab, oder war er vielmehr den verschwommenen Spekulationen der Romantiker oder dem jüdischen Mystizismus verpflichtet? War
er im medizinischen Establishment seiner Zeit so isoliert, wie er es gern
beklagte? War sein oft erklärter Abscheu gegen Wien in Wirklichkeit eine
Pose, der wienerischste Zug an ihm, oder eine echte Abneigung? Ist es
wahr, daß seine akademische Beförderung verzögert wurde, weil er Jude
war, oder ist das eine Legende jener überempfindlichen Klagensammler,
die überall Antisemitismus wittern? War die Aufgabe seiner sogenannten
Verführungstheorie im Jahre 1897 ein Beispiel für bemerkenswerten wissenschaftlichen Mut, ein Akt kindlicher Pietät oder ein feiger Rückzug von
einer Theorie, die ihn bei seinen Kollegen unbeliebt machte? Wie weit gingen seine, wie er sagte, »homosexuellen« Gefühle für seinen intimen

Freund der 1890er Jahre, Wilhelm Fließ? War er der selbsternannte Anführer eines straff organisierten, unterwürfigen Clans von Schülern, ein Ludwig XIV. der Psychologie, der erklärte: *La psychanalyse, c'est moi*, oder ein freundlicher, wenn auch manchmal strenger Führer zu den verborgenen Gesetzen der Psyche, der die Beiträge von Kollegen und Vorläufern offen anerkannte? War er eitel genug, um sich auf einem Gruppenbild auf einer Kiste stehend fotografieren zu lassen, damit ihn größere Männer nicht überragten? Oder ist auch das vielleicht die Phantasie eines Biographen auf der Suche nach Material, das Freud in Mißkredit bringen soll?

Solche biographischen Kontroversen, so fesselnd sie an sich sein mögen, sind von mehr als nur biographischem Interesse. Sie berühren die größte Frage, die sein Werk aufwirft: Ist die Psychoanalyse eine Wissenschaft, eine Kunst oder ein Schwindel? Sie berühren diese Frage, weil Freud, anders als andere große Gestalten in der Geschichte der westlichen Kultur, unter der Verpflichtung zu stehen scheint, vollkommen zu sein. Niemand, der mit der Psychopathologie Luthers oder Gandhis, Newtons oder Darwins, Beethovens oder Schumanns, Keats' oder Kafkas vertraut ist, würde zu behaupten wagen, daß ihre Neurosen ihren Schöpfungen abträglich waren oder ihre Größe beeinträchtigten. In scharfem Gegensatz dazu wurden Freuds tatsächliche oder vermeintliche Fehler als schlüssiger Beweis für den Bankrott seiner Schöpfung angeführt. Es ist zur allgemeinen Taktik geworden, die Psychoanalyse anzugreifen, indem man ihren Begründer angreift, so als würde die erfolgreiche Anschwärzung seines Charakters den Ruin seines Werkes einschließen. Zugegeben, eine Disziplin, die so offen autobiographisch ist wie Freuds Tiefenpsychologie und so subjektiv in ihren Materialien, muß notwendigerweise Spuren des Geistes ihres Gründers aufweisen. Doch sicherlich hängt die Gültigkeit psychoanalytischer Lehrsätze nicht davon ab, was wir über ihren Urheber entdecken. Man könnte sich leicht einen Freud vorstellen, der ein perfekter Gentleman war und eine grundsätzlich falsche Psychologie propagierte, oder einen mit schweren Fehlern, ja sogar Lastern behafteten Freud als den bedeutendsten Psychologen der Geschichte.

Gewiß, es gibt keinen Grund, warum Freud gegen die psychoanalytische Untersuchung immun sein sollte, warum seine Schriften und seine Erinnerungen, gleich ob korrekt oder entstellt, nicht Quelle biographischer Information sein sollten. Es scheint nur gerecht zu sein: Freud strebte schließlich nach einer allgemeinen Psychologie, die das Seelenleben nicht nur einer kleinen Schar neurotischer Zeitgenossen erklären sollte, sondern das aller Menschen überall – ihn selbst nicht ausgenommen. Tatsächlich wies Freud selbst den Weg. »Es sollte nicht gleichgültig oder bedeutungslos sein«, schrieb er in seinem Aufsatz über Goethe, »welche Einzelheit des Kindheitslebens sich dem allgemeinen Vergessen der Kindheit entzogen hatte.«[11] Das Verhalten des Erwachsenen fordert nicht minder zu dieser Art von tiefer Aufmerksamkeit heraus.»Wer Augen hat zu sehen und Ohren zu hören«, schrieb er in einem berühmten Abschnitt, »überzeugt sich, daß die Sterblichen kein Geheimnis verbergen können. Wessen Lippen schweigen, der schwätzt mit den Fingerspitzen; aus allen Poren dringt ihm der Verrat.«[12] Freud stellte diese Überlegung in seiner Krankengeschichte der »Dora« an, aber sie gilt für ihn ebenso wie für seine Analysanden. Im Laufe einer langen und unvergleichlichen Karriere als Archäologe der Psyche entwickelte Freud eine Reihe von Theorien, empirischen Untersuchungen und therapeutischen Techniken, die in den Händen eines gewissenhaften Biographen seine Wünsche, Ängste und Konflikte aufdecken können, ein beträchtliches Repertoire von Motiven, die unbewußt blieben und doch dazu beitrugen, sein Leben zu formen. Ich habe daher nicht gezögert, seine Entdeckungen und, soweit wie möglich, seine Methoden anzuwenden, um seine eigene Lebensgeschichte zu erforschen. Ich habe ihnen aber nicht gestattet, meine Aufmerksamkeit ausschließlich zu beanspruchen. Als Historiker habe ich Freud und sein Werk in ihre verschiedenen Milieus gestellt: den Beruf des Psychiaters, den er umstürzte und revolutionierte, die österreichische Kultur, in der er als ungläubiger Jude und unkonventioneller Arzt leben mußte, die europäische Gesellschaft, die zu seinen Lebzeiten die schrecklichen Traumen des Krieges und der totalitären Diktatur erlebte, und die westliche Kultur als Ganzes, eine Kultur, deren Selbstverständnis er für immer bis zur Unkenntlichkeit verändert hat.

Ich habe dieses Buch weder um zu schmeicheln noch um zu verurteilen geschrieben, sondern um zu verstehen. Im Text selbst streite ich mit niemandem. Ich habe Stellung genommen zu den strittigen Fragen, die noch heute die Kommentatoren Freuds und der Psychoanalyse trennen, aber ich habe den Weg, der zu meinen Schlußfolgerungen führte, nicht aufgezeichnet. Für Leser, die sich für die Kontroversen interessieren, durch welche die Erforschung des Lebens Freuds so faszinierend wird, habe ich einen ausführlichen und kritischen bibliographischen Essay angefügt, der es ihnen ermöglichen sollte, die Gründe für meine Standpunkte zu erkennen und Material zu entdecken, das miteinander rivalisierende Meinungen präsentiert.

Ein Deuter Freuds, mit dem ich nicht übereinstimme, ist Freud selbst. Er mag dem Buchstaben nach recht gehabt haben, aber er drückte sich im Grunde irreführend aus, wenn er sagte, sein Leben sei »äußerlich ruhig und inhaltslos verlaufen und mit wenigen Daten zu erledigen«.[13] Gewiß, Freuds Leben sieht, oberflächlich betrachtet, wie das so manch eines anderen hochgebildeten, intelligenten und aktiven Arztes des 19. Jahrhunderts aus: Er wurde geboren, er studierte, er reiste, er heiratete, er praktizierte, er hielt seine Vorlesungen, er publizierte, er disputierte, er alterte, er starb. Aber sein inneres Drama ist fesselnd genug, um die unermüdliche Aufmerksamkeit jedes Biographen auf sich zu ziehen. In dem berühmten Brief an Fließ, den ich zitiert habe, nannte Freud sich einen Conquistador. Dieses Buch ist die Geschichte seiner Eroberungen. Es wird sich zeigen, daß die dramatischste dieser Eroberungen der, wenn auch unvollständige, Sieg über sich selbst war.

Peter Gay

FUNDAMENTE
1856–1905

I

EINE ART VON WISSBEGIERDE

Am 4. November 1899 veröffentlichte der Verlag Franz Deuticke, Leipzig und Wien, einen umfangreichen Band von Sigmund Freud, *Die Traumdeutung*. Das Datum auf dem Titelblatt des Buches war jedoch 1900. Wenn diese widersprüchliche bibliographische Angabe zunächst nicht mehr als eine verlegerische Konvention widerspiegelt, so symbolisiert sie im Rückblick treffend Freuds geistiges Erbe und schließlich seinen Einfluß. Sein »Traumbuch«, wie er es gern nannte, war das Produkt eines im neunzehnten Jahrhundert geformten Geistes, aber es wurde das – hoch geschätzte, geschmähte, unausweichliche – Eigentum des zwanzigsten. Der Titel des Buches war herausfordernd genug. Er erinnerte an die billigen, für die Leichtgläubigen und Abergläubischen bestimmten Broschüren, in denen Träume als Voraussagen künftigen Unheils oder Glücks aufgeführt werden. Freud selbst meinte, er habe es »gewagt, gegen den Einspruch der gestrengen Wissenschaft Partei für die Alten und für den Aberglauben zu nehmen«.[1]

Eine Zeitlang stieß *Die Traumdeutung* jedoch auf geringes allgemeines Interesse: Im Laufe von sechs Jahren wurden nur 351 Exemplare verkauft, und eine zweite Auflage wurde erst 1909 nötig. Wenn es, wie Freud glaubte, wirklich sein Schicksal war, den Schlaf der Menschheit zu stören, so sollte das erst Jahre später geschehen. Es ist ernüchternd, diese laue, gähnende Aufnahme mit der eines anderen revolutionären Klassikers zu vergleichen, der die moderne Kultur formte, nämlich Charles Darwins *Die Entstehung der Arten*. Am 24. November 1859, beinahe auf den Tag genau vierzig Jahre vor Freuds Traumbuch erschienen, war die gesamte erste Auflage von 1250 Stück schon am Abend ausverkauft, und neue, revidierte Auflagen folgten rasch aufeinander. Darwins Buch war subversiv, aber es stand im Sturmzentrum einer großen Debatte über die Natur des menschlichen Tiers und war ungeduldig erwartet worden. Freuds Buch, das sich als nicht weniger subversiv herausstellte, schien zunächst nur esoterisch und exzentrisch zu sein, geeignet für eine Handvoll Spezialisten. Alle Hoffnungen auf eine rasche und weitgehende Aufnahme, die er gehegt hatte, erwiesen sich als unrealistisch.

Freuds Mühen hatten lange gedauert; sie kamen beinahe Darwins Jahrzehnten stiller Vorbereitung gleich. Sein Interesse an Träumen reichte bis ins Jahr 1882 zurück, und 1894 hatte er begonnen, sie zu analysieren. So langsam sich *Die Traumdeutung* auch durchsetzte, sie ist das Hauptwerk in Freuds Leben. Im Jahre 1910 bemerkte er, daß er das Buch als seine »bedeutendste Arbeit« betrachte. Wenn sie, fügte er hinzu, »Anerkennung fände, müßte auch die Normalpsychologie auf neue Grundlagen gestellt werden«.[2] Im Jahre 1931, in seinem Vorwort zur dritten englischen Auflage, zollte Freud dem Buch noch einmal seine wohlüberlegte Huldigung. »Es enthält auch nach meinem heutigen Urteil die wertvollste aller Entdeckungen, die zu machen ich das Glück hatte. Eine Einsicht wie diese wird einem nur einmal im Leben zuteil.«[3]

Freuds Stolz war nicht unangebracht. Trotz der unvermeidlichen Fehlstarts und der nicht weniger unvermeidlichen Umwege seiner frühen Forschungen flossen alle seine Entdeckungen der 1880er und 1890er Jahre in *Die Traumdeutung* ein. Mehr noch, vieles, was er später entdeckte, und nicht nur über Träume, war schon auf ihren Seiten angedeutet. Mit seinem reichlichen, ungemein aufschlußreichen autobiographischen Material kann das Buch eine unvergleichliche Autorität für den Freud-Biographen beanspruchen. Es faßt alles zusammen, was er gelernt hatte – ja alles, was er war –, bis zurück zu dem Labyrinth seiner komplizierten Kindheit.

Stoff für Erinnerungen

Sigmund Freud, der große Enträtsler menschlicher Rätsel, wuchs in genug Problemen und Verwirrungen auf, um das Interesse eines Psychoanalytikers zu erregen. Er wurde am 6. Mai 1856 in dem kleinen mährischen Städtchen Freiberg geboren als Sohn des Jacob Freud, eines im allgemeinen mittellosen jüdischen Wollhändlers, und seiner Frau Amalia.[4] Die Namen, die sein Vater für ihn in die Familienbibel eintrug, »Sigismund Schlomo«, überlebten nicht Freuds Jünglingsjahre. Schlomo, den Namen seines Großvaters väterlicherseits, verwendete er nie, und nachdem er während seiner letzten Schuljahre mit »Sigmund« experimentiert hatte,[5] nahm er diesen Namen einige Zeit, nachdem er 1873 an der Wiener Universität zu studieren begonnen hatte, an.*

---

* Er schwankte selbst dann noch: Als er 1872 noch die Schule besuchte, hatte er einen seiner Briefe mit »Sigmund« unterzeichnet, aber drei Jahre später, als er an der Wiener Universität Medizin studierte, schrieb er »Sigismund Freud, stud. med. 1875« in sein Exemplar von Darwins *Die Abstammung des Menschen*. Da er sich über die Gründe für die Verkürzung seines Vornamens nie äußerte, müssen alle Mutmaßungen über ihre Bedeutung reine Spekulation bleiben.

Die Bibel der Freuds verzeichnet auch, daß Sigismund eine Woche nach seiner Geburt[6], am 13. Mai 1856, »dem jüdischen Bund beitrat« – mit anderen Worten: beschnitten wurde. Soviel steht fest; die meisten anderen Informationen sind weit weniger sicher. Freud »glaubte zu wissen«, daß seine väterliche Familie »lange Zeiten am Rhein (in Köln) gelebt hat, aus Anlaß einer Judenverfolgung im vierzehnten oder fünfzehnten Jahrhundert nach dem Osten floh und im Laufe des neunzehnten Jahrhunderts die Rückwanderung von Litauen über Galizien nach dem deutschen Österreich antrat«.[7] Freud stützte sich dabei auf eine Überlieferung in der Familie: Eines Tages hatte der Sekretär der jüdischen Gemeinde in Köln zufällig seinen Vater getroffen und ihm die Abstammung der Familie Freud zurück bis zu den Wurzeln im 14. Jahrhundert in Köln[8] dargelegt. Der Beweis für Freuds Abstammung mag plausibel sein, aber er steht auf schwachen Beinen.

Der Verlauf der emotionalen Entwicklung Freuds wurde weit weniger durch diese historische Überlieferung bestimmt als durch das verwirrende Geflecht familiärer Beziehungen, in dem er sich sehr schwer zurechtfand. Verwickelte häusliche Verhältnisse waren keine Seltenheit im 19. Jahrhundert, wo ein früher Tod durch Krankheit oder im Kindbett nur allzu häufig vorkam und Witwen oder Witwer sich oft rasch wieder verheirateten. Aber die Rätsel, die Freud zu lösen hatte, waren noch komplizierter als üblich. Als Jacob Freud 1855 Amalia Nathansohn, seine dritte Frau, heiratete, war er vierzig, zwanzig Jahre älter als seine Braut. Die beiden Söhne aus seiner ersten Ehe – Emanuel, der ältere, der verheiratet war und selbst schon Kinder hatte, und Philipp, ein Junggeselle – wohnten in der Nähe. Und Emanuel war älter als die junge, attraktive Stiefmutter, die sein Vater aus Wien mitgebracht hatte, während Philipp nur ein Jahr jünger war. Nicht weniger verwirrend war es für Sigismund Freud, daß einer der Söhne Emanuels, sein erster Spielgefährte, ein Jahr älter war als er, der kleine Onkel.

Freud erinnerte sich an diesen Neffen John als an seinen unzertrennlichen Freund und »Genossen meiner Untaten«.[9] Eine dieser Untaten (die unter Freuds frühesten Erinnerungen im Rückblick mit einer emotionalen erotischen Kraft ausgestattet wurde, die sie damals wahrscheinlich nicht hatte) wurde begangen, als er etwa drei Jahre alt war: Sigismund und John fielen auf einer Wiese, wo sie Blumen gepflückt hatten, über Johns Schwester Pauline her und nahmen ihr ihren Strauß weg. Zuzeiten wandten die beiden Jungen, deren Feindschaft so intensiv war wie ihre Freundschaft, ihre Aggressionen gegeneinander. Eine kämpferische Episode, die in den Schatz der Familienlegenden über Freud einging, trug sich zu, als er noch keine zwei Jahre alt war. Eines Tages fragte der Vater Freud, warum er John geschlagen habe, und Freud, der klar dachte, wenn er auch noch nicht

klar zu sprechen vermochte, verteidigte sich geschickt: »Ich habe ihn ge-
(sch)lagt, weil er mich ge(sch)lagt hat.«[10]

Was das Muster der Freudschen Familienbeziehungen noch weiter verwirrte, war, daß er fand, seine junge Mutter passe weit besser zu seinem
Halbbruder Philipp als zu seinem Vater, aber es war der Vater, mit dem
Amalia Freud das Bett teilte. Dieses Problem zeigte sich 1858, bevor er
zweieinhalb Jahre alt war, mit besonderer Schärfe: Seine Schwester Anna
wurde geboren. Bei der Erinnerung an diese Jahre dachte Freud, es sei ihm
bewußt gewesen, daß seine kleine Schwester aus dem Leib seiner Mutter
gekommen war. Was damals schwer zu begreifen war: Wie hatte sein Halbbruder Philipp irgendwie seines Vaters Platz als Bewerber um die Zuneigung seiner Mutter eingenommen? Hatte vielleicht Philipp seiner Mutter
diese verhaßte neue kleine Rivalin gegeben?[11] Das war alles sehr verwirrend und ebenso notwendig zu wissen, wie es gefährlich war.

Solche Kindheitsprobleme hinterließen Ablagerungen, die Freud jahrelang verdrängte und erst durch Träume und eine mühsame Selbstanalyse in
den späten 1890er Jahren wiederaufnahm. Sein Geist war voll von diesen
Dingen – seine junge Mutter mit einer Rivalin schwanger, sein Halbbruder
auf irgendeine geheimnisvolle Weise der Gefährte seiner Mutter, sein Neffe
älter als er selbst, sein bester Freund auch sein größter Feind, sein gütiger
Vater alt genug, um sein Großvater zu sein. Aus solchen intimen Erlebnissen sollte er den Stoff seiner psychoanalytischen Theorien weben. Als er sie
brauchte, kehrten sie in seiner Erinnerung zurück.

Einige hervorstechende Familienrealitäten brauchte Freud nicht zu ver-
drangen. »Meine Eltern waren Juden«, bemerkte er knapp in seiner
»Selbstdarstellung« von 1925. Mit sichtlicher Verachtung der Glaubensge-
nossen, die im Hafen der Taufe Schutz vor dem Antisemitismus gesucht
hatten, fügte er hinzu: »Auch ich bin Jude geblieben.«[12] Es war ein Judentum ohne Religion. Jacob Freud hatte sich von den chassidischen Praktiken
seiner Vorfahren emanzipiert: Seine Trauung mit Amalia Nathansohn war
in einer Reformzeremonie vollzogen worden. Mit der Zeit gab er alle religiösen Bräuche auf und feierte Purim und Passah hauptsächlich als Familienfeste. »Mein Vater«, erinnerte sich Freud 1930, »ließ mich in voller
Unwissenheit über alles, was das Judentum betrifft, aufwachsen.«[13] Doch
obwohl er nach Assimilation strebte, schämte sich Jacob Freud nie seines
Judentums, und er versuchte nie es zu verleugnen. Er las zu Hause immer noch die Bibel, in hebräischer Sprache, zu seiner Erbauung und
»sprach die heilige Sprache«, wie Freud glaubte, »wie Deutsch oder besser«.[14] So schuf Jacob Freud eine Atmosphäre, in der der junge Freud einer dauerhaften Faszination der »biblischen Geschichte«, das heißt des
Alten Testaments, erlag, als er »kaum die Kunst des Lesens erworben
hatte«.[15]

Aber als kleiner Junge war Freud nicht nur von Juden umgeben, und auch das brachte Komplikationen mit sich. Die Kinderfrau, die ihn bis zum Alter von etwa zweieinhalb Jahren umsorgte, war eine fromme Katholikin. Freuds Mutter hatte sie als ältliche Person, häßlich und sehr gescheit, in Erinnerung. Sie fütterte ihren Schützling mit frommen Geschichten und trug ihn in die Kirche. »Wenn du dann nach Hause gekommen bist«, erzählte ihm seine Mutter, »hast du gepredigt und erzählt, wie der liebe Gott macht.«[16] Diese Kinderfrau tat noch mehr, aber was genau, bleibt unklar. Freud deutete versteckt an, sie sei seine »Lehrerin in sexuellen Dingen« gewesen.[17] Sie war hart zu dem frühreifen kleinen Jungen und sehr streng, aber Freud glaubte, daß er sie dennoch liebte.

Es war eine Liebe, die ein jähes Ende fand: Als seine Mutter mit seiner Schwester Anna im Wochenbett lag, ließ sein Halbbruder Philipp die Kinderfrau wegen Diebstahls festnehmen, und sie bekam eine Haftstrafe. Freud vermißte sie sehr. Ihr Verschwinden, das mit der Abwesenheit seiner Mutter zusammenfiel, schuf eine vage unangenehme Erinnerung, die Freud erst viele Jahre später zu klären und zu deuten vermochte. Er erinnerte sich, daß er verzweifelt nach seiner Mutter suchte und unablässig »heulte«. Dann öffnete Philipp einen Schrank – einen *Kasten*, wie man in Österreich sagt –, um zu zeigen, daß sie nicht darin gefangengehalten wurde. Das beruhigte Freud nicht; er war erst besänftigt, als seine Mutter »schlank und schön« zur Tür hereinkam. Warum sollte Philipp Sigismund als Antwort auf den Ruf nach der Mutter einen leeren Kasten zeigen? Im Jahre 1897, als seine Selbstanalyse am intensivsten war, fand Freud die Antwort: Als er seinen Halbbruder Philipp fragte, wo seine Kinderfrau sei, hatte Philipp geantwortet, sei sei *eingekastelt* – eine scherzhafte Anspielung auf ihren Aufenthalt im Gefängnis.[18] Offenbar hatte Freud befürchtet, auch seine Mutter sei eingekastelt worden. Kindliche Rivalität mit einem älteren Bruder, der seiner Mutter vermeintlich ein Kind gegeben hatte, eine nicht weniger kindliche sexuelle Neugier in bezug auf Kinder, die aus Körpern kommen, und ein trauriges Gefühl der Entbehrung beim Verlust seiner Kinderfrau bewegten den Knaben, der zu jung war, um die Verbindungen zu begreifen, aber nicht zu jung, um zu leiden. Diese katholische Kinderfrau, so alt und reizlos sie war, hatte Freud viel bedeutet, beinahe so viel wie seine schöne Mutter. Wie manche Gestalten, die später seine Phantasie beschäftigen sollten – Leonardo, Moses, ganz zu schweigen von Ödipus –, genoß der kleine Freud die liebevollen Dienste zweier Mütter.[19]

Bei aller Fürsorge, die sie dem kleinen Sigismund angedeihen ließen, waren Jacob und Amalia Freud arm. Bei Freuds Geburt im Jahre 1856 bewohnten sie ein einziges gemietetes Zimmer in einem bescheidenen Haus. Ihr Städtchen, Freiberg, wurde von dem hohen schlanken Turm der katholischen Kirche mit seinem berühmten Glockenspiel beherrscht, der über einigen größeren Häusern und sehr viel mehr bescheidenen Behausungen aufragte. Die Hauptanziehungspunkte waren außer der Kirche ein schöner Marktplatz und eine einladende Umgebung mit fruchtbaren Äckern, dichten Wäldern und sanften Hügeln. In der schimmernden Ferne erhoben sich die Karpathen. Gegen 1860 hatte das Städtchen über 4500 Einwohner; ungefähr 130 waren Juden. Die Freuds wohnten in der Schlossergasse 117, einem einfachen einstöckigen Haus, über dem Besitzer, einem Schmied namens Zajik. Dort, über einer Schmiede, wurde Freud geboren.[20]

Die Freuds blieben nicht mehr lange in Freiberg. Sie zogen 1859 zuerst kurz nach Leipzig und im Jahr darauf nach Wien. Es scheint für Freud schmerzlich gewesen zu sein, sich an die Armut seiner Familie zu erinnern. In einem versteckten autobiographischen Abschnitt, den er in eine Abhandlung des Jahres 1899 einschob, beschrieb er sich als »das Kind von ursprünglich wohlhabenden Leuten, die, wie ich glaube, in jenem kleinen Provinznest behaglich genug gelebt hatten«. Diese Übertreibung ist ein kleines Beispiel für das, was Freud später den »Familienroman« nennen sollte: die weitverbreitete Neigung, die Eltern wohlhabender oder angesehener zu finden, als sie es wirklich sind, oder vielleicht sogar eine vornehme Abstammung zu erfinden. Freud vereinfachte die Gründe dafür, daß seine Familie Freiberg verließ, und beschönigte ihr Leben dort. Nach einer »Katastrophe in dem Industriezweig, mit dem sich der Vater beschäftigte«, schrieb er, »verlor er sein Vermögen«. Zuletzt konnte Jacob Freud nicht mehr ganz herbeischaffen, was er in Wirklichkeit nie genossen hatte. Eine Zeitlang brachte den Freuds die Übersiedlung nach Wien nur wenig Erleichterung, wenn sich auch ihre Lage allmählich besserte. »Dann kamen lange harte Jahre«, schrieb Freud später. »Ich glaube, sie waren nicht wert, sich etwas daraus zu merken.«[21]

Die Unsicherheit ihrer finanziellen Lage wurde durch Amalia Freuds Fruchtbarkeit nicht erleichtert. Jacob Freud und seine Frau waren mit zwei Kindern, Sigismund und Anna, nach Wien gekommen – ein Sohn, Julius, war im April 1858 mit acht Monaten in Freiberg gestorben. Nun erhielt Freud zwischen 1860 und 1866 in rascher Folge vier Schwestern – Rosa, Mitzi, Dolfi und Pauli, wie sie in der Familie genannt wurden – und schließlich noch einen jüngeren Bruder, Alexander.* Ende 1865 und Anfang 1866 traf die Familie ein besonders harter Schlag. Josef Freud, Jacob Freuds Bruder, wurde wegen Handels mit gefälschten Rubeln angeklagt und zu Ge-

---

* Freuds Schwester Anna berichtete, daß der Name Alexander bei einem Familienrat gewählt und vom zehnjährigen Freud vorgeschlagen wurde – zum Gedenken an Alexanders Großmut und Tapferkeit als Heerführer (siehe *Jones*, I, S. 38).

fängnishaft verurteilt. Die Katastrophe war traumatisch für die ganze Familie. Freud machte sich nichts aus seinem Onkel Josef, der in seinen Träumen erschien, und er erinnerte sich in der *Traumdeutung* daran, daß nach diesem Unglück das Haar seines Vaters in wenigen Tagen vor Kummer ergraute.[22] Wenn Jacob Freud von den Machenschaften seines Bruders wußte oder, schlimmer noch, an ihnen beteiligt war, muß zum Kummer noch die Angst gekommen sein.

Wirtschaftliche Schwierigkeiten und die Schande der Familie waren nicht die einzigen Gründe dafür, daß Freud an den ersten Jahren in Wien nichts fand, was man sich merken müßte. Er trauerte Freiberg nach, besonders der schönen Landschaft, in die es eingebettet lag. »In der Stadt fühlte ich mich nie recht behaglich«, gestand er 1899; »ich meine jetzt, die Sehnsucht nach den schönen Wäldern der Heimat, in denen ich schon, kaum daß ich gehen konnte, dem Vater zu entlaufen pflegte, wie eine von damals erhaltene Erinnerung bezeugt, hat mich nie verlassen.«[23] Als 1931 der Bürgermeister von Příbor (Freiberg) eine Gedenktafel an Freuds Geburtshaus enthüllte, erwähnte Freud – damals fünfundsiebzig – in einem Dankschreiben kurz die Wechselfälle seines Lebens und hob ein sicheres Zeugnis aus seiner fernen Vergangenheit hervor: »Tief in mir überlagert, lebt noch immer fort das glückliche Freiberger Kind, der erstgeborene Sohn einer jugendlichen Mutter, der aus dieser Luft, aus diesem Boden die ersten unauslöschlichen Eindrücke empfangen hat.«[24] Das ist mehr als ein beiläufiges Geplauder oder gesellschaftliche Höflichkeit. Die rhythmische Rhetorik – »aus dieser Luft, aus diesem Boden« – spricht für sich selbst. Sie reicht hinunter in die tiefsten Schichten von Freuds Seele und zeugt von seinem nie gestillten Verlangen nach den Tagen, als er seine junge, schöne Mutter liebte und seinem alten Vater davonlief. Es kann nicht überraschen, daß Freud seine gemischten Gefühle in bezug auf Wien nie zu überwinden vermochte.

Freuds Sohn Martin meinte, daß seines Vaters laut und oft geäußerter Abscheu vor Wien in Wirklichkeit eine versteckte Liebeserklärung war. Ist es nicht typisch für den echten Wiener, sich darin zu gefallen, an seiner geliebten Stadt herumzunörgeln? Für jemanden, der Wien so erbittert haßte, wie es Freud jedem gegenüber behauptete, zeigte er einen ungewöhnlichen Widerwillen, es zu verlassen. Er sprach ausgezeichnet Englisch, er hatte gute Verbindungen im Ausland, er wurde wiederholt eingeladen, sich im Ausland niederzulassen, aber er blieb, bis er nicht länger bleiben konnte. »Das Triumphgefühl der Befreiung vermengt sich zu stark mit der Trauer«, schrieb er als sehr alter Mann Anfang Juni 1938 nach seiner Ankunft in London, »denn man hat das Gefängnis, aus dem man entlassen wurde, immer noch sehr geliebt.«[25]

Offensichtlich waren seine ambivalenten Gefühle sehr tief. So sehr er
Wien geliebt haben mochte, es war zu einem Gefängnis geworden. Aber
Freud streute seine Haßerklärungen schon lange, bevor die Nazis in sein
Land einmarschierten, in seine Korrespondenz ein. Sie haben nichts von
einer Pose an sich. »Ich... will Sie mit der Erwähnung des Eindrucks
verschonen, den Wien auf mich machte«, schrieb er mit sechzehn Jahren
seinem Freund Emil Fluß, nachdem er aus Freiberg zurückgekehrt war.
»Es war mir ekelhaft.«[26] Später, als er seiner Verlobten, Martha Bernays, aus Berlin schrieb, gestand er: »Wien drückt auf mich und vielleicht mehr, als gut ist.« Gut für ihn, meinte er. Der Stephansdom, der
die Silhouette von Wien beherrscht, war für ihn, wie er ihr schrieb, nur
»der abscheuliche Turm«.[27] Er erkannte, daß etwas sorgfältig Vergrabe-
nes in diesen feindseligen Kommentaren auftauchte. Sein Haß auf Wien,
dachte er, grenzte ans Persönliche, »und wie im Gegensatz zum Riesen
Antaeus sammle ich frische Kraft, sooft ich den Fuß vom vaterstädti-
schen Boden abgehoben habe«.[28] Wien hörte nie ganz auf, für ihn der
Schauplatz von Mühen, wiederholten Fehlschlägen, langer und verhaßter
Einsamkeit und unangenehmen Beispielen von Judenhaß zu sein. Daß
Freud seine Ferien in den Bergen und mit langen Spaziergängen auf dem
Lande verbrachte, deutet ebenfalls seine Gefühle an. Wien war nicht
Freiberg.

Diese Diagnose leuchtet nicht ganz ein. Nichts scheint entschiedener
städtisch zu sein als die Psychoanalyse, diese Theorie und Therapie, die
vom und für den verstädterten Bürger erfunden wurde. Auch Freud war der
Inbegriff des Stadtbewohners; er arbeitete in seinem Sprechzimmer den
ganzen Tag und in seinem Arbeitszimmer den ganzen Abend und unternahm seine Spaziergänge durch das moderne Wien, das erbaut wurde,
während er Student und junger Arzt war. Tatsächlich haben die meisten
Beobachter die Psychoanalyse wie ihren Begründer nicht nur als ein städti-
sches, sondern als ein spezifisch wienerisches Phänomen gesehen. Freud
verwahrte sich heftig dagegen: Als der französische Psychologe Pierre Janet
meinte, die Psychoanalyse könne nur aus der sinnlichen Atmosphäre Wiens
entstanden sein, behandelte Freud diese Andeutung als eine böswillige und
im Grunde antisemitische Verleumdung.[29] Tatsächlich hätte Freud seine
Ideen in jeder großen Stadt entwickeln können, die eine erstklassige medizinische Schule und ein gebildetes Publikum besaß, das groß und wohlhabend genug war, ihn mit Patienten zu versorgen. Offensichtlich war
Freud, der die Wälder um Freiberg nie vergaß, nicht irgendein umher-
wandernder Bauer, den das Schicksal in die beengende Stadt verschlagen
hatte. Aber das Wien, das Freud allmählich für sich selbst schuf, war
nicht das Wien des Hofes, des Cafés, des Salons oder der Operette. Diese
Facetten Wiens trugen wenig zur Förderung der Arbeit Freuds bei. Nicht

ohne Grund stammte seine Braut aus Hamburg und lebten seine bevorzugten Anhänger in Zürich, Budapest, Berlin, London und an noch fer-
neren Orten. Seine psychologischen Theorien wurden in einem geistigen
Universum geschaffen, das groß genug war, um die ganze westliche Welt
zu umfassen.

Doch in Wien ließ Freud sich nieder, und dort blieb er. Sein Vater war nicht
der Mann, der die Dinge leichter machte. Er war, zumindest an der Oberfläche, ein unheilbarer Optimist, ein kleiner Händler, der nicht genug Mittel zur Verfügung hatte, um es mit der zunehmend industrialisierten Welt
um ihn her aufzunehmen. Er war liebenswert, großzügig, genoß sein Leben
und war fest von der einzigartigen Begabung seines Sohnes Sigismund überzeugt. Jedes Mitglied der Familie, erinnerte sich sein Enkel Martin Freud,
liebte ihn. Er war »furchtbar nett zu uns kleinen Kindern«, brachte Geschenke und erzählte amüsante Geschichten. Jeder »behandelte ihn mit
großem Respekt«.[30] Aber für seinen Sohn Sigmund war Jacob Freud weit
problematischer.

Die anziehende Jugendlichkeit und auffällige Schönheit seiner Mutter
erleichterte die emotionale Aufgabe des jungen Freud nicht. Später fiel ihm
ein Kindheitserlebnis wieder ein, eines dieser »signifikanten Details«, das
er aus der alles umfassenden Amnesie rettete, welche die frühesten Jahre
einhüllt. Die Erinnerung kehrte im Oktober 1897 zurück, mitten in seiner
Selbstanalyse, als ihm Entdeckungen über sein unbewußtes Leben in
schwindelerregender Zahl zuströmten. Irgendwann zwischen dem Alter
von zwei und zweieinhalb Jahren, erzählte er seinem engen Freund Wilhelm Fließ, war seine »Libido gegen matrem erwacht«, und zwar auf einer
nächtlichen Bahnfahrt von Leipzig nach Wien, auf der er Gelegenheit hatte,
»sie nudam zu sehen«. Unmittelbar nach der Enthüllung dieser quälenden
Erinnerung fiel es Freud ein, daß er den Tod seines um anderthalb Jahre
jüngeren Bruders Julius »mit bösen Wünschen und echter Kindereifersucht
begrüßt hatte«. Dieser Bruder und sein Neffe John, der ein Jahr älter als er
war, »bestimmen nun das Neurotische, aber auch das Intensive an allen
meinen Freundschaften«.[31] Liebe und Haß, diese elementaren Kräfte, deren Widerstreit das Menschenschicksal beeinflußt, Kräfte, die in Freuds
reifen psychologischen Schriften groß hervortreten sollten, standen einander in dieser Erinnerung gegenüber.

Freud beging bisweilen aufschlußreiche Fehler, wenn er sich an seine
Kindheit erinnerte, und hier ist einer: Er war tatsächlich beinahe vier
und nicht knapp über zwei Jahre alt, als er einen Blick auf seine nackte
Mutter erhaschte, das heißt, er war größer, stärker, mehr des Voyeurismus und des ausdrücklichen Begehrens fähig, als er es sich bei der Wie-
dererlangung der Erinnerung an *matrem nudam* bewußt zu sein erlaubte.

Und es ist nicht weniger aufschlußreich, daß es Freud, als er einundvierzig Jahre alt und schon der unkonventionellste Forscher im verbotenen Reich der Sexualität war, nicht über sich brachte, diesen aufregenden Vorfall zu beschreiben, ohne in das sichere, distanzierende Latein zu verfallen.

Wie immer sich diese Episode genau zugetragen hat: Es war seine zärtlich liebende, energische und dominierende Mutter weit mehr als sein freundlicher, aber ein wenig ungewandter Vater, die ihn für ein Leben unerschrockener Forschung, schwer erreichbaren Ruhms und schwankenden Erfolgs ausrüstete. Ihre Fähigkeit, eine Lungenkrankheit – Freuds jüngste Tochter, Anna, nannte sie eine »tuberkulöse Erkrankung«[32] – zu überwinden, deretwegen sie mehrere Sommer Bäder aufsuchte, ist ein Zeugnis ihrer Vitalität. Letzten Endes hat Freud die Bedeutung seiner leidenschaftlichen unbewußten Bindungen an diese gebieterische Mutterfigur nie ganz durchgearbeitet. Obwohl viele seiner Patienten Frauen waren und er viel über sie schrieb, sagte er sein ganzes Leben lang gern, daß die Frau für ihn ein dunkler Kontinent geblieben sei. Es ist sehr wahrscheinlich, daß etwas von dieser Dunkelheit dem Ursprung nach ein Selbstschutz war.

Freuds zwiespältige Gefühle in bezug auf seinen Vater lagen viel näher an der Oberfläche. Das bezeugt eine andere seiner entscheidenden Kindheitserinnerungen, die eher rührend als erregend ist. Die Erinnerung verwirrte und faszinierte ihn zugleich. »Ich mochte zehn oder zwölf Jahre gewesen sein, als mein Vater begann, mich auf seine Spaziergänge mitzunehmen« und über die Welt zu sprechen, wie er sie kannte. Eines Tages erzählte Jacob Freud seinem Sohn, um ihm zu zeigen, wie grundlegend sich das Leben für die Juden in Österreich gebessert hatte, die folgende Geschichte: »Als ich ein junger Mensch war, bin ich in deinem Geburtsort am Samstag in der Straße spazieren gegangen, schön gekleidet, mit einer neuen Pelzmütze auf dem Kopf. Da kommt ein Christ daher, haut mir mit einem Schlag die Mütze in den Kot und ruft dabei: ›Jud, herunter vom Trottoir!‹« Interessiert fragte Freud seinen Vater: »Und was hast du getan?« Die gelassene Antwort lautete: »Ich bin auf den Fahrweg gegangen und habe die Mütze aufgehoben.« Die unterwürfige Reaktion des Vaters, erinnerte sich Freud nüchtern und nicht sehr großmütig, »schien mir nicht heldenhaft«. War sein Vater nicht ein »großer, starker Mann«?[33]

Gekränkt von dem Schauspiel eines feigen Juden, der vor einem Nichtjuden kroch, entwickelte Freud Rachephantasien. Er identifizierte sich mit dem ruhmreichen, unerschrockenen Semiten Hannibal, der geschworen hatte, Karthago zu rächen, so mächtig auch die Römer waren, und er erhob ihn zum Symbol des Gegensatzes »zwischen der Zähigkeit des Judentums und der Organisation der katholischen Kirche«.[34] Sie würden es nie erleben, daß *er*, Freud, seine Mütze aus der schmutzigen Gosse aufhob.* Das war der Junge, der mit vierzehn Jahren in »Brutus und Cäsar« aus Schillers revolutionärem Drama *Die Räuber* den Brutus spielte.[35] Von seiner Kindheit an vereinigten sich eine betonte Entfaltung von geistiger Unabhängigkeit, beherrschter Zorn, körperliche Tapferkeit und Selbstachtung als Jude zu einer höchst persönlichen, unzerstörbaren Mischung in Freuds Charakter.

Wenn Freuds Gefühle gegenüber seinen Eltern schwierig und kompliziert waren, so schien ihr Glaube an ihn absolut zu sein. An seinem fünfunddreißigsten Geburtstag schenkte der Vater seinem »lieben Sohn« seine Bibel mit einer hebräischen Inschrift. Sie begann mit den Worten: »Im siebenten Jahr Deines Lebens kam der Geist des Herrn über Dich und sprach zu Dir: Geh, lies die Bücher, die ich geschrieben...«[36] Tatsächlich zeigten sich für die Freuds glückliche Vorzeichen künftigen Ruhms bereits lange vor der frühreifen Leidenschaft ihres Sohnes für das Lesen. In seiner *Traumdeutung* erinnerte sich Freud, als er einen seiner ehrgeizigen Träume zu erklären versuchte, an eine Erzählung, die er »so oft in der Kindheit... gehört« hatte. Es scheint, daß bei seiner Geburt »eine alte Bäuerin der über den Erstgeborenen glücklichen Mutter prophezeit, daß sie der Welt einen großen Mann geschenkt habe«. Freud meinte dazu zynisch: »Solche Prophezeiungen müssen sehr häufig vorfallen; es gibt so viel erwartungsfrohe Mütter und so viel alte Bäuerinnen oder andere alte Weiber, deren Macht auf Erden vergangen ist und die sich darum der Zukunft zugewendet haben. Es wird auch nicht der Schade der Prophetin gewesen sein.«[37] Dennoch war seine Skepsis nur halbherzig: Er war nicht abgeneigt, ein wenig an diese angenehme Voraussage zu glauben. Und er mutmaßte, daß das Klima in einer Familie, in der solche Anekdoten

---

* Ich vermute, Freud hatte noch einen anderen Grund, als seinen bevorzugten Helden den unsterblichen Heerführer zu wählen, der allen widrigen Umständen zum Trotz beinahe das verhaßte und hassenswerte Rom besiegte, einen Grund, dessen Freud sich wahrscheinlich nicht bewußt war. So wie er, als er seinen jüngsten Bruder Alexander nannte, einem Eroberer huldigte, der größer war als sein Vater Philipp von Makedonien – selbst ein großer Mann –, so konnte er sich in Hannibal mit einer anderen mächtigen Gestalt identifizieren, deren Ruhm größer war als der ihres Vaters, Hamilkar – wie Philipp von Makedonien ein Staatsmann und Heerführer von historischer Größe. In *Zur Psychopathologie des Alltagslebens* verband Freud selbst seine Wahl Hannibals mit seinem Vater: In *Die Traumdeutung* war ihm ein merkwürdiger Fehler unterlaufen. Er hatte Hannibals Vater Hasdrubal statt Hamilkar genannt, und er dachte, daß das irgendwie mit seiner Unzufriedenheit mit Jacob Freuds Verhalten gegenüber Antisemiten zusammenhing (siehe *Zur Psychopathologie des Alltagslebens*, G.W., Bd. 4, S. 245). Aber in Freuds Wahl war wahrscheinlich auch ein ödipales Element enthalten: Er konnte sich seinem Vater überlegen zeigen – das heißt den ödipalen Kampf gewinnen –, ohne diesen Vater zu sehr erniedrigen zu müssen. Daher konnte Freud zu Hause siegreich sein, während er zugleich seinen »Feind« respektierte.

immer wieder erzählt werden, seine Sehnsucht nach Größe nur nähren konnte.

Eine andere Episode, an die er sich sehr genau erinnerte, bestärkte seine Eltern in der Überzeugung, daß sie ein Genie großzogen. Er war elf oder zwölf Jahre alt und saß mit seinen Eltern in einem Wirtshaus im Prater, dem berühmten Wiener Vergnügungspark. Ein Verseschmied ging von Tisch zu Tisch und improvisierte für ein paar Münzen kleine Gedichte über jedes gestellte Thema. »Ich wurde abgeschickt, den Dichter an unseren Tisch zu bestellen, und er erwies sich dem Boten dankbar. Ehe er nach seiner Aufgabe fragte, ließ er einige Reime über mich fallen und erklärte es in seiner Inspiration für wahrscheinlich, daß ich noch einmal ›Minister‹ werde.«[38] In der liberalen Stimmung, die in den 1860er Jahren in Österreich herrschte, schien die Prophezeiung nicht mehr als vernünftig zu sein. Im Rückblick schrieb Freud seinen Plan, Jura zu studieren, Eindrücken dieser Art zu.

Es war nur natürlich, daß dieser ungeheuer vielversprechende junge Mann zum erklärten Liebling der Familie wurde. Seine Schwester Anna bezeugt, daß er immer ein eigenes Zimmer hatte, so beschränkt die Lebensumstände seiner Eltern auch sein mochten. Als die Freuds in Wien ankamen, zogen sie in den traditionellen jüdischen Bezirk, die Leopoldstadt am Nordostrand der Stadt. Sie war einmal Wiens Getto gewesen, und da sie einen ständig zunehmenden Strom von Einwanderern aus Osteuropa aufnahm, wurde sie rasch wieder zu einer Art Getto. Beinahe die Hälfte der 15 000 Juden, die um 1860 in Wien lebten, versammelte sich in diesem Bezirk. Die Leopoldstadt war aber nicht einfach ein Slum. Auch eine Anzahl wohlhabender jüdischer Familien entschied sich dafür, dort zu wohnen. Aber die Mehrheit drängte sich in überfüllten, sehr bescheidenen Wohnungen. Die Freuds gehörten zu dieser Mehrheit.[39]

Nach einiger Zeit begann Jacob Freud einen gewissen Wohlstand zu genießen. Höchstwahrscheinlich wurde er von seinen beiden glücklicheren älteren Söhnen unterstützt, die nach Manchester ausgewandert waren und dort Erfolg gehabt hatten. Aber auch nachdem er sich Dienstboten, ein Gemälde seiner sieben jüngeren Kinder, Ausflüge in den Prater und eine geräumigere Wohnung leisten konnte, begnügten sich er und seine Familie mit sechs Zimmern. Diese Wohnung, in die sie 1875 einzogen, als Freud Universitätsstudent war, konnte man kaum verschwenderisch für die große Familie nennen. Alexander, der Jüngste, Freuds fünf Schwestern und ihre Eltern drängten sich in drei Schlafzimmern. Nur Freud hatte sein »Kabinett« als privaten Bereich, einen »langen und schmalen Raum mit einem Fenster, das auf die Straße ging«, und der immer mehr mit Büchern, dem einzigen Luxus des heranwachsenden Freud, vollgestopft wurde. Dort studierte und schlief er, und oft nahm er dort auch allein seine Mahlzeiten ein, um Zeit zum Lesen einzusparen. Dort empfing er auch seine Schulfreunde – seine »Studiengefährten« nannte seine Schwester Anna sie, nicht seine Spielgefährten.[40] Er war ein aufmerksamer, aber etwas autoritärer Bruder, der seinen Geschwistern bei den Schulaufgaben half und ihnen Vorträge über die Welt hielt: Seine didaktische Neigung zeigte sich schon von seinen Schultagen an. Er betätigte sich aber auch als ziemlich prüder Zensor. Als sie fünfzehn Jahre alt war, erinnerte sich seine Schwester Anna, mißbilligte er ihre Lektüre von Balzac und Dumas als zu gewagt.

Die Familie akzeptierte Freuds jungenhafte Herrschsucht mit Gleichmut und förderte sein Gefühl, etwas Außergewöhnliches zu sein. Wenn seine Bedürfnisse mit denen Annas oder der anderen kollidierten, setzten sie sich ohne Frage durch. Als er sich, in seine Bücher vergraben, über den Lärm beklagte, den Annas Klavierstunden machten, verschwand das Piano auf Nimmerwiedersehen. Das wurde von seiner Schwester und seiner Mutter gleichermaßen bedauert, offenbar aber ohne Groll. Die Freuds müssen zu den sehr wenigen Mittelstandsfamilien Mitteleuropas ohne Klavier gehört haben, aber dieses Opfer verblaßte angesichts der großartigen Karriere, die sie sich für den fleißigen, lebhaften Studenten in seinem Kabinett ausmalten.

Im Wien der Jugendjahre Freuds waren trotz der gesellschaftlichen Benachteiligungen, unter denen österreichische Juden noch zu leiden hatten, hohe Ambitionen für talentierte junge Juden keineswegs utopisch. Seit 1848, dem Jahr der Revolutionen auf dem ganzen Kontinent und der Thronbesteigung des Kaisers Franz Josef, war das schwerfällige multinationale Habsburgerreich zu politischen Reformen gedrängt worden. Es widerstand mit aller Macht, aber es wurde ins 19. Jahrhundert getrieben. Von 1860 an, dem Jahr, in dem sich die Freuds in der Wiener Leopoldstadt niederließen, hatte eine Reihe von Erlässen, welche die traditionelle Autorität stützen sollten, die unbeabsichtigte Folge gehabt, den Staat zu liberalisieren. Die von den Fesseln befreite Presse und die jungen politischen Parteien, die um die Macht kämpften, schulten die Österreicher in der gefährlichen Rhetorik des öffentlichen Kampfes, als die Wahlkampagnen immer gehässiger wurden. Der neue Reichsrat, geschaffen, um nur beratende Funktionen auszuüben, entwickelte sich zu einer echten Legislative, die Gesetze beantragte und über das Budget abstimmte. Trotz all dieser Experimente in parlamentarischer Regierung blieb die politische Öffentlichkeit eine kleine Minderheit der Bevölkerung. Auch die Wahlreformen von 1873, die als ein großer Schritt vorwärts begrüßt wurden, enthielten noch steile Hindernisse in Form von Besitzqualifikationen: Die Wahl der Sprecher des Volkes blieb das Privileg von lediglich sechs Prozent der erwachsenen Männer. Kurz, an die Stelle der beschränkten Autokratie trat ein beschränkter Konstitutionalismus.[41] Alle noch so spektakulären Manipulationen waren letzten Endes kaum

mehr als kosmetischer Natur. In einem Zeitalter des fanatischen Nationalismus vermochte das Habsburger Regime widerstreitende politische Interessen und feindselige ethnische Gruppen kaum im Zaum zu halten. Was für
Lösungen österreichische Politiker auch fanden, sie konnten bestenfalls nur
provisorisch sein. »Innerhalb von zwei Jahrzehnten«, faßte die Historikerin
Ilsa Barea treffend zusammen, wurden nicht weniger als »acht österreichische Verfassungen erlassen, zurückgezogen und revidiert, man experimentierte mit Föderalismus und Zentralismus, indirektem und direktem Stimmrecht, autoritärer und parlamentarischer Regierung«.[42] Der prunkvolle
Glanz der Monarchie und der großen Gesellschaft verbarg kaum den allgemeinen Bankrott der Ideen oder das Patt unversöhnlicher Kräfte. Unkluge
Kriege und katastrophale diplomatische Initiativen wetteiferten mit einer
fortschrittlichen sozialen Gesetzgebung um die öffentliche Aufmerksamkeit.

Einige Jahre lang hatten jedoch diejenigen, die auf ständige Verbesserungen in Politik, Wirtschaft und sozialen Beziehungen setzten, einige überzeugende Beweise für sich. In den späten 1860er Jahren wurde das kaiserliche
Kabinett von gebildeten, pflichtbewußten Beamten und Politikern des Mittelstandes beherrscht; es hieß nicht umsonst das »Bürgerministerium«. Unter diesem Bürgerministerium und seinen unmittelbaren Nachfolgern übergab die Regierung die Kontrolle über Erziehung und Eheschließungen den
weltlichen Autoritäten, sie öffnete interkonfessionellen Ehen den Weg und
führte ein humanes Strafrecht ein. Zugleich mit diesen Vorstößen in den
Liberalismus machten Handel und Bankwesen, Transport und Verkehr
eindrucksvolle Fortschritte; die industrielle Revolution kam spät nach
Österreich-Ungarn, aber sie kam. Dann aber wurde alles in Frage gestellt
durch den Börsenkrach vom 9. Mai 1873, einem »schwarzen Freitag«, der
seinen Schatten über diese vielen Errungenschaften warf. Massenbankrotte
und Bankkrachs ruinierten unvorsichtige Spekulanten, unglückliche Sparer, Geschäftsleute, Handwerker und Bauern. »Die Österreicher«, schrieb
ein scharfsichtiger deutscher Besucher im Juni, »haben all ihr Geld verloren
oder finden vielmehr, daß sie nie Geld hatten.«[43]

Mit dem plötzlichen Verlust ihrer Ersparnisse konfrontiert und auf der
Suche nach einem Sündenbock, gestatteten sich die Österreicher eine Orgie
von antisemitischen Ausbrüchen. Journalisten machten die »Machenschaften« jüdischer Bankiers für den Zusammenbruch verantwortlich; bekannte
Karikaturisten zeichneten krummnasige und kraushaarige Makler, die vor
der Wiener Börse wild gestikulierten.* Nicht ohne Grund führte Freud sein

---

* Tatsächlich litten die österreichischen Juden ebensosehr wie alle anderen unter dem
»Großen Krach«. Arthur Schnitzlers Vater, zum Beispiel, »verlor mit manch anderen
unschuldigen Opfern alles, was er bis dahin erspart hatte« (Arthur Schnitzler, *Jugend in
Wien* [1968], S. 48).

besonderes jüdisches Selbstbewußtsein auf seine Jahre an der Universität zurück, wo er seine Studien im Herbst 1873 begann.* Doch der erbitterte Ton der antisemitischen Propaganda war nicht das einzige bedrohliche Ingrediens der extremistischen politischen Rhetorik des Tages. Diese hatte sich schon entzündet an einem wilden Parteienstreit, an einem erwachenden Klassenbewußtsein der Arbeiter und an der nicht zu besänftigenden Unzufriedenheit der nationalen Minderheiten, der Polen, der Tschechen und anderer. Die zerbrechlichen Errungenschaften der 1860er Jahre waren in großer Gefahr.

Dennoch blieb dies für die Juden Österreichs eine Zeit der Verheißung. Seit 1848 hatte sich ihre rechtliche Lage in den Habsburger Ländern stetig gebessert. Das Jahr der Revolution brachte die Legalisierung des jüdischen Gottesdienstes, das Ende besonderer bedrückender und erniedrigender Steuern und Gleichheit mit den Christen, was das Recht betraf, Grundbesitz zu erwerben, jeden Beruf zu ergreifen und jedes öffentliche Amt zu bekleiden. In den 1850er Jahren fielen so kränkende Monumente der Engstirnigkeit wie die Gesetze, die jüdischen Haushalten nichtjüdische Dienstboten einzustellen und nichtjüdischen Haushalten jüdische Hebammen zu beschäftigen verboten. Um 1867 waren praktisch alle Überbleibsel rechtlicher Diskriminierung beseitigt worden.[44] Zumindest für die Juden waren die Ergebnisse der gesetzlichen Reformen sehr erfreulich.

Mehr noch, in den 1860er Jahren hatte sich in Wien eine liberale Partei durchgesetzt und eine Herrschaft eingeführt, in der solide Bürger unter den Juden mit gesellschaftlicher Akzeptierung und sogar politischer Beförderung rechnen konnten. Tatsächlich waren nach dem »Ausgleich« von 1867, der das große Habsburgerreich in die Doppelmonarchie Österreich-Ungarn verwandelte, mehrere Mitglieder des Bürgerministeriums Juden. Das war die Zeit, in der Freud und seine Eltern im Wirtshaus im Prater den Dichter-Propheten trafen, eine Zeit, in der, wie Freud später in *Die Traumdeutung* schrieb, »jeder fleißige Judenknabe also das Ministerportefeuille in seiner Schultasche trug«.[45]

Es ist ein wenig rührend, daß Freud noch in den späten 1890er Jahren Napoleons denkwürdigen Ausspruch aus der Revolutionszeit paraphrasierte, daß jeder Soldat den Marschallstab im Tornister trage. Der gut aussehende, außerordentlich populäre Demagoge Karl Lueger, der den Antise-

---

* Als sich Freud 1930 in einem Brief an J. Dwossis, seinen hebräischen Übersetzer in Jerusalem, an diese Tage erinnerte, schrieb er ausdrücklich von einem »deutschen Antisemitismus« (Freud an Dwossis, 15. Dezember 1930, Freud Museum, London). Und tatsächlich hatte es in den frühen 1870er Jahren eine sehr ähnliche Welle in Deutschland gegeben, bei der die gleiche fanatische Rhetorik angewandt wurde. Aber die österreichische Variante bedurfte ebensowenig wie später eines Anstoßes vom nördlichen Nachbarn.

mitismus zu einem Punkt in seinem opportunistischen Programm machte, war 1897 Wiens mächtiger Bürgermeister geworden. Judenhaß war schon seit einiger Zeit ein Bestandteil der Wiener Politik gewesen: Im Jahre 1885 berichtete Freud seiner Verlobten, es habe am Wahltag, dem 1. Juni, »Krawall und antisemitische Hetzen« gegeben.[46] Aber Lueger wurde zum Katalysator für die neue Politik der 1890er Jahre. Während er jüdische Freunde hatte und Juden gegenüber privat viel freundlicher war als in der schauspielerischen Fassade, die er seinem ihn vergötternden Publikum darbot, waren viele seiner Anhänger fanatischer als ihr Führer und sehr konsequent in ihrem Antisemitismus. Sein Erscheinen auf der politischen Bühne besiegelte daher den Bankrott des österreichischen Liberalismus mit unwiderruflicher Endgültigkeit.[47] Aber mehr als 35 Jahre lang – während Freud aufwuchs, studierte, heiratete, seine Familie gründete und auf die Psychoanalyse hinarbeitete – war der Liberalismus eine wesentliche, wenn auch mehr und mehr zerfetzte Strähne in der Wiener Politik gewesen. Das war die Art von Atmosphäre, in der sich Freud zu Hause fühlte. Als er im Alter auf diese berauschenden Jahrzehnte zu sprechen kam, nannte er sich einen »Liberalen der alten Schule«.[48]

Während der 1860er Jahre und darüber hinaus war der Liberalismus für die Juden Wiens eine zugleich grundsätzliche und kluge Einstellung. Die Alternativen des Zionismus und des Sozialismus waren noch nicht an ihrem Horizont aufgetaucht. Wie viele andere unter seinen emanzipierten Brüdern wurde Freud ein Liberaler, weil ihm die liberale Weltanschauung kongenial war und weil sie, wie man so sagt, gut für die Juden war. Freud war ein Pessimist hinsichtlich der menschlichen Natur und daher skeptisch in bezug auf politische Allheilmittel aller Art, aber er war kein Konservativer. Als Bürger mit Selbstachtung hatte er nichts übrig für arrogante Aristokraten und noch weniger für repressive Geistliche. Er sah in der Kirche Roms und ihren österreichischen Günstlingen die Haupthindernisse auf dem Wege der vollen Integration der Juden in die österreichische Gesellschaft. Schon als Schuljunge hatte er, wie wir wissen, ausführliche und angenehme Phantasien entwickelt, in denen er sich im Geiste an Antisemiten aller Art rächte. Das üppige Gedeihen eines populistischen rassischen Antisemitismus lieferte ihm neue Ziele für seinen Haß, aber er vergaß nie den alten Feind, den römischen Katholizismus. Für Freud und andere assimilierte Juden bildeten die österreichischen Liberalen einen höchst ermutigenden Gegensatz zu Demagogen und Priestern gleichermaßen.

Man kann sehen, warum. Schließlich waren es die Liberalen gewesen, die den Juden Österreichs 1867 die vollen Bürgerrechte gewährt hatten. Es ist bezeichnend, daß es die *Neue Freie Presse*, Wiens einzige Zeitung von internationalem Ruf, für nötig hielt, ihre Leser 1883 anläßlich einer antisemitischen Demonstration daran zu erinnern, nicht an »den ersten Dogmen des Liberalismus, der confessionellen Gleichberechtigung aller Staatsbürger, zu rütteln«.[49] Kein Wunder, daß die *Neue Freie Presse* Freuds tägliche Kost war; sie vertrat die liberalen Ansichten, die er schätzte.

Als der junge Freud die politischen Realitäten erkannte, waren diese Ansichten schon Gemeinplätze unter den Juden Österreichs. Mitten in der Wahlkampagne von 1879 erklärte Adolf Jellinek, der Oberrabbiner von Wien: »Im Einklang mit ihren lebenswichtigen Interessen müssen sich die Juden Österreichs an die Verfassung und an die Kräfte des Liberalismus halten.«[50] Der jüdische Journalist Joseph Samuel Broch stellte einen ganzen Katalog der Tugenden des Liberalismus zusammen: Mehr als eine Doktrin, mehr als ein geeignetes Prinzip, sei er die geistige Zuflucht des Juden, sein rettender Hafen, sein Recht auf Freiheit, seine schützende Gottheit, die Königin seines Herzens.[51] Und die Juden Österreichs wählten, wie es ihnen das Herz gebot: Ihre Treue zu den liberalen Kandidaten war überwältigend. Freud stimmte für sie, wann immer er konnte.* Klerikalismus, Ultramontanismus, ein Föderalismus, der die nichtdeutschen Elemente im österreichungarischen Reich begünstigte – das waren die Feinde der Juden. Freuds politische Leidenschaften waren nicht sehr ausgeprägt, aber allein die wenigen kritischen Kommentare in seinen Briefen aus den liberalen Jahrzehnten deuten auf seine allgemeine Zufriedenheit, seine grundsätzliche Übereinstimmung mit Jellinek, mit Broch, mit der *Neuen Freien Presse* hin. Von den späten 1890er Jahren an, als Lueger und seine Kumpane die Stadt regierten, hatte er mehr zu sagen.

Das Aufkommen des Liberalismus in Politik und Kultur bedeutete mehr, als daß ein Klub gleichgesinnter Politiker im Amt war. Seine Wahrzeichen waren überall zu sehen. Im Gefolge anderer Hauptstädte des 19. Jahrhunderts wie Berlin, Paris oder London wuchs und veränderte sich Wien in schwindelerregendem Tempo. Im Jahre 1860 hatte es etwa eine halbe Million Einwohner; zwanzig Jahre später, als Freud sein Medizinstudium beendete, gab es mehr als 700 000 Wiener, von denen viele wie die Freuds anderswo geboren worden waren. Ganz ähnlich wie Paris, das der energische, einfallsreiche und rücksichtslose Präfekt Baron Haussmann so sehr umbaute, daß man es kaum noch wiedererkannte, änderte Wien in diesen beiden Jahrzehnten sein Gesicht für immer. Im Jahre 1857 hatte Franz Josef die Schleifung der alten Befestigungsanlagen um die Innenstadt genehmigt. Sieben Jahre später waren die meisten von ihnen verschwunden, und die Ringstraße, ein weites, eckiges Hufeisen von einer Prachtstraße, nahm Ge-

---

* Am 2. Juni 1885 schrieb Freud an seine Verlobte, Martha Bernays: »Gestern waren die Wahlen, ein sehr erregter Tag für Wien. Es sind 4 Mandate für die liberale Partei verloren gegangen; in Mariahilf und im Badner Bezirk wurden Antisemiten gewählt.« (Mit frdl. Genehmigung von Sigmund Freud Copyrights, Wivenhoe.)

stalt an. Im Jahre 1865, als der neunjährige Freud ins Leopoldstädter Kommunal-Real- und Obergymnasium eintrat, weihten der Kaiser und die Kaiserin diesen großen Boulevard in aller Form ein. Ein öffentliches Gebäude nach dem anderen, mit massiven Wohnhäusern dazwischen, entstand auf jeder Seite und feierte die liberale Kultur und den liberalen Konstitutionalismus. Das neue Opernhaus war 1869 fertig, zwei riesige, reich verzierte Museen folgten ein Dutzend Jahre später. Das neoklassizistische Parlament und das neugotische Rathaus, ausdrucksvolle architektonische Zeugnisse der liberalen Ideologie, waren 1883 bereit für ihre wichtigen Aufgaben.

Es war alles sehr eindrucksvoll und alles sehr prekär. Viele Jahre später versuchte der österreichische Essayist und Romancier Hermann Broch das Wesen der Doppelmonarchie einzufangen und sprach in einem vielzitierten Satz von der »fröhlichen Apokalypse um 1880«. Die Apokalypse war gut getarnt, gekleidet in dem Selbstschutz dienende sentimentale Ergüsse über die schöne blaue Donau, in das Überschäumen einer hohen Kultur und in festliche Walzerklänge. Brochs Vision wurde vom Wissen im nachhinein bestimmt, aber es gab bereits damals einige kritische Geister – nicht Freud, den die Medizin und die Liebe beschäftigten –, welche die Donau schlammig und den Champagner abgestanden fanden und den Walzer für einen verzweifelten Tanz am Rande eines grollenden Vulkans hielten.

Wien blieb in diesen Jahrzehnten eine beliebte Zuflucht für jüdische Einwanderer aus dem Osten. Sie kamen in weit größerer Zahl als in jede deutsche Stadt, denn wenn auch die Signale aus Österreich gemischt waren, so war die Situation anderswo noch schlimmer. Im späten 19. Jahrhundert ließen sich die Juden Wiens in verschiedene Gruppen einteilen: alteingesessene Familien, Einwanderer aus dem Ausland, hauptsächlich Rußland, und Neuankömmlinge aus den Habsburger Ländern Galizien, Ungarn oder (wie die Freuds) Mähren. Und diese Gruppen fluktuierten. So wie Tausende von Juden in die Stadt strömten, in der sie eine Zuflucht vor Verfolgung und einen Hafen sahen, der ihnen Existenzmöglichkeiten bot, so verließen sie viele wieder, um sich in Deutschland oder in Übersee niederzulassen.[52] Es sollte in den 1880er und 1890er Jahren Augenblicke geben, in denen auch Freud daran dachte auszuwandern, vielleicht in die Vereinigten Staaten, wahrscheinlicher aber nach England, das er seit seiner Jugend geliebt hatte.

Der Anprall der jüdischen Invasion, wie Antisemiten aller Arten es nannten, stellte die assimilierten Juden Wiens vor ein Dilemma, das ihren Genossen anderswo, in Berlin oder London, ebenso zu schaffen machte, wenn auch weniger akut. Ein Maß von Sympathie für die bettelarmen, oft traumatisierten Flüchtlinge aus einem umnachteten Osteuropa wurde oft unterdrückt von einer defensiven Ablehnung ihrer Gewohnheiten und äußeren Erscheinung. Freud war von solchen Gefühlen nicht frei. Als er als Sechzehnjähriger von einem Besuch in seinem Geburtsort Freiberg zurückkehrte, geriet er im Zug in die Gesellschaft eines »hoch-ehrwürdigen alten Juden und einer entsprechenden alten Jüdin samt melancholisch schmachtendem Töchterlein und einem frechen hoffnungsvollen Sohn«, und er beschrieb seinem Freund Emil Fluß, der selbst Jude war, seine Abneigung: »Die Gemeinschaft war mir unerträglicher als jede andere.« Er glaubte in dem alten Mann einen Juden aus Freiberg zu erkennen, der ihm gut bekannt zu sein schien. »Der Mann war ein Typus. Der Junge, mit dem er sich über Religion unterhielt, war es ebenfalls. Er war vom Holz, aus dem das Schicksal die Schwindler schneidet, wenn die Zeit gekommen ist: pfiffig, verlogen, von den teueren Verwandten im Glauben erhalten, er sei ein Talent, dabei ohne Grundsätze und Weltanschauung.«[53] Ein professioneller Judenhetzer hätte es kaum kraftvoller ausdrücken können.*

Viele der Einwanderer aus den elenden Dörfern des Ostens kleideten sich und sprachen und gestikulierten auf eine Weise, die den Wienern fremd und unangenehm war. Sie waren zu exotisch, um vertraut zu sein, und nicht exotisch genug, um reizvoll zu sein. Sie kamen als Hausierer und kleine Händler, aber viele ihrer Söhne ergriffen Berufe, die engstirniger Kritik und Verleumdung ausgesetzt waren; sie gingen ins Bankwesen oder in den Großhandel oder wurden Journalisten. In den 1880er Jahren waren mindestens die Hälfte aller Wiener Journalisten, Ärzte und Anwälte Juden. Freud, der auf dem Gymnasium an eine juristische oder medizinische Laufbahn dachte, verhielt sich vollkommen konventionell. Viele junge Juden in Wien dachten wie er. Sie demonstrierten ihre sprichwörtliche Lernbegierde, strömten in die Lehranstalten Wiens, und da sie sich in bestimmten Bezirken konzentrierten, drängten sie sich in einigen wenigen Schulen zusammen, bis ihre Klassen erweiterten Familienclans ähnelten. Während der acht Jahre, in denen Freud sein Gymnasium besuchte, das heißt zwischen 1865 und 1873, stieg die Zahl der jüdischen Schüler dort von 68 auf 300 oder von 44 auf 73 Prozent der gesamten Schülerschaft.[54]

Die österreichischen Nichtjuden, die sich durch diese stetig zunehmende Zahl der Juden umzingelt fühlten, äußerten ihre Sorge in Witzblättern, Klubs und politischen Versammlungen. Sie machten ängstliche Witze, plädierten für die Assimilation der »fremden« Invasoren, und einige von ihnen forderten laut ihre Ausweisung. Im Jahre 1857, als Freud ein Jahr alt war,

---

* Da weitere Hinweise fehlen, bleibt diese hochmütige Beschreibung etwas mysteriös. Sie mag die Art von Snobismus widerspiegeln, die ein gebildeter, Deutsch sprechender Jude empfand und mit seinen engen Freunden teilte. Da aber auch Freuds Mutter unbestreitbar die osteuropäische Aussprache hatte, muß man sich fragen, ob Freud entweder die Herkunft seiner Mutter leugnete oder, subtiler und weniger bewußt, gegen sie rebellierte.

erfaßte die Volkszählung mehr als 6000 Juden in Wien; das waren etwas mehr als zwei Prozent der Bevölkerung.[55] Zehn Jahre später waren Juden dank der günstigen Gesetzgebung und der verbesserten wirtschaftlichen Chancen in großen Wellen in die Stadt gezogen; ihre Zahl machte nun 40 000 oder sechs Prozent aus. Jacob Burckhardt, der große Schweizer Historiker der Renaissance, der die Hast und Nervosität der modernen Zivilisation verabscheute und in den Juden ihre höchste Verkörperung sah, klagte 1872 während eines seiner Besuche grimmig darüber, daß die Juden in Wien regierten. Mit offensichtlichem Beifall bemerkte er den »wachsenden Widerwillen gegen die allmächtigen Juden und deren durch und durch käufliche Presse«.[56] Doch die Invasion war noch nicht vorüber, und 1880, als ihre Zahl auf über 72 000 angewachsen war, war jeder zehnte Einwohner Wiens Jude. Als Burckhardt 1884 in die Stadt zurückkehrte, fand er sie gründlich »verjudet«,[57] ein abstoßender Ausdruck, der zu Freuds Lebzeiten eine unheilvolle Karriere machte. Sicherlich drückte er eine weitverbreitete Ansicht aus.

Das 19. Jahrhundert erwies sich also, obwohl es das Zeitalter der Judenemanzipation in ganz Europa war, als ein nervöses Zwischenspiel zwischen dem alten Antisemitismus und dem neuen. Die Emanzipation selbst war die Ursache der Reaktion. Der Jude, der arrogante Auserwählte des Herrn von eigenen Gnaden und Christusmörder, wurde zum Juden, dem Spekulanten und zersetzenden Kosmopoliten. Die Kinder plapperten natürlich ihren Eltern nach, und antijüdische Reden flossen von der öffentlichen Demagogie und den Familienvorurteilen über in die tägliche Hänselei der Schulkinder. In den höheren Klassen seines Gymnasiums erwuchs auch Freud »das erste Verständnis für die Konsequenzen der Abstammung aus landesfremder Rasse«. Als die »antisemitischen Regungen unter den Kameraden mahnten, Stellung zu nehmen«,[58] identifizierte er sich um so mehr mit dem Helden seiner Kindheit, dem Semiten Hannibal.

Zur gleichen Zeit erweiterten sich die Möglichkeiten, die emanzipierten österreichischen Juden winkten, über den finanziellen Profit oder das berufliche Fortkommen hinaus. Juden nahmen an prominenter Stelle am kulturellen Leben Wiens als seine Produzenten und Mittelsmänner teil. Sie waren Verleger, Herausgeber, Galeriebesitzer, Theater- und Musikveranstalter, Dichter, Romanciers, Dirigenten, Virtuosen, Maler, Wissenschaftler, Philosophen und Historiker.* Namen wie Arthur Schnitzler, Karl Kraus und Gustav Mahler deuten die Vielfalt dieser stattlichen Reihe von Begabungen nur an. In der Beamtenschaft der Doppelmonarchie und in

---

* Als er sich an seinen Aufenthalt in Wien am Ende des Jahrhunderts erinnerte, betonte der deutsch-jüdische Romancier Jakob Wassermann, daß im auffälligen Gegensatz zu Deutschland »hier fast alle Menschen, mit denen ich in geistige oder herzliche Berührung kam, Juden waren... Ich erkannte aber bald, daß die ganze Öffentlichkeit von Juden

ihrer Armee machten Juden Karriere, großenteils nachdem sie zum Katholizismus übergetreten waren, aber manche erreichten auch ohne Taufe einen hohen Rang. Eine Anzahl jüdischer Familien wurde wegen ihres Reichtums oder ihrer Verdienste um den Staat geadelt, ohne ihre Herkunft verleugnen, geschweige denn sich von ihr lossagen zu müssen.

Arthur Schnitzler, sechs Jahre jünger als Freud, Arzt, Psychologe, Erzähler und Dramatiker, erinnerte sich an diese zwiespältige Situation in seiner Autobiographie: »Damals, es war in der Spätblütezeit des Liberalismus, existierte der Antisemitismus zwar, wie seit jeher, als Gefühlsregung in zahlreichen, dazu disponierten Seelen und als höchst entwicklungsfähige Idee; aber weder als politischer noch als sozialer Faktor spielte er eine bedeutende Rolle. Nicht einmal das Wort war geprägt, und man begnügte sich damit, Leute, die den Juden besonders übel gesinnt waren, fast abschätzig als ›Judenfresser‹ zu bezeichnen.«[59] Schnitzler kannte in seiner Schulklasse nur einen von dieser Art, und der war unbeliebt als Dandy, Snob und Dummkopf. Der Antisemitismus jener Jahre, fand Schnitzler, war weder beachtenswert noch gefährlich. Aber er machte ihn besorgt und bitter. Der Judenhaß war ein Ärgernis, das mit den Jahren immer unangenehmer, immer bedrohlicher wurde. Ein anderer gebildeter Wiener Zeuge, Dr. Valentin Pollak, geboren 1871, erinnerte sich: »In meiner frühen Jugend war er noch nur dumpfer Haß.« Er wurde »von der guten Gesellschaft nicht akzeptiert, aber wir bekamen ihn stark zu spüren«. Man mußte sich gegen brutale Überfälle halbwüchsiger Rowdys wehren.[60] Österreichs Juden hatten etwas Besseres erhofft. Aber bis zur vollen Entfaltung des rassischen Antisemitismus in den späten 1890er Jahren kämpfte der Optimismus die düsteren Vorahnungen nieder. Es war eine Zeit, in der jüdische Schuljungen, Freud und andere, in ihrer Phantasie die Uniform eines Generals, das Katheder eines Professors, das Portefeuille eines Ministers oder das Skalpell eines Chirurgen vor sich sahen.

Der Reiz der Forschung

Ehrgeizig, nach außen hin selbstsicher, brillant in der Schule und unersättlich in seiner Lektüre, hatte der heranwachsende Freud allen Grund zu glauben, daß er eine ausgezeichnete Karriere vor sich hatte, eine so ausgezeichnete, wie es die nüchterne Wirklichkeit zulassen würde. »Auf dem

beherrscht wurde. Die Banken, die Presse, das Theater, die Literatur, die gesellschaftlichen Veranstaltungen, alles war in den Händen von Juden.« Da der österreichische Adel »vollkommen teilnahmslos« war, blieb das geistige und künstlerische Leben einigen Außenseitern – und den Juden überlassen (Jakob Wassermann, *Mein Weg als Deutscher und Jude*, 1922, S. 102 f.).

Gymnasium«, so faßte er seine Leistungen kurz zusammen, »war ich durch sieben Jahre Primus, hatte eine bevorzugte Stellung, wurde kaum je geprüft.«[61] Die Zeugnisse, die er aufhob, zollen seinem beispielhaften Betragen und seiner hervorragenden Arbeit in der Klasse Anerkennung. Seine Eltern sagten natürlich große Dinge für ihn voraus, und andere wie der Religionslehrer und väterliche Freund Samuel Hammerschlag bestätigten gern ihre liebevollen und extravaganten Erwartungen.

Aber bevor er daranging, die Hoffnungen seiner Eltern und seine eigenen zu erfüllen, machte Freud seinen adoleszenten Übergangsritus durch: die erste Liebe. Im Jahre 1872, als er sechzehn war, kehrte er zu einem Besuch nach Freiberg zurück. Einer seiner Reisegefährten war Eduard Silberstein, sein intimster Freund in jenen Jahren. Die beiden hatten eine exklusive, geheime »Spanische Akademie« gegründet, die keine anderen Mitglieder hatte als sie; sie sprachen sich gegenseitig mit den Namen zweier Hunde aus einer Erzählung des Cervantes an und wechselten vertrauliche Briefe in spanischer Sprache neben ihrer umfangreicheren deutschen Korrespondenz. In einer gefühlvollen Mitteilung bekannte sich Freud zu einem »angenehmen, sehnsüchtigen Gefühl« in Abwesenheit seines Freundes und zu einem »Sehnen« nach einem »herzlichen« Gespräch.[62] Eine andere seiner vertraulichen Botschaften an seinen »Queridisimo Berganza!« trägt die Warnung: »Möge keine andere Hand diesen Brief berühren« – *No mano otra toque esa carta.*[63] Das war der Brief, in dem Freud seine intimsten Liebesgefühle vor seinem Freund ausbreitete.

Das scheinbare Objekt der Zuneigung Freuds war Gisela Fluß, ein Jahr jünger als er und die Schwester eines anderen Schulfreundes, der ebenfalls aus Freiberg stammte. Er war sehr eingenommen von diesem »halb naiven, halb gebildeten Mädchen«, hatte aber seine Gefühle für sich behalten und gab seinem »unsinnigen Hamlettum« und seiner Schüchternheit die Schuld an seinem Unvermögen, sich das Vergnügen eines Gesprächs mit ihr zu verschaffen.[64] Er bezeichnete Gisela Fluß noch immer, wie schon seit einigen Monaten, durch ein gelehrtes Wortspiel mit ihrem Namen als »Ichthyosaura«, was für eine Fluß treffend zu sein schien, denn Ichthyosaurus war ein, passenderweise ausgestorbenes, Flußwesen.[65] Doch seine »erste Schwärmerei«, wie er es nannte,[66] lief auf nicht mehr als scheue Anspielungen und einige rührende Begegnungen hinaus.

Freuds Geständnis gegenüber seinem Freund Silberstein legt aber tatsächlich die starke Vermutung nahe, daß das ganze Erlebnis im wesentlichen eine verspätete ödipale Verliebtheit war: Er verweilte lange bei den Reizen von Giselas Mutter, einer wohlhabenden Freiberger Matrone, und zählte sie mit Entzücken auf: ihre Intelligenz, ihre Kultiviertheit, ihre Vielseitigkeit, ihre unveränderliche Fröhlichkeit, ihre liebe Art, mit ihren Kindern umzugehen, und ihre herzliche Gastfreundschaft, nicht zuletzt ihm gegenüber.[67] Frau Fluß war also mehr als ihre Tochter Gisela das wahre Ziel seiner schweigsamen, flüchtigen, jünglingshaften Leidenschaft: »Es scheint«, gab er zu und nahm damit intuitiv die Art von Wahrnehmung vorweg, der er sein Leben widmen sollte, »daß ich die Achtung vor der Mutter als Freundschaft auf die Tochter übertragen habe.«[68]

Aber bald hatte Freud ernstere Dinge im Sinn. Er stand vor dem Beginn seines Universitätsstudiums, und die Wahl einer Laufbahn war wie seine Hoffnung auf Ruhm nicht frei von inneren Konflikten und schmerzlichen Rückschlägen, an die er sich nur zu gut erinnerte. In seiner *Traumdeutung* zeichnete er einen demütigenden Zwischenfall auf, der auf sein siebentes oder achtes Lebensjahr zurückging. Eines Abends hatte er im Schlafzimmer seiner Eltern, in ihrer Gegenwart, uriniert. Freud, der Psychoanalytiker, erklärte später, warum Knaben so etwas tun wollen könnten. Erbost hatte Jacob Freud zu seinem Sohn gesagt, aus ihm würde nichts werden. Die Erinnerung an diese Episode verfolgte den jungen Freud jahrelang. Sie war eine »furchtbare Kränkung für meinen Ehrgeiz«, und sie kehrte in seinen Träumen wieder.[69] Vielleicht trug sich der Vorfall nicht ganz so zu. Aber da entstellte Erinnerungen nicht weniger aufschlußreich sind und vielleicht sogar noch aufschlußreicher als korrekte, scheint diese Erinnerung seine Sehnsüchte und seine Zweifel einzuschließen. So oft er daran dachte, gestand Freud, zählte er rasch seine Leistungen und Erfolge auf, so als wollte er seinem Vater triumphierend zeigen, daß schließlich doch etwas aus ihm geworden war.* Wenn er tatsächlich im Schlafzimmer seiner Eltern urinierte, so muß das ein seltener Augenblick im Haushalt der Freuds gewesen sein: Der selbstbeherrschte Junge, der einem augenblicklichen unwiderstehlichen Impuls nachgibt, der liebevolle Vater, der in flüchtiger Reizbarkeit außer sich gerät. Im allgemeinen konnte der Goldjunge der Freuds nichts Unrechtes tun – und er tat auch nichts Unrechtes.

Die Impulse, die Freuds Suche nach Größe belebten – und von denen das Bedürfnis nach Rache und Selbstrechtfertigung nicht ausgeschlossen werden kann –, waren alles andere als durchsichtig. Daher sind auch die Motive, die seine Wahl der Medizin und den Weg bestimmten, dem er folgte, sobald er seinen Entschluß gefaßt hatte, schwer zu enträtseln. Freuds Schilderung bedarf, obwohl sie präzise ist, der Deutung und Ausarbeitung. Er

---

* Freud erzählte diese Szene im Zuge der Deutung des Traumes vom Grafen Thun. Wie Kommentatoren mit Recht aufzeigten, gibt es da Schwierigkeiten über Schwierigkeiten. Es erscheint möglich, daß Freud aus sexueller Neugier in das Schlafzimmer seiner Eltern eindrang und dann in seiner Aufregung urinierte. Sachdienlicher ist hier, daß Freud 1914 den Kommentar hinzufügte, daß Bettnässen, wozu er mit zwei Jahren gelegentlich neigte und das er mit der Schlafzimmerszene assoziierte, mit dem Charakterzug des Ehrgeizes zusammenhängt (siehe *Die Traumdeutung*, G.W., Bd. 2/3, S. 221).

beschreibt seine Konflikte, übervereinfacht aber ihre Lösung. »Unter dem
mächtigen Einfluß einer Freundschaft mit einem etwas älteren Gymnasial-
kollegen, der nachher als Politiker bekannt wurde, wollte auch ich Jura
studieren und mich sozial betätigen.« Der Kollege war der spätere Sozial-
politiker Heinrich Braun, der Mitbegründer der *Neuen Zeit*, des Zentralor-
gans der Sozialdemokratischen Partei Deutschlands. »Indes, die damals ak-
tuelle Lehre Darwins zog mich mächtig an, weil sie eine außerordentliche
Förderung des Weltverständnisses versprach, und ich weiß, daß der Vortrag von Goethes schönem Aufsatz ›Die Natur‹ in einer populären Vorlesung von Professor Carl Brühl kurz vor der Reifeprüfung die Entscheidung
gab, daß ich Medizin inskribierte.«[70]

Die Geschichte trägt den Stempel der Mythenbildung oder jedenfalls der
übermäßigen Verdichtung. Carl Bernhard Brühl, ein prominenter verglei-
chender Anatom und Professor für Zootomie an der Universität Wien, war
ein mitreißender Vortragsredner. Das Fragment, das Freuds Sinneswandel
herbeiführte, ist eine emotionale und pathetische Hymne, die eine eroti-
sierte Natur als eine allumfassende, beinahe erdrückende, sich ständig er-
neuernde Mutter preist. Sie mag den endgültigen Anstoß zu einer Entscheidung gegeben haben, die in Freuds Geist schon seit einiger Zeit reifte. Er
sagte das mehr als einmal.[71] Aber sie war keineswegs eine plötzliche Offenbarung. Zu viel war vorausgegangen, um dem Fragment im Stile Goethes
die Bedeutung zu verleihen, die Freud ihm zuschrieb. Letzten Endes war es
nicht einmal von Goethe.[72]

Welchen Weg auch immer Freuds Überlegungen eingeschlagen hatten:
Mitte März 1873 teilte er in einem Ton, den er selbstbewußt als orakelhaft
bezeichnete, seinem Freund Emil Fluß mit, er könnte »eine Neuigkeit melden, die wohl die größte meines armseligen Lebens ist«. Dann zögerte er in
einer ambivalenten Stimmung, die für ihn ganz uncharakteristisch war. Die
Sache war noch nicht spruchreif. »Ich wollte nicht gern etwas Unfertiges
für eine Tatsache ausgeben, um es dann zurücknehmen zu müssen.«[73]
Freud brauchte noch bis zum 1. Mai, um sich zu voller Klarheit durchzurin-
gen. »Wenn ich den Schleier lüfte, werden Sie nicht enttäuscht sein?« fragte
er Fluß. »Nun versuchen Sie: ich habe festgestellt, Naturforscher zu werden.« Er wollte das Jusstudium sein lassen. Aber in leichtem Ton weiter-
schreibend, bediente sich Freud noch des juristischen Vokabulars, wie um
eine noch verbliebene Neigung für die Laufbahn anzudeuten, die er aufgab:
»Ich werde Einsicht nehmen in die jahrtausendealten Akten der Natur, vielleicht selbst ihren ewigen Prozeß belauschen und meinen Gewinn mit jedermann teilen, der lernen will.«[74] Das ist flott, sogar witzig gesagt, aber es
läßt die Hartnäckigkeit von Konflikten ahnen, die überwunden oder vielmehr resolut beiseitegeschoben wurden. Im August dieses Jahres legte
Freud einem Brief an Silberstein eine gedruckte Visitenkarte bei, auf der

stand: »Sigismund Freud / stud. jur.«[75] Das mag ein Scherz gewesen sein, aber ein Scherz, der ein Bedauern andeutet.

Fritz Wittels, ein Wiener Arzt, der einer von Freuds einzelgängerischen Anhängern und sein erster Biograph wurde, stellte 1923 die kluge Mutmaßung an, daß Freuds Anspruch auf den Platz des Fragments »Die Natur« in seinem Leben nach einer Deckerinnerung klingt, der Art von harmloser Erinnerung, die hinter ihrer scheinbaren Klarheit ein ernstes, weniger eindeutiges vergangenes Erlebnis verbirgt.[76] Die mütterliche Vision, die durch das von Brühl vorgetragene Fragment heraufbeschworen wurde mit ihrer Verheißung von Schutz, umfangender Wärme und unerschöpflicher Nahrung mag Freud angesprochen haben, der damals ein leicht zu beeindruckender Jüngling war. Aber welcher Art auch die Wirkung war, »Die Natur« fiel auf fruchtbaren Boden.

Jedenfalls ist es höchst unwahrscheinlich, daß ernster, praktischer väterlicher Rat die Medizin verlockender machte als die Jurisprudenz. Freud legte Wert darauf, schriftlich festzuhalten: »Obwohl wir in sehr beengten Verhältnissen lebten, verlangte mein Vater, daß ich in der Berufswahl nur meinen Neigungen folgen sollte.« Wenn Freuds Erinnerung an den Vortrag von »Die Natur« wirklich eine Deckerinnerung war, muß sie nicht vernunftgemäße, sondern emotionale Motive verborgen haben. Er wählte die Medizin frei, aber er schrieb in seiner »Selbstdarstellung«: »Eine besondere Vorliebe für die Stellung und Tätigkeit des Arztes habe ich in jenen Jugendjahren nicht verspürt, übrigens auch später nicht. Eher bewegte mich eine Art von Wißbegierde...«[77] Dies ist einer der suggestivsten autobiographischen Abschnitte, die Freud je veröffentlichte. Freud, der Psychoanalytiker, sollte später auf die sexuelle Neugier von Knaben als auf die wahre Quelle wissenschaftlicher Neugier hinweisen. Es ist eine vernünftige Spekulation, die Episode im Schlafzimmer seiner Eltern mit sieben oder acht Jahren als einen direkten, ziemlich groben Ausdruck einer solchen Neugier zu sehen, die später in verfeinerter Form zur Forschung wurde.

Das Studium der Medizin versprach Freud psychologische Belohnungen, die über die Sublimierung seines primitiven Wissensdurstes hinausgingen. Als junger Mann, bemerkte er später, hatte er noch nicht begriffen, wie wichtig die Beobachtung (die Distanz und Objektivität einschließt) für seine unersättliche Neugier war. Kurze Zeit vor seiner Heirat skizzierte er für seine Verlobte ein kleines Selbstporträt, das den gleichen Mangel an kühler Distanz andeutet: »Mir war oft so, als hätte ich den ganzen Trotz und die ganze Leidenschaft meiner Ahnen, als sie ihren Tempel verteidigten, geerbt.« Aber außerstande, seine »glühenden Leidenschaften... durch ein Wort oder ein Gedicht zum Ausdruck zu bringen, hatte er sie immer unterdrückt«.[78] Als ihn viele Jahre später sein Biograph Ernest Jones fragte, wieviel Philosophie er gelesen habe, antwortete Freud: »Sehr wenig. In jungen Jahren war meine Neigung zum Spekulieren so groß, daß ich ihr um keinen Preis nachgeben wollte.«[79] In seinem letzten Lebensjahr sprach er noch in demselben Ton von einer »gewissen Scheu vor meiner subjektiven Neigung, in der wissenschaftlichen Forschung der Phantasie zuviel einzuräumen«.[80] Zweifellos hielt es Freud für wesentlich, seiner wissenschaftlichen Phantasie die Zügel schießen zu lassen, vor allem in den Jahren der Entdeckungen. Aber aus seinen Selbsteinschätzungen – in Briefen, bekennenden wissenschaftlichen Schriften und aufgezeichneten Gesprächen – sind immer eine gewisse Furcht, sich in einem Morast von Spekulationen zu verlieren, und ein starker Wunsch nach Selbstbeherrschung herauszuhören. Noch in seinem dritten Jahr an der Universität, 1875, dachte Freud daran, »ein Doktorat der Philosophie auf Grund von Philosophie und Zoologie zu erwerben«.[81] Aber die Medizin trug am Ende den Sieg davon, und seine Hinwendung zur Medizin, einem rigorosen, peinlich genauen, empirischen, verantwortungsvollen Studium, war eine Methode, die liebende, erdrückende Mutter Natur nicht zu umarmen, sondern zu fliehen oder doch auf Armeslänge entfernt zu halten. Die Medizin war ein Teil der Selbsteroberung Freuds.

Schon bevor er im Juni 1873 auf dem Gymnasium seine Reifeprüfung mit Auszeichnung ablegte, erkannte Freud, daß die Natur, die er am eifrigsten zu verstehen wünschte, die menschliche Natur war. Seine Wißbegierde, bemerkte er im Rückblick, bezog sich »mehr auf menschliche Verhältnisse als auf natürliche Objekte«.[82] Er demonstrierte diese Neigung frühreif in Briefen an seine engsten Freunde, die voll von unverhohlener Neugier und psychologischen Wahrnehmungen waren. »Mich freut es«, schrieb er Emil Fluß im September 1872, als er ganze sechzehn Jahre alt war, »das dichte Gewebe von verbindenden Fäden zu erkennen, das Zufall und Schicksal um uns alle gesponnen.«[83] So jung er war, fand Freud bloße oberflächliche Mitteilungen bereits höchst suspekt. »Ich habe bemerkt«, beklagte er sich im Sommer 1872 bei Eduard Silberstein, »daß Du mich nur eine Auswahl Deiner Erlebnisse hast wissen lassen, aber Deine Gedanken ganz für Dich behalten hast.«[84] Er suchte schon nach tieferen Enthüllungen. Als er über die Weltausstellung berichtete, die im Frühjahr 1873 in Wien stattfand, sagte er, er finde sie schön, aber sie habe ihn nicht entzückt. »Ein großes zusammenhängendes Bild des menschlichen Treibens ... finde ich nicht, ebensowenig wie ich aus einem Herbarium die Züge einer Landschaft herausfinden kann.« – »Die Großartigkeit der Welt«, schrieb er ein wenig später, »beruht ja auf dieser Mannigfaltigkeit der Möglichkeiten, nur ist's leider kein fester Grund für unsere Selbsterkenntnis.«[85] Das sind die Worte eines geborenen Psychologen.

Freuds Ambivalenz gegenüber der medizinischen Praxis war nicht ausgeprägt genug, um seinen Wunsch zu heilen oder seine Freude an der Behandlung zu vereiteln. Im Jahre 1866, als zehnjähriger Schuljunge, hatte er schon energisch humanitäre Neigungen gezeigt, indem er seine Lehrer anflehte, eine Kampagne zu organisieren, um Verbandzeug für die im Krieg gegen Preußen verwundeten österreichischen Soldaten zu beschaffen. Beinahe ein Jahrzehnt später, 1875, als er schon zwei Jahre an der medizinischen Fakultät studiert hatte, gestand er Eduard Silberstein: »Ich habe jetzt mehr als ein Ideal, zu dem theoretischen der frühen Jahre ist noch ein praktisches hinzugekommen. Voriges Jahr hätte ich auf die Frage, was mein höchster Wunsch sei, geantwortet: ein Laboratorium und freie Zeit oder ein Schiff auf dem Ozean mit allen Instrumenten, die der Forscher braucht.« Offensichtlich hatte Freud seinen bewunderten Darwin im Sinn, der so fruchtbare Jahre auf der *Beagle* verbracht hatte, als er sich dieser Phantasie hingab. Aber die Entdeckung wissenschaftlicher Wahrheiten war nicht Freuds einziger Wunsch. »Jetzt«, fuhr er fort, »schwanke ich, ob ich nicht lieber sagen sollte: ein großes Spital und reichlich Geld, um einige von den Übeln, die unseren Körper heimsuchen, einzuschränken oder aus der Welt zu schaffen.«[86] Dieser Wunsch, gegen die Krankheit zu kämpfen, brach periodisch hervor. »Ich kam heute ganz ratlos zu meinem Patienten, woher ich die nötige Teilnahme und Aufmerksamkeit für ihn nehmen würde«, schrieb er 1883 seiner Braut. »Ich war so matt und apathisch. Aber das schwand, als er zu klagen begann und ich zu merken, daß ich hier ein Geschäft und eine Bedeutung habe.«[87]

Doch die konsequenteste Sublimierung seiner kindlichen Neugier betraf wissenschaftliche Forschungen, die Rätsel des Geistes und der Kultur. Als er 1927 zurückblickte, bestand er darauf, daß er eigentlich kein richtiger Arzt gewesen sei und nach großem Umweg die »anfängliche Richtung« wiedergefunden habe.[88] Und in seinem endgültigen autobiographischen Rückblick, den er 1935 mit beinahe achtzig Jahren schrieb, sprach er von einer »regressiven Entwicklung«, die er durchgemacht habe. »Nach dem lebenslangen Umweg über die Naturwissenschaften, Medizin und Psychotherapie« war sein Interesse »zu jenen kulturellen Problemen zurückgekehrt, die dereinst den kaum zum Denken erwachten Jüngling gefesselt hatten«.[89] Wir werden feststellen, daß der Umweg weniger ablenkend war, als Freuds Formulierung andeutet. Alles war, wie die Psychoanalytiker sagen, Wasser auf seine Mühle.

An der Universität Wien begegnete Freud einem Antisemitismus, der aufreizend und denkwürdig genug war, um ein halbes Jahrhundert später einen prominenten Platz in seiner »Selbstdarstellung« zu finden. Er legte Wert auf die Feststellung, daß er mit Trotz und sogar Zorn reagiert habe.

Typischerweise verwandelte er seinen Zorn in einen Vorteil. Nichtjüdische Studenten muteten ihm unverschämterweise zu, daß er sich »minderwertig« und »nicht volkszugehörig fühlen sollte«, weil er Jude war. Das lehnte er »mit aller Entschiedenheit« ab: »Ich habe nie begriffen, warum ich mich meiner Abkunft, oder wie man zu sagen begann: Rasse, schämen sollte.« Mit derselben Selbstachtung und »ohne viel Bedauern« verzichtete er auf das zweifelhafte Privileg dazuzugehören und fühlte, daß ihm seine Isolierung gut tun würde. Zur Opposition verdammt zu sein, fand er, kam seiner Neigung zu »einer gewissen Unabhängigkeit« entgegen. Er erinnerte sich an den ehrlichen und mutigen Dr. Stockmann in Ibsens *Ein Volksfeind* und gestand, daß er es genoß, »von der ›kompakten Majorität‹ in Bann getan zu werden«.[90]*

Er prahlte nicht im nachhinein. Man hat Belege für Freuds moralischen und physischen Mut. Im März 1875 sagte er Eduard Silberstein, daß sein Vertrauen in das allgemein Akzeptierte geschwunden und daß seine »geheime Neigung zur Meinung der Minderheit« gewachsen sei.[91] Diese Haltung gab ihm die Kraft für seine Auseinandersetzungen mit dem medizinischen Establishment und seinen eingewurzelten Meinungen. Aber er empfand einen besonderen Zorn gegen Antisemiten. Auf einer Eisenbahnreise im Jahre 1883 begegnete er einigen von ihnen. Verärgert, weil er das Fenster geöffnet hatte, um frische Luft zu bekommen, nannten sie ihn einen »elenden Juden«, machten beleidigende Bemerkungen über seinen unchristlichen Egoismus und wollten es »ihm zeigen«. Offensichtlich ungerührt, forderte Freud seine Gegner auf heranzukommen, er schrie sie an und triumphierte über das »Gesindel«.[92] Sein Sohn Martin erinnerte sich, daß Freud 1901 in der bayerischen Sommerfrische Thumsee eine Bande von zehn Männern und einigen weiblichen Helferinnen, die Martin und seinen Bruder Oliver mit antisemitischen Schmähreden beschimpften, in die Flucht schlug, indem er sie wütend mit seinem Spazierstock attackierte.[93] Freud muß in solchen Augenblicken einen befriedigenden Gegensatz zur passiven Unterwerfung seines Vaters unter Schikanen gesehen haben.

Die Schaustellungen einer kämpferischen Haltung waren jedoch vorerst noch der Zukunft vorbehalten. Das Universitätsleben der 1870er Jahre war

---

* Um Weihnachten 1923 las Freud ein Vorausexemplar von Fritz Wittels' Biographie und machte darin reichlich Anmerkungen. Über Freuds frühe Jahre hatte Wittels geschrieben: »Sein Schicksal als Jude im deutschen Kulturkreis ließ ihn frühzeitig an dem Gefühl der Minderwertigkeit erkranken, dem kein deutscher Jude entgehen kann.« Freuds Randbemerkung war: »!« — womit er starken Widerspruch auszudrücken pflegte. Es ist möglich, daß Freuds nachdrückliche Behauptung, er sei von dem Gefühl der Minderwertigkeit verschont geblieben, eine indirekte Reaktion auf Wittels' Charakterisierung war (siehe S. 14 f. in Freuds Exemplar von Wittels, *Sigmund Freud*, Freud Museum, London).

noch nicht, wie später, durch antisemitische Studentenkrawalle entstellt. Vorerst war moralischer Mut alles, was Freud brauchte – und eine Richtung. Er begann sein Universitätsstudium früh, mit siebzehn Jahren, und beendete es spät, 1881, als er fünfundzwanzig war. Seine umfassende Neugier und sein Hang zur Forschung hinderten ihn daran, seinen Doktorgrad innerhalb der üblichen fünf Jahre zu erwerben. Freuds allgemeines Interesse war programmatisch. »Was das erste Jahr an der Universität anbetrifft«, meldete er seinem Freund Silberstein, »so will ich es ganz mit dem Studium humanistischer Gegenstände verbringen, die mit meinem zukünftigen Beruf nichts zu tun haben, aber dennoch nicht nutzlos für mich sein werden.« Er erklärte, daß er, nach seinen Plänen befragt, sich weigern würde, »eine endgültige Antwort zu geben und nur sagen wolle – oh, Wissenschaftler, Professor, etwas dieser Art«.[94] So kritisch er gegenüber der Philosophie und denen sein sollte, die sich wie Silberstein »aus Verzweiflung der Philisophie ergeben hatten«,[95] las Freud doch in diesen Jahren selbst viel Philosophie. Es ist jedoch bezeichnend, daß der Denker, den er mit dem größten Gewinn las, Ludwig Feuerbach war. »Unter allen Philosophen«, teilte er Silberstein 1875 mit, »verehre und bewundere ich diesen Mann am meisten.«[96]

Ein Erbe der Aufklärung des 18. Jahrhunderts wie Freud mußte an Feuerbach, dem geistig robustesten unter den Linkshegelianern, viel zu bewundern finden. Feuerbach hatte einen Stil kultiviert, der frei war von den trockenen Abstraktionen, welche die deutsche akademische Prosa ungenießbar machen, und dazu eine kämpferische Manier, die seine Leser begeisterte oder entsetzte, als er die Waffen aufnahm gegen die »albernen und perfiden Urtheile«[97] seiner Verleumder. Er hatte Freud viel zu lehren, was die Substanz und den Stil anbetraf: Er betrachtete es als seine Aufgabe, die Theologie zu demaskieren, ihre nur allzu weltlichen Wurzeln in der menschlichen Erfahrung bloßzulegen. Die Theologie mußte Anthropologie werden. Genaugenommen war Feuerbach kein Atheist, und er war mehr darauf bedacht, das wahre Wesen der Religion vor den Theologen zu retten, als sie ganz zu zerstören. Aber seine Lehre und seine Methode waren dazu angetan, Atheisten zu machen. Das Ziel seiner Arbeit über Religion, schrieb er in seinem berühmtesten Buch, *Das Wesen des Christentums*, das erstmals 1841 erschien, war im Grunde »die Vernichtung einer *Illusion*«, und zwar einer »*grundverderblichen*« Illusion.[98] Freud, der sich schließlich selbst als Zerstörer von Illusionen sah, fand diese Haltung höchst kongenial.

Feuerbach war noch auf eine andere Weise Freud kongenial: Er kritisierte den größten Teil der Philosophie beinahe ebensosehr wie die Theologie. Er stellte seine eigene Art des Philosophierens als die genaue Antithese,

die »Auflösung« der »*absoluten, immateriellen, der mit sich selbst zufrie-
denen* Speculation« dar.[99] Er gab, wie später Freud, zu (oder vielmehr erklärte ausdrücklich), daß ihm das Talent für das »Formal-Philosophische,
das Systematische, das Enzyklopädisch-Methodologische« fehlte.[100] Er
suchte nicht Systeme, sondern die Wirklichkeit und sprach seiner Philosophie sogar den Namen Philosophie und sich selbst den Titel eines Philosophen ab. »Ich bin nichts als ein geistiger Naturforscher.«[101] Das war ein
Name, den sich Freud selbst zu eigen machen konnte.

Seine philosophischen Erkundungen als junger Universitätsstudent
brachten Freud in die erfrischende und verführerische Atmosphäre des Philosophen Franz Brentano. Er besuchte nicht weniger als fünf Vorlesungs-
reihen und Seminare, die dieser »verdammt kluge Mann«, dieses »Genie«[102] hielt, und er suchte das persönliche Gespräch mit ihm. Brentano, ein
ehemaliger Priester, war ein glaubwürdiger Exponent des Aristoteles und
der empirischen Psychologie. Als anregender Lehrer, der zugleich an Gott
glaubte und Darwin respektierte, brachte er Freud dazu, die atheistischen
Überzeugungen in Frage zu stellen, mit denen er an die Universität gekommen war. »Zeitweise«, gestand Freud Silberstein, als Brentanos Einfluß
seinen Höhepunkt erreicht hatte, »bin ich kein Materialist mehr, aber auch
noch kein Theist.«[103] Aber Freud wurde nie Theist. Im Herzen war er, wie
er seinem Freund Ende 1874 mitteilte, »ein gottloser Mediziner und Empi-
riker«.[104] Nachdem er sich durch die eindrucksvollen Argumente durchgearbeitet hatte, mit denen ihn Brentano überwältigte, kehrte Freud zu seinem Unglauben zurück, und dort blieb er auch. Aber Brentano hatte Freuds
Denken stimuliert und vielschichtiger gemacht, und seine psychologischen
Schriften hinterließen bedeutende Spuren in Freuds Geist.

Diese ganze geistige Aktivität scheint vom Medizinstudium recht weit
entfernt zu sein, aber Freud, der sich scheinbar treiben ließ, war ein herum-
stöbernder angehender Forscher. Seine lebenslangen Vorbehalte gegen das
spezialisierte Studium der Medizin waren ein Vermächtnis dieser Jahre
(und diese Einstellung spielte später eine wesentliche Rolle bei seiner Verteidigung der Laienanalyse). Abgesehen von den Gelegenheiten, die sie ihm
bot, denkwürdige Vortragende zu hören und Forschungen zu betreiben, die
ihn faszinierten, empfand Freud seine medizinische Ausbildung zweifellos
als einen gemischten Segen. Dabei waren seine Professoren alles, was er sich
nur wünschen konnte. Während seiner Zeit an der Universität Wien als
Student und Forscher war die medizinische Fakultät eine vorzügliche,
höchst erlesene Zunft. Die meisten ihrer Mitglieder waren aus Deutschland
geholt worden. Carl Claus, der Leiter des Instituts für vergleichende Anatomie, war unlängst aus Göttingen gekommen. Ernst Brücke, der berühmte
Physiologe, und Hermann Nothnagel, der Vorstand der Abteilung für innere Medizin, waren beide in Norddeutschland geboren und in Berlin aus-

gebildet worden. Theodor Billroth, ein gefeierter Chirurg, begabter Ama-
teurmusiker und einer der engsten Freunde von Brahms, war nach Wien
geholt worden, nachdem er Lehrstühle in seiner deutschen Heimat und in
Zürich innegehabt hatte. Diese Professoren, jeder eine Leuchte auf seinem
Gebiet, verliehen dem provinziellen Wien eine Atmosphäre von geistiger
Distinktion und kosmopolitischer Weite. Es ist kein Zufall, daß die medizinische Schule während dieser Jahre Dutzende und Aberdutzende von Studenten aus dem Ausland anzog – aus anderen Teilen Europas und aus den
Vereinigten Staaten. In seinem 1883 veröffentlichten, locker und informa-
tiv geschriebenen »Führer für amerikanische Medizinstudenten in Europa«
empfahl der amerikanische Neurologe Henry Hun Wien auf das wärmste.
»Neben ihren medizinischen Vorteilen«, schrieb er, »ist Wien eine Stadt, in
der es sich herrlich leben läßt.« Er rühmte sein »Kaffeehausleben«, seine
Oper und seine Parkanlagen und seine Menschen als »gutherzig, hübsch
und dem Vergnügen ergeben«.[105]
    Freud würde gegen einen großen Teil dieses verschwenderischen Lobes
Einspruch erhoben haben. Er hatte weniger angenehme Erfahrungen mit
den Wienern gemacht, verkehrte nicht oft in den Cafés und ging selten in
die Oper. Aber er hätte gern unterschrieben, daß die Wiener medizinische
Fakultät einen Lehrkörper von ausgezeichneten Männern mit internationalem Ruf hatte. Seine Professoren hatten in seinen Augen noch einen weiteren Vorzug: Sie hatten nichts übrig für die antisemitische Agitation, die
sich wie ein Schmutzfleck in Wiens Kultur ausbreitete. Ihr Liberalismus
bestätigte Freuds Gefühl, daß er etwas Besseres war als ein Paria. Nothnagel, in dessen Abteilung Freud nicht lange nach seiner Promotion zu arbeiten begann, war ein ausgesprochener Kämpfer für die liberale Sache.
Öffentliche Vorträge waren seine Stärke, und er wurde 1891 einer der
Gründer des Vereins für den Kampf gegen den Antisemitismus. Drei Jahre
später wurden seine Vorlesungen von antisemitischen Studenten gestört.
Brücke, der ebenso zivilisiert war wie Nothnagel, wenn auch weniger ein
Vereinsmensch, hatte jüdische Freunde und war außerdem ein erklärter
Liberaler, was bedeutete, daß er Freuds Feindseligkeit gegen die römische
Kirche teilte. Freud hatte also gute politische ebenso wie wissenschaftliche
Gründe, seine Professoren »als Personen, die ich respektieren und zu Vor-
bildern nehmen konnte«, in Erinnerung zu behalten.[106]

Im Frühsommer des Jahres 1875 brachte Freud einigen Abstand zwischen
sich und diesen »abscheulichen« Turm von St. Stephan. Er besuchte seine
Halbbrüder in Manchester. Die Reise war schon lange versprochen und
immer wieder aufgeschoben worden. England hatte seine Phantasie schon
seit Jahren beschäftigt. Er hatte seit seinen Knabenjahren englische Literatur gelesen und genossen. Schon 1873, zwei Jahre, bevor er das Land zum

erstenmal sah, hatte er Silberstein mitgeteilt: »Ich lese englische Gedichte, schreibe englische Briefe, deklamiere englische Verse, horche auf Beschreibungen von England und dürste danach, englische Ansichten zu sehen.« Wenn das so weiter ginge, scherzte er, werde er sich noch die »englische Krankheit« (damals eine Bezeichnung für Rachitis) holen.[107] Gedanken über seine Zukunft beschäftigten ihn nach seinem Besuch bei seiner englischen Familie ebensosehr wie zuvor. Seine herzliche Aufnahme in Manchester und seine allgemeinen Eindrücke von England veranlaßten ihn zu der Überlegung, ob er sich nicht dort niederlassen sollte. England gefiel ihm weit besser als seine Heimat, schrieb er Silberstein, trotz des »Nebels und Regens, der Trunkenheit und des Conservativismus«.[108] Der Besuch blieb ihm unvergeßlich. Sieben Jahre später erinnerte er sich in einem emotionalen Brief an seine Verlobte an die »unvertilgbaren Eindrücke«, die er mit nach Hause genommen hatte, an die »nüchterne Betriebsamkeit« Englands und seine »großmütige Hingebung an allgemeine Zwecke«, ganz zu schweigen von dem vorherrschenden »Starrsinn und empfindlichen Rechtsgefühl seiner Bewohner«. Das Erlebnis Englands, schrieb er, »hat für mein ganzes Leben maßgebend auf mich gewirkt«.[109]

Freuds Ausflug ließ den Brennpunkt seiner Interessen schärfer hervortreten. Englische wissenschaftliche Werke, schrieb er Silberstein, die Schriften von »Tyndall, Huxley, Lyell, Darwin, Thomson, Lockyer und anderen«, würden ihn immer zu einem Parteigänger ihrer Nation machen. Was ihn am meisten beeindruckte, war ihr konsequenter Empirismus, ihre Ablehnung einer grandiosen Metaphysik. »Gegen Philosophie«, fügte er unmittelbar hinzu, »bin ich mißtrauischer als je . . .«[110] Allmählich verschwanden die Lehren Brentanos im Hintergrund.

Tatsächlich hatte Freud eine Zeitlang wenig Bedarf an Philosophie. Nach seiner Rückkehr begann er sich auf seine Arbeit im Laboratorium von Carl Claus zu konzentrieren, und Claus, der zu den erfolgreichsten und fruchtbarsten Propagandisten Darwins in deutscher Sprache gehörte, gab Freud bald eine Gelegenheit, sich auszuzeichnen. Er war nach Wien geholt worden, um die zoologische Abteilung zu modernisieren und auf den Stand der anderen Abteilungen an der Universität zu bringen, und es war ihm gelungen, die Mittel zu bekommen, um eine Versuchsstation für Meeresbiologie in Triest einzurichten.[111] Ein Teil dieser Mittel ging als Stipendien an einige bevorzugte Studenten, die dort spezialisierte Forschungen trieben. Freud, der bei Claus gut angeschrieben war, gehörte zu den ersten, die er auswählte, und im März 1876 reiste Freud nach Triest. Dort warf er einen ersten Blick auf die mediterrane Welt, die er in späteren Jahren Sommer für Sommer mit unermüdlicher Freude so fleißig erkunden sollte. Er kam mit einem Auftrag, der Claus' langjähriges Interesse am Hermaphroditismus widerspiegelte: nämlich die unlängst von einem polnischen

Forscher, Simon de Syrski, aufgestellte Behauptung zu überprüfen, daß er bei Aalen Geschlechtsdrüsen beobachtet habe. Das war eine erstaunliche Entdeckung – wenn sie bewiesen werden konnte. Denn, wie Freud das Problem in seinem Bericht darstellte, es hatte im Laufe der Jahrhunderte zahllose Bemühungen gegeben, die Hoden des Aals zu finden, und alle waren fehlgeschlagen.[112] Wenn Syrski recht hatte, würde sich die traditionelle Anschauung, daß der Aal ein Zwitter sei, als unbegründet erweisen.

Freuds erste Versuche waren fruchtlos. »Alle Aale, die ich aufgeschnitten habe, sind vom zarteren Geschlecht«, vertraute er Silberstein an.[113] Aber nicht alle seine Berichte waren reine Wissenschaft. Freud gestattete es sich, nicht nur an den Aalen, sondern auch an den jungen Frauen von Triest interessiert zu sein. Das Interesse war allerdings, wie seine Briefe vermuten lassen, distanziert, rein akademisch. Er verriet eine gewisse Angst vor den Lockungen der sinnlichen »italienischen Göttinnen«, die er auf seinen Spaziergängen sah, sprach von ihrer Erscheinung und von ihren Schönheitsmitteln und hielt sich ihnen fern. »Da es nicht gestattet ist, Menschen zu sezieren«, schrieb er, und der Humor deckte eine gewisse Schüchternheit zu, »habe ich eigentlich gar nichts mit ihnen zu tun.«[114] Besser erging es ihm mit den Aalen: Nach zwei Aufenthalten in Triest und nachdem er etwa 400 Exemplare seziert hatte, konnte Freud Syrskis Behauptung teilweise, aber nicht ganz überzeugend bestätigen.

Es war ein lobenswerter Beitrag, aber wenn Freud später an seine ersten Schritte auf dem Gebiet der strengen Forschung zurückdachte, sprach er von ihnen mit einer gewissen Verachtung.* Er konnte bei der Einschätzung seiner geistigen Karriere sehr ungerecht sich selbst gegenüber sein. Die Suche nach den Hoden des Aals trug dazu bei, Freud in geduldiger und präziser Beobachtung zu schulen, in der Art von konzentrierter Aufmerksamkeit, die er später so unerläßlich fand, wenn er seinen Patienten zuhörte. Was für Gründe er auch haben mochte – und irgendeine obskure Antipathie kann nicht ausgeschlossen werden –, Freuds Hinweise auf seine Arbeit mit Claus atmen eine gewisse Unzufriedenheit, mit sich selbst nicht weniger

* Als der Schweizer Psychiater Rudolf Brun 1936 Anna Freud bat, ihm einige der »neurologischen Früharbeiten« ihres Vaters zu schicken, antwortete sie, daß er von diesen Arbeiten wenig halte. »Er meint, Sie werden enttäuscht sein, wenn Sie sich damit beschäftigen« (Anna Freud an Rudolf Brun, 6. März 1936. Freud Collection, Bl, LC).
Man war lange versucht, in Freuds Suche nach den Hoden des Aals ein frühes Beispiel für sein Interesse an der Sexualität zu sehen. Aber diese auf Mutmaßungen beruhende Rekonstruktion seiner inneren Biographie entspricht der Behauptung, es liege eine tiefere Bedeutung darin, daß Freud, der Entdecker des Ödipuskomplexes, bei der Reifeprüfung auf dem Gymnasium aufgefordert wurde, dreiunddreißig Verse aus Sophokles' *König Ödipus* zu übersetzen. Schließlich handelte es sich in beiden Fällen um gestellte Aufgaben.

als mit anderen, und es fällt auf, daß Freud in seinen autobiographischen Schriften keinen Platz für den Namen Claus fand.

Im radikalen Gegensatz dazu stehen Freuds Gefühle für seinen nächsten Mentor, den großen Brücke. »Im physiologischen Laboratorium von Ernst Brücke«, schrieb er, »fand ich endlich Ruhe und volle Befriedigung.« Er konnte »Meister Brücke selbst« und seine Assistenten bewundern und ihnen nacheifern. Einen von letzteren, Ernst von Fleischl-Marxow, eine »glänzende Persönlichkeit«, lernte er gut kennen.[115] In Brückes Kreis fand Freud auch einen Freund, dessen Anteil an der Entstehung der Psychoanalyse entscheidend sein sollte: Josef Breuer, einen erfolgreichen, wohlhabenden, hochkultivierten Arzt und hervorragenden Physiologen, der vierzehn Jahre älter als er war. Die beiden Männer verstanden sich bald ausgezeichnet. Freud nahm Breuer als eine in einer Reihe von Vaterfiguren auf und wurde ein regelmäßiger Besucher im Hause Breuers und in mancher Hinsicht ein ebenso guter Freund von Breuers charmanter und mütterlicher Frau Mathilde. Das war nicht die einzige Dividende, die Freud von Brücke bezog. Sechs Jahre lang, von 1876 bis 1882, arbeitete er in seinem Laboratorium und löste die Aufgaben, die ihm sein verehrter Professor stellte, zu dessen offensichtlicher Zufriedenheit – und seiner eigenen. Freud arbeitete daran, die Rätsel des Nervensystems, zuerst niederer Fische und dann des Menschen, zu entwirren; er entsprach den Forderungen und Erwartungen seines anspruchsvollen Lehrers und war dabei außerordentlich glücklich. Im Jahre 1892, kurz nach dem Tode seines Mentors, nannte Freud sein viertes Kind Ernst, nach Brücke. Es war die tiefstempfundene Huldigung, die ihm zu Gebote stand. Brücke war und blieb für Freud »die größte Autorität, die je auf mich gewirkt hat«.[116]

Freuds Anhänglichkeit an Brücke scheint die eines Sohnes gewesen zu sein, nichts weniger. Es ist wahr, daß Brücke beinahe vierzig Jahre älter als Freud war, fast so alt wie Freuds Vater. Es ist auch wahr, daß die Ausstattung eines Menschen mit den Attributen und der Bedeutung eines anderen noch viel unwahrscheinlichere Sprünge machen kann als den, daß Sigmund Freud Ernst Brücke an die Stelle Jacob Freuds setzte. Die »Übertragung«, wie Freud, der Psychoanalytiker, diese Verschiebung intensiver Gefühle nennen sollte, ist machtvoll und allgegenwärtig. Aber ein großer Teil der unwiderstehlichen Anziehung Brückes für Freud kam gerade daher, daß er *nicht* Freuds Vater war. Die Autorität, die er für Freud besaß, war verdient, nicht durch den Zufall der Geburt verliehen; und zu diesem kritischen Zeitpunkt, als Freud sich schulte, um ein professioneller Erforscher menschlicher Geheimnisse zu werden, war für ihn eine solche Autorität nötig. Jacob Freud war herzlich und gutmütig; er war weich und nachgiebig und forderte geradezu zur Rebellion heraus. Brücke dagegen war reserviert, präzise bis zur Pedanterie, ein einschüchternder Prüfer und anspruchsvoller

Vorgesetzter. Jacob Freud las gern und besaß ein gewisses Maß von hebräischer Gelehrtheit. Brücke war äußerst vielseitig: ein begabter Maler mit einem lebenslangen, alles andere als amateurhaften Interesse an der Ästhetik und einem zivilisierenden Einfluß auf seine Schüler.* Mit seinen Augen ähnelte er auffällig nicht Freuds Vater, sondern Freud selbst. Alle Bekannten Freuds, sosehr ihre Beschreibungen sonst voneinander abwichen, sprachen von seinen scharfen, sondierenden Augen. Brücke hatte solche Augen, und sie erschienen in Freuds Träumen. In einem, dem sogenannten »*Non vixit*«-Traum, den er in *Die Traumdeutung* ausführlich analysierte, vernichtet Freud einen Rivalen mit einem »durchdringenden Blick«. Dies erwies sich in der Selbstanalyse als die entstellte Erinnerung an ein sehr reales Erlebnis, bei dem Brücke, nicht Freud, vernichtend geblickt hatte. »Brücke hatte erfahren, daß ich einige Male zu spät ins Schülerlaboratorium gekommen war«, wo Freud damals als Demonstrator arbeitete. »Da kam er einmal pünktlich zur Eröffnung und wartete mich ab. Was er mir sagte, war karg und bestimmt; es kam aber gar nicht auf die Worte an. Das Überwältigende waren die fürchterlichen blauen Augen, mit denen er mich ansah und vor denen ich verging.« Und Freud fuhr fort: »Wer sich an die bis ins hohe Greisenalter wunderschönen Augen des großen Meisters erinnern kann und ihn je im Zorn gesehen hat, wird sich in die Affekte des jugendlichen Sünders von damals leicht versetzen können.«[117] Was Brücke Freud, dem jungen Sünder, gab, war das selbst vorgelebte Ideal beruflicher Selbstdisziplin.

Brückes Wissenschaftsphilosophie war für Freud nicht weniger formend als sein berufliches Können. Er war Positivist aus Temperament und Überzeugung. Der Positivismus war nicht so sehr eine organisierte Denkschule als vielmehr eine allgemeine Einstellung zum Menschen, zur Natur und zu den Forschungsstilen. Seine Anhänger hofften, das Programm der Naturwissenschaften, ihre Untersuchungsergebnisse und Methoden auf die Erforschung allen menschlichen Denkens und Handelns, des privaten wie des öffentlichen, übertragen zu können. Es ist charakteristisch für diese Geisteshaltung, daß es Auguste Comte, der im frühen 19. Jahrhundert wirkende Prophet des Positivismus in seiner extremsten Form, für möglich hielt, das Studium des Menschen in der Gesellschaft auf eine zuverlässige Basis zu stellen, den Begriff »Soziologie« erfand und als eine Art von Sozialphysik definierte. Der in der Aufklärung des 18. Jahrhunderts entstandene Positivismus, der die Metaphysik im Grunde ebenso entschieden ablehnte wie die Theologie, erreichte seine Blüte im 19. Jahrhundert mit den spekta-

---

* Erna Lesky, die Historikerin der Wiener medizinischen Schule, bemerkte, daß sich Brücke, wenn er seine täglichen Runden im Laboratorium machte, nicht nur als Lehrer der Physiologie betrachtete, sondern als Vertreter einer allgemeinen kulturellen Idee (Erna Lesky, *Die Wiener Medizinische Schule im 19. Jahrhundert*, 1965).

kulären Fortschritten von Physik, Chemie, Astronomie – und Medizin. Brücke war sein hervorragendster Vertreter in Wien.

Er hatte seinen zuversichtlichen und ehrgeizigen wissenschaftlichen Stil aus Berlin mitgebracht. Dort hatte er sich in den frühen 1840er Jahren noch als Medizinstudent seinem brillanten Kollegen Emil Du Bois-Reymond angeschlossen und mit ihm zusammen jeden Pantheismus, jede Naturmystik und alles Gerede von verborgenen göttlichen Kräften, die sich in der Natur manifestierten, auf den Scherbenhaufen des Aberglaubens geworfen. Der Vitalismus, die damals unter den Naturwissenschaftlern verbreitete romantische Naturphilosophie mit ihrem unklaren poetischen Gerede von mysteriösen, der Natur innewohnenden Kräften, weckte ihren Widerstand und ihr Talent für temperamentvolle Polemik. Nur »die gemeinen physikalisch-chemischen« Kräfte, argumentierten sie, sind »im Organismus wirksam«. Unerklärliche Phänomene müssen durch die »physikalisch-mathematische Methode« allein angegangen werden oder mit der Annahme, daß, wenn es »neue, der Materie inhärente« Kräfte gibt, diese »stets nur auf abstoßende oder anziehende Komponenten zurückzuführen sind«.[118] Ihr idealer Forscher war, mit den Worten Du Bois-Reymonds, der nicht durch »theologische Vorurteile« behinderte Naturwissenschaftler.[119] Als dieser Renaissancemensch des 19. Jahrhunderts, Hermann Helmholtz, der im Begriff war, durch seine Beiträge auf erstaunlich vielen Gebieten – Optik, Akustik, Thermodynamik, Physik, Biologie – Weltruhm zu erwerben, sich Brücke und Du Bois-Reymond anschloß, war die »Schule« vollständig. Ihr Einfluß breitete sich rasch und unwiderstehlich aus, ihre Mitglieder und Anhänger hatten angesehene Lehrstühle an führenden Universitäten inne und gaben in Fachzeitschriften den Ton an. Als Freud in Wien studierte, waren die Positivisten am Ruder.

Gegen Ende 1874 faßte Freud den Plan, direkt an die Quelle zu gehen und das Wintersemester in Berlin zu verbringen, wo er die Vorlesungen von Du Bois-Reymond, Helmholtz und dem berühmten Pathologen – und fortschrittlichen Politiker – Rudolf Virchow hören wollte. Diese Aussicht, schrieb er Silberstein, stimmte ihn »froh wie ein Kind«.[120] Zuletzt wurde nichts daraus, aber Freud konnte auch zu Hause aus der Quelle schöpfen. Im selben Jahr legte Brücke seine Prinzipien klar und ausführlich dar in einem Kurs, der 1876 als *Vorlesungen über Physiologie* veröffentlicht werden sollte. Sie verkörperten den medizinischen Positivismus in seiner materialistischsten Form: Alle natürlichen Phänomene, erklärte Brücke, sind Phänomene der Bewegung. Freud hörte selbstverständlich diese Vorlesungen voll Zustimmung. Tatsächlich überlebte die Bindung an Brückes fundamentale Anschauung von der Wissenschaft seine Wendung von den physiologischen zu den psychologischen Erklärungen geistig-seelischer Vorgänge. Als Freuds Freund Wilhelm Fließ ihm 1898, vier Jahre nach dem

Tod von Helmholtz, die zwei Bände der Vorlesungen von Helmholtz zu
Weihnachten schenkte,* wußte er, daß sie Freud viel bedeuten würden.[121]
Daß Freud die Prinzipien seines Mentors auf eine Art anwenden sollte, die
Brücke nicht gut voraussehen konnte und nicht von ganzem Herzen gebilligt haben würde, vermindert nicht Freuds Dankesschuld an ihn. Für Freud
waren Brücke und seine brillanten Weggefährten die auserwählten Erben
der Philosophie. Freuds ausdrückliche Erklärung, daß die Psychoanalyse
keine eigene Weltanschauung hat und auch unfähig ist, eine zu schaffen,
war seine Art, seinen positivistischen Lehrern Jahre später seinen Tribut zu
zollen: Die Psychoanalyse, faßte er 1932 zusammen, »ist ein Stück Wissenschaft und kann sich der wissenschaftlichen Weltanschauung anschließen«.[122] Kurz, die Psychoanalyse ist wie alle Wissenschaften der Suche
nach der Wahrheit und der Demaskierung von Illusionen gewidmet. Das
hätte Brücke sagen können.

Die Selbstsicherheit Brückes und seiner Schar von gleichgesinnten Kollegen wurde dadurch bestärkt, daß sie sich auf das epochemachende Werk
Darwins stützten. In den frühen 1870er Jahren war die Theorie der natürlichen Auslese, obwohl sie schon viele einflußreiche Anhänger gefunden
hatte, noch umstritten; es haftete ihr noch das berauschende Aroma einer
sensationellen und gefährlichen Neuerung an. Darwin hatte es unternommen, den Menschen fest in das Tierreich zu stellen, und er hatte es gewagt,
sein Erscheinen, sein Überleben und seine abweichende Entwicklung auf
rein weltlichen Grundlagen zu erklären; die zu Änderungen in der natürlichen Ordnung der Lebewesen führenden Ursachen, die Darwin einer erstaunten Welt dargelegt hatte, brauchten nicht mit einer noch so fernen
Gottheit in Verbindung gebracht zu werden. Alles war das Werk blinder,
aufeinanderprallender, weltlicher Kräfte. Freud, der Zoologe, der die Go-
naden der Aale studierte, Freud, der Physiologe, der die Nervenzellen von
Krebsen studierte, Freud, der Psychologe, der die Emotionen des Menschen
studierte, war mit einer einzigen Unternehmung befaßt. Mit der rigorosen
histologischen Arbeit über das Nervensystem, die Freud für Brücke ausführte, nahm er teil an einem umfassenden kollektiven Bemühen, die Spuren der Evolution zu demonstrieren. Für ihn hörte Darwin nie auf, der
»große Darwin« zu sein[123], und die biologischen Untersuchungen reizten
Freud mehr als die Behandlung von Patienten. Er bereitete sich auf seinen
Beruf vor, schrieb er 1878 einem Freund, indem er es vorzog, lieber »Tiere
zu schinden« als »Menschen zu quälen«.[124]

Freud betrieb seine Forschungen mit gutem Nutzen. Einige seiner ersten
Publikationen, die er zwischen 1877 und 1883 schrieb, führen Untersu-

* Es ist ein bezeichnender Hinweis auf Freuds Grundhaltung gegenüber dem Judaismus, daß das Geschenk zu Weihnachten gemacht wurde.

chungsergebnisse an, die alles andere als trivial sind. Sie beweisen evolutionäre Prozesse, die sich in den Nervenstrukturen der Fische zeigten, die er
unter seinem Mikroskop untersuchte. Mehr noch, im Rückblick wird klar,
daß diese Schriften das erste Glied in der Gedankenkette bilden, die zu dem
Entwurf einer wissenschaftlichen Psychologie führen, den er 1895 versuchen sollte. Freud arbeitete auf eine Theorie hin, die zeigen sollte, wie
Nervenzellen und Nervenfasern als Einheit funktionieren. Aber er ging zu
anderen Untersuchungen über, und als 1891 H.W.G. Waldeyer seine epochale Monographie über die »Neuronen«-Theorie veröffentlichte, wurde
Freuds Pionierarbeit ignoriert. »Mehr als einmal im Laufe seiner Untersuchungen im Laboratorium«, schrieb Jones, »hätte er Weltruhm erlangen
können, wenn er seine Phantasie freier und kühner gebraucht und es nicht
vorzeitig unterlassen hätte, die Folgerungen aus seiner Arbeit zu ihrem logi-
schen Schluß zu führen.«[125]

Freud wohnte noch zu Hause, aber er war mit seinen Gedanken ganz bei
seiner Arbeit und erlebte eine glückliche Zeit in Brückes Laboratorium und
unter Brückes Aufsicht. Zwischen 1879 und 1880 mußte er ein Jahr unter-
brechen, um seinen Militärdienst abzuleisten. Diese Verpflichtung bedeutete weitgehend, daß er ein paar kranke Soldaten behandelte und sich langweilte. Aber das Lob seiner Vorgesetzten war extravagant. Sie beurteilten
ihn als »ehrenhaft« und »heiter«, als »sehr eifrig aus Pflichtgefühl« und
beschrieben seinen Charakter als »fest«. Sie hielten ihn für »sehr verläß-
lich« und »sehr fürsorglich und human« gegenüber seinen Patienten.[126]
Freud, der dieses erzwungene Zwischenspiel äußerst langweilig fand, ver-
trieb sich einen großen Teil seiner freien Zeit mit der Übersetzung von vier
Essays aus John Stuart Mills gesammelten Werken. Der Herausgeber der
deutschen Mill-Ausgabe, Theodor Gomperz, ein hervorragender österreichischer Professor der klassischen Philologie und Historiker des griechischen Denkens, wollte seinen Übersetzerstamm vergrößern, und seine
Bekanntschaft mit Brentano verschaffte Freud diese willkommene Abwechslung: Brentano hatte ihn Gomperz empfohlen.
    Doch es war mehr die Faszination der Forschung als der Militärdienst,
die Freud Zeit kostete. Er machte seinen Doktor der Medizin erst im Frühjahr 1881. Seine neue Würde änderte wenig an seiner Lebensweise. Da er
immer noch hoffte, durch medizinische Forschungen Ruhm zu erlangen,
blieb er bei Brücke. Daher dauerte es bis zum Sommer 1882, bis er es über
sich brachte, auf Brückes Rat endlich die schützende Umgebung des Labo-
ratoriums zu verlassen und eine sehr untergeordnete Stelle im Wiener Allgemeinen Krankenhaus anzunehmen. Der offizielle Grund für diesen
Schritt war seine Armut.[127] Das war ein Teil der Geschichte, aber nur ein
Teil. Seine Armut bedrückte ihn nun wie noch nie zuvor. Im April 1882

hatte er Martha Bernays kennengelernt, die eine seiner Schwestern bei ihm zu Hause besuchte. Die Besucherin war schlank, lebhaft, dunkelhaarig und ziemlich blaß mit ausdrucksvollen Augen – entschieden anziehend. Freud verliebte sich rasch, wie er sich zehn Jahre zuvor verliebt hatte. Aber Martha Bernays war etwas anderes. Sie war Wirklichkeit, nicht Phantasie, keine zweite Gisela Fluß, welche die stumme Anbetung des Jünglings herausforderte. Sie war es wert, daß man für sie arbeitete, auf sie wartete.

Der verliebte Freud

Nachdem er Martha Bernays gesehen hatte, wußte Freud, was er wollte, und sein herrisches Ungestüm riß sie mit. Am 17. Juni 1882, nur zwei Monate nach ihrer ersten Begegnung, waren sie verlobt. Beiden war sehr wohl bewußt, daß das kein kluger Schritt war. Ihre verwitwete Mutter, eine starke, eigensinnige Frau, zweifelte daran, daß Freud der passende Mann war. Nicht ohne Grund: Martha Bernays hatte gesellschaftliches Ansehen, aber kein Geld. Freud hatte weder das eine noch das andere. Er war unleugbar hochbegabt, aber, wie es schien, zu langen Jahren der Mittellosigkeit verdammt, ohne unmittelbare Aussichten auf eine große Karriere oder eine wissenschaftliche Entdeckung, die ihn berühmt und (was nun viel wichtiger war) wohlhabend machen würde. Von seinem alternden Vater, der selbst finanzielle Unterstützung brauchte, hatte er nichts zu erwarten. Und er besaß zuviel Selbstachtung, um ständig von der Hilfe seines väterlichen Freundes Josef Breuer abhängig sein zu können, der ihm bisweilen unter dem durchsichtigen Vorwand von Anleihen Geld gab.[128] Die Logik seiner Situation war zwingend. Brücke sagte nur laut, was Freud gedacht haben muß. Eine Privatpraxis war der einzige Weg zu dem materiellen Einkommen, das nötig war, um den Mittelstandshaushalt zu gründen, auf dem er und Martha Bernays bestanden.

Um sich auf die ärztliche Praxis vorzubereiten, mußte Freud klinische Erfahrungen mit Patienten sammeln, Erfahrungen, die er durch das Anhören von Vorlesungen oder das Experimentieren im Laboratorium nicht gewinnen konnte. Für jemanden, der sich so leidenschaftlich mit der Forschung beschäftigte wie Freud, bedeutete es schmerzliche Opfer, Kliniker zu werden; nur der Preis, der ihm winkte, konnte ihn damit aussöhnen. Tatsächlich stellte die Verlobungszeit die Geduld des Paares auf die härteste Probe. Wenn sie nicht erlahmte, so war das Freuds zielstrebiger Beharrlichkeit und mehr noch Martha Bernays' Takt, Nachsicht und reiner emotionaler Ausdauer zu verdanken. Denn Freud erwies sich als stürmischer Liebhaber.

Er warb um Martha Bernays auf die von seiner Klasse und Bildungs-
schicht gebilligte Weise: Küsse und Umarmungen waren alles, was sich das
Paar gestattete. Während der Verlobungszeit blieb Martha unberührt.
Auch Freud könnte während der ganzen Zeit enthaltsam gelebt haben; es
gibt jedenfalls keine eindeutigen Beweise für das Gegenteil. Aber diese
mehr als vier Jahre endlosen Wartens hinterließen ihre Spuren bei der Bildung von Freuds Theorien über die sexuelle Ätiologie der meisten seelischen Erkrankungen; als er in den 1890er Jahren Theorien über die sexuellen Qualen aufstellte, die das moderne Leben begleiten, schrieb er zum Teil
über sich selbst. Er war ungemein ungeduldig. Mit nun beinahe 26 Jahren
richtete er all seine aufgeladenen, unterdrückten Emotionen, seinen Zorn
ebenso wie seine Liebe, auf ein einziges Objekt.

Martha Bernays, fünf Jahre jünger als er und bei jungen Männern beliebt, war für Freud im höchsten Grade begehrenswert. Er warb um sie mit
einer Wildheit, die ihn selbst beinahe erschreckte und ihren ganzen gesunden Verstand und, in kritischen Augenblicken, ihre Fähigkeit herausforderte, an Bindungen festzuhalten, die ihr lieb waren und durch seine Besitz-
gier bedroht wurden. Was die Sache noch verschlimmerte, war, daß sie bei
ihrer Mutter in Hamburg-Wandsbek wohnte und er viel zu arm war, um sie
oft zu besuchen. Ernest Jones hat errechnet, daß das Paar drei von den
viereinhalb Jahren getrennt war, die zwischen der ersten Begegnung und
der Hochzeit vergingen.[129] Aber die beiden schrieben einander beinahe jeden Tag. Mitte der 1890er Jahre, als sie ein Jahrzehnt verheiratet waren,
berichtete Freud nebenbei, daß seine Frau an einer Schreiblähmung litt.[130]
Sie zeigte gewiß keine Spuren dieses Symptoms während der Verlobungszeit. Aber ihre Trennungen waren nicht dazu angetan, ihre Beziehung zu
beruhigen. Wahrscheinlich war die Ursache der größten Spannungen die
Religion. Martha Bernays war in einer streng orthodoxen jüdischen Familie aufgewachsen und akzeptierte ihre Frömmigkeit, während Freud nicht
nur ein gleichgültiger Ungläubiger war, sondern ein Atheist aus Prinzip,
entschlossen, seine Braut von dem ganzen abergläubischen Unsinn abzubringen. Er war unnachgiebig, gebieterisch in seiner wiederholten und oft
ärgerlichen Forderung, sie solle aufgeben, woran sie bisher nicht einen Augenblick gezweifelt hatte.

Freud ließ Martha Bernays nicht im unklaren darüber, daß er die Absicht
hatte, der Herr im Hause zu sein. Als er ihr im November 1883 von einem
Essay über die Frauenemanzipation schrieb, den er während seiner Zeit in
der Armee übersetzt hatte,[131] lobte er John Stuart Mill für seine Fähigkeit,
sich von der Herrschaft der »gewöhnlichen Vorurteile« freizumachen, verfiel aber gleich darauf in seine eigenen gewöhnlichen Vorurteile. Mill,
klagte er, fehle »der Sinn für das Absurde«. Die Absurdität, die Mill verteidigt hatte, war, daß Frauen in der Ehe ebensoviel verdienen könnten wie

Männer. Damit übersah er, fand Freud, die häuslichen Realitäten: Einen
Haushalt in Ordnung zu halten und die Kinder zu beaufsichtigen und zu
erziehen, sei eine Beschäftigung, die eine Frau voll in Anspruch nähme und
eine Arbeit außer Haus praktisch ausschließe. Wie andere konventionelle
Bürger seiner Zeit hielt es Freud für überaus wichtig, »daß die Menschen in
Männer und Weiber geteilt sind«, und er meinte, »daß dieser Unterschied
der bedeutsamste ist, der unter ihnen besteht«. Frauen seien nicht, wie
Mills Essay behauptete, unterdrückt, als wären sie schwarze Sklaven. »Jedes Mädchen, wenn auch ohne Stimmrecht und richterliche Befähigung,
dem ein Mann die Hand küßt, um deren Liebe er alles wagt, hätte ihn
zurechtweisen können.« Die Frauen in den Kampf ums Dasein zu schicken,
sei »ein gar zu unlebensfähiger Gedanke«. Er fand es töricht, sich sie, Martha, sein »zartes, liebes Mädchen«, als Konkurrentin zu denken. Er räumte
ein, daß der Tag kommen könnte, an dem ein anderes Erziehungssystem
neue Beziehungen zwischen Männern und Frauen schaffen würde, und daß
neue Gesetzgebung und Brauch den Frauen Rechte gewähren könnten, die
ihnen jetzt vorenthalten würden. Aber die volle Emanzipation würde das
Ende eines bewundernswerten Ideals bedeuten. Letzten Endes, schloß er,
hat »die Natur« die Frau »durch Schönheit, Liebreiz und Güte zu etwas
anderem bestimmt«.[132] Niemand hätte aufgrund dieses einwandfrei konservativen Manifests erraten können, daß Freud auf dem Wege war, die
subversivsten, verwirrendsten und unkonventionellsten Theorien über die
Natur und das Verhalten des Menschen aufzustellen.

Sein Briefwechsel mit Martha Bernays zeigt Freud in einer ungewohnten
Rolle, in der des romantischen Liebhabers. Er war immer intim, abwechselnd impulsiv, fordernd, begeistert, deprimiert, lehrhaft, geschwätzig, dik-
tatorisch und in seltenen Augenblicken reuevoll. Freud, der schon ein un-
terhaltsamer und energischer Briefeschreiber war, wurde nun produktiv in
einem Genre, das er nie zuvor praktiziert hatte, dem Liebesbrief. Tyranni-
sierend, rücksichtslos in seiner Offenheit, schonungslos in bezug auf ihre
Gefühle und noch mehr auf seine eigenen, füllte er seine Briefe mit ausführlichen Berichten von Gesprächen und offenherzigen Beschreibungen von
Kollegen und Freunden. Wie er in seinen Briefen an Martha Bernays seine
Gefühle analysierte, so analysierte er ihre Briefe an ihn mit einer Aufmerksamkeit für Winzigkeiten, die eines Detektivs würdig war – oder eines Psychoanalytikers. Ein feines Detail, eine verdächtige Auslassung sprach zu
ihm von einer Unpäßlichkeit, über die nicht berichtet worden war, oder
vielleicht von ihrer Neigung zu einem anderen Mann. Aber obwohl seine
Liebesbriefe oft aggressiv und bar jeder Schmeichelei sind, steigern sie sich
gelegentlich zu einer ergreifenden Lyrik.

Tatsächlich ergeben diese Liebesbriefe zusammen eine regelrechte Auto-

biographie Freuds in den frühen 1880er Jahren. Er hielt vor seiner Verlobten sehr wenig zurück. Er berichtete nicht nur offen von seinen Gefühlen in
bezug auf seine Arbeit, von seinen oft unbefriedigenden Mitarbeitern, seinen ungestillten Ambitionen; er sprach auch von seiner Sehnsucht nach ihr.
Er dachte an all die Küsse, die er ihr nicht geben konnte, weil sie so weit weg
war. In einem Brief rechtfertigte er seine Sucht nach Zigarren durch ihre
Abwesenheit: »Rauchen läßt sich nicht entbehren, wenn man nichts zum
Küssen hat.«[133] Im Herbst 1885, während seines Aufenthalts in Paris, stieg
er auf einen der Türme von Notre-Dame und rief seine Sehnsucht wach,
indem er die Stufen nach oben zählte: »Man steigt auf 300 Stufen hinauf, es
ist sehr dunkel, sehr einsam, auf jeder Stufe hätte ich Dir einen Kuß geben
können, wenn Du mit gewesen wärst, und Du wärst ganz atemlos und wild
hinaufgekommen.«[134] Sie antwortete ihrem »geliebten Schatz«[135] weniger
wortreich, weniger phantasievoll, vielleicht weniger leidenschaftlich, aber
lieb genug und sandte ihm Grüße und Küsse.

Manchmal versuchte Freud, Martha Bernays zu formen, und wurde zum
Pädagogen. Er hielt ihr mit freundlichen Worten einen Vortrag über die
Notwendigkeit, daß der Arzt zu allen Patienten, auch zu Freunden, eine
emotionale Distanz hält: »Ich dachte mir wohl, daß es Dir peinlich sein
würde zu hören, wie ich am Krankenbett sitze, um zu beobachten und
menschliches Leiden als Objekt behandle. Aber, mein Mädchen, das läßt
sich nicht anders machen, das ist mein Geschäft und muß für mich natürlich anders ausschauen als für andere.« Dann gab er seinen leicht überlegenen Ton auf und fügte hinzu, daß es einen Menschen gab, nur einen, dessen
Krankheit ihn seine Objektivität vergessen lassen würde. »Den brauche ich
Dir nicht zu nennen, und darum will ich den immer gesund wissen.«[136]
Schließlich schrieb er Liebesbriefe.

Das Verliebtsein untergrub Freuds Selbstbewußtsein. Seine periodischen
Eifersuchtsanfälle grenzten in ihrer Intensität, ihrem irrationalen Zorn,
manchmal ans Pathologische. Vierzig Jahre später analysierte Freud milde
Eifersucht als einen »Affektzustand«, den man ähnlich wie die Trauer als
»normal« bezeichnen könne; ihr völliges Fehlen, meinte er, sei ein Symptom für starke Verdrängung.[137] Aber Freuds Eifersucht ging über den verständlichen Groll hinaus, den ein Liebender gegen Rivalen hegen mag.
Martha Bernays durfte einen Vetter nicht familiär beim Vornamen nennen,
sie mußte in aller Form seinen Familiennamen gebrauchen. Sie durfte keine
so spürbare Vorliebe für zwei ihrer Bewunderer zeigen, von denen der eine
Komponist und der andere Maler war. Als Künstler, schrieb Freud ver-
drießlich, hatten sie einen unfairen Vorteil gegenüber einem bloßen Wissenschaftler wie ihm. Vor allem mußte sie alle anderen aufgeben. Aber zu
diesen unliebsamen anderen gehörten auch ihre Mutter und ihr Bruder Eli,
der binnen kurzem Freuds Schwester Anna heiraten sollte, und Martha

Bernays weigerte sich, seiner eifersüchtigen Forderung, mit ihnen zu brechen, nachzugeben. Das schuf Spannungen, die erst nach Jahren beseitigt werden konnten.

Freud, der sich schärfer beobachtete als je zuvor, hatte eine Ahnung von seiner heiklen Verfassung. »Ich bin so ausschließlich, wo ich liebe«, schrieb er Martha Bernays zwei Tage nach ihrer Verlobung.[138] Und er gab kläglich zu: »Ich habe gewiß eine Neigung zur Tyrannei.«[139] Doch diese Augenblicke der Selbsterkenntnis machten ihn nicht weniger tyrannisch. Allerdings hatte Martha Bernays schon einen Heiratsantrag abgelehnt, und es war wahrscheinlich, daß sie noch weitere bekommen würde. Aber Freuds Bemühung, die junge Frau, die er liebte, zu monopolisieren, zeugt weniger von realistischen Gefahren als vielmehr von einer schwankenden Selbstachtung. Die ungelösten, verdrängten Konflikte seiner Kindheit, in denen Liebe und Haß verwirrend ineinander verwoben gewesen waren, suchten ihn nun heim, als er sich fragte, ob er seiner Martha wirklich würdig war. Sie war, das sagte er immer wieder, seine Prinzessin, aber er bezweifelte oft, daß er ein Prinz sei. So sehr er auch seiner Mutter goldiger Sigi war, er benahm sich wie ein geliebtes Einzelkind, dessen Position durch die Ankunft eines Geschwisters unterminiert wird.

Letzten Endes ließ Freud nicht zu, daß leichtgläubiger Zorn und finstere Eifersucht seine Neigung vergifteten; er war kein Othello. Er zweifelte nie an seiner Wahl und fand oft ungetrübte Freude daran. Die Aussicht auf Häuslichkeit entzückte ihn, und er nahm sich gern die Zeit, die Requisiten für ihre, wie er sagte, »kleine Welt von Glück« aufzuzählen. Sie wollten zwei Zimmerchen haben und Tische, Betten und einen Lehnstuhl, Teppiche, Gläser für alltägliches Wasser und festlichen Wein, Hüte mit künstlichen Blumen, einen großen Schlüsselbund und ein Leben voll sinnvoller Tätigkeit, freundlicher Gastlichkeit und gegenseitiger Liebe. »Sollen wir unser Herz an so kleine Dinge hängen? Solange nicht ein großes Schicksal an die stille Tür pocht – ja und ohne Bedenken.«[140] Freuds Gedanken verweilten gewöhnlich bei seinem großen Schicksal, aber er konnte sich mit offensichtlichem Vergnügen Phantasien hingeben, die er mit zahllosen unbekannten, unbedeutenden Bürgern seiner Zeit teilte.

Die Verwirklichung dieser Phantasien bedeutete, daß Freud Brückes Rat nicht ausschlagen konnte, und sechs Wochen nach seiner Verlobung mit Martha Bernays trat er in das Allgemeine Krankenhaus in Wien ein. Er blieb drei Jahre lang und sammelte eine Reihe medizinischer Spezialitäten, indem er von Abteilung zu Abteilung ging – Chirurgie, innere Medizin, Psychiatrie, Dermatologie, Nervenkrankheiten und Ophthalmologie. Freud arbeitete zielstrebig, den Blick auf sein Vorwärtskommen gerichtet um seines letzten Ziels, der Heirat, willen. Er mußte jedoch realistisch sein, zumindest ein wenig. Die Beförderungsleiter des Ärzteberufs in Österreich war steil und hatte viele Sprossen. Er begann in der niedrigsten Stellung, die im Allgemeinen Krankenhaus zu haben war, als Aspirant,[141] und stieg im Mai 1883, als er in Theodor Meynerts psychiatrische Klinik wechselte, zum Sekundararzt auf. Er mußte noch weitere Sprossen erklimmen. Im Juli 1884 wurde er Sekundararzt I. Klasse, und mehr als ein Jahr später erreichte er nach mehreren Rückschlägen den begehrten Rang eines Privatdozenten.*

Es war eine Stellung, die Ansehen, aber kein Gehalt bot, wünschenswert vor allem als erster Blick auf die in einer fernen Zukunft winkende Professur. Aber sie bildete keine Grundlage für eine Heirat. Es kann nicht überraschen, daß Freud feindselige Phantasien, Todeswünsche nicht ausgeschlossen, gegen Kollegen hegte, die ihm im Wege standen. »Wo immer es in der Welt Rangordnung und Beförderung gibt, ist ja der Weg für der Unterdrückung bedürftige Wünsche eröffnet.«[142]

Freud gab sich mit Wünschen nicht zufrieden. Im Oktober 1882 bewarb er sich mit Erfolg um einen Platz in der Abteilung Hermann Nothnagels, der kurz zuvor den angesehenen Lehrstuhl für Innere Medizin übernommen hatte. Nothnagel wurde zusammen mit Brücke einer seiner zuverlässigsten Förderer, als Freud allmählich öffentliche Anerkennung und ein bescheidenes Maß an Mitteln gewann. Freud beschrieb den großen Mann nach der ersten Begegnung als ihm gänzlich fremd: »Unheimlich, so einen Mann zu sehen, der viel über uns vermag und über den wir gar nichts vermögen. Nein«, fügte er hinzu, »der Mann ist keiner unserer Rasse. Ein germanischer Waldmensch. Ganz blondes Haar, Kopf, Wangen, Hals, Augenbrauen ganz unter Haar gesetzt und zwischen dem Haar und dem Fleisch kaum ein Farbenunterschied.«[143] Dennoch fand er Nothnagel wohlwollend und erfreulich gewillt, ihm bei seiner Karriere zu helfen. Mit der Zeit stachelte der berühmte Professor Freuds Ehrgeiz auf und bot ihm einen Standard für neidische Vergleiche. »Ich weiß aber«, rühmte er sich 1886 seiner Verlobten gegenüber, »daß ich unter günstigen Bedingungen mehr leisten könnte als Nothnagel, dem ich mich weit überlegen glaube.«[144]

Dies war ein rein privater Wettbewerb. Mit dem Gehirnanatomen und Psychiater Theodor Meynert, der nicht weniger berühmt war als Nothnagel, sollte Freud schließlich öffentlich aneinandergeraten. Er hatte sich nach einem halben Jahr bei Nothnagel in Meynerts Abteilung versetzen lassen und fand in dem »großen Meynert« ebenso einen Rivalen wie einen

---

* Das »Referat«, das Freud mit dem größtmöglichen Nachdruck für die Beförderung zum Privatdozenten empfahl, war mit »E. Brücke, Meynert, Nothnagel« unterzeichnet und wurde der Fakultät am 28. Februar 1885 vorgelegt. Die Ernennung wurde jedoch vom Ministerium erst im September bestätigt (Fotokopie des handgeschriebenen, vier Seiten langen »Referats«, Freud Museum, London).

Beschützer.[145] Das war einmal anders gewesen. Meynerts Werk und Persönlichkeit hatten Freud beeindruckt, als er noch Medizinstudent war.[146]
Seine philosophische Einstellung konnte Freud nur als Bestätigung und Ansporn nützen. Hartnäckig und nach einer wissenschaftlichen Psychologie
strebend, war Meynert ein strenger Determinist, der den freien Willen als
Illusion abtat. Er sah den Geist als etwas, was einer fundamentalen, verborgenen Ordnung gehorchte und auf den sensiblen, scharfsinnigen Analytiker wartete. Beinahe vom Beginn ihrer Verbindung an klagte Freud jedoch,
daß es schwer sei, mit Meynert zu arbeiten; er war »voller Verschrobenheiten und Wahnideen«[147] und »er hört einen nicht und versteht einen
nicht«.[148] In den 1890er Jahren sollten die beiden eine Fehde über echte
Probleme austragen: Hypnotismus und Hysterie.

Groll und Zorn, die sich während dieser Periode bei einer anderen Gelegenheit entwickelten, diesmal Zorn gegen sich selbst, ruhten jahrelang, bevor
sie vier Jahrzehnte später, aufschlußreich entstellt, in Freuds »Selbstdarstellung« wieder auftauchten: »Ich kann hier rückgreifend erzählen, daß es
die Schuld meiner Braut war, wenn ich nicht schon in jenen jungen Jahren
berühmt geworden bin.«[149] Es ist die Geschichte einer versäumten großen
Gelegenheit: Freud leistete beinahe einen spektakulären Beitrag zur Praxis
der Chirurgie. Im Frühjahr 1884 berichtete er Martha Bernays, daß er sich
für die Eigenschaften des Kokains interessiere, einer damals wenig bekannten Droge, die ein deutscher Militärarzt verwendet hatte, um die körperliche Ausdauer seiner Männer zu steigern. »Vielleicht wird's ja auch nichts
weiter«, schrieb er, aber er wolle das Mittel bei Herzkrankheiten und nervösen Schwächezuständen, besonders bei »dem elenden Zustande bei der
Morphiumentziehung« versuchen.[150] Freud hatte daran ein persönliches
Interesse. Er hoffte, das Kokain könne seinem Mitarbeiter Ernst von
Fleischl-Marxow, der an den quälenden Folgen einer Infektion litt, helfen,
vom Morphium loszukommen, das er als schmerzstillendes Mittel nahm.
Doch im Spätsommer leistete sich Freud einen seiner seltenen Besuche in
Wandsbek, nachdem er ein Jahr von seiner Verlobten getrennt gewesen
war. Er muß sich sehr einsam gefühlt haben, selbst noch im Rückblick,
denn er sprach davon, daß er von Martha Bernays »zwei Jahre« oder sogar
»mehr als zwei Jahre« getrennt gewesen sei – zwei rührende symptomati-
sche Versehen.[151]
   Die Ungeduld verleitete Freud dazu, seine Untersuchungen übereilt
durchzuführen. Er beendete eine Abhandlung »Über Coca«, eine faszinierende Mischung von wissenschaftlichem Bericht und eifriger Befürwortung, im Juni und veröffentlichte sie im folgenden Monat in einer Wiener
medizinischen Zeitschrift. Anfang September reiste Freud ab, um Martha
Bernays zu sehen, aber nicht ohne vorher seine Arbeit mit Kokain und des-

sen zugleich beruhigende und stimulierende Eigenschaften gegenüber Leopold Königstein, einem Augenarzt, erwähnt zu haben. Als Freud nach diesem Zwischenspiel nach Wien zurückkehrte, entdeckte er, daß nicht Königstein, sondern ein anderer Freund, Carl Koller, »dem ich auch vom Kokain erzählt, die entscheidenden Versuche am Tierauge angestellt und sie auf dem Ophthalmologenkongreß zu Heidelberg demonstriert hatte«.[152] Wie Freud sich erinnerte, hatte er einen Kollegen getroffen, der über Bauchschmerzen klagte, und ihm eine 5prozentige Kokainlösung verschrieben, die ein seltsames Gefühl der Taubheit auf Lippen und Zunge hinterlassen hatte. Koller war damals zugegen gewesen, und Freud war sicher, daß dies seine »erste Bekanntschaft« mit den anästhesierenden Wirkungen der Droge gewesen war.[153] »Koller«, meinte Freud, »gilt darum mit Recht als der Entdecker der Lokalanästhesie durch Kokain, die für die kleine Chirurgie so wichtig geworden ist« – vor allem für Augenoperationen. »Ich aber habe mein damaliges Versäumnis meiner Braut nicht nachgetragen.«[154] Was bedeutet, daß er ihr ein wenig die Schuld gab und zugleich auch wieder nicht.*

Eine so naive Art, einem anderen das eigene Versäumnis, den Weg zu Ende zu gehen, anzulasten, ist selten bei Freud. Sie zeigt, daß Kokain selbst im so fernen Rückblick noch eine unbehagliche, nicht ganz eingestandene Bedeutung für ihn hatte. Die Tatsachen waren noch klarer, als seine schmerzlichen Erinnerungen andeuten. Wenn Freud von Anfang an erkannte, daß Koller seine augenblickliche Berühmtheit voll verdiente, so nagte es doch an ihm, daß er den Königsweg zum Ruhm, und damit zur Heirat, um Haaresbreite verfehlt hatte. Schlimmer noch, seine schwärmerische Befürwortung des Kokains als eines Allheilmittels gegen Schmerzen, Erschöpfung, Niedergeschlagenheit und Morphiumsucht erwies sich als unangebracht. Freud selbst begann die Droge als Stimulans zu nehmen, um seine periodisch auftretenden depressiven Stimmungen zu kurieren, sein allgemeines Wohlbefinden zu verbessern, sich bei gesellschaftlichen Anlässen leichter zu entspannen und sich allgemein mehr wie ein Mann zu fühlen.** Er empfahl Kokain unbekümmert und schickte sogar Martha Bernays kleine Mengen, wenn er es wegen ihrer Unpäßlichkeiten für nötig hielt. Im Juni 1885 – und das war nicht das einzige Mal – schickte er ein Fläschchen mit ungefähr einem halben Gramm nach Wandsbek und schlug vor, daraus acht kleine oder fünf große Dosen zu machen.[155] Sie bestätigte

---

*   »Die Cocagechichte«, schrieb Freud am 29. Oktober 1884 seiner Schwägerin Minna Bernays, »hat mir allerdings viel Ehre gebracht, aber doch den Löwenanteil anderen« (Sigmund Freud Copyrights, Wivenhoe).
** So drohte er Martha Bernays am 2. Juni 1884 scherzhaft, er werde bei ihrer nächsten Begegnung stärker sein als sie, »ein großer wilder Mann, der Cocain im Leib hat« (Jones, I, S. 109).

prompt den Empfang, dankte ihm herzlich und sagte, daß sie, obwohl sie nichts brauche, die Sendung aufteilen und etwas von der Droge nehmen werde.[156] Es gibt jedoch keinen Hinweis darauf, daß sie (oder ihr Verlobter) je süchtig wurde.

Freuds Kokainverschreibungen für seinen Freund Fleischl-Marxow erwiesen sich als nicht so harmlos. »Wenn es mir noch gelingt, ihm die Schmerzen zu nehmen«, schrieb Freud Anfang 1885 sehnsüchtig an seine Verlobte.[157] Sein Wunsch ging nicht in Erfüllung. Fleischl-Marxow, der langsam und elend zugrundeging, war womöglich noch begeisterter über die heilenden Eigenschaften von Kokain als Freud selbst und nahm zuletzt täglich große Mengen. Unglücklicherweise verschlimmerte das Mittel nur sein Leiden: Im Laufe der Behandlung wurde Fleischl-Marxow kokainsüchtig, wie er zuvor morphiumsüchtig gewesen war.

Gewiß schadete Freud das Experimentieren mit Drogen zuerst wenig bei seinem, wie er zynisch sagte, »Jagen nach Geld, Stellung und Namen«.[158] Sein Artikel über Coca und die Artikel, die er kurz darauf veröffentlichte, verschafften ihm einen Namen in Wiener medizinischen Kreisen und sogar im Ausland, und es dauerte eine Weile, bis sich der möglicherweise süchtig machende Charakter des Kokains zeigte. Es war aber nicht zu leugnen, daß Koller das meiste Ansehen aus der Entdeckung des Kokains als Lokalanästhetikum erntete, und Freuds sehr begrenzter Erfolg roch für ihn nach Versagen. Dazu verursachte ihm sein unkluges, wenn auch gut gemeintes Eingreifen im Falle Fleischl-Marxows, ganz zu schweigen von seiner ebenso unklugen Empfehlung, Kokain durch Injektionen zu verabreichen, bleibende Schuldgefühle. Die Wirklichkeit gab Freud gute Gründe für Selbstkritik. Es gab nichts, was man hätte tun können, um Fleischl-Marxows Qualen zu lindern, aber andere Ärzte, die mit Kokain experimentierten, entdeckten, daß die Droge subkutan injiziert die unglücklichsten Nebenwirkungen haben konnte.*

Dieses Mißgeschick blieb eine der beunruhigendsten Episoden in Freuds Leben. Seine Träume verraten eine ständige Beschäftigung mit Kokain und seinen Folgen, und er gebrauchte Kokain in bescheidenen Mengen bis mindestens um die Mitte der 1890er Jahre.** Kein Wunder, daß er die Wirkungen der Affäre auf sich zu bagatellisieren versuchte. Als Fritz Wittels in

---

* Dies ist eine heikle Frage: Fleischl-Marxow injizierte sich das Kokain, und Freud erhob damals keine Einwände gegen dieses Verfahren. Später ging er davon ab und leugnete, es jemals befürwortet zu haben.
** Siehe vor allem die wichtigen Träume von Irmas Injektion und von der botanischen Monographie, die in *Die Traumdeutung* (G.W., Bd. 2/3, S. 111–126, bzw. 175–182) analysiert werden. Im Bericht über den ersteren, den er 1895 träumte und analysierte, erwähnte Freud, daß er unlängst Kokain verwendet hätte, um »Nasenschwellungen zu unterdrücken« (ibid., S. 116).

seiner Biographie erklärte, daß Freud lange und qualvoll darüber nachgedacht habe, wie ihm das hatte geschehen können, bestritt Freud dies: »Falsch!« notierte er am Rand.[159] Und es ist kein Wunder, daß er es unbewußt nützlich fand, die Verantwortung für die ganze Angelegenheit auf ebendie Person abzuwälzen, um derentwillen er seine gefährliche Suche nach Ruhm intensiviert hatte.

Während er sich nach seiner Verlobten im fernen Wandsbek sehnte, füllte Freud seine freien Stunden damit aus, daß er noch einmal den *Don Quijote* las. Er konnte dabei lachen und empfahl das Buch wärmstens Martha Bernays, wenngleich »das viele Derbe« keine Lektüre für sein »Prinzeßchen« sei.[160] Das war der unter Armut leidende junge Arzt, der mehr Bücher kaufte, als er sich leisten konnte, und bis in die Nacht hinein Klassiker las, tief bewegt und nicht weniger tief erheitert. Freud suchte sich Lehrer aus vielen Jahrhunderten: die Griechen, Rabelais, Shakespeare, Cervantes, Molière, Lessing, Goethe, Schiller, ganz zu schweigen von dem Kenner der menschlichen Natur, dem Physiker, Reisenden und denkwürdigen Aphorismenschmied Georg Christoph Lichtenberg. Diese Klassiker bedeuteten ihm mehr als der intuitive moderne Psychologe Friedrich Nietzsche. Freud hatte ihn als junger Student gelesen, und er gab Anfang 1900, im Todesjahr Nietzsches, gutes Geld für dessen Gesammelte Werke aus. Er hoffe, schrieb er seinem Freund Fließ, »die Worte für vieles, was in mir stumm bleibt, zu finden«. Doch Freud behandelte Nietzsches Schriften als etwas, dem man weit eher widerstehen als es studieren mußte. Es ist symptomatisch, daß er, nachdem er vom Kauf der Werke Nietzsches berichtet hatte, unmittelbar hinzufügte, daß er sie noch nicht aufgeschlagen hatte: »Vorläufig zu träge.«[161]

Freud gab als Hauptgrund für diese Art von Abwehrmanöver den Unwillen an, von seiner nüchternen Arbeit durch »ein Übermaß von Interesse« abgelenkt zu werden.[162] Er zog die klinische Information, die er aus der Analysestunde gewinnen konnte, den explosiven Einsichten eines Denkers vor, der auf seine persönliche Weise einige der radikalsten Ideen Freuds vorweggenommen hatte.* Freud bestand darauf, daß er nie Prioritätsansprüche geltend gemacht habe – eine Behauptung, die zu eindeutig

---

* »Von Natur aus für Philosophie unbegabt«, schrieb er 1931 im Rückblick, »habe ich aus der Not eine Tugend gemacht.« Er hatte sich geschult, »die Tatsachen, die sich mir als neu enthüllten, möglichst unverbildet, vorurteilslos und unvorbereitet zu verarbeiten«. Beim Studium eines Philosophen wäre es »unvermeidlich, daß man sich mit seinen Ideen durchtränke« ... »So habe ich ja auch das Studium von Nietzsche von mir gewiesen, obwohl – nein, weil es klar war, daß bei ihm Einsichten sehr ähnlich den psychoanalytischen zu finden sein würden« (Freud an Lothar Bickel, 28. Juni 1931. Maschinengeschriebene Kopie, Sigmund Freud Copyrights, Wivenhoe).

ist, um ganz korrekt zu sein –, und er hob die psychologischen Schriften des deutschen Physikers und Philosophen Gustav Theodor Fechner als die einzigen hervor, die er nützlich gefunden hätte. Sie hätten für ihn das Wesen der Lust geklärt. So gern er las und davon profitierte, noch lieber war Freud die Erfahrung, und noch mehr profitierte er von ihr.

In den frühen 1880er Jahren, während sich Freud auf seine Privatpraxis vorbereitete, waren seine Hauptanliegen eher beruflicher als theoretischer Natur. Aber die Geheimnisse der menschlichen Psyche nahmen seine Aufmerksamkeit mehr und mehr in Anspruch. Anfang 1884 zitierte er seinem »süßen Prinzeßchen« einen seiner Lieblingsdichter, Friedrich Schiller, ein wenig sentenziös: »Hunger und Liebe: das ist letzten Endes die wahre Philosophie, wie unser Schiller sagte.«[163] Jahre später kam Freud noch mehr als einmal auf diese Zeile zurück, um seine Theorie der Triebe zu illustrieren: Hunger stand für die »Ichtriebe«, die dem Überleben des Ichs dienen, während Liebe natürlich ein beschönigender Name für die Sexualtriebe war, die dem Überleben der Art dienen.[164]

Freud in den 1880er Jahren als angehenden Psychoanalytiker zu sehen, wäre freilich ein Anachronismus. Er setzte seine Untersuchungen auf dem Gebiet der Anatomie, besonders der Gehirnanatomie fort. Aber er begann sich, mit einem Auge auf das Einkommen, auf die Psychiatrie zu konzentrieren. »Die Gehirnanatomie war in praktischer Hinsicht gewiß kein Fortschritt gegen die Physiologie«, schrieb er später offen. »Den materiellen Anforderungen trug ich Rechnung, indem ich das Studium der Nervenkrankheiten begann.« Sie waren damals in Wien ein wenig behandelter Zweig der Medizin. Nicht einmal Nothnagel hatte auf diesem Gebiet viel zu bieten. »Man mußte sein eigener Lehrer sein.« Sein Appetit auf Ansehen und Wohlstand wuchs ebenso wie sein Wissensdrang. Er brauchte mehr, als Wien geben konnte. »In der Ferne«, in Paris, schrieb er vierzig Jahre später und fing noch einmal die ganze Lebendigkeit eines neuen Erlebnisses ein, »leuchtete der große Name Charcots.«[165]

Im März 1885, einige Monate vor seiner Ernennung zum Privatdozenten, bewarb sich Freud bei seiner Fakultät um ein Reisestipendium. Es sah nur eine magere Börse und eine ebenso magere Beurlaubung von sechs Monaten vor, aber Freud hatte es sich in den Kopf gesetzt und gab in seinen Briefen an Martha Bernays einen laufenden Kommentar über seine Aussichten ab. »Ach, ich bin gar nicht zufrieden«, schrieb er ihr Anfang Juni in seiner typischen analytischen Manier. »Ich bin so unüberwindlich faul und weiß auch den Grund, es sind die Erwartungen, die den Menschen immer die Gegenwart vernachlässigen lassen.« Jeder Bewerber brauchte einen »Protektor« in der Kommission, welche die Stipendien vergab. »Für mich ist es Brücke, ein sehr ehrenwerter, aber kaum energischer Fürsprecher.«[166]

Offensichtlich unterschätzte Freud Brücke.* Fleischl-Marxow, der Einblick hatte, berichtete Freud, daß die Lage äußerst ungünstig für ihn gewesen sei, und der Erfolg, den die heutige Sitzung ihm gebracht habe, könne
nur dem Eintreten Brückes für ihn zugeschrieben werden, seinem regelrechten Kampf für ihn, der großes Aufsehen gemacht habe.[167] Gewiß war das
Zeugnis Brückes positiv genug, aber Freud hatte das Stipendium erst Mitte
Juni in der Tasche, nach einem Streit im Komitee, der eines großzügigeren
Preises würdig gewesen wäre. Er zögerte keinen Augenblick, wie er seine
Zeit einteilen sollte: Er wollte zuerst seine Verlobte und ihre Familie besu-
chen, bevor er nach Paris weiterfuhr. Nach einem sechswöchigen Besuch in
Wandsbek, wo er Frau Bernays' noch vorhandene Einwände gegen ihn
endgültig entwaffnete, kam Freud Mitte Oktober in Paris an.

Sobald er sich eingerichtet hatte, erkundete er die Stadt und sammelte
erste Eindrücke: die Straßen, die Kirchen, die Theater, die Museen, die
Parkanlagen. Die Berichte, die er Martha Bernays schickte, sind lebendig
und voller Details; er teilte ihr sein Erstaunen über den »wirklichen Obelis-
ken aus Luxor« auf der Place de la Concorde mit, über die eleganten
Champs Elysées, wo es keine Läden gibt und lauter Equipagen fahren, über
die lärmende, plebejische Place de la République und die stillen Gärten der
Tuilerien. Freud war besonders entzückt vom Louvre, wo er lange bei den
Antiquitäten verweilte: »Eine Unzahl von griechischen und römischen Statuen, Grabsteinen, Inschriften und Trümmern. Einzelne wunderschöne Sachen, alte Götter Xmal vertreten, auch die berühmte Venus von Milo ohne
Arme...«; viele Kaiserbüsten und »assyrische Könige – so groß wie
Bäume, die Löwen wie Schoßhunde im Arm halten, geflügelte Mannstiere
mit schön frisierten Haaren, Keilinschriften so nett, als wären sie gestern
gearbeitet, in Ägypten bemalte Basreliefs in brennenden Farben, ganze Kö-
nigskolosse, wirkliche Sphinxe, eine Welt wie im Traum«. Er wußte, daß er
die assyrischen und ägyptischen Räume noch einige Male besuchen wollte.
»Für mich«, kommentierte er, »haben die Dinge mehr historischen als ästhetischen Wert.«[168] Aber seine Begeisterung verrät ein mehr als nur akade-
misches Interesse. Sie spricht schon von einer Vorliebe für alte Statuen aus
dem Mittelmeerraum und dem Nahen Osten, der er nachgeben sollte, sobald er den Platz und das Geld dafür hatte.

Aber 1885 in Paris hatte er wenig Zeit – und sehr wenig Geld. Wenn er
ins Theater ging, dann um die wunderbare Sarah Bernhardt zu sehen, ein
gut gemachtes Drama von Victorien Sardou, das ihm prahlerisch und trivial erschien, oder Komödien von Molière, die er brillant fand und als

---

* Begreiflicherweise gab Freuds späterer öffentlicher Bericht nicht vollkommen, oder
nicht ganz, seine persönlichen Gefühle wieder. Statt dessen hieß es darin, er habe sein
Stipendium »infolge des warmen Fürspruchs Brückes« erhalten (»Selbstdarstellung«,
G.W., Bd. 14, S. 37).

»französischen Unterricht« benutzte.[169] Im allgemeinen gab er sich mit billigen Plätzen zufrieden, manchmal mit »quatrième loge de côté, wirklich schändlichen Taubenlöcherlogen« für einen Franc fünfzig.[170] Er lebte von geborgtem Geld und glaubte mit weltlichen Dingen wie Streichhölzern und Briefpapier geizen zu müssen. »Man trinkt immer Wein, der sehr billig, tief rot und sonst erträglich ist«, berichtete er Minna Bernays, Marthas Schwester, kurz nach seiner Ankunft. »Was Essen anbetrifft, so kann man dasselbe um 100 fr. und um 3 fr. kriegen, man muß nur wissen, wo.«[171] Zunächst einsam, neigte er dazu, kritisch und ein wenig selbstgerecht zu sein. Und er war patriotisch: »Wie Du merkst, mein Herz ist deutsch, kleinstädtisch und ist überhaupt nicht mit mir angekommen.« Die Franzosen, fand er, waren unmoralische Sensationssucher, »das Volk der psychischen Epidemien, der historischen Massenkonvulsionen«.[172]

Bisweilen vertraute er Martha Bernays, nicht ohne Angst, kluge Listen an. Ende 1885 machte er wöchentliche Besuche, die vielleicht nicht unbedingt nötig waren, bei einer gelangweilten österreichischen Patientin, der Frau seines Hausarztes – »von nicht sehr glücklichen Manieren, schrecklich affektiert« –, denn »es ist eine Sache der Klugheit, sich mit einem Wiener Kollegen gut zu stellen«.[173] Aber ein solches Verhalten bereitete ihm Unbehagen. Früher, als er sich zu seiner »Arbeitswut« bekannte, hatte er seiner Verlobten geschrieben, er müsse darauf achten, daß er in seinem »Arbeits- und Erfolgsdrang« nichts tue, was als »unanständig« gedeutet werden könnte.[174]

Was aber wichtiger war: Freud war von Anfang an geblendet von Jean Martin Charcot. An die sechs Wochen lang arbeitete er an der mikroskopischen Untersuchung von Kindergehirnen in Charcots pathologischem Laboratorium in der Salpêtrière. Einige ausführliche Publikationen über Zerebrallähmung bei Kindern und über Aphasie bezeugten später sein fortdauerndes, wenn auch allmählich schwindendes Interesse an neurologischer Forschung. Doch die mächtige Gegenwart Charcots trieb ihn fort vom Mikroskop und in eine Richtung, die einzuschlagen er, wie so manches aufschlußreiche Zeichen gezeigt hatte, schon immer bereit gewesen war: zur Psychologie.

Charcots wissenschaftlicher Stil und sein persönlicher Charme überwältigten Freud noch mehr als seine spezifischen Lehren. Er war »immer anregend, lehrreich und großartig«, berichtete Freud Martha Bernays, »und er wird mir in Wien schrecklich fehlen«.[175] Auf der Suche nach Ausdrücken, die seiner Begeisterung in Charcots Gegenwart gerecht wurden, nahm er Zuflucht zu einer religiösen – oder jedenfalls ästhetischen – Sprache: »Charcot«, gestand er, »der einer der größten Ärzte, ein genial nüchterner Mensch ist, reißt meine Ansichten und Absichten einfach um. Nach manchen Vorlesungen gehe ich fort wie aus Notre-Dame, mit neuen Empfindungen vom Vollkommenen.« Nur die emotionale Rhetorik der Zeugung konnte seine Gefühle ausdrücken. Freud, der so stolz war auf seine geistige Unabhängigkeit, ließ sich nur zu bereitwillig von diesem brillanten Wissenschaftler und nicht weniger brillanten Schauspieler beeindrucken. »Ob die Saat einmal Früchte bringen wird, weiß ich nicht; aber daß kein anderer Mensch je ähnlich auf mich gewirkt hat, weiß ich gewiß.«[176]

Charcot war zweifellos theatralisch; immer glänzend, gewöhnlich ernst, aber manchmal auch humorvoll, um seine Argumente anzubringen. Jeder seiner »fesselnden Vorträge«, fand Freud, war »ein kleines Kunstwerk an Aufbau und Gliederung«. Und Freud bemerkte: »Niemals erschien er seinen Hörern größer, als nachdem er sich so bemüht hatte, durch die eingehendste Rechenschaft über seine Gedankengänge, durch die größte Offenheit in seinen Zweifeln und Bedenken die Kluft zwischen Lehrer und Schülern zu verringern.«[177] Als Vortragender und Verfechter seiner Sache sollte Freud, der seine eigenen Unsicherheiten geschickt ausnutzte, nicht anders vorgehen.

Wenn er die Vorführungen in der Salpêtrière beobachtete, fand Freud großes Vergnügen an der intellektuellen Erregung, die Charcot belebte, während er spezielle Geisteskrankheiten diagnostizierte und identifizierte. Das erinnerte Freud an den Mythos von Adam, der die Tiere sonderte und benannte.[178] Freud, der unübertroffene Nomenklator, der als der Adam der Psychoanalyse fungierte, war darin wie in so vielem anderen Charcots Schüler. Die Unterscheidung von Geisteskrankheiten untereinander und ihre Abgrenzung gegen physische Krankheiten war in jenen Tagen eine seltene Kunst: Dies war die Zeit, in der Freud, der von den Neurosen noch nichts wußte, die chronischen Kopfschmerzen eines Neurotikers als Meningitis diagnostizieren konnte und in der »auch größere Autoritäten in Wien die Neurasthenie als Hirntumor zu diagnostizieren pflegten«.[179]

Charcot war weit mehr als ein Schauspieler. Er war zugleich medizinische Leuchte und Salonlöwe und genoß einen unvergleichlichen Ruf. Er hatte die Hysterie als echte Krankheit und nicht als Zuflucht von Simulanten diagnostiziert. Mehr noch, er hatte erkannt, daß Männer – im Gegensatz zu allen herkömmlichen Anschauungen – nicht weniger darunter litten als Frauen. Noch kühner hatte Charcot die Hypnose den Quacksalbern und Scharlatanen entrissen und für die ernsten Zwecke der psychischen Heilung eingesetzt. Freud war erstaunt und beeindruckt, als er sah, wie Charcot hysterische Paralysen durch direkte hypnotische Suggestion herbeiführte und heilte.*

---

* Während einiger Jahre nach seiner Rückkehr nach Wien erprobte er die Technik an seinen Patienten – abgesehen von einigen überraschenden Erfolgen mit eher unbedeutenden Resultaten.

Die Hypnose war für Freud 1885 keine völlig neue Offenbarung. Bereits als
Medizinstudent hatte er sich davon überzeugt, daß der hypnotische Zustand trotz seines anrüchigen Rufes ein authentisches Phänomen ist. Aber
es war befriedigend, bei Charcot die Bestätigung für das zu finden, was er
bereits weitgehend glaubte, und es war eindrucksvoll zu sehen, was mit
Charcots Patienten während und nach der Hypnose geschah. Mit den Worten von Pierre Janet, Charcots berühmtestem Schüler, entwickelten sie eine
»magnetische Leidenschaft« für den Hypnotiseur – ein Gefühl der Liebe,
gleich ob kindlicher, mütterlicher oder regelrecht erotischer Natur.[180]
Diese Leidenschaft hatte, wie Freud bald danach feststellte, ihre unangenehme Seite. Eines Tages in Wien warf eine seiner ersten Patientinnen, die
nach einer hypnotischen Sitzung von hysterischen Schmerzen befreit war,
ihrem Heiler die Arme um den Hals. Dieses peinliche Erlebnis, erinnerte
sich Freud, gab ihm einen Hinweis auf das »mystische Element, welches
hinter der Hypnose wirkte«.[181] Später identifizierte er dieses Element als
ein Beispiel für die Übertragung, und er verwendete es als mächtiges Instrument der psychoanalytischen Technik.

Sobald er seine Routine hergestellt hatte, hörte Freud auf, an seinen Aufenthalt in Paris als an einen verworrenen, nicht immer angenehmen Traum zu
denken, und er konzentrierte sich verbissen auf seine Forschungen – so
verbissen, daß er es für nötig hielt, seine Verlobte zu beruhigen: Sie beherrschte noch zuoberst seine Gefühle. »Wenn Du Dir Liebeserklärungen
von mir bestellen wolltest«, schrieb er ihr im Dezember, »ich könnte fünfzig solcher Bogen damit vollschreiben, aber Du bist so brav und verlangst es
nicht.« Er versprach aber, daß er »nun auch die Liebe zur Wissenschaft,
soweit sie zwischen uns noch stand, überwunden habe und gar nichts mehr
will als Dich«. Doch die Gedanken an seine Armut verließen ihn nie ganz.
Er beschrieb sich Martha Bernays gegenüber ein wenig pathetisch als
»einen armen jungen, von glühenden Wünschen und finsteren Sorgen ge-
peinigten Menschen«, der erfüllt ist von »Schnorrerhoffnungen« – konkret von der Hoffnung, daß ihm einer seiner wohlhabenden Freunde Geld
leihen werde.[182]
   Aber seine Arbeit gedieh und nach einer Weile auch sein gesellschaftliches Leben. Im Januar und Februar 1886 wurde er zu Empfängen in Charcots palastartigem Haus eingeladen. Da er sich linkisch vorkam und seines
gesprochenen Französisch nicht sicher war, stärkte er sich mit einer Dosis
Kokain, kleidete sich förmlich und ging mit klopfendem Herzen hin. Seine
Berichte an seine Verlobte sprechen von seiner Angst und von seiner Erleichterung, weil er sich in Charcots Gegenwart nicht lächerlich gemacht
hatte. Eines späten Abends im Februar, als er gerade von einem Empfang
im Hause des großen Mannes zurückgekehrt war, schrieb er seinem »ge-

liebten süßen Schatz« nach Mitternacht noch. »Gott sei Dank, es ist vorüber.« Es war »ledern zum Zerplatzen, nur das bißchen Cocain hat mich
davor bewahrt. Denke Dir: vierzig bis fünfzig Leute diesmal, von denen ich
drei oder vier gekannt habe. Vorgestellt wurde keiner keinem, jeder war
sich selbst überlassen zu tun, was er wollte.« Er glaubte schlecht gesprochen zu haben, schlechter als gewöhnlich. Aber er ließ sich auf eine
politische Diskussion ein, in der er sich weder als Deutscher noch als Österreicher zu erkennen gab, sondern als »juif«. Dann hatte er, kurz vor Mitternacht, eine Tasse Schokolade getrunken. »Du mußt nicht glauben, daß ich
enttäuscht bin, von einem Jour fixe kann man gar nichts anderes erwarten,
und ich weiß nur, daß wir uns keinen einrichten werden. Sag aber niemandem was davon, wie langweilig das war.«[183] Doch während Freud solche
gesellschaftlichen Anlässe langweilig oder sein Französisch unzulänglich
finden mochte, bekundete ihm Charcot seine besondere Aufmerksamkeit.
Diese Herzlichkeit machte ihn nur noch geeigneter als Vorbild.

Was für Freud am meisten zählte, war, daß sein Vorbild offensichtlich
bereit war, das sonderbare Verhalten seiner Patienten ernst zu nehmen, und
daß er sich ebenso bereitwillig seltsame Hypothesen zu eigen machte. Charcot, der seinem Menschenmaterial die sorgfältigste und eingehendste Aufmerksamkeit widmete, war ein Künstler, seinem eigenen Zeugnis nach ein
visuel – »ein Mann, der sieht«. Er vertraute dem, was er sah, und stellte die
Praxis über die Theorie. Eine Bemerkung, die er einmal fallen ließ, brannte
sich in Freuds Gedächtnis ein: »*La théorie, c'est bon, mais ça n'empêche
pas d'exister.*« Freud vergaß dieses Bonmot nie, und in späteren Jahren, als
er die Welt mit unglaublichen Tatsachen beunruhigte, wurde er nie müde,
es zu wiederholen: Die Theorie ist gut und schön, aber das hindert Tatsachen nicht daran zu existieren.[184] Dies war die wichtigste Lektion, die
Charcot zu erteilen hatte: Der ergebene Gehorsam des Wissenschaftlers
gegenüber Tatsachen ist nicht der Gegner, sondern die Quelle und der Diener der Theorie.

Eine konkrete Frage, die Charcot nicht zu Freuds völliger Zufriedenheit
löste und die ihn jahrelang beschäftigte, betraf das Wesen der Hypnose.
Auch für ihre Anhänger und auch in Frankreich war die Hypnose alles
andere als unumstritten. Charcot und seine Schüler definierten den hypnotischen Zustand als einen »künstlich hervorgerufenen krankhaften Zustand – eine Neurose«,[185] kurz, eine Nervenkrankheit, spezifisch Hysterie,
mit unverkennbaren organischen Komponenten. Und der hypnotische Zustand, meinte Charcot, konnte nur bei Hysterikern hervorgerufen werden.
Aber eine rivalisierende Schule in Nancy mit Ambroise Auguste Liébault,
einem sonst unbekannten Privatarzt, und seinem aktiven und produktiven
Anhänger Hippolyte Bernheim an der Spitze vertrat eine andere Anschau-

ung: Hypnose ist einzig und allein eine Sache der Suggestion; daher muß beinahe jeder für sie empfänglich sein. Einige Jahre lang schwankte Freud zwischen den beiden Anschauungen. Mit schöner Unparteilichkeit übersetzte er 1886 einen Band von Charcots *Leçons sur les maladies du système nerveux* (unter dem Titel *Neue Vorlesungen über die Krankheiten des Nervensystems insbesondere über Hysterie*) und zwei Jahre später Bernheims größeres Werk *De la suggestion et de ses applications à la thérapeutique* (unter dem Titel *Die Suggestion und ihre Heilwirkung*). Er neigte weiter zu Charcots Ansichten, aber als er 1889 Bernheim in Nancy aufsuchte, empfand er diesen Besuch, den er unternahm, um seine Technik der hypnotischen Suggestion zu verbessern, als eine der gewinnbringendsten Reisen seines Lebens. Die Psychoanalyse, wie sie Freud um die Mitte der 1890er Jahre entwickelte, war eine Emanzipation von der Hypnose. Aber eine Handvoll Schriften und Rezensionen der frühen 1890er Jahre legen ihre Wurzeln in hypnotischen Experimenten bloß, und tatsächlich gehörte die Hypnose einige Jahre lang zu Freuds Repertoire.

Sobald Freud nach einem Zwischenaufenthalt in Berlin, um Kinderkrankheiten zu studieren, wieder in Wien war, ging es für ihn jedoch nicht darum, welcher französischen Schule er folgen, sondern wie er mit dem ungläubigen medizinischen Establishment fertig werden sollte. Sein Vorwort zu Bernheims Buch spiegelt deutlich seine Unzufriedenheit mit den Kollegen wider. »Sie werden finden«, schrieb er und dachte dabei vor allem an die starrsinnigen Wiener Ärzte, »daß das Werk des Herrn Bernheim in Nancy eine vortreffliche Einführung in das Studium des Hypnotismus, welches der Arzt nicht mehr abseits lassen darf, darstellt ... und daß es wohl geeignet ist, den Glauben zu zerstören, als sei das Problem der Hypnose immer noch, wie Meynert behauptet, von einer ›Gloriole der Abgeschmacktheit‹ umgeben.« Freud bestand darauf, daß Bernheim und seine Mitarbeiter in Nancy gezeigt hatten, daß sich die Erscheinungen des Hypnotismus, weit davon entfernt, exzentrisch zu sein, tatsächlich mit »wohlbekannten Phänomenen des normalen psychologischen Lebens und des Schlafes« verbinden. Daher deckt das ernsthafte Studium der Hypnose und der hypnotischen Suggestion »die psychologischen Gesetze« auf, die das geistige Leben »der Mehrzahl der Gesunden« beherrschen. Mit einem kleinen Seitenhieb auf seine Kollegen schloß Freud, daß »in naturwissenschaftlichen Dingen stets nur die Erfahrung und nie die Autorität ohne Erfahrung die endgiltige Entscheidung über Annahme und Verwerfung herbeiführt«.[186]

Ein Instrument der Überredung, das Freud zur Verfügung stand, war der Bericht, den er zu Ostern 1886 seiner medizinischen Fakultät vorlegte. Er beschrieb die geistigen Schulden, die er in Paris gemacht hatte, und lieferte einen durchweg begeisterten Bericht: Da deutsche (oder österreichische)

Ärzte nur wenig Kontakt mit französischen Ärzten hätten, seien die »teils höchst merkwürdigen (Hypnotismus), teils praktisch wichtigen Funde (Hysterie)« der französischen Neuropathologie auf wenig Anerkennung in den deutschsprachigen Ländern gestoßen. Er gestand, daß er sich stark angezogen fühlte durch Charcots »Lebhaftigkeit, Heiterkeit und Formvollendung der Rede, die wir gewöhnlich dem Nationalcharakter der Franzosen zuzuschreiben pflegen«, und durch seine »Geduld und Arbeitsfreudigkeit, wie wir sie in der Regel für die eigene Nation in Anspruch nehmen«. Nachdem er einen »beständigen wissenschaftlichen und persönlichen Verkehr« mit ihm gehabt hatte, machte sich Freud nun zum Fürsprecher Charcots. Die anregendste und bleibendste Botschaft, die Freud mit nach Hause brachte, betraf den Ausblick, den Charcot dem Neuropathologen eröffnete. »Charcot pflegte zu sagen, die Anatomie habe im großen und ganzen ihr Werk vollendet und die Lehre von den organischen Erkrankungen des Nervensystems sei sozusagen fertig; es kommt nun die Reihe an die Neurosen.«[187] Freuds Vorgesetzte fanden diese Worte ungenießbar, aber sie waren eine undeutliche Voraussage seiner Zukunft.

Während diese Zukunft näherrückte, erhielt er seine Erinnerungen an Charcot sehr lebendig. Freud machte aus ihm einen zweiten Brücke, einen geistigen Vater, zu dem er aufblicken und dem er nacheifern konnte. Selbst noch als er einige Aspekte von Charcots Lehren in Frage stellte, zollte ihm Freud jede Huldigung. Er übersetzte nicht nur Charcots Vorlesungen ins Deutsche; er verbreitete Charcots Ideen und zitierte ihn bei passenden Gelegenheiten als Autorität. Einer der Schätze, die Freud aus Paris mitgebracht hatte, war ein Stich nach Pierre-Albert Brouillets Gemälde *La leçon clinique du Dr. Charcot*, das zeigte, wie Charcot einer gebannten Zuhörerschaft in der Salpêtrière eine Hysterische vorführt. Später, als er in das Haus Berggasse 19 eingezogen war, hängte er den Stich stolz in seinem Sprechzimmer auf, über einem verglasten Bücherschrank, der mit kleinen antiken Statuen gefüllt war. Mehr noch: 1889 nannte Freud seinen ersten Sohn Jean Martin, genannt Martin, nach Charcot, ein Tribut, den der Meister mit einer kurzen höflichen Antwort* und seinen Glückwünschen quittierte.[188] Als Charcot 1893 starb, schrieb Freud für die *Wiener Medizinische Wochenschrift* einen liebevollen Nachruf, der, ohne sich auf ihn selbst zu beziehen, Freuds autobiographischen Fragmenten zugerechnet werden muß als ein indirektes Zeugnis für seinen eigenen wissenschaftlichen Stil.

---

* Charcots Billett war kurz und voller Anspielungen: er drückte die Hoffnung aus, daß »der Evangelist und der großzügige Centurio«, deren Namen Freuds Sohn trug, »ihm Glück bringen mögen«. Offensichtlich erwartete Charcot, daß Freud seine Anspielungen auf den Evangelisten Johannes und den heidnischen Soldaten Martin verstand, der seinen Mantel mit einem Bettler teilte und später ein christlicher Heiliger wurde.

All das kam einige Jahre später. Im Frühjahr 1886 waren Freuds Aussichten so ungewiß wie zuvor. Wieder in Wien, erkannte er jedoch, daß seine Monate in Frankreich mehr als ein Urlaub gewesen waren; sie waren ein Ende. Er kündigte im Allgemeinen Krankenhaus, und am Ostersonntag, dem 25. April, brachte das Morgenblatt der *Neuen Freien Presse* in der »Kleinen Chronik« die Ankündigung: »Herr Dr. Sigmund Freud, Dozent für Nervenkrankheiten an der Universität, ist von seiner Studienreise nach Paris und Berlin zurückgekehrt und ordiniert I., Rathausgasse Nr. 7 von 1 bis 2 ½ Uhr.«

Breuer und Nothnagel schickten ihm Patienten, von denen manche sogar zahlten, und während er in Meynerts neuem anatomischen Laboratorium weiter Forschungen trieb, galt seine Hauptsorge dem Lebensunterhalt. Er war nicht sehr optimistisch, den »Kampf mit Wien«[189] gewinnen zu können, und spielte mit dem Gedanken auszuwandern. Die Beharrlichkeit trug den Sieg davon. Er fand einige der Nervenkranken, die er behandelte, wissenschaftlich interessant, während ihm einige seiner anderen, langweiligeren Patienten seine Mühen lohnten, indem sie ihre Rechnungen beglichen. Seine Mittellosigkeit war quälend; er gestand, daß es Zeiten gab, in denen er sich keine Kutsche für Hausbesuche leisten konnte.

In seltenen Augenblicken, wenn sein Einkommen solide genug zu sein schien, um den Gedanken an eine baldige Heirat aufkommen zu lassen, genoß Freud kurze Perioden der Euphorie. Es machte die Dinge allerdings nicht leichter, daß Freud gegen seine Berufskollegen kämpfte. Seine Begeisterung für französische Neuerungen verstärkte nur die Skepsis, die er mit seinem Eintreten für das Kokain geweckt hatte. Als er im Herbst 1886 vor dem Verein der Wiener Ärzte einen Vortrag über männliche Hysterie hielt und psychologische Ätiologien vorschlug, fand er eine gemischte Aufnahme. Ein alter Chirurg, den er nie vergaß, erhob Einwände gegen Freuds – aus Paris mitgebrachte – These, daß Männer hysterisch sein können: Sagte nicht der Ausdruck »Hysterie« selbst, der vom griechischen Wort für »Gebärmutter« abgeleitet ist, daß nur Frauen an Hysterie leiden können?[190] Andere Ärzte waren aufgeschlossener, aber mit seiner gereizten Empfindlichkeit deutete Freud die Haltung seiner Kollegen als reine, stumpfsinnige Ablehnung. Von nun an, dachte er, stand er im Gegensatz zum Establishment. Schließlich hatte sogar Meynert, der lange einer seiner vernehmlichsten Fürsprecher gewesen war, beschlossen, mit ihm zu brechen.

Um diese Zeit hatte er aber auch gute Gründe, zufrieden zu sein. Seine eigenen mageren, stetig schwindenden Ersparnisse und dazu die bescheidenen Legate und die Mitgift seiner Braut, die Hochzeitsgeschenke seitens ihrer Familie in bar und vor allem großzügige Anleihen und Geschenke von reichen Freunden machten es ihm endlich möglich, Martha Bernays zu hei-

raten. Die Ziviltrauung fand am 13. September in Wandsbek statt. Aber
unvorhergesehene rechtliche Komplikationen machten eine zweite Zeremonie erforderlich. Während die Ziviltrauung, auf der Freud bestanden
hatte, in Deutschland genügte, verlangte das österreichische Gesetz eine
religiöse Zeremonie. So mußte Freud, der eingeschworene Feind aller Ri-
tuale und der Religion, am 14. September die hebräischen Formeln hersa-
gen, die er rasch auswendig gelernt hatte, um seine Ehe gültig zu machen.
Sobald er verheiratet war, bekam Freud seine Rache oder jedenfalls seinen
Willen: »Ich erinnere mich sehr gut«, berichtete ein Vetter von Martha
Bernays, nun Martha Freud, »wie sie mir sagte, daß es eines der schmerz-
licheren Erlebnisse ihres Lebens war, als sie am ersten Freitagabend nach
ihrer Hochzeit die Sabbatkerzen nicht anzünden durfte.«[191] In Fragen von
solcher Bedeutung wie der religiöse – oder vielmehr nichtreligiöse – Stil
seines Haushalts setzte Freud eisern seine Autorität durch.

Nach einjähriger Ehe hatte er eine wunderbare Neuigkeit für seine Familie. Er teilte sie am 16. Oktober 1887 glückstrahlend Frau Bernays und
Minna Bernays in Wandsbek mit: »Ich bin schrecklich müde und habe
noch so viele Briefe zu schreiben, aber an Euch beide zu schreiben, geht vor.
Ihr wißt schon durch Telegramm, daß wir ein Töchterchen« – Mathilde –
»haben. Es wiegt dreitausendvierhundert Gramm, was sehr anständig ist,
ist furchtbar häßlich, lutscht von seinem ersten Moment ab an seiner rechten Hand, scheint sonst sehr gutmütig und benimmt sich, als ob es wirklich
zu Hause wäre.«[192] Fünf Tage später hatte er gute Gründe entdeckt, einen
anderen Ton anzuschlagen: Jeder sage ihm, daß die kleine Mathilde *ihm*
»auffallend ähnlich« sähe, und tatsächlich: »Sie ist bereits viel schöner geworden, manchmal glaube ich schon recht schön.«[193] Das Kind hieß »natürlich Mathilde«[194] nach seiner guten Freundin Mathilde Breuer. Einen
Monat später lernte er im Bekanntenkreis ihres Mannes einen Besucher aus
Berlin kennen, Wilhelm Fließ, der der schicksalhafteste Freund in seinem
Leben werden sollte.

II

DIE ENTSTEHUNG DER THEORIE

Ein notwendiger Freund – und Feind

»Ein intimer Freund und ein gehaßter Feind waren mir immer notwendige Erfordernisse meines Gefühlslebens«, gestand Freud in *Die Traumdeutung*. »Ich wußte beide mir immer von neuem zu verschaffen.« Und nicht selten, fügte er hinzu, waren Freund und Feind in derselben Person vereint.[1] In seiner frühen Kindheit hatte diese Doppelrolle sein Neffe John gespielt. Nach seiner Heirat und im Jahrzehnt der Entdeckungen machte Freud Wilhelm Fließ zu diesem notwendigen Freund und, später, Feind.

Fließ, ein Hals-, Nasen-, Ohrenspezialist aus Berlin, war im Herbst 1887 zu weiteren Studien nach Wien gekommen. Auf Breuers Rat hörte er einige von Freuds Vorlesungen über Neurologie, und spät im November, als er nach Hause zurückgekehrt war, erhielt er von Freud eine tiefempfundene Aufforderung zu näherer Bekanntschaft. »Mein heutiger Brief hat zwar einen geschäftlichen Anlaß«, schrieb Freud. »Ich muß ihn aber mit dem Bekenntnis einleiten, daß ich mir Hoffnung auf Fortsetzung des Verkehrs mit Ihnen mache und daß Sie mir einen tiefen Eindruck zurückgelassen haben.«[2] Das war zugleich förmlicher und gefühlsbetonter als Freuds üblicher Stil, aber seine Freundschaft mit Fließ sollte auch eine einzigartige Erfahrung werden.

Als er die Theorie der Psychoanalyse entwickelte, hatte Freud mehr Feinde und weniger Freunde, als er brauchte. Ein Mißerfolg war wahrscheinlich; Feindseligkeit und Spott waren praktisch gewiß. Fließ war genau der Vertraute, den er brauchte: Zuhörer, Mitwisser, Anreger, Beifallspender, Mitspekulant, den nichts schockierte. »Du bist der einzige Andere, der *alter*«,[3] schrieb ihm Freud im Mai 1894. Im Herbst 1893 hatte Freud Fließ gestanden – und damit eine Einsicht geäußert, der er noch sieben oder acht Jahre lang nicht folgen sollte –, daß »Du mir überhaupt die Kritik verdirbst und ich Dir eigentlich alles glaube«.[4] Eine solche Leichtgläubigkeit bei einem Mann wie Freud, der stolz war, ein nüchterner Mann der Wissenschaft zu sein, verlangt nach einer Deutung.

Diese Leichtgläubigkeit scheint um so auffälliger zu sein, als Fließ heute als verschrobener Kauz und pathologischer Numerologe gilt. Aber er ver-

lor seinen guten Ruf erst später. Seine Lieblingstheorien klingen außerordentlich bizarr: Fließ wählte die Nase als das dominierende Organ, das
seinen Einfluß auf Gesundheit und Krankheit des Menschen ausübe.
Außerdem war er einem Schema biorhythmischer Zyklen von 23 und 28
Tagen verfallen, dem Männer und Frauen unterworfen sein sollten und das
es, wie er glaubte, dem Arzt erlauben würde, alle Arten von Zuständen und
Krankheiten zu diagnostizieren. Doch um die Jahrhundertwende fanden
diese beinahe völlig in Verruf geratenen Ideen wohlwollendes Gehör und
sogar eine gewisse Unterstützung durch achtbare Forscher in mehreren
Ländern. Sein Leumund war alles in allem tadellos: Fließ war ein angesehener Facharzt mit einer soliden Praxis, die sich weit über seine Basis in Berlin
hinaus erstreckte. Außerdem muteten die Ideen, mit denen Freud spielte,
anfangs nicht weniger sonderbar an als die Vorstellungen von Fließ. Und
Breuer hatte ihn empfohlen, was für den Freud der späten 1880er Jahre eine
Garantie für geistige Rechtschaffenheit war.

Fließ' wissenschaftliche Bildung war umfangreich, sein wissenschaftlicher Ehrgeiz groß. Er beeindruckte andere, die weniger bedürftig waren
als Freud, durch seine Erscheinung, seine Kultiviertheit, seine Gelehrsamkeit. Noch 1911, lange nachdem sich Fließ und Freud in Bitterkeit getrennt
hatten, fand Freuds treuer Anhänger Karl Abraham, ein nüchterner Beobachter, Fließ liebenswürdig, scharfsinnig, originell, vielleicht die wertvollste Bekanntschaft, »die ich unter Berliner Ärzten machen konnte«.[5] Ebenso
hatte Freud empfunden, als er Fließ zum erstenmal begegnet war. Ihre Isolation als medizinische Subversive ließ sie einander um so kongenialer erscheinen. »Ich bin hier ziemlich allein mit der Aufklärung der Neurosen«,
schrieb Freud Fließ im Frühjahr 1894. »Sie betrachten mich so ziemlich als
einen Monomanen.«[6] Ihre Korrespondenz muß Freud und Fließ als eine
Konversation zwischen zwei Monomanen erschienen sein, die im Besitz
tiefer, noch nicht anerkannter Wahrheiten waren.

Fließ übte einen starken Einfluß auf Freuds Theorien aus, er versorgte
ihn mit Ideen und unterstützte ihn. Er war ein fleißiger und scharfsichtiger
Leser der Manuskripte Freuds. Er verhalf Freud zu einem Verständnis der
wesentlichen Einheit aller menschlichen Kultur und der Beweiskraft aller
menschlichen Manifestationen. »Du hast mich gelehrt, daß hinter allem
Volkswahnwitz ein Stück Wahrheit lauert«, schrieb ihm Freud dankbar im
Juni 1896.[7] Er half Freud, seine Aufmerksamkeit auf Witze als brauchbares
Material für die psychoanalytische Untersuchung zu richten. Fließ stellte
auch in seinen um die Mitte der 1890er Jahre veröffentlichten Schriften
Mutmaßungen über die kindliche Sexualität an, Jahre bevor Freud gewillt
war, eine so skandalöse Idee konsequent zu seiner eigenen zu machen.
Während Freud der erste gewesen zu sein scheint, der behauptete, ein sexu-
elles Unbehagen liege allen Neurosen zugrunde, vertrat Fließ seinerseits als

erster die Idee der menschlichen Bisexualität und sah zu, wie sie Freud zu einem Grundprinzip ausarbeitete.

Trotz alledem hätte die letztliche Irrationalität der phantasievollen Vorstellungen von Fließ und seiner Bemühungen, sie zu beweisen, schon viel früher offenkundig werden müssen, vor allem für Freud. Gewiß, man konnte gute Gründe für Fließ' hochfliegenden Versuch vorbringen, die Biologie auf die Mathematik zu gründen. Es war auch nichts Lächerliches an der Behauptung, daß ein bestimmtes Körperorgan seinen Schatten über die anderen wirft. Und von einem Psychoanalytiker konnte man wohl erwarten, daß er ein gewisses Interesse für die Nase aufbringt, die durch ihre Form an das männliche Glied und durch ihre Neigung zu bluten an die weiblichen Geschlechtsteile erinnert. Die Idee der Verschiebung von einem Körperteil auf einen anderen – nicht nur von Gedanken, sondern auch von Symptomen – sollte eine Hauptstütze der psychoanalytischen Diagnose werden. Ein Wissenschaftler, der wie Freud im Begriff war, erogene Zonen zu postulieren, die sich im Laufe der menschlichen Entwicklung verschieben, konnte etwas an einer Theorie finden, die behauptete, daß in der Nase liegende »genitale Orte« den Verlauf der Menstruation und des Gebärens beeinflussen. Was Freud schon hätte stutzig machen müssen, bevor spätere Forschungen die Unsinnigkeit der Fließschen Vorstellungen bewiesen, war der Dogmatismus von Fließ, seine Unfähigkeit, den Reichtum und die verwirrende Komplexität der Ursachen zu erkennen, die allen menschlichen Dingen zugrunde liegen. Doch solange Fließ' Lob »Nektar und Ambrosia« für ihn war,[8] mochte Freud keine störenden Zweifel formulieren oder auch nur aufkommen lassen.

Dieselbe gewollte Blindheit bestimmte Freuds Spielerei mit Fließ' biomedizinischem Nummernspiel. Die Idee von männlichen Sexualzyklen war angesichts der weiblichen Menstruationsrhythmen plausibel genug. Bezeichnenderweise widmete Havelock Ellis, dieser Enthusiast und Romantiker unter den Sexualforschern, den »Phänomenen der sexuellen Periodizität« ein langes Kapitel in einem Band seiner *Studies in the Psychology of Sex*, die praktisch zugleich mit *Die Traumdeutung* erschienen. Als unermüdlicher Sammler von relevantem und abstrusem Material über sexuelle Fragen aus vielen Ländern hatte Ellis das Fließsche Werk über sexuelle Perioden gelesen und interessant, wenn auch letzten Endes nicht überzeugend gefunden, jedenfalls was die männlichen Rhythmen anbetraf: »Obwohl Fließ eine Anzahl von genau beobachteten Fällen anführt, kann ich nicht sagen, daß ich von der Wirklichkeit seines 23-Tage-Zyklus überzeugt bin.« Er nahm mit charakteristischer Großzügigkeit an, daß »diese Versuche, einen neuen physiologischen Zyklus zu beweisen, sorgfältiges Studium und weitere Untersuchungen erfordern«, kam aber zu dem Schluß, daß wir, während »die Möglichkeit eines solchen Zyklus im Auge behalten werden sollte«, gegenwärtig »kaum berechtigt sind, ihn zu akzeptieren«.[9] Ellis erkannte, daß es Fließ' Art und Weise, seine Schlüsselzahlen 23 und 28, ihre Intervalle und ihre Summen zu manipulieren, erlaubte, nach Belieben alles zu demonstrieren. Spätere Forscher hatten weniger Geduld mit Fließ als Ellis und erklärten, daß sie absolut nicht überzeugt waren.

Freud war jedoch einige Jahre überzeugt und trug fleißig Material zu Fließ' Sammlung von Beweiszahlen bei: die Pausen zwischen seinen Migräneanfällen, die Rhythmen der Krankheiten seiner Kinder, die Daten der Menstruationsperioden seiner Frau, die Länge des Lebens seines Vaters. Etwas anderes als Schmeichelei, etwas mehr als reine Bedürftigkeit war in diesem Rückfall in unwissenschaftliche Naivität enthalten. Freud, der große Rationalist, war nicht ganz frei von Aberglauben, vor allem Zahlenaberglauben. Zwar zog er 1886 mit seiner jungen Frau in das Wohnhaus ein, das an der Stelle des Wiener Ring-Theaters erbaut worden war; dieses Theater war fünf Jahre zuvor niedergebrannt, und mehr als vierhundert Menschen waren in den Flammen umgekommen. Gerade sein Widerstand gegen den Aberglauben machte es ihm möglich, gewöhnliche Ängste beiseite zu schieben. Aber gewisse Zahlen machten ihm angst. Jahrelang wurde er von der Überzeugung heimgesucht, daß es ihm vorbestimmt sei, mit einundfünfzig Jahren zu sterben und später mit einundsechzig oder zweiundsechzig. Er fühlte sich von diesen schicksalhaften Zahlen verfolgt, die ihn an seine Sterblichkeit erinnerten. Sogar die Telefonnummer, die ihm 1899 zugeteilt wurde – 1 43 62 –, faßte er als Bestätigung auf: Er hatte *Die Traumdeutung* mit 43 Jahren veröffentlicht und war überzeugt, daß die letzten beiden Ziffern eine unheilvolle Mahnung darstellten, daß seine Lebensspanne wirklich mit 62 Jahren zu Ende sein sollte.[10] Freud analysierte einmal den Aberglauben als die Folge von unterdrückten feindseligen und grausamen Regungen[11] und seinen eigenen Aberglauben als einen unterdrückten Wunsch nach Unsterblichkeit. Aber seine Selbstanalyse befreite Freud nicht ganz von dieser Irrationalität, und dieser Rest von dem, was er »die spezifisch jüdische Natur meiner Mystik«[12] nannte, machte ihn für die wildesten Spekulationen von Fließ anfällig.

Es gab vieles, was Freud über das berufliche Eigeninteresse hinaus mit Fließ verband. Die beiden waren zugleich Eingeweihte und Außenseiter: hochspezialisierte Ärzte, die an den Grenzen oder jenseits der Grenzen der akzeptablen medizinischen Forschung arbeiteten. Mehr noch, sie waren Juden mit beinahe den gleichen Problemen und Aussichten in ihrer Gesellschaft, so leicht zur Intimität getrieben wie Brüder in einem verfolgten Stamm. Emotional gesprochen, war Fließ Breuers Nachfolger. Freuds Bindung an ersteren wurde intensiver in dem Maße, in dem seine Abhängigkeit von letzterem zu schwinden begann. Daß Breuer derjenige war, der Freud und Fließ zusammenbrachte, ist eine pikante Ironie.

Es heißt vielleicht, den Begriff über seinen legitimen Bereich hinaus erweitern, aber in manch wichtiger Hinsicht auferlegte Freud Fließ eine Rolle, die mit der eines Psychoanalytikers verwandt war. Freuds langes Unvermögen, seine regelrechte Weigerung, seinen intimen Freund realistisch einzuschätzen, weist darauf hin, daß er in einer schweren Übertragungsbeziehung befangen war: Freud idealisierte Fließ über jedes Maß hinaus und stattete ihn mit den bewundernswertesten Eigenschaften von Brücke oder Charcot aus. Er wollte sogar einen Sohn nach ihm benennen, woran ihn 1893 und 1895 die Geburt von Töchtern, Sophie und Anna, hinderte. Er vertraute seinem »Anderen« in Berlin seine intimsten Geheimnisse an, auf dem Papier und persönlich bei ihren sorgfältig vorausgeplanten und sehnlich erwarteten »Kongressen«. Von Ende 1893 an gestand er Fließ, daß er an Brustschmerzen und Arrhythmie litt, einer besorgniserregenden Herzstörung, die Fließ Freuds Rauchgewohnheiten zuschrieb. Fließ war der einzige, der davon wußte. Als Freud im April 1894 wieder auf dieses unangenehme Thema zu sprechen kam, warnte er ihn, daß seine Frau »nicht die Vertraute meiner Sterbedelirien« war.[13] Im vorausgegangenen Sommer hatte er Fließ mitgeteilt, daß Martha Freud ein Gefühl des »Wiederauflebens« genoß, da sie »zunächst ein Jahr kein Kind zu erwarten hat«; er sagte es ganz ausdrücklich: »da wir jetzt in Abstinenz leben.«[14] Dinge dieser Art würde ein anständiger Bürger nur seinem Analytiker gestehen. Fließ war der Mann, dem Freud alles sagen konnte. Und er sagte Fließ alles, mehr als er sonst jemandem über seine Frau oder seiner Frau über sich selbst sagte.

Tatsächlich war ein Grund dafür, daß Freud Fließ in den 1890er Jahren so unentbehrlich fand, gerade der, daß seine Frau nicht die Vertraute der Forschungen war, denen er seine konzentrierte Aufmerksamkeit widmete. Von seiner blendenden Gegenwart überstrahlt, machte Martha Freud eine ziemlich schattenhafte Figur. Während er, ein wenig gegen seinen Willen, der Nachwelt verschwenderische Zeugnisse hinterließ, sind ihre erhaltenen oder auffindbaren Spuren nur sehr spärlich. Die beiläufigen Bemerkungen von Besuchern und einige ihres Mannes können so ausgelegt werden, daß sie einfach eine mustergültige Hausfrau war, den Haushalt führte, für die Mahlzeiten sorgte, die Dienstboten beaufsichtigte und die Kinder erzog. Aber ihr Beitrag zum Familienleben war weit mehr als nur pflichtbewußte, unbezahlte Plackerei. Die Familie drehte sich um Freud. Es ist nicht uninteressant, daß er derjenige war, der ihren sechs Kindern ihre Namen gab – nach *seinen* Freunden, *seinen* Mentoren. Als 1891 sein zweiter Sohn geboren wurde, nannte ihn Freud Oliver, nach *seinem* bewunderten Oliver Cromwell.[15] Aber der älteste Sohn der Freuds, Martin, erinnerte sich an seine Mutter als an eine zugleich gütige und feste Frau, tüchtig und achtsam

auf die so wichtigen Einzelheiten des Haushalts und die nicht minder wichtigen Reisevorbereitungen, einer beruhigenden Selbstbeherrschung fähig,
nie aus der Fassung geratend. Ihr Bestehen auf Pünktlichkeit (einer Eigenschaft, die, wie ihr Sohn Martin bemerkte, im ungezwungenen Wien selten
war) gab dem Freudschen Haushalt seine Atmosphäre der Zuverlässigkeit
– ja, wie Anna Freud später klagte, der zwanghaften Regelmäßigkeit.[16]
Max Schur, Freuds letzter Arzt, der sie in ihren letzten Jahren sehr gut
kennenlernte, meinte, daß viele sie unterschätzt hatten; er gewann sie sehr
lieb, obwohl sie ihm jedesmal Vorwürfe machte, daß er auf dem Bett saß
und es zerknitterte, wenn er ihren Mann untersuchte.[17]

Wie eine solche Skizze vermuten läßt, war Martha Freud die vollkommene Bürgersfrau. Liebevoll und tüchtig in der Familie, wurde sie beherrscht von einem unaufhörlichen Gefühl ihrer häuslichen Pflicht, und sie
war streng, wenn jemand von der Mittelstandsmoral abwich.* Als sie eine
alte Dame in London war, beschrieb sie das Lesen als ihre einzige »Zerstreuung«, aber sie fügte, zugleich entschuldigend und amüsiert, rasch
hinzu: »Allerdings nur abends im Bett.« Während des Tages gönnte sie sich
dieses Vergnügen nicht; ihre »gute Erziehung« hielt sie davon ab.[18] Freud
deutete Fließ gegenüber an, daß seine Frau außerordentlich reserviert sei
und mit Fremden nur sehr langsam warm werde. Aber obwohl sie im allgemeinen nichts für sich verlangte, konnte sie sehr hartnäckig sein, sobald sie
sich einen Wunsch in den Kopf gesetzt hatte, den sie für vernünftig hielt.[19]
Nach Hinweisen in Freuds Briefen und nach ihren Fotografien zu urteilen,
tauschte sie ihre schlanke Jugendlichkeit bald gegen ein ordentliches, leicht
farbloses mittleres Alter ein und tat wenig, um dem damals akzeptierten Stil
des Alterns zu widerstehen, das die junge Frau unbarmherzig in eine statt-
liche Matrone verwandelte.** Vom Beginn ihrer Verlobung an hatte ihr
Freud offenherzig gesagt, sie sei »nicht schön im korrekten Wortge-
brauch«, aber in ihrem Wesen drücke sich das »Gute, Edle und Vernünftige« aus.[20] Sobald sie verheiratet war, nahm sie sich wenig Zeit zu pflegen,
was immer sie an Schönheit besaß.

Ihre ständigen, unbarmherzigen Schwangerschaften müssen ihren Zoll
gefordert haben; die Freuds hatten sechs Kinder in neun Jahren. Kurz vor
ihrer Heirat hatte sie davon geträumt, drei zu haben. Es wäre leichter gewe-

---

* Sie vergab Stefan Zweig trotz seines elenden Todes (er beging 1942 in Brasilien nach
langen Kämpfen gegen seine Depressionen Selbstmord) nie, daß er seine Frau Friederike
um einer jüngeren Frau willen verlassen hatte, die er dann heiratete. Sie konnte, schrieb
sie Friederike Zweig, »unseres Freundes Untreue Ihnen gegenüber« nicht vergessen.
Auch sein Tod, fügte sie hinzu, milderte ihren Groll nicht (Martha Freud an Friederike
Zweig, 26. August 1948. Freud Collection, B2, LC).
** Selbstverständlich galten damals andere Maßstäbe für das Alter. Freud konnte in
den 1890er Jahren von einer »etwa 30jährigen alternden Jungfrau« sprechen (Freud an
Fließ, »Manuskript H, Paranoia« im Brief vom 24. Januar 1895. *Freud–Fließ*, S. 107).

sen. »Meine arme Martha hat ein gequältes Leben«,[21] bemerkte ihr Mann im Februar 1896, als ihr letztes Kind, Anna, etwas über zwei Monate alt war. Am beschwerlichsten war, daß Martha Freud immer wieder mit den Krankheiten der Kinder fertigwerden mußte. Freud half, hörte sich die Klagen seiner Kinder an oder ging mit ihnen in den Sommerferien in den Bergen Pilze suchen. Er war ein aktiver Vater, wenn er Zeit hatte, und er war interessiert. Aber die schwersten Lasten des Familienlebens hatte seine Frau zu tragen.

Trotz all ihrer Liebe zu Büchern – wenn sie es sich gestattete, ihr nachzugeben – war Martha Freud nicht die Gefährtin ihres Mannes auf seinem langen und einsamen Weg zur Psychoanalyse. Sie half Freud auf die ihr natürliche Weise, indem sie einen häuslichen Rahmen schuf, in dem er sich wohlfühlen konnte, zum Teil dadurch, daß sie ihn das meiste für selbstverständlich halten ließ. Als sie auf ein Beileidschreiben nach Freuds Tod antwortete, nahm sie es als einen schwachen Trost, daß es in den 53 Jahren ihrer Ehe nicht ein einziges böses Wort zwischen ihnen gegeben hatte und daß sie immer so gut wie möglich versucht hatte, »ihm die Misère des Alltags fernzuhalten«.[22] Sie empfand es als Privileg, daß es ihr möglich war, sich in all diesen Jahren um »unser teures Oberhaupt« zu kümmern.[23] Das bedeutete ihm sehr viel, aber es war nicht alles. Seine Frau machte Fließ praktisch notwendig.

In seinen Erinnerungen an die Freuds lobte der französische Psychoanalytiker René Laforgue, der sie in den 1920er Jahren kannte, Martha Freud als »eine praktische Frau, die wunderbar geschickt war, eine Atmosphäre von Frieden und *joie de vivre* zu schaffen«. Sie war, fand er, eine ausgezeichnete, hart arbeitende Hausfrau, die nicht zögerte, in der Küche auszuhelfen und die »nie die kränkliche Blässe kultivierte, die bei so vielen weiblichen Intellektuellen Mode war«. Aber, fügte er hinzu, sie hielt die psychoanalytischen Ideen ihres Mannes für »eine Art von Pornographie«.[24] Inmitten eines lebhaften Haushalts war Freud allein. Am 3. Dezember 1895 meldete er Fließ die Geburt des kleinen Annerl und berichtete, daß sich Mutter und Kind, »ein nettes und komplettes Frauenzimmerchen«, wohl befanden.[25] Im nächsten Brief, den er nur fünf Tage später schrieb, freute er sich, die Schrift von Fließ wiederzusehen, die ihn »viel Einsamkeit und Entbehrung vergessen« ließ.[26] Die Assoziation ist ergreifend. Freud liebte seine Familie und hätte ohne sie nicht leben können. Aber die Familie linderte nicht sein erschreckendes Gefühl der Isolation. Diese Aufgabe fiel Fließ zu.

Freuds Freundschaft mit Fließ reifte mit einer Schnelligkeit, die eher untypisch war für eine Zeit, in der sich Intimität gewöhnlich langsam entwickelte und manchmal einer jahrzehntelangen Verbindung widerstand.

Freuds erster Brief an Fließ im November 1887 dient als vielsagender Hinweis auf die eruptive Emotionalität, die er mit äußerster Kraft beherrschte. Dort sprach er Fließ mit »Verehrter Freund und Kollege!« an. Im August 1888 war Fließ ein »Verehrter Freund!« geworden, und zwei Jahre später war er bald ein »Lieber«, bald ein »Liebster Freund!« Dies blieb Freuds bevorzugte Anrede bis zum Sommer 1893, als er sich zu einem »Geliebter Freund!« steigerte. Um diese Zeit hatten die beiden einander schon mehr als ein Jahr lang geduzt, während Freud Frau Fließ weiterhin mit »Sie« ansprach.

Während dieser Anfangsphase seiner Abhängigkeit von dem »Anderen« in Berlin wurde Freud immer unzufriedener mit den verfügbaren Techniken für die Behandlung neurotischer Patienten. »Im Zeitraum von 1886–1891«, erinnerte sich Freud, »habe ich wenig wissenschaftlich gearbeitet und kaum etwas publiziert. Ich war davon in Anspruch genommen, mich in den neuen Beruf zu finden und meine materielle Existenz sowie die meiner rasch anwachsenden Familie zu sichern.«[27] Das ist eine ungebührlich harte Beurteilung einer Inkubationszeit: Freud legte das Fundament für eine Revolution. Seine Übersetzung von Bernheims Buch über Hypnotismus und Suggestion und sein Besuch in Nancy im Jahre 1889 waren Schritte in seiner Selbstschulung zum Psychotherapeuten.

Auch seine Studie über die Aphasien, sein erstes Buch, das 1891 veröffentlicht wurde und Breuer gewidmet war, deutet auf subtile Weise seine zunehmende Beschäftigung mit der Psychologie an. *Zur Auffassung der Aphasien: Eine kritische Studie* ist eine hervorragende Monographie auf dem Gebiet der Neurologie, aber unter seine reichlichen, gründlich recherchierten Zitate von Fachleuten streute Freud bezeichnenderweise auch Zitate von Philosophen wie John Stuart Mill und Neurologen wie Hughlings Jackson. Er kritisierte vorherrschende Ansichten über diese seltsame Familie von Sprachstörungen und beschrieb sich selbst ein wenig befangen als »ziemlich isoliert«. Er begann, dieses Gefühl der Einsamkeit zu seiner Signatur zu machen. Tatsächlich ist *Zur Auffassung der Aphasien* auf seine technische, wenn auch stilistisch klare Weise ein revisionistisches Werk. Freuds Versuch, »eine bequeme und ansprechende Theorie der Sprachstörungen zu erschüttern«, lief auf die Einführung eines psychologischen Elements in das klinische Bild hinaus. In Übereinstimmung mit der Tendenz der Zeit, psychische Vorgänge physischen Ursachen zuzuschreiben, hegten andere Spezialisten kaum Zweifel daran, daß aphasische Störungen des Sprechens oder Verstehens auf bestimmte, örtlich begrenzte Verletzungen des Gehirns zurückgehen mußten. Freud dagegen sprach sich dafür aus, daß »die Bedeutung des Momentes der [physiologischen] Lokalisation [im Gehirn] für die Aphasie überschätzt worden ist und daß wir recht daran tun werden, uns wiederum um die Funktionsbedingungen des Sprachapparates zu kümmern«.[28] Umgeben von Neurologen, begann Freud psychologische Ursachen für psychologische Wirkungen zu suchen.

Mehr oder weniger halbherzig wandte er noch die hypnotische Suggestion an, um seine Patienten von ihren Symptomen zu befreien, und im Winter 1892 veröffentlichte er eine kurze Krankengeschichte mit der Schilderung eines seiner therapeutischen Erfolge.[29] »Wenn man von der Behandlung Nervenkranker leben wollte«, kommentierte er später trocken, »mußte man offenbar ihnen etwas leisten können.«[30] Er fand die konventionelle Behandlung von Neurasthenikern – die Elektrotherapie, die er auch an seinen Patienten ausprobierte – noch weit weniger zufriedenstellend als die Hypnose, und Anfang der 1890er Jahre »schob er den elektrischen Apparat beiseite«[31] – offenbar mit einem Seufzer der Erleichterung.

Freuds Briefe aus diesen Jahren deuten auf weiterreichende Neuerungen hin, vor allem auf eine praktisch beispiellose Aufmerksamkeit für die wahrscheinliche Wirkung sexueller Konflikte auf neurotische Erkrankungen. Anfang 1893 waren aus seinen Vermutungen feste Behauptungen geworden. Im »Manuskript B«, einem der ausführlichsten Memoranden, die er Fließ im Laufe der Jahre zur Begutachtung schickte, drückte Freud das Problem offen aus – nachdem er Fließ nahegelegt hatte, das Manuskript vor seiner jungen Frau zu verwahren: »Daß die Neurasthenie eine häufige Folge abnormen Sexuallebens ist, darf als bekannt gelten. Die Behauptung aber, die ich aufstellen und an den Beobachtungen prüfen möchte, ist die, daß die Neurasthenie überhaupt *nur* eine sexuelle Neurose ist.« Freud schloß eine erbliche Disposition als Ursache nicht aus, aber er begann zu betonen, daß die »erworbene Neurasthenie« sexuelle Ursachen hat: Erschöpfung durch Masturbation oder *Coitus interruptus*. Frauen, an deren elementarer Sinnlichkeit Freud nicht zweifelte, schienen vergleichsweise weniger anfällig für Neurasthenie zu sein, aber wenn sie daran litten, waren die Ursprünge die gleichen wie bei Männern. Der Schluß, den Freud zog, lautete, daß Neurosen vollkommen vermeidbar und vollkommen unheilbar sind. »Die Aufgabe des Arztes verschiebt sich daher ganz in die Prophylaxis.«[32]

Das ganze Memorandum zeigt Freud voller Selbstvertrauen und spiegelt sein Interesse an den sozialen Folgen von Nervenkrankheiten; er sah sich bereits damals als Arzt der Gesellschaft. Gesunde Sexualität, erklärte er, erfordert die Verhinderung von Geschlechtskrankheiten und, als Alternative zur Masturbation, den »freien sexuellen Verkehr« zwischen unverheirateten jungen Männern und Frauen. Daher bedarf es eines Verhütungsmittels, das dem weder sicheren noch annehmbaren Kondom überlegen ist.[33] »Manuskript B« liest sich wie ein rascher Einfall in Feindesland. In der Monographie, die Freud damals mit Breuer vorbereitete, den *Studien über Hysterie*, sollte die erotische Dimension wieder in die Kulissen zurücktreten. Aus diesem Buch, sagte Freud später mit unverhohlenem Sarkasmus, »hätte man nicht leicht erraten können, welche Bedeutung die Sexualität für die Ätiologie der Neurosen hat«.[34]

Obwohl die *Studien über Hysterie* erst 1895 erschienen,* geht der erste in diesem Buch besprochene Fall, Breuers historische Begegnung mit »Anna O.«, auf das Jahr 1880 zurück. Er gilt als der Fall, der die Psychoanalyse begründete, und er veranlaßte Freud mehr als einmal, die Vaterschaft Breuer und nicht sich selbst zuzuschreiben. Gewiß verdient Breuer einen hervorragenden Platz in der Geschichte der Psychoanalyse; indem er seinem jungen Freund Freud die Geschichte der Anna O. anvertraute, löste er bei Freud mehr verwirrende Ideen aus, als er selbst zu hegen gewillt war. Eine dieser vertraulichen Sitzungen fand an einem schwülen Sommerabend des Jahres 1883 statt. Die Szene, wie sie Freud für seine Verlobte rekonstruierte, zeigt die ungezwungene Intimität der beiden Freunde und das hohe Niveau ihres beruflichen Geplauders. »Heute war der heißeste qualvollste Tag der ganzen Zeit, ich war wirklich schon kindisch vor Ermattung. Ich merkte, daß ich einer Erhebung bedurfte, und war darum bei Breuer, von dem ich eben so spät komme. Er hatte Kopfschmerz, der Arme, und nahm Salicyl. Das erste, was er tat, war mich in die Badewanne zu jagen, aus der ich verjüngt herausstieg. Mein Gedanke, als ich diese feuchte Gastfreundschaft annahm, war: Wenn Marthchen hier wäre, würde sie sagen: so wollen wir es uns auch einrichten.« Es mochte Jahre dauern, bevor sie das tun konnten, überlegte er, aber es würde geschehen, wenn sie ihn nur so lange leiden mochte. »Dann« – kehrte Freud zu seinem Bericht zurück – »nahmen wir oben in Hemdärmeln (ich schreibe jetzt in etwas stärker ausgesprochenem Negligé) Nachtmahl, und dann kam ein langes medizinisches Gespräch über die ›moral insanity‹ und Nervenkrankheiten und merkwürdige Fälle.« Die beiden Männer wurden immer persönlicher in ihrem Gespräch, als sie »wieder« Marthas Freundin Bertha Pappenheim »auf's Tapet« brachten.[35] Das war die Patientin, die Breuer unter dem Pseudonym Anna O. unsterblich machte.

Breuer hatte mit der Behandlung dieser interessanten Hysterischen im Dezember 1880 begonnen und behielt den Fall anderthalb Jahre lang. Mitte November 1882 erzählte er Freud zum erstenmal von Anna O.[36] Dann, an jenem heißen Hochsommerabend des Jahres 1883, teilte Freud seiner Verlobten mit, daß ihm Breuer »manches« über Bertha Pappenheim enthüllt hatte, »was ich erst wiedererzählen soll, ›wenn ich mit Martha verheiratet bin‹«.[37] Als er nach Paris ging, versuchte Freud Charcot für

---

* Eine von Freud und Breuer gemeinsam verfaßte »Vorläufige Mitteilung« erschien 1893. Sie wurde 1895 als erstes Kapitel der *Studien über Hysterie* abgedruckt.

diesen bemerkenswerten Fall zu interessieren, aber der Meister, offenbar überzeugt, daß seine eigenen Patienten außergewöhnlich genug waren, zeigte sich gleichgültig. Doch Freud, der von Anna O. gefesselt und von den therapeutischen Wirkungen der hypnotischen Suggestion enttäuscht war, ließ sich von Breuer wieder über sie berichten. Als die beiden Nervenspezialisten in den frühen 1890er Jahren ihre *Studien über Hysterie* zusammenstellten, nahm Anna O. den Ehrenplatz ein.

Ein Grund dafür, daß Anna O. eine so beispielhafte Patientin war, liegt darin, daß sie einen großen Teil der Gedankenarbeit selbst erledigte. In Anbetracht der Bedeutung, die Freud später der Gabe des Analytikers zuzuhören beimessen sollte, ist es nur folgerichtig, daß eine Patientin beinahe ebensoviel zur Entstehung der psychoanalytischen Theorie beitrug wie ihr Therapeut, Breuer, oder der Theoretiker Freud. Breuer behauptete ein Vierteljahrhundert später mit Recht, daß seine Behandlung Bertha Pappenheims »die Keimzelle der ganzen Psychoanalyse« enthielt.[38] Aber es war Anna O., die folgenschwere Entdeckungen machte, und es sollte Freud, nicht Breuer, sein, der sie emsig entwickelte, bis sie eine reiche, unerwartete Ernte ergaben.

Es gibt Widersprüche und Unklarheiten in aufeinanderfolgenden Versionen des Falles, aber das folgende ist mehr oder weniger unbestritten: Als Anna O. 1880 erkrankte, war sie 21 Jahre alt. Sie war mit Freuds Worten ein junges Mädchen »von ungewöhnlicher Bildung und Begabung«,[39] gütig und philanthropisch, Werken der Barmherzigkeit zugeneigt, energisch und manchmal eigensinnig und außerordentlich klug. »Köperlich gesund«, notierte Breuer in seiner Krankengeschichte, »regelmäßig menstruiert... Intelligenz bedeutend, ausgezeichnetes Gedächtniß, erstaunlich scharfsinnige Combination und scharfsichtige Intuition; daher Tauschungsversuche immer mißlingen.« Er fügte hinzu, daß ihr »kräftiger Intellect« auch »solide Nahrung verdauen« könnte, aber während sie solche Nahrung brauchte, hatte sie sie nach Verlassen der Schule nicht mehr erhalten.[40] Und so, zu einer geistlosen Existenz in ihrer puritanischen jüdischen Familie verdammt, hatte sie seit langem die Neigung, in »systematisches Tagträumen« auszuweichen, das sie gern ihr »Privattheater« nannte. Breuer beobachtete ihre mißliche häusliche Lage voll Mitgefühl. »Sehr monotones, ganz auf die Familie beschränktes Leben«, geht sein Bericht im Telegrammstil weiter. »Ersatz wird gesucht in leidenschaftlicher Liebe zu dem sie verhätschelnden Vater und im Schwelgen in der sehr entwickelten poetisch-phantastischen Begabung.«[41] Das Sexuale, meinte Breuer (wie sich Freud mit Verwunderung und Unglauben erinnerte), »sei bei ihr erstaunlich unentwickelt gewesen«.[42]

Das Ereignis, das ihre Hysterie auslöste, war die tödliche Krankheit ihres Vaters, den sie, wie Breuer ganz richtig bemerkt hatte, leidenschaftlich

liebte. Bis zu den letzten beiden Monaten seines Lebens, als sie zu krank
wurde, um sich seiner anzunehmen, hatte sie ihn hingebungsvoll und unermüdlich, zum Schaden für ihre eigene Gesundheit, gepflegt. In diesen Monaten, in denen sie seine Krankenschwester war, hatte sie Symptome entwickelt, die ihre Gesundheit zunehmend beeinträchtigten: Schwäche durch
Appetitverlust, einen schweren nervösen Husten. Im Dezember, nach einem halben Jahr ihrer erschöpfenden Lebensweise, entstand ein konvergie-
rendes Schielen. Bis zu dieser Zeit war sie eine energische, vitale junge Frau
gewesen; nun wurde sie das bemitleidenswerte Opfer von schwächenden
Krankheiten. Sie litt an Kopfschmerzen, Erregungszuständen, seltsamen
Sehstörungen, partiellen Lähmungen und Anästhesien.

Anfang 1881 wurde ihre Symptomatologie noch sonderbarer. Sie zeigte
Bewußtseinsstörungen, lange Perioden von Somnolenz, rasche Stimmungs-
wechsel, Halluzinationen von schwarzen Schlangen, Totenköpfen und Ge-
rippen, zunehmende Sprechschwierigkeiten. Manchmal regredierte sie in
ihrer Syntax und Grammatik, dann wieder konnte sie nur Englisch oder
Französisch oder Italienisch sprechen. Sie entwickelte zwei verschiedene,
sehr widersprüchliche Persönlichkeiten, von denen eine extrem ungebärdig
war. Als ihr Vater im April starb, reagierte sie mit einer schockierten Erregung, der ein tiefer Stupor folgte, und ihre Symptome wurden noch alar-
mierender als zuvor. Breuer besuchte sie täglich am Abend, während sie
sich in einem Zustand von Autohypnose befand. Sie erzählte Geschichten,
traurige, manchmal auch reizende; und wie sie und Breuer gemeinsam
entdeckten, milderte diese Aussprache zeitweilig ihre Symptome. So begann eine epochemachende Zusammenarbeit zwischen einer begabten Patientin und ihrem aufmerksamen Arzt. Anna O. beschrieb dieses Verfahren
treffend als ihre »talking cure« (Redekur) oder humoristisch als »chimney
sweeping« (Kaminfegen).[43] Es erwies sich als kathartisch, da es wichtige
Erinnerungen weckte und starke Emotionen beseitigte, die sie nicht hatte
wachrufen oder ausdrücken können, wenn sie ihr normales Selbst war. Als
Breuer Freud in bezug auf Anna O. ins Vertrauen zog, versäumte er nicht,
ihm von diesem Prozeß der Katharsis zu berichten.

Der Wendepunkt in der Redekur kam während des heißen Frühlings von
1882, als Anna O. eine Art von Hydrophobie durchmachte. Obwohl sie
vor Durst verschmachtete, war sie außerstande zu trinken, bis sie eines
Abends Breuer im hypnotischen Zustand erzählte, daß sie gesehen hatte,
wie ihre englische Gesellschafterin – die sie nicht mochte – ihren kleinen
Hund aus einem Glas trinken ließ. Sobald ihr unterdrückter Ekel offen
ausgesprochen war, verschwand die Hydrophobie. Breuer war beeindruckt
und machte sich diese unorthodoxe Art, Erleichterung herbeizuführen, zu
eigen. Er hypnotisierte Anna O. und beobachtete, daß sie unter Hypnose
jedes ihrer Symptome auf den Anlaß zurückführen konnte, bei dem es wäh-

rend der Krankheit ihres Vaters aufgetreten war. Auf diese Weise, berichtete Breuer, wurden alle ihre verschiedenen Symptome, ihre paralytischen Kontraktionen und ihre Anästhesien, ihre Sehstörungen, ihre Halluzinationen und alles andere »wegerzählt«. Breuer gab zu, daß dieses Wegerzählen alles andere als leicht gewesen war. Anna O.'s Erinnerungen waren oft verschwommen, und ihre Symptome erschienen mit schmerzhafter Lebendigkeit gerade dann wieder, wenn sie den »Kamin« ihres Geistes fegte. Aber ihre Teilnahme an der Redekur wurde immer energischer. Breuer lobte sie ein Dutzend Jahre später mit echter Bewunderung. Ihre Symptome erwiesen sich als Rückstände von Gefühlen und Impulsen, die zu unterdrücken sie sich gezwungen gefühlt hatte. Im Juni 1882, notierte Breuer abschließend, waren alle Symptome Anna O.'s verschwunden. »Dann verließ sie Wien für eine Reise, brauchte aber doch noch längere Zeit, bis sie ganz ihr psychisches Gleichgewicht gefunden hatte. Seitdem erfreut sie sich vollständiger Gesundheit.«[44]

Hier beginnen die Fragen zu Breuers Krankengeschichte. Die Wahrheit ist, daß Breuer Anna O. nach Abschluß der Behandlung an Dr. Robert Binswangers hoch angesehenes Schweizer Sanatorium Bellevue in Kreuzlingen überwies. Mitte September 1882, drei Monate nachdem ihre Symptome angeblich verschwunden waren, unternahm Anna O. einen tapferen Versuch, über ihren Zustand zu berichten. Sie befand sich noch in Kreuzlingen und war, wie sie in ihrem nahezu perfekten Englisch schrieb, »vollkommen der Fähigkeit beraubt, Deutsch zu sprechen, zu verstehen oder zu lesen«. Außerdem litt sie unter »starken neuralgischen Schmerzen« und »kürzeren oder längeren Geistesabwesenheiten«, die sie »timemissing« (Zeitfehlen) nannte. Zweifellos ging es ihr viel besser. »Ich werde nur wirklich nervös, ängstlich und weinerlich, wenn die nur zu begründete Furcht, die deutsche Sprache wieder für länger zu verlieren, von mir Besitz ergreift.«[45] Auch ein Jahr später ging es ihr noch keineswegs gut, und sie erlitt immer wieder Rückfälle. Ihre spätere Laufbahn ist bemerkenswert: Sie wurde eine bahnbrechende Sozialarbeiterin, eine tüchtige Führerin in feministischen Angelegenheiten und in jüdischen Frauenorganisationen. Diese Leistungen bezeugen eine substantielle Besserung, aber Breuer verdichtete in den *Studien über Hysterie* mit geringer Rechtfertigung eine schwierige, oft unterbrochene Zeit der Besserung zu einer vollständigen Heilung.

Als er 1895 über Anna O. schrieb, bemerkte Breuer beiläufig, habe er viele ziemlich interessante Einzelheiten unterdrückt.[46] Sie waren, wie wir aus Freuds Korrespondenz wissen, mehr als nur interessant; sie bildeten die Gründe für das Zögern Breuers, den Fall überhaupt zu veröffentlichen. Es war eines, hysterische Konversionssymptome als die bedeutsame Reaktion auf bestimmte Traumen und die Neurose nicht als bloßes Hervortreten einer erblichen Disposition, sondern als mögliche Folge einer erdrückenden

Umgebung zu erkennen. Es war jedoch etwas ganz anderes zuzugeben, daß die letzten Ursprünge der Hysterie und einige ihrer auffälligen Manifestationen sexueller Natur waren. »Ich gestehe«, schrieb Breuer später, »daß das Eintauchen in die Sexualität in Theorie und Praxis nicht nach meinem Geschmack ist.«[47] Die vollständige Geschichte der Anna O., auf die Freud da und dort mit verschleierten Wendungen angespielt hatte, war ein erotisches Theater, das Breuer in höchstem Maße beunruhigend fand.

Viele Jahre später, als er 1932 an Stefan Zweig, einen seiner leidenschaftlichsten Fürsprecher, schrieb, erinnerte sich Freud an das, »was bei Breuers Patientin wirklich vorfiel«. Breuer, erklärte er, hatte ihm vor langer Zeit erzählt: »Am Abend des Tages, nachdem alle ihre Symptome bewältigt waren, wurde er wieder zu ihr gerufen, fand sie verworren, sich in Unterleibskrämpfen windend. Auf die Frage, was mit ihr sei, gab sie zur Antwort: Jetzt kommt das Kind, das ich von Dr. B. habe.« In diesem Augenblick, kommentierte Freud, »hatte er den Schlüssel in der Hand, aber er ließ ihn fallen« – da er ihn nicht gebrauchen konnte oder wollte. »Er hatte bei all seinen großen Geistesgaben nichts Faustisches an sich. In konventionellem Entsetzen ergriff er die Flucht und überließ die Kranke einem Kollegen.«[48] Es ist sehr wahrscheinlich, daß Breuer an jenem Juli-Abend des Jahres 1883, als er Freud Dinge erzählte, die er erst wiederholen durfte, wenn Martha Bernays Martha Freud geworden war, von dieser hysterischen Schwangerschaft sprach.

Der Fall Anna O. trug mehr dazu bei, Freud und Breuer zu entzweien, als sie einander näherzubringen; er beschleunigte den Verfall und schließlich das Ende einer langen, lohnenden Freundschaft. So wie Freud es sah, war er der Forscher, der den Mut zu Breuers Entdeckungen gehabt hatte. Indem er sie mit all ihren erotischen Untertönen so weit vorantrieb, wie es möglich war, hatte er sich unvermeidlich den großzügigen Mentor entfremdet, der seine frühe Karriere gefördert hatte. Breuer sagte einmal, er sei von dem »Dämon ›Aber‹« besessen[49], und Freud war geneigt, solche Vorbehalte – *alle* Vorbehalte – als feige Desertion vom Schlachtfeld zu deuten. Was zweifellos ebenso irritierend war: Freud schuldete Breuer Geld, das dieser nicht zurückhaben wollte. Sein unliebenswürdiges Murren über Breuer in den 1890er Jahren ist ein klassischer Fall von Undankbarkeit, der Groll eines stolzen Schuldners gegen seinen älteren Wohltäter.

Über ein Jahrzehnt lang hatte Breuer Freud freigebig die Ermutigung, die Zuneigung, die Gastfreundschaft und die finanzielle Unterstützung gegeben, die er so sehr brauchte und auch jahrelang zu schätzen wußte. Freuds charakteristische Geste, daß er sein erstes Kind nach Frau Breuer nannte, einer reizvollen, attraktiven Freundin des mittellosen und ehrgeizigen jungen Arztes, war eine bereitwillige Anerkennung der umsichtigen Fürsorge, die ihm zuteil wurde. Das war 1887 gewesen. Doch schon 1891 hatte sich die Beziehung zwischen den beiden Männern zu ändern begonnen. In diesem Jahr war Freud tief enttäuscht über Breuers Aufnahme von *Zur Auffassung der Aphasien*, dem Buch, das er ihm gewidmet hatte. »Kaum gedankt«, berichtete Freud seiner Schwägerin Minna Bernays, »und sehr verlegen gewesen und lauter unbegreiflich schlechte Sachen darüber gesagt, nichts Gutes im Gedächtnis behalten und am Schluß zur Besänftigung das Kompliment, es sei ausgezeichnet geschrieben.«[50] Im folgenden Jahr berichtete Freud von einigen »Kämpfen mit dem Herrn Kompagnon«.[51] Als er und Breuer 1893 die gemeinsame »Vorläufige Mitteilung« über Hysterie veröffentlichten, wurde er ungeduldig und dachte, seinem »Vorwärtskommen in Wien steht die Persönlichkeit Breuers im Weg«.[52] Ein Jahr später berichtete er, daß »der wissenschaftliche Verkehr mit Breuer aufgehört hat«.[53] Im Jahre 1896 ging er Breuer aus dem Weg und erklärte, er habe es nicht mehr nötig, ihn zu sehen.[54] Seine Idealisierung seines alten Freundes, die wie alle solche Idealisierungen zur Enttäuschung verdammt war, hatte einige ätzende Reaktionen in ihm ausgelöst. »Mein Ärger über Breuer bekommt immer wieder frische Nahrung«, schrieb er 1898. Eine seiner Patientinnen hatte ihm gesagt, gemeinsame Bekannte hätten erzählt, Breuer »habe den Verkehr mit mir aufgegeben, weil er mit meiner Lebensführung und Geldwirtschaft nicht einverstanden sei«. Freud, der bei Breuer noch Schulden hatte, beurteilte das als »neurotische Unaufrichtigkeit«.[55] Onkelhafte, vielleicht fehlangebrachte freundschaftliche Besorgnis wäre ein besserer Ausdruck gewesen.

Schließlich waren Freuds Schulden gegenüber Breuer nicht nur finanzieller Natur. Breuer war es gewesen, der dazu beigetragen hatte, Freud über die Katharsis zu belehren, und er hatte ihm geholfen, sich von den nutzlosen psychischen Therapien zu befreien, die zu seiner Zeit üblich waren. Und Breuer war es gewesen, der Freud mit anregender Ausführlichkeit über Anna O. berichtet hatte, einen Fall, auf den er, Breuer, schließlich mit gemischten Gefühlen zurückblickte. Außerdem konnte Breuers wissenschaftliches Verfahren Freud als ein allgemein bewundertes Vorbild dienen. Breuer war zugleich ein Mann, der fruchtbare wissenschaftliche Ahnungen hatte, und ein genauer Beobachter, wenn auch manchmal die Fruchtbarkeit der Beobachtung vorauseilte – wie bei Freud. Tatsächlich war sich Breuer der Kluft, die sich zwischen Mutmaßung und Wissen auftat, nur allzu bewußt. In den *Studien über Hysterie* zitierte er Theseus aus *Ein Sommernachtstraum* über die Tragödie: »Auch das Beste dieser Art ist nur ein Schattenspiel«, und er drückte die Hoffnung aus, daß zumindest irgendein Maß von Übereinstimmung zwischen den wirklichen Vorgängen und der Vorstellung der Ärzte bestehen werde.[56]

Breuer leugnete auch nicht den Einfluß sexueller Konflikte auf neurotische Leiden. Aber es scheint, daß Anna O. mit ihren jugendlichen Reizen, ihrer rührenden Hilflosigkeit und ihrem bloßen Namen, Bertha, in Breuer die schlafenden ödipalen Sehnsüchte nach seiner eigenen Mutter weckte, die ebenfalls Bertha hieß und als junge Frau starb, als er drei Jahre alt war.[57] Es gab Augenblicke um die Mitte der 1890er Jahre, in denen sich Breuer als Konvertit zu Freuds Sexualtheorien bekannte, dann aber wieder von seiner Ambivalenz, seinem »Dämon ›Aber‹« überwältigt wurde. Er zog sich dann auf einen konservativen Standpunkt zurück. »Unlängst im Doktorenkollegium«, berichtete Freud 1895 Fließ, »hat Breuer eine große Rede auf mich gehalten und sich als *bekehrten* Anhänger der Sexualätiologie vorgestellt. Als ich ihm privatim dafür dankte, zerstörte er mir das Vergnügen, indem er sagte: ›Ich glaub' es ja doch nicht.‹« Die Reaktion verblüffte Freud: »Verstehst Du das? Ich nicht.«[58] Fünf Jahre später und kaum weniger verblüfft erzählte Freud Fließ von einer Patientin, die Breuer an ihn überwiesen hatte und mit der er nach schweren Frustrationen einen erstaunlichen analytischen Erfolg erzielt hatte. Als sie Breuer ihre »außerordentliche Besserung« gestand, hat er »in die Hände geklatscht und ein über das andere Mal gerufen: ›Also hat er doch recht!‹« Aber Freud war nicht gewillt, diesen verspäteten Tribut zu schätzen, obwohl Breuer offensichtlich Vertrauen in ihn gezeigt hatte, indem er ihm diese schwierige Patientin schickte. Er schrieb ihn ab als von einem »Erfolgsanbeter« kommend.[59] Um diese Zeit, als Freuds Erinnerungen an die treuen Dienste seines Freundes ausgelöscht waren, konnte ihm Breuer nichts recht machen. Freud beurteilte Breuer erst verständnisvoller, als seine Selbstanalyse zu wirken begann, einige seiner emotionalen Stürme sich gelegt hatten und seine Freundschaft mit Fließ sich verschlechterte. »Ich verachte ihn längst nicht mehr«, schrieb er Fließ 1901. »Ich habe seine Stärke gefühlt.«[60] Es ist sicherlich nicht ohne Bedeutung, daß Freud nun, nach mehreren Jahren der Selbstanalyse, imstande war, diese Entdeckung zu machen. Aber bei all seiner Stärke hatte Breuer den Fall Anna O. schließlich als über die Maßen anspruchsvoll und geradezu peinlich betrachtet. »Ich schwor mir damals«, erinnerte er sich, »daß ich nicht noch einmal eine solche Tortur durchmachen würde.«[61] Es war ein Fall, den er nie vergaß, aber kein Fall, von dem er jemals wirklich profitieren konnte. Als Freuds Biograph Fritz Wittels andeutete, daß es Breuer nach einiger Zeit gelungen war, Anna O. aus seiner Erinnerung zu löschen, kommentierte Freud bissig am Rand: »Unsinn!«[62] Der psychoanalytische Prozeß ist ein Kampf mit Widerständen, und Breuers Ablehnung der elementaren, schockierenden Wahrheiten, die dieser Prozeß aufdecken kann, ist ein klares Beispiel für ein solches Manöver. Fließ, Freuds notwendiger Freund, hatte sich als weit empfänglicher erwiesen.

Hysteriker, Projekte und Peinlichkeiten

Freud hatte seine eigenen Widerstände zu bekämpfen und zu überwinden, aber nach den Fällen zu urteilen, die er in den *Studien über Hysterie* darstellte, machte er das Lernen von seinen Patienten zu einer Art von Programm. Er war ein williger, höchst bescheidener Schüler. In einem Brief an Fließ von 1897 nannte er seine Analysandin »Frau Cäcilie M.« seine »Lehrmeisterin«.[63] Zweifellos war Cäcilie M., in Wirklichkeit Baroneß Anna von Lieben, eine der interessantesten und wahrscheinlich die zeitraubendste seiner frühen Patientinnen. Sie war seine »Hauptklientin«[64], seine »Primadonna«.[65] Sie war reich, intelligent, sensibel, literarisch gebildet und gehörte einem großen Clan hervorragender österreichisch-jüdischer Familien an, die Freud gut kennenlernte. Cäcilie M. war seit Jahren von einer Reihe ungewöhnlicher und rätselhafter Symptome gequält worden – Halluzinationen, Spasmen und der seltsamen Gewohnheit, Beleidigungen oder Kritik in schwere Gesichtsneuralgien, regelrechte »Schläge ins Gesicht«, zu konvertieren. Freud hatte sie zu Charcot geschickt und 1889 auf seiner Studienreise zu dem Hypnotiseur Bernheim nach Nancy mitgenommen.[66] Im Laufe der Jahre hatte sie ihn viel über die Bedeutung von Symptomen und über therapeutische Technik gelehrt. Aber auch seine anderen Hysteriker waren Freuds Lehrmeister gewesen. Im späten Rückblick betrachtete er seine ersten Schritte auf dem Gebiet der psychologischen Analyse mit ausgesprochener Verachtung. »Ich weiß«, schrieb er 1924, als er sich an seinen Bericht über »Frau Emmy von N.« erinnerte, »daß kein Analytiker heute diese Krankengeschichte ohne ein mitleidiges Lächeln lesen kann.«[67] Aber das war zu hart geurteilt und gänzlich anachronistisch. Freuds Behandlung von Emmy von N. und den anderen war, vom Standpunkt der voll entwickelten psychoanalytischen Technik aus betrachtet, gewiß primitive Arbeit. Aber die Bedeutung dieser Analysanden für die Geschichte der Psychoanalyse beruht auf ihrer Fähigkeit, Freud einige ihrer wichtigsten Anfangsgründe zu demonstrieren.

Die Hysteriker, die Freud in diesen heroischen Tagen behandelte, zeigten eine erstaunliche Sammlung von Konversionssymptomen, von schmerzenden Beinen bis zu Kälteempfindungen, von depressiven Stimmungen bis zu intermittierenden Halluzinationen. Freud war noch nicht bereit, das Element der Vererbung, das »neuropathische« Erbe, aus seinen Diagnosen auszuschließen. Aber er zog es nun vor, nach frühen traumatischen Erlebnissen als Schlüssel für die verborgenen Ursachen der merkwürdigen Störungen seiner Patienten zu suchen. Er war immer mehr davon überzeugt, daß die Geheimnisse seiner Neurotiker das waren, was Breuer *secrets d'alcôve* nannte, sexuelle Konflikte, die den Leidenden selbst verborgen waren.

Das jedenfalls, so glaubte er, erzählten sie ihm, wenn auch oft auf höchst versteckte Weise.

Das Zuhören wurde für Freud mehr als eine Kunst; es wurde eine Methode, ein vertraulicher Weg zum Wissen, den seine Patienten für ihn aufzeichneten. Eine der Führerinnen, der Freud dankbar blieb, war Emmy von N., in Wirklichkeit Fanny Moser, eine reiche Witwe in mittleren Jahren, die Freud 1889 und 1890 sah und mit Breuers hypnoanalytischer Technik behandelte. Sie litt an konvulsiven Tics, spastischen Sprachhemmungen und immer wiederkehrenden entsetzlichen Halluzinationen von toten Ratten und sich windenden Schlangen. Im Laufe der Behandlung brachte sie traumatische, für Freud hochinteressante Erinnerungen hervor – eine Kusine wird in eine Irrenanstalt gebracht, ihre Mutter liegt nach einem Schlaganfall auf dem Boden. Sie wurde zu einem regelrechten Schulbeispiel für ihren Arzt. Wenn Freud sie hartnäckig befragte, wurde sie ärgerlich, »recht mürrisch«, und sagte, »ich solle nicht immer fragen, woher das und jenes komme, sondern sie erzählen lassen, was sie mir zu sagen habe«.[68] Er hatte schon erkannt, daß er, so langweilig und voll von Wiederholungen ihre Erzählungen auch waren, nichts gewann, wenn er sie unterbrach, sondern ihre Geschichten mühsam, Punkt für Punkt, bis zum Ende anhören mußte. Wie er ihrer Tochter 1918 sagte, lehrte ihn Emmy von N. auch noch etwas anderes, nämlich daß die Behandlung durch Hypnose ein sinnloses und wertloses Verfahren ist. Dies war ein entscheidender Augenblick. Er sah sich nun gezwungen, die vernünftigere psychoanalytische Therapie zu schaffen.[69] Wenn es je einen Arzt gab, der bereit war, seine Fehler in Quellen der Einsicht zu verwandeln, so war es Freud.

Indem sie ihn erkennen ließ, daß die Hypnose tatsächlich »sinnlos und wertlos« ist, half Emmy von N. Freud, sich von Breuer zu befreien. In ihrer gemeinsam verfaßten »Vorläufigen Mitteilung« von 1893 hatten Freud und Breuer in einem denkwürdigen Satz festgestellt, »der Hysterische leidet größtenteils an Reminiszenzen«.[70] Bis in die frühen 1890er Jahre hinein hatte Freud versucht nach Breuers Methode, durch Hypnose, die signifikanten Erinnerungen hervorzulocken, die seine Patienten nur widerstrebend preisgaben. Die so erinnerten Szenen hatten oft eine kathartische Wirkung. Aber manche Patienten ließen sich nicht hypnotisieren, und unzensiertes Sprechen erschien Freud als ein bei weitem überlegenes Untersuchungsmittel. Mit seiner allmählichen Aufgabe der Hypnose machte Freud nicht nur aus einem Mangel eine Tugend; der Wechsel lief vielmehr auf die bedeutsame Einführung einer neuen Behandlungsweise hinaus. Die Technik der »freien Assoziation« war im Entstehen begriffen.

Freud feierte die glänzenden Erfolge, die diese neue Technik erzielen konnte, indem er ausführlich bei der Krankengeschichte des »Fräulein Elisabeth von R.« verweilte, das er anfangs nur kurz hypnotisiert hatte. Sein

Bericht über diese Patientin, die im Herbst 1892 zu ihm kam, zeigt, wie systematisch er nun seine Gabe der genauen Beobachtung pflegte. Der erste Hinweis für eine Diagnose von Elisabeth von R.'s Neurose war ihre erotische Erregung, als er während einer körperlichen Untersuchung ihre Schenkel drückte oder kniff. »Ihr Gesicht«, bemerkte Freud, »nahm einen eigentümlichen Ausdruck an, eher den der Lust als des Schmerzes, sie schrie auf – ich mußte denken, etwa wie bei einem wollüstigen Kitzel –, ihr Gesicht rötete sich, sie warf den Kopf zurück, schloß die Augen, der Rumpf bog sich nach rückwärts.«[71] Sie erlebte die sexuelle Lust, die sie sich im bewußten Leben versagte.

Es war jedoch eher das Sprechen als die noch so scharfsinnige Beobachtung, das sich als Schlüssel zu ihrer Heilung herausstellte. Bei dieser Analyse, »der ersten vollständigen Analyse einer Hysterie, die ich unternahm«, räumten Freud und Elisabeth von R. »das pathogene psychische Material« aus. Es war ein Verfahren, »welches wir gerne mit der Technik der Ausgrabung einer verschütteten Stadt zu vergleichen pflegten«.[72] Freud ermutigte seine Patientin, frei zu assoziieren. Wenn er sie während ihres Schweigens fragte, was in ihrem Kopf vorging, und sie sagte »nichts«, ließ er das nicht als Antwort gelten. Dies war ein weiterer wichtiger psychologischer Mechanismus, den ihm seine zur Mitarbeit bereiten (oder vielmehr nicht bereiten) Patienten demonstrierten: Freud lernte den Widerstand kennen. Es war Widerstand, der Elisabeth von R. vom Sprechen abhielt; es war ihr absichtliches Vergessen, dachte er, das ihre Konversionssymptome überhaupt hervorgebracht hatte. Die einzige Möglichkeit, ihren Schmerz loszuwerden, war, ihn wegzusprechen.

Der Fall überflutete Freud mit Ideen. Elisabeth von R.'s Symptome begannen »mitzusprechen«; sie erschienen plötzlich in dem Augenblick, in dem von ihrem ersten Auftreten gesprochen wurde, und klangen ab, sobald sie ihre ganze Geschichte erzählt hatte. Freud mußte aber auch die härtere Lektion hinnehmen, daß die Heilung nicht eine melodramatische Explosion von Einsichten war. Eine einzige Erzählung war selten genug; Traumen mußten »durchgearbeitet« werden. Das endgültige Ingrediens bei Elisabeth von R.'s Genesung war eine Deutung, die Freud anbot und gegen die sie eine Zeitlang heftigen Widerstand leistete: Sie liebte ihren Schwager und hatte Todeswünsche gegen ihre Schwester verdrängt. Als sie diesen unmoralischen Wunsch akzeptierte, waren ihre Leiden zu Ende. »Im Frühjahr 1894«, berichtete Freud, »hörte ich, daß sie einen Hausball besuchen werde, zu welchem ich mir Zutritt verschaffen konnte, und ich ließ mir die Gelegenheit nicht entgehen, meine einstige Kranke in raschem Tanze dahinfliegen zu sehen.«[73]

Als sie später mit ihrer Tochter sprach, leugnete Elisabeth von R., die 1867 als Ilona Weiss in Budapest geboren worden war, daß Freud ihre

neurotischen Symptome behoben habe. Nach ihrer Darstellung war Freud
nur »ein junger, bärtiger Nervenspezialist, zu dem sie mich schickten«.
Er hatte versucht, »mir einzureden, daß ich in meinen Schwager verliebt
sei, aber das war nicht wirklich so«. Ihre Tochter fügte jedoch hinzu,
daß Freuds Darstellung der Familiengeschichte ihrer Mutter im wesentlichen richtig und daß die Ehe ihrer Mutter glücklich war.[74] Die Patientin hatte vielleicht, mehr oder weniger unbewußt, beschlossen, Freuds
Deutung ihrer Beschwerden zu verdrängen. Oder vielleicht hatte Freud
aus ihrem freien, ungehemmten Redestrom unannehmbare Leidenschaften herausgelesen. Jedenfalls konnte hier eine seiner früheren Patientinnen – eine Hysterikerin, die beim Gehen oder Stehen häufig heftige
Schmerzen in den Beinen gehabt hatte – die Nacht durchtanzen. Freud,
der Arzt und Forscher, der eine ambivalente Einstellung zu seiner medizinischen Karriere hatte, konnte aus ihrer wiederhergestellten Vitalität
Befriedigung schöpfen.

Im Jahre 1892, als »Miß Lucy R.« zu ihm in Behandlung kam, hatte Freud
den Wert seiner zielbewußten Aufmerksamkeit erkannt. Ihr aufdringlich-
stes Symptom, das er beseitigen konnte, nachdem er neun Wochen mit ihr
gearbeitet hatte, war die Wahrnehmung eines widerlichen Geruchs wie von
verbrannter Mehlspeise, in Verbindung mit Depressionen. Anstatt diese
recht merkwürdige Geruchshalluzination zu bagatellisieren, ließ sich Freud
von ihr zu den Ursprüngen von Miß Lucys Beschwerden hinführen. Die
Gesetzmäßigkeit der menschlichen Psyche und die bildhafte Sprache der
Symptome wurden ihm allmählich klar: Es mußte einen wirklichen und
ausreichenden Grund dafür geben, daß ein bestimmter Geruch mit einer
bestimmten Stimmung verbunden war. Aber er erkannte auch, daß diese
Verbindung nur sichtbar werden konnte, wenn diese verwirrte englische
Gouvernante relevante Erinnerungen wachzurufen vermochte. Das konnte
sie jedoch nur, wenn sie »ihre Kritik ruhen ließ«[75] – das heißt, wenn sie ihre
Gedanken wandern ließ, ohne sie mit rationalen Einwänden zu kontrollie-
ren. Freud wandte daher bei Lucy R. weiter an, was er mit Elisabeth von R.
praktiziert hatte: die freie Assoziation. Zugleich machte Lucy R. Freud
klar, daß der Mensch nur allzu ungern die Kritik ruhen läßt; er neigt dazu,
seine Assoziationen zurückzuweisen, weil sie trivial, irrational, unerheblich oder obszön sind oder sich wiederholen. Während der 1890er Jahre
blieb Freud ein höchst aktiver, beinahe aggressiver Zuhörer; er deutete die
Bekenntnisse seiner Patienten rasch und skeptisch und suchte nach tieferen
Schichten von Schmerz. Aber allmählich nahm er in sein Repertoire auf,
was er später die »gleichschwebende Aufmerksamkeit« nannte.[76] Er verdankte Elisabeth von R. und Lucy R. und seinen anderen Hysterikerinnen
sehr viel, und 1892 hatte er die Umrisse der psychoanalytischen Technik

herausgearbeitet: genaue Beobachtung, geschickte Deutung, von Hypnose unbehinderte freie Assoziation und Durcharbeiten.

Noch eine andere Lektion wartete auf ihn, eine, die Freud während seiner ganzen Laufbahn beschäftigen sollte. In einem reizenden Bild, das an eine Art von Analyse in einer einzigen Sitzung erinnert, beschreibt er den Fall der »Katharina«, eines achtzehnjährigen Mädchens vom Lande, das ihn in einem österreichischen Berggasthof bedient hatte. »Unlängst wurde ich von der Wirtstochter auf der Rax konsultiert, es war ein schöner Fall für mich«, teilte er Fließ mit.[77] Als Katharina bemerkt hatte, daß Freud Arzt war, vertraute sie ihm ihre nervösen Symptome an – Atemnot, Schwindel, ein schreckliches Erstickungsgefühl – und bat ihn um seinen Rat. Freud, der Ferien machte und froh war, seinen Neurasthenikern zu entrinnen und Erholung bei einer Bergtour auf der Rax zu finden, sah sich statt dessen wieder seinen Beruf ausüben. Die Neurosen schienen überall aus dem Boden zu schießen. Resigniert und interessiert unterzog Freud seine »Patientin« einer direkten Befragung. Sie verriet (berichtete er), daß ein Onkel, als sie vierzehn war, mehrere grobe, aber vergebliche Versuche unternommen hatte, sie zu verführen, und daß sie ihn etwa zwei Jahre später auf einer Cousine hatte liegen sehen. Damals hatten ihre Symptome begonnen. Mit vierzehn hatte sie als unschuldiges und unerfahrenes Mädchen die Aufmerksamkeiten ihres Onkels höchst unwillkommen gefunden, aber sie hatte sie erst, als sie ihn auf ihrer Cousine sah, mit dem Geschlechtsverkehr in Verbindung gebracht. Die Erinnerung ekelte sie an und verursachte eine mit Hysterie verbundene Angstneurose. Ihre offenherzige Schilderung half, ihre Gefühle abzuführen, und an die Stelle der mürrischen Art trat eine frische, gesunde Lebhaftigkeit, und Freud hoffte, daß sie einen bleibenden Nutzen von diesem Gespräch hatte. »Ich habe sie nicht wiedergesehen.«[78]

Aber er dachte an sie: Drei Jahrzehnte später fügte Freud in den *Studien über Hysterie* eine Fußnote hinzu, in der er die Diskretion beiseite ließ und gestand, daß der Mann, der Katharina belästigt hatte, nicht ihr Onkel, sondern ihr Vater war. Freud war streng sich selbst gegenüber. Es gibt bessere Methoden, die Identität eines Patienten zu tarnen: »Eine Entstellung wie die an diesem Falle von mir vorgenommene sollte in einer Krankengeschichte durchaus vermieden werden.«[79] Zweifellos sind die beiden Ziele der Psychoanalyse – eine Therapie zu liefern und eine Theorie zu schaffen – im allgemeinen vereinbar und voneinander abhängig. Aber bisweilen stehen sie im Widerspruch zueinander: Das Recht des Patienten auf Geheimhaltung kann mit den Forderungen der Wissenschaft nach öffentlicher Diskussion in Konflikt geraten. Das war eine Schwierigkeit, mit der Freud noch oft zu kämpfen hatte, und nicht nur bei seinen Patienten. Als sein eigener, ergiebigster Analysand fand er die Selbstenthüllung zugleich schmerzlich und notwendig. Die Kompromisse, die er konstruierte, waren für ihn und für seine Leser nie ganz befriedigend.

Mit all ihren Problemen förderten Fälle wie diese, ob schön wie der Fall Katharina oder nicht, Technik und Theorie gleichermaßen. In den *Studien über Hysterie* und in seinen vertraulichen Mitteilungen an Fließ faßte Freud 1895 einige weitreichende Verallgemeinerungen ins Auge. Indem er Stücke des großen Puzzles, das die Psyche darstellt, zusammentrug und ordnete, entwickelte er die psychoanalytischen Ideen und das psychoanalytische Vokabular, das am Ende des Jahrhunderts Allgemeingültigkeit erlangte. Er hielt Fließ ständig auf dem laufenden, während sich seine Ideen entwickelten und änderten, und schickte eine überwältigende Menge von Fallskizzen, Aphorismen und Träumen nach Berlin, nicht zu vergessen die »Manuskripte«, diese Entwürfe für Abhandlungen und Monographien, in denen er seine Erkenntnisse festhielt und mit Ideen experimentierte – Manuskripte über Angst, Melancholie, Paranoia. »Ein Mensch wie ich«, schrieb er Fließ in dem Jahr, in dem die *Studien* erschienen, mit der Großsprecherei eines besessenen Forschers, »kann ohne Steckenpferd, ohne herrschende Leidenschaft, ohne einen Tyrannen, mit Schiller zu reden, nicht leben, und der ist mir geworden. In dessen Dienst kenne ich nun auch kein Maß. Es ist die Psychologie.«[80]

So anspruchsvoll er auch war, Freuds Tyrann drang in seine häusliche Ruhe ein, aber er beeinträchtigte sie nicht. Sein Privatleben war so gesetzt und heiter, wie er es sein ließ. Im Herbst 1891 waren die Freuds in die Berggasse 19 übersiedelt, in ein kaum vornehmes, aber wie sich zeigen sollte, sehr angenehmes Viertel. Das Haus blieb siebenundvierzig Jahre lang sein Hauptquartier. Obwohl er beschäftigt war und seine Sorgen hatte, ignorierte Freud nicht die Ansprüche seiner Familie an ihn. Im Oktober 1895 gab er eine »20 Individuen starke Kinderjause«[81] zum Geburtstag Mathildes, die acht Jahre alt wurde, und er nahm sich Zeit für andere fröhliche familiäre Anlässe. Als im Frühjahr 1896 seine Schwester Rosa heiratete, fand er seine Tochter Sophie, die gerade drei Jahre alt war, »mit gebrannten Haaren und einem Vergißmeinnichtkranz auf dem Kopf das Schönste an der Hochzeit«.[82] Freud liebte seine »Küchlein« sichtlich und die »Henne« ebenso.[83]

Vor allem die »zweite Generation«[84] lag ihm ständig am Herzen. In seinen Briefen unterbrach er oft den Strom tiefgründiger Überlegungen oder klinischer Darlegungen mit Neuigkeiten über seine Nachkommenschaft. Er berichtete Fließ einige von Olivers bezaubernden Aussprüchen. Als eine »begeisterte« Tante den kleinen Jungen fragte, was er werden wolle, antwortete er: »Tante, im Februar fünf Jahre.« Freuds Anmerkung zu dieser Äußerung und zu seinen Kindern allgemein lautete: »Auch sonst sind sie in

ihrer Mannigfaltigkeit sehr amüsant.«[85] Mit derselben Belustigung berichtete Freud Fließ von seiner Jüngsten, Anna, deren im Alter von zwei Jahren etwas frühreife Aggressivität er lieb fand: »Annerl hat sich unlängst beklagt, daß Mathilde alle Äpfel gegessen hat, und verlangt, daß man ihr den Bauch aufschneide wie dem Wolf (im Märchen von den Zicklein). Das Kind entwickelt sich reizend.«[86] Was »Sopherl« betraf, so war sie jetzt mit dreieinhalb Jahren »im Stadium der beauté«,[87] und dort blieb sie auch, könnte man hinzufügen. Das Kind, das Freud vielleicht am beständigsten Unterhaltung bot, war Martin, der in frühem Alter begann, kleine Verse zu schreiben, sich einen Dichter nannte und ab und zu an Anfällen von »ungefährlicher *Dichter*itis« litt.[88] Etwa ein halbes Dutzend von Martins Kindheitsproduktionen erscheint in Freuds Briefen an Fließ. Die erste, von der berichtet wird, lautet:
»Hase«, spricht das Reh,
»Tut's Dir beim Schlucken im Halse noch weh?«[89]
Martin war damals noch keine acht Jahre alt. Im folgenden Jahr schmiedete er, der sich (wie viele mitteleuropäische Kinder) viel mit dem Fuchs beschäftigte, diesem listigen, skrupellosen und daher beliebtesten Tier der Märchen und Fabeln, einige Verse über die »Verführung der Gans durch den Fuchs«. In Martin Freuds Fassung lautete die Liebeserklärung des Fuchses:

Ich liebe Dich
herzinniglich,
komm, küsse mich,
Du könntest mir von allen
Tieren am besten gefallen.

»Findest Du die Form nicht bemerkenswert?« fragte Freud.[90] Allzu oft jedoch mischte sich Angst in Freuds Vergnügen an seinen Kindern. »Es wäre viel Freude von den Kleinen zu haben, wenn nicht so viel Schrecken dabei wäre«, schrieb er.[91] Das hauptsächliche, beinahe monotone Fortsetzungsdrama in seinem Haushalt konzentrierte sich auf die immer wieder auftretenden Krankheiten der Kinder – die alle ordnungsgemäß Fließ berichtet wurden, der selbst kleine Kinder hatte. Freuds Kinder hatten die in großen Familien nur allzu bekannte Gewohnheit, ihre Krankheiten an ihre Geschwister weiterzugeben. Freud nahm schließlich die nie endenden Magenverstimmungen, Katarrhe und Windpocken mit dem Gleichmut eines erfahrenen Vaters hin – oder, wie eine lange Reihe von Bulletins an Fließ bezeugt, mit der Angst eines besorgten Vaters.

Zum Glück überwogen die guten häuslichen Neuigkeiten. »Mein kleines Annerl ist wieder wohl«, lautet ein charakteristischer Bericht, »und auch die anderen Tiere wachsen und weiden wieder ordentlich.«[92] Auch finanziell ging es nun besser – manchmal. Er war lange dazu verurteilt gewesen, sparsam mit seinen Gulden umzugehen, aber nun genoß er willkommene Zeiten des Wohlstands. Ende 1895 hatte er die Befriedigung, sagen zu können: »Ich beginne meine Preise zu diktieren.« Und so, erklärte er mit Nachdruck, sollte es auch sein: »Man kann Leute nicht entbehren, die den Mut haben, Neues zu denken, ehe sie es aufzeigen können.«[93] Aber auch gegen Ende des Jahrhunderts war er noch nicht schuldenfrei, und selbst nachdem er ein prominenter Spezialist geworden war, fand er manchmal sein Sprechzimmer leer. Dann grübelte er über seine Kinder und ihre finanzielle Zukunft nach.

Ein unentbehrlicher Bestandteil in Freuds häuslichen Arrangements war seine Schwägerin Minna. Während der Zeit seiner Verlobung mit Martha Bernays hatte er Minna vertrauliche und herzliche Briefe geschrieben, er hatte mit »Dein Bruder Sigmund«[94] unterzeichnet und Minna »Mein Schatz«[95] genannt. In diesen Jahren war auch sie verlobt, und zwar mit Ignaz Schönberg, einem der Freunde Freuds. Aber Schönberg starb 1886 jung an Tuberkulose, und nach seinem Tode fand sich Minna Bernays offenbar damit ab, unverheiratet zu bleiben. Sie wurde dicker, plumper und ausgesprochen unschön. Sie sah älter aus als ihre Schwester Martha, obwohl sie tatsächlich vier Jahre jünger war. In der Berggasse 19 war sie lange ein gern gesehener Gast, und von der Mitte der 1890er Jahre an lebte sie ständig dort. Sie war die intellektuelle Schwester, bekannt für ihre geistreichen Bemerkungen und imstande, Freuds Gedankenflügen wenigstens ein Stück zu folgen.[96] In den Pionierjahren sah Freud in ihr seine »nächste Vertraute«[97] neben Fließ.* Sie stand ihm auch später immer nahe. Im Sommer besuchten die beiden gelegentlich allein Schweizer Kurorte oder italienische Städte.** Zu allen Zeiten war sie ein festes Mitglied des Haushalts, sie half mit, Freuds Kinder zu betreuen, und suchte mit ihnen Erholungsorte auf.

Während um die Mitte der 1890er Jahre sein häusliches Leben und in etwas geringerem Maße seine ärztliche Praxis fest etabliert zu sein schienen, waren Freuds wissenschaftliche Aussichten noch schwer vorauszusagen. Er veröffentlichte Schriften über Hysterie, Zwangsvorstellungen, Phobien, Angstneurosen – in ihrer forschenden Art lauter Berichte von den Schlachtfeldern der Psychologie. Trotz der Bestätigung, die er in Fließ' fortwährender Freundschaft und Unterstützung fand, fühlte sich Freud oft von Gleichgültigkeit, Schweigen und Feindseligkeit überwältigt. Als die *Studien über*

---

* In den 1890er Jahren waren, wie Freud viele Jahre später Marie Bonaparte sagte, Fließ und Minna Bernays die einzigen, die an ihn glaubten (Marie Bonaparte an Ernest Jones, 16. Dezember 1953. Jones papers, Archives of the British Psycho-Analytical Society, London).
** Für das von Carl G. Jung verbreitete Gerücht, daß Freud ein Verhältnis mit Minna Bernays hatte, gibt es keine überzeugenden Beweise.

Hysterie eine etwas undeutliche, aber keineswegs abschätzige Besprechung von dem hervorragenden Neurologen Adolf von Strümpell erhielten, bezeichnete Freud sie mit übertriebener Empfindlichkeit als »niederträchtig«.[98] Zugegeben, die Besprechung war unausgewogen und ein wenig oberflächlich. Strümpell gab seinen Lesern keinen Hinweis auf die Krankengeschichten und widmete seiner Besorgnis über die Anwendung der Hypnose bei der Behandlung von Hysterikern unnötig viel Platz. Gleichzeitig begrüßte er aber das Buch als erfreulichen Beweis dafür, daß die Auffassung der Hysterie als im wesentlichen psychogen an Boden gewann.[99] Eine solche Besprechung »niederträchtig« zu nennen, zeugte von einer Empfindlichkeit gegenüber Kritik, die bei Freud zur Gewohnheit zu werden drohte.

Seine Spannungen traten in Anfällen von Depression und in qualvollen körperlichen Symptomen in Erscheinung, von denen einige zweifellos psychosomatisch waren. Zwei- oder dreimal gab er, an Nasenkatarrhen leidend, auf Anordnung von Fließ widerstrebend seine geliebten Zigarren auf. Für Fließ war es nur zu leicht, die Zigarren zu verbannen; sein einziger Fehler, fand Freud, war, daß er nicht rauchte.[100] Aber Freud konnte das Verbot nicht lange durchhalten und wurde in einer trotzigen Stimmung bald rückfällig. »Deinem Rauchverbot folge ich nicht«, schrieb er Fließ im November 1893. »Hältst Du es denn für ein großes Glück, sehr lange Jahre elend zu leben?«[101] Er brauchte seine Zigarren für seine Arbeit. Aber selbst wenn er rauchte, wichen seine Augenblicke der Euphorie und seine flüchtigen Freudenausbrüche immer wieder Perioden des Zauderns und der düsteren Stimmung. Seine Verfassung war, wie er es zusammenfaßte, »abwechselnd stolz und selig und beschämt und elend«.[102] Seine Briefe an Fließ zeichneten die Berg-und-Tal-Fahrt seiner Emotionen auf. »Toll, nicht wahr, meine Korrespondenz?« rief er eines Tages im Oktober 1895 aus. »Ich war zwei Wochen lang im Schreibfieber, glaubte das Geheimnis schon zu haben, jetzt weiß ich, ich hab' es noch nicht.« Dennoch, fügte er beharrlich hinzu, verzagte er nicht.[103]

Er verlor wirklich nicht den Mut. »Nun hör weiter«, begrüßte er Fließ einige Tage später. »In einer fleißigen Nacht der verflossenen Woche, bei jenem Grad von Schmerzbelastung, der für meine Hirntätigkeit das Opium herstellt, haben sich plötzlich die Schranken gehoben, die Hüllen gesenkt, und man konnte durchschauen vom Neurosendetail bis zu den Bedingungen des Bewußtseins.«[104] Nur elf Tage später war Freud nicht mehr so zuversichtlich. Er war »todmüde«, er »brachte eine anständige Migräne zustande« und berichtete: »Die mit soviel Begeisterung angekündigte Lust-Schmerz-Lösung der Hysterie und der Zwangsneurose ist mir zweifelhaft geworden.«[105] Er hatte sich gegen seinen »Tyrannen«, die Psychologie, »empört«, schrieb er Fließ, fühlte sich »überarbeitet, gereizt, verwirrt«, geschlagen und »ernüchtert« und fragte sich, warum er Fließ überhaupt mit seinen Ideen geplagt hatte. Etwas, fand er, fehlte noch.[106] Aber er arbeitete weiter. Die Symptome, die er so verzweifelt zu verstehen versuchte, waren zum Teil seine eigenen. Mitten in seinen periodischen Kopfschmerzen schickte er Fließ ein Manuskript über Migräne.[107] Man sieht, warum sich Freud nach Beruhigung sehnte.

Das Unternehmen, das in Freud die am wildesten schwankenden Phantasien von Erfolg und Versagen auslöste, war ein ehrgeiziges Projekt einer wissenschaftlichen Psychologie, das er zu Beginn des Frühjahrs 1895 ins Auge gefaßt hatte. Er plante nichts weniger als »nachzusehen, wie sich die Funktionslehre des Psychischen gestaltet, wenn man die quantitative Betrachtung, eine Art Ökonomik der Nervenkraft, einführt, und zweitens aus der Psychopathologie den Gewinn für die normale Psychologie herauszuschälen«. Dies war die Psychologie, die ihm schon so lange von weitem gewinkt hatte.[108]

Seine »Psychologie für den Neurologen«[109], wie er sie Fließ gegenüber im April genannt hatte, »quälte« ihn. »Solcher Arbeit habe ich in den letzten Wochen jede freie Minute gewidmet, die Nachtstunden oft von elf bis zwei mit solchem Phantasieren, Übersetzen und Erraten verbracht«, schrieb er im Mai. Er war so überarbeitet, daß er für seine gewöhnliche Praxis kein Interesse mehr aufbringen konnte. Andererseits bereiteten ihm seine neurotischen Patienten »große Freude«, weil sie so viel zu seinen Forschungen beizutragen hatten: »Fast alles bestätigt sich täglich, Neues kommt hinzu, und die Gewißheit, den Kern der Sache in der Hand zu haben, tut mir wohl.«[110] Der Freud dieser Jahre hätte sich als einen Mann mittleren Alters beschreiben können, aber er hatte die schwungvolle Ausdauer und, angesichts immer wieder auftretender Enttäuschungen, die Standfestigkeit und Spannkraft eines jungen Forschers.

Er brauchte die ganze konzentrierte Energie, die er aufzubieten vermochte. Jedes der beiden wissenschaftlichen Ziele Freuds – den quantitativen Gesichtspunkt einzuführen oder aus der Psychopathologie Nutzen für die Psychologie abzuleiten – wäre weit genug gesteckt gewesen. Zusammen stellten sie ein utopisches Unternehmen dar. Im September und Anfang Oktober 1895, nach einem seiner »Kongresse« mit Fließ, schrieb er seine »Psychologie für den Neurologen«, den »Entwurf einer Psychologie«, in einem Ausbruch von fieberhafter Kreativität nieder. Am 8. Oktober schickte er das Manuskript Fließ zur kritischen Begutachtung. Seine selbstauferlegte Aufgabe ließ ihn leiden. Bei der mühevollen Arbeit der Niederschrift verglich er seine Untersuchungen mit einer erschöpfenden Bergpartie, auf der ihm ein Gipfel nach dem andern den Atem nahm. Im November schrieb er: »Den Geisteszustand, in dem ich die Psychologie ausgebrütet, verstehe ich nicht mehr.«[111] Er fühlte sich, wie sich ein Forschungsreisender

fühlen muß, der alles auf eine vielversprechende Fährte gesetzt hat, die letzten Endes nirgendhin führt. Freud fand die unmittelbaren Belohnungen für
seine hektischen Mühen diffus und nicht greifbar. Er machte sich nie die
Mühe, das Projekt zu beenden und ignorierte es geflissentlich in seinen
autobiographischen Rückblicken. Aber wenn es ein Mißerfolg ist, so ist es
ein großartiger. Die »Psychologie« liest sich gewiß nicht gerade wie ein
früher Entwurf der psychoanalytischen Theorie, aber Freuds Ideen über die
Triebe, über Verdrängung und Abwehr, über die psychische Ökonomie mit
ihren widerstreitenden Energiekräften und über das menschliche Tier als
das wünschende Tier sind hier alle vorskizziert.[112]

Freuds Absicht, so wie er sie am Beginn seines umfangreichen Memorandums ankündigte, war, »eine naturwissenschaftliche Psychologie zu
liefern, d.h. psychische Vorgänge darzustellen als quantitativ bestimmte
Zustände aufzeigbarer materieller Teile, und sie damit anschaulich und
widerspruchsfrei zu machen«.[113] Er wollte zeigen, wie die psychische Maschinerie arbeitet, wie sie Reize meistert und abführt. Als er den Entwurf in
einem Anflug von Optimismus umriß, schrieb er Fließ: »Es schien alles
ineinanderzugreifen, das Räderwerk paßte zusammen, man bekam den
Eindruck, das Ding sei jetzt wirklich eine Maschine und werde nächstens
auch von selber gehen. Die drei Systeme von Neuronen, der freie und ge-
bundene Zustand von Quantität, der Primär- und Sekundärvorgang, die
Haupttendenz und die Kompromißtendenz des Nervensystems, die beiden
biologischen Regeln der Aufmerksamkeit und der Abwehr, die Qualitäts-,
Real- und Denkzeichen, der Zustand der psychosexualen Gruppe – die
Sexualitätsbedingungen der Verdrängung, endlich die Bedingungen des
Bewußtseins als Wahrnehmungsfunktion – das alles stimmte und stimmt
heute noch! Ich weiß mich vor Vergnügen natürlich nicht zu fassen.«[114]

Freuds mechanistische Metaphern und sein technisches Vokabular –
»Neuronen«, »Quantität«, »biologische Regeln der Aufmerksamkeit und
Abwehr« – waren die Sprache seiner Welt, seiner medizinischen Ausbildung und des Wiener Allgemeinen Krankenhauses. Sein Versuch, die Psychologie auf der soliden Basis der Neurologie als Naturwissenschaft zu
etablieren, paßt zu den Bestrebungen der Positivisten, bei denen Freud studiert hatte und deren Hoffnungen und Phantasien er nun zu verwirklichen
trachtete. Er gab seinen Ehrgeiz, eine naturwissenschaftliche Psychologie
zu begründen, nie auf. In seinem *Abriß der Psychoanalyse*, dieser endgültigen Zusammenfassung, die er in seinem letzten Lebensjahr in London
schrieb und wie den »Entwurf« unbeendet ließ, behauptete Freud geradeheraus, die Auffassung, das Psychische sei an sich unbewußt, gestatte es,
»die Psychologie zu einer Naturwissenschaft wie jede andere auszugestal-
ten«.[115] In demselben gehaltvollen Fragment stellte er die Vermutung an,
daß Psychoanalytiker in der Zukunft lernen könnten, »mit besonderen che-

mischen Stoffen die Energiemengen und deren Verteilung im seelischen Apparat direkt zu beeinflussen«.[116] Diese Formulierung ist beinahe ein wörtliches Echo seines Programms von 1895.

Freuds Entwurf ist mit gutem Grund newtonisch genannt worden.[117] Er ist newtonisch in seiner Bemühung, die Gesetze der Psyche den Gesetzen der Bewegung zu unterwerfen, was Psychologen seit der Mitte des 18. Jahrhunderts versucht hatten. Er ist auch newtonisch in seiner Suche nach Behauptungen, die sich empirisch verifizieren lassen. Sogar in seinen Eingeständnissen des Nichtwissens findet sich ein Echo von Newtons wissenschaftlichem Stil, seiner vielgerühmten philosophischen Bescheidenheit. Während Newton offen zugab, daß das Wesen der Gravitation ein Geheimnis bleibe, hatte er gleichzeitig darauf bestanden, daß dies die Wissenschaftler nicht davon abhalten dürfe, ihre Kraft anzuerkennen und ihre Wirkung zu messen. Freud nahm den gleichen agnostischen Standpunkt ein und argumentierte 1895 und lange danach, daß die Psychologen, obwohl sie die Geheimnisse der psychischen Energien nicht erfaßt hätten, nicht aufhören dürften, ihr Wirken zu beobachten und auf ein Gesetz zurückzuführen. Im Jahre 1920 behauptete Freud, indem er seine Ausdrucksweise direkt bei Newton entlehnte, noch fest, daß »wir nichts über die Natur des Erregungsvorganges in den Elementen der psychischen Systeme wissen und uns zu keiner Annahme darüber berechtigt fühlen«.[118] Doch innerhalb dieser sorgfältig abgegrenzten Einschränkungen war Freud sicher, daß man viel von dem psychischen Funktionieren verstehen konnte.

Aber die Schwierigkeiten waren entmutigend. Einige der belebenden Prinzipien, welche die psychische Maschinerie beherrschen, schienen Freud ziemlich klar zu sein. Die Psyche steht unter dem Einfluß des Konstanzprinzips, das fordert, daß sie störende Reize, die von innen oder außen kommen, abführt. »Es ist dies das Prinzip der Neuronen-Trägheit«, um Freuds eigene technische Formulierung zu gebrauchen. »Neuronen trachten sich der Quantität zu entledigen.«[119] Sie tun das, weil der Zustand der Stille, der Ruhe nach dem Sturm, Lust verschafft, und die Psyche sucht Lust oder (was oft ziemlich das gleiche ist) vermeidet Schmerz. Aber »Reizflucht«[120] allein kann nicht die ganze psychische Aktivität erklären; das Konstanzprinzip wird an einem Punkt nach dem anderen durchbrochen. Erinnerungen, die damals und später eine so prominente Rolle in Freuds Denken spielten, häufen sich im Geiste an, während er Reize speichert. Mehr noch, der Geist auf der Suche nach Befriedigungen versucht sie zu sichern, indem er auf die reale Welt einwirkt – sie wahrnimmt, über sie nachdenkt und sie modifiziert, damit sie beharrlichen Wünschen nachgibt. Daher muß eine wissenschaftliche Psychologie, die darauf abzielt, das ganze Seelenleben zu erfassen, Erinnerung, Wahrnehmung, Denken und Planen ebenso erklären wie die Befriedigung der Entspannung nach der Reizabfuhr.

Freud gedachte dieser Mannigfaltigkeit der psychischen Arbeit unter anderem dadurch gerecht zu werden, daß er drei Arten von Neuronen postulierte, solche, die geeignet waren, Reize aufzunehmen, solche, die sie weiterleiteten, und solche, die die Bewußtseinsinhalte trugen. Er spekulierte – wenngleich nicht wild und in Gesellschaft anderer angesehener Psychologen. Aber sein Schema erforderte vieles, was er nicht zu bewältigen vermochte, so wie seine Kollegen Schwierigkeiten mit ähnlichen Mutmaßungen nicht überwinden konnten, vor allem, was ein Verständnis der Natur und der Aktivitäten des Bewußtseins betraf. Jedenfalls begannen Freuds Ideen, noch während er seine »Psychologie« niederschrieb, in eine ganz andere Richtung zu gehen. Er stand am Rande nicht einer Psychologie für Neurologen, sondern einer Psychologie für Psychologen. Die physiologischen und biologischen Substrate der Psyche verloren für Freud nie ihre Bedeutung, aber sie traten jahrzehntelang in den Hintergrund, während er die Bereiche des Unbewußten und seine Manifestationen in Gedanken und Handlungen erforschte – Fehlleistungen, Witze, Symptome, Abwehren und, am fesselndsten von allem, Träume.

Irgendwann in der Nacht vom 23. auf den 24. Juli 1895 – wahrscheinlich am Morgen, meinte er – hatte Freud einen historischen Traum. Er sollte in die Psychoanalyse eingehen als der Traum von Irmas Injektion. Mehr als vier Jahre später, in *Die Traumdeutung*, gab ihm Freud eine ungewöhnliche Bedeutung und verwendete ihn als Musterbeispiel für seine Theorie, daß Träume Wunscherfüllungen sind. Zu der Zeit, als er ihn träumte, arbeitete er hart am »Entwurf«, aber er war angenehm untergebracht in einer entspannenden Umgebung – in der Bellevue, der Villa in einem Wiener Vorort, in die sich die Freuds oft an Ferientagen zurückzogen. Ort und Zeit waren ideal, nicht so sehr für das Träumen – Freud träumte das ganze Jahr über sehr lebhaft –, aber für das Nachdenken über die Träume in Muße. Dies war, wie er später schrieb, der erste Traum, den er »einer eingehenden Deutung unterzog«.[121] Aber obwohl sein Bericht über diese Deutung sorgfältig, peinlich genau und scheinbar erschöpfend ist, bleibt er doch fragmentarisch. Nachdem er jedes Traumelement einzeln auf seine Ursprünge in seinen jüngsten und weiter zurückliegenden Erlebnissen zurückgeführt hatte, brach Freud ab: »Ich will nicht behaupten, daß ich den Sinn dieses Traumes vollständig aufgedeckt habe, daß seine Deutung eine lückenlose ist. Ich könnte noch lange bei ihm verweilen, weitere Aufklärungen aus ihm entnehmen und neue Rätsel erörtern, die er aufwerfen heißt. Ich kenne selbst die Stellen, von denen aus weitere Gedankenzusammenhänge zu verfolgen sind; aber Rücksichten, wie sie bei jedem eigenen Traum in Betracht kommen, halten mich von der Deutungsarbeit ab.« Einiges von dem, was Freud öffentlich bekannte, klang ihm tatsächlich alles andere als rühmlich;

daher gebührte ihm ein gewisses Maß von Geheimhaltung. Und Freud nahm es auch in Anspruch: »Wer mit dem Tadel für solche Reserve rasch bei der Hand ist, der möge nur selbst versuchen, aufrichtiger zu sein als ich.«[122] Das ist nur allzu wahr. Wenige, selbst die Ungehemmtesten, wären bereit gewesen, so viel über sich selbst zu enthüllen.

Seltsamerweise vertiefen Freuds Briefe an Fließ, die üblicherweise eine unerschöpfliche Fundgrube sind, nur das Geheimnis seiner selektiven Offenheit. Am 24. Juli, wenige Stunden nachdem er seinen bedeutsamen Traum gehabt hatte, schickte Freud seinem Freund in Berlin eine ungewöhnlich lakonische Botschaft; er sprach ihn (vielleicht ein wenig zweideutig) als seinen »Dämon« – sein Schicksal, seine Inspiration – an. Er fragte, warum Fließ in letzter Zeit nicht geschrieben habe und ob er sich gar nicht mehr um seine Arbeit kümmere. Dann erkundigte er sich nach Fließ' eigenen Ideen, nach seiner Gesundheit und nach seiner Frau und überlegte, ob sie beide nur »Unglücksfreunde« seien. In der Art eines guten Freundes, der einem anderen schreibt, schloß er ein wenig beiläufig mit der Bemerkung, daß er und seine Familie in der Villa Bellevue »sehr zufrieden« lebten.[123] Kein Wort über »Irma« oder über die Deutungsarbeit, die ihn an diesem Tag in Anspruch genommen haben muß.

Im August deutete Freud Fließ an, daß er nach langer Denkarbeit glaubte, »zum Verständnis der pathologischen Abwehr und damit vieler wichtiger psychologischer Vorgänge durchgedrungen zu sein«.[124] Das liest sich wie eine indirekte Anspielung auf die Ideen, die durch seine Analyse des Irma-Traumes aufgeworfen wurden. Als er Fließ Anfang September in Berlin traf, könnte er den Traum mit ihm erörtert haben. Aber erst im Juni 1900, beinahe fünf Jahre später, brachte er Fließ diesen triumphalen Augenblick mit Nachdruck in Erinnerung. Er war wieder in der Villa Bellevue. Nachdem er über Familienneuigkeiten und über einen nach Blumen duftenden späten Frühling geplaudert hatte, fragte er Fließ: »Glaubst Du eigentlich, daß an dem Hause dereinst auf einer Marmortafel zu lesen sein wird: ›Hier enthüllte sich am 24. Juli 1895 dem Dr. Sigm. Freud das Geheimnis des Traumes‹?«[125] Es war eine rhetorische Frage, die wenig Vertrauen verriet.

Komplexe Botschaften, die über Freuds Sehnsucht nach Ruhm hinaus vieles bedeuten, drängen sich in dieser oft zitierten Phantasie zusammen. Ihr heiterer Ton scheint einen subtilen Vorwurf zu verbergen, einen verspäteten Wink, daß Freud, während er an dem Sommertag des Jahres 1895 seinen Traum löste, mit Fließ' fundamentalen Fehlern beschäftigt war. Sherlock Holmes würde verstanden haben, daß Freuds langes Schweigen wie im Falle des Hundes, der in der Nacht nicht bellte, schwer von Bedeutung war. Was Freud Fließ am 24. Juli 1895 oder den Lesern der *Traumdeutung* nicht erzählte, war, daß der Traum von Irmas Injektion ein sorgfältig konstruiertes, höchst kompliziertes Szenarium war, das zumindest teilweise dazu dienen sollte, Freuds idealisiertes Bild von Fließ einem verdammenden Beweis zum Trotz zu retten. Eine vollständigere, weniger schonungsvolle Deutung dieses Traumes als die von Freud veröffentlichte führt zu einer der erschreckendsten Episoden seines Lebens.

Der Irma-Traum, an den sich Freud beim Erwachen erinnerte, ist wie die meisten seiner Träume detailreich und klar. An der Oberfläche ist er eine Mischung von Familienneuigkeiten und beruflichen Angelegenheiten. Da ist eine große Halle, in der die Freuds viele Gäste empfangen, unter ihnen »Irma«, die Freud als Freundin der Familie identifizierte, »eine junge Dame, die ich psychoanalytisch behandelte«. Freud nimmt sie beiseite, um ihr Vorwürfe zu machen, daß sie seine »Lösung« nicht akzeptiert. Er sagt ihr, indem er sie mit dem vertraulichen »Du« anspricht, »wenn du noch Schmerzen hast, so ist es wirklich nur deine Schuld«. Sie antwortet, daß die würgenden Schmerzen im Hals, im Magen und im Leib schlimmer seien, als er wisse. Erschrocken betrachtet Freud Irma und fragt sich, ob er nicht etwas Organisches übersehen habe. Er schaut ihr in den Hals, und nachdem sie zögernd ihren Mund richtig geöffnet hat, sieht er einen weißen Fleck und weißgraue Schorfe, die wie die Nasenmuscheln gebildet sind. Auf der Traumszene erscheinen mit Freud befreundete Ärzte, alle in passender Verkleidung: Oscar Rie, der Pädiater, der Freuds Kinder behandelt, Breuer, diese Berühmtheit in Wiens Ärztekreisen, und auch Fließ im Gewand eines kenntnisreichen Spezialisten, zu dem Freud die besten Beziehungen unterhält. Irgendwie zeigt sich, daß diese Ärzte – alle außer Fließ! – für Irmas andauernde Schmerzen verantwortlich sind. Freud träumt, daß sein Freund »Otto« – Oscar Rie – Irma gedankenlos eine Injektion gegeben hat, »mit einem Propylpräparat, Propylen ...«, Freud stottert, »Propionsäure ... Trimethylamin«, und »wahrscheinlich war auch die Spritze nicht rein«.[126]

In einem Vorbericht, welcher der Schilderung des Traumes und seiner Deutung vorausgeht, erklärte Freud, daß sich Irmas hysterische Angstsymptome im Laufe der Analyse gebessert hätten, nicht aber alle ihre somatischen Symptome. Am Tag zuvor war Freud Rie begegnet, der ihn (wie es Freud schien) indirekt kritisierte, weil er Irma nicht vollständig geheilt habe. Wie um sich zu rechtfertigen, hatte Freud einen Bericht über den Fall für Breuer geschrieben. Er sagte zwar nichts dergleichen, aber es ist offensichtlich, daß Breuer, so gespannt auch die Beziehung zwischen den beiden war, für Freud eine Autorität blieb, jemand, dessen Urteil er weiterhin schätzte und dessen Kritik er fürchtete.

Das war der Hintergrund, den Freud anbot, um die Usprünge des Traumes und den Wunsch, den er entstellte und dramatisierte, zu erklären. Er deutete den Traum Bild für Bild, Wort für Wort: Der Empfang der Gäste erinnerte an eine Bemerkung seiner Frau, die sich auf ihr Geburtstagsfest freute; die Chemikalie Trimethylamin an die Theorien seines Freundes Fließ über eine Sexualchemie; die unsaubere Spritze an seinen Stolz darauf, wie sauber er *seine* Spritzen hielt, während er einer älteren Patientin täglich zwei Morphiuminjektionen gab. Während er eine Spur nach der anderen verfolgte, verzweigten sich Freuds Gedanken. Sie gingen zurück zu einem tragischen Fall, in dem ein Medikament, das er in gutem Glauben und nach bestem Wissen und Gewissen verschrieb, zum Tode einer Patientin geführt hatte; zu einem anderen Fall, in dem sein Eingreifen den Patienten unnötigen Gefahren ausgesetzt hatte; zu seiner Frau, der während ihrer Schwangerschaften die Venen zu schaffen gemacht hatten und die (was er dem Leser nicht verriet) jetzt wieder schwanger war. Freud deutete alle oder jedenfalls die meisten dieser Erinnerungen als Assoziationen, die sein Können als Heiler zum Mittelpunkt hatten. Der Wunsch, den der Traum darstellte, war daher, daß Irmas Leiden in Wahrheit nicht als seine Schuld, sondern als die Schuld von anderen gesehen werden sollte. »Ich bin eben gewissenhaft.«[127] Passenderweise war gerade der Freund, der den empfindlichen Freud kritisiert zu haben schien, im Traum ein unverantwortlicher und nicht vertrauenswürdiger Arzt. So las Freud den Traum von Irmas Injektion als einen Traum der Rache und Selbstberuhigung: Wenn alle Gedanken zusammengefügt wurden, schloß er, konnten sie das Etikett tragen: »Sorge um die Gesundheit, eigene und fremde, ärztliche Gewissenhaftigkeit.«[128]

Freud erwähnte einige zusätzliche Themen, die sich durch das Gewebe seines Traumes zogen – eine Krankheit seiner ältesten Tochter, Mathilde, war eines davon –, während er andere in seiner einfallsreichen Deutung sorgfältig vermied. Freud, der seiner Patientin seine Lösung aufdrängt, Irma, die den Mund nicht richtig öffnen will, ganz zu schweigen von der unsauberen Spritze, die sein Freund Otto verwendet hatte – all das lädt den Leser mit psychoanalytischen Neigungen dazu ein, über Freuds sexuelle Phantasien nachzudenken. Aber es gab da noch eine wichtigere und weniger sichtbare Auslassung, denn Freuds Auslegung stellt eine massive Verschiebung dar: Der Arzt, dessen Gewissenhaftigkeit er mit diesem Traum feststellen wollte, war nicht er selbst, sondern Fließ.

Der Schlüssel zu dieser Deutung ist die komplexe Identität Irmas. Wie die meisten Traumfiguren war sie, wie Freud behauptete, eine »Sammelperson«.[129] Freud borgte höchstwahrscheinlich ihre Hauptzüge von Anna Lichtheim. Sie war die Tochter seines Religionslehrers Samuel Hammerschlag, eine junge Witwe und eine seiner Lieblingspatientinnen. Auf unverkennbare Weise ähnelte Anna Lichtheim – durch ihre Jugend, ihre Witwenschaft, ihre Verbindung mit der Familie Freud und wahrscheinlich auch ihre physischen Symptome – einer anderen Patientin Freuds, Emma Eckstein. Und Emma Eckstein war Anfang 1895 die Hauptperson in einem

ärztlichen Melodram, in dem Freud und vor allem Fließ eine wenig benei-
denswerte Rolle spielten. In Freuds Unbewußtem, das seinen Traum gestaltete, scheinen Emma Eckstein und Anna Lichtheim miteinander verschmolzen zu sein, um Irma zu werden.

Neben ihren hysterischen Angstsymptomen litt Emma Eckstein schwer
an mit Schmerzen verbundenen blutigen Ausscheidungen aus der Nase.
Freud hielt ihr Nasenbluten für psychogen, bat aber Fließ, seine Patientin
zu untersuchen, damit er nicht bei der Suche nach den Wurzeln ihres psychischen Leidens eine organische Krankheit übersah. Im Irma-Traum befürchtet er, gerade eine solche falsche Diagnose zu stellen. Fließ war also
nach Wien gekommen und hatte Emma Ecksteins Nase operiert. Aber die
Operation hatte keine Erleichterung gebracht: Ihre Schmerzen ließen nicht
nach und wurden durch reichliche Blutungen und einen üblen Geruch noch
verstärkt. Alarmiert zog Freud Wiener Chirurgen zu Rate, und am 8. März
1895 berichtete er Fließ, was geschehen war. Sein alter Schulfreund Ignaz
Rosanes, ein namhafter Spezialist, traf mit Freud in Emma Ecksteins Wohnung zusammen. Sie blutete aus Nase und Mund und »der Foetor war sehr
arg«. Rosanes »reinigte die Umgebung der Öffnung, zog Blutgerinnsel heraus, die anhafteten, und plötzlich zog er an etwas wie einem Faden, zog
weiter an«. Bevor er und Freud Zeit zum Überlegen gehabt hatten, »war ein
gut 1/2 Meter langes Stück Gaze aus der Höhle herausbefördert. Im nächsten Augenblick folgte ein Blutstrom, die Kranke wurde weiß mit hervor-
quellenden Augen und pulslos«. Rosanes handelte schnell. Er stopfte frische Gaze in die Höhle und die Blutung stand. Sie hatte etwa eine halbe
Minute gedauert, aber ausgereicht, um Emma Eckstein »unkenntlich« zu
machen. Freud begriff in einem Augenblick, was geschehen war. Angesichts der Katastrophe wurde ihm übel. Nachdem die Nase der Kranken
wieder ausgestopft worden war, »flüchtete« er ins Nebenzimmer, um eine
Flasche Wasser zu trinken, und kam sich kläglich vor. Ein Gläschen Ko-
gnak brachte ihn wieder zu sich. Als er »etwas wankend« wieder ins Zimmer kam, empfing ihn Emma Eckstein mit der »überlegenen« Bemerkung:
»Das ist das starke Geschlecht.«[130]

Freud erklärte, daß ihn nicht das Blut überwältigt hatte. »Es drängten
sich bei mir die Affekte.« Wir können erraten, welcher Art sie waren. Aber
schon in seinem ersten Brief, der noch unter dem Eindruck der peinlichen
Episode geschrieben wurde, war Freud eifrig darauf bedacht, Fließ vor dem
naheliegenden Vorwurf der sorglosen, beinahe tödlichen Fahrlässigkeit in
Schutz zu nehmen. »Wir hatten ihr also unrecht getan«, gab er zu. Emma
Eckstein war vollkommen normal. Ihr Nasenbluten war nicht hysterischen
Ursprungs, sondern »ein Stück Jodoformgaze war Dir beim Herausziehen
abgerissen [und] 14 Tage lang liegen geblieben«. Freud nahm die Schuld
auf sich und sprach seinen Freund frei; er hätte Fließ nicht zu einer Opera-

tion in einer fremden Stadt drängen sollen, wo er keine Nachbehandlung vornehmen konnte. »Du hast es so gut gemacht, als man kann.« Das Abreißen der Gaze war etwas, was »dem glücklichsten und umsichtigsten Chirurgen passieren kann«. Dies war die Art von defensiver Entschuldigung, die Freud der Psychoanalytiker bald Verleugnung nennen sollte. Aber noch tat er es nicht. Er zitierte einen anderen Spezialisten, der gestand, daß ihm einmal ähnliches passiert war, und fügte beruhigend hinzu: »Es macht Dir natürlich niemand einen Vorwurf.«[131]

Tatsächlich hatte, wie Freud in einem Brief im April durchblicken ließ, ein Wiener Spezialist, wie Fließ Hals-, Nasen-, Ohrenarzt, angedeutet, daß Emma Ecksteins reichliche, wiederkehrende Blutungen durch den Eingriff von Fließ verursacht wurden, bei dem das Vergessen der Gaze nur das Schlimmste war.[132] Fließ scheint beleidigt gewesen zu sein, aber Freud versuchte ihn zu besänftigen: Was immer diese Fachleute denken mochten, »für mich bleibst Du der Arzt, der Typus des Mannes, dem man vertrauensvoll sein Leben und das der Seinigen in die Hände legt«.[133] Doch Freud begnügte sich nicht damit, nur sein volles Vertrauen in Fließ' Geschicklichkeit und Aufmerksamkeit auszudrücken; er machte Emma Eckstein für die ganze Katastrophe verantwortlich. Ende April, in einem Brief an seinen »lieben Zauberer«, bezeichnete er seine Patientin, der es allmählich besser ging, als »meinen und Deinen Quälgeist«.[134] Ein Jahr später kehrte er zu dem Thema zurück und berichtete Fließ »eine ganz überraschende Aufklärung über die Blutungen bei der Eckstein, mit der Du Deine Freude haben wirst«.[135] Freud glaubte beweisen zu können, daß Fließ die ganze Zeit recht gehabt hatte, nämlich daß »ihre Blutungen hysterische waren, aus *Sehnsucht* erfolgt sind«.[136] Er schmeichelte Fließ: »Deine Nase hat wieder einmal richtig gerochen.« Emma Ecksteins Blutungen waren »Wunschblutungen«.[137]

Daß sie sich »glänzend« befand,[138] erleichterte nur Freuds Aufgabe, ein hieb- und stichfestes Alibi für seinen Freund zu finden. Er schwieg taktvoll über die unbequeme Frage, ob Fließ' Entschluß zu operieren überhaupt vernünftig gewesen war, und er schwieg taktvoll über den Gazestreifen, den Fließ vergessen und der zu einer Eiterung geführt hatte. An allem war Emma Eckstein schuld. Sie wollte bluten, denn das Symptom gestattete ihr zu zeigen, daß ihre verschiedenen Beschwerden wirklich und nicht eingebildet waren, und das sicherte ihr einen Anspruch auf die Zuneigung anderer. Zwar bot Freud klinische Beweise dafür an, daß sie wahrscheinlich seit Jahren von ihren Blutungen profitiert hatte. Aber das konnte Fließ nicht freisprechen. Freuds ausweichendes Verhalten ist nur allzu offenkundig. Worauf es wirklich ankam, war nicht, ob sein unbequemer »Quälgeist« seine Beschwerden simulierte, um geliebt zu werden, sondern ob sein ungeschickter Chirurg so liebenswert war, wie er es für Freud sein mußte. Selbst

wenn Freud Irma weitgehend nach Anna Lichtheim modellierte, machte es
die auffällige Ähnlichkeit der beiden Frauen unvermeidlich, daß auch
Emma Eckstein in den Irma-Traum eindrang. Fließ erschien in dem Traum,
so wie Freud ihn berichtete, nur flüchtig, und Freud selbst fragte sich:
»Sollte dieser Freund, der in meinem Leben eine so große Rolle spielt, in
dem Gedankenzusammenhang des Traumes weiter nicht vorkommen?«[139]
Die Antwort lautet, daß er vorkam. Der Traum von Irmas Injektion offen-
bart unter anderem Freuds Bemühen, seine Zweifel an Fließ nicht nur vor
diesem, sondern auch vor sich selbst zu verbergen.

Es ist ein Paradoxon: Freud, der nach der Erkenntnis der Gesetze der
unbewußten psychischen Vorgänge strebte, entschuldigte hier den Schuldigen und verleumdete die Unschuldige, nur um sich eine notwendige Illusion
bewahren zu können. In den folgenden Jahren stellte Freud fest, daß Inkonsequenz zwar nicht das wünschenswerte, aber das unausweichliche Los des
Menschen ist. Er zitierte gern eine Zeile aus einem seiner Lieblingsautoren,
dem Schweizer Dichter Conrad Ferdinand Meyer, über den Menschen mit
all seinem Widerspruch. Er erkannte die Macht der Ambivalenz – der span-
nungsgeladenen Koexistenz von Liebe und Haß – über die menschliche
Seele. Einige seiner ersten Patienten hatten ihn gelehrt, daß Menschen
zugleich wissen und nicht wissen können, daß sie intellektuell verstehen
können, was sie sich gefühlsmäßig zu akzeptieren weigern. Mehr psychoanalytische Erfahrung sollte die überwältigende klinische Bestätigung für
Shakespeares Bemerkung bringen, daß der Wunsch der Vater des Gedankens sei. Eine beliebte Methode, mit noch so aufdringlichen unbequemen
Komplikationen fertigzuwerden, ist, sie fortzuwünschen. Und das tat
Freud im Frühjahr und Sommer 1895.

Während all dieser Zeit und darüber hinaus blieb Fließ Freuds unersetz-
licher Anderer. »Jetzt sieh einmal an«, schrieb Freud ihm noch 1899 kurz
nach einer ihrer Begegnungen. »Ich lebe da verdrossen und in Dunkelheit,
bis Du kommst; ich schimpf' mich aus, entzünde mein flackerndes Licht an
Deinem ruhigen, fühle mich wieder wohl, und nach Deiner Abreise habe
ich wieder Augen bekommen zu sehen, und was ich sehe, ist schön und
gut.«[140] Es gab niemanden, in Wien oder anderswo, der Freud diesen
Dienst leisten konnte, auch nicht seine geistreiche, intelligente Schwägerin
Minna Bernays. Doch der Fließ, der so sehr Freuds Wunsch nach dem vollkommenen Zuhörer entsprach, war zum Teil Freuds eigene Schöpfung.

Ein Grund dafür, daß dieses idealisierte Bild so lange unversehrt blieb,
war, daß Freud einige Jahre brauchte, um die erotischen Komponenten
seiner Abhängigkeit zu erkennen und durchzuarbeiten. »Aber den Verkehr
mit einem Freund, den eine besondere – etwa feminine – Seite fordert, ersetzt mir niemand«, gestand er einmal Fließ.[141] Das war im Spätstadium
ihrer Freundschaft, im Jahre 1900. Ein Jahr später kam er auf diesen Punkt

zurück, und ein vorwurfsvoller Ton schlich sich in seine sachliche autobiographische Bemerkung ein: »Ich teile aber Deine Verachtung der Männer-
freundschaft nicht, wahrscheinlich weil ich in hohem Grade Partei bin. Mir
hat, wie Du ja weißt, nie das Weib im Leben den Kameraden, den Freund
ersetzt.«[142] Freud schrieb diese Selbsteinschätzung nieder, als seine Vertrautheit mit Fließ schon zu Ende ging und er es sich leisten konnte, klar zu
sehen. Als er 1910 auf die ganze schicksalhafte Verbindung zurückblickte,
sagte Freud einigen seiner vertrautesten Schüler offen, daß seine Bindung
an Fließ ein homosexuelles Element enthalten habe. Aber 1895 und 1896
kämpfte er seine Zweifel an Fließ nieder. Er brauchte noch fünf Jahre oder
mehr, um sich aus seiner Sklaverei zu befreien.

Die Selbstanalyse

Im späten Frühling 1896 war Emma Eckstein praktisch aus Freuds Korrespondenz mit Fließ verschwunden, wenn auch nicht aus seinem Leben.*
Dringendere Dinge nahmen seine Gedanken in Anspruch: seine gesprächi-
gen Patienten, seine berufliche Isolation, seine schwindelerregenden Vorstöße in die psychologische Theorie. »Ich komme im ganzen mit der Neuro-
senpsychologie sehr schön fort«, berichtete er Fließ im April 1896, »habe
allen Grund zufrieden zu sein.«[143] Und einen Monat später schrieb er: »Ich
arbeite in Psychologie rüstig und einsam weiter.«[144] Außerdem mühte er
sich mit einer Monographie über infantile Cerebrallähmung für Nothnagels angesehene enzyklopädische *Specielle Pathologie und Therapie* ab.
Von seiner Suche nach den Geheimnissen der Neurosen angetrieben, erfüllte er seine Aufgabe in der Neurologie mit unverhohlenem Widerwillen.
»Ich stecke ganz in den Kinderlähmungen, die mich gar nicht interessieren«, beklage er sich Ende 1895 bei Fließ.[145] Ein Jahr später tat er die
»Nothnagel-Arbeit« als »ekelhaft« ab.[146] Als er Anfang 1897 *Die infantile
Cerebrallähmung* veröffentlichte, war er völlig außerstande, den gehaltvollen, gelehrten Text richtig einzuschätzen, auf den die meisten anderen Ärzte
gern ihren Ruf gegründet hätten.* *

---

* Sie blieb eine Freundin der Familie und wurde eine Kollegin. Einem Brief Freuds an
Fließ vom 12. Dezember 1897 ist zu entnehmen, daß sie selbst begonnen hatte, Patienten
zu analysieren (siehe *Freud–Fließ*, S. 312).
** Der Schweizer Neurologe Rudolf Brun schrieb 1936: »Freuds Monographie, die
wohl das Gründlichste und Vollständigste darstellt, was bis heute über die zerebrale
Kinderlähmung geschrieben wurde ... Von der souveränen Beherrschung des gewaltigen klinischen Materials, das hier zusammengetragen und kritisch verarbeitet wurde,
erhält man einen Begriff, wenn man bedenkt, daß allein das Literaturverzeichnis

Doch im Frühjahr und Sommer 1896 ging es mit seinem Vater zu Ende, und das nahm Freud weit mehr in Anspruch als seine neurologischen Arbeiten und sogar die Neurosen. »Mein alter Vater (81 Jahre)«, teilte er Fließ Ende Juni 1896 mit, »befindet sich in Baden«, einem Kurort eine halbe Stunde von Wien, »in einem höchst wackeligen Zustand, mit Herzkollapsen, Blasenlähmung und ähnlichem.«[147] Alle Sommerpläne Freuds einschließlich einer Begegnung mit Fließ waren in Frage gestellt. »Ich glaube wirklich, daß es seine letzte Zeit ist«, schrieb er zwei Wochen später. Er sehnte sich danach, Fließ zu sehen, »wieder einmal ganz zu leben mit dem Kopf und dem Herzen zugleich«, aber er wagte nicht, sich aus der Nähe des Kranken zu entfernen. Der bevorstehende Tod seines Vaters erschütterte Freud, aber er deprimierte ihn nicht. »Ich gönne ihm die wohlverdiente Ruhe, wie er sie selbst wünscht. Er war«, fügte Freud hinzu und gebrauchte die trauervolle Vergangenheitsform, während Jacob Freud noch atmete, »ein interessanter Mensch, innerlich sehr glücklich«, und »löscht mit Anstand und Würde aus«.[148] Im August ging es ihm vorübergehend besser, die Glut flackerte noch einmal auf, und Freud konnte sich die Zeit für einen kurzen Urlaub nehmen. Aber am 23. Oktober starb Jacob Freud. »Er hatte sich wacker gehalten bis zum Ende, wie er überhaupt ein nicht gewöhnlicher Mensch war.«[149] Dies war nicht die Zeit für nüchterne, kritische Beurteilungen.

Der Mann, der seine Mütze aus der Gosse aufgehoben hatte und dem es in Wien nicht gelungen war, sich einen ordentlichen Lebensunterhalt zu schaffen, war liebevoll vergessen. Eine Zeitlang war Freud nur stolz auf seinen Vater.

Doch die unvermeidliche Reaktion setzte ein; es fiel ihm sogar schwer, Briefe zu schreiben. »Auf irgendeinem der dunklen Wege hinter dem offiziellen Bewußtsein«, schrieb er, als er Fließ für sein Beileidschreiben dankte, »hat mich der Tod des Alten sehr ergriffen. Ich hatte ihn sehr geschätzt, sehr genau verstanden, und er hatte viel in meinem Leben gemacht mit der ihm eigenen Mischung von tiefer Weisheit und phantastisch leichtem Sinn.« Der Tod seines Vaters, fügte Freud hinzu, habe die ganze Vergangenheit in seinem Innersten wieder geweckt. »Ich habe nun ein recht entwurzeltes Gefühl.« Dies war kaum eine charakteristische Reaktion für einen Sohn in mittleren Jahren, der an das Ende eines alten Vaters denkt, der »lange ausgelebt war«.[150] Freuds Trauer war ungewöhnlich in ihrer Intensität. Sie war auch ungewöhnlich in der Art, wie er wissenschaftlichen Nutzen aus ihr zog, indem er sich ein wenig von seinem Verlust distanzierte und gleichzeitig Material für seine Theorien sammelte.

14½ Seiten umfaßt ... Freuds Werk stellt ... eine unerreichte Glanzleistung dar, die allein schon hinreichen würde, Freuds Namen in der klinischen Neurologie einen bleibenden Platz zu sichern« (zitiert in *Jones*, I, S. 261).

Ein Phänomen, das er in diesen kummervollen Tagen an sich beobachtete und auch benannte, war das Schuldgefühl des Überlebenden.*Er bestätigte seine Existenz dramatisch einige Zeit später, im Jahre 1904. Als er zum erstenmal Griechenland besuchte, hatte er ein merkwürdiges Gefühl des Unwirklichen. War die Akropolis wirklich so, wie er es in der Schule gelernt hatte? Als er dieses Erlebnis, das ihn lange verwirrte, viel später analysierte, führte er es auf ein Schuldgefühl zurück: Er hatte es weiter gebracht als sein Vater, und das war irgendwie verboten.[151] Freud stellte bei seiner Selbstanalyse fest, daß es ebenso gefährlich ist, die ödipalen Kämpfe zu gewinnen wie sie zu verlieren. Die Wurzeln seiner Erkenntnis gingen zurück bis in die Tage unmittelbar nach dem Tode seines Vaters, als er seine Gefühle in eine Theorie übersetzte. Der Vorwurf, daß Freud immer arbeitete, ist nicht ganz unberechtigt.

Der Tod seines Vaters war also ein tiefes persönliches Erlebnis, aus dem Freud allgemeine Folgerungen ableitete; er wirkte wie ein Stein, der in einen stillen Teich geworfen wird und nacheinander Ringe von unerwarteter Größe bildet. Als er 1908, im Vorwort zur zweiten Auflage seiner *Traumdeutung*, über das Ereignis nachdachte, bemerkte er, daß das Buch für ihn eine starke »subjektive« Bedeutung hatte, die er »erst nach seiner Beendigung verstehen konnte«. Er sah es nun als »ein Stück meiner Selbstanalyse, als meine Reaktion auf den Tod meines Vaters, also auf das bedeutsamste Ereignis, den einschneidendsten Verlust im Leben eines Mannes«.[152]

Diese Vermengung von Autobiographie und Wissenschaft hat die Psychoanalyse von Anfang an belastet. Freuds berühmte geständnishafte Bemerkung über die unvergleichliche Bedeutung des Todes eines Vaters ist nicht weniger beachtenswert für das, was sie ausläßt, als für das, was sie sagt: Sollte es wirklich wahr sein, daß der Tod einer Mutter weniger erschütternd ist? Freuds Mutter, eine gefaßte, gebieterische Frau, lebte bis 1930, bis zum Alter von 95 Jahren, und sie forderte Treue von ihrer Nachkommenschaft, einschließlich ihres erstgeborenen Lieblingssohnes. Es war beinahe so, als ob ihr aktives langes Leben es ihrem Sohn, dem Psychoanalytiker, gestattete, die vollen Implikationen des ödipalen Kampfes zu umgehen, auf den schließlich er als erster aufmerksam gemacht hatte. Es ist von Bedeutung für die Geschichte der Psychoanalyse, daß Freud so sehr der Sohn seines Vaters war und sich mehr Gedanken über die Beziehungen zum Vater machte als über die Beziehungen zur Mutter[153] und daß er unbewußt

---

* Freud sprach in einem Brief von der »Neigung zum Selbstvorwurf, die sich regelmäßig bei den Überlebenden einstellt« (Freud an Fließ, 2. November 1896. *Freud–Fließ*, S. 214).

darauf bedacht war, etwas von seiner Ambivalenz gegenüber der Mutter unanalysiert zu lassen.

Im allgemeinen war sich Freud der sonderbaren Natur seines Beweismaterials bewußt. Es berührte ihn eigentümlich, schrieb er 1895 gleichsam entschuldigend, als er über Elisabeth von R. berichtete, »daß die Krankengeschichten, die ich schreibe, wie Novellen zu lesen sind und daß sie sozusagen des ernsten Gepräges der Wissenschaftlichkeit entbehren«. Er tröstete sich damit, »daß für dieses Ergebnis die Natur des Gegenstandes eher verantwortlich zu machen ist als meine Vorliebe«.[154] Doch die Anklage, daß Freud dazu neigte, sich selbst den Puls zu fühlen, um das allgemeine Meinungsklima einzuschätzen, war durch einen so leichten Trost nicht zu entwaffnen. Bereits 1901 griff Fließ an der Spitze der Vorhut einer Armee von Zweiflern Freud mit der Begründung an, daß »der Gedankenleser bei den anderen nur seine eigenen Gedanken liest«.[155]

Seit damals ist der Einwand, daß Freud einfach – und illegitimerweise – seine eigenen psychologischen Traumen in sogenannte Gesetze des Psychischen übersetzte, nicht zum Schweigen gebracht worden. Man kann sehen, wie er entstand und warum er bestehenblieb. Viele von Freuds beunruhigendsten Ideen gingen auf eingestandene oder verborgene autobiographische Quellen zurück. Er beutete sich selbst reichlich als Zeugen aus und machte sich zu seinem informativsten Patienten. In den exakten Naturwissenschaften stellt eine solche beobachtende Subjektivität kein Problem dar. Die Motive oder neurotischen Schwierigkeiten eines Physikers oder Biologen sind nur für seine Angehörigen und Freunde von Interesse – und für seinen Biographen. Die Gültigkeit seiner Schlußfolgerungen kann durch objektive Versuche, durch die Wiederholung seiner Experimente oder durch die Nachrechnung seiner mathematischen Darstellungen bestimmt werden. Idealerweise sollte dasselbe strenge Verfahren auch für die Psychologie gelten. Was für den Studenten der Psychoanalyse von Belang sein muß, ist letzten Endes nicht, ob Freud einen Ödipuskomplex hatte (oder sich einbildete), sondern ob seine Behauptung, daß dies der Komplex ist, den jeder durchmachen muß, durch unabhängige Beobachtung oder einfallsreiche Experimente bewiesen werden kann. Freud betrachtete seine eigenen Erfahrungen nicht als für die ganze Menschheit gültig. Er prüfte seine Vorstellungen im Vergleich mit den Erlebnissen seiner Patienten und später mit der psychoanalytischen Literatur; er verbrachte Jahre damit, seine allgemeinen Behauptungen zu verfeinern und zu revidieren. Seine berühmten Krankengeschichten spiegeln beredt seinen gleichzeitigen Einsatz für das Individuelle und das Allgemeine; jede schildert einen unwiederholbaren Patienten, der zugleich einer Kategorie von Fällen angehört.

Freud erkannte also, daß niemand, auch er selbst nicht, Jedermann ist. Aber mit gebotener Vorsicht und unter Berücksichtigung der Variationen, die aus jedem Individuum ebendas machen – ein Individuum –, war Freud bereit, seine eigene psychische Erfahrung zu deuten, um die seiner Mitmenschen besser zu begreifen. Obwohl er darauf bedacht war, seine Privatspähre aufrechtzuerhalten, und sich dagegen wehrte, sein Innenleben Freunden preiszugeben, gab er um seiner Wissenschaft willen dem Druck nach, indiskret in bezug auf sich selbst zu sein. Er war einfach eine Materialquelle mehr. Freud hoffte, sich auf das bloße Gewicht des psychoanalytischen Zeugnisses und auf die erklärende Kraft seiner Formulierungen stützen zu können. Wenn er im Verlust seines Vaters den entscheidendsten Verlust sah, den er erleiden konnte, so mußte die Wirkung einer solchen Tragödie, und konnte es auch auf drastische Weise, bei anderen Trauernden eine andere sein. Aber die private Herkunft seiner Überzeugungen hinderte Freud nicht daran, eine Theorie über das Trauern zu entwickeln und darüber hinaus eine Theorie über das allgegenwärtige Familiendrama mit seinen stets variierenden und doch weitgehend voraussagbaren Wünschen, Befriedigungen, Frustrationen und Verlusten, von denen viele unbewußt sind.

Der Tod seines Vaters im Oktober 1896 gab Freud einen kräftigen Anstoß, das Gebäude zu errichten, das er zu seinem Lebenswerk zu machen begann. Aber bevor er vollen Nutzen aus seinem bitteren Verlust ziehen konnte, mußte er einen schweren Irrtum wiedergutmachen, der sein Denken um die Mitte der 1890er Jahre beherrscht hatte. Er mußte seine sogenannte Verführungstheorie über Bord werfen, das heißt die Behauptung, alle Neurosen seien die Folge sexuellen Mißbrauchs eines Kindes durch einen Erwachsenen.* Die Verführungstheorie mit all ihrer kompromißlosen Reichweite erscheint an sich unglaubwürdig. Nur ein Phantast wie Fließ konnte sie akzeptieren und ihr Beifall spenden. Das Erstaunliche ist nicht, daß Freud die Idee schließlich aufgab, sondern daß er sie sich überhaupt zu eigen machte.

Ihr Reiz für ihn ist jedoch offensichtlich. Während seines ganzen Lebens schwankte Freuds theoretisches Denken fruchtbar zwischen Komplexität und Einfachheit – das wird, wie wir gerade gesehen haben, in seinen Krankengeschichten offenbar. Die Erkenntnis der Komplexität wurde der überwältigenden Vielfältigkeit des menschlichen Erlebens gerecht, das bei weitem reicher ist, als es Psychologen, die sich auf den bewußten Geist konzentrieren, jemals wissen können.** Im Gegensatz dazu hielt

---

* Waren die meisten Opfer solcher Angriffe Mädchen, so waren auch Knaben, wie Freud wußte, nicht davor sicher. Im Jahre 1895, als sein Vertrauen in diese Theorie am größten war, berichtete er Fließ, daß einer seiner neurotischen Patienten »mir das Erwartete gegeben hat (Sexualschreck, i. e.: infantiler Mißbrauch bei *männlicher* Hysterie!)« (Freud an Fließ, 2. November 1895. *Freud–Fließ*, S. 153).
** Freud verkörperte seine Wahrnehmung der Komplexität in dem Begriff der »Überdeterminierung«, den er 1895 zum erstenmal gebrauchte. Symptome oder

sich Freud aber auch an das Ideal der Einfachheit. Die Reduktion offenbar unähnlicher psychischer Vorgänge auf einige wenige gut definierte Kategorien war sein Ziel in der wissenschaftlichen Forschung. In seiner klinischen Erfahrung hatte Freud viele Dinge erlebt, die seine Wiener Kollegen unannehmbar, ja weitgehend unglaublich fanden: die geheimnisvollen Wirkungen der Hypnose, die amourösen Avancen von Patientinnen, das Wegreden hysterischer Symptome, das verborgene Wirken der Sexualität. Er war durchaus bereit, Dinge zu glauben, die noch unglaublicher waren als diese. Außerdem konnte Freud um die Mitte der 1890er Jahre, als er noch auf der Suche nach Reputation aufgrund originaler wissenschaftlicher Beiträge war, die bis dahin noch auf sich warten ließ, die Verführungstheorie willkommen heißen als eine klare Verallgemeinerung, die eine ganze Reihe von Störungen als Ergebnisse einer Art von grausamer Handlung erklären würde – von blutschänderischer Verführung oder Vergewaltigung.

In Anbetracht der Idee Freuds, daß »Neurasthenie« weitgehend auf sexuelle Probleme zurückgehe, war der folgernde Schritt, der nötig war, um eine solche Theorie für ihn plausibel zu machen, nicht sehr groß. Gewiß, die Überzeugung war hart erworben worden. Als guter Bürger hatte sie Freud erst übernommen, nachdem er starke innere Widerstände gegen eine solche Vorstellung überwunden hatte. Einige der Lehrer und Kollegen, die er am meisten bewunderte – Charcot, Breuer und sein Bekannter Rudolf Chrobak, ein prominenter Wiener Gynäkologe –, hatten in großen Zügen angedeutet, daß nervöse Störungen immer mit, wie Breuer sagte, *secrets d'alcôve* zu tun hätten. Aber Freud hatte die beiläufigen Bemerkungen, die sie machten, und die Anekdoten, die sie in seiner Gegenwart erzählten, prompt »vergessen«. Anfang 1886, während eines Empfangs in Charcots Haus, hatte er mit angehört, wie sein Gastgeber in seiner lebhaften Art sagte, daß an den nervösen Schwierigkeiten einer schwer gestörten jungen Frau die Impotenz oder sexuelle Ungeschicktheit ihres Mannes schuld sei. In solchen Fällen, rief Charcot, ist es immer etwas Genitales, immer. »*Mais dans des cas pareils, c'est toujours la chose génitale, toujours ... toujours ... toujours.*« Ein Jahr später überwies Chrobak eine interessante Patientin an Freud. Sie litt an offenbar sinnlosen Angstanfällen, und Chrobak schrieb, uncharakteristisch zynisch, diese Anfälle der Unfähigkeit ihres Mannes zu, im Bett etwas zu leisten. Es gebe nur eine Verschreibung, die wirken würde, sagte er Freud, eine Verschreibung, die ihr Mann nie erfüllen könnte:

Träume oder andere Bildungen des Unbewußten müssen mehrere Ursachen haben, die auf Vererbung und Umwelt, Prädisposition und Traumen zurückgehen, und solche Bildungen neigen dazu, eine Vielfalt von Impulsen und Erlebnissen zu täuschend einfachen Darstellungen zu verdichten.

»Penis normalis
dosim
repetatur!«[156]

Diese spontanen Urteile, die weltklug waren, aber in keiner Weise in eine
allgemeine Erklärung der psychischen Defekte integriert, arbeiteten im stillen in Freud weiter bis etwa 1893, als er bereit war, sie in eine Neurosentheorie aufzunehmen. Wir wissen, daß er in einem Memorandum, das er
Fließ im Februar dieses Jahres schickte, kurz und bündig seinen Wunsch
ausdrückte, die Behauptung aufzustellen und zu überprüfen, »daß die
Neurasthenie überhaupt *nur* eine sexuelle Neurose ist«.[157] In den Krankengeschichten, die er zu den *Studien über Hysterie* beitrug, deutete er, wenn
auch manchmal nur ziemlich schwach, tatsächlich an, daß die Symptome
seiner Patienten sexuellen Ursprungs waren.

Als er über den Anteil der Erinnerung an der Bildung nervöser Leiden
nachzudenken begann, schob Freud die psychische oder physische Verletzung, die er für sie verantwortlich machte, zurück in die frühen Kindheitsjahre seiner Patienten. Die »Aktualneurosen« – Neurosen, die durch
gegenwärtige und nicht weiter zurückliegende Erlebnisse verursacht werden – verloren rasch ihr Interesse für ihn. »Habe ich Dir das große klinische
Geheimnis schon mündlich oder schriftlich mitgeteilt?« fragte er Fließ im
Oktober 1895, als er noch tief in seinem »Entwurf« steckte. »Die Hysterie
ist die Folge eines präsexuellen *Sexualschrecks*. Die Zwangsneurose ist
die Folge einer präsexuellen *Sexuallust*, die sich später in [Selbst-]*Vorwurf*
verwandelt.« Freud war damals unzufrieden mit der Unbestimmtheit
umfassender diagnostischer Kategorien wie Neurasthenie und begann,
die Neurosen genauer zu klassifizieren. Aber sein Ausdruck »präsexuell«
deutet an, daß die Idee der infantilen Sexualität noch außerhalb seines
Gesichtskreises lag, wenn sie auch schon über dem Horizont schwebte.
»Präsexuell«, erklärte er Fließ, »heißt eigentlich vor der Pubertät, vor der
Entbindung der Sexualstoffe, die betreffenden Ereignisse wirken erst als
Erinnerungen.«[158] Nun waren aber diese betreffenden, d. h. relevanten Er-
eignisse, so wie sie ein Patient nach dem andern für ihn erinnerte, sexuelle
Traumen – als Folge geschickter Überredung oder brutaler Gewalt –, die in
der Kindheit erlitten wurden.

Im Jahre 1896 war Freud bereit, das auch im Druck zu sagen. In einem
Aufsatz über die »Abwehr-Neuropsychosen«, den er Anfang des Jahres
schrieb, behauptete er auf der Grundlage von dreizehn Fällen, daß die Hysterie verursachenden sexuellen Traumen »*der frühen Kindheit (der Lebenszeit vor der Pubertät) angehören, und ihr Inhalt muß in wirklicher
Irritation der Genitalien (koitusähnlichen Vorgängen) bestehen*«.[159] Während Zwangsneurotiker in ihrer sexuellen Aktivität frühreif gewesen
zu sein schienen, zeigten auch sie hysterische Symptome; daher müßten

auch sie zuerst als Kinder zu Opfern gemacht worden sein. Die Kindheitsepisoden, welche die Analyse enthüllte, fügte Freud hinzu, waren »schwere
sexuelle Schädigungen«, gelegentlich »geradezu abscheuliche Dinge«. Die
Missetäter waren vor allem »Kinderfrauen, Gouvernanten und andere
Dienstboten« ebenso wie »in bedauerlicher Häufigkeit lehrende Personen«
und »schuldlose« Brüder.[160]

Im selben Jahr, am 21. April, bekannte sich Freud in einem Vortrag –
»Zur Ätiologie der Hysterie« – vor dem Verein für Psychiatrie und
Neurologie, einem ausgesuchten professionellen Publikum, zu seiner
Verführungstheorie. Seine Zuhörer waren alle Experten, welche die ver-
schlungenen Pfade des erotischen Lebens kannten. Der große Richard von
Krafft-Ebing, der sich auf die Sexualpathologie spezialisiert hatte, führte
den Vorsitz. Freuds lebhafter Vortrag war eine äußerst geschickte redneri-
sche Leistung. Der Student der Hysterie, sagte er, gleicht einem For-
schungsreisenden, der die Überreste einer verlassenen Stadt entdeckt, mit
Mauern und Säulen und Tafeln mit halb verwischten Inschriften. Er kann
sie ausgraben und reinigen, und mit einigem Glück sprechen die Steine –
saxa loquuntur. Er bot seine ganze Rednergabe auf, um seine ungläubigen
Zuhörer davon zu überzeugen, daß sie den Ursprung der Hysterie im sexuellen Mißbrauch von Kindern suchen müßten. Alle achtzehn Fälle, die er
behandelt habe, erklärte er, forderten zu dieser Schlußfolgerung heraus.[161]
Aber seine Mischung von anschaulicher Beredsamkeit und wissenschaftlicher Nüchternheit war verschwendet. Der Vortrag, berichtete er Fließ
einige Tage später, »fand bei den Eseln eine eisige Aufnahme und von
Krafft-Ebing die seltsame Beurteilung: ›Es klingt wie ein wissenschaftliches
Märchen‹.« Und das, rief Freud aus, »nachdem man ihnen die Lösung eines
mehrtausendjährigen Problems, ein caput Nili aufgezeigt hat!« Dann fügte
er grob hinzu: »Sie können mich alle gern haben, euphemistisch ausgedrückt.«[162] Es scheint, daß sich Freud nicht einmal Fließ gegenüber ganz
gehen ließ.

Es war ein Abend, den Freud nicht vergessen sollte. Der traumatische
Rückstand, den er zurückließ, wurde zu einem Grund für begrenzte Erwartungen, zu einer Rechtfertigung für seinen Pessimismus. Er empfand die
Atmosphäre um ihn her als frostiger denn je und war sicher, daß ihn sein
Vortrag zu einem Gegenstand des Ostrazismus gemacht hatte. »Es sind
irgendwelche Parolen ausgegeben worden, mich zu verlassen«, berichtete
er Fließ, »denn alles fällt ringsum von mir ab.«[163] Er behauptete, seine
Isolation »mit Gleichmut« zu ertragen, aber der Mangel an neuen Patienten bereitete ihm Sorge. Doch er forschte weiter und nahm noch eine Zeitlang die unheimlichen Erzählungen seiner Patienten als wahr hin. Schließlich hatte er sich gründlich geschult, ihnen zuzuhören. Aber allmählich
wurden die Zweifel, die ihm kamen, unwiderstehlich. Im Mai 1897

träumte er von »überzärtlichen Gefühlen« für seine älteste Tochter, Mathilde, und er deutete diesen erotischen Traum als den Wunsch, einen »pater« als Urheber der Neurose zu ertappen. Dies, teilte er Fließ mit, »macht
so meinen noch immer sich regenden Zweifeln [an der Verführungstheorie]
ein Ende«.[164] Das ist eine seltsame, nicht überzeugende Deutung, denn der
Traum hätte zu Freuds Unbehagen beitragen müssen, anstatt es zu besänftigen. Er wußte nur zu gut, daß er Mathilde oder seinen anderen Töchtern
nicht sexuell nahegetreten war und daß eine sexuelle Begierde noch kein
Sexualakt ist. Mehr noch, es gehörte zu seinem wissenschaftlichen Credo,
daß der Wunsch, eine Theorie bestätigt zu sehen, nicht dasselbe wie eine
Bestätigung ist. Aber für den Augenblick nahm er den Traum als Beweis für
seine Lieblingsvorstellung.

Freuds Zweifel gewannen erst im Sommer und Frühherbst 1897 die
Oberhand. Als er Mitte September »frisch, heiter, verarmt« aus den Sommerferien zurückkehrte, vertraute er Fließ »das große Geheimnis« an, »das
mir in den letzten Monaten langsam gedämmert hat. Ich glaube an meine
Neurotica nicht mehr« – das heißt an seine allzu einfache Erklärung der
Neurosen. Dieser Brief vom 21. September 1897 ist vielleicht der aufschlußreichste in der ganzen aufschlußreichen Korrespondenz. Mit überzeugenden Einzelheiten gab Freud Fließ eine »historische« Schilderung,
wie und warum er schließlich den Glauben an die Verführungstheorie verloren hatte: Er konnte seine Analysen nicht zum Abschluß bringen, weil er
entweder seine Patienten auf halbem Wege verlor oder weil er »die partiellen Erfolge auf die gewöhnliche Art« zu erklären vermochte. Zudem hatte
ihm der gesunde Menschenverstand sein stark vereinfachendes Schema ruiniert. Da die Hysterie weit verbreitet war und nicht einmal den Freudschen
Haushalt verschonte, folgte, daß »in sämtlichen Fällen der *Vater* als per-
vers beschuldigt werden mußte, mein eigener nicht ausgeschlossen«. Der
Freud der 1890er Jahre war nicht geneigt, seinen Vater so gründlich zu
idealisieren, wie er Fließ idealisierte, aber Jacob Freud unter die Kinder-
schänder einzureihen, erschien ihm doch absurd. Wenn außerdem die Angriffe der Väter die einzigen Quellen der Hysterie wären, müßte eine solche
Verfehlung praktisch allgemein üblich sein, da es weniger *Fälle* von Hysterie geben muß als mögliche *Ursachen*. Schließlich werden nicht alle Opfer
krank. Freud fand nun, »daß solche Verbreitung der Perversion gegen Kinder wenig wahrscheinlich ist«. Außerdem steht fest, »daß es im Unbewußten ein Realitätszeichen nicht gibt« und daß es daher keine Möglichkeit
gebe, zwischen der Wahrheit einerseits und der mit Affekt besetzten Fiktion
andererseits zu unterscheiden.[165] Freud war nun bereit, die Lektion der
grundsätzlichen Skepsis anzuwenden, die ihn seine klinische Erfahrung gelehrt hatte. Die »Enthüllungen« seiner Patienten waren zumindest zum Teil
Produkte ihrer Phantasie.

Der Zusammenbruch seiner Theorie veranlaßte Freud nicht, seinen Glauben an die sexuelle Ätiologie der Neurosen oder die Überzeugung aufzugeben, daß manche Neurotikerinnen ein Opfer ihrer Väter gewesen waren. Wie andere Ärzte hatte er solche Fälle kennengelernt.* Es ist bezeichnend, daß er im Dezember 1897, drei Monate nachdem er die Verführungstheorie angeblich aufgegeben hatte, noch schreiben konnte: »Mein Vertrauen in die Vaterätiologie ist sehr gestiegen.«[166] Keine zwei Wochen später berichtete er Fließ, daß ihm eine seiner Patientinnen eine erschrekkende Schilderung geliefert habe, die er zu glauben geneigt sei: Im Alter von zwei Jahren sei sie bestialisch vergewaltigt worden von ihrem Vater, einem Perversen, der blutige Verletzungen zufügen mußte, um sexuelle Befriedigung zu erhalten.[167] Tatsächlich sagte sich Freud noch zwei Jahre lang nicht endgültig von der Theorie los und brauchte danach noch sechs Jahre, um seine Meinungsänderung öffentlich bekanntzugeben.[168] Noch 1924, beinahe drei Jahrzehnte, nachdem er sich von der Herrschaft eines Irrtums befreit, den er, wie er reuig sagte, »seither wiederholt bekannt und korrigiert« hatte, bestand Freud darauf, daß nicht alles, was er um die Mitte der 1890er Jahre über den sexuellen Mißbrauch von Kindern gesagt hatte, zu verwerfen sei: »Der Verführung bleibt eine gewisse Bedeutung für die Ätiologie gewahrt.«[169] Er hielt ausdrücklich fest, daß zwei seiner frühen Fälle, Katharina und ein »Fräulein Rosalia H.«, von ihren Vätern angegriffen worden waren. Freud hatte nicht die Absicht, eine Leichtgläubigkeit gegen eine andere einzutauschen. Daß er aufhörte, alles zu glauben, was ihm seine Patienten erzählten, erforderte nicht, daß er in die sentimentale Falle ging, brave Bürger im Gehrock der empörenden sexuellen Aggression für unfähig zu halten. Was Freud nun ablehnte, war die Verführungstheorie als allgemeine Erklärung für die Entstehung aller Neurosen.

Dieser Verzicht eröffnete ein neues Kapitel in der Geschichte der Psychoanalyse. Freud behauptete, alles andere als »verstimmt, unklar, ermattet« zu sein, und er fragte sich prophetisch: »Ob dieser Zweifel nur eine Episode auf dem Fortschreiten zur weiteren Erkenntnis darstellt?« Er gab zu, daß es ihn schmerzte, »die Erwartung des ewigen Nachruhms« zu verlieren. Sie war »so schön« gewesen, ebenso auch die Hoffnung auf »sicheren Reich-

* Wenn auch das Thema in der medizinischen Literatur mit beträchtlicher Zurückhaltung behandelt wurde, so waren sexuelle Angriffe auf junge Mädchen von seiten ihrer Väter doch schon seit dem Beginn des 19. Jahrhunderts öffentlich diskutiert worden. Bereits 1821 hatte der berühmte französische Psychiater Jean Étienne Esquirol von einem solchen Fall berichtet, nämlich dem Anschlag eines Vaters auf seine sechzehnjährige Tochter, der zum Zusammenbruch und zu wiederholten Selbstmordversuchen des Mädchens führte (siehe »Suicide« in *Dictionnaire des Sciences Médicales* von »einer Gruppe von Ärzten und Chirurgen«, LIII [1821], S. 219 f. Ich verdanke diesen Hinweis Lisa Liebermann).

tum, die volle Unabhängigkeit, das Reisen, die Hebung der Kinder über die schweren Sorgen, die mich um meine Jugend gebracht haben«.[170] Viel später erinnerte sich Freud an diesen Wendepunkt und schrieb, daß, als die Verführungstheorie, die »für die junge Forschung fast verhängnisvoll geworden wäre«, an ihrer »eigenen Unwahrscheinlichkeit zusammenbrach«, seine erste Reaktion »ein Stadium völliger Ratlosigkeit« gewesen war. »Man hatte also den Boden der Realität verloren.«[171] Er war zu enthusiastisch und ein wenig naiv gewesen.

Doch seine Bestürzung war von kurzer Dauer. »Endlich kam die Besinnung, daß man ja kein Recht zum Verzagen habe, wenn man nur in seinen Erwartungen getäuscht worden sei ...«[172] Das war charakteristisch für Freud. Er war sich dessen bewußt, daß die Welt keine für alles sorgende Mutter ist, die von Gaben für ihre bedürftigen Kinder überströmt, und akzeptierte das Universum. Wenn der Boden der Realität verloren war, so war der der Phantasie gewonnen worden. Krafft-Ebing hatte letzten Endes beinahe recht gehabt. Was Freud an jenem April-Abend des Jahres 1896 seinen Kollegen erzählt hatte, war ein Märchen gewesen. Oder besser eine Sammlung von Märchen, die ihm seine Patienten erzählt hatten. Aber wie Fließ Freud zu erkennen ermutigt hatte, enthalten Märchen auch verborgene Wahrheiten. Freuds Reaktion auf seine Befreiung von der Verführungstheorie bestand darin, Mitteilungen, gleich ob sie von seinen Patienten oder von ihm selbst kamen, ernster als zuvor, aber weit weniger wörtlich zu nehmen. Er las sie schließlich als verschlüsselte – entstellte, zensierte, bedeutungsvoll verkleidete – Botschaften. Er hörte mit größerer Aufmerksamkeit und feinerem Unterscheidungsvermögen als je zuvor zu. Er hatte eine mühsame und beunruhigende Zeit erlebt, aber der Lohn war glänzend. »Ganz ehrlich mit sich zu sein ist eine gute Übung«, schrieb er.[173] Der Weg zu seiner langen Selbstanalyse, zur Erkenntnis des Ödipuskomplexes und der unbewußten Phantasien war nun frei.

Selbstanalyse scheint ein begrifflicher Widerspruch zu sein. Aber Freuds Unternehmen ist zum hoch geschätzten Hauptstück der psychoanalytischen Mythologie geworden. Freud, sagen die Analytiker, unternahm eine Selbstanalyse, die um die Mitte der 1890er Jahre begann, und widmete sich ihr systematisch vom Spätfrühling oder Frühsommer 1897 an, und dieser Akt eines geduldigen Heroismus, der bewundert und schwächlich nachgeahmt, aber nie wiederholt werden sollte, ist der Gründungsakt der Psychoanalyse. »Wie bei allen bahnbrechenden Leistungen«, schrieb Ernest Jones, »so fällt es auch hier der Nachwelt schwer, die ganze Bedeutung dieser Tat zu ermessen. Ihre Einzigartigkeit bleibt bestehen. Einmal vollbracht, ist sie es für immer, und keiner kann je wieder als erster jene Tiefen ergründen.«[174]

Freud selbst war etwas weniger kategorisch. Wir wissen, daß er *Die Traumdeutung* als Teil seiner Selbstanalyse betrachtete, und seine Briefe an Fließ sind voll von Hinweisen auf Fortschritte und Hindernisse bei seiner ständigen, unbarmherzigen Selbstsondierung. Aber bisweilen zweifelte er. »Meine Selbstanalyse bleibt unterbrochen«, schrieb er Fließ im November 1897. »Ich habe eingesehen, warum. Ich kann mich nur selbst analysieren mit den objektiv gewonnenen Kenntnissen (wie ein Fremder).« Die Schlußfolgerung war düster: »Eigentliche Selbstanalyse ist unmöglich, sonst gäbe es keine Krankheit.« In demselben Brief aber, in dem er die Selbstanalyse für unmöglich erklärte, erinnerte er sich, wie er vor den Sommerferien zu Fließ gesagt hatte, »der wichtigste Patient sei für mich meine eigene Person«, und er fuhr fort: »Und nach der Ferienreise ging dann plötzlich die Selbstanalyse los, von der damals keine Spur zu sehen war.«[175] Bei späteren Gelegenheiten verteidigte Freud die Selbstanalyse als Methode für den Analytiker, seine eigenen Komplexe zu erkennen und damit zu neutralisieren. Gleichzeitig sagte er aber, daß die Analyse durch einen anderen ein entschieden besserer Weg zur Selbsterkenntnis sei.* Interessanterweise stellte Freud seine Selbsterforschung nicht konsequent einer vollen Analyse gleich. In seiner populären *Psychopathologie des Alltagslebens* nannte er sie bescheiden »Selbstbeobachtung«.[176] Als er auf das Jahr 1898 zurückblickte, erinnerte er sich, wie »ich in meinem dreiundvierzigsten Jahr begann, mein Interesse den Resten der Erinnerung an die eigene Kindheit zuzuwenden«.[177] Das klingt weniger bindend, weniger erhaben und gewiß weniger gewaltig als »Selbstanalyse«.

Freuds Zögern und seine bescheidenen Umschreibungen sind durchaus angebracht. So einseitig sie auch sein mag, die psychoanalytische Situation ist ein Dialog. Der Analytiker ist zwar weitgehend ein stiller Partner, aber er bietet Deutungen, die der Analysand aus eigenem Vermögen vermutlich nicht gefunden hätte. Denn hätte er sie finden können, so hätte es, um mit Freud zu sprechen, keine Neurosen gegeben. Während der Patient, aufgeblasen vor Großartigkeit oder unter Schuldgefühlen niedergebeugt, die Welt und seinen Platz darin entstellt, verschafft ihm der Analytiker, der weder lobt noch verurteilt, sondern mit knappen Worten aufzeigt, was der Analysand wirklich sagt, einen therapeutischen Blick auf die Wirklichkeit.

---

* Im Jahre 1935 erinnerte Freud den Psychiater Paul Schilder, mit dem das psychoanalytische Establishment schon zuvor in der Frage der Lehranalyse in Konflikt geraten war, mit Nachdruck daran, daß die Analytiker der ersten Generation, die nicht analysiert worden waren, nie stolz darauf gewesen seien. Wann immer es möglich war, analysiert zu werden, wurde es auch getan. Jones und Ferenczi, zum Beispiel, hatten lange Analysen. Von sich selbst sprechend, meinte Freud, daß man vielleicht das Recht auf eine Ausnahmestellung geltend machen könnte (Freud an Schilder, 26. November 1935. Freud Collection, B4, LC).

Vielleicht noch wichtiger und bei der Selbstanalyse ganz unmöglich ist, daß der Analytiker – relativ anonym und aufmerksam passiv – sich selbst als eine Art von Leinwand anbietet, auf die der Analysand seine Leidenschaften, seine Liebe und seinen Haß, seine Zuneigung und Feindseligkeit, seine Hoffnung und Angst projiziert. Diese Übertragung, von der so viel für die Heilwirkung des psychoanalytischen Prozesses abhängt, ist der Definition nach eine Transaktion zwischen zwei Menschen. Man kann sich auch nicht leicht vorstellen, wie der Selbstanalytiker die regressive Atmosphäre reproduzieren soll, die der Analytiker durch seine unsichtbare Gegenwart, sogar durch seinen Ton und durch langes Schweigen schafft. Kurz, der Psychoanalytiker ist für seinen Analysanden, wozu Freud Fließ erhob: der Andere. Wie konnte Freud, so kühn und original er sein mochte, sein eigener Anderer werden?

Wie immer wir es nennen, Freud unterzog sich in den späten 1890er Jahren einer äußerst gründlichen Selbsterforschung, einer sorgfältigen, durchdringenden und unaufhörlichen Prüfung seiner bruchstückhaften Erinnerungen, seiner verborgenen Wünsche und Emotionen. Aus quälenden einzelnen Stückchen rekonstruierte er Fragmente seines vergrabenen früheren Lebens, und mit Hilfe solcher höchst persönlicher Rekonstruktionen im Verein mit seiner klinischen Erfahrung versuchte er die Umrisse der menschlichen Natur zu skizzieren. Er hatte für seine Arbeit keine Präzedenzfälle, keine Lehrer, sondern mußte die Regeln selbst erfinden. Verglichen mit Freud, dem Erforscher seines Selbst, waren die freimütigsten Autobiographen vom heiligen Augustinus bis Jean-Jacques Rousseau noch einigermaßen zurückhaltend gewesen, so durchdringend ihre Einsichten und so offen ihre Enthüllungen auch waren. Jones' grandiose Behauptung hat etwas für sich. Dennoch gibt es wesentliche Details in Freuds Selbstanalyse, die wahrscheinlich immer unklar bleiben werden. Er führte sie zweifellos jeden Tag durch, aber nahm er sich dafür die freie Zeit, die ihm am Abend blieb, oder analysierte er sich selbst in den Pausen während seiner Sprechstunden? Hing er seinen tiefen, oft bestürzenden Grübeleien nach, wenn er seinen Spaziergang am frühen Nachmittag machte, um sich von seiner Arbeit als professioneller Zuhörer auszuruhen und seine Zigarren zu kaufen?

Soviel wissen wir: Die Methode, deren sich Freud für seine Selbstanalyse bediente, war die der freien Assoziation,[178] und das Material, auf das er sich hauptsächlich stützte, stammte aus seinen Träumen.* Selbstverständlich beschränkte er sich nicht auf Träume; er sammelte auch seine Erinne-

---

* Marie Bonaparte schrieb Ernest Jones am 16. Dezember 1953, daß bei Freuds Selbstanalyse »*vorwiegend* die Analyse seiner eigenen Träume, wie Sie so treffend sagen, sein festester Stand war« (Jones papers, Archives of the British Psycho-Analytical Society, London).

rungen, sein Verschreiben und Versprechen, sein Vergessen von Versen oder Vornamen von Patienten, und er erlaubte diesen Anhaltspunkten, ihn über den »üblichen Umweg« der freien Assoziation von Gedanken zu Gedanken zu führen. Aber Träume waren seine zuverlässigste und ergiebigste Quelle für verborgene Informationen. Er hatte um die Mitte der 1890er Jahre den Kern der Neurosen seiner Patienten hauptsächlich durch die Deutung ihrer Träume herausgearbeitet, und »nur durch diese Erfolge«, dachte er, »wurde ich in den Stand gesetzt auszuharren«. Freud verfolgte seine »Selbstanalyse, deren Notwendigkeit mir bald einleuchtete ... mit Hilfe einer Serie von eigenen Träumen, die mich durch alle Begebenheiten meiner Kinderjahre führten«.[179] Obwohl »massenweise starrende Rätsel« ringsumher lagen, schrieb er Fließ, schien ihm doch »die Traumaufklärung« das »Gefestigtste« zu sein.[180] Es war nicht überraschend, daß seine Selbstanalyse gerade die Träume formte, die er dann deutete. Er träumte, daß ihm der »alte Brücke« die seltsame Aufgabe zuwies, sein eigenes »Untergestell« zu sezieren, und deutete diesen stark verdichteten Traum als Hinweis auf seine Selbstanalyse, die ja mit dem Bericht seiner eigenen Träume und der Aufdeckung seiner eigenen infantilen sexuellen Empfindungen verbunden war.[181]

Freuds Briefe an Fließ zeigen, daß dies harte Arbeit war, zugleich amüsant und frustrierend. »Es gärt und brodelt bei mir«, schrieb er im Mai 1897. »Es wird nur ein neuer Schub abgewartet.«[182] Aber Einsichten kamen nicht auf Befehl. Mitte Juni gestand er bodenlose Faulheit, intellektuellen Stillstand, Sommeröde, vegetatives Wohlbefinden: »Seit dem letzten Schub hat sich nichts gerührt und nichts geändert.«[183] Aber er fühlte, daß große Dinge bevorstanden. »Ich glaube«, schrieb er vier Tage später, »ich bin in einer Puppenhülle, weiß Gott, was für ein Vieh da herauskriecht.«[184] Nachdem er von seinen Patienten gelernt hatte, was Widerstand ist, erlebte er ihn nun an sich selbst. »Was in mir vorgegangen ist, weiß ich noch immer nicht«, gestand er Fließ Anfang Juli. »Irgend etwas aus den tiefsten Tiefen meiner eigenen Neurose hat sich einem Fortschritt im Verständnis der Neurosen entgegengestellt, und Du warst irgendwie mit hineingezogen.« Daß Fließ auf obskure Weise in Freuds Schwierigkeiten verwickelt war, machte diese Pause um so unangenehmer. Doch »seit einigen Tagen scheint mir das Auftauchen aus diesem Dunkel in Vorbereitung. Ich merke, daß ich unterdes allerlei Fortschritte in der Arbeit gemacht habe; auch fällt mir hie und da etwas ein.« Freud, der nie den Einfluß der Umwelt auf die Psyche übersah, dachte, daß die Sommerhitze und Überarbeitung zu der augenblicklichen Lähmung beigetragen hatten.[185] Immer hielt ihn jedoch die Überzeugung aufrecht, daß verborgenes Material an die Oberfläche seines Bewußtseins geschwemmt würde, wenn er nur wartete und weiter analysierte.

Doch sein Selbstvertrauen schwankte. »Nachdem ich hier schon sehr fidel geworden war«, schrieb er im August aus dem Kurort Aussee, »genieße ich jetzt eine grantige Periode.« Während er damit beschäftigt gewesen war, seine »kleine, aber durch die Arbeit sehr gehobene Hysterie« aufzulösen, war seine übrige Selbstanalyse zum Stillstand gekommen. Er gab zu, daß diese Analyse »schwerer als irgendeine andere« war, aber er war sicher, daß sie »gemacht werden mußte«.[186] Sie war ein wesentlicher Teil seiner Arbeit. Freud hatte recht; seine Selbstanalyse war ein notwendiges Stadium auf dem Weg zu einer Theorie der Psyche. Allmählich fiel sein Widerstand in sich zusammen. Spät im September, als er aus den Ferien zurückgekehrt war, schrieb er Fließ den berühmten Brief, der den Zusammenbruch seines Glaubens an die Verführungstheorie ankündigte. Im Oktober war er zu einer berauschenden Mischung von Selbsterkenntnis und theoretischer Klarheit durchgebrochen. »Seit vier Tagen«, berichtete er Fließ Anfang Oktober, »hat sich meine Selbstanalyse, die ich für unentbehrlich halte zur Aufklärung des ganzen Problems, in Träumen fortgesetzt und mir wertvollste Aufschlüsse und Anhaltspunkte ergeben.«[187] In dieser Zeit erinnerte er sich an die katholische Kinderfrau, an den Blick auf seine nackte Mutter, an seine Todeswünsche gegen seinen jüngeren Bruder und andere verdrängte Kindheitserlebnisse. Diese Erinnerungen waren nicht alle exakt, aber als Phantasien stellten sie unerläßliche Wegweiser zur Selbsterkenntnis dar.

Als sein Widerstand aufflammte, wurde Freud von kurzen und schmerzlichen Unterbrechungen gequält. Dann tauchten weitere Erinnerungen, weitere Gedanken auf. Er fühlte sich (so porträtierte er sich selbst anschaulich Ende Oktober), als packte und zerrte es ihn »durch alle Zeiten in rascher Gedankenverbindung, die Stimmungen wechseln wie die Landschaften vor dem Eisenbahnfahrenden«. Seine Praxis ging »trostlos schlecht«, und so konnte er »nur der ›inneren‹ Arbeit leben«. Er zitierte aus Goethes *Faust*, um einen Eindruck von seinem seelischen Zustand zu vermitteln: Liebe Schatten stiegen auf, und gleich einer alten, halbverklungnen Sage kamen Freundschaft und erste Liebe mit herauf. »Auch erster Schreck und Hader. Manches traurige Lebensgeheimnis geht hier auf seine ersten Wurzeln, mancher Stolz und Vorzug wird seiner bescheidenen Herkunft inne.« Da gab es die Tage, an denen er, wie er sagte, gedrückt herumschlich, weil er nichts von einem Traum, einer Phantasie verstanden hatte, und dann kamen wieder »die Tage, an denen ein Blitz den Zusammenhang erhellt und das Vorige als Vorbereitung des Heutigen verstehen läßt«.[188] Er fand alles nicht nur unendlich schwierig, sondern auch über alle Maßen unangenehm. Beinahe jeden Tag brachte seine Selbstanalyse böse Wünsche und schändliche Handlungen ans Licht. Trotzdem war er voller Lebhaftigkeit, während er eine Illusion über sich nach der anderen abschüttelte. Es war

ihm unmöglich, schrieb er Fließ Anfang Oktober 1897, ihm eine Vorstellung »von der intellektuellen Schönheit der Arbeit« zu verschaffen.[189] Intellektuelle Schönheit: Freud hatte immer so etwas wie eine ästhetische Ge-
fühlsreaktion auf die Eleganz seiner Funde und seiner Formulierungen.

Alles fügte sich nun zusammen. Er erkannte, daß seine erinnerte »Verliebtheit in die Mutter und Eifersucht gegen den Vater« mehr war als eine
persönliche Neigung. Vielmehr, erklärte er Fließ, ist die ödipale Beziehung
des Kindes zu seinen Eltern »ein allgemeines Ereignis früher Kindheit«. Er
war sicher, daß es sich um eine »Idee von allgemeinem Wert« handelte, die
»die packende Macht des Königs Ödipus« und vielleicht auch *Hamlets*
erklären könnte.[190] Andere überraschende Entdeckungen erfüllten seine
Tage: das unbewußte Schuldgefühl, die Stadien der sexuellen Entwicklung,
die Kausalverbindung zwischen innerlich geschaffenen – »endopsychi-
schen« – Mythen und dem religiösen Glauben, der »Familienroman«, in
dem so viele Kinder grandiose Phantasien über ihre Eltern entwickeln, die
verräterische Natur des Versprechens und der Fehlhandlungen, die Kraft
der verdrängten aggressiven Empfindungen und (ihm stets gegenwärtig)
die komplizierten Mechanismen der Traumproduktion. Er fand sogar eine
psychologische Erklärung für die Sucht: Sie ist eine verschobene Masturbation – ein Gedanke von besonderer Bedeutung für ihn mit seinem unbe-
zähmbaren Bedürfnis nach Zigarren.

Trotz dieses Stroms an Einsichten, die sich zwischen Herbst 1897 und
Herbst 1898 am dichtesten konzentrierten, quälten ihn ab und zu Augenblicke der Ernüchterung und Entmutigung. Freud, der gestanden hatte, daß
er keinen Wein vertrug – »jede Spur Alkohol macht mich übrigens ganz
dumm«[191] –, sprach ihm nun frei zu. Er suchte »Kräftigung in einer Flasche
Barolo«[192], rief »Freund Marsala« zu Hilfe[193] und erklärte, Wein »scheint
ein guter Freund zu sein«.[194] Ein Glas oder zwei, und er fühlte sich optimi-
stischer als im ganz nüchternen Zustand, aber der Wein konnte seine Zweifel nicht für lange zum Schweigen bringen. Außerdem schämte er sich, wie
er Fließ schrieb, sich »ein neues Laster zuzulegen«.[195] Manchmal, gestand
er, »bin [ich] wie verschmachtet, irgendein Quell in mir trocknet ein, und
alles Empfinden wird so dürr. Ich will nicht zuviel beschreiben; es sähe
sonst dem Klagen zu sehr gleich.«[196]

Zum Glück machten ihm seine Kinder nach wie vor Freude, als sie vor
seinen Augen heranwuchsen, und er hielt Fließ auf dem laufenden über
Sophies lästigen Durchfall, Olis kluge Bemerkungen oder Ernstls Schar-
lach. »Annerl entwickelt sich reizend, sie ist vom Typus Martin, körperlich
und geistig«, lautet eine der liebevollen Mitteilungen. »Martins Dichterei
und Selbstironie dabei ist höchst amüsant.«[197] Er vergaß auch nicht Fließ'
Interesse an Material, das seine Theorien der biorhythmischen Zyklen er-

härten konnte. Seine Älteste, Mathilde, reifte schnell, und im Juni 1899 berichtete er mit der Präzision, die Fließ erwartete, daß sie zu menstruieren begonnen hatte: »Mathilde hat am 25. 6. ihren Eintritt in die Weiblichkeit besiegelt, etwas frühzeitig.«[198] Aber die Anstrengung, die ihn die Niederschrift des Traumbuches kostete, stimmte ihn oft düster. Er fragte sich, ob er alt werde – er war in seinen frühen Vierzigern – oder vielleicht »periodischen Schwankungen« in seinen Stimmungen unterworfen war.[199] Solche Zustände überkamen ihn immer wieder, aber sie waren von kurzer Dauer, und Freud hatte sich so weit an sie gewöhnt, daß er abwartete, bis sie wieder vergingen. Er brauche noch Fließ als Publikum. Er war so »unendlich froh«, daß ihm Fließ »einen Anderen« schenkte, einen »Kritiker und Leser«, noch dazu von höchster Qualität. Er gab zu, daß er nicht ganz ohne Publikum schreiben konnte, erklärte sich aber, wie er Fließ sagte, damit zufrieden, »daß ich nur für Dich schreibe«.[200]

Doch Freuds Abhängigkeit näherte sich schon ihrem Ende. Ein Nutzen seiner Selbstanalyse war, daß sie allmählich die verflochtenen Wurzeln seines Vertrauens in seinen »Dämon« in Berlin freilegte und damit seine Emanzipation von dem Anderen beschleunigte. Er teilte noch seine Gedanken mit Fließ, schickte ihm Kapitel seines Traumbuches und suchte seinen Rat in Fragen des Stils und der Geheimhaltung seiner Personen. Er erlaubte Fließ sogar, ein Veto gegen ein »sentimentales« Motto von Goethe einzulegen.[201] Aber seine Unterwerfung unter das Urteil seines Lektors Fließ erwies sich als noch kostspieliger: Auf sein Betreiben und unter Protest strich Freud einen wichtigen Traum aus dem Text. »Ein schöner Traum und keine Indiskretion – das trifft nicht zusammen«, schrieb Freud resigniert.[202] Aber er trauerte ihm noch lange nach.[203] Doch Freuds lange Arbeit an seinem Meisterstück näherte sich allmählich dem Abschluß. »Tragzeiten sind bald um«, schrieb er Fließ im Juli 1898.[204] Er spielte auf Ida Fließ, die Frau seines Freundes, an, die kurz vor der Niederkunft stand, aber die Assoziation mit seinem eigenen Zustand, seiner langen schöpferischen Tragzeit, war greifbar. Fließ, der Geburtshelfer der Psychoanalyse, hatte seine Schuldigkeit getan und konnte bald gehen.

Freud gab Fließ nicht einfach auf, weil er ihn nicht mehr brauchte. Als ihm schließlich die wahren Konturen von Fließ' Geist, sein allem zugrunde liegender Mystizismus und seine zwanghafte Hingabe an die Numerologie aufdämmerten und er erkannte, daß Fließ' leidenschaftlich vertretene Überzeugungen mit seinen eigenen hoffnungslos unvereinbar waren, war die Freundschaft zum Tode verurteilt. Anfang August 1900 traf Freud Fließ am Achensee bei Innsbruck, einem idyllischen Ort, an dem der Sommertourist Erfrischung und Entspannung finden sollte. Aber die beiden Männer stritten sich heftig. Jeder griff den anderen an seiner empfindlichsten, am hartnäckigsten verteidigten Stelle an: dem Wert, der Gültigkeit seiner

Arbeit. Es war ihr letzter »Kongreß«, das letzte Zusammentreffen. Sie korrespondierten noch eine Weile, aber immer spärlicher. Als er Fließ im Sommer 1901 schrieb, erwähnte Freud noch einmal dankbar, was er ihm schuldete, sagte aber geradeheraus, daß sie auseinandergeraten waren, und was die persönlichen und beruflichen Angelegenheiten betraf, erklärte er: »Du bist hier an die Grenze Deiner Scharfsichtigkeit gekommen.«[205] Fließ hatte eine hervorragende Rolle in der Vorgeschichte der Psychoanalyse gespielt, aber als sich nach 1900 die Geschichte der Psychoanalyse entfaltete, war sein Anteil daran unbedeutend.

III

DIE PSYCHOANALYSE

Freud gebrauchte den schicksalsschweren Ausdruck »Psychoanalyse« zum erstenmal 1896, in Französisch und dann in Deutsch.[1] Aber er hatte schon einige Zeit davor auf die Psychoanalyse hingearbeitet. Die berühmte analytische Couch, ein Geschenk einer dankbaren Patientin, gehörte schon zu seinen Sprechzimmer-Möbeln, als er im September 1891 in die Berggasse 19 übersiedelte.* Ursprünglich unter dem Einfluß von Breuer, war er, wie wir gesehen haben, von der Hypnose zur kathartischen Redekur übergegangen, und dann übernahm er allmählich Breuers Methoden, bis er um die Mitte der 1890er Jahre die Psychoanalyse begründete. Einige seiner ikonoklastischen Ideen, angekündigt ohne eine volle Erkenntnis ihrer Bedeutung, gehen auf seine Forschungen und klinischen Beobachtungen am Beginn der 1890er Jahre zurück. Freud arbeitete sie aus, zunächst mit bedachtsamer Langsamkeit und dann, von 1897 an, als seine Selbsterforschung Resultate zeigte, in immer schnellerem Tempo, verstreut auf eine Handvoll veröffentlichter Schriften und einen Brief an Fließ nach dem anderen. Mehr als drei Jahrzehnte lang sollte Freud an seiner Landkarte der Psyche basteln, die psychoanalytische Technik verfeinern, seine Theorien über die Triebe, über Angst und über weibliche Sexualität revidieren und in die Kunstgeschichte, die spekulative Anthropologie, die Religionspsychologie und die Kulturkritik eindringen. Als er jedoch Ende 1899 *Die Traumdeutung* veröffentlichte, standen die Prinzipien der Psychoanalyse fest. Seine 1905 veröffentlichten *Drei Abhandlungen zur Sexualtheorie* waren der zweite grundlegende Text, der diese Prinzipien erklärte, aber sein Traumbuch war der erste, und Freud betrachtete es als Schlüssel zu seinem Werk. »Die Traumdeutung aber«, sagte er nachdrücklich, »ist die Via regia zur Kenntnis des Unbewußten im Seelenleben.«[2]

---

* Unter einigen Aufzeichnungen, die Marie Bonaparte für eine Freud-Biographie zusammentrug, findet sich die folgende undatierte Eintragung in Französisch: »Madame Freud teilte mir mit, daß die analytische Couch (die Freud nach London mitnahm) ihm von einer dankbaren Patientin, Madame Benvenisti, ungefähr 1890 geschenkt wurde« (Jones papers, Archives of the British Psycho-Analytical Society, London).

Das Geheimnis der Träume

Freuds *Traumdeutung* handelt von mehr als nur von Träumen. Sie ist eine zugleich offenherzige und vorsichtige Autobiographie, ebenso quälend in dem, was sie ausläßt, wie in dem, was sie enthüllt. Schon in ihrer ersten Ausgabe, die um einiges kürzer ist als die folgenden, bietet sie einen Überblick über fundamentale psychoanalytische Ideen – den Ödipuskomplex, das Wirken der Verdrängung, den Kampf zwischen Begierde und Abwehr – und ein reiches Material aus Krankengeschichten. Sie liefert ganz nebenbei scharf gezeichnete Bilder der Wiener medizinischen Welt mit ihren Rivalitäten und ihrer Statusjagd und der österreichischen Gesellschaft, die mit Antisemitismus infiziert und am Ende ihrer liberalen Jahrzehnte angelangt war. Das Buch beginnt mit einer umfassenden Bibliographie der Literatur über Träume und endet im siebenten Kapitel mit einer Theorie der Psyche. Kurz, das Genre von Freuds Meisterwerk ist undefinierbar.

Sein Inhalt ist jedoch die Klarheit selbst. Dennoch hatte Freud, ein selbstbewußter Stilist, Zweifel an der Art seiner Darstellung. *Die Traumdeutung*, gestand er im Vorwort zur zweiten Auflage, sei »schwer lesbar«.[3] Seine Einschätzung schwankte, während er daran arbeitete. »Ich bin tief im Traumbuch, schreibe es fließend«[4], teilte er Fließ Anfang Februar 1898 mit, und einige Wochen später berichtete er: »Vom Traumbuch stehen schon einige Kapitel, es wird hübsch ...«[5] Aber im Mai bezeichnete er das Kapitel, das Fließ gerade las, abfällig als »stilistisch noch ganz roh und in einzelnen Stücken schlecht, d. h. leblos dargestellt«.[6]

Seine Befürchtungen verflüchtigten sich nicht, als sich das Buch der Veröffentlichung näherte. Seine Anstrengungen waren für ihn eine »große Quälerei«[7], und er fürchtete, man werde es dem Buch anmerken, auch wenn »die Traumsachen« selbst unangreifbar waren. »Was mir an ihnen mißfällt«, bemerkte er im September 1899, während er die Korrektur las, »ist der Stil, der ganz unfähig war, den edlen einfachen Ausdruck zu finden, und in witzelnde, bildersuchende Umschreibungen verfallen ist.« Er machte seiner Enttäuschung Luft mit einem Witz, den er der deutschen satirischen Wochenschrift *Simplicissimus* entnahm, die er regelmäßig mit Vergnügen las: »Gespräch zwischen zwei militärischen Kameraden: ›Nun, Herr Kamerad, haben sich verlobt, Braut wohl reizend, schön, geistreich, anmutig?‹ – ›Jeschmacksache, *mir* jefällt sie nich.‹ Das ist ganz mein Fall jetzt.«[8] Getrieben durch sein starkes »Formgefühl«, seine »Schätzung der Schönheit als einer Art der Vollkommenheit«, fürchtete er, daß »die gewundenen, auf indirekten Wegen stolzierenden, nach dem Gedanken schielenden Sätze ... ein Ideal in mir schwer beleidigt haben« und »ein Zeichen fehlender Stoffbeherrschung« waren.[9]

Er war alles andere als ruhig und gelassen. Das rätselhafte Motto aus dem siebenten Buch von Vergils *Äneis*, das er wählte, nachdem er Fließ' Einspruch gegen das »sentimentale« von Goethe nachgegeben hatte, deutet darauf hin, daß er sowohl nervös als auch bereit war, zornig zu werden. Seine eigene Interpretation von *Flectere si nequeo Superos, Acheronta movebo* (»Wenn ich die höheren Mächte nicht beugen kann, werde ich die Unterwelt aufrühren«) war klar genug: Der Vers faßte kurz und bündig seine fundamentale These zusammen, daß die Wunschregung, die von den »oberen seelischen Instanzen« zurückgewiesen wird, »die seelische Unterwelt in Bewegung setzt, um sich zur Geltung zu bringen«.[10]*Doch der trotzige Ton des Verses, der von einer erzürnten Juno gesprochen wurde, nachdem die anderen Olympier ihre Wünsche vereitelt hatten, deutet mehr als das an. Er paßt zu Freuds herausfordernder Stimmung. Als er im September 1899 die Korrektur las, sagte er Fließ voraus, daß es einen entrüsteten Aufschrei, ein wahres »Gewitter« über den Unsinn, den »Stuß« geben werde, den er produziert hatte: »Und was werde ich da zu hören bekommen!«[11] Sein Traumbuch würde die höheren Mächte Wiens ungerührt lassen; die phantasielosen Professoren, die seine Ideen ein Märchen genannt hatten, die engstirnigen Bürokraten, die ihm seine Professur nicht geben wollten, würden sich wohl kaum zu seinen Anschauungen bekehren. Was tat's, er wollte die Mächte der Hölle gegen sie aufbieten.

Freuds Unzufriedenheit mit seiner Darstellung war ebenso ungerechtfertigt wie seine Erwartung eines Gewitters. Aber wie so oft zeigt es sich, daß Freud kein unfehlbares Urteil besaß, was seine eigene Arbeit betraf. Gewiß, der Aufbau seines Traumbuches ist entschieden weitläufig, und die Arbeit wurde durch Material gestreckt, als eine Auflage auf die andere folgte. Nachdem er seine allgemeine Traumtheorie in den ersten vier Kapiteln in raschem Zuge dargestellt und sich nur mit den Traummustern und ihrer Deutung aufgehalten hatte, nahm sich Freud danach mehr Zeit und gestattete sich den Luxus der Weitschweifigkeit, als er die verschiedenen Arten von Träumen im einzelnen anführte und sie von ihrem unmittelbaren Anlaß zu ihren Ursprüngen in weit zurückliegenden Ursachen zurückverfolgte. Sein sechstes Kapitel über die Traumarbeit wurde in den späteren Auflagen so stark erweitert, daß es beinahe so lang war wie die ersten fünf zusammen. Und das Schlußkapitel, das berühmte »philosophische« siebente, ist streng und in hohem Maße technisch. Aber die Solidität seiner Darstellung und die Eleganz der Beweise bleiben unbeeinträchtigt.

---

* Als Freud den Vers Ende 1896 zum erstenmal in einem Brief an Fließ erwähnte, gedachte er ihn als Motto für den Abschnitt über Symptombildung in einem Buch zu verwenden, das er über die Psychologie der Hysterie plante (siehe Freud an Fließ, 4. Dezember 1896. *Freud–Fließ*, S. 217).

Freud setzte seine stilistischen Taktiken scharfsinnig ein, um seiner Botschaft zu dienen: Die Traumbeispiele fördern das Argument, die Vorwegnahme von Einwänden entwaffnet die Kritik, und der Plauderton und die literarischen Anspielungen erleichtern dem Leser die Last. Freud zitierte mit souveräner Leichtigkeit aus Sophokles und Shakespeare, Goethe und Heine, Mozart und Offenbach und aus bekannten Liedern. Seine eigene Hauptmetapher machte aus der *Traumdeutung* nicht ein Gebäude, sondern einen Rundgang mit Führung: »Nun ist das Ganze so auf eine Spaziergangsphantasie angelegt. Anfangs der dunkle Wald der Autoren (die die Bäume nicht sehen), aussichtslos, irrwegreich. Dann ein verdeckter Hohlweg, durch den ich den Leser führe – mein Traummuster mit seinen Sonderbarkeiten, Details, Indiskretionen, schlechten Witzen –, und dann plötzlich die Höhe und die Aussicht und die Anfrage: Bitte, wohin wünschen Sie jetzt zu gehen?«[12] Trotz all seiner Klagen über die »Bruchflächen«[13] des Textes und all seiner Zweifel lud Freud seine Leser ein, sich ihm als Cicerone anzuvertrauen.

Angemessen eröffnete Freud seine *Traumdeutung* mit einer herausfordernden Schaustellung von Zuversicht: »Auf den folgenden Blättern werde ich den Nachweis erbringen, daß es eine psychologische Technik gibt, welche gestattet, Träume zu deuten, und daß bei der Anwendung dieses Verfahrens jeder Traum sich als ein sinnvolles psychisches Gebilde herausstellt, welches an angebbarer Stelle in das seelische Treiben des Wachens einzureihen ist.«[14] Freud behauptete nicht nur, daß Träume Bedeutungen haben, die deutbar sind, sondern daß sie nur gedeutet werden können, wenn man seinem Verfahren folgt. Er machte den Leser darauf aufmerksam, daß er sich auf ein Werk einließ, das große Ansprüche stellte.

Freud unterstrich diese Ansprüche, indem er zunächst mit geduldiger Gründlichkeit die Literatur über Träume erörterte: philosophische Abhandlungen und psychologische Monographien, alte und neue. Im Februar 1898, als er sich mit Eifer an die unkongeniale Arbeit machte, die Schriften seiner Vorgänger über Träume zu studieren, hatte er sich bei Fließ bitter beklagt über diese unausweichliche, aber bedrückende Aufgabe: »Wenn man nicht auch lesen müßte! Das bißchen Literatur ist mir schon zuwider.«[15] Er empfand seinen bibliographischen Überblick als »eine schreckliche Strafe«.[16] Was die Sache noch schlimmer machte, war, daß er, als die Monate vergingen, entdeckte, daß er weit mehr lesen mußte, als er sich vorgestellt hatte. Im August 1899, als ein Teil des Buches schon gesetzt wurde, brummte er noch immer. Aber er erkannte, daß das Einleitungskapitel als ein Schild vor dem übrigen stand; er wollte den »Wissenschaftlern« – er setzte das Wort in spöttische Anführungszeichen – nicht »ein Beil in die Hand geben, das arme Buch zu erschlagen«.[17] Der Gang durch den dunklen Wald der Autoren in diesem Kapitel diente dazu, die Dürftigkeit der existierenden Theorien über Träume darzustellen. Für jede These, klagte Freud, konnte man eine Gegenthese finden. Er hatte allerdings anerkennende Worte für einige Forscher. Der deutsche Autor F. W. Hildebrandt hatte die Umrisse der Traumarbeit in seiner 1875 veröffentlichten Studie *Der Traum und seine Verwertung fürs Leben* erkannt. Der französische Archivar, Ethnograph und Historiker der Magie Alfred Maury hatte einige geistreiche Experimente mit seiner eigenen Traumproduktion angestellt und darüber 1878 in *Le sommeil et les rêves* berichtet. Der weitschweifige, aber phantasiebegabte Philosophieprofessor Karl Albert Scherner, dessen Hauptinteresse der Ästhetik galt, war auf die Bedeutung von Symbolen gestoßen und hatte seine Erkenntnisse 1861 in einer Monographie *Das Leben des Traumes* veröffentlicht. Freud anerkannte geziemend, daß diese und andere eine Spur der Wahrheit entdeckt hatten. Aber keiner besaß sie ganz. Man mußte noch einmal von vorne beginnen.

Daher das zweite Kapitel, in dem Freud zur Methode der Traumdeutung kam und die Analyse eines Traummusters lieferte – des Traumes von Irmas Injektion. Aber bevor er bereit war, seine Methode darzulegen, wies er ein wenig mutwillig auf die Affinität zwischen seinen Erkenntnissen und dem Volksaberglauben hin. Schließlich hatte, abgesehen von dem unlesbaren Scherner, kein moderner Forscher die Träume als etwas bewertet, was ernsthaft gedeutet werden konnte. Solche Deutungen waren der »Laienmeinung«[18] vorbehalten, der ungebildeten Masse, die dunkel fühlte, daß Träume lesbare Botschaften seien.

Sie *sind* Botschaften, stimmte Freud zu, aber nicht solche, wie sie das Laienpublikum erwartet. Sie geben ihre Bedeutung nicht preis, wenn man nach der allgemeinen Methode jedem Traumdetail eine einzelne, bestimmte symbolische Bedeutung zuschreibt oder den Traum als ein Kryptogramm liest, das mit Hilfe eines naiven Schlüssels dechiffriert werden kann. Freud erklärte geradeheraus »beide populäre Deutungsverfahren« für unbrauchbar. An ihrer Stelle empfahl er Breuers kathartische Methode, wie er sie in seiner eigenen Praxis ausgearbeitet und modifiziert hatte: Der Träumer muß die freie Assoziation anwenden und seine gewohnte rationale Kritik an den Abschweifungen des Geistes aufgeben, um seinen Traum als das zu erkennen, was er ist – ein Symptom. Indem er jedes Element des Traumes für sich betrachtet (wie bei der alten Dechiffriermethode, die nun aber für wissenschaftliche Zwecke ausgewertet wird) und es als Ausgangspunkt für die freie Assoziation verwendet, wird der Träumer oder sein Analytiker schließlich seine Bedeutung enthüllen. Freud behauptete, mehr als tausend Träume, eigene und solche von Analysanden, mit dieser Technik gedeutet zu haben. Was dabei herausgekommen war, war ein allgemeines Gesetz: »*Der Traum ist eine Wunscherfüllung.*«[19]

Diese Formulierung wirft augenblicklich eine Frage auf, die Freud im kürzesten und knappsten Kapitel abhandelte. Ist Wunscherfüllung das universelle Gesetz der Träume oder lediglich die für den Traum von Irmas Injektion passende Deutung? Freud führte eine ansehnliche Liste von Beispielen an und bestand darauf, daß es für alle Träume gilt, was immer auch auf das Gegenteil hinweisen mag. Jede scheinbare Ausnahme von dieser umfassenden Behauptung erschien Freud bei genauerer Prüfung nur als weiterer Beweis. Jede war eine subtile Variation über ein einfaches Thema.*

Einer der ersten Träume, der Freud einen Hinweis auf sein Gesetz gab, ging dem Traum von Irmas Injektion um beinahe fünf Monate voraus. Es war ein amüsanter und ziemlich durchsichtiger Traum, den ein junger, intelligenter Arzt aus seinem Bekanntenkreis, nämlich Breuers Neffe, träumte.[20] In der *Traumdeutung* als »Pepi« verkleidet, erweist er sich als Spätaufsteher. Eines Morgens, als ihn seine Zimmerfrau zu wecken versucht und durch die Tür ruft, reagiert Pepi, indem er träumt, er sei schon im Krankenhaus und brauche daher nicht erst aufzustehen. Er dreht sich auf die andere Seite und schläft weiter.[21] Doch man wird auf dem Einwand beharren, daß viele Träume keineswegs Wünsche zu erfüllen scheinen. Sie können Angst darstellen oder wecken oder ein neutrales, ganz unemotionales Szenarium entwickeln. Warum sollten solche qualvollen oder gleichgültigen Träume als Beispiele für Wunscherfüllung gelten? Und warum müssen sie ihre Bedeutung verkleiden? »Bei wissenschaftlicher Arbeit«, antwortete Freud, »ist es oft von Vorteil, wenn die Lösung des einen Problems Schwierigkeiten bereitet, ein zweites hinzuzunehmen, etwa wie man zwei Nüsse leichter miteinander als einzeln aufknackt.«[22] Die Lösung liegt in der Entstellung, die den wesentlichen Schlüssel zu der Arbeit liefert, die der Träumer unbewußt vollbringt, während er träumt.

Um die Entstellung zu erklären, führte Freud einen entscheidenden Unterschied ein, den zwischen dem manifesten Traum und dem latenten Traumgedanken. Ersterer ist, was der Mensch träumt und woran er sich nach dem Erwachen mehr oder weniger verworren erinnert. Die latenten Traumgedanken sind verborgen und tauchen normalerweise, wenn überhaupt, stark verschleiert und der Dechiffrierung bedürftig auf. Kinderträume, die eine Ausnahme darstellen, sind daher paradoxerweise zugleich

---

* Erst 1920, in einer Ansprache vor einem internationalen psychoanalytischen Kongreß, räumte Freud eine Ausnahme ein: die Kategorie der traumatischen Träume, der Träume, die an jüngst erlittene Unfälle oder Kindheitstraumen erinnern. Aber auch sie waren keine wirklichen Ausnahmen; auch traumatische Träume passen in die Wunscherfüllungstheorie der Träume, insofern sie den Wunsch verkörpern, das Trauma durchzuarbeiten und so zu bewältigen (siehe »Ergänzungen zur Traumlehre« [1920], *Int. Z. Psychoanal.*, Bd. 6, S. 397).

langweilig und informativ: »Die Träume der kleinen Kinder sind häufig simple Wunscherfüllungen ... Sie geben keine Rätsel zu lösen, sind aber natürlich unschätzbar für den Erweis, daß der Traum seinem innersten Wesen nach eine Wunscherfüllung bedeutet.« Ganz unverhüllt stellen solche Träume eine verbotene Süßigkeit als gegessen, einen versprochenen Ausflug als schon gemacht dar. Sie bedürfen praktisch keiner Deutung. Um das zu veranschaulichen, führte Freud Träume seiner kleinen Söhne und Töchter an. In einem reizenden Beispiel tritt Anna, die zukünftige Psychoanalytikerin, namentlich in Erscheinung. Im Alter von neunzehn Monaten hatte sich das kleine Mädchen eines Morgens erbrochen und mußte darauf den ganzen Tag fasten. An diesem Abend hörten ihre Eltern sie aufgeregt im Schlaf rufen, wobei sie ihren Namen nannte, wie es ihre Gewohnheit war, wenn sie Besitzergreifung ausdrücken wollte: »Anna F(r)eud, Er(d)beer, Hochbeer, Eier(s)peis, Papp.« Freud meinte dazu: »Der Speisezettel umfaßte wohl alles, was ihr als begehrenswerte Mahlzeit erscheinen mußte.«[23]

Bei Erwachsenen andererseits wird die Verstellung zur zweiten Natur: Die Höflichkeit im täglichen Leben und, in dramatischer Form, die Pressezensur sind die Vorbilder, die Träumer nachahmen, wenn sie ihre Begierden mit harmlos aussehenden und praktisch undurchdringlichen Masken bedecken. Kurz, der manifeste Traum ist das, was die innere Zensur des Träumers an die Oberfläche des Bewußtseins treiben läßt: »Wir dürfen also als die Urheber der Traumgestaltung zwei psychische Mächte (Strömungen, Systeme) im Einzelmenschen annehmen, von denen die eine den durch den Traum zum Ausdruck gebrachten Wunsch bildet, während die andere eine Zensur an diesem Traumwunsch übt und durch diese Zensur eine Entstellung seiner Äußerung erzwingt.«[24] Die Erkenntnis, daß ein Traum aus dem manifesten Inhalt und latenten Gedanken besteht, erlaubt es dem Deutenden, an die Konflikte heranzukommen, die Träume verkörpern und verkleiden.

Diese Konflikte werden gewöhnlich zwischen den Trieben, die Befriedigung wollen, und den Abwehren ausgetragen, die sie verleugnen wollen. Aber der Traum kann auch Kämpfe anderer Art darstellen: Wünsche können miteinander im Widerstreit liegen. Im Jahre 1909, in der zweiten Auflage der *Traumdeutung*, fügte Freud, wahrscheinlich gereizt durch Einwände gegen seine Theorie, ein aufschlußreiches Beispiel für einen solchen unbewußten Konflikt hinzu. Seine Patienten produzierten, »im Widerstand gegen mich«, regelmäßig Träume, in denen ein Wunsch sichtbar frustriert wurde. Diese »Gegenwunschträume«, wie er sie nannte[25], drückten den Wunsch aus zu beweisen, daß Freud nicht recht hatte. Aber sie ließen ihn nicht daran zweifeln, daß er recht hatte; auch der Angsttraum, der eine auffällige Widerlegung von Freuds Theorie zu sein scheint, ist nichts dergleichen. Er ist ein Traum, der einen im Unbewußten produzierten, aber von der übrigen Psyche zurückgewiesenen Wunsch darstellt; daher ist der manifeste Traum mit Angst geladen.* So verdrängt ein kleiner Junge seinen sexuellen Wunsch nach der Mutter als völlig unannehmbar, aber der Wunsch bleibt im Unbewußten bestehen und wird auf die eine oder andere Weise auftauchen, vielleicht in einem Angsttraum. Was Freud an dieser Stelle vorschlug, war daher nicht ein Abweichen von seiner ursprünglichen Formulierung, sondern deren Erweiterung: »*Der Traum ist die (verkleidete) Erfüllung eines (unterdrückten, verdrängten) Wunsches.*«[26]

Nachdem er seinen ersten allgemeinen Lehrsatz zu seiner Zufriedenheit ergänzt hatte, schob Freud die Wunscherfüllung beiseite und kehrte zurück zu einem »neuen Ausgangspunkt« für seine »Streifungen durch die Probleme des Traumes«. Er wandte sich nun seinen charakteristischen Materialien und Quellen zu. Nachdem er den Weg bereitet hatte, indem er zwischen den manifesten und den latenten Aspekten des Traumes unterschied, zeigte er, daß die beiden, obwohl sie bedeutungsvoll miteinander verbunden sind, doch merklich voneinander abweichen. Ein Traum schöpft ausnahmslos aus frischem Material, führt jedoch bei der Deutung in eine sehr ferne Vergangenheit zurück; so einfach oder phantastisch das erinnerte Szenarium sein mag, es weist auf Probleme von grundlegender Bedeutung für den Träumer hin. Es gibt, schloß Freud nachdrücklich und ein wenig ominös, »keine indifferenten Traumerreger, also auch keine harmlosen Träume«.[27]

Eine Patientin Freuds träumte, sie müsse eine Kerze in einen Leuchter stecken, aber da die Kerze gebrochen war, stand sie nicht richtig. Ihre Mitschülerinnen sagten, sie sei ungeschickt, aber ihre Lehrerin sagte, es sei nicht ihre Schuld. In der Freudschen Welt läßt eine Kerze, die nicht stehen kann, das Bild eines schlaffen Penis entstehen. Das scheint heute kaum etwas Neues zu sein, aber als Freud diesen und ähnliche Träume veröffentlichte, beleidigten seine erotischen Deutungen ein schockiertes und abwehrendes Publikum als Anzeichen einer ungehörigen Monomanie. Als Freud diesen Traum deutete, nannte er seine Symbolik »durchsichtig«. Schließlich ist die Kerze »ein Gegenstand, der die weiblichen Genitalien reizt; wenn sie gebrochen ist, so daß sie nicht gut steht, so bedeutet das die Impotenz des Mannes«. Als Freud die Frage stellte, ob diese sorgfältig erzogene

---

* Freud behandelte diesen heiklen Punkt ausführlich in einer langen, 1919 hinzugefügten Fußnote (siehe *Die Traumdeutung*, G. W. Bd. 2/3, S. 586–87 Anm.). Sein Argument wirft die unbequeme Frage auf, ob er behauptet, in jeder möglichen Situation recht zu haben, so daß seine Theorie nicht widerlegt werden kann: Ein Traum, der leicht als Wunscherfüllung gedeutet werden kann, bestätigt seine Theorie; ein Angsttraum, der das genaue Gegenteil zu sein scheint, paßt ebenso gut zu ihr. Die Erklärung liegt darin, daß Freud die Psyche als eine Reihe von Organisationen sieht, die miteinander in Konflikt stehen. Was ein Segment der Psyche will, kann ein anderes zurückweisen, oft sehr angstvoll.

und wohlbehütete Analysandin eine Ahnung von einem solchen Verwen-
dungszeck einer Kerze hatte, klärte sie ihn auf. Sie erinnerte sich, daß sie
und ihr Mann einmal bei einer Kahnfahrt auf dem Rhein an einem anderen
Boot vorbeikamen, in dem Studenten aus Herzenslust ein Lied brüllten:
»Wenn die Königin von Schweden bei geschlossenen Fensterläden mit
Apollokerzen ...« Da sie das fehlende Wort – »masturbiert« – nicht gehört
oder verstanden hatte, erklärte ihr Mann es ihr. Die freie Assoziation führte
von den »geschlossenen Fensterläden« der obszönen Verse zu einer Ungeschicktheit, die sie einmal im Internat begangen hatte und die nun in ihrem
Traum ausgewertet wurde, um ihren sexuellen Gedanken ein harmloses
Mäntelchen zu verleihen. Und »Apollo«? Das war eine Kerzenmarke und
verband diesen Traum mit einem früheren, in dem von der »jungfräulichen« Pallas Athene die Rede war. »Alles wahrlich nicht harmlos«, sagte
Freud lakonisch.[28]

Die unmittelbaren Erreger eines Traumes sind jedoch im allgemeinen
harmlos genug. In jedem Traum, behauptete Freud, ist »eine Anknüpfung
an die Erlebnisse des *letztabgelaufenen Tages*« zu finden. »Welchen Traum
immer ich vornehme, einen eigenen oder fremden, jedesmal bestätigt sich
mir diese Erfahrung.«[29] Diese »Tagesreste«, wie er sie nannte, bieten oft
den leichtesten Zugang zur Deutung eines Traumes. Man nehme Freuds
kurzen Traum von der botanischen Monographie, in dem er ein illustriertes
Buch sah, das er geschrieben hatte, wobei jedem Exemplar ein getrocknetes
Spezimen der Pflanze beigebunden war. Der Erreger dieses Traumes war
eine Monographie über Zyklamen, die er am vorausgegangenen Tag im
Schaufenster einer Buchhandlung gesehen hatte.[30] Dennoch borgt in beinahe jedem Fall der Traum letzten Endes seine wesentlichen Ingredienzien
aus den Kindheitstagen des Träumers.

Frühere Forscher wie Maury hatten schon bemerkt, daß sich infantiles
Material in den manifesten Traum des Erwachsenen drängen kann. Wiederholte Träume, die zuerst in der Kindheit geträumt wurden und Jahre
später zurückkehren, um die Nächte des Schlafenden heimzusuchen, sind
ein weiterer Tribut an die behende Akrobatik der menschlichen Erinnerung. Aber für Freud war nur das infantile Material, das die Deutung aufdecken kann, das in den latenten Traumgedanken verborgene Material
wirklich fesselnd. Tatsächlich fand er es so fesselnd, daß er ihm einen ganzen Abschnitt und eine Anzahl seiner eigenen Träume mit ausführlichen,
überaus intimen autobiographischen Enthüllungen widmete. Er war bereit,
anhand seiner persönlichen Erinnerungen zu demonstrieren, daß man »*im
Traum das Kind mit seinen Impulsen weiterlebend findet*«.[31] Auf diesen
Seiten bekannte sich Freud in peinlichen Details zu seinen Ambitionen und
erzählte die Geschichte von dem in einem Praterwirtshaus umhergehenden
Dichter, der ihm eine große politische Zukunft voraussagte. Hier enthüllte

Freud auch seinen quälenden, lang gehegten und lang frustrierten Wunsch, Rom zu sehen.

Einer der indiskretesten autobiographischen Träume, die Freud in der *Traumdeutung* analysierte, ist sein vielzitierter Graf-Thun-Traum. In seiner Analyse verband er einen ausführlichen Bericht über die Tagesreste, die den Traum ausgelöst hatten, mit einer noch ausführlicheren Deutung. Die Tagesreste des Traumes vom Grafen Thun zeigen Freud in seiner übermütigsten, ja streitlustigsten Stimmung. Auf dem Wiener Westbahnhof, wo er eine Ferienreise nach Aussee antreten wollte, beobachtete er Graf Thun, den reaktionären österreichischen Politiker, der kurze Zeit Ministerpräsident war. Der Graf benimmt sich auf die hochmütigste Weise, und Freud »gehen allerlei freche und revolutionäre Gedanken durch den Kopf«. Er summt Figaros berühmte Arie aus dem ersten Akt von *Figaros Hochzeit* vor sich hin, in der der Bürgerliche den Grafen kühn zu einem Tanz herausfordert,* und assoziiert sie mit der aufrüttelnden Komödie von Beaumarchais, auf die sich Da Pontes Libretto für Mozarts Oper stützte. Freud hatte das Stück in Paris gesehen und erinnerte sich an den standhaften Protest des Helden gegen den großen Herrn, der sich die Mühe gemacht hat, geboren zu werden, und, wie es schien, kein anderes Verdienst vorzuweisen hatte.[32]

Dies war der politische Freud, der liberale Bürger, der sich für ebenso gut hielt wie irgendein Graf. Als er aber die Energie aufdeckte, die den Graf-Thun-Traum antrieb, indem er ein weitverzweigtes Netzwerk von Assoziationen zeichnete, wurde Freud an lang vergessene Kindheitsepisoden erinnert. Sie waren weniger politisch als die unmittelbaren Traumerreger, paßten aber ebenso gut zu ihm und stellten tatsächlich zum Teil die Grundlage dar, auf der seine von Selbstachtung geprägten politischen Einstellungen beruhten. Die bedeutendste und schon berichtete Episode betraf Freud, wie er, etwa im Alter von sieben oder acht Jahren, im Schlafzimmer seiner Eltern urinierte und von seinem Vater zu hören bekam, aus ihm werde nichts werden. »Es muß eine furchtbare Kränkung für meinen Ehrgeiz gewesen sein«, kommentierte Freud, »denn Anspielungen an diese Szene kehren immer in meinen Träumen wieder und sind regelmäßig mit Aufzählung meiner Leistungen und Erfolge verknüpft, als wollte ich sagen: Siehst du, ich bin doch etwas geworden.«[33]

---

* Die Worte der Arie, so wie sie Freud zitiert, lauten: »Will der Herr Graf ein Tänzelein wagen, Tänzelein wagen, Tänzelein wagen, / Soll er's nur sagen, / Ich spiel' ihm eins auf.« Freud erwähnte Heine, einen seiner Lieblingssatiriker, nicht, obgleich er sehr wohl an ihn gedacht haben könnte. Heine hatte dieselben Zeilen als Motto für *Die Bäder von Lucca* verwendet, seinen vernichtenden Angriff auf Graf Platen, den homosexuellen Dichter, von dem er glaubte, er sei sein Feind und stehe im Mittelpunkt einer Verschwörung gegen ihn.

Nicht jede bedeutsame Traumquelle braucht bis zur Kindheit zurückver-
folgt zu werden. Sein Traum von der botanischen Monographie ließ Freud
an seine Frau denken, der er nur zu selten Blumen brachte, an seine Monographie über die Cocapflanze, an ein kürzliches Gespräch mit seinem
Freund Dr. Königstein, an seinen Traum von Irmas Injektion, an seinen
Ehrgeiz als Wissenschaftler und auch an den weit zurückliegenden Tag – er
war damals fünf und seine Schwester noch keine drei Jahre alt –, an dem
ihnen sein Vater ein Buch mit farbigen Abbildungen zum Zerreißen gegeben hatte, eine glückliche und isolierte Erinnerung aus seinen frühesten
Jahren.

Von der Jagd in den üppigen Dschungeln der Kindheitserlebnisse brachte
Freud einige faszinierende Trophäen heim, aber keine war so aufsehenerregend oder so umstritten wie der Ödipuskomplex. Er hatte diese bedeutsame Idee zum erstenmal im Herbst 1897 Fließ mitgeteilt. Nun, in der
Traumdeutung, arbeitete er sie aus, noch ohne den Namen zu gebrauchen,
unter dem sie in die Geschichte der Psychoanalyse eingegangen ist – ja diese
beherrscht hat. Er führte sie angemessenerweise in einem Abschnitt über
typische Träume ein, unter denen solche über den Tod geliebter Menschen
einen nüchternen Kommentar erforderten. Geschwisterrivalitäten, Spannungen zwischen Müttern und Töchtern oder Vätern und Söhnen, Todeswünsche gegen Familienangehörige, alle scheinen böse und unnatürlich zu
sein. Sie verletzen die hoch geschätzte offizielle Pietät, aber sie sind, wie
Freud trocken bemerkte, für niemanden ein Geheimnis. Der Ödipuskomplex, verkörpert in Mythen, Tragödien und Träumen nicht minder als im
täglichen Leben, ist in all diesen häuslichen Konflikten impliziert. Er wird
in das Unbewußte vertrieben, ist aber darum nur um so folgenschwerer.
Der Ödipuskomplex ist, wie es Freud später ausdrücken sollte, der »Kernkomplex« der Neurosen.[34] Aber er bestand von Anfang an darauf, daß
»Verliebtheit gegen den einen, Haß gegen den andern Teil des Elternpaa-
res«[35] nicht das Monopol von Neurotikern ist. Es ist, wenn auch in weniger
spektakulärer Form, das Los aller normalen Menschen.
    Freuds frühe Formulierungen des Ödipuskomplexes waren vergleichs-
weise einfach. Sie wurden im Laufe der Jahre beträchtlich komplizierter.
Während die Idee des Komplexes bald auf heftigen Widerstand stieß, nahm
Freuds Vorliebe für ihn ständig zu: Er sah ihn als Erklärung für die Entstehung von Neurosen, als Wendepunkt in der Entwicklungsgeschichte des
Kindes, als Kennzeichen, das die männliche sexuelle Reifung von der weiblichen unterscheidet, und in *Totem und Tabu* sogar als den tiefen Beweg-
grund für die Gründung der Kultur und die Bewußtseinsbildung. Doch in
der *Traumdeutung* hat der ödipale Kampf eine bescheidenere Rolle zu spielen, obwohl die Implikationen nicht weit zu suchen sind. Indem er die mör-

derischen Träume über den Tod von Ehepartnern oder Eltern erklärt, liefert er den Beweis für die Theorie, daß Träume Wünsche als bereits erfüllt darstellen. Darüber hinaus hilft er zu erklären, warum Träume so seltsame Produktionen sind; die Menschen, alle Menschen, hegen Wünsche, die nicht ohne Zensur das Licht des Tages sehen dürfen.

Jeder Traum ist also ein Stück Arbeit und harte Arbeit dazu. Wäre der Druck von Wünschen, das Bewußtsein zu erreichen, weniger stark, oder wäre die Notwendigkeit, diesem Druck zu widerstehen, weniger dringend, so würde die Arbeit leichter sein. Als Hüter des Schlafes dienend, hat »Traumarbeit« die Funktion, unannehmbare Impulse und Erinnerungen in eine Geschichte zu verwandeln, die harmlos genug ist, um ihre Schneide abzustumpfen und ihre Äußerung zu erlauben. Die Vielfältigkeit der Traumarbeit, die den Träumern offensteht, ist praktisch unerschöpflich, da sie eine Unzahl von Tagesresten und einzigartige Lebensgeschichten zur Verfügung hat. Doch trotz des Anscheins eines planlosen, wimmelnden Chaos folgt diese Arbeit festen Regeln. Der Zensor, der die latenten Traumgedanken für ihr Erscheinen im manifesten Traum aufputzt, genießt großen Spielraum und beweist eine eindrucksvolle Erfindungsgabe, aber seine Instruktionen sind kurz und bündig, und die Mittel, die ihm zu Gebote stehen, sind gering an der Zahl.

Freud widmete das längste Kapitel des Buches diesen Instruktionen und Mitteln. Er betrachtete den Traumdeuter teils als Paläographen, teils als Übersetzer, teils als Dechiffrierer. »Traumgedanken und Trauminhalt liegen vor uns wie zwei Darstellungen desselben Inhalts in zwei verschiedenen Sprachen, oder besser gesagt, der Trauminhalt erscheint uns als eine Übertragung der Traumgedanken in eine andere Ausdrucksweise, deren Zeichen und Fügungsgesetze wir durch die Vergleichung von Original und Übersetzung kennen lernen sollen.« Dann variierte Freud die Metapher und verglich den Traum mit einem Rebus, einem unsinnig erscheinenden Bilderrätsel, das wir nur zu lesen lernen, wenn wir aufhören, uns über seine Absurdität zu wundern und »jedes Bild durch eine Silbe oder ein Wort ersetzen«.[36]

Die wichtigsten Instrumente im Werkzeugkasten der Traumarbeit sind Verdichtung, Verschiebung und was Freud »Rücksicht auf Darstellbarkeit«[37] nannte.*Sie alle sind nicht nur den Träumen eigen, sondern können auch bei der Bildung neurotischer Symptome, beim Versprechen und in Witzen entdeckt werden. Aber in den Träumen erkannte und beschrieb Freud zuerst ihre Arbeit. Er hatte noch einen vierten Mechanismus gefun-

---

* In seiner gemeinverständlichen Darstellung *Über den Traum* (1901) führte Freud »Verdichtung, Verschiebung und Dramatisierung« als die wichtigsten der Traumarbeit zur Verfügung stehenden Mittel an (G.W., Bd. 2/3, S. 699).

den, die »sekundäre Bearbeitung«, das Ordnen der konfusen Traumgeschichte beim Erwachen, aber er war nicht sicher, ob man dies überhaupt
als ein Instrument der Traumarbeit betrachten sollte.

Träume vermitteln ihre innere Bedeutung auch noch auf eine andere
Weise – durch Symbole. Freud wies den Symbolen nur eine Nebenrolle zu.
In den ersten Auflagen der *Traumdeutung* erwähnte er sie nur beiläufig,
und später fügte er, hauptsächlich auf Betreiben Wilhelm Stekels und anderer unter seinen ersten Schülern, einen größeren Abschnitt über Symbole
hinzu. Die rein mechanische Qualität der Symboldeutung störte ihn immer.
Ich möchte aber »nachdrücklich davor warnen, die Bedeutung der Symbole
für die Traumdeutung zu überschätzen«, schrieb er 1909, und er warnte
weiter davor, »die Arbeit der Traumübersetzung auf Symbolübersetzung
einzuschränken und die Technik der Verwertung von Einfällen des Träumers aufzugeben«.[38] Ein Jahr später erklärte er seinem Schweizer Freund,
dem Pastor und Psychoanalytiker Oskar Pfister, kategorisch: »Wenn Sie
jede neue Symbolzumutung mißtrauisch behandeln, bis sie sich Ihnen von
neuem aus der Erfahrung aufdrängt, haben Sie meine volle Zustimmung,
aber das beste Rüstzeug der ΨA* ist doch, das sonderbare Idiotikon
[Mundartwörterbuch] des Unbewußten zu kennen.«[39]

Freuds Aufzählung der Mittel, welche die Traumarbeit anwendet, entbehrt somit nicht einer gewissen Ironie. Die Deutung von Symbolen war
jahrhundertelang die Hauptstütze der Traumbücher gewesen, und sie sollte
in den zwanziger Jahren unseres Jahrhunderts ein beliebtes Gesellschaftsspiel unter Amateuren werden, die Psychoanalyse spielten. Gerade die
Technik der Traumdeutung, die Freud am zweifelhaftesten fand, etablierte
sich also, nachdem sich die Psychoanalyse herumgesprochen hatte, als die
Technik, die viele Menschen am interessantesten fanden. Das ist, wie wir
sehen werden, nicht das einzige Beispiel für die Art von Popularität, die
Freud beklagte und ohne die er gern ausgekommen wäre.

Das erste der wirklich wichtigen Werkzeuge der Traumarbeit, die Verdichtung, erklärt sich durch seinen Namen. Die Traumgedanken, die in den
Geist des Träumers einströmen, sind unendlich reicher als der manifeste
Traum, der »knapp, armselig, lakonisch im Vergleich« ist. Einige der Assoziationen, die der Träumer produziert, mögen neu sein, aber die meisten
entstehen aus dem Traum selbst. Jedes Element des Inhalts des manifesten
Traumes erweist sich als überdeterminiert; es ist in den latenten Traumgedanken mehrere Male vertreten. Ein Mensch in einem Traum ist eine zusammengesetzte Figur: Irma ist ein gutes Beispiel – sie steht für mehrere

---

* In ihrer zwanglosen Korrespondenz gebrauchten Freud und seine Kollegen oft die
Abkürzung ΨA für Psychoanalyse.

Personen, von denen sie Züge und Merkmale geborgt hat. Komische, erfundene Wörter oder frisch geprägte Neologismen, die in Träumen so häufig auftauchen, sind weitere Beispiele dafür, wie die Verdichtung Gedanken
mit einer Art fanatischer Sparsamkeit konzentriert. So ist Freuds Traum
von der botanischen Monographie eine einzige Szene, ein ganz kurzer visu-
eller Eindruck, aber er enthält und komprimiert die verschiedensten Materialien aus mehreren Lebensstadien. »Autodidasker«, ein Wort, das Freud
träumte, erwies sich als eine Verdichtung von »Autor«, »Autodidakt« und
»Lasker«, dem Namen eines liberalen deutsch-jüdischen Politikers, mit
dem Freud noch den Namen des deutsch-jüdischen Sozialisten Ferdinand
Lassalle assoziierte. Diese Namen führten ihn auf Umwegen in das Minen-
feld erotischer Präokkupationen, um die es in diesem Traum wirklich ging.
Lasker und Lassalle hatten beide wegen einer Frau ein unglückliches Ende
gefunden: Ersterer war an der Syphilis gestorben, letzterer bei einem Duell
getötet worden. Freud fand noch einen anderen Namen in »Autodidasker«
verborgen als Anagramm von »Lasker«: den seines Bruders Alexander, der
in der Familie Alex genannt wurde. Ein Wunsch Freuds, den dieser Traum
enthielt, war, daß sein Bruder eines Tages glücklich heiraten möge.[40] Der
Einfallsreichtum der Verdichtung ist mehr als erstaunlich.

Während der Zensor an der Verdichtung nicht beteiligt zu sein braucht,
ist die Verschiebungsarbeit sein Meisterwerk. Er reduziert zunächst die Intensität der Leidenschaften, die nach Ausdruck drängen, und verwandelt
sie dann. So ermöglicht er es diesen Leidenschaften, so verstümmelt sie
auch in ihrer öffentlichen Gestalt häufig erscheinen, dem Widerstand zu
entgehen, den die Zensur mobilisiert. Als Folge davon können die wirklichen Wünsche, die einen Traum beseelen, gar nicht darin vorkommen.
Das ist offensichtlich der Grund dafür, daß Träumer, die ihre Produktionen
zu verstehen trachten, so frei wie möglich assoziieren müssen, und daß der
Analytiker an dem, was sie ihm erzählen, sein ganzes Deutungstalent entfalten muß.

Da ein Traum ein Bilderrätsel mit einer ganz eigenen verrückten Logik
ist, muß der Traumdeuter mehr verstehen als nur die Verdichtung und Verschiebung. Auch die Rücksicht auf Darstellbarkeit spielt ihre Rolle. Die
Kategorien, die man im Wachleben für selbstverständlich hält, haben keinen Platz im Traum. Er kennt keine Kausalität, keinen Widerspruch, keine
Identität. Er stellt Gedanken und abstrakte Ideen als konkrete Bilder dar:
Die Vorstellung, daß jemand überflüssig ist, kann durch Wasser, das aus
einer Wanne überfließt, vermittelt werden. Daß ein Traumelement einem
anderen zeitlich folgt, suggeriert die logische Beziehung von Ursache und
Wirkung; die Häufigkeit, mit der ein Traumelement bildlich erscheint, unterstreicht seine Bedeutung. Da der Traum keine direkte Möglichkeit hat,
eine Verneinung auszudrücken, stellt er Menschen, Ereignisse, Gefühle

durch ihr Gegenteil dar. Träume sind Witzbolde und Schwindler, sie machen Scherze oder täuschen intellektuelle Aktivität vor.

Der große Raum, den Freud den Kunstgriffen widmete, die der Traumarbeit zur Verfügung stehen, war daher vollkommen gerechtfertigt. Viele Träume enthalten Reden, und diese sind beinahe immer Zitate; sie geben Worte wieder, die der Träumer irgendwo gehört hat. Doch die Traumarbeit setzt diese sehr realen Reden nicht ein, um die Bedeutung des Traumes zu klären, sondern um seine umwegigen Bemühungen zu fördern, Material, das alles andere als harmlos ist, am Zensor vorbeizuschmuggeln. Träume sind auch oft von Affekten überschwemmt, die, wie Freud warnte, der Deutende nicht buchstäblich auffassen darf, da die Traumarbeit dazu neigt, ihre Kraft zu schwächen oder zu übertreiben, ihre wahren Ziele zu verbergen oder, wie wir gesehen haben, ins Gegenteil zu verkehren. Eines der am besten bekannten Beispiele Freuds, sein »Non vixit«-Traum, veranschaulicht, wie der Traum mit Worten und Gefühlen umgeht. Kein Wunder, daß Freud ihn »schön« nannte. Er war reichlich mit Freunden ausgestattet, von denen mehrere schon tot waren. Einer von diesen, Josef Paneth, versteht im Traum nicht, was Fließ gesagt hat, und Freud erklärt, das komme daher, daß Paneth nicht lebt: »Non vixit.« Das ist, wie Freud im Traum selbst erkennt, fehlerhaftes Latein, denn es bedeutet natürlich »Er hat nicht gelebt« statt »Er lebt nicht« – non vivit. In diesem Augenblick vernichtet Freud Paneth mit einem Blick, und dieser löst sich einfach auf; Fleischl-Marxow ergeht es genauso. Beide sind nichts anderes als Revenants, Erscheinungen, die man nach Belieben wegwünschen kann, und der Träumer findet diesen Gedanken höchst erfreulich.[41]

Die Quelle für Freuds Traumphantasie, daß er Paneth mit einem durchdringenden Blick vernichtete, ist kein Geheimnis: Es war die egoistische Verwandlung einer erniedrigenden Szene, in der sein Mentor Brücke Freud, den säumigen Assistenten, mit einem Blick vernichtet hatte. Aber »non vixit«? Freud verfolgte die Worte schließlich zurück zu einer »Rede«, die er nicht gehört, sondern gesehen hatte: Sie erschienen, wie er sich erinnerte, auf dem Postament des Denkmals Kaiser Josefs II. in der Wiener Hofburg: Saluti patriae vixit non diu sed totus – »Dem Wohle des Vaterlandes lebte er nicht lange, aber ganz«. Freuds Traum borgte diese Worte, um sie auf einen anderen Josef anzuwenden, Josef Paneth, der sein Nachfolger in Brückes Laboratorium gewesen und 1890 jung gestorben war. Offenbar bedauerte Freud den frühen Tod seines Freundes, aber er triumphierte auch, weil er ihn überlebt hatte. Dies waren einige der Affekte, die Freuds Traum berichtete und entstellte. Andere, fügte er hinzu, waren Angst um seinen Freund Fließ, der kurz vor einer Operation stand, Schuldgefühle, weil er nicht nach Berlin eilte, um bei ihm zu sein, und Gereiztheit darüber, daß Fließ ihm nahegelegt hatte, er solle mit niemandem über die Operation sprechen, so als wäre er, Freud, von Natur indiskret und brauchte eine solche Ermahnung. Die *Revenants* im Traum brachten Freud in seine Kindheit zurück; sie standen für Freunde und Feinde aus längst vergangenen Zeiten. Die Freude, andere überlebt zu haben, der Wunsch nach Unsterblichkeit lagen den kleinlichen Gefühlen der Überlegenheit und den ebenso kleinlichen Gefühlen des Ärgers zugrunde, von denen der »*Non vixit*«-Traum voll war. Das ganze Szenarium erinnerte ihn an eine alte Geschichte: Ein Ehepartner, naiv, egoistisch, sagt zum andern: »Wenn eines von uns stirbt, übersiedle ich nach Paris.«[42] Es sollte mittlerweile klar geworden sein, warum Freud glaubte, daß kein Traum jemals erschöpfend gedeutet werden kann. Seine Assoziationsgewebe sind zu dicht, seine Erfindungen zu geschickt, um eine vollständige Lösung der Rätsel, die sie aufgeben, zu gestatten. Aber Freud zögerte nie zu behaupten, daß sich auf dem Grunde jedes Traumes ein Wunsch verbirgt, der zugleich infantil und, wie die respektable Gesellschaft wahrscheinlich sagen würde, unanständig ist.

Eine Psychologie für Psychologen

In der Evolution von Freuds psychoanalytischem Denken nimmt *Die Traumdeutung* das strategische Zentrum ein, und das wußte er auch. Daß er den Traum als das lehrreichste Beispiel der psychischen Arbeit wählte, ist von größter Bedeutung: Das Träumen ist eine normale, universelle Erfahrung. Da Freud auch andere Studien über allgemeine und normale psychologische Vorgänge plante, während er am Traumbuch arbeitete, hätte er sehr wohl auch einen anderen Ausgangspunkt wählen können. In den späten 1890er Jahren hatte er begonnen, die aufschlußreichen Anekdoten über alle Arten von Fehlleistungen zu sammeln, die er 1901 unter dem suggestiven Titel *Zur Psychopathologie des Alltagslebens* veröffentlichen sollte. Im Juni 1897 teilte er Fließ mit, er habe eine Sammlung »tiefsinniger jüdischer Geschichten« angelegt.[43] Auch aus diesen sollte ein Buch werden, in dem er die Beziehung von Witzen zum Unbewußten darstellen würde. Sowohl die gewöhnlichsten Fehlleistungen als auch die einfachsten Witze führten ihn in die entferntesten Regionen der Psyche. Aber der Traum war für Freud der bevorzugte Führer. Zugleich gewöhnlich und geheimnisvoll, bizarr und doch rational erklärbar, verzweigte er sich in praktisch jeden Bezirk des psychischen Erlebens. Daher demonstrierte Freud auch im siebenten Kapitel seiner *Traumdeutung* seinen unübertroffenen Relevanzbereich im Detail.

Freuds Materialauswahl für sein Buch über Träume ist ebenfalls sehr aufschlußreich. Wie er im Vorwort zur ersten Auflage bemerkte, enthalten die Träume von Neurotikern spezielle Merkmale, die ihre Beispielhaftigkeit und daher die allgemeine Anwendung seiner Theorie beeinträchtigen könnten.[44] Deshalb wählte er die Träume seiner Freunde und seiner Kinder und Träume, die in der Literatur berichtet werden, ganz abgesehen von seinen eigenen. Zuletzt fand er einige Beiträge seiner Patienten unwiderstehlich, aber er stellte ihnen in weit größerer Zahl Beispiele gegenüber, die von, wie er sagte, normalen Menschen stammten. Er war entschlossen, den Weg zum psychoanalytischen Wissen nicht in dem spezialisierten, begrenzten Bereich seiner hysterischen oder unter Zwangsvorstellungen leidenden Analysanden beginnen zu lassen.

Aber wenn das Material, das seine Analysanden lieferten, auch nicht repräsentativ war, so entstellte es seine Untersuchungen nicht ernstlich. Daß Freud so frei Material von Neurotikern entlehnte, war natürlich eine offensichtliche Folge seiner täglichen Beschäftigung: Sie standen ihm zur Verfügung, und sie waren interessant. Als er aber seine Neurosentheorie ausarbeitete, stellte er fest, daß der Neurotiker ein so helles Licht auf den Normalen wirft, weil sich die beiden nicht so sehr voneinander unterscheiden. Neurotiker und auf ihre extravagante Weise Psychotiker zeigen die Züge von weniger gestörten Menschen in theatralischen, aber deshalb um so aufschlußreicheren Formen. »Tatsächlich ist eine befriedigende Gesamtauffassung der neuropsychotischen Störungen unmöglich, wenn man nicht an klare Annahmen über die normalen psychischen Vorgänge anknüpfen kann«[45], erklärte er Fließ im Frühjahr 1895. Zur selben Zeit, als er sich mit seinem Entwurf einer wissenschaftlichen Psychologie beschäftigte, quälte ihn auch das Rätsel der Neurosen. In seinem eigenen Geist wurden diese beiden Forschungen nie auseinandergehalten – was auch gar nicht mit Gewinn möglich war. Es ist kein Zufall, daß er seine abstrakten theoretischen Memoranden mit Beispielen aus seinen klinischen Fällen belebte. Sie waren Material für eine allgemeine Psychologie.

Freud schätzte seine Analysanden nicht immer, so mitteilsam sie auch sein mochten. Bisweilen fühlte er sich durch die langen, erschöpfenden Stunden mit ihnen überfordert, und seine therapeutische Arbeit schien ihn von den Rätseln des Universums abzuhalten. Aber seine Praxis widerspricht ihm: Seine klinische Erfahrung und seine theoretischen Untersuchungen befruchteten sich gewöhnlich gegenseitig. Freud stellte seine medizinische Laufbahn gern als einen weiten Umweg dar, der mit der Leidenschaft eines Jünglings für tiefe philosophische Probleme begann und mit der Rückkehr eines alten Mannes zu fundamentalen Spekulationen endete – nach einem langen, unerwünschten Exil unter den Ärzten. In Wirklichkeit waren »philosophische« Fragen seinem Bewußtsein nie fern gewesen, auch nicht, nachdem er, mit seinen drastischen Worten, »Therapeut wider Willen ge worden« war. Als er mit vierzig auf seine Jugend zurückblickte, schrieb er Fließ 1896: »Ich habe als junger Mensch keine andere Sehnsucht gekannt als die nach philosophischer Erkenntnis, und ich bin jetzt im Begriffe, sie zu erfüllen, indem ich von der Medizin zur Psychologie hinüberlenke.«[46] Er konnte sich in seinen Freund in Berlin einfühlen, der in dieselbe Richtung zu gehen schien. »Ich sehe«, schrieb er Fließ in einem nachdenklichen Neujahrsbrief am 1. Januar 1896, »wie Du auf dem Umwege über das Arztsein Dein erstes Ideal erreichst, den Menschen als Physiologe zu verstehen, wie ich im geheimsten die Hoffnung nähre, über dieselben Wege zu meinem Anfangsziel, der Philosophie, zu kommen.«[47] So groß auch seine Verachtung für die meisten Philosophen und für ihre sinnlosen Wortspiele war, er verfolgte seine eigenen philosophischen Ziele sein Leben lang. Diese Inkonsequenz ist eine mehr scheinbare als wirkliche. Für Freud hatte »Philosophie« eine spezielle Bedeutung. Ganz in der Art der Aufklärung verachtete er das Philosophieren der Metaphysiker als nutzlose Abstraktionen. Ebenso feindselig war er gegenüber den Philosophen eingestellt, welche die Reichweite des Geistes dem Bewußtsein gleichsetzten. *Seine* Philosophie war ein wissenschaftlicher Empirismus, wie er sich in einer wissenschaftlichen Theorie der Psyche verkörperte.

Das Studium der Träume führte Freud direkt zu diesen hochfliegenden Bestrebungen. Da der Traum im Grunde ein Wunsch in Aktion ist, hielt es Freud für nötig, systematische, weitreichende Vorstöße in die eigentlichen Fundamente der Psychologie zu unternehmen. Sie allein konnten die Bedeutung der Traumaktivität verständlich machen. Daher erscheinen Freuds »Losungsworte« der Psychoanalyse mit dem unverwechselbaren kurzen Verzeichnis, das seine Psychologie von der anderer unterscheidet, nicht nur in dem strengen, analytischen letzten Kapitel des Traumbuches. Das Prinzip des psychologischen Determinismus, die Anschauung von der Psyche als etwas, was aus widerstreitenden Kräften besteht, das Konzept des dynamischen Unbewußten und der verborgenen Kraft der Leidenschaft in der ganzen psychischen Aktivität durchdringen seine eigentliche Struktur.

Es ist ein wesentlicher Punkt in Freuds Theorie, daß es in der Welt der Psyche keine reinen Zufälle gibt. Freud leugnete nie, daß der Mensch dem Zufall ausgesetzt ist; im Gegenteil, er bestand darauf: »Wir vergessen dabei gern, daß eigentlich alles an unserem Leben Zufall ist, von unserer Entstehung an durch das Zusammentreffen von Spermatozoon und Ei.«[48] Ebensowenig leugnete er, daß der Mensch eine echte Wahl hat. Ein Ziel der psychoanalytischen Therapie war es ja gerade, »dem Ich des Kranken die *Freiheit*« zu schaffen, »sich so oder anders zu entscheiden«.[49] Aber weder Freuds »Zufall« noch seine »Freiheit« ist eine willkürliche oder wahllose Manifestation von Spontaneität. In seiner Anschauung von der Psyche ist

jedes Ereignis, so zufällig es auch erscheinen mag, sozusagen ein Knoten in
miteinander verwobenen kausalen Fäden, die auf zu ferne Ursprünge zurückgehen, zu groß an der Zahl und zu komplex in ihrer Wechselwirkung
sind, um leicht entwirrt werden zu können. Gewiß, die Freiheit dem Griff
der Kausalität zu entreißen, ist einer der liebsten und daher hartnäckigsten
illusorischen Wünsche des Menschen. Aber Freud warnte streng, die Psychoanalyse solle solchen illusorischen Phantasien keinen Trost bieten.
Freuds Theorie der Psyche ist daher strikt und eindeutig deterministisch.

Sie ist auch betont psychologisch und daher für ihre Zeit revolutionär.
Freud entwickelte sein Programm innerhalb des Rahmens der zeitgenössischen Psychologie, aber er durchbrach diesen Rahmen an einem entscheidenden Punkt nach dem andern. Seine hervorragendsten Kollegen auf dem
Gebiet der Psychiatrie waren im Grunde Neurologen. Im selben Jahr 1895,
in dem Freuds und Breuers *Studien über Hysterie* erschienen, veröffentlichte Krafft-Ebing eine Monographie, *Nervosität und neurasthenische
Zustände*, die den vorherrschenden Standpunkt perfekt veranschaulichte.
Das kleine Buch ist ein tapferer Versuch, einige Klarheit in die Verwirrung
zu bringen, die damals hinsichtlich des Gebrauchs von diagnostischen Begriffen herrschte. Krafft-Ebing definierte »Nervosität« als »eine meist angeborene krankhafte Veranlagung, seltener erworbene krankhafte Veränderung des Zentralen Nervensystems«.[50] Vererbung ist die Hauptquelle
der Störungen: »Die ungeheure Mehrzahl der mit nervöser Diarese behafteten Individuen ist von ihrer frühesten Jugend an nervös auf Grund
erblicher Einflüsse.« Krafft-Ebing verneigte sich mit ernstem, beinahe ehr-
furchtsvollem Respekt vor »dem gewaltigen biologischen Gesetz der Vererbung, das in der ganzen organischen Natur bestimmend eingreift«. Sein
Einfluß auf das psychische Leben, meinte er, sei unbestritten und überra-
gend. Erworbene Nervosität ihrerseits entstehe, wenn »ein richtiges Verhältnis zwischen Ansammlung und Verbrauch von Nervenkraft« gestört
sei. Schlafmangel, schlechte Ernährung, alkoholische Ausschweifungen,
der »antihygienische« Charakter der modernen Zivilisation mit ihrer Hast,
ihren übermäßigen Ansprüchen an den Geist, ihrer demokratischen Politik,
ihrer Frauenemanzipation – all das mache den Menschen nervös. Aber die
erworbene Nervosität sei ebenso wie die angeborene eine Angelegenheit
von »materiellen, wenn auch noch so feinen Veränderungen im Nervensystem«.

Die schwerere Krankheit »Neurasthenie« ist für Krafft-Ebing Nervosität groß geschrieben, eine »functionelle« Erkrankung, bei der das Nerven-
leben »die Bilanz zwischen Production und Verbrauch von Nervenkraft
nicht mehr herzustellen vermag«. Die mechanische Metapher ist kein Zufall; für Krafft-Ebing war Neurasthenie im wesentlichen ein in Unordnung

geratenes Nervensystem. Wie bei der Nervosität müsse der Arzt die hauptsächliche Ätiologie der Neurasthenie in der Vererbung suchen. Die erworbene Art lasse sich auf physiologische Ursachen zurückführen, eine
unglückliche Reihe von Traumen oder eine destruktive Umwelt: eine Erkrankung in der Kindheit aufgrund einer »neuropathischen Konstitution«,
Masturbation oder wiederum der übermäßigen Belastungen des Systems
durch das moderne Leben. Selbst wenn sich als Erreger der Neurasthenie
eine psychologische Episode wie Kummer oder psychischer Streß heraus-
stelle, sei das eigentliche störende Element neurologischer Natur. Krafft-
Ebing war bereit, »sociologische« Faktoren in Betracht zu ziehen, aber
auch ihre »prädisponirende Ursache« gehe zurück auf eine nervöse Konstitution.[51] Die Behandlungen, die Krafft-Ebing empfahl, waren natürlich
Diät, Medikamente, Physiotherapie, Elektrotherapie und Massage.[52] Als
der hervorragende Spezialist auf dem Gebiet der sexuellen Abirrungen
überging er nicht, was er *Neurasthenia sexualis* nannte, aber er streifte sie
nur als einen kleinen Teil des klinischen Bildes und sah sie nicht als eine
Ursache.[53]

Kurz, Krafft-Ebing behandelte psychologische Leiden weitgehend als
eine Angelegenheit der Physiologie. Er war 1895 nicht von dem Lehrsatz
abgewichen, den er sechzehn Jahre zuvor in seinem Lehrbuch der Psychiatrie verkündet hatte: »Geisteskrankheit ist eine Hirnkrankheit.«[54] Er
sprach für alle seine Kollegen. Während des 19. Jahrhunderts hatte die Wissenschaft der Psychologie eindrucksvolle Fortschritte gemacht. Aber ihre
Lage war paradox: Sie hatte sich von der Philosophie befreit wie schon
früher von der Theologie, nur um die gebieterische Umarmung einer neuen
Herrin, der Physiologie, zu akzeptieren. Die Idee, daß Seele und Körper
aufs engste miteinander verbunden sind, hatte natürlich bereits eine alte,
ehrwürdige Tradition. »Eines Menschen Körper und seine Seele«, hatte
Laurence Sterne um die Mitte des 18. Jahrhunderts erklärt, »ich sage es mit
der höchsten Ehrerbietung vor beidem, sind gerade so wie ein Wams und
das Futter eines Wamses – zerknittere das eine, und du zerknitterst das
andere.«[55] Die Psychologen des 19. Jahrhunderts unterschrieben diesen
Satz und gingen darüber hinaus; sie bestimmten zuversichtlich, was das
Wams ist und was das Futter. Die Seele, behaupteten sie, hängt vom Körper, vom Nervensystem, vom Gehirn ab.

Im Jahre 1876 drückte der prominente amerikanische Neurologe William Hammond, der (unter anderem) Spezialist auf dem Gebiet der männlichen und weiblichen Impotenz war, die überwältigend einstimmige Meinung der Experten aus. »Die moderne Wissenschaft der Psychologie« –
erklärte er – »ist nicht mehr und nicht weniger als *die Wissenschaft von der
Seele als körperliche Funktion betrachtet.*«[56] Die emphatische Kursiv-
schreibung stammt von Hammond. In England war der einflußreiche und

produktive Psychiater Henry Maudsley nicht weniger emphatisch. Im Jahre 1874 schrieb er im Zusammenhang mit Geisteskrankheiten: »Es ist nicht unsere Sache und liegt auch nicht in unserer Macht, den Ursprung und die Natur der entarteten Instinkte, welche die Geisteskranken manifestieren, *psychologisch* zu erklären. Die Erklärung wird, wenn sie kommt, nicht von der psychischen, sondern von der physischen Seite kommen.«[57] Psychologen und Psychiater auf dem Kontinent hatten in dieser Frage keinen Streit mit ihren englischen und amerikanischen Kollegen. Zu Beginn des Jahrhunderts hatte der hervorragende französische Psychiater Jean Étienne Esquirol »Wahnsinn, Geistesgestörtheit« als eine »*gewöhnlich* chronische zerebrale Affektion«[58] definiert, und diese Definition behielt ihren bestimmenden Einfluß bis zum Ende des Jahrhunderts und darüber hinaus in ganz Europa und in den Vereinigten Staaten. Im Jahre 1910 erklärte Freud dem »Wolfsmann«, einem seiner berühmtesten Patienten: »Für das, woran Sie leiden, haben wir schon die Mittel, es zu kurieren. Sie haben die Ursachen Ihrer Krankheit bis jetzt im Nachttopf gesucht.« Als er Jahre später zurückblickte, stimmte ihm der Wolfsmann zu, vielleicht ein wenig zu nachdrücklich: »Man hat doch damals versucht, an die seelischen Zustände vom Körperlichen heranzukommen. Das Psychische hat man völlig ignoriert.«[59]* Es hatte einige Andersdenkende gegeben, zum Beispiel die englischen Quäker-Ärzte, die um 1800 etwas, was sie »moralische Behandlung« nannten, für ihre geistesgestörten Patienten entwickelten. Sie versuchten die Störungen der ihnen anvertrauten unglücklichen Irren durch gutes Zureden, geistige Disziplin und mit Güte statt mit Drogen oder körperlicher Mißhandlung zu bessern – und konnten einige Erfolge erzielen. Aber praktisch alle anderen Neurologen, Psychiater und Leiter von Irrenanstalten gingen von der Annahme aus, daß die Wirkung des Körpers auf den Geist weit bedeutsamer sei als die des Geistes auf den Körper.

Brillante Forschungen des 19. Jahrhunderts auf dem Gebiet der Hirnanatomie, die viel dazu beitrugen, die komplizierten Mechanismen des Sehens, Hörens, Sprechens und Erinnerns aufzuzeichnen, dienten nur dazu,

---

* Am 6. März 1917 schrieb der hervorragende amerikanische Psychiater William Alanson White, einer der ersten, der eine positive Einstellung zu Freud fand, an W.A. Robinson: »Wenn Sie mit der Geschichte der Behandlung der sogenannten Irren in diesem Land vertraut sind, wird Ihnen die bemerkenswerte Tatsache bekannt sein, daß erst in den letzten Jahren Geisteskrankheiten auch als Geisteskrankheiten behandelt worden sind. Sind sind weit häufiger als Beweise für physische Störungen behandelt worden. Wir haben uns dem Thema schon seit langem von der psychischen Seite her genähert und in den letzten Jahren von einem psychotherapeutischen Standpunkt aus. Wir haben Professor Freuds Arbeit verfolgt und wenden seine psychoanalytischen Methoden an, ohne dabei jedoch dogmatisch zu sein oder uns irgendeinem speziellen Kult anzuschließen« (Brief in Gerald N. Grob, Hrsg., *The Inner World of American Psychiatry 1890–1940: Selected Correspondence* [1985], S. 107).

diese neurologische Betrachtungsweise psychologischer Vorgänge zu bestärken. Sogar die Phrenologen, so sonderbar und letzten Endes absurd ihre Ideen auch waren, trugen ihren Teil dazu bei, die Herrschaft dieser Anschauung bei den Gebildeten zu festigen. Während in der zweiten Hälfte des 19. Jahrhunderts zwar skeptische Hirnanatomen die Lehre der Phrenologen über den Haufen warfen, daß jede Leidenschaft und jede geistige Fähigkeit genau lokalisiert sei, lehnten sie die Grundidee der Phrenologen, daß geistige Funktionen in bestimmten Regionen des Gehirns ihren Ursprung haben, nicht gänzlich ab. Der große Hermann Helmholtz und andere Wissenschaftler wie sein Freund Emil Du Bois-Reymond stärkten die Autorität der materialistischen Anschauung des Geistes mit ihrer schwierigen experimentellen Arbeit über die Geschwindigkeit und die Bahnen der Nervenimpulse. Die Psyche erschien immer mehr als eine kleine Maschine, angetrieben von elektrischen und chemischen Kräften, die man nachweisen, aufzeichnen und messen kann. Mit einer Entdeckung nach der anderen schien ein physiologisches Substrat für alle geistig-seelischen Vorgänge absolut sicher zu sein. Die Neurologie war Königin.

Als bewundernder Schüler Brückes, der die Botschaft von Helmholtz und Du Bois-Reymond nach Wien gebracht hatte, war Freud dieser Anschauung voll ausgesetzt, und ganz gab er sie auch nie auf. Vieles in seiner Praxis sprach dafür. Seine Analysepatienten hatten ihn gelehrt, daß zwar viele körperliche Symptome hysterische Konversionen, manche aber auch wirklich organischer Natur sind.* Ein entscheidender Grund dafür, daß Freud sich so sehr von der These angezogen fühlte, daß Neurosen ihren Ursprung in gestörten Sexualfunktionen haben, war der, »daß die Sexualität ja keine bloß psychische Sache war. Sie hatte auch ihre somatische Seite.«[60] Daher war Freud, wie er Fließ 1898 schrieb, »gar nicht geneigt, das Psychologische ohne organische Grundlage schwebend zu erhalten«.[61] Freuds Umsturz der herrschenden Orthodoxie war das Ergebnis einer langsamen, keineswegs klar geplanten Sinnesänderung. Als er schließlich seine Revolution in Gang setzte, bestand sie nicht darin, daß er die neurologische Theorie verwarf, sondern darin, daß er die allgemeingültige Rangordnung der Wechselwirkung zwischen Seele und Körper umkehrte. Er räumte der psychologischen Dimension den Vorrang, aber kein Monopol ein.

Ehe Freud den vorherrschenden materialistischen Konsens anfocht, gab es verhältnismäßig wenige Auseinandersetzungen über die grundsätzlich physische Natur der psychischen Maschine. Schließlich hatte Freud selbst noch 1895 seinen unvollendeten Entwurf als eine »Psychologie für Neuro-

---

* Die unglückselige Verführungstheorie der Mitte der 1890er Jahre machte ausdrücklich ein physisches Trauma für alle Neurosen verantwortlich. Und selbst nachdem sich Freud gezwungen sah, diese Theorie zu verwerfen, gab er nie die Idee auf, daß psychische Vorgänge häufig eine somatische Grundlage haben.

logen« angeboten. Als er sich aber der Frage zuwandte, was den Zusammenbruch dieser Maschine verursacht, schloß er sich einer schon lange währenden ergebnislosen Debatte an. Während die Psychiater im großen ganzen der Meinung waren, daß beinahe alle Geisteskrankheiten Manifestationen einer Läsion des Gehirns seien, schieden sich die Geister in bezug auf die möglichen Ätiologien einer solchen Läsion. In den 1830er Jahren hatte Esquirol noch eine eklektische, ziemlich wahllose Liste von Erregern angeboten. »Die Ursachen der Geisteskrankheit sind so zahlreich wie verschiedenartig«, schrieb er. »Nicht nur beeinflussen Klima, Jahreszeiten, Alter, Geschlecht, Temperament, Beruf und Lebensweise die Häufigkeit, den Charakter, die Dauer, die Krisen und die Behandlung der Geisteskrankheit, sondern es wird diese Krankheit auch weiter modifiziert durch Gesetze, Zivilisation, Sitten und die politischen Zustände der Nationen.«[62] Um die Mitte des Jahrhunderts hatte jedoch die Vererbung, diese bevorzugte Kandidatin, alle anderen Ursachen überschattet, wenn auch nicht ganz verdrängt, und sie behielt ihre hervorragende Stellung jahrzehntelang. Krankengeschichten erbrachten massive – und vielen schien es, schlüssige – Beweise dafür, daß der Geistesgestörte mit einer abnormalen Familiengeschichte belastet sein müsse. Krafft-Ebings Monographie über die Neurasthenie ist in diesem Punkt ganz typisch. Auch Freud gab in seinen frühen Krankengeschichten Einzelheiten Raum, die die »neuropathische« Familie des Patienten betrafen; er verzeichnete sorgfältig den Aufenthalt der Mutter eines Patienten in einer Irrenanstalt oder die schwere Hypochondrie eines Bruders. Dann gewann die Psychologie die Oberhand. In seinen 1905 erschienenen *Drei Abhandlungen zur Sexualtheorie* war er so weit, daß er seine Kollegen von der Psychiatrie dafür kritisieren konnte, daß sie der Vererbung viel zuviel Bedeutung beimaßen.[63]

Freuds Gefühle über andere mutmaßliche Ursachen von Geistesstörungen waren nicht weniger gemischt. Wie Krafft-Ebings Studie über die Neurasthenie bezeugt, schienen andere Ätiologien nach der erblichen Belastung die zweite Geige zu spielen, aber sie hatten ihre Parteigänger in der Literatur. Nur wenige Psychiater schlossen plötzliche Schocks oder langanhaltende Krankheiten gänzlich aus – Freud tat es einige Jahre lang gewiß nicht –, und viele zeigten ein besonderes Interesse für das, was sie für die schädlichen Nebenwirkungen der modernen Kultur hielten. Hinsichtlich dieser letzten Diagnose stimmte Freud mit der Mehrheit, wenn auch aus eigenen Gründen. Wie viele andere zeitgenössische Beobachter war er davon überzeugt, daß die städtische, bürgerliche, industrielle Zivilisation seiner Zeit eindeutig zu der Nervosität beitrug, die, wie er fand, sichtlich zunahm. Während aber andere die moderne Zivilisation für die Nervosität verantwortlich machten, indem sie auf ihre Hast, ihre Geschäftigkeit, ihren raschen Verkehr und ihre Überlastung der psychischen Maschinerie hin-

wiesen, machte ihr Freud eher die übermäßige Einschränkung des Sexualverhaltens zum Vorwurf.

Diese Abweichung vom Standpunkt der Mehrheit macht den Kern von
Freuds eigenen Anschauungen über die Ursachen von Geisteskrankheiten
aus. Er zweifelte nicht daran, daß all die Phänomene, welche die anderen
Psychiater anführten, ihren Anteil an der Entstehung von Zwangsneurosen, Hysterien, Paranoia und dem ganzen übrigen Elend hatten. Aber er
gelangte zu der Überzeugung, daß es seine Profession entschieden verabsäumt hatte, ihre verborgene Natur zu sondieren. Vor allem hatten praktisch alle Ärzte die entscheidende Rolle der Sexualität und der unbewußten
Konflikte, die dieser Trieb verursacht, außer acht gelassen. Deshalb hatten
sie nur allzugern die Bedeutung der fernen Vorgeschichte ihrer Patienten –
der Vererbung – übertrieben und geflissentlich die andere, weit wichtigere
Vorgeschichte – die Kindheit – übersehen, in der diese sexuellen Konflikte
entstehen. *Die Traumdeutung* ist Freuds erste umfassende, wenn auch
noch lange nicht vollständige Darstellung dieser Ansichten, seiner Psychologie für Psychologen.

»Wir bekamen während der Sommerferien 1899 wenig von Vater zu sehen«, erinnerte sich Martin Freud viele Jahre später. Das war ungewöhnlich, denn Freud schätzte diese Zeit mit seinen Kindern in den Bergen. In
diesem Sommer jedoch, als er sich beeilte, sein Buch zu beenden, und die
Korrekturen las, »war er in Arbeit vertieft, die er nicht vernachlässigen
konnte«. Er diskutierte das Buch aber offen mit seiner Familie, was für ihn
außergewöhnlich war. »Wir hatten alle davon erfahren, und er ermutigte
uns sogar, ihm unsere Träume zu erzählen, was wir mit Begeisterung
taten.« Wie wir gesehen haben, ließen sich einige der Beispiele, die Freuds
Kinder lieferten, veröffentlichen. »Er erklärte uns sogar mit einfachen
Worten«, fuhr Martin Freud fort, »was man von den Träumen, ihrem Ursprung und ihrer Bedeutung verstehen konnte.«[64] Das Buch, das als wichtiger Beitrag zur allgemeinen Psychologie gedacht war, konnte kein esoteri-
sches Unterfangen bleiben.

Zweifellos war aber gerade bei diesem Unternehmen eine gewisse Ver-
schwiegenheit geboten. Während Freud die erregende Kraft sexueller Begierden und sexueller Konflikte bei anderen offen dokumentierte, weigerte
er sich, die libidinösen Ursprünge seiner eigenen Träume mit derselben ungehemmten Freiheit zu erforschen. Aber er zahlte einen Preis für seine Ambivalenz in bezug auf die Ausbeutung seiner eigenen Vergangenheit und
seiner eigenen Träume. Später erschien einigen seiner aufmerksamsten Leser, hauptsächlich Analytikern, seine Zurückhaltung auffällig genug, um
sich dazu zu äußern. Karl Abraham fragte Freud geradeheraus, ob der
Irma-Traum absichtlich unvollständig gedeutet sei. Schließlich schienen

die sexuellen Andeutungen in den letzten Zeilen von Freuds Bericht immer deutlicher zu werden.[65] In der vertraulichen Art der frühen Analytiker antwortete Freud prompt und offen: »Sexueller Größenwahn steckt dahinter, die drei Frauen, Mathilde, Sophie, Anna sind die drei Patinnen meiner Töchter, und ich habe sie alle!«[66] Carl G. Jung erwies sich als nicht weniger scharfsichtig. Als er aufgefordert wurde, sich zur bevorstehenden dritten Auflage der *Traumdeutung* zu äußern, wandte er gegen Freuds Deutungen seiner eigenen Träume und der Träume seiner Kinder ein, sie seien oberflächlich. Er und seine Schüler, fügte er hinzu, »vermissen schmerzlich« den »(persönlichen) Hauptsinn«, die »Libidodynamik« von Träumen wie dem Irma-Traum und das »Persönlich-Peinliche in Ihren eigenen Träumen«. Er schlug Freud vor, einen der Träume seiner Patienten zu verwenden, »wo *schonungslos* die letzten wirklichen Motive aufgedeckt sind«.[67] Freud stimmte zu und versprach Textrevisionen, aber keine grundlegenden Enthüllungen: »Der Leser verdient es nicht, daß man sich noch weiter vor ihm auskleide.«[68] Tatsächlich fand keiner der interessanten Hinweise auf seine erotische Vergangenheit seinen Weg in die späteren Auflagen. Eine der Spannungen, die sich durch *Die Traumdeutung* ziehen, ist gerade der, weitgehend verborgene, Zusammenstoß zwischen Selbstenthüllung und Selbstschutz. Aber Freud fand nicht, daß seine mangelnde Bereitschaft, sich »weiter auszukleiden«, die Darlegung seiner Theorie im geringsten beeinträchtigte.

In Anbetracht der zentralen Stellung, die der Determinismus in Freuds Denken einnahm, ist es nur angebracht, daß er, während er Träume studierte, auch Material über das sammelte, was er die Psychopathologie des Alltagslebens nannte. Die Resultate überraschten ihn nicht: Die gewöhnliche, »normale Pathologie« bot ihm zahllose Beispiele für »Zufälle«, die sich bei der Analyse als alles andere als zufällig entpuppten. Einen vertrauten Namen falsch schreiben, ein Lieblingsgedicht vergessen, einen Gegenstand auf rätselhafte Weise verlegen, es verabsäumen, seiner Frau den üblichen Blumenstrauß zum Geburtstag zu schicken – das alles sind Botschaften, die regelrecht darum bitten, dechiffriert zu werden. Es sind Hinweise auf Wünsche oder Ängste, die der Handelnde nicht einmal sich selbst einzugestehen vermag. Diese Erkenntnisse bestärkten Freuds aufrichtigen Respekt vor dem Wirken der Kausalität. Der in seiner Schlußfolgerung implizierte diagnostische Gewinn ist nur zu offensichtlich. Sie fordert zu einer wissenschaftlichen Deutung scheinbar grundloser und unerklärlicher Ereignisse auf und zeigt, indem sie die gewöhnlichsten Erlebnisse als Zeugnisse verwendet, die verborgene Ordnung, die die menschliche Psyche regiert.

Freuds Interesse an der theoretischen Relevanz von Fehlleistungen scheint Ende 1897 erwacht zu sein, als er eine Adresse, die er bei einem

Besuch in Berlin brauchte, nicht finden konnte. Auf seine eigenen Erlebnisse zu horchen, war nichts Neues für Freud, aber in diesen Jahren der Selbstanalyse war er ungewöhnlich empfindlich für den geringsten Hinweis auf die verschlagenen und weitschweifigen Wege der Psyche.[69] Vom Sommer 1898 an pfefferte er seine Bulletins an Fließ mit merkwürdigen Beispielen für seine alltägliche Psychopathologie. »Eine Kleinigkeit, lang vermutet, habe ich endlich gefaßt«, berichtete er im August. Er hatte den Nachnamen eines Dichters »vergessen«, der ein ihm gut bekanntes Gedicht geschrieben hatte, und konnte demonstrieren, daß er den Namen aus persönlichen Gründen verdrängt hatte, die er bis in seine Kindheit zurückverfolgte.[70] Andere Beispiele folgten bald, vor allem seine Unfähigkeit, sich an den Namen Signorellis zu erinnern, des »großen Malers«, der das Weltgericht in Orvieto gemalt hatte. Statt dessen waren ihm Namen wie Botticelli und Boltraffio eingefallen. Bei der Analyse entdeckte Freud ein komplexes Gewebe von Assoziationen und Verdrängungen, einschließlich eines unlängst geführten Gesprächs über Tod und Sexualität. »Wem soll ich das nun glaubwürdig machen?«[71] Unglaublich oder nicht, Freud fand diesen Fall von absichtlichem Vergessen interessant genug, um ihn zu veröffentlichen; er erschien Ende 1898 mit einem komplizierten Diagramm in einer Fachzeitschrift für Neurologie und Psychiatrie.[72]

Freud brachte ein noch ausgefalleneres Beispiel für die Psychopathologie des Alltagslebens im Sommer 1899 zustande, während er das Manuskript der *Traumdeutung* korrigierte. Sosehr er sich auch bemühte, das Buch zu verbessern, schrieb er Fließ, es würde immer noch »2467 Fehler« enthalten.[73] Die Zahl scheint natürlich völlig willkürlich gewählt zu sein; alles, was Freud sagen wollte, war, daß sein Traumbuch durch viele Fehler entstellt sein werde. Aber für Freud gab es keine rein launischen Handlungen im Psychischen, und daher analysierte er die Zahl in einem Postskriptum. Er schätzte diese Detektivarbeit so hoch ein, daß er Fließ ein Jahr später bat, ihm die Notiz, die sie beschrieb, zurückzuschicken.[74] Sie erschien dann in *Zur Psychopathologie des Alltagslebens* mit einer ausführlichen Deutung: Freud hatte in der Zeitung gelesen, daß ein General, den er während seiner Militärdienstzeit gekannt hatte, in den Ruhestand getreten war. Das verleitete Freud dazu zu berechnen, wann auch er in den Ruhestand treten werde, und indem er verschiedene Zahlen, die ihm einfielen, kombinierte, entschied er, daß er noch vierundzwanzig Arbeitsjahre vor sich hatte. Er war an seinem 24. Geburtstag großjährig geworden. Zur Zeit war er 43 Jahre alt. Das ergab zusammen 67, und 24 und 67 erklären die Zahl 2467, die er in seinem Brief an Fließ beiläufig hingeschrieben hatte. Kurz, die scheinbar unbegründete Zahl verkörperte den Wunsch nach gut zwei weiteren Jahrzehnten aktiven Lebens.[75]

Freud vervollständigte das Manuskript der *Psychopathologie des All-*

tagslebens im Januar 1901. Im Mai las er die ersten Korrekturen des Buches, es mißfiel ihm »großartig«, und er drückte die Hoffnung aus, daß es anderen noch mehr mißfallen werde.[76] Hier war mehr im Spiel als die deprimierte Stimmung, die Freud gewöhnlich heimsuchte, wenn eine seiner Schriften kurz vor der Veröffentlichung stand. Das Buch war tief in seine sich verschlechternden Beziehungen zu Fließ einbezogen. Das »Alltagsleben«, schrieb er Fließ, »ist voll von Beziehungen auf Dich, manifesten, zu denen Du das Material geliefert, und versteckten, bei denen das Motiv auf Dich zurückgeht. Das Motto ist auch von Dir geschenkt.« Alles in allem sah Freud das Buch als Zeugnis »für die Rolle, die Du bei mir bis jetzt gespielt hast«.[77]

Diese Rolle war noch größer, als Freud zuzugeben gewillt war, und mit bemerkenswerter Offenheit verwertete er nun öffentlich seine Ungerechtigkeit gegenüber Fließ als eine weitere Demonstration der Psychopathologie des Alltagslebens. Bei einer ihrer Begegnungen hatte Freud Fließ, offenbar mit der Miene des Entdeckers, erklärt, man könne die Neurosen nur unter der Annahme verstehen, daß das menschliche Tier mit einer bisexuellen Konstitution ausgestattet sei. Fließ machte Freud darauf aufmerksam, daß er, Fließ, diese Idee schon Jahre zuvor ausgesprochen habe und daß Freud damals nichts davon habe wissen wollen. Als er in der folgenden Woche über Fließ' Behauptung nachdachte, erinnerte sich Freud schließlich an die Episode, und er erkannte an, daß Fließ den Anspruch auf Priorität geltend machen konnte. Aber, fügte er hinzu, er hatte Fließ' Mitteilung bis dahin tatsächlich vergessen. Durch Verdrängung des früheren Gesprächs hatte er sich ein unberechtigtes Verdienst angerechnet. Wehmütig gestand er seine gewollte Amnesie: Es falle schwer, den Anspruch auf Originalität aufzugeben.* In *Zur Psychopathologie des Alltagslebens* brachte Freud diesen Zwischenfall in einem Kapitel über das Vergessen von Eindrücken und Vorsätzen unter.[78] Damit verbarg er den Stachel des Gefühls vor dem Leser. Aber für die beiden Freunde, die bald keine Freunde mehr sein sollten, war die Episode äußerst unangenehm und sogar schmerzlich.

Die Welt konnte das natürlich nicht wissen, und Freuds beinahe perverser Wunsch, daß sein *Alltagsleben* allen mißfallen möge, ging nicht in Erfüllung. Das Buch sollte nicht das Privateigentum einiger weniger Fachleute bleiben. Es ist beinahe gänzlich frei von technischer Fachsprache. Freud stopfte es mit buchstäblich Dutzenden von Anekdoten voll, stellte eine unterhaltsame Anthologie von motivierten Irrtümern aus seiner eigenen Erfahrung und der anderer zusammen und hob sich seine theoretischen Ideen über Determinismus, Zufall und Aberglauben für das letzte Kapitel auf.

---

* Freud führte später für diese Art von »nützlichem« Vergessen den technischen Ausdruck »Kryptomnesie« ein.

Eine der am glücklichsten gewählten Geschichten, die er in seiner Lieblingszeitung, der *Neuen Freien Presse*, fand, betrifft den Präsidenten des österreichischen Abgeordnetenhauses: Er sah eine stürmische Sitzung voraus und eröffnete sie feierlich mit der Erklärung, daß die Sitzung geschlossen sei.[79] Der geheime Wunsch, der sich hinter einem so auffälligen Versprechen verbarg, ist leicht zu erraten. Aber Freud legte im ganzen Buch dar, daß weit geringfügigere Irrtümer im Denken, Sprechen oder Verhalten konsequent auf denselben Schluß hindeuten: Die Psyche wird von Gesetzen beherrscht. *Zur Psychopathologie des Alltagslebens* fügte der theoretischen Struktur der Psychoanalyse nichts hinzu, und die Kritiker des Buches beklagten sich darüber, daß manche Beispiele allzu weit hergeholt seien oder daß das Konzept der Freudschen Fehlleistung selbst so weitläufig sei, daß es keine Versuche zur wissenschaftlichen Verifikation zulasse. Trotzdem ist das Buch Freuds meistgelesenes Werk; es erlebte zu seinen Lebzeiten nicht weniger als elf Auflagen und wurde in zwölf Sprachen übersetzt.*

Freud glaubte, der Hauptgrund dafür, daß die verborgene Ordnung der Psyche den Psychologen entgangen war, sei der, daß so viele psychische Vorgänge, und noch dazu die bedeutsamsten, unbewußt ablaufen. Freud entdeckte das Unbewußte nicht. In der Zeit der Aufklärung hatten einige scharfsichtige Beobachter der menschlichen Natur die Existenz der unbewußten Geistestätigkeit erkannt. Einer der von Freud bevorzugten deutschen Geister des 18. Jahrhunderts, Georg Christoph Lichtenberg, hatte das Studium der Träume als den Weg zu einer sonst unzugänglichen Selbsterkenntnis empfohlen. Goethe und Schiller, die Freud stundenlang zitieren konnte, hatten die Wurzeln der dichterischen Schöpfung im Unbewußten gesucht. Die romantischen Dichter in England und Frankreich ebenso wie in den deutschen Ländern hatten ihren Tribut den, wie Coleridge sagte, »Dämmerreichen des Bewußtseins« gezollt. In Freuds eigener Lebenszeit verband Henry James das Unbewußte ausdrücklich mit Träumen; der Erzähler in seiner Novelle »The Aspern Papers« spricht von »der unbewußten Gehirntätigkeit des Schlafes«.[80] Freud konnte sehr ähnliche Formulierungen in den denkwürdigen Epigrammen Schopenhauers und Nietzsches finden. Sein konkreter Beitrag bestand darin, daß er eine schattenhafte, sozusagen poetische Vorstellung faßte, ihr Präzision verlieh und aus ihr das Fundament einer Psychologie machte, indem er die Ursprünge und Inhalte des Unbewußten und seinen gebieterischen Drang nach Ausdruck auf-

---

* Im Lichte von Freuds Determinismus haben Psychoanalytiker mit Recht darauf hingewiesen, daß ihre Technik der freien Assoziation eine falsche Bezeichnung trägt. Schließlich sind die Sequenzen von Ideen und Erinnerungen, die der Analysand auf der Couch produziert, gerade deshalb von Interesse, weil sie unsichtbar, aber unauflösbar zusammengeschweißt sind.

zeigte. »Die Psychoanalyse wurde aber durch das Studium der pathogenen Verdrängungen ... gezwungen, den Begriff des ›Unbewußten‹ ernst zu nehmen«, bemerkte Freud später.[81]

Die Verbindung des Unbewußten mit der Verdrängung geht auf Freuds frühe psychoanalytische Theorien zurück. Strähnen von bewußtem Denken erscheinen wie zufällige Gruppen von einzelnen Elementen nur, weil der größte Teil ihrer assoziativen Verbindungen verdrängt worden ist. Mit Freuds Worten ist seine Verdrängungstheorie »der Grundpfeiler des Verständnisses der Neurosen«[82] – und nicht der Neurosen allein. Das Unbewußte besteht größtenteils aus verdrängtem Material. Dieses Unbewußte, wie Freud es auffaßte, ist nicht der Teil der Psyche, der zeitweilig aus der Sicht verschwundene und leicht rückrufbare Gedanken beherbergt; dies nannte er vielmehr das Vorbewußte. Das eigentliche Unbewußte ähnelt vielmehr einem weitgehend ausbruchsicheren Gefängnis mit asozialen Insassen, die schon seit Jahren schmachten oder neu eingeliefert wurden, Insassen, die hart behandelt und schwer bewacht, aber kaum unter Kontrolle gehalten werden und ständig auszubrechen versuchen. Ihre Ausbrüche gelingen nur in gewissen Abständen und unter großen Kosten für sie selbst und andere. Der Psychoanalytiker, der daran arbeitet, Verdrängungen wenigstens teilweise aufzulösen, muß daher die großen Gefahren erkennen, die damit verbunden sind, und die Explosivkraft des dynamischen Unbewußten respektieren.

Da die Hindernisse, die der Widerstand in den Weg legt, sehr groß sind, ist es selbst im günstigsten Falle sehr schwierig, das Unbewußte bewußt zu machen. Dem Wunsch, sich zu erinnern, steht der Wunsch zu vergessen gegenüber. Dieser Konflikt, in die Struktur der psychischen Entwicklung praktisch von der Geburt an eingefügt, ist das Werk der Kultur, gleich ob sie äußerlich als Polizei oder innerlich als Gewissen wirkt. Aus Angst vor ungezügelten Leidenschaften hat es die Welt im Laufe der ganzen überlieferten Geschichte für nötig gehalten, die beharrlichsten menschlichen Triebe als unmanierlich, unmoralisch oder gottlos zu brandmarken. Von der Veröffentlichung von Büchern über gutes Benehmen bis zur Verfolgung von Nacktheit an den Stränden, vom Gebot, Höhergestellten zu gehorchen, bis zur Verhängung des Inzest-Tabus kanalisiert, beschränkt, frustriert die Kultur die Begierde. Der Geschlechtstrieb drängt wie die anderen primitiven Triebe unaufhörlich nach Befriedigung angesichts von strengen, oft übermäßigen Verboten. Selbsttäuschung und Heuchelei, die wahre Gründe durch »gute« Gründe ersetzen, sind die bewußten Gefährten der Verdrängung; sie verleugnen leidenschaftliche Bedürfnisse um der Eintracht in der Familie, der sozialen Harmonie oder der bloßen Achtbarkeit willen. Sie verleugnen diese Bedürfnisse, aber sie können sie nicht zerstören. Freud gefielen die Sätze Nietzsches, die ihm einer seiner Lieblingspatienten, der

»Rattenmann«, zitierte: »›Das habe ich getan‹, sagt mein Gedächtnis, ›das kann ich nicht getan haben‹ – sagt mein Stolz und bleibt unerbittlich. Endlich – gibt das Gedächtnis nach.«[83] Der Stolz ist die einschränkende Hand der Kultur, das Gedächtnis der Bericht über die Begierde im Denken und Handeln. Es mag sein, daß der Stolz gewinnt, aber die Begierde bleibt die dringendste Eigenschaft der Menschheit. Das bringt uns zurück zu den Träumen; sie demonstrieren erschöpfend, daß der Mensch das wünschende Tier ist. Und davon handelt *Die Traumdeutung*: von Wünschen und ihrem Schicksal.

Freud war natürlich ebensowenig der erste, der die elementare Kraft leidenschaftlicher Begierden erkannte, wie er der erste war, der das Unbewußte entdeckte. Philosophen, Theologen, Dichter, Dramatiker, Essayisten und Autobiographen hatten diese Kraft mindestens seit der Niederschrift des Alten Testaments gefeiert oder beklagt. Jahrhundertelang hatten Menschen auch, wie Platon, der heilige Augustinus oder Montaigne bezeugen, das Wirken der Leidenschaften in ihrem Innenleben sondiert. In Freuds eigener Zeit war in den Salons und Cafés von Wien eine solche Selbstprüfung allgemein üblich geworden. Das 19. Jahrhundert war das psychologische Jahrhundert par excellence. Es war eine Zeit, in der bekennerische Autobiographien, zwanglose Selbstporträts, ichbezogene Romane, intime und geheime Tagebücher von einem Rinnsal zu einem Strom anschwollen und in der ihre Subjektivität, ihre absichtliche Innerlichkeit merklich zunahmen. Was Rousseau in seinen peinlich offenen *Bekenntnissen* und der junge Goethe in seinen selbstquälerischen und selbstbefreienden *Leiden des jungen Werthers* im 18. Jahrhundert gesät hatten, ernteten im 19. Jahrhundert die Jahrzehnte Byrons und Stendhals, Nietzsches und William James'. Thomas Carlyle sprach scharfsinnig von »unseren autobiographischen Zeiten«.[84] Aber diese moderne Beschäftigung mit dem Selbst war keineswegs ein reiner Gewinn. »Der Schlüssel zu der Periode«, sagte Ralph Waldo Emerson in seinem späteren Leben, »schien zu sein, daß der Geist seiner selbst bewußt geworden war.« Mit dem »neuen Bewußtsein«, dachte er, »wurden die jungen Männer mit Messern im Hirn geboren, mit einer Neigung zur Introversion, zur Selbstsezierung, zur Zergliederung von Motiven«.[85] Es war ein Zeitalter der Hamlets.

Viele dieser Hamlets waren Österreicher. In zunehmendem Maße gestattete ihnen ihre Kultur, mit exhibitionistischer Freiheit zu enthüllen, was in ihnen vorging. Ende 1896 sezierte der Wiener Satiriker Karl Kraus die herrschende Stimmung mit beißender Präzision: »Bald war man mit dem consequenten Realismus fertig, und das Griensteidl« – ein von Literaten stark besuchtes Café – »stand unter dem Zeichen des Symbolismus. ›Heimliche Nerven!‹ lautete jetzt die Parole; man fing an, ›Seelenzustände‹ zu beobachten und wollte der gemeinen Deutlichkeit der Dinge entfliehen. Eines der wichtigsten Schlagworte aber war ›Leben‹, und allnächtlich kam man zusammen, sich mit dem Leben auseinanderzusetzen oder, wenn's hoch ging, das Leben zu deuten.«[86] Das Artefakt, das solche intensive Beschäftigung vielleicht am deutlichsten dokumentierte, war Alfred Kubins Zeichnung *Selbstbetrachtung* aus dem Jahre 1902. Sie stellt eine stehende, halbnackte, kopflose Figur, von hinten gesehen, dar, und auf dem Boden liegt, dem Betrachter zugewandt, ein für den enthaupteten Körper zu großer Kopf, der blind starrt und dessen offener Mund schreckliche Zähne zeigt.

Diese Zeichnung sieht aus wie eine Illustration zu *Die Traumdeutung*, was sie aber nicht war. Freud hatte wenig Interesse an dieser erregten, überstimulierten Wiener Welt. Wie jeder in Wien las er die brillante, einzigartige Zeitschrift *Die Fackel*, eine geistreiche und vernichtende Geißel der politischen, sozialen und sprachlichen Korruption, die von Karl Kraus herausgegeben und beinahe gänzlich von ihm geschrieben wurde. Mehr noch, er schätzte Arthur Schnitzlers Novellen, Romane und Dramen sehr hoch wegen des Scharfsinns, mit dem sie die innere und hauptsächlich die sinnliche Welt ihrer Charaktere bloßlegten. Schnitzler begab sich mit dem folgenden Vierzeiler sogar auf Freuds Spezialgebiet, den Traum:

»Träume sind Begierden ohne Mut,
Sind freche Wünsche, die das Licht des Tags
Zurückjagt in die Winkel unsrer Seele,
Daraus sie erst bei Nacht zu kriechen wagen.«

Freud äußerte sein beständiges Gefallen an Schnitzlers Werk und sagte Schnitzler in einem Brief, der mehr als nur höfliche Schmeichelei war, daß er ihn um seine »geheime Kenntnis« des Menschenherzens beneide.[87] Aber zum größten Teil hielt sich Freud, wie wir gesehen haben, den modernen Dichtern und Malern und Kaffeehausphilosophen fern und verfolgte seine Forschungen in der strengen Isolation seines Sprechzimmers.

Eine unwiderstehliche Entdeckung, die ein zentrales Thema in der *Traumdeutung* und in der Psychoanalyse allgemein bildet, war, daß die beharrlichsten Wünsche des Menschen infantilen Ursprungs, in der Gesellschaft unzulässig und zum größten Teil so geschickt verborgen sind, daß sie für die bewußte Erforschung praktisch unzugänglich bleiben. Freud verglich diese »immer regen, sozusagen unsterblichen Wünsche unseres Unbewußten« mit den Titanen der Sage; sie tragen die Last der schweren Gebirgsmassen, »die einst von den siegreichen Göttern auf sie gewälzt wurden«, aber von Zeit zu Zeit bewegen sie noch konvulsivisch die Glieder. Das sind die verborgenen Kräfte, die unter allen Träumen liegen. Freud beschrieb den Tagesgedanken, der zu einem Traum anregt, als einen Unternehmer mit Ideen, aber ohne Kapital; der Kapitalist, der das Geld für das Unternehmen beisteuert, ist »*ein Wunsch aus dem Unbewußten*«.[88] Diese Rollen sind nicht immer scharf getrennt; der Kapitalist kann selbst zum Unternehmer werden. Das wesentliche ist, daß ein Traum, um zustande zu kommen, sowohl einen Anreger als auch eine Energiequelle braucht.

Das wirft die Frage auf, warum sich der Kapitalist gezwungen fühlt, seinen Überschuß zu investieren. Die Antwort, die Freud gibt, erinnert an seinen gescheiterten Entwurf von 1895: Der menschliche Organismus strebt danach, Erregungen zu reduzieren, aber er aktiviert auch Erinnerungen, um frühere lustvolle Erlebnisse zurückzurufen, vielleicht um ihre Wiederholung zu sichern. So werden Wünsche geboren. Sie schaffen Konflikte im Unbewußten, weil sie, da sie keine Mäßigung kennen, den Geboten der kulturellen Institutionen zuwiderlaufen, in denen das Kind aufwächst. Aber obwohl sie verdrängt werden, verschwinden sie nicht: »Unbewußte Wünsche bleiben immer rege.« Freud schloß, daß sie »unzerstörbar« bleiben. »Im Unbewußten ist nichts zu Ende zu bringen, ist nichts vergangen oder vergessen.« Aber diese Wünsche werden nach einiger Zeit sozusagen raffinierter. Was Freud den »Primärvorgang« nannte, die Sammlung primitiver, ungezähmter psychischer Energien, die in der Psyche von Anfang an vorhanden ist, steht noch ganz unter dem Einfluß des Lustprinzips: Er will Befriedigung, rücksichtslos, geradezu brutal, ohne Geduld zum Nachdenken oder Aufschub. Aber im Laufe der Entwicklung gelingt es der Psyche, einen »Sekundärvorgang« darüber zu lagern, welcher der Realität Rechnung trägt; er reguliert das psychische Funktionieren weniger leidenschaftlich und wirksamer durch die Einführung des Denkens, des Berechnens, der Fähigkeit, Befriedigungen aufzuschieben, um sie später zu genießen. Freud warnte davor, den Einfluß des Sekundärvorgangs zu überschätzen; der Primärvorgang behalte während des ganzen Lebens seine Gier bei. Daher muß, wie Freud den Sachverhalt in den späteren Auflagen seines Traumbuches lakonisch darstellte, der Betrachter von Träumen erkennen, »daß die *psychische Realität* eine besondere Existenzform ist, welche mit der *materiellen* Realität nicht verwechselt werden soll«.[89] Indem er das Buch in diesem Ton beendete, rechtfertigte Freud triumphierend das ehrgeizige Programm, mit dem er es begonnen hatte. Wenn, schrieb er 1910 hoffnungsvoll, seine »bedeutendste Arbeit«, *Die Traumdeutung*, »Anerkennung fände, müßte auch die Normalpsychologie auf neue Grundlagen gestellt werden«.[90]

Von Rom nach Wien: ein Fortschritt

Der vielleicht interessanteste und sicherlich einer der gewichtigsten Schlüssel zu seinem Geist, den Freud in der *Traumdeutung* unterbrachte, ist das Thema Rom, das in der Ferne glänzte als höchster Preis und unbegreifliche Drohung. Es war eine Stadt, die zu sehen er begierig war, aber er fand seinen Wunsch seltsam vereitelt durch eine Art von phobischem Verbot. Er machte mehr als einmal Ferien in Italien, aber er kam nicht näher an Rom heran als bis zum etwa 80 Kilometer entfernten Trasimenischen See. Dort hatte einst auch Hannibal haltgemacht. Ende 1897 träumte er davon, daß er und Fließ einen ihrer »Kongresse« in Rom abhalten könnten[91], und Anfang 1899 spielte er mit dem Gedanken, Fließ dort zu Ostern zu treffen.[92] Er hielt es für eine glänzende Idee, schrieb er später in diesem Jahr, »von den ewigen Gesetzen des Lebens in der ewigen Stadt zuerst zu hören«.[93] Er studierte die Topographie Roms mit einer Sehnsucht, die, wie er schrieb, immer quälender wurde[94], und es war ihm bewußt, daß seine Obsession etwas entschieden Seltsames an sich hatte. »Meine Romsehnsucht ist übrigens tief neurotisch«, schrieb er Fließ. »Sie knüpft an die Gymnasialschwärmerei für den semitischen Heros Hannibal an.«[95] Wie wir wissen, deutete Freud seine »Gymnasialschwärmerei« als einen Ausdruck seines leidenschaftlichen Wunsches, Antisemiten herauszufordern und zu besiegen. Rom zu erobern, bedeutete einen Triumph am Sitz – im regelrechten Hauptquartier – der unversöhnlichsten Feinde der Juden. »Hannibal und Rom symbolisierten dem Jüngling den Gegensatz zwischen der Zähigkeit des Judentums und der Organisation der katholischen Kirche.« Doch dahinter steckte noch mehr; sein Wunsch, nach Rom zu kommen, schrieb er, wurde »zum Deckmantel und Symbol für mehrere andere heiß ersehnte Wünsche«.[96] Sie waren, wie er andeutete, ödipaler Natur. Er erinnerte sich an das alte, den Tarquiniern gegebene Orakel, daß der, der als erster die Mutter küßte, der Herrscher Roms werden würde.[97]* Als mit Affekt besetztes und ambivalentes Symbol stand Rom für Freuds mächtigste verborgene erotische und kaum weniger verborgene aggressive Wünsche.

Als Freud *Die Traumdeutung* veröffentlichte, hatte er Rom noch nicht erobert. Er fand dies irgendwie angemessen; es paßte zu dem Gefühl der Einsamkeit und Frustration, das ihn in diesen stürmischen Jahren der inneren Klärung und des waghalsigen Theoretisierens heimsuchte. Er hatte lange an dem Buch gearbeitet und faßte seine Beendigung als einen Verlust

---

* Die psychoanalytische Implikation dieses Kusses ist (obwohl Freud dies nicht ausdrücklich sagt) der Triumph über den Vater. Es mag noch tiefere Geheimnisse und weiterreichende Implikationen geben, aber Freud liefert nicht genug Stoff für sichere Spekulationen.

auf. Eine Zeitlang war er deprimiert, und Anfang Oktober 1899 bestätigte
er die Bemerkung von Fließ, daß es »eine schmerzliche Empfindung« ist,
etwas von sich zu geben, »was einem allein zu eigen war«. Nach all seiner
früheren Selbstkritik gefiel ihm sein demnächst erscheinendes Buch »gewiß
nicht gut, aber weit besser«. Die Veröffentlichung mußte er, wie er sagte,
noch schmerzlicher verspüren, »da es nicht Gedanken-, sondern Gefühlseigentum war, was sich loslöste«.[98] Die schwachen, noch fernen Sturmwar-
nungen, daß er sich vielleicht von Fließ trennen mußte, einem anderen geliebten Gefühlseigentum dieser Jahre, hellten seine Stimmung nicht auf.
Ebensowenig konnte er heitere Gelassenheit aufbringen, als er erfuhr, daß
er – nicht zum erstenmal – für eine Professur übergangen worden war. Er
schickte eines der beiden ersten Exemplare seines Traumbuches Fließ als
Geburtstagsgeschenk und wappnete sich stoisch gegen die Reaktion der
Öffentlichkeit: »Ich bin mit dem Zeug schon lange ausgesöhnt und sehe
seinen Schicksalen mit – resignierter Spannung entgegen.«[99]

Tatsächlich war Freuds Spannung echt, aber nicht seine Resignation. Er
war lustlos, launisch, gereizt über die ersten Leser des Traumbuches, die
auf kleine Irrtümer hinweisen, anstatt das Ganze zu loben. Das Protestge-
schrei, auf das er sich vorbereitet hatte, blieb aus, aber die erste Besprechung der *Traumdeutung*, die ziemlich prompt im Dezember erschien,
mißfiel ihm. Sie war einfach »inhaltslos« als Kritik, schrieb er Fließ, und
»als Referat mangelhaft«. Der Kritiker, ein gewisser Carl Metzentin, ver-
söhnte Freud teilweise mit einem einzigen Wort: »epochal«.[100] Das war
nicht genug. Freud fand die Einstellung der Wiener zu seinen Ideen »sehr
ablehnend«, und er versuchte sich mit dem Gedanken aufzuheitern, daß er
und Fließ unerschrockene Pioniere waren: »Wir sind doch schrecklich weit
voraus.« Aber seine düstere Stimmung ließ nicht nach. »Zum theoretischen
Arbeiten reicht die Kraft jetzt gar nicht. Am Abend langweile ich mich also
gräßlich.«[101] Langeweile ist oft ein Symptom von Zorn und Angst und war
es das wahrscheinlich auch für Freud, den beunruhigten Schöpfer eines
undefinierbaren Meisterwerks.

Das neue Jahr brachte keine Erleichterung. Anfang Januar 1900 fand er
eine Besprechung in *Die Zeit*, einer vielgelesenen Wiener Tageszeitung,
»blöd« und »wenig schmeichelhaft, ungemein verständnislos«.[102] Eine andere in der *Nation* von einem Bekannten, dem Dichter und Dramatiker
Jakob Julius David, war »liebenswürdig und feinsinnig«, wenn auch »etwas verschwommen«. Sie trug wenig dazu bei, ihn zu trösten. »Ich finde die
Wissenschaft immer schwieriger. Am Abend möchte ich gerne etwas, was
aufheitert, erfrischt und wegräumt, bin aber immer allein.«[103] Das klingt
verdächtig wie ein Anflug von Selbstmitleid. Er schien entschlossen zu sein,
sich von Leere umgeben zu fühlen und nichts anderes zu erwarten als Un-
verständnis und Vernachlässigung. »Von der Außenwelt war ich so gut wie

abgeschnitten«, berichtete er im März 1900. »Kein Blättchen rauschte, um zu verraten, daß die Traumdeutung irgendwem das Gemüt bewegt. Erst gestern überraschte mich ein recht liebenswürdiger Aufsatz im Feuilleton einer Tageszeitung, ›Wiener Fremdenblatt‹.« Nur gute Nachrichten überraschten ihn nun. »Ich überlasse mich meinen Phantasien, spiele Schach, lese englische Romane; alles Ernsthafte bleibt verbannt. Seit zwei Monaten ist keine Zeile mehr von dem, was ich lerne oder ahne, schriftlich fixiert worden. Ich lebe so als genußsüchtiger Philister, sowie ich vom Handwerk frei bin. Du weißt, wie eingeschränkt meine Genüsse sind; ich darf nichts Gutes rauchen, Alkohol leistet mir gar nichts, mit dem Kinderzeugen bin ich fertig, der Verkehr mit Menschen ist mir abgeschnitten. Ich vegetiere also harmlos, sorgsam, die Aufmerksamkeit von dem Thema, das ich tagsüber bearbeite, abgelenkt zu erhalten.«[104] Er schien erschöpft zu sein.

Die Gründe für Freuds gedrückte Stimmung waren zum Teil finanzieller Natur, denn seine Praxis ging nicht immer gut. Er suchte Rettung in seiner Selbstdisziplin, seinem hart erworbenen seelischen Gleichgewicht, aber er brachte bestenfalls Gleichgültigkeit zustande. »Ich bin zwar«, schrieb er am 7. Mai 1900 als Antwort auf die Geburtstagsglückwünsche von Fließ, »im allgemeinen – bis auf einen schwachen Punkt: der Angst vor der Not – zu verständig zu klagen.« Er erkannte, »was ich alles habe und auf wie wenig man nach der Statistik des menschlichen Elends ein Recht hat«.[105] Aber manchmal stürzte ihn seine Unfähigkeit, einige seiner schwerer zu behandelnden Analysanden zu verstehen und ihnen zu helfen, in Verzweiflung, und wenn er sich in dieser Stimmung befand, wurden sie zu seinen Quälgeistern.[106] In den späten Wintertagen des Jahres 1900, als er sich nach Frühling und Sonne sehnte, sprach er dunkel von »Katastrophe« und »Einsturz«; er mußte seine »sämtlichen Luftschlösser demolieren«, aber er tat sein Bestes und faßte »etwas Mut, sie wieder aufzubauen«.[107]

Öffentliche Nichtbeachtung und private Einsamkeit verstärkten sich gegenseitig. Er verglich sich mit Jakob, der mit dem Engel rang. Überwältigt und atemlos bat er den Engel, von ihm abzulassen. »Zur gerechten Strafe wird es mir sein«, sagte er in der weitaus falschesten Voraussage, die er je machte, »daß keine der unentdeckten Provinzen im Seelenleben, die ich zuerst von den Sterblichen betreten, je meinen Namen führen oder meinen Gesetzen gehorchen wird.« Alles, was ihm sein Ringen mit dem Engel eingetragen hatte, war ein Hinken, und er schwelgte in dieser melancholischen Karikatur seines vorzeitigen Niedergangs. »Ja, ich bin wirklich schon 44 Jahre«, schrieb er im Mai 1900, »ein alter, etwas schäbiger Israelit.«[108] Dieselbe grämliche Haltung nahm er seiner Familie gegenüber ein: Als er seinen Nichten in Berlin für ihre Geburtstagswünsche dankte, nannte er sich einen »alten Onkel«.[109] Im Jahr darauf bemerkte er resigniert, daß er die Familie, offenbar vergeblich, gebeten hatte aufzuhören, etwas für die

Geburtstage der Alten zu tun, und er beschrieb sich eher als ein ältliches Monument denn als »Geburtstagskind«.[110] Sein Alter noch mehr als seine »Schäbigkeit« sollte ihm von nun an zu schaffen machen.

So beredsame Elegien, unveränderlich in Moll, zeigen, wie verwundbar Freud um 1900 trotz seiner Selbstanalyse noch war. Er wich den Gefahren des Erfolges aus, indem er das Gespenst des Mißerfolgs heraufbeschwor. Freud muß gewußt haben, daß die Originalität und die Anstößigkeit seiner Ideen verblüfftes Schweigen oder empörte Ablehnung auslösen mußten; er hätte beides als unfreiwilliges Kompliment auffassen können. Aber er war unzufrieden mit seinen Rezensenten, mit seinen Patienten, mit seinen Freunden, mit sich selbst. Die Geburt seines »Traumkindes«[111] war wirklich schwer gewesen.

Freud fand es entmutigend, daß die Vollendung seiner Abhandlung, von der er so viel erwartet hatte, so wenig dazu beitrug, seine Frustrationen zu beseitigen oder sein Gefühl der erzwungenen Einsamkeit zu erleichtern. Im März 1900 blickte er sehnsüchtig auf den vorausgegangenen Sommer zurück, als er in »fieberhafter Tätigkeit« das Traumbuch abgeschlossen hatte. Er war törichterweise »wieder einmal hoffnungstrunken, daß jetzt ein Schritt gegen die Freiheit und das Wohlbehagen geschehen sei. Der Empfang des Buches und das Stillschweigen seither haben das keimende Verhältnis zum Milieu wieder zerstört.«[112] Doch allmählich erholte er sich von seiner Depression. Im September 1901 hatte er durch seine Selbstanalyse genug Auftrieb erhalten und endlich seine lange Hemmung überwunden. Er besuchte in Gesellschaft seines Bruders Alexander Rom. Wie viele Nordeuropäer, die zum erstenmal Rom betreten, wie Gibbon, wie Goethe, wie Mommsen, ging er in einem Nebel des Entzückens umher. Das christliche Rom beunruhigte ihn, das moderne Rom erschien ihm vielversprechend und kongenial, aber das antike Rom und das Rom der Renaissance stimmten ihn heiter, als er eine Münze in den Trevi-Brunnen warf, sich an den Überresten der Antike erfreute, fasziniert vor dem *Moses* des Michelangelo stand. Der Besuch war, sagte er nüchtern und ohne eine Übertreibung zu beabsichtigen, »ein Höhepunkt« in seinem Leben.[113]

Freud schickte seiner Familie jeden Tag überschwengliche Botschaften und fragte sich, was ihn so lange davon abgehalten hatte, sich dieses höchste Vergnügen zu gönnen. Als er am 3. September, »Mittag gegenüber Pantheon«, seiner Frau schrieb, rief er aus: »Davor habe ich mich also jahrelang gefürchtet!« Er fand Rom »geradezu liebenswürdig heiß«, das römische Licht »herrlich«.[114] Die Sorge um ihn sei überflüssig, versicherte er seiner Frau zwei Tage später; das Leben, das er führte, war »großartig für Arbeit und Genuß, bei dem man sich und andere wirklich vergißt«.[115] Am 6. September, immer noch in Rom und mit ungebrochen guter Laune, berichtete er in seinem lebhaften Telegrammstil: »Heute nachmittag einige Eindrücke, von denen man jahrelang zehren wird.«[116] Später, bei seinen häufigen Besuchen in Italien, äußerte er sich begeistert über die Schönheit Venedigs[117] und der Landschaft um Neapel (wenn auch nicht der Menschen dort).* Aber Rom, »dieser göttlichen Stadt«,[118] gab er immer den Vorzug. Als er seiner Tochter Mathilde bei einem seiner Besuche in Rom schrieb, sagte er ihr, daß er nicht in Fiesole, dem lieblichen Ort in den Hügeln über Florenz, bleiben wollte, »weil es mich nach dem herben Ernst von Rom hinzog ... Dieses Rom ist eine sehr merkwürdige Stadt, das haben schon viele gefunden.«[119]

Freud zog bald Nutzen aus den psychologischen Gelegenheiten, die ihm seine Eroberung Roms eröffneten. Sein Besuch war zugleich Sinnbild und Instrument einer größeren inneren Freiheit, Zeichen einer neuen Flexibilität für soziale und politische Schachzüge; er half ihm, aus dem halb befriedigenden, halb erschreckenden, zweideutigen Limbus seiner *splendid isolation*[120] aufzutauchen. Im Herbst 1902 begann Freud, sich jeden Mittwoch Abend in der Berggasse 19 mit einer sehr kleinen, langsam wachsenden Anzahl von Ärzten – anfangs waren es nur fünf – und einigen interessierten Laien zu treffen, um unter seinem unbestrittenen Vorsitz Krankengeschichten, psychoanalytische Theorie und Vorstöße in die Psychobiographie zu diskutieren. Etwas mehr als ein halbes Jahr zuvor, im Februar, hatte er endlich die Professur erhalten, die er seit Jahren begehrt und verdient hatte. Von nun an sollte Freud nie wieder ohne gesellschaftliche Stellung, öffentliche Resonanz, begeisterte Anhänger und private Kontroversen sein.

Die gewundene Geschichte von Freuds akademischer Laufbahn wirft ein helles Licht auf die – zugleich labyrinthischen und gemütlichen – Wege der Beförderung im österreichisch-ungarischen Reich. Originalität war nicht notwendigerweise ein Hindernis, Verdienst nicht notwendigerweise eine Voraussetzung. Nur Beziehungen, Protektion genannt, konnten das berufliche Fortkommen gewährleisten. Freud war Privatdozent seit 1885. Zwölf Jahre später, im Februar 1897, schlugen ihn zwei seiner einflußreichsten älteren Kollegen, Hermann Nothnagel und Richard von Krafft-Ebing, für den Rang eines außerordentlichen Professors vor. Das war eine Stellung, die hauptsächlich wegen des Prestiges (und der höheren Patientenhonorare) geschätzt wurde, denn der Titel brachte weder ein Gehalt noch die Mit-

---

* Am 1. September 1902 schickte Freud seiner Frau eine Postkarte aus Neapel, auf der er die Lage der Stadt und besonders den Blick auf den Vesuv rühmte. »Die Menschen aber«, fügte er hinzu, »sind ekelhaft, schauen aus wie die Galeerensträflinge. Spektakel und Schweinerei hier wie im Mittelalter. Vor allem aber ist es unmenschlich heiß« (Freud Museum, London).

gliedschaft im Professorenrat der medizinischen Fakultät. Immerhin: eine
Beförderung zum Professor, wie Freud offen sagte, »erhebt den Arzt in
unserer Gesellschaft zum Halbgott für seine Kranken«.[121] Andere aus
Freuds Jahrgang stiegen stetig in der professionellen Hierarchie auf, aber
Freud blieb Dozent. Das für seine Nominierung eingesetzte Sieben-Mann-
Komitee trat im März 1897 zusammen und sprach sich einstimmig für ihn
aus. Im Juni bestätigte die medizinische Fakultät die Empfehlung mit 22
gegen zehn Stimmen. Das Unterrichtsministerium unternahm nichts.

Freud sah schweigend zu, wie die Parade der Beförderungen Jahr für
Jahr an ihm vorbeizog. Er zögerte, die »schiefe Ebene«[122] zu betreten und
Fürsprecher zu suchen, die ihre Beziehungen zur höheren Bürokratie spielen lassen konnten. Er fand das österreichische Protektionssystem abscheulich.[123] Und er hielt sich nicht für einen verzweifelten Fall, der ohne dieses
System nicht weiterkommen konnte. Er hatte schließlich jeden Anspruch
auf Berücksichtigung. Seine gehaltvollen Monographien über Aphasie und
infantile Zerebrallähmung, die eine 1891, die andere sieben Jahre später
erschienen, waren eindrucksvolle Beweise seiner Kompetenz in vollkommen traditionellen Bereichen der Medizin. Aber es gab keine Professur für
Freud – weder 1897 noch 1898 oder 1899 noch 1900, in dem Jahr, in dem
Kaiser Franz Josef eine Anzahl von vorgeschlagenen Beförderungen bestätigte. Dann, Ende 1901, schwenkte Freud um. Er drückte seinen Abscheu
aus und verzeichnete bewußte Schuldgefühle, aber er ging von der Passivität zur Aktivität über. Die Ergebnisse zeigten sich rasch und waren spektakulär: Am 22. Februar 1902 unterzeichnete der Kaiser die Verfügung,
durch die Freud den Titel eines außerordentlichen Professors erhielt. Es
war ein großes Ereignis für die ganze Familie. Freuds Schwester Marie –
Mitzi – berichtete sofort nach Manchester, und ihr Halbbruder Philipp
antwortete erfreut auf die guten Nachrichten über »unseren geliebten Bruder Sigismund« und bat um »nähere Berichte«.[124]

Ein Brief von Freud an Fließ, einer der letzten ihrer Korrespondenz, hält
die näheren Einzelheiten mit peinlicher Ausführlichkeit fest. Fließ hatte
Freud dazu beglückwünscht, daß er endlich ein Herr Professor war, und
Ausdrücke wie »Anerkennung« und »Meisterschaft« gebraucht. In seiner
Antwort gestand Freud »in gewohntem, schädlichem Aufrichtigkeits-
drang« ein wenig gequält, daß er selbst alles inszeniert hatte. Nachdem er
im vorausgegangenen September aus Rom zurückgekehrt war, hatte er
seine Praxis stark reduziert vorgefunden; er hatte sich mit der zunehmenden Entfremdung zwischen ihm und Fließ einsamer denn je gefühlt, und er
hatte erkannt, daß das bloße Warten auf die Professur den größten Teil
vom Rest seines Lebens in Anspruch nehmen konnte. »Und ich wollte doch
Rom wiedersehen, meine Kranken pflegen und meine Kinder bei guter
Stimmung erhalten.« All dies zusammen trieb ihn auf die »schiefe Ebene«

der Suche nach Protektion. »So beschloß ich denn, mit der strengen Tugend zu brechen und zweckmäßige Schritte zu tun wie andere Menschenkinder auch.« Vier Jahre lang hatte er stillgehalten, jetzt wandte er sich an seinen alten Lehrer Sigmund von Exner, Professor der Physiologie, der ihm beinahe grob riet, feindselige Gefühle im Unterrichtsministerium zu neutralisieren und »einen persönlichen Gegeneinfluß zu suchen«. Freud mobilisierte daraufhin seine »alte Freundin und frühere Patientin«, Elise Gomperz, deren Mann Theodor Gomperz, der hervorragende Klassizist, den jungen Freud beauftragt hatte, einige Essays für die deutsche Ausgabe von John Stuart Mill zu übersetzen. Sie intervenierte, entdeckte aber, daß Freud Nothnagel und Krafft-Ebing dazu bringen mußte, ihren früheren Vorschlag zu erneuern. Das taten sie auch, aber vorerst ohne Wirkung.[125]

Dann nahm sich eine andere Freundin und Patientin Freuds an, die Baronin Ferstel, die einen höheren gesellschaftlichen Rang innehatte als Frau Professor Gomperz. Sie suchte die Bekanntschaft des Unterrichtsministers und nötigte ihm das Versprechen ab, »ihren Arzt, der sie gesund gemacht«, zum Professor zu ernennen. Das Bestechungsgeschenk, berichtete Freud, war ein »modernes Bild« von Emil Orlik für die Galerie, die der Minister einzurichten plante. Wenn, kommentierte Freud ironisch, »ein gewisser Böcklin« (offenbar begehrenswerter als ein bloßer Orlik) sich im Besitze Marie Ferstels befunden hätte, statt in dem ihrer Tante, »wäre ich drei Monate früher ernannt worden«. Aber Freud hob sich seinen bissigsten Sarkasmus für sich selbst auf. Die *Wiener Zeitung* hatte die Ernennung noch nicht gebracht, »aber die Nachricht, daß sie bevorstehe, hat sich von der amtlichen Stelle aus rasch verbreitet. Die Teilnahme der Bevölkerung ist sehr groß. Es regnet auch jetzt schon Glückwünsche und Blumenspenden, als sei die Rolle der Sexualität plötzlich von Sr. Majestät amtlich anerkannt, die Bedeutung des Traumes vom Ministerrat bestätigt und die Notwendigkeit einer psychoanalytischen Therapie der Hysterie mit 2/3 Majorität im Parlament durchgedrungen«. Freud hatte endlich gelernt, »daß diese alte Welt von der Autorität regiert wird wie die neue vom Dollar«. Nachdem er seine erste Verbeugung vor dieser Autorität gemacht hatte, durfte er nun auf seinen Lohn hoffen. Aber er sei ein Narr, ein Esel gewesen, so lange passiv zu warten: »In der ganzen Geschichte gibt es eine Person mit sehr langen Ohren, die in Deinem Brief nicht genügend gewürdigt wird, das bin: Ich. Wenn ich die paar Schritte vor drei Jahren unternommen hätte, wäre ich vor drei Jahren ernannt worden und hätte mir mancherlei erspart. Andere sind ebenso klug, ohne erst nach Rom gehen zu müssen.«[126] Er stellte es so dar, als wäre er barfuß im Schnee nach Canossa gegangen. Seine Freude über den neuen Titel war echt genug, aber diese Freude wurde getrübt durch Unbehagen wegen der unrühmlichen Listen, die er angewandt hatte, um zu erreichen, was er ohne sie hätte bekommen müssen.

Eines geht aus den Unterlagen klar hervor: Freuds akademische Laufbahn wurde auffällig – und wie es scheint vorsätzlich – behindert. Eine
ganze Anzahl von Ärzten wurde fünf oder vier Jahre oder auch schon ein
Jahr, nachdem sie Dozent geworden waren, zum Professor ernannt, einige
sogar zum ordentlichen Professor. Von 1885 an, während Freuds Warte-
zeit, betrug die übliche Spanne zwischen einer Dozentur und der Ernennung zum Professor acht Jahre. Der große Neurologe Julius Wagner von
Jauregg, der wie Freud 1885 Dozent geworden war, erhielt seine Professur
bereits vier Jahre später. Freud mußte sich siebzehn Jahre lang gedulden.
Abgesehen von den wenigen, die nie eine Professur erhielten, mußten nur
vier von den rund hundert Aspiranten, die in den letzten fünfzehn Jahren
des 19. Jahrhunderts zum Dozenten ernannt wurden, länger warten als
Freud.[127] Exner hatte recht: Es gab ein hartnäckiges Vorurteil gegen Freud
in amtlichen Kreisen.

Gewiß kann man Antisemitismus nicht ausschließen. Während Juden in
Österreich, auch solche, welche die profitable Zuflucht der Taufe ablehnten, weiterhin zu hohen Stellungen im Ärzteberuf aufstiegen, ließ die sich
ausbreitende Infektion des Antisemitismus einflußreiche Bürokraten nicht
unberührt. Als Nothnagel Freud 1897 mitteilte, daß er und Krafft-Ebing
ihn für eine Professur vorgeschlagen hatten, warnte er ihn davor, zuviel zu
erwarten: »Sie kennen die weiteren Schwierigkeiten.«[128] Nothnagel spielte
offensichtlich auf die für Juden ungünstige Atmosphäre im Wien Bürgermeister Luegers an. Wie wir gesehen haben, war der Antisemitismus der
1890er Jahre virulenter, offener als der Antisemitismus der frühen 1870er
Jahre, dessen Manifestationen Freud als Student an der Universität kennengelernt hatte. Im Jahre 1897, als er fest im Sattel saß, konnte Lueger den
Judenhaß für seine eigenen politischen Zwecke manipulieren. Daß diese
Atmosphäre ihre Auswirkungen auf die beruflichen Karrieren österreichischer Juden hatte, war kein Geheimnis, sondern ein Gemeinplatz. In seinem
Roman *Der Weg ins Freie*, der um die Jahrhundertwende spielt, läßt Arthur
Schnitzler eine seiner jüdischen Figuren, einen Arzt, zu seinem Sohn, der
gegen die herrschende Engstirnigkeit protestiert, sagen: »Persönlichkeit
und Leistung setzen sich am Ende immer durch. Was kann dir Arges passieren? Daß du um ein paar Jahre später die Professur kriegst als ein anderer.«[129] Ebendas passierte Freud.

Doch der Antisemitismus war wahrscheinlich nicht der einzige Grund
dafür, daß Freud so lange in seinem Limbus schmachtete. Seine skandalösen Theorien über den Ursprung der Neurosen konnten ihn kaum bei denen
beliebt machen, die in der besten Position waren, ihm den Weg zu ebnen.
Freud lebte in einer Kultur, die ebensosehr auf Achtbarkeit bedacht war
wie jede andere und begieriger auf Titel als die meisten anderen. Es war
noch nicht so lange her – nämlich erst 1896 –, daß er seinen Vortrag über

die sexuelle Ätiologie der Hysterie – sein »wissenschaftliches Märchen« – vor dem Wiener Verein für Psychiatrie und Neurologie gehalten hatte. Die Motive für das Zögern der Regierung, Freuds wissenschaftliche Verdienste anzuerkennen und zu belohnen, waren, wie er gesagt haben würde, »überdeterminiert« – komplex und schwer vollständig auszuloten.

Freuds eigene Motive sowohl für seine Geduld als auch für seinen plötzlichen Übergang zu einer wirksameren Taktik sind durchsichtiger. Er war immer auf Ruhm aus gewesen, aber er strebte nach einem nicht erkauften Ruhm, nach der Art von Anerkennung, die von allen die süßeste ist: dem Lohn allein für das Verdienst. Er wollte nicht wie der Mann sein, der seine Überraschungs-Geburtstagsparty selbst arrangiert, damit die Welt nicht die Aufmerksamkeit vergißt, die sie ihm schuldet. Aber sein frustrierendes Warten in den Vorzimmern der gesellschaftlichen Stellung wurde schließlich zuviel für ihn. Der Realismus triumphierte über die Phantasien und über seine anspruchsvollen Verhaltensnormen. Er mußte Wien nehmen, wie es war. Freud hatte selbstverständlich schon lange gewußt, daß ihm ein Professorentitel Türen öffnen und sein Einkommen wesentlich verbessern würde. Aber Geldsorgen allein hatten aus ihm nicht, wie er spöttisch sagte, einen »Streber«[130] gemacht. Solche Sorgen waren schließlich altvertraute Gefährten. Vielmehr ließ ihn seine neugefundene Fähigkeit, seinen Wunsch, Rom zu sehen, zu befriedigen und seinen Helden Hannibal zu übertreffen, auch seine anderen Wünsche nachsichtiger beurteilen. Freud beschloß nicht geradezu, sein Gewissen zu beurlauben; das war zu unerschütterlich, um entlassen zu werden. Aber er fand nun Mittel, es zu zwingen, seine strengen Forderungen an seine Rechtschaffenheit zu mäßigen.

All das und mehr geht aus Freuds Beichtbrief an Fließ hervor. Sein Ton, eine Mischung aus Trotz und Entschuldigung, zeigt, wieviel ihn diese neue Entschlossenheit kostete. Solange er wartete, schrieb er Fließ, konnte er sich denken, »daß sich unterdes kein Nebenmensch um mich bekümmern würde«. Aber nach seiner Eroberung Roms »war die Lust am Leben und Wirken etwas gesteigert, die am Martyrium etwas verringert bei mir«.[131] Dies muß einer der aufschlußreichsten Sätze sein, die Freud jemals über sich selbst äußerte. Er hatte nicht nur ein strenges, sondern ein strafendes Gewissen. Das Martyrium war die Sühne für Verbrechen, die er in seinen frühen Jahren begangen oder sich in seiner Phantasie ausgemalt hatte, ob sie nun die Form von Armut, Einsamkeit, Versagen oder frühzeitigem Tod annahm. Freud war nicht gerade ein moralischer Masochist, aber er fand eine gewisse Freude am Schmerz.

Seine Gewohnheit, seine geistige Isolation zu dramatisieren, bezeugt diese Neigung. Er hatte etwas von einem Advokaten und etwas von einem Erzähler an sich: Beide malen in starken Farben und scharfen Umrissen. Er hatte zudem etwas vom selbstbewußten Helden, denn er identifizierte sich

mit solchen welthistorischen Giganten wie Leonardo da Vinci und Hannibal, von Moses ganz zu schweigen, und diese phantasiereichen Spiele, die
so ernst wie verspielt waren, verliehen seinen Kampfberichten eine gewisse
großartige Einfachheit. Aber wenn Freuds autobiographische Berichte
seine Kämpfe stilisieren, so fangen sie eine bewegende Wahrheit ein: So
empfand er selbst diese Kämpfe. Noch im späten reifen Alter schmerzten
die Narben. Im Jahre 1897 trat er der zwei Jahre zuvor gegründeten Wiener
Loge der B'nai B'rith bei und begann, den Brüdern populärwissenschaftliche Vorträge zu halten. Er fühlte sich »wie geächtet«, er suchte nach einem »Kreis von auserlesenen ... Männern, die mich ungeachtet meiner
Verwegenheit freundschaftlich aufnehmen sollten«.[132] Die Erinnerung an
diese Jahre stimmte ihn immer düster. »Durch mehr als ein Jahrzehnt nach
der Trennung von Breuer hatte ich keine Anhänger«, schrieb er ein Vierteljahrhundert später. »Ich stand völlig isoliert. In Wien wurde ich gemieden,
das Ausland nahm von mir keine Kenntnis.« Was *Die Traumdeutung* anbetraf, so wurde sie »in den Fachzeitschriften kaum referiert«.[133]

Jede dieser Behauptungen ist ein wenig irreführend. Freuds Entfremdung von Breuer ging allmählich vor sich, nicht abrupt, und es gab dabei
immer wieder Augenblicke der Annäherung. Jedenfalls war er nicht völlig
allein: Fließ und in geringerem Maße Minna Bernays standen ihm in den
kritischen Jahren der Entdeckung bei. Er wurde auch in den Wiener Ärztekreisen nicht wirklich gemieden. Hervorragende Fachleute waren bereit,
einen Außenseiter zu empfehlen, dessen Theorien sie bestenfalls extravagant fanden. Wie wir gesehen haben, schlug Krafft-Ebing, der 1896 seinen
Vortrag über den Ursprung der Neurosen ein Märchen genannt hatte,
Freud im folgenden Jahr für eine Professur vor. Außerdem wurde sein
Traumbuch im In- und Ausland zwar erst mit einiger Verzögerung beach-
tet, aber es fand einige verständnisvolle, ja sogar begeisterte Rezensenten.
Zweifellos hatte Freud gute Gründe dafür, sich als exponierten Pionier zu
sehen, der in gefährlichem Terrain arbeitete; Fachzeitschriften bezeichne-
ten seine Ideen als absurd und gaben ihm noch spöttischere Namen. Aber
Freud hielt hartnäckig an seiner Einsamkeit fest und maß den ermutigenden Zeugnissen geringen Wert bei oder ließ sie manchmal völlig außer acht.
Es war, als wollte er, indem er abergläubisch bei seiner mühevollen Arbeit
und seinem bevorstehenden Tod verweilte, die eifersüchtigen Götter nicht
herausfordern, die nichts so sehr verübeln wie lächelnden Erfolg. Doch
Aberglaube ist, wie Freud selbst gezeigt hatte, die Erwartung von Unheil
durch die Projektion feindseiliger und uneingestehbarer Wünsche; und
Freuds Aberglaube weist zurück auf die unbewußten Konflikte, die seine
Kindheit belasteten, auf seine aggressiven Phantasien und seine Geschwisterrivalität, ganz zu schweigen von seiner Angst vor Vergeltung für seine
bösen Wünsche.

In den späten 1890er Jahren scheint Freud mit dem Tod seines Vaters, dem Fortschreiten seiner Selbstanalyse und dem zunehmenden Tempo seines psychoanalytischen Theoretisierens seine ödipalen Konflikte mit besonderer Heftigkeit wiedererlebt zu haben. Als er *Die Traumdeutung* schrieb, forderte er seine Ersatzväter heraus – die Lehrer und Kollegen, die ihn gefördert hatten und die er nun hinter sich ließ.* Er nahm Risiken auf sich, die von Monat zu Monat extremer zu sein schienen, und ging seinen eigenen Weg. Der erste Besuch Roms im September 1901 besiegelte seine Unabhängigkeit. Durch diese trübe Atmosphäre navigierend, sein eigenes Bedürfnis nach Martyrium herausfordernd und auskostend, zahlte Freud ostentativ seine psychologischen Schulden.

Doch er arbeitete, und die Arbeit brachte ihn immer wieder zu sich. Im Jahr 1901 war er sehr beschäftigt. Eher widerwillig schrieb er einen Abriß der *Traumdeutung*, der in diesem Jahr unter dem Titel *Über den Traum* veröffentlicht wurde. Noch einmal Land zu überqueren, das er schon so gründlich erforscht hatte, langweilte und verbitterte ihn. Mehr Freude fand er daran, *Zur Psychopathologie des Alltagslebens* zu beenden und ebenfalls in diesem Jahr erscheinen zu lassen. Noch fesselnder war der Fall einer Hysterikerin, der berühmten »Dora«. Er schrieb den größten Teil dieses Falles im Januar nieder, veröffentlichte ihn aber erst 1905. Die Psychoanalyse des Witzes, die ebenfalls Gegenstand eines 1905 veröffentlichten Buches wurde, beschäftigte ihn zwischendurch immer wieder. Das Beste von allem aber war, daß sich, ein wenig zu seinem verwirrten Erstaunen, seine langgehegten verstreuten Ideen über die Sexualität zu einer umfassenden Theorie zu summieren begannen.

Eine Landkarte der Sexualität

Während Freud die Korrekturen der *Traumdeutung* las, rührten sich in ihm einige seiner Ideen über die Sexualität. »Es arbeitet merkwürdigerweise im untersten Stockwerk«, schrieb er Fließ im Oktober 1899. »Eine Sexualtheorie«, fügte er prophetisch hinzu, »dürfte die nächste Nachfolgerin des

---

* Freuds »tiefes Selbstvertrauen«, schrieb Ernest Jones, »hatte sogar auf geistigem Gebiet hinter merkwürdigen Minderwertigkeitsgefühlen verborgen gelegen«; er hatte versucht, sie zu überwinden, indem er seine Mentoren in eine unangreifbare Position erhob, die es ihm gestattete, von ihnen abhängig zu bleiben. Er »machte sechs Männer, die in seinen Anfängen eine große Rolle spielten, zu Idealfiguren«, und Jones führt Brücke, Meynert, Fleischl-Marxow, Charcot, Breuer und Fließ an. Aber dann, sagt Jones, brachte Freuds Selbstanalyse ihm die »vollkommene Reife« und machte solche Konstruktionen unnötig (*Jones*, II, S. 15). Meine eigene Ansicht ist weniger kategorisch.

Traumbuches werden.«[134] Trostlos, wie das Leben nun aussah, brütete Freud ständig, langsam, ziemlich mürrisch über dieser Nachfolgerin. Im folgenden Januar konnte er berichten: »Zur Sexualtheorie wird gesammelt und gewartet, bis das aufgehäufte Material durch einen zündenden Funken in Brand gesteckt werden kann.«[135] Er mußte noch einige Zeit warten. »Gegenwärtig«, lautet ein Bulletin vom Februar 1900, »bin ich aber vom Glück verlassen, ich finde nichts Rechtes mehr.«[136]

Während er auf eine allgemeine Sexualtheorie hinarbeitete, folgte er der Route zur Entdeckung, die für ihn die kongenialste und beinahe notwendig war: Mehr oder weniger rudimentäre Vorstellungen, die er von seinen Patienten, aus seiner Selbstanalyse und aus seiner Lektüre gewann, trieben in seinem Geist umher und riefen sozusagen nach einem Zusammenhang. Freud war nie mit isolierten Beobachtungen zufrieden; er fühlte einen unwiderstehlichen Druck, sie in eine geordnete Struktur einzufügen. Zuzeiten unternahm er von einem sehr kleinen Bereitstellungsraum von Tatsachen aus hastige Vorstöße in unbekanntes Territorium, nur um sich vernünftigerweise wieder zurückzuziehen und Verstärkungen abzuwarten. Er vertraute darauf, daß ihm sein Vorbewußtes beistand. »In der Arbeit«, schrieb er Fließ im November 1900, »ruht es nicht gerade, geht wahrscheinlich unterirdischerweise ordentlich vorwärts; es ist aber gewiß keine Zeit der Ernte, der bewußten Bewältigung.«[137] Bis er Verbindungen sehen konnte, lebte er immer in einem Zustand erregter Spannung, die er durch die Geduld, die er so schmerzlich erworben hatte, kaum im Zaum zu halten vermochte. Erst das Gefühl von Kohäsion brachte Erleichterung.

Mit den *Drei Abhandlungen zur Sexualtheorie* kam diese Erleichterung erst 1905. Wie seine anderen fundamentalen theoretischen Behauptungen entwickelte sich auch seine Libidotheorie nur langsam. Freud, der konventionelle Bürger, kämpfte Schritt für Schritt mit Freud, dem wissenschaftlichen Eroberer. Seine Feststellungen über die Libido waren für ihn selbst kaum weniger skandalös als für die meisten seiner Leser. Warum hatte er diese Bemerkungen von Charcot und Breuer und Chrobak über die Allgegenwärtigkeit des »Genitalen« bei nervösen Störungen »vergessen«? Jedes Vergessen dieser Art ist, wie Freud selbst in der *Psychopathologie des Alltagslebens* reichlich dokumentierte, ein Widerstand.

Doch Freud überwand diesen Widerstand früher, und vollständiger, als die meisten Ärzte oder die gebildete Öffentlichkeit. Auf dem heiklen Gebiet der Sexualität war er schließlich ausdrücklich stolz auf seinen Ikonoklasmus, seine Fähigkeit, die Mittelstandsmoral zu erschüttern. Als er an den berühmten amerikanischen Neurologen James Jackson Putnam schrieb, bekannte er sich als Reformer allein auf diesem Gebiet: »Die sexuelle Moralität, wie die Gesellschaft, am extremsten die amerikanische, sie definiert, scheint mir sehr verächtlich. Ich vertrete ein ungleich freieres Sexualleben.«[138] Er gab diese eindeutige Erklärung 1915 ab, aber auch als er zehn Jahre zuvor auf eine Umfrage bezüglich der Reform des Scheidungsgesetzes antwortete – es gab für Katholiken keine Scheidung, sondern nur die legale Trennung –, sprach sich Freud dafür aus, ein größeres Maß an sexueller Freiheit zu gewähren, er verdammte die Unauflösbarkeit der Ehe als im Gegensatz zu ethischen und hygienischen Grundsätzen und psychologischen Erfahrungen stehend und fügte hinzu, daß die meisten Ärzte den machtvollen Sexualtrieb, die Libido, bei weitem unterschätzten.[139]

Freuds Einschätzung dieses Triebes und seiner Wirkung auf das normale ebenso wie das neurotische Leben geht natürlich auf die frühen 1890er Jahre zurück, und er bezeugte sie in allen seinen Schriften. Auch die Aufgabe der Verführungstheorie im Herbst 1897 bedeutete keinen Rückzug von seiner Position. Im Gegenteil, sie ermöglichte es Freud, sexuelle Sehnsüchte und Enttäuschungen bis in das Phantasieleben des Kindes zurückzuverfolgen. Das Erlebnis des Ödipuskomplexes, einer anderen Entdeckung dieser Periode, war bezeichnenderweise ein erotisches Erlebnis.

Doch wenn Freud die Welt an etwas erinnerte, was sie nicht hören wollte, so war er nicht der einzige und auch nicht der erste, der die Macht der Sexualität erkannte. Tatsächlich waren die Viktorianer weit weniger prüde, als es ihnen ihre Verleumder – unter ihnen Freud – gern vorwarfen.[140] Aber es waren die Sexualforscher, die die Führung übernahmen. Krafft-Ebing veröffentlichte 1886 seine *Psychopathia Sexualis*, und trotz des sorgfältig gewählten esoterischen Titels und des Lateins, in das der Autor die pikantesten Episoden kleidete,* wurde das Buch ein Verkaufserfolg und sofort ein Klassiker auf dem Gebiet des wissenschaftlichen Studiums der Perversionen. Krafft-Ebings Buch, das wiederholt revidiert und erweitert wurde, eröffnete der ernsthaften medizinischen Forschung einen neuen Kontinent; jeder, Freud inbegriffen, war ihm zu Dank verpflichtet. In den späten 1890er Jahren gesellten sich zur *Psychopathia Sexualis* die Schriften von Havelock Ellis, dem mutigen, begeisterten, freimütigen und so-

---

* Hier ein Beispiel. Krafft-Ebing zeichnete den Bericht eines homosexuellen Arztes auf: Er saß eines Abends in der Oper neben einem älteren Herrn, der ihm den Hof machte. Der Arzt lachte herzlich über den närrischen alten Mann und ging auf ihn ein. »Exinopinato genitalia mea prehendit, quo facto statim penis meus se erexit.« Als er mit einiger Bestürzung bemerkte, daß er eine Erektion hatte, nachdem der alte Mann nach seinem Penis gegriffen hatte, fragte der Arzt seinen Nachbarn, was er im Sinne habe. Er sagte ihm, er sei in ihn verliebt. Da der Arzt im Krankenhaus von Hermaphroditen gehört hatte, glaubte er, es mit einem zu tun zu haben. Er wollte nun die Genitalien des alten Mannes sehen: »Curiosus factus genitalia eius videre volui.« Aber sobald er den Penis des Mannes in voller Erektion sah, floh er erschrocken: »Sicuti penem maximum eius erectum adspexi, perterritus effugi« (Richard von Krafft-Ebing, *Psychopathia Sexualis* [11. Aufl. 1901], S. 218 f.). Jeder mit einer Gymnasialbildung konnte diese Darstellung unschwer entziffern.

gar geschwätzigen Sammler von Berichten über die glorreichen Varianten des Sexualverhaltens. Und 1905, in dem Jahr, in dem Freuds *Drei Abhandlungen zur Sexualtheorie* erschienen, begann eine kleine Gruppe von Sexualforschern Monographien über erotische Themen zu veröffentlichen, die bis dahin Herrenwitzen, pornographischen Romanen und Aufsätzen in obskuren medizinischen Zeitschriften vorbehalten gewesen waren.

In den *Drei Abhandlungen* zollte Freud dieser Literatur seinen Tribut. Auf der ersten Seite des Buches erwähnte er die »bekannten Publikationen«[141] von nicht weniger als neun Autoren, von den Pionieren Krafft-Ebing und Havelock Ellis bis zu Iwan Bloch und Magnus Hirschfeld. Er hätte leicht noch andere hinzufügen können. Einige dieser Experten auf dem Gebiet der Erotik traten speziell für tolerantere Einstellungen zur, wie man damals allgemein sagte, »sexuellen Inversion« ein. Aber auch die Propagandisten erhoben Anspruch auf objektive Forschung. Freud fand Hirschfelds *Jahrbuch für sexuelle Zwischenstufen* sehr nützlich, wenn er auch nicht den sexuellen Geschmack des Herausgebers teilte. Während die gefühlvollsten unter den Sexualforschern wie, zum Beispiel, Havelock Ellis in Gefahr waren, gerichtlich verfolgt zu werden, erweiterte die Literatur, die sie hervorbrachten, den Bereich des Diskutierbaren beträchtlich. Sie brachten so geheime Themen wie Homosexualität und die Perversionen für Ärzte und das allgemeine Leserpublikum gleichermaßen zur Geltung.

Trotz dieser ermutigenden Gesellschaft ließ sich Freud noch mehrere Jahre Zeit, bis er die infantile Sexualität voll akzeptierte, eine fundamentale Idee, ohne die seine Libidotheorie bedenklich unvollständig geblieben wäre. Fließ und einige andere vor ihm hatten bereits den frühen Beginn des Sexuallebens postuliert. Schon 1845 hatte ein unbekannter deutscher Provinzarzt namens Adolf Patze in einer Fußnote über Bordelle bemerkt, daß sich der Geschlechtstrieb schon bei kleinen sechs-, vier- und sogar dreijährigen Kindern bemerkbar macht.[142] Und im Jahre 1867 machte sich der weit bekanntere englische Psychiater Henry Maudsley über die Vorstellung lustig, daß sich der »Fortpflanzungstrieb« erst »mit der Pubertät zeigt«. Er fand »häufige Manifestationen seiner Existenz im ganz frühen Leben, sowohl bei Tieren als auch bei Kindern, ohne daß es ein Bewußtsein des Ziels oder der Absicht des blinden Impulses gibt. Wer etwas anderes behauptet«, fügte Maudsley streng hinzu, »muß den Balgereien junger Tiere sehr wenig Aufmerksamkeit gewidmet und die Ereignisse seines eigenen frühen Lebens auf seltsame oder heuchlerische Weise vergessen haben.«[143] Es gibt keinen Hinweis darauf, daß Freud Patzes Broschüre kannte, aber er kannte das Werk Maudsleys, und nach der Mitte der 1890er Jahre begann er die Idee der infantilen Sexualität zumindest versuchsweise in Betracht zu ziehen. Im

Jahre 1899, in *Die Traumdeutung*, konnte er noch beiläufig bemerken, daß
»wir die Kindheit glücklich preisen, weil sie die sexuelle Begierde noch
nicht kennt«.[144] Der Satz steht bei einem so furchtlosen Forscher wie Freud
als nüchterner Tribut an die Hartnäckigkeit akzeptabler Meinung oder ihre
Überreste.* Aber in demselben Buch, in seinen ersten veröffentlichten Hinweisen auf den Ödipuskomplex, schrieb Freud Kindern eindeutig sexuelle
Empfindungen zu. Und in den *Drei Abhandlungen* gab es kein Zögern
mehr. »Die infantile Sexualität«, die zweite der drei Abhandlungen, bildet
das Kernstück des Ganzen.

Zeitweilig äußerte sich Freud zu bescheiden über die *Drei Abhandlungen*.
Er war, was ihre wirkliche Bedeutung anbetraf, mit sich selbst nicht einig.
So warnte er 1914, im Vorwort zur 3. Auflage, seine Leser vor allzu großen
Erwartungen: Aus diesen Seiten lasse sich keine vollständige Sexualtheorie
ableiten.[145] Tatsächlich ist es bezeichnend, daß die erste dieser drei mitein-
ander verbundenen Abhandlungen nicht das weite Gebiet des »normalen«
Liebeslebens behandelt, sondern das beschränktere Gebiet der »sexuellen
Abirrungen«. Aber allmählich, als eine Auflage auf die andere folgte, entdeckte Freud die strategischen Anwendungen der *Drei Abhandlungen* und
ihrer Theorien bei seiner Verteidigung der Psychoanalyse gegen ihre Verleumder. Er verwendete sie als eine Art Prüfstein, der diejenigen, die seine
Libidotheorie wirklich akzeptierten, von denen trennte, die nicht gewillt
waren, der Sexualität die prominente Stellung zuzubilligen, die er selbst ihr
zuwies, oder die es für klug hielten, sich von seinen skandalösen Ideen zu
distanzieren. Jedenfalls darf der Leser für die *Drei Abhandlungen* mehr
Anerkennung fordern als Freud selbst. Das Buch eröffnete in den aufeinanderfolgenden Auflagen immer umfassendere Ausblicke auf die libidinösen
Triebe und ihre verschiedenen Schicksale und stellt ein wesentliches Gegenstück zum Traumbuch dar, dem es an Bedeutung, wenn auch nicht an Umfang gleichkommt. Manchmal dachte Freud selbst so. »Der Widerstand

* Der Satz über die kindliche Unschuld ist, wie Freuds englische Herausgeber bemerkten,
»zweifellos ein Überbleibsel aus einem frühen Entwurf des Buches« (»Editor's Note«,
Three Essays, Standard Edition, VII, 129). Auf Betreiben Jungs, der gegen den Satz »auf
Grund der Freudschen Sexualtheorie« protestierte (Jung an Freud, 14. Februar 1911,
Freud–Jung, S. 433), fügte Freud in der Ausgabe von 1911 einen Widerruf, eine bloße
Fußnote, hinzu, ließ aber den Satz unverändert stehen. Freuds Erklärung gegenüber Jung
– daß *Die Traumdeutung* eine elementare Einführung in die Traumtheorie sei und, 1899
veröffentlicht, nicht die Kenntnis von Ideen voraussetzen könne, die er erst 1905 veröffentlichte – klingt bemerkenswert wenig überzeugend (siehe Freud an Jung, 17.
Februar 1911, ibid., S. 435 f.). Wie ich bereits sagte, hatte er die Idee der infantilen Sexualität 1899 bereits weitgehend akzeptiert. Außerdem waren so wenige Exemplare
seines Traumbuches verkauft worden, daß er wissen mußte, daß er sich an Fachleute
wandte, die 1911 seine *Drei Abhandlungen* kannten und eine Revision begrüßt haben
würden.

gegen die infantile Sexualität«, schrieb er 1908 an Abraham, »bestärkt mich in der Meinung, daß die drei Abhandlungen eine Leistung von ähnlichem Wert sind wie die Traumdeutung.«[146]

Die erste Abhandlung, die ebenso bemerkenswert ist wegen ihres kühlen, klinischen Tons wie wegen ihres umfassenden Inhalts, stellt ohne Schmunzeln und Klage eine mannigfaltige Sammlung von erotischen Veranlagungen und Neigungen zur Schau: Hermaphroditismus, Homosexualität, Päderastie, Sodomie, Fetischismus, Exhibitionismus, Sadismus, Masochismus, Koprophilie, Nekrophilie. An einigen Stellen klingt Freud kritisch und konventionell, aber Kritik war offensichtlich nicht sein Anliegen. Nachdem er die »abscheulichsten Perversionen« aufgezählt hatte, beschrieb er sie neutral, ja sogar zustimmend. Sie haben »ein Stück seelischer Arbeit geleistet, dem man trotz seines greulichen Erfolges den Wert einer Idealisierung des Triebes nicht absprechen kann. Die Allgewalt der Liebe zeigt sich vielleicht nirgends stärker als in diesen ihren Verirrungen«.[147]

Freud verfolgte bei der Aufstellung dieser Liste die Absicht, Ordnung in eine verwirrende Reihe von erotischen Lüsten zu bringen. Er teilte sie in zwei Gruppen ein – Abweichungen vom normalen Sexualobjekt und Abweichungen vom normalen Sexualziel – und fügte sie dann in das Spektrum akzeptablen menschlichen Verhaltens ein. Wie so oft zuvor erklärte er, daß die Neurotiker ein grelles Licht auf allgemeinere Phänomene eben durch die Exzesse in ihrem Sexualleben werfen. Hier zeigt sich wieder mit auffälliger Klarheit Freuds Versuch, aus seinem klinischen Material einen großen Plan für eine allgemeine Psychologie zu entwickeln. Die Psychoanalyse enthüllt, daß »die Neurosen von allen ihren Ausbildungen her in lückenlosen Reihen zur Gesundheit abklingen«. Boshaft zitiert er den deutschen Psychiater Paul Julius Moebius: »Wir sind alle ein wenig hysterisch.« Allen Menschen sind Perversionen angeboren; Neurotiker, deren Symptome eine Art von negativem Gegenstück zu den Perversionen bilden, zeigen diese universelle primitive Disposition betonter als »normale« Menschen. Neurotische »Symptome sind ... die Sexualbetätigung der Kranken«.[148] Für Freud ist eine Neurose nicht eine fremdartige, exotische Krankheit, sondern vielmehr die allzu übliche Folge einer unvollständigen Entwicklung, das heißt unbewältigter Kindheitskonflikte. Die Neurose ist ein Zustand, in dem der Leidende zu frühen Konfrontationen regredierte; er versucht, kurz gesagt, mit unerledigten Geschäften fertigzuwerden. Mit dieser Formel hat Freud das heikelste Thema erreicht – die infantile Sexualität.

Die Psychoanalyse ist eine Entwicklungspsychologie, die ihrerseits eine ausgeprägte Entwicklung durchmachte. Freud legte seine endgültige Einschätzung des psychologischen Wachstums, seiner Phasen und dominierenden Konflikte erst, mit dem geschickten Beistand von jüngeren Analytikern wie Karl Abraham, in den frühen 1920er Jahren dar. In der ersten Auflage der *Drei Abhandlungen* behandelte er die sexuelle Geschichte des menschlichen Tieres noch ganz summarisch; den Abschnitt über das Wachstum der sexuellen Organisation fügte er erst 1915 hinzu. Er fand jedoch in der ersten Ausgabe Platz für die Besprechung der »erogenen Zonen«, der Teile des Körpers – vor allem des Mundes, des Afters und der Genitalien –, die im Laufe der Entwicklung zum Mittelpunkt der sexuellen Befriedigung werden. Im Jahre 1905 behandelte er auch die sogenannten »Partialtriebe«.[149] Es war für Freuds Theorie von Anfang an wichtig, daß die Sexualität nicht eine einfache, einheitliche biologische Kraft ist, die bei der Geburt oder zum erstenmal in der Pubertät plötzlich voll ausgeformt erscheint.

Daher zog Freud in seiner Abhandlung über infantile Sexualität eine Linie von dem Aufruhr der frühen Kindheit durch die relativ ruhigen Jahre der Latenz zum Aufruhr der Adoleszenz. Ohne das Primat der Entdeckung für sich zu beanspruchen, verwies er auf die Bedeutung, die er den Manifestationen sexueller Leidenschaften in der Kindheit beimaß. Während er anerkannte, daß die Literatur gelegentlich »frühzeitige Sexualbetätigung« wie »Erektionen, Masturbation und selbst koitusähnliche Vornahmen« erwähnte, stellte er fest, daß diese immer »als Kuriosa oder als abschreckende Beispiele vorzeitiger Verderbtheit« angeführt wurden. Keiner vor ihm, bemerkte er mit sichtlichem Stolz, hatte die Allgegenwärtigkeit »eines Sexualtriebes in der Kindheit«[150] klar erkannt. Er hatte die zweite der drei Abhandlungen geschrieben, um dieses Versäumnis nachzuholen.

Freud schrieb die beinahe universale Nichtbeachtung der Sexualtätigkeit von Kindern der Prüderie und konventionellen Rücksichten zu, aber nicht diesen allein. Die Latenzperiode etwa vom Alter von fünf Jahren bis zur Pubertät, diese Entwicklungsphase, in der die Kinder riesige geistige und moralische Fortschritte machen, drängt den Ausdruck der sexuellen Empfindungen des Kindes in den Hintergrund. Mehr noch, eine undurchdringliche Amnesie deckt die frühesten Kindheitsjahre wie eine schwere Decke zu. Die allgemein geltende Ansicht, daß das Sexualleben mit der Pubertät beginne, hatte in den Selbstzeugnissen derer, die an Amnesie litten, eine willkommene Bestätigung gefunden. Doch Freud richtete in seiner charakteristischen Art seine wissenschaftliche Neugier auf das Offensichtliche; jeder war sich dieser allgemeinen Amnesie seit langem bewußt gewesen, aber keiner hatte daran gedacht, sie zu untersuchen. Was diese unheimlich wirksame Vergeßlichkeit auslösche, sei das erotische Erleben des Kindes zusammen mit dem übrigen Teil seines bewegten jungen Lebens.

Freud behauptete nicht die Absurdität, daß sich die Sexualität der Kind

heit auf genau dieselbe Weise manifestiere wie die des Erwachsenen. Weder
der physische noch der psychologische Zustand des Kindes würde das erlauben. Ganz im Gegenteil, die infantilen sexuellen Erregungen und Begierden nehmen viele verschiedenartige Formen an, von denen nicht alle sichtbar erotisch sind: Daumenlutschen und andere Erscheinungsformen des
Autoerotismus, die Zurückhaltung des Kots, Geschwisterrivalität, Masturbation. Bei dieser letzten Art von Spiel sind bereits die Genitalien kleiner
Jungen und Mädchen beteiligt. »Unter den erogenen Zonen des kindlichen
Körpers befindet sich eine, die gewiß nicht die erste Rolle spielt, auch nicht
die Trägerin der ältesten sexuellen Regungen sein kann, die aber zu großen
Dingen in der Zukunft bestimmt ist.« Freud hat natürlich Penis und Vagina
im Sinn. »Die sexuellen Betätigungen dieser erogenen Zone, die den wirklichen Geschlechtsteilen angehört, sind ja der Beginn des später ›normalen‹
Geschlechtslebens.« Die Anführungsstriche um »normal« sind beredt:
Jeder Teil des Körpers, jedes vorstellbare Objekt kann der sexuellen Befriedigung dienen. Frühe Verletzungen, gleich ob Verführung oder Vergewaltigung, stimulieren, was Freud zungenfertig die »polymorph perversen« Neigungen des Kindes nannte, aber die »Eignung« dazu ist angeboren.[151] Was
jedermann gewohnt ist, im Sexualleben »normal« zu nennen, ist in Wirklichkeit der Endpunkt einer langen, oft unterbrochenen Pilgerfahrt, ein
Ziel, das viele Menschen nie – und noch mehr nur selten – erreichen. Der
Geschlechtstrieb in seiner reifen Form ist eine Leistung.

Die Jahre der Pubertät und Adoleszenz, denen Freud die letzte seiner drei
Abhandlungen widmete, sind die große Probezeit. Sie festigen die sexuelle
Identität, lassen lang begrabene ödipale Neigungen wiederaufleben und
begründen die Dominanz der Genitalien für die Erlangung sexueller Befriedigung. Dieser Vorrang verschafft den Genitalien keine ausschließliche Gewalt über das Sexualleben; die erogenen Zonen, die in frühen Jahren so
gute Dienste leisteten, geben weiterhin Lust, obwohl sie nun auf die Produktion von »Vorlust« reduziert sind, die die »Endlust« stützt und steigert.
Es muß festgehalten werden, daß für Freud diese Endlust eine neue Erfahrung darstellt, die erst mit der Pubertät auftritt. Bei all seiner bekannten
Betonung der andauernden Autorität und diagnostischen Bedeutung der
Kindheit unterschätzte Freud nie die Erfahrungen, die Männer und Frauen
zum erstenmal im Erwachsenenleben machen. Es war, wie er einmal sagte,
nur so, daß Erwachsene beredsam für sich selbst sprechen und daß die Zeit
für einen Psychologen gekommen war, sich zum Fürsprecher für die ersten
Jahre zu machen, die man bis dahin so großzügig übersehen hatte.

In der ersten Auflage waren die *Drei Abhandlungen zur Sexualtheorie* ein
kleines Buch von gut 80 Seiten, wenig mehr als eine Broschüre, wenn auch

so geballt und explosiv wie eine Handgranate. Als aber 1925 die sechste
Auflage erschien, die letzte zu Freuds Lebzeiten, waren sie auf 120 Seiten
angewachsen. Einige Geheimnisse bleiben, die sie nicht zu lösen beabsich-
tigten: die Definition der Lust, die fundamentale Natur der Triebe und der
sexuellen Erregung selbst. Dennoch war in Freuds Synthese vieles klar geworden. Daß er den Ursprung sexueller Empfindungen bis in die frühesten
Jahre zurückverlegte, hatte es ihm ermöglicht, rein naturalistisch und psychologisch das Auftreten von so mächtigen emotionalen Bremsen wie
Scham und Ekel, von Normen in Angelegenheiten des Geschmacks und der
Sittlichkeit, von kulturellen Betätigungen wie Kunst und wissenschaftliche
Forschung – einschließlich der Psychoanalyse – zu erklären. Es hatte auch
die verflochtenen Wurzeln der Erwachsenenliebe bloßgelegt. Alles ist miteinander verbunden in Freuds Welt: Sogar Witze und ästhetische Produktionen und die »Vorlust«, die sie schaffen, tragen den Stempel der Sexualtriebe und ihrer Abenteuer.

Freuds großzügige Vision der Libido machte ihn zu einem psychologischen Demokraten. Da alle Menschen am erotischen Leben teilhaben, sind
alle Männer und Frauen Brüder und Schwestern unter ihren kulturellen
Uniformen. Sexuelle Radikale haben Freud eine »genitale Ideologie« unter-
stellt, weil er den heterosexuellen Geschlechtsverkehr Erwachsener mit einem zärtlich geliebten Partner und einem gewissen Maß von Vorspiel für
das Ideal halte, nach dem alle Menschen streben sollten. Da Freud aber
dieses Ideal von der Monogamie trennte, war seine Ideologie für seine Zeit
zutiefst subversiv. Er war nicht weniger subversiv in seiner Einstellung zu
den Perversionen: Neutral, völlig frei von Tadelsucht, war er davon überzeugt, daß die sexuelle Fixierung auf frühe Objekte, die nicht überwunden
wurde, gleich ob das Fetischismus oder Homosexualität bedeutete, kein
Verbrechen, keine Sünde, keine Krankheit, keine Form von Wahnsinn und
kein Symptom von Dekadenz sei. Das war eine sehr moderne, sehr unkonventionelle, kurz, sehr unbürgerliche Note.

Aber Freud, das muß mit Nachdruck gesagt werden, war kein Pansexualist. Er wies diese Bezeichnung mit aller Schärfe zurück, nicht weil er insgeheim ein einseitiger Anbeter der Libido war, sondern weil er ganz einfach
fand, daß seine Verleumder unrecht hatten. Im Vorwort der 1920 erschienenen vierten Auflage der *Drei Abhandlungen* erinnerte er seine Leser mit
einer gewissen grimmigen Befriedigung daran, daß es der deutsche Philosoph Arthur Schopenhauer und nicht er, der Rebell und Außenseiter, gewesen war, der »bereits vor geraumer Zeit den Menschen vorgehalten (hat), in
welchem Maß ihr Tun und Trachten durch sexuelle Strebungen bestimmt
wird«. Dies war eine kulturgeschichtliche Tatsache, welche die Kritiker,
die darauf bestanden, daß die Psychoanalyse »alles aus der Sexualität« erkläre, bequemerweise vergessen hatten. »Mögen alle, die von ihrem höhe-

ren Standpunkt verächtlich auf die Psychoanalyse herabschauen, sich erinnern lassen, wie nahe die erweiterte Sexualität der Psychoanalyse mit dem *Eros* des göttlichen Plato zusammentrifft.«[152] Wenn es ihm passend erschien, fand Freud, der Positivist und Antimetaphysiker aus Prinzip, nichts dabei, einen Philosophen als Ahnherrn zu beanspruchen.

ENTWICKLUNGEN
1902–1915

IV

SKIZZE EINES BELAGERTEN GRÜNDERS

Mit Fünfzig

Am 6. Mai 1906 wurde Freud 50 Jahre alt. Die letzten Jahre waren voll Befriedigung, voll Versprechungen gewesen. Zwischen Ende 1899 und Mitte 1905 hatte er zwei Schlüsseltexte veröffentlicht, *Die Traumdeutung* und die *Drei Abhandlungen zur Sexualtheorie*, ferner eine technische Studie, *Der Witz und seine Beziehung zum Unbewußten*, ein populäres Buch über die Psychopathologie des Alltagslebens und die Krankengeschichte der »Dora«, die erste und immer noch umstrittenste seiner Krankengeschichten. Er hatte es schließlich zuwege gebracht, zum außerordentlichen Professor ernannt zu werden, und als er einige Anhänger unter den Wiener Ärzten fand, begann sein Gefühl der beruflichen Isolation nachzulassen. Aber wenn er einen Augenblick lang glaubte, daß es ihm Ruhe bringen werde, zwei epochale Bücher veröffentlicht, einen Ehrentitel erlangt und einige Anhänger gewonnen zu haben, so täuschte er sich. Seine nächsten Jahre waren nicht weniger unruhig als die 1890er Jahre. Die Organisation der psychoanalytischen Bewegung erwies sich als mühsam und verbrauchte einen großen Teil seiner besten Energie. Die Ablenkungen hielten Freud jedoch nie davon ab, die psychoanalytische Theorie und Technik neu zu überdenken; die nächsten anderthalb Jahrzehnte waren eine Zeit der Entwicklungen und der Andeutungen künftiger Revisionen. Aber er fand, daß der Druck der psychoanalytischen Politik oft irritierende Ansprüche an seine Zeit stellte.

Zur Feier des fünfzigsten Geburtstages schenkten Freuds Bewunderer ihm eine Medaille, die auf einer Seite sein Porträt im Profil und auf der anderen Seite Ödipus, der das Rätsel der Sphinx löst, zeigte. Die griechische Inschrift war dem *König Ödipus* des Sophokles entnommen und als höchstes Kompliment für Freud, den modernen Ödipus, gedacht: »Er löste das berühmte Rätsel und war ein gar mächtiger Mann.« Jones schreibt, daß Freud bei der Überreichung, als er die Inschrift las, »blaß und unruhig« wurde. Es war, »als wäre ihm ein Geist erschienen«. So war es auch. Als junger Mann war er einmal um die großen Arkaden der Wiener Universität spazierengegangen und hatte die dort aufgestellten Büsten berühmter frü-

herer Professoren betrachtet. Damals hatte er sich in der Phantasie ausgemalt, daß dort auch einmal seine Büste stehen würde – mit genau der
Inschrift, die seine Anhänger für die Medaille gewählt hatten.[1] Es war symbolisch für den Eindruck, den Freud zu machen begann, daß seine Anhänger seine am sorgfältigsten gehütete Ambition so sensibel errieten und so
schön bestätigten. Zumindest einige hatten ihn, den Erforscher des Unbewußten, als einen Riesen unter den Menschen erkannt.

Freud brauchte die Ehrung. Seine lange dahinsiechende Freundschaft
mit Fließ war nach einem letzten, unangenehmen öffentlichen Aufflackern
endgültig erloschen, und die Erinnerungen, die sie heraufbeschwor, bedrückten ihn schwer. Nach ihrem heftigen Streit im Sommer 1900, als Fließ
den Wert von Freuds psychoanalytischen Forschungen in Frage gestellt
hatte, waren die beiden Männer einander nicht mehr begegnet. Aber ihre
Korrespondenz hatte sich mit immer längeren Pausen noch zwei Jahre hin-
geschleppt, so als hätte ihre frühere Herzlichkeit eine eigene Triebkraft
übrig behalten.

Dann, im Frühsommer 1904, schrieb Fließ Freud einen gereizten Brief.
Er war gerade auf Otto Weiningers *Geschlecht und Charakter* gestoßen,
das ein Jahr zuvor erschienen war. Das Buch, eine seltsame Mischung aus
biologisch-psychologischer Spekulation und phantasievoller Kulturkritik,
war rasch zu einem Kultobjekt geworden, nicht zuletzt wegen Weiningers
melodramatischen Selbstmords. Mit dreiundzwanzig Jahren hatte sich der
begabte, frühreife, wahnsinnige junge Mann, ein getaufter Jude, der die
Juden ebenso verabscheute wie die Frauen, im Beethoven-Haus in Wien
erschossen. Fließ hatte, wie er Freud mitteilte, in Weiningers Buch zu seiner
Verblüffung »die Ausführung von meinen Ideen über Bisexualität und die
daraus folgende Art der sexuellen Anziehung – weibliche Männer ziehen
männliche Frauen an und vice versa« gefunden.[2] Dies war eine These, die
Fließ patentiert zu haben glaubte und die er Freud vor einigen Jahren mitgeteilt hatte. Er hatte sie jedoch noch nicht vollständig veröffentlicht. Als er
sie nun gedruckt sah, war er sicher, daß sein alter – sein früherer – Vertrauter die Idee indiskreterweise an Weininger weitergegeben haben mußte,
entweder direkt oder durch Weiningers Freund Hermann Swoboda, einen
Psychologen, der ein Patient Freuds war.

Wie wir gesehen haben, hatten die Idee, daß ein Geschlecht Elemente des
anderen mit einschließt, und Fließ' Anspruch auf Priorität schon vor einiger
Zeit zu Schwierigkeiten zwischen ihm und Freud geführt. Nun, 1904, als er
sich der Indiskretion beschuldigt sah, unternahm Freud Ausflüchte. Er gab
zu, daß er mit Swoboda im Laufe der Behandlung über Bisexualität gesprochen hatte; das komme bei allen Analysen zur Sprache, schrieb er, Swoboda müsse dann die Information an Weininger weitergegeben haben, der
sich um diese Zeit mit dem Problem der Sexualität beschäftigte. »Auch ich

glaube, daß der selige Weininger ein Einbrecher war mit einem gefundenen Schlüssel«, schrieb er Fließ. Er fügte hinzu, Weininger hätte die Idee auch anderswo bekommen können, da sie in der Literatur bereits längere Zeit eine Rolle spielte.[3] Fließ war nicht besänftigt. Er hatte von einem gemeinsamen Freund gehört, daß Weininger Freud das Manuskript von *Geschlecht und Charakter* gezeigt und daß Freud Weininger geraten hatte, solchen Unsinn nicht zu veröffentlichen. Offensichtlich hatte Freud es aber versäumt, Weininger auf den geistigen »Einbruch« aufmerksam zu machen.[4]

Diese in jeder Hinsicht richtige Mahnung veranlaßte Freud zuzugeben, daß hinter diesem unglücklichen Zwischenfall mehr steckte, als er zunächst gedacht hatte. Weininger *hatte* ihn aufgesucht, aber sein Manuskript war ganz anders gewesen als das Buch. Freud fand es bedauerlich, sagte er streng – und in seiner verwundbaren Lage ziemlich unbedacht –, daß Fließ ihren Briefwechsel aus einem so kleinlichen Anlaß wiederaufgenommen hatte. Geistiger Diebstahl sei schließlich schnell geschehen, aber, verwahrte er sich, er habe immer die Arbeit anderer anerkannt und sich nie etwas angeeignet, was einem anderen gehörte. Dies war für Freud nicht der beste Ort und nicht die beste Zeit, auf dem umstrittenen Gebiet der um Priorität ringenden Ideen seine Unschuld zu beteuern. Aber um weiteren Streitigkeiten zuvorzukommen, bot er Fließ an, in das Manuskript seiner noch unfertigen *Drei Abhandlungen zur Sexualtheorie* Einblick zu nehmen, damit er die Abschnitte über Bisexualität studieren und solche, an denen er Anstoß nahm, revidieren lassen könnte. Freud machte sich sogar erbötig, die Veröffentlichung der *Drei Abhandlungen* aufzuschieben, bis Fließ sein eigenes Buch herausgebracht hatte.[5] Das waren anständige Gesten, aber Fließ ging nicht darauf ein.

Damit endete der Briefwechsel zwischen Freud und Fließ, aber nicht der Streit. Anfang 1906 veröffentlichte Fließ schließlich seine Abhandlung unter dem ehrgeizigen Titel *Der Ablauf des Lebens. Grundlegung zur exakten Biologie.* Er stellte darin seine Theorien über die Periodizität und die Bisexualität erschöpfend dar. Zur selben Zeit brachte ein gewisser A. R. Pfennig, ein Buchhändler und Publizist (von Fließ angestiftet, behauptete Freud), eine polemische Broschüre heraus, die Swoboda und Weininger als Plagiatoren anprangerte und Freud beschuldigte, die Mittelsperson gewesen zu sein, durch die sich die beiden Zugang zu Fließ' ursprünglichem Eigentum verschafft hätten. Was Freud an dieser Polemik am meisten kränkte, war, daß aus seinen privaten Mitteilungen an Fließ zitiert wurde. Er schlug zurück in einem Brief an Karl Kraus. Während er nüchtern die Wahrheit von Pfennigs Behauptung zugab, daß Weininger indirekt durch ihn auf die Theorien von Fließ gestoßen sei, kritisierte er Weininger für das Versäumnis, seine Dankesschuld einzugestehen. Im übrigen wies er Pfennigs – und damit Fließ' – Anschuldigungen als üble Verleumdung zurück.

Dies war eine Gelegenheit, bei der es ihm keine Erleichterung brachte, seiner Empörung Luft zu machen. Freud sah in der Kontroverse ein beunruhigendes Erlebnis. Sein Vergehen war weniger seine Indiskretion, mit Swoboda über Bisexualität gesprochen zu haben, als vielmehr sein Versäumnis, Fließ offen von Weiningers Besuch zu berichten. Es mag so gewesen sein, wie Freud behauptete, nämlich daß das Manuskript, das er gelesen hatte, und das Buch, das ein so modischer Bestseller wurde, wenig gemeinsam hatten.* Jedenfalls hatte er Weininger geraten, es nicht zu veröffentlichen. Aber was den Anteil von Fließ an seinen Entdeckungen betraf, zeigte Freud eine eindrucksvolle Fähigkeit, unbequeme Erinnerungen zu verdrängen. Mehr als ein Jahrzehnt lang war Fließ sein engster, in kritischer Hinsicht sein einziger, Vertrauter gewesen, in den er seine tiefsten Gefühle investiert hatte. Daher war es Freud 1906 unmöglich, die endgültige Trennung mit Gelassenheit zu überwinden. Unter diesen kritischen Umständen war es beruhigend, Anhänger zu haben, die gewillt waren, ihn mit Ödipus zu vergleichen.

Freud war mit fünfzig Jahren geistig fruchtbar und körperlich kräftig, aber er quälte sich immer wieder mit dunklen Gedanken über seine Hinfälligkeit. Als Karl Abraham Freud 1907 zum erstenmal in Wien besuchte, bedauerte er, sehen zu müssen, daß »ihn leider der Alterskomplex zu drücken scheint«.[6] Wir wissen, daß sich Freud bereits mit vierundvierzig Jahren spöttisch einen schäbigen alten Israeliten genannt hatte. Diese Sorge um sein Alter wurde zu einem ständigen Refrain. Im Jahre 1910 schrieb er einem Freund: »Stellen wir immerhin fest, daß ich selbst vor längerer Zeit beschlossen habe, erst 1916 oder 1917 zu sterben.«[7] Aber seine Produktivität und seine Erscheinung straften diese neurotische Besorgnis Lügen. Obwohl er nur mittelgroß war – etwa 1.70 Meter –, ragte er in einer Menschenmenge hervor durch sein eindrucksvolles Auftreten, sein gepflegtes Äußeres und seine prüfenden Augen.

Freuds Augen wurden oft erwähnt. Fritz Wittels, der ihm in diesen Jahren nahestand, beschrieb sie als »braun und glänzend« mit einem »forschenden Ausdruck«. Es gab Menschen, die sie unvergeßlich fanden. Einer davon war Max Graf, ein kultivierter Wiener Musikwissenschaftler mit einem starken Interesse an der Psychologie des schöpferischen Aktes, der Freud 1900 kennenlernte und sich bald darauf seinem inneren Kreis anschloß. Er nannte Freuds Augen »schön« und »ernst« – sie »schienen einen aus den Tiefen anzublicken«.[8] Die englische Psychoanalytikerin Joan Riviere, die ihm nach dem Ersten Weltkrieg begegnete, stellte fest, daß Freud

---

* Die Frage beschäftigte Freud noch 1938. Er bestand darauf, daß er »der erste war, der sein [Weiningers] Manuskript gelesen – und verurteilt hat« (Freud an David Abrahamsen, 14. März 1938, Freud Collection, B3, LC).

zwar mit einem »bezaubernden Humor« begabt war, daß aber seine eindrucksvolle Gegenwart gekennzeichnet war durch »den vorgestreckten
Kopf und den kritisch forschenden Blick seiner scharf durchbohrenden Augen«.[9] Wenn Sehen (wie Freud einmal sagte) ein zivilisierter Ersatz für Berühren ist, war sein durchdringender Blick, dem nur sehr wenig entging,
höchst passend für ihn. Er hielt sich, wie Wittels sich erinnerte, »ein wenig
gebeugt wie ein Gelehrter«[10]. Aber das scheint Freuds gebieterische Erscheinung nicht beeinträchtigt zu haben.

Es war eine Erscheinung von disziplinierter Kraft. Sogar Schnurrbart
und Spitzbart wurden durch die tägliche Pflege eines Frisörs der Ordnung
unterworfen. Freud hatte gelernt, seine Neigungen – seine vulkanischen
Emotionen, seine Lust zur Spekulation und seine ruhelosen Energien – der
zielstrebigen Verfolgung seiner Mission unterzuordnen.* »Leben ohne Arbeit kann ich mir nicht recht behaglich vorstellen«, schrieb er 1910 seinem
Freund, dem Züricher Pastor Oskar Pfister. »Phantasieren und Arbeiten
fällt für mich zusammen, ich amüsiere mich bei nichts anderem.«[11] Seine
heroische Anstrengung der Selbstbeherrschung im Dienste konzentrierter
Arbeit hatte ihn an einen sehr präzisen Zeitplan gekettet. Als guter Bürger,
der er war und sich nicht zu sein schämte, lebte er mit den Worten seines
Neffen Ernst Waldinger »nach der Uhr«.[12]

Selbst die Abwechslungen in Freuds täglichem Leben waren eingeplant:
Seine Kartenpartien, seine Spaziergänge durch die Stadt, seine Sommerferien waren sorgfältig programmiert und voraussagbar. Er stand um sieben
auf und widmete sich seinen psychoanalytischen Patienten von acht bis
zwölf. Um Punkt eins wurde zu Mittag gegessen; beim Glockenschlag versammelte sich die Familie um den Tisch im Eßzimmer. Freud kam aus seinem Arbeitszimmer, seine Frau nahm ihm gegenüber am anderen Ende des
Tisches Platz, und das Mädchen erschien mit der Suppenterrine. Dann
folgte ein Spaziergang zur Förderung der Durchblutung, vielleicht um Korrekturen abzuliefern oder Zigarren zu kaufen. Sprechstunde war um drei
Uhr, und dann hatte er wieder Analysepatienten, oft bis neun Uhr abends.
Dann kam das Abendessen und manchmal eine kurze Kartenpartie mit seiner Schwägerin Minna oder ein Spaziergang mit seiner Frau oder einer
seiner Töchter, der oft in einem Café endete, wo sie die Zeitungen lesen
oder, im Sommer, ein Eis essen konnten. Der Rest des Abends gehörte dem
Lesen und Schreiben und der Herausgeberarbeit an den psychoanalytischen Zeitschriften, die von 1908 an Freuds Gedanken verbreiteten und
sein Leben kompliziert machten. Um ein Uhr morgens ging er zu Bett.[13]

---

* Als Wittels in seiner Biographie schrieb, Freud habe eine »vulkanische Natur«,
merkte Freud diese Charakterisierung mit einem Ausrufungszeichen auf dem Rande an
(siehe S. 29 in Freuds Exemplar von Wittels, *Sigmund Freud*, Freud Museum, London).

Freud hielt seine Vorlesungen an der Universität unveränderlich am Samstag von fünf bis sieben, und dann ging er ebenso unveränderlich in das Haus seines Freundes Leopold Königstein zu seiner wöchentlichen Tarockpartie. Ohne seinen »Tarockexzeß«[14] konnte er nicht sein. Am Sonntagmorgen besuchte er seine Mutter. Später am Tag schrieb er die Briefe, für die er unter der Woche keine Zeit gefunden hatte. Die Sommerferien, die von der ganzen Familie Freud sehnsüchtig erwartet wurden, waren eine ernste Angelegenheit. Die Pläne für diese Monate außerhalb von Wien nahmen einen beachtlichen Teil von Freuds Korrespondenz ein. »Ich weiß«, schrieb er Abraham im Frühjahr 1914, »wie schwierig das Sommerproblem ist.«[15] In der bürgerlichen Welt, die der große Krieg weitgehend zerstören sollte, war das »Sommerproblem« eine Sache, welche die bedachtsamste Aufmerksamkeit erforderte. Freud begann oft schon zu Beginn des Frühjahrs Vorbereitungen zu treffen, um den richtigen Kurort für die Erholung von seinen klinischen Arbeiten, für die Besuche von Vertrauten und, wenn eine wichtige Idee in ihm arbeitete, für Wochen der Einsamkeit zu finden. Wenn nach Monaten ermüdender Analysestunden der Sommer kam, quartierten sich die Freuds – die Eltern, die sechs Kinder und Tante Minna – in einem ruhigen Hotel in Bad Gastein in Österreich oder im bayerischen Berchtesgaden ein, um einige Wochen gemeinsam zu verbringen und Pilze zu suchen, Erdbeeren zu pflücken, zu angeln und ausdauernde Spaziergänge zu machen. Im letzten Teil des Sommers – im August und Anfang September – brach Freud mit seinem Bruder Alexander oder einem bevorzugten Kollegen wie Sándor Ferenczi auf, um Italien zu erforschen. Einmal, 1904, stattete er mit seinem Bruder Athen einen unvergeßlichen kurzen Besuch ab; überwältigt stand er auf der Akropolis und dachte darüber nach, wie seltsam es war, endlich in Wirklichkeit zu sehen, was er schon so lange und so gut nur aus Büchern kannte.[16]

In seiner berühmten Studie *Die protestantische Ethik und der Geist des Kapitalismus*, die 1904 und 1905 erschien, während Freud seine *Drei Abhandlungen* abschloß, sprach der deutsche Soziologe Max Weber düster von einem eisernen Käfig, in dem der moderne Mensch gefangen sei als das Opfer von erzwungener Pünktlichkeit, seelenzerstörender mühevoller Arbeit und geistloser Bürokratie. Aber Freuds rhythmische Lebensweise war die Voraussetzung, ja die Dienerin des Vergnügens nicht weniger als der Arbeit. Er tat sich selbst unrecht, wenn er sagte, allein die Arbeit amüsiere ihn. Besucher in der Berggasse 19 und Begleiter auf seinen sommerlichen Ausflügen bezeugen seine unbeeinträchtigte Aufnahmefähigkeit für neue Erlebnisse während seiner fünfziger Jahre und darüber hinaus. Manchmal brachte er seine Gäste aus der Fassung, indem er während einer Mahlzeit schweigend grübelte und die Konversation seiner Familie überließ.[17] Meist aber war er ein herzlicher Gastgeber. Nachdem Abraham von einem Besuch bei Freud Ende Dezember 1907 zurückgekehrt war, schrieb er, noch immer euphorisch, seinem Freund Max Eitingon: »Ich habe eine überaus liebenswürdige Aufnahme in seinem Hause gefunden. Er selbst, Frau, Schwägerin & Tochter führten mich durch Wien, in Kunstsammlungen, Café, zum Buchhändler Heller & zum Antiquar etc. Es waren entzückende Tage.«[18]

Während Freud bei all seiner Vitalität von Depressionen nicht verschont blieb, entging er doch langen düsteren Grübeleien. Als er später auf seinen Besuch in den Vereinigten Staaten im Jahre 1909 zurückblickte, schrieb er: »Damals war ich erst 53 Jahre alt, fühlte mich jugendlich und gesund.«[19] Und als sein Sohn Martin über diese Jahre (in englischer Sprache) schrieb, erinnerte er sich vor allem an seinen »fröhlichen und großzügigen Vater«. Dann verfiel er um der Genauigkeit willen in seine deutsche Muttersprache und wiederholte, sein Vater habe »ein fröhliches Herz« gehabt.[20] Anna Freud bestätigte dieses Urteil ihres ältesten Bruders. Die wahre Persönlichkeit ihres Vaters, schrieb sie Ernest Jones, trat in seinen Briefen nicht voll in Erscheinung, denn sie waren immer »an jemanden gerichtet, um ihn zu informieren oder zu besänftigen oder zu ermutigen oder um Probleme und Angelegenheiten zu teilen«. Im allgemeinen war er »ausgeglichen, optimistisch und sogar fröhlich«; es war selten, daß er leidend war oder einen Arbeitstag wegen Krankheit verlor.[21]*

Der allen bekannte Freud, der auf seinen Fotografien finster blickt, ist keine Illusion; er fand genug Gründe, finster dreinzusehen, wenn er seine Mitmenschen betrachtete, und nicht nur seine abtrünnigen Anhänger. Aber das war nicht der ganze Freud. Ernest Jones hat die nützliche Bemerkung gemacht, daß er sich nicht gern fotografieren ließ; daher sind die formellen Bilder von ihm düsterer als der Mann.[22] Nur seine Söhne, die ihn mit der Kamera in der Hand überraschten, fingen ein weniger strenges Gesicht ein. Der Freud, der entzückt eine eindrucksvolle Gebirgslandschaft, einen besonders saftigen Pilz oder eine Stadt betrachtet, die er noch nicht gesehen hat, ist ebenso authentisch wie der Newton der Psyche, der allein auf seltsame Gedankenseen hinausfährt oder der furchtgebietende Gründer, der einen Ketzer mit seinem stählernen Blick vernichtet.

Regelmäßigkeit bedeutete nicht Starrheit. Tatsächlich führte seine Vor-

---

* Am 28. Januar 1952 schrieb sie Jones, nachdem sie die Briefe ihres Vaters an Abraham und Eitingon gelesen hatte: »Es ist mir oft aufgefallen, daß er in diesen Briefen über seine Gesundheit klagte, während wir zu Hause nie solche Klagen von ihm hörten; im Gegenteil. Irgendwie bin ich auf den Gedanken gekommen, daß dies seine Art war, sich gegen Forderungen zu wehren, die von außen an ihn gestellt wurden.« Natürlich, fuhr sie fort, war dieses Abwehrmanöver »in der Beziehung zu Fließ nicht vorhanden, wo er begierig auf die Gesellschaft des anderen war« (Jones papers, Archives of the British Psycho-Analytical Society, London).

liebe für zwanglose Organisationen und nicht minder zwanglose Arrangements mit Verlegern und Übersetzern zu viel Verwirrung. Aber darüber hinaus war es Freud auch möglich, in bezug auf einige seiner liebsten Ideen seine Meinung zu ändern. Außer wo es sich um so wesentliche Prinzipien der Psychoanalyse wie die infantile Sexualität, die sexuelle Ätiologie der Neurosen und die Verdrängung handelte, war er zugänglich für vielversprechende neue theoretische und therapeutische Ansatzpunkte, ja er war sogar begierig darauf. Er fürchtete sich nicht vor Improvisationen. Seine Konversation war wie sein Briefstil ein Muster von Klarheit und Kraft und voll von originellen Formulierungen. Sein Vorrat an Witzen, hauptsächlich pointierten jüdischen Geschichten, und sein unübertroffenes Gedächtnis für geeignete Passagen von Dichtern und Romanciers verliehen ihm die unvergleichliche Gabe, beim Sprechen wie beim Schreiben Überraschungen auszulösen. Er war in jeder Hinsicht ein fesselnder Vortragsredner und sprach langsam, klar und energisch. Wittels erinnerte sich, daß er jeden Samstag in der Universität »ohne irgend eine geschriebene Hilfe fast zwei Stunden lang« sprach und seine Zuhörer niemals ermüdete... »Der Vortrag war der des deutschen Humanisten, gemildert durch einen Plauderton, den Freud vielleicht aus Paris mitgebracht hat. Von Feierlichkeit und Manier nicht eine Spur.« Selbst in einem noch so schwierigen technischen Vortrag brachen sein Humor und seine Ungezwungenheit durch. »Er wandte gern die Sokratische Methode an«, schrieb Wittels, »indem er sich unterbrach, um Fragen zu stellen oder Einwendungen herauszufordern. Die spärlichen Einwendungen wurden dann von Freud mit viel Witz und Schlagfertigkeit erledigt.«[23]

Er war auch nicht auf Geld fixiert und neigte nicht dazu, sich über die Familienfinanzen Sorgen zu machen, was bei jemandem, der so lange mittellos war, nur natürlich gewesen wäre. Ziemlich wehmütig verzichtete er auf familiäre Vergnügungen wie, zum Beispiel, die Anwesenheit beim Wiener Debut seiner Nichte Lilly Freud Marlé, einer bekannten Diseuse, weil er glaubte, sich nicht die Zeit nehmen zu können. Er war, schrieb er in seiner Entschuldigung, »nur mehr Gelderwerbsmaschine«, ein »zeitweise hochbegabter Tagelöhner«.[24] Er unterließ es jedoch nicht, großzügig zu sein, wenn jemand in Not war. Um 1905 – Freud wurde demnächst fünfzig – konsultierte ihn der junge Schweizer Dichter Bruno Goetz, der damals in Wien studierte, wegen Kopfschmerzen, gegen die kein Mittel half. Einer der Professoren von Goetz hatte Freud als Arzt empfohlen, der vielleicht helfen könnte, und um den Weg zu ebnen, hatte er Freud einige Gedichte von Goetz geschickt. Freud nahm seinem Besucher die Befangenheit, entlockte ihm seine Lebensgeschichte einschließlich intimer sexueller Details wie einer gelegentlichen jugendlichen Vernarrtheit in Matrosen, und kam zu dem Schluß, daß eine Psychoanalyse nicht angezeigt war. Er schrieb ein Rezept aus und brachte Goetz scheinbar ganz nebenbei dazu, von seiner Armut zu sprechen. »Ja«, sagte Freud, »die Strenge gegen sich selbst hat auch etwas Gutes. Man darf sie nur nicht übertreiben. Wann haben Sie denn Ihr letztes Beefsteak gegessen?« Goetz gab zu, daß es vor etwa vier Wochen gewesen sein mußte. »Das dachte ich mir so ungefähr«, erwiderte Freud, und dann wurde er »beinahe verlegen«, erinnerte sich Goetz, und gab ihm Ratschläge für eine Diät und einen Umschlag. »Sie dürfen es mir nicht übelnehmen, aber ich bin ein ausgewachsener Doktor und Sie sind noch ein junger Student. Nehmen Sie dieses Kuvert und gestatten Sie mir, heute ausnahmsweise einmal Ihren Vater zu spielen. Ein kleines Honorar für die Freude, die Sie mir mit Ihren Versen und Ihrer Jugendgeschichte gemacht haben. Adieu, und sprechen Sie wieder einmal bei mir vor. Meine Zeit ist zwar sehr besetzt, aber ein halbes Stündchen oder auch ein ganzes wird sich für Sie finden lassen. Auf Wiedersehn!« Als Goetz in seinem Zimmer ankam und den Umschlag öffnete, fand er darin zweihundert Kronen. »Ich war«, erinnerte er sich, »in einem so aufgewühlten Zustande, daß ich laut weinen mußte.«[25] Das war nicht das einzige Mal, daß Freud jüngere Kollegen und sogar Patienten mit einem wohlangebrachten Geschenk unterstützte, das taktvoll angeboten und dankbar angenommen wurde.

Freuds Wesen als Vater entsprach seinem Wesen als Redner, Autor und bescheidener Philanthrop. Während ihm sein ganzes Leben lang viel von der familiären Lebensweise des 19. Jahrhunderts anhaftete, war er ein gutbürgerlicher Paterfamilias ganz eigener Art. Martha Freud machte es sich, wie jeder wußte, zur Aufgabe, die Zeit und Energie ihres Mannes für die Forschung und für das Schreiben freizuhalten; die praktischen häuslichen Angelegenheiten lagen in ihren kompetenten und willigen Händen.

Aber es war charakteristisch für diesen Haushalt, daß die Kinder der Freuds gut erzogen waren – gut erzogen, nicht eingeschüchtert. Ihre Mutter war, wie sich ihr ältester Sohn erinnerte, zugleich gütig und fest. »Es gab keine Disziplinlosigkeiten.« Die Freuds schätzten schulische Leistungen, ohne übergroßen Wert darauf zu legen, und die Regeln des guten Benehmens schlossen Späße und Ausgelassenheit nicht aus. »Ich weiß«, erinnerte sich Martin Freud, »daß wir Freudkinder Dinge taten und sagten, die andere Leute seltsam fanden.« Sie genossen, wie er meinte, eine liberale Erziehung. »Man befahl uns nie, dies zu tun oder das zu lassen; man verbot uns nie, Fragen zu stellen. Auf alle vernünftigen Fragen bekamen wir Antworten und Erklärungen von unseren Eltern, die uns als Individuen, als Menschen mit ihren eigenen Rechten behandelten.«[26] Hier wurde die psychoanalytische Erziehungstheorie in einer vernünftigen Praxis angewandt: moderne Offenheit, gezügelt durch die gute Sitte des Mittelstandes. Martha Freud bezeugte, daß auf ihres Mannes »ausdrücklichen Wunsch« keiner

der Söhne »seinen Fußstapfen gefolgt ist«.* Aber dann wurde ihr jüngstes
Kind, ihr Annerl, dennoch Psychoanalytikerin: »Bei der Tochter konnte er
es nicht verhindern.«[27] Die Geschichte der späteren Jahre Freuds zeigt, daß
dies eine Auflehnung gegen seine Wünsche darstellte, die ihm sehr willkommen war.

Eine rührende Episode in Martin Freuds Jünglingsjahren veranschaulicht den Umgang Freuds mit seinen Kindern. An einem Wintertag ging
Martin mit seiner älteren Schwester Mathilde und seinem jüngeren Bruder
Ernst Schlittschuh laufen, und die beiden Jungen, die zusammen dahin-
schwebten, rempelten einen bärtigen älteren Herrn an, der komisch um
sich schlug, um sein Gleichgewicht wiederzuerlangen. Ernst machte einige
grobe, unpassende Bemerkungen über diese unbeholfenen Manöver, und
ein geschickter Figurenläufer, der den Vorfall beobachtet hatte und Martin
für den Schuldigen hielt, lief vorüber und versetzte ihm eine Ohrfeige. Martin Freud, voll von jungenhaften Vorstellungen von Ehre und Ritterlich-
keit, empfand das als tiefe Erniedrigung. Zu allem Überfluß nahm ihm auch
noch der Platzwart seine Saisonkarte ab, und ein dicker, plumper Schlitt-
schuhläufer kam auf ihn zu, stellte sich als Anwalt vor und machte sich
erbötig, ihn vor Gericht zu vertreten. Dies, erinnerte sich Martin Freud,
»erhöhte nur noch mein Gefühl der Verzweiflung«; rechtliche Schritte zu
unternehmen, würde den mittelalterlichen Ehrenkodex verletzen, dem er
damals anhing. Er lehnte entrüstet ab. Mathilde gelang es, die Saisonkarte
ihres Bruders zurückzubekommen, und die Freud-Kinder, die vor Neuigkeiten übersprudelten, rannten nach Hause, um zu berichten. Martin war
durch das Geschehene deprimiert. »Meine ganze Zukunft, so schien es mir,
war durch diese Schande zerstört.« Er war sicher, daß er, wenn die Zeit
seines Militärdienstes kam, »nie Offizier werden würde. Ich konnte ein
Kartoffelschäler werden«, oder vielleicht würde er der niedrige Gefreite
bleiben, der die Abfalleimer ausleerte und die Latrinen reinigte. Er fühlte
sich völlig entehrt.

Freud hörte sich den aufgeregten Bericht aufmerksam an, und als sich die
Kinder beruhigt hatten, nahm er Martin in sein Arbeitszimmer mit. Dann
bat er seinen Sohn, ihm die ganze Geschichte noch einmal vom Anfang bis
zum Ende zu erzählen. Martin Freud erinnerte sich zwar an den Zwischenfall mit reichlichen Details, aber es war ihm später entfallen, was sein Vater
zu ihm gesagt hatte. Er wußte allerdings noch, daß die »seelenzerstörende
Tragödie« auf »eine unangenehme und bedeutungslose Nichtigkeit« zu-
sammengeschrumpft war.[28] Was immer Freud an diesem Abend für seinen
Sohn tat, das Wesentliche ist, daß er nicht zu beschäftigt und kein zu großer

* Dazu ist zu sagen, daß auch keiner der drei Söhne Freuds eine Neigung oder Begabung
für den Beruf des Vaters zu zeigen schien.

Mann oder zu strenger Zuchtmeister war, um seinem Sohn die liebevolle, heilende Aufmerksamkeit zu schenken, die er für angebracht hielt.

Als typischer Bürger seiner Zeit und seiner nördlichen Kultur war Freud nicht sehr gefühlsbetont. Er stand, erinnerte sich sein Neffe Harry, »mit seinen Kindern immer sehr freundschaftlich«, aber er war nicht »expansiv«, sondern »immer etwas formell und zurückhaltend. Selten kam es vor, daß er jemandem einen Kuß gab, ich möchte beinahe sagen, eigentlich nie, und selbst seine Mutter, die er sehr liebte, küßte er nur gezwungenermaßen beim Abschied.«[29] Doch 1929 sprach Freud in einem Brief an Ernest Jones von einem »Fonds von Zärtlichkeit« in ihm, »aus dem man immer wieder schöpfen kann«. Es lag ihm nicht, solche Gefühle zu äußern, »aber in meiner Familie weiß man es doch besser«.[30] Es ist wahrscheinlich, daß er gern seinen Mädchen gab, was er seinen Jungen vorenthielt, und bei einem seiner Besuche sah Jones, wie eine Freud-Tochter, »damals ein großes Schulmädchen, auf seinen Knien saß und sich an ihn schmiegte«.[31] Die Zeichen von Freuds Zuneigung, die subtilen Hinweise, die sein Verhalten seinen Kindern gab, genügten, um ein gefühlsbetontes Milieu von Wärme und Vertrauen zu schaffen. »Großväter sind selten hart«, schrieb er 1910 Jung, »und ich war es vielleicht nicht einmal als Vater.«[32] Seine Kinder bestätigten bereitwillig diese Selbsteinschätzung.

Sinnesfreuden

Freud war also kein Zuchtmeister. Und er war kein Asket. Seine sexuelle Aktivität scheint früh nachgelassen zu haben. Wir wissen, daß er im August 1893, als er siebenunddreißig war, in sexueller Enthaltsamkeit lebte. Aber das war nicht das Ende von allem. Anna, sein letztes Kind, wurde im Dezember 1895 geboren. Im folgenden Jahr teilte er Fließ, der immer nach biologischen Rhythmen suchte, mit, »daß ich wiederholt an 28tägigen Terminen ohne sexuelle Lust und impotent bin, was doch sonst noch nicht der Fall ist«.[33] Und 1897 berichtete er Fließ einen Traum, in dem er spärlich bekleidet eine Treppe hinaufging und von einer Frau verfolgt wurde. Das begleitende Gefühl war »nicht Angst, sondern erotische Erregung«.[34]

Wie wir gesehen haben, hatte er 1900 geschrieben, »mit dem Kinderzeugen bin ich fertig«.[35] Aber es gibt einige interessante Hinweise darauf, daß er mit der sexuellen Erregung, ja mit dem Geschlechtsverkehr noch nicht fertig war und es auch ein Jahrzehnt oder mehr noch nicht sein sollte. Im Juli 1915 hatte er eine Reihe von Träumen, die er prompt niederschrieb und analysierte. Einer handelte von seiner Frau: »Martha kommt auf mich zu, ich soll ihr etwas aufschreiben – in ein Notizbuch schreiben, ich nehme meinen Bleistift heraus . . . Es wird ganz undeutlich.« Bei der Deutung des Traumes bot Freud verschiedene Tagesreste an, um ihn zu erklären, unter diesen unvermeidlich seine »sexuelle Bedeutung«: Der Traum »bezieht sich auf den gut gelungenen Coitus Mittwoch früh«.[36] Er war damals neunund-fünfzig. Wenn also Freud im selben Jahr James Jackson Putnam schrieb, er habe von der sexuellen Freiheit, für die er eintrat, »sehr wenig Gebrauch gemacht«[37], so sprach er im wesentlichen von einer Aversion gegen außer-eheliche Abenteuer. Wie manche seiner Träume sprechen auch einige seiner Schriften und gelegentlichen Kommentare von blühenden erotischen Phan-tasien durch die Jahre hindurch. Sie mögen zum größten Teil nur Phanta-sien gewesen sein. »Wir Kulturmenschen«, sagte er seinen Anhängern mit zynischer Resignation, als er einundfünfzig war, »sind alle ein wenig zur psychischen Impotenz geneigt.« Spielerisch, mit mehr als einer Spur von Melancholie, meinte er einige Monate später, es wäre nützlich, eine antike Institution wiederzubeleben: »nämlich die Errichtung einer Liebesakade-mie, wo die *ars amandi* gelehrt würde«.[38] Wieviel er von dem praktizierte, was er in so einer Akademie gelehrt haben würde, bleibt sein Geheimnis. Aber daß er 1915 eine besondere Anmerkung über einen »gelungenen Ko-itus« machte, läßt darauf schließen, daß es Zeiten gegeben haben muß, in denen er versagte.

Freuds Resignation wurde teilweise durch eine ausgeprägte Abneigung gegen alle bekannten Methoden der Geburtenkontrolle ausgelöst. Wir wis-sen, daß er in den frühen 1890er Jahren, als er – bei seinen Patienten und, was sehr wahrscheinlich sein dürfte, in seiner eigenen Ehe – die sexuellen Ursachen der Neurosen erforschte, die unglücklichen psychologischen Fol-gen der Empfängnisverhütung beklagte. Außer unter den günstigsten Um-ständen, glaubte er, führte die Verwendung eines Kondoms wahrscheinlich zu neurotischem Unbehagen. Der *Coitus interruptus* und andere Methoden seien nicht besser; je nach der angewandten Methode sei entweder der Mann oder die Frau dazu verurteilt, als Opfer der Hysterie oder einer Angstneurose zu enden. »Wenn Freud seine eigenen Bemühungen in dieser Richtung fortgesetzt hätte«, bemerkte Janet Malcolm, »wäre er der Erfin-der eines besseren Kondoms und nicht der Gründer der Psychoanalyse ge-worden.«[39] So, wie es war, deutete er die Schwierigkeiten, die sich aus den Defekten der empfängnisverhütenden Mittel ergaben, als Hinweise auf die geheimste Tätigkeit der menschlichen Psyche einschließlich seiner eigenen. Die Memoranden, die er Fließ über dieses heikle Thema schickte, erwähnen nicht ihn selbst, sondern seine Patienten und die Art und Weise, wie seine Theorie von ihren offenherzigen Bekenntnissen profitierte. Aber seine Ent-würfe, die zugleich vertraulich und leidenschaftlich sind, sprechen auch von persönlichem Engagement. Sie spiegeln auf subtile Weise seine weniger als befriedigende sexuelle Erfahrung wider.

Noch subtiler scheint Freuds Resignation mit seiner Erwartung eines frühen Todes verbunden gewesen zu sein. Im Jahre 1911 sagte er zu Jungs Frau, Emma: »Die Ehe ist längst amortisiert, jetzt gibt es nichts mehr als – Sterben.«[40] Aber Freud fand in der Abstinenz auch eine Ursache für einen gewissen Stolz. In seiner 1908 veröffentlichten Abhandlung über die »kulturelle« Sexualmoral bemerkte er, daß die moderne Kultur außerordentliche Ansprüche an die Fähigkeit zur sexuellen Enthaltsamkeit stelle, besonders bei denen, die Anspruch auf eine gewisse Kultiviertheit erheben; sie verlange von den Menschen, sich des Geschlechtsverkehrs zu enthalten, bis sie verheiratet sind, und dann ihre sexuelle Aktivität auf einen einzigen Partner zu beschränken. Freud war überzeugt, daß es die meisten Menschen unmöglich fänden, solchen Forderungen zu entsprechen, oder daß sie ihnen nur unter ungeheuren emotionalen Kosten gerecht würden. »Die Bewältigung durch Sublimierung, durch Ablenkung der sexuellen Triebkräfte vom sexuellen Ziele weg auf höhere kulturelle Ziele gelingt einer Minderzahl, und wohl auch dieser nur zeitweilig... Die meisten anderen werden neurotisch oder kommen sonst zu Schaden.«[41]

Aber Freud hielt sich selbst für weder neurotisch noch geschädigt. Er zweifelte vielmehr nicht daran, daß er seine Triebe sublimiert habe und kulturelle Arbeit höchsten Ranges leiste. Doch der alte Adam ließ sich nicht unterdrücken: In seinen späteren Jahren genoß Freud sichtlich die Bewunderung gut aussehender Frauen; die eindrucksvolle, elegante Lou Andreas-Salomé war nur die auffallendste unter ihnen. Im Jahre 1907, zu einer Zeit, als er vermutlich ein weites Stück auf dem Wege zurückgelegt hatte, seine erotischen Triebe zu sublimieren, teilte er Jung in einem Brief aus Italien mit, er habe einen jungen Kollegen von diesem getroffen, der »sich wieder mit irgendeinem Frauenzimmer versehen zu haben« scheine. »Diese Praxis hält von der Theorie ab.« Der Vorfall ließ ihn über seine eigene Praxis nachdenken. »Wenn ich meine Libido (im gewöhnlichen Sinne) ganz überwunden haben werde, mache ich mich an ein ›Liebesleben der Menschen‹.«[42] Offensichtlich hatte er 1907 seine Libido – im gewöhnlichen Sinne – noch nicht überwunden.

Freud blieb also lange für die Sinnesfreuden aufgeschlossen. Er äußerte einige Sympathie für den Spruch des Horaz: *Carpe diem* – »Ergreife (nütze) den Tag« –, eine philosophische Rechtfertigung dafür, nach dem Genuß des Augenblicks zu greifen, die sich »auf die Unsicherheit des Lebens und auf die Unfruchtbarkeit der tugendhaften Entsagung beruft«. Schließlich, gestand er, »hat jeder von uns Stunden und Zeiten gehabt, in denen er dieser Lebensphilosophie ihr Recht zugestanden ... hat«. In solchen Augenblicken neigen wir dazu, die unbarmherzige Strenge der Morallehre

zu kritisieren, »daß sie nur zu fordern verstand, ohne zu entschädigen«.[43]*
Obwohl strenger Moralist, ließ Freud doch der Lust ihr Recht.

Die Gegenstände, die Freud im Laufe der Jahre in seiner Wohnung an-
häufte, bezeugen die Art von sinnlicher Befriedigung, die er als Arzt und
Familienvater angenehm und akzeptabel fand. Die Berggasse 19 war eine
kleine Welt, die eine bewußte Wahl widerspiegelte. Sie stellte Freud in seine
größere Kultur durch das, was sie enthielt und auffälligerweise nicht enthielt. Freud war ein gebildeter Mittelstandsbürger seiner Zeit, aber seine
Einstellung zu dem, was seine Klasse zu schätzen vorgab und oft wirklich
schätzte – Kunst, Musik, Literatur, Architektur –, war nicht ganz voraussagbar. Freud war alles andere als unempfänglich für vom Menschen ge-
schaffene Schönheit. Im Jahre 1913 war er erfreut zu hören, daß Karl Abraham den holländischen Badeort Noordwijk aan Zee genoß, wo Freud
schon früher Ferien gemacht hatte. »Die Sonnenuntergänge waren vor allem herrlich«, erinnerte er sich. Aber noch mehr schätzte er die Werke des
Menschen: »Die kleinen Städte sind entzückend. Delft ist ein Juwelchen.«[44]
Maler und Bildhauer – und Architekten – verschafften ihm hohen visuellen
Genuß, sogar noch mehr Genuß als Landschaften.

Ob für Schönheit empfänglich oder nicht, Freuds Geschmack war
durchaus konventionell. Die Dinge, mit denen er lebte, waren kompromiß-
los in ihrem Konservatismus, ihrer Verherrlichung wohlbegründeter Tra-
ditionen. Er liebte die Art von Erinnerungsstücken, welche die meisten
Bürger des 19. Jahrhunderts so unerläßlich für ihr Wohlbehagen fanden:
Fotografien von Familienangehörigen und engen Freunden, Souvenirs aus
Orten, die man besucht hatte und an die man sich gern erinnerte, Radierungen und Skulpturen, die sozusagen Vermächtnisse des Alten Regimes in den
Künsten waren – allesamt akademisch und brav. Die Revolutionen in der
Malerei, der Dichtung, der Musik, die ringsum explodierten, ließen Freud
ungerührt; wenn sie sich seiner Aufmerksamkeit aufdrängten, was selten
der Fall war, äußerte er energisch sein Mißfallen. Den Bildern an Freuds
Wänden hätte man nicht angesehen, daß zu der Zeit, als er in der Berggasse
19 einzog, der französische Impressionismus bereits eine Zeitlang seine
Blüte erlebte oder daß Klimt und Kokoschka und später Schiele in Wien
arbeiteten. Über eine »modernste« Porträtzeichnung, die Karl Abraham
zeigte, schrieb er Abraham mit heftigem Mißfallen, er sei erschüttert, daß

* In einem reizenden kleinen Essay über die Vergänglichkeit, der, was zu beachten ist,
während des sinnlosen Gemetzels des Ersten Weltkriegs geschrieben wurde, argumentierte Freud, daß, wenn alles Schöne zum Verfall verurteilt sei, diese Wahrheit weder eine
mythische Unsterblichkeit noch düstere Trauer mit sich bringe. »Wenn es eine Blume
gibt, welche nur eine einzige Nacht blüht, so erscheint uns ihre Blüte darum nicht minder
prächtig.« Worauf es ankomme, sei die Empfindung, die Schönheit und Vollkommenheit im Augenblick selbst wecken (»Vergänglichkeit«, G. W., Bd. 10, S. 359).

»Ihre Toleranz oder Sympathie für die moderne ›Kunst‹ so grausam geahndet werden muß«.[45] Die sarkastischen Anführungsstriche um »Kunst« sagen genug. Angesichts des Expressionismus gestand Freud Oskar Pfister offen, daß er ein Philister sei.[46]

Die Möbel, mit denen die Wohnung der Freuds vollgestellt war, wußten nichts von all den experimentellen Formen, die damals die Wohnungen modernerer Familien in Wien verwandelten. Die Familie Freud lebte im soliden Komfort des späten 19. Jahrhunderts, mit gestickten Tischtüchern, Plüschsesseln, gerahmten Porträtfotos und einer reichen Auswahl an orientalischen Teppichen. Ihre Wohnung atmete einen gänzlich unschuldigen Eklektizismus, der sich in einer Anhäufung von Gegenständen spiegelte, die, weit davon entfernt, dem Programm eines Innenarchitekten zu gehorchen, von der unkomplizierten Suche nach häuslicher Behaglichkeit im Laufe der Jahre sprach. Die Freuds scheinen diese Fülle, die ein strengerer Geschmack vielleicht als bedrückend verschmäht hätte, als höchst beruhigend empfunden zu haben; sie erfüllte das Programm der Häuslichkeit, das Freud bereits vor der Heirat aufgestellt hatte, und zeugte von einer endlich erlangten Wohlhabenheit ebenso wie von Erlebnissen, an die man sich liebevoll erinnerte. Tatsächlich prägten Wohlstand und Erinnerungen Freuds Ordinationszimmer und sein privates Arbeitszimmer ebenso wie die anderen Räume in der Berggasse 19. Seine Analyse der Kunst war weit radikaler als sein Geschmack in Fragen der Schönheit.

Ein ganz ähnlicher Konflikt beherrschte Freuds Einstellung zur Literatur. Seine Abhandlungen und Monographien sprechen von seiner großen Belesenheit, seinem guten Gedächtnis und seinem anspruchsvollen Stilgefühl. Wie wir wissen, zitierte er oft seine liebsten deutschen Klassiker, vor allem Goethe und Schiller, und auch Shakespeare, der ihm faszinierende Rätsel aufgab und den er in seinem nahezu perfekten Englisch ausführlich aufsagen konnte. Geistreiche Köpfe wie Heinrich Heine und derbere Humoristen wie Wilhelm Busch lieferten ihm klare, knappe Anmerkungen. Aber bei der Auswahl seiner Lieblingsautoren ignorierte er die europäische Avantgarde seines Zeitalters. Er kannte seinen Ibsen, hauptsächlich als mutigen Bilderstürmer, aber er scheint wenig Verwendung für Dichter wie Baudelaire oder Dramatiker wie Strindberg gehabt zu haben. Unter den Wienern, die in diesen Tagen in einer mit ununterdrückbaren modernistischen Impulsen geladenen Atmosphäre schrieben, malten und komponierten, sicherte sich, wie wir gesehen haben, allein Arthur Schnitzler Freuds ungeteilten Beifall für seine durchdringenden psychologischen Studien der Sexualität in der zeitgenössischen Wiener Gesellschaft.

Das soll nicht heißen, daß sich Freud nicht die Zeit nahm, Romane, Gedichte und Essays zum Vergnügen zu lesen. Er tat es, und seine Wahl war

sehr umfassend. Wenn er Entspannung brauchte, vor allem wenn er sich in
seinem späteren Leben von Operationen erholte, frönte er seinem Geschmack an Detektivromanen von so klassischen Autorinnen wie Agatha
Christie und Dorothy Sayers.[47] Im allgemeinen zog er natürlich eine geho-
benere Lektüre vor. Als er 1907 eine Anfrage seines Verlegers Hugo Heller
nach einer Liste von zehn »guten« Büchern beantwortete, nannte er zwei
Schweizer Autoren, zwei Franzosen, zwei Engländer, einen Russen, einen
Holländer, einen Österreicher und einen Amerikaner: Gottfried Keller und
Conrad Ferdinand Meyer, Anatole France und Émile Zola, Rudyard Kip-
ling und Lord Macaulay, Dmitri Mereschkowsky, »Multatuli«, Theodor
Gomperz und Mark Twain.[48] Diese Vorlieben waren, wie in der Kunst,
verhältnismäßig sicher, weit weniger abenteuerlich, als man von einem solchen Rebellen erwartet hätte. Aber sie hatten zumindest ein gewisses Maß
von Rebellentum an sich. »Multatuli«, der holländische Essayist und Romancier Eduard Douwes Dekker, war so etwas wie ein politischer und moralischer Reformer; Kiplings *Dschungelbuch* konnte als phantasievoller
Protest gegen die Künstlichkeit der modernen Zivilisation gelesen werden,
und Mark Twain war sicherlich der respektloseste aller Humoristen.

Tatsächlich waren auch einige der Lieblingsbücher Freuds wie Macaulays entschieden optimistische Essays über die europäische Kultur vom 17.
bis zum 19. Jahrhundert und Gomperz' ebenso entschieden liberale Geschichte der griechischen Philosophie ein wenig subversiv auf ihre eigene
Weise. Sie erinnern an Freuds unauslöschliche Schuld gegenüber dem Denken der Aufklärung des 18. Jahrhunderts, seinem kritischen Geist und seiner Hoffnung für die Menschheit, so wie er dieses Denken unmittelbar
durch seine Lektüre von Diderot oder Voltaire oder gefiltert durch dessen
Erben im 19. Jahrhundert aufnahm. Das beherrschende Thema von Macaulays ebenso wie von Gomperz' Werk war die triumphierende Ausbreitung von Licht und Vernunft in einer tief von Aberglauben und Verfolgung
überschatteten Welt. Wie wir wissen, sagte Freud gern, er verbringe sein
Leben damit, Illusionen zu zerstören, aber bei all seinem robusten Pessimismus spielte er manchmal gern mit der Illusion, daß ein Fortschritt in
menschlichen Dingen möglich und vielleicht kumulativ sei. Es ist bemerkenswert, daß er, wenn er zur Veröffentlichung schrieb, sei es über die
Psychologie von Individuen oder Gruppen oder der Kultur als Ganzes, weniger sanguinisch war. Wenn er zum Vergnügen las, erlaubte sich Freud,
wie es scheint, einige der Wunschphantasien, die er in seinen Arbeitsstunden streng verdrängte.

Nicht überraschend waren seine literarischen Urteile oft rein politisch:
Ein Grund dafür, daß er Anatole France schätzte, war der, daß France einen
ausgesprochenen Anti-Antisemitismus entfaltete. Daß er Dmitri Mereschkowsky, dem Verfasser eines Romans über Leonardo da Vinci, weit mehr

Freiberg, heute Příbor in der Tschechoslowakei. Freuds Geburtsort, vom Turm der Kirche Mariä Geburt beherrscht, war von Feldern umgeben, die Freud in seiner Kindheit so sehr liebte und die er nie vergessen hat (Mary Evans/Sigmund Freud Copyrights, Wivenhoe; im folgenden nur noch als »Mary Evans« bezeichnet).

Das Haus Schlossergasse 117 im mährischen Freiberg, in dem Sigismund Schlomo Freud am 6. Mai 1856 geboren wurde (Mary Evans).

Sigmund Freud, etwa acht Jahre alt, mit seinem Vater, Jacob Freud, der damals fast 50 Jahre alt war. Das in einem Studio aufgenommene Foto zeigt Vater und Sohn nach der Übersiedlung der Familie nach Wien (Mary Evans).

Der Prater in Wien, in den Freuds Eltern ihn in den späten 1860er Jahren häufig mitnahmen (Bild-Archiv der Österreichischen Nationalbibliothek, Wien).

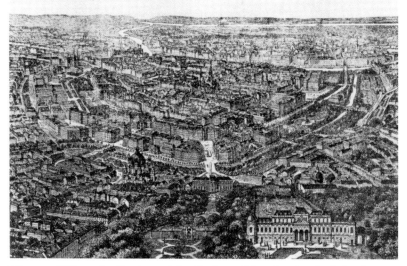

Wien um 1873 aus der Vogelperspektive. In diesem Jahr nahm Freud sein Studium an der Wiener Universität auf. Lithographie (Historisches Museum der Stadt Wien).

»Der schwarze Freitag«, eine Zeichnung von J. E. Hörwater, vermittelt einen Eindruck von der Aufregung nach dem großen Börsenkrach vom 9. Mai 1873. Die wild gestikulierenden Börsenmakler zeigen die äußeren Merkmale, die Antisemiten allen Juden gern zuzuschreiben pflegten (Bild-Archiv der Österreichischen Nationalbibliothek, Wien).

Der sechzehnjährige Freud mit seiner geliebten Mutter, Amalia Freud (Mary Evans).

Samuel Hammerschlag, Freuds Religionslehrer am Gymnasium und sein väterlicher, großzügiger Freund, mit seiner Frau Betty (Mary Evans).

Die Familie Freud im Jahre 1876, mit dem 20 Jahre alten Freud, stehend (in der Mitte, mit dem Gesicht zur Kamera) und seinem Halbbruder Emanuel, der ihm den Rücken zukehrt. In der letzten Reihe ferner (von links nach rechts): Freuds Schwestern Pauline, Anna, Rosa und Marie (»Mitzi«) und Amalias Cousin Simon Nathansohn. Freuds Schwester Adolfine (»Dolfi«) und seine Eltern sitzen in der zweiten Reihe. Der Junge im Sessel ist wahrscheinlich Freuds Bruder Alexander. Die Namen der beiden anderen Kinder sind nicht bekannt (Mary Evans).

Das Labor in der Zoologischen Station von Triest, wo Freud im Frühjahr 1876 Aale sezierte und nach ihren Hoden suchte (Greti Mainx).

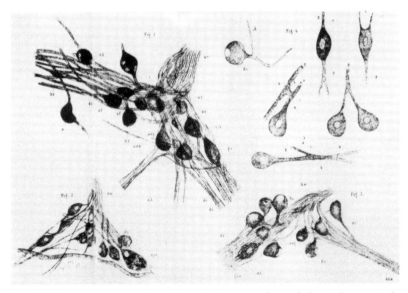

Freuds Zeichnungen zu seiner Arbeit über das Neunauge, das er als den niedrigsten Fisch beschrieb. Seinen Aufsatz »Über Spinalganglien und Rückenmark des Petromyzon« schrieb er 1887 während seiner Arbeit in Ernst Brückes Labor (Abgedruckt in Sitzungsber. d. k. Akademie d. Wissensch., Wien – Math.-Naturwiss. Kl.).

Martha Bernays 1880, etwa zwei Jahre, bevor sie Freud kennenlernte (Mary Evans).

Martha Bernays 1884, ungefähr im Alter von 23 Jahren. Während ihrer Verlobungszeit, in der Freud leidenschaftlich in sie verliebt war, wurden Fotografien seiner Überzeugung nach ihrem Aussehen nicht gerecht (Mary Evans).

Minna Bernays, Marthas jüngere Schwester, die sich um die Mitte der 1890er Jahre Freuds Haushalt anschloß (Mary Evans).

Der große deutsche Physiologe Ernst Brücke, der spätere Ernst von Brücke, der Freud mehr als jeder andere Professor beeinflußte (Institut für Geschichte der Medizin der Universität Wien).

Hermann Nothnagel, Professor für Innere Medizin an der Universität Wien, bei dem Freud 1882/83 als klinischer Assistent arbeitete.

Theodor H. Meynert, Professor für Psychiatrie an der Universität Wien, der zu seiner Zeit internationale Reputation genoß.

Autorität zugestand, als er verdiente, kam daher, daß Mereschkowsky einen Renaissance-Künstler verherrlichte, den Freud wegen seiner Unabhängigkeit und seines geistigen Mutes bewunderte. Aber die meisten Lieblingsautoren Freuds waren seine Lieblinge, weil sie begabte Amateurpsychologen waren. Er konnte bei ihnen in die Schule gehen, so wie seiner Meinung nach Biographen oder Anthropologen bei ihm in die Schule gehen konnten. Das heißt nicht, Freud auf einen konsequenten Philister reduzieren, obwohl er selbst dieses Epitheton auf sich anwandte. Aber der utilitaristische Einschlag in seinem Geschmack ist unleugbar. In seinem »Moses des Michelangelo« gestand er 1914: »Ich habe oft bemerkt, daß mich der Inhalt eines Kunstwerks stärker anzieht als dessen formale und technische Eigenschaften, auf welche doch der Künstler in erster Linie Wert legt. Für viele Mittel und manche Wirkungen der Kunst fehlt mir eigentlich das richtige Verständnis.«[49] Freud erkannte den Unterschied zwischen dem rein formalen, ästhetischen Vergnügen und dem Vergnügen, das der Inhalt von Kunst oder Literatur bieten kann. Aber hier hielt er inne, zum Teil weil er das Künstlerwesen unverständlich fand. »Die Bedeutung gilt diesen Männern wenig, alles, worum es ihnen geht, ist Linie, Form, Übereinstimmung der Konturen. Sie sind dem Lustprinzip ergeben.«[50]* Bei Freud behauptete, in scharfem Gegensatz dazu, das Realitätsprinzip seine Vorherrschaft über das Lustprinzip.

Diese praktische Geistesart formte unvermeidlich auch Freuds ziemlich distanzierte Beziehung zur Musik. Er legte Wert darauf, seine Unwissenheit in musikalischen Dingen darzulegen und gab zu, daß er nicht imstande war, eine Melodie zu halten. In *Die Traumdeutung* brüstete er sich regelrecht mit seinem schlechten musikalischen Gehör: Als er die Herausforderung Figaros an den Grafen Almaviva aus dem ersten Akt von *Figaros Hochzeit* summte, meinte er: »Ein anderer hätte den Gesang vielleicht nicht erkannt.«[51] Wer gezwungen war, ihn Arien aus Mozart-Opern brummen zu hören, bestätigte, daß dies nur zu wahr war.[52] Er suchte keinen Umgang mit Musikern und »ging nie ins Konzert«, wie seine Tochter Anna knapp anmerkte.[53] Er liebte jedoch die Oper oder vielmehr einige Opern. Seine Töchter konnten sich an fünf erinnern: Mozarts *Don Giovanni, Figaros*

---

* Freud war ein hervorragender Stilist und erbarmungsloser Kritiker seiner eigenen Schriften. »Die Selbstkritik«, schrieb er Ferenczi, »ist keine angenehme Gabe«, aber nächst seinem Mut hielt er sie für das Beste an ihm. Die Selbstkritik »hat unter meinen Publikationen auch strenge Auswahl getroffen. Ohne sie hätte ich dreimal soviel der Öffentlichkeit geben können« (Freud an Ferenczi, 17. Oktober 1910. Freud–Ferenczi Correspondence, Freud Collection, LC). Das klingt etwas extrem, aber da Freud die Gewohnheit hatte, seine Entwürfe und Notizen zu vernichten, könnte es tatsächlich stimmen. Das machte ihn aber nicht zum Literaturkritiker.

Hochzeit und *Die Zauberflöte*, Bizets *Carmen* und Wagners *Die Meister-singer*.[54] Die Liste ist ebenso konventionell wie karg: kein Claude Debussy, kein Richard Strauss. Unter den Wagner-Opern sind *Die Meistersinger* sicherlich nach so frühen Werken wie dem *Fliegenden Holländer* am leichtesten zugänglich. Und *Carmen* brauchte zwar nach der Premiere im Jahre 1875 einige Zeit, um Paris zu erobern, aber die Oper war in den deutschsprachigen Ländern rasch sehr beliebt. Brahms, Wagner und Tschaikowsky, die sonst über kaum etwas einer Meinung waren, hielten Bizets letzte Oper für ein Meisterwerk. Nietzsche, der mindestens zwanzig Vorstellungen sah, führte in seiner Polemik gegen Wagners schwere, dekadente, teutonische Musikdramen die Vitalität und den gallischen Charme der Bizet-Oper ins Feld, und Bismarck, dieser wohlinformierte Musikliebhaber, rühmte sich, daß er sie siebenundzwanzigmal gehört habe.[55] Man brauchte kein Verfechter der Avantgarde zu sein, um diese Opern zu mögen. Freud kannte sie allerdings gut genug, um sie für seine Zwecke zu zitieren: Figaros Arie »Will der Herr Graf ein Tänzelein wagen«; Sarastros Worte an Pamina in der *Zauberflöte*, daß er sie nicht zur Liebe zwingen kann; Leporellos schamlose Aufzählung der Eroberungen Don Giovannis vor Donna Elvira.[56]

Der Reiz der Oper für jemanden, der so unmusikalisch ist wie Freud, ist keineswegs mysteriös. Die Oper ist schließlich Musik mit Worten, Gesang mit dramatischer Handlung verschmolzen. Wie der größte Teil seiner Lektüre konnte sie Freud den angenehmen Schock des Wiedererkennens vermitteln. Auf ihre extravagante, oft melodramatische Weise rang die Oper mit den psychologischen Problemen, die Freud während seines ganzen Erwachsenenlebens beschäftigten: Liebe, Haß, Gier, Verrat. Darüber hinaus ist die Oper auch ein Schauspiel, und Freud war besonders empfänglich für visuelle Eindrücke. Deshalb beobachtete er seine Patienten so aufmerksam, wie er ihnen zuhörte. Vor allem aber schildert die Oper erregende moralische Konflikte, die mit befriedigenden moralischen Lösungen enden; sie zeigt höchst wortgewaltige Protagonisten im Kampf zwischen Gut und Böse. Von Freuds fünf Lieblingsopern stellen alle außer *Carmen* – und am offensichtlichsten *Die Zauberflöte* und *Die Meistersinger* – den Triumph der Tugend über das Laster dar, ein Ausgang, der auch den intellektuellsten Zuhörern Freude bereitet*, und sie

---

* Es muß jedoch festgehalten werden, daß in Freuds besonderer Lieblingsoper, *Don Giovanni*, dieser Triumph äußerst fragwürdig ist. Don Giovanni, der die herrschenden Gesetze von Moral und Religion herausfordert, wird zur Hölle geschickt, aber seine Jagd nach Vergnügen ist so unbekümmert und seine Haltung angesichts von Tod und Verdammnis so heroisch, daß die Oper zu einer komplizierteren Reaktion herausfordert als zum Beispiel die Versöhnung, die in *Figaros Hochzeit* dargestellt wird. Da aber ausführliche Kommentare Freuds zu *Don Giovanni* fehlen, ist es unmöglich, Mutmaßungen darüber anzustellen, was ihm diese Oper bedeutete.

liefern Auskünfte über die Kämpfe, die in den Seelen von Männern und Frauen wüten.

Die Oper und übrigens auch das Theater waren seltene Zerstreuungen in Freuds Leben. Dagegen war ein regelmäßiges, ständig wiederkehrendes tägliches Vergnügen das Essen. Freud war weder ein Gourmet noch ein Gourmand; wir wissen, daß er Wein schlecht vertrug. Aber er liebte seine Mahlzeiten genug, um sie in stiller Konzentration zu verzehren. Während der Monate in Wien bestand die Hauptmahlzeit, das Mittagessen, das pünktlich um eins serviert wurde, aus Suppe, Fleisch, Gemüse und einer Nachspeise – »den üblichen drei Gängen, die je nach der Jahreszeit variierten, und im Frühling hatten wir einen zusätzlichen Gang in Form von Spargel«. Freud hatte eine besondere Vorliebe für italienische Artischocken, gekochtes Rindfleisch und Zwiebelrostbraten, aber er mochte keinen Blumenkohl und kein Huhn.[57] Er bevorzugte eine solide, befriedigende bürgerliche Küche ohne einen Hauch der verfeinerten französischen.

Statt dessen bewahrte er sich, was sein Gaumen an feinerer Geschmacksempfindung besaß, für seine Zigarren auf, nach denen er auf verhängnisvolle Weise süchtig war. Als Fließ – immerhin ein Hals-, Nasen-, Ohrenarzt – sie ihm in den frühen 1890er Jahren untersagte, um seine Nasenkatarrhe auszukurieren, war Freud verzweifelt und bat kläglich um Aufhebung des Verbots. Er hatte mit vierundzwanzig zu rauchen begonnen, zuerst Zigaretten, bald aber nur noch Zigarren. Er behauptete, daß diese »Gewohnheit« oder dieses »Laster«, wie er es nannte, seine Arbeitsfähigkeit steigere und seine Selbstbeherrschung erleichtere. »Vorbild war mir mein Vater, der ein starker Raucher war und bis in sein 81stes Lebensjahr blieb.«[58] Freud der Zigarrenraucher befand sich natürlich damals in großer Gesellschaft. Bei den wöchentlichen Zusammenkünften in seiner Wohnung verteilte das Mädchen Aschenbecher über den ganzen Tisch, einen für jeden Gast. Spät an einem Mittwochabend, nachdem sich eine dieser Versammlungen aufgelöst hatte, erhaschte Martin Freud einen Blick oder vielmehr einen Hauch von der Atmosphäre. Der Raum war »noch voll dichten Rauchs, und es erschien mir wie ein Wunder, daß darin Menschen stundenlang gelebt, ja gesprochen hatten, ohne zu ersticken«.[59] Als sein Neffe Harry siebzehn war, bot ihm Freud eine Zigarette an, und als Harry ablehnte, sagte sein Onkel: »Mein Junge, Rauchen ist eine der größten und billigsten Vergnügungen im menschlichen Leben, und wenn du von vornherein beschließt, nicht zu rauchen, so kann ich dich nur bedauern.«[60] Es war eine sinnliche Befriedigung, die sich Freud nicht versagen konnte und für die er einen hohen Preis an Schmerz und Leiden zahlen sollte. Im Jahre 1897 teilte er Fließ eine Erkenntnis mit, die er nie zu einer Abhandlung ausarbeitete, nämlich daß die Süchte – und er schloß die Sucht nach Tabak ausdrücklich mit ein – nur ein Ersatz für »die einzige große Gewohnheit, die ›Ursucht‹«, die Masturbation, sind.[61] Aber er war nicht imstande, diese psychologische Einsicht in den Entschluß zu verwandeln, das Rauchen aufzugeben.

Wenn Freuds hilflose Liebe zu Zigarren das Überleben primitiver oraler Bedürfnisse bezeugt, so enthüllt das Sammeln von Antiquitäten Überreste von nicht minder primitiven analen Befriedigungen im Erwachsenenleben. Was er einmal seine »Vorliebe für das Prähistorische«[62] nannte, war, wie er seinem Arzt Max Schur sagte, »eine Sucht, die an Stärke nur von seiner Nikotinsucht übertroffen werde«.[63] Das Sprechzimmer, in dem er seine Analysanden empfing, und sein sich anschließendes Arbeitszimmer füllten sich allmählich bis zum Bersten mit orientalischen Teppichen, Fotografien von Freunden und Plaketten. Die verglasten Bücherschränke waren überladen mit Büchern und mit Gegenständen, die Wände waren mit Schnappschüssen und Radierungen tapeziert. Die berühmte Couch war eine Sehenswürdigkeit für sich. Sie war mit einem persischen Teppich, einem Schiras, bedeckt, Kissen türmten sich auf ihr, und über das Fußende war eine Decke für Patienten, denen kalt war, gebreitet. Was aber in Freuds Arbeitsräumen am meisten ins Auge stach, waren die über alle verfügbaren Flächen verstreuten Skulpturen. Sie standen in engen Reihen in Bücherregalen, drängten sich auf Tischplatten und Schränken und breiteten sich sogar auf Freuds ordentlich aufgeräumtem Schreibtisch aus, wo er sie mit liebevollen Blikken streifte, wenn er seine Briefe und wissenschaftlichen Arbeiten schrieb.

An diesen Wald von Skulpturen erinnerten sich seine Besucher und Patienten am lebhaftesten. Hanns Sachs, ein Mitglied des inneren Kreises Freuds, bemerkte, daß die Sammlung zwar noch »in den Anfängen war«, als er das Haus Berggasse 19 zum erstenmal besuchte, aber »einige der Objekte fielen dem Besucher sofort ins Auge«.[64] Als er im darauffolgenden Jahr mit seiner Analyse begann, fand auch der »Wolfsmann« Freuds antike Gegenstände bezaubernd: Es herrschte eine »heilige Ruhe« in den beiden stets durch eine offene Tür verbundenen Arbeitsräumen Freuds. Er fühlte sich nicht »an das Ordinationszimmer eines Arztes, sondern vielmehr an ein archäologisches Kabinett« erinnert. »Man entdeckte hier nämlich allerlei Statuetten und sonstige recht eigenartige Gegenstände, die jedoch jeder, auch ein Laie, als archäologische Funde aus den längst verklungenen Zeiten des alten Ägypten sofort erkennen konnte. Auch entlang den Wänden waren hier und da steinerne Plaketten angebracht, die verschiedene Szenen aus derselben Epoche darstellten.«[65]

Diese Fülle war liebevoll zusammengetragen worden. Das Sammeln von Antiquitäten war für Freud eine lebenslange Beschäftigung, der er sich mit Hingabe und System widmete. Wenn sein alter Freund Löwy, Professor für

Archäologie in Rom und später in Wien, in der Stadt war, besuchte er Freud und brachte Neuigkeiten aus der alten Welt. Freud seinerseits las begierig über diese Welt, wenn er die Zeit dazu fand, und verfolgte die Ausgrabungen mit der Erregung eines verständigen Amateurs. Später im Leben schrieb er Stefan Zweig, »daß ich bei aller gerühmten Anspruchslosigkeit viel Opfer für meine Sammlung griechischer, römischer und ägyptischer Antiquitäten gebracht und eigentlich mehr Archäologie als Psychologie gelesen habe«.[66] Das ist zweifellos eine Übertreibung: Der Mittelpunkt seiner konzentrierten Neugier war immer das Leben der Psyche, und die Literaturverzeichnisse zu seinen Schriften zeigen seine Beherrschung der Fachliteratur. Aber er hatte viel Freude an seinen Statuetten und Fragmenten, den ersten Ankäufen, die er sich kaum leisten konnte, und den Geschenken, die Freunde und Anhänger in die Berggasse 19 brachten. Wenn er sich in späteren Jahren von seinem bequemen gepolsterten Lehnstuhl hinter der Couch aus in seinem Sprechzimmer umsah, fiel sein Blick auf ein großes Bild eines ägyptischen Tempels in Abu Simbel, eine kleine Reproduktion des Gemäldes von Ingres, auf dem Ödipus die Sphinx befragt, und einen Gipsabguß eines antiken Reliefs, »Gradiva«. An die Wand gegenüber hatte er über einer Glasvitrine mit alten Gegenständen ein Bild des Sphinx in Gizeh gehängt: eine weitere Erinnerung an Rätsel – und an unerschrockene Eroberer wie Freud, die sie lösen.

Eine so starke Leidenschaft verlangt nach einer Deutung, und Freud zögerte nicht, sie zu bieten. Er sagte dem Wolfsmann, daß »der Psychoanalytiker, ähnlich dem Archäologen bei seinen Ausgrabungen, gezwungen sei, viele Schichten in der Psyche seines Patienten bloßzulegen, bevor er zu dem Wertvollsten, aber zugleich auch am tiefsten Verborgenen gelangen könne«.[67] Doch diese gewichtige Metapher erschöpft nicht die Bedeutung dieser Sucht für Freud. Seine antiken Gegenstände bereiteten ihm Vergnügen, wenn er sie betrachtete und berührte. Er liebkoste sie mit den Augen oder mit den Händen, wenn er an seinem Schreibtisch saß. Manchmal nahm er eine Neuerwerbung mit ins Eßzimmer, um sie dort zu studieren und in der Hand zu halten. Und sie waren auch Symbole. Sie erinnerten ihn an Freunde, die sich die Mühe gemacht hatten, daran zu denken, wie sehr er diese Kunstwerke liebte, und sie erinnerten ihn an den Süden: an sonnige Landstriche, die er besucht hatte oder zu besuchen hoffte und nie würde besuchen können, weil sie zu fern oder zu unzugänglich waren. Wie so viele Menschen aus dem Norden von Winckelmann bis E. M. Forster liebte er die Kultur des Mittelmeerraumes. »Mein Zimmer habe ich jetzt mit Gipsen der Florentiner Statuen geschmückt«, schrieb er Fließ Ende 1896. »Es war eine Quelle außerordentlicher Erquickung für mich; ich gedenke reich zu werden, um diese Reisen zu wiederholen.« Wie Rom stand seine Sammlung für verborgene Ansprüche an das Leben. »Ein Kongreß auf italienischem

Boden! (Neapel, Pompeji)«, rief er aus, nachdem er Fließ von den Florentiner Statuen berichtet hatte.[68]

Auf eine noch dunklere Weise schienen seine Antiquitäten Erinnerungen
an eine verlorene Welt zu sein, in der er und sein Volk, die Juden, ihre
fernen Wurzeln suchen konnten. Im August 1899 teilte er Fließ von Berchtesgaden aus mit, daß er am nächsten Regentag zu Fuß in sein »geliebtes
Salzburg« marschieren wolle, »wo ich das letzte Mal sogar ein paar ägyptische Altertümer aufgestöbert habe«. »Die Dinge«, bemerkte er, »geben mir
Stimmung und sprechen von fernen Zeiten und Ländern.«[69] Wenn er seine
hochgeschätzten Besitztümer studierte, schrieb er Ferenczi viele Jahre später, fühlte er »sonderbare geheime Sehnsüchte« in sich aufsteigen, »vielleicht aus der Erbschaft der Ahnen nach dem Orient und dem Mittelmeer
und einem Leben ganz anderer Art, spätkindliche Wünsche unerfüllbar
und der Wirklichkeit unangepaßt«.[70] Es ist kein Zufall, daß der Mann, an
dessen Lebensgeschichte Freud das größte Vergnügen fand und den er
wahrscheinlich mehr beneidete als jeden anderen, Heinrich Schliemann
war, der berühmte Gräber und Entdecker von Trojas geheimnisvollen, von
Mythen umwobenen Altertümern. Er fand Schliemanns Karriere so außergewöhnlich, weil er, als er »den Schatz des Priamos« entdeckte, das wahre
Glück gefunden habe. »Denn Glück gibt es nur als Erfüllung eines Kinder-
wunsches.«[71] Das eben war die Art von Wunsch, die, wie Freud in seinen
kummervollen Stimmungen fand, in seinem eigenen Leben so selten Wirklichkeit geworden war.

Doch wie Freud dem Wolfsmann sagte, nimmt seine ausdauernde Vorliebe für antike Gegenstände ihre umfassendste Bedeutung an als Hauptmetapher für seine Lebensarbeit. »*Saxa loquuntur!*« hatte er 1896 in seinem Vortrag über die Ätiologie der Hysterie vor seinen Wiener Kollegen
ausgerufen – »Die Steine sprechen!«[72] Zumindest sprachen die Steine zu
ihm. In einem überschwenglichen Brief an Fließ verglich er einen analytischen Erfolg, den er gerade verzeichnen konnte, mit der Entdeckung Trojas.
Mit Freuds Hilfe fand ein Patient, tief unter Phantasien verschüttet, »eine
Szene aus seiner Urzeit (von [dem Alter von] 22 Monaten) auf, die allen
Anforderungen entspricht und in die alle übriggelassenen Rätsel einmün-
den; die alles zugleich ist, sexuell, harmlos, natürlich etc. Ich getraue mir
noch kaum, daran ordentlich zu glauben. Es ist, als hätte Schliemann wieder
einmal das für sagenhaft gehaltene Troja aufgegraben.«[73] Die Metapher verlor für Freud nie ihre Wirksamkeit: In seinem Vorwort zur Krankengeschichte der »Dora« verglich er die Probleme, die sich aus »der Unvollständigkeit meiner analytischen Ergebnisse« herleiteten, mit denen der
»Forscher, welche so glücklich sind, die unschätzbaren, wenn auch verstümmelten Reste des Altertums aus langer Begrabenheit an den Tag zu bringen«.
Er hatte einige Restaurierungsarbeit geleistet, aber wie »ein gewissenhafter

Archäologe« hatte er »nicht anzugeben versäumt, wo meine Konstruktion an das Authentische ansetzt«.[74] Als er drei Jahrzehnte später in *Das Unbehagen in der Kultur* das »allgemeine Problem der Erhaltung im Psychischen« veranschaulichte, führte er als Beispiel Rom an, wie es vor dem modernen Touristen ausgebreitet daliegt: eine Aufeinanderfolge von Städten, deren Fragmente Seite an Seite überleben oder durch archäologische Ausgrabungen zutage gefördert wurden.[75] So flossen in Freuds Sammlung von Antiquitäten Arbeit und Vergnügen, frühe Regungen und intellektuelle Sublimierungen des Erwachsenen in eins zusammen. Dennoch bleibt der Beigeschmack der Sucht. Es ist etwas Poetisches an der Tatsache, daß bei der ersten Sitzung der Psychologischen Mittwoch-Gesellschaft im Herbst 1902 das Diskussionsthema die psychologische Wirkung des Rauchens war.[76]

Die Psychologische Mittwoch-Gesellschaft

Freuds Mittwochabend-Gruppe wurde bescheiden und formlos im Herbst 1902 gegründet. Es »scharte sich eine Anzahl jüngerer Ärzte um mich in der ausgesprochenen Absicht, die Psychoanalyse zu erlernen, auszuüben und zu verbreiten. Ein Kollege, welcher die gute Wirkung der analytischen Therapie an sich selbst erfahren hatte, gab die Anregung dazu.«[77] So faßte Freud etwa ein Jahrzehnt später die frühe Geschichte der Gesellschaft zusammen. Es ist symptomatisch für seinen späteren Ärger über Wilhelm Stekel (oder für seine Diskretion), daß er den Namen dieses Kollegen, auf dessen Vorschlag hin sich die Gruppe zu versammeln begann, nicht erwähnte. Stekel, ein phantasievoller und produktiver Wiener Arzt, war von Freud kurz und für eine gewisse Zeit erfolgreich analytisch behandelt worden, um Symptome von psychologischer Impotenz zu mildern. Das war *eine* Bindung. Eine weitere war Stekels Arbeit über die Traumsymbolik: Wie aufeinanderfolgende Auflagen von *Die Traumdeutung* mit ihrer ausdrücklichen Anerkennung dessen, was Freud Stekel verdankte, bezeugen, gereichten Freuds Beziehungen zu diesem Anhänger wie zu einigen anderen beiden zum Nutzen. Freud lehrte seine ersten Vertrauten mehr, als er von ihnen lernte, aber er ließ sich von ihnen beeinflussen. In diesen frühen Jahren war Stekel, wie er es in seiner Autobiographie mit charakteristischer Großsprecherei ausdrückte, »der Apostel Freuds, der mein Christus war!«[78]*

---

* Als Freud seine Biographie von Wittels las und auf die extravagante Bemerkung stieß, daß Stekel ein Denkmal verdiene, notierte er sichtlich gereizt am Rand: »Zuviel Stekel« (siehe S. 47 in Freuds Exemplar von Wittels, *Sigmund Freud*. Freud Museum, London).

Hätte Freud lange genug gelebt, um diese Behauptung zu lesen, würde er Stekel vielleicht als Judas bezeichnet haben. Er beurteilte Stekel zuletzt mit ungewöhnlicher Härte. Aber 1902 hatte Stekel eine Idee hervorgebracht, deren Nützlichkeit Freud sofort erkannte. Tatsächlich fand Freud auch den Zeitpunkt äußerst glücklich gewählt. Was für Schwächen die Männer auch hatten, die sich jeden Mittwochabend bei ihm in seinem Wartezimmer versammelten, sie boten ihm damals das psychologische Echo, nach dem er sich sehnte. Sie waren mehr oder weniger ein Ersatz für Fließ, und sie lieferten ein wenig von dem Beifall, den er sich mit der *Traumdeutung* zu erwerben erhofft hatte. Zunächst, bemerkte Freud später ein wenig wehmütig, hatte er gute Gründe, zufrieden zu sein.[79]

So klein die Psychologische Mittwoch-Gesellschaft anfangs auch war, ihr Geist war überschwenglich. Freud verschickte Postkarten und lud außer Stekel noch drei andere Wiener Ärzte ein: Max Kahane, Rudolf Reitler und Alfred Adler. Diese bildeten den Kern dessen, was 1908 die Wiener Psychoanalytische Vereinigung werden sollte, das Vorbild für Dutzende solcher Vereinigungen in der ganzen Welt. Kahane hatte wie Freud einen Band von Charcots Vorlesungen übersetzt, und er hatte Stekel mit Freud und seinen Schriften bekanntgemacht. Reitler, der 1917 früh starb, war nach Freud der erste, der die Psychoanalyse praktizierte[80], ein Praktiker, dessen Arbeit Freud mit Respekt zitierte und dessen Wortmeldungen bei den Mittwoch-Sitzungen durch scharfe, manchmal verletzende Kritik gekennzeichnet waren. Wohl der beachtlichste Rekrut war Alfred Adler, Sozialist und Arzt, der ein Gesundheitsbuch für das Schneidergewerbe veröffentlicht hatte, sich aber mehr und mehr für die sozialen Anwendungen der Psychiatrie interessierte. Die ersten Sitzungen der Mittwochabend-Gruppe waren, wie sich Stekel stolz erinnerte, »inspirierend«. Es herrschte »vollkommene Harmonie unter den fünf, und es gab keine Dissonanzen; wir waren wie Pioniere in einem unentdeckten Land, und Freud war der Führer. Ein Funke schien von einem Geist auf den anderen überzuspringen, und jeder Abend war wie eine Offenbarung.«[81]

Stekels Metaphern sind banal, aber sein Bericht fängt die Atmosphäre ein. Meinungsverschiedenheiten und Zwietracht lagen noch in der Zukunft. Gewiß fanden einige der frühen Mitglieder eine solche theologische Terminologie durchaus angebracht. »Die Versammlungen«, erinnerte sich Max Graf, »folgten einem bestimmten Ritual. Zuerst hielt eines der Mitglieder einen Vortrag. Dann wurden schwarzer Kaffee und Kuchen gereicht; Zigarren und Zigaretten lagen auf dem Tisch und wurden in großen Mengen konsumiert. Nach einer geselligen Viertelstunde begann die Diskussion. Das letzte und entscheidende Wort sprach immer Freud selbst. Es herrschte die Atmosphäre der Gründung einer Religion in diesem Raum. Freud selbst war ihr neuer Prophet, der die bis dahin herrschenden Metho-

den der psychologischen Forschung oberflächlich erscheinen ließ.«[82] Dies
war keine Sprache, die Freud schätzte. Er sah sich gern flexibler, weniger
autoritär, als es irgendein »Prophet« sein konnte. Aber ein gewisses Gefühl
der Exaltation scheint der Gruppe eigen gewesen zu sein, und nach einigen
Jahren wurde es erdrückend genug, um einige Mitglieder wie Graf zum
Austritt zu bewegen, sosehr sie Freud auch bewunderten.*

Die Aufnahme in die Mittwoch-Gesellschaft erforderte Einstimmigkeit,
aber diese war in der jovialen Atmosphäre der ersten Jahre eine reine Formalität. Ein Mitglied führte ein anderes ein; einige, aber nur einige, blieben
wieder fort. Im Jahre 1906, als Freud fünfzig Jahre alt wurde, war der
Mitgliederstand bei siebzehn angelangt, und Freud konnte immer mit einem Dutzend rechnen, die zu lebhaften, immer aggressiveren Gesprächen
zusammenkamen. Im Oktober dieses Jahres änderte sich der Stil der Mittwoch-Gesellschaft ein wenig, aber merklich. Mit dem Beginn des fünften
Jahres beschlossen die Mitglieder, einen besoldeten Schriftführer, Otto
Rank, zu beschäftigen, der die Anwesenden notierte, über die Beiträge
Buch führte und von jedem Vortragsabend ausführliche Aufzeichnungen
machte.

Ranks Aufzeichnungen zeigen, wie die Gruppe Krankengeschichten
erörterte, Psychoanalysen von literarischen Arbeiten und Personen der Öffentlichkeit vornahm und neue psychiatrische Literatur sowie bevorstehende Publikationen von Mitgliedern besprach. Es gab auch Abende, an
denen Geständnisse abgelegt wurden. Im Oktober 1907 berichtete Maximilian Steiner, Dermatologe und Facharzt für Geschlechtskrankheiten, wie
er während einer Zeit sexueller Abstinenz an allen Arten von psychoso-

---

* Angesichts des hartnäckigen Vorwurfs, Freud habe eine weltliche Religion gegründet,
ist es wert, festgehalten zu werden, daß Ernest Jones fand, diese Kritik müsse widerlegt
werden. Er nennt ein Kapitel seiner Autobiographie »Die psychoanalytische ›Bewegung‹« und bemerkt, daß er das Wort »Bewegung« in »Anführungsstriche gesetzt hat,
um es sozusagen anzuprangern ... Das Wort ... wird richtig angewandt auf Aktivitäten
wie die der Traktarianer oder der Chartisten und so vieler tausend anderer, die charakterisiert sind durch den brennenden Wunsch ... Überzeugungen zu verbreiten, die für
außerordentlich wertvoll gehalten werden ...
    Dieses Element war es, das die allgemeine Kritik aufkommen ließ, unsere sogenannten
wissenschaftlichen Tätigkeiten hätten eher etwas von der Natur einer religiösen Bewegung an sich, und amüsierte Parallelen wurden gezogen. Freud war natürlich der Papst
der neuen Sekte wenn nicht eine noch höhere Persönlichkeit, der alle Gehorsam schulde-
ten; seine Schriften waren die heiligen Schriften, an die zu glauben für die angebliche
Infallibilisten, die die Bekehrung durchgemacht hatten, obligatorisch war, und es fehlten
nicht die Ketzer, die aus der Kirche ausgestoßen wurden. Es war eine sehr naheliegende
Karikatur, aber das winzige Element von Wahrheit, das sich darin verbarg, mußte die
Stelle der Wirklichkeit einnehmen, die ganz anders war« (Ernest Jones, *Free Associations: Memories of a Psycho-Analyst* [1959], S. 205).

matischen Symptomen gelitten habe, die verschwunden seien, sobald er ein Verhältnis mit der Frau eines impotenten Freundes angeknüpft habe.[83] Anfang 1908 wiederum unterhielt Rudolf von Urbantschitsch, der Leiter eines Sanatoriums, die Mitglieder mit einem Vortrag anhand von Tagebuchaufzeichnungen über »meine Entwicklungsjahre bis zur Ehe« – gemeint war die sexuelle Entwicklung. Er bekannte sich zu früher Masturbation und zu einem gewissen Geschmack am Sadomasochismus. Freud bemerkte in einem abschließenden Kommentar trocken, Urbantschitsch habe der Gruppe eine Art von Geschenk gemacht. Sie nahm das Geschenk an, ohne mit der Wimper zu zucken: Die Psychologische Mittwoch-Gesellschaft war stolz auf diese Art von wissenschaftlicher Selbstentblößung.[84]

Einige der Mitglieder, die nach 1902 beitraten, waren und blieben unbekannt. Aber eine kleine Schar sollte zur Geschichte der Psychoanalyse beitragen. Darunter Hugo Heller, Buchhändler und Verleger, der einen Salon für Künstler und Intellektuelle führte und später psychoanalytische Werke in sein Programm aufnahm, und Max Graf, dessen fünf Jahre alter Sohn ein gewisses Maß von Unsterblichkeit erlangen sollte als der »kleine Hans«, einer der ungewöhnlichsten Fälle Freuds. Sie gehörten zu den Laien, die Freud besonders schätzte, da er immer befürchtete, die Psychoanalyse könnte zum Monopol der Ärzte werden. Doch einige der Ärzte in der Vereinigung waren dazu ausersehen, führende Stellungen in der psychoanalytischen Bewegung in Österreich und im Ausland einzunehmen. Paul Federn, der sich rasch zu einem der zuverlässigsten Anhänger Freuds in der Wiener Psychoanalytischen Vereinigung entwickelte, erwies sich als originaler, einflußreicher Theoretiker. Isidor Sadger, ein fähiger Analytiker und ziemlich provozierender Gefährte, führte seinen Neffen Fritz Wittels in die Gruppe ein. Eduard Hitschmann, der ihr 1905 beitrat, erwarb sich sechs Jahre später Freuds besondere Dankbarkeit für seine populärwissenschaftliche Darstellung der Psychoanalyse, die er im Titel taktvoll als Freuds Schöpfung identifizierte – *Freuds Neurosenlehre*. Wie Federn bewährte sich Hitschmann in allen Wechselfällen der kommenden Jahre als zuverlässiger Statthalter.

Der vielleicht erstaunlichste Rekrut war Otto Rank. Er war gelernter Maschinenschlosser, klein, wenig einnehmend, jahrelang von einer ungewissen Gesundheit geplagt, und er entging dem Elend seiner mittellosen und unglücklichen jüdischen Familie, indem er eine unerschöpfliche Lust zu lernen entwickelte. Alles andere als der typische Autodidakt, war er außergewöhnlich in seiner Intelligenz und Aufnahmefähigkeit. Er las alles. Alfred Adler, der Arzt seiner Familie, hatte ihn mit den Schriften Freuds bekannt gemacht, und Rank verschlang sie. Sie blendeten ihn, schienen ihm den Schlüssel für alle Rätsel der Welt zu bieten. Im Frühjahr 1905, als er einundzwanzig war, gab er Freud das Manuskript eines kleinen Buches, *Der Künstler*; es war ein Vorstoß in die kulturelle Anwendung psychoanalytischer Ideen. Wenig mehr als ein Jahr später wurde er zum Schriftführer der Mittwoch-Gesellschaft bestellt. Freud hatte ein väterliches Interesse an ihm. Liebevoll und mit einer Spur von Herablassung nannte er ihn den »kleinen Rank«, er beschäftigte ihn als Hilfskraft für die Korrektur seiner Schriften und ebnete ihm den Weg für den verspäteten Besuch des Gymnasiums und der Universität Wien. Rank war in der Mittwoch-Gesellschaft kein bloßer Schreibgehilfe: Im Oktober 1906, seinem ersten Monat, trug er lange Auszüge aus seiner in Vorbereitung befindlichen umfangreichen Monographie über das Inzestmotiv in der Literatur vor.[85]

Während Ranks Amtszeit gab es vielleicht mehr Verluste als Gewinne, auch wenn sie nicht auf ihn zurückgingen. Der Ton der Sitzungen wurde gereizt, ja scharf, als die Mitglieder Machtkämpfe ausfochten, sich mit ihrer Originalität brüsteten oder ihr Mißfallen an anderen mit einer brutalen Feindseligkeit ausdrückten, die als analytische Offenheit ausgegeben wurde. Anfang 1908 wurde eine »Reform der Arbeitsordnung« diskutiert und eine Debatte über die Abschaffung des »geistigen Kommunismus« geführt. Hinfort sollte jede Idee als Privateigentum ihres Urhebers gelten. Freud schlug einen Kompromiß vor: Jeder möge selbst bestimmen, wie seine Beiträge behandelt werden sollen, als Gemeinbesitz oder als sein Eigentum. Er persönlich, erklärte er, gebe alles Gesagte preis.[86]

Andere Mitglieder waren weniger großzügig und weniger zurückhaltend. Im Dezember 1907, an einem typischen Abend, hielt Sadger einen Vortrag, in dem er Conrad Ferdinand Meyer analysierte und Meyers unerwiderte Liebe zu seiner Mutter hervorhob. Obwohl diese Art von ödipaler Analyse den geistigen Gepflogenheiten der Gruppe entsprach, fanden Sadgers Kollegen seine Ausführungen grobschlächtig. Federn erklärte, er sei entrüstet; Stekel war entsetzt und protestierte gegen übermäßige Vereinfachungen, die der Sache nur schaden könnten. Wittels verteidigte seinen Onkel und wies »die persönlichen Wut- und Entrüstungsausbrüche« zurück. Der Disput veranlaßte Freud, der selbst Vorbehalte gegenüber Sadgers Vortrag hatte, zur Mäßigung zu raten. Wenn er es für nötig hielt, konnte er vernichtend sein, aber er hob sich sein schweres Geschütz für große Anlässe auf. Sadger, der über die Behandlung, die ihm widerfuhr, verärgert war, drückte seine Enttäuschung aus. Er habe Belehrung erwartet und trage nichts als ein paar Schimpfworte nach Hause.[87]

Im Jahre 1908 waren solche erbitterten Auseinandersetzungen nicht gerade selten. Allzu oft wurde mangelnder Scharfblick durch Heftigkeit ersetzt. Aber das enttäuschende Verhalten der Mittwoch-Gesellschaft war mehr als nur ein Symptom der erstickenden Decke, die Mittelmäßigkeit über jede Gruppe breitet. Das Aneinanderreiben sensibler, oft labiler Individuen mußte Funken von Feindseligkeit schlagen. Mehr noch, der provozierende Inhalt der psychoanalytischen Forschung, der an die am sorgsamsten behüteten Stellen der menschlichen Psyche rührte, forderte seinen Tribut und schuf eine allgegenwärtige Reizbarkeit. Schließlich war keiner der Männer, die in diesen heroischen Jahren der Erforschung taktlos und selbstsicher in die intimsten Heiligtümer anderer und in die eigenen eindrangen, analysiert worden. Stekels Behandlung bei Freud war nur kurz und bei weitem nicht vollständig gewesen. Freud hatte sich zwar selbst analysiert, aber seine Selbstanalyse war ihrer Natur nach nicht nachvollziehbar. Die anderen, von denen die meisten eine Analyse hätten brauchen können, waren nicht in den Genuß ihrer Vorteile gekommen. Anfang 1908 bemerkte Max Graf traurig: »Wir sind nicht mehr die Gesellschaft, die wir früher waren.«[88]

Kurz zuvor hatte Freud, der weiterhin die unbestrittene Autorität über seine ruhelosen Truppen besaß, noch versucht, den veränderten Umständen Rechnung zu tragen, indem er vorschlug, die formlose Gruppe aufzulösen und als Wiener Psychoanalytische Vereinigung neuzugründen. Diese Reorganisation würde Mitgliedern, die das Interesse verloren hatten oder nicht mehr mit Freuds Zielen sympathisierten, die Gelegenheit geben, ohne großes Aufsehen auszutreten.[89] Das war ein taktvoller Notbehelf, mehr nicht. Freud konnte die anderen nicht zwingen, sich über ihr natürliches Niveau zu erheben. Im Dezember 1907 war Karl Abraham zum erstenmal Gast bei einer Sitzung, und er zeichnete seine Eindrücke scharfsinnig und mitleidlos für seinen Freund Max Eitingon auf: »Von den Wiener Anhängern bin ich nicht allzu begeistert. Ich war bei der Mittwoch-Sitzung. *Er* ist den anderen gar zu weit voraus. Sadger ist wie ein Talmud-Jünger, er legt aus und beobachtet jede Regel des Meisters mit orthodox-jüdischer Strenge. Den besten Eindruck von den Ärzten macht mir Dr. Federn; Stekel ist oberflächlich, Adler einseitig, Wittels zu phrasenreich, die anderen unbedeutend. Der junge Rank scheint sehr intelligent, ebenso Dr. Graf...«[90]

Im Frühjahr 1908 war Ernest Jones der gleichen Meinung. Er erinnerte sich später, daß er, als er Wien besuchte und die Mittwoch-Gesellschaft zum erstenmal beobachtete, »nicht sehr beeindruckt war« von Freuds Wiener Anhängern. Aus der kühlen Distanz des Außenseiters betrachtet, »schienen sie eine unwürdige Begleitung zu Freuds Genie zu sein, aber im Wien jener Tage, das so voller Vorurteile gegen ihn war, war es schwer, einen Schüler zu finden, der einen Ruf zu verlieren hatte, und so mußte er nehmen, was er bekommen konnte«.[91]

Es gab helle Intervalle: Zwischen 1908 und 1910 fanden sich neue Mitglieder ein, zu denen Sándor Ferenczi aus Budapest, der talentierte, aber schwer neurotische Jurist Victor Tausk, der Lehrer und Sozialdemokrat

Carl Furtmüller und der geistreiche Rechtsanwalt Hanns Sachs gehörten.
Ihre Zahl schwoll an durch einen Strom von Besuchern, die nach Wien
kamen, um Freud kennenzulernen und an den Mittwoch-Sitzungen teilzunehmen. Die »Schweizer«, Psychiater und Medizinstudenten, die in Zürich
und an anderen Orten in der Schweiz arbeiteten, kamen bereits 1907.
Freud begrüßte sie – Max Eitingon, Carl G. Jung, Ludwig Binswanger, Karl
Abraham – als seine interessantesten neuen Anhänger. Im folgenden Jahr
erschienen andere, für die Zukunft der Psychoanalyse wichtige Besucher,
um Freud und seine Wiener Gruppe kennenzulernen: A. A. Brill, Freuds
amerikanischer Apostel und Übersetzer; Ernest Jones, der sein einflußreichster britischer Anhänger werden sollte, und der Pionier der Psychoanalyse in Italien, Edoardo Weiss.

Freud empfand den Gegensatz zwischen diesen Zugvögeln und den regu-
lären Wiener Mitgliedern geradezu als schmerzlich. Bei der Menschenbeur-
teilung hörte er häufig mehr auf seine Wünsche als auf seine Erfahrung,
aber er täuschte sich nicht, was seine lokalen Anhänger betraf. Nach einer
Mittwochabend-Sitzung im Jahre 1907 sagte er, sichtlich enttäuscht, zu
dem jungen Schweizer Psychiater Ludwig Binswanger: »So, jetzt haben Sie
die Bande gesehen!« Es mag ein wenig subtile Schmeichelei in dieser knappen, spöttischen Bemerkung versteckt gewesen sein; Freud hofierte seine
neuen Schweizer Anhänger. Aber Binswanger, der sich viele Jahre später an
die Szene erinnerte, gab ihr eine nachsichtigere, wahrscheinlich richtigere
Deutung: Sie zeigte ihm, wie einsam sich Freud inmitten dieser Menge auch
jetzt noch fühlte.[92]

»Aus all meinen Wienern«, schrieb Freud 1911 grimmig an Abraham,
»wird nichts werden, den kleinen Rank ausgenommen.«[93] Es gab einige
vielversprechende Persönlichkeiten unter den Wienern: Rank, Federn,
Sachs, vielleicht Reitler, Hitschmann und Tausk. Aber als die Jahre vergingen, setzte Freud seine Hoffnungen immer mehr auf die Ausländer.

Die Ausländer

Vier dieser Ausländer, Max Eitingon und Karl Abraham in Berlin, Ernest
Jones in London und Sándor Ferenczi in Budapest, sollten das Banner der
Psychoanalyse durch Jahre eifrigen Dienstes an der Sache weitertragen – sie
gaben Schriften heraus, debattierten, organisierten, beschafften Geldmit-
tel, schulten Kandidaten und lieferten ihre eigenen, manchmal problematischen, klinischen und theoretischen Beiträge. In schroffem Gegensatz zu
der dramatischen Zusammenarbeit und dem nicht minder dramatischen
Konflikt, die Freuds Beziehungen zu Jung kennzeichneten, war die Verbin-

dung dieser vier Männer mit Freud, wenn auch manchmal gespannt, so doch für beide Seiten höchst gewinnbringend.

Max Eitingon war der erste der »Schweizer«, die in der Berggasse 19 auftauchten. Er war ein wohlhabender, großzügiger und zurückhaltender russischer Jude, der in Zürich Medizin studierte, und hatte Freud Ende 1906 geschrieben und sich als »Unterassistent« in der Nervenheilanstalt Burghölzli vorgestellt. Seine Vorgesetzten, »Prof. Bleuler und Dr. Jung«, hätten ihn auf Freuds Werk hingewiesen. »Eingehendes Studium desselben und eigene Beobachtungen in diesem Sinne überzeugten mich immer mehr von der überraschenden Tragweite Ihrer Auffassung der Hysterie und von dem großen Werte der psychoanalytischen Methode.«[94] Freud zögerte auf seine übliche Art nicht, seiner Befriedigung darüber Ausdruck zu verleihen, »daß eine junge Kraft von dem Wahrheitsgehalt unserer Lehren angezogen, bereit ist, unseren Arbeiten näher zu treten«.[95] In jenen Tagen sah sich Freud als »Menschenfischer«[96] und tat sein Bestes, um dieser biblischen Selbstbezeichnung gerecht zu werden. Im Januar 1907 kam Eitingon nach Wien, um Freud wegen eines schwierigen Patienten zu konsultieren, und blieb zwei Wochen. Seine Freundschaft mit Freud begann und wurde gefestigt durch eine Reihe höchst unkonventioneller analytischer »Sitzungen«; Freud unternahm mit Eitingon Spaziergänge durch Wien, und während sie dahingingen, analysierte er seinen neuen Rekruten. »Dies war die erste Lehranalyse!« rief Ernest Jones später aus, als er sich an die Ungezwungenheit dieser frühen Jahre erinnerte.[97] Im Herbst 1909, nach noch mehr analytischen Spaziergängen mit Freud, zog Eitingon von Zürich nach Berlin, nunmehr Freuds »Schüler«.[98] Seine Praxis wuchs langsam; gelegentlich bat er Freud, ihm Patienten zu überweisen, und Freud kam seinen Bitten nach.[99] Dafür überschüttete Eitingon ihn mit Geschenken. »Seit drei Tagen regnet es bei mir Werke von D...«, schrieb Freud seinem Berliner Schüler Anfang 1910 überschwenglich.[100] Eitingon hatte ihm einen Band Dostojewskij nach dem andern geschickt und ihn besonders auf *Die Dämonen* und *Die Brüder Karamasow*[101] aufmerksam gemacht. Die Korrespondenz zwischen den beiden wurde herzlich und vertraulich. »Ich weiß, Sie bleiben mir treu«, versicherte Freud Eitingon im Juli 1914. »Wir sind ein kleines Häuflein, das keine Frommen einschließt, aber auch keine Verräter.«[102] Er hatte nie einen Grund, sein Vertrauen in Eitingon zu bedauern, der zu Freuds Lebzeiten einer der freigebigsten Förderer der Psychoanalyse wurde.

Eitingons engster Verbündeter in Berlin, Karl Abraham, mußte um die finanzielle Unabhängigkeit kämpfen, die sein lebenslanger Freund als selbstverständlich hinnehmen durfte. Er war vier Jahre älter als Eitingon, 1877 in der Hafenstadt Bremen geboren, in einer schon lange in Deutschland ansässigen jüdischen Familie. Sein Vater, ein Religionslehrer, war für seine Zeit ungewöhnlich tolerant. Als Karl Abraham im Begriff war, eine Stelle als Psychiater anzunehmen, und ihm mitteilte, daß er den Sabbat und andere jüdische religiöse Praktiken nicht mehr einhalten konnte, sagte der alte Abraham seinem Sohn, er solle seinem eigenen Gewissen folgen.[103] Als Wachhund der Psychoanalyse zeigte sich Abraham manchmal weniger tolerant als sein Vater. Seine Analytikerkollegen schätzten ihn als ruhig, methodisch, intelligent, Spekulationen oder jedem Überschwang abgeneigt. Vielleicht war er ein wenig kühl. Ernest Jones beschrieb ihn als den »am wenigsten Expansiven«. Aber seine Zurückhaltung erlaubte es Abraham, Selbstbeherrschung und gesunden Menschenverstand einer Bewegung zu liefern, die dieser Eigenschaften dringend bedurfte. Er war, um noch einmal Jones zu zitieren, »gewiß der Normalste der Gruppe« um Freud.[104] Seine gelassene Heiterkeit wurde beinahe sprichwörtlich unter seinen Kollegen. Freud, der sich oft an den sonnigen Voraussagen Abrahams wärmte, nannte ihn einen unverbesserlichen Optimisten.

Abraham kam zur Psychiatrie von der Medizin her. Er traf Freud zum erstenmal 1907, als er dreißig war, und die Begegnung veränderte sein Leben. Er hatte drei Jahre lang im Burghölzli, der Nervenheilanstalt bei Zürich, gearbeitet, wo Jung Chefarzt war, aber nachdem er unter Freuds Einfluß geraten war, eröffnete er eine psychoanalytische Privatpraxis in Berlin. Es war ein gewagter Schritt zu dieser Zeit und in einem Land, das ganz von der traditionellen Psychiatrie beherrscht wurde. Diejenigen, die Freud spöttisch den »öffentlichen Pöbel in Berlin« nannte[105], wußten wenig von der Psychoanalyse und verabscheuten, was sie davon wußten. »Sie müssen in Berlin hart zu kämpfen haben«, schrieb Jones Abraham noch 1911 aus London, und er bot ihm brüderliche Sympathie an.[106] Tatsächlich war Abraham einige Jahre lang, wie Freud mit Bewunderung bemerkte, der einzige praktizierende Psychoanalytiker in der deutschen Hauptstadt. Abraham, der nie die Hoffnung sinken ließ, brauchte wenig Ermutigung, aber Freud ermunterte ihn, teils um seine eigene Stimmung hochzuhalten, von Wien aus: »Es wird auch werden.«[107]

So sanguinisch Abrahams Temperament gewesen sein mag, jedes kleine Zeichen von Unterstützung war willkommen. Als Ende 1907 der Berliner Psychiater Otto Juliusburger einen Vortrag hielt, in dem er psychoanalytische Ideen befürwortete, schickte ihm Freud ein Dankschreiben für seinen Mut. Durch solche schwachen positiven Zeichen ermutigt, gründete Abraham im August 1908 die Berliner Psychoanalytische Vereinigung mit ganzen fünf Mitgliedern. Zu diesen gehörten außer ihm Juliusburger und der streitbare Sexualforscher Magnus Hirschfeld. Freud steuerte von Anfang an guten Rat bei; er legte Abraham nahe, sich durch die herrschende Ablehnung Hirschfelds nicht gegen diesen leidenschaftlichen, alles andere als desinteressierten Verfechter der Rechte der Homosexuellen einnehmen zu lassen.[108]

Nicht alles zwischen Freud und Abraham war psychoanalytisches Geschäft. Die beiden und ihre Familien standen einander bald nahe genug, um sich gegenseitig zu besuchen, und Freud zeigte ein väterliches Interesse an den Kindern Abrahams.* Im Mai 1908 konnte er Abraham dankbar mitteilen: »Meine Frau hat mir viel von der herzlichen Aufnahme berichtet, die sie bei Ihnen gefunden hat.« Er war erfreut, aber kaum überrascht, von Abrahams »Häuslichkeit eine gute Diagnose gemacht zu haben«.[109]

Nach einigen schwierigen Jahren etablierte sich Abraham als gesuchter Therapeut und als der führende Lehranalytiker für die zweite Generation von Analytikerkandidaten zweier Kontinente. Als ihm Lou Andreas-Salomé 1914 für seine bedeutende Arbeit über die »Schaulust« dankte, lobte sie besonders die Klarheit seiner Darstellung und seine Bereitschaft, sich ohne vorgefaßte Theorie an das Material zu halten.[110] Im selben Jahr war Abraham schon so prominent, daß ihn der amerikanische Psychologe G. Standley Hall, der Rektor der Clark University, um eine Fotografie bat, »um die Wände unseres Seminars zu schmücken«.[111]

Der Erfolg brachte Wohlstand. Anfang 1911 konnte Abraham Freud berichten: »Die Praxis ist seit längerer Zeit recht lebhaft«[112], ja sogar »turbulent«.[113] Er analysierte täglich acht Stunden. Aber er betrachtete diese Aktivitäten bei weitem nicht als einen reinen Segen, denn es blieb ihm, wie er bedauernd im charakteristischen Freudschen Tonfall sagte, »wenig Zeit für die Wissenschaft«.[114] Im Jahre 1912 hatte er nicht weniger als zehn Analysanden, und seine Praxis war noch »lukrativer« geworden. Im ersten Halbjahr verdiente er 11 000 Mark, eine sehr ansehnliche Summe, und er dachte obendrein daran, seine Honorare zu erhöhen. »Sie sehen, es ist selbst in Berlin kein Martyrium mehr, Ihr Anhänger zu sein«, schrieb er Freud.[115] Abraham hatte selten Klagen, und wenn, betrafen sie nicht seine Patienten, sondern seine Berufskollegen. »Meine Praxis absorbiert mich«, schrieb er Freud im Frühjahr 1912[116], aber er murrte, »Berlin ist ein gar zu steriler Boden« für einen an der Theorie interessierten Psychoanalytiker.[117] Die Versammlungen seiner Psychoanalytischen Vereinigung gingen gut genug, aber »es fehlen die richtigen Leute«.[118] Doch das tat nichts zur Sache:

---

* Abrahams Witwe erinnerte sich, daß »der Professor« immer »großen Anteil an der Gesundheit und der Entwicklung unserer Kinder nahm und oft auch von den Ereignissen in seiner eigenen Familie berichtete. Als er uns nach dem Haager Kongreß (1920) besuchte, gab er uns, was von einer Summe, die er für seinen Aufenthalt in Holland bekommen hatte, geblieben war, und bat mich, Fahrräder für unsere Kinder als Weihnachtsgeschenk zu kaufen und damit ihren Herzenswunsch zu erfüllen« (Hedwig Abraham an Jones, 1. April 1952. Jones papers, Archives of the British Psycho-Analytical Society, London).

Seine relative geistige Einsamkeit regte Abraham um so mehr an, seine eigene Arbeit zu verfolgen.

Die Mitglieder des psychoanalytischen Clans zeichneten sich beinahe alle durch eine überströmende Vitalität aus, aber Abraham hatte mehr Energie als die meisten anderen. Zum Teil war seine lebhafte Aktivität jedoch ein Willensakt; von Kindheit an gezwungen, ein leichtes Asthma und eine etwas schwächliche Konstitution zu überwinden, hatte er sich dem Tennis, dem Schwimmen und später seinem Lieblingssport, dem Bergsteigen, zugewandt.[119] Dies war eine beliebte körperliche Betätigung vieler Ärzte, die wie Abraham eine sitzende Beschäftigung ausübten. Auch Freud, der weniger als manche seiner Anhänger anstrengende Sportarten betrieb, unternahm gern lange, ausdauernde Bergwanderungen.

Die Entschlossenheit, die Abraham zu einem Bergsteiger machte, befeuerte auch seine berufliche Arbeit. Er nahm Rekruten auf, führte den Vorsitz bei Versammlungen und wandte seine Aufmerksamkeit einer eindrucksvollen Reihe von Themen zu. Seine Bibliographie enthält Besprechungen der zeitgenössischen analytischen Literatur, klinische Studien, Essays über angewandte Psychoanalyse, die so verschiedene Themen wie moderne Kunst und ägyptische Religion behandelten. Noch wichtiger für die Geschichte der Psychoanalyse waren seine bedeutenden Abhandlungen über die Entwicklung der Libido, die dazu dienten, Freuds eigenes Denken in späteren Jahren neu zu orientieren. Er war auch nicht zu beschäftigt, um nicht mit geschultem Blick die psychoanalytische Politik in den Sturmzentren Wien und Zürich verfolgen zu können. Seine ungewöhnlich heitere Veranlagung, die einen solchen Gegensatz zu Freuds Wesen bildete, war auf eigentümliche Weise verbunden mit einer argwöhnischen Aufmerksamkeit auf Abweichungen unter seinen Analytikerkollegen und auf das kleinste Wölkchen von Abtrünnigkeit am Horizont.

Doch obwohl er ein guter Diener der Sache war, verhielt er sich Freud gegenüber nicht unterwürfig. Er behielt genug Unabhängigkeit, um freundliche Beziehungen zu Fließ aufzunehmen, dessen Bruch mit Freud für ihn kein Geheimnis war. Anfang 1911, als Fließ erfuhr, daß Abraham »Fließsche« Zyklen bei einem seiner Analysanden entdeckt habe, lud er ihn zu einem Besuch ein. Abraham berichtete Freud gewissenhaft von dieser Einladung, und Freud antwortete zurückhaltend. »Ich sehe nicht ein, warum Sie ihn nicht besuchen sollten«, schrieb er und sagte voraus, daß Abraham »einen hochbedeutenden, ja faszinierenden Menschen kennenlernen« werde. Der Besuch könnte ihm Gelegenheit geben, »dem Stück Wahrheit, das sicherlich in der Periodenlehre enthalten ist, wissenschaftlich näher zu kommen«. Gleichzeitig warnte Freud Abraham, daß Fließ versuchen werde, ihn von der Psychoanalyse »und, wie er meint, von mir abzuziehen und in sein Fahrwasser zu lenken«. Dann sagte er über Fließ schonungslos, daß »er im Grund ein harter, schlechter Mensch ist«, und er fügte noch hinzu: »Vor seiner Frau warne ich Sie besonders. Geistreich-dumm, bösartig, positive Hysterika, also Perversion, nicht Neurose.«[120]

Diese Warnung hielt Abraham nicht davon ab, die Bekanntschaft mit Fließ zu pflegen. Er bestätigte Freuds Mitteilung, versprach, »die nötige Vorsicht walten zu lassen«[121], und informierte Freud gewissenhaft über seine Besuche. Fließ, versicherte er, bemühe sich nicht, ihn von der Psychoanalyse oder von ihrem Begründer abzubringen, und er habe ihn keineswegs faszinierend gefunden.[122] Aber mit der ihm eigenen Zurückhaltung äußerte er sich nicht zu Freuds verächtlicher Charakterisierung von Frau Dr. Fließ.[123] Er sagte Freud, damals oder später, auch nichts davon, daß er und Fließ Sonderdrucke austauschten. Freud übertrieb zweifellos die Gefahr, die Abraham durch die Verbindung mit seinem früheren intimen Freund drohte. Fließ bestätigte zwar Abrahams Sonderdrucke mit übertriebener Begeisterung, als ob sie psychoanalytische Enthüllungen enthielten, die Freud selbst ihm nie hätte vermitteln können: »Fahren Sie fort, uns die Augen zu öffnen!«[124] Aber er unternahm offensichtlich keinen Versuch, Abraham dazu zu bewegen, Freud zu verlassen. Und wenn er es versucht hätte, wäre es ihm nicht gelungen. Abraham war klug und selbstsicher genug, um solchen Überredungskünsten zu widerstehen. Jedenfalls spricht es für Freuds herzliche Gefühle und sein unerschütterliches Vertrauen, daß seine intime Beziehung zu Abraham diese Provokation überstand.

Ernest Jones hätte sich nicht stärker von Abraham unterscheiden können, als es tatsächlich der Fall war. Die beiden fanden einander kongenial und blieben während der stürmischen Entwicklung der internationalen psychoanalytischen Bewegung standhafte Verbündete. Sie teilten eine tiefe Bewunderung für Freud, eine alles andere als triviale Liebe zu körperlicher Betätigung und die Hingabe an die Arbeit. Abraham stieg auf Berge, und Jones, untersetzt, lebhaft und vor Vitalität berstend, zog den Eiskunstlauf vor – ja er fand sogar die Zeit, eine gelehrte Abhandlung über dieses Thema zu schreiben.* Gefühlsmäßig jedoch lebten die beiden Männer in ganz ver-

---

* Jones veröffentlichte sein technisches, aber elegant geschriebenes und reich illustriertes Werk *The Elements of Figure Skating* im Jahre 1931. Eine revidierte und erweiterte Ausgabe erschien 1952. Mit sorgfältig gezeichneten Diagrammen versehen, die eine erstaunliche Vielfalt möglicher Figuren zeigen, und scheinbar von seinen beruflichen Interessen sehr weit entfernt, enthüllt das Buch Jones' ununterdrückbare erotische Impulse. »Alle Kunst, so verfeinert, verkleidet und sorgfältig ausgearbeitet ihre Technik auch sein mag«, schreibt er in der Einleitung, »hat letztlich ihren Ursprung in der Liebe zum menschlichen Körper und in dem Wunsch, ihn zu beherrschen« (S. 15). Und das Buch betont mit offensichtlichem Wohlgefallen die Lust, die anmutige Bewegung und erhebendes, scheinbar müheloses Gleiten verschaffen können.

schiedenen Welten. Launisch und provozierend, wo Abraham gelassen und vernünftig war (oder wenigstens zu sein schien), wiederholt und zuzeiten peinlich in erotische Abenteuer verwickelt, wo Abraham nüchtern und monogam war, war Jones der eigensinnigste und, wie Freud gern anerkannte, kampflustigste Anhänger, ein unermüdlicher Briefschreiber, gebieterischer Organisator und militanter Polemiker.

Ernest Jones entdeckte Freud nicht lange nach der Veröffentlichung der Krankengeschichte der Dora im Jahre 1905. Als junger Arzt, der sich auf die Psychiatrie spezialisierte, war er bitter enttäuscht über das Unvermögen der zeitgenössischen orthodoxen Medizin, die Funktionen und Funktionsstörungen der Psyche zu erklären, und diese Enttäuschung erleichterte ihm die Konversion. Als er über Dora las, war sein Deutsch noch stockend, aber er beendete seine Lektüre »mit dem tiefen Eindruck, daß es da in Wien einen Mann gab, der tatsächlich auf jedes Wort horchte, das seine Patienten zu ihm sagten«. Es war wie eine Offenbarung. »Ich versuchte es selbst zu tun, aber ich hatte nie von jemand anderem gehört, der es tat.« Freud, erkannte er, war dieser »*rara avis*, ein wahrer Psychologe«.[125]*

Nachdem er einige Zeit bei Jung im Burghölzli verbracht und mehr über die Psychoanalyse gelernt hatte, suchte Jones Freuds Bekanntschaft im Frühjahr 1908 beim psychoanalytischen Kongreß in Salzburg, wo er einen denkwürdigen Vortrag Freuds über einen seiner Patienten, den »Rattenmann«, hörte. Dann verschwendete er keine Zeit und ließ dieser Begegnung im Mai einen Besuch in der Berggasse 19 folgen, wo er herzlich empfangen wurde.[126] Danach sah er Freud oft, und die beiden überbrückten die Lücken zwischen ihren Begegnungen mit häufigen, langen Kommuniqués. Für Jones folgten einige Jahre schwerer innerer Kämpfe; er wurde von Zweifeln an der Psychoanalyse bedrängt. Aber sobald er festen Boden unter den Füßen hatte, sobald er voll überzeugt war, machte er sich zum energischsten Fürsprecher Freuds, zuerst in Nordamerika, dann in England und zuletzt überall.

Daß Jones seinen Feldzug für Freuds Ideen in Kanada und den nordöstlichen Vereinigten Staaten begann, war nicht ganz eine Frage der freien Wahl. Der Hauch des Skandals hängt über seiner frühen medizinischen Karriere in London: Jones wurde zweimal angeklagt, sich Kindern gegenüber, die er getestet und untersucht hatte, verfänglich verhalten zu haben.** Als er aus seiner Stellung in einem Kinderkrankenhaus entlassen

---

* Er hatte zum erstenmal von seinem Freund (und späteren Schwager) Wilfred Trotter, dem brillanten Chirurgen und Massenpsychologen, von Freud gehört, aber was ihn dann überzeugte, war der Fall Dora.

** In seiner Autobiographie schildert Jones diese Episoden offen und mit beruhigenden Details, und er argumentiert plausibel genug, daß die Kinder bei diesen Vorfällen ihre eigenen sexuellen Gefühle auf ihn projiziert hatten, eine Erklärung, die in der englischen

wurde, hielt er es für ratsam, nach Toronto zu gehen. Sobald er sich dort niedergelassen hatte, begann er, Vorträge über Psychoanalyse vor einem im allgemeinen nicht aufnahmefähigen Publikum in Kanada und den Vereinigten Staaten zu halten, und 1911 gründete er die Amerikanische Psychoanalytische Vereinigung. Zwei Jahre später, 1913, war er wieder in London, gründete eine psychoanalytische Praxis und organisierte eine kleine Schar von Freuds englischen Anhängern. Im November konnte er Freud triumphierend berichten, daß »die Londoner Psychoanalytische Vereinigung letzten Donnerstag ordnungsgemäß mit neun Mitgliedern gegründet wurde«.[127]

Als praktisch der einzige Nichtjude in Freuds intimem Kreis war Jones zugleich Außenseiter und Eingeweihter. Er sammelte mit seiner üblichen Verve jüdische Witze und Redewendungen und machte aus sich eine Art von Ehrenjuden, der beinahe, wenn auch nicht ganz nahtlos, in die relativ geschlossene, defensive psychoanalytische Kultur in Wien und Berlin paßte. Seine Schriften, die alle analytischen Themen einschließlich der angewandten Psychoanalyse umfaßten, zeichneten sich eher durch Klarheit und einen gewissen Elan aus als durch Originalität – was er selbst zugab, indem er sich als feminin bezeichnete. »Für mich«, schrieb er Freud, »ist die Arbeit wie eine Frau, die ein Kind trägt; für Männer wie Sie, nehme ich an, ist sie mehr wie die männliche Befruchtung.«[128]* Ob original oder nicht, Jones war der überzeugendste Popularisator und der hartnäckigste Polemiker. »Es gibt wenige Männer«, schrieb ihm Freud nicht ohne Bewunderung, »die so geeignet sind, mit den Argumenten anderer fertigzuwerden.«[129] Nicht der geringste der Dienste, die er leistete, war, daß er den größten Teil seiner umfangreichen Korrespondenz mit Freud in englischer Sprache führte. Er hatte anfangs darüber geklagt, daß er »mit den alten deutschen Schriftzeichen« – Freuds »gotischer« Schrift – »nicht vertraut war«, und Freud stellte sich, anstatt seine Handschrift zu ändern, auf Englisch um.[130] Das zwang ihn, die Beherrschung seiner liebsten Fremdsprache zu verbessern.**

medizinischen Atmosphäre vor dem Ersten Weltkrieg natürlich niemandem glaubwürdig erschien. Zur Zeit dieser Vorfälle war Jones bereits fest davon überzeugt, daß die Psychoanalyse die einzig wahre Tiefenpsychologie war (*Free Associations*, S. 145–52).
* Jones war jedoch kein nur blinder Anhänger. In den 1920er Jahren widersprach er Freud entschieden in bezug auf die Natur der weiblichen Sexualität, so wie er sich mit ihm vorher, während des großen Krieges, darüber gestritten hatte, welche Seite am Ende siegen werde.
** Mit Ausnahme der Briefe während des Ersten Weltkriegs und der Briefe seiner letzten Jahre schrieb Freud Jones in Englisch. Jones, der nach einiger Zeit ebenso gut Deutsch sprach wie Freud Englisch, vielleicht sogar besser, hatte ihn nicht darum gebeten. Freud stellte sich jedoch auf Englisch um und warnte Jones: »Sie sind für meine Fehler verantwortlich« (Freud an Jones, 20. November 1908. Freud Collection, D2, LC). Am 18. Juni 1911 entschuldigte sich Jones bei Abraham dafür, daß er ihm in Eng-

Im Jahre 1910 hatte sich Jones rückhaltlos der Psychoanalyse verschrieben, obwohl ihn gelegentlich noch einige nicht ganz ausgeräumte Zweifel überkamen. Zumindest war er um diese Zeit für seine neuen psychoanalytischen Freunde weniger undurchsichtig geworden, denn anfangs war er ihnen als schwer zu deuten und noch schwerer vorauszusagen erschienen. Im Sommer 1908 hatte Jung Freud gegenüber geäußert: »Ein rätselvoller Mensch ist mir Jones. Er ist mir unheimlich, unverständlich. Steckt sehr viel oder zu wenig in ihm? Jedenfalls ist er kein einfacher Mensch, sondern ein intellektueller Lügner.« War er, fragte Jung, »zuviel Bewunderer einerseits, zuviel Opportunist andererseits?«[131] Freud fiel die Antwort nicht leicht. »Von Jones, dachte ich, wüßten Sie mehr, als ich wissen konnte«, schrieb er. »Ich fand ihn als Fanatiker, der mich als zaghaft belächelt.« Aber wenn er wirklich ein Lügner ist, »belügt er die anderen, nicht uns«. Was immer die Wahrheit über Jones sein mochte, Freud schloß: »Die Rassenmischung in unserer Schar ist mir sehr interessant; er ist Kelte und darum uns, dem Germanen und dem Mittelmeermann, nicht ganz zugänglich.«[132] Jones erwies sich jedoch als begabter Schüler, und er war bereit, seine Infragestellung der Ideen Freuds einer irrationalen Selbstverteidigung zuzuschreiben. »Kurz gesagt«, schrieb er Freud im Dezember 1909, »meine Widerstände entsprangen nicht Einwänden gegen Ihre Theorien, sondern zum Teil den Einflüssen eines starken ›Vaterkomplexes‹.«[133]

Freud nahm diese Erklärung gern an. »Ihre Briefe sind mir eine ständige Quelle der Befriedigung«, schrieb er Jones im April 1910. »Ich wundere mich über Ihre Aktivität, den Umfang Ihrer Gelehrsamkeit und jüngst die Aufrichtigkeit Ihres Stils.« Freud war froh, schrieb er, daß er sich geweigert hatte, auf »die inneren Stimmen zu hören, die mir nahelegten, Sie aufzugeben«. Nun, da sich alles aufgeklärt hatte, »glaube ich, daß wir ein gutes Stück zusammengehen und arbeiten werden«.[134] Zwei Jahre später kam Freud wieder auf den Augenblick zurück, in dem er entschieden hatte, daß Jones vertrauenswürdig war. Es war im September 1909 gewesen, nachdem sich die beiden Männer lange in der Clark University in Worcester, Massachusetts, unterhalten hatten. »Ich bin sehr froh, daß Sie wissen, wie lieb Sie mir sind und wie stolz ich auf die großen geistigen Kräfte bin, die Sie in den Dienst der ΨA gestellt haben«, schrieb er Jones. »Ich erinnere mich an das erste Mal, als mir diese Einstellung zu Ihnen bewußt wurde; es war ein schlimmer Augenblick, als Sie Worcester nach einer Zeit dunkler Widersprüche Ihrerseits verließen und ich mich mit dem Gedanken vertraut

lisch schrieb, »aber ich bin sicher, Ihr Englisch ist besser als mein Deutsch«. Nach späteren Briefen zu urteilen (zum Beispiel dem langen Brief an Abraham vom 9. Januar 1914, der idiomatisch und buchstabengetreu richtig ist), lernte Jones rasch (Karl Abraham papers, LC).

machen mußte, daß Sie fortgingen, um für uns ein Fremder zu werden. Dann fühlte ich, daß es nicht so sein sollte, und ich konnte es nicht anders zeigen, als Sie zum Zug zu begleiten und Ihnen die Hand zu drücken, bevor Sie abfuhren. Vielleicht verstanden Sie mich, und jedenfalls hat sich dieses Gefühl seither als richtig erwiesen, und Sie haben sich zuletzt glänzend bewährt.«[135]

Fortan war Jones nicht mehr zu halten. Er ging 1913 nach Budapest zu einer kurzen Lehranalyse bei Sándor Ferenczi und berichtete Freud, daß sie »viel Zeit mit wissenschaftlichen Gesprächen« verbrachten und daß Ferenczi »sehr geduldig mit meinen Verschrobenheiten und Stimmungsschwankungen war«.[136] Wenn er Freud schrieb, zögerte Jones nie, selbstkritisch zu sein. Freud seinerseits nahm eine onkelhafte, manchmal freundlich tyrannische Haltung gegenüber Jones ein, der dreiundzwanzig Jahre jünger war. Er ermutigte den Jüngeren gern, indem er ihn oft und warm lobte. »Sie leisten große Arbeit«, schrieb er,[137] und »ich freue mich über die Häufigkeit Ihrer Briefe, und wie Sie sehen, beeile ich mich, Ihnen Antwort zu geben«.[138] Dann wieder schrieb er: »Ihre Briefe und Schriften sind mir sehr lieb.«[139] Freud bedauerte nicht die Zeit, die er sich nahm, um diesen wichtigen Rekruten an die »Sache« zu fesseln.

Von 1912 an analysierte Freud Jones' attraktive Geliebte, Loe Kann, eine Morphiumsüchtige, die jeder, einschließlich Freud, als Jones' Frau bezeichnete. Er ließ die geheiligte Geheimhaltungsregel beiseite und berichtete Jones über ihren Fortschritt auf der Couch und die immer geringeren Morphiumdosen, mit denen sie zu leben lernte.* Bisweilen erteilte er Jones persönliche Ratschläge. Als er von wieder einer anderen Liebesaffäre erfuhr, auf die sich Jones eingelassen hatte, bat ihn Freud: »Wollen Sie mir den persönlichen Gefallen tun, nicht die Heirat zum *nächsten Schritt* in Ihrem Leben zu machen, sondern ein gut Teil Wahl und Überlegung in die Sache zu stecken.«[140] Ein wenig später legte er die Toga des beredten römischen Patrioten Catos des Älteren an, der den Senat an den Feind, Karthago, erinnerte, und schlug einen ernsteren Ton an: »*Cet. censeo.* Seien Sie vorsichtig mit Frauen, und verderben Sie sich diesmal Ihre Lage nicht.«[141] Er bestritt, irgendeine »besondere

---

* Eine der wenigen kritischen Bemerkungen, die Jones veröffentlichte, war die, daß Freud bemerkenswert indiskret habe sein können: »Andererseits war Freud merkwürdigerweise gar nicht jemand, der leicht Geheimnisse anderer Menschen bewahren konnte … Mehrmals erzählte er mir Dinge aus dem Privatleben von Kollegen, die er nicht hätte erwähnen sollen« (*Jones*, II, S. 479). In einem Brief an Max Schur, den er nach dem Erscheinen des zweiten Bandes seiner Freud-Biographie schrieb, führte er ein Beispiel für das an, was er meinte. Freud, schrieb er, habe ihm »von der Natur der sexuellen Perversion Stekels berichtet, was er nicht hätte tun sollen und was ich nie jemandem wiederholt habe« (Jones an Schur, 6. Oktober 1955. Jones papers, Archives of the British Psycho-Analytical Society, London).

Absicht« für seine Einmischung zu haben; »ich schütte Ihnen nur mein Herz aus«.[142] Jones nahm es sehr gut auf. Solche Vertraulichkeiten verliehen der zielstrebigen Hingabe der beiden Männer an die psychoanalytische Bewegung eine Aura der Freundschaft. An Jones' fünfzigstem Geburtstag schrieb ihm Freud mit seiner charakteristischen Mischung aus Aufrichtigkeit und Schmeichelei, »daß ich Sie immer zu meiner engeren Familie gezählt habe«. Seine zärtlichen Gefühle hätten sich zum erstenmal an dem Tag gezeigt, an dem er Jones in Worcester zum Bahnhof begleitet habe. Was für Unstimmigkeiten sie vielleicht auch hätten oder haben würden, fügte Freud hinzu, sie wären doch nur Unstimmigkeiten in der Familie, weiter nichts.[143]

In scharfem Gegensatz dazu war Sándor Ferenczi, der verwundbarste und komplizierteste der ersten Psychoanalytiker, eine weit größere emotionale Belastung für Freud. Jones ärgerte ihn gelegentlich, Ferenczi konnte ihn unglücklich machen. Denn Ferenczi wurde, wie Jones nicht ohne einen Anflug von Neid bemerkte, »der Senior« in Freuds engem Kreis von beruflichen Vertrauten und derjenige, »der Freud am nächsten stand«.[144] Als Sohn eines Buchhändlers und Verlegers 1873 in Budapest geboren, rang er sein ganzes Leben lang mit einem unersättlichen Verlangen nach Liebe. Er war eines von elf Kindern, sein Vater starb jung, und seine Mutter war mit dem Laden und ihrer großen Kinderschar beschäftigt. So fühlte er von Anfang an einen traurigen Mangel an Zuneigung. »Ferenczi litt als Kind unter ungenügender Anerkennung seiner Leistungen«, schrieb Lou Andreas-Salomé.[145] Als Erwachsener trug er seine Liebesbedürftigkeit wie eine nie heilende Wunde mit sich.

Ferenczi studierte in den frühen 1890er Jahren in Wien Medizin und ließ sich in seiner Heimatstadt als Psychiater nieder. Seine erste Begegnung mit psychoanalytischen Ideen war nicht vielversprechend. Er blätterte hastig Freuds *Traumdeutung* durch und verwarf sie als vage und unwissenschaftlich. Aber dann erfuhr er von den Experimenten mit psychoanalytischen Wortassoziationen, die Jung und seine Kollegen entwickelten, und wurde sozusagen durch die Hintertür für Freud gewonnen. Die Ärzte im Burghölzli gaben ihren Versuchspersonen der Reihe nach Wörter und maßen die Zeit, die sie brauchten, um mit dem ersten Wort zu antworten, das ihnen einfiel. Dann (erinnerte sich sein Schüler und Freund, der ungarische Psychoanalytiker Michael Balint viele Jahre später) kaufte sich Ferenczi »eine Stoppuhr, und niemand war vor ihm sicher. Wen immer er in den Budapester Kaffeehäusern traf – Schriftsteller, Dichter, Maler, die Garderobefrau, die Kellner usw. – jedermann wurde dem ›Assoziationsexperiment‹ unterworfen.«[146] Dieses Steckenpferd hatte einen Vorteil, meinte Balint: Es brachte Ferenczi dazu, die gesamte damals vorhandene psychoanalytische

Literatur zu lesen. Eine sorgfältige Lektüre der *Traumdeutung* überzeugte ihn, und im Januar 1908 schrieb er Freud und bat um eine Unterredung. Freud lud ihn ein, ihn an einem Sonntagnachmittag in der Berggasse 19 zu besuchen.[147]

Die beiden Männer wurden rasch Freunde. Ferenczis spekulative Veranlagung interessierte Freud, der sein ganzes Leben lang den Druck der gleichen Neigung in sich selbst verspürte und bekämpfte. Ferenczi entwickelte die psychoanalytische Intuition zu einer hohen Kunst. Freud konnte ihn auf seine höchsten Gedankenflüge mitnehmen und dabei gelegentlich erleben, wie sein Schüler noch höher und außer Sicht schwebte. Ernest Jones als sein Kollege und Analysand beschrieb ihn als einen Mann mit »einer schönen Vorstellungskraft, vielleicht nicht immer gründlich diszipliniert, aber immer anregend«.[148] Freud fand den anregenden Gedankenreichtum unwiderstehlich und war um seinetwillen bereit, den Mangel an Disziplin zu übersehen. »Ihre Beschäftigung mit Rätseln hat mich sehr gefreut«, schrieb er Ferenczi am Beginn ihrer Verbindung. »Sie wissen, das Rätsel annonciert alle die Techniken, welche der Witz versteckt. Eine Parallelstudie wäre in der Tat lehrreich.«[149] Weder Freud noch Ferenczi verfolgte diese vielversprechende Vermutung, aber sie fanden vieles andere zu diskutieren: Krankengeschichten, den Ödipuskomplex, Homosexualität bei Frauen, die Situation der Psychoanalyse in Zürich und Budapest.

Im Sommer 1908 standen sie einander schon so nahe, daß Freud für Ferenczi ein Zimmer in einem Hotel in der Nähe seiner Familie in Berchtesgaden bestellte. »Unser Haus steht Ihnen offen. Aber Sie sollen Ihre Freiheit behalten.«[150] Ein Jahr später, im Oktober 1909, begann Freud seine Briefe an Ferenczi mit »Lieber Freund«, einer herzlichen Anrede, die er nur sehr wenigen vorbehielt.[151] Aber Ferenczi erwies sich als eine problematische Neuerwerbung. Seine stärksten und anfechtbarsten Beiträge zur Analyse betrafen die Technik: Sie waren zum großen Teil deshalb so stark und so anfechtbar, weil sie sichtlich seiner außerordentlichen Begabung zur Empathie entsprangen, seiner Fähigkeit, Liebe auszudrücken und zu wecken. Unglücklicherweise war Ferenczis Eifer zu geben nur das Pendant zu seinem Hunger zu empfangen. In seinen Beziehungen zu Freud bedeutete das eine grenzenlose Idealisierung und ein Verlangen nach einer Intimität, die Freud, enttäuscht nach dem katastrophalen Schicksal seiner Zuneigung zu Fließ, nicht zu gewähren bereit war.

Einige blasse Hinweise auf kommende Belastungen zeigten sich schon im ersten Jahr ihrer Freundschaft. Freud hielt es für notwendig, seinen Anhänger sanft zu schelten, weil er sich »zu eifrig« anstrengte, eine seiner Vermutungen über die Phantasien zu bestätigen.[152] Mehr als einmal setzte Ferenczi Freud unter starken Druck, als sein Beichtvater zu fungieren; er vertraute ihm Einzelheiten seines Liebeslebens an, das so kompliziert war, wie es das eines heiratsfähigen Junggesellen oft ist, und beklagte sich über seine Einsamkeit in Budapest. Eine Reise nach Sizilien, welche die beiden Männer im Spätsommer 1910 unternahmen, war für Freud nicht gerade angenehm, weil Ferenczi die Gelegenheit nutzte, um zu versuchen einen liebenden Vater aus ihm zu machen.

Das war eine Rolle, die Freud trotz seiner väterlichen Ader nicht gefiel. Er schrieb Ferenczi, daß er zwar »mit warmen und sympathischen Gefühlen« an seine Gesellschaft auf der Reise zurückdenke, aber doch wünschte, »daß Sie sich aus der infantilen Rolle reißen, als gleichberechtigter Kumpan neben mich hinstellen, was Ihnen nicht gelang«.[153] Ein Jahr später war Freud widerstrebend, aber mit nachsichtiger guter Laune bereit, die Rolle zu spielen, die ihm Ferenczi auferlegte. »Ich gestehe gerne zu, daß ich einen selbständigen Freund lieber hätte«, schrieb er, »aber wenn Sie solche Schwierigkeiten machen, muß ich Sie schon als Sohn annehmen.« Und er schloß: »Nun leben Sie wohl und beruhigen Sie sich. Mit väterlichem Gruß.«[154] Er setzte die Scharade fort, indem er Ferenczi in seinem nächsten Brief als »Lieber Sohn« ansprach, und bemerkte zu dieser Anrede: »(Bis Sie sich die Titulatur wieder verbieten.)«[155] Eine Woche später kehrte Freud wieder zu seinem üblichen »Lieber Freund«[156] zurück, aber er hatte wenigstens seine Haltung klargemacht.

So unwillkommen und unheilbar seine Abhängigkeit war, Ferenczis hochfliegende Phantasie, seine große Loyalität und seine brillante Begabung, ganz zu schweigen von seiner Tätigkeit als Lehranalytiker in Budapest, führten dazu, daß Freud über seinen bevorzugten ungarischen Anhänger weniger verärgert war, als er es über einen anderen mit solchen Ansprüchen gewesen wäre. In Abraham entdeckte Freud schließlich einen Kern von steifer Reserve. »Ich sehe, Sie haben recht«, schrieb er 1920 Ernest Jones. »Das Preußentum (Prussianity) ist sehr stark bei Abraham.«[157] Aber es gab keine »Prussianity« bei Ferenczi. Freud fand in ihm einen charmanten Gefährten, dem zuliebe er die Tugend der Geduld übte.

Beinahe alle frühen Rekruten Freuds waren plausible Kandidaten für eine Karriere in Psychotherapie. Mit wenigen Ausnahmen, vor allem Sachs und Rank, waren sie Ärzte, und einige von ihnen, wie Jung, Abraham und Eitingon, hatten schon Erfahrungen mit der Behandlung von Geistesgestörten. Tausk, der Jura studiert hatte und als Richter und Journalist arbeitete, wandte sich der Medizin zu, sobald er beschlossen hatte, das Studium der Psychoanalyse ernsthaft zu verfolgen. Ihrer Natur nach zogen Freuds Ideen, zu seiner großen Erleichterung, auch eine Anzahl von Laien an. Er fühlte sich in Wien »intellektuell isoliert trotz meiner zahlreichen ärztlichen Schüler«, schrieb er 1910 einem englischen Korrespondenten, und es war ihm ein Trost zu wissen, daß sich zumindest in der Schweiz »eine Anzahl

von nichtärztlichen Forschern« für »unsere Arbeit« interessierte.[158] Zwei
dieser Amateure unter seinen Anhängern, Oskar Pfister und Lou Andreas-
Salomé, überragen alle anderen; sie sollten für ein Vierteljahrhundert und
mehr mit Freud befreundet sein. Sie scheinen unwahrscheinliche Gefährten
für Freud zu sein, Pfister ein Pastor, Andreas-Salomé eine *grande dame* und
Sammlerin von Dichtern und Philosophen. Freuds Fähigkeit, ihre Besuche
und ihre Briefe zu genießen, und seine dauerhafte Zuneigung zu ihnen zeugen von seinem Verlangen nach Leben und Abwechslung und nach Außen-
posten jenseits der Grenzen von Wien.

Pfister, ein protestantischer Pastor in Zürich, hatte sich schon Jahre, bevor er 1908 zufällig auf Freuds Schriften stieß, in eine verzweifelt ernste
Beschäftigung mit der Psychologie hineingearbeitet. Er wurde 1873, in dem
Jahr, in dem Freud sein Medizinstudium begann, in einem Züricher Vorort
geboren. Schon früh verabscheute er Dispute über das theologische Dogma
als bloßen Zank um Worte. Sie waren ihm zuwider als Versäumnis der
ersten Pflicht eines Pastors: des Heilens von Seelen, der Linderung geistigen
Elends. Die psychologischen Abhandlungen, in denen er eine wirksame Religionspsychologie suchte, schienen ihm ebenso bedeutungslos zu sein wie
die Theologie, die er im Seminar studieren mußte. Dann entdeckte er Freud,
und er erinnerte sich, daß er das Gefühl hatte, alte Ahnungen seien Wirklichkeit geworden. Hier gab es keine endlose Spekulation über die Metaphysik der Seele, kein Experimentieren mit unbedeutenden Kleinigkeiten,
während die großen Probleme des Lebens unberührt blieben. Freud hatte
ein »Seelenmikroskop« erfunden, das Einblick in die Ursprünge der psychischen Funktionen und in ihre Entwicklung gewährte.[159] Eine Zeitlang
hoffte er, Arzt zu werden, wie es sein Vater, ein liberaler Pastor, geworden
war, um seinen Pfarrkindern zu helfen. Aber Freud riet ihm davon ab, Medizin zu studieren,[160] und so wurde und blieb Pfister der »Analysenpfarrer«
– und Freuds guter Freund.[161]

Pfister knüpfte die Bekanntschaft an, indem er Freud eine seiner frühen
Schriften über Schülerselbstmorde schickte. »Von Ihrem tapferen Freunde
Pfister habe ich eine Arbeit erhalten, für die ich mich ausführlicher bedan-
ken werde«, teilte Freud im Januar 1909 Jung mit. Freud konnte nicht
umhin, die Ironie zu sehen: Hier wurde die gottlose Psychoanalyse in den
Dienst der Bekämpfung der Sünde gestellt.[162] Aber er änderte bald seinen
spöttischen Ton. Mehr als ein Verbündeter, den man benutzen, war Pfister
ein Gefährte, an dem man seine Freude haben konnte. Es gab Augenblicke
während der ersten Jahre ihrer Freundschaft, in denen einige von Freuds
engsten Mitarbeitern, vor allem Abraham, an Pfisters psychoanalytischer
Orthodoxie zweifelten und Freud vor ihm warnten. Freud ließ sich nicht
beirren: Soweit er sehen konnte, war Pfisters Anhänglichkeit gewiß. Dieses
eine Mal erwies sich seine oft unzuverlässige Menschenkenntnis als richtig.

Ein Grund dafür, daß Freud Pfister so viel Vertrauen entgegenbrachte, war der, daß er reichlich Gelegenheit hatte, ihn aus der Nähe zu beobachten. Pfisters erster Besuch in der Berggasse 19 war ein stürmischer Erfolg, nicht nur beim Herrn des Hauses, sondern bei der ganzen Familie. »Dann kam Pfister«, so Freud an Ferenczi, »der ein reizender Kerl ist und sich allen ins Herz geschmeichelt hat, ein warmherziger Schwärmer, halb Heiland, halb Rattenfänger. Wir sind aber als gute Freunde geschieden.«[163] Anna Freud erinnerte sich, daß Pfister ihr zuerst wie »eine Erscheinung aus einer fremden Welt«, aber eine willkommene, vorgekommen war. Unverkennbar ein Pfarrer in seiner Redeweise, seinem geistlichen Habit und seinem Gehaben, bot er einen auffälligen Gegensatz zu den anderen Besuchern, die zu den Freuds kamen und blieben, um zu fachsimpeln. Anders als diese einseitigen Bewunderer vernachlässigte Pfister nicht die Kinder zugunsten ihres berühmten Vaters.[164]* Er war ein hochgewachsener, kräftig aussehender Mann mit einem »männlichen Schnurrbart« und »gütigen und forschenden Augen«.[165] Er war auch mutig. Sein undogmatischer psychoanalytischer Protestantismus stieß mehr als einmal mit dem schweizerischen theologischen Establishment zusammen, und einige Jahre lang bestand die Gefahr, daß man ihm seine Pfarre wegnahm. Aber von Freud ermutigt, hielt er stand, und es war ihm bewußt, daß er, während er der psychoanalytischen Bewegung wertvolle Dienste leistete, eine Gegengabe erhielt. Jahre später sprach er zu Freud von seinem »heftigen Liebeshunger«, und er fügte hinzu: »Ohne die Analyse wäre ich längst zusammengebrochen.«[166]

Noch fünfzehn Jahre nach seinem ersten Besuch bei den Freuds erinnerte sich Pfister liebevoll daran. Er hatte sich, schrieb er Freud, in den »fröhlich-freien Geist Ihrer ganzen Familie verliebt«. Anna, »die heute schon recht ernsthafte Arbeiten in der *Internationalen Psychoanalytischen Zeitschrift* schreibt, trug damals noch kurze Röcklein, und Ihr Zweiter« – Oliver – »schwänzte das Gymnasium, um den langweilig befrackten Pfarrer in die Wissenschaft vom Prater einzuführen«. Wenn ihn jemand nach dem angenehmsten Ort der Welt fragte, schloß Pfister, würde er sagen: »Erkundigen Sie sich bei Professor Freud!«[167]

Im Laufe der Jahre, während Pfister die Psychoanalyse anwandte, um

---

* Die Besucher, die zum Essen blieben, erinnerte sich Martin Freud, »hatten wenig Interesse an den Speisen, die man ihnen vorsetzte, und vielleicht noch weniger an Mutter und uns Kindern. Sie bemühten sich aber immer sehr, eine höfliche Konversation mit ihrer Gastgeberin und deren Kindern zu führen, meistens über das Theater oder über Sport, da das Wetter nicht wie in England ein nützlicher Notbehelf bei solchen Gelegenheiten war. Dennoch war leicht zu sehen, daß sie nur diesen gesellschaftlichen Anlaß hinter sich bringen und sich mit Vater in sein Arbeitszimmer zurückziehen wollten, um mehr über die Psychoanalyse zu hören« (Martin Freud, *Sigmund Freud: Man and Father* [1958], S. 108).

Angehörigen seiner Herde zu helfen, besprachen er und Freud ihre Patienten und diskutierten in ungetrübtem guten Einvernehmen die Fragen, die sie trennten, vor allem den religiösen Glauben. Nach Pfisters Ansicht war Jesus, der die Liebe zum zentralen Grundsatz seiner Lehre erhoben hatte, der erste Psychoanalytiker, und Freud war gar kein Jude. »Ein besserer Christ war nie«,[168] erklärte er Freud.* Natürlich konnte sich Freud, der dieses gutgemeinte Kompliment taktvoll ignorierte, nicht als den besten Christen vorstellen. Aber er war glücklich, sich als den besten Freund zu betrachten. »Immer der Nämliche!« rief er Pfister gegenüber aus, als sie einander mehr als fünfzehn Jahre lang kannten. »Tapfer, ehrlich und wohlwollend! Ihr Charakterbild wird sich wohl nicht mehr in meinen Augen ändern!«[169]

Lou Andreas-Salomé schlug ganz andere Saiten in Freuds Gefühlsleben an. Pfister war schwarz gekleidet und transparent. Andreas-Salomé war aufsehenerregend und verführerisch. In ihrer Jugend war sie schön gewesen, mit einer hohen Stirn, vollen Lippen, kräftigen Zügen und einer üppigen Figur. In den frühen 1880er Jahren war sie eine vertraute Freundin Nietzsches gewesen – wie vertraut, muß ungewiß bleiben, denn sie vereitelte standhaft alle Nachforschungen in bezug auf diesen Teil ihres Lebens –, und sie wurde eine Vertraute Rilkes und anderer hervorragender Männer. Im Jahre 1887 hatte sie Friedrich Carl Andreas, einen Orientalisten in Göttingen, geheiratet, wo sie sich schließlich niederließ. Aber von bürgerlichen Zwängen frei, nahm sie sich ihre Liebhaber, wann und wo es ihr gefiel. Als sie Freud 1911 auf dem Weimarer Kongreß kennenlernte, den sie als Begleiterin des schwedischen Psychoanalytikers Poul Bjerre besuchte, war sie fünfzig und immer noch schön und anziehend. Ihr Appetit auf Männer, vor allem geistreiche Männer, war unvermindert groß.

Freud nannte Lou Andreas-Salomé einmal liebevoll seine »Muse«.[170] Aber »Frau Lou«, wie sie sich gern nennen ließ, war weit mehr als eine fügsame Frau, die eine helfende Rolle für das Genie spielte; sie war selbst eine produktive Schriftstellerin, begabt mit einer eindrucksvollen, wenn auch exzentrischen Intelligenz und einer nicht minder eindrucksvollen Fähigkeit, neue Ideen aufzunehmen. Sobald sie sich von Freuds Denken angezogen fühlte, las sie alle seine Schriften. Abraham, der sie im Frühjahr 1912 in Berlin kennenlernte, schrieb Freud, »daß ich einem solchen Verständnis der Psychoanalyse ... noch nicht begegnet bin«.[171] Ein halbes Jahr später war Freud glücklich, von einer Anfrage Frau Lou Andreas-Salomés berichten zu können, »die auf Monate nach Wien kommen will, nur um Psycho-

---

* Als Anna Freud viele Jahre später auf diesen Brief stieß, fand sie ihn völlig unverständlich. »Was in aller Welt meint Pfister hier, und warum will er die Tatsache bestreiten, daß mein Vater Jude ist, anstatt sie zu akzeptieren?« (Anna Freud an Ernest Jones, 12. Juli 1954. Jones papers, Archives of the British Psycho-Analytical Society, London).

analyse zu lernen«.[172] Wie angekündigt, zog sie im Herbst in Wien ein und eroberte unverzüglich das psychoanalytische Establishment. Ende Oktober zollte Freud ihrer beachtlichen Persönlichkeit seinen Tribut, indem er sie »ein Frauenzimmer von gefährlicher Intelligenz« nannte.[173] Einige Monate später gab er weit weniger schnippisch zu: »Ihre Interessen sind wirklich rein intellektueller Natur. Sie ist eine hochbedeutsame Frau.«[174] Das war ein Urteil, das Freud nie zu revidieren brauchte.

Die Protokolle der Versammlungen der Wiener Psychoanalytischen Vereinigung, die Frau Lou regelmäßig besuchte, verzeichnen ihre Anwesenheit zum erstenmal am 30. Oktober 1912.[175] In der vorausgegangenen Woche hatte Hugo Heller einen Vortrag über »Lou Andreas-Salomé als Schriftstellerin« gehalten.[176] Wie rasch und wie gründlich sie in dem Wiener Kreis heimisch wurde, ersieht man daraus, daß Rank sie vom 27. November an unter den Gästen einfach als »Lou« aufführte.[177] Nicht alle ihre Beziehungen in Wien waren rein intellektueller Natur; sie hatte wahrscheinlich eine kurze Affäre mit dem viel jüngeren Tausk, der sehr anziehend auf Frauen wirkte. Auch war ihr Einsatz für Freud anfangs nicht absolut; am Beginn ihres Aufenthalts in Wien spielte sie mit den Ideen Adlers, die damals im Freudschen Lager schon in schlechtem Ruf standen. Aber Freud gewann sie für sich. Als sie im November 1912 eine seiner Samstagvorlesungen nicht besuchte, bemerkte er ihre Abwesenheit und schmeichelte ihr, indem er es ihr sagte.[178] Im neuen Jahr hatten die beiden Fotografien ausgetauscht, und bevor sie Wien im Vorfrühling 1913 verließ, hatte Freud sie mehrere Male in die Berggasse eingeladen. Nach ihrem Tagebuch zu urteilen, waren diese Sonntage glückliche Erlebnisse: Frau Lou hatte kein Monopol in der Kunst der Verführung. Aber Freud empfand echte Zuneigung für die Besucherin, der er so eifrig den Hof machte; und als die Jahre vergingen und sie in Göttingen die Psychoanalyse auszuüben begann und die Verbindung mit Freud aufrechterhielt, indem sie ihm liebevolle Briefe schickte, mochte er sie mehr und mehr. Anhänger wie sie und Pfister zu haben, ganz zu schweigen von Abraham, Ferenczi und Jones, erleichterte die Mühen, die es bedeutete, ein Gründer zu sein. Seine Anhänger in Wien waren eine andere, im großen ganzen weniger angenehme Angelegenheit. Nicht, daß er Ursache gehabt hätte, wegen der Zahl dieser Anhänger besorgt zu sein. Was ihm vielmehr Sorgen bereitete, waren ihre Qualität und ihre Zuverlässigkeit.

Freuds Wiener Anhänger waren nicht die einzigen, die seine Geduld auf die Probe stellten. Seine Gegner im psychiatrischen Establishment in Deutschland und Österreich, die angesehene Lehrstühle innehatten oder Nervenheilanstalten von gutem Ruf leiteten, lieferten ihm genug Stoff zur Erbitterung. Wie wir wissen, neigte Freud dazu, seine Situation zu düster zu malen, aber sie war in Wirklichkeit düster genug. Der Widerstand gegen die Psychoanalyse, sei es durch stumpfsinnige Ablehnung, bösartigen Klatsch oder bedeutungsvolles Schweigen, war anhaltend und schmerzhaft. Etwas anderes zu erwarten, wäre natürlich unrealistisch gewesen. Wenn Freud recht hatte, mußten hervorragende Psychiater, von denen die meisten zu alt waren, um ihre Meinungen zu ändern, die Schriften und Lehrbücher wegwerfen, die sie verfaßt hatten. Aber es war eine unangenehme Tatsache in Freuds Leben, daß einige seiner hartnäckigsten Kritiker jung waren. Einer von diesen, die Freud in Erinnerung behielt, war ein Assistent in Psychiatrie, der 1904 ein Buch gegen die Psychoanalyse schrieb, Ideen wie die Verführungstheorie attackierte, die Freud schon aufgegeben hatte, und, um das Maß voll zu machen, zugab, daß er *Die Traumdeutung* gar nicht gelesen hatte.[179]

Beweise für eine solche im höchsten Grade unwissende Ablehnung kamen aus ganz Europa und den Vereinigten Staaten. Kongresse von Fachleuten auf dem Gebiet der psychischen Störungen ignorierten Freuds Ideen oder applaudierten Vorträgen, die sie als einen Mischmasch von unbewiesenen und phantastischen Behauptungen oder (was den Kritikern noch besser zu gefallen schien) als ein widerliches Bukett von Unanständigkeiten verurteilten. Nachdem Freud 1905 die *Drei Abhandlungen zur Sexualtheorie* veröffentlicht hatte, fanden diejenigen, die dazu neigten, ihm vorzuwerfen, er sei ein schmutziger Pansexualist, natürlich reichlich Material für Mißdeutungen. Sie nannten Freud einen »Wiener Wüstling«, psychoanalytische Schriften »pornographische Geschichten über reine Jungfrauen« und die psychoanalytische Methode »geistige Masturbation«. Im Mai 1906 bezeichnete Gustav Aschaffenburg, Professor für Neurologie und Psychiatrie in Heidelberg, auf einem Kongreß von Neurologen und Psychiatern in Baden-Baden die psychoanalytische Methode kurz und abfällig als »in den meisten Fällen falsch, in vielen Fällen nicht einwandfrei und in allen überflüssig«.[180]

Einige Korrespondenten in Freuds Lager hielten ihn über solche summarischen Urteile auf dem laufenden. Im Jahre 1907 berichtete Jung, der sich schon im Druck und am Rednerpult mit Aschaffenburg herumgeschlagen hatte: »Aschaffenburg hat eine Zwangsneurose behandelt, und als sie auf die sexuellen Komplexe zu sprechen kommen wollte, da verbot er ihr, davon zu reden.«[181] Im selben Jahr, auf einem großen internationalen Kongreß von Psychologen, Neurologen und Psychiatern in Amsterdam – an dem auch Aschaffenburg teilnahm –, verkündete ein gewisser Konrad Alt, Leiter eines Sanatoriums in Sachsen, wie Jung Freud berichtete, »den Terrorismus gegen Sie, daß er nämlich niemals einen Patienten einem Arzte Freudscher Gesinnung zur Behandlung überlassen werde – Gewissenlosigkeit – Schweinerei – etc. Größter Beifall und Beglückwünschung des Redners durch Prof. Ziehen, Berlin«. Auf diese Rede folgten unter allgemeinem heftigen Applaus noch mehr »Eseleien« gegen die Psychoanalyse.[182]

Als er diese Kommuniqués schickte, befand sich Jung, theatralisch und kampfbereit, im ersten Rausch seiner Rolle als Freuds »Sohn«. Aber ruhigere Geister wie Karl Abraham berichteten von ähnlichen Szenen anderswo. Im November 1908 hielt Abraham vor der Berliner Gesellschaft für Psychiatrie und Nervenkrankheiten einen Vortrag über das heikle Thema Neurose und Heirat unter nahen Verwandten. Diplomatisch betonte er die Übereinstimmung seiner Ansichten mit denen des Berliner Neurologen Hermann Oppenheim, der unter den Zuhörern saß. Er vermied so provozierende Themen wie Homosexualität, und er erwähnte Freuds Namen »nicht zu oft«, denn »er wirkt wie das rote Tuch« auf die versammelten Stiere. Der Abend, fand Abraham, war recht erfolgreich. Er fesselte die Aufmerksamkeit der Zuhörer, und manche, die sich zur Diskussion meldeten, zeigten sich verständnisvoll. Doch Oppenheim war zwar höflich, erklärte sich aber schroff und entschieden gegen die Vorstellung der infantilen Sexualität. Theodor Ziehen – der Mann, der in Amsterdam den »Terrorismus« gegen Freud begrüßt hatte – »setzte sich auf das akademische hohe Pferd« und erklärte alles, was Freud geschrieben hatte, für »leichtsinnige Behauptungen« und »Unsinn«. Nach einigen vernünftigen Beiträgen »nahm ein sehr streberhafter Kollege ... den moralisierenden Volksversammlungston an«. Abraham hatte Conrad Ferdinand Meyer als Beispiel für die Liebe zur Mutter angeführt – dasselbe Thema hatte eine Debatte in der Mittwoch-Gesellschaft ausgelöst –, und sein Kritiker behauptete, daß Abraham durch die Erwähnung der ödipalen sexuellen Bindungen von Männern »deutsche Ideale« aufs Spiel gesetzt habe. Aber während Abraham in der ganzen Versammlung nicht einen einzigen rückhaltlosen Verbündeten fand, sagte man ihm privat, sein Vortrag sei erfrischend gewesen; es sei gut, zur Abwechslung einmal etwas Neues zu hören. Er hatte zuletzt den Eindruck, »daß eine ganze Reihe von Kollegen mindestens *halb* überzeugt nach Hause ging«.[183]

Freud spornte Abraham an, indem er seine Gegner mit beißenden Kommentaren bedachte. »Ziehen wird den ›Unsinn‹ einmal schwer büßen«, schrieb er.[184] Was Oppenheim betraf, so war er, wie Freud sagte, »zu borniert; ich hoffe Sie werden ihn mit der Zeit entbehren können«.[185] Die infantile Sexualität blieb in Berlin ein provozierendes Thema, und Freuds Name setzte noch nach 1909 starke Affekte frei. In diesem Jahr veröffentlichte Albert Moll, ein angesehener Berliner Sexualforscher, ein Buch über das Sexualleben von Kindern, das allem zuwiderlief, was Freud seit beinahe einem Jahrzehnt über das Thema gesagt hatte. Im Druck, in einer Anmerkung, die er im folgenden Jahr seinen *Drei Abhandlungen* hinzufügte, tat Freud Molls *Das Sexualleben des Kindes* als unerheblich ab.[186] Privat reagierte er mit befriedigenderer Vehemenz. Moll, schrieb er Abraham, »ist kein Arzt, sondern ein Winkeladvokat«.[187] Als Moll Freud 1909 besuchte, wurde er sehr grob empfangen. Freud berichtete Ferenczi, er habe seinen Besucher beinahe hinausgeworfen. »Er ist ein ekelhaftes, bissiges, hämisch-rabulistisches Individuum.«[188] Normalerweise fühlte sich Freud besser, wenn er Gelegenheit hatte, seinem Zorn Luft zu machen; er zog die verbale Auseinandersetzung, so stumpfsinnig sie auch sein mochte, dem Schweigen vor. Nach 1905 war das Schweigen über die Psychoanalyse endgültig ge-brochen, und mit der Kontroverse kamen Anhänger, aber gefühlsgeladene Kritik überschattete noch die langsam steigende Flut der Zustimmung. Noch 1910 konnte Professor Wilhelm Weygandt, der 1901 *Die Traumdeu-tung* nicht sehr freundlich besprochen hatte,[189] auf dem Hamburger Kon-greß der Neurologen und Psychiater ausrufen, Freuds Theorien seien kein Diskussionsthema für eine wissenschaftliche Versammlung, sondern eine Sache der Polizei.[190]

Unterdessen erreichten Freud ähnliche Berichte aus Übersee. Im April 1910 beklagte sich Ernest Jones über einen Professor der Psychiatrie in Toronto, der Freud so gehässig angegriffen hatte, daß »ein gewöhnlicher Leser den Eindruck gewinnen würde, Freud propagiere die freie Liebe, die Beseitigung aller Hemmungen und einen Rückfall in die Barbarei«.[191] Drei Monate zuvor hatte Jones Freud einen detaillierten Bericht über eine Ver-sammlung in Boston geschickt, die von Psychiatern und Neurologen be-sucht wurde. Der große Neurologe James Jackson Putnam von Harvard, damals Freuds hervorragendster Rekrut in den Vereinigten Staaten, hatte warme Worte für die Psychoanalyse gefunden. Aber die meisten anderen hatten sich scharf, ja vernichtend über sie geäußert. Eine Dame hatte ver-sucht, Freuds Theorie, daß Träume egoistische Produktionen sind, da-durch zu widerlegen, daß sie eigene altruistische Träume erzählte. Was schlimmer war: Der wortgewandte und aggressive Psychopathologe Boris Sidis »unternahm einen wilden allgemeinen Angriff auf Sie, trieb seinen billigen Spott mit der ›wahnsinnigen Epidemie des Freudismus, die jetzt Amerika heimsuchte‹, sagte, Ihre Psychologie bringe uns zurück ins finstere Mittelalter, und nannte Sie ›einen dieser frommen Sexualisten‹«.[192] Offen-bar beschäftigten Freuds Sexualtheorien Sidis sehr. Im darauffolgenden Jahr verurteilte er die Psychoanalyse als »nur einen anderen Aspekt der frommen Quacksalberliteratur über sexuelle Themen«,[193] und 1914 nannte er sie eine »Verehrung von Venus und Priapus«, die Masturbation, Perversion und unehelichen Verkehr ermutigte.[194]

Selbst Versammlungen, die Freud erklären und loben sollten, kamen nicht ohne Mißtöne aus. Am 5. April 1912 berichtete die *New York Times*, daß der amerikanische Neurologe Moses Allen Starr, der in den 1880er Jahren kurze Zeit mit Freud in Wien zusammengearbeitet hatte, »gestern abend auf einer gut besuchten Versammlung der Neurologischen Abteilung der Academy of Medicine eine Sensation hervorrief, indem er die Theorien Sigmund Freuds verurteilte«, den die *Times*, die nicht ganz genau wußte, wovon sie redete, als den »Wiener Psychologen« beschrieb, »dessen Schlußfolgerung, daß das gesamte psychologische Leben des Menschen auf dem Geschlechtstrieb beruht, beträchtlichen Einfluß auf amerikanische Ärzte gewonnen hat«. Starr erklärte der erstaunten Versammlung, vor der die bekanntesten Anhänger Freuds gesprochen hatten, daß »Wien keine besonders moralische Stadt« war und daß »Freud kein Mann war, der auf einem besonders hohen Niveau lebte. Er war nicht enthaltsam. Er war kein Asket«, und Starr meinte, »seine wissenschaftliche Theorie ist weitgehend das Ergebnis seiner Umgebung und des seltsamen Lebens, das er führte«. Starrs Freud hatte »die wirklich ernsthafte neue Wissenschaft der Psychoanalyse ins Frivole umgeleitet«.[195] Einer von Freuds Patienten, der New York besucht hatte, brachte ihm den Ausschnitt aus der *Times*, und er reagierte mit einer Mischung aus Belustigung und Ärger. Er erklärte, sich nicht an Starr zu erinnern, der behauptete, ihn so gut gekannt zu haben, und stellte Jones die rhetorische Frage: »Was heißt das nun? Ist vorsätzliche Lüge und Verleumdung eine übliche Waffe bei amerikanischen Neurologen?«[196] Nicht einmal günstig gesinnte Journalisten wußten genug oder machten sich genug Mühe, um genau zu sein. Im März 1913 brachte die *New York Times* einen langen, freundlichen Artikel unter dem Titel »Träume der Geistesgestörten helfen sehr bei ihrer Heilung.« Freud wurde darin als Professor in Zürich identifiziert.[197]

V

PSYCHOANALYTISCHE POLITIK

Jung: der Kronprinz

Anfang April 1906 – Freud sollte im folgenden Monat fünfzig werden – schickte Carl G. Jung Freud ein Exemplar der *Diagnostischen Assoziationsstudien*, die er herausgegeben hatte und die auch einen wichtigen Beitrag von ihm selbst enthielten. Er begann einen Ruf als klinischer und experimenteller Psychiater zu genießen. Als Sohn eines Pastors 1875 in dem Schweizer Dorf Kesswil am Bodensee geboren, war er mit seinen Eltern von einer Landpfarre in die andere gezogen. Obwohl er in der Nähe von Basel lebte, seit er vier Jahre alt war, sah er sich erst dem vollen Einfluß des städtischen Lebens ausgesetzt, als er im Alter von elf Jahren in das Gymnasium eintrat. Von seiner frühen Kindheit an wurde Jung von beunruhigenden Träumen heimgesucht, und viele Jahrzehnte später, als er sein höchst subjektives und episodisches Selbstporträt, *Erinnerungen, Träume, Gedanken*, schrieb, rief er sie sich als Ereignisse von einzigartiger Bedeutung für sein Leben ins Gedächtnis zurück. In dieser Autobiographie wie in manchen der Interviews, die er so bereitwillig über sich ergehen ließ, verweilte Jung bei seinem reichen und von Träumen erfüllten Innenleben.

Seine Innerlichkeit wurde gefördert durch die Zwietracht zwischen seinen Eltern und die Stimmungsschwankungen seiner Mutter. Er nährte sein Phantasieleben noch durch sein völlig unsystematisches gieriges Lesen. Das theologische Milieu, in dem er lebte – die meisten Männer in seiner Familie waren Pastoren –, diente auch nicht dazu, seinem Hang zum Grübeln entgegenzuwirken. Er wuchs, mit gutem Recht, in der Überzeugung auf, daß er irgendwie anders war als die anderen Jungen, die er kannte. Dennoch hatte er Freunde und spielte gern Streiche. In seiner Jugend und später hinterließ Jung die widersprüchlichsten Eindrücke bei denen, die ihn kannten: Er war gesellig, aber schwierig, manchmal amüsant und dann wieder schweigsam, äußerlich voll Selbstvertrauen, aber durch Kritik verwundbar. Später, als berühmter, weitgereister Psychiater und Journalistenorakel, erschien er selbstsicher, ja sogar heiter und gelassen. Aber es gab Jahre, auch als er schon internationalen Ruhm genoß, in denen er quälende religiöse Krisen durchmachte. Aber welcher Art immer seine persönlichen Konflikte waren, von seiner Jugend an strahlte Jung mit seiner Größe, seinem kräftigen Körperbau, seinem scharf geschnittenen germanischen Gesicht und seiner sturzbachartigen Beredsamkeit ein Gefühl der Kraft aus. Ernest Jones, der ihn 1907 kennenlernte, sah ihn als »eine lebhafte Persönlichkeit« mit »einem ruhelos aktiven und aufgeweckten Geist«. Er war »kraftvoll oder sogar dominierend in seinem Temperament«, übersprudelnd vor »Vitalität und Gelächter« – gewiß »eine sehr attraktive Person«.[1] Das war der Mann, den Freund zu seinem *Kronprinzen* erwählte.

Im Gegensatz zu seiner übrigen Familie wollte Jung Arzt werden, und er begann 1895 mit seinem Medizinstudium an der Universität Basel. Doch bei all seiner wissenschaftlichen Schulung blieben seine Beschäftigung mit dem Okkulten und die Faszination, die esoterische Religionen auf ihn ausübten, ganz zu schweigen von seinem blühenden Phantasieleben, durch die Jahre hindurch bestehen. Ende 1900 trat er in das Sanatorium Burghölzli ein, das der Universität Zürich als psychiatrische Klinik diente. Einen besseren Platz hätte er nicht wählen können. Unter Eugen Bleulers inspirierter Leitung drängte sich das Burghölzli an die vorderste Front der Forschung auf dem Gebiet der Geistesstörungen. Ärzte aus vielen Ländern kamen als Beobachter, und seine eigenen Ärzte reisten ins Ausland. Ende 1902 verbrachte Jung, wie Freud zwei Jahrzehnte zuvor, ein Semester in dem unwiderstehlichen Magneten für junge Psychiater, der Salpêtrière, wo er Pierre Janets Vorlesungen über theoretische Psychopathologie hörte.

Hinter Jung stand sein schwer faßbarer, ein wenig rätselhafter Vorgesetzter, Eugen Bleuler, eine respektgebietende Gestalt unter den Psychiatern seiner Zeit. Bleuler, der 1857, ein Jahr nach Freud, geboren wurde, hatte bei Charcot in Paris studiert und war in die Schweiz zurückgekehrt. Als Psychiater in mehreren Nervenheilanstalten hatte er eine eindrucksvolle klinische Erfahrung gesammelt. Aber er war weit mehr als ein Kliniker; als scharf beobachtender und phantasiebegabter Forscher benutzte er seine Arbeit mit Geistesgestörten für wissenschaftliche Zwecke. Im Jahre 1898 wurde er zum Nachfolger Auguste Forels als Leiter des Burghölzli ernannt, und er verwandelte diese bereits angesehene Anstalt in ein weltbekanntes Zentrum für die Erforschung von Geisteskrankheiten. Charcot folgend, gehörte er zu den Pionieren, die Ordnung in die außerordentlich ungenauen Diagnosen psychologischer Störungen brachten, und er erwies sich als ein einflußreicher Nomenklator. Einige seiner Wortprägungen, vor allem *Schizophrenie*, *Ambivalenz* und *Autismus*, haben einen bleibenden Platz im Vokabular der Psychiatrie gefunden.

Trotz des internationalen Rufs des Burghölzli erinnerte sich Jung an seine ersten Jahre dort als an eine Zeit langweiliger und banaler Routine, als regelrechten Angriff auf originales Denken und schöpferische Exzentrizität.[2] Aber die Anstalt ebnete ihm den Weg zur Psychoanalyse. Schon

Forel war mit der Arbeit Breuers und Freuds über Hysterie vertraut gewesen. Nun, kurz nach Jungs Ankunft, forderte ihn Bleuler auf, vor dem Ärztestab über *Die Traumdeutung* zu referieren. Das Buch machte einen tiefen Eindruck auf Jung, der bald Ideen aus Freuds Traumbuch, aus den frühen Schriften über Hysterie und, nach 1905, aus der Krankengeschichte der Dora in seine eigenen Forschungen aufnahm. Stets ein Mann von festen Meinungen, ernannte er sich zu Freuds leidenschaftlichem Parteigänger und verteidigte psychoanalytische Neuerungen energisch auf Ärztekongressen und in seinen Publikationen. Sein Interesse an Freuds Theorien nahm noch zu, als er sie mit Gewinn auf die Schizophrenie (oder Dementia praecox, wie man damals noch sagte) anwandte, die Psychose, auf die er sich spezialisierte und mit der er sich einen Namen machte. Im Sommer 1906, im Vorwort zu seiner vielgelobten Monographie *Über die Psychologie der Dementia praecox*, verwies er auf die »genialen Konzeptionen« Freuds, der »noch nicht zu einer gerechten Anerkennung und Würdigung gelangt ist«. Jung gestand, daß »ich mir von Anfang an natürlich alle diejenigen Einwände gemacht habe, welche in der Literatur gegen Freud vorgebracht werden«. Aber, fuhr er fort, er habe sich gesagt, daß die einzige legitime Weise, Freud zu widerlegen, die Wiederholung seiner Arbeit sei. Wer das nicht tue, »der darf nicht über Freud urteilen, sonst handelt er wie die famosen Männer, die durch das Fernrohr des Galilei zu sehen verschmähten«. Jung bestand jedoch öffentlich auf seiner geistigen Unabhängigkeit und fragte sich, ob die psychoanalytische Therapie tatsächlich so wirksam sei, wie Freud behauptete, und er leugnete, »daß ich dem sexuellen Jugendtrauma die ausschließliche Bedeutung zuerkenne, wie es Freud anscheinend tut«.[3] Das war ein ominöser Vorbehalt, der die Freundschaft zwischen Freud und Jung belasten sollte.

Aber 1906 erklärte Jung noch, »doch all dies sind Nebensachen, welche völlig verschwinden neben den psychologischen Prinzipien, deren Entdeckung Freuds großes Verdienst ist«.[4] Im Text zitierte er Freud wiederholt mit deutlicher Wertschätzung. Doch Jung gab sich nicht damit zufrieden, lediglich für Freuds Ideen zu polemisieren. Er leistete auch innovative experimentelle Arbeit, die Freuds Schlußfolgerungen bestärkte. So bot er 1906 in einer bemerkenswerten Abhandlung über Wortassoziationen reichliche experimentelle Beweise, die Freuds Theorie der freien Assoziation stützten.[5] Ernest Jones nannte diese Abhandlung »großartig« und »vielleicht seinen originalsten Beitrag zur Wissenschaft«.[6]

Freud zeigte sich dankbar für Jungs Aufmerksamkeiten und war auf seine Weise entwaffnend offen. Er dankte ihm für die Zusendung der *Diagnostischen Assoziationsstudien*, die Jungs bahnbrechenden Artikel enthielten, und gestand, daß ihn seine letzte Arbeit – »Psychoanalyse und Assoziationsexperiment« – »natürlich« am meisten erfreut hatte. Schließlich hatte Jung, »auf Erfahrung sich stützend«, liebenswürdigerweise darauf bestanden, daß Freud »nichts anderes als Wahres aus den bisher nicht betretenen Gebieten unserer Disziplin berichtet« hatte. Die berauschende Aussicht auf einen respektablen Propagandisten im Ausland mit Zugang zu interessanten Patienten und interessierten Ärzten in einer berühmten Heilanstalt ging für Freud beinahe über jede vernünftige Erwartung hinaus. Aber er wehrte umsichtig jeden Verdacht ab, daß er etwa blinde Anhängerschaft erwarten könnte: »Ich rechne mit Zuversicht darauf, daß Sie noch oftmals in die Lage kommen werden, mich zu bestätigen, und werde mich auch gerne korrigiert finden.«[7]

Im Herbst 1906 erwiderte Freud Jungs Geschenk mit einem Exemplar seiner soeben erschienenen Sammlung von Schriften zur Neurosenlehre. In seinem Dankschreiben nahm Jung die Haltung von Freuds Vorkämpfer und Missionar ein. Er berichtete begeistert, wenn auch voreilig, daß Bleuler, der zuerst Freuds Ideen »lebhaften Widerstand« geleistet hatte, »jetzt völlig bekehrt« sei.[8] In seiner Antwort übersetzte Freud diese gute Nachricht höflicherweise in einen persönlichen Triumph für Jung: »Ich habe mich mit Ihrem Schreiben sehr gefreut, und die Mitteilung, daß Sie Bleuler bekehrt haben, läßt mich Ihnen besonderen Dank sagen.« Wenn es darum ging, Korrespondenten mit liebenswürdigen Komplimenten zu bedenken, konnte es Freud manchmal mit dem zuvorkommendsten Höfling aufnehmen. Er verlor keine Zeit: In demselben Brief zögerte er nicht, in die Rolle eines alternden Gründers zu schlüpfen, der bereit war, die Fackel jüngeren Händen zu übergeben. Er sprach von dem famosen Professor Aschaffenburg und seinen maßlosen Angriffen auf die Psychoanalyse und stellte die Debatte der Psychiater über die Psychoanalyse als den Kampf zwischen zwei Welten dar; welche von diesen unterging und welche auf dem Weg zum Siege war, werde sich bald zeigen. Selbst wenn er diesen Triumph nicht mehr erleben sollte, »meine Schüler werden, hoffe ich, dabei sein, und ich hoffe ferner, wer es in sich vermag, der Wahrheit zuliebe innere Widerstände zu überwinden, wird sich gerne zu meinen Schülern rechnen und die Reste von Zaghaftigkeit in seinem Denken austilgen«.[9] Die Freundschaft zwischen Freud und Jung war gut in Gang gekommen.

Einmal geschlossen, gedieh ihre Freundschaft prächtig. In einem höflichen Briefwechsel diskutierten die beiden die Rolle der Sexualität bei der Entstehung von Neurosen, sie tauschten Sonderdrucke und Bücher aus und lieferten einander Skizzen von Fällen, die sie besonders interessierten. Jung war respektvoll, aber nie unterwürfig. Er hoffte, Freud nicht schlecht zu vertreten; er schrieb einige seiner Zweifel an der Psychoanalyse seiner eigenen Unerfahrenheit und Subjektivität und dem Mangel an persönlichem Kontakt mit Freud zu. Er rechtfertigte den vorsichtigen Ton seiner öffentlichen

Verteidigungen Freuds, indem er das diplomatische Handwerk beschwor. Er schickte Bulletins, von denen er wußte, daß sie Freud gefallen würden: »Wie Sie sehen, macht Ihre Auffassung in der Schweiz rasche Fortschritte.«[10] Und dann wieder: »Persönlich bin ich enthusiastisch für Ihre Therapie eingenommen.«[11]

Freud nahm Jungs Blumensträuße mit väterlicher Überschwenglichkeit entgegen: »Es ist mir ungemein sympathisch, daß Sie versprechen, mir einen vorläufigen Glauben zu schenken, wo Ihre Erfahrung Ihnen noch keine Entscheidung gestattet.« Aber dann beeilte er sich, seine Ansprüche an Jung abzumildern, und fügte hinzu: »Natürlich nur, bis sie es Ihnen gestattet.« Freud zeichnete sich flexibler, als die Welt ihn sah, und er war erfreut, daß Jung diesen Zug an ihm bemerkt hatte. »Ich habe, wie Sie ja wissen, mit allen Dämonen zu tun, die auf den ›Neuerer‹ losgelassen werden können; nicht der zahmste unter ihnen ist die Nötigung, den eigenen Anhängern als ein rechthaberischer und unkorrigierbarer Griesgram oder Fanatiker zu erscheinen, der ich nun wirklich nicht bin.« Mit gewinnender Bescheidenheit schloß er: »Aber von meiner eigenen Fehlbarkeit blieb ich stets überzeugt.«[12] Er erbat Jungs Ansichten über eine Patientin, die Symptome einer eventuellen *Dementia praecox* zeigte.[13] Er lobte Jungs Schriften, würzte seine Begeisterung mit geschickt angebrachten Kritiken und vergaß nie die »Sache«: »Geben Sie den Irrtum, daß mir Ihre Schrift über Dementia praecox nicht ausnehmend gut gefallen hat, nur rasch auf. Schon die Tatsache, daß ich Kritik geübt habe, mag es Ihnen beweisen. Denn wäre es anders, so brächte ich Diplomatie genug auf, um es Ihnen zu verbergen. Es wäre doch höchst unklug, Sie vor den Kopf zu stoßen, den stärksten Helfer, der sich noch zu mir gesellt hat.«[14] Freud muß gespürt haben, daß bei jemandem wie Jung ein gewisses Maß von kritischer Offenheit eine schlauere Form der Schmeichelei war als uneingeschränkter Beifall.

Freud empfand echte Zuneigung für Jung, er setzte große Hoffnungen in ihn und brauchte jemanden, den er idealisieren konnte, wie er Fließ idealisiert hatte. Zweifellos war Jung brauchbar. Aber was immer spitzfindige Kritiker bald behaupten sollten: Freud nutzte ihn nicht einfach aus als eine respektable nichtjüdische Fassade, hinter der jüdische Psychoanalytiker ihre revolutionäre Arbeit verrichten konnten. Jung war Freuds Lieblingssohn. Immer und immer wieder lobte er ihn in seinen Briefen an seine jüdischen Vertrauten: Er leiste »großartige, prächtige« Arbeit als Redakteur, Theoretiker oder als Geißel der Feinde der Psychoanalyse.[15] »Nun seien Sie nicht eifersüchtig«, schrieb Freud Ferenczi im Dezember 1910, »sondern nehmen Sie Jung in Ihren Kalkül auf. Ich bin mehr als je überzeugt, daß er der Mann der Zukunft ist.«[16] Jung garantierte, daß die Psychoanalyse weiterleben würde, nachdem ihr Gründer von der Bühne abgetreten war, und dafür liebte ihn Freud. Zudem war an seinen Absichten nichts Unredliches oder Geheimes. Im Sommer 1908, als er Jung mitteilte, daß er ihn zu besuchen plante, sagte Freud ihm, er freue sich auf eine gründliche berufliche Diskussion, und er enthüllte ihm seine »egoistische Absicht, die ich ... natürlich offen eingestehe«. Diese Absicht war, Jung als den Analytiker »einzusetzen«, der »meine Arbeit« fortführte und vollendete. Doch das war keineswegs alles. »Nebenbei habe ich Sie ja auch lieb«, aber, fügte er hinzu, »dieses Moment habe ich unterzuordnen gelernt«. Der Gewinn, den sich Freud von Jung erwartete, war persönlich genug, denn Freud identifizierte sich mit seiner Schöpfung, der Psychoanalyse. Aber wenn er Jung mit schmeichelnden Attributen bedachte und ihn seinen Wiener Anhängern auffällig vorzog, dachte Freud mehr an das Wohl seiner Bewegung als an irgendeinen engen privaten Nutzen. Als »starke, unabhängige Persönlichkeit, als Germane« schien Jung am besten ausgerüstet zu sein, sagte Freud ihm offen, das sympathische Interesse der Mitwelt für ihr großes Unternehmen zu gewinnen.[17] Jung war kein Wiener, nicht alt und, was das Beste war, kein Jude, drei negative Vorzüge, die Freud unwiderstehlich fand.

Jung seinerseits sonnte sich in Freuds strahlender Anerkennung. »Ich danke Ihnen von Herzen für den Beweis Ihres Zutrauens«, schrieb er im Februar 1908, nachdem ihn Freud das erstemal mit »Lieber Freund« angesprochen hatte. »Das unverdiente Geschenk Ihrer Freundschaft bedeutet für mich einen gewissen Höhepunkt meines Lebens, den ich nicht mit lauten Worten feiern kann.« Freud hatte in seinem Brief Fließ erwähnt, und Jung, geschult in psychoanalytischer Spurenjagd, konnte diesen Namen nicht ohne einen ausdrücklichen Widerruf durchgehen lassen; er sah sich genötigt, Freud zu bitten, »mich Ihre Freundschaft nicht als die Gleichberechtigter, sondern als die von Vater und Sohn genießen zu lassen. Solche Distanz erscheint mir angemessen und natürlich«.[18] Als Erbe von Freuds großartigem Vermächtnis eingesetzt und vom Gründer selbst ausgewählt zu werden, erschien Jung als Berufung zur Größe.

Jung und Freud, beide beschäftigte Therapeuten, die sich ungern ihren dringenden Verpflichtungen entzogen, begegneten einander erst Anfang März 1907, beinahe ein Jahr nach dem Beginn ihres Briefwechsels. Jung brachte seine Frau Emma und seinen jungen Kollegen Ludwig Binswanger mit in die Berggasse 19. Der Besuch in Wien war eine Orgie von beruflichen Gesprächen, unterbrochen von einer Sitzung der Psychologischen Mittwoch-Gesellschaft und von den Mahlzeiten im Familienkreis. Martin Freud, der mit den anderen Kindern zugegen war, erinnerte sich, daß Jung voll von sich selbst und seinen Krankengeschichten war, zum Bersten voll. »Er unternahm nie den geringsten Versuch, mit Mutter oder uns Kindern höfliche Konversation zu machen, sondern setzte die Diskussion fort, die

durch den Ruf zum Essen unterbrochen worden war. Jung besorgte bei
diesen Gelegenheiten das Reden, und Vater hörte mit unverhohlenem Entzücken nur zu.«[19] Jung behielt die Diskussion mit Freud als ausgewogener,
wenn auch endlos in Erinnerung. »Und dreizehn Stunden lang sprachen wir
sozusagen pausenlos«, schrieb er später.[20] Jung beeindruckte die Freuds
durch seine explosive Vitalität. Er hatte, wie Martin Freud schrieb, »ein
gebieterisches Auftreten. Er war sehr groß und breitschultrig und hielt sich
mehr wie ein Soldat als ein Mann der Wissenschaft und Medizin. Sein Kopf
war rein germanisch mit einem kräftigen Kinn, einem kleinen Schnurrbart,
blauen Augen und dünnem, kurz geschnittenem Haar.«[21] Er schien sich
köstlich zu unterhalten.* So anstrengend dieser erste Besuch der Schweizer
gewesen sein muß, er hatte auch seine gemütliche Seite. Binswanger vergaß
nie die herzliche Unterhaltung mit seinem Gastgeber und die »ungezwungene, freundschaftliche Atmosphäre«, die von Anfang an herrschte. Binswanger, damals ganze sechsundzwanzig Jahre alt, war voller Ehrfurcht vor
Freuds »Größe und Würde«, aber er war nicht verängstigt oder eingeschüchtert. Die »Abneigung« seines Gastgebers »gegen jede Förmlichkeit
und Etikette, sein persönlicher Charme, seine Einfachheit, selbstverständ-
liche Offenheit und Güte und nicht zuletzt sein Humor« verbannten offenbar jede Angst. Zwanglos deuteten die drei Männer jeder die Träume der
anderen und genossen gemeinsam Spaziergänge und Mahlzeiten. »Die Kinderschar hielt sich bei Tisch sehr ruhig, obwohl auch hier ein völlig unge-
zwungener Ton herrschte.«[22]

Freud erklärte, daß er über seine Besucher erfreut war. Jung gestand, daß
er überwältigt war. Sein Aufenthalt in Wien, schrieb er Freud kurz nach
seiner Rückkehr nach Zürich, war »ein Ereignis in des Wortes vollster Bedeutung« und hatte einen »gewaltigen Eindruck« auf ihn gemacht. Sein
Widerstand gegen Freuds »erweiterten Sexualbegriff« war am Zusammenbrechen.[23] Freud seinerseits wiederholte, was er Jung schon in Wien gesagt
hatte, nämlich »daß Ihre Person mich mit Vertrauen in die Zukunft erfüllt
hat«. Er selbst, das wußte er nun, war »entbehrlich wie jeder andere«, aber,
fügte er hinzu, »ich bin sicher, Sie werden die Arbeit nicht im Stiche lassen«.[24] War Freud wirklich so sicher? Unter Jungs Träumen war einer gewesen, der nach Freuds Deutung erkennen ließ, daß Jung ihn zu entthronen
wünschte.[25]

Weder Freud noch Jung faßte diesen Traum als beunruhigende Prophezeiung auf. Das Muster ihrer Freundschaft, die so rasch entstanden war,
schien in Stein gemeißelt zu sein. Sie tauschten als Zeichen ihrer Achtung
Fallberichte aus, erforschten Wege, die psychoanalytischen Ideen auf das

---

* Bei diesem Besuch behauptet Jung, von einer Affäre zwischen Freud und seiner
Schwägerin Minna Bernays erfahren zu haben.

Studium der Psychosen und der Kultur auszudehnen, und machten sich
lustig über die »blödsinnigen Gemeinplätze« – der Ausdruck stammt von
Jung – der akademischen Psychiater, die sich weigerten, die Wahrheit von
Freuds Lehren zu sehen.[26] Obwohl er rasch Fachkenntnisse erwarb und
sich der Polemik aussetzte, blieb Jung jahrelang der Student. »Es ist schön«,
schrieb ihm Freud im April 1907, »daß Sie mich um so vieles fragen, wenngleich Sie wissen, daß ich nur den kleineren Teil davon beantworten
kann.«[27] Aber Freud war nicht der einzige Schmeichler in diesem Briefdia-
log. Jung schrieb Freud, er erfreue sich des Reichtums, den er vor ihm ausbreitete und »lebe von den Brocken, die von des Reichen Tische fallen«.[28]
Freud machte Einwendungen gegen diese opulente Metapher und setzte
den Akzent auf Jungs Wert für ihn. Als er im Juli 1907 im Begriff war, in die
Ferien zu gehen, schrieb er Jung, daß ihm Nachrichten von ihm schon »zum
Bedürfnis geworden« seien.[29] Im folgenden Monat beruhigte er Jung, der
sich über Fehler in seinem Charakter beklagte: »Das, was Sie das Hysterische in Ihrer Person heißen, das Bedürfnis, den Menschen Eindruck zu machen und auf sie Einfluß zu nehmen, was Sie so sehr zum Lehrer und Wegweiser befähigt, wird auf seine Rechnung kommen.«[30]

Trotz all dieser behaglichen Briefe, die zwischen Herrscher und Kron-
prinz ausgetauscht wurden, verstummte die potentiell entzweiende De-
batte über die Sexualität nie ganz. Jung hielt sich zurück, während sich
Abraham in seinen letzten Monaten im Burghölzli empfänglicher für
Freuds Libidotheorie zeigte. Dieser Rivale in seinem Hinterhof weckte
Jungs Eifersucht. Freud verhehlte Jung nicht, daß er für Abraham eingenommen war, weil er »direkt auf das sexuelle Problem losgeht«.[31] Aber
Eifersucht und Neid waren Gewohnheiten der Gefühle, die so nahe an der
Oberfläche von Jungs Psyche lagen, daß er sich nicht die Mühe machte, sie
zu verbergen, geschweige denn zu unterdrücken. Anfang 1909 teilte er Ferenczi entwaffnend mit, daß er, weil Freud eine Abhandlung Ferenczis hoch
gelobt hatte – was er im Falle Jungs nicht immer tat –, in diesem Brief »ein
unedles Gefühl des Neides« loswerden müsse.[32] Dennoch bekannte sich
Jung weiterhin zu einer »bedingungslosen Hingabe« an Freuds Theorien
und einer »nicht minder bedingungslosen Verehrung« der Person Freuds.
Er gab zu, daß diese »Verehrung« einen »›religiös‹-schwärmerischen« Charakter habe, den er »wegen seines unverkennbar erotischen Untertones
ekelhaft und lächerlich« finde. Da er schon beim Beichten war, machte
Jung nicht auf halbem Wege halt. Er schrieb seinen Abscheu vor dieser
quasi-religiösen Schwärmerei einem Vorfall in seiner Kindheit zu, bei dem
er »als Knabe einem homosexuellen Attentat eines von mir früher verehrten Menschen unterlegen« sei.[33] Freud, der um diese Zeit über seine eigenen
homoerotischen Gefühle für Fließ nachdachte, verstand diese Enthüllung
unschwer. Eine religiöse Übertragung, kommentierte er, könne nur mit Ab-

trünnigkeit enden, und er wußte nicht, wie weise er war und wie recht er hatte. Aber er tat seine Möglichstes, um dem entgegenzuwirken; er versuchte Jung davon zu überzeugen, daß er »ungeeignet zum Kultgegenstande« sei.[34] Es sollte eine Zeit kommen, in der Jung Freud in diesem Punkt zustimmte.

In seinen Briefen an Abraham, die einen ernüchternden Kommentar zu denen an Jung darstellten, zählte Freud ohne Vorbehalt die besonderen Vorzüge der Züricher Verbindung auf. Während seiner drei Jahre im Burghölzli war Abraham mit Jung, der so entgegenkommend wie schroff sein konnte, gut ausgekommen, aber er hatte eindeutige Zweifel über ihn gehegt. Sobald er sich losgelöst hatte und in Berlin praktizierte, fand er Gelegenheit, seinen früheren Vorgesetzten zu irritieren, vor allem wenn sie auf psychoanalytischen Kongressen zusammentrafen. Freud, der zu Geduld und Zusammenarbeit riet, deutete Abrahams ziemlich kühle Haltung Jung gegenüber freundlich als eine harmlose, beinahe unvermeidliche Form von Geschwisterrivalität. »Seien Sie tolerant«, legte er Abraham im Mai 1908 nahe, »und vergessen Sie nicht, daß Sie« – als Jude – »es eigentlich leichter haben«, die Psychoanalyse zu akzeptieren als Jung, der »als Christ und Pastorensohn nur gegen große innere Widerstände den Weg zu mir findet. Um so wertvoller ist sein Anschluß. Ich hätte beinahe gesagt, daß erst sein Auftreten die Psychoanalyse der Gefahr entzogen hat, eine jüdische nationale Angelegenheit zu werden.«[35] Freud war überzeugt: Solange die Welt die Psychoanalyse als eine »jüdische Wissenschaft« betrachtete, würden die Lasten, die ihre subversiven Ideen zu tragen hatten, sich nur vervielfachen. »Wir sind und bleiben Juden«, schrieb er einige Zeit später einer jüdischen Korrespondentin, »die anderen werden uns immer nur ausnützen und uns nie verstehen oder würdigen.«[36] In einem berühmten scharfen Ausbruch Abraham gegenüber suchte er sich den unmißverständlich österreichischsten und nichtjüdischsten Namen aus, der ihm einfiel, und faßte das ganze Elend des Judeseins zusammen: »Seien Sie versichert, wenn ich Oberhuber hieße, meine Neuerungen hätten trotz alledem weit geringeren Widerstand gefunden.«[37]

In dieser selbstschützerischen Gesinnung warnte Freud Abraham offen vor »Rassenvorlieben«. Gerade weil sie beide und Ferenczi in Budapest einander so vollkommen verstanden, müßten solche Überlegungen in den Hintergrund treten. Und gerade ihre Intimität sollte als Warnung dienen, »den mir im Grunde fremden Arier darob nicht zu vernachlässigen«.[38] Er hatte keine Zweifel: »Unsere arischen Genossen sind uns doch ganz unentbehrlich, sonst verfiele die Psychoanalyse dem Antisemitismus.«[39] Es muß wiederholt werden, daß Freud trotz dieser Notwendigkeit nichtjüdischer Anhänger Jung nicht einfach manipulierte, wenn er ihn ermutigte; er hielt viel mehr von Jung, als es Abraham jemals über sich brachte.[40] Gleichzeitig unterschätzte Freud nicht den sowohl persönlichen als auch beruflichen Wert der, wie es im Jargon der Zeit hieß, »Rassenverwandtschaft«, die ihn mit Abraham verband. »Darf ich sagen, daß es verwandte, jüdische Züge sind, die mich in Ihnen anziehen?« Innerhalb der Familie, von Jude zu Jude schreibend, drückte Freud Abraham gegenüber seine Sorge über den »verhaltenen Antisemitismus der Schweizer« aus und empfahl eine gewisse Resignation als die einzig machbare Politik: »Wir müssen als Juden, wenn wir irgendwo mittun wollen, ein Stück Masochismus entwickeln, bereit sein, uns etwas Unrecht tun zu lassen.«[41] Und er erinnerte Abraham – und zeigte dabei seine völlige Unwissenheit in bezug auf die lange Tradition des jüdischen Mystizismus –: »Wir Juden haben es im ganzen leichter, da uns das mystische Element abgeht.«[42]

Vom mystischen Element glücklich frei sein, das bedeutete nach Freuds Ansicht, für die Wissenschaft offen zu sein, die einzige Einstellung zu haben, die für ein Verständnis seiner Ideen geeignet sei. Jung, der Pastorensohn, hegte gefährliche Sympathien für östliche und westliche Mystik wie anscheinend so viele Christen. Es war für einen Psychoanalytiker weit besser, gottlos zu sein – wie Freud –, ob Jude oder nicht. Worauf es ankam, war die Erkenntnis, daß die Psychoanalyse eine Wissenschaft ist, für deren Befunde die religiöse Herkunft derer, die sie ausüben, völlig irrelevant ist. »Besondere arische oder jüdische Wissenschaft«, schrieb Freud einmal Ferenczi, »dürfe es aber nicht geben«.[43] Doch die Realitäten der psychoanalytischen Politik machten es, wie Freud glaubte, erforderlich, die religiösen Unterschiede unter seinen Anhängern zu beachten. Daher tat er sein Bestes, um die Beziehungen zu seinen jüdischen und nichtjüdischen Anhängern gleichermaßen zu pflegen. Er fesselte Jung an sich durch väterliche Zuneigung und Abraham durch »rassische« Affinitäten, und er verlor nie die Sache aus den Augen. Im Jahre 1908 korrespondierte er mit Abraham und Jung unter beinahe gleichen Bedingungen; seine Strategie schien gut zu funktionieren.

Gewiß hatte Freud in diesen Jahren keinen Zweifel daran, daß Jung fest im Glauben war. Jung sagte es oft genug. »Aber in der Beziehung dürfen Sie ruhig sein, daß ich nie ein mir wesentliches Stück Ihrer Lehre preisgebe, dazu bin ich doch zu sehr engagiert«, hatte er Freud 1907 geschrieben.[44] Zwei Jahre später versicherte er Freud wieder: »Übrigens dürfen Sie nicht nur für jetzt, sondern auch für alle Zukunft gänzlich beruhigt sein, daß nichts Fließ-Ähnliches passiert.«[45] Dies war ein emphatisches unverlangtes Gelübde, das Freud, wenn er es sich gestattet hätte, seine eigenen Detektivtechniken anzuwenden, als ominösen Hinweis auf kommende Fließ-ähnliche Dinge hätte auffassen können.

Amerikanisches Zwischenspiel

Im Jahre 1909, als Jung seine unerschütterliche Treue beteuerte, wurde Freud eine unerwartete Erleichterung von seinen politischen Sorgen und eine noch unerwartetere Auszeichnung fern von daheim zuteil. Am Freitag abend, dem 10. September, stand er in der Turnhalle der Clark University in Worcester, Massachusetts, um den Doktor der Rechte *honoris causa* zu empfangen. Die Ehrung war eine große Überraschung für ihn. Er hatte seine Handvoll Anhänger in Wien, und in jüngster Zeit hatte er Anhänger in Zürich, Berlin, Budapest, London und sogar New York dazugewonnen. Aber diese stellten eine kleine, bekämpfte Minderheit im psychiatrischen Beruf dar. Freuds Ideen waren noch der Besitz der wenigen und ein Skandal für die meisten.

Doch der Rektor der Clark University, G. Stanley Hall, der die Festlichkeiten arrangierte, bei denen Freud seinen Ehrendoktor erhielt, war ein unternehmungslustiger Psychologe, der die Kontroverse nicht fürchtete, sondern suchte. »Es war etwas vom ›Königsmacher‹ in ihm«, sagte Freud.[46] Hall, ein Exzentriker und Enthusiast, hatte viel dafür getan, die Psychologie und vor allem die Kinderpsychologie in den Vereinigten Staaten populär zu machen. Im Jahre 1899 war er zum ersten Rektor der Clark University ernannt worden, die, großzügig dotiert, danach strebte, mit der Johns Hopkins University gleichzuziehen und im Programm der höheren Fachsemester Harvard zu übertreffen. Das war die ideale Plattform für Hall, der mehr ein unermüdlicher Publizist und Befürworter neuer Ideen war als ein originaler Forscher. Aufgeweckt, ehrgeizig und unheilbar eklektisch, nahm Hall die neuen Strömungen der Psychologie, die von Europa ausgingen, rasch auf. Schon 1899 hatte er die Schweizer Autorität Auguste Forel, den ehemaligen Leiter der Nervenheilanstalt Burghölzli, nach Amerika geholt, damit er über die neuesten Entwicklungen berichtete, und Forel hatte seinen Zuhörern von Freuds und Breuers Arbeit über Hysterie erzählt. In den folgenden Jahren brachten andere Vortragende Kunde von der Psychoanalyse in Wien nach Clark, und 1904 spielte Hall in seinem umfangreichen zweibändigen Werk *Adolescence* mehr als einmal mit offensichtlicher Billigung auf Freuds verrufene Ideen über die Sexualität an. Bei der Besprechung von *Adolescence* rümpfte der bekannte Erziehungspsychologe Edward L. Thorndike die Nase über Halls beispiellose Offenheit, und privat erklärte er, das Werk sei »zum Bersten voll von Irrtümern, Masturbation und Jesus«. Der Autor, sagte er, »ist ein Verrückter«.[47]

Das war der Mann, der den umstrittenen Freud einlud, eine Reihe von Vorlesungen zu halten. Der Anlaß, den Hall wählte, war die Feier zum zwanzigsten Jahrestag der Gründung der Clark University. Er lud auch

Jung ein, der damals als Spezialist für Schizophrenie und als Freuds promi-
nentester Anhänger weithin bekannt war. »Wir glauben«, schrieb Hall
Freud im Dezember 1908, »daß nun eine knappe Darstellung Ihrer eigenen
Ergebnisse und Ihres Standpunktes außerordentlich günstig wäre und vielleicht in einem gewissen Sinne eine Epoche in der Geschichte dieser Studien
in diesem Land kennzeichnen würde.«[48]

In seiner kurzen, improvisierten Danksagung für das Ehrendoktorat
sprach Freud stolz von der »ersten offiziellen Anerkennung unserer Bemühungen«.[49] Fünf Jahre später stand er noch immer unter ihrem angenehmen Eindruck. Er benutzte die amerikanische Großzügigkeit und Aufgeschlossenheit als Knüppel, mit dem er die Europäer schlagen konnte, und
bezeichnete seinen Besuch in der Clark University als das erste Mal, »daß er
öffentlich von der Psychoanalyse reden durfte«. Daß er fünf Vorlesungen in
deutscher Sprache gehalten hatte, ohne sein Publikum zu verlieren, erhöhte
nur seine Wertschätzung dieses Ereignisses. Er ersparte seinen europäischen Lesern auch nicht die scharfe Mahnung, daß »die Einführung der
Psychoanalyse in Nordamerika unter besonders ehrenvollen Anzeichen«
vor sich gegangen sei. Freud gab zu, daß er das nicht erwartet habe. »Wir
fanden zu unserer großen Überraschung, daß die vorurteilslosen Männer
jener kleinen, aber angesehenen pädagogisch-philosophischen Universität
alle psychoanalytischen Arbeiten kannten und in den Vorträgen für ihre
Schüler gewürdigt hatten.« Er fügte hinzu und milderte seine Würdigung
mit der Art von ritueller Herabsetzung Amerikas, die unter gebildeten Europäern endemisch war: »In dem so prüden Amerika konnte man wenigstens in akademischen Kreisen alles, was im Leben als anstößig galt, frei
besprechen und wissenschaftlich behandeln.«[50] Als er sich ein Jahrzehnt
später in seiner »Selbstdarstellung« an diese Gelegenheit erinnerte, bemerkte er, daß seine amerikanische Expedition sehr viel für ihn getan habe:
»In Europa fühlte ich mich wie geächtet, hier sah ich mich von den Besten
wie ein Gleichwertiger aufgenommen. Es war wie die Verwirklichung eines
unglaubwürdigen Tagtraumes, als ich in Worcester den Katheder be-
stieg ... Die Psychoanalyse war also kein Wahngebilde mehr, sie war zu
einem wertvollen Stück der Realität geworden.«[51]

Zunächst hatte sich Freud außerstande gesehen, Halls Einladung anzunehmen. Die für Juni angesetzten Feiern würden ihn ein Stück von seinem
Analysenjahr gekostet und damit sein Einkommen reduziert haben, was für
ihn immer eine heikle Angelegenheit war. Er bedauerte, ablehnen zu müssen, schrieb er Ferenczi, aber »ich finde die Zumutung, soviel Geld für die
Gelegenheit zu opfern, dort Vorträge zu halten, doch zu sehr ›amerikanisch‹«. In einem hartherzigen Gefühlsausbruch schrieb er: »Amerika soll
Geld bringen, nicht Geld kosten.« Und die Finanzen waren nicht der einzige Grund für Freuds Abneigung, in den Vereinigten Staaten öffentlich zu

sprechen. Er fürchtete, man werde ihn und seine Kollegen ächten, sobald die Amerikaner »auf den sexuellen Untergrund unserer Psychologie gekommen sein werden«.[52] Die Einladung interessierte ihn aber doch. Als sich Hall mit der Antwort auf seine Briefe Zeit ließ, ärgerte er sich über das Schweigen, obwohl er, wie um sich vor einer Enttäuschung zu schützen, rasch versicherte, er habe in jedem Fall kein Vertrauen zu den Amerikanern und fürchte »die Prüderie des Neuen Kontinents«.[53] Einige Tage später änderte er seinen Ton, und es klang beinahe ängstlich, als er Ferenczi wieder schrieb: »Von U.S. nichts Neues.«[54]

Doch Hall änderte seinen Vorschlag; er verschob die Feierlichkeiten auf September und erhöhte Freuds Reisebeiträge beträchtlich. Das machte es »möglich, ja bequem, die Einladung anzunehmen«, schrieb Freud Ferenczi.[55] Und er fragte Ferenczi, wie schon zuvor, ob er nicht mitkommen möchte. Ferenczi hatte große Lust dazu. Er hatte Freud bereits im Januar geschrieben, daß er sich die Reise leisten könne,[56] und im März begann er mit einer »gewissen Vorbereitung zum überseeischen Ausfluge«, worunter er nicht nur die Auffrischung seiner »mangelhaften« englischen Sprachkenntnisse verstand, sondern »auch etwas Amerika-Lektüre«.[57] Als die Wochen vergingen, stieg auch Freuds Aufregung sichtlich. »Amerika beherrscht die Situation«, berichtete er im März, und wie Ferenczi ging er daran, sich auf das Abenteuer vorzubereiten, indem er Bücher über die Vereinigten Staaten bestellte und sein Englisch »polierte«. Es schien »ein großes Erlebnis werden zu wollen«.[58] Als er Abraham mitteilte, daß er Vorlesungen in den Vereinigten Staaten halten werde, begann er überschwenglich mit den Worten: »Und nun die große Neuigkeit.«[59] In der Art eines umsichtigen und erfahrenen Reisenden begann Freud, sich nach der Passage zu erkundigen, und wägte verschiedene Alternativen gegeneinander ab. Er entschloß sich zuletzt für den Dampfer *George Washington* des Norddeutschen Lloyd, da sein Fahrplan eine Woche Besichtigungsfahrten in den Vereinigten Staaten zuließ, bevor die Besucher in der Clark University erscheinen mußten. »Denn Mittelmeer können wir in jedem anderen Jahr machen. Amerika wird nicht so bald wieder kommen.«[60]

Freud war sich seiner Ambivalenz in bezug auf dieses »Reiseabenteuer« schmerzlich bewußt und schrieb Ferenczi: »Sie sehen, es ist geradezu eine Illustration zu den tiefsinnigen Worten der Zauberflöte: Zur Liebe kann ich dich nicht zwingen. Ich mache mir gar nichts aus Amerika, freue mich aber sehr auf unsere gemeinsame Reise.«[61] Er war glücklich, daß auch Jung mit von der Partie sein sollte: Es »freut mich aus den allereigensüchtigsten Gründen riesig«, ließ er Jung im Juni wissen. Es gefiel ihm aber auch zu sehen, fügte er hinzu, wieviel Ansehen sich Jung bereits in Psychologenkreisen verschafft hatte.[62]

Freud nahm zwar pflichtschuldig einige Bücher über die Vereinigten Staaten in die Sommerferien mit, aber er las sie nicht. »Ich will mich überraschen lassen«, schrieb er Ferenczi,[63] und er riet Jung zur selben Spontaneität.[64] Zuletzt erwies sich sein einziger Vorstoß in die Vereinigten Staaten teils als Ferienzeit, teils als psychoanalytische Festreise. Aber er begann mit einer ominösen Episode: Am 20. August aßen die drei Reisenden in Bremen zu Mittag, während sie darauf warteten, an Bord zu gehen. Jung begann von prähistorischen Funden, von Moorleichen, zu sprechen, die man in Norddeutschland ausgegraben habe, und hörte nicht mehr auf, davon zu reden. Freud deutete dieses Thema und Jungs Beharrlichkeit als einen verborgenen, gegen ihn gerichteten Todeswunsch und wurde ohnmächtig. Das war nicht das einzige Mal, daß Freud in Jungs Gegenwart in Ohnmacht fiel. Aber dann gewann die Vorfreude die Oberhand, und am folgenden Tag verließen Freud, Jung und Ferenczi Bremen in guter Stimmung. Sie verkürzten sich die achttägige Überfahrt mit einem Zeitvertreib, der bei diesen frühen Analytikern sehr beliebt war: Jeder analysierte die Träume der anderen. Zu den denkwürdigen Augenblicken der Reise gehörte, wie Freud später Jones erzählte, seine Entdeckung, daß sein Kabinensteward *Zur Psychopathologie des Alltagslebens* las.[65] Ein Laienpublikum zu erreichen, war natürlich einer der Gründe dafür, daß er dieses Buch geschrieben hatte, und er war befriedigt durch diesen konkreten Beweis, daß es tatsächlich ein größeres Publikum fesselte.

Das Trio nahm sich eine Woche für New York, und Ernest Jones und A.A. Brill, die beiden Psychoanalytiker in der Neuen Welt, zeigten ihnen die Stadt. Jones kam aus Toronto herunter, um sich um die berühmten Gäste zu kümmern. Aber ihr beinahe professioneller Cicerone war Brill, der seit 1889 in New York gelebt hatte, als er im Alter von fünfzehn Jahren allein, mit drei Dollar in der Tasche, aus Österreich-Ungarn angekommen war. Er kannte die Stadt – zumindest Manhattan – in- und auswendig. Seine Flucht aus Europa war eine Flucht vor seiner Familie gewesen: Sein Vater war ungebildet und autoritär, und seine Mutter wollte, daß er Rabbi werde. Amerika rettete ihn vor einer Laufbahn, die er nicht wollte, und vor Eltern, die ihn »erstickten«.[66] Als Jüngling sagte er sich mit gleicher Entschlossenheit von seinem religiösen Glauben und von der häuslichen Diktatur seines Vaters los, aber wie Nathan G. Hale treffend sagte, »bewahrte er sich die jüdische Verehrung für Lehrer und Weise. Er suchte einen Wegweiser, nicht einen Feldwebel.«[67]

Verzweifelt arm, aber von seinem Willen angetrieben, erarbeitete er sich sein Studium an der New York University, indem er einer Vielfalt von mehr oder weniger unrentablen Beschäftigungen nachging, unter anderem als Lehrer. Nach einigen Jahren des Knauserns, erzählte er später Ernest Jones, glaubte er, genug Geld zu haben, um mit dem Medizinstudium an der Co-

lumbia University beginnen zu können, aber er brachte die Prüfungsgebüh-
ren nicht auf. »Ein Gesuch an die Behörden um Hilfe oder Befreiung von
den Gebühren war vergeblich; er war auf seine eigenen Mittel angewiesen
und mußte noch einmal ein Jahr unterrichten. Er spürte die Härte, aber er
sagte sich: ›Du kannst keinem anderen Vorwürfe machen als dir selbst;
niemand hat dich geheißen, Medizin zu studieren.‹ Und er machte tapfer
weiter.« Jones konnte seine Bewunderung nicht verhehlen: »Man konnte
ihn vielleicht einen ungeschliffenen Edelstein nennen, aber an dem Edelstein war nicht zu zweifeln.«[68] Bis 1907 war es ihm gelungen, genug zu
sparen, um ein Jahr im Burghölzli verbringen und Psychiatrie studieren zu
können. Dort entdeckte er Freud, und mit dieser Entdeckung fand er den
Beruf seines Lebens. Er beschloß, nach New York zurückzukehren, sich zu
schulen, um ein Sprecher für die Psychoanalyse zu werden und Freuds
Schriften in englischer Sprache zugänglich zu machen. Nun, im Spätsommer 1909, konnte er mit Begeisterung und Autorität Freud etwas von seinen Schulden zurückzahlen.

Mit dem ungestillten jugendlichen Appetit des Stadterforschers erwies
sich Freud als unermüdlich. Er war noch nicht berühmt genug, um von
Fotografen und Interviewern belagert zu werden, und eine der Morgenzei-
tungen New Yorks verstand nicht einmal seinen Namen richtig und meldete pflichtschuldig die Ankunft von »Professor Freund aus Wien«.[69] Das
scheint Freud nicht im mindesten gestört zu haben; er war ganz damit beschäftigt, New York kennenzulernen. Er sammelte Eindrücke vom Central
Park und der Columbia University, von Chinatown und Coney Island, und
er nahm sich die Zeit, seine geliebten griechischen Antiquitäten im Metro-
politan Museum zu besichtigen. Am 5. September waren die Reisenden in
Worcester. Die anderen wurden im Standish Hotel untergebracht. Freud,
offenbar der Hauptgast, war eingeladen worden, in G. Stanley Halls ele-
gantem Haus zu wohnen.

Freuds fünf improvisierte Vorlesungen, jede auf einem Morgenspaziergang
mit Ferenczi durchgesprochen und geprobt, wurden gut aufgenommen;
sein Geschick als öffentlicher Redner kam ihm bei seinen amerikanischen
Zuhörern zugute. Er eröffnete die Reihe mit einem großzügigen Tribut an
Breuer als den wahren Begründer der Psychoanalyse – einem Tribut, den er
bei näherer Überlegung schließlich als übertrieben betrachtete – und lieferte eine kurze Geschichte seiner eigenen Ideen und Techniken, verbunden
mit Warnungen vor übermäßigen Erwartungen gegenüber einer noch so
jungen Wissenschaft. Am Ende der dritten Vorlesung hatte er seine Zuhörer mit den wesentlichen Begriffen der Psychoanalyse vertraut gemacht:
Verdrängung, Widerstand, Traumdeutung und allem übrigen. In der vierten ging er das heikle Thema der Sexualität an, einschließlich der infantilen

Sexualität. Er hatte seine Rednergabe nie besser genutzt und spielte geschickt die Trumpfkarte seiner amerikanischen Verbindung aus. Der Zeuge, den er für sich aufrief, war Standford Bell, glücklicherweise ein Mitglied der Clark University. Bell hatte 1902, drei Jahre, bevor Freuds *Drei Abhandlungen zur Sexualtheorie* erschienen, einen Aufsatz im *American Journal of Psychology* veröffentlicht, in dem er das Phänomen der infantilen Sexualität mit zahlreichen Beobachtungen nachwies. Es war etwas Entwaffnendes daran, unoriginal zu sein, und Freud kostete es voll aus. Er beendete die Reihe mit einer berauschenden Mischung aus Kulturkritik und angewandter Psychoanalyse und schloß mit artigem Dank für die Gelegenheit vorzutragen und für die Aufmerksamkeit, mit der ihm seine Zuhörer gefolgt waren.

Freud hatte wenig Grund, seinen Besuch zu bedauern; die meisten seiner späteren Nörgeleien klingen weithergeholt, alles andere als edel oder auch nur vernünftig. Es ist richtig, daß die amerikanische Küche, das Eiswasser ebenso wie die schweren Speisen, seiner ohnehin schon schlechten Verdauung übel mitspielten.[70] Jedenfalls war Freud davon überzeugt, daß der Aufenthalt in den Vereinigten Staaten seine Darmaffektion »erheblich verschlimmert« hatte,[71] und Jones ging bereitwillig auf ihn ein. »Ich hoffe sehr«, schrieb er Freud einige Monate später, »daß Ihre körperliche Erkrankung nun der Vergangenheit angehört. Es ist zu dumm, daß Ihnen Amerika durch seine Küche einen gemeinen Schlag versetzt hat.«[72] Aber Freud übertrieb entschieden die nachteilige Wirkung der amerikanischen Kost, denn er hatte schon lange an Verdauungsstörungen gelitten. Und was soll man von seiner Behauptung halten, sein Besuch in den Vereinigten Staaten habe seine Handschrift verdorben?[73] Sogar der treue Ernest Jones sah sich zu dem Schluß gezwungen, daß Freuds Anti-Amerikanismus »eigentlich mit Amerika selbst nichts zu tun hatte«.[74]

Tatsächlich wurde Freud in Amerika sowohl von den Menschen, denen er begegnete, als auch von der Presse herzlich und zum großen Teil verständnisvoll aufgenommen. Die Schlagzeile im *Worcester Telegram* – »Alle Typen in Clark … Männer mit schwellenden Gehirnen haben Zeit für gelegentliches Lächeln« – war gewiß ein Beispiel für populären Journalismus auf seiner niedrigsten Stufe, aber sie war eine Ausnahme.[75] Es gab unter Freuds Zuhörern manche, die seine Sexualtheorien ziemlich schockierend fanden, und die Presse behandelte seine vierte Vorlesung, die dieses heikle Thema zum Gegenstand hatte, mit geziemender Kürze und mit Anstand. Aber Freud hatte keine Ursache, sich durch seine amerikanischen Zuhörer geringschätzig behandelt oder gar abgelehnt zu fühlen.[76] Mehr noch, führende Vertreter der amerikanischen Psychologie reisten eigens nach Worcester, um ihn kennenzulernen. William James, Amerikas berühmtester und einflußreichster Psychologe und Philosoph, verbrachte einen Tag in der

Clark University, um Freud zu hören und einen Spaziergang mit ihm zu machen. Es war ein Spaziergang, den Freud nicht vergessen konnte. James litt schon an der Herzkrankheit, an der er ein Jahr später sterben sollte. In seiner »Selbstdarstellung« schilderte Freud, wie James plötzlich stehenblieb, ihm seine Ledertasche gab und ihn bat vorauszugehen; er fühlte einen Anfall von Angina pectoris herannahen und wollte nachkommen, sobald er vorüber war. »Ich habe mir seither immer eine ähnliche Furchtlosigkeit angesichts des nahen Lebensendes gewünscht«, kommentierte Freud.[77] Da er selbst schon seit einigen Jahren über den Tod grübelte, fand er James' höflichen Stoizismus bewundernswert, ja beneidenswert.

James hatte Freuds Schriften seit 1894 verfolgt, als er auf Freuds und Breuers »Vorläufige Mitteilung« über die Hysterie gestoßen war. Mit der Aufgeschlossenheit, die er normalerweise Theorien entgegenbrachte, die er interessant, wenn auch unannehmbar fand, wünschte er Freud und den Freudianern das Beste. Als Religionsforscher, und zwar als einer, der die religiöse Erfahrung auf das Niveau einer höheren Wahrheit erhob, war James erfüllt von Zweifeln in bezug auf das, was er für die programmatische, obsessive Religionsfeindlichkeit der Freudianer hielt. Aber das beeinträchtigte nicht sein Interesse an ihrem Unternehmen. Als er sich in Worcester von Ernest Jones verabschiedete, legte er ihm den Arm um die Schultern und sagte: »Die Zukunft der Psychologie gehört eurer Arbeit.«[78] James hatte Freud »mit seiner Traumtheorie« stark im Verdacht, »ein regelrechter *halluciné* zu sein«. Aber er dachte, Freud werde »zu unserem Verständnis der ›funktionellen‹ Psychologie beitragen, die die wirkliche Psychologie ist«.[79] Dann wieder, als er unmittelbar nach der Zusammenkunft in der Clark University dem Schweizer Psychologen Théodore Flournoy schrieb, war er besorgt über Freuds »fixe Ideen«; er gestand, daß er mit Freuds Traumtheorie nichts anzufangen wisse, und bezeichnete die psychoanalytischen Vorstellungen von der Symbolik als gefährlich. Aber er drückte die Hoffnung aus, daß »Freud und seine Schüler ihre Ideen bis an ihre äußersten Grenzen vorantreiben werden, so daß wir erfahren können, was sie sind. Sie werden gewiß Licht auf die menschliche Natur werfen.«[80]

Das war freundlich, aber provisorisch und ein wenig vage. James hielt mehr von Jung, dessen Sympathien für die Religion seinen eigenen nahekamen. Zweifellos waren Jungs Vorlesungen an der Clark University über Kinderpsychologie und Wortassoziationsexperimente[81] weniger provozierend als die Freuds für die philosophische Theologie, für die James so beredt eintrat. Freud hatte in seinen Vorlesungen zwar keinen Atheismus gepredigt, aber er hing offensichtlich den wissenschaftlichen Überzeugungen an, die alle Forderungen nach religiösem Denken bei der Suche nach Wahrheit ablehnten. Gerade solche Forderungen hatte jedoch James, der die Religion über die Wissenschaft stellte, seit Jahren erhoben, am nachdrücklichsten in seinen Gifford Lectures, *The Varieties of Religious Experience*, die wenige Jahre zuvor, 1902, veröffentlicht worden waren. Im Gegensatz zu James konnte James Jackson Putnam Freud rückhaltlos unterstützen, und er wurde zu einem tüchtigeren Vorkämpfer der Psychoanalyse in den Vereinigten Staaten, als es James jemals sein konnte. Wie James Professor in Harvard, war Putnam ein Neurologe, der unter seinen Kollegen ein unvergleichliches Ansehen genoß. Daher war es von Bedeutung, daß er schon 1904 bei der Behandlung von hysterischen Patienten im Massachusetts General Hospital erklärt hatte, die psychoanalytische Methode sei alles andere als nutzlos. Seine zustimmende Beurteilung Freuds war die erste wirkliche Öffnung für analytische Ideen im amerikanischen medizinischen Establishment gewesen. Ein wenig zu Freuds Bedauern bewahrte sich Putnam stets seine Unabhängigkeit und weigert sich, seine philosophische Orientierung, in der sogar für eine ziemlich abstrakte Gottheit Platz war, gegen Freuds gottlosen Positivismus auszutauschen. Aber die Vorlesungen an der Clark University und seine intensiven Diskussionen mit Freud und den anderen Besuchern überzeugten Putnam davon, daß die psychoanalytischen Theorien und Behandlungsmethoden im wesentlichen korrekt seien. In mancher Hinsicht war diese Eroberung das dauerhafteste Vermächtnis von Freuds amerikanischem Zwischenspiel.

Nachdem die Feiern an der Clark University vorbei waren, verbrachten Freud, Jung und Ferenczi noch mehrere Tage in Putnams Lager in den Adirondacks, wo sie weiter fachsimpelten. Am 21. September, nach zwei abschließenden Tagen in New York, fuhren die drei Gefährten auf einem anderen deutschen Dampfer, *Kaiser Wilhelm der Große*, nach Hause. Sie gerieten in stürmisches Wetter, aber das hielt Freud nicht davon ab, Jung zu analysieren, was diesem, wie er behauptete, sehr guttat.[82] Acht Tage später legten sie in Bremen an, und Amerika blieb als lebendige, reiche und komplexe Erinnerung zurück. »Ich bin sehr froh, daß ich heraus bin und noch mehr, daß ich nicht dort leben muß«, schrieb Freud seiner Tochter Mathilde. »Auch kann ich nicht behaupten, daß ich sehr erfrischt und erholt zurückkomme. Aber es war hochinteressant und für unsere Sache wahrscheinlich sehr bedeutungsvoll. Alles in allem war es ein großer Erfolg zu nennen.«[83] Anfang Oktober war Jung, der »ein gutes Stück Heimweh« nach Freud hatte, wieder in Zürich an der Arbeit.[84] Auch Freud hatte sich wieder ans Werk gemacht. Er war als Doktor der Rechte nach Hause gekommen, mit angenehmen Beweisen dafür, daß seine Bewegung nun eine wirklich internationale Angelegenheit war.

Nach solchen Befriedigungen konnte Wien nur eine Enttäuschung sein. Tatsächlich hatte Freuds Erbitterung über seine lokalen Anhänger Anfang November wieder einmal einen Höhepunkt erreicht. »Ich ärgere mich übrigens über meine Wiener jetzt so oft«, schrieb er Jung und paraphrasierte den römischen Kaiser Caligula für seine Zwecke, »daß ich Ihnen gelegentlich einen einzigen Hintern wünsche, um sie mit einem Stock alle auszuklopfen.« Eine bedeutungsvolle Fehlleistung verriet jedoch Freuds unterdrücktes Unbehagen gegenüber Jung: Er hatte »Ihnen« statt »ihnen« geschrieben und damit angedeutet, daß es Jungs Hintern war, der die Stockhiebe verdiente.[85] Aber zur ersten ernsthaften Spaltung der analytischen Einheit kam es daheim in Wien, und zwei der ersten Mitarbeiter Freuds waren an ihr beteiligt: Wilhelm Stekel und Alfred Adler. Jung war ein mitfühlender Zuschauer, der fest in Freuds Lager stand.

Wien gegen Zürich

In einem Augenblick höchster Erbitterung, einem von vielen in diesen Jahren, bezeichnete Freud einmal Stekel und Adler als Max und Moritz, die beiden sprichwörtlichen bösen Buben in Wilhelm Buschs berühmter humoristischer Geschichte von ausgelassenen, grausamen Streichen und schrecklicher Vergeltung. »Ich ärgere mich unausgesetzt über die beiden.«[86] Aber die beiden waren, obgleich Freunde und Verbündete, sehr verschiedene Menschen und gaben Freud sehr unterschiedliche Ursachen für Bestürzung und schließlich drastische Aktionen.

Stekel war trotz all seiner Beiträge zur Organisation der Psychologischen Mittwoch-Gesellschaft und zur Theorie der Symbolik von Anfang an so etwas wie ein Reizmittel gewesen. Er war intuitiv und unermüdlich, ein produktiver Journalist, Dramatiker, Schriftsteller und Autor von psychoanalytischen Abhandlungen. Obwohl er unterhaltsam war, entfremdete er sich viele durch seine Prahlerei und seine Skrupellosigkeit bei der Verwendung wissenschaftlichen Beweismaterials. Begierig, seinen Kommentar zu jedem Vortrag abzugeben, der vor der Gesellschaft gehalten wurde, erfand er einfach einen Patienten, der in die Diskussion paßte. »›Stekels Mittwochpatient‹ wurde zu einem ständigen Scherz«, erinnerte sich Ernest Jones.[87] Es scheint, daß Stekels Phantasie zu üppig war, um im Zaum gehalten zu werden. In einer seiner Abhandlungen brachte er die erstaunliche Theorie vor, daß Namen oft einen verborgenen Einfluß auf das Leben der Menschen haben, und er »dokumentierte« seine Behauptung, indem er als Beweis die Namen mehrerer Analysanden anführte. Als ihm Freud Vorhaltungen machte, weil er die ärztliche Schweigepflicht verletzt hatte, beruhigte ihn Stekel: Die Namen seien alle erfunden![88] Kein Wunder, daß Freud, als er noch gute Beziehungen zu ihm unterhielt, zu dem Schluß kam, daß Stekel »in der Theorie und im Denken schwach« sei, obwohl er »einen guten Spürsinn für die Bedeutung des Verborgenen und Unbewußten« habe.[89]

Das war 1908. Bald wurde Freud abweisender, als er sich nämlich über, wie er es nannte, Stekels »schwachsinnige Eifersüchteleien« ärgerte.[90] In seiner endgültigen Zusammenfassung sprach er von dem »zu Anfang so sehr verdienstvollen, später völlig verwahrlosten Stekel«.[91]* Dieses Urteil war ziemlich streng, aber verglichen mit seinen privaten Explosionen war es noch sehr zahm. In seinen vertraulichen Briefen nannte Freud Stekel einen »unverschämten Lügner«[92], ein »unerziehbares Individuum, ein *mauvais sujet*«[93] und sogar ein »Schwein«.[94] Dieser starke Ausdruck gefiel ihm so gut, daß er ihn auch auf englisch ausprobierte: »*That pig*, Stekel«, nannte er ihn in einem Brief an Ernest Jones, der, wie Freud fand, zuviel von ihm hielt.[95] Viele unter den Wienern, die sich nicht zu solchen Beschimpfungen herbeiließen, waren der Meinung, daß Stekel zwar anregend, aber gänzlich unverantwortlich, oft unabsichtlich amüsant und letzten Endes unerträglich sei. Aber noch 1911 war er ein angesehenes Mitglied der Wiener Psychoanalytischen Vereinigung, hielt Vorträge und beteiligte sich an den Diskussionen. Im April dieses Jahres widmete die Vereinigung sogar einen Abend den – hauptsächlich sehr kritischen – Kommentaren zu Stekels Buch *Die Sprache des Traumes*.[96] So unerträglich er gewesen sein mag, einige Jahre lang ertrug man Stekel.

Während andere unter seinen Wiener Anhängern Freud ebenso irritierten wie Stekel, hatte er nicht nur mit seinen Anhängern Sorgen. Um diese Zeit zerstritt er sich mit Karl Kraus, einem geistreichen und gefährlichen Gegner, nachdem er einige Jahre lang freundliche, wenn auch keineswegs enge Beziehungen zu ihm unterhalten hatte. Kraus, der es Freud gegenüber nie an Respekt mangeln ließ, wandte sich vehement gegen die damals modischen primitiven Anwendungen Freudscher Ideen auf literarische Persönlichkeiten – einschließlich seiner selbst. Eine dieser Anwendungen seines früheren Freundes und Mitarbeiters Fritz Wittels, der seine berühmte Zeitschrift *Die Fackel* als bloß neurotisches Symptom zu diagnostizieren versuchte, verbitterte Kraus besonders, und er wandte sich mit einigen scharfen, gelegentlich boshaften Stacheln gegen die Psychoanalyse. Seinen

---

* In seiner unveröffentlichten Autobiographie vermerkte Fritz Wittels, daß er, als er von einer bevorstehenden Neuauflage von »Zur Geschichte der psychoanalytischen Bewegung« erfuhr, Freud bat, die »gehässige« Stelle über Stekels Verwahrlosung abzuschwächen. Freud stimmte zu; er könne zwar seine Kritik nicht unterdrücken, aber einen »milderen Ausdruck« verwenden. Zuletzt blieb aber »verwahrlost« stehen (Fritz Wittels, »Wrestling with the Man: The Story of a Freudian«, S. 169 f. Fritz Wittels Collection, Box 2, maschinengeschrieben. A.A. Brill Library, New York Psychoanalytic Institute).

Anhängern treu, so enttäuschend sie auch waren, griff Freud, der beinahe ebenso wenig für die Vulgarisierung der psychoanalytischen Methode übrig hatte wie Kraus selbst, diesen (privat) in der ausgefallensten Sprache an. »Sie kennen die maßlose Eitelkeit und Zuchtlosigkeit dieser begabten Bestie K.K.«,[97] schrieb er Ferenczi im Februar 1910. Zwei Monate später vertraute er Ferenczi an, er habe Kraus' Geheimnis erraten: »Er ist ein toller Schwachsinniger mit großer schauspielerischer Begabung«, die es ihm ermögliche, Intelligenz und Entrüstung zu mimen.[98] Ein solches Urteil war das Ergebnis impulsiven Zorns und nicht nüchterner Überlegung, und es war völlig irrig, so gehässig und irrational Kraus' Ausbrüche auch sein mochten.

Aber das waren nebensächliche Fragen. Als die psychoanalytische Bewegung an Schwung gewann, hatte sich Freud um einflußreiche und unentschlossene ausländische Rekruten zu kümmern und sie bei der Stange zu halten. Seine Korrespondenz wurde von Jahr zu Jahr internationaler und ähnelte immer mehr der eines Generals, der Feldzüge plant, oder eines Diplomaten, der Verbündete anwirbt. Der vielleicht beunruhigendste, gewiß aber folgenreichste Fang Freuds war Eugen Bleuler, Jungs berühmter Vorgesetzter. Eine Zeitlang war Bleuler ein geschätztes Mitglied des Freudschen Clans. Er war 1908 auf einem kleinen internationalen Kongreß, dem ersten von vielen, in Salzburg anwesend, als eine Gruppe, die sich »Freunde der Psychoanalyse« nannte, aus Wien, Zürich, Berlin, Budapest, London und sogar New York zusammenkam, um Vorträge von Jung, Adler, Ferenczi, Abraham, Jones – und natürlich Freud – zu hören und die enge Zusammenarbeit zu fördern. Ein vielversprechendes Ergebnis war die Gründung der ersten psychoanalytischen Zeitschrift, mit dem *Jahrbuch für psychoanalytische und psychopathologische Forschungen*, und mit Bleuler und Freud als Herausgeber und Jung als Redakteur. Das Impressum war das befriedigende Symbol für ein Arbeitsbündnis zwischen Wien und Zürich und ein nicht minder befriedigender Beweis für Bleulers Anhänglichkeit an die Freudsche Sache.

Die Beziehungen zwischen Bleuler und Freud waren vollkommen freundlich an der Oberfläche, wenn auch ein wenig distanziert. Aber Bleuler war auch, obwohl ihn Freuds Ideen sehr beeindruckten, immer unsicher, ob die Betonung der Sexualität wirklich gerechtfertigt war. Und diese Unsicherheit im Verein mit dem unbehaglichen Gefühl, daß Freud eine streng kontrollierte politische Maschinerie aufbaue, ließ ihn in seiner Haltung schwanken. Dieses »Wer nicht für uns ist, ist gegen uns«, erklärte er Freud 1911, als er aus der kurz zuvor organisierten Internationalen Psychoanalytischen Vereinigung austrat, dieses »Alles oder nichts« sei seiner Meinung nach notwendig für religiöse Gemeinschaften und nützlich für politische Parteien. Dort könne er das Prinzip als solches verstehen, aber für die

Wissenschaft betrachte er es als schädlich.[99] Freud konnte eine so aufge-
schlossene, wahrlich wissenschaftliche Haltung im Prinzip verstehen, aber
er war zu kämpferisch eingestellt, um sie selbst einzunehmen.* Daher
pflegte er weiter den Umgang mit Bleuler, und gleichzeitig schwärzte er ihn
in Briefen an seine Vertrauten an. »Bleuler ist unausstehlich«, schrieb er
Ferenczi vertraulich.[100]

So ermüdend Freud Bleulers gewissenhafte Unsicherheiten finden mochte,
er hatte daheim ernstere Angelegenheiten zu regeln, vor allem den Platz
Alfred Adlers in der Wiener Psychoanalytischen Vereinigung. Freuds Beziehungen zu Adler waren verwickelter als die zu Stekel und auf die Dauer
auch folgenschwerer. Adler war anmaßend und finster. Seine Gegner im
Kreise Freuds hielten ihn für humorlos und nach Beifall heischend. Jones
beschrieb ihn als »mürrisch und kläglich auf Anerkennung erpicht«.[101]
Wer ihn aber als Stammgast der Wiener Cafés kannte, sah einen anderen
Mann – entspannt und zu Scherzen aufgelegt. Wer immer der »wirkliche«
Adler gewesen sein mag, er sicherte sich unter seinen Kollegen einen Einfluß, der nur dem Freuds nachstand. Aber Freud fürchtete und behandelte
Adler nicht als Rivalen. Er gab ihm vielmehr einige Jahre lang einen prak-
tisch schrankenlosen geistigen Kredit. Im November 1906, als Adler einen
Vortrag über die organischen Grundlagen der Neurosen hielt, lobte ihn
Freud herzlich. Er hielt zwar Adlers Lieblingsausdruck »Organminderwer-
tigkeit« für fast nutzlos und hätte einen neutraleren Ausdruck wie »eine
besondere Variabilität der Organe« vorgezogen. Aber im übrigen fand er
Adlers Vortrag wie seine Arbeit im allgemeinen hilfreich für ihn und bedeutsam. Andere Kommentatoren an diesem Abend schlossen sich Freuds
Urteil an – alle außer Rudolf Reitler, der in Adlers beinahe ausschließlicher
Betonung der Rolle der Physiologie und der Vererbung bei der Entstehung
der Neurosen klugerweise Schwierigkeiten witterte.[102]
    Durch solche Moskitostiche unbeirrt, fuhr Adler fort, unter dem schüt-
zenden Schirm von Freuds Psychoanalyse seine Psychologie zu konstruieren. Oberflächlich betrachtet, schienen Freud und er im großen ganzen
übereinzustimmen. Beide sahen Vererbung und Umwelt gleichermaßen beteiligt an der Ätiologie der Neurosen. Indem er den Schaden betonte, den
Organminderwertigkeit in der menschlichen Psyche anrichten könne,
nahm Adler eine starke biologische Orientierung an, aber das war eine
Perspektive, die Freud nicht völlig ablehnte. Zugleich schrieb Adler als So-

* »Meinungsverschiedenheiten innerhalb des Umkreises der ΨA Forschung habe ich
nie bekämpft«, schrieb er einmal Lou Andreas-Salomé, »zumal ich selbst gewöhnlich
über einen Gegenstand mehrere Meinungen habe, allerdings ehe ich die eine davon pu-
bliziere. An der Einheitlichkeit des Kerns muß man aber festhalten, sonst ist es eben
etwas anderes« (Freud an Lou Andreas-Salomé, 7. Juli 1914. *Freud–Salomé*, S. 21).

zialist und sozialer Aktivist, der an der Besserung des Loses der Menschheit durch Erziehung und Sozialarbeit interessiert war, der Umwelt eine wirkliche Bedeutung für die Formung der Psyche zu. Freud betonte, wie wir wissen, mit Nachdruck den Einfluß der Welt des Kindes auf die psychologische Entwicklung – die Rolle von Eltern, Geschwistern, Kindermädchen, Spielgefährten bei der Genese von sexuellen Traumen und ungelösten Konflikten. Aber Adlers Anschauung von der Umwelt war nicht die Freuds. Tatsächlich stellte Adler Freuds fundamentale These, daß die frühe sexuelle Entwicklung entscheidend für die Bildung des Charakters ist, offen in Frage. Indem er Behauptungen, die er vom Beginn seiner Hinwendung zur Psychiatrie an vorgebracht hatte, verfeinerte und revidierte, entwickelte Adler sein eigenes Ensemble von Ideen. Seine Vorträge, seine Kommentare zu den Vorträgen anderer, seine Artikel und seine erste psychologische Monographie zeigten ihn ganz unverkennbar als »Adlerianer«. Sie alle gründeten sich auf seine Überzeugung, daß jeder Neurotiker eine organische Unvollkommenheit zu kompensieren trachte. So ernst Adler die Außenwelt nehmen mochte, in seiner Psychologie erhob er die Biologie zum Schicksal. Aber nichts davon brachte Adler um das teilnehmende Interesse seitens der kleinen, noch tastenden psychoanalytischen Gemeinde.

Das Thema der Organminderwertigkeit blieb eine Art fixe Idee in Adlers Reden und Schriften während all seiner Jahre in Freuds Kreis. Er hatte den Ausdruck zum erstenmal 1904 in einem kurzen ermahnenden Artikel über den Arzt als Erzieher verwendet, in dem er die Unvollkommenheit eines Körperorgans als Ursache von Schüchternheit, Nervosität, Feigheit und anderen Leiden bezeichnete, die Kinder befallen. Er warnte ständig vor der Überbetonung des Einflusses von Traumen auf die Psyche. »Die Konstitution findet sich das sexuelle Trauma«, sagte er.[103] Die Psyche, die eine körperliche oder geistige Behinderung entdecke, versuche sie zu kompensieren – manchmal mit Erfolg, aber oft genug erfolglos. Kurz, Adler definierte eine Neurose im wesentlichen als eine mißlungene Kompensation von Minderwertigkeitsgefühlen. Er betrachtete jedoch die meisten der verkrüppelnden Unzulänglichkeiten, welche die Seele auszugleichen versucht, als angeboren. Adler meinte, zum Beispiel, man könne zeigen, daß der Sadismus und die Züge, die Freud als den analen Charakter bezeichnete – Ordentlichkeit, Sparsamkeit, Hartnäckigkeit –, erbliche Wurzeln hätten. In einer Diskussion der Mittwoch-Gesellschaft über die sexuelle Aufklärung von Kindern wies Adler sogar Freuds Behauptung zurück, daß eine solche Aufklärung zwar vielleicht kein Allheilmittel, aber doch eine nützliche Prophylaxe gegen Neurosen sei: »Die infantilen Traumen haben nur Bedeutung im Zusammenhang mit der Minderwertigkeit der Organe.«[104]

Während grundlegende Fragen viel dazu beitrugen, Freud und Adler zu entzweien, spielte auch die psychoanalytische Politik ihre Rolle und verschärfte ihre Meinungsverschiedenheiten. Freud bemerkte einmal, als er Abraham schrieb: »Politik verdirbt den Charakter.«[105] Er dachte dabei an seine Probleme mit Stekel, aber er hätte sehr wohl auch an die Wirkungen der Politik auf ihn selbst denken können. Denn in der Politik war Freud der echte Politiker, unredlicher als in seinem übrigen Verhalten, und seine Kämpfe mit Adler brachten seine latente Begabung für das Lavieren zwischen widerstreitenden Kräften und die Verfolgung seines Programms zum Vorschein.

Freud machte zum erstenmal ernstlich Front gegen Adler und seine Verbündeten im Frühjahr 1910, während des internationalen psychoanalytischen Kongresses in Nürnberg und unmittelbar danach, als er manövrierte, um die psychoanalytische Bewegung in Übereinstimmung mit seinen weitreichenden Wünschen zu organisieren. Seine späteren Bemühungen, die Egos zu besänftigen, die er verletzt hatte, waren nicht weniger politisch. Sie zeigen Freud in seinem diplomatischen Auftreten, im Gegensatz zu seinem militanten. Der Nürnberger Kongreß war ein Triumph. Er gab Freud neue Energie. »Mit dem Nürnberger Reichstag«, schrieb er Ferenczi schwungvoll wenige Tage nach seinem Ende, »schließt die Kindheit unserer Bewegung ab. Das ist mein Eindruck. Ich hoffe, jetzt kommt eine reiche und schöne Jugendzeit.«[106] Aber wie Freud sehr wohl wußte, als er diese Einschätzung vornahm, hatte der Kongreß auch heftigen Groll und offene Rebellion hervorgerufen. Als er Jones über Nürnberg berichtete, bemerkte er: »Alle sind voll neuer Hoffnung und Aussicht auf Arbeit. Ich ziehe mich in den Hintergrund zurück, wie es sich für einen älteren Herrn geziemt (keine Komplimente mehr, bitte!)«[107] Das war nicht ganz ehrlich. Schließlich wurde Freud gerade in Nürnberg in die gefühlsgeladenste Konfrontation mit anderen Analytikern verwickelt, die er während seiner ganzen Karriere erlebt hatte.

Alles begann mit einer Ansprache Ferenczis. Er trat auf dem Kongreß als Freuds Stellvertreter auf und präsentierte dessen Vorschläge für eine internationale psychoanalytische Vereinigung: Jung sollte ihr ständiger Präsident sein, und Franz Riklin, ein anderer Schweizer Psychiater und Verwandter Jungs, sollte als ihr Sekretär fungieren. Das war eine bittere Medizin für Freuds früheste Anhänger, aber Ferenczi brachte sie noch weit mehr auf, indem er einige unberechtigte Kritik an der Wiener Psychoanalytischen Vereinigung übte. Als er kurz danach an den Kongreß zurückdachte, machte Freud sich selbst nicht weniger als Ferenczi Vorwürfe, weil sie »die Wirkung [der Vorschläge] auf die Wiener nicht genug berechnet« hatten.[108] Diese Selbstkritik war gewiß angebracht. Freud hätte sich eigentlich über ihre Reaktion

nicht wundern dürfen. Nicht einmal die allertaktvollste Darstellung hätte
die Implikationen von Freuds Programm verbergen können: Der Stern
Wiens war im Sinken.

Die Wiener Analytiker erhoben energische Einwände. Wittels erinnerte
sich, daß sie eine private Versammlung im Grand Hotel abhielten, »um
die unerhörte Situation zu beraten. Auf einmal erschien Freud uneingela-
den unter ihnen. Er war in großer Erregung, wie ich ihn niemals gesehen
habe.« Schließlich erweckte Freud in der Öffentlichkeit immer den Eindruck vollkommener Selbstbeherrschung. Freud sagte laut Wittels: »Ihr
seid zum größten Teile Juden und deshalb nicht geeignet, der neuen Lehre
Freunde zu erwerben. Juden müssen sich bescheiden, Kulturdünger zu
sein. Ich muß den Anschluß an die Wissenschaft finden: bin alt, will nicht
immer angefeindet werden. Wir alle sind in Gefahr.« Wittels' Bericht einschließlich des charakteristischen Hinweises Freuds auf sein Alter und
seine Müdigkeit – er war damals nicht ganz vierundfünfzig – und der dramatischen Schlußsätze hat den Klang der Wahrheit: »Er faßte seinen
Schlußrock beim Revers: ›Nicht einmal diesen Rock wird man mir lassen‹,
sagte er. ›Die Schweizer werden uns retten, mich und Sie alle‹.«[109] Zuletzt
wurde ein Kompromiß ausgearbeitet, der das Gesicht wahrte: Jungs
Amtszeit als Präsident wurde auf zwei Jahre begrenzt. Aber das änderte
nichts an der Auffassung der Wiener, daß Freud sie, seine ersten Anhänger, gefühllos vernachlässigte, indem er seine neuen Rekruten aus Zürich
hofierte.

Sie hatten nicht unrecht. Schließlich hatte Freud seit 1906 einen immer
intimeren Briefwechsel mit Jung geführt. Es war auch kein Geheimnis, daß
von 1907 an mit den Besuchen Jungs und anderer aus Zürich die Affinität
zur Freundschaft gereift war und in Freud große Erwartungen geweckt
hatte. Der Nürnberger Kongreß hatte nur das Unbehagen der Wiener zu
grausamer Gewißheit verhärtet. Freud führte sein Programm mit vollkommen klarem Kopf durch. »Ich urteile«, schrieb er im Rückblick, »daß der
Zusammenhang mit Wien keine Empfehlung, sondern ein Hemmnis für die
junge Bewegung wäre.« Zürich, im Herzen Europas, war weit aussichts-
reicher. Außerdem, fügte er hinzu, geschickt seine zwanghafte Beschäftigung mit dem Altern und Sterben in einen Grund für seine Kunstgriffe
übersetzend, werde er nicht jünger. Die psychoanalytische Sache, die einer starken Führung bedurfte, mußte einem jüngeren Mann anvertraut
werden, der nach dem Ausscheiden des Gründers weitermachen könne.
Nachdem die »offizielle Wissenschaft« den großen Bann ausgesprochen
hatte und ständig Ärzte boykottierte, welche die Psychoanalyse in ihrer
Praxis ausübten, mußte er auf den Tag hinarbeiten, an dem es Ausbil-
dungsinstitute gab, welche die Echtheit der Lehre und die Kompetenz des

Gelehrten garantierten. »Dies alles und nichts anderes wollte ich durch
die Gründung der Internationalen Psychoanalytischen Vereinigung erreichen.«[110]*
Die Wiener waren nicht davon überzeugt, daß Freuds Besorgnisse wirklich gerechtfertigt und seine organisatorischen Neuerungen daher wirklich nötig seien. Sogar der loyale Hitschmann meinte besorgt, »daß die
Züricher als Rasse genommen ganz andere Menschen sind als wir Wiener«.[111] Doch Anfang April, als die Wiener Psychoanalytische Vereinigung *post mortem* eine Diskussion über den gerade zu Ende gegangenen
Kongreß abhielt, gab es zwar viel Murren, aber auch viele Höflichkeiten.
Der Kompromiß bezüglich der Präsidentschaft und die hilflose Einsicht,
daß Freud schließlich immer noch unentbehrlich war, hatten dazu beigetragen, die Temperatur zu senken. Freud tat das Seine, um die Aufregung
noch weiter zu dämpfen. Mit einer geschickten Versöhnungsgeste bot er
Adler seinen alten Platz als Obmann der Vereinigung an und schlug eine
neue Publikation vor, das monatlich erscheinende *Zentralblatt für Psychoanalyse*, das von Adler und Stekel gemeinsam redigiert werden sollte.
Seinerseits zuvorkommend, erklärte Adler zunächst, Freuds Rücktritt
von der Präsidentschaft sei »ein überflüssiger Akt«, aber dann nahm er
den Posten und zusammen mit Stekel die Redaktion der neuen Zeitschrift
an.[112]
    Freud deutete alle diese Schaustellungen guten Willens auf seine sarka-
stische Art. »Die Wiener«, vertraute er Ferenczi an, »waren hier in der
Reaktion nach Nürnberg sehr zärtlich und haben durchaus eine Republik
mit dem Großherzog an der Spitze gründen wollen.«[113] Noch ein weiterer
Kompromiß diente dazu, alle – mehr oder weniger – glücklich zu machen.
Während Adler durch Akklamation zum Obmann gewählt wurde, erfand
man einen neuen Posten, den eines wissenschaftlichen Vorsitzenden, und
Freud wurde dazu ernannt.[114] Freud sollte später seine versöhnenden Maß-
nahmen als Beweis dafür anführen, daß Adlers Klagen über »Verfolgungen« unbegründet und irrational seien.[115] Doch das war unaufrichtig. Wie
Freud, während er seine Strategie ausarbeitete, Ferenczi offen sagte, übergab er Adler »die Führerschaft der Wiener Gruppe nicht aus Neigung oder
Befriedigung, sondern weil er doch die einzige Persönlichkeit ist und weil in
dieser Stellung er möglicherweise genötigt wird, den gemeinsamen Boden
mitzuverteidigen«.[116] Wenn er Adler nicht überzeugen konnte, so konnte
er ihn vielleicht kooptieren.

---

* Im März 1911, mitten in seinem Endkampf mit Adler, schrieb Freud Ludwig Binswanger: »Wenn das von mir gegründete Reich verwaist, soll kein anderer als Jung das
Ganze erben. Sie sehen, meine Politik verfolgt dieses Ziel unausgesetzt, und mein Verhalten gegen Stekel und Adler fügt sich in dasselbe System ein« (Freud an Binswanger,
14. März 1911. Zit. in Ludwig Binswanger, *Erinnerungen an Freud* [1956], S. 42).

Aber die psychoanalytische Politik kann, wie wir gesehen haben, Freuds und Adlers gespannte Koexistenz und schließlich den Bruch nicht ganz erklären. Organisatorische Gebote, unbewußte Konflikte, die Unvereinbarkeit der Temperamente und der Widerstreit der Ideen steigerten sich gegenseitig, bis sie ihren vorherbestimmten Höhepunkt erreichten. Es machte die Sache nicht besser, daß die beiden Männer auf beinahe jede Weise Gegensätze waren. Zeitgenössische Parteigänger – auf beiden Seiten – bezeugen, daß Freuds und Adlers Kleidungsgewohnheiten, persönliche Stile und therapeutische Gebräuche nicht unähnlicher hätten sein können: Freud adrett, patrizisch, auf klinische Distanz bedacht; Adler salopp, demokratisch und heftig engagiert.[117] Aber letzten Endes war es die Unvereinbarkeit der Überzeugungen, welche die beiden Männer auseinandertrieb. Wenn Freud nur ein Jahr, nachdem er ihre Differenzen kaschiert hatte, Adlers Standpunkt reaktionär nannte und die Frage stellte, ob Adler überhaupt ein richtiger Psychologe sei, so tat er es nicht aus taktischen Gründen oder aus reiner Feindschaft.* Friede in Wien war für Freud höchst wünschenswert. Die Züricher Verbindung begann 1911 ein wenig zerbrechlich auszusehen. Aber an der irreparablen Divergenz zwischen Adlers und Freuds Denken war nicht mehr zu zweifeln – nicht im Jahre 1911. Freud hatte sie bereits seit einigen Jahren vorausgeahnt, aber er erkannte die Schwere von Adlers Abweichungen erst nach langer Verzögerung. Noch im Juni 1909 hatte er Adler Jung beschrieben als »Theoretiker, scharfsinnig und originell, aber fürs Psychologische nicht eingestellt, und er zielt an diesem vorbei aufs Biologische«. Aber er hatte unmittelbar hinzugefügt, daß Adler ein »anständiger Mensch« sei, und er »wird nicht so bald abfallen«. Und er schloß: »Wir müssen ihn möglichst erhalten.«[118] Zwei Jahre später brachte Freud so friedliche Töne nicht mehr zustande. Adler, schrieb er Oskar Pfister im Februar 1911, »hat sich ein Weltsystem ohne Liebe geschaffen, und ich bin dabei, die Rache der beleidigten Göttin Libido an ihm zu vollziehen«.[119]

Als er diesen drastischen Schluß zog, war die endgültige Auseinandersetzung, eine langwierige Angelegenheit, schon seit einigen Monaten im Gange. »Mit Adler wird es wirklich arg«[120], schrieb Freud Jung im Dezember 1910.** Bis dahin hatte er geschwankt und bald hoffnungsvoll auf

---

* Freud war im allgemeinen geneigt, rationalen oder intellektuellen Erklärungen der Zwietracht geringen Wert beizumessen. Er bemerkte einmal, daß, wenn Meinungsverschiedenheiten freundliche Beziehungen unmöglich machten, »nicht die wissenschaftlichen Differenzen so wichtig sind, sondern gewöhnlich eine andere Art von Animosität, Eifersucht oder Rachsucht den Impuls zur Feindschaft gibt. Die wissenschaftlichen Differenzen kommen später« (Joseph Wortis, *Fragments of an Analysis with Freud* [1954], S. 163). Freud selbst neigte jedoch zum Gegenteil: er machte intellektuelle Meinungsverschiedenheiten zur Ursache ziemlich aufgeregter Streitigkeiten.
** Ein Problem war, wie Freud zugab, daß Adler Erinnerungen an Fließ weckte.

Adlers Beiträge zu seinem eigenen Denken gehorcht, bald sich Sorgen gemacht wegen Adlers Geringschätzung unbewußter libidinöser Prozesse.
Aber allmählich waren seine noch verbliebenen Hoffnungen für Adler geschwunden. Seine Ungeduld mit, wie er sagte, Adlers Taktlosigkeit und
unangenehmem Verhalten nahm zu, je stärker seine Bedenken gegenüber
Adlers Ideen wurden. Man versteht, warum Freud diese Realitäten nicht
sehen wollte. Ende 1910 gab es Augenblicke, in denen ihm solche Dispute,
deren Wirkung durch ständige Ungewißheit gegenüber unsicheren Rekruten wie Bleuler noch verschärft wurde, wie ein Verhängnis erschienen. Er
litt an Anfällen von Müdigkeit und Depressionen und vertraute Ferenczi
an, daß ihn das kleinliche Gezänk in Wien dazu bringe, sich nach seiner
früheren Isolation zu sehnen. »Ich sage Ihnen, es war oft schöner, solange
ich noch allein war.«[121]

Es war jedoch nicht Freud, der die Krise auslöste, sondern Hitschmann,
derjenige unter Freuds Anhängern, der am meisten mit Adler sympathisierte. Im November 1910 schlug Hitschmann vor, Adler solle seine Ideen
ausführlicher vortragen, so daß man sie gründlich erörtern könne. Schließlich hatten viele Mitglieder der Vereinigung, Freud nicht ausgenommen,
Adlers Lehrsätze als wertvolle Ergänzungen zu psychoanalytischen Theorien behandelt und nicht als bedrohlichen Ersatz für sie. Adler war gern
bereit und hielt im Januar und Februar 1911 zwei Vorträge. Der zweite,
»Der männliche Protest als Kernproblem der Neurose«, legte seinen Standpunkt so offen dar, daß Freud ihn nicht ignorieren konnte. Er konnte ihn
auch nicht mehr mit Gewalt in seinem eigenen Denksystem unterbringen.
Er hatte nach Adlers erstem Vortrag geschwiegen; nun machte er seinen
Einwänden und seiner aufgestauten Erbitterung Luft.

Freuds Bemerkungen stellten praktisch einen Gegenvortrag dar. Als erstes nannte er Adlers Darstellungen so abstrakt, daß sie oft unverständlich
seien. Außerdem neige Adler dazu, bekannte Ideen unter neuen Namen zu
präsentieren. »Man hat den Eindruck, daß in dem ›männlichen Protest‹
irgendwie die Verdrängung steckte.« Mehr noch, »unsere alte Bisexualität
heißt bei ihm psychischer Hermaphroditismus, als ob es etwas anderes
wäre«.[122]* Aber eine falsche, fabrizierte Originalität sei noch das Geringste: Adlers Theorie vernachlässige das Unbewußte und die Sexualität. Sie
sei nur »allgemeine Psychologie«, zugleich »reaktionär und retrograd«.
Während er nach wie vor Adlers Intelligenz Respekt zollte, warf Freud ihm
vor, daß er den autonomen Status der Psychologie gefährde, indem er sie

---

* Der scharfsichtige Ferenczi hatte diese Neigung Adlers schon mehr als zwei Jahre
früher bemerkt. »Adlers Minderwertigkeitslehre ist wohl nicht das letzte Wort in dieser
strittigen Frage«, schrieb er Freud am 7. Juli 1908. »Sie ist ja eigentlich nur eine breitere
Ausführung Ihrer Idee vom ›körperlichen Entgegenkommen‹.«

der Biologie und Physiologie unterwerfe. »Alle diese Adlerschen Lehren«, sagte er grimmig voraus, »werden einen großen Eindruck machen und der Psychoanalyse zunächst sehr schaden.«[123] Freuds heftiger Reaktion lag die beharrliche Furcht zugrunde, daß seine realistischen Ideen nur in Adlers verwässerter Version populär werden könnten – eine Version, die so radikale Erkenntnisse wie den Ödipuskomplex, die infantile Sexualität und die sexuelle Ätiologie der Neurosen über Bord warf. Freud betrachtete die Annahme der Psychoanalyse in ihrem Adlerschen Gewand als eine größere Drohung als die offene Ablehnung.

Adler verteidigte sich mannhaft. Er bestand darauf, daß in seinen Theorien die Neurosen nicht weniger sexuellen Ursprungs seien als in den Theorien Freuds. Aber dieser scheinbare Rückzug konnte die Meinungsverschiedenheiten nicht mehr tarnen. Die Gladiatoren standen in der Arena und waren dazu verdammt, ihren Kampf auszufechten.[124] Angesichts einer Spaltung flüchteten mehrere besorgte Mitglieder der Vereinigung in die Verleugnung: Sie behaupteten, keine Unvereinbarkeit zwischen Freud und Adler zu sehen. Stekel ging so weit, Adlers Auffassungen als »Vertiefung und Aufbau der bis jetzt von uns gefundenen Tatsachen« zu loben. »Sie sind einfach auf dem Freudschen Fundament weitergebaut.« Aber Freud war an solchen erzwungenen Kompromissen nicht interessiert. Wenn Stekel, sagte er trocken, keinen Widerspruch zwischen den Anschauungen der beiden Protagonisten finde, »so muß doch darauf hingewiesen werden, daß zwei von den Beteiligten diesen Widerspruch doch finden: nämlich Adler und Freud«.[125]

Der Ausgang war nur eine Frage der Zeit. Ende Februar 1911 trat Adler von seinem Posten als Obmann der Wiener Psychoanalytischen Vereinigung zurück, und Stekel, der Obmannstellvertreter, »benützte die Gelegenheit, ihm seine Freundschaft zu bezeugen«,[126] und folgte seinem Beispiel. Im Juni war es Freud gelungen, Adler aus der Redaktion des *Zentralblatts* zu verdrängen – Stekel blieb weiterhin Redakteur –, und er brachte ihn dazu, aus der Vereinigung auszutreten. Wenn Freud einmal zornig war, blieb er es auch. Er hatte Adler lange geduldig zugehört, aber jetzt war es genug. In dieser Stimmung war er außerstande zu erkennen, daß einige der Ideen Adlers, zum Beispiel sein Postulat eines unabhängigen Aggressionstriebes, wertvolle Beiträge zum psychoanalytischen Denken sein könnten. Er bedachte Adler vielmehr mit den vernichtendsten psychologischen Ausdrücken in seinem Vokabular. Im August 1911 schrieb er Jones, »was das innere Zerwürfnis mit Adler anbetrifft, so mußte es kommen, und ich habe die Krise reifen lassen. Es ist die Revolte eines abnormalen, vor Ehrgeiz wahnsinnigen Individuums, und sein Einfluß auf andere hängt von seinem starken Terrorismus und Sadismus ab«.[127] Freud, der noch 1909 Adler einen anständigen Menschen genannt hatte, war nicht lange danach überzeugt, daß er an paranoidem Verfolgungswahn litt.[128]* Das war Verurteilung als Diagnose.

Adlers Ton war, jedenfalls zunächst, gemäßigter. Im Juli 1911 berichtete er Ernest Jones Details von dem Streit und erklärte: »Auf meiner Seite stehen die besten Köpfe und die Leute mit honetter Unabhängigkeit.«[129] Er beklagte, was er Freuds »Fechterstellungen« nannte, und bemerkte, »daß ich, wenn ich auch wie jeder Schriftsteller um Anerkennung ringe, mich stets in mäßigen Grenzen gehalten habe, indem ich warten konnte und es niemandem übelnahm, wenn er anderer Meinung war«. Er streckte die Zeit, in der er für die »Sache« Propaganda gemacht hatte, beträchtlich in die Länge und erklärte, er habe die Psychoanalyse »seit fünfzehn Jahren« in Wien vertreten. »Wenn«, behauptete er, »heute in Wiener klinischen und intellektuellen Kreisen die psychoanalytische Forschung ernst genommen und gewürdigt wird, wenn sie nicht – in Wien – verlacht und geächtet ist, so habe auch ich ein kleines Teil dazu beigetragen.« Offensichtlich legte er Wert auf Jones' gute Meinung: »Von Ihnen möchte ich nicht mißverstanden werden.«[130] Im Spätsommer wurde er emphatischer und beklagte sich bei Jones über »die unsinnige Kastration«, die Freud »vor allen Augen« an ihm vornehmen möchte und die er für »charakterologisch« hielt.[131] Freud war nicht der einzige, der die psychologische Diagnose als eine Form der Aggression anwandte.

Die langen Sommerferien unterbrachen den Streit für eine Weile, aber die Krise, die Freud reifen ließ, erreichte ihren Höhepunkt, als die Wiener Psychoanalytische Vereinigung im Herbst wieder zusammentrat. »Morgen«, meldete Freud Anfang Oktober Ferenczi, »ist die erste Vereinssitzung«, und man werde versuchen, »die Adlerrotte herauszudrängen«.[132] Auf der Sitzung verkündete Freud, daß Adler und drei seiner begeistertsten Anhänger ausgetreten seien und eine Adlersche Gruppe gebildet hätten, was, wie er sagte, »feindselige Konkurrenz« sei. Diese Formulierung schnitt jeden Rückzug ab. Er erklärte, daß die Mitgliedschaft in dem neuen Verein mit der Mitgliedschaft in der Wiener Psychoanalytischen Vereinigung inkompatibel sei, und verlangte, daß alle Anwesenden binnen einer Woche zwischen den beiden wählten. In einem letzten vergeblichen Versuch, das Irreparable zu reparieren, sprach sich Carl Furtmüller, der einer der engsten

---

* Als Abraham 1914 das Manuskript von Freuds »Zur Geschichte der psychoanalytischen Bewegung« las, erhob er Einwände gegen das Wort »Verfolgungen«. – »A[dler] wird sich dagegen wehren, als paranoisch bezeichnet zu werden.« Freud bestand darauf, daß sich Adler tatsächlich beklagt habe, verfolgt zu werden, aber er erklärte sich bereit, den Ausdruck wegzulassen. Als aber Freuds Polemik erschien, stand schwarz auf weiß *Verfolgungen* zu lesen (Abraham an Freud, 2. April 1914. *Freud–Abraham*, S. 165. *S.a.* Freud an Abraham, 6. April 1914. Ibid., S. 166).

Verbündeten Adlers werden sollte, mit einiger Ausführlichkeit gegen die Inkompatibilität aus. Aber Freud, dem Sachs, Federn und Hitschmann zur Seite standen, blieb unerbittlich. Als sich seine Ansicht durchsetzte, traten sechs Anhänger Adlers aus der Vereinigung aus. Freud war »etwas müde von Kampf und Sieg«, berichtete er Jung mit Befriedigung, als alles vorüber war. »Die ganze Adlerbande« war gegangen. »Ich war scharf, aber kaum ungerecht.« Er teilte Jung etwas verärgert mit: »Sie haben einen eigenen Verein für ›freie‹ ΨA gegründet, im Gegensatz zu unserer unfreien, wollen ein besonderes Journal herausgeben usw.« Dennoch beharrten die Adlerianer auf ihrem Recht auf Mitgliedschaft in der Wiener Psychoanalytischen Vereinigung, »natürlich«, um sich auf »parasitärem Wege mit Anregungen und Stoff zum Verdrehen zu versorgen. Ich habe diese Symbiose unmöglich gemacht«.[133] Freud und die Freudianer hatten die Wiener Psychoanalytische Vereinigung für sich. Nur Stekel blieb, um Freud an unerledigte Arbeit zu erinnern, die noch zu tun war.

Noch mehr als Freud sah Adler den Bruch als einen Ideenstreit. Als die beiden schon nahe daran waren, sich zu trennen, bat Freud ihn bei einem privaten Essen, die Vereinigung nicht zu verlassen, und Adler stellte die rhetorische Frage: »Warum sollte ich meine Arbeit immer in Ihrem Schatten verrichten?« Es ist schwer zu sagen, ob die Frage klagend oder herausfordernd gemeint war. Adler deutete später seinen schmerzlichen Ausruf als Ausdruck der Befürchtung, daß er für »die Freudschen Theorien verantwortlich gemacht werden könnte, an die er immer weniger glaubte, während seine eigene Arbeit von Freud und seinen Anhängern mißdeutet oder beiseite geschoben wurde«.[134] Nicht nur wies Freud Adler ab; Adler wies Freud nicht weniger heftig ab – oder so sah er zuletzt jedenfalls ihren Bruch.

Im Juni 1911 hatte Freud in einem Brief an Jung bündig und ein wenig verfrüht ausgerufen: »Adler bin ich endlich losgeworden.« Es war ein Triumphschrei. Aber in den tieferen Schichten von Freuds Geist war offenbar noch nichts abgeschlossen, noch nichts geregelt, denn er beging eine aufschlußreiche Fehlleistung und schrieb »endlos« statt »endlich«.[135] Er schien zu spüren, daß Schwierigkeiten vor ihm lagen. Aber noch hatte er Jung als seinen erwählten Nachfolger an seiner Seite. Während der Zeit der Kämpfe in Wien hatte das Geschäft der Psychoanalyse – Versammlungen, Kongresse, Zeitschriften, ganz zu schweigen von Bleuler – mehr und mehr Platz in seiner Korrespondenz mit Jung eingenommen, obwohl der Austausch von Krankengeschichten und die Kommuniqués vom Krieg gegen die Philister darum nicht weniger wurden. Auf aufeinanderfolgenden Kongressen und mit umfangreichen psychoanalytischen Publikationen hatte Jung seinen Einfluß gefestigt, der zum erstenmal 1910 bestätigt wurde, als man ihn zum Präsidenten der neugegründeten Internationalen Psychoana-

lytischen Vereinigung wählte. Ein Jahr später, auf dem internationalen
Kongreß in Weimar im September 1911, nicht lange nach Adlers Abfall,
schien Jungs Position unangreifbar zu sein. Er wurde durch Akklamation
wieder zum Präsidenten gewählt und Riklin zum Sekretär. Freuds intime
Anrede, »Lieber Freund«, leitete nach wie vor seine häufigen Mitteilungen
an Jung ein. Doch nur einen Monat nach dem Weimarer Kongreß, im Oktober, entdeckte Emma Jung eine Spannung zwischen ihrem Mann und
seinem verehrten Mentor. Sie nahm ihren ganzen Mut zusammen und
schrieb Freud, es quäle sie die Idee, »Ihr Verhältnis zu meinem Mann sei
nicht ganz so wie es könnte und sollte«.[136] Freud schrieb Ferenczi, er habe
ihr »ausführlich und zärtlich geantwortet«, aber, behauptete er, »ohne die
Sache eigentlich zu verstehen«.[137] Für den Augenblick war Frau Jung
scharfsichtiger und vorausschauender als die Protagonisten. Etwas war
nicht in Ordnung.

Jung: der Feind

In Feindschaft zurückblickend, führte Jung den Beginn seines Bruchs mit
Freud auf eine Episode im Sommer 1909 auf der *George Washington* zurück, als er, Freud und Ferenczi auf dem Weg in die Vereinigten Staaten
waren. Jung hatte – seinem Bericht zufolge – einen Traum Freuds, so gut er
konnte, gedeutet – ohne weitere Details über Freuds Privatleben. Freud
hatte gezögert, sie zu liefern, Jung mißtrauisch angesehen und eingewandt,
er könnte sich nicht analysieren lassen; das würde seine Autorität gefährden. Jung erinnerte sich, daß diese Weigerung die Totenglocke seiner
Macht über ihn geläutet hatte. Freud, der selbsternannte Apostel der Offenheit, stellte die persönliche Autorität über die Wahrheit.[138]*

Was immer wirklich geschah, Jung rieb sich wund an Freuds Autorität
und war, allen Beteuerungen zum Trotz, nicht gewillt, sie noch sehr viel
länger zu ertragen. Noch im Juli 1912 schrieb Freud Pfister, er hoffe, Jung
könne »ohne schlechtes Gewissen« abweichende Auffassungen entwikkeln.[139] Aber gerade das konnte Jung nicht. Der Zorn und die reine Wildheit, die Jungs letzte Briefe an Freud durchdringen, zeugen von einem sehr
schlechten Gewissen.

Gelegentlich führte Jung kompliziertere Ursachen für seine Trennung
von Freud an. Er behauptete, Freud habe es abgelehnt, die Vorlesungen

---

* In einer etwas anderen Version verband Jung, der von einem Verhältnis zwischen
Freud und dessen Schwägerin zu wissen behauptete, den Traum, den Freud nicht aufklären wollte, mit seiner vermuteten Untreue (siehe Bibliographischer Essay zum 2. Kapitel).

ernst zu nehmen, die er, Jung, in den Vereinigten Staaten gehalten hatte und Ende 1912 als *Wandlungen und Symbole der Libido* veröffentlichte. »Daß ich dieses Buch schrieb, kostete mich meine Freundschaft mit Freud«, erinnerte er sich, »weil er es nicht akzeptieren konnte.«[140] Aber später korrigierte er diese Diagnose: Das Buch sei nicht so sehr die »wahre Ursache« als vielmehr die »endgültige Ursache« des Bruchs, »denn er war lange vorbereitet worden«. Seine ganze Freundschaft, meinte er, sei in einem gewissen Sinne eine Vorbereitung auf ihre zornige Auflösung. »Wissen Sie, ich hatte von Anfang an eine *Reservatio mentalis*. Ich konnte mit einer ganzen Anzahl seiner Ideen nicht übereinstimmen«,[141] vor allem Freuds Ideen über die Libido. Das klingt vernünftig genug: Jungs hartnäckigste Meinungsverschiedenheit mit Freud, die sich durch die ganze Reihe seiner Briefe zieht wie ein ominöser Text zwischen den Zeilen, betraf, was er einmal seine Unfähigkeit nannte, die Libido zu definieren – was übersetzt heißt, daß er nicht gewillt war, Freuds Definition zu akzeptieren. Jung versuchte ständig die Bedeutung von Freuds Begriff zu erweitern, so daß er nicht nur für die Sexualtriebe stand, sondern für eine allgemeine psychische Energie.

Aber Freud, der von dem Gedanken geblendet war, daß er sein Vermächtnis in sichere Hände gelegt habe, brauchte lange, um die Hartnäckigkeit und Allgegenwärtigkeit von Jungs »*Reservatio mentalis*« zu erkennen. Und Jung seinerseits verbarg seine wahren Gefühle mehrere Jahre lang, sogar vor sich selbst. Freud blieb »wie weiland Herakles menschlicher Heros und höherer Gott«.[142] Im November 1909, als ihn Gewissensbisse plagten, weil er nach seiner Rückkehr in die Schweiz – nach dem Besuch in der Clark University – nicht früher geschrieben hatte, gestand Jung seinem »Vater« unterwürfig, daß er gesündigt habe: »*Pater peccavi.*«[143] Zwei Wochen später sprach er Freud in seinem jugendlichsten Stil wieder als die endgültige Autorität an: »Ich wünsche oft, ich hätte Sie in der Nähe. Ich hätte oft mehreres zu fragen.«[144]

Bis der Bruch sichtbar wurde, behandelte Jung seine mangelnde Übereinstimmung mit Freuds Ansichten als einen persönlichen Fehler – als seinen Fehler. Wenn er Probleme mit diesen Ansichten habe, so komme das »offenbar« daher, »daß ich meine Stellung der Ihrigen noch nicht genügend angepaßt habe«.[145] Die beiden setzten ihren vertraulichen Briefwechsel fort und verbrachten ihre Zeit miteinander, sooft es ihr voller Arbeitsplan zuließ. Es gab immer viel Wichtiges zu schreiben oder zu besprechen. Am 2. Januar 1910 schrieb Freud Jung, er mutmaße, der Grund des Bedürfnisses des Menschen nach Religion sei *infantile Hilflosigkeit*.[146] Diese aufgeregte Mitteilung ist ein Zeichen von Freuds Vertrauen in Jung. Nur einen Tag zuvor hatte er Ferenczi anvertraut, daß sich gerade um die Jahreswende eine Einsicht bezüglich des letzten Grundes der Religionen eingestellt habe.[147] Jung seinerseits steckte in einer häuslichen Krise, die durch seine, wie er es nannte, »polygamen Komponenten«[148] ausgelöst wurde, und er teilte Freud vertraulich mit, daß er über »das ethische Problem der Sexualfreiheit« nachdenke.[149]

Diese privaten Schwierigkeiten stimmten Freud ein wenig bedenklich; sie drohten Jungs Aufmerksamkeit vom Wichtigsten, der Psychoanalyse, abzulenken. Er bat Jung, Geduld zu haben. »Sie müssen länger durchhalten und die Sache zum Durchbruch führen.«[150] Das war im Januar 1910. Im folgenden Monat berichtete er Ferenczi: »Bei Jung selbst stürmt und tobt es wieder ... erotisch und religiös.« Jungs Briefe, kommentierte er feinfühlig, klangen zögernd und wie von weit her.[151] Nur wenige Wochen später konnte er erfreut feststellen: »Jung ist wieder aus seinen persönlichen Wirrsalen aufgetaucht, und ich habe mich rasch mit ihm versöhnt, weil ich ja nicht böse, sondern nur besorgt war.«[152] Nachdem sein Gleichmut offenbar wiederhergestellt war, ging Jung daran, seine Frau zu analysieren. Freud, dem Jung von diesem groben Verstoß gegen die technischen Regeln berichtete, war in einer entgegenkommenden Stimmung. Er hatte unlängst an Max Grafs Analyse seines eigenen Sohnes, des »kleinen Hans«, teilgenommen und meinte, Jung könne bei seiner Frau Erfolg haben, obwohl er es zweifellos unmöglich finden werde, seine nichtanalytischen Gefühle vollständig zu überwinden.

Wenn Jung empfindlich war, war Freud besänftigend. Als er an die mögliche Anwendung der Psychoanalyse auf die Kulturwissenschaften dachte, ein Interesse, das Jung begeistert mit ihm teilte, äußerte Freud ein Verlangen nach »Mythologen, Sprachforschern und Religionshistorikern«, die bei der Arbeit helfen sollten. »Sonst müssen wir doch alles wieder selbst machen.«[153] Etwas unerklärlich deutete Jung Freuds Phantasie als Kritik: »Damit, habe ich mir gesagt, meinen Sie wohl, daß ich zu *der* Arbeit unfähig sei.«[154] Daran hatte Freud keineswegs gedacht. »Ihre Kränkung«, erwiderte er, »war Musik in meinen Ohren. Ich bin ganz entzückt, daß Sie selbst dies Interesse so ernst nehmen, daß Sie selbst diese Hilfsarmee sein wollen.«[155] Wenn solche Spannungen auftraten, bemühte sich Freud, sie zu beseitigen. »Also sei ruhig, lieber Sohn Alexandros«, schrieb er und malte ihm künftige Triumphe aus. »Ich lasse Dir mehr zu erobern, als ich selbst bewältigen konnte, die ganze Psychiatrie und die Zustimmung der zivilisierten Welt, die mich als Wilden zu betrachten gewohnt ist!«[156]

Während der ganzen Zeit nahm Jung die Stellung des liebenden und nur gelegentlich aufsässigen Lieblingssohnes ein. Anfang 1910, auf dem Weg in die Vereinigten Staaten zu einer profitablen Konsultation, wegen der er möglicherweise zum Nürnberger Kongreß zu spät kam, schickte er Freud einen entschuldigenden jungenhaften Brief: »Nun werden Sie nicht böse über meine Streiche!«[157] Er verkündete nach wie vor das »Gefühl der Unterlegenheit, das mich Ihnen gegenüber häufig befällt«, und seine ungewöhnliche Freude über einen von Freuds lobenden Briefen: »Ich bin halt doch sehr empfänglich für die Anerkennung, die der Vater spendet.«[158] Bisweilen jedoch war Jungs rebellisches Unbewußtes ununterdrückbar. Freud war dabei, an den Studien zu arbeiten, die zu *Totem und Tabu* führen sollten, und da er wußte, daß sich Jung für diese Art von spekulativer Prähistorie interessierte, bat er um einige Vorschläge. Jung nahm diesen »sehr netten Brief« defensiv auf. Er dankte Freud »bestens«, fügte aber rasch hinzu: »Es ist allerdings für mich sehr bedrückend, wenn Sie auch auf dieses Gebiet der Religionspsychologie herauskommen. Sie sind ein gefährlicher Konkurrent, wenn man von Konkurrenz sprechen will.«[159] Offenbar mußte Jung Freud als Konkurrenten sehen, obwohl er – wieder einmal – seinen fehlerhaften Charakter dafür verantwortlich machte. Er war stolz darauf, etwas für die Verbreitung der Psychoanalyse zu tun, eine Arbeit, die (er hoffte, Freud werde ihm zustimmen) viel wichtiger sei als »meine persönlichen Ungeschicklichkeiten und Widerwärtigkeiten«. Und ängstlich fragte er: »Oder mißtrauen Sie mir etwa?« Er versicherte Freud, daß es dafür keinen Grund gäbe. Sicherlich werde Freud nichts dagegen haben, daß er seine eigenen Anschauungen habe. Aber er betonte: »Ich bin noch jederzeit bemüht gewesen, meine Meinungen nach dem Urteil des Besserwissenden zu ändern. Ich wäre nicht auf Ihre Seite getreten, wenn mir die Ketzerei nicht etwas im Blute läge.«[160] Einige Monate nach Freuds endgültigem Bruch mit Adler beteuerte Jung noch einmal nachdrücklich seine Loyalität: »Ich bin nicht gesonnen, Adler im geringsten nachzuahmen.«[161]

So gern er diese symptomatischen Abreden übersehen hätte, Freud fand Jungs Beruhigungen nicht beruhigend. Aber er versuchte auf die zartfühlendste Weise das langsam ausfransende Gewebe ihrer Intimität auszubessern. Er wies Jungs strenge Selbstdiagnose zurück und ersetzte »Ungeschicklichkeiten« und »Widerwärtigkeiten« durch den weit milderen Ausdruck »Launen«. Die einzige Streitfrage zwischen ihnen, sagte er, sei Jungs gelegentliche Vernachlässigung seiner Pflichten als Präsident der Internationalen Psychoanalytischen Vereinigung. Er erinnerte Jung ein wenig sehnsüchtig: »In unser beider Verhältnis zur ΨA liegt die unerschütterliche Basis unserer persönlichen Beziehungen, aber es war doch verlockend, auf dieser Basis etwas Schönes, wenn auch Labileres, von intimer Zusammengehörigkeit aufzubauen, und es soll doch so bleiben?«[162] Es war ein Ruf aus der Tiefe seines Wesens. Gewissenhaft beantwortete er alle Fragen, die Jung aufwarf, und erklärte seine vollkommene Übereinstimmung mit Jungs Bewahrung seiner geistigen Unabhängigkeit. Jung hatte ihm einen langen Absatz aus Nietzsches *Also sprach Zarathustra* zitiert, um seine Bitte um Selbständigkeit zu bekräftigen. »Man vergilt einem Lehrer schlecht, wenn man immer nur der Schüler bleibt«, begann das Zitat. »Und warum wollt ihr nicht an meinem Kranze rupfen?«[163] Freud antwortete ein wenig verwirrt: »Wenn aber ein Dritter diese Stelle lesen könnte, würde er mich fragen, wann ich solche Versuche zur geistigen Unterdrückung unternommen habe, und ich müßte sagen: Ich weiß es nicht.« Wieder einmal versuchte er, Jungs Besorgnisse zu zerstreuen: »Nun seien Sie der Zähigkeit meiner Affektbesetzungen versichert und denken Sie meiner in unverändert freundlicher Weise, auch wenn Sie selten schreiben.«[164]

Freuds Bitte war in den Wind geschrieben. Wenn Jung überhaupt auf sie reagierte, las er sie als einen Verführungsversuch. Im Mai 1912 war er mit Freud in einen Streit über die Bedeutung des Inzest-Tabus verwickelt, hinter dem sich die nie gelöste Frage der Sexualität abzeichnete. Freuds Ton in diesem Briefwechsel war unsicher. Er wehrte sich verzweifelt gegen die Einsicht, daß seine Freundschaft mit Jung zum Untergang verurteilt sei. Aber Jung klang gekränkt wie jemand, der mit einem Freund bereits gebrochen hat und nun seine Gründe sammelt. Es ist kein Zufall, daß der endgültige Bruch mit einem trivialen Ereignis begann.

Im April 1912 unterzog sich Ludwig Binswanger, kurz zuvor zum Leiter des Sanatoriums in Kreuzlingen am Bodensee ernannt, einer Operation wegen eines bösartigen Tumors. Erschrocken über die Aussicht, »einen seiner blühenden Jungen« an den irrationalen Tod zu verlieren, schickte Freud dem Kranken einen angstvollen Brief. Er beschrieb sich als einen »alten Mann, der nicht klagen dürfe, wenn sein Leben in wenigen Jahren abschließt (und auch beschlossen hat, nicht zu klagen)«, und der die Nachricht, daß Binswangers Leben in Gefahr sein könnte, »besonders schmerzlich« finde. Schließlich, sagte Freud, sei Binswanger »einer von denen, die mein eigenes Leben fortsetzen sollten«. Es gab Augenblicke, in denen Freuds geheimer Wunsch nach einer Unsterblichkeit, die ihm seine Kinder oder Anhänger sichern könnten, an die Oberfläche des Bewußtseins stieg. Dieser Wunsch hatte auf subtile Weise seine Beziehungen zu Jung beeinflußt, aber er fand selten einen stärkeren Ausdruck als in dem Augenblick, da er dachte, Binswanger könnte sterben.* Binswanger bat Freud, die Nachricht vertraulich zu behandeln, und Freud stattete dem Patienten, dem es recht gut ging, einen raschen Besuch ab.[165]

Jungs Haus in Küsnacht war nur etwa 60 Kilometer von Kreuzlingen entfernt, aber Freud, dessen Zeit knapp bemessen war, nutzte nicht die Gelegenheit, ihn zu besuchen.[166] Jung war Freuds Zeitmangel gleichgültig; er beschloß, beleidigt zu sein. Er schickte Freud einen vorwurfsvollen Brief und schrieb die »Geste von Kreuzlingen«, wie er sie später nannte, Freuds Mißfallen an seiner unabhängigen Art zu.[167] Freud nahm sich die Mühe, seine Fahrt im Detail zu beschreiben, ohne Binswangers Operation zu er-

* Am Ende lebte Binswanger bis 1966.

wähnen,* und er erinnerte Jung daran, daß tieferreichende Differenzen
noch nie seine Besuche verhindert hätten. »Einige Monate früher hätten Sie
mir wahrscheinlich diese Deutung erspart.« Jungs übermäßige Empfindlichkeit bezüglich der »Geste von Kreuzlingen« stimmte Freud nachdenklich: »Es tut mir also leid, in dieser Ihrer Bemerkung eine Unsicherheit in
Betreff meiner Person zu finden.«[168]

Freuds Unbehagen teilte sich rasch seinen Vertrauten mit. Im Juni war Ernest Jones in Wien. Er sah Ferenczi und ergriff die Gelegenheit, um über die
Drohung weiterer Zwietracht im psychoanalytischen Lager zu sprechen.
Die emotionalen Wunden, die Adlers Ausscheiden bei Freud und seinen
Anhängern hinterlassen hatte, waren noch nicht verheilt, und Schwierigkeiten mit Jung erschienen nun ebenso wahrscheinlich, wie sie katastrophal
sein würden. Da hatte Jones eine jener Ideen, die psychoanalytische Geschichte machten: Nötig sei, dachte er, eine eng verbundene kleine Organisation von Treugesinnten, ein geheimes Komitee, das sich als seine verläßliche Palastwache um Freud scharte. Die Mitglieder des Komitees würden
Neuigkeiten und Gedanken miteinander teilen und unter strengster Geheimhaltung jeden Wunsch diskutieren, »von einer der Grundlehren der
psychoanalytischen Theorie abzugehen, das heißt von den Begriffen der
Verdrängung, des Unbewußten, der infantilen Sexualität usw.«.[169] Ferenczi war von Jones' Vorschlag begeistert, ebenso Rank. Dadurch ermutigt, unterbreitete Jones seinen Plan Freud, der sich gerade in Karlsbad von
der Arbeit des Jahres erholte.
    Freud nahm die Idee bereitwillig auf. »Was mich augenblicklich fesselte,
ist Ihre Idee eines geheimen Rates, der sich aus den besten und zuverlässigsten unserer Männer zusammensetzt, um für die Weiterentwicklung der
ΨA zu sorgen und die Sache gegen Persönlichkeiten und Zwischenfälle zu
verteidigen, wenn ich nicht mehr bin.« Jones' Vorschlag gefiel ihm so gut,
daß er die Vaterschaft für sich selbst beanspruchte: »Sie sagen, es war Ferenczi, der diese Idee aussprach, aber sie könnte meine eigene sein, geformt
in besseren Zeiten, als ich hoffte, Jung werde einen solchen Kreis um sich
versammeln, der sich aus den offiziellen Führern der Ortsgruppen zusam-
mensetzte. Jetzt muß ich leider sagen, daß eine solche Vereinigung unabhängig von Jung und den gewählten Präsidenten zu bilden ist.« Sicherlich
würde ein solches Komitee »mir das Leben und Sterben leichter machen«.
Das erste Erfordernis, dachte Freud, sei, daß »dieses Komitee *streng ge-*

---

* Er verschwieg sie auch anderen. »Über Pfingsten«, schrieb er Abraham, »war ich zwei
Tage in Konstanz als Binswangers Gast« (3. Juni 1912. Karl Abraham papers, LC). *S.a.*
seinen Brief an Ferenczi, in dem er nur berichtete, daß er ein Wochenende bei Binswanger verbracht hatte, ohne den wahren Grund für seine Reise anzugeben (30. Mai 1912.
Freud–Ferenczi Correspondence, Freud Collection, LC).

heim« in seiner Existenz und seinen Handlungen sein müßte. Die Mitglie-
derzahl sollte klein sein: Jones, Ferenczi und Rank, die Begründer, waren
offensichtliche Kandidaten, dazu Abraham. Ebenso auch Sachs, »in den ich
trotz der Kürze unserer Bekanntschaft unbegrenztes Vertrauen habe«.[170]
Er ging auf den Geist des Vorschlags ein und versprach äußerste Diskretion.

Der Plan enthüllt viel über die fortwährende Unsicherheit dieser ersten
Analytiker. Freud meinte, »er läßt sich vielleicht adaptieren, um den Notwendigkeiten der Realität gerecht zu werden«,[171] aber er erkannte offen
»auch ein knabenhaftes, vielleicht romantisches Element in diesem Projekt«.[172] Jones hatte die gleiche phantasievolle Sprache gebraucht: »Die
Idee einer vereinigten kleinen Gruppe mit der Aufgabe wie die Paladine
Karls des Großen das Reich und die Politik ihres Herrn zu hüten, war ein
Produkt meiner eigenen Romantik.«[173] Tatsächlich arbeitete das Komitee
einige Jahre lang zufriedenstellend.

Jung bestand darauf, wegen der »Geste von Kreuzlingen« beleidigt zu sein,
und seine Verstimmung blieb während des Sommers 1912 auf der Tagesordnung. Sein Ärger steigerte Freuds böse Ahnungen. Der Brief, den er von
Jung erhalten hatte, schrieb er an Jones Ende Juli, »kann nur als eine formelle Verleugnung unserer bisher freundlichen Beziehungen ausgelegt werden«. Das tat ihm leid, aber nicht aus persönlichen, sondern aus beruflichen Gründen, und er war »entschlossen, die Dinge laufen zu lassen und
nicht mehr zu versuchen, ihn zu beeinflussen«. Schließlich »ist die ΨA nicht
mehr meine eigene Angelegenheit, sondern sie betrifft ebenso auch Sie und
so viele andere«.[174] Einige Tage darauf schrieb er Abraham reuevoll und
erinnerte sich an dessen altes Mißtrauen gegenüber Jung. »Mich beschäftigen doch Vorgänge in Zürich, in denen sich eine alte Prophezeiung von
Ihnen, die ich gern überhört hätte, bestätigen will.«[175] Die gesamte Korrespondenz dieser Monate zeigt, wie Freud nach Möglichkeiten suchte, die
Zukunft seiner Bewegung, das heißt emotional gesehen, seine eigene, zu
sichern. »Ich werde gewiß nicht zum Bruch beitragen und hoffe, daß die
sachliche Gemeinschaft aufrecht bleiben kann.«[176] Er schickte Ferenczi
Jungs Brief über sein Versäumnis, ihn in Küsnacht zu besuchen, und deutete ihn so, daß in ihm wahrscheinlich Jungs Neurose zum Vorschein
komme. Er gestand traurig das Versagen seiner Bemühungen ein, »Juden
und Gojim im Dienst der ΨA zu verschmelzen«. Unglücklicherweise scheiden sie sich »wie Öl und Wasser«.[177] Die Angelegenheit bereitete ihm offensichtlich Sorgen. Im folgenden Monat schrieb er Rank, er habe gehofft,
»Juden und Antisemiten auf dem Boden der ΨA zu vereinigen«.[178] Dies
blieb Freuds Ziel auch unter widrigen Umständen.

Aber Freud dachte, Ferenczi werde sich darüber freuen, wie gelassen er das alles nahm: »Gemütlich ganz unbeteiligt und intellektuell überlegen.«[179] Tatsächlich war Freud weniger gelassen, als er zeigen mochte, obwohl er noch im September Jones' Prognose akzeptierte, daß »keine große Gefahr einer Trennung zwischen Jung und mir besteht«. Er wollte vernünftig sein: »Wenn Sie und die Züricher eine formelle Versöhnung zustande bringen, würde ich keine Schwierigkeiten machen. Es wäre nur eine Formalität, da ich nicht böse auf ihn bin.« Aber, fügte er hinzu, »meine früheren Gefühle für ihn können nicht wiederhergestellt werden«.[180] Daß er sich in den Ferien in seinem geliebten Rom befand, machte ihn vielleicht zuversichtlicher, als er berechtigterweise sein sollte.

Doch Jung gab Freud immer weniger Grund für die geringste Spur von Optimismus. Im November, nach seiner Rückkehr von einer Vorlesungsreise in den Vereinigten Staaten, schrieb er Freud und hätschelte seinen Groll. Als er in Fordham (das Freud »eine kleine und unbekannte, von Jesuiten gehaltene Universität« nannte[181]) und anderswo sprach, hatte Jung den größten Teil des psychoanalytischen Gepäcks über Bord geworfen – die infantile Sexualität, die sexuelle Ätiologie der Neurosen, den Ödipuskomplex –, und er hatte die Libido offen neu definiert. In seinem Bericht an Freud bemerkte er munter, daß seine Fassung der Psychoanalyse viele Menschen hätte gewinnen können, die bisher von »dem Problem des Sexualismus der Neurose« abgeschreckt worden seien. Aber, fuhr er fort, er habe das Recht, die Wahrheit zu sagen, wie er sie sähe. Er bestand noch einmal darauf, daß Freuds »Kreuzlinger Geste« eine bleibende Wunde hinterlassen habe, hoffte aber dennoch, daß die freundlichen Beziehungen zu Freud fortdauern würden. Schließlich, bemerkte er, in diesem Augenblick angestrengt um Freundlichkeit bemüht, verdanke er Freud sehr viel. Aber was er von Freud wünschte, war nicht Ressentiment, sondern objektive Beurteilung. »Es handelt sich bei mir nicht um Launen, sondern um das Durchsetzen dessen, was ich für wahr halte.«[182]

Jungs Brief war ein trotziges Manifest, eine Unabhängigkeitserklärung, die an Grobheit grenzte. Aber er erinnerte Freud auch daran, daß Zürich nicht die einzige Quelle unangenehmer Neuigkeiten war. »Wie ich vernehme«, schrieb er, »sind Schwierigkeiten mit Stekel ausgebrochen.« Er fügte in seinem streitsüchtigen Ton hinzu, daß Stekel aus dem *Zentralblatt* hinausfliegen solle. Er »hat schon genug Unheil angerichtet mit seinem indezenten Bekennerfanatismus, um nicht zu sagen Exhibitionismus«.[183] Freud stimmte Jung zu, möglicherweise zum letztenmal. Während des ganzen Jahres 1912 hatte Stekel an den Sitzungen der Wiener Psychoanalytischen Vereinigung teilgenommen. In den ersten Monaten des Jahres hatte er sich lebhaft an einer Reihe von Diskussionen über die Masturbation beteiligt, und im Oktober war er wieder als Redakteur des *Zentralblattes* bestätigt worden.[184] Aber dann zerstritt er sich mit Tausk, und mit dieser Episode, der letzten in einer ganzen Reihe von Provokationen, riß Freud die Geduld. In seiner Autobiographie drückte sich Stekel ziemlich vage und ohne sich zu beklagen über seinen Bruch mit Freud aus. Vielleicht, vermutete er, habe Jung gegen ihn gearbeitet. Sicherlich hatte Freud den aggressiven Tausk vorgezogen, den Stekel als Feind betrachtete.[185] Das letzte Imbroglio wurde durch Stekels redaktionelle Leitung des *Zentralblattes* ausgelöst. Zuerst war er, wie Freud dankbar anerkannte, im Gegensatz zu Adler ein »ausgezeichneter« Redakteur gewesen.[186] Aber bald behandelte er die Zeitschrift als sein privates Reservat, und er versuchte zu verhindern, daß Tausks Besprechungen darin erschienen. Freud fand, daß er eine solche Willkür »nicht erlauben konnte«, und im November 1912 schließlich teilte er Abraham mit, daß Stekel »seine eigenen Wege geht«.[187] Er war sehr erleichtert: »Ich bin so froh darüber. Sie können nicht wissen, was ich unter der Aufgabe ihn gegen die ganze Welt zu verteidigen gelitten habe. Er ist ein unerträglicher Mensch.«[188] Freuds zunehmende Überzeugung, daß Stekel ein »verzweifelt schamloser« Lügner sei, machte den Bruch irreparabel. Stekel, schrieb Freud an Jones, habe in Zürich erzählt, man habe den Versuch unternommen, »seine geistige Freiheit zu ersticken«, doch Stekel habe seine Streitigkeiten mit Tausk ebensowenig erwähnt wie seinen Anspruch, daß das *Zentralblatt* »sein Eigentum« gewesen sei.[189] Für Freud mit seinen ausgeprägten moralischen Prinzipien machte eine solche Verlogenheit alle weiteren kollegialen Beziehungen unmöglich. Stekel, fand er, war zu einem Prediger »im Sold des Adlerismus«[190] degeneriert.

Aber die Stekel-Affäre konnte Freud nicht lange von der Herausforderung ablenken, die Jungs neuer Ton an ihn stellte. Jung war für Freud mehrere Jahre lang ein »Lieber Freund« gewesen, aber nach seinem Brief von Mitte November zog Freud die Konsequenzen. »Lieber Herr Doktor«, so begann seine Antwort, »Ich begrüße Sie zu Ihrer Heimkehr aus Amerika nicht mehr so zärtlich wie zuletzt in Nürnberg – das haben Sie mir erfolgreich abgewöhnt –, aber doch mit genug Teilnahme, Interesse und Befriedigung über Ihren persönlichen Erfolg.« Er frage sich jedoch, ob dieser Erfolg nicht auf Kosten der Gefährdung der weitreichenden Einsichten der Psychoanalyse erkauft worden sei. Während er auf den Fortbestand ihrer guten persönlichen Beziehungen hoffte, gestattete sich Freud nun, in seinen Briefen einen Ton der Irritation anzuschlagen: »Ihr Beharren auf der ›Geste von Kreuzlingen‹ ist mir zwar ebenso unverständlich als kränkend, aber es gibt Dinge, die sich schriftlich nicht erledigen lassen.«[191] Freud wollte immer noch mit Jung sprechen, während seine Anhänger bereit waren, ihn auszuschalten. Am 11. November, dem Tag, an dem Jung Freud noch einmal an die »Kreuzlinger Geste« erinnert hatte, schrieb Eitingon Freud aus Berlin, die

Psychoanalyse sei nun alt und reif genug, um sich von solchen Prozessen der Zersetzung und Ausscheidung gut zu erholen.[192]

Ende November nutzten die beiden Protagonisten die Gelegenheit einer kleinen psychoanalytischen Konferenz in München, um sich zu einem langen privaten Gespräch über die Binswanger-Episode zusammenzusetzen. Das Gespräch führte zu einer Entschuldigung Jungs und zu einer Annäherung. »Ergebnis, die persönlichen wie die intellektuellen Bande halten auf Jahre hinaus fest«, berichtete Freud Ferenczi. »Keine Rede von Trennung, Abfall.« Diese optimistische Einschätzung war ein beinahe verzweifeltes Stück Selbsttäuschung und konnte den Realitäten nicht standhalten. Freud begann, argwöhnisch zu werden, und sosehr er es auch wünschte, er konnte dieser friedlichen Lösung nicht ganz trauen. Jung, schrieb er Ferenczi, erinnerte ihn an einen Betrunkenen, der unablässig schreit: »Glaubt aber ja nicht, daß ich besoffen bin!«[193]

Die Zusammenkunft in München wurde durch einen von Freuds Ohnmachtsanfällen beeinträchtigt – dem zweiten in Jungs Gegenwart. Wie drei Jahre zuvor in Bremen ereignete er sich am Ende eines Mittagessens; wie zuvor hatte es eine lebhafte Diskussion zwischen Freud und Jung gegeben, und Freud hatte wiederum eine Äußerung Jungs als Enthüllung eines gegen ihn gerichteten Todeswunsches ausgelegt. In der Diskussion hatte Freud Jung und Riklin vorgeworfen, psychoanalytische Artikel in Schweizer Zeitschriften zu veröffentlichen, ohne seinen Namen zu erwähnen. Jung verteidigte diese Praxis. Freuds Name, sagte er, sei schließlich bekannt genug. Aber Freud beharrte auf seinem Standpunkt. »Ich erinnere mich, daß ich dachte, er nehme die Sache ziemlich persönlich«, schrieb Jones, der mit anwesend war. »Plötzlich stürzte er zu unserem Schrecken ohnmächtig zu Boden. Der kräftige Jung trug ihn schnell zu einer Couch in der Halle, wo er bald wieder zu sich kam.«[194] Der Vorfall hatte alle möglichen verborgenen Bedeutungen für Freud, die er in Briefen an seine Vertrauten analysierte. Was für physische Ursachen auch im Hintergrund lauerten – Ermüdung, Kopfschmerzen –, Freud zweifelte nicht daran, daß die Hauptursache seiner Ohnmacht ein psychologischer Konflikt war. Auf irgendeine obskure Weise habe Fließ, wie bereits zuvor, etwas mit diesem Anfall zu tun. Freud versuchte immer noch, seine emotionale Rechnung mit seinem früheren Freund zu begleichen. Jung seinerseits, was immer er aus diesem erschreckenden Augenblick machte, drückte rasch seine offensichtliche Erleichterung über seine Versöhnung mit Freud brieflich aus. Er war reuevoll besorgt und wieder einmal der liebende Sohn. »Bitte, verzeihen Sie meine Irrtümer, die ich nicht entschuldigen oder beschönigen will«, schrieb er Freud am 26. November.[195]

Es war eine trügerische Genesung. Jung legte es weiter darauf an, beleidigt zu sein, und las Komplimente als Beleidigungen. In seinem Brief vom

29. November an Jung diagnostizierte Freud seine Ohnmacht als Migräne, »nicht ohne psychische Ausfüllung«, kurz, »ein Stückchen Neurose«. Und in demselben Brief lobte er Jung dafür, »daß Sie das Rätsel aller Mystik gelöst haben«.[196] Aber das faßte Jung, der die Beteuerungen in seinem vorausgegangenen Brief vergessen zu haben schien, als Angriff auf. Wieder einmal schätzte Freud seine Arbeit nicht hoch genug ein. Er griff Freuds Eingeständnis auf, daß er ein noch nicht analysiertes Stück Neurose in sich berge. Dieses »Stück«, erklärte er mit seiner »helvetischen Klotzhaftigkeit«, hielt Freud davon ab, seine, Jungs, Arbeit voll zu würdigen. Nachdem er jahrelang den Ausdruck »Vaterkomplex« verwendet und in seinem eigenen Verhalten auffällige Beweise zur Unterstützung der Theorie geliefert hatte, wies Jung die Formulierung nun als Wiener Schimpfwort zurück. Er stellte schmerzlich fest, daß Psychoanalytiker nur allzusehr dazu neigten, ihren Beruf für die Zwecke der Verunglimpfung auszubeuten.[197]

Freud brachte noch einen letzten Rest von Nachsicht auf. Er nahm Jung seinen »neuen Stil« nicht übel, gab zu, daß es betrüblich sei, die Mißbräuche der Psychoanalyse mitanzusehen, und schlug »ein Hausmittelchen« vor: »daß sich jeder von uns mit der eigenen Neurose eifriger beschäftige als mit der des Nächsten«.[198] In seiner Antwort dämpfte Jung seinen Ton »vorderhand« und teilte Freud mit, daß er eine vernichtende Besprechung eines neuen Buches von Adler vorbereite.[199] Freud billigte das, erinnerte aber Jung an das, was sie entzweite: Jungs »Neuerung« bezüglich der Libidotheorie.[200] Das war zuviel für Jungs Unbewußtes. Mitte Dezember unterlief ihm in einem kurzen Brief eine der Fehlleistungen, von denen die Psychoanalytiker leben. »Selbst Adlers Spießgesellen«, schrieb er, »wollen mich nicht als einen der Ihrigen erkennen.«[201] Damit hatte er unbewußt Freud verleugnet, denn statt »einen der Ihrigen« mußte es natürlich »einen der ihrigen« heißen. Freud hatte einige Jahre zuvor eine ähnliche Fehlleistung begangen, die auf seine unbewußte Feindseligkeit gegenüber Jung hinwies. Nun nahm er den Fehler, der keiner war, als Hinweis auf Jungs wahre Gefühle und widerstand, aufs äußerste gereizt, nicht der Versuchung, ihn zu kommentieren. Ein wenig boshaft fragte er Jung, ob er »objektiv« – ein aggressiver Lieblingsausdruck Jungs – genug sei, das Verschreiben ohne Ärger zu würdigen.[202]

Jung war es nicht. In seinem hochmütigsten Ton ließ er seiner »gesunden Grobheit«, wie es Freud einmal genannt hatte,[203] die Zügel schießen: »Darf ich Ihnen einige ernsthafte Worte sagen? Ich anerkenne meine Unsicherheit Ihnen gegenüber, habe aber die Tendenz, die Situation in ehrlicher und absolut anständiger Weise zu halten. Wenn Sie daran zweifeln, so fällt das Ihnen zur Last. Ich möchte Sie aber darauf aufmerksam machen, daß Ihre Technik, Ihre Schüler wie Ihre Patienten zu behandeln, ein *Mißgriff* ist. Damit erzeugen Sie sklavische Söhne oder freche Schlingel (Adler-Stekel

und die ganze freche Bande, die sich in Wien breitmacht). Ich bin objektiv
genug, um Ihren Truc zu durchschauen.«[204] Nachdem er den Vaterkomplex bestritten hatte, kehrte er ihn wieder voll heraus: Freuds Art, »um sich
herum allen Symptomhandlungen nachzuweisen«, fuhr er fort, war eine
Methode, jeden auf das Niveau des Sohnes und der Tochter herunterzuset-
zen, die mit Erröten ihre Fehler eingestehen. »Unterdessen bleiben Sie immer schön oben als Vater.« Er habe für eine solche Untertänigkeit nichts
übrig, erklärte Jung.[205] Einen Augenblick schien es so, als wäre Freud noch
immer gewillt, mit Jung verständig zu reden, obwohl er doch sah, wie seine
geliebten Pläne für die Zukunft der Psychoanalyse vor seinen Augen in
Stücke gingen. Er entwarf eine Antwort, bemerkte, daß Jungs Reaktion auf
den Hinweis, daß er sich verschrieben habe, übertrieben war, und verteidigte sich gegen den Vorwurf, er halte seine Schüler in infantiler Abhängigkeit. Im Gegenteil, so Freud, er werde in Wien kritisiert, weil er sich mit der
Analyse der Schüler nicht genug befasse.[206]

Freuds Kommentar zu Jungs Überreaktion verlangt einen gesonderten
Kommentar. In ihrer Korrespondenz und in ihren Gesprächen bedienten
sich die Psychoanalytiker der ersten Generation eines zudringlichen Stils,
der im Gespräch anderer Sterblicher gänzlich unangebracht gewesen wäre.
Sie deuteten gegenseitig offen ihre Träume, fielen über das Versprechen
oder Verschreiben der anderen her, verwendeten frei, ja viel zu frei diagnostische Begriffe wie »paranoid« und »homosexuell«, um ihre Mitarbeiter
und sogar sich selbst zu charakterisieren. Sie alle praktizierten in ihrem
Kreis die Art wilder Analyse, die sie bei Außenseitern als taktlos, unwissenschaftlich und kontraproduktiv verurteilten. Diese unverantwortliche Rhetorik diente wahrscheinlich als Erleichterung nach ihrer nüchternen Arbeit
in den Analysestunden und war eine Art von lärmender Belohnung dafür,
daß sie die meiste Zeit diskret und verschwiegen sein mußten. Freud spielte
das Spiel wie alle anderen, wenn er seine Kollegen auch nüchtern davor
warnte, die Psychoanalyse als Waffe zu mißbrauchen. Da also diese Art,
scharf miteinander ins Zeug zu gehen, allgemein üblich war, hatte Freud
recht, wenn er fand, daß Jungs Reaktion auf seine Deutung des Verschrei-
bens über alles Maß hinausging und daher im höchsten Grade symptomatisch war.

Ende Dezember erkannte Freud schließlich, daß die Zeit, auf solche
Feinheiten hinzuweisen, vorüber war. Er konnte nicht mehr nach überlege-
ner Staatskunst streben. »Was Jung betrifft«, schrieb er Jones in einem
aufschlußreichen Brief, »so scheint er völlig den Verstand verloren zu haben, er benimmt sich ganz verrückt. Nach einigen zärtlichen Briefen schrieb
er mir einen von äußerster Frechheit, der zeigt, daß sein Erlebnis in München« – die »Versöhnung« vom November – »keine Spur bei ihm hinterlassen hat.« Seine Reaktion auf Jungs verräterisches Verschreiben war »eine

sehr leichte Provokation« gewesen, nach der er »wütend losbrach und erklärte, er sei überhaupt nicht neurotisch«. Trotzdem wollte Freud keine
»offizielle Trennung«; das war »in unserem gemeinsamen Interesse« nicht
wünschenswert. Aber er riet Jones, »keine Schritte zur Versöhnung zu unternehmen, das hat keinen Zweck«. Freud war sicher, daß Jones sich vorstellen konnte, was ihm Jung vorgeworfen hatte: »Ich war der Neurotiker,
ich hatte Adler und Stekel verdorben etc. Es ist derselbe Mechanismus und
dieselbe Reaktion wie im Falle Adlers.« Es war dieselbe und doch nicht
dieselbe. Als er diese letzte und folgenschwere Enttäuschung betrachtete,
konnte Freud seine Bestürzung nicht unterdrücken, und er zog eine etwas
pathetische Unterscheidung mit einem komplizierten Wortspiel: »Gewiß,
Jung ist wenigstens ein ›Aiglon‹.«[207] Wir können dieses Epithet auf widersprüchliche Arten lesen, die Freuds eigene widerstreitende Gefühle widerspiegeln. »Aiglon«, das französische Wort für »kleiner Adler«, war eine
Anspielung auf Alfred Adler. Es erinnerte aber auch an Napoleons Sohn,
Napoleon II., der *l'Aiglon* genannt wurde und die Mission, für die ihn sein
Vater ausersehen hatte, nicht erfüllen konnte. Genauso war Jung, Freuds
erwählter Nachfolger, Gegenstand von Erwartungen gewesen, die nie
Wirklichkeit werden sollten. Jungs Ambitionen, die Freud »in meine Dienste gezwungen zu haben« hoffte[208], hatten sich als unlenkbar erwiesen. Er
schrieb Ernest Jones, daß Jungs Brief ein Gefühl der Scham in ihm ausgelöst
habe.[209]

Freud teilte Jones auch mit, daß er eine »sehr milde Antwort« verfaßt,
aber nicht abgeschickt habe, da Jung »eine so schwache Reaktion als Zeichen von Feigheit auffassen und sich noch wichtiger vorkommen
würde«.[210] Er hoffte immer noch, wo nichts mehr zu hoffen war. Jungs
»Freundschaft ist die Tinte nicht wert«, schrieb er Jones am 1. Januar 1913.
Aber während er selbst »seine Gesellschaft nicht benötigte«, mußten »die
gemeinsamen Interessen« der Vereinigung und der psychoanalytischen
Presse »solange es sich als möglich erweist« im Auge behalten werden.[211]
Zwei Tage später zog er in einem Brief an Jung, den er auch tatsächlich
abschickte, einen dicken Schlußstrich unter die Freundschaft, die so vielversprechend gewesen war. Es sei ihm nicht möglich, schrieb er, Jungs Be-
schuldigungen zu beantworten. »Es ist unter uns Analytikern ausgemacht,
daß keiner sich seines Stückes Neurose zu schämen braucht. Wer aber bei
abnormem Benehmen unaufhörlich schreit, er sei normal, erweckt den Verdacht, daß ihm die Krankheitseinsicht fehlt. Ich schlage Ihnen also vor, daß
wir unsere privaten Beziehungen überhaupt aufgeben.« Er fügte hinzu und
ließ sich seinen Schmerz anmerken: »Ich verliere nichts dabei, denn ich bin
gemütlich längst nur durch den dünnen Faden früher erlebter Enttäuschungen an Sie geknüpft.«[212] Fließ ging Freud noch nicht aus dem Sinn. Gewiß
war nun der Faden endgültig zerrissen; Jung war in der Privatsphäre der

intimen Briefe Freuds nichts anderes mehr als »unerhört frech«, er benahm sich »wie ein florider Narr und brutaler Kerl, der er ja ist«.²¹³ Jung akzeptierte Freuds Entscheidung. »Der Rest ist Schweigen«, schrieb er ein wenig großsprecherisch in seiner Antwort.²¹⁴

Doch es war noch einiges zu sagen. Sosehr auch seine Anschauungen, die sich in letzter Zeit herauskristallisiert hatten, von denen Freuds abwichen, Jung war der Welt noch immer als der prominenteste Sprecher für die Freudsche Psychoanalyse nach Freud selbst bekannt. Zudem war er als Präsident der Internationalen Psychoanalytischen Vereinigung die führende offizielle Persönlichkeit in der internationalen Bewegung. Nicht zu unrecht betrachtete Freud seine eigene Situation als extrem prekär. Es bestand die reale Gefahr, daß Jung und seine Anhänger, die den organisatorischen und journalistischen Apparat der Psychoanalyse in der Hand hatten, ihre Macht durchsetzen und den Gründer und seine Anhänger ausschließen würden. Freud war nicht allein mit seiner Sorge. Mitte März 1913 schlug Abraham vor, daß die psychoanalytischen Ortsgruppen in London, Berlin, Wien und Budapest im Mai Jungs Rücktritt verlangen sollten. Kein Wunder, daß er über dieses Memorandum, das nur für wenige bestimmt war, das Wort »Vertraulich!« schrieb.²¹⁵

Freud war auf das Schlimmste vorbereitet. »Nach Nachrichten von Jones«, schrieb er Ferenczi im Mai 1913, »haben wir von Jung Arges zu erwarten. Natürlich«, fügte er bitter hinzu, »hat alles, was von unseren Wahrheiten wegstrebt, den öffentlichen Beifall für sich. Es ist ganz gut möglich, daß man uns diesmal wirklich begräbt, nachdem man uns so oft vergeblich das Grablied gesungen hat. An unserem Schicksal wird es viel ändern, an dem der Wissenschaft nichts. Wir sind im Besitz der Wahrheit, ich bin so sicher wie vor fünfzehn Jahren.«²¹⁶

Er bot sein ganzes spontanes oder kultiviertes Selbstvertrauen auf, während Jung seine Differenzen mit Freud auf seinen Vortragsreisen in Szene setzte. Im Juli 1913 schickte Jones Freud ohne Kommentar eine gedruckte Ankündigung eines »Vortrags von Dr. C. G. Jung aus Zürich unter dem Titel PSYCHOANALYSE«, der vor der Psycho-Medical Society in London gehalten werden sollte. Jones und Freud müssen es für ominös gehalten haben, daß der Vortragende »eine der größten Autoritäten auf dem Gebiet der Psychoanalyse«²¹⁷ genannt wurde, besonders da Jung im folgenden Monat, als er wieder in London sprach, noch einmal offen sein Programm darstellte, das er zehn Monate zuvor in New York vorgeschlagen hatte: die Psychoanalyse von ihrer ausschließlichen Betonung der Sexualität zu befreien. In den Londoner Vorträgen nannte Jung seine revidierten Lehren zum erstenmal nicht mehr Psychoanalyse, sondern »analytische Psychologie«.

Freuds Traumtheorie war ein weiteres Ziel von Jungs Umdenken. Er

nahm einen didaktischen, beinahe väterlichen Ton an, der ihre übliche
Rolle umzukehren schien, als er im Juli 1913 an die Berggasse 19 schrieb,
daß Freud offenbar »unsere Ansichten« mißverstanden habe. Jung sprach
nun im Namen der Züricher Gruppe, so wie Freud lange für die Wiener
gesprochen hatte. Freuds angebliches Mißverständnis betraf den Platz, den
Jung den »Aktualkonflikten« bei der Traumbildung zuwies. »Wir«, belehrte er Freud, »geben die Richtigkeit der [Freudschen] Wunscherfüllungstheorie ohne weiteres zu.« Aber sie, die Zürcher, betrachteten sie als
oberflächlich und waren darüber hinausgegangen.[218]

Freud gönnerhaft zu behandeln, muß für Jung ein köstliches Vergnügen
gewesen sein. Er arbeitere intensiv daran, eine eigene Psychologie zu entwickeln. Die Ideen, die man gewöhnlich mit der Jungschen analytischen
Psychologie verbindet, gehen alle auf diese Jahre zurück: die Archetypen,
das kollektive Unbewußte, die Allgegenwart des Unheimlichen, die Sympathie gegenüber der religiösen Erfahrung, die Faszination von Mythen und
Alchimie. Als praktizierender Psychiater und Kliniker, der behauptete, das
meiste von seinen Patienten gelernt zu haben, entwickelte Jung eine Psychologie, die natürlich ausgeprägte Affinitäten mit der Freudschen Psychoanalyse aufweist. Aber die Unterschiede sind fundamental. So war für Freud
Jungs berühmte Definition der Libido nicht mehr als mangelnder Mut, als
ein feiger Rückzug von unangenehmen Wahrheiten über die Sexualtriebe,
die dem menschlichen Tier innewohnen. Auch Jungs Theorie des Archetyps
hat kein wirkliches Gegenstück in Freuds Anschauungen. Der Archetyp ist
ein fundamentales schöpferisches Prinzip, verankert in rassischen Begabungen, eine menschliche Potentialität, die sich in religiösen Lehren,
Märchen, Mythen, Träumen, Kunstwerken und Werken der Literatur ma-
nifestiert. Sein Äquivalent in der Biologie ist das »pattern of behaviour«
(Verhaltensmuster).[219]

Abgesehen von spezifischen Unvereinbarkeiten, unterschieden sich Jung
und Freud radikal in ihren wesentlichen Einstellungen zur wissenschaftlichen Forschung. Bemerkenswert ist, daß sie sich gegenseitig mit gleicher
Heftigkeit vorwarfen, von der wissenschaftlichen Methode abzuweichen
und einem Mystizismus zu verfallen. »Ich kritisiere an der Freudschen Psychologie«, schrieb Jung, »eine gewisse Enge und Voreingenommenheit und
an den Freudianern einen gewissen unfreien, sektiererischen Geist der Un-
duldsamkeit und des Fanatismus.« Freud, fand Jung, war ein großer Entdecker von Tatsachen über die Psyche gewesen, aber zu sehr geneigt, den
festen Boden der »kritischen Vernunft« und des *common sense* zu verlassen.[220] Freud seinerseits kritisierte Jung als leichtgläubig, was okkulte
Phänomene betraf, und als vernarrt in orientalische Religionen; Jungs Verteidigung der religiösen Empfindungen als integrales Element der geistig-
seelischen Gesundheit betrachtete er mit zynischer und ungemilderter

Skepsis. Für Freud war Religion ein auf die Kultur projiziertes psychologisches Bedürfnis, das Gefühl der Hilflosigkeit des Kindes, das im Erwachsenen überlebt und eher analysiert als bewundert werden muß. Zu einer Zeit, als er noch relativ gute Beziehungen zu ihm unterhielt, hatte er Jung schon vorgeworfen, er mache sich unsichtbar hinter einer »religiös-libidinösen Wolke«.[221] Als Erbe der Aufklärung des 18. Jahrhunderts hatte Freud nichts übrig für Denksysteme, welche die unversöhnlichsten Gegensätze verwischten und den niemals endenden Krieg zwischen Wissenschaft und Religion leugneten.

Die Kluft, die Freud und Jung in der Substanz trennte, wurde durch psychologische Konflikte noch erweitert. Jung, der eine tiefe Befriedigung darin fand, seine originale Psychologie zu entwickeln, versicherte später, er habe seine Trennung von Freud nicht als Exkommunikation oder Exil empfunden. Sie sei eine Befreiung für ihn gewesen. Eine Freudsche Deutung dürfte Jungs theatralischste Gesten in den kurzen Jahren der Intimität mit seinem »Vater« in Wien am besten erläutern: Der ödipale Sohn habe sich freigekämpft und dabei gelitten und Leiden zugefügt. Jung hatte in einem Brief an Freud am Weihnachtstag 1909 alles gesagt: »Es ist ein hartes Los, neben dem Schöpfer arbeiten zu müssen.«[222] Was Jung aus diesen Jahren herausgeholt hatte, war zweifellos mehr als ein privater Streit und eine zerbrochene Freundschaft; er schuf eine psychologische Lehre, die unverkennbar seine eigene war.

Der Briefwechsel zwischen Jung und Freud schrumpfte auf gelegentliche förmliche geschäftliche Mitteilungen zusammen. Unterdessen war Freud bemüht, so viel er konnte aus dem Schiffbruch zu retten. Während er in der Vergangenheit, vor allem durch gelegentliche Bemerkungen gegenüber Abraham, zu einer »rassischen« Deutung seines Konflikts mit Jung aufgefordert hatte, wehrte er sich nun heftig dagegen, den Konflikt als Kampf zwischen Juden und Nichtjuden zu behandeln. Wenn der Schweizer Psychiater Alphonse Maeder, einer der engeren Mitarbeiter Jungs, den Kampf auf diese Weise zu sehen vorziehe, so sei das sein Privileg, schrieb Freud Ferenczi, dem er vertraute. Aber es war ganz entschieden nicht Freuds Ansicht. »Es gebe gewiß große Unterschiede vom arischen Geist« − so umriß Freud das Argument, das Ferenczi in seiner Antwort an Maeder benutzen könne. »Daher werde es sicherlich hier und dort verschiedene Weltanschauungen geben. Besondere arische oder jüdische Wissenschaft dürfe es aber nicht geben. Ihre Resultate müßten identische sein. Nur die Darstellung könnte variieren.« Verschiedene Resultate würden nur beweisen, daß »etwas nicht in Ordnung ist«. Ferenczi könne Maeder versichern, fügte Freud sarkastisch hinzu, »wir begehrten ihre Weltanschauung und Religion nicht zu stören«. Er könne Maeder auch sagen, daß Jung offenbar in

den Vereinigten Staaten erklärt habe, »ΨA sei keine Wissenschaft, sondern
eine Religion«. Wenn dem so wäre, würde das den ganzen Streit erklären.
»Da bedauerte aber der jüdische Geist nicht mittun zu können. Etwas spöttisch könnte nicht schaden.«[223] Mitten in diesen entmutigenden Disputen
fand Freud die Zeit, seine Treue zu der strengen Disziplin zu erklären, welche die Suche nach wissenschaftlicher Objektivität auferlege. Die Psychoanalyse als Wissenschaft müsse unabhängig von allen sektiererischen
Überlegungen sein, aber auch unabhängig von aller »arischen Gönner-
schaft«.[224]

Trotz seines gequälten Pessimismus versuchte Freud mit Jung weiterzuarbeiten – so kühl ihre Zusammenarbeit auch war. Er hatte wenige Illusionen und nur die bescheidensten Erwartungen, als er Anfang September
1913 am Internationalen Psychoanalytischen Kongreß in München teilnahm, der mit siebenundachtzig Mitgliedern und Gästen stärker besucht
war als die vorausgegangenen.[225] Aber die Atmosphäre knisterte vor Parteinahme, obwohl viele der Teilnehmer kaum ahnten, daß die Führung un-
widerruflich zerstritten war.[226] Die Verhandlungen seien »ermüdend und
unerquicklich«, beklagte sich Freud. Jung leitete den Kongreß in »unlie-
benswürdiger und inkorrekter Weise«. Bei der Wiederwahl Jungs zeigte
sich eine weitverbreitete Unzufriedenheit: Zweiundzwanzig Teilnehmer
enthielten sich aus Protest der Stimme, zweiundfünfzig stimmten für Jung.
Freud faßte das Ergebnis des Kongresses mit den Worten zusammen: »Man
schied voneinander ohne das Bedürfnis, sich wiederzusehen.«[227] Lou Andreas-Salomé war anwesend. Sie verglich Freud mit Jung und fällte ein hartes Urteil über letzteren: »Wer der Dogmatischere, Machtliebendere ist«,
schrieb sie in ihr Tagebuch, »lehrt ein einziger Blick auf die beiden. Wo bei
Jung vor zwei Jahren eine Art robuster Lustigkeit, strotzender Vitalität aus
seinem dröhnenden Lachen redete, da ist jetzt in seinem Ernst reine Aggressivität, Ehrgeiz, geistige Brutalität. Mir war Freud noch nie so nahe wie
hierbei: nicht nur wegen dieses Bruches mit dem ›Sohn‹ Jung, den er liebte,
für den er seine Sache gleichsam nach Zürich übertragen hatte, sondern
grade wegen der Art des Bruches – als begehe *Freud* ihn in engherziger
Starrheit.« Ein Anschein, den Jung der Wirklichkeit zum Trotz geschaffen
hatte.[228]

Jung räumte das Feld nicht rasch oder still. Im Oktober legte er – »die
gekränkte Unschuld markierend«, wie Freud formulierte[229] – die Redaktion des *Jahrbuches* nieder und gab dafür schroff Gründe »persönlicher
Natur« an, »weshalb ich eine öffentliche Diskussion verschmähe«.[230]
Freud erklärte er nicht weniger schroff, er handle so, weil er von Maeder
erfahren habe, daß Freud seine »bona fides« bezweifle[231], was immer
das heißen mochte. Dies, sagte er, mache das weitere Zusammenarbeiten
unmöglich. Freud, der nun vollends mißtrauisch geworden war, hielt

Jungs Rücktritt mit seinem obskuren Alibi für eine bloße List. »Es ist vollkommen klar, warum er zurückgetreten ist«, schrieb er Jones. »Er wollte, daß Bleuler und ich aufgeben und er es ganz für sich hat.«[232] Da er spürte, daß rasch gehandelt werden mußte, ließ er Ferenczi »dringend« nach Wien kommen.[233] Jung, den er nun für »brutal, unaufrichtig und manchmal unehrlich« hielt,[234] könnte mit dem Verleger verhandeln und sich die Kontrolle über das *Jahrbuch* sichern. Was noch schlimmer war, Jung war noch Präsident der Organisation, in die Freud so viel investiert hatte.

Freud agitierte kräftig, um seine Zeitschrift und seine Organisation wieder in die Hand zu bekommen. Es war eine widerwärtige Arbeit, aber Freud versicherte, er habe sein Vertrauen, daß er und seine Anhänger »selbstverständlich ... die Brutalität Jungs nie nachahmen« würden.[235] Diese Verzichtserklärung wäre eindrucksvoller gewesen, wenn Freud in seiner eigenen Korrespondenz weniger heftig gewesen wäre. Und seine Verbündeten in Berlin und London äußerten sich ebenso vernichtend über die Opposition. Ernest Jones, auf der Suche nach einer siegreichen Strategie, verschickte dringende und empörte Briefe. »Man ist wütend auf Jung«, schrieb er Abraham Ende 1913, »bis man entdeckt, daß er einfach auf krasse Weise dumm ist, ›emotionale Dummheit‹, wie es die Psychiater nennen.«[236] Freuds polemischer Stil war offenbar ansteckend. Eine Zeitlang riet Jones zur Auflösung der Internationalen Psychoanalytischen Vereinigung: »Mein Hauptgrund dafür, daß ich es für wünschenswert halte, sie jetzt aufzulösen, ist die Lächerlichkeit der Lage. Ich würde vor Scham vor unseren früheren Mitarbeitern erröten, wenn ich noch einmal einen Kongreß wie den letzten« – im vorausgegangenen September in München – »besuchte. Je länger auch sich die Züricher Schule mit der Ps-A identifizieren darf, desto schwieriger wird es, sie zu verleugnen. Wir müssen eine Trennung haben.«[237] Sein Freund Abraham dachte ebenso entschieden. Für ihn war die Verbindung zwischen Freudianern und Jungianern schon immer eine »unnatürliche Ehe« gewesen.[238]

Freud war erfreut, wenn auch kaum überrascht, so energische Helfer auf seiner Seite zu haben. Aber seine hauptsächliche Zuflucht in diesen Tagen war die Arbeit an seiner »Geschichte der psychoanalytischen Bewegung«, einem nützlichen Gefäß für seinen Zorn. Er plante sie als Streitschrift, die seine Fassung der Zwistigkeiten darstellte, welche die Bewegung in den letzten Jahren heimgesucht hatten. Er deutete seine Absichten zum erstenmal Anfang 1913 in einem Brief an Ferenczi an: Er denke an »eine Geschichte der ΨA mit freimütiger Kritik von Adler und Jung«.[239] Zwei Monate später konnte er berichten: »Ich schreibe wütend an der ›Geschichte‹.«[240] Das Adverb »wütend« paßte als Hinweis auf seine Schnelligkeit und seine Stimmung. Die »Geschichte« war Freuds Kriegserklärung.

Während er sie – wütend – schrieb, schickte er Entwürfe an seine Vertrauten, und er nannte sie zärtlich die »Bombe«.

Noch bevor die »Bombe« offiziell gezündet wurde, sah Freud mit Befriedigung, wie seine Gegner in Zürich taktische Fehler begingen. Sie arbeiteten für ihn, schloß er grimmig. Im Frühjahr 1914 erhielt Freud von Jung, was er wollte: Am 20. April trat er als Präsident der Internationalen Psychoanalytischen Vereinigung zurück. Zwei Tage später schickten die Berliner erfreut ein Telegramm in die Berggasse 19: »Zur Züricher Botschaft gratulieren herzlich Abraham Eitingon.«[241] Jungs Entscheidung, schrieb Freud aufatmend an Ferenczi, »hat die Aufgabe sehr erleichtert«.[242]

Die »Bombe«, die Mitte Juli platzte, besorgte den Rest. Sie trennte über jeden Zweifel hinaus Freud und seine Anhänger von denen, die sie, wie Jung, nicht mehr als Psychoanalytiker akzeptierten. »Ich kann ein Hurrah nicht unterdrücken«, schrieb Freud triumphierend an Abraham.[243] Seine freudige Stimmung löste sich nicht so rasch wieder auf. »So sind wir sie denn endlich los«, bemerkte er eine Woche später, »den brutalen heiligen Jung und seine Nachbeter!«[244] Eitingon fühlte sich, als er die »Geschichte« kurz vor der Veröffentlichung las, zu ungewohnter Beredsamkeit und einem Salat gemischter Metaphern angeregt: Er hatte, schrieb er Freud, die »Geschichte« mit »Erschütterung und Bewunderung« durchgelesen. Freuds Feder, die in der Vergangenheit »als Pflug unser dunkelstes und fruchtbarstes Erdreich aufgerissen« habe, sei zur »scharfen Klinge« geworden, die er höchst geschickt geschwungen habe. »Gut sitzen die Hiebe und diese Narben werden den Getroffenen nicht schwinden«, den »Nichtmehrunseren«.[245] Die Übertreibung war nicht fehl am Platze. So wie das Ausscheiden Adlers die Wiener Psychoanalytische Vereinigung den Händen Freuds und der Freudianer überlassen hatte, blieb nach dem Ausscheiden Jungs, das viel bedeutsamer war, die Internationale Psychoanalytische Vereinigung als solide Körperschaft zur Diskussion und Verbreitung der Ideen Freuds zurück. Was immer die Affäre Jung sonst noch mit sich brachte, sie half, öffentlich zu definieren, was die Psychoanalyse nach Freuds Meinung wirklich bedeutete.

Im Rückblick erscheint Freuds Verbindung mit Jung wie eine Neuauflage früherer schicksalhafter Freundschaften. Freud selbst lieferte genug Munition für eine solche Deutung: Die Namen von Fließ und anderen aufgegebenen Verbündeten geisterten durch seine Korrespondenz dieser Jahre. Und Jung, wie angesteckt von Freuds gequälten Anspielungen, reagierte auf sie bedeutungsvoll. Wie bei früheren Freundschaften investierte Freud rasch, beinahe hastig, seine Zuneigung, ging zu einer beinahe rückhaltlosen Herzlichkeit über und endete in irreparabler, wütender Entfremdung. Im Juli 1915, als alles vorüber war, reihte er Jung verächtlich unter die »heiligen

Bekehrten« ein. Er habe den Mann gemocht, schrieb er, bis Jung von einer »religiös-ethischen ›Crisis‹« heimgesucht worden sei, »mit höherer Sittlichkeit, Wiedergeburt«, ganz zu schweigen von »Lüge, Brutalität und antisemitischer Überhebung gegen mich«.[246] Das einzige Gefühl, das sich Freud in dieser stürmischen Allianz nicht gestattete, war Gleichgültigkeit.

Diese emotionale Flugbahn wirft die Frage auf, ob Freud irgendwie aus seinen Freunden Feinde machen mußte. Zuerst Breuer*, dann Fließ, dann Adler und Stekel, nun Jung, und andere Brüche sollten folgen. Durchaus verständlich könnte man Jung einfach als einen zweiten Fließ sehen. Aber dieser Vergleich verdunkelt tatsächlich mehr, als er erhellt. Freud und Fließ waren praktisch gleichaltrig, aber zwischen Freud und Jung betrug der Altersunterschied beinahe zwanzig Jahre: Als sie 1906 zu korrespondieren begannen, war Freud fünfzig und Jung einunddreißig. Und bei all seiner väterlichen Zuneigung bot Freud Jung nie das *Du* an, dieses höchste Symbol deutscher Vertraulichkeit. Selbst auf dem Gipfel ihrer Intimität, nachdem Freud Jung zum Kronprinzen der psychoanalytischen Bewegung erkoren hatte, bewahrten ihre Briefe ein gewisses Maß von Förmlichkeit: Freud sprach Jung als »Lieber Freund« an, aber Jung kam über das »Lieber Herr Professor« nie hinaus. Der Einsatz in Freuds Freundschaft mit Jung war ebenso hoch wie bei Fließ, aber es war ein anderer Einsatz. Wenn er Fließ als seinen einzigen Gefährten auf einer exzentrischen, waghalsigen Expedition umarmt hatte, so umarmte er Jung als den stämmigen Garanten einer Bewegung, die noch im Belagerungszustand war, aber zunehmend Unterstützung genoß.

Außerdem war Freud nicht das Opfer irgendeines obskuren Wiederholungszwangs. Als er Abraham 1912, mitten im Kampf, schrieb: »Ich lerne täglich etwas mehr Toleranz«,[247] sah er sich zweifellos als versöhnlicher, als er tatsächlich war. Adler 1911 oder Jung 1912 hätte dieses lockere Selbstporträt nicht wiedererkannt. Doch Freud unterhielt nicht nur lebenslange, ungetrübte Freundschaften mit den Männern, die seine Stellung in der psychoanalytischen Bewegung nicht bedrohen konnten, wie der Ophthalmologe Leopold Königstein und der Archäologe Emanuel Löwy. Einige seiner engsten beruflichen Mitarbeiter bekamen, auch wenn sie weit

---

* Die Entfremdung zwischen diesen beiden alten Freunden war vollständig. Am 21. November 1907 schrieb Breuer Auguste Forel, er habe sich persönlich nun ganz von Freud getrennt. Das sei »natürlich« kein ganz schmerzloser Prozeß gewesen, fügte er hinzu. Großmütig wie üblich hielt er Freuds Werk weiterhin für großartig. Es sei auf dem mühevollsten Studium in seiner privaten Praxis aufgebaut und von größter Bedeutung, schrieb er, wenngleich er sich veranlaßt sah hinzuzufügen, daß kein kleiner Teil seiner Struktur zweifellos wieder zerbröckeln werde (Der Brief ist vollständig zitiert in Paul F. Cranefield, »Joseph Breuer's Evaluation of His Contribution to Psycho-Analysis«, in: *Int. J. Psycho-Anal.*, XXXIX 1958, S. 319 f.)

davon entfernt waren, konsequent »orthodox« zu sein, nicht mehr zu spüren als den gelegentlichen, durchaus erträglichen Hieb der offen geäußerten
Mißbilligung Freuds. Paul Federn, Ernest Jones und andere seiner prominentesten Anhänger stimmten mit Freud in wichtigen Fragen der Technik
oder Theorie nicht überein, ohne als Renegaten oder Verräter verbannt zu
werden. Der Schweizer Psychiater Ludwig Binswanger, der sich sein Leben
lang mit der Stellung der Psychoanalyse in seinem psychiatrischen Denken
abplagte und eine höchst individuelle existentialistische Psychologie entwickelte, unterhielt im Laufe der Jahrzehnte die freundschaftlichsten Beziehungen zu Freud; ebenso der protestantische Pastor Oskar Pfister, und dies
trotz Freuds kämpferischer Verachtung der Religion.

Freud reagierte äußerst empfindlich auf den Vorwurf, daß er mit seinen
Freunden habe brechen müssen – so empfindlich, daß er ihn im Druck zu
widerlegen versuchte. In seiner kurzen »Selbstdarstellung« von 1925 stellte
er diejenigen, mit denen er sich entzweit hatte, »Jung, Adler, Stekel und
wenige andere«, einer »großen Anzahl von Personen« gegenüber, die wie
»Abraham, Eitingon, Ferenczi, Rank, Jones, Brill, Sachs, Pfarrer Pfister,
van Emden, Reik u. a.« seit etwa fünfzehn Jahren treu mit ihm zusammengearbeitet hätten, »meist auch in ungetrübter Freundschaft«.[248]* Als Freud
Binswanger sagte: »Ich wandte mich nicht gegen den unabhängigen Zweifel, der mir bei jedem heilig ist«,[249] meinte er es ernst, auch wenn er manchmal dieses humane wissenschaftliche Gebot in der Leidenschaft des Kampfes vergaß.

* J. E. G. van Emden war ein holländischer Psychoanalytiker, dem Freud zum erstenmal
1910 begegnete. Zu Theodor Reik siehe weiter unten, S. 550 ff.

VI

THERAPIE UND TECHNIK

So irritierend die wöchentlichen Versammlungen in seiner Wohnung auch wurden, Freud benutzte sie weiterhin als einen Resonanzboden. Lange bevor er die Krankengeschichten veröffentlichte, die bald berühmt wurden, berichtete er seinen Anhängern von seinen interessantesten Analysanden. Ein denkwürdiger Fall erstreckte sich über zwei Sitzungen. Am 30. Oktober 1907 und eine Woche später, am 6. November, sprach Freud vor der Psychologischen Mittwoch-Gesellschaft über einen Patienten, den er gerade analysierte. »Es handle sich um einen sehr lehrreichen Fall von Zwangsneurose (Zwangsdenken), der einen 29jährigen Mann (Dr. jur.) betreffe«, notierte Rank Freuds Worte lakonisch.[1] Dies war der Keim, aus dem sich die Krankengeschichte des »Rattenmannes« entwickelte.

Im folgenden Jahr, im April 1908, sprach Freud auf dem Internationalen Psychoanalytischen Kongreß in Salzburg über denselben Fall, während der Rattenmann noch bei ihm in Behandlung war. Er riß seine verblüffte Zuhörerschaft mit. Ernest Jones, der Freud gerade erst kennengelernt hatte, vergaß den Vortrag nie. »Ohne Notizen gehalten, begann er um acht Uhr«, schrieb er ein halbes Jahrhundert später, »und um elf schlug Freud vor, ihn zu beenden. Wir waren jedoch alle so gefesselt von seiner faszinierenden Darstellung, daß wir ihn baten weiterzusprechen, was er noch eine Stunde lang tat. Ich hatte noch nie zuvor so sehr vergessen, wie die Zeit verging.«[2]

Jones war sich mit Wittels einig in der Bewunderung für Freuds Vortragsstil, und er war besonders beeindruckt von seinem Plauderton, der »Leichtigkeit des Ausdrucks, seiner meisterhaften Anordnung komplexen Materials, seiner Klarheit und seinem intensiven Ernst«. Diese Krankengeschichte war für Jones wie für die anderen »ein intellektueller und ein künstlerischer Hochgenuß«.[3] Zum Glück nahm die psychoanalytische Politik Freuds Aufmerksamkeit auch in diesen stürmischen Zeiten nicht völlig in Anspruch. Hier erhielt man flüchtige Einblicke – und mehr – in sein Laboratorium.

Freuds Laboratorium war seine Couch. Von den frühen 1890er Jahren an hatten Freuds Patienten ihn vieles von seinem Wissen gelehrt, sie hatten ihn gezwungen, seine Technik zu verfeinern, hatten atemberaubende Ausblicke auf theoretische Ansätze eröffnet, seine Lieblingsmutmaßungen erhärtet oder ihn gezwungen, sie zu revidieren – oder aufzugeben. Das ist einer der Gründe dafür, daß Freud so großen Wert auf seine Krankenge-schichten legte; sie waren Protokolle seiner Schulung. Erfreulicherweise erwiesen sie sich als nicht weniger erzieherisch für andere, als wirksame und elegante Instrumente der Überredung.* Wenn Freud den Fall des Rat-tenmannes als sehr lehrreich beschrieb, so meinte er damit, daß er als päd-agogischer Text für seine Anhänger noch nützlicher sein könnte als für ihn selbst. Er erklärte nie, warum er die Krankengeschichten mancher Patien-ten und nicht die anderer für die Veröffentlichung auswählte. Aber zusam-mengenommen kartographieren diese Geschichten das zerklüftete Terrain der neurotischen Leiden, und sie wagen die phantasievollsten (und gewag-testen) Rekonstruktionen. Freud stellt Hysteriker, Zwangsneurotiker und Paranoiker vor, einen kleinen phobischen Jungen, den er während der Be-handlung einmal sah, und den psychotischen Insassen einer Irrenanstalt, den er überhaupt nie gesehen hatte. Die Gegenstände dieser sorgfältig aus-geführten und intimen Porträts, vor allem der Fall Dora, sind aus ihrem Rahmen getreten, um, wie Figuren in berühmten Romanen, Akteure mit einem Eigenleben zu werden – oder zumindest Zeugen in den endlosen Kontroversen um Freuds moralischen Charakter, seine Kompetenz als Therapeut und seine wesentlichen Anschauungen über das menschliche Tier, über Männer und Frauen gleichermaßen.

Ein problematisches Debut

Die junge Frau, die die Welt heute als Dora kennt, kam zum erstenmal im Sommer 1898, als sie sechzehn war, in Freuds Sprechzimmer und begab sich zwei Jahre später, im Oktober 1900[4], in psychoanalytische Behand-lung. Sie gab die Therapie im Dezember, nach etwa elf Wochen, wieder auf, als der größte Teil der analytischen Arbeit noch zu tun war. Schon Mitte Oktober teilte Freud Fließ mit, er habe »einen neuen und für die vorhan-

---

* Ernest Jones wurde, wie wir gesehen haben, in das psychoanalytische Lager gezogen, nachdem er Freuds Krankengeschichte der Dora gelesen hatte. Er war nur der bemer-kenswerteste von Freuds Anhängern, die durch eine dieser Krankengeschichten über-zeugt wurden. Im Rückblick mögen diese klassischen klinischen Berichte eindrucksvoll erscheinen, eher als didaktische denn als klinische Leistungen. In den letzten Jahrzehn-ten haben Psychoanalytiker, die von späterer Einsicht und verfeinerten diagnosti-schen Techniken profitierten, sie sorgfältig durchgearbeitet und sind zu der Überzeu-gung gelangt, daß die Pathologie der bekanntesten Analysanden Freuds gewöhnlich schwerer war, als es Freud andeutete. Aber als Lehrmaterial bleiben sie maßgebliche Vorbilder für ein Zeitalter, das vergessen zu haben scheint, wie man Krankengeschich-ten schreibt.

dene Sammlung von Dietrichen glatt aufgehenden Fall eines 18jährigen Mädchens«[5] – eine erotische Metapher, deren Nebentöne er nicht erkundete.

Im Januar 1901, nach Doras Fortgang, schrieb er ihre Geschichte rasch nieder und notierte ihren Abschluß am 25. Januar. »Es ist immerhin das Subtilste, was ich bis jetzt geschrieben«, meldete er, indem er sich einen Augenblick der Selbstgratulation gestattete. Aber er verdarb sich seine frohe Stimmung gleich wieder mit der Voraussage, daß es auf allgemeine Mißbilligung stoßen werde. »Immerhin«, fügte er mit seiner charakteristischen Mischung von Selbstsicherheit und stoischer Resignation hinzu, »man tut seine Pflicht und schreibt ja nicht für den Tag.«[6] Am Ende veröffentlichte er Doras Geschichte erst 1905. Dieser Aufschub brachte ihm eine kleine Dividende ein: Er konnte den Bericht über einen interessanten Besuch anfügen, den ihm seine frühere Patientin im April 1902 abstattete und der Freuds Versagen elegant abrundete.

Die Gründe für diese lange Schwangerschaft sind nicht ganz durchsichtig. Freud hatte gute Gründe für eine prompte Veröffentlichung der Geschichte Doras. Da er sie als »Bruchstück« eines Falles sah, der sich »um zwei Träume gruppierte«, war sie »eigentlich eine Fortsetzung des Traumbuchs«[7] – *Die Traumdeutung* auf der Couch angewandt. Sie bot auch eine eindrucksvolle Illustration eines unaufgelösten Ödipuskomplexes, der an der Bildung von Doras Charakter und ihren hysterischen Symptomen mitgewirkt hatte. Freud führte mehrere Erklärungen für die Verzögerung an, vor allem ärztliche Diskretion, aber sie klingen ein wenig lahm. Er wurde offenbar durch seinen Freund Oscar Rie, der das Manuskript kritisch aufgenommen hatte, entmutigt, und nicht weniger durch den Zerfall seiner leidenschaftlichsten Freundschaft. »Meine letzte Publikation zog ich vom Druck zurück«, schrieb er Fließ im März 1902, »da ich kurz vorher an Dir meinen letzten Publikum* verloren hatte.«[8] Diese Reaktion erscheint etwas übertrieben: Freud muß gewußt haben, daß der Fall jedem, der an der Psychoanalyse interessiert war, viel zu sagen hatte. Zudem paßte er perfekt in das Muster seiner klinischen Publikationen. Dora war hysterisch, die Art von Neurotikerin, die der Hauptgegenstand der analytischen Aufmerksamkeit seit der Mitte der 1890er Jahre gewesen war – genaugenommen seit Breuers Anna O. beinahe zwei Jahrzehnten zuvor. Zweifellos hatte der Fall eine besondere, vage unheimliche Bedeutung für Freud; wenn er im Rückblick auf ihn zu sprechen kam, verlegte er ihn immer von 1900 zurück in das Jahr 1899, ein Symptom für eine nicht analysierte Präokkupation.[9]

---

* Anmerkung Freuds im Brief an Fließ: »Nestroy soll, als er einmal durchs Guckloch vor einem Benefize schauend nur zwei Personen im Parterre erblickte, ausgerufen haben: Den einen ›Publikum‹ kenn' ich, der hat eine Freikarte. Ob der andere Publikum auch eine Freikarte hat, weiß ich nicht.«

Freuds Zurückhaltung deutet auf intime Gründe hin, warum der Fall ihn beunruhigte und warum er das Manuskript auf seinem Schreibtisch zurückhielt.

Ein auffälliger Beweis dafür, daß sich Freud nicht ganz wohl in seiner Haut fühlte, ist das Vorwort, das er seinem Bericht über Dora vorausschickte: Es ist ungewöhnlich kampflustig sogar für einen Autor, der gegen lebhafte Kontroversen nicht allergisch war. Er biete den Fall dar, schrieb er, um ein zögerndes, verständnisloses Publikum über den Gebrauch der Traumanalyse und ihre Beziehung zum Verständnis der Neurosen zu unterrichten. Der ursprüngliche Titel, »Traum und Hysterie«, faßt treffend zusammen, was Freud sagen wollte. Aber die Aufnahme seiner *Traumdeutung*, schrieb er in einem etwas gekränkten Ton, habe ihm gezeigt, »ein wie unzureichendes Verständnis derzeit noch die Fachgenossen solchen Bemühungen entgegenbringen«.[10] In den späten 1890er Jahren, bemerkte er, sei er kritisiert worden, weil er keine Informationen über seine Patienten preisgegeben habe; nun erwarte er, dafür kritisiert zu werden, daß er zuviel mitteile. Aber der Analytiker, der Krankengeschichten von Hysterischen veröffentliche, müsse auf die Einzelheiten des Sexuallebens der Patienten eingehen. So gerate die Diskretion, oberste Pflicht des Arztes, in Widerstreit mit den Forderungen der Wissenschaft, die von der uneingeschränkten offenen Diskussion lebe. Freud war jedoch sicher, daß seine Leser Dora nicht identifizieren konnten.

Nach all dem war Freud noch immer nicht bereit, sich seinem Thema zuzuwenden. Er warf »vielen Ärzten« in Wien vor, daß sie ein lüsternes Interesse an der Art von Material hätten, das er darzubieten gedenke, und daß sie »eine solche Krankengeschichte nicht als einen Beitrag zur Psychopathologie der Neurose, sondern als einen zu ihrer Belustigung bestimmten Schlüsselroman lesen wollen«.[11] Das war vermutlich wahr, aber Freuds ein wenig unnötige Vehemenz legt die Vermutung nahe, daß ihn der Fall Dora stärker beunruhigte, als er selbst ahnte.

Der weltlichste Leser könnte erstaunt, ja schockiert gewesen sein über die sexuellen Verwicklungen, in denen die junge Dora lebte. Vielleicht nur Arthur Schnitzler, dessen illusionslose Erzählungen und Stücke die komplizierte Choreographie des erotischen Lebens von Wien skizzierten, hätte sich ein solches Szenarium ausdenken können. Zwei Familien führten ein Ballett von versteckter sinnlicher Hemmungslosigkeit unter dem Mantel der strengsten Schicklichkeit auf. Die Protagonisten waren Doras Vater, ein wohlhabender und intelligenter Fabrikant, der an den Nachwirkungen einer Tuberkulose litt und an denen einer syphilitischen Infektion, die er sich vor der Ehe zugezogen hatte; der Freuds Patient war und auch seine Tochter zu ihm brachte; ihre Mutter, nach allen Berichten zu urteilen eine törichte und ungebildete Frau, die fanatisch und zwanghaft ständig damit beschäftigt war, das Haus reinzuhalten; ihr älterer Bruder, zu dem sie gespannte Beziehungen unterhielt und der sich bei häuslichen Streitigkeiten auf die Seite der Mutter schlug, so wie man damit rechnen konnte, daß sie, Dora, zu ihrem Vater hielt.* Der Fall wurde abgerundet durch die Mitglieder der Familie K., der Dora und ihre Familie sehr zugetan waren: Frau K. hatte Doras Vater während einer seiner schweren Krankheiten gepflegt, und Dora hatte sich um die kleinen Kinder der K.'s gekümmert. Trotz der Zwietracht in Doras Haushalt sah das Ganze nach zwei respektablen bürgerlichen Familien aus, die einander freundschaftlich aushalfen.

Sie waren alles andere als das. Als Dora sechzehn war und sich zu einer anziehenden, gut aussehenden jungen Frau entwickelte, erklärte sie plötzlich, daß sie Herrn K., bis dahin ihr zärtlicher älterer Freund, verabscheute. Vier Jahre zuvor hatte sie begonnen, einige Anzeichen von Hysterie zu zeigen, vor allem Migräneanfälle und einen nervösen Husten. Nun verstärkten sich ihre Leiden. Sie war attraktiv und lebhaft gewesen, nun legte sie sich ein Repertoire von unangenehmen Symptomen zu: außer ihrem Husten ein hysterisches Flüstern (Aphonie), Intervalle von Depressionen, eine irrationale Feindseligkeit und sogar Selbstmordgedanken. Sie lieferte eine Erklärung für ihren unglücklichen Zustand: Herr K., den sie lange gemocht und dem sie vertraut hatte, hatte sie auf einem Spaziergang sexuell belästigt; tief gekränkt, hatte sie ihn geohrfeigt. Mit der Anklage konfrontiert, leugnete Herr K. und ging zur Offensive über: Dora denke an nichts anderes als an Sex und errege sich durch schlüpfrige Literatur. Ihr Vater war geneigt, Herrn K. zu glauben, und tat Doras Anschuldigungen als Phantasie ab. Aber Freud fielen, nachdem er mit Doras Analyse begonnen hatte, gewisse Widersprüche in der Geschichte ihres Vaters auf, und er beschloß, sich ein Urteil vorzubehalten. Dies war der verständnisvollste Augenblick in Freuds psychoanalytischer Beziehung zu Dora, die durch gegenseitige Feindseligkeit und einen gewissen Mangel an Feingefühl auf seiten des Analytikers beeinträchtigt wurde. Freud nahm sich vor, auf Doras Enthüllungen zu warten.

Es zeigte sich, daß sie das Warten wert waren. Ihr Vater hatte, wie sich herausstellte, nur bei einem Sachverhalt die Wahrheit gesagt: Seine Frau gewährte ihm keine sexuelle Befriedigung. Aber während er vor Freud seinen schlechten Gesundheitszustand zur Schau trug, hatte er sich in Wirklichkeit für seine häuslichen Frustrationen schadlos gehalten, indem er eine leidenschaftliche Liebesaffäre mit Frau K. unterhielt. Die Liaison blieb

---

* »So«, kommentierte Freud gelassen, »hatte die gewöhnliche sexuelle Attraktion Vater und Tochter einerseits, Mutter und Sohn andererseits einander näher gebracht« (»Bruchstück einer Hysterie-Analyse«, G.W., Bd. 5, S. 179).

Dora nicht verborgen. Scharf beobachtend und argwöhnisch, gelangte sie zu der Überzeugung, daß ihr angebeteter Vater sich aus eigenen, anstößigen Gründen geweigert hatte, ihren angstvollen Anklagen Glauben zu schenken: Indem er sie an Herrn K. verkaufte, konnte er weiter ungestört mit Frau K. schlafen. Aber es gab noch andere erotische Gegenströmungen; als sie zur Wahrheit dieser unerlaubten Affäre vordrang, machte sich Dora halb bewußt zu ihrer Helfershelferin. Bevor sie ihre elfwöchige Analyse bei Freud abbrach, hatte er in ihr leidenschaftliche Gefühle für Herrn K., für ihren Vater und für Frau K. entdeckt, Gefühle, die sie teilweise bestätigte. Jugendliche Schwärmerei, Inzest und lesbische Wünsche stritten in ihrer angstvollen adoleszenten Psyche um den Vorrang. So jedenfalls deutete Freud Doras Leiden.

Herrn K.'s Liebesantrag reichte nach Freuds Urteil keineswegs aus, um Doras auffällige hysterische Symptome zu erklären, die bereits aufgetreten waren, bevor sie ihrem Vater seinen niedrigen Verrat übelgenommen hatte. Freud dachte, daß nicht einmal ein früherer traumatischer Vorfall, den Dora ihm enthüllte, ihre Hysterie verursacht haben konnte; er sah ihre Reaktion vielmehr als Beweis dafür an, daß die Hysterie bereits bestand, als sich der Vorfall ereignete. Als Dora vierzehn war, ganze zwei Jahre, bevor ihr Herr K. den umstrittenen Antrag gemacht hatte, hatte er sie in seinem Büro an sich gepreßt und leidenschaftlich auf die Lippen geküßt. Sie hatte auf diesen Angriff mit Ekel reagiert. Freud deutete diesen Ekel als eine Affektverkehrung und Verschiebung der Empfindung. Er sah in der ganzen Episode eine perfekte hysterische Szene. Herrn K.'s erotische Annäherung, schrieb Freud entschieden, »war wohl die Situation, um bei einem 14jährigen unberührten Mädchen eine deutliche Empfindung sexueller Erregtheit hervorzurufen«,[12] die zum Teil durch das Gefühl des erigierten Gliedes des Mannes gegen ihren Körper ausgelöst worden sei. Aber Dora hatte ihre Empfindung nach oben verschoben, in die Kehle.

Freud war nicht der Meinung, daß Dora mit vierzehn – oder mit sechzehn – Herrn K.'s Zudringlichkeiten hätte nachgeben sollen. Aber er hielt es für offensichtlich, daß eine solche Begegnung ein gewisses Maß von sexueller Erregung hervorrufen mußte und daß Doras Reaktion ein Symptom ihrer Hysterie war. Eine solche Deutung ergibt sich natürlicherweise aus Freuds Einstellung als psychoanalytischer Detektiv und Kritiker der bürgerlichen Moral. Darauf bedacht, unter der höflichen gesellschaftlichen Oberfläche zu graben, und davon überzeugt, daß die moderne Sexualität durch eine beinahe undurchdringliche Mischung von unbewußter Verleugnung und bewußter Verlogenheit, vor allem in den besseren Schichten der Gesellschaft, abgeschirmt war, fühlte sich Freud praktisch verpflichtet, Doras heftige Zurückweisung Herrn K.'s als neurotische Abwehr zu deuten. Er hatte den Mann kennengelernt und als angenehm und gutaussehend

gefunden. Aber Freuds Unfähigkeit, auf die Empfindungen Doras einzugehen, spricht für mangelnde Einfühlung, die seine Behandlung des ganzen
Falles kennzeichnet. Er weigerte sich, ihr Bedürfnis als Heranwachsende
nach einer vertrauenswürdigen Führung in einer grausamen, selbstsüchti-
gen Erwachsenenwelt zu erkennen – ihr Bedürfnis nach einem Menschen,
der ihren Schock über die Verwandlung eines intimen Freundes in einen
glühenden Verehrer, ihre Entrüstung über diese grobe Verletzung ihres
Vertrauens verstand.[13] Diese Weigerung zeugt auch von Freuds allgemeiner Schwierigkeit, sich erotische Begegnungen aus der Sicht der Frau vorzustellen. Dora wünschte sich verzweifelt, daß man ihr glaubte und sie nicht
für eine Lügnerin oder Phantastin hielt, und Freud war gewillt, eher ihre
Geschichte zu akzeptieren als das Leugnen ihres Vaters. Aber nur so weit
war er bereit, ihre Seite des Falles zu sehen.

   Herrn K.'s sexuelle Aggressionen waren nicht die einzigen Szenen in Doras Drama, deren Implikationen Freud nicht mitfühlend zu erforschen vermochte. Beinahe aus Prinzip ungewillt, Doras Zweifel gegenüber seinen
Deutungen zu akzeptieren, war er bereit, ihre Verneinungen als versteckte
Bejahungen zu deuten. In Übereinstimmung mit seiner damaligen Praxis,
die er später erheblich veränderte, bot er unmittelbare, energische Deutungen an. Er bestand darauf, daß sie in ihren Vater verliebt sei, und nahm
ihren »entschiedenen Widerspruch« als Beweis für die Richtigkeit seiner
Vermutung. »Das ›Nein‹, das man vom Patienten hört, nachdem man seiner bewußten Wahrnehmung zuerst den verdrängten Gedanken vorgelegt
hat, konstatiert bloß die Verdrängung und deren Entschiedenheit, mißt
gleichsam die Stärke derselben. Wenn man dieses Nein nicht als den Ausdruck eines unparteiischen Urteils, dessen der Kranke ja nicht fähig ist,
auffaßt, sondern darüber hinweggeht und die Arbeit fortsetzt, so stellen
sich bald die ersten Beweise ein, daß Nein in solchem Falle das gewünschte
Ja bedeutet.«[14] Freud setzte sich so dem Vorwurf der Unempfindlichkeit
und, schlimmer noch, der rein dogmatischen Arroganz aus: Obwohl Zuhörer von Beruf, hörte er jetzt nicht zu, sondern zwängte die Mitteilungen
seiner Analysandin in ein vorgeprägtes Muster. Dieser weitgehend implizierte Anspruch auf praktische Allwissenheit forderte zur Kritik heraus; er
deutete auf Freuds Gewißheit hin, daß alle psychoanalytischen Deutungen
automatisch korrekt seien, ob der Analysand sie akzeptiert oder ablehnt.
»Ja« bedeutet »Ja«, und »Nein« ebenfalls.*

---

* Freud setzte sich mit den Gefahren einer solchen Einstellung damals nicht auseinander; er tat das nachdrücklich erst Jahre später. »Wenn er [der Patient] uns zustimmt«,
schrieb er 1937 in einer seiner letzten Abhandlungen, einen ungenannten Kritiker para-
phrasierend, »dann ist es eben recht; wenn er aber widerspricht, dann ist es nur ein
Zeichen seines Widerstandes, gibt uns also auch recht. Auf diese Weise behalten wir
immer recht gegen die hilflose arme Person, die wir analysieren, gleichgiltig wie sie sich

Freuds Deutungen hinterlassen den Eindruck, daß er in Dora weniger eine Patientin sah, die um Hilfe bat, als eine Herausforderung, die es zu meistern galt. Viele seiner Interventionen erwiesen sich als heilsam. Als sie von der Beziehung ihres Vaters zu Frau K. sprach, hatte Dora darauf bestanden, daß es sich um eine Liebesaffäre handelte, zugleich aber hatte sie behauptet, ihr Vater sei impotent, ein Widerspruch, den sie dadurch auflöste, daß sie Freud offen sagte, sie wisse, daß man auf mehr als eine Weise sexuelle Befriedigung erlangen könne. Freud dachte an ihre lästigen Symptome – die Sprachbehinderung und die gereizte Kehle – und sagte Dora, sie müsse an oralen Verkehr denken oder, wie er delikat ins Lateinische ausweichend sagte, an »sexuelle Befriedigung *per os*«, und sie bestätigte stillschweigend die Gültigkeit seiner Deutung, indem sie aufhörte zu husten.[15] Aber Freuds beinahe zorniges Bestehen darauf, daß Dora die psychologischen Wahrheiten bestätigte, die er ihr anbot, erfordert eine eigene Deutung. Schließlich wußte Freud bereits um 1900, daß der Widerstand gegen unwillkommene Enthüllungen vollkommen voraussagbar ist, während der Analytiker in Winkel vordringt, die der Patient seit Jahren sorgfältig vor dem Sonnenlicht verborgen gehalten hat. Aber er hatte noch nicht erkannt, daß es ein technischer Fehler ist, den Patienten unter Druck zu setzen. Bei späteren Patienten war er weniger fordernd, weniger herrisch, zum Teil aufgrund der Lektionen, die ihn Dora gelehrt hatte.

Die nachdrücklichen und wortreichen Deutungen, mit denen Freud Dora überschüttete, haben etwas Diktatorisches an sich. In dem ersten ihrer beiden aufschlußreichen Träume hatte Dora von einem kleinen Schmuckkästchen geträumt, das ihre Mutter aus einem brennenden Haus retten wollte – gegen den Protest ihres Vaters, der darauf bestand, statt dessen seine Kinder zu retten. Als er ihrem Bericht zuhörte, richtete Freud seine Aufmerksamkeit auf das Schmuckkästchen, das ihre Mutter so sehr zu schätzen schien. Als er Dora nach ihren Assoziationen fragte, erinnerte sie sich, daß Herr K. ihr ein solches Kästchen geschenkt hatte, ein teures. Das Wort Schmuckkästchen, erinnerte Freud sie, stand für die weiblichen Genitalien. Darauf Dora: »Ich wußte, daß *Sie* das sagen würden.« Freuds Antwort lautete: »Das heißt, *Sie* wußten es. – Der Sinn des Traumes wird nun noch deutlicher. Sie sagten sich: Der Mann stellt mir nach, er will in mein Zimmer dringen, meinem ›Schmuckkästchen‹ droht Gefahr, und wenn da ein Malheur passiert, wird es die Schuld des Papa sein. Darum

---

gegen unsere Zumutungen verhalten mag.« Und er zitierte auf englisch den Spruch *Heads I win, tails you loose* (Zahl, ich gewinne; Wappen, du verlierst) als Verdichtung dessen, was man allgemein für das psychoanalytische Verfahren hält. Aber so arbeiteten Analytiker nicht, wandte er ein. Sie betrachteten die Bejahungen ihrer Analysanden ebenso skeptisch wie ihre Verneinungen (»Konstruktionen in der Analyse«, G.W., Bd. 16, S. 41–56).

haben Sie in dem Traum eine Situation genommen, die das Gegenteil ausdrückt, eine Gefahr, aus welcher der Papa Sie rettet. In dieser Region des
Traumes ist überhaupt alles ins Gegenteil verwandelt; Sie werden bald hören, warum. Das Geheimnis liegt allerdings bei der Mama. Wie die Mama
dazu kommt? Sie ist, wie Sie wissen, Ihre frühere Konkurrentin in der
Gunst des Papas.« Und Freud hält das Tempo noch eine ganze Seite lang
durch und gibt einen wahren Sturzbach von Deutungen von sich, in denen
Doras Mutter für Frau K. steht und Doras Vater für Herrn K. Es ist Herr K.,
dem sie ihr Schmuckkästchen als Gegenleistung für sein verschwenderi-
sches Geschenk geben will. »Sie sind also bereit, Herrn K. das zu schenken,
was ihm seine Frau verweigert. Hier haben Sie den Gedanken, der mit soviel Anstrengung verdrängt werden muß, der die Verwandlung aller Elemente in ihr Gegenteil notwendig macht. Wie ich's Ihnen schon vor diesem
Traume gesagt habe, der Traum bestätigt wieder, daß Sie die alte Liebe zum
Papa wachrufen, um sich gegen die Liebe zu K. zu schützen. Was beweisen
aber alle diese Bemühungen? Nicht nur, daß Sie sich vor Herrn K. fürchten,
noch mehr fürchten Sie sich vor sich selber, vor Ihrer Versuchung, ihm
nachzugeben. Sie bestätigen also dadurch, wie intensiv die Liebe zu ihm
war.«[16]

Freud war nicht erstaunt über Doras Aufnahme dieses Ergusses: »Dieses
Stück der Deutung wollte sie natürlich nicht mitmachen.«[17] Aber die Frage,
welche die Deutung aufwirft, ist nicht, ob Freuds Auslegung des Traumes
Doras korrekt oder nur geistreich war. Worauf es ankommt, ist sein ein-
dringlicher Ton, seine Weigerung, Doras Zweifel als etwas anderes zu betrachten denn als bequeme Verleugnungen unbequemer Wahrheiten. Dies
war Freuds Anteil am letztendlichen Mißerfolg. Denn der teils erkannte,
teils nicht erkannte Mißerfolg ist das Kennzeichen dieses Falles, aber – paradoxerweise – stellt gerade dieser Mißerfolg seine eigentliche Bedeutung
für die Geschichte der Psychoanalyse dar. Wir wissen, daß ihn Freud als
Demonstration der Anwendungen der Traumanalyse bei der psychoanalytischen Behandlung und als Bestätigung der Regeln auffaßte, die, wie er
entdeckt hatte, die Traumkonstruktion beherrschen. Außerdem zeigte er
sehr schön die Komplexitäten der Hysterie. Aber einer der Hauptgründe
dafür, daß Freud »Dora« endlich veröffentlichte, war sein Unvermögen,
die unangenehme Patientin in der Analyse zu behalten.

Ende Dezember 1900 arbeitete Freud an Doras zweitem Traum, der
seine Hypothese, daß sie die ganze Zeit unbewußt in Herrn K. verliebt
gewesen war, zufriedenstellend bestätigte. Doch am Beginn der nächsten
Sitzung erklärte Dora munter, daß dies ihre letzte war. Freud nahm die
unerwartete Mitteilung kühl auf, schlug vor, daß sie ihre letzte Stunde dazu
verwendeten, mit der Analyse fortzufahren, und deutete ihr mit neuen Einzelheiten ihre innersten Gefühle für den Mann, der sie gekränkt hatte. »Sie

hatte zugehört, ohne wie sonst zu widersprechen. Sie schien ergriffen, nahm auf die liebenswürdigste Weise mit warmen Wünschen zum Jahreswechsel Abschied und – kam nicht wieder.«[18]

Freud deutete ihre Geste als einen Racheakt, der von dem neurotischen Wunsch beseelt sei, sich selbst zu schaden. Sie hatte ihn in einem Augenblick verlassen, in dem »meine Erwartungen auf glückliche Beendigung der Kur den höchsten Stand einnahmen«. Er fragte sich, ob er das Mädchen in Behandlung behalten hätte, wenn er ihren Wert für ihn theatralisch übertrieben und ihr damit einen Ersatz für die von ihr ersehnte Zärtlichkeit geboten hätte. »Ich weiß es nicht.« Alles, was er wußte, war: »Ich habe es immer vermieden, Rollen zu spielen, und mich mit anspruchsloser psychologischer Kunst begnügt.«[19] Dann, am 1. April 1902 erschien Dora wieder zu einem Besuch, eingestandenermaßen um Hilfe zu erbitten. Freud beobachtete sie und war nicht überzeugt. Mit Ausnahme eines kürzeren Zeitraums, erzählte sie ihm, habe sie sich viel besser gefühlt. Sie habe Frau und Herrn K. die Wahrheit ins Gesicht gesagt und Geständnisse von ihnen erhalten. Was sie über sie berichtet hätte, sei wahr. Aber seit zwei Wochen litt sie an einer Gesichtsneuralgie. In diesem Augenblick mußte Freud lächeln: genau zwei Wochen zuvor hatten die Zeitungen seine Ernennung zum Professor gemeldet, und so konnte er ihre Gesichtsschmerzen als eine Form von Selbstbestrafung dafür deuten, daß sie einmal Herrn K. geohrfeigt und dann ihren Zorn auf ihn, ihren Analytiker, übertragen hatte. Freud sagte Dora, er vergebe ihr, daß sie ihn um die Gelegenheit gebracht hatte, sie ganz zu heilen. Aber augenscheinlich konnte er sich selbst nicht verzeihen.

Die Verlegenheit, in der Freud sich befand, als Dora ihn verließ, ähnelte seinem Gefühlszustand im Sommer 1897, als sich seine Verführungstheorie der Neurosen als unhaltbar erwiesen hatte. Er hatte diese frühere Niederlage zur Grundlage für weitreichende theoretische Entdeckungen gemacht. Nun setzte er sich mit dieser neuen Niederlage auseinander, erforschte ihre Ursachen und brachte so die psychoanalytische Technik einen Riesenschritt vorwärts. Er gab offen zu, daß es ihm nicht gelungen war, »der Übertragung rechtzeitig Herr zu werden«. Er »vergaß der Vorsicht, auf die ersten Zeichen der Übertragung zu achten«.[20] Zu der Zeit, als Freud mit Dora arbeitete, begann man die emotionale Bindung zwischen Analysand und Analytiker erst zu verstehen. Er hatte einige skizzenhafte Vorahnungen in den *Studien über Hysterie* niedergeschrieben, und seine Briefe an Fließ in den späten 1890er Jahren zeigen, daß er das Phänomen bereits flüchtig sah, wenn auch noch lange nicht ganz begriff. Bei Dora versäumte er es aus eigenen Gründen, auf dem aufzubauen, was er bereits im Begriff war zu verstehen. Dieser Fall scheint das Problem für ihn geklärt zu haben – aber erst nachdem er vorüber war.

Die Übertragung ist die manchmal subtile und oft auffällige Eigenart des Patienten, den Analytiker mit Eigenschaften auszustatten, die in Gegenwart oder Vergangenheit geliebte (oder gehaßte) Personen der »wirklichen« Welt besitzen. Freud erkannte nun, daß dieses psychologische Manöver, diese Übertragung, »die das größte Hindernis für die Psychoanalyse zu werden bestimmt ist«, auch zu ihrem »mächtigsten Hilfsmittel« werden kann, »wenn es gelingt, sie jedesmal zu erraten und dem Patienten zu übersetzen«. Aber er hatte das nicht entdeckt, während er mit Dora arbeitete, jedenfalls nicht rechtzeitig, und auf ihre eigensinnige, etwas unangenehme Weise hatte sie ihm die Folgen einer solchen Vernachlässigung bewiesen. Indem er es verabsäumte, ihre »Verliebtheit« in ihn zu beachten, die nur ein Ersatz für die geheimen Gefühle war, die sie für andere hegte, hatte Freud ihr erlaubt, an ihm die Rache zu üben, die sie an Herrn K. hatte nehmen wollen. »Sie agierte so ein wesentliches Stück ihrer Erinnerungen und Phantasien, anstatt es in der Kur zu reproduzieren«, und das führte unweigerlich zum Abbruch der psychoanalytischen Arbeit.[21]

Dieses abrupte Ende, dachte Freud, schmerzte Dora. Sie sei schließlich auf dem Wege der Besserung gewesen. Aber es schmerzte auch Freud. »Wer wie ich die bösesten Dämonen, die unvollkommen gebändigt in einer menschlichen Brust wohnen, aufweckt, um sie zu bekämpfen«, rief er in dem rhetorischsten Abschnitt seines Berichts aus, »muß darauf gefaßt sein, daß er in diesem Ringen selbst nicht unbeschädigt bleibe.«[22] Aber während er die Verletzung fühlte, konnte er sie nicht klar definieren, denn sie ging ihm zu nahe. Freud konnte sehen, daß er Doras Übertragung auf ihn nicht erkannt hatte; doch schlimmer, er hatte seine Übertragung auf Dora nicht erkannt: Was er später die Gegenübertragung nennen sollte, war seiner analytischen Selbstbeobachtung entgangen.

Wie Freud sie dann definierte, ist die Gegenübertragung ein Affekt, der »sich beim Arzt durch den Einfluß des Patienten auf das unbewußte Fühlen des Arztes einstellt«.[23] Freuds ständige Selbstanalyse hatte die Selbsterforschung beinahe zu seiner zweiten Natur gemacht, aber der problematische Einfluß des Patienten auf den Analytiker nahm in seinem Denken oder in seinen technischen Schriften nie einen großen Platz ein.* Er bezweifelte jedoch nicht, daß die Gegenübertragung ein heimtückisches Hindernis für die wohlwollende Neutralität des Analytikers sei, ein Widerstand, der diagnostiziert und überwunden werden müsse. Sie bewirke beim Psychoanalytiker, was ein unerkanntes Vorurteil beim Historiker bewirke. Der Arzt – schrieb er 1910 streng – müsse »diese Gegenübertragung in sich erkennen

---

* In jüngster Zeit haben einige Psychoanalytiker mit Nachdruck betont, daß sie es oft vorteilhaft finden, sich der unbewußten Gefühle zu bedienen, die ihre Analysanden in ihnen wecken, um ihr Verständnis für die Psyche dieser Analysanden zu vertiefen. Aber diese Einstellung würde bei Freud wenig Sympathie gefunden haben.

und bewältigen«, da »jeder Psychoanalytiker nur so weit kommt, als seine eigenen Komplexe und inneren Widerstände es gestatten«.[24] Aber wie sein Verhalten in den analytischen Sitzungen mit Dora zeigt, war er alles andere als unverwundbar gegen ihre Verführungsversuche und ihre irritierende Feindseligkeit. Das war eine Lektion dieses Falles: Freud war für Emotionen anfällig, die manchmal seine Wahrnehmungen als Therapeut trübten.*

Und doch war gerade dies der Fall, in dem Freud die Souveränität des geschickten Beobachters verkündete, der aus der kleinsten Bewegung, dem leisesten Zucken Informationen gewinnen kann. »Wer Augen hat zu sehen und Ohren zu hören«, schrieb er in einem berühmten Satz, »überzeugt sich, daß die Sterblichen kein Geheimnis verbergen können. Wessen Lippen schweigen, der schwätzt mit den Fingerspitzen; aus allen Poren dringt ihm der Verrat.«[25]** Als Dora vor ihrem Analytiker auf der Couch lag, sich über ihr Elend zu Hause ausließ, ihre Abenteuer mit der Familie K. erzählte und einen Traum zu begreifen versuchte, spielte sie mit ihrem kleinen Täschchen, indem sie es öffnete und schloß und immer wieder ihren Finger hineinsteckte. Freud deutete ihre kleine Geste prompt als eine Pantomime der Masturbation.[26] Aber Freuds emotionaler Einsatz im Falle Dora ist schwerer zu deuten als ihre Geste mit dem Täschchen. »Natürlich«, gestand er einmal Ernest Jones, »ist es sehr schwierig, wenn nicht unmöglich, gegenwärtige psychische Vorgänge in der eigenen Person zu erkennen.«[27]

Es wäre naiv zu unterstellen, daß Freud in dieses gutaussehende und schwierige junge Mädchen verliebt gewesen sei, so attraktiv es gelegentlich auf ihn gewirkt haben mochte. Vielmehr scheinen seine Grundgefühle für Dora eher negativer Art gewesen zu sein. Neben dem reinen Interesse an Dora als an einer faszinierenden Hysterikerin zeigte er eine gewisse Ungeduld, Irritation und zuletzt unverhohlene Enttäuschung. Er war besessen von der Leidenschaft zu heilen. Es war eine Leidenschaft, die er später als für das psychoanalytische Verfahren nachteilig verspotten sollte, aber bei

* Um die Mitte der 1920er Jahre erwarteten psychoanalytische Institute von den Kandidaten, daß sie ihre Komplexe und Widerstände durch die Lehranalyse, die damals schon ein unerläßlicher Teil ihrer Ausbildung war, aufdeckten und, wenn möglich, bewältigten. Erfahrene Analytiker ihrerseits konsultierten einen Kollegen, wenn sie Grund zu der Annahme hatten, daß sie einem Analysanden nicht mit der nötigen klinischen Einstellung zuhörten. Als Freud »Dora« schrieb, standen solche Hilfsmittel nicht zur Verfügung.
** Laurence Sterne, dieser psychologische Romancier, der seiner Zeit voraus war, hatte etwas sehr Ähnliches schon anderthalb Jahrhunderte früher gesagt: »›Es gibt tausend unbemerkte Öffnungen‹, fuhr mein Vater fort, ›die ein durchdringendes Auge sogleich in eines Mannes Seele einlassen; und ich behaupte‹, fügte er hinzu, ›daß ein Mann von Verstand nicht seinen Hut ablegt, wenn er einen Raum betritt – oder ihn aufnimmt beim Hinausgehen –, ohne daß etwas entkommt, was ihn enthüllt‹« (*Tristram Shandy*, 6. Buch, 5. Kap.).

Dora war er ihr verfallen. Er war nur zu sicher, daß er Zugang zur Wahrheit über Doras verschlungenes Gefühlsleben hatte, aber Dora wollte diese Wahrheit nicht akzeptieren, obwohl er ihr die heilende Macht von zwingenden Deutungen bewiesen hatte. Hatte er nicht ihren nervösen Husten durch Deutung ausgetrieben? Er hatte recht, er wußte, daß er recht hatte, und war aufs äußerste frustriert, weil sie so fest entschlossen war, ihm zu beweisen, daß er unrecht hatte. Erstaunlich an der Krankengeschichte der Dora ist nicht, daß Freud ihre Publikation vier Jahre lang aufschob, sondern daß er sie überhaupt veröffentlichte.

Zwei klassische Lektionen

Im angenehmen Gegensatz zum Fall Dora war der des kleinen Hans für Freud vollauf befriedigend. In den vier Jahren zwischen der Veröffentlichung der beiden Krankengeschichten war in Freuds Leben viel geschehen. Im Jahre 1905 hatte er neben »Dora« die epochalen Abhandlungen zur Sexualtheorie und seine psychoanalytische Studie des Witzes veröffentlicht. Im Jahre 1906, als er fünfzig wurde, hatte er die Psychologische Mittwoch-Gesellschaft neu organisiert, indem er Rank zu ihrem Sekretär machte, er hatte die Basis der psychoanalytischen Bewegung verbreitert, indem er mit interessierten Psychiatern in Zürich Verbindung aufnahm, er hatte öffentlich mit Fließ gebrochen und seine erste größere Sammlung von Schriften über die Neurosen veröffentlicht. Im Jahre 1907 hatte er Eitingon, Jung, Abraham und andere wichtige Anhänger zum erstenmal in der Berggasse 19 empfangen. Im Jahre 1908, in dem der kleine Hans seine Aufmerksamkeit beanspruchte, reorganisierte er seine Mittwoch-Gesellschaft als Wiener Psychoanalytische Vereinigung, führte den Vorsitz über den ersten internationalen psychoanalytischen Kongreß in Salzburg und besuchte sein geliebtes England zum zweitenmal in seinem Leben. Im Jahre 1909 unternahm er seinen einzigen Amerika-Besuch und ging an die Clark University, um Vorlesungen zu halten und ein Ehrendoktorat zu empfangen, und weihte das *Jahrbuch für psychoanalytische und psychopathologische Forschungen* ein mit der Geschichte des kleinen Hans als Eröffnungsbeitrag der ersten Nummer. Er war damit sehr zufrieden.

»Ich bin froh, daß Sie die Bedeutung des ›kleinen Hans‹ sehen«, schrieb er Ernest Jones im Juni dieses Jahres. Auch er habe die Bedeutung dieser »Analyse der Phobie eines fünfjährigen Knaben« gesehen, bemerkte er. »Ich habe nie einen schöneren Einblick in die Seele eines Kindes erhalten.«[28] Freuds Zuneigung zu seinem jüngsten »Patienten« schwand auch nicht, nachdem die Behandlung vorüber war. Er blieb »unser kleiner Held«.[29] Die allgemeine Idee, die Freud mit dieser Krankengeschichte hervorheben wollte, war, daß die »Kindheitsneurose« des kleinen Hans die Mutmaßungen bestärkte, denen nachzugehen Freuds erwachsene neurotische Patienten ihn ermutigt hatten: Das »pathogene Material«, unter dem sie litten, sei »jedesmal auf die nämlichen infantilen Komplexe zurückzuführen, die sich hinter der Phobie Hansens aufdecken ließen«.[30] Wie wir gesehen haben, hatte die Krankengeschichte der Dora mit ihrer erschöpfenden Analyse zweier Träume die Relevanz von Freuds *Traumdeutung* für die klinische Situation und den beträchtlichen Anteil ödipaler Empfindungen an der Entstehung der Hysterie demonstriert. Der Bericht über den kleinen Hans konnte als Pendant dienen und die Schlußfolgerungen beleuchten, die Freud in lapidarer Form in seinem zweiten fundamentalen Werk, den *Drei Abhandlungen zur Sexualtheorie*, dargelegt hatte. Wie üblich ließen Freud der Kliniker und Freud der Theoretiker einander nie aus den Augen.*

Freud hatte sich in »Dora« absichtlich wenig über die Technik geäußert, und er sagte noch weniger darüber im »kleinen Hans«. Mit gutem Grund: Er hatte den kleinen Jungen an seinem dritten Geburtstag besucht und ihm ein Geschenk mitgebracht, aber er arbeitete nun beinahe ausschließlich über seinen Vater, der als Vermittler diente. Daher empfahl sich »Der kleine Hans«, so weit auch seine theoretischen Implikationen reichen mochten, mit seiner höchst unorthodoxen Technik nicht als Musterbeispiel. Er mußte einzigartig bleiben. Der Fünfjährige, der analysiert wurde, war der Sohn des Musikwissenschaftlers Max Graf, der einige Jahre lang Mitglied von Freuds Mittwochabend-Gruppe war. Die »schöne« Mutter des Jungen – Freuds eigenes Wort[31] – war Freuds Patientin gewesen, und gemeinsam gehörten seine Eltern zu den frühesten Anhängern der Psychoanalyse. Sie waren übereingekommen, ihren Sohn nach Freudschen Prinzipien, mit so wenig Zwang wie möglich, zu erziehen. Sie waren geduldig mit ihm, nahmen Interesse an seinem Geplauder, zeichneten seine Träume auf und fanden seine kindliche Promiskuität in der Liebe unterhaltsam. Er war in alle Welt verliebt: in seine Mutter, in die Töchter eines Freundes der Familie, in einen Vetter. Freud stellte mit unverhohlener Bewunderung fest, daß sich der kleine Hans zu einem »Ausbund aller Schlechtigkeiten« entwickelt hatte.[32] Als er anfing, neurotische Symptome zu zeigen, beschlossen seine Eltern in Übereinstimmung mit ihren Grundsätzen, ihn nicht einzuschüchtern.

Gleichzeitig bewahrte ihr psychoanalytischer Stil der Erziehung des Soh-

---

* Freud verwendete auch Material aus dem Fall des kleinen Hans in zwei kurzen verwandten Schriften, die er um etwa diese Zeit publizierte, eine über infantile Sexualtheorien und eine über die sexuelle Aufklärung von Kindern.

nes die Grafs nicht davor, auf die vorherrschenden kulturellen Ausflüchte zu verfallen. Als der kleine Hans dreieinhalb Jahre alt war, sah seine Mutter, wie er seinen Penis berührte, und sie warnte ihn, sie werde den Doktor holen, damit er seinen »Wiwimacher« abschneide. Als um dieselbe Zeit seine Schwester geboren wurde – »das große Ereignis in Hansens Leben« –, hatten ihm seine Eltern, um ihn auf das Ereignis vorzubereiten, nichts Originelleres zu bieten als das Märchen vom Storch.[33] In diesem Punkt war Hans vernünftiger als seine angeblich aufgeklärten Eltern. Seine Untersuchungen des Sexuallebens und vor allem des Geburtsvorgangs hatten frühe und eindrucksvolle Fortschritte gemacht, und im Laufe seiner Analyse gab er seinem Vater auf seine kindlich-schlaue Weise zu verstehen, daß er das Storchenmärchen mit Verachtung betrachtete. Später, als seine Eltern ihn teilweise aufklärten, sagten sie ihm, daß Kinder in ihren Müttern wachsen und dann unter Schmerzen herausgedrückt werden, so wie ein »Lumpf« – wie Hans den Kot nannte – herausgepreßt wird. Die Geschichte erhöhte nur das Interesse des kleinen Jungen an »Lumpfen«. Aber abgesehen von einer gewissen Frühreife in seinen Beobachtungen, seiner Sprache und seinen erotischen Interessen, wuchs der kleine Hans als heiterer, liebenswerter Bürgersohn auf.

Dann, im Januar 1908, geschah etwas Unerklärliches und Unangenehmes. Der kleine Hans entwickelte eine lähmende Angst davor, von einem Pferd gebissen zu werden. Er fürchtete auch, daß große Lastpferde, die Wagen zogen, stürzen könnten, und er begann die Orte zu meiden, wo er ihnen begegnen konnte. Max Graf, Vater, Held, Schurke und privater Heiler seines Sohnes in einem, begann seinen Sohn zu befragen und die Bedeutung der Phobien des kleinen Hans zu deuten, und er berichtete Freud häufig und ausführlich. Er neigte dazu, die Ängste des Jungen einer sexuellen Übererregung zuzuschreiben, die durch die übergroße Zärtlichkeit seiner Frau hervorgerufen werde. Ein anderer Verdacht, den der kleine Hans schließlich teilte, war, daß sein Masturbieren die Quelle dieser Ängste sei. Aber Freud, wie üblich bereit zu warten, bevor er seine Diagnose stellte, war nicht überzeugt. In Übereinstimmung mit seinen frühen Theorien über die Angst vermutete er, daß die Störung eher von der »verdrängten erotischen Sehnsucht« des kleinen Hans nach seiner Mutter herstammte, die er auf seine knabenhafte Art zu verführen versuchte.[34] Seine verdrängten erotischen und aggressiven Wünsche wurden in Angst verwandelt, die sich dann ein bestimmtes Objekt suchte, das zu fürchten und zu meiden war – das war die Pferdephobie.

Freuds Art, sich um das Symptom des kleinen Hans zu kümmern, war charakteristisch für seinen analytischen Stil; er nahm Berichte über psychische Zustände ernst, gleich wie absurd oder scheinbar trivial sie erscheinen mochten. »Eine dumme Angstidee eines kleinen Kindes wird man sagen.

Aber die Neurose sagt nichts Dummes, so wenig wie der Traum. Wir schimpfen immer dann, wenn wir nichts verstehen. Das heißt, sich die Aufgabe leicht machen.«[35] In einer seiner wenigen Bemerkungen über die Technik in diesem Bericht kritisierte Freud Hans' Vater, weil er seinen Sohn zu sehr drängte: »Er fragt zu viel und forscht nach eigenen Vorsätzen, anstatt den Kleinen sich äußern zu lassen.« Freud hatte diesen Fehler bei Dora begangen, aber jetzt wußte er es besser, und der emotionale Einsatz war nicht so hoch – jedenfalls nicht für ihn. Wenn man Max Grafs Methode folgt, warnte er, »wird die Analyse undurchsichtig und unsicher«.[36] Die Psychoanalyse ist, wie Freud seit den 1890er Jahren gesagt hatte – und was er gewöhnlich auch beherzigte –, die Kunst und Wissenschaft des geduldigen Zuhörens.

Die Phobie des kleinen Hans wurde schwerwiegender. Er verließ das Haus nur sehr ungern, aber wenn er ausging, fühlte er sich manchmal gezwungen, Pferde anzusehen. Im Zoo mied er die großen Tiere, die er früher gemocht hatte, aber die kleinen gefielen ihm nach wie vor. Die Penisse von Elefanten und Giraffen machten ihm offenbar zu schaffen. Seine Beschäftigung mit Genitalien – seinen eigenen, denen seines Vaters, seiner Mutter, seiner kleinen Schwester, von Tieren – drohte sich zu einem Zwangssymptom zu entwickeln. Aber Freud hielt es für notwendig, Max Grafs naheliegende Schlußfolgerung zu bestreiten, daß sein Sohn vor großen Penissen Angst habe. Der Schluß eines Gesprächs über das Lieblingsthema des kleinen Hans, das sein Vater für Freud aufzeichnete, lieferte einen unschätzbaren Hinweis. Der Vater: »Und du hast dich wahrscheinlich gefürchtet, wie du einmal den großen Wiwimacher vom Pferde gesehen hast, aber davor brauchst du dich nicht zu fürchten. Große Tiere haben große Wiwimacher, kleine Tiere kleine Wiwimacher.« Darauf Hans: »Und alle Menschen haben Wiwimacher, und der Wiwimacher wächst mit mir, wenn ich größer werde; er ist ja angewachsen.«[37] Für Freud war das ein klares Zeichen dafür, daß der kleine Hans seinen eigenen »Wiwimacher« zu verlieren fürchtete. Der Fachausdruck für diese Angst lautet Kastrationsangst.

In diesem Stadium der Analyse kamen der kleine Patient und sein Vater zur Konsultation zu Freud, der nun zum erstenmal Material hörte – und sah –, das die Auflösung der Störung des kleinen Hans wesentlich förderte. Die bedrohlichen Pferde standen zum Teil für Hans' Vater, der einen großen schwarzen Schnurrbart hatte, so wie die Pferde große schwarze Mäuler hatten. Es zeigte sich, daß Hans tödliche Angst hatte, sein Vater könnte böse auf ihn sein, weil er seine überwältigende Liebe zu seiner Mutter und seine obskuren Todeswünsche gegen seinen Vater nicht beherrschen konnte. Das beißende Pferd stand für seinen zornigen Vater, das stürzende Pferd für seinen toten Vater. Die Angst des kleinen Hans vor Pferden war

also eine raffinierte Ausflucht, eine Art, mit Gefühlen fertig zu werden, die
er sich selbst oder irgendeinem anderen nicht frei einzugestehen wagte.* Er
erlebte seine Konflikte um so schmerzlicher, da er den Vater, als dessen
Rivalen er sich betrachtete, auch liebte, so wie er zugleich mit seiner leidenschaftlichen Liebe zur Mutter auch sadistische Gefühle gegen sie hegte. Die
Qualen des kleinen Hans unterstrichen für Freud das allgegenwärtige Wirken der Ambivalenz im psychischen Leben. Hans schlug seinen Vater und
küßte die Stelle, die er getroffen hatte. Das war symbolisch für eine allgemeine menschliche Neigung; Ambivalenz ist die Regel im ödipalen Dreieck, nicht die Ausnahme.

Von dem Augenblick an, in dem Freud diese Realitäten seines fünfjährigen Patienten gültig deutete, begann Hans' Phobie nachzulassen und seine
Angst zu verschwinden. Er hatte seine unannehmbaren Wünsche und Ängste zu Symptomen entstellt. Seine Art, sich mit dem Stuhlgang zu beschäftigen, mit den »Lumpfen«, die herauskamen, war charakteristisch für diese
defensive Entstellung: Er machte sich neugierige Gedanken über sie, übersetzte aber die angenehmen und aufregenden Assoziationen zu seinen Mutmaßungen über sie – Kinder sind wie »Lumpfe« – in unbewußte Scham und
dann in einen offenen Ausdruck des Ekels. Auf dieselbe Weise war Hans'
Phobie, diese Quelle verstörenden Unbehagens, der Abkömmling von solchen Aktivitäten wie Pferdspielen, die ihm einmal große Freude bereitet
hatten. Sein Fall war eine glänzende Illustration für Abwehrmechanismen,
die in der ödipalen Phase am Werk sind.

Als seine Analyse zu wirken begann, als Hans größere innere Freiheit
gewann, konnte er zugeben, daß er Todeswünsche gegen seine kleine
Schwester hegte. Er konnte auch über seine »Lumpf«-Theorie und über den
Gedanken sprechen, zugleich Vater und Mutter seiner Kinder zu sein, die er
anal gebären wollte. Das waren provisorische Geständnisse, denn er nahm
sie zurück, sobald er sie abgelegt hatte. Er wollte Kinder, sagte er, und er
wollte (im gleichen Atemzug) *keine* Kinder. Aber daß er solche Gefühle und
Mutmaßungen überhaupt eingestand, war ein Schritt zur Heilung. Tatsächlich zeigte der kleine Hans während seiner ganzen Behandlung einen
außergewöhnlich analytischen Scharfsinn. Er wies die Gedanken seines

---

* Der amerikanische Psychoanalytiker Joseph William Slap lieferte eine interessante
(eher ergänzende als widersprüchliche) Deutung der Angst der kleinen Hans vor Pferden. Im Februar 1908, im zweiten Monat seiner Neurose, wurden dem kleinen Jungen
die Mandeln herausgenommen (s. »Analyse der Phobie eines fünfjährigen Knaben«,
G.W., Bd. 7, S. 265), und damit verstärkte sich seine Phobie. Kurz darauf identifizierte
er ausdrücklich *weiße* Pferde als beißende Pferde. Aufgrund dieses und ähnlicher Hinweise in Freuds Krankengeschichte meint Slap, daß der kleine Hans wahrscheinlich seine
Angst vor dem Chirurgen (mit der Maske und dem weißen Mantel) zur Angst vor seinem
Vater mit dem Schnurrbart hinzufügte (Joseph William Slap, »Little Hans's Tonsillectomy«, in: *Psychoanalytic Quarterly*, XXX, 1961, S. 259 ff.).

Vaters über seine Neurose zurück, wenn sie zum falschen Zeitpunkt oder mit unerträglicher Intensität angeboten wurden, und unterschied klug zwischen Gedanken und Handlungen. Er wußte mit fünf Jahren, daß Wünschen und Tun nicht dasselbe ist. Daher konnte er auf seinem Recht bestehen, sich angesichts seiner aggressivsten Wünsche für nichtschuldig zu erklären. Als er seinem Vater sagte, daß er dachte – in Wirklichkeit wünschte –, seine kleine Schwester könnte in das Badewasser fallen und sterben, deutete Vater Graf die Bemerkung so: »Und du wärst dann allein mit der Mammi. Und ein braver Bub wünscht das doch nicht.« Der kleine Hans antwortete ungerührt: »*Aber denken darf er's.*« Als sein Vater einwandte: »Das ist aber nicht gut«, hatte Hans eine prompte Antwort bereit: »*Wenn er's denken tut, ist es doch gut, damit man's dem Professor schreibt.*« Der Professor konnte seine Bewunderung nicht verbergen: »Wacker, kleiner Hans! Ich wünsche mir bei keinem Erwachsenen ein besseres Verständnis der Psychoanalyse.«[38] Die Lösung seiner ödipalen Konflikte war ebenso ermutigend; er stellte sich vor, daß sein Vater mit *seiner* Mutter verheiratet wäre. So konnte er, der kleine Hans, den Vater Graf leben lassen und zugleich seine Mutter heiraten und Kinder mit ihr haben.

Der Pfad, dem Freud folgte, um den Schurken im psychologischen Drama des kleinen Hans bloßzustellen, war viel kürzer und viel weniger gewunden, als er es gewesen wäre, wenn man Freud etwa ein Dutzend Jahre später gebeten hätte, den großen Hans zu analysieren. »Der Arzt, der einen erwachsenen Nervösen psychoanalytisch behandelt, gelangt durch seine Arbeit des schichtweisen Aufdeckens psychischer Bildungen schließlich zu gewissen Annahmen über die infantile Sexualität, in deren Komponenten er die Triebkräfte aller neurotischen Symptome des späteren Lebens gefunden zu haben glaubt.«[39] Beim kleinen Hans war es nicht nötig, so tief zu graben. Wenn Freud für den Fall mit sichtlicher Befriedigung »eine typische und vorbildliche Bedeutung«[40] in Anspruch nahm, so gerade deshalb, weil er so deutlich verdichtete, was Analysen von Erwachsenen in zeitraubender Arbeit entwirren mußten.

Diese unkonventionelle Psychoanalyse eines Kindes veranschaulicht die Theorie des Ödipuskomplexes, die Freud, wie wir wissen, beträchtlich differenziert hatte, seit er die Idee vor etwa einem Jahrzehnt zum erstenmal aufgegriffen hatte. Der kleine Hans war jedoch nicht weniger informativ für die Arbeit der Verdrängung; er war geradezu ein Schulbeispiel mit seinen durchsichtigen Selbstschutz-Manövern. Ein Fünfjähriger ist zwar schon auf dem Wege, psychologische Abwehren wie Scham, Ekel und Prüderie aufzubauen, aber er hat sie noch nicht verfestigt. Gewiß, meinte Freud in bester antibürgerlicher Manier, sind sie noch lange nicht die hohen, starken Festungen, die den Erwachsenen schützend umgeben, besonders in der

modernen Mittelstandskultur. Dieser Blick auf die Geschichte der Verdrängung bei einem heranwachsenden Kind gab Freud Gelegenheit, einige
unmißverständliche Worte zugunsten der Offenheit von Besprechung sexueller Dinge mit Kindern zu sagen. Daher ist die Fallstudie des kleinen
Hans mehr als eine ergiebige Anthologie psychoanalytischer Lehrsätze: Sie
ist ein Hinweis auf die Wirkung, die Freuds Denken außerhalb des Ordina-
tionszimmers haben sollte – wenn auch noch nicht 1909 und auch nicht
einige Jahre danach.

Freud war überzeugt, daß die Analyse des kleinen Hans sich nicht des
zweifelhaften Nutzens der Suggestion bedient hatte; das klinische Bild war
schlüssig, der Patient hatte Deutungen nur zugestimmt, wenn sie zutrafen.
Außerdem hatte Hans seine Ängste und seine Phobie überwunden. In einer
kurzen Nachschrift, 1922, dreizehn Jahre später, hinzugefügt, berichtete
Freud triumphierend von dem Besuch eines »stattlichen Jünglings von
19 Jahren«.[41] Es war der kleine Hans als Erwachsener. Herbert Graf, der
später ein bekannter Opernproduzent und -direktor wurde, stand vor ihm.
Freud konnte nicht umhin, Genugtuung darüber zu empfinden, daß die unheilvollen Voraussagen seiner Kritiker nicht eingetroffen waren. Sie hatten
behauptet, daß die Analyse dem kleinen Jungen seine Unschuld nehmen
und seine Zukunft ruinieren werde. Freud konnte ihnen entgegenhalten,
daß sie widerlegt worden seien. Hans' Eltern hatten sich scheiden lassen
und wieder geheiratet, aber ihr Sohn hatte diese Belastungsprobe wie die
seiner Pubertät ohne sichtlichen Schaden überstanden. Was Freud besonders interessant fand, war die Bemerkung seines Besuchers, daß er bei der
Lektüre seiner Krankengeschichte das Gefühl gehabt habe, die eines völlig
Fremden zu lesen. Es ging ihm wie Martin Freud, der nicht imstande war,
sich an das zu erinnern, was sein Vater nach dem beschämenden Zwischenfall auf dem Eislaufplatz zu ihm gesagt hatte, um ihm seine Selbstachtung
wiederzugeben. Hans' Bemerkung erinnerte Freud daran, daß die erfolgreichsten Analysen diejenigen sind, die der Analysand nach Beendigung
vergißt.

Dora war hysterisch, der kleine Hans phobisch; der »Rattenmann«, ein
weiterer klassischer Patient Freuds, litt an Zwangsvorstellungen. Er war
daher für die Aufnahme in Freuds Repertoire von veröffentlichten Krankengeschichten höchst geeignet. Wir wissen, daß Freud den Fall des Rattenmannes für sehr lehrreich hielt, auf seine Weise für ebenso lehrreich, wie es
der Fall Dora gewesen war. Aber er konnte den Mann viel besser leiden; er
selbst bezeichnete seinen berühmten Patienten zwanglos und mit einem gewissen Maß von Zuneigung als den Rattenmann[42] oder, auf englisch in
einem Brief an Jones, »man of the rats«.[43] Die Behandlung begann am
1. Oktober 1907 und dauerte weniger als ein Jahr; sie gab damit ein Tempo

vor, das Analytiker späterer Generationen eher als atemberaubend denn als besonnen betrachten sollten. Aber Freud behauptete, die Zeit habe genügt, um den Rattenmann von seinen Symptomen zu befreien. Er konnte freilich die Weltgeschichte nicht besiegen. Auf das große Schlachten des Ersten Weltkriegs zurückblickend, schloß er düster in einer 1923 hinzugefügten Fußnote: »Der Patient ... ist wie so viele andere wertvolle und hoffnungsvolle junge Männer im großen Krieg umgekommen.«[44]

Der Fall lag äußerst günstig. Ernst Lanzer, ein Jurist von 29 Jahren, machte auf Freud von der ersten Begegnung an »den Eindruck eines klaren und scharfsinnigen Kopfes«.[45] Er war auch unterhaltsam, erzählte seinem Analytiker amüsante Geschichten und teilte ihm ein geeignetes Nietzsche-Zitat von der Macht des Stolzes über das Gedächtnis mit, das Freud glücklich mehr als einmal gebrauchte. Lanzers Zwangssymptome waren aufdringlich und phantastisch. Freud hatte in seiner Praxis entdeckt, daß Zwangsneurotiker interessant sein können mit ihren Selbstwidersprüchen und ihrer perversen Logik. Rational und abergläubisch zugleich, tragen sie Symptome zur Schau, die ihre Ursprünge verbergen und enthüllen, und sie sind von wahnwitzigen Zweifeln besessen. Der Rattenmann zeigte diese Symptomatologie auffälliger als die meisten anderen: Seine Behandlung, zwischen den Mitteilungen des Patienten und den Deutungen seines Analytikers, zwischen Krankheit des Erwachsenen und infantilen Wünschen, vereitelten sexuellen Bedürfnissen und aggressiven Impulsen hin und her schwankend, wurde zu einem Erklärungs-Modell für Zwangsneurosen, wie sie Freud damals verstand.

Sie verlangten dringend nach einem solchen Modell. Wie Freud in der Einleitung zu seiner Krankengeschichte feststellte, sind Zwangsneurotiker viel schwerer zu verstehen als Hysteriker: Die Widerstände, die sie in der klinischen Situation mobilisieren, sind besonders aufgrund ihrer erfinderischen Obstruktivität bemerkenswert. Denn während »die Sprache der Zwangsneurose« oft frei ist von verwirrenden Konversionssymptomen, ist sie sozusagen »nur ein Dialekt der hysterischen Sprache«. Zu den Unklarheiten trägt auch bei: Ein Zwangsneurotiker simuliert Gesundheit so lange wie möglich und sucht die Hilfe des Psychoanalytikers erst, wenn er schon sehr schwer krank ist. All das im Verein mit der geforderten Diskretion hinderte Freud daran, diese Krankengeschichte vollständig niederzuschreiben. Er konnte nicht mehr bieten als »Brocken von Erkenntnis«, die, wie er meinte, für sich selbst vielleicht nicht sehr zufriedenstellend seien. »Aber die Arbeit anderer Untersucher mag an sie anschließen.«[46] Das Jahr, in dem Freud diese Worte niederschrieb, war schließlich 1909; um diese Zeit gab es andere Forscher, auf die er glaubte zählen zu können.

Abgesehen von einigen interessanten Abweichungen folgte die Krankengeschichte, die Freud veröffentlichte, den Aufzeichnungen, die er jeden

Abend festhielt.[47] In der Einführungsstunde stellte sich der Patient vor und
zählte seine Beschwerden auf: Ängste, daß seinem Vater und einer jungen
Frau, die er liebte, etwas Schreckliches geschehen könnte; verbrecherische
Impulse wie der Wunsch, Menschen zu töten, und Vergeltungsimpulse wie
der Drang, sich mit einem Rasiermesser die Kehle durchzuschneiden;
zwanghafte Präokkupationen, von denen einige beinahe lächerlich unbe-
deutende Dinge wie die Rückzahlung geringfügiger Schulden betrafen.
Dann steuerte er einige Einzelheiten über sein Sexualleben bei. Als ihn
Freud fragte, warum er auf dieses Thema zu sprechen komme, gab der
Rattenmann zu, daß er glaube, dies würde zu Freuds Theorien passen, von
denen er tatsächlich praktisch nichts wußte. Aber danach sprach er aus
eigenem Antrieb weiter.

Nach dieser ersten Stunde machte Freud den Rattenmann mit der
»Grundregel« der Psychoanalyse vertraut: Er habe alles zu berichten, was
ihm einfiele, so nichtig oder sinnlos es auch sein mochte. Daraufhin begann
der Rattenmann von einem Freund zu sprechen, dessen Rat er sehr
schätzte, besonders wenn ihm seine Impulse, einen Mord oder Selbstmord
zu begehen, am meisten zu schaffen machten, und dann ging er – »wie
unvermittelt«, kommentierte Freud – zu einer Schilderung seines Sexuallebens in der Kindheit über.[48] Wie alle frühen Mitteilungen im Laufe einer
Psychoanalyse hatte diese Wahl der ersten Themen – sein Freund und sein
Verlangen nach Frauen – eine Bedeutung, welche die Analyse allmählich
enthüllen sollte. Die Themen, die der Rattenmann wählte, deuteten sowohl
auf das episodische Auftreten starker homosexueller Impulse in seiner
Kindheit und Adoleszenz als auch auf noch stärkere, frühzeitig entwickelte
heterosexuelle Leidenschaften hin.

Tatsächlich wurde sehr bald offensichtlich, daß die sexuellen Aktivitäten des Rattenmannes ungewöhnlich früh eingesetzt hatten. Er erinnerte
sich an hübsche junge Gouvernanten, die er in verführerischer Entkleidung
beobachtet oder deren Genitalien er betastet hatte. Auch seine Schwestern
waren von fesselndem sexuellen Interesse für ihn gewesen. Wie er sie beobachtete, wie er mit ihnen spielte, war praktisch vollzogener Inzest. Aber
bald fand der junge Rattenmann seine sexuelle Neugier und den drängenden Wunsch, Frauen nackt zu sehen, untergraben von dem »unheimlichen
Gefühl«, daß er solche Gedanken zurückdrängen müsse, damit, zum Beispiel, sein Vater nicht sterbe. So schlug der Rattenmann in der Anfangsphase seiner Behandlung eine Brücke von der Vergangenheit zur Gegenwart: Sein Vater war einige Jahre zuvor gestorben, aber seine Angst um ihn
war irgendwie geblieben. Dieses unheimliche Gefühl, das er zum erstenmal
erlebt hatte, als er etwa sechs Jahre alt war und das ihn immer noch in
extremem Maße störte, war, wie der Rattenmann Freud sagte, »der Beginn
meiner Krankheit«.[49]

Aber Freud hatte eine andere Diagnose: Die Ereignisse im sechsten oder siebenten Lebensjahr seines Patienten waren »nicht nur der Beginn der Krankheit, sondern bereits die Krankheit selbst«. Um »die komplizierte Organisation der heutigen Erkrankung« zu begreifen, dachte Freud, wäre es nötig zu erkennen, daß der sechsjährige Junge, dieser »kleine Lüsterne«, bereits »eine vollständige Zwangsneurose [hat], der kein wesentliches Element mehr abgeht, zugleich der Kern und das Vorbild des späteren Leidens«.[50]

Das war ein fruchtbarer Beginn. Aber der Rattenmann behielt das Tempo bei. Er erzählte Freud mit tiefer Erschütterung von dem Ereignis, das ihn zur Psychoanalyse gebracht hatte. Bei einer Waffenübung habe er gehört, wie ein Hauptmann eine besonders entsetzliche Strafe beschrieb, die im Orient praktiziert werde. In diesem Augenblick unterbrach sich der Rattenmann dramatisch, stand von der Couch auf und bat Freud, ihm den Rest zu erlassen. Freud erteilte seinem Patienten statt dessen eine kurze Lektion in Technik. Er bestritt, irgendwelche Neigungen zur Grausamkeit zu haben, bestand aber darauf, daß er ihm nichts erlassen könne, worüber er nicht verfüge. »Die Überwindung von Widerständen ist ein Gebot der Kur.« Was er tun konnte, war, dem Rattenmann dabei zu helfen, seine Geschichte in bruchstückhaften Sätzen zu beenden: Jemand, der eines Verbrechens überführt war, wurde festgebunden, ein Topf mit Ratten darin wurde umgestülpt auf sein Gesäß gesetzt, und die Ratten – hier stand der Rattenmann wieder in großer Erregung auf – bohrten sich in ... »In den After«, ergänzte Freud das entscheidende letzte Wort.[51]*

Als er den Rattenmann während seiner Erzählung genau beobachtete, bemerkte Freud an seinem Patienten »einen sehr sonderbar zusammengesetzten Gesichtsausdruck«, den er nur »als *Grausen vor seiner ihm selbst unbekannten Lust*« enträtseln konnte.[52] Es war nicht mehr als eine leichte Andeutung, die sich Freud für den späteren Gebrauch merkte. Welcher Art immer die verborgenen gemischten Gefühle des Rattenmannes gegenüber der Rattenstrafe sein mochten, er sagte Freud, daß er sich vorstelle, wie sie an der jungen Dame, die er verehrte, und an seinem Vater vollzogen werde. Wenn ihn solche schrecklichen Gedanken überkamen, rief er ausgeklügelte Zwangsgedanken und -handlungen zu seiner Rettung herbei.

Diese Rettungsoperationen entzogen sich dem rationalen Verständnis und stellten für Freud ästhetische wie auch klinische Rätsel erster Ordnung dar. Der Rattenmann erzählte Freud eine verwickelte, kaum zusammen-

---

* Spätere Psychoanalytiker hätten sich zurückgehalten und den Rattenmann zappeln lassen, und dann hätten sie sein gequältes Zögern gedeutet.

hängende und, wie es schien, bedeutungslose Geschichte von Geld, das er einem Offizierskameraden oder vielleicht einem Postbeamten für ein Päckchen mit einem Zwicker schulde, den er bestellt habe. Freud glossierte seinen gewissenhaften Bericht über die absurden Besorgnisse und seltsamen Ideen seines Patienten, indem er mit seiner Leserschaft sympathisierte: »Ich werde mich nicht verwundern, wenn das Verständnis der Leser an dieser Stelle versagt.« Sogar Freud, der vor allem darauf bedacht war, den Gedanken und Zeremonien des Rattenmannes einen Sinn abzugewinnen, fand einige »unsinnig und unverständlich«.[53] Doch der Rattenmann erlebte seine Symptome, unerklärlich oder lächerlich, als praktisch unerträglich. Freud wußte das, aber manchmal trieben sie ihn beinahe zur Verzweiflung. Mit ihrem außerordentlichen Energieaufwand für das Unwichtige, ihrer scheinbaren Irrelevanz und Unlesbarkeit und ihrem Wiederholungscharakter können Zwangssymptome ebenso langweilig werden, wie sie irrational sind.

Freud, der literarischste aller Psychoanalytiker, konnte sich nicht damit zufrieden geben, einen trockenen Fallbericht oder eine Sammlung unverarbeiteter Beobachtungen zu liefern. Er wollte ein menschliches Drama rekonstruieren. Aber das Material, das der Rattenmann so rückhaltlos ausstreute – reichliches, seltsames, scheinbar sinnloses Material –, drohte sich Freuds Kontrolle zu entziehen. Er beklagte sich bei Jung, während er seine Krankengeschichte beendete: »Sie wird mir sehr schwer, übersteigt fast meine Darstellungskunst, wird außer den Nächsten wohl niemand zugänglich sein. Was für Pfuschereien sind unsere Reproduktionen, wie jämmerlich zerpflücken wir diese großen Kunstwerke der psychischen Natur!«[54] Jung gab ihm im stillen recht. Als er an Ferenczi schrieb, murrte er, daß Freuds Arbeit über Zwangsneurosen zwar großartig sei, »aber *sehr schwer verständlich*. Ich muß sie jetzt bald ein drittes Mal lesen. Ob ich besonders dumm bin? Oder liegt es am Stil? Ich glaube vorsichtigerweise das letztere.«[55] Freud würde statt dessen dem Stoff die Schuld gegeben haben.

In seiner Verwirrung nahm Freud seine Zuflucht zur Technik, um eine Landkarte des Labyrinths anzufertigen. Es ging nicht darum, die Rätsel, die der Rattenmann aufgab, rational zu lösen, sondern darum, ihn seinen eigenen Weg verfolgen zu lassen – und zuzuhören. Freud verwandelte die Krankengeschichte des Rattenmannes in ein kleines Festmahl von angewandter und erläuterter psychoanalytischer Technik; er unterbrach seinen Bericht wiederholt mit kurzen Exkursionen in das klinische Verfahren. Er belehrte seinen Patienten über den Unterschied zwischen dem Bewußten und dem Unbewußten, zwischen der Vergänglichkeit des ersteren und der Dauerhaftigkeit des letzteren, indem er auf die Antiquitäten hinwies, die in seinem Sprechzimmer standen: »Es seien eigentlich nur Grabfunde, die Verschüttung habe für sie die Erhaltung bedeutet. Pompeji gehe erst jetzt zugrunde, seitdem es aufgedeckt sei.«[56] Dann wieder, nachdem er berichtet hatte, wie sein Patient eine Deutung für zwar plausibel, aber nicht überzeugend erklärte, kommentierte Freud im Hinblick auf den Leser: »Es ist niemals die Absicht solcher Diskussionen, Überzeugung hervorzurufen. Sie sollen nur die verdrängten Komplexe ins Bewußtsein einführen, den Streit um sie auf dem Boden bewußter Seelentätigkeit anfachen und das Auftauchen neuen Materials aus dem Unbewußten erleichtern.«[57] Indem er zeigte, wie er den Rattenmann über die Psychoanalyse belehrte, belehrte Freud seine Leser nicht weniger.

Der Rattenmann nannte das »neue Material« über seinen Vater, das er als Reaktion auf Freuds Deutungen untersuchte, seine »Denkverbindung«. Er bestand darauf, daß es harmlos sei, aber irgendwie mit einem kleinen Mädchen zu tun hätte, das er in Alter von zwölf Jahren geliebt habe. Freud gab sich mit einer so vagen, euphemistischen Formulierung, die so typisch für die Ausdrucksweise des Rattenmannes war, nicht zufrieden. Er deutete diese Denkverbindung vielmehr als einen Wunsch, einen Wunsch in der Tat, daß sein Vater sterben möge. Der Rattenmann protestierte energisch: Gerade ein solches Unglück befürchtete er! Er liebe seinen Vater! Freud bestritt das keineswegs, aber er bestand darauf, daß diese Liebe von Haß begleitet sei und daß diese beiden mächtigen Emotionen im Rattenmann von seiner frühesten Jugend an koexistiert hätten.[58]

Die fundamentale Ambivalenz des Rattenmannes ganz im Griff, konnte Freud das Rätsel der Zwangsvorstellungen seines Patienten in Angriff nehmen. Geduldig arbeitete er sich an die Episode heran, in welcher der sadistische Hauptmann die orientalische Strafe beschrieben und die gegenwärtige Neurose des Rattenmannes ausgelöst hatte. Freuds Aufzeichnungen über diesen Fall zeigen, daß der Rattenmann Ratten als Symbole für vielerlei gebrauchte: Glücksspiel, Penisse, Geld, Kinder, seine Mutter.[59] Die Psyche, hatte Freud immer behauptet, vollführe die akrobatischsten, unwahrscheinlichsten Sprünge und setze sich über jeden Zusammenhang, jede Rationalität hinweg, und der Rattenmann bestätigte diese Überzeugung vollauf. Was an dem Fall am weitesten hergeholt erschien, die Zeremonien und Verbote, erwies sich als ein Kompendium der neurotischen Gedanken des Rattenmannes, die auf subtile Weise zu unerforschten Regionen seiner Psyche führten. Sie waren Hinweise auf seinen verdrängten und verleugneten Sadismus, die seinen gleichzeitigen Horror vor und sein lascives Interesse an Grausamkeiten erklärten – die Quelle des seltsam gemischten Ausdrucks im Gesicht des Rattenmannes, den Freud am Beginn der Behandlung gesehen hatte.

Als er diesen Hinweisen nachging, schlug Freud eine Lösung für die

Frage vor, was die Geschichte des Hauptmanns für den Rattenmann bedeutete. Sie drehte sich um die widersprüchlichen Gefühle seines Patienten gegenüber seinem Vater. Freud fand es höchst bedeutsam, daß sich dem Rattenmann, als er mehrere Jahre nach dem Tod seines Vaters zum erstenmal die Lust des Geschlechtsverkehrs kennenlernte, ein seltsamer Gedanke aufgedrängt hatte: »Das ist doch großartig; dafür könnte man seinen Vater ermorden!«[60] Nicht weniger bedeutsam fand es Freud, daß der Rattenmann wenige Jahre zuvor, kurz nach dem Tode seines Vaters, angefangen hatte zu masturbieren, seither aber im großen ganzen wieder aufgehört hatte, weil er sich dieser Praktik schämte. Im großen ganzen, aber nicht vollständig; in schönen, erhebenden Augenblicken, zum Beispiel als er eine ergreifende Stelle in Goethes Autobiographie las, vermochte er dem Drang nicht zu widerstehen. Freud deutete dieses sonderbare Phänomen als Beispiel für ein »Verbot und das Sichhinaussetzen über ein Gebot«.[61]

Angeregt durch Freuds analytische Konstruktion, steuerte der Rattenmann einen denkwürdigen Zwischenfall aus der Zeit bei, als er zwischen drei und vier Jahre alt war. Sein Vater hatte ihn wegen irgendeiner sexuellen Missetat im Zusammenhang mit der Masturbation geschlagen, und in einem Wutanfall hatte er begonnen, seinen Vater zu beschimpfen. Da er aber noch keine Schimpfwörter kannte, hatte er ihm »alle Namen von Gegenständen gegeben, die ihm einfielen, und gesagt: ›du Lampe, du Handtuch, du Teller!‹« Erstaunt sagte der Vater voraus, sein Sohn werde entweder ein großer Mann oder ein großer Verbrecher werden, und er schlug ihn nie wieder. Als diese Erinnerung wiedererwacht war, konnte der Rattenmann nicht mehr daran zweifeln, daß verborgen hinter der Liebe zu seinem Vater ein ebenso starker Haß lauerte. Dies war die Ambivalenz, die sein Leben beherrschte, eine quälende Ambivalenz, die charakteristisch für alles Zwangsdenken ist und die sich auch in seiner Beziehung zu der Frau, die er liebte, widerspiegelte. Diese Gefühlskonflikte, schloß Freud, »sind nicht unabhängig voneinander, sondern paarig miteinander verlötet. Der Haß gegen die Geliebte mußte sich zur Anhänglichkeit an den Vater summieren und umgekehrt.«[62]

Freud drängte weiter mit seiner Lösung. Der Rattenmann hatte seinen Vater nicht nur bekämpft, sondern sich auch mit ihm identifiziert. Sein Vater war Unteroffizier gewesen und erzählte gern Anekdoten über seine Militärlaufbahn. Mehr noch, er war eine »Ratte« gewesen, nämlich eine »Spielratte«, und er hatte einmal Spielschulden gemacht, die er nicht zahlen konnte, bis ihm ein Freund das Geld lieh. Der Rattenmann hatte Grund zu der Annahme, daß sein Vater später, obwohl im Zivilleben wohlhabend, die Schulden gegenüber seinem großzügigen Retter nicht zu begleichen imstande war, weil er seine Adresse nicht finden konnte. Freuds Patient verurteilte diese kleine Jugendsünde seines Vaters sehr streng, sosehr er ihn auch liebte. Hier war eine weitere Verbindung zu seinem eigenen sonderbaren Zwang, die geringfügige Summe zurückzuzahlen, die jemand bei der Post für ihn ausgelegt hatte, und ebenso eine weitere Verbindung zu Ratten. Als er bei der Waffenübung die sadistische Geschichte von der Rattenstrafe hörte, weckte sie diese Erinnerungen und ebenso Reste der Analerotik seiner Kindheit. »Er hatte sich in seinen Zwangsdelirien eine förmliche Rattenwährung eingesetzt«, notierte Freud.[63] Die Geschichte hatte alle grausamen sexuellen Impulse des Rattenmannes aus der Verdrängung hervorgeholt. Sobald er einmal diese Reihe von Deutungen in sich aufgenommen und akzeptiert hatte, näherte sich der Rattenmann dem Ausgang aus dem Labyrinth seiner Neurose. Das »Rattendelirium«[64] – die Zwangsimpulse und -verbote – verschwand, und damit hatte der Rattenmann abgeschlossen, was Freud mit einem schönen Ausdruck seine »Schule des Leidens«[65] nannte.

Trotz der Probleme, die er seinem Analytiker aufgab, war der Rattenmann von Anfang an ein Lieblingspatient Freuds. Es gibt in seinen Aufzeichnungen für den 28. Dezember eine rätselhafte Eintragung, die seine Gefühle für seinen Patienten verrät: »Hungerig und wird gelabt.«[66] Freud hatte den Rattenmann zu einer Mahlzeit eingeladen. Das war eine ketzerische Handlung für einen Psychoanalytiker: Einem Patienten gefällig zu sein, indem man ihm Zutritt zum Privatleben seines Analytikers gewährt, und ihn zu bemuttern, indem man ihm in einer freundlichen, nichtberuflichen Umgebung Speise anbietet, verstieß gegen all die strengen Regeln, die Freud in den letzten Jahren entwickelt hatte und seinen Schülern einzuimpfen versuchte. Aber offenbar fand Freud nichts dabei, seine eigenen Regeln zu mißachten. Trotz dieser Abweichungen bleibt Freuds Bericht beispielhaft als Darstellung einer klassischen Zwangsneurose.* Er dient hervorragend dazu, Freuds Theorien abzustützen, vor allem diejenigen, welche die Wurzeln der Neurose in der Kindheit, die innere Logik der phantastischsten und unerklärlichsten Symptome und den mächtigen, oft verborgenen Druck ambivalenter Gefühle postulieren. Freud war nicht Masochist genug, um nur Fehlschläge zu publizieren.

---

* Spätere Kritiker, die den Fall neu analysierten, haben Freud vorgeworfen, der Mutter des Rattenmannes und, in Anbetracht seiner ungewöhnlichen Zwangsideen über Ratten, seiner Analerotik nicht genug Aufmerksamkeit gewidmet zu haben. Beides tritt in den Notizen etwas stärker in Erscheinung als im veröffentlichten Text. Am Anfang, als Freud sein psychoanalytisches Verfahren erklärt und seine Bedingungen festsetzt, sagt der Rattenmann, er müsse seine Mutter befragen (siehe Freud, *L'Homme aux rats*, hrsg. v. Hawelka, S. 32).

In eigener Sache: Leonardo, Schreber, Fließ

Die meisten Schriften Freuds tragen die Spuren seines Lebens. Sie sind auf eine bedeutsame, aber oft ganz unauffällige Weise mit seinen persönlichen Konflikten und seinen pädagogischen Strategien verstrickt. *Die Traumdeutung* ist ein Erguß von Selbstenthüllungen, die in den Dienst der Wissenschaft gepreßt wurden. Der Fall Dora ist ein öffentlicher Ringkampf zwischen emotionalen Bedürfnissen und beruflichen Pflichten. »Der kleine Hans« und der »Rattenmann« sind mehr als nur klinische Dokumente. Freud schrieb sie, um die Theorien zu untermauern, die er in seinen zutiefst subversiven *Drei Abhandlungen zur Sexualtheorie* entwickelt hatte. Gewiß, nicht alle seine Entscheidungen, eher den einen Fall zu veröffentlichen als einen anderen, wurzelten in quälenden inneren Kämpfen oder waren von Zwängen der psychoanalytichen Politik diktiert. Die reine Faszination des Materials stellte auch ihre Ansprüche an ihn. Im allgemeinen überschritten und verstärkten Freuds persönliche Bedürfnisse, seine strategischen Berechnungen und die wissenschaftliche Erregung einander. Gewiß waren unter der polierten Oberfläche der Krankengeschichten Schrebers und des Wolfsmannes, die nach dem »Rattenmann« veröffentlicht wurden, unabgeschlossene, quälende psychologische Probleme in ihm am Werk. Das gleiche gilt für »Eine Kindheitserinnerung des Leonardo da Vinci«.

Freud betrachtete seine lange Abhandlung über Leonardo da Vinci nie als Krankengeschichte, obwohl er einmal Ferenczi gutgelaunt aufforderte, über seinen neuen, »erlauchten« Analysanden zu »staunen«.[67] Er sah in ihr vielmehr ein Spähtruppunternehmen für eine massive Invasion kultureller Themen, die er mit den Waffen der Psychoanalyse in der Hand durchzuführen plante. »Auch die Biographik muß unser werden«, schrieb er Jung im Oktober 1909, und triumphierend verkündete er: »Das Charakterrätsel Leonardos da Vinci ist mir plötzlich durchsichtig geworden. Das gäbe also einen ersten Schritt in die Biographik.«[68] Es wird sich aber zeigen, daß diese offizielle Beschreibung des »Leonardo« als Übung in psychoanalytischer Biographie unvollständig ist.

Sein Essay über eine Kindheitserinnerung des Leonardo da Vinci erwies sich als höchst umstritten, aber er war und blieb Freud sehr lieb, zum Teil weil er Leonardo so hoch schätzte. Er gestand: »Ich bin wie andere der Anziehung unterlegen, die von diesem großen und rätselhaften Manne ausgeht.«[69] Und er zitierte Jacob Burckhardts bewundernde Einschätzung dieses »allseitigen Genies, ›dessen Umrisse man nur ahnen kann – nie ergründen‹«.[70] Wir wissen, daß Freud Italien liebte und es besuchte, sooft er konnte, beinahe jeden Sommer. Leonardo war ein wichtiger Grund.

Freud hatte sich schon lange mit ihm beschäftigt. Bereits 1898 hatte er Fließ, der Material über Linkshändigkeit sammelte, »Leonardo, von dem kein Liebeshandel bekannt ist«, als den vielleicht »berühmtesten Linkshänder« angeboten.[71] Sich in Leonardos ehrfurchtgebietende und rätselhafte Gegenwart vorzuwagen, bereitete ihm ein köstliches Vergnügen. Im August 1910, als er von einem holländischen Badeort aus nach Italien unterwegs war, unterbrach er seine Reise, um im Louvre »einen Blick auf den Leonardo [Die heilige Anna Selbdritt] zu werfen«.[72] Der Umgang mit den Großen, auch wenn er nicht behauptete, einer der ihren zu sein, war eine der Dividenden, die das Schreiben psychoanalytischer Biographie für Freud abwarf.

Im November 1909, nicht lange nach seiner Rückkehr aus den Vereinigten Staaten, beklagte sich Freud bei Ferenczi über seine Gesundheit, »die besser sein könnte«, aber er fügte unmittelbar hinzu: »Meine Gedanken sind, soweit sie sich noch vernehmlich machen können, bei Leonardo da Vinci und bei der Mythologie.«[73] Im März 1910 »entschuldigte« er sich bei Ferenczi dafür, daß er keinen langen Brief schreibe: »Ich bin so kurz, weil ich am Leonardo arbeiten will.«[74] Dieser »Leonardo«, schrieb er Lou Andreas-Salomé beinahe ein Jahrzehnt nach seinem Erscheinen in einem Anflug von Nostalgie, war »das einzig Schöne, das ich je geschrieben«.[75]

Seine Vorliebe machte Freud nicht blind für die Gefahr, die er auf sich nahm. Als er Ferenczi im November 1909 seinen neuen, »erlauchten« Analysanden ankündigte, beteuerte er, er habe »aber nichts Grösseres« im Sinne.[76] In der gleichen Stimmung wertete er die Abhandlung Ernest Jones gegenüber ab: »Sie dürfen nicht zu viel vom Leonardo erwarten, der nächsten Monat herauskommen wird. Weder das Geheimnis der Vierge aux rochers noch die Lösung des Mona-Lisa-Rätsels. Bescheiden Sie sich in Ihren Hoffnungen, dann wird er Ihnen vielleicht besser gefallen.«[77] Den deutschen Maler Hermann Struck warnte er, daß das »Büchlein« über Leonardo eine »halbe Romandichtung« sei, und er bemerkte: »Ich möchte nicht, daß Sie die Sicherheit unserer sonstigen Ermittlungen nach diesem Muster beurteilen.«[78]

Einige der ersten Leser dieses kleinen halben Romans weigerten sich, Freuds Einschätzung zu akzeptieren, und er war ihnen dankbar dafür. »Den Genossen scheint der L[eonardo] zu gefallen«, bemerkte er erfreut im Juni 1910.[79] Er gefiel ihnen tatsächlich sehr. »Diese Analyse«, schrieb Abraham, sobald er das ihm zugeschickte Exemplar gelesen hatte, »ist so fein und so formvollendet, daß ich ihr nichts an die Seite zu stellen weiß.«[80] Jung war womöglich noch lyrischer. »›Leonardo‹ ist wunderbar«, schrieb er Freud.[81] Havelock Ellis, der die erste Rezension schrieb, zeigte sich »freundlich wie immer«.[82] Diese Aufnahme ermöglichte es Freud, den

»Leonardo« als Prüfstein zu verwenden, um die Zugehörigen von den Au-
ßenstehenden zu scheiden. »Er gefällt allen Freunden«, schrieb er Abraham
im Sommer 1910, »und wird hoffentlich den Abscheu aller Fremden er-
wecken.«[83]

Der Ton der Abhandlung über Leonardo ist weit weniger positiv, er ist
tastend, angestrengt bescheiden. Schon der Anfang ist eine Verzichtserklärung: Die psychiatrische Forschung, bemerkte Freud, habe nicht die Absicht, »das Strahlende zu schwärzen und das Erhabene in den Staub zu
ziehen«. Aber Leonardo, »als einer der größten Männer der italienischen
Renaissance … schon von den Zeitgenossen bewundert«, sei ein Mensch
wie jeder andere, und es sei »niemand so groß, daß es für ihn eine Schande
wäre, den Gesetzen zu unterliegen, die normales und krankhaftes Tun mit
gleicher Strenge beherrschen«.[84] Im Text rechtfertigte Freud seine Patho-
graphie Leonardos mit der Begründung, daß gewöhnliche Biographen »an
ihren Helden fixiert« seien und daß es ihnen nur gelinge, eine »kalte,
fremde Idealgestalt des Menschen, dem wir uns entfernt verwandt fühlen
könnten«, darzustellen. Freud versicherte seinen Lesern, daß sein Essay
einzig und allein danach strebe, die Determinanten der »seelischen und
intellektuellen Entwicklung« Leonardos zu entdecken. Sollten ihm
Freunde und Kenner der Psychoanalyse den Vorwurf machen, »daß ich
bloß einen psychoanalytischen Roman geschrieben habe, so werde ich antworten, daß ich die Sicherheit dieser Ergebnisse gewiß nicht über-
schätze«.[85]* Schließlich, gab Freud zu, sei verläßliches biographisches Material über Leonardo spärlich und ungewiß. Eher spielerisch versuchte er
ein Puzzle zusammenzusetzen, von dem die meisten Stücke fehlten und
einige der verbliebenen praktisch nicht zu entziffern waren.

Dies sind undurchsichtige Schirme, die Freud als Abwehr gegen spitzfindige Kritiker aufstellte. Aber sie können nicht verbergen, daß der »Leonardo« bei allem Scharfsinn seiner Schlußfolgerungen ein mit schweren
Fehlern behaftetes Werk ist. Ein großer Teil des Beweismaterials, das Freud
verwendete, um sein Porträt zu zeichnen, ist nicht schlüssig oder unbrauchbar. Die Charakterskizze, die er von Leonardo entwarf, ist ein glaubwürdi-
ges Abbild: Leonardo ist der Künstler, der ständig Schwierigkeiten hat, sein
Werk zu beenden, und der in seinen späteren Jahren die Kunst zugunsten
der Wissenschaft aufgibt; er ist der milde, gehemmte Homosexuelle, welcher der Welt eines der großen Rätsel der Kunst hinterlassen hat, das Lä-

---

* Noch 1931 schrieb er: »Ich habe mich einmal an einen der Allergrößten gewagt, von
dem leider nur zu wenig bekannt ist, an Leonardo da Vinci. Ich konnte wenigstens wahrscheinlich machen, daß die ›heilige Anna Selbdritt‹, die Sie ja täglich im Louvre besuchen
können, ohne die eigentümliche Kindheitsgeschichte Leonardos nicht verständlich
wäre« (Freud an Max Schiller, 26. März 1931. *Briefe*, S. 423).

cheln der Mona Lisa. Aber was immer Freuds Porträt an Glaubwürdigkeit besitzt, beruht auf anderen Voraussetzungen als denen, die Freud zu den seinen machte.

Freuds Argument ist von vollkommener Einfachheit. Er schlug vor, Leonardo und sein Werk von zwei Augenblicken in seinem Leben aus zu sehen: von einem Erlebnis als Erwachsener und einer Kindheitserinnerung, letztere durch ersteres hervorgerufen.* Das formende Erlebnis, das Freud im Sinne hatte, war die Arbeit am Porträt der Mona Lisa, und er hoffte, die Erinnerung, welche die Sitzungen in Leonardo weckten, aus dem Material, das er finden konnte, zu rekonstruieren und zu deuten. Er hatte Glück, das Glück des Wohlvorbereiteten; er entdeckte den Hinweis, den er suchte, in dem großen Sammelsurium von Leonardos Notizbüchern. In diesen Aufzeichnungen, diesem Wirrwarr von Karikaturen, wissenschaftlichen Experimenten, Zeichnungen von Waffen und Befestigungsanlagen, Gedanken über Ethik und Mythologie und finanziellen Berechnungen, bezog sich Leonardo nur einmal auf seine Kindheit, als er über den Flug der Vögel nachdachte. Freud holte aus diesem seltenen Fund heraus, was er zu bieten hatte. Leonardo erinnerte sich an eine seltsame und traumähnliche Begebenheit: »Es scheint« – so gab Freud die Stelle wieder – »daß es mir schon vorher bestimmt war, mich so gründlich mit dem Geier zu befassen, denn es kommt mir als eine ganz frühe Erinnerung in den Sinn, als ich noch in der Wiege lag, ist ein Geier zu mir herabgekommen, hat mir den Mund mit seinem Schwanz geöffnet und viele Male mit diesem seinem Schwanz gegen meine Lippen gestoßen.«[86] Freud war überzeugt, daß dies eher eine spätere Phantasie als eine buchstäbliche Erinnerung war, eine Phantasie, die, richtig untersucht, Zugang zu Leonardos emotionaler und künstlerischer Entwicklung bieten könnte.

Freud verwendete ein gut Teil Gelehrsamkeit auf den Vogel, der Leonardo in seiner Wiege angegriffen hatte. Im alten Ägypten war, was Leonardo gewußt haben könnte, der Geier eine Hieroglyphe für »Mutter«. Mehr noch, der christlichen Legende nach, die ihm ebenfalls zugänglich war, ist der Geier ein Vogel, der nur als Weibchen vorkommt; als poetisches Symbol für die jungfräuliche Geburt wird er vom Wind befruchtet. Nun war Leonardo ein »Geierkind, das eine Mutter, aber keinen Vater gehabt hatte«. Damit drückte Freud poetisch aus, daß Leonardo ein uneheliches Kind war. Er vermutete, daß Leonardo in seiner frühesten Kindheit die ausschließliche und leidenschaftliche Liebe seiner verlassenen Mutter genossen hatte. Eine solche Liebe muß »von entscheidendstem Einfluß auf die Gestaltung seines inneren Lebens gewesen sein«. Das bedeutete, daß

---

* Freud führte einige theoretische Überlegungen weiter aus, die er nicht lange zuvor in einer Abhandlung über den Dichter und das Phantasieren entwickelt hatte.

Leonardo zu der Zeit, in der sich die Grundlagen seines Charakters entwikkelten, vaterlos war: »Die Heftigkeit der Liebkosungen, auf die seine Geierphantasie deutet, war nur allzu natürlich; die arme verlassene Mutter mußte all ihre Erinnerungen an genossene Zärtlichkeiten wie ihre Sehnsucht nach neuen in die Mutterliebe einfließen lassen; sie war dazu gedrängt, nicht nur sich dafür zu entschädigen, daß sie keinen Mann, sondern auch das Kind, daß es keinen Vater hatte, der es liebkosen wollte. So nahm sie nach der Art aller unbefriedigten Mütter den kleinen Sohn an Stelle ihres Mannes an und raubte ihm durch die allzu frühe Reifung seiner Erotik ein Stück seiner Männlichkeit.«[87] So bereitete Leonardos Mutter unabsichtlich den Boden für seine spätere Homosexualität vor.

In dem Brief an Jung, in dem er zum erstenmal seine Lösung des Leonardo-Rätsels ankündigte, fügte Freud, ohne weitere Einzelheiten anzugeben, hinzu: »Ich habe unlängst sein Ebenbild (ohne sein Genie) bei einem Neurotiker begegnet.«[88] Das ist einer der Gründe, warum er so zuversichtlich war, Leonardos praktisch unbelegte früheste Jahre rekonstruieren zu können: Die Geierphantasie war für ihn schwer mit klinischen Assoziationen befrachtet. Wie wir schon früher bemerkt haben, standen Freuds Couch und sein Schreibtisch räumlich und gefühlsmäßig sehr eng beieinander. Er zweifelte nicht daran, daß Leonardos Erinnerung gleichzeitig das passive homosexuelle Saugen an einem Penis und das glückliche Saugen des Kindes an der Mutterbrust darstellte.

Es war natürlich ein vertrautes Prinzip der Psychoanalyse, das Freuds Patienten ihm immer und immer wieder bestätigt hatten, daß die emotionalen Verwirrungen der ersten Jahre und die Leidenschaften des Erwachsenenlebens unausweichlich miteinander verbunden sind. Im besonderen, notierte Freud, hätten »alle unsere homosexuellen Männer« diese folgenschwere Verbundenheit auf praktisch dieselbe Weise gezeigt: »In der ersten, vom Individuum später vergessenen Kindheit« gab es »eine sehr intensive erotische Bindung an eine weibliche Person, in der Regel an die Mutter, hervorgerufen oder begünstigt durch die Überzärtlichkeit der Mutter selbst, ferner unterstützt durch ein Zurücktreten des Vaters im kindlichen Leben«. Freud beschrieb dies als ein Vorstadium der homosexuellen Entwicklung; es folge darauf ein Stadium, in dem »der Knabe die Liebe zur Mutter verdrängt, indem er sich selbst an deren Stelle setzt, sich mit der Mutter identifiziert und seine eigene Person zum Vorbild nimmt, in dessen Ähnlichkeit er seine neuen Liebesobjekte auswählt. Er ist so homosexuell geworden; eigentlich ist er in den Autoerotismus zurückgeglitten, da die Knaben, die der Heranwachsende jetzt liebt, doch nur Ersatzpersonen und Erneuerungen seiner eigenen kindlichen Person sind, die er so liebt, wie die Mutter ihn als Kind geliebt hat.« Kurz, die Psychoanalytiker sagen, »er findet seine Liebesobjekte auf dem Wege des Narzißmus, da die griechische

Sage einen Jüngling *Narzissus* nennt, dem nichts so wohl gefiel wie das eigene Spiegelbild«.[89] Dieser Satz bezeichnet einen kritischen Augenblick in der Geschichte der Psychoanalyse: Freud führte hier zum erstenmal in seinem Werk den Begriff des Narzißmus ein, ein frühes Stadium erotischer Selbstliebe, das er zwischen der primitiven Autoerotik des Kleinkindes und der Objektliebe des heranwachsenden Kindes annahm. Der Narzißmus sollte bald eine zentrale Stelle in seinem Denken einnehmen.

Daß Leonardo zunächst ohne Vater erzogen wurde, müsse, dachte Freud, seinen Charakter geformt haben. Aber dieser Charakter sei ebenso auch durch eine andere drastische Intervention aus der Erwachsenenwelt geprägt worden. Sein Vater heiratete kurz nach Leonardos Geburt, und etwa drei Jahre später, nahm Freud an, adoptierte er seinen Sohn und nahm ihn in sein Haus. So wuchs Leonardo mit zwei Müttern auf. Kurz nach 1500, als er die Mona Lisa malte, erinnerte ihn ihr vieldeutiges Lächeln mit bedrückender Lebendigkeit an die beiden liebenden, reizenden jungen Frauen, die zusammen über seine Kindheit gewacht hatten. Der schöpferische Funke, der Kunst werden läßt, indem er zwischen Erlebnis und Erinnerung hin und her springt, verlieh dem Porträt der rätselhaften, verführerischen Mona Lisa seine Unsterblichkeit. Dann, als er die heilige Anna Selbdritt schuf, malte er seine beiden Mütter, so wie sie in seiner Erinnerung oder seinem Gefühl nach waren – beide gleich alt und mit dem fein angedeuteten, unbeschreiblichen Lächeln der Gioconda.

Nichts von dieser Detektivarbeit, das muß wiederholt werden, verführte Freud zu der Behauptung, er habe das Geheimnis des Genies Leonardos entdeckt. Aber er glaubte, den Faden in den Händen zu halten, der ihn zum Kern des Charakters Leonardos führen würde. Indem er sich mit seinem Vater identifizierte, dem Mann, der ihn gezeugt und dann verlassen hatte, behandelte Leonardo seine »Kinder« ebenso: Er war leidenschaftlich in der Schöpfung, ungeduldig mit langweiligen Details, unfähig, der Inspiration bis zum Ende zu folgen. Aber indem er auch gegen seinen Vater rebellierte, fand Leonardo den Weg zur Wissenschaft: Er konnte so den Gehorsam gegenüber der Autorität gegen eine höhere Loyalität eintauschen – den Gehorsam gegenüber dem Beweis. Mit einem beinahe hörbaren Seufzer der Zustimmung zitierte Freud Leonardos kühnen Satz, der die Rechtfertigung für alle freie Forschung enthält: »*Wer im Streite der Meinungen sich auf die Autorität beruft, der arbeitet mit seinem Gedächtnis anstatt mit seinem Verstand.*«[90] Leonardo hatte seine sexuellen Leidenschaften energisch zur Leidenschaft für unabhängige wissenschaftliche Forschung sublimiert. Es ist ungewiß, wann genau und wie intensiv sich Freud mit Leonardo identifizierte, aber als er diese stolze Maxime zitierte, die den nonkonformistischen Forscher leitet, war er eins mit seinem Sujet.

Freuds Neigung für dieses Experiment in psychoanalytischer Biographie

war nicht gänzlich unangebracht.* Seine schematische Darstellung eines
der Wege zur Homosexualität – intensive, übermäßig verlängerte ödipale
Liebe zur zärtlichen Mutter, Regression auf dieses Stadium, Identifizierung
mit der Mutter, Liebe zu anderen heranwachsenden Knaben, als wären sie
er, der geliebte Sohn – behält ihr ganzes Interesse und viel von ihrer Gültigkeit. Auch Freuds verstreute Bemerkungen über den Abwehrmechanismus,
den er Sublimierung nannte, bleiben anregend, obgleich sie die schwierige
Frage nicht lösen können, wie die Psyche triebmäßige Energien in den
Dienst kultureller Betätigungen wie Kunst oder Wissenschaft stellt. Doch
bei genauerer Prüfung beginnt sich das fein gesponnene Gewebe von
Freuds Argumentation aufzulösen. Seine Behauptung, daß Leonardo mehr
oder weniger der erste gewesen sei, der die Idee gehabt habe, die heilige
Anna als jugendlich darzustellen, ist unhaltbar, selbst wenn Leonardos
Wahl der Konvention, Mutter und Tochter gleichaltrig zu zeigen, als Hin-
weis auf seine psychische Natur dienen mag. Aber auch Freuds Vermutung,
daß Leonardos Vater ihn erst nach einer Frist von etwa drei Jahren in sein
Haus genommen habe, ist durch widersprechendes Beweismaterial in
Frage gestellt worden.* *

Ärgerlich genug, aber das schwächste Glied in Freuds Argumentation ist
die Geier-Phantasie. Freud hatte deutsche Übersetzungen von Leonardos
Notizbüchern benutzt, in denen *nibbio* fälschlich mit »Geier« wiedergegeben wird statt mit »Milan«. Dieser Fehler, zum erstenmal 1923 erwähnt [91],
der aber weder von Freud noch von einem anderen Psychoanalytiker zu
Freuds Lebzeiten eingestanden wurde, macht die Konstruktion Geier–
Mutter mit all ihren enormen Implikationen hinfällig. Der Geier war ein in
den Mythen sehr beliebtes Geschöpf, der Milan ist einfach nur ein Vogel.
Leonardos Bericht von dem Vogel, der ihn angegriffen habe, bleibt eine
lebendige Dramatisierung, die vielleicht an das Stillen oder an eine homosexuelle Begegnung oder, was wahrscheinlicher ist, eine homosexuelle Phantasie erinnerte – oder Erinnerungen an all das kondensierte. Aber der Über-
bau, den Freud auf der Fehlübersetzung errichtete, zerfällt zu Staub.

Zusammengenommen beeinträchtigen diese Fehler die Glaubwürdig-

---

* Der Kunsthistoriker Kenneth Clark, kein Freudianer, akzeptierte die »schöne und,
wie ich glaube, tiefe Deutung«, die Freud Leonardos Gemälde der heiligen Anna Selbdritt gegeben hat, und er sieht wie Freud »die unbewußte Erinnerung« an Leonardos
zwei Mütter in den Gesichtern der Frauen (Kenneth Clark, *Leonardo da Vinci: An Account of His Development as an Artist* [1939; rev. Aufl. 1958], S. 137).
* * Freud ließ, wie es scheint, eine französische Studie über Leonardo außer acht, die
er besaß und mit Anmerkungen versah. Ihr zufolge hatte Leonardos Vater seinen unehelichen Sohn bereits in dem Jahr, in dem er heiratete, in sein Haus genommen. Natürlich kann Freud dieses Argument abgelehnt haben, aber es war ihm bekannt
(siehe Jack J. Spector, *The Aesthetics of Freud: A Study in Psychoanalysis and Art*
[1972], S. 58).

keit von Freuds Charakterskizze schwer. Es war nur gut, daß er für sein Lieblingswerk nur bescheidene Ansprüche erhob. Aber obwohl es im höchsten Grade wahrscheinlich ist, daß Freud auf die Fehlübersetzung »Geier« statt »Milan« aufmerksam gemacht wurde, korrigierte er sie nie. Während seiner langen Laufbahn als psychoanalytischer Theoretiker zeigte er sich bereit, weit wichtigere, lange vertretene Theorien zu revidieren. Aber nicht seinen »Leonardo«.

Es gab mehr als einen Grund für Freuds hartnäckige Loyalität. Zweifellos bot ihm die Studie über Leonardo verlockende berufliche Belohnungen. Als er Jung über den »analysierten« Leonardo schrieb, bemerkte Freud beinahe als Assoziation: »Ich komme immer mehr dazu, die infantilen Sexualtheorien zu schätzen, die ich übrigens mit sträflicher Unvollständigkeit dargestellt habe.«[92] Dies sollte Jung nebenbei auch daran erinnern, daß Freud nicht bereit war, in der leicht entzündbaren, entzweienden Frage der Libido einen Kompromiß zu schließen. In diesem kämpferischen Jahrzehnt gehörte es immer zu den wesentlichen Absichten Freuds, polemische Argumente anzubringen, ob gegenüber erklärten Gegnern oder schwankenden Anhängern.

Doch in Freud waren schwer faßbare, weniger augenscheinliche Kräfte am Werk: am 2. Dezember 1909, einen Tag, nachdem er der Wiener Psychoanalytischen Vereinigung über seine Leonardo-Studien berichtet hatte, schrieb er Jung erleichtert und voll Selbstkritik, daß ihm sein Vortrag nicht gefallen habe, daß er aber hoffe, nun, nachdem er ihn losgeworden war, auf etwas Ruhe vor seiner Obsession rechnen zu dürfen.[93] »Obsession« ist ein starker Ausdruck, aber Freud meinte es beinahe buchstäblich so. Ohne sie hätte er vielleicht seinen psychoanalytischen Roman gar nicht geschrieben.

Die geheime Energie, die diese Obsession beseelte, hinterließ verräterische Spuren in Freuds Korrespondenz und Verhalten in jenen Jahren. Ihre Quelle waren Erinnerungen an Fließ, mit dem er – irrtümlicherweise – für immer fertig zu sein glaubte. Erinnerungen an seinen alten Vertrauten, der nun kein Vertrauter mehr war, zwangen Freud, seine affektive Ökonomie noch einmal zu erforschen; das bedeutete viel qualvolle Arbeit für seine Selbstanalyse.* Im Dezember 1910 schrieb er Ferenczi: »Fließ habe ich jetzt überwunden, worauf Sie so neugierig waren.« Er fügte unmittelbar hinzu, und die Assoziation ist unverkennbar: »Adler ist ein kleiner Fließ redivivus, ebenso paranoid. Stekel als Anhang zu ihm heißt wenigstens Wil-

---

* »Denn Freud drückte darin [im »Leonardo«] ... Schlußfolgerungen aus, zu denen er sehr wahrscheinlich durch seine Selbstanalyse gelangt war und die für das Studium seiner Persönlichkeit von großer Bedeutung sind. Seine Briefe aus jener Zeit zeigen immer wieder in aller Deutlichkeit, mit welch ungewöhnlicher Intensität er sich gerade in diese Untersuchung geworfen hatte« (*Jones*, II, S. 101).

helm.«[94] Freud sah Wilhelm Fließ überall in anderen verkörpert. Adler, schrieb er Jung, »erweckt in mir das Andenken an Fließ, eine Oktave tiefer. Dasselbe Paranoid.«[95] Als er das schrieb, arbeitete er schon am Fall Schreber, der blendend eine These illustrieren sollte, die er schon seit einer Weile vertreten hatte: Das elementare Agens der Paranoia ist verkleidete Homosexualität. »Mein einstiger Freund Fließ«, hatte er Jung schon 1908 geschrieben, »hat eine schöne Paranoia entwickelt, nachdem er sich der gewiß nicht geringen Neigung zu mir entledigt.« Immer bereit, persönlichen Aufruhr in analytische Theorie zu übersetzen, schrieb Freud es Fließ' Benehmen zu, daß er diese Einsicht gewonnen habe, eine Einsicht, die mehrere seiner Patienten reichlich bestätigt hatten.[96]

Jemanden paranoid nennen, hieß in dem technischen Vokabular, das Freud entwickelt hatte, ihn einen Homosexuellen nennen, zumindest einen latenten; und es waren Überreste unbewußter homoerotischer Gefühle, die in Freud aufstiegen. Was immer er Jung sagen mochte, er bemühte sich, seine Gefühle für Fließ und nicht dessen Gefühle für ihn zu analysieren – zu analysieren und damit, wenn möglich, auszuräumen. Im Herbst 1910, als er Ferenczis maßlose Forderungen nach Intimität abwehrte, warnte er ihn: »Seit dem Fall Fließ, mit dessen Überwindung Sie mich gerade beschäftigt sehen, ist dieses Bedürfnis bei mir erloschen. Ein Stück homosexueller Besetzung ist eingezogen und zur Vergrößerung des eigenen Ichs verwendet worden. Mir ist das gelungen, was dem Paranoiker mißlingt.«[97] Wie er Jung andeutete, fand er diese »homosexuelle Besetzung« alles andere als überwältigend. Ende September, in einem Brief aus Rom, klagte er über Ferenczi: »Ein sehr lieber Mensch, aber etwas ungeschickt verträumt und infantil gegen mich eingestellt«, übermäßig bewundernd und passiv. »Er hat ... alles für sich tun lassen wie eine Frau, und meine Homosexualität reicht doch nicht so weit, ihn dafür anzunehmen.«[98] Er bekannte sich jedoch zu einem, wie er einmal sagte, gewissen »androphilen« Element in sich.[99]

Zwei Jahre später, als er einen seiner viel diskutierten Ohnmachtsanfälle analysierte, lieferte er eine nicht weniger schonungslose Selbstdiagnose. Wie wir wissen, wurde Freud im November 1912 in München bei einem kleinen privaten Treffen von Psychoanalytikern in Jungs Gegenwart ohnmächtig. Er hielt eine Erklärung für besonders dringend nötig, da dies nicht die erste Episode dieser Art war. Wie er Ernest Jones mitteilte, hatte er schon zweimal zuvor, einmal 1906 und einmal 1908, »an sehr ähnlichen, wenn auch nicht so intensiven Symptomen in *demselben* Zimmer des Parkhotels gelitten. In jedem Falle mußte ich den Tisch verlassen.«[100] Dann war er noch einmal 1909 in Jungs Gegenwart in Bremen ohnmächtig geworden, kurz bevor sie an Bord gingen, um in die Vereinigten Staaten zu reisen. Als er über diese Geschichte nachdachte, ließ er Ferenczi wissen, daß er vollkommen wiederhergestellt sei und »den Schwindelanfall in München gut analytisch erledigt« habe. Diese Anfälle, meinte er, »weisen auf die Bedeutung frühzeitig erlebter Todesfälle hin«. Er dachte an seinen kleinen Bruder, der gestorben war, als er, Freud, noch keine zwei Jahre alt gewesen war, und dessen Tod er mit so böser Erleichterung begrüßt hatte.[101]

Aber nur einen Tag vorher, als er Ernest Jones schrieb, hatte Freud eine weiterreichende Erklärung angeboten: Er war müde gewesen, hatte wenig geschlafen, viel geraucht, mußte den Übergang in Jungs Briefen »von Zärtlichkeit zu anmaßender Frechheit« verkraften. Noch verhängnisvoller war die Tatsache, daß das Zimmer im Parkhotel, in dem er dreimal einen Schwindel- oder Ohnmachtsanfall erlitten hatte, eine unauslöschliche Assoziation für ihn besaß. »Ich sah München zum erstenmal, als ich Fließ während seiner Krankheit besuchte«, schrieb er. »Diese Stadt scheint eine starke Verbindung mit meiner Beziehung zu diesem Manne zu haben. Es ist ein Stück unbändigen homosexuellen Gefühls auf dem Grunde der Sache.«[102] Jones fühlte sich Freud nahe genug, um beträchtliches Interesse »an Ihrem Anfall in München« zu äußern, besonders, fuhr er offen fort, »da ich ein homosexuelles Element vermutet hatte, und dies war auch der Sinn meiner Bemerkung auf dem Bahnhof, daß es Ihnen schwerfallen würde, Ihr Gefühl für Jung aufzugeben (und ich meinte damit, daß es vielleicht eine Übertragung älterer Affekte auf ihn gab)«.[103] Freud akzeptierte Jones' Formulierung bereitwillig. »Sie haben recht mit der Annahme, daß ich auf Jung homosexuelle Gefühle von einer anderen Seite übertragen hatte, aber ich bin froh, keine Schwierigkeiten damit zu haben, sie zur freien Zirkulation abzulösen. Wir werden ein gutes Gespräch über diese Angelegenheit haben.«[104] Einige der Gefühle, die Jung weckte, waren, wie Freud richtig sah, »von einer anderen Seite« geborgt worden: Jung war, wie Adler vor ihm, Fließ redivivus. Es ist wert festgehalten zu werden, daß Freuds Besuch bei dem leidenden Fließ in München, der diese Reihe von Erinnerungen freisetzte, beinahe zwei Jahrzehnte früher, nämlich 1894, stattgefunden hatte. Freuds Gefühle für Fließ waren sehr beständig.

Sie waren auch, wie bei erotischen Gefühlen oft der Fall, gemischt. Als er die Episode kurz darauf noch einmal mit Binswanger untersuchte, wiederholte Freud: »Zurückgehaltene Gefühle, diesmal gegen Jung wie früher gegen einen Vorgänger von ihm, spielen natürlich die Hauptrolle.«[105] Als ihn seine Erinnerungen weiter plagten, waren die einzigen Gefühle, die Freud nun für Fließ oder seine späteren Ersatzmänner aufbringen konnte, die drastische Antithese der Zuneigung, die er einmal seinem Anderen in Berlin so verschwenderisch geschenkt hatte. Bereits verbittert durch das Verhalten Adlers und Stekels, fühlte sich Freud belagert von dem, was er als Jungs Todeswünsche gegen seine Person deutete, und von einem Wiederaufleben seiner eigenen Todeswünsche gegen seinen jüngeren Bruder. Aber hinter all diesen Gefühlen stand dieser völlige Zusammenbruch, der nicht leicht übersehen oder rasch beseitigt werden konnte, seine alten leidenschaftlichen Gefühle für – und gegen – Fließ.

Es war unheimlich: Fließ trat immer wieder an den erstaunlichsten Stellen in Freuds Leben ein. Im Jahre 1911 erklärte Freud einen seiner verheerendsten Migräneanfälle, indem er sich an eine Periodisierung hielt, die er von Fließ gelernt hatte. Er zählte von seinem Geburtstag bis zum Ausbruch seiner Schmerzen: »Ich bin seit einer schweren Migräne am 29. 5. (6. Mai + 23) sehr nieder.«[106] Mehr als ein Jahr später griff er wieder, über Jung besorgt, auf seine Vergangenheit zurück: »Ich komme eben aus dem ›Don Juan‹«, berichtete er Ferenczi. Im zweiten Akt, während des Festmahls, spielt die gemietete Kapelle ein Stück einer Arie aus Mozarts *Figaros Hochzeit* und Leporello bemerkt: »Diese Musik kommt mir außerordentlich bekannt vor.« Freud fand »eine gute Anwendung auf die gegenwärtige Situation. Ja, auch diese Musik kommt mir sehr bekannt vor. Ich habe das alles vor 1906 schon erlebt« – nämlich mit Fließ in den letzten, zornigen Jahren ihrer Freundschaft; »dieselben Einwände, dieselben Prophezeiungen, dieselben Proklamationen, daß ich nun abgetan sei«.[107] Man würde Freuds unbewußte Gefühle, besonders seine verdrängten Gefühle für Fließ, zu hoch einschätzen, wollte man sie gänzlich für seine Studien über Leonardo und Schreber verantwortlich machen. Gewiß trug die zufällige Anhäufung interessanter paranoider Patienten, die zur Behandlung kamen, dazu bei, seine klinischen und theoretischen Interessen um 1910 auf einen Brennpunkt zu konzentrieren. Daß Freud von seiner fortwährenden Selbstanalyse borgte, beeinträchtigt den wissenschaftlichen Wert seiner Erkenntnisse keineswegs. Indem er verkündete, er habe Fließ überwunden, und zeigte, daß das nicht der Fall war, machte er guten Gebrauch von seinem Unbewußten. Es war ihm vollkommen ernst gewesen, als er Anfang 1908, über das sprechend, was er Fließ' Paranoia zu nennen beliebte, Jung schrieb: »Man muß aus allem etwas zu lernen suchen.«[108] Und *alles* schloß ihn selbst mit ein.

Während Freud im Frühjahr 1910 die Korrekturen zu seinem »Leonardo« las, begann er über einen neuen, kaum weniger einzigartigen Fall nachzudenken, den des hervorragenden sächsischen Juristen und bemerkenswerten Paranoikers Daniel Paul Schreber. Emotional, chronologisch und in anderer Hinsicht ist Freuds Studie über Schreber ein Pendant zu seinem »Leonardo«. Freud lernte weder den einen noch den anderen der beiden »Analysanden« kennen. Für Leonardo hatte er Aufzeichnungen und Gemälde, für Schreber weiter nichts als eine autobiographische Denkschrift. Wie Leonardo war Schreber homosexuell, so daß Freud bei einem Thema bleiben konnte, das ihn in diesen Jahren eingehend beschäftigte. Und wie

Leonardo war Schreber eine Quelle wahren Vergnügens. Liebevoll nannte ihn Freud »wunderbar«, und er schlug im Scherz vor, daß man ihn »zum Professor der Psychiatrie und Anstaltsdirektor hätte machen sollen«.[109]

Als Freud auf Schreber stieß, hatte er etwa zwei Jahre und länger über die Paranoia nachgedacht. Im Februar 1908 hatte er Ferenczi geschrieben, er habe gerade eine Patientin mit einer »ausgewachsenen Paranoia« gesehen. Sie war seiner Ansicht nach »wahrscheinlich jenseits der Grenze therapeutischer Beeinflussung«, aber er fühlte sich berechtigt, sie in Behandlung zu nehmen. »Man kann jedenfalls von ihr lernen.«[110]* Sechs Wochen später sprach er von derselben Patientin und wiederholte sein wissenschaftliches Glaubensbekenntnis von gleichzeitiger Engagiertheit und Objektivität. Er hatte keine Aussicht auf Erfolg, aber »wir brauchen diese Analysen, um endlich zum Verständnis aller Neurosen zu kommen«.[111] Das provozierende Geheimnis der Paranoia beschäftigte ihn. »Wir wissen da noch zu wenig und müssen sammeln und lernen«[112], schrieb er Ferenczi im Frühling 1909.** Freuds konsequente Selbsteinschätzung als Forscher, der mehr an der Wissenschaft als am Heilen interessiert sei, wird durch solche Forderungen überzeugend bestätigt. Im Herbst desselben Jahres teilte er Abraham mit, daß er »in dickster Arbeit« und »etwas tiefer in die Paranoia eingedrungen« sei.[113] Um diese Zeit war der Fall Schreber eine weitere Obsession Freuds geworden, ähnlich wie davor Leonardo eine »Obsession« gewesen war.

Mit seinen phantastischen Symptomen, welche die Verheerungen seiner Psychose mit auffälliger Deutlichkeit zeigten, war Schreber ideal geeignet, so starke Reaktionen hervorzurufen. Im Jahre 1842 als Sohn des Daniel Gottlob Moritz Schreber, eines Orthopäden, fruchtbaren Autors und bekannten Erziehungsreformers geboren, hatte er eine hervorragende Karriere als Beamter im sächsischen Gerichtswesen durchgemacht und war Landesgerichtsdirektor geworden. Im Oktober 1884 kandidierte er für den Reichstag, und zwar als gemeinsamer Kandidat der Konservativen und der Nationalliberalen Partei, die für Recht und Ordnung im Sinne Bismarcks eintraten. Er wurde jedoch von einem Sozialdemokraten, der große lokale Beliebtheit genoß, geschlagen. Sein erster Zusammenbruch, den er wie die anderen Überarbeitung zuschrieb, folgte kurz auf diese Niederlage. Er be-

---

* Irgendwann im April 1907 hatte Freud Jung eine Art Memorandum über Paranoia geschickt (das an die Memoranden erinnerte, die er in den 1890er Jahren Fließ zu schicken pflegte). Darin hob er noch nicht die homosexuelle Komponente der Störung hervor (siehe *Freud–Jung*, S. 41–44).
** Als er über die Symbolbildung in Träumen schrieb, das Fachgebiet Stekels, dem er bereits mißtraute, bemerkte Freud 1911, das sei »eine dunkle Sache ... Wir werden da lange beobachten und sammeln müssen« (Freud an Ferenczi, 5. Juni 1911. Freud–Ferenczi Correspondence, Freud Collection. LC).

gann an hypochondrischen Wahnvorstellungen zu leiden und verbrachte einige Wochen in einer Nervenheilanstalt. Im Dezember war er Insasse der Leipziger Psychiatrischen Klinik, aber im Juni 1885 wurde er als geheilt entlassen. Im Jahre 1893 wurde ihm, einem Mann von erwiesener Kompetenz, das Amt eines Senatspräsidenten beim Oberlandesgericht Dresden übertragen. Doch er begann über Schlaflosigkeit zu klagen, unternahm einen Selbstmordversuch und war Ende November wieder in der Leipziger Klinik, in der er rund neun Jahre zuvor Patient gewesen war. Diese zweite, hartnäckigere Erkrankung, die bis 1902 dauerte, beschrieb er mit anschaulichen Einzelheiten in einem dickleibigen Memorandum, den *Denkwürdigkeiten eines Nervenkranken*, die im folgenden Jahr als Buch erschienen. Eine neuerliche Erkrankung, die wieder seine Einweisung in eine Klinik nach sich zog, verdüsterte Schrebers letzte Jahre. Als er im April 1911 starb, lag Freuds Krankengeschichte schon in den Druckfahnen vor.

Freud nahm die *Denkwürdigkeiten* des »wunderbaren« Schreber – das einzige Material, das er besaß – im Sommer 1910 mit nach Italien. Er arbeitete an dem Fall in Rom[114] und später, im Herbst, in Wien. Unter den »Patienten«, deren Geschichten Freud der Aufzeichnung wert fand, hatte Daniel Paul Schreber wohl die spektakulärsten Symptome. Er war ein Paranoiker von heroischen Dimensionen und, wie seine *Denkwürdigkeiten* hinlänglich zeigen, ein klarer Kommentator seines Zustandes und ein beredsamer Fürsprecher in eigener Sache: Er hatte seine massive Apologie geschrieben, um seine Entlassung aus der Nervenheilanstalt zu erreichen. Seine frühesten Leser unter den Psychiatern, namentlich Bleuler und Freud, untersuchten sein beredtes, barock umständliches Freiheitsplädoyer mit seiner Logik des Wahnsinns auf Goldkörner, die von einem entgleisten Geist zeugten. Schreber war nichts als ein Buch für seinen Psychoanalytiker, aber Freud dachte, er könnte lernen, es zu lesen.

Freuds geradezu manische Beschäftigung mit Schreber deutet auf ein verborgenes Interesse hin, das ihn vorwärts trieb: Fließ. Aber Freud war nicht nur seinen Erinnerungen ausgeliefert; er arbeitete gut und fand viel spaßhafte Erleichterung durch Schreber; er streute sogar Neologismen aus Schrebers Buch in seine intimen Briefe ein. Das waren die berühmten Schreberismen, phantastische Wortprägungen, einfallsreich und ungemein zitierbar – »Nervenkontakte« und »Seelenmord« und »angewundert werden«. Freuds Briefpartner nahmen die Stichworte auf und antworteten im gleichen Stil. Schrebers Vokabular wurde zu einer Art Kurzschrift unter Eingeweihten, Zeichen des Wiedererkennens und der Intimität. Freud und Jung und Abraham und Ferenczi verwendeten vergnügt »Seelenmord« und die übrigen Juwelen Schrebers.

Doch Freuds Arbeit an Schreber blieb nicht unberührt von Angst. Er befand sich mitten in seinem zermürbenden Kampf mit Adler, der, wie er

Jung gegenüber meinte, einen so hohen Zoll forderte, »weil er die Wunden der Fließaffäre aufgerissen hat«. Adler hatte »das sonstige ruhige Gefühl bei der Paranoiaarbeit [über Schreber] gestört; ich bin diesmal nicht sicher, wieweit ich meine Eigenkomplexe fernehalten konnte«.[115] Sein Verdacht, daß es da einige unterirdische Verbindungen gebe, war völlig gerechtfertigt, obwohl sie nicht ganz das waren, wofür Freud sie hielt. Er bezichtigte seine Erinnerungen an Fließ, sie störten seine Arbeit über Schreber, aber sie waren auch ein Grund für seine intensive Konzentration auf den Fall. Schreber studieren hieß sich an Fließ erinnern, aber sich an Fließ erinnern hieß auch Schreber verstehen. Waren nicht beide, dachte Freud, Opfer der Paranoia? Dies war zweifellos eine höchst tendenziöse Art, die psychische Geschichte von Fließ zu deuten. Aber ob gerechtfertigt oder nicht, Freud benutzte den Fall Schreber, um noch einmal durchzuspielen und durchzuarbeiten, was er (in freundlicher Ehrerbietung vor Jung, der den Begriff erfunden hatte) seine »Komplexe« nannte.

Jung, der später behauptete, Freud auf Schreber aufmerksam gemacht zu haben,[116] begrüßte seine Abhandlung zuerst als »köstlich und zwerchfellerschütternd« und »brillant geschrieben«.[117] Aber das war Anfang 1911, als sich Jung noch als Freuds treuen Sohn bekannte. Später erklärte er, er sei mit Freuds Deutung Schrebers äußerst unzufrieden. Kein Wunder: Freuds Krankengeschichte Schrebers bekräftigte psychoanalytische Theorien, vor allem über die Sexualität, und stellte damit, wie früher die Studie über Leonardo, eine stillschweigende Kritik an dem im Entstehen begriffenen psychologischem System Jungs dar. »Jene Stelle in Ihrer Schreberanalyse, wo Sie auf das Libidoproblem stoßen«, schrieb Jung Freud Ende 1911, »gehört zu den Punkten, wo einer meiner Gedankenpfade einen der Ihrigen kreuzt.«[118] Einen Monat später drückte Jung sein Unbehagen offener aus: Der Fall Schreber habe einen »dröhnenden Widerhall« in ihm ausgelöst und alle seine alten Zweifel an der Relevanz von Freuds Libidotheorie für Psychotiker wieder geweckt.[119]

In seinen *Denkwürdigkeiten* elaborierte Schreber eine ehrgeizige Theorie des Universums mit einer komplizierten Theologie und wies sich selbst eine messianische Mission zu, die eine Geschlechtsumwandlung erfordere. Gott selbst, schien ihm, habe ihn zu seiner Arbeit inspiriert. Mit ungewöhnlicher Offenheit, die Freud bemerkenswert fand, leugnete Schreber keineswegs seine Wahnvorstellungen, und das Gericht, das ihm die Freiheit wiedergab, faßte sie ebenso sachlich zusammen: »Er halte sich für berufen, die Welt zu erlösen und ihr die verloren gegangene Seligkeit wiederzubringen« (ein Geisteszustand, den Freud ausdrücklich mit wollüstigen Empfindungen identifizierte). »Das könne er aber nur, wenn er sich zuvor aus einem Manne zu einem Weibe verwandelt habe.«[120] Was immer an einem so pittoresken Programm belustigend sein mochte, wurde aufgewogen durch Schrebers erschütterndes Leiden. Daß Freud und seine Briefpartner komische Schreberismen austauschten, ist ein wenig gefühllos. Schreber hat schreckliche seelische Qualen ausgestanden. Er wurde von großen Ängsten wegen seiner Gesundheit, von entsetzlichen physischen Symptomen, von der panikartigen Furcht vor Tod und Folter heimgesucht. Manchmal hatte er das Gefühl, ohne wesentliche Teile seines Körpers zu leben, die ihm wiederholt durch Wunder wiedergegeben werden mußten. Er hatte qualvolle auditive Halluzinationen: Stimmen verhöhnten ihn, indem sie ihn »Miß Schreber« nannten oder sich verwunderten: »Das will ein Senatspräsident gewesen sein, der sich f. . . . läßt.«[121]* Manchmal verbrachte er Stunden im Stupor. Oft wünschte er sich den Tod. Verfolgungswahn, das klassiche Symptom der Paranoia, quälte ihn. Mehr als alle anderen verfolgte ihn Dr. Flechsig, der sein Arzt in der Leipziger Psychiatrischen Klinik gewesen war – Flechsig war Schrebers »Seelenmörder«.[122] Aber schließlich waren alle, einschließlich Gott, an der Verschwörung gegen ihn beteiligt. Der Gott, den sich Schreber schuf, war sehr merkwürdig, beschränkt auf seine Art wie ein anspruchsvoller und höchst unvollkommener Mensch. Er verstand die Menschen nicht, hielt Schreber für einen Idioten und drängte ihn, sich zu entleeren, indem er ihn wiederholt fragte: »Warum sch. . . . Sie denn nicht?«[123]

Freud ließ sich die glänzenden Gelegenheiten zur Deutung, die ihm jede Seite der *Denkwürdigkeiten* bot, nicht entgehen. Schrebers freimütige anale und genitale Sinnlichkeit, seine faszinierenden Wortprägungen, seine transparente Weiblichkeit waren lauter höchst lesbare Hinweise auf das Wirken seiner Psyche. Jahrzehntelang war Freud überzeugt gewesen, daß die verrücktesten Ideen des regrediertesten Psychotikers auf ihre eigene verdrehte Art rationale Botschaften sind. In Übereinstimmung mit dieser Überzeugung beschloß Freud, Schrebers Geständnisse zu übersetzen, anstatt über sie hinwegzugehen. Er las sein Weltsystem als eine zusammenhängende Reihe von Umgestaltungen, die dazu bestimmt waren, das Unerträgliche erträglich zu machen: Schreber habe seine Feinde, ob Dr. Flechsig oder Gott, deshalb mit so bösartiger Macht ausgestattet, weil sie für ihn so wichtig gewesen waren. Kurz, Schreber haßte sie nun so tief, weil er sie früher so sehr geliebt hatte. Die Paranoia war für Freud eine psychische Störung, die mit unübertroffener Lebendigkeit die psychologischen Abwehrmechanismen der Verkehrung ins Gegenteil und noch mehr der Pro-

---

* Freud schüttelte den Kopf über die »schamhafte« Haltung der Herausgeber der Schreberschen *Denkwürdigkeiten*, die es nicht über sich brachten, »ficken« voll auszuschreiben, so wie sie später »scheißen« nicht voll ausschrieben (siehe »Schreber«, G.W., Bd. 8, S. 252 Anm.).

jektion zeigt.* Der »Kern des Konflikts bei der Paranoia des Mannes« ist, wie Freud es in seiner Krankengeschichte ausdrückte, eine »homosexuelle Wunschphantasie, *den Mann zu lieben*«.[124] Der Paranoiker verwandelt die Erklärung »Ich liebe ihn« in das Gegenteil: »Ich hasse ihn«. Das ist die Verkehrung. Dann geht er einen Schritt weiter und sagt: »Ich hasse ihn, weil er mich verfolgt.« Das ist die Projektion. Freud hielt sich nicht für paranoid. Es war ihm, wie er Ferenczi sagte, gelungen, seine homoerotischen Emotionen seinem Ich dienstbar zu machen. Aber Schrebers spektakuläre Verwandlung von Liebe in Haß hatte, wie er fühlte, eine gedämpfte Gültigkeit für ihn selbst.

Die Krankengeschichte Schrebers und Freuds begleitende Studien über Paranoia waren jedoch nicht Autobiographie, sondern Wissenschaft. Wie Freuds Briefe aus diesen Jahren reichlich bezeugen, bestand er darauf, daß seine gewagte Konstruktion des Wirkens der Paranoia noch viel weitere empirische Arbeit mit paranoiden Patienten erfordere, bevor sie bestätigt werden könne. Aber er war zuversichtlich, daß seine allgemeine Hypothese die fatale Sequenz[125] korrekt darstellte. Nach Freuds Schema rekonstruiert der Paranoiker die Welt, um, beinahe buchstäblich, zu überleben. Seine Neuschöpfung, die verzweifelt harte Arbeit ist, bedingt eine Regression auf den Narzißmus, auf das relativ primitive Stadium der infantilen Sexualität, auf das Freud zum erstenmal einige Monate zuvor in seiner Studie über Leonardo da Vinci aufmerksam gemacht hatte. Er wagte nun, es ein wenig deutlicher zu skizzieren. Nachdem das Kind durch das Anfangsstadium der erotischen Entwicklung, einen diffusen Autoerotismus, hindurchgegangen ist, konzentriert es seine Sexualtriebe, um sich ein Liebesobjekt zu sichern. Aber das Kind beginnt damit, sich selbst, seinen eigenen Körper, als dieses Objekt zu wählen, bevor es jemand anderen aussucht, den es lieben kann.

Freud begann in diesem narzißtischen Zwischenstadium einen wichtigen Schritt auf dem Weg zur heterosexuellen Erwachsenenliebe zu sehen. Wie er es darstellte, ist die erste Stufe die orale Phase, der die anale, die phallische und später die genitale Phase folgt. Der Weg ist lang, manchmal unbegehbar; es gibt, wie es scheint, viele, die sich nie ganz von ihrer kindlich narzißtischen Beschäftigung mit dem eigenen Selbst freimachen und sie in ihr späteres Liebesleben übernehmen. Solche Menschen – und Freud

---

* Projektion ist die Verlagerung eigener Gefühle oder Wünsche, die das Individuum gänzlich unannehmbar – zu unanständig, zu obszön, zu gefährlich – findet, auf andere Menschen, denen sie jetzt zugeschrieben werden. Sie ist ein hervorstechender Mechanismus beispielsweise bei Antisemiten, denen es ein Bedürfnis ist, eigene Gefühle, die sie für niedrig oder schmutzig erachten, auf den Juden zu übertragen und dann diese Gefühle in ihm zu »entdecken«. Dies ist einer der primitivsten Abwehrmechanismen, der im normalen Verhalten leicht zu beobachten ist, obwohl er dort nicht so stark hervortritt wie bei Neurotikern oder Psychotikern.

machte besonders auf sie aufmerksam – können ihre eigenen Genitalien als Liebesobjekt wählen und dann andere mit den gleichen Genitalien wie ihre eigenen lieben. Diese narzißtische Fixierung, wie Freud es nannte, führt entweder zu offener Homosexualität im Erwachsenenleben oder zur Sublimierung homosexueller Neigungen in leidenschaftlichen Freundschaften oder, in größerem Maßstab, in der Liebe zur Menschheit. Der Weg zur Reife ist nicht nur lang und kann unbegehbar sein, er ist auch verschlungen und wendet sich manchmal auf den Betreffenden selbst zurück: Menschen, deren sexuelle Entwicklung die homosexuelle Richtung eingeschlagen hat, können von Wellen erotischer Erregung überschwemmt werden und fühlen sich dann gezwungen, zu einem früheren und, wie sie glauben, sichereren Stadium der sexuellen Integration – zum Narzißmus – zurückzukehren.

Der Psychoanalytiker sieht die dramatischsten Beispiele für eine solche defensive Regression bei Paranoikern. Sie versuchen sich dadurch zu schützen, daß sie ihre Wahrnehmungen und Gefühle mit allen Arten von sonderbaren Phantasien grob entstellen. Schreber, zum Beispiel, wurde von der Vision verfolgt, daß das Ende der Welt nahe sei. Freud behauptete, daß solche erschreckenden Phantasien bei den an Paranoia Leidenden alles andere als selten seien. Nachdem sie ihre Liebe von anderen und von der Welt als Ganzes zurückgezogen hätten, projizierten sie ihre »innere Katastrophe« nach außen und gewönnen die Überzeugung, daß ein allgemeines Verhängnis bevorstehe. Ihre große Wiederaufbauarbeit beginnt an diesem Punkt: Nach der Zerstörung der Welt baut der Paranoiker »sie wieder auf, nicht prächtiger zwar, aber wenigstens so, daß er wieder in ihr leben kann ... *Was wir für die Krankheitsproduktion halten, die Wahnbildung, ist in Wirklichkeit der Heilungsversuch, die Rekonstruktion.*«[126]

Die Landkarte vom paranoiden Prozeß, die Freud auf der Grundlage eines einzigen Dokuments entwarf, war eine brillante *tour de force*. Ihre klaren Umrisse sind durch spätere Forschung leicht retuschiert worden, aber ihre Gültigkeit bleibt im wesentlichen intakt. Mit beispielloser Klarheit demonstrierte Freud am Fall Schreber, wie die Psyche ihre Abwehren entfaltet, welche Wege die Regression einschlagen und welche Kosten die Ambivalenz fordern kann. Einige der Symbole, Verbindungen und Verwandlungen, die Freud bei Schreber entdeckte, wurden unverkennbar, sobald er auf sie hingewiesen hatte: die Sonne, über die Schreber unheimliche Phantasien entwickelte, als Symbol seines Vaters; die sehr ähnliche Identifikation Dr. Flechsigs und, was noch bedeutsamer ist, Gottes mit dem älteren Schreber, der auch Arzt gewesen war; die verblüffende Verbindung von Religiosität und Lüsternheit bei einem Mann, der den größten Teil seines Lebens irreligiös und sittenstreng gewesen war; vor allem die Verwandlung von Liebe in Haß. Freuds Geschichte Schrebers bereitete ihren Lesern vielleicht ebensoviel intellektuelles Vergnügen wie ihrem Autor.

Freud etwa zu der Zeit, als er zum Privatdozenten ernannt wurde, also um 1885 (Freud Collection, LC).

Freud und Martha Bernays 1885 in Wandsbek, ein Jahr vor ihrer Heirat (Mary Evans).

Mathilde Freud, das erste der sechs Kinder Freuds, im Alter von fünf Monaten (Mary Evans).

Alexander, Freuds Bruder, mit dem er sich gut verstand (Mary Evans).

Josef Breuer und seine Frau Mathilde, mit denen Freud bis zur Mitte der 1890er Jahre eng befreundet war (Mary Evans).

Eine Reproduktion des Bildes von André Brouillet (»La Leçon clinique du Dr Charcot«) hing in Freuds Sprechzimmer (Mary Evans).

Bertha Pappenheim, die berühmte
»Anna O.«, Breuers Patientin von 1880
bis 1882, im wahren Sinne des Wortes die
»Urpatientin« der Psychoanalyse.

Der Saal der Wiener Gesellschaft der Ärzte, in dem
Freud 1886 seinen Vortrag
über die männliche Hysterie
hielt (Bild-Archiv der Österreichischen Nationalbibliothek, Wien).

Freud und Wilhelm Fließ, der wichtigste und problematischste Freund, den Freud je hatte (Mary Evans).

Eine Seite des wichtigen Briefs, den Freud am 21. September 1897 an Fließ schrieb und in dem er erläuterte, warum er die Verführungstheorie zur Ätiologie der Neurosen nicht mehr als überzeugend ansah (Freud Collection, LC).

Der Eingang des Hauses Berggasse 19, in dem Freud und seine Familie vom September 1891 bis zum Juni 1938 – als sie nach dem »Anschluß« in England Zuflucht suchten – ihre Wohnung hatten (Fotografie von Edmund Engelmann).

Die berühmte analytische Couch, die Freud 1890 erhielt (Fotografie von Edmund Engelmann).

Ein Teil der Antiquitäten – Freuds starke, dauerhafte Leidenschaft –, die in großer Zahl in seinem Sprechzimmer und im anschließenden Arbeitszimmer standen (Fotografie von Edmund Engelmann).

Schloß Bellevue bei Wien, wo Freud am 24. Juli 1895 zum erstenmal einen Traum mehr oder weniger vollständig deutete (Bild-Archiv der Österreichischen Nationalbibliothek, Wien).

Freud 1891, in dem Jahr, in dem er
»Zur Auffassung der Aphasien«
veröffentlichte (Mary Evans).

Freuds Vater Jacob gegen Ende seines Lebens (Mary Evans).

Nachdem er die Kindheit als den Schauplatz identifiziert hatte, der entscheidend für die Entstehung psychologischer Konflikte ist, versuchte Freud ein wenig halbherzig, sich über die Umwelt zu informieren, in der der junge Schreber aufgewachsen war. Er war sich darüber im klaren, daß solche zusätzlichen Informationen von wirklichem Nutzen sein konnten, denn Schrebers *Denkwürdigkeiten* waren von ihm »gesäubert« worden. »Ich werde also zufrieden sein müssen«, schrieb Freud mit offensichtlicher Unzufriedenheit, »wenn es mir gelingt, gerade den Kern der Wahnbildung mit einiger Sicherheit auf seine Herkunft aus bekannten menschlichen Motiven zurückzuführen.«[127] Er bat Dr. Arnold Stegmann, einen seiner deutschen Anhänger, der nicht weit von Schrebers Heimat entfernt lebte, »allerlei Personalien über den alten Schreber ausfindig zu machen. Von diesen Berichten hängt es ab, wieviel ich darüber öffentlich sagen werde.«[128] Stegmanns Nachforschungen können nicht viel ergeben haben, denn in seiner veröffentlichten Krankengeschichte hielt sich Freud eng an den Text, den sein ihm unbekannter Analysand geliefert hatte. In seiner Korrespondenz dagegen riskierte er einige Spekulationen. »Was meinen Sie dazu«, fragte er Ferenczi rhetorisch und borgte scherzhaft seine Sprache von Schreber, »wenn der alte Doktor Schreber als Arzt ›Wunder‹ getan hat? Sonst aber ein Haustyrann war, der den Sohn angebrüllt ›und ihn so wenig verstanden hat wie der niedere Gott‹ unserer Paranoiker?« Und er fügte hinzu: »Beiträge zur Schreberdeutung [werden] bereitwilligst entgegengenommen.«[129]

Es war eine scharfsinnige Vermutung, aber ohne vertrauliche Informationen verfolgte Freud sie nicht weiter. Er prüfte nicht einmal die veröffentlichten Schriften des »alten Doktors«, die für ihn so aufschlußreich gewesen wären, wie sie zu ihrer Zeit populär waren. Freud hätte keine langen Untersuchungen anzustellen brauchen, um festzustellen, daß Dr. Schrebers Traktate seinen Namen allgemein bekannt gemacht hatten. Der ältere Schreber hatte sich einen nationalen Ruf erworben als Fürsprecher für »die harmonische Ausbildung der Jugend« und als »Begründer der Heilgymnastik in Deutschland«.[130] Einige Jahre lang leitete er eine angesehene orthopädische Heilanstalt in Leipzig, aber am besten war er als energischer Förderer der sogenannten Schrebergärten bekannt.

Die Ableitung der Charakterbildung bei dem jüngeren Schreber aus den psychologischen Reichtümern, die sich in den Schriften seines Vaters verbargen, würde eine kraftvolle Bestätigung für Freuds seit langem vertretene These geliefert haben, daß die Psyche einen ungewöhnlichen Einfallsreichtum entfaltet, wenn sie geistige Vorstellungen aus Material webt, das der Außenwelt entnommen wird. Die Vertrautheit mit den Monographien des älteren Schreber würde es Freud gestattet haben, der Analyse seines unschätzbaren Paranoikers einige Nuancen hinzuzufügen. Aus welchen

Gründen immer, Freud begnügte sich damit, Schrebers melancholische Bemühungen, seine zerrüttete psychische Fassung wiederzugewinnen, als die
Arbeit eines guten Sohnes zu rekonstruieren, der seinem Vater mit einer
unzulässigen homosexuellen Liebe zugetan war; ja Freud schrieb Schrebers
teilweise Genesung gerade der Tatsache zu, daß sein »Vaterkomplex« eine
»wesentlich positive Tönung« hatte.[131]

Freuds Versäumnis, den Charakter Dr. Daniel Gottlob Moritz Schrebers
zu erforschen und seiner Vermutung nachzugehen, er könnte ein Haustyrann gewesen sein, war vollkommen verständlich. Der ältere Schreber
schien ein vorzüglicher Mann zu sein. »Ein solcher Vater war gewiß
nicht ungeeignet dazu, in der zärtlichen Erinnerung des Sohnes ... zum
Gotte verklärt zu werden.«[132] Was Freud nicht wußte, war, daß dieser
würdige und bewundernswerte Vater ziemlich direkt für einige der aus-
gesuchtesten Qualen verantwortlich war, die sein Sohn durchmachen
mußte. In seinen *Denkwürdigkeiten* berichtete der Sohn von einer
schrecklichen »Kopfzusammenschnürungsmaschine«. Ein integrales Element in seinem Wahnsystem, war sie die entstellte Version einer mechanischen Kopfstütze, die Moritz Schreber verwendet hatte, um die Kör-
perhaltung seiner Kinder, auch seines Sohnes Paul Daniel, zu verbessern.
Die genauen Einzelheiten über das Schrebersche Familienleben sind spärlich, aber es ist nicht daran zu zweifeln, daß Daniel Paul Schreber einen
großen Teil seiner bizarren Welt mechanischer Foltern aufgrund von
Maschinerien konstruierte, denen er als Kind ausgesetzt war. Die Folgen
dieser Entdeckung sind schwer einzuschätzen. Aber verborgen hinter der
Liebe, die Schreber, wie Freud glaubte, für seinen ausgezeichneten Vater
empfand, scheint es ein Reservoir von stillem Groll und ohnmächtigem
Haß gegeben zu haben, das Stoff für sein Leiden und seinen Zorn lieferte. Seine paranoischen Konstruktionen waren Karikaturen realer Miß-
stände. So faszinierend Freud seinen »Analysanden« Schreber machte,
eine vollständigere Untersuchung würde ihn noch faszinierender gemacht haben.

In eigener Sache: die Politik des Wolfsmannes

Zu der Zeit, als Freud im Dezember 1910 seinen Bericht über Schreber
beendete[133], hatte er den Wolfsmann, der sich als sein denkwürdigster Patient erweisen sollte, schon beinahe ein Jahr lang analysiert. Sergej Panke-
jeff, ein reicher und gutaussehender junger russischer Aristokrat, befand
sich in einer mitleiderregenden psychologischen Verfassung, als er zu Freud
kam; er schien über die Neurose in ein Gewirr von lähmenden Symptomen

hineingeraten zu sein.* Er reiste in großem Stil mit seinem Arzt und einem Diener, hatte vergeblich eine Behandlung nach der anderen über sich ergehen lassen und einen teuren Spezialisten nach dem anderen konsultiert. Seine Gesundheit war nach einer gonorrhoischen Infektion, die er sich mit siebzehn Jahren zugezogen hatte, zusammengebrochen, und er war nun nach Freuds Urteil »gänzlich abhängig und existenzunfähig«.[134]

Freud war zweifellos besonders bereit, diesen hoffnungslosen Fall zu übernehmen, da er wußte, daß zwei berühmte Ärzte, die er als seine Feinde betrachtete, Theodor Ziehen in Berlin und Emil Kraepelin in München, diesen interessanten jungen Mann aufgegeben hatten. Nachdem er einige Jahre lang ein wohlmeinendes, wenn auch etwas ratloses Interesse an der Psychoanalyse gezeigt hatte, war Ziehen, damals Chefpsychiater an der berühmten Charité in Berlin, zu einem der lautstärksten Verleumder Freuds geworden. Noch prominenter als Ziehen war Kraepelin, der Ordnung in die psychiatrische Nosologie gebracht hatte; er ignorierte Freud weitgehend, wenn er ihn nicht wegen Ideen beschimpfte, die er nicht mehr vertrat. Ziehen hatte, zumindest bis er seinen Lehrstuhl in Berlin annahm, Freuds und Breuers Schriften aus der Mitte der 1890er Jahre in seinen bekannten Kommentaren über die Kunst des psychiatrischen Zuhörens und die »Abreaktion« der Gefühle des Patienten zitiert, aber Kraepelin fand nie etwas Bedenkenswertes an Freuds Gedanken oder klinischen Methoden. Diese beiden Spezialisten gehörten zu den eindrucksvollsten Vertretern der deutschen akademischen Psychiatrie in den Tagen, in denen Freud sein Gedankensystem aufbaute und ausarbeitete. Aber sie konnten dem Wolfsmann nicht helfen.

Freud glaubte, daß er es vielleicht könnte. »Infolge Ihrer eindrucksvollen Mahnung, mir Ruhe zu gönnen«, schrieb er Ferenczi im Februar 1910, »habe ich – einen neuen Patienten aus Odessa, einen sehr reichen Russen mit Zwangsgefühlen, aufgenommen.«[135] Nachdem er ihn eine Zeitlang in einem Sanatorium gesehen hatte, lud Freud, sobald es sein regulärer Arbeitsplan zuließ, ihn ein, sein Patient in der Berggasse 19 zu werden. Dort entdeckte der Wolfsmann die heitere Ruhe und heilende Stille von Freuds Sprechzimmer und in Freud selbst einen aufmerksamen und mitfühlenden Zuhörer, der endlich Hoffnung auf Genesung bot.

Die Krankengeschichte des Wolfsmannes gehört in dieselbe Reihe von Schriften wie die über Schreber und Leonardo. Alle waren als klinische und theoretische Beiträge gedacht, aber zugleich dienten sie Freud auch, wie

---

* Wie in anderen Fällen kamen spätere Analytiker, die das von Freud zum Studium hinterlassene Material durcharbeiteten, zu dem Schluß, daß der Wolfsmann schwerer gestört war, als Freuds diagnostischer Begriff »Neurose« vermuten läßt.

groß immer ihre Verdienste und Mängel als psychoanalytische Literatur
sein mochten, als Fürsprecher in eigener Sache. Freud hoffte, daß ihm seine
klinische Studie über den Wolfsmann ebenso wirksam helfen werde wie
ihre Vorgänger, vor allem was die öffentliche mehr noch als die interne
Zwietracht betraf. Wie er auf der ersten Seite pointiert bemerkte, hatte er
die Studie geschrieben, um Jungs und Adlers »Umdeutungen« psychoanalytischer Wahrheiten zu widerlegen.[136] Es war kein Zufall, daß er sie im
Herbst 1914 schrieb; er sah diese Krankengeschichte als Begleitschrift zu
seiner »Geschichte der psychoanalytischen Bewegung«, dem Sammelruf
für die Getreuen, den er zu einem früheren Zeitpunkt im selben Jahr veröffentlicht hatte.[137]

Freud zeigte seine aggressiven Absichten schon durch die Wahl des
Titels: »Aus der Geschichte einer infantilen Neurose.« Schließlich, bemerkte er, hatte Jung »die Aktualität und die Regression« herausgegriffen
und Adler »die egoistischen Motive«, was mit anderen Worten bedeutete,
daß für Jung die Erinnerung an die Sexualität der Kindheit eine spätere,
rückwärts projizierte Phantasie ist, während für Adler frühe, scheinbar erotische Impulse nicht sexueller, sondern aggressiver Natur sind. Doch Freud
bestand darauf, daß das, was diese Männer als Irrtum zurückwiesen, gerade das ist, »was an der Psychoanalyse neu ist und ihr eigentümlich zu-
kommt«. Indem sie Freuds Einsichten ablehnten, war es Jung und Adler
leicht gefallen, »die revolutionären Vorstöße der unbequemen Psychoanalyse« abzulehnen.[138] Deshalb konzentrierte sich Freud mehr auf die
Kindheitsneurose des Wolfsmannes als auf die praktisch psychotische
Verfassung des dreiundzwanzigjährigen Russen, der ihn im Februar 1910
konsultierte, als er eben letzte Hand an den »Leonardo« legte.

Der Wolfsmann schien Freud ideal geeignet zu sein, seine »unbeque-
men« Theorien, unbeeinträchtigt von feigen Kompromissen, darzulegen.
Hätte er den Fall sofort veröffentlicht, hätte er ihn in seinem Feldzug zur
Klärung seiner Differenzen mit Jung und Adler einsetzen können. Aber der
Lauf der Dinge durchkreuzte seine Pläne; die Krankengeschichte wurde ein
Opfer des Ersten Weltkriegs, der psychoanalytische Publikationen prak-
tisch zum Verstummen verurteilte. Als sie endlich 1918 erschien, war die
Notwendigkeit der klinischen Bestätigung nicht mehr ganz so dringend.
Aber Freud hielt immer sehr viel von dem Fall, und es ist leicht zu sehen,
warum. Der psychologische Aufruhr, der seinen Patienten bewegte, schien
potentiell so aufschlußreich zu sein, daß Freud Fragmente veröffentlichte,
während die Analyse noch im Gange war, und andere Analytiker bat, ihm
Material zu liefern, das Licht auf frühe sexuelle Erfahrungen werfen
könnte, die für seinen bemerkenswerten Patienten relevant waren.

Der Fall enthielt viele Anklänge an Freuds frühere Krankengeschichten.
Wie Dora lieferte der Wolfsmann den Schlüssel zu seiner Neurose in Form

eines Traumes. Wie der kleine Hans hatte er in seiner frühen Kindheit an einer Tierphobie gelitten. Wie der Rattenmann wurde er eine Zeitlang zu zwanghaften Zeremonien und neurotischen Grübeleien getrieben. Der Wolfsmann versah einige der jüngsten theoretischen Interessen Freuds wie die Sexualtheorien von Kindern oder die Entwicklung der Charakterstruktur mit der Autorität der Lebenserfahrung. Doch während die Analyse des Wolfsmannes einen großen Teil der Arbeit zusammenfaßte, die Freud geleistet hatte, bevor er ihn 1910 zum erstenmal sah, war sie zugleich auch prophetisch; sie deutete voraus auf Arbeiten, die er nach ihrer Beendigung vier Jahre später verrichten sollte.

Die Analyse begann dramatisch genug. Freud berichtete Ferenczi vertraulich nach der ersten Sitzung, der neue Patient »gestand mir folgende Übertragungen: jüdischer Schwindler, er möchte mich von hinten gebrauchen und mir auf den Kopf scheißen«.[139] Offensichtlich ein vielversprechender, aber wahrscheinlich schwieriger Fall. Tatsächlich war die emotionale Geschichte, die Freud dem Wolfsmann mühsam entlockte, eine qualvolle Schilderung verfrühter sexueller Stimulierungen, verheerender Ängste, spezieller erotischer Vorlieben und einer echten Zwangsneurose, die seine Kindheit überschattet hatte. Als er wenig mehr als drei Jahre alt war, hatte ihn seine Schwester in sexuelle Spiele eingeführt, indem sie mit seinem Penis spielte. Sie war zwei Jahre älter, ein eigensinniges, sinnliches und ungehemmtes Mädchen, das er bewunderte und beneidete. Da er aber in ihr eher eine Rivalin sah als eine Gefährtin bei kindlichen erotischen Spielen, hatte er ihr schließlich Widerstand geleistet und statt dessen versucht seine geliebte Kinderfrau, seine Nanja, zu verführen, indem er sich vor ihr entblößte und masturbierte. Die Nanja begriff die Bedeutung dieser primitiven Schaustellung und warnte ihn ernst, daß Kinder, die so etwas täten, an der Stelle eine »Wunde« bekämen. Ihre verschleierte Drohung brauchte eine Weile, um zu wirken, wie es bei solchen Drohungen üblich ist, aber nachdem er seine Schwester und eine ihrer Freundinnen beim Urinieren beobachtet und selbst festgestellt hatte, daß manche Menschen keinen Penis haben, begann er die Kastration zu fürchten.

In seiner Angst zog sich der kleine Wolfsmann auf eine frühere Phase der sexuellen Entwicklung zurück, zum Analsadismus und Masochismus. Er quälte grausam Schmetterlinge und quälte sich selbst nicht weniger grausam mit erschreckenden, aber erregenden masturbatorischen Züchtigungsphantasien. Von seiner Nanja zurückgewiesen, wählte er nun auf echt narzißtische Weise seinen Vater als Sexualobjekt. Er sehnte sich danach, von ihm geschlagen zu werden, und durch Schreianfälle provozierte – oder vielmehr verführte – er seinen Vater dazu, ihn körperlich zu strafen. Sein Charakter veränderte sich, und sein berühmter Traum von den stillen Wölfen, das Kernstück seiner Analyse bei Freud, folgte bald darauf, kurz vor seinem vierten Geburtstag. Er träumte, daß es Nacht war und er in seinem Bett lag, das (wie in Wirklichkeit) mit dem Fußende zum Fenster stand. Plötzlich ging das Fenster auf, offenbar von selbst, und der entsetzte Träumer bemerkte, daß sechs oder sieben Wölfe auf den Ästen eines großen Nußbaumes saßen. Sie waren weiß und sahen eher wie Füchse oder Schäferhunde aus mit ihren großen fuchsartigen Schwänzen und ihren wachsam aufgestellten Ohren. »Unter großer Angst, offenbar von den Wölfen aufgefressen zu werden, schrie ich auf und erwachte« – erwachte in einem Zustand der Angst, vermerkte Freud.[140] Ein halbes Jahr später war seine Angstneurose verbunden mit einer Tierphobie voll entwickelt. Er vertiefte sich bis zur Raserei in kindliche religiöse Probleme, praktizierte zwanghaft eine Reihe von Ritualen, litt an Anfällen von wildem Zorn und rang mit seiner jugendlichen Sinnlichkeit, in der homosexuelle Wünsche eine weithin unsichtbare Rolle spielten.

Diese traumatischen Kindheitsepisoden bereiteten den Weg für das neurotische Sexualverhalten des Wolfsmannes. Einige Folgen dieser erschreckenden Erlebnisse traten nach dem, wie es in der Psychoanalyse heißt, Prinzip der verzögerten Aktion als ernsthafte psychologische Schwierigkeiten erst viel später, in seinem frühen Mannesalter, in Erscheinung. Er erlebte die Episoden erst dann als Traumen, als seine psychische Organisation sozusagen für sie bereit war. Aber irgendwie formten sie seinen Geschmack in der Liebe: seine zwanghafte Suche nach Frauen mit großen Gesäßbacken, die seinen Appetit nach Geschlechtsverkehr von hinten befriedigen konnten, und sein Bedürfnis, seine Liebesobjekte zu degradieren, insofern er nur Dienstmädchen oder Bauernmädchen begehrte.

Bevor Freud auch nur daran denken konnte, das zerrissene Gewebe im Liebesleben des Wolfsmannes zu reparieren, hielt er es für notwendig, seine melodramatischen Schilderungen der erregenden und schädigenden Kindheitsepisoden zu untersuchen, die seine Schwester und seine Kinderfrau betrafen. Der Wolfsmann bestand darauf, daß sie authentisch seien, aber Freud fragte sich natürlich, ob das stimme. Selbst wenn sie sich genau so zugetragen hätten, wie der Wolfsmann sie berichtete, reichten sie nach Freuds Ansicht nicht aus, um die Schwere seiner Kindheitsneurose zu erklären. Die Ursachen dieses langen Leidens blieben während einer jahrelangen Behandlung unklar. Die Erleuchtung kam erst allmählich mit der Analyse seines entscheidenden Traumes, der dem Wolfsmann seinen Spitznamen gegeben hat.

Dieser Wolfstraum kommt in der psychoanalytischen Literatur gleich nach dem historischen Traum von Irmas Injektion, den Freud rund fünfzehn Jahr vorher, 1895, analysiert hatte. Wann genau der Wolfsmann seinen Traum Freud erzählte, ist ungeklärt. Später erinnerte er sich, und Freud stimmte ihm zu, daß es kurz nach dem Beginn der Behandlung gewesen sein dürfte. Der Traum mußte im Laufe der Jahre immer und immer wieder gedeutet werden. Kurz nachdem er ihn in seine Analyse eingebracht hatte, fertigte der Wolfsmann, der sich nebenbei als Künstler betätigte, eine Zeichnung an, welche die Wölfe zeigte – in seiner Version waren es nur fünf –, wie sie auf den Ästen eines großen Baumes saßen und den Träumer anstarrten.[141]

Als Assoziationen zu diesem Traum, den er vor etwa neunzehn Jahren geträumt hatte, brachte der Wolfsmann einige peinigende Erinnerungen hervor: sein Entsetzen über das Bild eines Wolfes in einem Märchenbuch, das seine Schwester ihm mit offensichtlichem sadistischem Vergnügen immer wieder gezeigt hatte; Herden von Schafen, die in der Nähe des Gutes seines Vaters gehalten wurden und von denen die meisten an einer Seuche eingegangen waren; eine Geschichte, die ihm sein Großvater von einem Wolf erzählt hatte, dem man den Schwanz ausriß; Märchen wie »Rotkäppchen«. Diese Schilderungen klangen für Freud wie Niederschläge einer primitiven, tiefsitzenden Angst vor dem Vater. Auch die eng damit verbundene Kastrationsangst hatte offenbar ihren Anteil an der Bildung dieses Traumes, ebenso der Wunsch des kleinen Jungen nach sexueller Befriedigung durch den Vater – ein Wunsch, der in Angst verwandelt wurde durch den Gedanken, daß seine Erfüllung bedeuten würde, daß er kastriert, zu einem kleinen Mädchen gemacht werde. Doch nicht alles in dem Traum war Wunsch und seine Folge, nämlich Angst. Der realistische Eindruck, den er vermittelte, und die vollkommene Bewegungslosigkeit der Wölfe, beides Dinge, denen der Wolfsmann großen Wert beimaß, führten Freud zu der Annahme, daß ein Stück Wirklichkeit reproduziert worden sei, entstellt im manifesten Trauminhalt. Diese Vermutung war eine Anwendung der Freudschen Regel, daß die Traumarbeit ständig Erlebnisse oder Wünsche verwandelt, oft in ihr Gegenteil. Die stillen, regungslosen Wölfe mußten bedeuten, daß der junge Träumer tatsächlich eine bewegte Szene mitangesehen hatte. Auf seine passive, gleichgültige, intelligente Weise mitarbeitend, deutete der Wolfsmann das plötzliche Aufgehen des Fensters als Möglichkeit des Traumes zu sagen, daß er aufgewacht war, um diese Szene zu beobachten, was auch immer sie darstellte.

An dieser Stelle in seiner Krankengeschichte hielt es Freud für angebracht, einen Kommentar einzufügen. Es war ihm bewußt, daß die Fähigkeit selbst seiner unkritischsten Anhänger, den Unglauben auszuschalten, ihre Grenzen hatte. »Ich fürchte«, schrieb er als Vorbereitung zu seiner sensationellen Enthüllung, »es wird auch die Stelle sein, an der der Glaube meiner Leser mich verlassen wird.«[142] Freud war im Begriff zu behaupten, daß der Träumer aus den Tiefen seines unbewußten Gedächtnisses, entsprechend ausgeschmückt und stark verschleiert, das Bild seiner Eltern beim Geschlechtsverkehr hervorgeholt hatte. An Freuds Rekonstruktion war nichts Vages: Die Eltern des Wolfsmannes hatten dreimal hintereinander Geschlechtsverkehr und mindestens einmal *a tergo*, das heißt in einer Stellung, die dem Zuschauer einen Blick auf die Genitalien beider Partner gestattete. Das war schon phantastisch genug, aber Freud machte hier nicht halt. Er kam zu der Überzeugung, daß der Wolfsmann diese erotische Szene im Alter von anderthalb Jahren beobachtet hatte.

Doch hier sah sich Freud gezwungen, Vorsicht walten zu lassen und Zweifel anzumelden, nicht nur um seiner Leser, sondern auch um seinetwillen. Das zarte Alter des Beobachters machte ihm wenig zu schaffen. Erwachsene, behauptete er, unterschätzten regelmäßig die Fähigkeit von Kindern zu sehen und zu verstehen, was sie sehen. Aber er fragte sich, ob die sexuelle Szene, die er so zuversichtlich skizziert hatte, wirklich stattgefunden hatte oder eine auf der Beobachtung von kopulierenden Tieren beruhende Phantasie des Wolfsmannes war. Freud war an der Wahrheit in dieser Sache interessiert, aber er kam zu dem Schluß, daß die Entscheidung dieser Frage »eigentlich nicht sehr wichtig« war. »Die Szenen von Beobachtung des elterlichen Sexualverkehrs, von Verführung in der Kindheit und von Kastrationsandrohung sind unzweifelhafter ererbter Besitz ... aber sie können ebensowohl Erwerb persönlichen Erlebens sein.«[143]* Phantasie oder Wirklichkeit, der Einfluß auf einen jungen Geist würde ganz der gleiche sein. Für den Augenblick ließ Freud die Frage offen.

Das Problem von Wirklichkeit und Phantasie war natürlich nicht neu für Freud. Wie wir gesehen haben, gab er 1897 die Theorie, daß wirkliche Ereignisse – die Vergewaltigung oder Verführung von Kindern – allein Ursache von Neurosen seien, auf zugunsten einer Theorie, die Phantasien die dominierende Rolle bei der Verursachung neurotischer Konflikte zuwies. Nun betonte er wieder den formenden Einfluß von inneren, weitgehend unbewußten psychischen Prozessen. Freud behauptete nicht, daß psychische Traumen allein aus rein erfundenen Episoden entstehen. Er sah vielmehr Phantasien als etwas an, das Fragmente von gesehenen, gehörten und erlittenen Dingen zu einer Tapisserie der psychischen Realität verwebt.[144] Kurz vor dem Ende seiner *Traumdeutung* hatte er argumentiert, daß die »*psychische* Realität« anders, aber nicht weniger bedeutsam sei als die »*materielle* Realität«.[145] Es war eine Perspektive, die Freud, als er den

---

* Wir finden hier und später an anderen Stellen eine von Freuds exzentrischsten und am wenigsten vertretbaren intellektuellen Überzeugungen. Er akzeptierte eine Version der Lamarckschen Lehre – auf die er wahrscheinlich in den Schriften Darwins stieß, der selbst teilweise dieser Theorie anhing –, daß erworbene Eigenschaften (in diesem Fall die »Erinnerung« an eine Verführung in der Kindheit oder eine Kastrationsdrohung) erblich sind. Nur wenige angesehene Biologen seiner Zeit waren gewillt, an diese These zu glauben, und nur wenige Psychoanalytiker fühlten sich mit ihr wohl. Aber Freud hielt an ihr fest.

Traum von den stillen Wölfen auf dem Baum analysierte, unerläßlich fand
– aus polemischen beinahe ebensosehr wie aus wissenschaftlichen Gründen. Sein Bestehen darauf, daß die Erinnerung einer Urszene *irgendeine*
Basis in der Wirklichkeit haben müsse, sei es in der Beobachtung von Eltern
oder Tieren oder in elaborierten frühen Phantasien, war direkt gegen Jung
gerichtet: Entscheidend war, daß eine Erwachsenenneurose ihren Ursprung in Kindheitserlebnissen hatte, so entstellt und phantastisch ihre
spätere Verkleidung auch sein mochte. Die Wurzeln der Neurose gehen
also tiefer und werden nicht, wie Jung vorschlagen würde, einfach später
eingeschmuggelt. »Ich behaupte«, sagte Freud so nachdrücklich wie möglich, daß »*der Kindheitseinfluß sich bereits in der Anfangssituation der
Neurosenbildung fühlbar macht, indem er in entscheidender Weise mitbe-
stimmt, ob und an welcher Stelle das Individuum in der Bewältigung der
realen Probleme des Lebens versagt*«.[146]

Ein kritisches Versagen bei der Bewältigung der Lebensprobleme des erwachsenen Wolfsmannes lag, wie wir gesehen haben, in seinen ständig unglücklichen erotischen Bindungen. Es ist kein Zufall, daß Freud in den Jahren, in denen er den Wolfsmann analysierte und dessen Krankengeschichte
schrieb, über die Theorie der Liebe nachdachte. Er schrieb nach 1910 mehrere Abhandlungen über das Thema, aber er faßte sie nie zu einem Buch
zusammen.[147] »Alles ist schon einmal gesagt worden«, schrieb er in späteren Jahren[148], und er scheint diesen erschöpfenden Einwand auf die Liebe
nicht weniger angewandt zu haben als auf andere interessante Probleme
der Leidenschaft. Doch in Anbetracht der grundlegenden Rolle, die er den
sexuellen Energien in der psychischen Ökonomie des Menschen zuschrieb,
konnte er es sich kaum leisten, dieses endlos diskutierte, praktisch undefi-
nierbare Thema gänzlich zu ignorieren. Jahr für Jahr hörte er Patienten zu,
deren Gefühlsleben irgendwie den falschen Weg eingeschlagen hatte. Freud
charakterisierte ein »völlig normales Liebesverhalten« als das Zusammentreffen von »zwei Strömungen«, der »*zärtlichen*« und der »*sinnlichen*«.[149]
Es gibt Menschen, die nicht begehren können, wo sie lieben, und nicht
lieben können, wo sie begehren;[150] aber diese Trennung ist ein Symptom
einer entgleisten emotionalen Entwicklung. Die meisten Menschen, die davon betroffen sind, empfinden diese Spaltung als eine schmerzliche Last.
Doch eine solche Entgleisung ist nur zu häufig, denn die Liebe tritt wie ihr
Rivale, der Haß, in den frühesten Tagen des Kindes in primitiven Formen in
Erscheinung und muß im Laufe der Reifung einige komplizierte Wandlungen durchmachen. Die ödipale Phase ist unter anderem eine Zeit des Expe-
rimentierens und des Lernens auf dem Gebiet der Liebe. Ausnahmsweise
einmal in Übereinstimmung mit angeseheneren zeitgenössischen Autoren
auf diesem Gebiet, betrachtete Freud Zärtlichkeit ohne Leidenschaft als

Freundschaft und Leidenschaft ohne Zärtlichkeit als Lust. Ein Hauptziel
der Analyse sei es, realistische Lektionen in Liebe zu erteilen und ihre beiden Strömungen in harmonischen Einklang zu bringen. Beim Wolfsmann
schienen die Aussichten auf solch eine glückliche Lösung lange in sehr weiter Ferne zu liegen. Seine unaufgelöste Analerotik, seine ebenso unaufgelöste Fixierung an den Vater und sein verborgener Wunsch, seinem Vater
Kinder zu gebären, standen einer solchen Entwicklung und einem günstigen Abschluß seiner Behandlung im Wege.

Die Analyse des Wolfsmannes dauerte beinahe genau viereinhalb Jahre. Sie
würde noch länger gedauert haben, wenn Freud nicht beschlossen hätte,
ein höchst unorthodoxes Manöver anzuwenden. Er hatte festgestellt, daß
der Fall »an fruchtbringenden Schwierigkeiten nichts zu wünschen übrig
ließ«. Aber eine Zeitlang fielen seine Schwierigkeiten stärker ins Gewicht
als seine Fruchtbarkeit. »Die ersten Jahre der Behandlung erzielten kaum
eine Änderung.« Der Wolfsmann war die Höflichkeit selbst, aber er »blieb
lange Zeit hinter einer Einstellung von gefügiger Teilnahmslosigkeit unangreifbar verschanzt. Er hörte zu, verstand und ließ sich nichts nahe kommen.« Freud fand die Situation sehr frustrierend: »Seine untadelige Intelligenz war wie abgeschnitten von den triebhaften Kräften, welche sein
Benehmen ... beherrschten.«[151] Der Wolfsmann brauchte ungezählte Monate, bis er an der Arbeit der Analyse teilzunehmen begann, und dann,
sobald er den Druck der inneren Veränderung spürte, begann er sie wieder
auf seine milde Art zu sabotieren. Offenbar fand er seine Krankheit zu
kostbar, um sie gegen die ungewissen Segnungen einer relativen Gesundheit auszutauschen. In dieser Verlegenheit beschloß Freud, ein Schlußda-
tum – ein Jahr noch – für die Analyse festzusetzen und sich unerschütterlich
daran zu halten. Die Gefahren waren groß, aber Freud unternahm diesen
Schritt erst, als er sicher war, daß die Bindung des Wolfsmannes an ihn
stark genug war, um einen Erfolg zu versprechen.
     Die List wirkte. Der Wolfsmann sah ein, daß Freud fest entschlossen
war, und unter diesem »unerbittlichen Druck« gab er seinen Widerstand
und »seine Fixierung ans Kranksein« auf. In rascher Folge lieferte er nun
das »Material«, das Freud für die Lösung seiner Hemmungen und die Beseitigung seiner Symptome brauchte.[152] Im Juni 1914 betrachtete ihn
Freud – und betrachtete der Wolfsmann sich selbst – als mehr oder weniger
geheilt. Er fühlte sich gesund und war im Begriff zu heiraten.* Es war ein

---

* Die Zukunft sollte Freud zwingen, diesem hoffnungsvollen Bild der psychischen Verfassung des Wolfsmannes einige dunklere Striche hinzuzufügen. Im Jahre 1919, nun als
Flüchtling vor der Russischen Revolution und der finanziellen Unterstützung bedürftig
(die ihm Freud und einige Freunde zukommen ließen), begab sich der Wolfsmann noch
einmal kurz in die Analyse bei Freud. Freud erkannte und berichtete später, daß die

höchst lohnender Fall für Freud gewesen, aber was ihn weiterhin am meisten interessierte, war begreiflicherweise eine Frage der Technik – seine »erpresserische Maßregel«, die den Wolfsmann dazu bringen sollte, in der Analysestunde mitzuarbeiten. Es war eine Taktik, die, wie Freud beinahe ein Vierteljahrhundert später schrieb, nur Aussicht auf Erfolg hatte, wenn sie genau zur richtigen Zeit angewandt wurde. Denn, bemerkte er, »man darf ja den Termin nicht erstrecken, nachdem er einmal festgesetzt worden ist; sonst hat er für die weitere Folge jeden Glauben eingebüßt«. Es war einer der kühnsten und problematischsten Beiträge Freuds zur psychoanalytischen Technik. Im Rückblick zufrieden, schloß er klangvoll, indem er billigend ein altes Sprichwort zitierte: »Der Löwe springt nur einmal.«[153]

Ein Handbuch für Techniker

Jede von Freuds größeren Krankengeschichten war mehr oder weniger ausdrücklich ein kurzgefaßter Kurs in psychoanalytischer Technik. Die Aufzeichnungen während der Analyse, die in einem Falle, dem des Rattenmannes, zum Teil erhalten sind, bezeugen auch Freuds souveräne Bereitschaft, sich über seine eigenen Regeln hinwegzusetzen. Die Mahlzeit, die Freud seinem bekanntesten zwangsneurotischen Patienten gab – der hungrig war und gelabt wurde –, hat jahrzehntelang zu etwas spöttischen und leicht neidischen Kommentaren in psychoanalytischen Kreisen herausgefordert. Aber es waren die Regeln, die Freud für sein Handwerk festlegte, weit mehr als seine Freizügigkeit in der Auslegung für sich selbst, die für die Psychoanalyse den Ausschlag gaben.

Freud begann schon sehr früh, die Kunst des Psychotherapeuten zu diskutieren, nämlich 1895 in den Krankengeschichten, die er in die *Studien über Hysterie* aufnahm. Und noch im hohen Alter schrieb er über die Technik. Seine Abhandlungen »Die endliche und die unendliche Analyse« und »Konstruktionen in der Analyse« erschienen beide 1937, als er über achtzig Jahre alt war. Faustisch in seinen Ambitionen, wenn auch normalerweise bescheiden in seinen therapeutischen Erwartungen, war er nie ganz zufrie-

Übertragung des Wolfsmannes noch nicht ganz abgelöst war. Mitte der zwanziger Jahre hatte er unter dem Druck einer paranoiden Episode noch einmal eine intensive Analyse bei Ruth Mack Brunswick. Aber er war psychologisch selbständig genug geworden, um zu heiraten, den Verlust seines Familienvermögens mit einer gewissen reifen Resignation zu ertragen und eine Arbeit auszuüben. Er blieb jedoch sein ganzes Leben lang ein leidender Mensch, verwirklichte nie seine beträchtlichen Talente und schien das Unglück herauszufordern. Bis zum Ende schätzte und bewunderte er Freud und war ein wenig stolz darauf, der berühmteste Patient des berühmtesten Heilers zu sein.

den, nie ganz ruhig. Gegen Ende seines Lebens fragte er sich, ob nicht eines Tages die chemische Medikation das mühsame Verfahren ersetzen könnte, den Patienten auf die Couch zu legen und zum Sprechen zu bringen. Aber bis dieser Tag käme, dachte er, würde die analytische Behandlung der zuverlässigste Weg sein, der von neurotischen Leiden wegführte.

Die Geschichte von Freuds Empfehlungen für Therapeuten im Laufe von vierzig Jahren ist eine Studie in der Kultivierung wachsamer Passivität. In den späten 1880er Jahren hatte er bei seinen Patienten die Hypnose angewandt. In den frühen 1890er Jahren hatte er versucht, sie zu dem Eingeständnis zu bewegen, was sie bedrückte, und zu vermeiden, daß sie den heiklen Punkten auswichen, indem er ihnen die Stirn rieb und die Erzählung unterbrach. Sein Bericht über die Auflösung der hysterischen Symptome Katharinas während seiner Ferien in den Alpen im Sommer 1893 schmeckt noch nach einem anmaßenden Vertrauen in seine heilenden Kräfte, während seine zudringlichen Deutungen im Fall Dora einen autoritären Stil widerspiegeln, den er bereits im Begriff war aufzugeben. Gewiß waren 1904, als er den kurzen Artikel »Die Freudsche psychoanalytische Methode« für Leopold Löwenfelds *Die psychischen Zwangserscheinungen* schrieb, die meisten seiner charakteristischen Ideen über die Technik ausgereift.

Dennoch verlieh er, als er 1910 auf dem Nürnberger Kongreß sprach, in »Die zukünftigen Chancen der psychoanalytischen Therapie« seiner neuen gemäßigten Stimmung Ausdruck, einer Stimmung, die sich als dauerhaft erweisen sollte. Er führte seinen Kollegen vor Augen, daß sie alle immer noch vor schwierigen, bisher ungelösten technischen Rätseln standen, und warnte sie, daß »wirklich das meiste« auf dem Gebiet der Technik »noch seiner definitiven Feststellung harrt und vieles eben jetzt klar zu werden beginnt«. Dazu gehörten die Gegenübertragung des Analytikers auf den Analysanden und die technischen Modifikationen, die das sich ausweitende Repertoire der psychoanalytischen Behandlung von den Analytikern zu fordern begann.[154]

Im selben Jahr veröffentlichte Freud eine energische kurze Schrift, in der er die sogenannte »wilde« Analyse angriff. In Anbetracht des zwanglosen Gebrauchs – oder besser Mißbrauchs – des psychoanalytischen Vokabulars, der in den zwanziger Jahren Mode wurde, erwies sich die Arbeit »Über ›wilde‹ Psychoanalyse« als Vorausschau. Freud erinnerte sich an den Besuch einer »älteren Dame«, einer geschiedenen Frau in der zweiten Hälfte der Vierzigerjahre, »ziemlich gut erhalten«, die »offenbar mit ihrer Weiblichkeit noch nicht abgeschlossen hatte«. Nach ihrer Scheidung hatte sie an Angstzuständen zu leiden begonnen, die sich verschlimmerten, nachdem sie einen jungen Arzt aufgesucht hatte, der ihr unverblümt erklärte, ihre Symptome wären durch »sexuelle Bedürftigkeit« verursacht worden. Er hatte ihr drei Wege zur Gesundheit vorgeschlagen: Sie konnte zu ihrem Mann zurückkehren, sich einen Liebhaber nehmen oder sich selbst befriedigen. Keine dieser Alternativen sagte der »älteren Dame« zu. Aber da ihr Arzt Freud als den Entdecker dieser bedrückenden Einsichten genannt und gesagt hatte, er werde die Diagnose bestätigen, war sie zu ihm gekommen.[155]

Anstatt geschmeichelt oder dankbar zu sein, war Freud verärgert. Es war ihm bewußt, daß Patienten, vor allem unter nervösen Störungen leidende, nicht notwendigerweise die zuverlässigsten Berichterstatter sind. Aber selbst wenn die beunruhigte Dame vor ihm die gefühllosen Verschreibungen ihres Arztes entstellt oder erfunden hatte, schien ihm ein Wort der Warnung angebracht. Zunächst einmal hatte dieser Amateur-Psychotherapeut fälschlich angenommen, daß Analytiker unter »Sexualleben« ausschließlich den Koitus verstehen und nicht ein weit größeres, weit differenzierteres Gebiet bewußter Gefühle und unbewußter Triebe. Freud räumte ein, daß seine Patientin vielleicht an einer »Aktualneurose« litt, einer Störung, die durch somatische Faktoren verursacht wird – in ihrem Fall das Aufhören der sexuellen Betätigung kurze Zeit zuvor –, und wenn dem so war, wäre die Empfehlung einer »Veränderung der somatischen sexuellen Betätigung« natürlich genug gewesen. Höchstwahrscheinlich aber hatte der Arzt ihre Lage mißdeutet, und in diesem Fall war seine Verschreibung wertlos. Aber seine technischen Irrtümer waren noch schwerer als seine diagnostischen: Es ist eine grobe Entstellung des psychoanalytischen Prozesses zu glauben, daß es zur Heilung führe, wenn man dem Patienten lediglich sagt, was nicht in Ordnung zu sein scheine, selbst wenn die Diagnose zufällig korrekt ist. »Versuche, den Kranken durch die brüske Mitteilung seiner vom Arzt erratenen Geheimnisse beim ersten Besuch in der Sprechstunde zu überrumpeln, sind technisch verwerflich.« Mehr noch, sie »strafen sich meist dadurch, daß sie dem Arzt die herzliche Feindschaft des Kranken zuziehen«: Er werde entdecken, daß er den Einfluß, den er ursprünglich gehabt haben mag, verloren habe. Kurz, bevor man wage, analytische Kommentare irgendwelcher Art anzubieten, müsse man sehr viel über die »technischen Vorschriften« wissen. Sie ersetzten die schwer faßbare Tugend des »ärztlichen Taktes«.[156]

Um diese Art wilder Analyse zu unterbinden und um zu kodifizieren, was er in seiner klinischen Praxis gelernt hatte, veröffentlichte Freud zwischen 1911 und 1915 eine Reihe von Abhandlungen über die Technik. So gemäßigt im Ton sie waren, hatten sie doch eine gewisse polemische Schärfe. »Ihre Zustimmung zum letzten technischen Artikel war mir sehr wertvoll«, schrieb Freud 1912 Abraham. »Sie werden die kritischen Absichten wohl gemerkt haben.«[157] Er hatte bereits einige Jahre früher daran gedacht, über das Thema zu schreiben, als er einige seiner wichtigsten Fälle analysierte oder gerade abgeschlossen hatte. Wie üblich befruchteten sich seine klinische Erfahrung und seine veröffentlichten Schriften gegenseitig. »Ich komme außer am Sonntag kaum dazu, ein paar Zeilen zu schreiben an einer allgemeinen Methodik der Psychoanalyse, von der bis jetzt 24 Seiten stehen«, schrieb er Ferenczi Ende November 1908.[158] Es ging langsam voran, langsamer, als der stets enthusiastische Ferenczi erwartete. Zwei Wochen später hatte Freud zehn weitere Seiten zustandegebracht, und er dachte, daß er bis Weihnachten, bis zu Ferenczis geplantem Besuch in der Berggasse 19, nur in der Lage sein werde, eine Handvoll mehr vorzuweisen.[159] Im Februar 1909 plante er, das Projekt bis zu den Sommerferien aufzuschieben[160], und im Juni konnte er Jones nur berichten, daß »der Essay über die Technik halb fertig ist, keine Muße, ihn zum Abschluß zu bringen«.[161] Aber während ihn seine analytische Arbeit davon abhielt, seine Abhandlungen über die Technik zu schreiben, lieferte sie ihm auch unschätzbares Material. »Die Pat[ienten] sind ekelhaft und geben mir Gelegenheit zu neuen technischen Studien«, teilte er Ferenczi im Oktober mit.[162]

Seine Pläne für diese Studien wurden ehrgeiziger. In seiner Ansprache auf dem Psychoanalytischen Kongreß in Nürnberg kündigte Freud an, daß er sich bemühen werde, Deutung, Übertragung und die übrige klinische Situation demnächst in einer »Allgemeinen Methodik der Psychoanalyse« zu behandeln.[163] Aber aus seinem »demnächst« wurden beinahe zwei Jahre. »Wann erscheint Ihr Buch über die Methodik?« erkundigte sich Jones später in diesem Jahr. »Es muß viele Leute geben, die es eifrig erwarten, Freunde wie Feinde.«[164] Sie mußten sich gedulden. Die erste Rate, »Die Handhabung der Traumdeutung in der Psychoanalyse«, erschien erst im Dezember 1911. Die anderen Schriften über die Technik, rund ein halbes Dutzend, gingen während der nächsten Jahre nach und nach in Druck. Andere dringende Arbeiten und die Erfordernisse der psychoanalytischen Politik kamen dazwischen und hielten Freud auf. Außerdem nahm er seine Aufgabe von Anfang an sehr ernst. »Ich meine, das muß für diejenigen, welche bereits analysieren, ganz bedeutend werden«, sagte er Ferenczi voraus, als er gerade erst zwei Dutzend Seiten zu Papier gebracht hatte.[165] Die Zeit gab ihm recht.

Freuds Abhandlung »Zur Einleitung der Behandlung« mit ihrem beruhigenden, vernünftigen Ton ist repräsentativ für die ganze Reihe; er bot flexible Vorschläge, nicht eiserne Erlasse. Die glückliche Metapher – Schacheröffnungen –, die er wählte, um das strategische Anfangsmoment in der Psychoanalyse zu erklären, ist dazu bestimmt, die Leser zu gewinnen. Schließlich ist der Schachspieler nicht an eine einzige, vorbestimmte Vorgangsweise gebunden. Tatsächlich, bemerkte Freud, ist es nur recht und billig, daß der Psychoanalytiker die Freiheit der Wahl hat: Die Lebensgeschichten der individuellen Patienten sind zu verschieden, um die Anwendung starrer, dogmatischer Regeln zu gestatten. Doch Freud ließ keinen Zweifel daran, daß gewisse Taktiken eindeutig angezeigt sind: Der Analytiker solle seine Patienten mit der nötigen Sorgfalt auswählen, denn nicht jeder Leidende sei gefestigt oder intelligent genug, um den Härten der psychoanalytischen Situation standzuhalten. Es sei am besten, wenn Patient und Analytiker einander zuvor weder gesellschaftlich noch auf dem Boden der Medizin begegnet seien – gewiß eine der Empfehlungen, die Freud selbst am meisten zu mißachten geneigt war. Dann, wenn der Patient ausgewählt und ein Behandlungsbeginn vereinbart sei, solle der Analytiker die ersten Begegnungen als Gelegenheit zur Sondierung benutzen. Eine Woche lang etwa solle er sich sein Urteil darüber vorbehalten, ob die Psychoanalyse wirklich die angezeigte Behandlung sei.

Solche provisorischen Sitzungen sind nicht wie Konsultationen. Der Psychoanalytiker muß während dieser Sondierungen noch schweigsamer sein als gewöhnlich. Entschließt er sich dann, den Fall nicht zu übernehmen, »so erspart man dem Kranken den peinlichen Eindruck eines verunglückten Heilungsversuches«.[166] Aber die Zeit der Probebehandlung ist nach diesen Sitzungen nicht vorüber. Die Symptome eines Patienten, der sich als nicht sehr kranker Hysteriker oder Zwangsneurotiker präsentiert, können in Wirklichkeit den Beginn einer Psychose maskieren, die für die analytische Behandlung nicht zugänglich ist. Besonders in den ersten Wochen, warnte Freud, dürfe der Analytiker nicht der berauschenden Illusion der Gewißheit erliegen.

Die Versuchsperiode ist voll in den analytischen Prozeß integriert: Der Patient liegt auf der Couch, der Analytiker sitzt, für ihn nicht sichtbar, hinter ihm und hört aufmerksam zu. Die zahllosen Karikaturen, die den Analytiker in seinem Sessel mit einem Notizblock auf den Knien oder neben sich zeigen, haben eine falsche Auffassung verbreitet, gegen die sich Freud in diesen frühen Schriften ausdrücklich wandte. Er warnte die Analytiker davor, während der Sitzung Aufzeichnungen zu machen, da dies nur ihre Aufmerksamkeit ablenke. Sie könnten ruhig ihrem Gedächtnis zutrauen, daß es behalte, was sie brauchen. Er gab zu, daß die Couch und der unsichtbare Analytiker ein Erbe aus der Zeit der Hypnose waren, und er hatte einen subjektiven Grund, auf diesem Arrangement zu bestehen: »Ich vertrage es nicht, acht Stunden täglich (oder länger) von anderen angestarrt zu werden.« Er bot aber auch weniger subjektive Gründe für die Empfehlung dieses »Zeremoniells«: Da er sich während der Analysestunde seinen unbewußten Gedanken überlasse, wolle er nicht, daß die Patienten seinen Gesichtsausdruck beobachteten, damit sie nicht durch seine Reaktionen beeinflußt würden.[167]

Die analytische Situation, dieser vorsätzlich herbeigeführte Zustand der

Entbehrung, wird vom Analysanden als Streß empfunden. Aber gerade darin liegt ihr einzigartiger Vorteil. »Ich weiß«, schrieb Freud, »daß viele Analytiker es anders machen, aber ich weiß nicht, ob die Sucht, es anders zu machen, oder ob ein Vorteil, den sie dabei gefunden haben, mehr Anteil an ihrer Abweichung hat.«[168] Für sich selbst hatte er keine Zweifel: Die psychoanalytische Situation lädt den Patienten dazu ein zu regredieren, sich von den Zwängen zu befreien, die einem der gewöhnliche gesellschaftliche Verkehr auferlegt. Welche Arrangements immer diese Regression fördern – die Couch, das Schweigen und der neutrale Ton des Analytikers –, sie können nur bei der Arbeit der Analyse selbst hilfreich sein.

Vom ersten Tage an, während die Analyse in Gang kommt, haben Analytiker und Analysand praktische Angelegenheiten zu regeln. Wie wir wissen, ist die Psychoanalyse professionell, beinahe sprichwörtlich, allergisch gegen alle Schamhaftigkeit. Gerade die Dinge, welche die Mittelstandskultur des 19. Jahrhunderts als zu heikle Gesprächsthemen erachtete, vor allem Sexualität und Geld, sind mit soviel emotionaler Fracht beladen, daß ihre Verschleierung durch dezentes Schweigen oder, was vielleicht noch schlimmer ist, durch Umschreibungen die psychoanalytische Untersuchung von Anfang an lähmen würde. Der Analytiker muß darauf gefaßt sein, daß von den gebildeten Männern und Frauen, die sein Sprechzimmer besuchen, »Geldangelegenheiten ... in ganz ähnlicher Weise behandelt werden wie sexuelle Dinge, mit derselben Zwiespältigkeit, Prüderie und Heuchelei«. Freud gab zu, daß Geld in erster Linie der Selbsterhaltung und Machtgewinnung dient, aber er bestand darauf, daß »mächtige sexuelle Faktoren« an der Einstellung zum Geld mitbeteiligt sind.[169] Daher ist Offenheit von entscheidender Bedeutung. Der Patient mag es nicht sofort erkennen, aber sein eigenes Interesse und das Selbstinteresse des Analytikers fallen in ihren praktischen Abmachungen zusammen. Der Patient erklärt sich bereit, eine bestimmte Stunde aus der Zeit des Analytikers zu »mieten«, und er zahlt für sie, ob er von ihr Gebrauch macht oder nicht. Dies, bemerkte Freud, mag ein wenig habgierig, geradezu unvornehm bei einem Arzt aussehen, aber er sah keine andere praktische Lösung. Besondere finanzielle Zugeständnisse gefährden den Lebensunterhalt des Analytikers. Wie Freuds Briefe an seine Vertrauten in diesen Jahren bezeugen, freute er sich immer über die Nachricht, daß ihre Praxen gut gingen. Aber Freuds Ablehnung finanzieller Kompromisse hatte mehr als nur den Wohlstand des Analytikers im Auge; solche Kompromisse gefährden die Kontinuität und Intensität der analytischen Bindung des Patienten, indem sie zum Widerstand ermutigen. Wenn ein Analysand an einem echten organischen Leiden erkrankt, sollte der Analytiker die Analyse abbrechen, über seine Zeit anders verfügen und den Patienten nach seiner Genesung wieder aufnehmen, sobald er Zeit für ihn hat.

Um die Kontinuität und Intensität zu sichern, empfing Freud die meisten
Patienten sechsmal pro Woche. Die Ausnahmen waren milde Fälle oder
solche, die bald abgeschlossen waren. Für sie schienen drei Tage auszurei-
chen. Selbst die Unterbrechung am Sonntag fordert ihren Preis. Deshalb,
schrieb er, sprechen Analytiker scherzhaft von der »Montagskruste«.
Mehr noch, die Analyse muß sich notwendigerweise über einen beträchtlichen Zeitraum erstrecken. Man tut dem Analysanden keinen Gefallen,
wenn man ihm verheimlicht, daß die Analyse mehrere Jahre dauern kann.
In dieser Frage wie überall in der analytischen Situation ist Ehrlichkeit dem
Patienten gegenüber buchstäblich die beste Politik: »Ich halte es überhaupt
für würdiger, aber auch zweckmäßiger, wenn man ihn, ohne gerade auf
seine Abschreckung hinzuarbeiten, doch von vornherein auf die Schwierigkeiten und Opfer der analytischen Therapie aufmerksam macht und ihm so
jede Berechtigung nimmt, später einmal zu behaupten, man habe ihn in die
Behandlung, deren Umfang und Bedeutung er nicht gekannt habe, ge-
lockt.«[170] Dafür läßt der Analytiker dem Analysanden die Freiheit, die
Analyse jederzeit abzubrechen, eine Freiheit, von der einige seiner ersten
Patienten, wie Freud ein wenig wehmütig sagte, nur allzugern Gebrauch
gemacht hatten. Er konnte Dora nicht vergessen, und Dora war nicht die
einzige gewesen, die von Freuds Couch desertiert war.

Unter den Mitteilungen, die der Analytiker seinem Patienten gleich zu Beginn macht, ist die »Grundregel« die wirklich unentbehrliche: Er fordert
den Analysanden auf, sich der freien Assoziation zu überlassen und absolut alles zu sagen, was ihm einfällt. Es ist zweifellos wichtig für den Analysanden, seine Stunden einzuhalten und das Honorar zu zahlen. Aber wenn
er sich diesen Verpflichtungen entzieht, können seine Versäumnisse analysiert werden. Doch eine ständige Nichtbefolgung der Grundregel muß die
Analyse scheitern lassen. In »Zur Einleitung der Behandlung« war Freud
geradezu redselig, was diese Regel betraf.[171] Diese Abhandlung und die
anderen ihrer Art waren allerdings für Analytikerkollegen bestimmt.
»Wer noch draußen steht«, schrieb er Ferenczi bezüglich der »Methodik«, die er zu schreiben beabsichtigte, »wird kein Wort davon verstehen.«[172] Aber er schien auch über sein auserwähltes Publikum etwas besorgt zu sein und schrieb daher ziemlich ausführlich, als wollte er absolut
sicher sein, daß es nicht zu Mißverständnissen komme. Das Gespräch des
Patienten mit seinem Therapeuten ähnelt keiner Konversation, die er je
geführt hat: Er muß aus seinem Diskurs jede Ordnung, Syntax, Logik,
Disziplin, Etikette und alle stilistischen Erwägungen als irrelevant, ja sogar schädlich verbannen. Was der Patient am meisten zu erwähnen
scheut, ist gerade das, was am dringendsten erörtert werden muß. Freuds
Grundvorschrift für alle Analysanden ist absolute Ehrlichkeit – die ebenso

unmöglich vollständig zu erzwingen ist, wie ihre Unterlassung verhängnisvoll wäre.

Die Waffe des Analysanden gegen seine Neurose ist das Sprechen; die
Waffe des Analytikers ist die Deutung, eine ganz andere Art von Sprechen.
Denn während die verbale Tätigkeit des Analysanden so ungehemmt wie
möglich sein sollte, muß die des Analytikers im Gegensatz dazu wohlüber-
legt dosiert sein. In dem seltsamen Unternehmen, das die Psychoanalyse ist,
halb Kampf, halb Bündnis, arbeitet der Analysand mit, soweit es seine Neurose zuläßt. Der Analytiker seinerseits wird, was zu hoffen ist, nicht durch
seine eigene Neurose behindert; jedenfalls muß er eine hoch spezialisierte
Art von Takt walten lassen, den er teils in seiner Lehranalyse, teils aus
seiner Erfahrung mit Analysepatienten erworben hat.* Er fordert Zurückhaltung, Schweigen zu den meisten Produktionen des Analysanden und
Kommentare zu einigen wenigen. Die meiste Zeit müssen die Patienten die
Deutungen ihres Analytiker als wertvolle Geschenke erleben, die er nur
allzu geizig austeilt.

Die psychoanalytische Deutung ist eine subversive Auslegung; sie weckt
überraschende und oft unbequeme Zweifel an den scheinbaren Botschaften, die der Analysand zu vermitteln glaubt. Kurz, die Deutung des Analytikers macht den Analysanden auf das aufmerksam, was er wirklich sagt
oder tut. Die stillen, regungslosen Wölfe im Traum des Wolfsmannes als
entstellte Darstellungen eines lebhaften Sexualaktes zu deuten, heißt eine
zugleich erschreckende und erregende Erinnerung aus ihrer Höhle der Verdrängung ausräuchern. Die zwanghaften Zeremonien des Rattenmannes
als Zeichen für unbewußten Haß gegen die Menschen, die er am meisten
liebt, zu deuten, bedeutet wiederum, ans Licht des Tages zu zerren, was
verdrängt worden war. Die Belohnung für die Deutungen des Analytikers
ist keineswegs immer so spektakulär, aber es ist zumindest immer ihr
Zweck, die Selbsttäuschung ins Wanken zu bringen.

Die Entscheidung, was zu deuten ist und wann, ist eine subtile Frage; mit
ihr ist der wesentliche Charakter der psychoanalytischen Therapie verknüpft. Noch ehe er irritiert auf die wilde Analyse reagierte, hatte Freud
leichtfertige und hastige Deutungen vernichtend kritisiert, die, gleichgültig,
wie richtig sie seien, eine Analyse zu einem vorzeitigen und katastrophalen
Ende bringen müßten. Als er sich nun in »Zur Einleitung der Behandlung«
direkt an seine Kollegen wandte, goß er seinen Spott über solche vorschnel-
len Analytiker aus, über diese Pfauen, die mehr darauf bedacht seien, ihre
Brillanz zu zeigen, als darauf, ihren Patienten zu helfen: »Es wird einem

---

* Die Forderung, daß sich jeder angehende Psychoanalytiker einer Lehranalyse unterziehen muß, erschien nicht in diesen Abhandlungen, und beinahe keiner der Analytiker,
an die sie gerichtet waren, war selbst analysiert worden. Diese Forderung ist eine Entwicklung der Jahre nach dem Ersten Weltkrieg.

geübten Analytiker nicht schwer, die verhaltenen Wünsche eines Kranken schon aus seinen Klagen und seinem Krankenberichte deutlich vernehmbar herauszuhören, aber welches Maß von Selbstgefälligkeit und Unbesonnenheit gehört dazu, um einem Fremden, mit allen analytischen Voraussetzungen Unvertrauten nach der kürzesten Bekanntschaft zu eröffnen, er hänge inszestuös an seiner Mutter, er hege Todeswünsche gegen seine angeblich geliebte Frau, er trage sich mit der Absicht, seinen Chef zu betrügen u. dgl.! Ich habe gehört, daß es Analytiker gibt, die sich mit solchen Augenblicksdiagnosen und Schnellbehandlungen brüsten, aber ich warne jedermann davor, solchen Beispielen zu folgen.«[173] Der vorsichtige Analytiker verfolge seine therapeutischen Ziele indirekt, er deute zuerst den Widerstand und dann die Übertragung seines Analysanden. Erst dann solle man darangehen, Geständnisse von Kindheitsvergehen zu deuten, die weit öfter eingebildet als wirklich geschehen seien.

Freuds Diskussion des Widerstands stellt das Phänomen mitten in den therapeutischen Kontext, in den es offensichtlich gehört. In *Die Traumdeutung* hatte er es bereits klar definiert: »*Was immer die Fortsetzung der Arbeit stört, ist ein Widerstand.*«[174] Nun, in seiner Abhandlung »Zur Dynamik der Übertragung«, betonte er seine Hartnäckigkeit: »Der Widerstand begleitet die Behandlung auf jedem Schritt; jeder einzelne Einfall, jeder Akt des Behandelten muß dem Widerstande Rechnung tragen, stellt sich als ein Kompromiß aus den zur Genesung zielenden Kräften und den angeführten, ihr widerstrebenden dar.«[175] Die klinische Erfahrung lehrte Freud und seine Kollegen, wie einfallsreich und unermüdlich der Widerstand der Analysanden sein konnte, selbst bei denen, die am aufrichtigsten bei der Analyse mitarbeiteten. Praktisch alles, scheint es, kann ihm in der Analysestunde dienen: das Vergessen von Träumen, das Schweigen auf der Couch, der Versuch, die Behandlung in eine intellektuelle Diskussion über psychoanalytische Theorie zu verwandeln, das Zurückhalten wichtiger Informationen, ständiges Zuspätkommen, die Behandlung des Analytikers als Feind. Defensive Kunstgriffe dieser Art sind nur die augenscheinlichsten Mittel, die den Kräften des Widerstandes zur Verfügung stehen. Er kann sich auch verkleiden als ein Eingehen auf die vermutlichen Wünsche des Analytikers. Der sogenannte gute Patient – der Patient, der reichlich träumt, ohne Zögern assoziiert, alle Deutungen glänzend findet, nie zu spät zu seiner Stunde kommt, seine Rechnungen prompt bezahlt – ist ein besonders schwer zu behandelnder Fall, gerade weil seine Absichten zu schwer zu enträtseln sind.

Den Heilungsbemühungen zu widerstehen, muß besonders irrational erscheinen. Die Nützlichkeit des Widerstandes für Masochisten, die aus Schmerz Lust beziehen, ist leicht einzusehen, aber er erscheint sinnlos bei Leidenden, die vermutlich doch zur Analyse gekommen sind, um Erleichte-

rung von ihren Symptomen zu finden. Ihre freiwillige Unterwerfung unter
die Mühen und Kosten und die Unannehmlichkeiten der psychoanalytischen Behandlung sollte für die Aufrichtigkeit ihres Wunsches, gesund zu
werden, bürgen. Aber das Unbewußte gehorcht anderen, kaum auslotba-
ren Gesetzen. Eine Neurose ist ein Kompromiß, der es dem Neurotiker
ermöglicht, wie schlecht auch immer mit seinen verdrängten Wünschen
und Erinnerungen fertigzuwerden. Das Unbewußte bewußt machen, das
erklärte Ziel der psychoanalytischen Therapie, heißt den Patienten mit dem
Wiederauftauchen von Gefühlen und Erinnerungen bedrohen, von denen
er glaubt, daß sie am besten begraben bleiben. Das Argument, daß es dem
Neurotiker besser geht, wenn er sich an verdrängtes Material erinnert, so
bedrückend es auch sein mag, hat etwas rational Überzeugendes. Und es
gibt Elemente im Patienten, die bereit sind, einen Pakt mit der Gesundheit
zu schließen; ohne sie wäre keine Analyse möglich. Aber diese Elemente
müssen mit einer Opposition kämpfen, die alles in Ruhe zu belassen
wünscht. Der Analytiker versucht die »normalen« Kräfte in der Psyche des
Analysanden zu mobilisieren und sich mit ihnen zu verbünden. Er ist
schließlich ein zuverlässiger Partner – der Zuhörer, der über keine Enthüllung schockiert ist, den keine Wiederholung langweilt, der keine Schlechtigkeit tadelt. Wie der Priester im Beichtstuhl fordert er zu vertraulichen
Mitteilungen heraus; im Gegensatz zum Priester hält er keine Strafpredig-
ten, erlegt er keine noch so milde Buße auf. Freud hatte dieses Bündnis im
Sinn, als er schrieb, daß der Analytiker erst beginnen sollte, die tieferen
Geheimnisse seines Patienten aufzudecken, nachdem der Analysand eine
feste Übertragung, einen »ordentlichen Rapport« hergestellt hat.[176]*

Es entging nicht Freuds Aufmerksamkeit, daß die Übertragung mit Widersprüchen beladen ist. Der Fall Dora hatte ihm bereits gezeigt, daß die emotionale Bindung, die der Patient dem Analytiker aufzuerlegen versucht und
die aus Elementen von leidenschaftlichen, gewöhnlich früheren Bindungen
an andere besteht, das am schwersten zu behandelnde Hindernis für die
Kur und zugleich ihr wirksamstes Agens ist. Nun, in seinen Arbeiten über
die Technik, vor allem in »Zur Dynamik der Übertragung« und mehr noch
in den »Bemerkungen über die Übertragungsliebe«, zeigte er die paradoxen
Wirkungen der Übertragung in weiteren Einzelheiten auf: Sie sei zugleich
die schärfste Waffe des Widerstandes und seine Nemesis.
    Diese widersprüchlichen Rollen sind kein dialektisches Geheimnis.
Freud unterschied zwischen drei Arten von Übertragung, die in der psycho-

---

* In jüngerer Zeit nennen Analytiker diese Beziehung ein »Arbeitsbündnis« oder »the-
rapeutisches Bündnis«, doch es wäre keine Ahnenverehrung, wenn sie Freuds Arbeiten
über die Technik noch einmal lesen und erkennen würden, daß er ihnen wieder einmal
weitgehend zuvorgekommen ist.

analytischen Situation auftreten: die negative, die erotische und die »gesunde«. Die negative Übertragung, eine Abladung von aggressiven, feindseligen Gefühlen auf den Psychoanalytiker, und die erotische Übertragung, die den Analytiker in einen Gegenstand leidenschaftlicher Liebe verwandelt, sind beide Wächter des Widerstandes. Aber zum Glück gibt es noch eine dritte Art, eine vernünftige, am wenigsten entstellte Übertragung, die den Therapeuten als einen wohlwollenden, hilfreichen Verbündeten im Kampf gegen die Neurose ansieht. Sobald die ersten beiden dieser Übertragungen in der Analysestunde – die Freud das »Schlachtfeld der Übertragung« nannte[177] – aufgedeckt, erkannt, bewußt gemacht und entwaffnet sind, kann die letzte, verständigste Übertragung mit relativ wenigen Behinderungen arbeiten und zum langen, schwierigen Heilungsprozeß beitragen. Aber dieses vernünftige Bündnis mit dem Analytiker hat nur Aussicht darauf, die anderen Widerstände zu überwinden, wenn es intensiv genug ist und wenn der Patient sich bereit findet, von den Deutungen des Analytikers zu profitieren. »Ihnen wird es nicht entgangen sein«, schrieb Freud Jung Ende 1906, »daß unsere Heilungen durch die Fixierung einer im Unbewußten regierenden Libido zustande kommen (Übertragung) ...« Und diese Übertragung »gibt die Triebkraft zur Auffassung und Übersetzung des Unbewußten her; wo diese sich weigert, nimmt sich der Patient nicht diese Mühe oder hört nicht zu, wenn wir ihm die von uns gefundene Übersetzung vorlegen. Es ist eigentlich eine Heilung durch Liebe.«[178]

Das klingt alles recht klar, aber Freud war sich dessen bewußt, daß diese Liebe eine sehr trügerische Helferin ist. Die vernünftige Übertragung ist sehr verwundbar: Nur zu oft degenerieren die warmen Gefühle und die aktive Mitarbeit des Patienten zu erotischer Sehnsucht, die nicht der Auflösung, sondern der endlosen Fortsetzung der Neurose dient. Um es ganz kraß zu sagen, Analysandinnen neigen dazu, sich in den Analytiker zu verlieben, eine Tatsache des psychoanalytischen Lebens, die prompt zum Gegenstand schlechter Scherze und hinterhältiger Unterstellungen wurde. Freud hielt solchen böswilligen Klatsch für praktisch unvermeidbar; die Psychoanalyse verletzte zu viele Pietäten, um gegen Verleumdungen immun zu sein. Aber wirkliche peinliche Episoden waren beunruhigend genug, um Freud zu veranlassen, der Angelegenheit eine eigene Abhandlung zu widmen. Ende 1914 geschrieben und im folgenden Jahr veröffentlicht, war »Bemerkungen über die Übertragungsliebe« der letzte seiner Beiträge über die Technik, und wie er Abraham schrieb, hielt er ihn »für den besten und brauchbarsten der ganzen Reihe«. Daher, fügte er sarkastisch hinzu, war er »gefaßt, daß er die stärkste Ablehnung hervorrufen wird«.[179] Doch er schrieb ihn vor allem deshalb, um Analytiker vor den Gefahren der Übertragungsliebe zu warnen und damit eine solche Ablehnung abzuschwächen.

Die Übertragungsliebe ist zugleich qualvoll und komisch, unausweichlich und teuflisch schwer aufzulösen. In der gewöhnlichen ärztlichen Praxis, schrieb Freud, bieten sich nur drei mögliche Auswege dar: Patientin
und Arzt können heiraten, sie können sich trennen, und sie können eine
heimliche Affäre haben und die ärztliche Behandlung fortsetzen. Die erste
dieser Lösungen, meinte Freud, ist selten. Die zweite ist zwar üblich, aber
für Psychoanalytiker unannehmbar, weil die Ex-Patientin ihr Verhalten
nur mit dem nächsten Arzt wiederholen würde. Die dritte verbietet sich
»durch die bürgerliche Moral wie durch die ärztliche Würde«.[180] Was der
Analytiker tun muß, sobald er sich in der verlockenden Situation befindet,
daß seine Patientin ihm ihre Liebe erklärt, ist – analysieren. Er muß ihr
zeigen, daß ihre Verliebtheit lediglich ein früheres, praktisch immer infantiles Erlebnis wiederholt. Die Leidenschaft der Patientin für ihren Analytiker
ist nicht echte Liebe, sondern eine Form der Übertragung und des Widerstands.*

In dieser delikaten Situation, erklärte Freud mit Nachdruck, müsse der
Analytiker allen Kompromissen widerstehen, gleich wie plausibel oder human sie ihm erscheinen mögen. Mit der Patientin zu diskutieren oder zu
versuchen, ihr Verlangen in sublimierte Kanäle umzuleiten, erweise sich als
unwirksam. Die fundamentale ethische Position des Analytikers, die mit
seiner beruflichen Verpflichtung identisch sei, müsse seine Richtschnur
bleiben: »Die psychoanalytische Behandlung ist auf Wahrhaftigkeit aufgebaut.« Der Analytiker dürfe dem Begehren der Patientin auch nicht nachgeben, wenn er sich sage, daß er nur Einfluß auf sie zu gewinnen versuche, um
die Kur zu beschleunigen. Er würde bald enttäuscht sein: »Die Patientin
würde ihr Ziel erreichen, er niemals das seinige.« Diese unannehmbare Lösung erinnerte Freud an eine amüsante Geschichte von einem Pastor und
einem Versicherungsagenten. Auf seinem Sterbebett muß der ungläubige
Agent das Zureden eines Geistlichen über sich ergehen lassen, der von den
Angehörigen in der verzweifelten frommen Hoffnung geholt wurde, daß
der Sterbende im Angesicht des Todes schließlich doch noch das Licht des
Glaubens sehen werde. »Die Unterhaltung dauert so lange, daß die War-
tenden Hoffnung schöpfen. Endlich öffnet sich die Tür des Krankenzim-
mers. Der Ungläubige ist nicht bekehrt worden, aber der Pastor geht versichert weg.«[181]

Die ernüchternde Erkenntnis, daß die Liebe seiner Analysandin nur eine
Übertragungsliebe ist, wird es dem Analytiker ermöglichen, die emotionale, ganz zu schweigen von der physischen, Distanz zu wahren. »Für den

---

* In dieser Diskussion arbeitete Freud mit einem vereinfachten Modell: ein Analytiker
und eine Patientin. Aber dieselben Regeln gelten für Analytikerinnen, die männliche
Patienten behandeln, oder für Analytiker und Patienten desselben Geschlechts. Der Einfallsreichtum der erotischen Übertragung ist praktisch unbegrenzt.

Arzt bedeutet sie eine kostbare Aufklärung und eine gute Warnung vor einer etwa bei ihm bereitliegenden Gegenübertragung. Er muß erkennen, daß das Verlieben der Patientin durch die analytische Situation erzwungen wird und nicht etwa den Vorzügen seiner Person zugeschrieben werden kann, daß er also gar keinen Grund hat, auf eine solche ›Eroberung‹, wie man sie außerhalb der Analyse heißen würde, stolz zu sein.« Der Analytiker in dieser Situation, die nur ein Spezialfall der analytischen Situation im allgemeinen ist, muß der Patientin die verlangte Befriedigung versagen. »Die Kur muß in der Abstinenz durchgeführt werden; ich meine dabei nicht allein die körperliche Entbehrung, auch nicht die Entbehrung von allem, was man begehrt, denn dies würde vielleicht kein Kranker vertragen. Sondern ich will den Grundsatz aufstellen, daß man Bedürfnis und Sehnsucht als zur Arbeit und Veränderung treibende Kräfte bei der Kranken bestehen lassen und sich hüten muß, dieselben durch Surrogate zu beschwichtigen.«[182]

Diese strenge Vorschrift war eine feste allgemeine Regel für den praktizierenden Analytiker. So provisorisch viele seiner Empfehlungen sonst klingen mögen, was die Abstinenz betrifft, so war Freud kategorisch. Aber gerade in dieser entscheidenden Frage rief sein Gespür für Metaphern eine gewisse Verwirrung hervor und löste eine Debatte über die Technik aus, die seither nicht mehr verstummt ist. Als Vorbild stellte Freud seinen Kollegen nämlich den Chirurgen hin, der »alle seine Affekte und selbst sein menschliches Mitleid beiseite drängt und seinen geistigen Kräften ein einziges Ziel setzt: die Operation so kunstgerecht als möglich zu vollziehen.« Der Ehrgeiz des Therapeuten, aufsehenerregende Heilungen zu vollbringen, sei der tödliche Feind der Heilung. Der allzu menschliche Wunsch, dem Patienten nahezukommen, sei nicht weniger schädlich. Daher fühlte sich Freud berechtigt, die »Gefühlskälte« des Chirurgen zu empfehlen, die solche verständlichen, aber unprofessionellen Bestrebungen verhindere. Intime Details seines Innenlebens oder seiner Familienverhältnisse zu enthüllen, sei daher ein schwerer technischer Fehler: »Der Arzt soll undurchsichtig für den Analysierten sein und wie eine Spiegelplatte nichts anderes zeigen, als was ihm gezeigt wird.«[183]

Diese frostigen Bilder verkünden Freuds Meinung mit einer kalten Endgültigkeit, die einige seiner anderen Texte und mehr noch seine Praxis entkräften. Wir haben gesehen, wie er mit einem souveränen Gefühl der Meisterschaft und im Interesse der reinen Menschlichkeit seine Regeln beugte und manchmal brach. Er erließ seinen Analysanden die Honorare, wenn es ihnen finanziell schlecht ging. Er gestattete sich herzliche Kommentare während der Analysestunde. Er freundete sich mit seinen Lieblingspatienten an. Er führte zwanglose Analysen in der erstaunlichsten Umgebung durch; daß er Eitingon auf abendlichen Spaziergängen durch Wien analysierte, ist nur das auffälligste dieser zwanglosen Experimente.[184] Aber in seinen Schriften über die Technik erlaubte sich Freud keinen Hinweis auf solche Eskapaden.

Es war natürlich kein Platz für sie in dem Handbuch, das Freud für seine Kollegen zusammenstellte. Alles, was die Analyse behindere, sei ein Widerstand, hatte er geschrieben, und alles, was die Patienten von der Befolgung der Grundregel ablenke, eine Behinderung. Selbst im günstigsten Falle bringen die Patienten mehr als genug eigene Widerstände ein; der Analytiker braucht sie nicht noch zu vermehren durch Zeichen der Zuneigung, rationale Diskussionen der Theorie oder ernste Bestrebungen im Namen der Selbstentwicklung seiner Analysanden. Patienten zu befriedigen, indem man sie liebt, beruhigt oder ihnen auch nur von seinen Urlaubsplänen erzählt, heißt gerade die Denkgewohnheiten unterstützen, die zu überwinden der Zweck der Analyse ist. Es mag hartherzig klingen, aber der Analytiker darf sich nicht von Mitleid mit seinen leidenden Patienten überwältigen lassen. Gerade dieses Leiden ist ein wirksames Mittel des Heilungsprozesses.* Auf dem Abkürzungsweg der beschwichtigenden Beruhigung erreicht man nur die Fortdauer der Neurose. Es ist (könnte man sagen), als wollte man dem heiligen Sebastian Aspirin zur Linderung seiner Schmerzen anbieten. Aber als Metaphern für das Verfahren des Analytikers die kühle Arbeit des Chirurgen oder die leere Oberfläche des Spiegels zu gebrauchen, heißt doch, die zugleich schweigsame und sehr menschliche Partnerschaft mit dem unglücklichen Wesen auf der Couch zu gering schätzen.

Auch wenn Analytiker und Analysand alle technischen Anweisungen Freuds peinlich genau befolgen, ist die Heilarbeit der Analyse immer langsam und nie gewiß. Freud schloß viele Arten von psychischen Störungen von der analytischen Behandlung aus, vor allem die Psychosen, mit der Begründung, daß der Psychotiker nicht die nötige Übertragung auf den Analytiker herstellen könne. Aber auch Hysteriker und Zwangsneurotiker, die sich besonders für die analytische Behandlung eignen, machten oft nur Fortschritte im Schneckentempo und erlitten enttäuschende Rückfälle. Nicht faßbare Erinnerungen, hartnäckige Symptome, eine bleibende Neigung zu neurotischen Gewohnheiten erwiesen sich als starke Hindernisse für wirksame Deutungen und die Art von Übertragung, die bei der Heilung hilft. Die am schwersten zu behandelnden Hindernisse waren die Übertragungen, die den Patienten veranlaßten, ein früheres Verhalten zu wiederholen, statt sich daran zu erinnern. Freud erkannte, daß die eine Eigenschaft,

---

* Nicht lange danach, auf dem Budapester Kongreß Ende September 1918, erklärte Freud seinen Kollegen: »Wir müssen, so grausam es klingt, dafür sorgen, daß das Leiden des Kranken ... kein vorzeitiges Ende finde« (»Wege der psychoanalytischen Therapie«, 1919, G.W., Bd. 12, S. 188).

die sich der Analytiker am wenigsten leisten kann, Ungeduld ist. Die klinische Erfahrung zeigte, daß es für den Analysanden nie ausreichend ist, etwas intellektuell zu wissen. Aber schließlich kann die Zeit kommen, da der Patient nach ständigen Rückfällen, nachdem er schmerzlich gewonnene Einsichten immer wieder vergessen hat, seine schwer erworbene Kenntnis zu absorbieren, »durchzuarbeiten« beginnt. Der Arzt, schrieb Freud in »Erinnern, Wiederholen und Durcharbeiten«, hat »dabei nichts anderes zu tun als zuzuwarten und einen Ablauf zuzulassen, der nicht vermieden, auch nicht immer beschleunigt werden kann«.[185] Wieder müssen beide Partner in dem analytischen Unternehmen Geduld haben: »Dieses Durcharbeiten der Widerstände mag in der Praxis zu einer beschwerlichen Aufgabe für den Analysierten und zu einer Geduldprobe für den Arzt werden. Es ist aber jenes Stück der Arbeit, welches die größte verändernde Einwirkung auf den Patienten hat« und schließlich die Psychoanalyse von all den Behandlungen unterscheidet, die den Patienten durch Suggestion zu beeinflussen versuchen. Der Analytiker ist in dieser wichtigen Phase nicht einfach passiv; wenn er genug Bereitwilligkeit bei seinem Patienten vorfindet, sollte es ihm gelingen, »allen Symptomen der Krankheit eine neue Übertragungsbedeutung zu geben, seine gemeine Neurose durch die Übertragungsneurose zu ersetzen«. Diese Übertragungsneurose ist eine einzigartige Form von Krankheit, eine Störung, die für die Behandlung typisch – und notwendig – ist. Der Analytiker kann den Patienten »durch die therapeutische Arbeit« von ihr befreien.[186] Es folgt eine Art Koda, die Abschlußphase, zu der Freud nur einige spärliche Kommentare abgab. Sie brachte, wie er wußte, ihre eigenen Nöte mit sich. Er nannte sie »Abschiedsschwierigkeiten«.[187] Sobald die Analyse gut im Gange ist, die neu erworbene Erkenntnis durchgearbeitet und die Übertragungsneurose kräftig genug ist, wird sich auch das erwünschte Ende einstellen.

Bei all seinen versöhnlichen und freundlichen Sprachwendungen präsentierte Freud diese Schriften mit der Miene der vollen Überzeugung, der Miene eines Gründers und erfahrenen Praktikers. Er zeigte nur die Methoden auf, die er in seiner eigenen Praxis am wirksamsten gefunden hatte; andere mochten auf ihre eigene Weise verfahren. Aber trotz dieser klugen Einschränkung ließ er keinen Zweifel daran, daß er von seinen Empfehlungen erwartete, sie würden bei seinen Anhängern gebieterische Autorität erringen. Diese Autorität war verdient; kein anderer hätte diese Abhandlungen schreiben können, und seine Leser bewunderten sie unumwunden, zitierten sie reichlich und profitierten sichtlich von ihnen. Im Jahre 1912 dankte Eitingon Freud herzlich für die »Ratschläge für den Arzt bei der psychoanalytischen Behandlung«, »von denen gerade ich sehr viel lernen konnte«.[188] Und Eitingon befand sich in guter Gesellschaft. Freuds Schriftenreihe über die Technik wurde ein unerläßliches Handbuch für seinen Berufsstand. Mit Recht, denn er hat nie etwas Brillanteres als sie geschrieben. Diese Schriften sind nicht das letzte Wort darüber, wie man eine Analyse durchzuführen hat; sie sind nicht einmal Freuds letztes Wort. Ebensowenig stellen sie eine erschöpfende oder formelle Abhandlung dar. Aber zusammengenommen als Empfehlungen für die Handhabung der klinischen Situation, ihrer Gelegenheiten und Fallen sind sie so reich an kräftigem analytischem Gespür, so klug in der Vorwegnahme von Kritik, daß sie nach all diesen Jahren noch immer als Leitfaden für den angehenden und als Hilfsmittel für den praktizierenden Analytiker dienen können.

Eine Frage, die sie nicht lösten, nicht einmal anschnitten, war, wie viele analytische Patienten tatsächlich geheilt wurden. Diese Frage war damals und ist immer noch höchst umstritten. Aber in den Jahren, in denen er diese Arbeiten schrieb, dachten Freud und seine engsten Anhänger, daß innerhalb der Grenzen, die sie selbst gesetzt hatten, die analytischen Erfolge im Vergleich mit den therapeutischen Bemühungen ihrer Rivalen günstig abschnitten. Freud ließ sich auch durch etwaige Zweifel, die er gegenüber diesen Ergebnissen hegen mochte, nicht in seinem Vertrauen zu seiner Schöpfung als intellektuellem Instrument für die Erklärung der Arbeit der Psyche irre machen. Dieses Vertrauen kam nicht von ungefähr. Befriedigende Reaktionen der Außenwelt waren nicht mehr so selten, wie sie einst gewesen waren. Um 1915, als Freud die letzte seiner Schriften über die Technik beendete, war er längst nicht mehr der isolierte Pionier der Fließ-Periode oder der ersten Jahre der Psychologischen Mittwoch-Gesellschaft. Und seine Studien über Kunst und Literatur, Religion und Vorgeschichte bestärkten nur sein Vertrauen, daß seine Psychologie, die er in seinen Krankengeschichten so überzeugend dargestellt hatte, überall Gültigkeit besitze.

VII

ANWENDUNGEN UND FOLGERUNGEN

Geschmackssachen

Freuds aufreibender Arbeitsplan während dieser turbulenten Jahre wirft die Frage auf, wie er überhaupt noch Zeit für ein Privatleben finden konnte. Zwischen 1905 und 1915 veröffentlichte er, obwohl er von klinischer Arbeit, Krankengeschichten, Herausgebertätigkeiten und den erschöpfenden Forderungen der psychoanalytischen Politik voll in Anspruch genommen war, Schriften über Literatur, Recht, Religion, Erziehung, Kunst, Ethik, Linguistik, Folklore, Märchen, Mythologie, Archäologie, den Krieg und die Psychologie des Gymnasiasten. Aber pünktlich jeden Tag um eins stellte er sich zum Mittagessen der Familie ein, blieb seiner wöchentlichen Tarockpartie am Samstagabend treu, besuchte am Sonntagmorgen unfehlbar seine Mutter, machte am Abend seinen Spaziergang, empfing Besucher und ging (wenn das auch seltene Gelegenheiten waren) in eine Mozart-Oper.

So beschäftigt er auch war, seine zunehmende Bekanntheit trug ihm immer häufiger Einladungen ein, vor einem Laienpublikum zu sprechen oder für solche Leser zu schreiben, und einige dieser Einladungen nahm er an. Im Jahre 1907 veröffentlichte er neben anderen kurzen Essays einen »Offenen Brief an Dr. M. Fürst«, den Herausgeber einer auf Sozialhygiene spezialisierten Zeitschrift, zur »sexuellen Aufklärung der Kinder«, in dem er sich für Offenheit aussprach. Im selben Jahr hielt er einen anregenden Vortrag über die Rolle der Tagträume in der schöpferischen Arbeit des Dichters. Er sprach vor einem Publikum, das größtenteils aus Laien bestand, im Salon Hugo Hellers, seines Bekannten und Verlegers, und gestaltete daher seinen Vortrag zu einer leicht verständlichen Einführung in die Art der Herstellung kultureller Artefakte. Dies war auch, abgesehen von einigen Hinweisen in *Die Traumdeutung*, sein erster Versuch, psychoanalytische Ideen auf die Kultur anzuwenden.

Trotz seiner Leichtigkeit ist dieser Vortrag, der im folgenden Jahr unter dem Titel »Der Dichter und das Phantasieren« veröffentlicht wurde, ein ernsthafter Beitrag zur psychoanalytischen Ästhetik. Die Arbeit des Unbewußten, die Psychologie der Wunscherfüllung und der weitreichende Einfluß der Kindheit auf das spätere Leben sind zentrale Themen. Freud begann unschuldig und taktvoll genug mit einer Frage, von der man annehmen kann, daß sie alle Laien interessiert: Welches sind die Quellen, aus denen Schriftsteller ihr Material schöpfen? Die Antwort, bemerkte Freud, scheint nie zufriedenstellend zu sein, und um das Geheimnis zu vertiefen, würde dieses Wissen, selbst wenn es zufriedenstellend wäre, aus dem Laien keinen Dichter oder Dramatiker machen. Er fügte in seinem bescheidensten Sprachstil hinzu, daß man hoffen dürfe, eine vorläufige Aufklärung über das Wesen des Dichters zu finden, wenn man eine ähnliche Tätigkeit entdecken könnte, die allen Menschen gemeinsam sei. Vorsichtig drückte Freud die Hoffnung aus, daß seine Betrachtungsweise »nicht unfruchtbar ausfallen kann«.[1]

Nachdem diese Apologien vom Tisch waren, vollführte Freud einen seiner charakteristischen akrobatischen Sprünge, die ein Gebiet der menschlichen Erfahrung mit einem anderen verbinden. Die Jagd nach Parallelen ist ein gefährlicher Sport, besonders wenn er die Tragfähigkeit der Rückschlüsse überfordert, aber gültige Parallelen können bis dahin unbekannte Beziehungen und, mehr noch, unvermutete kausale Zusammenhänge aufdecken. Freuds Sprung war von dieser letzten Art: Jedes spielende Kind, behauptete er, verhalte sich wie ein Dichter, »indem es sich eine eigene Welt erschafft oder, richtiger gesagt, die Dinge seiner Welt in eine neue, ihm gefällige Ordnung versetzt«. Das Kind nimmt sein Spiel sehr ernst, aber es weiß, daß das, was es macht, eine Erfindung ist. »Der Gegensatz zu Spiel ist nicht Ernst, sondern – Wirklichkeit.«[2] Der Dichter oder Romancier gehe auf annähernd die gleiche Weise vor; er erkenne die Phantasien, die er ausarbeite, als Phantasien an, aber das mache sie nicht weniger bedeutsam als beispielsweise den imaginären Spielgefährten des Kindes. Kinder finden das Spielen erfreulich, und da die Menschen höchst ungern auf ein Vergnügen verzichten, das sie einmal genossen haben, suchen sie einen Ersatz als Erwachsene. Anstatt zu spielen, phantasieren sie. Diese beiden Tätigkeiten spiegeln einander: Beide werden von einem Wunsch ausgelöst. Aber während das Spielen der Kinder den Wunsch ausdrückt, erwachsen zu sein, finden Erwachsene ihre Phantasien kindisch. In diesem Sinne spiegeln Spiel und Phantasie gleichermaßen Zustände der Unzufriedenheit wider. »Man darf sagen, der Glückliche phantasiert nie, nur der Unbefriedigte.« Kurz, eine Phantasie sei, wie ein im Spiel ausgedrückter Wunsch, »eine Korrektur der unbefriedigenden Wirklichkeit«.[3] Die einfallsreichen Revisionen, die der Erwachsene an der Wirklichkeit vornimmt, betreffen nicht verwirklichte Ambitionen oder nicht zu verwirklichende sexuelle Wünsche; er hält sie verborgen, weil es Wünsche sind, welche die respektable Gesellschaft aus dem sozialen, ja sogar familiären Gespräch verbannt hat.

Hier findet der Dichter seine kulturelle Aufgabe. Von seiner Berufung getrieben, äußert er seine Tagträume und verleiht so den geheimen Phantasien seiner weniger beredsamen Zeitgenossen Ausdruck. Wie der Träumer in der Nacht verbindet der schöpferische Tagträumer ein starkes Erlebnis seines Erwachsenenlebens mit einer wiedererweckten fernen Erinnerung und verwandelt den Wunsch, den diese Verknüpfung geweckt hat, in Literatur. Wie ein Traum ist sein Gedicht oder sein Roman ein Mischwesen aus Gegenwart und Vergangenheit und aus äußeren nicht weniger als aus inneren Antrieben. Freud leugnete nicht den Anteil der Einbildungskraft an der Schaffung literarischer Werke, aber er sah diese Werke hauptsächlich als umgestaltete, schön entstellte Wirklichkeit. Er war kein Romantiker, der den Künstler als beinahe göttlichen Schöpfer verehrte; sein Zögern, die rein schöpferischen Aspekte der Arbeit des Schriftstellers und des Malers anzuerkennen, ist beinahe greifbar.

Freuds Analyse der literarischen Kreativität ist also eher nüchtern als überschwenglich; sie konzentriert sich auf die psychologischen Transaktionen zwischen dem Schöpfer und seiner Kindheit, zwischen dem Hersteller und dem Konsumenten. Da im Grunde alle Wünsche egoistisch seien, würde ihre Veröffentlichung das Publikum wahrscheinlich abstoßen, das seinerseits damit beschäftigt sei, seinen eigenen ichbezogenen Tagträumen nachzuhängen. Der Dichter überwinde diese Widerstände, indem er seine Leser oder Zuhörer mit der »Vorlust« der ästhetischen Form »besticht«, mit einer Vorlust, die eine noch größere künftige Lust verspreche und es den Lesern erlaube, ihre eigenen Tagträume »nunmehr ohne jeden Vorwurf und ohne Schämen zu genießen«. In diesem Akt der Bestechung, meinte Freud, liege die eigentliche »Ars poetica«. Seiner Ansicht nach geht »der eigentliche Genuß des Dichtwerkes aus der Befreiung von Spannungen in unserer Seele« hervor.[4] Der Künstler (könnte man Freuds Argument kommentieren) versieht seinen Haken mit dem Köder Schönheit.

Trotz all seiner Lasten und Tätigkeiten umfaßte Freuds regelmäßiger Tagesablauf weiterhin, wie je zuvor, die traditionellen Familienfreuden, im Winter wie im Sommer. Bis 1909, als Martin mit dem Universitätsstudium begann und seine eigenen Wege ging, verbrachte Freud kostbare Ferienzeit mit seiner Frau, seiner Schwägerin und allen seinen Kindern in den Bergen. Dasselbe Jahr 1909 war ein weiterer Meilenstein in Freuds Familienleben. Seine Tochter Mathilde, die Älteste, war das erste seiner Kinder, das heiratete. Soviel Freude und reines Vergnügen sie ihrem Vater vom Augenblick ihrer Geburt im Oktober 1887 an bereitet hatte, war sie doch auch Gegenstand angstvoller Sorge gewesen. Eine offenbar stümperhafte Blinddarmoperation im Jahre 1906 hatte ihren Gesundheitszustand beeinträchtigt. Zwei Jahre später erkrankte sie an einem besorgniserregend hohen Fieber, das ihren Vater eine Peritonitis vermuten ließ[5], und zwei Jahre danach

mußte sie sich »tapfer wie immer« einer weiteren schweren Operation unterziehen.[6] Ihre immer wieder auftretenden Krankheiten, ihre ein wenig
schlaffen Züge und ihr blasser Teint wirkten sich verheerend auf Mathildes
Selbstachtung aus. Sie beklagte sich bei ihrem Vater, daß sie nicht attraktiv
sei. Dies gab Freud die Gelegenheit, zärtliche väterliche Beruhigung zu
spenden. »Ich ahnte längst«, schrieb er ihr im März 1908, als sie sich in
einem Kurort von ihrer letzten Krankheit erholte, »daß Du bei all Deiner
sonstigen Vernünftigkeit Dich kränkst, nicht schön genug zu sein und
darum keinem Mann zu gefallen.« Aber, sagte Freud, er habe lächelnd zu-
geschaut, »weil Du mir... schön genug schienst«. Jedenfalls sollte sie
daran denken, »daß in Wirklichkeit längst nicht mehr die Formenschönheit
über das Schicksal des Mädchens entscheidet, sondern der Eindruck ihrer
Persönlichkeit«. Er forderte seine Tochter auf, in den Spiegel zu sehen; sie
werde zu ihrer Erleichterung entdecken, daß ihre Züge weder gemein noch
abschreckend seien. Vor allem aber – und das war die altmodische Botschaft, die ihr »liebender Vater« ihr vermitteln wollte –: »Die Verständigen
unter den jungen Männern wissen doch, was sie bei einer Frau zu suchen
haben, die Sanftmut, die Heiterkeit und die Fähigkeit, ihnen das Leben
schöner und leichter zu machen.«[7] So anachronistisch Freuds Einstellungen auch im Jahre 1908 erscheinen mochten, Mathilde Freud fand diesen
Brief offenbar ermutigend. Jedenfalls heiratete sie im folgenden Februar
mit einundzwanzig Jahren Robert Hollitscher, einen Wiener Geschäfts-
mann, der zwölf Jahre älter war. Freud, damals in der ersten Glut seiner
Freundschaft mit Sándor Ferenczi, schrieb diesem, er hätte *ihn* als Schwiegersohn vorgezogen[8], aber er nahm seiner Tochter ihre Wahl nicht übel:
Hollitscher wurde rasch »Robert«, ein angesehenes Mitglied des Freud-
Clans.

Vier Jahre später, im Januar 1913, verließ auch seine zweite Tochter, Sophie, ihren Vater. Freud akzeptierte ihren Verlobten, den Hamburger Fotografen Max Halberstadt, ohne langes Zögern. Er hatte Halberstadts Atelier besucht und einen günstigen Eindruck von seinem
zukünftigen Schwiegersohn gewonnen. Anfang Juli 1912 sprach er ihn
noch förmlich mit »Sehr geehrter Herr« an und schrieb ein wenig sentenziös, er freue sich zu sehen, daß Sophie ihren Neigungen folge, wie es ihre
ältere Schwester vier Jahre zuvor getan hätte.[9] Zwei Wochen später war
Halberstadt »Mein lieber Schwiegersohn« geworden, wenn Freud ihn
auch noch mit dem förmlichen »Sie« anredete.[10] Doch er war offensichtlich zufrieden mit dem Familienzuwachs. Halberstadt, schrieb Freud
Mathilde und machte ihr gleichzeitig ein Kompliment, war »offenbar
ein ganz verläßlicher, ernsthafter, zärtlicher, feiner und doch nicht schwa-
cher Mensch«, und er halte es für sehr wahrscheinlich, daß die Freuds
zum zweitenmal die Seltenheit einer glücklichen Ehe unter ihren Kindern

verwirklicht sehen könnten.[11] Am 27. Juli war Halberstadt ein »Lieber Max« geworden[12], und zwei Wochen später nahm ihn Freud in den inneren Familienkreis auf und sprach ihn mit *Du* an.[13] Aber sein Gefühl eines Gewinns war leicht überschattet von dem Gefühl eines Verlustes. Eine Postkarte, die Freud seinem zukünftigen Schwiegersohn im September aus Rom schickte, unterschrieb er mit »Herzlichen Gruß von einem ganz verwaisten Vater.«[14]*

Doch zuallererst beanspruchte die Psychoanalyse Freuds Aufmerksamkeit. Hanns Sachs, der ihn um diese Zeit kennenlernte, übertrieb nur leicht, wenn er ihn »von einer einzigen despotischen Idee beherrscht« sah, einer Hingabe an die Arbeit, die seine Familie »mit dem größten Eifer, ohne ein Murren« unterstützte.[15] Seine Zielstrebigkeit war in diesen expansiven Tagen vielleicht größer als je zuvor: Die Zeit, die Entdeckungen der Psychoanalyse außerhalb des Sprechzimmers anzuwenden, war gekommen. »Immer mehr und mehr durchdringt mich die Überzeugung von dem kulturellen Wert** der ΨA«, schrieb er Jung 1910, »und ich wünsche den hellen Kopf herbei, der die berechtigten Folgerungen für die Philosophie und die Gesellschaft aus ihr zöge.«[16] Er kannte noch Augenblicke des Zögerns und der Unsicherheit, aber sie waren selten und wurden immer seltener. »Zur Frage des Wertes meiner Arbeiten und ihres Einflusses auf die Gestaltung der Wissenschaft in der Zukunft kann ich nur sehr schwer selbst Stellung nehmen«, schrieb er in demselben Jahr, als er auf Ferenczis extravagante Neujahrsgrüße antwortete. »Manchmal glaube ich, manchmal zweifle ich daran.« Er fügte einen Satz hinzu, der zu einem seiner Lieblingsaussprüche wurde: »Der liebe Gott weiß es vielleicht selber noch nicht.«[17]

Aber während Freud auf seine Selbstkritik stolz war oder sich ihrer sogar ein wenig rühmte[18], stimmten ihn die Aussichten auf eine psychoanalytische Deutung der Kultur euphorisch. Er war zuversichtlich, daß dort seine nächste Aufgabe lag. Als er 1913 die Erklärungsarbeit zusammenfaßte, welche die Psychoanalyse bereits außerhalb des Sprechzimmers geleistet hatte, entwarf er ein ehrgeiziges Programm für weitere Eroberungen. Die Psychoanalyse, erklärte er, sei imstande, Licht auf die Ursprünge der Religion, der Sittlichkeit, des Rechts und der Philosophie zu werfen. Nun warte

---

* Als Sophies erstes Kind geboren wurde, begrüßte er es mit einem Ausruf des Erstaunens. »Heute Nacht«, schrieb er Ferenczi am 11. März auf einer Postkarte, »um 3^h ein kleiner Knabe als erster Enkel! Sehr merkwürdig! Ein ältliches Gefühl, Respekt vor den Wundern der Sexualität!« (Freud–Ferenczi Correspondence, Freud Collection, LC).
** In seiner Begeisterung schrieb Freud »Welt« statt »Wert« – ein kleiner, aber vielsagender Fehler, der zeigt, für wie weitreichend er seine Ideen hielt.

die »ganze Kulturgeschichte« nur noch auf ihren psychoanalytischen Deuter.[19]*

Einige der Schriften Freuds über angewandte Psychoanalyse waren kurze, nicht entscheidende Exkursionen in Gebiete, auf denen er kein Experte zu sein behauptete. Er wußte, daß er weder Archäologe noch Historiker, weder Philologe noch Jurist war. Aber wie er mit einer Mischung aus Bitterkeit und Befriedigung feststellte, schienen die professionellen Vertreter der Nachbardisziplinen aus Unwissen oder Zaghaftigkeit nicht gewillt zu sein, sich der Einsichten zu bedienen, die ihnen die Psychoanalytiker anboten. Ihr Widerstand war ebenso unnachgiebig wie der Widerstand des psychiatrischen Establishments, aber er gab Freud eine willkommene Freiheit zu manövrieren und gestattete ihm, sich den Luxus eines provisorischen, oft spielerischen Tons zu leisten.

Freud zweifelte nie daran, daß er selbst der »helle Kopf« sei, der die kulturellen Konsequenzen aus der Psychoanalyse ziehen würde. Aber er war erfreut, daß sich ihm andere fortschrittliche Männer unter den Psychoanalytikern anschlossen.[20] Jung hatte sich lange mit der Psychoanalyse der Kultur beschäftigt, besonders mit ihrer okkulten Seite, so als befriedigte er einen sinnlichen Appetit. Im Frühjahr 1910 gestand er Freud: »Ich wiege mich vorderhand im beinahe autoerotischen Genuß meiner mythologischen Träume.«[21] Er war so sehr darauf bedacht, Zugang zu den Geheimnissen der Mystik »mit dem Schlüssel der Libidotheorie« zu finden, daß Freud ihn bat, »doch rechtzeitig zu den Neurosen zurückzukehren. Dort«, fügte er mit Nachdruck hinzu, »ist das Mutterland, in dem wir unsere Herrschaft zuerst gegen alles und alle sicherstellen müssen.«[22] Bei all seinem Interesse für die angewandte Psychoanalyse bestand Freud darauf, der wichtigsten Sache den Vorzug zu geben.

Karl Abraham und Otto Rank waren zwar weniger mystisch veranlagt als Jung, aber kaum weniger erregt. Im Jahre 1911 veröffentlichte Abraham eine kleine Monographie, in der er den früh verstorbenen Schweizer Maler des späten 19. Jahrhunderts Giovanni Segantini analysierte, der damals wegen seiner mystischen Bauernszenen großen Ruf genoß. Abraham war nicht wenig stolz auf seine Pioniertat und lieferte im darauffolgenden Jahr einen weiteren Beitrag zur angewandten Psychoanalyse – eine Ab-

---

* Was er 1925 dem einzelgängerischen flämischen Sozialisten Hendrik de Man schrieb, war seit anderthalb Jahrzehnten seine feste Überzeugung gewesen: Er sei immer der Meinung gewesen, daß die außermedizinischen Anwendungen der Psychoanalyse ebenso bedeutend seien wie die medizinischen, ja daß erstere vielleicht einen größeren Einfluß auf die geistige Orientierung der Menschheit ausüben könnten (Freud an Hendrik de Man, 13. Dezember 1925. Archief Hendrik de Man, International Institute of Social History, Amsterdam). Dies war die Stimme des ambivalenten Arztes, dessen Herz anderswo war.

handlung über den Pharao Amenhotep IV., den religiösen Neuerer, der später Freud in seinem Buch über Moses und den Monotheismus beschäftigte.* Gleichzeitig strengte sich Rank, dieser alles verschlingende Leser und gewandte Schreiber, nach Kräften an, die Psychologie des Künstlers, das Inzestmotiv in der Literatur und die Mythen, welche die Geburt des Helden umgeben, zu studieren.

Im Jahre 1912 gründete Rank zusammen mit Hanns Sachs *Imago*, eine Zeitschrift, die sich, wie ihr Impressum auswies, speziell der Anwendung der Psychoanalyse auf die Kulturwissenschaften widmete. Ursprünglich sollte, wie Freud Jones mitteilte, diese »neue, gar nicht medizinische Zeitschrift« *Eros und Psyche*[23] genannt werden. Der Name, den ihre Gründer schließlich wählten, war ein Tribut an die Literatur. Er erinnerte an einen jüngst erschienenen Roman des Schweizer Dichters Carl Spitteler, *Imago*, der die Macht des Unbewußten in einer nebelhaften Liebesgeschichte feierte. Freud war zuerst besorgt, daß *Imago*, obwohl es von »zwei gescheiten und ehrlichen Burschen«[24] redigiert werden sollte, »keine so leichte Karriere haben würde wie die anderen Organe«.[25] Seine Sorgen erwiesen sich als unbegründet. *Imago,* »dem es übrigens überraschend gut geht«, konnte Freud im Juni 1912 berichten, hatte 230 Abonnenten, was ihm außerordentlich zufriedenstellend erschien, »meist aus Deutschland, Wien ist sehr wenig daran beteiligt«.[26] Die Herausgeber fanden überall Psychoanalytiker, die nur zu gern Beiträge lieferten, und nicht der letzte der Autoren war Freud selbst. Er beaufsichtigte die beiden »gescheiten und ehrlichen Burschen« und schickte ihnen einige seiner kühnsten Forschungsarbeiten.

Die nichtklinischen Schriften des inneren Kreises boten Gelegenheit für Bezeugungen guten Willens und für gegenseitige Beglückwünschungen. Freud begrüßte Jones' gewichtigen Beitrag zu *Imago* über die symbolische Bedeutung des Salzes; Jones schrieb Abraham, daß er seine »reizende Studie« Segantinis »mit dem größten Interesse« gelesen habe.[27] Abraham las seinerseits Freuds *Totem und Tabu* »zweimal mit immer wachsendem Genuß«.[28] Zugegeben, einige der Pathographien von Künstlern und Dichtern, die im Wiener Kreis geschrieben wurden, waren naiv und oberflächlich, und manchmal erregten sie Freuds ausgesprochenen Ärger. Aber ob gut gemacht oder hingepfuscht, die angewandte Psychoanalyse war beinahe von Anfang an ein kooperatives Unternehmen. Freud fand dieses weitverbreitete Interesse angenehm, aber er brauchte nicht von anderen gedrängt zu werden, um die Kultur auf die Couch zu legen.

Die Prinzipien, die Freuds Ausfälle in das Gebiet der Kultur leiteten,

---

* Fließ, der Abraham, wie es seine Art war, gefällig sein wollte, antwortete, als er einen Sonderdruck seiner Arbeit über Amenhotep erhielt, dem Autor, er werde nun »versuchen, diese Persönlichkeit noch einmal im Lichte Ihrer Auffassung zu durchdenken« (Fließ an Abraham, Postkarte, 12. Oktober 1912. Karl Abraham papers, LC).

waren gering an der Zahl, leicht zu nennen, aber schwer anzuwenden: Alles ist legitim, alles ist verkleidet und alles ist verbunden. Die Psychoanalyse stellt, wie er es ausdrückte, eine innige Beziehung her zwischen den »psychischen Leistungen der einzelnen und der Gemeinschaften, indem sie dieselbe dynamische Quelle für beide postuliert«. Die »Hauptfunktion des seelischen Mechanismus ist, das Geschöpf von den Spannungen zu entlasten, die durch die Bedürfnisse in ihm erzeugt werden«. Diese Aufgabe werde teilweise lösbar »durch Befriedigung, welche man von der Außenwelt erzwingt«, oder indem man »den unbefriedigten Strebungen eine andersartige Erledigung« verschaffe.[29] Daher müsse die psychoanalytische Erforschung von Kunst oder Literatur wie die Erforschung der Neurosen eine Suche nach befriedigten oder frustrierten verborgenen Wünschen sein.

Mit diesen im wesentlichen einfachen Prinzipien ausgerüstet, durchstreifte Freud die höheren Hervorbringungen der Kultur, diese privilegierten Kinder des Geistes, und erfaßte ein riesiges Gebiet. Aber bei all seinen Forschungen konzentrierte er sich immer auf die Psychoanalyse. Worauf es ihm ankam, war weniger, was er von der Kunstgeschichte, der Linguistik und anderen Disziplinen lernen konnte, sondern was sie von ihm lernen konnten. Er betrat fremdes Terrain als Eroberer, nicht als Bittsteller.* Seine Abhandlung über Leonardo war, wie wir gesehen haben, ein Experiment in Biographie, aber zugleich eine psychoanalytische Untersuchung der Ursprünge der Homosexualität und des Wirkens der Sublimierung. Sie war in dieser Hinsicht exemplarisch für alle seine anderen Vorstöße in die Kulturanalyse. Die Psychoanalyse blieb, wie er sagte, immer sein Mutterland.

Freud genoß solche Abstecher ungemein. Aber seine psychoanalytische Beschäftigung mit den Produkten der Kultur war nicht einfach eine erfrischende Ferientätigkeit, um sich Mußestunden zu vertreiben. Das Zwanghafte, das in seiner Einstellung zu Krankengeschichten und theoretischen Forschungen so augenscheinlich ist, war auch in seinem Denken über Kunst und Literatur am Werk. Er hatte, wie wir gesehen haben, das Rätsel Leonardos und die unterhaltsameren Probleme, die ihm Schreber aufgab, als Obsessionen erlebt, die befriedigt und abgeführt werden mußten. Die Geheimnisse von *König Lear* und Michelangelos *Moses* verfolgten ihn nicht weniger drängend. Sein ganzes Leben lang stand Freud unter dem mächtigen Druck, Geheimnisse zu durchdringen. Als sich Ernest Jones 1909 erbötig machte, ihm seine Arbeit über Hamlets Ödipuskomplex zu

---

* Als Reaktion auf Emil Ludwigs Goethe-Biographie, von der er sehr wenig hielt, schrieb er Otto Rank: »Der Vorwurf, den man unseren psychoanalytischen Psychographien gemacht hat, trifft vielmehr weit intensiver diese wie alle anderen nichtanalytischen« (Freud an Rank, 10. August 1921. Rank Collection. Box 1b. Rare Book and Manuscript Library, Columbia University).

schicken, drückte Freud großes Interesse aus. Jones' Arbeit war eine erweiterte Fußnote zu Freuds berühmten Seiten in *Die Traumdeutung* über die Schuldgefühle, die in Hamlet durch die Liebe zu seiner Mutter und den Haß gegen seinen Vater geweckt wurden, Seiten, an die sich Freud mit offensichtlichem Stolz erinnerte: »Als ich niederschrieb, was mir des Rätsels Lösung zu sein schien, hatte ich keine besondere Untersuchung der Hamlet-Literatur vorgenommen, aber ich wußte, welches die Resultate unserer deutschen Autoren waren, und sah, daß sogar Goethe das Ziel verfehlt hatte.«[30] Für Freud war es eine Quelle der Befriedigung, den großen Goethe selbst übertroffen zu haben.

Kurz, Freuds ernste und angestrengte Forschungen waren nicht ganz eine Sache der freien Wahl. Im Juni 1912, als sein ersehnter Sommerurlaub nahte, schrieb er Abraham: »Gegenwärtig wäre meine intellektuelle Tätigkeit auf die Korrekturen der zweiten Auflage der [Psychopathologie des] Alltagslebens beschränkt, wenn mir nicht plötzlich eingefallen wäre, daß die Eröffnungsszene im Lear, das Urteil des Paris und die Kästchenwahl im Kaufmann von Venedig eigentlich auf demselben Motiv beruhen, dem ich jetzt nachspüren muß.«[31] Er »mußte« ihm einfach nachspüren. Kein Wunder, daß er seinen Umgang mit Ideen in der Sprache des Leidens beschrieb: »Mich quält heute das Geheimnis der tragischen Schule, das der ΨA gewiß nicht widerstehen wird«, berichtete er Ferenczi im Frühjahr 1911.[32] Er kam nie wieder auf diesen rätselhaften Hinweis zurück, und wir werden wahrscheinlich nie erfahren, was für eine tragische Schule er im Sinne hatte. Dieses eine Mal verließ ihn seine Qual, ohne ihn zu zwingen, sie durch anstrengende geistige Arbeit aufzulösen. Aber im allgemeinen ähnelten Freuds mächtigste Interessen verdächtig starken Zwängen und unaufgelösten Spannungen. »Ich habe begonnen«, schrieb er Ferenczi 1914, »den Macbeth zu studieren, der mich lange quält, ohne daß ich bisher die Lösung gefunden hätte.«[33] Freud sagte mehr als einmal, daß er am besten arbeitete, wenn er sich nicht ganz wohl fühlte; wozu er sich nie äußerte, war, daß seine notwendigen Indispositionen zumindest teilweise die sichtbaren Zeichen von nach Ausdruck ringenden Gedanken waren.

Ein Problem, das in Freuds Geist auftauchte, war wie ein irritierender Fremdkörper, das Sandkorn in der Auster, das nicht ignoriert werden kann und am Ende vielleicht eine Perle hervorbringt. Freud war der Ansicht, daß die wissenschaftliche Neugier eines Erwachsenen die verspätete Neuauflage der Suche des Kindes nach der Wahrheit über den Unterschied zwischen den Geschlechtern und über die Geheimnisse von Empfängnis und Geburt ist. Wenn dem so ist, spiegelt Freuds eigene drängende Wißbegierde ein ungewöhnlich starkes Bedürfnis nach Aufklärung dieser Geheimnisse wider. Sie verwirrten ihn um so mehr, als er über den merklichen Altersunterschied seiner Eltern und die Anwesenheit von Brüdern nachgrübelte, die so alt waren wie seine Mutter, ganz zu schweigen von einem Neffen, der älter war als er selbst.

Vielleicht keine von Freuds Schriften über Kunst enthüllt ihren zwanghaften Charakter deutlicher als seine 1914 erschienene Abhandlung über Michelangelos *Moses*. Freud war während seiner ersten Romreise im Jahre 1901 fasziniert vor dieser überlebensgroßen Statue gestanden, und er fand sie auch hernach immer verwirrend und großartig. Kein anderes Kunstwerk hatte ihn je so beeindruckt.[34] Im Jahre 1912, bei einem anderen seiner Ferienausflüge nach Rom, schrieb er seiner Frau, daß er Michelangelos *Moses* täglich besuche und daran denke, daß er »vielleicht einige Worte« über ihn schreiben werde.[35] Es zeigte sich dann, daß ihm die Worte, die er tatsächlich darüber niederschrieb, sehr am Herzen lagen, obwohl er sie im *Imago* unter »***« erscheinen ließ. Abraham wunderte sich mit Recht über die Anonymität: »Glauben Sie nicht, daß man die Klaue des Löwen doch erkennen wird?«[36] Aber Freud bestand darauf, die Arbeit »ein Kind der Liebe« zu nennen.[37] Im März 1914, kurz nachdem der »Moses« aus der Druckerei zurückgekommen war, fragte er sich noch seinem »lieben Jones« gegenüber, ob »es besser wäre, sich nicht vor der Öffentlichkeit zu diesem Kinde zu bekennen«[38], und er bekannte sich dann auch zehn Jahre lang nicht dazu. Aber er schätzte es beinahe ebenso wie die Statue, die es analysiert. Während er noch mitten in der Arbeit an dieser Abhandlung war, besuchte Jones Rom, und Freud schrieb ihm in einem Anfall von Sehnsucht: »Ich beneide Sie darum, daß Sie Rom so bald und so früh im Leben sehen. Bringen Sie Moses meine tiefste Verehrung dar und schreiben Sie mir über ihn.«[39] Jones, der fühlte, was von ihm gewünscht wurde, zeigte sich der Lage gewachsen. »Meine erste Wallfahrt am Tag nach meiner Ankunft«, schrieb er, »war, daß ich Moses Ihre Grüße überbrachte, und ich glaube, er ließ sich ein wenig von seinem Hochmut herab. Was für eine Statue!«[40]

Was Freud an Michelangelos gewaltiger Statue am meisten fesselte, war gerade die Tatsache, daß sie ihn so sehr faszinierte.[41] Sooft er in Rom war, suchte er mit voller Absicht auch den *Moses* auf. »Durch drei einsame Septemberwochen«, erinnerte er sich, »bin ich 1913 alltäglich in der Kirche vor der Statue gestanden, habe sie studiert, gemessen, gezeichnet, bis mir jenes Verständnis aufging, das ich in dem Aufsatz doch nur anonym auszudrücken wagte.«[42] Der *Moses* war in idealer Weise dazu angetan, Freuds Neugier anzustacheln. Er hatte lange Zeit Bewunderung geweckt und zu Mutmaßungen herausgefordert. Die monumentale Gestalt zeigt auf der Stirn die mythischen Hörner, eine Darstellung der Strahlen, die von Moses' Gesicht ausgingen, nachdem er Gott geschaut hatte. Michelangelo, der zum Heroischen, Übergroßen neigte, gestaltete Moses als einen kräftigen, muskulösen, gebieterischen alten Mann mit einem wallenden Bart, den er mit der linken Hand und dem Zeigefinger der rechten hält. Er sitzt mit gerunzelter Stirn da, blickt ernst nach links und hält die Gesetzestafeln unter dem rechten Arm. Das Problem, das Freud in seinen Bann schlug, war die Frage, welchen Augenblick Michelangelo für seine Darstellung gewählt hatte. Er zitierte den Kunsthistoriker Max Sauerlandt: »Über kein Kunstwerk der Welt sind so widersprechende Urteile gefällt worden wie über diesen panköpfigen Moses. Schon die einfache Interpretation der Figur bewegt sich in vollkommenen Widersprüchen.«[43] Die Spannung in den Beinen des Moses läßt an eine begonnene oder eben abgeschlossene Handlung denken. Steht Moses gerade auf oder hat er sich soeben gesetzt? Das war das Rätsel, das Freud lösen mußte. Hatte Michelangelo Moses als das ewige Symbol des Gesetzgebers porträtiert, der Gottes Angesicht gesehen hat, oder war dies Moses in einem Augenblick des Zorns über sein Volk, im Begriff, die Tafeln zu zerschlagen, die er vom Berge Sinai mitgebracht hatte?

Im Jahre 1912 brachte Freud einen kleinen Gipsguß des *Moses* mit nach Hause, aber er war noch nicht bereit, seine Gedanken zu Papier zu bringen. Ernest Jones half ihm, die Sache noch komplizierter zu machen. »Jones hat mir aus Florenz Photos von Donatellostatuen geschickt, die meine Auffassung etwas erschüttert haben«, schrieb Freud Ferenczi im November.[44] Die Fotografien legten die Möglichkeit nahe, daß Michelangelo, als er an seiner Statue meißelte, eher künstlerischen als emotionalen Zwängen gehorchte. Ende Dezember 1912, als er Jones für seine Hilfe dankte, bat Freud beinahe schüchtern um eine Gefälligkeit: »Wenn ich Sie um noch etwas bitten darf – es ist mehr als taktlos –, ich brauche eine Reproduktion, und wäre es nur eine Zeichnung, der bemerkenswerten unteren Kontur der Tafeln, die in einer Aufzeichnung von mir so verläuft.« Was er meinte, erklärte er mit einer dilettantischen, aber brauchbaren kleinen Skizze, welche die unteren Kanten der Gesetzestafeln zeigte.[45] Jones erwies ihm prompt den Gefallen; er wußte, wie sehr es auf solche Einzelheiten ankam.[46]

Während er seine Abhandlung über den *Moses* im Auge hatte und Notizen dazu machte, schwankte Freud immer noch. Im August 1913 schickte er Ferenczi eine Ansichtskarte aus Rom, die Michelangelos umstrittene Statue zeigte[47], und im September schrieb er Ernest Jones: »Ich habe den alten Moses wieder besucht und fand meine Erklärung seiner Haltung bestätigt, aber etwas in dem vergleichenden Material, das Sie für mich gesammelt haben, hat doch meine Zuversicht erschüttert, die noch nicht wiederhergestellt ist.«[48] Anfang Oktober berichtete er aus Wien, daß er gerade zurückgekehrt war, »noch etwas trunken von der Schönheit der 17 Tage in Rom«.[49] Aber noch im Februar 1914 war er sich seiner Sache nicht sicher. »In der Moses-Angelegenheit werde ich wieder negativ.«[50]

Wie zu erwarten, entwickelte Freud eine ganz eigene Deutung. Abgesehen von den wenigen Kunsthistorikern, die in Michelangelos Statue ein

Monument zeitloser Größe gesehen hatten, waren die meisten Betrachter
davon überzeugt, daß sie die Ruhe vor dem Sturm darstellte: als Moses
sieht, wie die Kinder Israels das Goldene Kalb verehren, ist er im Begriff,
zornig aufzufahren und die Gesetzestafeln zu zerschmettern. Aber Freud,
der Einzelheiten wie die Haltung der rechten Hand des Moses und die Lage
der Tafeln genau untersuchte, kam zu dem Schluß, daß Michelangelo die
Absicht hatte zu zeigen, wie Moses seinen inneren Sturm beherrschte.
»Was wir an ihm sehen, ist nicht die Einleitung zu einer gewaltsamen Aktion, sondern der Rest einer abgelaufenen Bewegung.« Er war sich dessen
bewußt, daß seine Deutung der Heiligen Schrift widersprach, denn das
Buch Exodus berichtet, daß Moses in seinem gewaltigen Zorn die Tafeln
zerschlug. Aber diese Autorität konnte Freuds endgültige Schlußfolgerung
nicht erschüttern: Sein Moses ist ein sehr menschlicher Moses, ein Mann,
der wie Michelangelo Zornausbrüche kennt und der sich in diesem Augenblick mannhaft beherrscht. Daher brachte Michelangelo »seinen Moses an
dem Denkmal des Papstes an, nicht ohne Vorwurf gegen den Verstorbenen,
zur Mahnung für sich selbst, sich mit dieser Kritik über die eigene Natur
erhebend«.[51]

Das klingt ganz so, als wäre Freuds Deutung Michelangelos eine Deutung seiner selbst. Sein Leben, das zeigt sich immer und immer wieder, war
ein Kampf um Selbstdisziplin, um die Beherrschung seiner spekulativen
Impulse und seines Zorns – seines Zorns gegen seine Feinde und, noch
schwerer zu zügeln, gegen diejenigen unter seinen Anhängern, die ihn enttäuschten oder ihm untreu waren.* Während er von Michelangelos *Moses*
beim ersten Anblick im Jahre 1901 ergriffen worden war, sah er die Statue
als Aufgabe für eine Deutung erst 1912, als sich seine Beziehung zu Jung
verschlechterte. Und er schrieb den »Moses des Michelangelo« Ende 1913
nieder, kurz bevor er mit »Zur Geschichte der psychoanalytischen Bewegung« begann, der »Bombe«, die für Jung und Adler bestimmt war. In
dieser Polemik wollte er seinen Zorn im Zaum halten, um seiner Sache um
so besser zu dienen.** Aber so arg in Bedrängnis, wie er sich fühlte, war er

---

* Wie wir später sehen werden, hatte dieser Zorn auch unbewußte Dimensionen, die
sich höchstwahrscheinlich auf seine Enttäuschung darüber gründeten, daß er mehr und
mehr von seinem Platz als einziges Kind seiner Mutter verdrängt worden war, als Amalia
Freud ihrem Erstgeborenen ein Geschwister nach dem anderen an die Seite stellte.
** »Der Winter 1913/14 war nach dem unglücklichen Münchner Kongreß vom vorher-
gehenden September die schlimmste Zeit in dem Konflikt mit Jung. Der ›Moses‹ wurde
im gleichen Monat geschrieben wie die beiden langen Abhandlungen, in denen Freud die
ernsten Differenzen zwischen seinen Ansichten und denen von Jung öffentlich zur
Kenntnis gab (›Zur Einführung des Narzißmus‹ und ›Zur Geschichte der psychoanalytischen Bewegung‹), und zweifellos erfüllte ihn Jungs Abfall mit Empfindungen bitterer
Enttäuschung. Es kostete ihn einen inneren Kampf, seine Gefühle so stark zu beherrschen, daß er ruhigen Blutes sagen konnte, was er seiner Meinung nach zu sagen hatte.
Von hier aus kommt man unfehlbar zu dem naheliegenden Schluß, daß sich Freud zu

nicht sicher, ob er die eiserne Selbstbeherrschung aufbringen konnte, die er seiner Lieblingsstatue zugeschrieben hatte. Im Oktober 1912 hatte er Ferenczi geschrieben: »Der Stimmung nach vergleiche ich mich eher mit dem historischen als dem von mir gedeuteten Michelangeloschen Moses.«[52] Das Wesentliche an dieser Übung in kunsthistorischer Detektivarbeit war also, sich selbst die Tugend zu lehren, Michelangelos beherrschten Staatsmann nachzuahmen und nicht den impulsiven Anführer, von dessen hitzigem Temperament das Buch Exodus so beredt Zeugnis ablegt. Nur eine solche biographische Deutung kann Freuds tägliche Besuche bei Michelangelos Statue erklären, seine peinlich genauen Messungen, seine detaillierten Zeichnungen, sein Studium von Monographien. All das steht ein wenig im Mißverhältnis zum Ergebnis, das bestenfalls nicht mehr sein konnte als eine Fußnote in der psychoanalytischen Deutung von Kunst. Aber es war nicht nur Freud der Politiker auf der Suche nach Selbstdisziplin, der all diese Stunden auf Michelangelos *Moses* verwandte. Es war auch Freud der zwanghafte Forscher, dem es nicht freistand, die Forderungen eines Rätsels zurückzuweisen, sobald es einmal von ihm Besitz ergriffen hatte.

Freud beschränkte seine Bemerkungen über Ästhetik auf Aufsätze und Monographien. Die »Enträtselung der Geheimnisse des dichterischen Schaffens«, die Max Graf Ende 1907 in einer der Mittwochabend-Sitzungen gefordert hatte, blieb in Freuds Schriften ein Torso.[53] Das Versäumnis war zum großen Teil persönlicher Natur. Freuds Ambivalenz gegenüber Künstlern war, wie wir wissen, von besonderer Schärfe. »Ich habe mich oft verwundert gefragt«, schrieb er Arthur Schnitzler, als er ihm für die Glückwünsche zum fünfzigsten Geburtstag dankte, »woher Sie diese oder jene geheime Kenntnis nehmen konnten, die ich mir durch mühselige Erforschung des Objektes erworben.«[54] Nichts konnte freundlicher sein, und bei der Abfassung von Dankschreiben steht man bekanntlich nicht unter Eid. Aber seit langen Jahren schon hatte der scheinbar mühelose psychologische Scharfblick des schöpferischen Künstlers Freuds Neid erregt. Der Künstler hatte die intuitive, unbehinderte Gabe für Spekulationen, die Freud in sich selbst zu disziplinieren für nötig hielt.

Um alles noch persönlicher zu machen, hatte die Fähigkeit des Künstlers zu bezaubern bereits lange Jahre zuvor, als er noch um Martha Bernays warb, Freuds Erbitterung geweckt. Als reizbarer, gebieterischer Liebhaber, der auf zwei Rivalen, beide Künstler, eifersüchtig war, hatte er erklärt: »Ich

dieser Zeit und vielleicht auch schon vorher mit Moses identifiziert hatte und bestrebt war, ihm in seinem Sieg über die Leidenschaften, wie Michelangelo sie in so erstaunlicher Vollkommenheit dargestellt hatte, nachzueifern« (*Jones*, II, S. 432).

glaube, es besteht eine generelle Feindschaft zwischen den Künstlern und uns Arbeitern im Detail der Wissenschaft.« Er bemerkte mit unverhohlenem Neid, daß Dichter und Maler »in ihrer Kunst einen Dietrich besitzen, der alle Frauenherzen mühelos aufschließt, während wir gewöhnlich vor den seltsamen Zeichen des Schlosses ratlos dastehen und uns quälen müssen, auch erst für eins den passenden Schlüssel zu finden«.[55] Manchmal lesen sich Freuds Bemerkungen über Dichter wie die Rache des Wissenschaftlers am Künstler. Die Schildkröte verleumdet den Hasen sozusagen. Daß er gewisse eigene künstlerische Ambitionen verfolgte, wie sein literarischer Stil reichlich bezeugt, machte seinen Neid auf den Künstler nur noch quälender.

Aber sein Brief an Schnitzler zeigt auch, daß es ein Neid war, in den sich Bewunderung mischte. Während Freud den Künstler manchmal als Neurotiker beschrieb, der Ersatzbefriedigungen für sein Versagen in der wirklichen Welt suchte, gestand er ihm schließlich doch auch ungewöhnliche analytische Gaben zu. Nachdem er *Gradiva* analysiert hatte, eine 1903 erschienene kleine Novelle des deutschen Dramatikers und Romanautors Wilhelm Jensen, schickte Freud dem Autor ein Exemplar seiner Abhandlung. Jensen antwortete höflich, daß er Freuds Deutung akzeptiere, aber er betonte auch, er habe vor der Niederschrift seiner Erzählung keine Bekanntschaft mit psychoanalytischem Denken gehabt.[56] Wie konnte er dann die Charaktere, die er für seine *Gradiva* erfunden hatte, »psychoanalysieren« und seine Novelle praktisch als eine analytische Kur anlegen? Freud löste das Rätsel, das er sich selbst aufgab, indem er folgerte, daß »wir« – der Dichter und der Analytiker – »wahrscheinlich aus der gleichen Quelle schöpfen, das nämliche Objekt bearbeiten, ein jeder von uns mit einer anderen Methode«. Beobachtet der Analytiker das Unbewußte seiner Patienten, so beobachtet der Dichter sein eigenes Unbewußtes und gestaltet seine Entdeckungen zu ausdrucksvollen Hervorbringungen. So sind der Romanautor und der Dichter Amateur-Psychoanalytiker, im besten Falle nicht weniger scharfsinnig als der Fachmann.[57] Lob von Freud konnte kaum herzlicher ausfallen, aber es war ein Lob des Künstlers als Analytiker.

So fragmentarisch Freuds analytische Untersuchungen der Hochkultur bleiben, berühren sie doch die drei Hauptdimensionen der ästhetischen Erfahrung: die Psychologie der Protagonisten, die Psychologie des Publikums und die Psychologie des Schöpfers. Diese Dimensionen implizieren und erhellen einander notwendigerweise. So kann der Psychoanalytiker *Hamlet* als ästhetisches Artefakt lesen, dessen Held, verfolgt von einem unaufgelösten Ödipuskomplex, zur Analyse herausfordert; als Schlüssel zu den Komplexen großer Zuschauermengen, die tief bewegt sind, da sie in seiner Tra-

gödie ihre eigene geheime Geschichte wiedererkennen*; und als indirektes
Zeugnis des ödipalen Dramas des Autors selbst, der unerledigten emotionalen Angelegenheit, mit der er noch ringt.** Kurz, die psychoanalytische
Untersuchung Hamlets, eines erfundenen Charakters, der so viele seiner
späteren Betrachter faszinierte und verwirrte, kann zugleich seine dunkelsten Triebfedern, seine unheimliche Macht über Jahrhunderte von Bewunderern und die Einsicht seines Erfinders erklären. Eine solche Untersuchung versprach eine weit vollkommenere und weit subtilere Lesart, als sie
früheren Deutern zugänglich gewesen war, vor allem formalistischen Kritikern, die (wie es Eitingon kurz und bündig ausdrückte) argwöhnisch gegenüber »Inhalten und die Inhalte dominierenden Mächten« sind.[58]

Doch die Kritiker der Ästhetik Freuds wandten bald ein, daß die psychoanalytische Betrachtungsweise normalerweise unter genau dem gegenteiligen Mangel leidet: unter einer Tendenz, handwerkliches Können, Form
und Stil zugunsten des Inhalts zu ignorieren. Die entschlossene Suche des
Psychoanalytikers nach verborgenen Bedeutungen in einem Gedicht, einem
Roman oder einem Gemälde verführt ihn dazu, Handlung, Erzählung, Metapher und Charakter eine übermäßige Aufmerksamkeit zuzuwenden und
die Tatsache zu übersehen, daß kulturelle Produkte aus talentierten und
geschulten Händen hervorgehen und aus einer Tradition, die der Künstler
befolgt, modifiziert oder provokant beiseite schiebt. Daher ist eine zufriedenstellende, vollständige Deutung eines Werkes der Kunst oder Literatur
wahrscheinlich viel komplizierter, als glatte, psychoanalytische Formulierungen andeuten. Aber Freud schrieb zuversichtlich: »Die Analyse läßt uns
vermuten, daß der große, anscheinend unerschöpfliche Reichtum der vom
Dichter behandelten Probleme und Situationen sich auf eine kleine Anzahl
von Urmotiven zurückführen läßt, die zumeist aus dem verdrängten Erleb-
nisstoff des Kinderseelenlebens stammen, so daß die Dichtungen verkleide-
ten, verschönerten, sublimierten Neuauflagen jener Kinderphantasien entsprechen.«[59]

Von einem Werk rasche Schlüsse auf seinen Schöpfer zu ziehen, war
daher eine ständige Versuchung für psychoanalytische Kritiker. Ihre Analysen der Schöpfer und des Publikums von Kunst und Literatur drohten,
selbst in geschickten und feinfühligen Händen, Übungen im Reduktionis-

---

* »Jeder der Hörer«, schrieb Freud Fließ in einem wichtigen Brief, »war einmal im
Keime und in der Phantasie ein solcher Ödipus« (Freud an Fließ, 15. Oktober 1897.
Freud–Fließ, S. 293).
** Es war ihm flüchtig durch den Kopf gegangen, schrieb Freud Fließ, ob Spuren des
unbewußten Ödipuskomplexes »nicht auch dem Hamlet zugrunde liegen. Ich denke
nicht an Shakespeares bewußte Absicht, sondern glaube lieber, daß eine reale Begeben-
heit den Dichter zur Darstellung reizte, indem das Unbewußte in ihm das Unbewußte im
Helden verstand« (ibid.).

mus zu werden.* Ein Freudianer kann es vollkommen einleuchtend finden,
daß Shakespeare die ödipale Erfahrung gemacht haben müsse, die er so
fesselnd dramatisiert habe. War er kein Mensch? Blutete er nicht, wenn
man ihm eine Wunde zufügte? Aber die Wahrheit ist, daß der Dramatiker
die Emotionen, die er so packend darstellt, nicht voll geteilt haben muß.
Ebensowenig müssen diese versteckten oder offenen Gefühle notwendigerweise dieselben Emotionen im Zuschauer wecken. Die Katharsis arbeitet, wie die Psychoanalytiker Grund hatten anzunehmen, nicht darauf
hin, eine Nachahmung zu schaffen, sondern sie überflüssig zu machen:
einen Roman voller Gewalttaten zu lesen oder eine blutige Tragödie zu
sehen, kann zornige Gefühle eher abführen als stimulieren. Es gibt Hinweise – nicht mehr – in Freuds Schriften, daß er eine Ahnung von diesen
Verwicklungen hatte, aber seine Ansichten über die Kunst, die faszinierende Ausblicke eröffneten, warfen auch kaum weniger faszinierende Probleme auf.

Was, allgemein gesprochen, das Unbehagen der Leser Freuds hervorrief,
war weniger seine Ambivalenz gegenüber dem Künstler als seine Gewiß-
heiten über die Kunst. Wahrscheinlich die umstrittenste seiner Ideen war,
daß literarische Figuren analysiert werden können, als wären sie wirkliche
Menschen. Die meisten Literaturwissenschaftler reagierten mit Argwohn
auf solche Versuche: Eine Figur in einem Roman oder Drama, argumentierten sie, sei kein wirklicher Mensch mit einer wirklichen Seele, sondern
eine Puppe, der von ihrem Erfinder ein künstliches Leben verliehen worden
sei. Hamlet habe keine Existenz vor dem Stück oder außerhalb des Stückes,
das seinen Namen trägt. Den Geisteszustand zu untersuchen, der seiner
ersten Rede vorausgehe, oder seine Emotionen zu analysieren, als wäre er
ein Patient auf der Couch, hieße die Kategorien der Dichtung und der Wirklichkeit verwechseln. Ganz unerschrocken jedoch wagte Freud sich in diesen Morast mit seiner reizenden Studie über Jensens *Gradiva*. Er schrieb
sie, wie er Jung sagte, »in sonnigen Tagen«, und sie hatte ihm selbst »viel

---

* »Die klinische Analyse schöpferischer Künstler«, schrieb der Psychoanalytiker und
Kunsthistoriker Ernst Kris einmal in einer aufschlußreichen Textpassage, »zeigt, daß die
Lebenserfahrung des Künstlers manchmal nur in einem beschränkten Sinne die Quelle
seiner Vision ist, daß seine Kraft, sich Konflikte vorzustellen, bei weitem den Bereich
seiner eigenen Erfahrung übersteigt oder, um es genauer zu sagen, daß zumindest manche Künstler die besondere Gabe besitzen zu verallgemeinern, was immer ihre eigene
Erfahrung gewesen ist.« Etwa Shakespeare in Falstaff oder Prinz Hal finden zu wollen,
ist eine »nutzlose« Suche »und steht im Gegensatz zu dem, was die klinische Erfahrung
mit Künstlern als psychoanalytischen Versuchspersonen anzuzeigen scheint. Manche
große Künstler scheinen ebensowohl mehreren ihrer Charaktere nahezustehen und mögen viele von ihnen als Teil ihrer selbst empfinden. Der Künstler hat eine Welt geschaffen
und nicht sich einem Tagtraum hingegeben« (Ernst Kris, *Psychoanalytic Explorations in
Art*, 1952, S. 288).

Freude gemacht. Sie bringt ja nichts Neues für uns, aber ich glaube, sie gestattet uns, sich unseres Reichtums zu erfreuen.«[60] Freuds Analyse illustriert sehr schön, was diese Art von literarischer Psychoanalyse leisten kann und welchen Gefahren sie begegnet.

Der Patient-Protagonist von *Gradiva*, Norbert Hanold, ist einer, der im Unbekannten gräbt, ein Archäologe. Höchstwahrscheinlich zogen Hanolds Beruf und sein Spezialgebiet, Italien, Freud als erstes an Jensens Novelle an. Aber *Gradiva* hatte auch psychologische Implikationen, die Freuds Interesse weckten. Hanold ist das zurückgezogene, weltfremde Produkt eines kühlen nördlichen Klimas, das im sonnigen Süden, in Pompeji, Klarheit und eine sehr Freudsche Kur durch Liebe finden wird. Er hat die Erinnerung an ein Mädchen, Zoë Bertgang, verdrängt, mit dem er aufgewachsen war und an dem er voll Zuneigung hing. Als er eine Sammlung von Antiquitäten in Rom besichtigt, stößt er auf ein Basrelief, das eine reizende junge Frau mit einem besonderen Gang darstellt. Er nennt sie »Gradiva«, die Schreitende, und hängt einen Gipsabguß des Basreliefs »in seiner Studierstube« auf.[61] Freud brachte später seinen eigenen Gipsabguß der »Gradiva« in seinem Sprechzimmer unter.

Die Haltung der jungen Frau fasziniert Hanold, denn sie erinnert ihn, ohne daß er es erkennt, an das Mädchen, das er geliebt und dann »vergessen« hatte, um seinem einsamen und vereinsamenden Beruf besser nachgehen zu können. In einem Alptraum sieht er »Gradiva« am Tage der Zerstörung Pompejis, und er webt ein kompliziertes Netz von Wahnideen um sie und betrauert ihr Hinscheiden, als wäre sie seine Zeitgenossin und nicht nur ein Opfer unter den Massen, die vor beinahe zwei Jahrtausenden in der Lava des Vesuvs umgekommen waren. Seine »ganze Wissenschaft«, vermerkte Freud auf dem Rand seines Exemplars von Jensens *Gradiva*, steht »im Dienste der Ph[antasie]«.[62] Unter dem Eindruck namenloser und unerklärlicher Zwänge gelangt Hanold schließlich nach Pompeji, wo er »Gradiva« begegnet und sich einbildet, wieder den unheilvollen Tag des Jahres 79 n. Chr. zu erleben, an dem der Vesuv ausbrach. Aber seine Vision ist die Wirklichkeit selbst: »Gradiva« ist natürlich die Leidenschaft seiner jungen Jahre.

Hanold ist, was Frauen anbetrifft, gänzlich unerfahren – Freud notiert am Rande seine »sex[uelle] Verdrängung«[63] und die »asexuelle Atmosphäre«[64], in der er lebt –, aber zum Glück ist seine »Gradiva« ebenso klug wie schön. Zoë, die »Quelle«[65] seines Leidens, wird auch das Mittel seiner Heilung: sie erkennt Hanolds Wahnideen als das, was sie sind, und gibt ihm die Gesundheit zurück, indem sie seine Phantasien entwirrt. Sie geht und findet damit den Schlüssel zu seiner Therapie: Der unverkennbare Gang der jungen Frau gestattet Hanolds verdrängten Erinnerungen an sie bewußt zu werden.

Dies war Psychoanalyse durch Archäologie. In einem der beiden Abschnitte, die Freud die Randbemerkung »schön« entlockten, gibt die Heldin eine Weisheit von sich, die ihn an seine eigene Lieblingsmetapher erinnerte. Hanold mag es seltsam finden, sagt sie, »daß jemand erst sterben muß, um lebendig zu werden«. Aber, fügt sie hinzu, »für die Archäologen ist das wohl notwendig«.[66]* In seiner Abhandlung über die Novelle machte Freud die Metapher noch einmal deutlich: »Es gibt wirklich keine bessere Analogie für die Verdrängung, die etwas Seelisches zugleich unzugänglich macht und konserviert, als die Verschüttung, wie sie Pompeji zum Schicksal geworden ist, und aus der die Stadt durch die Arbeit des Spatens wieder erstehen konnte.«[67]** *Gradiva* demonstriert nicht nur den Triumph der Verdrängung, sondern auch ihre Auflösung. Die Heilung Hanolds durch die junge Frau beweist wieder einmal die »Heilpotenz der Liebe«.[68] Als er das kleine Buch mit dem Bleistift in der Hand las, machte Freud klar, daß diese Liebe im Grunde sinnlich war. »Erotisches Fußinteresse«, notierte er, als Hanold Zoës Schuhe[69] betrachtete, und neben den letzten Abschnitt, in dem Jensen Hanold Zoë bitten läßt, vor ihm her zu gehen, und sie es mit einem Lächeln tut, schrieb Freud: »Erotisch! Empfang der Phantasie; Versöhnung.«[70]

Freud hatte einige Bedenken wegen seines zudringlichen Umgangs mit Jensens Fiktion; er analysierte und deutete schließlich Träume, die »überhaupt niemals geträumt worden« waren.[71] Er tat sein Bestes, um Jensens Novelle gewissenhaft zu lesen; er zeichnete sorgfältig, als hätte er eine zweite Dora vor sich auf der Couch, Hanolds drei Träume und ihre Folgen auf[72]; er achtete auf Nebengefühle, die in Hanold am Werk waren, wie Angst[73], aggressive Ideen[74] und Eifersucht.[75] Er beobachtete Mehrdeutigkeiten und doppelte Bedeutungen[76], und er verfolgte peinlich genau den Fortschritt der Therapie, als Hanold allmählich lernte, die Wahnideen von der Wirklichkeit zu trennen.[77] Vorsichtig schloß er mit einer an sich selbst gerichteten Warnung: »Aber wir müssen hier innehalten, sonst vergessen wir vielleicht wirklich, daß Hanold und die Gradiva nur Geschöpfe des Dichters sind.«[78]

Doch diese Bedenken hielten weder Freud noch, wie wir gesehen haben, seine Anhänger zurück; ungeachtet der Gefahren, die vor ihnen lagen, sa-

---

* Wie wir wissen, hatte er seine therapeutische Technik schon 1895, als er in den *Studien über Hysterie* seine Patientin Elisabeth von R. diskutierte, mit der Ausgrabung einer verschütteten Stadt verglichen. Der andere Abschnitt in Jensens *Gradiva*, den Freud als »schön« lobte, sprach seine vehementen antireligiösen Gefühle an: »Wenn der Glaube [Hanold] selig machte, nahm er überall eine erhebliche Summe von Unbegreiflichkeiten in den Kauf« (*Gradiva*, S. 140).
** Etwa drei Jahre später erklärte Freud dem Rattenmann das Wirken der Verdrängung mit derselben Analogie.

hen die Psychoanalytiker in diesen Jahren keinen Grund, der Kultur einen Platz auf der Couch zu verweigern. Ihre Streifzüge über die klinische Arbeit mit Neurotikern hinaus weckten auch einiges Interesse bei Ästhetikern und Literatur- und Kunstkritikern und führten zu seriösen Neueinschätzungen auf praktisch all den Spezialgebieten, mit denen sich Freud beschäftigt hatte. Aber während Freud seine Gespräche über Tagträume und schöpferische Schriftsteller als einen »Einbruch in ein von uns bisher kaum gestreiftes Gebiet, auf dem man sich bequem niederlassen könnte«[79] betrachtete, kamen die meisten Spezialisten zu der Ansicht, daß Freud es sich nur allzu bequem machte.

Freuds Kritiker hatten ein gewisses Recht, sich zu ängstigen. Der schöpferische Künstler, dieses am meisten gehätschelte Menschenwesen, erschien in manchen psychoanalytischen Behandlungen als nicht mehr denn ein geschickter und wortgewandter Neurotiker, der eine leichtgläubige Welt mit seinen schlauen Erfindungen düpiert. Freuds eigene Analysen sind zwar sehr ehrgeizig, aber kaum als Anerkennung gemeint. Freud bestritt nicht nur das Schöpferische der schöpferischen Künstler, er suchte auch ihre kulturelle Rolle einzuschränken. Die Geheimnisse der Gesellschaft ausposaunend, seien sie kaum besser als notwendige, amtlich zugelassene Klatschbasen, nur geeignet, die Spannungen zu reduzieren, die sich im Geiste der Öffentlichkeit angestaut hätten. Freud sah die Herstellung von Kunst und Literatur wie auch ihren Konsum als menschliche Tätigkeiten wie andere auch, denen kein besonderer Status zukomme. Es ist kein Zufall, daß Freud die Belohnung, die man beim Schauen, Lesen oder Zuhören erhält, mit einem Namen – Vorlust – bezeichnete, den er der irdischsten aller Befriedigungen entlehnte. Seiner Meinung nach ist ästhetische Arbeit, nicht viel anders als Lieben, Krieg führen, Gesetze oder Verfassungen schaffen, eine Möglichkeit, die Welt zu meistern oder das Versagen in dieser Hinsicht zu bemänteln. Der Unterschied liegt darin, daß Romane und Gemälde ihre letztlich utilitaristischen Zwecke mit handwerklich geschickten, oft unwiderstehlichen Ausschmückungen kaschieren.

Doch Freud war überzeugt, daß er der Falle des Reduktionismus entgehen konnte. Wiederholt und mit Nachdruck ließ er es sich angelegen sein zu leugnen, daß die Psychoanalyse ein Licht auf die Geheimnisse der Kreativität werfen kann. In seinem »Leonardo« bestritt er ernsthaft jede Absicht, »die Leistung des großen Mannes verständlich zu machen«, und er erklärte sich bereit zuzugestehen, »daß auch das Wesen der künstlerischen Leistung uns psychoanalytisch unzugänglich ist«.[80]* »Die Gesetze des menschlichen

---

* In den späten zwanziger Jahren sagte er es in einem vielzitierten Abschnitt noch einmal: »Leider muß die Analyse vor dem Problem des Dichters die Waffen strecken« (»Dostojewski und die Vatertötung«, 1928, G. W., Bd. 14, S. 399).

Seelenlebens« zu erforschen, vor allem bei »hervorragenden Individuen«, sei höchst reizvoll, aber solche Untersuchungen »beabsichtigen nicht, das Genie des Dichters zu erklären«.[81] Wir dürfen diese Verzichterklärungen für bare Münze nehmen. Freuds fein abgestufte Einstellungen zu seinen Publikationen reichen von dogmatischer Sicherheit bis zu vollständigem Agnostizismus. Sosehr er die ehrfurchtgebietenden geheimen Kräfte des Schöpferischen auch respektierte, er war doch zugleich bereit, für die psychoanalytische Studie des Charakters eines Künstlers und seiner Gründe für die Wahl bestimmter Themen oder bestimmter Metaphern, von seiner Wirkung auf das Publikum ganz zu schweigen, sehr hohe Ansprüche zu stellen. Was Freud selbst bei verständnisvollen Lesern hinterließ, war der Gedanke, daß es nicht weniger einseitig zu sein scheint, Kultur auf Psychologie zu reduzieren, als beim Studium von Kultur die Psychologie ganz beiseite zu lassen.

Dem Anschein zum Trotz bedeuteten Freuds Ansichten über die Künste nicht, daß er sie vollständig diskreditieren wollte. Ob sie aus Geist oder Spannung, aus blendender Farbe oder überzeugender Komposition gemacht ist, die ästhetische Maske, hinter der sich primitive Leidenschaften verbergen, bereitet Freude und Vergnügen. Sie hilft, das Leben für den Schöpfer und das Publikum gleichermaßen erträglicher zu machen. Daher sind für Freud die Künste ein kulturelles Narkotikum, aber ohne die langfristigen Kosten, die andere Drogen fordern. Die Aufgabe des psychoanalytischen Kritikers ist es daher herauszufinden, wie Lesen und Zuhören und Schauen tatsächlich ein ästhetisches Vergnügen bereiten, ohne sich anzumaßen, den Wert der Arbeit, ihres Urhebers oder ihrer Aufnahme zu beurteilen. Freud brauchte niemanden, der ihm sagte, daß die Frucht nicht der Wurzel ähneln muß und daß die schönsten Blumen des Gartens nichts von ihrer Schönheit einbüßen, nur weil man uns darauf hinweist, daß sie aus übelriechendem Dung wachsen. Aber Freud war von Berufs wegen dem Studium der Wurzeln verpflichtet. Wenn er aber den *Kaufmann von Venedig* und *König Lear* als Meditationen über Liebe und Tod las, so wurde Shakespeare deshalb für ihn nicht zu einer Angelegenheit von rein klinischem Interesse. Der Michelangelo, der den *Moses* schuf, war mehr als nur ein interessanter Patient. Goethe verlor nichts von seiner Größe als Dichter in Freuds Augen, nachdem er einen Abschnitt aus seiner Autobiographie, *Dichtung und Wahrheit*, psychoanalysiert hatte. Aber die Tatsache bleibt bestehen, daß Freud mit all seiner Neigung für die Literatur zeit seines Lebens mehr an der Wahrheit als an der Dichtung interessiert war.

Grundlagen der Gesellschaft

Freuds Anwendung seiner Entdeckungen auf Skulptur, Dichtung und Malerei war kühn genug. Aber sie verblaßt vor seinem Versuch, nach den fernsten Grundlagen der Kultur zu graben. In seinen Mittfünfzigern unternahm er nicht weniger als das: den Augenblick zu bestimmen, in dem das menschliche Tier den Sprung in die Zivilisation tat, indem es sich die Tabus vorschrieb, die für alle geordneten Gesellschaften unerläßlich sind. Freud hatte schon lange einige Hinweise auf seine Absichten in Abhandlungen, Vorworten und kurzen Bemerkungen gegenüber seinen Kollegen riskiert. Im Laufe der Zeit nahm ihn dieses intellektuelle Spiel mehr und mehr in Anspruch. Mitte November 1908 sagte er vor der Wiener Psychoanalytischen Vereinigung: »Die Frage nach der Quelle des Schuldgefühls läßt sich nicht rasch abtun. Es wirken da unstreitig viele Faktoren mit. Gewiß ist, daß das Schuldgefühl durch das Zugrundegehen sexueller Regungen zustande kommt.«[82] Zwei Wochen später äußerte er sich zu einem Vortrag Otto Ranks über den Mythos von der Geburt des Helden und bemerkte, der eigentliche Held in der Romandichtung sei das Ich. Es findet sich selbst wieder, indem es zu der Zeit zurückkehrt, »wo es selbst ein Held war durch seine erste Heldentat, die Auflehnung gegen den Vater«.[83] Die Umrisse von *Totem und Tabu*, vier durch ein gemeinsames Thema verbundene Essays, nahmen in Freuds Geist Gestalt an.

Wie seine Korrespondenz bezeugt, bedeutete diese Arbeit die übliche ermüdende Plackerei, der er sich leidenschaftlich hingab. Mitte November 1911 konnte er Ferenczi schreiben: »Ich bin wiederum von $8-8^h$ beschäftigt; mein Herz ist aber ganz beim Totem, mit dem ich langsam weiterkomme.«[84] Wie üblich studierte er die umfangreiche Fachliteratur sorgfältig, aber ziemlich unwillig, da er mit einiger Sicherheit wußte, was er finden würde. Er berichtete Ferenczi: »Ich lese dicke Bücher ohne rechtes Interesse, da ich die Resultate schon weiß.«[85] In manch wichtiger Hinsicht war er mit geschlossenen Augen gesprungen. Manchmal verspürte er die innerliche Befriedigung des Abschlusses. »Die Tabu-Ambivalenzfrage«, schrieb er Ferenczi Anfang Februar 1912, »ist vor einigen Tagen plötzlich zusammengegangen, fast mit einem hörbaren ›Klick‹ eingeschnappt, und seither bin ich wie ›blöde‹.«[86]

Sein Fortschritt war dramatisch genug. Im März 1912 wurde der erste der vier Essays, »Die Inzestscheu«, in *Imago* veröffentlicht. Dieser Aufsatz, schrieb er Ernest Jones geringschätzig, »ist keineswegs famos«.[87] Aber er arbeitete weiter. Im Mai hatte er den zweiten Essay fertig und trug ihn der Wiener Psychoanalytischen Vereinigung vor.[88] Er fand die Arbeit so anstrengend, daß ihn gelegentlich sein sonst so fließendes Englisch im Stich ließ, als er versuchte mit der nötigen Präzision auszudrücken, was er meinte. »Nun zur Wissenschaft«, schrieb er Jones im August 1912, plötzlich auf eine Mischung aus zwei Sprachen angewiesen. »Die wahre historische Quelle der Verdrängung hoffe ich in dem letzten der 4 Aufsätze zu berühren, von denen Das Tabu der zweite ist, nämlich in dem, der ›Die infant. Wiederkehr des Totemismus‹ heißen soll. Ich sollte Ihnen die Antwort jetzt geben. Damn my English! (In Deutsch weiter:) Jede innere Verdrängungsschranke ist der historische Erfolg eines äußeren Hindernisses. Also: Verinnerlichung der Widerstände, die Geschichte der Menschheit niedergelegt in ihren heute angeborenen Verdrängungsneigungen.« Dann fand Freud sein Englisch wieder und fuhr fort: »Ich weiß von dem Hindernis oder der Komplikation durch die Frage des Matriarchats und habe noch keinen Ausweg gefunden. Aber ich hoffe, es wird beseitigt werden.«[89]

Er fand die Lösung nicht gleich. »Ich bin ganz in der Allmacht der Gedanken«, schrieb er Ferenczi Mitte Dezember, während er mit seiner üblichen Besessenheit am dritten Essay arbeitete,[90] und zwei Wochen später wieder, von seiner Vertiefung in die Arbeit zeugend: »Ich war eben ganz Allmacht, ganz Wilder. So muß man es halten, wenn man mit etwas fertig werden will.«[91] Im April 1913 konnte er berichten, daß er die Niederschrift der »Totemarbeit« bereits begonnen hatte[92], und im folgenden Monat wagte er eine anerkennende Einschätzung des Ganzen: »Ich schreibe jetzt am Totem mit der Empfindung, daß es mein Größtes, Bestes, vielleicht mein letztes Gutes ist.«[93]

Er war nicht immer ganz so sicher. Nur eine Woche später schickte er Ferenczi ein Bulletin: »Totemarbeit gestern fertig«, bezahlt mit einer »fürchterlichen Migr[äne], (Seltenheit bei mir)«.[94] Aber im Juni waren die Kopfschmerzen und die meisten Zweifel – für eine Weile – verschwunden. »Ich bin mit der Abstoßung der Totemarbeit leicht und froh.«[95] Im Vorwort zum Buch erklärte er bescheiden, er sei sich seiner Unzulänglichkeiten voll bewußt. Einige von diesen hingen mit dem bahnbrechenden Charakter der Arbeit zusammen, andere mit ihrem Versuch, den gebildeten allgemeinen Leser anzusprechen und »zwischen Ethnologen, Sprachforschern, Folkloristen usw. einerseits und Psychoanalytikern andererseits [zu] vermitteln«.[96]

Totem und Tabu ist in seiner Leitthese noch ehrgeiziger als in seiner Suche nach einem Publikum; an reiner Erfindungsgabe übertrifft es sogar die Mutmaßungen Jean-Jacques Rousseaus, dessen berühmte Abhandlungen aus der Mitte des 18. Jahrhunderts über die Ursprünge der menschlichen Gesellschaft ausdrücklich hypothetisch waren. Rousseau hatte seine Leser mit Nachdruck aufgefordert, die Fakten beiseitezulassen, als er sich die Zeit vorstellte, in der die Menschheit den Schritt von der Vorzivilisation zur Zivilisation tat. Aber im Gegensatz zu Rousseau forderte Freud seine

Leser auf, seine atemberaubende Vermutung als die analytische Rekonstruktion eines lange vergrabenen, epochalen prähistorischen Ereignisses zu akzeptieren. Er hatte sich gefährlich weit von der gründlichen Konkretheit seiner klinischen Schlußfolgerungen entfernt, aber das hielt ihn nicht auf.

Freuds *Totem und Tabu* ist angewandte Psychoanalyse, aber es ist auch ein politisches Dokument. Als sich das Buch noch in seinem frühen Stadium befand, im Februar 1911, hatte Freud Jung, zur gewichtigen Metapher der Fortpflanzung Zuflucht nehmend, geschrieben: »Seit einigen Wochen gehe ich mit dem Keim einer größeren Synthese schwanger und will im Sommer damit niederkommen.«[97] Die Schwangerschaft dauerte, wie wir wissen, viel länger, als Freud vorhergesehen hatte, und es klingt ein sehr verständlicher Ton des Triumphes in den Ankündigungen an seine Freunde vom Mai 1913 mit, daß das Buch im wesentlichen fertig sei. Eine Synthese aus Vorgeschichte, Biologie und Psychoanalyse herzustellen, bedeutete für Freud, daß er seinem »Erben« und Rivalen zuvorkam und ihn übertraf: Die Essays, die in *Totem und Tabu* zusammengefaßt waren, stellten Waffen in Freuds Wettstreit mit Jung dar. Freud zeigte in seinen eigenen Kämpfen einen Aspekt der ödipalen Kämpfe, der oft zu kurz kommt – die Bemühungen des Vaters, den Sohn zu übertreffen. Vor allem der letzte und militanteste seiner vier Essays, der nach dem Bruch mit Jung veröffentlicht wurde, war eine süße Rache an dem Kronprinzen, der an ihm so brutal und an der Psychoanalyse so verräterisch gehandelt hatte. Der Essay sollte in der August-Ausgabe von *Imago* erscheinen und, wie Freud Abraham im Mai schrieb, »dazu dienen, alles, was arisch-religiös ist, reinlich abzuscheiden«.[98] Im September unterschrieb Freud schwungvoll das Vorwort des Buches in Rom, seiner Königin der Städte.

Totem und Tabu bezeugt Seite für Seite, daß in Freuds gegenwärtigen Kämpfen das Echo seiner, bewußten und unbewußten, vergangenen Geschichte widerhallte. Kulturanthropologie und Archäologie waren für ihn sein ganzes Leben lang kongeniale Interessen gewesen, was alle seine der Archäologie entlehnten Metaphern reichlich dokumentieren. Wenn Schliemann, der im Erwachsenenleben Kindheitsphantasien verwirklichte, einer der wenigen Menschen war, die er wirklich beneidete, so sah er sich seinerseits als den Schliemann der Seele. Sobald seine Geburtswehen vorüber waren, zahlte er ihnen den Tribut einer Depression *post partum*, nicht unähnlich der, die er nach der Veröffentlichung der *Traumdeutung* durchlitten hatte. Er begann sich seiner Sache ungewiß zu fühlen – ein sicheres Zeichen für sein tiefes emotionales Engagement. Zum Glück ließ der Lohn des Beifalls seiner treuen Anhänger nicht lange auf sich warten. Der Beifall und die Anteilnahme von Ferenczi und Jones, schrieb Freud Ende Juni, »ist also der erste Lustgewinn nach der Beendigung der Arbeit, den ich verzeichnen kann«.[99] Als Abraham schrieb, mit welchem Genuß er die »Totemarbeit« gelesen und wie vollständig ihn Freud überzeugt habe[100], antwortete Freud prompt und mit aufrichtiger Dankbarkeit: »Ihr Urteil über die Totemarbeit war mir besonders wichtig, da ich nach deren Beendigung eine Periode des Zweifels an ihrem Werte hatte. Ferenczi, Jones, Sachs, Rank haben sich aber ähnlich wie Sie geäußert, so daß ich allmählich meine Zuversicht wiedergewann.« Da er veröffentlicht hatte, was er als wissenschaftliche Phantasien erkannte, begrüßte er besonders Abrahams Versuche, seine Arbeit durch »Beiträge, Zusätze und Folgerungen« zu bestätigen. Er schrieb Abraham, daß er auf »böse Angriffe« gefaßt sei, aber er werde sich durch sie selbstverständlich nicht aus der Fassung bringen lassen.[101] Man fragt sich, wieviel davon wiedergewonnene Seelenruhe und wieviel gespielte Tapferkeit war.

Der geistige Stammbaum von *Totem und Tabu* ist eindrucksvoll, im Rückblick nur ein wenig getrübt durch den Gang der Zeit und die zunehmende Verfeinerung der verwandten Disziplinen, die Freud einige seiner subversivsten Mutmaßungen geliefert hatten. Er hatte, sagte er, die erste Anregung für seine Unternehmungen von Wilhelm Wundts »nicht analytischer« *Völkerpsychologie* und von den psychoanalytischen Schriften der Züricher Schule, Jungs, Riklins und der anderen, erhalten. Doch er stellte mit einigem Stolz fest, daß er zwar von beiden profitiert habe, aber auch von beiden abgewichen sei.[102] Ebenso hatte er auf James G. Frazer zurückgegriffen, den fruchtbaren Enzyklopädiker der primitiven und exotischen Religionen, ferner auf den hervorragenden englischen Bibelgelehrten W. Robertson Smith und seine Schriften über das Totemmahl und auf den großen Edward Burnett Tylor und seine evolutionäre Anthropologie*, ganz zu schweigen von Charles Darwin und seinen pittoresken Vermutungen über die soziale Bedingung des primitiven Menschen.

R. R. Marett, der erste britische Anthropologe, der die englische Ausgabe von *Totem und Tabu* in den frühen zwanziger Jahren besprach, nannte es eine »Just-so story«, eine Charakterisierung, die Freud witzig genug fand, um sie mit einiger Belustigung anzuerkennen. »Marett, der Kritiker von T & T«, schrieb er Ernest Jones, »hat wohl das Recht zu sagen,

---

* Ganz ähnlich wie Auguste Comte beinahe ein Jahrhundert vor ihm postulierte Freud eine Sequenz von drei Denkstadien, das animistische oder mythologische, das religiöse und das wissenschaftliche (siehe *Totem und Tabu*, G. W., Bd. 9, S. 96). Dieses Schema impliziert eine Aufeinanderfolge in der Zeit ebenso wie eine Hierarchie der Werte. Zu der Zeit, in der Freud schrieb, und in den Jahrzehnten nach der Veröffentlichung von *Totem und Tabu* lehnten Kulturanthropologen dieses Schema ab, manchmal geradezu verächtlich.

die ΨA lasse die Anthropologie mit all ihren Problemen, wie sie sie vorgefunden habe, solange er die von der ΨA angebotenen Lösungen ablehnt.
Hätte er sie akzeptiert, würde er etwas anderes festgestellt haben.« Aber
Maretts Witz über die »just-so story«, fand Freud, war »wirklich nicht
schlecht. Der Mann ist gut, es mangelt ihm nur an Phantasie.«[103] Das war
kein Mangel, den man Freud vorwerfen konnte, jedenfalls nicht nach *Totem und Tabu*. Aber Freud mischte Kühnheit mit Vorsicht. Schließlich
hatte er, wie er 1921 bemerkte, »nur eine Hypothese wie so viele andere«
vorgebracht, »mit denen die Prähistoriker das Dunkel der Urzeit aufzuhellen versuchen«. Aber sicherlich, fügte er etwas zuversichtlicher hinzu, ist es
»ehrenvoll für eine solche Hypothese, wenn sie sich geeignet zeigt, Zusammenhang und Verständnis auf immer neuen Gebieten zu schaffen«.[104]

Freud stützte sich nicht allein auf seine beachtlichen nichtanalytischen
Autoritäten. Ohne seine klinische Erfahrung, seine Selbstanalyse und seine
psychoanalytischen Theorien würde er *Totem und Tabu* nie geschrieben
haben. Auch der Geist Schrebers schwebt darüber, denn in dieser Krankengeschichte eines exemplarischen Paranoikers hatte Freud die Beziehungen
von Menschen zu ihren Göttern als Abkömmlinge ihrer Beziehungen zu
ihren Vätern erforscht. *Totem und Tabu* ist, wie Freud Jung gesagt hatte,
eine Synthese; es webt Spekulationen aus der Anthropologie, Ethnogra-
phie, Biologie, Religionsgeschichte – und Psychoanalyse zusammen. Der
Untertitel ist aufschlußreich: *Einige Übereinstimmungen im Seelenleben
der Wilden und der Neurotiker*. Der erste der Essays, der kürzeste, über die
Inzestscheu reicht von Melanesiern und Bantus bis zu Knaben in der ödipalen Phase und neurotischen Frauen in Freuds eigener Kultur. Der zweite
erforscht gegenwärtige Theorien der Kulturanthropologie und verbindet
Tabu und Ambivalenz mit den Zwangsgeboten und -verboten, die Freud
bei seinen Patienten beobachtet hatte. Der dritte Essay untersucht die Relevanz des Animismus, den man damals weitgehend für den primitiven Vorläufer der Religion hielt, für das magische Denken und verbindet dann beides mit dem Wunschglauben des Kindes an die Allmacht der Gedanken.
Hier wie überall in *Totem und Tabu* ging Freud über den Vertrag hinaus,
den er mit dem Leser im Untertitel geschlossen hatte. Er war an mehr interessiert als an der Übereinstimmung zwischen der, wie er sie nannte, »primitiven« und der neurotischen Denkweise; er wollte herausfinden, welches
Licht die primitive Geistesverfassung auf alles Denken – auch das »normale« – und auf die Geschichte werfen könne. Er kam zu dem Schluß, daß
der Denkstil der »Wilden« in den reinsten Konturen enthülle, was der Psychoanalytiker bei seinen Patienten und, wenn man die Welt betrachtet, bei
jedermann zu erkennen genötigt ist: den Druck der Wünsche auf die Gedanken, die höchst praktischen Ursprünge jeder geistigen Tätigkeit.

All das ist einfallsreich genug, aber im letzten und längsten seiner vier

Essays, in denen Freud vom Tabu zum Totem überging, setzte er zu seinem phantasievollsten Aufschwung an. Seine Kritiker hielten ihn für den verwegenen, tödlichen Flug des Ikarus, aber für Freud war er, wenn schon nicht gewöhnlich, alles andere als einschüchternd. Totems sind schließlich tabu – heilige Objekte. Sie sind für den Kulturhistoriker von Bedeutung, weil sie dramatisieren, was Freud schon im ersten Essay erörtert hatte – die Inzestscheu. Die heiligste Verpflichtung, die den Totemismus praktizierenden Stämmen auferlegt ist, liegt darin, daß sie nicht Mitglieder ihres eigenen Totemclans heiraten dürfen, ja jeden sexuellen Kontakt mit ihnen meiden müssen. Dies, bemerkte Freud, ist »die berühmte und rätselhafte, mit dem Totemismus verknüpfte *Exogamie*«.[105]

Freuds rascher Abstecher durch die zeitgenössischen Theorien, welche die Ursprünge des Totemismus zu erklären suchten, enthält einige anerkennende Anmerkungen. Aber nach dem Umweg über die Mutmaßungen von Charles Darwin und Robertson Smith findet seine eigene Erklärung den Weg zur analytischen Couch zurück. Darwin hatte angenommen, daß der prähistorische Mensch in kleinen Horden lebte, deren jede von einem dominierenden, sexuell eifersüchtigen Mann beherrscht wurde. Robertson Smith hatte die Hypothese aufgestellt, daß das rituelle Opfer, bei dem das Totemtier gegessen wird, das wesentliche Ingrediens des ganzen Totemismus sei. Mit der für sein Theoretisieren typischen vergleichenden Strategie brachte Freud diese unbewiesenen, sehr unsicheren Vermutungen mit den Tierphobien neurotischer Kinder in Verbindung und stellte dann den Ödipuskomplex, der in den Kulissen gelauert hatte, mitten auf die Bühne. Er rekrutierte keinen anderen als den Kleinen Hans, diesen intelligenten, reizenden Fünfjährigen, der sich vor Pferden fürchtete und sich in einem tiefen Konflikt mit seinem Vater befand, als den Vermittler zwischen dem Wien des frühen 20. Jahrhunderts und den fernsten, dunkelsten Epochen der menschlichen Vergangenheit. Seinem eigenen kleinen Liebling stellte er zwei andere kindliche Zeugen zur Seite: einen Knaben mit einer Hundephobie, den der russische Psychoanalytiker M. Wulff studiert, und einen Fall, den ihm Ferenczi mitgeteilt hatte, den »kleinen Arpád«, der sich zugleich mit Hühnern identifizierte und mit Freude zusah, wie sie geschlachtet wurden. Das Verhalten dieser gestörten Kinder half Freud, das Totemtier als Repräsentanten des Vaters zu identifizieren. Diese Deutung machte es für Freud außerordentlich wahrscheinlich, »daß das totemistische System sich aus den Bedingungen des Ödipuskomplexes ergeben hat wie die Tierphobie des ›kleinen Hans‹ und die Geflügelperversion des ›kleinen Arpád‹«.[106]

Das Opfermahl, argumentierte Freud, sei ein wichtiges soziales Bindemittel; durch die Opferung des Totems, das aus demselben Stoff ist wie die Menschen, die es essen, bestätige der Clan neuerlich seinen Glauben an seinen Gott und seine Identität mit ihm. Es sei ein kollektiver Akt, von Ambivalenz durchtränkt: Das Töten des Totemtiers sei Anlaß für Schmerz, auf den Fröhlocken folge. Tatsächlich sei das Fest, die Folge des Tötens, ein überschwengliches, ungehemmtes Freudenfest, ein seltsames, aber notwendiges Pendant zur Trauer. Als Freud dieses Stadium des Arguments erreicht hatte, war er nicht mehr zu halten. Er war nun bereit für seine historische Rekonstruktion.

Er gab gern zu, daß diese Rekonstruktion allzu phantastisch erscheinen mußte, aber er fand sie vollkommen plausibel: Der wilde, eifersüchtige Vater, der die Horde beherrschte und die Frauen für sich selbst behielt, verjagte seine Söhne, als sie heranwuchsen. »Eines Tages taten sich die ausgetriebenen Brüder zusammen, erschlugen und verzehrten den Vater und machten so der Vaterhorde ein Ende. Vereint wagten sie und brachten zustande, was dem einzelnen unmöglich geblieben wäre.« Freud fragte sich, ob es vielleicht ein Kulturfortschritt wie die Fähigkeit, eine neue Waffe zu handhaben, gewesen sei, der den rebellischen Brüdern ein Gefühl der Überlegenheit über ihren Tyrannen gegeben habe. Daß sie den mächtigen Vater, den sie getötet hatten, verzehrten, war nach Freuds Meinung selbstverständlich; so waren diese »kannibalen Wilden« nun einmal. »Der gewalttätige Urvater war gewiß das beneidete und gefürchtete Vorbild eines jeden aus der Brüderschar gewesen. Nun setzten sie im Akte des Verzehrens die Identifizierung mit ihm durch, eigneten sich ein jeder ein Stück seiner Stärke an.« Sobald man ihre Ursprünge einmal verstand, erwies sich die Totemmahlzeit, »vielleicht das erste Fest der Menschheit«, als »die Wiederholung und die Gedenkfeier dieser denkwürdigen, verbrecherischen Tat«.[107] So muß nach Freud die Geschichte der Menschheit begonnen haben.

Er wies darauf hin, daß jede Rekonstruktion dieses begangenen und gefeierten prähistorischen Verbrechens eine gewisse Undeutlichkeit enthalten müsse. »Es wäre ebenso unsinnig, in dieser Materie Exaktheit anzustreben, wie es unbillig wäre, Sicherheiten zu fordern.«[108] Und er »hob ausdrücklich hervor«, daß seine atemberaubenden Ableitungen »die komplexe Natur« der Phänomene »keineswegs vergessen haben«; er habe nichts anderes getan, als »zu den bereits bekannten oder noch unerkannten Ursprüngen der Religion, Sittlichkeit und der Gesellschaft ein neues Moment hinzuzufügen«.[109] Doch durch seine psychoanalytische Träumerei ermutigt, zog Freud die erstaunlichsten Schlüsse. Er nahm an, daß die mörderische Brüderschar »von denselben einander widersprechenden Gefühlen gegen den Vater beherrscht war«, die Psychoanalytiker in der »Ambivalenz des Vaterkomplexes« bei Kindern und Neurotikern nachweisen können. Da sie den mächtigen Vater zugleich gehaßt und geliebt hatten, wurden die Brüder von Reue gepeinigt, die sich in einem entstehenden »Schuldbewußtsein« zeigte. Im Tode wurde der Vater nun stärker, als er zu Lebzeiten je gewesen war. »Was er früher durch seine Existenz verhindert hatte, das verboten sie sich jetzt selbst in der psychischen Situation des uns aus den Psychoanalysen so wohl bekannten ›nachträglichen Gehorsams‹.« Die Söhne radierten nun sozusagen ihren Vatermord aus, »indem sie die Tötung des Vaterersatzes, des Totems, für unerlaubt erklärten, und verzichteten auf die Früchte [ihrer Tat], indem sie sich die freigewordenen Frauen versagten«. So schufen die Söhne, von ihrer Schuld bedrückt, »die beiden fundamentalen Tabu des Totemismus, die eben darum mit den beiden verdrängten Wünschen des Ödipuskomplexes übereinstimmen mußten« – der Tötung des Vaters und der Eroberung der Mutter.[110] Indem sie schuldig wurden und ihre Schuld anerkannten, schufen sie die Zivilisation. Die ganze menschliche Gesellschaft sei auf der Mitschuld an einem großen Verbrechen aufgebaut.

Diese starke, grandiose Schlußfolgerung forderte zu einer weiteren heraus, die Freud unwiderstehlich fand: »Ein Vorgang wie die Beseitigung des Urvaters durch die Brüderschar«, schrieb er, »mußte unvertilgbare Spuren in der Geschichte der Menschheit hinterlassen.«[111] Freud hielt es für nachweisbar, daß solche Spuren die ganze Kultur durchdringen. Die Geschichte der Religion, die Anziehung der Tragödie, die Gegenstände der Kunst, alles deute auf die Unsterblichkeit des Urverbrechens und seiner Folgen. Aber dieser Schluß, gab Freud zu, hängt von zwei äußerst umstrittenen Vorstellungen ab: der Existenz »einer Massenpsyche ... in welcher sich die seelischen Vorgänge vollziehen wie im Seelenleben eines einzelnen«, und der Fähigkeit dieser Psyche, das Schuldgefühl, das zuerst eine mörderische prähistorische Schar bedrückte, »über viele Jahrtausende« fortleben zu lassen.[112] Kurz, Menschen können die Last des Gewissens von ihren biologischen Ahnen erben. Das war reine Extravaganz als Draufgabe zu der Extravaganz der Behauptung, daß der Urmord ein historisches Ereignis gewesen sei. Als er aber den mühevollen Weg betrachtete, den er zurückgelegt hatte, blieb Freud fest bei seiner unwahrscheinlichen Rekonstruktion. Primitive seien nicht ganz wie Neurotiker; während der Neurotiker den Gedanken für die Tat halte, handele der Primitive, bevor er denke. Freuds Schluß mit dem *Faust*-Zitat ist so glücklich gewählt, daß man versucht ist, sich zu fragen, ob er nicht die ganze lange Strecke zurückgelegt habe, um seinen Text mit Goethes berühmtem Wort abschließen zu können: »Im Anfang war die Tat.«[113]

Für Freud war, wie wir gesehen haben, die Tat der Söhne, »diese denkwürdige, verbrecherische Tat«, der Gründungsakt der Zivilisation. Mit ihr begann »so vieles« in der Geschichte der Menschheit, »die sozialen Organisationen, die sittlichen Einschränkungen und die Religion«.[114] Zweifellos fand Freud alle diese Bereiche der Kultur von fesselndem Interesse, als er daranging, die Kulturgeschichte von seinem psychoanalytischen Standpunkt aus zu erforschen. Aber der Bereich, den er als letzten anführte, die Religion, beschäftigte ihn, wie es scheint, am meisten. Ihre Grundlagen in einem prähistorischen Mord zu sehen, erlaubte ihm, seinen lang gehegten kämpferischen Atheismus mit seiner neu entdeckten Verachtung für Jung zu verbinden. Mit dem letzten Essay von *Totem und Tabu* hoffte er, sich von »allem, was arisch-religiös ist«, zu befreien; er wollte die Wurzeln der Religion in primitiven Bedürfnissen, primitiven Vorstellungen und nicht weniger primitiven Handlungen bloßlegen. »In Ernst Barlachs *Totem Tag*«, schrieb Jung, Freud kritisierend, »sagt der Mutterdämon zum tragischen Abschluß des Familienromans: ›Sonderbar ist nur, daß der Mensch nicht lernen will, daß sein Vater Gott ist.‹ Das ist es, was Freud nie lernen wollte und wogegen sich alle ähnlich Gesinnten wehren oder wozu sie wenigstens den Schlüssel nicht finden.«[115]

Was aber Freud gelernt hatte und in *Totem und Tabu* lehrte, obwohl er es pietätloser formulierte, war, daß der Mensch aus seinem Vater einen Gott *macht*. Er zitierte James G. Frazer und Robertson Smith mit einiger Ausführlichkeit und leitete zu seinem Bericht über den primitiven Vatermord über, indem er bemerkte, daß die früheste der Religionen, der Totemismus, Tabus errichtet habe, die bei den entsetzlichsten Strafen nicht hätten verletzt werden dürfen, und daß in der Folge das bei alten heiligen Riten geopferte Tier mit dem primitiven Totemtier identisch geworden sei. Dieses Tier stand für den primitiven Gott selbst; der Ritus erinnerte an das Gründungsverbrechen in verkleideter Form und feierte es, indem er die Tötung und Verzehrung des Vaters wiederholte. Er »bekennt mit kaum zu überbietender Aufrichtigkeit, daß das Objekt der Opferhandlung immer das nämliche war, dasselbe, was nun als Gott verehrt wird, der Vater also«.[116] Der Auslöser der Religion ist, wie Freud schon in einigen seiner Briefe an Jung angedeutet hatte, Hilflosigkeit. In *Totem und Tabu* konkretisierte er diese Behauptung, daß Religion ebensowohl auch aus einem rebellischen Akt gegen diese Hilflosigkeit entstanden sei. Am Ende glaubte Jung, daß es eines mitfühlenden Verständnisses und einer Wiederentdeckung der spirituellen Dimension bedurfte, um Gott als den Vater des Menschen zu erkennen. Freud nahm seine Entdeckungen in *Totem und Tabu* als weiteren Beweis dafür, daß eine solche Forderung ein Rückzug von der Wissenschaft, eine Verleugnung der fundamentalen Tatsachen des psychischen Lebens, mit einem Wort Mystizismus war.

Die Tatsache, auf der Freud in *Totem und Tabu* am meisten bestand und die das Buch sozusagen organisiert, ist der Ödipuskomplex. In diesem Komplex treffen »die Anfänge von Religion, Sittlichkeit, Gesellschaft und Kunst« zusammen.[117] Dies war, wie wir wissen, keine plötzliche oder neue Entdeckung für Freud. Er zeichnete seinen ersten Hinweis auf das ödipale Familiendrama 1897 auf, in einem Memorandum, das er Fließ über das

Thema der feindseligen Wünsche gegen die Eltern schickte. In den nächsten
Jahren spielte er ziemlich selten auf den Begriff an, obwohl er sein Denken
immer mehr beherrschte. Er lenkte unvermeidlich seine Gedanken über
seine Analysanden; Freud erklärte ihn flüchtig in der Krankengeschichte
der Dora[118] und sah im »kleinen Hans« einen »kleinen Ödipus«.[119] Er identifizierte jedoch den »Familienkomplex« erst 1908 in einem unveröffentlichten Brief an Ferenczi[120] klar als den »Ödipuskomplex«, er nannte ihn
erst 1909, in der Krankengeschichte des Rattenmanns, den »*Kernkomplex
der Neurosen*«[121] und verwendete den denkwürdigen Ausdruck im Druck
erst 1910, in einer seiner kurzen Abhandlungen über die Wechselfälle der
Liebe.[122] Um diese Zeit hatte Freud gelernt, der emotionalen Spannung der
Ambivalenz eine beträchtliche Bedeutung beizumessen; das war eine der
Lektionen, die ihn der kleine Hans gelehrt hatte. Er sah nun, daß der klassische Ödipuskomplex – der kleine Junge liebt seine Mutter und haßt seinen
Vater – in dieser reinen, einfachen Form tatsächlich eine Seltenheit war.
Aber gerade die Vielgestaltigkeit des Komplexes unterstrich für Freud seine
zentrale Bedeutung in der menschlichen Erfahrung. »Jedem menschlichen
Neuankömmling ist die Aufgabe gestellt, den Ödipuskomplex zu bewältigen«, schrieb Freud später, als er das Argument zusammenfaßte, das er seit
den späten 1890er Jahren entwickelt hatte. »Wer es nicht zustande bringt,
ist der Neurose verfallen. Der Fortschritt der psychoanalytischen Arbeit
hat diese Bedeutung des Ödipuskomplexes immer schärfer gezeichnet;
seine Anerkennung ist das Schibboleth geworden, welches die Anhänger der
Psychoanalyse von ihren Gegnern scheidet.«[123] Fraglos schied es Freud von
Adler und noch endgültiger von Jung.

Als die Erforscher des menschlichen Tiers ihre Methoden verfeinerten und
ihre Hypothesen revidierten, traten die Fehler, die das Argument von *Totem und Tabu* kompromittierten, immer aufdringlicher in Erscheinung –
außer für Freuds unkritischste Anhänger. Kulturanthropologen wiesen
nach, daß zwar einige totemistische Stämme das Ritual der Totemmahlzeit
praktizieren, die meisten aber nicht; was Robertson Smith für das innere
Wesen des Totemismus gehalten hatte, erwies sich als Ausnahme. Auch die
Vermutungen Darwins und anderer über die prähistorische Horde, die von
einem polygamen und monopolistischen Mann autokratisch beherrscht
worden sei, hielten weiteren Forschungen nicht richtig stand, vor allem den
Forschungen bei den höheren Primaten, die noch nicht zur Verfügung standen, als Freud *Totem und Tabu* niederschrieb. Seine erregende Schilderung
der tödlichen Rebellion der Brüder gegen das Patriarchat erschien in zunehmendem Maße unglaubwürdig.

Sie wurde um so phantastischer, da sie einer theoretischen Untermaue-
rung bedurfte, welche die moderne Biologie entschieden ablehnte. Als

Freud *Totem und Tabu* verfaßte, waren einige ernst zu nehmende Erforscher des Menschen noch bereit zu glauben, daß erworbene Eigenschaften genetisch von Generation zu Generation weitergegeben werden können. Die Wissenschaft der Genetik steckte um 1913 noch in den Kinderschuhen und konnte die unterschiedlichsten Mutmaßungen über die Natur der Vererbung tolerieren. Schließlich war Darwin, obgleich sarkastisch in seinen Bemerkungen über Lamarck, zum Teil selbst Lamarckist gewesen, insofern er der Hypothese anhing, daß erworbene Eigenschaften vererbt werden können. Aber abgesehen davon, daß sich Freud legitim auf das noch bestehende, wenn auch schwindende Prestige dieser Lehre stützen konnte, blieb er für sie eingenommen, weil er glaubte, sie würde helfen, das theoretische Gebäude der Psychoanalyse zu vollenden.

Ironischerweise war die historische Realität des Urverbrechens für Freuds Argument keineswegs wesentlich. Schuldgefühle können durch weniger phantasievolle, wissenschaftlich annehmbarere Mechanismen weitergegeben werden. Neurotiker phantasieren, wie Freud in *Totem und Tabu* hervorhob, von ödipalen Tötungen, führen sie aber nie aus. Wenn er bereit gewesen wäre, seine klinische Einsicht auf die Geschichte des Urverbrechens anzuwenden, auf die gleiche Weise, wie er andere von der Couch gewonnene Kenntnisse einsetzte, hätte er die vernichtendsten Kritiken, denen *Totem und Tabu* ausgesetzt sein sollte, vorwegnehmen und entkräften können. Hätte er seine verblüffende Geschichte nicht als Tatsache dargestellt, sondern als Phantasie, welche die jungen Männer in ihrer Konfrontation mit ihren Eltern durch die Jahrhunderte heimsuchte, so wäre er ohne seine Lamarcksche These ausgekommen. Die Allgegenwärtigkeit des Familienerlebnisses, der intimen Rivalitäten und gemischten Gefühle – kurz, der allgegenwärtige Ödipuskomplex – wäre ausreichend gewesen, um das ständige Auftreten von Schuldgefühlen zu erklären und sie vollkommen in seine Theorie der Psyche einzugliedern.* In den späten 1890er Jahren hatte der Übergang von der Realität zur Phantasie Freud vor der Absurdität der Verführungstheorie der Neurosen bewahrt. Aber jetzt hielt er, obwohl er mit seiner Behauptung zögerte und pflichtschuldig die Gegenbeweise anführte, letzten Endes an seiner Meinung fest: Im Anfang war die Tat! Es trug nicht gerade zum Prestige von Freuds visionärer Konstruktion bei, daß sein Bericht über die Entstehung des Schuldgefühls ausgerechnet der christlichen Lehre von der Erbsünde auffällig ähnelte.[124]

---

* Psychoanalytiker waren nicht die einzigen, die eine solche Alternative vorschlugen. Der amerikanische Anthropologe Alfred L. Kroeber sagte bei seiner neuerlichen Prüfung von *Totem und Tabu* im Jahre 1939 (er hatte das Buch 1920 schon einmal rezensiert): »Gewisse psychische Prozesse neigen immer dazu wirksam zu sein und Ausdruck in menschlichen Institutionen zu finden« (»*Totem and Taboo* in Retrospect«, in: *American Journal of Sociology*, LV, 1939, S. 447).

Diese Hartnäckigkeit bildet einen starken Gegensatz zu Freuds früheren Zweifeln, ganz zu schweigen von seinem wissenschaftlichen Ideal. Was er von den Fachleuten wollte, war Bestätigung: Er stürzte sich auf ihre Argumente, wenn sie seine eigenen unterstützten, und ignorierte sie im anderen Falle. Er habe, schrieb er Ferenczi im Sommer 1912, »die besten Bestärkungen meiner Totemhypothesen« aus Robertson Smiths Buch über die Religion der Semiten gezogen.[125] Er fürchtete, daß Frazer und die anderen Autoritäten seine Lösungen der Geheimnisse von Totem und Tabu nicht akzeptieren würden, aber das erschütterte sein Vertrauen in Schlußfolgerungen nicht, denen er bereits verpflichtet war – erschütterte es damals und auch später nicht.[126]* Es ist kaum eine Frage, daß seine Hartnäckigkeit derselben psychologischen Quelle entsprang wie seine früheren Zweifel. Seine ersten Leser vermuteten etwas Ähnliches: Sowohl Jones als auch Ferenczi konfrontierten ihn mit der Möglichkeit, daß die schmerzlichen Vorbehalte, die er nach der Veröffentlichung von *Totem und Tabu* äußerte, tiefere persönliche Wurzeln haben könnten als nur die einfache, verständliche Angst des Autors. Die beiden hatten Korrekturfahnen des Buches gelesen und waren von seiner Größe überzeugt. »Wir meinten«, schreibt Jones, »er habe in seiner Phantasie die in dem Buch beschriebenen Ereignisse selbst erlebt, daß seine gehobene Stimmung die Erregung des Tötens und Essens des Vaters darstelle und daß seine Zweifel nur die Reaktion darauf seien.«[127] Freud war geneigt, dieses Stück interner Psychoanalyse zu akzeptieren, war aber nicht bereit, seine These zu revidieren. In der *Traumdeutung*, sagte er Jones, habe er nur den Wunsch, den Vater zu töten, beschrieben, in *Totem und Tabu* das wirkliche Töten, und »es ist immerhin ein großer Schritt vom Wunsch zur Tat«.[128] Es ist ein Schritt, den Freud natürlich nie getan hätte. Aber das Urverbrechen als einzigartiges Ereignis darzustellen, das einen unvergänglichen Schatten warf, und nicht nur als eine überall vorhandene, allzu menschliche Phantasie, gestattete Freud, eine gewisse Distanz zu seinen eigenen ödipalen Kämpfen mit seinem Vater einzuhalten; es erlaubte ihm sozusagen, für den Freispruch zu plädieren, den eine

---

* »Ich halte an diesem Aufbau noch heute fest«, schrieb er gegen Ende seines Lebens. »Ich habe wiederholt heftige Vorwürfe zu hören bekommen, daß ich in späteren Auflagen des Buches meine Meinung nicht abgeändert habe, nachdem doch neuere Ethnologen die Aufstellungen von Robertson Smith einmütig verworfen und zum Teil andere, ganz abweichende Theorien vorgebracht haben. Ich habe zu entgegnen, daß mir diese angeblichen Fortschritte wohl bekannt sind. Aber ich bin weder von der Richtigkeit dieser Neuerungen noch von den Irrtümern Robertson Smiths überzeugt worden. Ein Widerspruch ist noch keine Widerlegung, eine Neuerung nicht notwendig ein Fortschritt.« Er schloß mit einer Apologie, die eine nicht analysierte Komponente seines Denkens in diesem Punkt vermuten läßt: »Vor allem aber, ich bin nicht Ethnologe, sondern Psychoanalytiker. Ich hatte das Recht, aus der ethnologischen Literatur herauszugreifen, was ich für die analytische Arbeit brauchen konnte« (*Der Mann Moses und die monotheistische Religion*, 1939, G. W., Bd. 16, S. 240).

rationale Welt den in Wahrheit Unschuldigen gewähren sollte, die nur davon phantasieren, den Vatermord zu begehen. In Anbetracht der Tatsache, daß Freud selbst gezeigt hatte, daß die Welt der Seele alles andere als rational ist, ist das ein etwas pathetischer Versuch, den mörderischen Implikationen seiner ödipalen Aggressionen auszuweichen.

Wie groß immer der objektive Wert von Freuds Versuch sein mag, die Grundlagen der Religion mit dem Ödipuskomplex gleichzusetzen, es ist in hohem Grade wahrscheinlich, daß einige der Impulse, die seinen Gedankengang in *Totem und Tabu* lenkten, aus seinem verborgenen Leben stammten. In mancher Hinsicht stellt das Buch eine Runde in seinem nie endenden Ringkampf mit Jacob Freud dar. Es war auch eine Episode in seiner ebenso hartnäckigen Flucht vor seinen komplizierten Gefühlen gegenüber Amalia Freud. Denn es ist bezeichnend, daß Freud in seiner Rekonstruktion nichts über die Mutter sagte, obwohl das ethnographische Material, das auf die Phantasie des Verschlingens der Mutter hinweist, reicher ist als das Material, das auf Verschlingen des Vaters hindeutet. Ferenczis kleiner Arpád, den Freud als Zeugen für *Totem und Tabu* auslieh, wollte seine »*eingemachte Mutter*« essen. Wie er es bildhaft ausdrückte, sollte man seine Mutter in einen Topf stecken und kochen; dann gäbe es eine eingemachte Mutter, und er könnte sie essen.[129] Aber Freud zog es vor, dieses Stück Beweismaterial zu ignorieren. Dennoch, wie so vieles andere in Freuds Werk, übersetzte *Totem und Tabu* seine intimsten Konflikte und seine privatesten Händel produktiv in Material für die wissenschaftliche Forschung.

Eine Landkarte der Psyche

Freud fand seine Untersuchungen von Kunst, Literatur und Vorgeschichte gleichermaßen genußreich und wichtig. Sie dienten ihm dazu, sein Bild zu bestätigen, nämlich das des Forschers, der als erster unwirtliches, geheimnisvolles Terrain beschreibt, das alle seine Vorgänger verwirrt und frustriert hatte. Aber seine intellektuellen Streifzüge waren weder Abschweifungen noch ein Abweichen von seiner wesentlichen theoretischen Arbeit. Eine Beschäftigung nährte die anderen. Krankengeschichten führten ihn zu Fragen der Kultur; Überlegungen zur literarischen Schöpfung verwiesen ihn auf den Ödipuskomplex zurück. So vielfältig auch seine Zeit in Anspruch genommen wurde, Freud vernachlässigte nie, was er als seine Hauptaufgabe betrachtete: seine Landkarte der Psyche zu verfeinern. Und wenn er sich dessen auch damals nicht bewußt war, unternahm er auch tastende Schritte, diese Karte zu revidieren.

Unter den theoretischen Schriften, die er zwischen 1908 und 1914 veröffentlichte, erfordern drei – über den Charakter, über die Grundprinzipien des psychischen Geschehens und über den Narzißmus – besondere Beachtung. Die ersten beiden in diesem Trio sind sehr kurz, die letzte ist nicht sehr lang, aber ihre Kürze kann kein Maß für ihre Bedeutung sein. In »Charakter und Analerotik« ging Freud von seiner klinischen Erfahrung aus, um einige allgemeine Hypothesen über die Charakterbildung aufzustellen. Er hatte bereits 1897 vermutet, daß Exkremente, Geld und Zwangsneurose irgendwie eng verbunden miteinander sind.[130] Ein Jahrzehnt später hatte er Jung gegenüber bemerkt, daß Patienten, die aus der Zurückhaltung der Fäzes Lust gewinnen, typischerweise die Charakterzüge der Ordentlichkeit, des Geizes und des Trotzes zeigen. Zusammen sind diese Züge »sozusagen die Sublimierungen der Analerotik«.[131] In seinem Bericht über den Rattenmann hatte Freud weitere Beobachtungen über diese Konstellation angeführt. Nun, in seiner Abhandlung über den durch Analerotik gekennzeichneten Charakter, wagte er, seine Vermutung zu verallgemeinern, indem er sich auf eine beträchtliche Anzahl seiner Analysepatienten stützte. In der psychoanalytischen Theorie wird Charakter als Konfiguration stabiler Züge definiert. Aber diese ordentliche Gruppierung bedeutet nicht notwendigerweise eine ständige innere Ruhe. Als Bündel von Fixierungen, an welches das Individuum durch seine Lebensgeschichte gebunden ist, steht Charakter oft für die Organisation innerer Konflikte und nicht für ihre Auflösung.* Was Freud besonders interessierte und was er drei Jahre zuvor bereits in seinen *Drei Abhandlungen zur Sexualtheorie* untersucht hatte, war die Rolle, die diese Charakterzüge bei der Bildung dessen spielen, was er bald das Ich nennen sollte. Wie andere Schriften aus diesen Jahren bietet »Charakter und Analerotik« sowohl eine Zusammenfassung lange gehegter Gedanken als auch eine Aussicht auf kommende Revisionen.

Mit seinen »Formulierungen über die zwei Prinzipien des psychischen Geschehens« warf Freud sein Netz der Verallgemeinerung noch weiter aus. Er suchte einen viel größeren Fang als die Analerotik und beabsichtigte nicht

---

* »Die psychoanalytische Charakterkunde«, schrieb Otto Fenichel in seinem klassischen Lehrbuch von 1945, »ist der jüngste Zweig der Psychoanalyse«, denn die Psychoanalyse beginne mit »der Untersuchung neurotischer Symptome, das heißt mit Phänomenen, die ichfremd sind und nicht zum ›Charakter‹ der üblichen Verhaltensweise passen«. Erst als sie »oberflächliche psychische Erfahrungen in Betracht zog«, konnte die Psychoanalyse »zu verstehen beginnen, daß nicht nur ungewöhnliche und plötzlich ausbrechende psychische Zustände, sondern auch gewöhnliche Verhaltensweisen, die übliche Art zu lieben, zu hassen und in verschiedenen Situationen zu handeln, genetisch als von unbewußten Bedingungen abhängig begriffen werden können«. Und erst dann sei das systematische analytische Studium des Charakters möglich (Otto Fenichel, *The Psychoanalytic Theory of Neurosis*, 1945, S. 463).

weniger einzuholen als die Beziehung der Triebe zur Entwicklung.[132] Er trug den Aufsatz am 26. Oktober 1910 der Wiener Psychoanalytischen Vereinigung vor, fand aber die Diskussion unbefriedigend. »Der Umgang mit den Leuten wird auch immer schwerer«, vertraute er am nächsten Morgen Ferenczi an. Was man bekomme, sei »ein Gemisch von scheuer Bewunderung und dummem Widerspruch«.[133] Unverzagt machte Freud weiter. Während er Gedanken erneut vorstellte, die er um die Mitte der 1890er Jahre vorskizziert und im siebenten Kapitel der *Traumdeutung* entwickelt hatte, bereitete er sich gleichzeitig auf künftige Formulierungen vor.

Der Aufsatz unterscheidet scharf zwischen zwei Arbeitsweisen der Psyche: Der Primärvorgang, der als erster behandelt wird, ist gekennzeichnet durch die Unfähigkeit, die Abwandlung von Wünschen oder einen Aufschub ihrer Befriedigung zu ertragen. Er gehorcht dem Lustprinzip. Der andere, der Sekundärvorgang, der im Verlauf der Reifezeit mitreift, entwickelt die Fähigkeit des Menschen zu denken und ist damit ein Vermittler von Einsicht, des vorteilhaften Aufschubs. Er gehorcht dem Realitätsprinzip – zumindest zeitweise.

Jedes Kind muß die Einsetzung des Realitätsprinzips als »folgenschweren Schritt«[134] erleben, als einen, den das Leben es zu tun zwingt. Sobald es entdeckt hat, daß der Traum von der Erfüllung seiner Wünsche nicht genügt, um ihre wirkliche Befriedigung zu sichern, beginnt er seine Gabe für das Verstehen und, wenn möglich, für die Manipulation und Beherrschung der Außenwelt zu entwickeln. Das bedeutet konkret, daß das Kind lernt, sich zu erinnern, aufmerksam zu sein, zu urteilen, zu planen, zu berechnen, das Denken als eine experimentelle Form des Tuns zu behandeln, die Realität zu prüfen. Nichts ist leicht oder gar automatisch an diesem Sekundärvorgang: Das unbekümmerte, gebieterische Lustprinzip gibt nur langsam seine Macht über das heranwachsende Kind auf und reißt diese Macht in Abständen immer wieder an sich. Das Kind mit seinem ausgeprägten Konservatismus erinnert sich an Freuden, die es einmal genoß, und ist auch nicht gewillt, sie für die Aussicht auf spätere größere und sicherere Befriedigungen aufzugeben. Die beiden Prinzipien existieren daher widerwillig nebeneinander und liegen oft im Konflikt.

Freud beschrieb einen solchen Konflikt nicht als unausweichlich und gab sich zuweilen sogar einem ungewohnten Optimismus hin: »In Wirklichkeit bedeutet die Ersetzung des Lustprinzips durch das Realitätsprinzip keine Absetzung des Lustprinzips, sondern nur eine Sicherung desselben.«[135] Die tatsächliche Beziehung zwischen den beiden Prinzipien verändere sich von Fall zu Fall, aber »die äußere Realität« gewinne im Laufe der Zeit »erhöhte Bedeutung«.[136] Doch Freud erkannte, daß die Sexualtriebe besonders resistent gegen Erziehung sind, da sie durch autoerotische Betätigung, am eigenen Leib, befriedigt werden können. Und die Abneigung dieser Triebe, die Einschränkungen der Wirklichkeit zu akzeptieren, düngt den Boden für spätere Neurosen. Daher ist es für die Kultur so wesentlich, mit dem Lustprinzip im Dienste des Realitätsprinzips zu verhandeln, das »Lust-Ich« zu zwingen, wenigstens teilweise dem »Real-Ich« nachzugeben. Und deshalb hat auch das Bewußtsein im psychischen Geschehen eine wichtige Arbeit zu verrichten: Die Macht der Wirklichkeit über die Psyche zu sichern, ist seine Hauptaufgabe. Denn im Unbewußten, erinnerte Freud seine Leser, im dunklen Reich der Verdrängung und der Phantasien, hat die Realitätsprüfung keinen Einfluß. Die einzige Währung, die in diesem Lande gelte, bemerkte Freud in seinem besten metaphorischen Stil, sei die »neurotische Währung«.[137] Daher könnten alle Augenblicke der Waffenruhe nicht die Tatsache verschleiern, daß das psychische Leben, nach Freuds Urteil, ein mehr oder minder ständiger Krieg ist.

Die Abhandlung über das psychische Geschehen beschäftigte sich mit der individuellen Psyche, hauptsächlich mit dem gestörten Verkehr zwischen ihren unbewußten und bewußten Bereichen. Aber implizit bereitete Freud den Boden für eine psychoanalytische Sozialpsychologie vor. Die Kräfte, die das Kind antreiben, sich schon früh, wenn seine Macht über den Verstand noch schwach und periodisch ist, mit dem Realitätsprinzip zu befassen, sind zum größten Teil äußerer Natur – Handlungen autoritativer anderer. Die vorübergehende Abwesenheit der Mutter, die Bestrafung durch den Vater, die Hemmungen, die dem Kind durch gleich wen, Kindermädchen, ältere Geschwister oder Schulkameraden, auferlegt werden, sind das große soziale Nein: sie frustrieren Wünsche, kanalisieren Gelüste, zwingen zum Aufschub der Befriedigung. Schließlich tritt auch das intimste aller Erlebnisse, der Ödipuskomplex, in einer ausgesprochen sozialen Situation auf.

Im Jahre 1911, in dem er seine Abhandlung über das Lust-Ich und das Real-Ich veröffentlichte, war Freud völlig davon überzeugt, daß sich Individualpsychologie und Sozialpsychologie unmöglich trennen lassen.* Drei Jahre zuvor hatte er dasselbe in einem Essay, »Die ›kulturelle‹ Sexualmoral und die moderne Nervosität«, festgestellt. Dort hatte er erklärt, daß das, was er als massenweises Auftreten nervöser Störungen in seiner Zeit ansah, der exzessiven Selbstverleugnung entspringe, welche die respektable Mittelstandsgesellschaft den sexuellen Bedürfnissen normaler Menschen auferlege. Kurz, das Unbewußte könne der Kultur nicht entrinnen. Freuds Abhandlung über die zwei Prinzipien des psychischen Geschehens deutet zusammen mit der Arbeit über die Nervosität subtil auf neue Anfänge hin.

---

* Die Beziehung zwischen Individual- und Sozialpsychologie diskutierte Freud später in *Massenpsychologie und Ich-Analyse*.

Der janusköpfige Charakter der Schriften Freuds in den Jahren vor dem
Ersten Weltkrieg, die nach Zusammenfassung strebten und sich auf Revisionen hinbewegten, tritt am auffälligsten in seiner subversiven Abhandlung über den Narzißmus in Erscheinung – subversiv für seine eigenen
lange vertretenen Ansichten. In seinem charakteristischen Stil bezeichnete
Freud sie als »Einführung«. Das war keine falsche Bescheidenheit. Er
klagte darüber, daß die Niederschrift eine widerwärtige Arbeit sei und daß
er Schwierigkeiten habe, seine explodierenden Gedanken im Rahmen zu
halten. Er war jedoch sicher, daß er diese Abhandlung als Waffe im Kreuz-
zug gegen seine Opponenten gebrauchen könnte: »Im Sommer wird wohl
der Narzißmus reifen«, schrieb er Ferenczi, kurz bevor er Wien für die
Sommerferien des Jahres 1913 verließ. Er war für ihn »die wissenschaftliche Abrechnung mit Adler«.[138]* Anfang Oktober, gerade von seinen
»17 köstlichen Tagen«[139] in Rom zurückgekehrt, konnte er berichten, daß
»der Narzißmus sozusagen fertig« sei.[140] Er schrieb Jones, er hätte ihn gern
mit ihm und ebenso mit Rank und Sachs durchgesprochen.[141]

Seine Anhänger waren nur zu neugierig, was für Aufklärungen Freud zu
bieten hatte. Jones bezeugte, daß sie alle den Essay »beunruhigend«[142] fänden. Tatsächlich war Freud unbehaglich zumute, unbehaglicher als sonst.
Er gab einer seiner Lieblingsmetaphern eine düstere Färbung und schrieb
Abraham im März 1914, daß der Essay »eine schwere Geburt war und alle
Deformationen einer solchen zeigt. Er gefällt mir natürlich nicht besonders,
aber ich kann jetzt nichts anderes geben.«[143] Seine Fertigstellung brachte
ihm keine Erleichterung, sondern, im Gegenteil, unangenehme physische
Symptome: Kopfschmerzen und Verdauungsstörungen.[144] Er war daher
erfreut, als ihm Abraham versicherte, die Abhandlung sei wirklich »glänzend« und »überzeugend«[145] – erfreut, gerührt, aber nicht ganz beruhigt.
»Ich habe da ein sehr starkes Gefühl arger Unzulänglichkeit.«[146] Allerdings
war Freud in diesen Monaten in einer kämpferischen Stimmung; zur selben
Zeit, in der er seine Abhandlung über den Narzißmus niederschrieb, entwarf er seinen Angriff gegen Adler und Jung. Aber etwas schwerer Faßbares regte sich in ihm. Er stand kurz davor, die Psychologie neu zu überdenken, die er lediglich hatte erklären wollen.

»Zur Einführung des Narzißmus« führt die Gedanken über die psychische Entwicklung weiter, die Freud bereits etwa fünf Jahre zuvor lanciert
hatte – und verkomplizierte sie. Im November 1909, als er in der Wiener
Psychoanalytischen Vereinigung zu einem Vortrag Isidor Sadgers Stellung
nahm, hatte er gesagt, der Narzißmus, »die Verliebtheit in die eigene Per-

---

* »Zur Einführung des Narzißmus« war ebenso auch eine Abrechnung mit Jung, obwohl Freud, wie Abraham nach der Lektüre eines Entwurfs bemerkte, den Unterschied
zwischen »Jungs Therapie und der Psychoanalyse« stärker hätte betonen können (Abraham an Freud, 2. April 1914, *Freud–Abraham*, S. 165).

son (= in die eigenen Genitalien)« sei »eine notwendige Entwicklungsstufe des Übergangs vom Autoerotismus zur Objektliebe«.[147] Wie wir gesehen haben, setzte er diese Behauptung zum erstenmal in seiner Abhandlung über Leonardo in Umlauf; er wiederholte sie in seiner Krankengeschichte Schrebers und noch einmal, knapp, aber eindringlich, in *Totem und Tabu*.*
»Narzißmus« war ein ansprechender Ausdruck, der an einen von Freuds geliebten griechischen Mythen erinnerte – an den schönen Jüngling, der an seiner Eigenliebe starb; er hatte ihn unter Anerkennung der Urheber von dem deutschen Psychiater Paul Näcke und von Havelock Ellis entlehnt. Seine explosiven Möglichkeiten zeigten sich aber erst mit der Abhandlung, die er dem Begriff 1914 widmete.

Freud hatte in *Totem und Tabu* bemerkt, daß das narzißtische Stadium nie ganz überwunden werde und daß es ein ganz allgemeines Phänomen zu sein scheine. Nun beschrieb er die Implikationen seiner fragmentarischen Gedanken. Ursprünglich wurde der Name »Narzißmus« für eine Perversion verwendet: Narzißten sind Devianten, die nur sexuelle Befriedigung finden können, indem sie ihren eigenen Körper als erotisches Objekt behandeln. Aber, bemerkte Freud, diese Perversen haben kein Monopol auf diese Art von erotischer Ichbezogenheit. Schließlich zögen auch Schizophrene[148] ihre Libido von der Außenwelt ab, löschten sie aber nicht aus; sie investierten sie vielmehr in ihr eigenes Ich. Das war nicht alles: Psychoanalytische Beobachter hatten auch massive Beweise für narzißtische Züge bei Neurotikern, Kindern und primitiven Stämmen. In *Totem und Tabu* hatte Freud bereits Liebende dieser ständig wachsenden Liste hinzugefügt. Er konnte der Folgerung nicht ausweichen, daß in diesem weiteren Sinne der Narzißmus »keine Perversion [ist], sondern die libidinöse Ergänzung zum Egoismus des Selbsterhaltungstriebes«.[149] Das Wort gewann einen Bedeutungsbereich, der rasch erweitert wurde, zuerst durch Freud selbst und dann, weit unverantwortlicher, in der allgemeinen Anwendung – sehr zu seinem Schaden als diagnostischer Begriff. Als der »Narzißmus« in den zwanziger Jahren und danach in den Sprachgebrauch der Gebildeten einging, wurde es beliebig nicht nur als Bezeichnung für eine sexuelle Perversion oder ein Entwicklungsstadium verwendet, sondern auch für ein psychotisches Symptom und für eine Vielfalt von Objektbeziehungen. Manche mißbrauchten es als handliches Schimpfwort für die moderne Kultur oder als lockeres Synonym für aufgeblasene Egozentrik.

---

* Als er die Entwicklung der sexuellen Energie – der Libido – in die Kindheit zurückverfolgte, hatte er geschrieben, daß sich die Psychoanalytiker veranlaßt sähen, ihr frühestes Stadium, den Autoerotismus, in zwei zu zerlegen. Im ersten suchten die vereinzelten Sexualtriebe Befriedigung im Körper, während im zweiten die zu einer Einheit zusammengesetzten Sexualtriebe das eigene Ich als ihr Objekt wählten. Diese zweite Phase sei das eigentliche Stadium des »Narzißmus« (*Totem und Tabu*, G. W., Bd. 9, S. 109).

Doch bereits bevor die Bedeutungsinflation die Präzision des Ausdrucks praktisch aufgeweicht hatte, warf der »Narzißmus« einige unbequeme Fragen auf, die Freud nur mit einigem Zögern behandelte. »Man wehrt sich gegen das Gefühl, die Beobachtung für sterile theoretische Streitigkeiten zu verlassen.« Aber, fügte er pflichtbewußt hinzu, man dürfe sich »dem Versuch einer Klärung« nicht entziehen.[150] Dieser Versuch führte zwangsläufig zu der Anerkennung, daß das Ich ebensogut sich selbst wie andere als erotisches Objekt wählen kann und wählt. Kurz, es gibt eine »Ichlibido« ebenso wie eine »Objektlibido«. Der narzißtische Typ liebt unter dem Einfluß der Ichlibido, was er ist, was er einmal war, was er gern wäre, oder die Person, die Teil seines eigenen Ichs gewesen war. Aber er ist keine Kuriosität oder seltene Abirrung: Ein gewisser Narzißmus liegt, wie es scheint, in jedem Schrank verborgen. Selbst die »rührende, im Grunde so kindliche« Elternliebe ist »nichts anderes als der wiedergeborene Narzißmus der Eltern«.[151] Als Freud seine immer länger werdende, etwas tendenziöse Liste zusammenstellte, mußte er widerwillig zugeben, daß die Welt scheinbar von Narzißten überschwemmt ist – Frauen, Kinder, Katzen, Verbrecher und Humoristen nicht ausgenommen.*

Es ist nur zu verständlich, daß Freud sich fragte, was aus all den narzißtischen Investitionen der frühen Kindheit wird. Schließlich ist das Kind, nachdem es die Selbstliebe, die so natürlich erscheint, sehr genossen hat, wie Freud immer behauptete, außerstande, diese Befriedigung wie auch andere ohne Kampf aufzugeben. Die Frage konfrontierte Freud mit Problemen, die er erst nach dem Krieg ganz lösen sollte. In »Zur Einführung des Narzißmus« argumentierte er, daß das heranwachsende Kind angesichts der Kritik von seinen Eltern, den Lehrern oder der »öffentlichen Meinung« den Narzißmus aufgibt, indem es einen Ersatz schafft, dem es dann an Stelle seines eigenen unvollkommenen Ichs huldigen kann. Dies ist das berühmte »Ichideal«, die tadelsüchtigen Stimmen der Welt, die zur eigenen gemacht werden. Als pathologische Abirrung taucht es als Wahnidee auf, daß man beobachtet wird – hier haben wir unseren Schreber –, aber in seiner normalen Form ist es der Vetter dessen, was wir das Gewissen nennen, das als Hüter des Ichideals auftritt.

Abraham war, als er die Abhandlung las, besonders beeindruckt von Freuds Gedanken über die Wahnidee des Beobachtetwerdens, über das Gewissen und das Ichideal. Aber er hatte für den Augenblick zu Freuds Modifikation seiner Trieblehre nichts zu sagen.[152] Das war jedoch der Gesichts-

---

* Die beleidigendste Eintragung auf dieser Liste ist natürlich, wie Freud zugab, »Frauen«. »Vielleicht ist es nicht überflüssig zu versichern, daß mir bei dieser Schilderung ... jede Tendenz zur Herabsetzung des Weibes fernliegt.« Und er bestritt die leiseste Neigung zu »Tendenzen überhaupt« (»Zur Einführung des Narzißmus«, G. W., Bd. 10, S. 156).

punkt der Abhandlung, den Jones am beunruhigendsten fand. Wenn es außer einer Objektlibido auch eine Ichlibido gibt, was wird dann aus den Unterscheidungen, auf die sich die Psychoanalytiker bisher gestützt hatten? Hier lag die Schwierigkeit: Freud hatte lange die Ansicht angedeutet – und 1910 ausdrücklich formuliert –, daß die menschlichen Triebe in zwei scharf unterschiedene Klassen eingeteilt werden können: in Ichtriebe und Sexualtriebe. Erstere sind verantwortlich für die Selbsterhaltung des Individuums; sie haben mit dem Erotischen nichts zu tun. Letztere drängen nach erotischer Befriedigung und dienen der Erhaltung der Art.[153] Wenn aber auch das Ich erotisch besetzt werden kann, müssen die Ichtriebe ebenfalls sexueller Natur sein.

Wenn dieser Schluß stichhaltig ist, müssen sich daraus radikale Folgen für die psychoanalytische Theorie ergeben, denn er widerspricht eindeutig Freuds früherer Formulierung, wonach die Ichtriebe nicht sexueller Natur sind. Hatten die Kritiker, die Freud als Pansexualisten bezeichneten, als Voyeur, der überall Sexualität entdeckte, letzten Endes doch recht? Freud hatte das wiederholt und heftig bestritten. Oder hatte Jung recht, wenn er die Libido als eine allgemeine Kraft definierte, die unterschiedslos alle psychischen Strebungen durchdringe? Freud gab sich gelassen. Er berief sich auf die Autorität seiner klinischen Erfahrung und erklärte, die Kategorien der Ichlibido und der Objektlibido, die er gerade eingeführt hatte, seien eine »unerläßliche Fortführung« des alten psychoanalytischen Schemas.[154] Er bestand darauf, daß nicht viel Neues und sicherlich nichts Beunruhigendes an ihnen sei. Seine Anhänger waren keineswegs so sicher; klarer als der Autor der Abhandlung erkannten sie ihre radikalen Implikationen. Jones schrieb, daß er »damit der Trieblehre, mit der die Psychoanalyse so lange gearbeitet hatte, einen unangenehmen Stoß versetzte«.[155] Freuds »Zur Einführung des Narzißmus« machte Jones und seine Freunde ziemlich nervös.

Diese widersprüchlichen Einschätzungen tangieren sogar die Grundlagen der Psychologie als Wissenschaft. Freud war nie ganz glücklich mit seiner Trieblehre, gleich ob in ihrer frühen oder in ihrer späten Fassung. In »Zur Einführung des Narzißmus« beklagte er den »völligen Mangel einer irgendwie orientierenden Trieblehre«.[156] Dieser Mangel an theoretischer Klarheit lag zum großen Teil an der Unfähigkeit der Biologen und Psychologen, einen Konsens über die Natur der Triebe oder Instinkte zu erreichen. Ohne ihre Hilfe entwarf Freud seine eigene Theorie auf der Grundlage der Beobachtung psychologischer Phänomene im Lichte aller erhältlichen biologischen Informationen. Um einen Trieb zu verstehen, braucht man beide Disziplinen, denn er steht, nach Freuds Worten, auf der Grenze zwischen dem Physischen und dem Psychischen. Er ist ein in einen Wunsch übersetzter Drang.

Als »Zur Einführung des Narzißmus« erschien, bekannte sich Freud noch mehr oder weniger resigniert zu einer Einteilung der Triebe in solche, die auf die Selbsterhaltung, und solche, die auf sexuelle Befriedigung abzielten. Wir wissen, daß er seit den 1880er Jahren gern das Wort Schillers zitierte, daß Liebe und Hunger die Welt bewegen.[157] Aber er sah schließlich ein, daß er mit der Deutung des Narzißmus als sexuelle Selbstliebe und nicht als nur eine spezialisierte Perversion tatsächlich die Einfachheit seines alten Schemas zerstört hatte. Sosehr er es auch versuchte, er konnte die klare Trennung zwischen den beiden Klassen von Trieben, die ihm zwei Jahrzehnte lang gedient hatte, nicht mehr aufrechterhalten: Tatsache ist, daß sich Liebe zur eigenen Person und zu anderen nur im Objekt unterscheiden, nicht ihrer Natur nach.

Im Frühjahr 1914 wurde die Notwendigkeit, die Triebe neu zu klassifizieren und andere, ebenso beunruhigende Änderungen an der psychoanalytischen Theorie vorzunehmen, nur zu offensichtlich. Doch mit unerwarteter, unfreundlicher Plötzlichkeit drang die Außenwelt ein und unterbrach Freuds Gedanken auf die sensationellste und brutalste Weise, die man sich vorstellen kann. Er hatte »Zur Einführung des Narzißmus« im März 1914 beendet und gegen Ende Juni im *Jahrbuch* veröffentlicht. Erschöpft von einem langen, schweren Jahr politischer Nahkämpfe und intensiver Arbeit mit seinen Patienten, freute er sich auf lange Ferien in Karlsbad und auf die Zeit für eigene Arbeit. Innerhalb eines Monats entdeckte er jedoch, daß er wenig Zeit und noch weniger Lust hatte, das umstürzlerische Terrain zu erforschen, das sein Denken betreten hatte. Während Freud auf große Revisionen hinarbeitete, verfiel die westliche Zivilisation dem Wahnsinn.

Das Ende Europas

Am 28. Juni 1914 unternahm der Wolfsmann einen langen Spaziergang durch den Prater und dachte über die lehrreichen und zuletzt gewinnbringenden Jahre nach, die er unter Freuds Obhut in Wien verbracht hatte. Es war, wie er sich später erinnerte, »ein sehr heißer und schwüler Sonntag«. Er stand kurz davor, seine Analyse zu beenden und eine Frau zu heiraten, die Freud billigte. Alles schien zum besten zu stehen, und er kehrte in einer hoffnungsvollen Stimmung von seinem Spaziergang zurück. Er war jedoch kaum zu Hause angekommen, als ihm das Dienstmädchen ein Extrablatt mit einer niederschmetternden Nachricht gab: Erzherzog Franz Ferdinand und seine Gemahlin waren in Sarajevo von serbischen Verschwörern ermordet worden.[158] Das Ereignis war ein schockierender Kommentar zu dem gebrechlichen Anachronismus, dem multinationalen österreichisch-ungarischen Reich, das in einem Zeitalter der fieberhaften Nationalismen trotzig überlebt hatte. Die Folgen von Sarajevo waren nicht sofort klar. Als er Ferenczi »unter dem Eindruck des überraschenden Mords« schrieb, hielt Freud die Lage für unvorhersagbar und bemerkte, daß in Wien die »persönliche Teilnahme« gering sei.[159] Erst drei Tage vorher hatte er Abraham das Erscheinen seiner »Geschichte der psychoanalytischen Bewegung« mit einer aggressiven Floskel mitgeteilt: »Die Bombe ist also jetzt geplatzt.«[160] Sie sollte nach Sarajevo als eine sehr private, sehr armselige Bombe erscheinen. Es dauerte nur noch sechs Wochen bis zum Ausbruch des Ersten Weltkriegs.

Für den Kulturhistoriker hat die Wirkung dieser Katastrophe etwas Paradoxes an sich. Die meisten künstlerischen, literarischen und intellektuellen Bewegungen, welche die zwanziger Jahre zu einem so aufregenden Jahrzehnt voller Neuerungen machen sollten, waren bereits vor 1914 entstanden: funktionelle Architektur, abstrakte Malerei, Zwölfton-Musik, experimentelle Romane – und die Psychoanalyse. Gleichzeitig zerstörte der Krieg eine Welt für immer. Ende 1919 auf die Epoche vor dem großen Wahnsinn zurückblickend, schilderte der englische Nationalökonom John Maynard Keynes sie als ein Zeitalter verblüffenden Fortschritts. Der größte Teil der Bevölkerung, schrieb er in einem berühmten Abschnitt, »arbeitete schwer und hatte einen niedrigen Lebensstandard, war aber allem Anschein nach leidlich zufrieden mit diesem Los. Doch für jeden Mann, dessen Fähigkeit und Charakter den Durchschnitt übertrafen, war der Ausweg in die mittleren und höheren Klassen frei, denen das Leben bei niedrigen Kosten und mit der geringsten Mühe Vorteile, Bequemlichkeiten und Annehmlichkeiten bot, die außerhalb der Reichweite der reichsten und mächtigsten Monarchen anderer Zeitalter lagen.«[161]

Jeder aufmerksame Sozialarbeiter oder überzeugte Radikale hätte Keynes sagen können, daß dies eine viel zu milde Beurteilung des leiblichen Wohls und der sozialen Mobilität der Armen war. Aber auf den ziemlich großen Mittelstand traf sie recht gut zu. »Der Bewohner Londons konnte, während er im Bett seinen Morgentee schlürfte, telefonisch die verschiedensten Produkte der ganzen Erde in jeder gewünschten Menge bestellen und billigerweise ihre rasche Lieferung an die Haustür erwarten; er konnte im gleichen Augenblick und mit denselben Mitteln seinen Reichtum in die natürlichen Ressourcen und neuen Unternehmungen in jedem Teil der Welt investieren und ohne Anstrengung oder auch nur die geringste Mühe an ihren künftigen Früchten und Vorteilen teilhaben.« Wenn er wollte, konnte dieser Londoner ähnliche Vergnügen im Ausland kosten, »ohne Paß oder andere Formalitäten«. Er »konnte seinen Diener zur nächsten Bank schikken, um einen solchen Vorrat an Edelmetallen zu holen, wie ihm passend schien«, und dann »in fremde Länder reisen, ohne deren Religion, Sprache oder Sitten zu kennen, und gemünzten Reichtum bei sich tragen, und er würde sich über die geringste Behinderung sehr bekümmert und überrascht gezeigt haben«. Vor allem aber, beschloß Keynes seinen nostalgischen Katalog, »betrachtete er diesen Stand der Dinge als normal, sicher und beständig außer in der Richtung künftiger Verbesserung und jede Abweichung davon als abirrend, skandalös und vermeidbar«. Militarismus und Imperialismus, rassische und kulturelle Rivalitäten und andere Probleme »waren wenig mehr als der Zeitvertreib seiner Tageszeitung« und hatten keinen wirklichen Einfluß auf sein Leben.[162]

Schon der lyrische Ton dieses Nachrufs auf eine untergegangene Lebensweise dokumentiert, wieviel Verwüstung und Verzweiflung der Krieg zurückließ. Im Vergleich leuchtete die Welt vor dem August 1914 wie ein glückliches Land voll erfüllter Phantasien. Es war eine Zeit, in der Freud am Montag einen Brief von Wien nach Zürich oder Berlin schicken und mit Sicherheit eine Antwort am Mittwoch erwarten konnte; eine Zeit, in der er, einer Eingebung des Augenblicks folgend, beschließen konnte, Frankreich oder jedes andere zivilisierte Land zu besuchen, ohne alle Vorbereitungen oder formellen Dokumente. Nur Rußland, das als Vorposten der Barbarei betrachtet wurde, verlangte von einreisenden Touristen ein Visum.

Während des relativ friedlichen halben Jahrhunderts, das dem August 1914 vorausging, hatten Militaristen um Krieg gebetet, Generäle Krieg geplant und Propheten des Untergangs Krieg vorausgesagt. Aber ihre Stimmen bildeten eine, wenn auch laute, Minderheit. Als 1908 der brillante englische Sozialpsychologe Graham Wallas erklärte, daß die »Schrecken eines Weltkrieges« eine realistische Gefahr seien,[163] weigerten sich die meisten seiner Zeitgenossen, dieser erschreckenden Phantasie Glauben zu schenken. Allerdings war die Bildung feindlicher Machtblöcke mit England und Frankreich auf der einen und dem Dreibund Deutschland, Österreich-Ungarn und Italien auf der anderen Seite ein bedrohliches Omen genauso wie das Wettrüsten und besonders die immer stärkere Rivalität zwischen England und Deutschland. Und Kaiser Wilhelm verlangte, wie er sagte, einen Platz an der Sonne, und das bedeutete ein Deutschland, das mit den anderen Großmächten um Kolonien in Afrika und im Pazifik in Wettstreit trat und Englands traditionelle Vorherrschaft zur See herausforderte. Die prahlerischen Ansprachen des Kaisers und sein Gerede von einem Kampf auf Leben und Tod zwischen der germanischen und der slawischen Rasse waren zusätzliche Gründe für Nervosität. In seiner Rhetorik klang eine etablierte, vulgarisierte Auslegung der Lehren Darwins wider, die sie als Empfehlung blutiger Kämpfe zwischen Völkern oder »Rassen« deutete, als Weg zur Gesundheit, ja als notwendig für das nationale Überleben.

Mehr noch, von 1900 an war es üblich, den Balkan ein Pulverfaß zu nennen: Die lange Agonie des Osmanischen Reiches, das seit einem Jahrhundert den Griff auf seine Besitzungen in Afrika und auf dem Balkan ge-

lockert hatte, verlockte abenteuerliche Politiker zu kriegerischen Schaustellungen und unbesonnenen Expeditionen. Dazu kam, daß die billige Tagespresse in den großen Metropolen das Ihre tat, indem sie trockenes Brenn-
holz lieferte, um die Flammen der chauvinistischen Erregung zu nähren.
Am 9. Dezember 1912, als sich der Balkan wieder im Aufruhr befand, teilte
Freud Pfister nebenbei mit, zu Hause sei alles wohl, »die Kriegserwartung
benimmt uns aber fast den Atem«.[164] Am selben Tag berichtete er Ferenczi:
»Die Kriegsstimmung beherrscht unser tägliches Leben.«[165] Doch das Gespräch von kommenden Konfrontationen und die ängstliche Aufrüstung
machten einen großen Krieg nicht unvermeidlich. Ebensowenig ähnelte der
Erste Weltkrieg in seiner Länge und mit seinen Kosten den Befürchtungen –
oder Hoffnungen – derer, die ihn vorausgesagt hatten.

Es hatte lange Zeit überzeugende Argumente für den Frieden gegeben, einschließlich das des reinen Eigennutzes. Das sich ausbreitende Netz des
Welthandels machte den Krieg zu einer katastrophalen Aussicht für Kaufleute, Bankiers und Industrielle. Der lebhafte Austausch von Kunst, Literatur und philosophischen Ideen über die Grenzen hinweg hatte eine zivilisierte internationale Bruderschaft geschaffen, die eine Art Instrument des
Friedens war. Die Psychoanalyse war nicht die einzige kosmopolitische intellektuelle Bewegung. Man hatte gehofft, schrieb Freud im Rückblick
traurig, daß »das erziehliche Moment« des Zwanges zur Sittlichkeit sein
Werk tun und daß »die großartige, durch Verkehr und Produktion herge-
stellte Interessengemeinschaft den Anfang eines solchen Zwanges ergeben
werde«.[166] Die Großmächte, die noch im Europäischen Konzert aneinander gebunden waren, bemühten sich, lokale Kriege als lokale zu begrenzen.
Sie fanden einen ziemlich unpassenden Verbündeten in der internationalen
sozialistischen Bewegung, deren Führer zuversichtlich voraussagten, daß
die Machenschaften der böswilligen Kriegshetzer durch einen Streik der
klassenbewußten Proletarier in allen Ländern vereitelt werden würden. Die
Wünsche der friedliebenden Kaufleute und der pazifistischen Radikalen
gingen jedoch nicht in Erfüllung. Innerhalb einiger frenetischer Wochen
wurden aggressive, geradezu selbstmörderische Kräfte losgelassen, von denen die meisten geglaubt hatten, sie seien für immer gebannt.

In den Wochen, die auf Sarajevo folgten, nahmen österreichische Politiker
und Diplomaten eine unversöhnliche Haltung ein. Deutsche Zusicherun-
gen stärkten ihnen den Rücken. Hätte er Zugang zu ihren Depeschen gehabt, würde Freud sie als Äußerungen ängstlicher Männer gedeutet haben,
die sich gezwungen fühlten, ihre Männlichkeit zu beweisen. Sie sprachen
davon, den gordischen Knoten mit Gewalt durchzuhauen, mit den Serben
ein für allemal Schluß zu machen; sie sprachen von der Notwendigkeit,

jetzt oder nie zu handeln, von der Angst, daß die Welt eine versöhnliche österreichische Politik als Eingeständnis der Schwäche auslegen würde. Sie hielten es offensichtlich für notwendig, dem Stigma der Unentschlossenheit, Weichlichkeit und Impotenz zu entgehen.[167] Am 23. Juli überreichten die Österreicher den Serben eine herrische Note, die einem Ultimatum gleichkam. Fünf Tage später erklärte Österreich den Krieg, obwohl prompt eine besänftigende Antwort eingetroffen war.

Dieser Schritt war in Österreich ungeheuer populär. »Dieses Land«, bemerkte der britische Botschafter, »ist wild vor Freude über die Aussicht auf einen Krieg mit Serbien, und sein Aufschub oder seine Verhinderung wäre zweifellos eine große Enttäuschung.«[168] Endlich konnte man Rückgrat zeigen. »Es ist wirklich ein großer Jubel und Demonstrationen«, berichtete Alexander Freud aus Wien seinem Bruder Sigmund, der sich seit etwa zwei Wochen in Karlsbad aufhielt. »Im allgemeinen aber«, fügte er hinzu und schwächte damit den Eindruck der allgemeinen Freude ab, »ist man sehr gedrückt, da jeder Freunde und Bekannte hat, die einberufen wurden.« Das hielt ihn aber nicht von einer gewissen kämpferischen Stimmung ab. »Trotz allen Jammers« sei er froh, daß sich Österreich entschlossen habe zu handeln und sich zu verteidigen. »So wäre es ja doch nicht fortgegangen.«[169] Diese Einstellung sei, wie Alexander Freud zu bemerken nicht verabsäumte, damals auch die seines Bruders gewesen. Freud erlitt einen unerwarteten Anfall von Patriotismus. »Ich fühle mich aber vielleicht zum ersten Mal seit 30 Jahren als Österreicher«, schrieb er Abraham Ende Juli, »und möchte es noch einmal mit diesem wenig hoffnungsvollen Reich versuchen.«[170]* Er lobte die starre österreichische Haltung gegenüber Serbien als mutig und begrüßte die Unterstützung Deutschlands.

Keineswegs alle diplomatischen Manöver dieser Tage waren Paraden des Kampfgeistes und der Männlichkeit. Bis zuletzt versuchten die Briten und Franzosen die Temperamente zu beschwichtigen. Vergeblich: die Politikmacher der Mittelmächte – Deutschland und Österreich-Ungarn – hatten unredlichere, weniger friedliche Absichten. Sie schmiedeten Pläne, England neutral zu halten, und, was düsterer war, sie versuchten die Schuld an der Verwicklung den Russen zuzuschieben, die sie als unnachgiebig und impulsiv darstellten. Trotzdem glaubten nur wenige, daß ein großer Brand bevorstand, und Freud gehörte nicht zu ihnen. Andernfalls hätte er sicher darauf bestanden, daß seine Tochter Anna von einer Englandreise Mitte Juli[171] Abstand nahm, und er hätte nicht um etwa dieselbe Zeit Wien ver-

---

* Beinahe drei Jahrzehnte früher, während seines Aufenthalts in Paris, hatte sich Freud als so etwas wie ein Patriot gegeben, indem er boshafte Vergleiche zwischen sich und den leichtsinnigen Parisern anstellte. Aber selbst damals war seine nationale Bindung alles andere als eindeutig. Wie wir uns erinnern, hatte er einem französischen Patrioten gegenüber erklärt, er sei weder Österreicher noch Deutscher, sondern Jude.

lassen und Eitingon mit seiner Frau eingeladen, ihn Anfang August in Karlsbad zu besuchen.[172]

Seine Gedanken waren, wie wir sehen werden, bei Anna und bei der Psychoanalyse, nicht bei der internationalen Politik. Da er Ferenczis emotionale Briefe zu anstrengend fand, schrieb er ihm offen, er werde den Briefwechsel für eine Weile einstellen, um sich auf die Arbeit zu konzentrieren, »für die ich Geselligkeit nicht brauchen kann«.[173] Aber die Welt ließ ihn nicht in Ruhe. »Was sagst Du dort über die Chancen von Krieg und Frieden?« fragte seine Tochter Mathilde am 23. Juli.[174] Er erwartete offensichtlich – oder, besser gesagt, hoffte auf – einen eng begrenzten Konflikt. »Bleibt der Krieg auf den Balkan lokalisiert, so geht es ja«, schrieb er Abraham am 26. Juli. Aber bei den Russen, fügte er hinzu, könne man ja nie wissen.[175]

Freuds Unsicherheit spiegelte die allgemeine Spannung wider. Noch am 29. Juli fragte er sich, ob die Welt nicht in zwei Wochen halb beschämt an die Aufregung dieser Tage denken werde oder ob die schon lange drohende »Entscheidung der Geschicke« nun nahe war.[176] Abraham blieb wie üblich optimistisch. »Ich glaube«, schrieb er Freud am selben Tag, »daß keine Macht einen allgemeinen Krieg herbeiführen wird.«[177] Fünf Tage später, am 3. August, warnte der englische Außenminister, Sir Edward Grey, die Deutschen vor den Folgen einer Verletzung der belgischen Neutralität. In der Dämmerung stand Grey am Fenster seines Büros und sah zusammen mit einem Freund traurig zu, wie draußen die Laternen angezündet wurden. »In ganz Europa gehen die Lichter aus«, sagte er und sprach die denkwürdige Prophezeiung aus: »Wir werden sie zu unseren Lebzeiten nicht mehr angehen sehen.«[178]

In Wien konzentrierte sich die Spannung auf die Haltung Englands. Italien hatte seine Neutralität erklärt und legalistische Rechtfertigungen für seine Nichteinhaltung der Verpflichtungen gegenüber dem Dreibund angeführt. Dieser Schritt war erwartet worden, schrieb Alexander Freud seinem Bruder am 4. August. »Von Englands Haltung hängt alles ab; heute abend wird die Entscheidung hier bekannt werden. Die Romantiker behaupten, England wird nicht mittun. Ein Kulturvolk usw. wird nicht an die Seite der Barbaren treten usw.« Als Anglophobe – im Gegensatz zu seinem Bruder – war Alexander Freud kein Romantiker, jedenfalls nicht in dieser Sache. »Mein guter alter Haß gegen die englische Perfidie wird wahrscheinlich recht behalten; sie werden sich nicht genieren, an die Seite von Rußland zu treten.«[179]* Perfidie oder nicht, an diesem Tag, dem 4. August, nachdem

---

* Die beiden Brüder, die in vielem übereinstimmten, waren geteilter Meinung, was England, das Freud, wie wir wissen, sehr bewunderte, anbetraf. Sein Sohn Martin dachte wie er. »Die Nachricht, daß England auf Seite der Gegner steht, war zwar zu erwarten«, schrieb er seinem Vater zwei Tage nach der Kriegserklärung, »ist aber doch ein harter

der Einmarsch der Deutschen in Belgien bestätigt worden war, trat England in den Krieg ein. Die alte europäische Ordnung war zerstört.

Der Krieg, der Ende Juli ausbrach und sich Anfang August 1914 ausbreitete, erfaßte den größten Teil Europas und angrenzende Länder: das österreichisch-ungarische Reich, Deutschland, England, Frankreich, Rußland, Rumänien, Bulgarien, die Türkei. Die Sache der Alliierten wurde später durch die Teilnahme Italiens und der Vereinigten Staaten gestärkt. Wenige vermuteten, daß sich der Krieg sehr in die Länge ziehen werde. Die meisten Beobachter im Lager der Mittelmächte sagten voraus, daß die schlagkräftigen deutschen Armeen zu Weihnachten in Paris sein würden. Alexander Freuds Prognose eines langen und verlustreichen Konflikts war eine Seltenheit. »Daß der Erfolg schließlich auch auf der Seite der Deutschen sein wird, daran zweifelt kein vernünftiger Mensch«, schrieb er seinem Bruder am 4. August. »Aber wie lange es dauern kann, bis ein endgiltiger Erfolg erzielt wird, welche ungeheuren Opfer an Leben, Gesundheit und Vermögen die Geschichte kosten wird, das ist die Frage, an deren Beantwortung sich niemand heranwagt.«[180]

Das Ungewöhnlichste an diesen katastrophalen Geschehnissen war weniger, daß sie sich ereigneten, als vielmehr die Art, wie sie aufgenommen wurden. Europäer aller Arten begrüßten den Ausbruch des Krieges mit einer Inbrunst, die an ein religiöses Erlebnis grenzte. Aristokraten, Bürger, Arbeiter und Bauern, Reaktionäre, Liberale und Radikale, Kosmopoliten, Chauvinisten und Partikularisten, fanatische Soldaten, zerstreute Gelehrte und milde Theologen – alle vereinten sich in ihrem kriegerischen Entzücken. Die triumphierende Ideologie war der Nationalismus, sogar für die meisten Marxisten – ein auf den höchsten Grad der Hysterie getriebener Nationalismus. Manche begrüßten den Krieg als Gelegenheit, alte Rechnungen zu begleichen, aber was schlimmer war: Für die meisten begründete er die Tugend der eigenen Nation und die Verderbtheit des Feindes. Die Deutschen stellten den Russen als unheilbaren Barbaren dar, den Engländer als heuchlerischen Krämer, den Franzosen als niedrigen Sklaven der Sinnlichkeit. Engländer und Franzosen ihrerseits entdeckten im Deutschen plötzlich eine übelriechende Mischung aus gemeinem Bürokraten, verschwommenem Metaphysiker und sadistischem Hunnen. Die europäische Familie der Hochkultur wurde zerrissen, als Professoren Ehrentitel zurückgaben, die ihnen von nunmehr feindlichen Ländern verliehen worden waren, und zu beweisen suchten, daß die Ansprüche der Gegner auf Kultiviertheit nur Masken waren, die Gier oder Machtlust verbargen.

Schlag für unser Gefühl.« Und er fügte hinzu: »Habt Ihr von Annerl Nachricht?« (Martin Freud an Freud, 6. August 1914. Freud Museum, London)

Das war die primitive Denkweise, die Freud später so unglaublich fand. Redner begrüßten den Krieg in Prosa und in Versen als einen Ritus geistiger Läuterung. Er sollte die alten, beinahe verlorenen heroischen Tugenden wiederherstellen und als Allheilmittel gegen die Dekadenz dienen, die Kulturkritiker schon so lange bemerkt und beklagt hatten. Das patriotische Fieber befiel Romanautoren, Historiker, Theologen, Dichter, Komponisten auf allen Seiten, aber vielleicht am heftigsten in Deutschland und Österreich-Ungarn. Der österreichische Dichter Rainer Maria Rilke, eine einzigartige Mischung aus Intellektuellem und Mystiker, feierte den Ausbruch der Feindseligkeiten mit »Fünf Gesängen, August 1914«, in denen er den »Hörengesagten, fernsten, unglaublichen Kriegsgott« wiederauferstehen sah. »Endlich ein Gott. Da wir den friedlichen oft nicht mehr ergriffen, ergreift uns plötzlich der Schlachtgott, schleudert den Brand.«[181] Hugo von Hofmannsthal, dieser produktive Wiener Ästhet, machte sich zu einem eifrigen offiziellen Propagandisten für die österreichische Sache und rühmte sich seiner militärischen Tapferkeit – oder ließ zu, daß ihn andere dafür rühmten.[182] Sogar Stefan Zweig, später ein lautstarker Pazifist, hatte in den ersten Kriegstagen militärische Ambitionen und diente, bis er Pazifist wurde, wie Hofmannsthal der österreichischen Propagandamaschinerie. »Krieg!« rief Thomas Mann im November 1914. »Es war Reinigung, Befreiung, was wir empfanden und eine ungeheure Hoffnung«; er »setzte die Herzen der Dichter in Flammen« mit einem Gefühl der Erleichterung: »Wie hätte der Künstler, der Soldat im Künstler nicht Gott loben sollen für den Zusammenbruch einer Friedenswelt, die er so satt, so überaus satt hatte!«[183]*

Wie ihr vernichtender Kritiker Karl Kraus mit Vergnügen nachwies, bemühten sich die Autoren, die diese rasenden, beinahe wahnsinnig klingenden Rufe zu den Waffen ausgaben, energisch und mit Erfolg darum, dem Dienst an der Front zu entgehen. Aber dieser Widerspruch störte sie nicht und ließ sie nicht verstummen. Ihre Ausbrüche waren ein passender Höhepunkt zu Jahrzehnten der Irritation über das, was sie und ihre Avantgarde-Ahnen gern als langweilige, fadenscheinige Bürgerkultur angeprangert hat-

---

* Etwas von dieser Erregung fand man sogar bei den sehr wenigen, die sich wie Arthur Schnitzler heroisch weigerten, ihre Menschlichkeit gegen diesen leichtfertigen, selbstvergifteten Patriotismus einzuhandeln. Fritz Wittels erinnerte sich, daß er nach einem der seltenen Siege der Österreicher über die Russen Arthur Schnitzler traf und erstaunt war, diesen strengsten aller Schriftsteller gerührt und entzückt zu sehen. »Er sagte zu mir: ›Sie wissen, wie sehr ich beinahe alles in Österreich hasse, aber als ich hörte, daß die Gefahr einer russischen Invasion vorüber war, da war mir, als müßte ich niederknien und diesen unseren Boden küssen‹« (Wittels, *Wrestling with the Man*, S. 5). Dies war nicht chauvinistische Erregung, sondern die Art von antirussischer Feindseligkeit, die beinahe alle Österreicher einschließlich Freud teilten.

ten; sie drückten eine verspielte, blasierte, unverantwortliche Vernarrtheit in Unvernunft und Reinigung und Tod aus. Im Sommer 1914 riß diese Art von Gerede in einer ansteckenden Kriegspsychose ganze Bevölkerungen mit. Es war ein aufschlußreiches Beispiel dafür, wie anfällig angeblich vernünftige und gebildete Menschen für die kollektive Regression sein können.

Anfangs fanden deutsche und österreichische Optimisten, ob rasend oder nicht, reichliche Unterstützung in den Berichten von den Fronten. Gegen Ende August kündigte Abraham Freud »glänzende Nachrichten« an. »Die deutschen Truppen stehen kaum 100 Kilometer von Paris. Belgien ist erledigt, England zu Lande desgleichen.«[184] Zwei Wochen später berichtete er, daß »wir« in Berlin »sehr beruhigt sind durch die vollkommene Niederlage der Russen in Ostpreußen. In den allernächsten Tagen hoffen wir auf günstige Nachrichten über die Kämpfe an der Marne.« Wenn diese gewonnen seien, »ist Frankreich im wesentlichen erledigt«.[185] Mitte September schrieb Eitingon Freud über den »unvergleichlich schönen Anfang in West und Ost«, obwohl er zugeben mußte, daß sich das Tempo »etwas verlangsamt zu haben« schien.[186]

Wie seine Anhänger gab sich auch Freud eine Zeitlang parteilicher Leichtgläubigkeit hin, als immer mehr ermutigende, ja triumphierende Meldungen von den Fronten eintrafen. Doch er überließ sich nie den irrationalen, quasi religiösen Exaltationen eines Rilke oder Mann. Als er im September seine Tochter Sophie Halberstadt besuchte, um seinen ersten Enkel, Ernst, zu sehen, entdeckte er, daß seine Reaktionen wieder eine gewisse Komplexität gewannen. »Ich bin nicht zum ersten Mal in Hamburg«, schrieb er Abraham, »aber zum ersten Mal nicht wie in einer fremden Stadt . . . spreche von dem Erfolg ›unserer‹ Anleihe und diskutiere die Chancen ›unserer‹ Millionenschlacht.«[187] Und die Anführungszeichen deuten auf ein gewisses Erstaunen über sich selbst hin.

Während sich Freud auf seine Reise nach Hamburg vorbereitete, fragte er sich, ob er in Deutschland sein werde, wenn »die Nachricht vom Sieg bei Paris« eintreffe.[188] Doch er war vom Beginn der Feindseligkeiten an zu sehr Skeptiker, um die analytische Haltung ganz aufzugeben. »Man beobachtet an allen Leuten die echtesten Symptomhandlungen«, notierte er Ende Juli.[189] Außerdem hinderte ihn seine lebenslange Neigung für England daran, zum begeisterten Chauvinisten zu werden. »Ich wäre von Herzen dabei«, schrieb er Abraham am 2. August, »wenn ich nicht England auf der unrechten Seite wüßte.«[190] Auch Abraham fand diese Gruppierung unglücklich, vor allem da sich unter denen auf der unrechten Seite ihr guter Freund und unentbehrlicher Verbündeter Ernest Jones befand. »Ist es Ihnen auch ein so seltsames Gefühl, daß er zu unseren ›Feinden‹ gehört?«

fragte er Freud.[191] Dieser empfand die Seltsamkeit sehr stark. »Es ist allgemein beschlossen worden«, schrieb er Jones im Oktober, »Sie nicht als Feind zu betrachten!«[192] Er stand zu seinem Wort; er erhielt den Briefwechsel mit Jones, dem Feind, der kein Feind war, durch neutrale Länder wie die Schweiz, Schweden und die Niederlande[193] aufrecht und leistete sich nur die Geste, in deutscher Sprache zu schreiben.

Der Hauptgrund dafür, daß Freuds Eifer für sein Land bald nachzulassen begann, war zweifellos der, daß der Krieg von Anfang an seine eigene Familie heimsuchte. Bevor er wieder vorüber war, hatten seine drei Söhne alle im Feld gestanden, zwei von ihnen lange Zeit. Mehr noch, der Ausbruch der Feindseligkeiten ruinierte seine Praxis. Potentielle Patienten wurden zum Militärdienst eingezogen oder dachten mehr an den Krieg als an ihre Neurosen. »Es sind schwere Zeiten«, schrieb er schon im August 1914, »unsere Interessen zunächst entwertet.«[194] Im Frühjahr 1915 schätzte er, daß ihn der Krieg schon mehr als 40 000 Kronen gekostet habe.[195] Der Krieg stellte tatsächlich eine akute Gefahr für das bloße Überleben der Psychoanalyse dar. Das erste Opfer war der für September 1914 in Dresden geplante psychoanalytische Kongreß. Dann wurden Freuds Anhänger einer nach dem anderen eingezogen. Die meisten waren Ärzte und daher außerordentlich brauchbares Futter für den militärischen Moloch. Eitingon wurde schon sehr früh einberufen. Abraham wurde einer chirurgischen Einheit in der Nähe von Berlin zugeteilt. Ferenczi wurde zu den ungarischen Husaren in der Provinz geschickt und versah einen Dienst, der eher langweilig als anstrengend war. Er hatte mehr Zeit für sich selbst als die anderen Analytiker in Uniform. »Sie sind jetzt wirklich der Einzige, der noch neben uns arbeitet«, schrieb ihm Freud 1915. »Die anderen sind alle militärisch gelähmt.«[196]*

Doch der Dienst, zu dem die Ärzte unter seinen Anhängern einberufen wurden, war eher beschwerlich als gefährlich; er ließ ihnen genug gestohlene Muße, auf die Ideen zu reagieren, mit denen sie Freud überschüttete. Natürlich beeinträchtigte der Dienst ihre analytische Praxis, und ebensowenig konnten sie schreiben und herausgeben wie bisher. Freud war zu sehr an der Zukunft der Psychoanalyse interessiert, um nicht munter zu berichten, daß der kurzsichtige Hanns Sachs für dienstuntauglich erklärt worden war.[197] Unterdessen kämpfte sein verläßlicher Sekretär, Otto Rank, tapfer, um nicht eingezogen zu werden, und, wie Freud Ferenczi schrieb, »wehrte

---

* Von Anfang 1916 an war Ferenczi sogar noch weniger »gelähmt« als zuvor: Er wurde nach Budapest versetzt, arbeitete halbtägig als Psychiater in einem Lazarett und konnte seine psychoanalytische Tätigkeit zum Teil wiederaufnehmen (siehe Michael Balint, »Einleitung des Herausgebers« in Sándor Ferenczi, *Schriften zur Psychoanalyse*, 2 Bde., 1970, I, XIII).

sich wie ein Löwe gegen sein Vaterland«.[198] Die Bedürfnisse der Psychoanalyse wie die Nachrichten von seinen Söhnen an der Front waren eine
Prüfung für die Grenzen von Freuds Patriotismus.

Diese Grenzen waren 1915, wenn nicht schon früher, erreicht, als Rank
schließlich doch von dem militärischen Schleppnetz erfaßt wurde. Die
österreichischen Streitkräfte standen einem neuen Gegner, Italien, gegenüber und konnten sogar die Unbrauchbaren brauchen. Rank mußte zwei
elende Jahre als Redakteur einer Zeitung in Krakau dienen. Er »sitzt jetzt
als Gefangener der Redaktion der *Krakauer Zeitung* recht fest und ist sehr
herunter in der Stimmung«, berichtete Freud Ende 1917 Abraham.[199] Er
empfand diese langweilige Aufgabe für Rank als kriminelle Verschwen-
dung.

Wie nicht anders zu erwarten, war wenig Zeit und noch weniger Geld für
psychoanalytische Zeitschriften vorhanden. Das *Jahrbuch* wurde eingestellt, während *Imago* und die (1913 gegründete) *Internationale Zeitschrift
für Psychoanalyse*, im Umfang stark reduziert, tapfer weitermachten. Die
Wiener Psychoanalytische Vereinigung, die sich seit Jahren getreulich jeden
Mittwochabend versammelt hatte, kam nur noch alle zwei und, von Anfang 1916 an, nur noch alle drei Wochen oder noch sporadischer zusammen. Es gab natürlich keine Gelegenheit, die internationalen psychoanalytischen Kongresse zu veranstalten, die Freud und seine Anhänger als das
Lebensblut ihrer Wissenschaft betrachteten. In einem verdrießlichen Weih-
nachtsbrief an Ernest Jones während des ersten Kriegsjahres zog Freud eine
düstere Bilanz und machte eine nicht weniger düstere Voraussage: »Ich
täusche mich nicht darüber, daß die Blütezeit unserer Wissenschaft jetzt jäh
abgebrochen ist, daß wir einer schlechten Periode entgegengehen und daß
es sich nur darum handeln kann, das Feuer an einzelnen Herden im Glim-
men zu erhalten, bis ein günstigerer Wind gestattet, es wieder zum Brande
zu entzünden. Was Jung und Adler von der Bewegung übriggelassen haben,
geht jetzt in den Zerwürfnissen der Nationen zugrunde.« Wie alles andere,
was international war, schien der psychoanalytische Verein unhaltbar zu
sein, und die psychoanalytischen Zeitschriften waren zur Einstellung verdammt. »Alles, was man pflegen und überwachen wollte, muß man jetzt
wild wuchern lassen.« Auf lange Sicht drückte er sein Vertrauen in die
Sache aus, »der Sie eine so rührende Anhänglichkeit weihen«, aber die
nächste Zukunft sah dunkel und hoffnungslos aus. »Ich werde es keiner
Ratte verübeln, wenn ich sie das sinkende Schiff verlassen sehe.«[200] Etwa
drei Wochen später faßte er es kurz und bündig zusammen: »Die Wissenschaft schlummert.«[201]

All das war besorgniserregend genug, aber was noch schlimmer war:
Freuds Kinder blieben nicht verschont. Seine jüngste Tochter, Anna, die
Mitte Juli zu einem Besuch nach England gefahren war, wurde dort vom

Ausbruch der Feindseligkeiten überrascht.[202] Mit Jones' eifriger Unterstützung gelang es ihr auf Umwegen, die über Gibraltar und Genua führten, Ende August nach Hause zu kommen. Freuds Dankbarkeit war beredt. Er habe in diesen elenden Zeiten, die uns alle an ideellen und materiellen Gütern arm machen, noch keine Gelegenheit gehabt, schrieb er Jones im Oktober, ihm für die Rücksendung seiner kleinen Tochter und für all die Freundschaft, die dahinter stehe, zu danken.[203] Es war eine große Erleichterung.

Sobald er sich wegen der Gefahr für seine Tochter keine Sorgen mehr zu machen brauchte – sie war nie wirklich sehr akut gewesen –, hatte Freud an seine drei erwachsenen Söhne zu denken. Jeder von ihnen war alt genug, um eingezogen zu werden, und wie sich zeigte, auch begierig darauf. Selbst in dem ersten Anflug seines neugefundenen Gefühls für Österreich hatte Freud mehr schützend an seine Söhne gedacht als an die Bedürfnisse der österreichisch-ungarischen Kriegsmaschinerie. »Meine drei Söhne sind zum Glück nicht betroffen«, vertraute er Abraham Ende Juli 1914 an. Die österreichischen Militärbehörden hatten zwei definitiv abgelehnt und den dritten zurückgestellt.[204] Er wiederholte dieselbe gute Nachricht zwei Tage später mit praktisch denselben Worten in einem Brief an Eitingon und bemerkte, daß von seinen drei Söhnen »glücklicher- und unverdienter Weise nur einer noch zu einem Drittel militärpflichtig« war.[205]* Aber Martin, der Älteste, meldete sich Anfang August freiwillig. »Es wäre für mich unerträglich gewesen«, schrieb er seinem Vater, »allein zurückzubleiben, wenn alles ausmarschiert.« Außerdem, fügte er hinzu, wäre der Dienst an der Ostfront »die beste Gelegenheit meiner Abneigung gegen Rußland deutlichen Ausdruck zu geben«. Als Soldat konnte er die russische Grenze ohne die besondere Bewilligung überqueren, die das Zarenreich von Juden verlangte.[206] »Ich freue mich übrigens, seit ich Soldat bin, aufs erste Gefecht wie auf eine spannende Hochtour«, schrieb er seinem Vater am nächsten Tag.[207] Er hätte ganz unbesorgt sein können. Es gelang ihm, zur Artillerie zu kommen, bei der er in Friedenszeiten gedient hatte, und er kämpfte bald an der Ost- und Südfront.

Oliver, Freuds zweitältester Sohn, wurde bis 1916 vom Dienst zurückgestellt, aber dann leistete er – im allgemeinen weniger gefährdet als seine Brüder – seinen Beitrag als Ingenieur bei verschiedenen technischen Projekten für die Armee. Ernst, der Jüngste, meldete sich im Oktober freiwillig (ziemlich spät, um noch zu kämpfen, dachten seine Kameraden) und diente an der italienischen Front. Freuds Schwiegersohn Max Halberstadt, Sophies Mann, kämpfte in Frankreich und wurde 1916 verwundet und entlassen. Nach ihren Auszeichnungen und Beförderungen zu urteilen, stand die Tapferkeit dieser jungen Männer ihren Reden in nichts nach.* Freud konnte seinen Söhnen nur Geld und Lebensmittelpakete schicken und das Beste hoffen. »Unsere Stimmung ist nicht so brillant wie in Deutschland«, schrieb er Eitingon Anfang 1915, »die Zukunft erscheint uns unberechenbar, doch äußert die deutsche Stärke und Zuversicht ihren Einfluß«.[208] Aber die Aussichten auf den Sieg interessierten Freud nur am Rande, während er sich um die Sicherheit seiner Söhne und Schwiegersöhne und seines Neffen sorgte. Hinweise auf ihre militärischen Erlebnisse bilden einen rührenden väterlichen Kontrapunkt zu den geschäftlichen Angelegenheiten, die seine Briefe füllen. Freud schrieb seinen Mitarbeitern, sogar Ernest Jones, nur selten, ohne zu berichten, wie es den Soldaten seiner Familie erging. Wenn sie im Urlaub nach Hause kamen, posierten sie in Uniform für Familienfotos, adrett und lächelnd.

Trotz all seiner ängstlichen Vorbehalte machte Freud die Sache der Mittelmächte weiterhin zu seiner eigenen, und Jones' unerschütterliches Vertrauen in den Endsieg der Alliierten irritierte ihn. »Über den Krieg schreibt er doch wie ein richtiger Angel[sachse?]«, beklagte sich Freud im November 1914 bei Abraham. »Noch ein paar Überdreadnoughts versenken oder einige Landungen durchsetzen, sonst gehen denen die Augen nicht auf.« Die Briten, fand er, seien von einem »unglaublichen Hochmut« beseelt.[209] Er warnte Jones davor zu glauben, was die Zeitungen über die Mittelmächte schrieben. »Vergessen Sie nicht, daß jetzt sehr viel gelogen wird. Wir leiden unter keinen Einschränkungen, keiner Epidemie und sind guter Dinge.« Gleichzeitig gab er zu, daß dies »elende Zeiten« seien.[210] Ende November klang er nicht mehr wie ein tendenziöser Amateur-Stratege und gab Lou Andreas-Salomé gegenüber eine bittere Erklärung maßvoller Verzweiflung ab: »Ich zweifle nicht daran, daß die Menschheit auch diesen Krieg verwinden wird, aber ich weiß sicher, daß ich und meine Altersgenossen die Welt nicht mehr froh sehen werden.« Was Freud am traurigsten fand, war, daß sich die Menschen genau so benahmen, wie es die Psychoanalyse vorausgesagt haben würde. Deshalb, schrieb er ihr, habe er nie ihren Optimismus geteilt. Er war zu dem Schluß gelangt, daß »wir organisch nicht für diese Kultur taugen. Wir haben abzutreten, und der oder das große Unbekannte hinter dem Schicksal wird ein solches Kulturexperiment einmal mit einer anderen Rasse wiederholen.«[211] Seine Rhetorik ist ein we-

---

* Es zeigte sich, daß die Familie Freud mehr Glück hatte als die meisten; nur eines ihrer Mitglieder – Hermann Graf, der einzige Sohn von Freuds Schwester Rosa – fiel an der Front.

nig überladen, aber sie registriert seine Bestürzung und seine zunehmenden
Zweifel über seine Loyalität gegenüber der deutsch-österreichischen Sache.

Es dauerte auch nicht lange, bis sich Freud zu fragen begann, ob diese
Sache, ganz abgesehen von dem Wert, den sie besitzen mochte, eine große
Zukunft habe. Die nicht eben beeindruckenden Leistungen der österreichi-
schen Armeen gegen die Russen gaben ihm zu denken. Anfang September
1914, nach nur einem Monat des Kampfes, hatte er Abraham geschrieben:
»Es scheint ja gut zu gehen, aber es ist nichts Entscheidendes, und die Hoff-
nung auf eine rapide Erledigung der Kriegssache durch katastrophale
Schläge haben wir aufgegeben. Die Zähigkeit wird die Haupttugend werden.«[212] Bald ließ sich auch Abraham in seinen Briefen von einer gewissen
Vorsicht leiten. »Draußen im Feld sind jetzt schwere Tage«, schrieb er
Freud Ende Oktober. »Aber im ganzen ist man doch voll Zuversicht.«[213]
Das war ein neuer Ton für Freuds »lieben unverbesserlichen Optimisten«.[214] Abraham berichtete, die Stimmung in Berlin sei »gegenwärtig sehr
positiv und erwartungsvoll«.[215] Um diese Zeit hatte Freud aufgehört, positiv oder erwartungsvoll zu sein. »Es ist kein Ende abzusehen«, schrieb er
Eitingon Anfang Januar 1915.[216] Ein wenig später in diesem Monat schrieb
er düster: »Es ist eine lange Polarnacht, und man muß warten, bis die Sonne
wieder aufgeht.«[217]

Die Metapher war prosaisch, aber nur zu treffend. Der Krieg ging weiter
und weiter. Freud weigerte sich, Ernest Jones' wiederholten wohlmeinen-
den Voraussagen eines Sieges der Alliierten zu glauben, und hielt an seinem
lauen Patriotismus fest. Im Januar 1915 dankte er Jones für seine Neujahrs-
wünsche und wiederholte eine frühere Warnung: »Es würde mir leid tun zu
denken, daß auch Sie alle gegen uns verbreiteten Lügen glauben. Wir sind
zuversichtlich und halten aus.«[218] Ab und zu lud er die schwach werdenden
Batterien seines Glaubens an die deutsche Tüchtigkeit nach, indem er die
Nachrichten von ihren Taten feierte. Im Februar 1915 hoffte er noch auf
den Sieg der Mittelmächte und erlaubte sich einen Augenblick des »Optimismus«.[219] Drei Monate später trübte der drohende Übertritt des neutra-
len Italien zu den Alliierten seine Hoffnungen, aber Abraham schrieb er:
»Unsere Bewunderung für unseren großen Bundesgenossen wächst täglich!«[220] Im Juli schrieb er sogar seine »gesteigerte Arbeitsfähigkeit« der
Wirkung »unserer schönen Siege« zu.[221]

Aber im Sommer 1915 hatten die Gegner trotz ausgedehnter militäri-
scher Operationen an allen Fronten längst ein verheerendes Patt erreicht,
das durch seine Zermürbung ebenso blutig war wie die wildeste Schlacht.
Und auch Schlachten forderten weiterhin ihren hohen Preis, als die Befehls-
haber Offensiven befahlen, die so kostspielig wie nutzlos waren. »Gerüchte, daß es im Mai Frieden geben wird, wollen nicht verstummen«,
schrieb Freud Ferenczi Anfang April 1915. »Sie entspringen offenbar

einem tiefen Bedürfnis, scheinen mir aber unsinnig.«[222] Sein gewohnter Pessimismus ließ sich nicht länger verleugnen. »Wenn dieser Krieg wie wahrscheinlich noch ein Jahr dauert«, schrieb er Ferenczi im Juli, »dürfte eigentlich niemand übrig sein, der seinen Anfang mitgemacht hat.«[223] Tatsächlich dauerte er noch drei Jahre und forderte einen Zoll, von dem sich Europa nie mehr ganz erholte.

Für einen so lebhaften Träumer wie Freud war es vielleicht unvermeidlich, daß Martin, Oliver und Ernst in seinem nächtlichen Leben erschienen. In der Nacht vom 8. auf den 9. Juli 1915 hatte er einen, wie er sagte, »prophetischen Traum«, der als manifesten Inhalt »ganz klar den Tod der Söhne, Martin voran« hatte.[224] Einige Tage später erfuhr Freud, daß Martin am selben Tag, an dem er diesen Traum gehabt hatte, an der russischen Front verwundet worden war – zum Glück nur leicht am Arm. Er fragte sich daher wie schon so manches Mal, ob es Berichte über okkulte Geschehnisse nicht tatsächlich wert waren, untersucht zu werden. Ohne sich je für überzeugt zu erklären, hatte Freud seit einigen Jahren ein zurückhaltendes, tastendes Interesse an solchen Phänomenen gehabt. Die menschliche Psyche war schließlich, wie er mit gutem Grund annehmen konnte, solcher extravaganter, unerwarteter Tricks fähig! Aber als die Monate vergingen und der Krieg kein Ende nahm, dachte Freud nicht so sehr an die Seltsamkeit der Psyche als vielmehr daran, wie tief die Menschheit sinken konnte. Der Krieg schien eine Anhäufung von widerlichen Symptomhandlungen zu sein, eine entsetzliche kollektive Psychose. Er war, wie er Frau Lou gesagt hatte, zu abscheulich.

Daher veröffentlichte Freud 1915, für sich selbst und andere vernünftige Europäer sprechend, zwei Aufsätze über die Enttäuschung, die der Krieg gebracht habe, und über die moderne Einstellung zum Tode – eine Elegie auf eine Zivilisation, die sich selbst zerstörte.[225] Wir hatten angenommen, schrieb er, daß einige Kriege unvermeidbar sein könnten, solange Nationen auf verschiedenen ökonomischen und kulturellen Ebenen lebten. »Aber man getraute sich etwas anderes zu hoffen«, nämlich daß die Führer der »großen weltbeherrschenden Nationen weißer Rasse, die man mit der Pflege weltumspannender Interessen beschäftigt wußte«, imstande sein würden, »Interessenkonflikte auf anderem Wege zum Austrage zu bringen«. Jeremias hatte verkündet, daß der Krieg des Menschen Los sei. »Man wollte nicht daran glauben, aber wie stellte man sich einen solchen Krieg vor, wenn es dazu kommen sollte?« Als einen »ritterlichen Waffengang«, der die Zivilisten verschonte. Dies war eine scharfsinnige Einsicht: Die meisten, die an die läuternde Kraft eines großen Krieges dachten, hatten eine gesunde, romantisierte Version von Schlachten im Sinne, die vor langer Zeit geschlagen worden waren. In Wirklichkeit, fügte Freud hinzu, sei der

Krieg zu einem Konflikt degeneriert, der blutiger war als je einer zuvor und das »kaum begreifliche Phänomen« hervorbrachte: einen Ausbruch von Haß und Verachtung für den Feind.[226] Freud, ein Mann, der sich über sehr wenig wunderte, wunderte sich über das abscheuliche Schauspiel der menschlichen Natur im Krieg.

Freuds Aufsätze über Krieg und Tod zeigen, wie er sich mit diesen schrecklichen Ereignissen auseinandersetzte. Er begann düster genug im ersten Aufsatz und beschrieb das Gefühl des Unbehagens und der Ungewißheit, das so viele seiner Zeitgenossen – und ihn selbst – heimsuchte: Die Skizze, die er zeichnete, war zumindest teilweise ein Selbstporträt. »Von dem Wirbel der Kriegszeit gepackt, einseitig unterrichtet, ohne Distanz von den großen Veränderungen, die sich bereits vollzogen haben oder zu vollziehen beginnen, und ohne Witterung der sich gestaltenden Zukunft, werden wir selbst irre an der Bedeutung der Eindrücke, die sich uns aufdrängen, und an dem Werte der Urteile, die wir bilden.« Dies sind wahrhaft schreckliche Zeiten: »Es will uns scheinen, als hätte noch niemals ein Ereignis so viel kostbares Gemeingut der Menschheit zerstört, so viele der klarsten Intelligenzen verwirrt, so gründlich das Hohe erniedrigt. Die Wissenschaft selbst«, fuhr Freud unerbittlich fort, »hat ihre leidenschaftslose Unparteilichkeit verloren.« Er mußte traurig erkennen, daß »ihre aufs tiefste erbitterten Diener« Waffen von der Wissenschaft entlehnten. »Der Anthropologe muß den Gegner für minderwertig und degeneriert erklären, der Psychiater die Diagnose seiner Geistes- oder Seelenstörung verkünden.« In dieser Situation muß sich der einzelne, der nicht selbst in den Kampf verwickelt und nicht »ein Partikelchen der riesigen Kriegsmaschinerie geworden ist«, verwirrt und in seiner Leistungsfähigkeit gehemmt fühlen. Die voraussagbare Folge ist Enttäuschung.[227]

Freud war der Meinung, daß die Psychoanalyse diese Gefühle etwas mildern könnte, indem sie sie in die richtige Perspektive rückte. Sie beruhten auf einer Anschauung von der menschlichen Natur, die einer realistischen Prüfung nicht standhalte. Elementare, primitive menschliche Triebregungen, an sich weder gut noch böse, suchten Ausdruck, würden aber durch soziale Kontrollen und innere Bremsen gehemmt. Dieser Prozeß sei universell. Aber der Druck der modernen Kultur auf die Zähmung der Triebe sei zu stark, und so wären auch ihre Erwartungen vom menschlichen Verhalten. Der Krieg habe zumindest jedem die Illusion genommen, daß der Mensch ursprünglich gut sei. In Wirklichkeit sind unsere Mitbürger »nicht so tief gesunken, wie wir fürchten, weil sie gar nicht so hoch gestiegen waren, wie wir von ihnen glaubten«.[228]

Freuds Aufsatz ist ein Versuch zu trösten, ein ungewöhnliches Unterfangen für einen Stoiker, der sich weigerte zu glauben, daß die Psychoanalyse mit dieser Ware handeln könnte oder sollte. »So sinkt mir der Mut, vor meinen Mitmenschen als Prophet aufzustehen«, schrieb er in *Das Unbehagen in der Kultur*, »und ich beuge mich ihrem Vorwurf, daß ich ihnen keinen Trost zu bringen weiß, denn das verlangen sie im Grunde alle, die wildesten Revolutionäre nicht weniger leidenschaftlich als die bravsten Frommgläubigen.«[229] Doch das war 1930. Im Jahre 1915 hätte er selbst ein wenig Trost brauchen können. Obwohl ihm bewußt war, daß es eine »biologische und psychologische Notwendigkeit des Leidens für die Ökonomie des Menschenlebens« geben könnte, konnte Freud doch »den Krieg in seinen Mitteln und Zielen verurteilen und das Aufhören der Kriege herbeisehnen«.[230] Wenn der Krieg diese Hoffnung zerstöre und gezeigt habe, daß diese Sehnsucht eine Illusion sei, so könnte, meinte er, der psychoanalytische Realismus seinen Lesern helfen, die Kriegsjahre weniger deprimiert, weniger verzweifelt zu überleben.

Freuds Aufsatz über den Tod erwähnt auch die Beiträge der Psychoanalyse zu einem Verständnis der modernen Psyche und nimmt die Katastrophen des Krieges als einen weiteren Beweis dafür, daß die Psychoanalyse der wesentlichen Wahrheit über die menschliche Natur nahekomme. Der moderne Mensch, argumentierte Freud, leugne die Wirklichkeit seines eigenen Todes und nehme Zuflucht zu Mitteln der Phantasie, um den Einfluß zu mildern, den der Tod anderer auf ihn haben könnte. Deshalb finde er den Roman und die Bühne so angenehm: Sie erlaubten ihm, sich mit dem Tode eines Helden zu identifizieren, während er ihn überlebe. »Auf dem Gebiete der Fiktion finden wir jene Mehrheit von Leben, deren wir bedürfen.«[231]

Auch der primitive Mensch findet seine Sterblichkeit unwirklich und unvorstellbar, aber in einer Hinsicht ist er den verborgenen psychologischen Realitäten näher, als es der gehemmte, kultivierte moderne Mensch sein kann: Er freut sich offen über den Tod von Feinden. Erst mit dem Erscheinen des Gewissens in zivilisierten Gesellschaften konnte das Gebot »Du sollst nicht töten« eine fundamentale Verhaltensregel werden. Aber der moderne Mensch ist ganz wie der primitive Mensch im Grunde, in seinem Unbewußten, nicht besser als ein Mörder. So sehr er es auch leugnen mag, Aggressivität verbirgt sich hinter Höflichkeit und Freundlichkeit. Dennoch ist die Aggression nicht einfach nur ein Nachteil; wie Freud in einem vielzitierten Abschnitt bemerkte, könne primitive Aggression, die durch den Abwehrmechanismus der Reaktionsbildung in ihr Gegenteil verwandelt werde, der Zivilisation dienen. »Die stärksten kindlichen Egoisten können die hilfreichsten und aufopferungsfähigsten Bürger werden; die meisten Mitleidsschwärmer, Menschenfreunde, Tierschützer haben sich aus kleinen Sadisten und Tierquälern entwickelt.«[232]

Was der Große Krieg erreicht habe, schloß Freud, sei, daß er diese unangenehmen Wahrheiten deutlich sichtbar gemacht habe, indem er das kulti-

vierte ausweichende Verhalten als das bloßstellte, was es sei. Der Krieg
»streift uns die späteren Kulturauflagerungen ab und läßt den Urmenschen
in uns wieder zum Vorschein kommen«. Diese Bloßstellung könne ihren
Nutzen haben. Sie lasse die Menschen sich selbst wahrhaftiger sehen als
zuvor und helfe ihnen, Illusionen abzulegen, die sich als schädlich erwiesen
hätten. »Wir erinnern uns des alten Spruches: *Si vis pacem, para bellum.*
Wenn du den Frieden erhalten willst, so rüste zum Kriege. Es wäre zeitge-
mäß, ihn abzuändern: *Si vis vitam, para mortem.* Wenn du das Leben aushalten willst, richte dich auf den Tod ein.«[233] Es sollte in den nächsten
Jahren die Zeit kommen, in der Freud dieses Rezept an sich selbst erproben
konnte.

REVISIONEN
1915−1939

VIII

AGGRESSIONEN

Umfangreiche und inhaltsreiche Dinge

Freud erlebte wie Millionen andere den Großen Krieg als eine zerstörende, scheinbar endlose Unterbrechung. Aber trotz seiner düsteren Stimmung und seiner Besorgnisse hatten diese Jahre der Aufregung und Angst ein wenig zu seiner Verwunderung günstige Folgen für seine Arbeit. Er sah wenig Patienten, verrichtete nur die leichteste Herausgeberarbeit und hatte keine psychoanalytischen Kongresse zu besuchen. Da beinahe alle seine Mitarbeiter eingezogen waren, war er einsam. »Ich fühle mich oft so allein wie in den ersten zehn Jahren, da Wüste um mich war«, beklagte er sich im Juli 1915 bei Lou Andreas-Salomé, »ich aber jünger und noch mit einer unendlichen Energie auszuharren begabt.«[1] Er vermißte die Arbeit mit den Patienten, die gewöhnlich seine theoretische Arbeit stimulierten und deren Honorare es ihm ermöglichten, seine Pflicht als zuverlässiger Versorger der Familie zu erfüllen. »Meine psychische Konstitution«, schrieb er Abraham Ende 1916, »verlangt dringend das Erwerben und Geldausgeben für die Meinigen als Erfüllung meines mir wohlbekannten Vaterkomplexes.«[2] Aber die Kriegsjahre waren alles andere als unfruchtbar. Seine ungebetene und unwillkommene Muße drückte seine Stimmung und bot ihm zugleich Zeit für Unternehmungen großen Umfangs.

Im November 1914, als er sich Lou Andreas-Salomé gegenüber über den Krieg und die Untauglichkeit des menschlichen Tieres für die Kultur äußerte, hatte er schon angedeutet, daß er »im Geheimen« an »umfangreichen und vielleicht auch inhaltsreichen Dingen« arbeitete.[3] Es ist sehr wahrscheinlich, daß er Überlegungen anzustellen begann, eine autoritative Darstellung fundamentaler psychoanalytischer Ideen zu erarbeiten.[4] Im Dezember schrieb er Abraham: Wenn ihm seine Verstimmung nicht schließlich doch die Arbeitslust verderbe, könne er eine Neurosenlehre mit Kapiteln über Triebschicksale, Verdrängung und das Unbewußte fertigstellen.[5] Diese lakonische Ankündigung enthält in den Umrissen die Substanz seiner geheimen Pläne. Einen Monat später lüftete er einen weiteren Schleier, als er Frau Lou schrieb, daß seine Darstellung des Narzißmus eines Tages »*metapsychologisch*« genannt werden solle.[6]* Die Verbindung, die er zwischen Narzißmus und Metapsychologie herstellte, war entscheidend. In seinen ersten Gedanken über den Narzißmus, die er vor dem Krieg angestellt hatte, war er noch nicht durch die Tür gegangen, die er aufgestoßen hatte. Jetzt war er bereit, die weiteren Implikationen zu erforschen.

Anfang 1915 begann Freud rasch und energisch seine »Neurosenlehre« zu entwerfen und schrieb nieder, was später kollektiv als seine Schriften über Metapsychologie bekannt wurde. Die gewundene Geschichte des Buches, das er plante, zeigt mehr noch als die erhaltenen Abschnitte, daß er an etwas Bedeutendem arbeitete – oder daß etwas Bedeutendes in ihm arbeitete. Mitte Februar 1915 bat er Ferenczi sein »Blatt über Melancholie direkt an Abraham zu schicken«;[7] das Buch sollte ein Kapitel über Melancholie enthalten. Wie er es immer gern getan hatte, vor allem mit Fließ, schickte er seinen Vertrauten Entwürfe. Anfang April berichtete er Ferenczi, daß er zwei Kapitel fertiggestellt habe: »Meine Produktivität hängt wahrscheinlich mit der großartigen Besserung in meiner Darmtätigkeit zusammen.« Offenbar nahm er sich selbst von der genauen analytischen Untersuchung nicht aus, die er auf andere anwandte. »Ob ich diese nun einem mechanischen Faktor verdanke, der Härte des Kriegsbrotes, oder einem psychischen, dem notwendigerweise geänderten Verhältnis zum Geld, lasse ich dahingestellt.«[8] Seine Stimmung hielt an. Ende April informierte er Ferenczi, daß »Triebe, Verdrängung, Unbewußtes«, die ersten drei Kapitel, fertig waren und im selben Jahr in der *Internationalen Zeitschrift für Psychoanalyse* veröffentlicht werden sollten. Er hielt die Einleitung zur Abhandlung über die Triebe für »nicht sehr verlockend«, aber zum größten Teil erklärte er sich für zufrieden, und er kündigte die Notwendigkeit eines weiteren Aufsatzes an, der Träume mit Dementia praecox vergleichen würde. »Er ist auch bereits entworfen.«[9]

Mehrere andere Aufsätze folgten prompt – einer über Freuds altes Lieblingsthema, Träume, ein anderer war eine trügerisch kurze Studie unter dem Titel »Trauer und Melancholie«. In beiden erweiterte Freud den

---

* In den Jahren, in denen Freud mit seiner Wortprägung »Metapsychologie« arbeitete, die er zum erstenmal am 13. Februar 1896 in einem Brief an Fließ verwendet hatte (*Freud–Fließ*, S. 181), definierte er sie immer genauer als eine Psychologie, die das psychische Geschehen aus drei Perspektiven analysiert: der dynamischen, der ökonomischen und der topischen. Die erste dieser Perspektiven bedingt die Sondierung psychischer Phänomene bis zu ihren Wurzeln in konfliktgeladenen unbewußten Kräften, die ihren Ursprung in den Trieben haben, aber nicht auf diese beschränkt sind; die zweite versucht die Quantitäten und Wandlungen der psychischen Energie zu spezifizieren; die dritte unternimmt es, unterschiedliche Bereiche innerhalb der Psyche zu differenzieren. Zusammengenommen unterscheiden diese definierenden Perspektiven die Psychoanalyse scharf von jeder anderen Psychologie.

schöpferischen und beunruhigenden Gedankengang, den er in seiner Abhandlung über den Narzißmus angeschnitten hatte: Sie handeln davon, wie die Libido im Schlaf und in Zeiten der Depression von äußeren Objekten abgezogen werden kann. Mitte Juni konnte Freud Ferenczi schreiben: »Ich arbeite zwar verdrossen, aber doch stetig. 10 der 12 Abhandlungen sind fertig. 2 davon (Bewußtsein und Angst) allerdings der Umarbeitung bedürftig. Eben habe ich die Konversionshysterie beendigt, fehlen noch Zwangsneurose und Synthese der Übertragungsneurosen.«[10] Ende Juli schrieb er Lou Andreas-Salomé zuversichtlich, die »Frucht« dieser Monate »wird wohl ein aus 12 Abhandlungen bestehendes Buch sein, das sich mit den Trieben und Triebschicksalen einleitet«. Er fügte hinzu: »Es ist eben fertig geworden bis auf die erforderliche Nacharbeit.«[11] Krieg oder nicht, es sah so aus, als sollte Freuds Buch über Metapsychologie in Kürze erscheinen.

Wie Freud im März 1898 Fließ geschrieben hatte, sollte die Metapsychologie den Teil der Psychologie erklären, der über das Bewußtsein hinaus oder, wie er es ausdrückte, »hinter« das Bewußtsein führe.[12] Der Ausdruck sollte ganz offensichtlich eine polemische Stoßkraft haben: Die Metapsychologie sollte dem grandiosen und aussichtslosen philosophischen Tagtraum, der Metaphysik, Konkurrenz machen und ihn übertreffen.[13] Als aber Freud das Wort zwei Jahre vorher zum erstenmal gebrauchte, hatte er seine genaue Bedeutung noch nicht bestimmt. Die Metapsychologie war, schrieb er im Dezember 1896, sein »Ideal- und Schmerzenskind«.[14] Anfang 1915 schien die Metapsychologie, nicht weniger ideal, aber nicht mehr so problematisch und auch kein Kind mehr, für eine definitive, formale Vorstellung bereit zu sein. Das Buch, schrieb Freud Abraham im Mai, sollte den Titel *Abhandlungen zur Vorbereitung der Metapsychologie* haben, und er werde es »in ruhigeren Zeiten einer unverständigen Welt übergeben«.[15] Während sich Freud den Anschein fester Zuversicht gab, verrät der Titel ein letztes Zögern, einen Anfall von Unentschlossenheit. Freud war, wie wir wissen, kein bescheidener Mann; während er diese Abhandlungen schrieb, sagte er Ferenczi offen: »Bescheidenheit, ich wäre Wahrheitsfreund oder sagen wir lieber Sachlichkeitsfreund genug, um mich über diese Tugend hinwegsetzen.«[16] Als er sein Buch für Abraham definierte, klassifizierte er es als »Art und Niveau des VII. Abschnitts der *Traumdeutung*«. Aber er bemerkte in demselben Brief: »Ich glaube, es wird im ganzen ein Fortschritt sein.«[17] Offensichtlich – der vorsichtige Titel, den er vorschlug, bestätigt das nur – hatte er eine Ahnung, daß das Buch, das er fertiggestellt, sowohl einen neuen Anfang als auch eine Rückkehr zu vergangenem Theoretisieren bildete. Es konnte im Augenblick seines Erscheinens überholt sein.

Freuds Abhandlungen über Metapsychologie sind von mehr als nur historischem Interesse. Hätte er sie in den zwanziger Jahren geschrieben, würde er eine Reihe von Dingen anders formuliert, ja er würde eine Reihe von Dingen anders gesehen haben. Er würde neues Material hinzugefügt haben. Aber bei all diesen Umgestaltungen wäre das Haus der Psychoanalyse erkennbar geblieben. Unter den Abhandlungen, die Freud schließlich veröffentlichte, würde die erste, über die Triebe, wahrscheinlich die gründlichste Revision erfordert haben, denn wie »Zur Einführung des Narzißmus« auf beunruhigende Weise verdeutlichte, hatte sich die Einteilung der Triebe in Ichtriebe und Sexualtriebe als unhaltbar erwiesen. Tatsächlich gab Freud 1915 in seiner Abhandlung über die Triebe offen zu, daß seine »Aufstellung« wahrscheinlich noch einmal überdacht werden mußte. Es komme ihr »nicht die Bedeutung einer notwendigen Voraussetzung zu«, sondern sie »ist eine bloße Hilfskonstruktion, die nicht länger festgehalten werden soll, als sie sich nützlich erweist«.[18]

In dieser Einführung wiederholte er im wesentlichen die Definition eines Triebes, die er schon ein Jahrzehnt zuvor gegeben hatte, und zwar in den *Drei Abhandlungen zur Sexualtheorie*: Er sei ein »psychischer Repräsentant der aus dem Körperinnern stammenden, in die Seele gelangten Reize« – in seiner vielzitierten Formulierung »als ein Maß der Arbeitsanforderung, die dem Seelischen infolge seines Zusammenhanges mit dem Körperlichen auferlegt ist«. Um die Wirkungsweise eines Triebes zu erkennen, schrieb er, immer noch den *Drei Abhandlungen* folgend, können wir unterscheiden zwischen seinem »Drang« (seiner unaufhörlichen energischen Aktivität), seinem »Ziel« (Befriedigung, erreicht durch Aufhebung des Reizzustandes), seinem »Objekt« (das außerordentlich variabel sein könne, da beinahe alles einschließlich des eigenen Körpers und der Lektionen lustvoller Erfahrungen als Weg zur Befriedigung dienen könne) und seiner »Quelle« (den körperlichen Vorgängen, aus denen Reize entstehen und die außerhalb der Kompetenz der Psychologie liegen).[19] Freud ließ es sich besonders angelegen sein, auf die Mobilität der Triebe, besonders der Sexualtriebe, hinzuweisen. Die Liebe, erinnerte er seine Leser, beginne als narzißtische Selbstvertiefung und verbinde sich dann, eine komplizierte Entwicklungsleiter hinaufsteigend, mit den sexuellen Triebimpulsen, um ein ansehnliches Repertoire von Befriedigungen zu schaffen. Und der Haß, ein Pendant zur Liebe als ihr Gegenteil und Gefährte, liefere noch mehr Material für Mannigfaltigkeit. Kein Wunder, daß die Ambivalenz, die Koexistenz von Liebe und Haß für dasselbe Objekt in derselben Person, der natürlichste und allgemeinste Zustand sei. Es scheine das Schicksal der Menschen zu sein, zwischen Gegensätzen zu navigieren: Liebe und Haß, Liebe und Gleichgültigkeit, Lieben und Geliebtwerden. Kurz, die Abhandlung endet mit der Feststellung, daß die Triebschicksale durch die »drei gro-

ßen das Seelenleben beherrschenden Polaritäten« bestimmt werden: die
Spannungen zwischen Aktivität und Passivität, Ich und Außenwelt, Lust
und Unlust.[20] Diesen Teil der Landkarte brauchte Freud nicht neu zu zeichnen.

Als er den Abkömmlingen der Triebenergien nachspürte, stellte Freud
fest, daß ihre Verwandlungen es ihnen ermöglichen, eine teilweise Befriedigung zu sichern, auch wenn die direkte Befriedigung durch das blockiert
wird, was er mit lakonischer Kürze »Arten der *Abwehr* gegen die Triebe«
nannte.[21] In seiner Abhandlung über die Triebe kehrte er zu einigen seiner
Theorien der späten 1890er Jahre zurück und führte einige dieser Abwehrtaktiken an; später sollte er sie weiter ausarbeiten und unterscheiden. Aber
in einer anderen Abhandlung von 1915, »Die Verdrängung«, ließ Freud
diesen einen Namen für alle stehen. Auch nach der Mitte der zwanziger
Jahre, als er den alten Begriff »Abwehr« wieder zur Sprache brachte und
»Verdrängung« auf den Namen für nur einen von mehreren Mechanismen
reduzierte, blieb für ihn Verdrängung das Muster der Abwehrtätigkeit. Sie
war in seiner emphatischen bildhaften Sprache der Grundpfeiler, auf dem
das Gebäude der Psychoanalyse ruht, »das wesentlichste Stück derselben«.[22]

Freud war immer sehr stolz auf diese Entdeckung. Er glaubte, daß er der
erste gewesen sei, der bis zu den untersten Schichten des psychischen Geschehens hinuntergegraben hatte. Als ihm Rank eine Stelle bei Schopenhauer zeigte, der ihm um Jahrzehnte zuvorgekommen war, kommentierte
er trocken, er verdanke seine Originalität seiner »Unbelesenheit«.[23] In
mancher Hinsicht unterstrich seine Unbelesenheit nur, was für ein Neuerer
er war, und er stellte mit besonderer Befriedigung fest, daß seine Einsicht
aus seiner bevorzugten Informationsquelle stammte – der Analysestunde.
Sobald er den Widerstand seiner Patienten in Worte übersetzt habe, schrieb
er, sei er im Besitz der Theorie der Verdrängung gewesen.[24]

Als Freud 1915 von »Verdrängung« sprach, stand der Begriff für eine
Reihe von psychischen Manövern, die hauptsächlich dazu dienen, einen
triebmäßigen Wunsch aus dem Bewußtsein auszuschließen. Warum,
fragte Freud, kam es überhaupt zur Verdrängung? Die Forderungen eines Triebes zu erfüllen, sei schließlich lustvoll, und es erscheine seltsam,
daß sich die Psyche Befriedigung versage. Freud gab darauf keine ausführliche Antwort, aber sie ist in seiner Anschauung von der Psyche als
Schlachtfeld impliziert. Es gibt allzu viele voraussichtliche Freuden, die
sich in Schmerz verwandeln, weil die menschliche Psyche kein Mono-
lith ist. Was sie verzweifelt wünscht, verachtet oder fürchtet sie oft nicht
weniger verzweifelt. Der Ödipuskomplex in seinen verschiedenen Erscheinungsformen ist das aufschlußreichste Beispiel für solche Familien-
konflikte: Das Verlangen des Knaben nach seiner Mutter erscheint als

unmoralisch, unzulässig, mit Gefahr geladen; sein Todeswunsch gegen den Vater, ein anderes Verlangen, droht mit Selbstverurteilung oder anderen katastrophalen Folgen.

Freud behandelte diese theoretischen Fragen nur andeutungsweise. Auf seine konkrete Art zog er es vor, sein allgemeines Argument mit klinischen Beispielen zu illustrieren. Bei einem Patienten, der an Angsthysterie leidet, verschwindet eine Sehnsucht nach, und Furcht vor, dem Vater aus dem Bewußtsein und wird durch eine Tierphobie ersetzt. Eine Analysandin, die wegen einer Konversionshysterie behandelt wird, versucht nicht sosehr ihr skandalöses Verlangen zu verdrängen als vielmehr die ursprünglich damit verbundenen Affekte. Schließlich ersetzt ein Zwangsneurotiker feindselige Impulse gegen geliebte Menschen durch alle Arten von seltsamen Ersatzhandlungen: excessive Gewissenhaftigkeit, Selbstvorwürfe und Beschäftigung mit Bagatellen. Bei diesen auffälligen Beispielen treten einige von Freuds bekanntesten Patienten – der Wolfsmann, Dora, der Rattenmann – in den Zeugenstand, um ihre Aussagen zu machen.

Eine primitive Form der Verdrängung entsteht früh im Leben des Kleinkindes und verzweigt sich in der Folge, um in ihre Zensurarbeit nicht nur den Impuls einzuschließen, dem der Ausdruck versagt wird, sondern auch seine Abkömmlinge. Ihre Anstrengungen, betonte Freud, müssen immer und immer wieder unternommen werden: »Die Verdrängung erfordert einen anhaltenden Kraftaufwand.«[25] Was verdrängt wurde, ist nicht ausgelöscht worden. Das alte Sprichwort ist falsch: Aus den Augen ist nicht aus dem Sinn. Verdrängtes Material ist nur auf dem unzugänglichen Dachboden des Unbewußten gelagert worden, wo es weiterwuchert und nach Befriedigung drängt. Daher sind die Triumphe der Verdrängung bestenfalls zeitweilig, immer zweifelhaft. Was verdrängt wurde, kehrt zurück als Ersatzbildung oder als neurotisches Symptom. Deshalb betrachtete Freud die Konflikte, die das menschliche Tier bedrängen, als im wesentlichen nicht zu besänftigen und unkündbar.

In »Das Unbewußte«, der dritten und bezeichnenderweise längsten seiner veröffentlichten Abhandlungen über Metapsychologie, steckte Freud die Arena ab, in der die meisten dieser Konflikte ausgetragen werden. Obwohl seine Theorie des Unbewußten einer seiner originalsten Beiträge zur allgemeinen Psychologie war, hatte seine Anschauung von der Psyche eine lange, ruhmvolle Vorgeschichte. Plato hatte die Seele als zwei feurige geflügelte Rosse gesehen, eines edel und schön, das andere plump und ungebärdig, die in verschiedenen Richtungen ziehen und sich kaum vom Wagenlenker zügeln lassen.[26] In einem ganz anderen Geist lehrten christliche Theologen, daß die Menschheit nach dem Sündenfall Adams und Evas zwischen ihren Pflichten gegenüber ihrem göttlichen Schöpfer und ihren fleischlichen

Trieben hin und her gerissen werde. Gewiß lagen Freuds Ideen über das Unbewußte im 19. Jahrhundert in der Luft, und sie hatten bereits einige differenzierte Erscheinungen angenommen. Dichter und Philosophen hatten über die Vorstellung von psychischen Aktivitäten außerhalb der Reichweite des Bewußtseins Spekulationen angestellt. Ein Jahrhundert, bevor sich Freud mit dem Unbewußten zu beschäftigen begann, konnten Romantiker wie Coleridge von den »zwielichtigen Bereichen des Bewußtseins«[27] sprechen, während Goethe, dieser romantische Klassizist, die Idee von Tiefen hinter Tiefen in der Seele höchst anziehend gefunden hatte. In seinem *Prelude* hatte Woodsworth die tiefen Winkel in seinem Herzen als das Reich gefeiert, in dem er mit Freuden verweile. »Ich pflegte unbewußten Umgang mit der Schönheit«, schrieb er. »*Höhlen* gab es in meiner Seele, in die die Sonne niemals eindrang.«[28] Einige einflußreiche Psychologen des 19. Jahrhunderts, von denen Johann Friedrich Herbart nur der bedeutendste war, hielten viel von dieser Idee. Und unter den Philosophen, deren Einfluß Freud widerstand, aber kaum völlig ausweichen konnte, warnten Schopenhauer und Nietzsche wiederholt davor, das Bewußte auf Kosten der unbewußten Kräfte der Seele zu überschätzen.

Was Freuds Theorie ihre unvergleichlich weitreichende Erklärungskraft gab, war, daß er dem Unbewußten mit soviel Präzision, wie in diesem trüben Bereich möglich ist, eine entscheidende Rolle bei der Verursachung und Fortsetzung psychologischer Konflikte zuwies. Im Jahre 1915 konnte er unbewußte Mechanismen noch nicht ihren entsprechenden psychischen Triebkräften zuordnen; das mußte warten, bis er in den zwanziger Jahren seine sogenannte Strukturtheorie beendete. Er *konnte* eindeutig behaupten: Da die Psyche strengen Gesetzen unterworfen sei, sei das Postulat eines geheimen psychischen Bereichs praktisch unabdingbar: dies allein könne so verschiedene Phänomene wie Hypnotismus, Träume, Versprechen und Verschreiben, Symptomhandlungen und widersprüchliches und irrationales Verhalten erklären. Die Annahme eines dynamischen Unbewußten, behauptete Freud, sei mehr als nur gerechtfertigt, sie sei notwendig.

Um klarzustellen und zu präzisieren, was wirklich unbewußte Dinge von solchen unterscheidet, die uns im Augenblick zufällig entfallen sind, führte Freud erneut eine Unterscheidung an, die er bereits in der *Traumdeutung* zwischen dem Vorbewußten und dem Unbewußten getroffen hatte. Letzteres, dieses unaufgeräumte Lagerhaus für das explosivste alte und neue Material, bewahre neben verdrängten Ideen und Affekten auch die Triebe in ihrer ursprünglichen Form auf. Die Triebe, sagte Freud, könnten nie ohne Vermittlung oder Verkleidung bewußt werden. Ein seltsamer Ort ist dieses dynamische Unbewußte: randvoll mit Wünschen, ganz außerstande, Zweifel zu hegen, Aufschub zu dulden oder Logik zu verstehen. So unzugänglich es der direkten Betrachtung auch sein mag – der Psychoanalytiker entdeckt seine Spuren überall. In den metapsychologischen Abhandlungen, die Freud so rasch nacheinander schrieb, versuchte er seine kardinale Bedeutung über jeden Zweifel hinaus ein für allemal nachzuweisen.

Doch auf irgendeine obskure Weise ging mit seinem Buch etwas schief. Mitte Juni 1915 deutete er Ferenczi an, daß er mit den Abhandlungen nicht ganz glücklich sei, daß ihnen »die richtige Vollendung« fehle.[29] Zwei Monate später schrieb er wieder Ferenczi: »Die 12 Abhandlungen sind sozusagen fertig.«[30] Sein kleiner Vorbehalt, »sozusagen«, ist von Bedeutung. Er revidierte, überdachte, hielt zurück, war offensichtlich nicht imstande, eine gewisse Unzufriedenheit in den Griff zu bekommen. Das erste Trio der Abhandlungen, über die Triebe, die Verdrängung und das Unbewußte, erschien wie angekündigt 1915. Aber danach – Schweigen!

Zweifellos empfand Freud das Sich-Entfernen vom klinischen Detail, um einen umfassenderen Überblick zu gewinnen, als ein gefährliches Unternehmen. Es weckte wieder seinen Drang nach unbehinderten Gedankenflügen; er fand es praktisch unmöglich, seine Spekulationslust zu zähmen. Im April, nachdem er seine Abhandlung über die Verdrängung beendet hatte, definierte er für Ferenczi sein Schreiben – seinen »Mechanismus der Produktion« – als »die Aufeinanderfolge von kühn spielender Phantasie und rücksichtsloser Realkritik«.[31] Doch als der Frühling fortschritt, brachte er die Kritik zum Schweigen und ließ seiner Phantasie die Zügel schießen. Im Juli schickte er Ferenczi einen Entwurf einer, wie er es nannte, »phylogenetischen Phantasie«[32], einer Phantasie, die die einfallsreichen Mutmaßungen weiter ausführte, die er zuerst in *Totem und Tabu* angestellt hatte. Dies war die zwölfte und letzte der metapsychologischen Abhandlungen. Sie war nichts weniger als ein Versuch zu zeigen, daß die modernen Wünsche und Ängste, durch die Zeitalter weitergegeben, in der Kindheit der Menschheit gründen. Eine besonders weitreichende Implikation dieser Lamarckschen Phantasie* schlug sich in Freuds Vorschlag nieder, die Aufeinanderfolge der Neurosen auf eine entsprechende historische – oder vielmehr prähistorische – Reihenfolge zu übertragen. Er spekulierte, daß die relativen Lebensalter, in denen moderne Menschen ihre Neurosen erwerben, den Lauf der Ereignisse in der fernen menschlichen Vergangenheit rekapitulieren könnten. So könnte sich die Angsthysterie als ein Vermächtnis der Eiszeit heraus-

---

* Während des Krieges spielte er, wie er Abraham schrieb, mit der Möglichkeit, Lamarck für die Sache der Psychoanalyse zu rekrutieren, indem er zeigte, daß Lamarcks Idee des »Bedürfnisses« nichts anderes ist als »die Macht der Vorstellung über den eigenen Körper, wovon wir Reste bei der Hysterie sehen, kurz die ›Allmacht der Gedanken‹« (Freud an Abraham, 11. November 1917. *Freud–Abraham*, S. 247).

stellen, in der die frühe Menschheit, von der großen Kälte bedroht, Libido in Angst verwandelt habe. Dieser Zustand des Schreckens müsse den Gedanken hervorgebracht haben, daß in einer so kalten Umgebung die biologische Fortpflanzung der Feind der Selbsterhaltung sei, und primitive Bemühungen um Geburtenkontrolle müßten ihrerseits zu Hysterie geführt haben. Und so weiter im Katalog der psychischen Störungen.[33] Ferenczi stimmte ihm zu, ja er war begeistert, aber zuletzt brach ihre gemeinsame Spekulation zusammen. Als allzu offensichtlich wurde, wie weit sie von jedem empirischen Beweis entfernt war, verlor sie alle Glaubwürdigkeit. Aber solange seine phylogenetische Phantasie andauerte, verwirrte sie Freud und machte ihm Spaß.

Doch Freuds ganze Zeit wurde nicht nur vom Theoretisieren und Phantasieren oder von der angstvollen Lektüre der Zeitungen und dem nicht minder angstvollen Warten auf Nachrichten von seinen Söhnen an der Front in Anspruch genommen. In den Wintersemestern 1915−16 und 1916−17 hielt er vor einer ansehnlichen und wachsenden Zuhörerschaft drei Reihen von allgemein einführenden Vorlesungen mit der Absicht, sie zu veröffentlichen. Er sprach zu seiner üblichen Zeit, am Samstagabend, und vor seinem üblichen Forum, der Universität Wien, und beabsichtigte, eine »aus Ärzten und Laien und aus beiden Geschlechtern gemischte Zuhörerschaft«[34] mit den Grundlagen der Psychoanalyse vertraut zu machen. Zu seinen aufmerksamsten Hörern gehörte seine Tochter Anna.[35] Er begann mit einer kurzen Gruppe von vier Vorlesungen über Fehlleistungen, wandte sich dann einer ausführlicheren Reihe über Träume zu und schloß mit der längsten Reihe über die allgemeine Neurosenlehre.

Freud war beinahe zwei Jahrzehnte lang der beste volkstümliche Vertreter seiner Ideen gewesen. Er hatte seine lange, schwierige *Traumdeutung* zu einem klaren Abriß, *Über den Traum*, kondensiert. Er hatte Kapitel für Sammelbände über Psychiatrie geliefert. Er hatte Artikel zu Enzyklopädien beigesteuert. Er hatte vor den Mitgliedern der B'nai B'rith Vorträge über Psychoanalyse gehalten. Im Jahre 1909 hatte er an der Clark University in fünf Vorlesungen das Wesentliche seiner Erkenntnisse brillant destilliert. Aber keine seiner Exkursionen in den höheren Journalismus erwies sich als so umfassend und so erfolgreich wie diese *Vorlesungen zur Einführung in die Psychoanalyse*. Sie fanden eine große Leserschaft und wurden oft übersetzt. An die 50 000 Exemplare in deutscher Sprache wurden zu seinen Lebzeiten verkauft, und es erschienen mindestens fünfzehn Übersetzungen, einschließlich der in Chinesisch, Japanisch, Serbokroatisch, Hebräisch, Jiddisch und Braille.[36] Mit der Reife jahrelanger Erfahrung verwendete Freud seine ganze Überzeugungskraft auf diese Vorlesungen. Er erleichterte Zuhörern und Lesern die intellektuelle Last, indem er über die schwierigsten theoretischen Probleme hinwegging, gut gewählte Anekdoten und treffende Zitate anbrachte, Einwände gelassen vorwegnahm und da und dort seine Unwissenheit oder seine fragmentarischen Kenntnisse zugab. Allein schon die Reihenfolge der Vorlesungen war ein geschickter Verführungsversuch: Indem er mit Fehlleistungen begann, führte Freud sein Publikum durch gewöhnliche, oft amüsante alltägliche Erlebnisse in psychoanalytische Ideen ein; mit dem Übergang zu den Träumen, einem anderen allen bekannten psychischen Erlebnis, verließ er langsam und mit Überlegung den festen Boden des gesunden Menschenverstandes. Er ließ sich auf einen Überblick über die Neurosen und über die psychoanalytische Therapie erst ein, nachdem er die Gesetzmäßigkeit der Psyche und die Allgegenwart des Unbewußten erläutert hatte. Abraham war nicht der einzige, der diese Vorlesungen als »elementar« im besten Sinne lobte – das heißt, weil sie nur beschränkte Forderungen an ihr Publikum stellten. Freuds vollendete Darstellung, die Sicherheit und Abgeklärtheit, meinte er, würden ihre Wirkung kaum verfehlen.[37]

Abraham hatte recht, aber Freud neigte dazu, diese geschickten Rekapitulationen seiner Gedanken sehr streng zu beurteilen. Auch er hatte die Vorlesungen lange »elementar« genannt[38], aber für ihn bedeutete das, daß sie für kundige Leser wie Lou Andreas-Salomé »absolut nichts enthalten, was Ihnen etwas Neues sagen könnte«.[39] Ungerechterweise behandelte er ihre treffenden Ausdrücke und neuen Formulierungen geringschätzig und fand an seinen Darstellungen wenig, was ihm gefiel. Sie waren, schrieb er Frau Lou, »grobes, für die Menge bestimmtes Zeug«.[40] Es war die Art von Zeug, ließ er Abraham wissen, an dem er arbeite, wenn er »sehr müde« sei.[41]

Müdigkeit war ein Zustand, über den sich Freud nun oft beklagte. »Die nie nachlassende Spannung der Kriegsjahre wirkt erschöpfend«, schrieb er Ferenczi schon im April 1915.[42] Im Mai 1916 war er sechzig, und als er Max Eitingon für seine Glückwünsche dankte, sah er sich schon »an der Schwelle des Greisenalters«.[43] Abraham erhielt im folgenden Frühling eine noch nachdrücklichere Absage. Er beglückwünschte Freud zu seinem 61. Geburtstag und sprach begeistert von seiner »Frische und Schaffensfreudigkeit«.[44] Freud tadelte ihn milde, weil er sich ein idealisiertes Bild von ihm mache, und wiederholte seine Klage: »In Wirklichkeit bin ich recht alt, etwas gebrechlich und müde geworden.«[45]

Doch Freuds Müdigkeit wurde immer wieder gemildert durch die interessanten Wendungen, die der Lauf der Dinge nahm. Der Tod Kaiser Franz Josefs am 21. November 1916 nach beinahe 68 Jahren auf dem Thron berührte Freud sehr wenig. Viel mehr bewegten ihn die guten Nachrichten, die er Frau Lou zwei Tage später über seine Söhne an der Front mitteilte:

Seine »Krieger« befanden sich wohl.[46] Ein wenig später fesselte Deutschlands uneingeschränkte U-Boot-Offensive, die am 1. Februar 1917 begann, sein Interesse. Abraham war davon überzeugt, daß diese Aktion bald den Sieg und den Frieden bringen werde[47], aber Freud, der weit weniger optimistisch war, gab den U-Booten ein halbes Jahr, um zu zeigen, was in ihnen steckte. »Ich glaube«, schrieb er Ferenczi im April, »wenn der September nicht die übermächtige Wirkung der U-Boote erwiesen hat, wird es in Deutschland ein Erwachen aus der Illusion mit fürchterlichen Konsequenzen geben.«[48] Sechs Wochen, nachdem die Deutschen ihre U-Boote losgelassen hatten, notierte Freud lakonisch in seinem Familienkalender, der gewöhnlich Geburts- und Gedenktagen vorbehalten war, »Revolution in Rußland«.[49] Die Februar-Revolution hatte die Romanow-Dynastie hinweggefegt und an ihre Stelle eine provisorische Regierung voll liberaler Versprechen und auf der Suche nach einem Separatfrieden eingesetzt.

Angesichts seiner regen Anteilnahme an den Nachrichten ist es auffällig, daß Freud in seinen *Vorlesungen zur Einführung in die Psychoanalyse* praktisch nichts über den Krieg zu sagen hatte. Es war, als ob er durch die Konzentration auf seine Aufgabe des Zusammenfassens und der gemeinverständlichen Darstellung der täglichen Last für eine Weile entrinnen könnte. Aber er konnte es nicht ganz unterlassen, seine Hörer daran zu erinnern, daß sie unter einer drohenden Wolke zusammenkamen, aus der Tod und Vernichtung regneten. »Und nun blicken Sie vom Individuellen weg auf den großen Krieg, der noch immer Europa verheert«, sagte er in einem ungewöhnlich rhetorischen Absatz, »denken Sie an das Unmaß von Brutalität, Grausamkeit und Verlogenheit, das sich jetzt in der Kulturwelt breitmachen darf.« Konnte man im Lichte dieser Greuel nur »eine Handvoll gewissenloser Streber und Verführer« dafür verantwortlich machen, »all diese bösen Geister zu entfesseln«? Waren nicht auch »die Millionen von Geführten« mitschuldig? Konnte man wagen zu behaupten, daß »die seelische Konstitution des Menschen« nicht ein Maß von Bösem enthalte?[50] Die volle Bedeutung des Krieges für den Wandel in Freuds Denken, besonders über die Aggression, sollte sich erst einige Jahre später deutlich zeigen. Aber dieser kraftvolle Abschnitt, der beinahe wie zufällig in eine Vorlesung über die Traumzensur eingestreut ist, zeigt, wie beharrlich Freuds Geist in diesen Jahren mit der menschlichen Kampflust beschäftigt war.

Im Jahre 1917 sehnte er sich hauptsächlich nach einem Ende des Gemetzels. Der Kriegseintritt der Vereinigten Staaten auf der Seite der Alliierten im April ließ die Aussichten auf einen Sieg der Mittelmächte nur noch ferner erscheinen. Im Oktober erklärte Freud pessimistischer denn je, daß die deutsche U-Boot-Kampagne ein Fehlschlag sei.[51] Seine düstere Stimmung verstärkte sich noch, als der Krieg sich immer nachdrücklicher an der Heimatfront spürbar machte. Das Leben in Wien wurde immer schwieriger. Die Lebensmittel waren knapp, Heizmaterial war noch knapper. Das Hamstern und die Inflation der Preise für das Lebensnotwendige machten den Mangel noch unerträglicher, und die schon viel zu hohen offiziellen Preise wurden natürlich im blühenden Schwarzhandel noch bei weitem überboten. Freud beklagte sich bei seinen Vertrauten, besonders im Winter, als er und seine Familie nicht genug zu essen hatten und er in seinem ungeheizten Arbeitszimmer saß und mit klammen Fingern zu schreiben versuchte. Im Januar 1918 schrieb er dramatisch über einen Brief an Abraham: *Kältetremor!*[52] Lebensmittelsendungen von Ferenczi in Budapest und von Freunden in den Niederlanden schafften den Freuds gelegentlich Erleichterung, aber sie waren bestenfalls Notbehelfe.[53]

In dieser trüben Situation wägte Freud argwöhnisch Gerüchte ab, daß er den Nobelpreis erhalten könnte. Der letzte Preisträger für Physiologie oder Medizin, der österreichische Arzt Robert Bárány, hatte ihn vorgeschlagen, aber für diese Kategorie waren seit 1914 keine Preise vergeben worden. Freud gab dennoch die Hoffnung nicht auf. Am 25. April 1917 notierte er kurz und bündig in seinem Kalender: »Kein Nobelpreis 1917.«[54] Gewiß, in Anbetracht des Widerstands, den er erwartete, wäre er höchst überrascht gewesen, wenn man ihn auserwählt hätte.[55] Aber er wünschte sich diese Ehrung sehr; er würde die Anerkennung begrüßt haben, und er hätte das Geld brauchen können.

Sicherlich war 1917, nach drei Kriegsjahren, beinahe alles dazu angetan, ihn zu irritieren. Er hielt sich bei Laune, indem er schlechte Witze und Wortspiele über den Krieg sammelte. Hier ein Beispiel: »›Liebe Eltern‹, schreibt ein Jude, der in der russischen Armee dient, nach Hause, ›es geht uns gut, wir gehen täglich ein paar Meilen zurück. So Gott will, hoffe ich zu Rosch-haschana zu Hause zu sein.‹«[56] Aber Ernest Jones hörte nicht auf, Freud mit seinen Voraussagen zu ärgern; als er im Herbst 1917 taktlos erklärte, daß der deutsche Widerstand nur den Krieg verlängern könne, nannte Freud dies Jones' »echt englische Art«.[57] Zugegeben, schrieb er Abraham im November 1917, »es ist noch immer sehr interessant«. Doch er fügte hinzu: »Man altert aber rasch dabei und gelegentlich regen sich Zweifel, ob man das Ende des Krieges erleben wird, ob ich Sie noch wiedersehen werde usw.« Er benahm sich jedenfalls so, schrieb er, »als stünde das Ende aller Dinge bevor«, und er hatte gerade beschlossen, zwei weitere metapsychologische Arbeiten zu veröffentlichen.[58]

Was natürlich sein Interesse weckte, waren die bolschewistische Revolution und Lenins Machtergreifung. Durch sie schied Rußland aus dem Krieg aus. Die Nachricht vom Waffenstillstand zwischen dem bolschewistischen

Regime und den Mittelmächten im Dezember gefiel ihm sehr. Ebenso die Balfour-Erklärung, die den Juden eine Heimat versprach.[59] Um diese Zeit hatte er seine letzten Illusionen über die Gerechtigkeit »seiner« Sache und die Unbesiegbarkeit der deutschen Waffen aufgegeben. »Die Zeiten beurteile ich höchst pessimistisch«, schrieb er Ferenczi im Oktober. Er meinte, »wenn nicht eine parlamentarische Revolution in Deutschland kommt, haben wir Fortsetzung des Krieges bis zum Untergang zu erwarten«.[60] Freud hatte geglaubt, die Alliierten hätten hinsichtlich ihrer Kriegsziele gelogen, nun war er davon überzeugt, daß seine eigene Seite nicht weniger log. Wie er Abraham Ende 1917 schrieb, war er mit dem Schreiben und mit vielem anderen »gründlich verfeindet. Zu diesem anderen gehört auch Ihr liebes deutsches Vaterland«.[61] Die große deutsche Offensive im März 1918 ließ ihn kalt; er bekannte sich als »müde und des Ringens überdrüssig«. Er nahm an, daß der Gedanke an einen deutschen Sieg, der noch möglich schien, Abrahams Stimmung beschwingte. Aber er beschwingte nicht seine eigene. Er war begierig nach leiblichen Genüssen: »Vielleicht trägt auch die ungewohnte Ernährung, ich bin Fleischfresser gewesen, zu meiner Abspannung bei.«[62] Alle, vielleicht mit Ausnahme des deutschen Oberkommandos, warteten fieberhaft auf den Frieden, als Präsident Woodrow Wilsons Programm, die Vierzehn Punkte, die er dem Amerikanischen Kongreß und der Welt im Januar 1918 vorgelegt hatte, neue Hoffnung auf ein Ende des Schlachtens brachte. Auch Freud hatte sich lange auf den Tag des Friedens als einen »sehnlich erwarteten Termin« gefreut.[63]

Während all dieser Zeit hatte er seine Freunde mit Anspielungen auf sein Buch über Metapsychologie neugierig gemacht. Im Frühjahr 1916 schrieb er Lou Andreas-Salomé, daß es »nicht vor Kriegsende gedruckt werden kann«. Wie üblich beschäftigte sich Freud mit dem Tod, auch mit seinem eigenen. »Lebensdauern sind unberechenbar«, und er hätte das Buch noch sehr gern gedruckt gesehen.[64] Interessanterweise machte er den Tod zu einem wesentlichen Thema in »Trauer und Melancholie«, einer der beiden metapsychologischen Abhandlungen, die er schließlich Ende 1917 herausbrachte. Mehr vielleicht als alles andere, was Freud in diesen Jahren schrieb, und in dieser Hinsicht ein Gegenstück zu »Zur Einführung des Narzißmus«, deutet diese Abhandlung die Revision in seinem Denken an, die er nach dem Krieg zur Vollendung bringen sollte.

Die Melancholie, argumentierte Freud, ähnelt der Trauer insofern, als sie durch einen Verlust des Interesses an der Außenwelt, durch eine ständige gedrückte Stimmung und durch Gleichgültigkeit gegenüber Arbeit und Liebe gekennzeichnet ist. Aber darüber hinaus belasten sich Melancholiker mit Selbstvorwürfen, sie zeigen geringe Selbstachtung und erwar-

ten auf wahnhafte Weise irgendwelche Strafen. Sie trauern, aber auf eine
besondere Art: Sie haben ein Objekt verloren, an dem sie sehr hingen und
mit dem sie sich identifizieren. Freud hatte schon seit einigen Jahren gesagt,
daß alle Liebesgefühle ambivalent sind, daß praktisch alle Elemente des
Zorns und der Feindseligkeit enthalten. Der Zorn der Melancholiker gegen
sich selbst, ihr Selbsthaß und ihre Selbstquälerei sind somit lustvolle Ausdrücke sadistischer Wut auf das verlorene Objekt. Menschen, die an dieser
Störung leiden, nehmen zur Selbsttötung, offensichtlich der extremsten
Konsequenz der Melancholie, Zuflucht nur, wenn ihr Ich sich selbst mit
ungemilderter Strenge als gehaßtes Objekt behandelt. Jahre bevor Freud
die Aggression zu einem Trieb vom gleichen Rang wie die Libido erhob,
erkannte er klar die Macht der Aggressivität – in diesem Fall gegen das
eigene Ich gerichtet.

In dieser Hinsicht war »Trauer und Melancholie« prophetisch. In einer
anderen war es Freuds knappe Diskussion der Selbstbestrafung. Die Selbst-
erniedrigung und Selbstverunglimpfung der Melancholiker, schrieb er,
seien ein überzeugender Beweis dafür, daß ihr Ich einen Teil von sich selbst
abgespalten habe. Ihr Ich habe sozusagen eine besondere psychische Instanz geschaffen, die dazu bestimmt sei zu urteilen und normalerweise zu
verurteilen. Dies, bemerkte Freud, sei eine extreme, ja krankhafte Form
dessen, was man allgemein das Gewissen nenne. Er hatte noch keinen besonderen Namen für diese kritische Instanz, aber es war nicht daran zu
zweifeln, daß sie eng verwandt war mit dem, was er damals das Ichideal
nannte und später unter dem Namen Über-Ich erforschen sollte.*

»Trauer und Melancholie« zeigt also einen Freud im Übergang. Aber
was wurde aus den anderen sieben Abhandlungen, die alle geschrieben,
aber noch nicht für die Veröffentlichung vorgesehen waren? »Der Rest darf
verschwiegen werden«, schrieb Freud Ferenczi im November 1917.[65] Er
hatte seinem Vertrauten Abraham gegenüber dunkle Andeutungen gemacht, daß dies irgendwie keine gute Zeit für das Buch sei.[66] Die Monate
vergingen, und sie schien nicht besser zu werden. Im Frühjahr 1918 beteuerte er Lou Andreas-Salomé, die ihn lange gedrängt hatte, diese Schriften
zu veröffentlichen, ein wenig geheimnisvoll, daß ihn nicht nur Müdigkeit
zurückhalte, »sondern auch andere Anzeichen«.[67] Was immer diese

---

* Freud diskutierte die Selbstbestrafung, die von dieser speziellen, noch nicht benannten
Instanz geleistet wird, in zwei anderen kurzen Aufsätzen aus dieser Zeit, die beide 1916
veröffentlicht wurden: »Die am Erfolge scheitern«, worin er zeigte, daß diejenigen, die
im Augenblick des Triumphes neurotische Störungen entwickeln, durch ihr strafendes
Gewissen daran gehindert werden, diesen Triumph zu genießen; und »Die Verbrecher
aus Schuldbewußtsein«, worin er das neurotische Bedürfnis nach Bestrafung analysierte. In beiden Aufsätzen werden – eher vorgestellte als wirkliche – kindliche ödipale
Verbrechen als wesentliche Anstifter dargestellt.

Anzeichen waren, sie behielten die Oberhand. Irgendwann, während er diese Salven von Andeutungen und Entschuldigungen abfeuerte, machte Freud seiner Unsicherheit ein Ende, indem er die übrigen Abhandlungen vernichtete.

Es war und bleibt eine rätselhafte Geste. Theoretische Probleme hatten Freud noch nie verstummen lassen; Schwierigkeiten der Darstellung hatten ihn nie abgeschreckt. Der Krieg erklärt natürlich vieles. Solange seine »Krieger« Martin und Ernst täglich in Gefahr waren, fand er die Zeiten nicht günstig für Originalität. Aber Freud wollte in seinen zwölf Kapiteln über Metapsychologie gar nicht originell sein. Außerdem hatte er mehr freie Zeit, als ihm lieb war oder als er produktiv verwenden konnte, und er hatte entdeckt, daß die Arbeit, wenn er sich dazu aufraffen konnte, ein schmerzstillendes Mittel war. Das Buch über Metapsychologie hätte eine willkommene Ablenkung von den Zeitungsmeldungen sein können. Die wirklichen Gründe für das Scheitern des Projekts liegen im Projekt selbst verborgen.

Das stille, beredte Drama des Buches, das nie beendet wurde, beruht vor allem auf der Wahl des Zeitpunkts. Die Fundamente, die Freud endgültig für seine Anhänger und gegen seine Rivalen festlegen wollte, zerbröckelten ihm unter den Händen. Er machte keine Bekehrung durch; die Erkennungszeichen der Psychoanalyse – das dynamische Unbewußte, die Verdrängungsarbeit, der Ödipuskomplex, die Konflikte zwischen Trieben und Abwehren, die sexuellen Ursprünge der Neurosen – blieben intakt. Aber vieles andere war anfechtbar geworden. Die Abhandlung über Narzißmus war ein frühes, auffälliges Symptom für wichtige neue Überlegungen, und die Vernichtung von sieben Abhandlungen über Metapsychologie war auf ihre Weise ebenso symptomatisch. Der Freud der Kriegsjahre sah nicht sehr klar, was getan werden mußte. Wie in den späten 1890er Jahren befand er sich in einer seiner unklar schöpferischen Phasen, in denen die Qual ein Zeichen für große kommende Dinge war, und es war ihm undeutlich bewußt, daß er (wie er es ausgedrückt haben würde) wieder schwanger war.

Ein unbehaglicher Frieden

Während des ganzen Herbstes 1918 gingen in Wien Friedensgerüchte um. Die geheimen Verhandlungen, die österreichische Diplomaten im Frühjahr 1917 aufgenommen hatten, um einen Separatfrieden hinter dem Rücken Deutschlands zu sichern, waren ungeschickt und dilettantisch gewesen und hatten, wie vorauszusehen war, zu nichts geführt. Aber Anfang September 1918, nach mehr als einem weiteren Jahr verlustreicher Kämpfe, machte die Regierung in Wien angesichts des Hungers zu Hause und der beinahe sicheren Niederlage an der Front den Alliierten ein weiterreichendes Angebot. Sie schlug ein Treffen beider Seiten vor, um dem Krieg ein Ende zu bereiten. Nachdem es früher im Jahr mit knapper Not Streiks und Meutereien niedergeschlagen hatte, war Österreich nun bereit, große territoriale Konzessionen zu machen, allerdings ohne vom Prinzip des Vielvölkerstaates abzuweichen. Mitte Oktober wiesen die Alliierten auf dem Weg zum Siege das Angebot zurück; die Regelungen, welche die Österreicher vorschlugen, gingen nicht weit genug. In den Ministerien war man dem Chaos nahe. Ein Historiker hat die Situation mit dem »wilden und sinnlosen Umsichschlagen eines Ertrinkenden« verglichen.[68] Die Verwirrung steckte die Öffentlichkeit an. Freud, der Eitingon am 25. Oktober schrieb, fand die Zeiten »entsetzlich spannend«, und er fügte hinzu: »Es ist gut, daß das Alte stirbt, aber das Neue ist noch nicht da.«[69]

Um diese Zeit war der Kriegsschauplatz kleiner geworden. An der Westfront ging das Schlachten zwar unvermindert weiter, aber die Kämpfe im Osten ließen nach. Rußland nahm seit Anfang März nicht mehr am Krieg teil, als die Mittelmächte unerbittlich und rachsüchtig dem neuen, unerfahrenen Sowjetregime den drakonischen Vertrag von Brest-Litowsk aufgezwungen hatten. Einen anderen kleinen Triumph erlebten die Mittelmächte im Mai, als Rumänien, das lange zum Teil von ihren Truppen besetzt war, ebenfalls Frieden schloß. Andererseits war Bulgarien, das zwischen den Kriegführenden geschwankt hatte, bevor es sich Ende 1915 den Deutschen und Österreichern anschloß, Ende September 1918 gezwungen, einen Waffenstillstand mit den Alliierten zu schließen. Im folgenden Monat zwangen die Briten nach aufsehenerregenden, beinahe legendären Taten in den Wüsten des Nahen Ostens die Türkei, sich zu ergeben.

Zuletzt waren es nicht die frommen Wünsche der Zivilisten, sondern die Waffen der Alliierten im Verein mit den großartigen Visionen, die Woodrow Wilson heraufbeschworen hatte, die dem Großen Krieg ein Ende machten. Britische und französische und später amerikanische Truppen warfen die machtvolle deutsche Frühjahrsoffensive in Frankreich zurück. Anfang Juni 1918 wurde der deutsche Vormarsch etwa 70 Kilometer vor Paris zum Stehen gebracht, und Mitte Juli begann die große Gegenoffensive. Von da an waren die Alliierten nicht mehr aufzuhalten. Gegen Ende September bat General Ludendorff, der um jeden Preis verhindern wollte, daß alliierte Truppen deutschen Boden betraten, um Verhandlungen. Der Zusammenbruch der Streitkräfte des Kaisers, einer der gewaltigsten Kriegsmaschinerien der Geschichte, stand unmittelbar bevor – und ebenso der Frieden.

Im September, dem Monat, in dem Ludendorff das Unvermeidliche anerkannte, wurde Freuds Stimmung gehoben durch einen internationalen psychoanalytischen Kongreß, der in Budapest abgehalten wurde.* Das letzte Treffen hatte 1913 in München stattgefunden. Freud hatte die anregenden Begegnungen, die ein solches Konklave versprach, bitter nötig. Er hatte Abraham seit vier Jahren, seit dem Ausbruch der Feindseligkeiten, nicht mehr gesehen. Im August schrieb er Abraham, er sei »zu wütend und zu sehr verhungert« gewesen, um seinen letzten Brief zu beantworten[70] – bei diesem unermüdlichen Briefschreiber ein sicheres Zeichen für eine ungewöhnlich gedrückte Stimmung. Der Kongreß, der zuerst für Breslau geplant gewesen war, fand in Budapest am 28. und 29. September statt. Er war notwendigerweise stark eingeschränkt und schwach besucht. Von den zweiundvierzig Teilnehmern kamen zwei aus Holland, drei aus Deutschland und siebenunddreißig aus Österreich-Ungarn. Immerhin, es war ein Kongreß. Freud sprach nicht wie sonst frei, sondern hielt einen formellen Vortrag, in dem er Neuerungen in der Technik skizzierte und die Einrichtung von psychoanalytischen Kliniken forderte, die es auch Armen ermöglichen würden, von der Behandlung zu profitieren. Der Kongreß war eine festliche Veranstaltung mit Empfängen und prächtigen Unterkünften: Die Analytiker wohnten im eleganten Hotel Gellért. Einen Monat später schwelgte Freud noch in Erinnerungen. Mit unverhohlener Befriedigung schrieb er Abraham von den »schönen Budapester Tagen«.[71]

Wie Ernest Jones bemerkte, war dieser Kongreß der erste, »an dem offizielle Regierungsvertreter anwesend waren, in diesem Falle der österreichischen, deutschen und ungarischen Regierungen«. Der Grund war ein rein praktischer, nämlich der, »daß man in den militärischen Kalkulationen wachsende Beachtung der Rolle der ›Kriegsneurosen‹ schenkte«.[72] Die Anwesenheit offizieller Beobachter ist auf ihre Weise ein Beispiel für die seltsame Dialektik von Leben und Tod in der Geschichte der Psychoanalyse. Die Ideen Freuds, die Psychiater in Friedenszeiten so zögernd ernst genommen hatten, gewannen nun angesehene Unterstützung durch Ärzte, die Lazaretten zugeteilt waren und mit Soldaten zu tun hatten, die an »Granatenschock« litten. Für manche war der Krieg ein riesiges Laboratorium, in dem man psychoanalytische Lehrsätze überprüfen konnte. »Das Schicksal«, sagte der britische Psychiater W. H. R. Rivers 1917, »scheint uns zur Zeit eine beispiellose Gelegenheit zu bieten, die Richtigkeit der Freudschen

---

* Während des Sommers 1918 hatte Freud noch einen weiteren Grund, guter Dinge zu sein. Anton von Freund, ein reicher Brauer aus Budapest, hatte auf eine Krebsoperation mit einer Neurose reagiert, von der Freud ihm Erleichterung verschafft zu haben scheint. Dankbar und mit dem Gedanken, daß der Krebs wieder auftreten könnte, hatte von Freund beschlossen, einen Verlag zu subventionieren, der sich auf psychoanalytische Publikationen spezialisieren und Freud und die Psychoanalyse im allgemeinen von anderen Verlegern unabhängig machen sollte. Das geschah auch, und es wurde eine von Freuds Aufgaben, den Verlag zu beaufsichtigen.

Theorie vom Unbewußten zu überprüfen, sofern sie die Entstehung von seelischen und funktionellen nervösen Störungen betrifft.«[73] In der Vergangenheit hatten Psychiater unter dem Druck der militärischen Autoritäten der oberflächlichen Vorstellung nicht widerstanden – ja ihr im großen ganzen sogar beigepflichtet –, daß ein Soldat, der die Symptome einer »Kriegsneurose« zeigte, ein Simulant sein und kurzerhand an die Front zurückgeschickt, wenn nicht gar vor ein Kriegsgericht gestellt werden mußte. Allmählich wurde jedoch den Ärzten auf der Seite der Alliierten wie auf der Seite der Mittelmächte bewußt, daß mit Freuds Worten »nur der kleinste Teil der Kriegsneurotiker ... Simulanten waren«.[74] Auf dem Budapester Kongreß gab es ein aktuelles Symposium über die Psychoanalyse von Kriegsneurosen, für das Ferenczi, Abraham und Ernst Simmel Vorträge vorbereitet hatten. Simmel, ein deutscher Arzt, war ein besonders willkommener Rekrut; er hatte die Psychoanalyse während des Krieges in einem psychiatrischen Lazarett entdeckt. Zuletzt wurde jedoch nichts aus dem von den Delegierten der Mittelmächte in Budapest vorgeschlagenen ehrgeizigen Projekt, Zentren einzurichten, in denen an Kriegsneurosen Leidende mit rein psychologischen Methoden behandelt werden sollten. Die Revolutionen, die über die geschlagenen Nationen hinwegfegten, drängten sich mit unwiderstehlicher Geschwindigkeit dazwischen.

Freuds lakonische, oft mit Ausrufungszeichen versehenen Kalendereintragungen halten die sich überstürzenden Ereignisse beinahe Tag für Tag fest. 30. Oktober: »Revolution Wien & Budapest.« 1. November: »Verkehr mit Deutschland u. Ungarn unterbrochen.« 2. November: Oli[ver] zurück. Republik in Bulgarien?« 3. November: »Waffenstillstand mit Italien. Krieg zu Ende!« Am 4. November fand er Zeit, an seine eigenen Angelegenheiten zu denken: »Nobelpreis abgetan.« 6. November: »Revolution in Kiel.« 8. November: »Republik in Baiern!! Verkehr Deutschl. unterbroch.« 9. November: »Republik in Berlin. Wilhelm abgedankt.« 10. November: »Ebert Reichskanzler. Waffenstillstandsbedingungen.« 11. November: »Kriegsende – K[aiser] Karl verzichtet [auf den Thron].« 12. November: »Republik und Anschluß an Deutschland« – letzteres ein wenig vorschnell; die Siegermächte erlaubten keinen Zusammenschluß Österreichs und Deutschlands – »Panik mitgemacht.« Vier Tage später, am 16. November: »Republik in Ungarn.«[75] Der »böse Kriegstraum« war endlich vorüber.[76]

Andere, kaum weniger alpdruckhafte Träume quälten ihn noch. Martin an der italienischen Front hatte seit einigen Wochen keinen Kontakt mehr mit seiner Familie. Erst am 21. November konnte Freud in seinem Kalender vermerken: »Martin seit 27. Okt. Gefangenschaft.«[77] Die Italiener hatten seine ganze Einheit gefangengenommen, nachdem die Feindseligkeiten tatsächlich bereits vorüber waren. Freud konnte auch aus der gespannten

Welt der Politik keine Ruhe schöpfen. Das Gemetzel, das der alten Romanow-Dynastie ein Ende gemacht hatte, sollte weder die Hohenzollern noch
die Habsburger verschonen. Zu Freuds grimmiger Befriedigung wurde das
österreichisch-ungarische Reich zerstückelt. Er hatte keine Illusionen über
dessen Überlebenschancen und kannte um diese Zeit auch kein Bedauern.
Ende Oktober, bevor Österreichs Schicksal entschieden wurde, hatte er
Eitingon bereits geschrieben: »Ich weine übrigens weder *dem* Österreich
noch *dem* Deutschland eine Träne nach.«[78]

Während Freud Erleichterung bei dem Gedanken fand, daß Deutschland
nicht bolschewistisch werden würde, sagte er richtig voraus, daß der Zusammenbruch des deutschen Reiches, das so lange und so arrogant von
dem »unverbesserlichen Romantiker« Wilhelm II. geführt worden war,
blutige Zusammenstöße nach sich ziehen werde.[79] Doch seine größte Wut
behielt er der Dynastie vor, unter der er sein ganzes Leben gelebt hatte:
»Die Habsburger haben nichts als einen Dreckhaufen hinterlassen.«[80] Mit
einem Rat, der mit seiner verächtlichen Anschauung übereinstimmte,
drängte er Ferenczi, »einen ungarischen Patrioten«, Ende Oktober, seine
Libido von seinem Vaterland abzuziehen und, um seines seelischen Gleich-
gewichts willen, auf die Psychoanalyse zu übertragen.[81] Er versuche, »Sympathie für die Ungarn aufzubringen«, schrieb er kurz darauf boshaft,
entdeckte aber, daß es ihm nicht gelang.[82] Unter seinen Mitarbeitern vermochte nur Hanns Sachs der Revolution in Österreich, die weit weniger
blutig verlief als Revolutionen anderswo, eine humorvolle Seite abzugewinnen. Sachs stellte sich, wie er Jones schrieb, vor, daß Plakate angeschlagen würden, auf denen stand: »Die Revolution fängt morgen 2 Uhr 30 an;
bei ungünstigem Wetter findet sie im Saale statt.«[83]

Tatsächlich war jedoch nichts Erheiterndes an den Monaten nach dem
Ende der Feindseligkeiten. Erbitterten Kämpfen zwischen den Armeen an
der Front folgten erbitterte Kämpfe zwischen Radikalen und Reaktionären
auf den Straßen. Monate der Unordnung machten die politische Zukunft
Deutschlands, Österreichs und Ungarns zum Gegenstand von Spekulationen und düsteren Prognosen. Eitingon schrieb Freud gegen Ende November: »Sehr fest scheinendes Alte war so morsch geworden, daß bei seiner
Beseitigung keinerlei Widerstandszeichen sichtbar wurden.«[84] Ende Dezember 1918 schrieb Freud seinem »Dear Jones«, nun, da der Krieg vorüber war, zur englischen Sprache zurückkehrend, er solle »mich oder
keinen von uns nächstes Frühjahr in England erwarten; es scheint ganz
unwahrscheinlich zu sein, daß wir in einigen Monaten reisen können, da
der Frieden bis Juni oder Juli aufgeschoben wird«. In dem Brief an seinen
bewährten Freund fühlte sich Freud frei, seiner sozialen Reportage eine
Bitte hinzuzufügen: »Ich bin sicher, daß Sie sich nicht vorstellen können, in
welcher Verfassung wir wirklich sind. Aber Sie sollten so bald wie möglich

kommen und sich das ansehen, was einmal Österreich war, und die Koffer meiner Tochter mitbringen.«[85]

Im Januar 1919 faßte Freud die Lage kurz zusammen: »Geld und Steuern sind jetzt ganz abscheuliche Themata. Jetzt zehrt man sich wirklich auf. Alle 4 Kriegsjahre waren ein Scherz gegen den bitteren Ernst dieser Monate und gewiß auch der nächsten.«[86] Als er an die zerrüttete politische Szene in Mitteleuropa dachte, gestand Freud Jones zu, daß sich die Warnungen, die er einst als britischen Chauvinismus zurückgewiesen hatte, als richtig herausgestellt hatten. »Alle Ihre Voraussagen über den Krieg und seine Folgen sind eingetroffen.« Freud war »bereit einzugestehen, daß das Schicksal sich nicht ungerecht gezeigt hat und daß sich ein deutscher Sieg für die Menschheit im allgemeinen als ein noch härterer Schlag erwiesen hätte«. Doch dieses großmütige Eingeständnis besserte nicht das Los Freuds und seiner Familie. »Es ist keine Erleichterung, die Sympathie auf der Seite der Gewinner zu haben, wenn das Wohlbefinden an die der Verlierer geheftet ist.« Und dieses Wohlbefinden wurde ständig untergraben. »Wir alle nehmen langsam an Gesundheit und Volumen ab, und, seien Sie versichert, nicht nur in dieser Stadt. Die Aussichten sind düster.«[87]

Die langsame, von Streit begleitete Arbeit an den Friedensverträgen machte diese Aussichten nicht rosiger. Die Siegermächte, die im Januar 1919 in Paris zusammenkamen, um die Landkarte Mitteleuropas neu zu zeichnen, waren am Konferenztisch weniger einig als bei der Führung des Krieges. Großbritanniens Premierminister, David Lloyd George, verkündete seine Entschlossenheit, den Kaiser zu hängen und die Deutschen auszuquetschen, »bis die Kerne quietschen«. Er sollte sich versöhnlicher zeigen, sobald es ans Verhandeln ging; aber Georges Clemenceau, sein französischer Kollege, war unerbittlich. Elsaß-Lothringen, das 1871, nach dem Deutsch-Französischen Krieg, an Deutschland gefallen war, mußte selbstverständlich an Frankreich zurückgegeben werden. Das an Rohstoffen reiche deutsche Rheinland bot den Franzosen weitere mögliche Entgelte. Aber die Sieger mußten mit Woodrow Wilson rechnen, dem von sich selbst berauschten Propheten aus dem Westen, der mit großen Reden durch Europa zog und die blendende Botschaft von Selbstbestimmung, Demokratie, offener Diplomatie und vor allem Hoffnung verbreitete. Er glaubte, sagte er im Dezember 1918 in einer charakteristischen Rede in Manchester, daß »die Menschen vielleicht nicht das Goldene Zeitalter, aber ein Zeitalter zu sehen beginnen, das von Jahrzehnt zu Jahrzehnt heller wird und uns einmal auf eine Höhe führen wird, von der aus wir die Dinge sehen können, nach denen sich das Herz der Menschheit sehnt«.[88]

Andere hatten weniger erhabene Zukunftsvisionen. Freud bereiteten Wilsons Prophezeiungen und mehr noch sein Charakter Unbehagen; Erlöser waren nie nach seinem Geschmack gewesen. Aber am Beginn von Wilsons europäischer Mission war Freud nicht weniger verblüfft und kaum weniger beeindruckt als die meisten anderen. »Unlängst«, schrieb er Abraham Anfang 1919, »hatte ich den Besuch eines Amerikaners aus Wilsons Stab.« Freud war eindeutig ein Gelehrter von internationalem Ruf geworden. »Er kam in Begleitung von zwei Körben Nahrungsmittel und tauschte sie gegen Exemplare von *Vorlesungen [zur Einführung in die Psychoanalyse]* und *[Zur Psychopathologie des] Alltagsleben[s]* ein.« Mehr noch: »Er ließ uns Zuversicht zum Präsidenten haben.«[89] Wir wissen von Freuds amerikanischem Neffen Edward Bernays, daß zu den »Nahrungsmitteln« auch eine Kiste seiner »geliebten Havanna-Zigarren« gehörte.[90] Kein Wunder, daß Freud im April, inmitten von Entbehrungen und Ungewißheiten, gelassen klang: »Das erste Fenster, das sich in unserem Käfig öffnet«, schrieb er Ernest Jones. »Ich kann Ihnen direkt und einen verschlossenen Brief schreiben.« Die Kriegszensur war aufgehoben worden. Mehr noch, Freud fühlte sich nicht mehr so isoliert. »Ich war außerordentlich froh zu hören«, fügte er hinzu, »daß fünf Jahre Krieg und Trennung Ihre freundlichen Gefühle für unsere Mannschaft nicht trüben konnten.« Besser noch, »ich bin froh, von überall zu hören, daß die Psychoanalyse gedeiht«.[91]

Im Laufe des Jahres 1919 besiegelte eine Reihe von Verträgen offiziell den Zusammenbruch der mitteleuropäischen Reiche. Im Juni waren die Deutschen gezwungen, den Vertrag von Versailles zu unterzeichnen. Er nahm ihnen Elsaß-Lothringen, das wieder an Frankreich fiel, die kleinen, aber strategisch wichtigen Bezirke Eupen und Malmedy, die Belgien zugesprochen wurden, ihre Kolonien in Afrika und im Pazifik, die zu Mandaten der Alliierten wurden, und Teile der östlichen Provinzen Posen und Westpreußen, aus denen, durch österreichische und russische Territorien ergänzt, die Sieger ein wiederbelebtes Polen schufen. Das neue Deutschland war eine geographische Monstrosität, ein zweigeteiltes Land: Ostpreußen war eine von polnischem Gebiet umgebene Insel. Möglicherweise noch abträglicher für die Moral der Deutschen war, daß sie den berüchtigten Artikel 231 des Friedensvertrages unterzeichneten, der ihr Land als allein verantwortlich für den Krieg erklärte.

Die Österreicher kamen im September 1919 an die Reihe, als sie einen beinahe ebenso harten Vertrag in St. Germain unterzeichneten. Sie verloren, was ein verstümmeltes Ungarn werden sollte, und die Länder Böhmen und Mähren, die zu einer Neuschöpfung, der unabhängigen Tschechoslowakei, verbunden wurden. Außerdem gaben die Österreicher Territorien wie Trient und Südtirol auf, die an Italien fielen. Um die südösterreichischen Provinzen Bosnien und Herzegowina unterzubringen, erfanden die geschäftigen Kartenzeichner ein Balkangebräu namens Jugoslawien. Wie wir wissen, hatte die Aussicht auf eine Zerstückelung Österreichs Freud fast ein Jahr vor dem Vertrag von St. Germain bereits beträchtliche Befriedigung bereitet.[92] Sein neues Vaterland, dessen Vereinigung mit der deutschen Republik ausdrücklich verboten war, war eine seltsame Konstruktion, die zu der bitteren Bemerkung herausforderte, daß Österreich ein Ungeheuer mit einem Wasserkopf geworden sei. So abgedroschen der Ausdruck bald war, er traf durchaus zu: Eine Metropole, Wien, eine Stadt von nahezu zwei Millionen Einwohnern, hatte ein geschrumpftes Hinterland von nur weiteren fünf Millionen. Monate, bevor der Vertrag unterzeichnet wurde, hatten die Alliierten schon ihre Absichten bekanntgegeben. »Heute erfahren wir«, hatte Freud im März 1919 geschrieben, »daß wir nicht an Deutschland anschließen, aber Südtirol abtreten dürfen. Ich bin ja kein Patriot, aber es ist schmerzlich zu denken, daß so ziemlich die ganze Welt Ausland sein wird.«[93]

Stefan Zweig, den Freud kurz zuvor kennengelernt hatte, erinnerte sich später an dieses Nachkriegsösterreich. Es war »ein ungewisser, grauer und lebloser Schatten der früheren kaiserlichen Monarchie«. Die Tschechen und die anderen Nationalitäten »hatten ihre Länder weggerissen, was übrig blieb, war ein verstümmelter Rumpf, aus allen Adern blutend«. Frierend, hungrig und verarmt, mußten die Deutsch-Österreicher mit der Tatsache leben, daß »die Fabriken, die das Land früher bereichert« hatten, nun auf fremdem Gebiet lagen. »Die Eisenbahnen waren zu kläglichen Stümpfen geworden, der Nationalbank hatte man ihr Gold genommen«. Es gab »kein Mehl, kein Brot, keine Kohle, kein Petroleum; eine Revolution schien unausweichlich oder sonst eine katastrophale Lösung ... Brot schmeckte nach Pech und Leim, Kaffee war ein Absud von gebrannter Gerste, Bier ein gelbes Wasser, Schokolade gefärbter Sand, die Kartoffeln erfroren. Die meisten zogen sich, um den Geschmack von Fleisch nicht ganz zu vergessen, Kaninchen auf, in unserem Garten schoß ein junger Bursche Eichhörnchen als Sonntagsspeise ab.« Wie in den letzten Kriegsjahren trieben Schieber einen blühenden Schwarzhandel, und die Menschen kehrten zum primitivsten Tauschhandel zurück, um Leib und Seele zusammenzuhalten.[94] Später bestätigte Anna Freud Zweigs Einschätzung. Das Brot, erinnerte sie sich, war »schimmelig«, und »es gab keine Kartoffeln«.[95] Einmal schrieb Freud einen Artikel für eine ungarische Zeitschrift und bat darum, nicht mit Geld, sondern mit Kartoffeln bezahlt zu werden. Der Herausgeber, der in Wien wohnte, trug sie auf seinen Schultern in die Berggasse 19. »Mein Vater sprach, wenn er diesen Artikel meinte, immer vom ›Kartoffelschmarrn‹.«[96] Im März 1919 berichtete Freud Ferenczi, die Regierung wolle »die fleischlosen Wochen abschaffen und sie durch fleischlose Monate ersetzen. Ein dummer hungriger Spaß!«[97]

Freud konnte diese irritierenden und Kräfte zehrenden Folgen des Krieges mit mehr Gleichmut ertragen als viele andere, weil eine seiner größten

Besorgnisse, die wegen seines Sohnes Martin, glücklich zerstreut worden war. Nachdem er Ende Oktober 1918 von den Italienern gefangengenommen worden war, hatte man eine Weile nichts von ihm gehört. Dann, beinahe einen Monat später, war die Nachricht gekommen, daß Martin lebe, aber in einem Lazarett liege. Freud stellte Nachforschungen an, schickte Geld und spickte seine Briefe mit kleinen Mitteilungen über seinen Sohn, den Gefangenen. Im April 1919 schrieb er Abraham, die Nachrichten vom Gefangenen seien selten, aber nicht unerfreulich[98], und im Mai konnte er seinem englischen Neffen Samuel mitteilen, daß Martin »noch Gefangener« in der Nähe von Genua, aber »nach seinen Briefen zu urteilen in guter Verfassung« sei.[99] Er wurde einige Monate später entlassen, »in ausgezeichneter Verfassung«.[100] Martin hatte Glück. Mehr als 800 000 österreichisch-ungarische Soldaten waren gefallen oder während des Krieges an Krankheiten gestorben.

Die Verfassung Freuds und seiner unmittelbaren Angehörigen war jedoch ziemlich verzweifelt. Die Sorge um das bloße Überleben beherrschte zwei Jahre lang und mehr sein Leben – und seine Korrespondenz. Die Lebensmittel in Wien waren nicht weniger ungenießbar oder unzugänglich, das Heizmaterial war nicht weniger schwer zu erhalten als in den letzten beiden Kriegsjahren. Die Regierung rationierte alles Lebensnotwendige streng; sogar Milch war schwer zu bekommen. Es gab Wochen, in denen Rindfleisch nur für Krankenhäuser oder öffentlich Bedienstete wie Feuerwehrleute und Straßenbahnfahrer zu haben war. Reis wurde als Ersatz für Fleisch angeboten, und Sauerkraut sollte die Stelle von Kartoffeln einnehmen. Selbst wer Marken für Seife hatte, konnte keine in den Läden finden. Es gab praktisch kein Petroleum und keine Kohle, und eine halbe Kerze war alles, was ein Haushalt im Januar 1919 beanspruchen konnte. Mitfühlende Individuen und Organisationen in der ganzen westlichen Welt, Komitees in einem Land nach dem anderen reagierten auf die verzweifelten Appelle österreichischer Politiker und veranstalteten Sammlungen für Österreich. Anfang 1919 schickten frühere Feinde ganze Waggonladungen voll Hilfsgüter. Aber es war nie genug. »Unsere Ernährung ist noch immer trotz aller Großmut der Entente karg und miserabel«, schrieb Freud im April 1919. »Eigentlich Hungerkost.«[101] Ein österreichischer Fachmann, ein Physiologe namens Durig, schätzte, daß im Winter 1918–19 die tägliche Energieaufnahme pro Person 746 Kalorien betrug.[102]

Freuds Briefe dokumentieren offenherzig den Einfluß des allgemeinen Elends auf seinen eigenen Haushalt. Er schrieb in einem »bitterkalten Zimmer«[103] und suchte vergeblich nach einem brauchbaren Füllfederhalter.[104] Schließlich wurde das Papier knapp.[105] Freud hielt sich für alles andere als einen Nörgler. »Wir sind hier alle hungrige Bettler geworden«, schrieb er Ernest Jones im April 1919. »Aber Sie sollen keine Klagen hören. Ich bin noch aufrecht und halte mich nicht für verantwortlich für irgendeinen Teil des Unsinns der Welt.«[106] Aber in dem, was er gern seinen »heiteren Pessimismus« nannte, trieb der Pessimismus mehr und mehr die Heiterkeit aus.[107] Er war gewiß nichts weniger gern als ein Bettler, aber im Kampf ums Überleben im Nachriegs-Wien zögerte er nicht, anderen seine prekäre Lage zu enthüllen. Er hatte nie einem verbissenen Asketentum gehuldigt, und nun machte er Außenstehende, die offensichtlich schlecht informiert waren, einfach mit der mißlichen Lage seiner Familie bekannt. »Wenn Sie mich drängen, Sie zu informieren«, schalt er Jones im Mai 1919 ein wenig indigniert, »wo und wann wir uns diesen Sommer oder Herbst treffen werden und ob ein gewöhnlicher Kongreß abgehalten werden soll oder statt dessen eine Zusammenkunft des Komitees, kann ich daraus nur schließen, daß Sie nichts von den Bedingungen wissen, unter denen wir leben, und durch Ihre Zeitungen nichts über Österreich erfahren.« Er habe keine Ahnung, wann der normale Reiseverkehr wiederaufgenommen werden könnte. »Es hängt alles von dem Zustand Europas im allgemeinen und dieses vernachlässigten unglücklichen Winkels im besonderen, von der Unterzeichnung des Friedens, der Verbesserung unseres Geldes, der Öffnung der Grenzen usw. ab.«[108] Aber er beklagte sich nicht!

Es gab in Wirklichkeit viel zu klagen. Trotz all der tröstlichen Nachrichten über die Ausbreitung der Psychoanalyse und trotz seiner Findigkeit und stoischen Haltung sah sich Freud gezwungen zuzugeben, daß das Leben keine Freude war. »Wir machen schleche Zeiten durch«, schrieb er seinem Neffen Samuel im Frühjahr 1919; »wie Ihr aus den Zeitungen wißt, Entbehrungen und Unsicherheit überall.«[109] Ein rührender Dankesbrief, den Martha Freud im April 1919 Ernest Jones schrieb, zeigt, wie weit die Entbehrungen gingen. Jones hatte ihr eine »wunderschöne Jacke« geschickt, die, wie sich zeigte, nicht nur ihr vollkommen paßte, sondern auch »Annerl«. Daher wollten sie und ihre jüngste Tochter sie im Sommer abwechselnd tragen.[110] Mitte Mai erkrankte Martha Freud jedoch an einer »echten Grippepneumonie«. Die Ärzte rieten Freud, sich keine Sorgen zu machen.[111] Aber die Grippe war eine höchst beunruhigende Krankheit für alle, die sie wie Martha Freud unterernährt und geschwächt von Jahren des Lebens unter schwierigen Bedingungen zu bekämpfen hatten. Tatsächlich waren der »Spanischen Grippe«, die oft zu einer tödlichen Lungenentzündung führte, seit dem vorausgegangenen Winter schon ungezählte Tausende erlegen. Bereits im Herbst 1918 wurden die Wiener Schulen und Theater zeitweise geschlossen, um die Ansteckungsgefahr zu reduzieren. Alles vergebens, als Welle um Welle eine verwundbare Bevölkerung traf. Frauen waren anfälliger als Männer, aber auch Männer starben in erschreckender Zahl. Bis die Grippe-Epidemie mehr als zwei Jahre später abklang, kamen an die 15 000 Wiener ums Leben.[112] Doch Martha Freud überwand ihre Grippe, obwohl sie sich als hartnäckig erwies. Zwei Wochen nach Ausbruch der Krankheit lag sie noch »zu Bett, überstand eine Lungenentzündung, zeigte aber keine gute Neigung, ihre Kräfte wiederzugewinnen, und hat gerade heute neuerlich zu fiebern begonnen«.[113] Erst Anfang Juli konnte Freud berichten, daß seine Frau wieder »völlig hergestellt« sei.[114]

Im Sommer 1919, während sich seine Frau in einem Sanatorium erholte, verbrachte Freud einen Monat in seinem österreichischen Lieblingskurort, Bad Gastein. Seine Schwägerin Minna begleitete ihn. Er fühlte sich ein wenig schuldig, weil er einen so teuren Ort gewählt hatte, rechtfertigte sich aber mit der Begründung, daß es die kommende kalte Jahreszeit erfordere, so viel Erholungskraft wie möglich zu speichern. »Wer weiß«, bemerkte er Abraham gegenüber, »wie viele von uns den nächsten Winter, von dem Böses zu erwarten ist, überleben werden.«[115] Ende Juli war er froh, Jones berichten zu können, daß er sich »beinahe völlig von den Schrammen und blauen Flecken des Lebens dieses Jahres erholt« habe.[116] Er war mit 63 Jahren noch voller Spannkraft.

Doch sobald er zurück in Wien war, mußte er es wieder mit der ungeschminkten Wirklichkeit aufnehmen. »Das Leben ist sehr hart für uns«, schrieb er im Oktober, als er auf eine Anfrage seines Neffen Samuel antwortete. »Ich weiß nicht, was die englischen Zeitungen Euch sagen; vielleicht übertreiben sie nicht. Die Knappheit der Lebensmittel und die Verschlechterung des Geldes bedrücken vor allem den Mittelstand und diejenigen, die ihren Lebensunterhalt durch geistige Arbeit verdienen. Du mußt Dir vor Augen halten, daß wir alle 19/20 von dem verloren, was wir in bar besaßen.« Eine österreichische Krone war nun weniger wert als ein Penny, und ihr Wert sank ständig weiter. Dazu kam, daß »Österreich (Deutsch-Österreich) nie so viel produzieren konnte, wie es brauchte«, und Freud erinnerte seinen Neffen daran, daß »nicht nur die früheren Provinzen des Reiches, sondern auch unsere eigenen Länder Wien auf die rücksichtsloseste Weise boykottieren, daß die Industrie aus Mangel an Kohle und Rohstoffen völlig stillgelegt worden ist und daß es unmöglich ist, im Ausland einzukaufen und zu importieren«.[117] Die ungünstige Handelsbilanz, die Kapitalflucht, die Notwendigkeit, immer teurere Rohstoffe und Nahrungsmittel zu importieren, und die rasch sinkende Produktion von Exportgütern in den verbliebenen österreichischen Ländern führten zu einer verheerenden Inflation. Vor Ausbruch des Krieges bekam man für fünf österreichische Kronen einen Dollar; im Dezember 1922 war ein Dollar ungefähr 90 000 Kronen wert. Der Verfall der Währung endete erst nach komplizierten Verhandlungen mit internationalen Bankiers und ausländischen Regierungen.

Samuel Freud, ein wohlhabender Kaufmann in Manchester, wurde zum Hauptempfänger der zielbewußten Jeremiaden Freuds. Die Familie, berichtete er ihm, »lebt von magerer Kost. Der erste Hering vor einigen Tagen war ein Festessen für mich. Kein Fleisch, nicht genug Brot, keine Milch, Kartoffeln und Eier außerordentlich teuer, jedenfalls in Kronen.« Zum Glück war sein Schwager Eli, der in den Vereinigten Staaten lebte, »ein sehr reicher Mann geworden«, und seine Hilfe »hat es uns ermöglicht, die Existenz der weiblichen Mitglieder der Familie zu retten«. Der Freud-Clan, fügte er hinzu, »löst sich rasch auf«. Zwei seiner Schwestern, Dolfi und Pauli, und seine Mutter waren nach Bad Ischl geschickt worden, um dort den Winter unter weniger strengen Bedingungen zu verbringen. Seine Schwägerin Minna, die nicht imstande war, das kalte Wien zu ertragen, war nach Deutschland geflohen, das um ein geringes besser dran war. Außer Anna, die »das einzige Kind sein wird, das uns bleibt«, waren seine Kinder aus dem Haus. Über sich selbst bemerkte Freud sachlich: »Du weißt, ich habe einen großen Namen und viel Arbeit, aber ich kann nicht genug verdienen und zehre meine Reserven auf.« Auf Samuels »freundliches Angebot« antwortend, nannte er »die Lebensmittel, die wir am meisten brauchen: Fett, Corned beef, Kakao, Tee, englische Kuchen und was sonst noch alles«.[118]* Max Eitingon in Berlin, reich und aufmerksam, lieh ihm unterdessen Geld, aber das, erklärte ihm Freud offenherzig, war eine nutzlose Geste, solange es sich um österreichische Währung handelte. Er selbst besaß »über hunderttausend« wertlose Kronen. Aber Eitingon schickte auch Lebensmittel. Und er vergaß auch nicht, wie Freud dankbar anerkannte, der für diesen Anlaß ein neues Wort prägte, »Arbeitsmittel«, das heißt Zigarren. Sie erleichterten Freud das weitere Ausharren.[119]

Unermüdlich mobilisierte er seine Verwandten im Ausland, damit der Strom von Lieferungen nach Wien nicht abriß. »Marthas Anweisung folgend«, bat er seinen Neffen Samuel Anfang 1920 für ihn einen »weichen Shetland-Stoff − Pfeffer und Salz oder mausgrau oder tête de nègre in der Farbe − ausreichend für einen Anzug« auszusuchen, der »für Frühjahr und Herbst geeignet ist«.[120] Freud schickte solche Bestellungen mehrere Jahre lang nach England und Amerika. Noch 1922 bat er seine Angehörigen in Manchester, ihm »kräftige Stiefel von der *besten* Qualität« zu besorgen, da das Paar, das er in Wien gekauft hatte, aus den Nähten gegangen war.[121] Er

---

* Seine Ernährung nahm Freuds Interesse sehr in Anspruch, nicht ohne Grund. Ende 1919 berichtete er Eitingon: »Ein Mr. Viereck, Journalist, Politiker und Dichter, ein ganz ansehnlicher Kerl, hat mir sogar ›food‹ angetragen. Ich habe angenommen mit der Bemerkung, daß Fleischkost meine Produktionsfähigkeit gewiß wieder heben wird« (Freud gebrauchte das englische *food* für Lebensmittel. Freud an Eitingon, 19. November 1919. Sigmund Freud Copyrights, Wivenhoe).

überwachte sorgsam alle eintreffenden Sendungen und verglich ihren Inhalt mit den Briefen, die sie ankündigten.

Eine solche Beschäftigung mit all diesen praktischen Dingen war für Freud psychologisch notwendig. So faszinierend die politischen Entwicklungen blieben, sie boten ihm nicht die Möglichkeit, auch nur die geringste Kontrolle über die Ereignisse auszuüben. »Die nächsten Monate werden nach meiner Erwartung voll von dramatischer Bewegtheit sein«, sagte er Eitingon im Mai 1919 voraus. »Wir sind aber nicht Zuschauer, nicht Akteure, eigentlich auch nicht Chor, sondern bloß Opfer!«[122] Er konnte das kaum ertragen. »Ich bin sehr müde«, gestand er Ferenczi im Frühsommer 1919, »mehr noch bösartig, von ohnmächtiger Wut zerfressen.«[123] Für seine Familie zu sorgen, war ein Ausweg aus dieser Ohnmacht.

Freud erwies sich als kompetenter Versorger. Weit entfernt davon, der weltfremde »Herr Professor« zu sein, der sich von seiner Frau alle häuslichen Einzelheiten abnehmen ließ, stellte er fleißig Listen von Waren zusammen, schickte detaillierte Bestellungen ab, empfahl passendes Verpackungsmaterial – auslaufsichere Behälter für Lebensmittel – und verfluchte die Post. Während der Monate der Revolution, als die Verbindung mit dem Ausland praktisch abgeschnitten war, warnte der realistische Freud seine ausländischen Gönner, daß es außerordentlich riskant sei, Geschenke nach Wien zu schicken. Man mußte die Pakete über die englische Militärmission in Wien gehen lassen; gewöhnliche Lebensmittelpakete fütterten nur »die Zollbeamten oder die Eisenbahner«.[124] Ende November 1919 konnte Freud berichten, daß sich »unsere Lage etwas gebessert hat durch Geschenke, die von Freunden aus Holland und der Schweiz nicht geschickt, sondern gebracht wurden, von Freunden und Schülern, sollte ich sagen«. Er war bereit, wenigstens etwas Trost in diesen düsteren Tagen zu finden. »Es ist eines der guten Dinge dieser elenden Zeiten«, schrieb er seinem Neffen in Manchester, »daß die Verbindung zwischen uns wiederaufgenommen worden ist.«[125]

Die Unzuverlässigkeit der Sendungen aus dem Ausland irritierte ihn ständig. Am 8. Dezember 1919 teilte Freud seinem Neffen mit, daß Martin tags zuvor geheiratet habe, und fügte praktisch im selben Atemzug hinzu, daß ein versprochenes Paket nicht eingetroffen sei. »Ich habe keine Hoffnung, daß es uns noch erreicht.«[126] Einige Tage darauf dankte er Samuel warm für seine Sorge – »Du verhältst Dich so freundlich gegenüber Deinen armen Verwandten« – und bat ihn, nichts mehr zu schicken, bis er die Nachricht erhalten habe, daß die Pakete tatsächlich nach Wien durchgekommen seien. »Du scheinst Dir keinen Begriff zu machen von der ganzen Dummheit der Behörden in D[eutsch]-Öst[erreich].«[127] Freuds Englisch mag ein wenig förmlich, ein wenig steif gewesen sein, aber es war sarka-

stisch genug, um ihm beredte, bittere Beiworte zur Charakterisierung der
deutsch-österreichischen Bürokratie zu liefern.

Anprangern war für Freud eine Art Tätigkeit. Einer seiner deutschen
Lieblingsdichter, Schiller, hatte einmal gesagt, daß gegen Dummheit die
Götter selbst vergebens kämpften, aber nicht einmal die Dummheit des
österreichischen Beamtentums ließ Freud die Hoffnung verlieren. »Keines
Deiner Pakete ist angekommen«, teile er Samuel Ende Januar 1920 mit,
»aber wir hören, sie können noch kommen, da sie oft mehr als drei Monate
unterwegs sind.«[128] Er dachte an alles. Im Oktober 1920 berichtete er, daß
»drei Deiner Pakete angekommen sind«, allerdings »eines völlig ausge-
plündert«. Wenigstens sollte Samuel Freud nicht der Verlierer sein. »Ein
Protokoll ist hier auf dem Postamt aufgenommen worden, und man hat mir
geraten, den Absender zu benachrichtigen, und so hoffe ich, Du wirst die
Versicherung bekommen.« Wie immer spielte die Verpackung eine Rolle:
»Die beiden glücklich gelandeten Pakete waren durch Sacktuch geschützt,
sie brachten eine höchst willkommene Ergänzung unserer Vorräte.« Aber –
es gab in diesen Tagen immer ein Aber – »beinahe alles in ausgezeichnetem
Zustand, nur der Käse, der in Papier eingewickelt war, hat durch Schimmel
gelitten und den Geschmack einiger Stangen Schokolade beeinträchtigt«.[129]

Manchmal machte er seiner Erbitterung Luft. Im Mai 1920 schrieb er
einen geharnischten Brief an die »Administration« – die American Relief
Association in Wien – und beschwerte sich, daß man ein Lebensmittelpaket
aus den Vereinigten Staaten, das an seine (gerade verreiste) Frau adressiert
war, seinem Sohn, Ingenieur Oliver Freud, nicht ausgehändigt hatte, obwohl er »mit Vollmacht versehen« war. Das Verhalten der Dienststelle
scheint rigide zu sein, aber die amerikanischen Behörden hatten die Rege-
lung eingeführt, jedes Paket nur dem tatsächlichen Adressaten zu übergeben, da zu viele sogenannte Verwandte ihr Büro mit gefälschten Ausweis-
papieren bestürmt hatten. Freud ließ sich durch solche Entschuldigungen
nicht beeindrucken. Man hatte Oliver von 2 Uhr 30 bis 5 Uhr warten lassen
und ohne das Paket weggeschickt. »Seine Zeit hat auch einen Wert«, so daß
»ihm nicht zugemutet werden kann, dieselbe Erfahrung noch einige Male
zu wiederholen«. Da nur der Adressat ein Paket abholen konnte, »ersuche
ich, mir anzugeben, auf welche Weise die Absicht des Absenders dieser
Liebesgabe verwirklicht werden soll«. Das genügte Freud noch nicht. Wütend rühmte er sich seiner internationalen Bedeutung: »Ich werde nicht
unterlassen, der Öffentlichkeit in Amerika, wo ich nicht unbekannt bin,
Nachricht von der Unzulänglichkeit Ihres Betriebes zukommen zu lassen.«[130] Der Zwischenfall hatte einen zugleich possenhaften und kläglichen
Epilog. Elmer G. Burland, der Leiter der Dienststelle, der mehrere Jahre
zuvor einige der Schriften Freuds am College in Berkeley studiert hatte,

machte sich das Vergnügen, das Lebensmittelpaket persönlich abzuliefern. Er wurde mit ausgesuchter Grobheit behandelt: Freud bestand darauf, daß er mit Oliver Englisch sprach (obwohl Burlands Deutsch damals erstklassig war) und ließ Oliver seine Worte ins Deutsche übersetzen (obwohl Freud, was kaum gesagt zu werden braucht, jedes Wort verstand). Dann antwortete Freud auf deutsch und ließ seinen Sohn *seine* Worte ins Englische übersetzen (obwohl Burland offensichtlich keinen Dolmetscher brauchte).[131] Diese kleinliche, berechnete, theatralische Rache ist ein Gradmesser für Freuds Zorn und Frustration.

Freuds Briefe aus diesen Jahren lassen vermuten, daß er die Zeit zum Denken und Schreiben stehlen mußte. Es ist ergreifend zu sehen, wie er – der unabhängige Mann, der wirklich Besseres zu bedenken hatte – damit beschäftigt war, das Lebensnotwendigste für sich und seine Familie zu beschaffen. Aber er blieb nicht lange nur ein Empfangender. Sobald er konnte, tilgte er seine Schulden bei Eitingon und begann für den Strom der Lebensmittel zu zahlen, die er so eifrig importierte. Im Februar 1920 bat er seinen Neffen, »den beiliegenden Scheck über 4 Pfund (Zahlung eines englischen Patienten) zu akzeptieren«.[132] Fünf Monate später schickte er acht Pfund[133], und im Oktober schrieb er, nicht ohne ein wenig zu triumphieren: »Ich danke Dir von Herzen für all Deine Fürsorge und Mühe, aber wenn diese Sendungen weitergehen sollen, mußt Du mir sagen, was sie Dich kosten. Ich habe mich durch die Behandlung ausländischer Patienten ein wenig erholt und verfüge über ein Guthaben in gutem Geld in Den Haag.«[134]

Um diese Zeit hatte sich die Lage in Österreich und damit auch die Lage der Freuds schon ein wenig gebessert. Stefan Zweig erinnerte sich, daß die Jahre zwischen 1919 und 1921 die schwersten waren. Aber schließlich hatte es nicht viele Gewalttätigkeiten gegeben, nur vereinzelte Plünderungen. In den Jahren 1922 und 1923 gab es wieder genug zu essen.[135] Der österreichische Psychoanalytiker Richard Sterba erinnerte sich, daß es nach Kriegsende fünf Jahre dauerte, »bis das erste für die Österreicher so wichtige Schlagobers wieder im Kaffeehaus erschien«.[136] Als Lebensmittel und Heizmaterial wieder auf dem freien Markt zu haben waren, »lebte man«, wie Zweig schrieb, »man spürte seine Kräfte«.[137] Auch Freud spürte sie. Seine klinische Arbeit und die Geschenke, die ihm seine Anhänger weiterhin schickten, sicherten ihm eine auskömmliche Existenz. »Ich werde alt, unleugbar bequem und träge«, schrieb er Abraham im Juni 1920, »auch verwöhnt und verdorben durch die vielen Geschenke und Lebensmittel, Zigarren und Geld, die man mir macht und die ich annehmen muß, weil ich sonst nicht leben könnte.«[138] Im Dezember 1921 war das Leben wieder attraktiv genug, daß er Abraham einlud, bei ihm in der Berggasse zu wohnen. Als Köder diente die verführerische Bemerkung, daß das Gästezimmer der Freuds nicht nur billiger sei als ein Hotelzimmer, sondern auch geheizt.[139]

Doch die Inflation zehrte die Ersparnisse auf, die Freud in österreichischer Währung besaß.* Die Innenpolitik war auch nicht reizvoller. Mit den heutigen Wahlen, schrieb Freud Kata Levy, einer ungarischen Freundin und früheren Analysandin, im Herbst 1920, werde die reaktionäre Welle auch hier einsetzen, nachdem die revolutionäre nichts Angenehmes gebracht habe. Er stellte sich die Frage, welcher Mob der schlimmste sei, und meinte, sicherlich immer der, der gerade oben sei.[140] In der Politik war Freud ein Mann der Mitte, und das war eine höchst prekäre und ständig gefährdete Position in den unruhigen Nachkriegsjahren. Kein Wunder, daß Freud, als ihn Eitingon im Sommer 1922 einlud, sich in Berlin niederzulassen, den Gedanken nicht wenig verlockend fand. »Für den Fall, daß wir Wien verlassen müssen«, überlegte er in einem Brief an Otto Rank, »weil man dort nicht mehr leben kann und analysebedürftige Fremde nicht mehr kommen wollen, bietet er uns in Berlin eine erste Unterkunft. Wenn ich 10 Jahre jünger wäre, würde ich allerlei Pläne an diese Übersiedlung knüpfen.«[141]

Die Erschütterungen des Krieges hatten die meisten Kinder Freuds zu Abhängigen gemacht – abhängig von ihm. Wie er Jones im Sommer 1919 schrieb, »schicke ich alles, was ich erübrigen kann, meinen Kindern in Hamburg, deren Existenz der Krieg zerstört hat. Von meinen Söhnen hat nur Oli, der Ingenieur, für eine Weile Arbeit gefunden, Ernst arbeitet in München ohne Gehalt, und Martin, den wir in einigen Wochen zurück erwarten, würde trotz seiner vielen Medaillen und Auszeichnungen auf der Straße stehen, wenn er nicht einen alten Vater hätte, der noch arbeitet.«[142] Oliver war auch keine verläßliche Hilfe, denn er litt unter neurotischen Schwierigkeiten, die seinen Vater sehr beunruhigten. Oliver, gestand er Eitingon, »hat mir oft Sorgen gemacht ... Er braucht aktive Therapie.«[143]

Freuds Arbeit war zweifellos seine finanzielle Rettung. Die Ausländer, die er als Patienten suchte, konnten ihn nicht nur in harter Währung bezahlen, sondern auch in bar. Als er Leonhard Blumgart schrieb, einem New Yorker Arzt, der 1921 eine Lehranalyse haben wollte, verlangte er »10 Dollar für die Stunde (in effektiven Dollar, nicht Scheck)«.[144] Er erklärte seine Gründe dem amerikanischen Psychiater und Anthropologen Abram Kardiner, der damals sein Analysand war: Die zehn Dollar, die er für die

---

* Sie zehrte auch die Ersparnisse anderer auf. Noch am 20. Januar 1924 schrieb Ferenczi Freud: »Die Entwertung der ungarischen Krone schreitet rapid vorwärts, sie wird bald den österreichischen Tiefstand erreichen. Im Mittelstand herrscht Elend; die ärztliche Praxis stockt fast vollkommen, die Leute haben kein Geld fürs Kranksein« (Freud–Ferenczi Correspondence, Freud Collection, LC).

Analysestunde verlangte, sollten »in effektiven Banknoten gezahlt werden, nicht in Schecks, die er nur gegen Kronen einlösen könnte«[145], die von Tag zu Tag weniger wert waren. Ohne die Analysanden aus England und Amerika, die er seine »Entente-Leute« nannte, konnte er, wie er Ernest Jones schrieb, »nicht sein Auskommen finden«.[146] Im Gegensatz zu den »Entente-Leuten«, die Dollars und Pfunde besaßen, waren Patienten aus Deutschland und Österreich nicht so wünschenswert. »Ich habe jetzt 4 freie Stunden«, teilte er Jones Anfang 1921 mit, »und ich möchte mich nicht gern von Mittelmächte-Patienten ernähren.« Er hatte an der »westlichen Valuta Geschmack gefunden«.[147] Wie er Kata Levy sagte, konnte man mit Wienern, Ungarn und Deutschen nicht mehr seinen Lebensunterhalt verdienen. Er bedauerte seine Vorliebe und bat sie, die Angelegenheit vertraulich zu behandeln. Es sei wirklich keine Handlungsweise für einen »würdigen alten Mann«, meinte er, aber »c'est la guerre«.[148] Er war, was finanzielle Dinge betraf, von vollkommener Offenheit, so wie er es seinen Kollegen in seinen Schriften über die Technik geraten hatte.

Mit dem Wechsel seiner Analysanden wurde nun Englisch die Hauptsprache von Freuds Praxis. Er hatte diese Sprache schon lange bevorzugt, und eben deshalb ärgerte er sich über sich selbst – und sein unzulängliches Englisch. Im Herbst 1919 nahm er sich eine Lehrerin, »um mein Englisch herausputzen zu lassen«.[149] Aber die Ergebnisse seiner Lektionen befriedigten ihn nicht. »Ich höre mir 4–6 Stunden täglich Englisch oder Amerikanisch an«, bemerkte er 1920, »und sollte mit meinem eigenen Englisch bessere Fortschritte gemacht haben, aber ich finde es mit 64 viel schwerer zu lernen als mit 16. Ich erreiche ein gewisses Niveau, und dort muß ich aufhören.«[150] Die Analysanden, die ihre Mitteilungen nur murmelten oder Slang sprachen, bereiteten ihm besondere Schwierigkeiten. »Ich mache mir Sorgen wegen meines Englischs«, schrieb er Ernest Jones, an zwei der Patienten denkend, die dieser ihm geschickt hatte. »Beide sprechen ein abscheuliches Idiom.« Sie sorgten dafür, daß er sich nach der »vornehmen Korrektheit« David Forsyths »sehnte«, eines englischen Arztes, der im Herbst 1919 einige Zeit mit Freud gearbeitet und sich seine Dankbarkeit durch sein kultiviertes Vokabular und seine klare Aussprache verdient hatte.[151]

Seine sprachlichen Schwächen, die weit weniger störend waren, als er glaubte, wurden zu einer Art Obsession. »Ich höre täglich, und spreche 4–5 Stunden mit Engländern«, schrieb er seinem Neffen im Juli 1921, »aber ich werde nie ihre verd... Sprache korrekt erlernen.«[152] Kurz zuvor hatte er Leonhard Blumgart, der bereit war, zu seiner Analyse nach Wien zu kommen, einen kleinen Vertrag zum Zwecke des Selbstschutzes vorgeschlagen: »Es wäre eine große Erleichterung für mich, wenn Sie deutsch sprächen; wenn nicht, sollten Sie mein Englisch nicht kritisieren.«[153] Diese englischen Sitzungen machten ihn so müde, gestand er Ferenczi Ende 1920, »daß ich am Abend zu nichts mehr brauchbar bin«.[154] Das störte ihn so sehr, daß er es wiederholt erwähnte. Er fand die fünf und manchmal sechs und sieben Stunden, die er Englisch hörte und sprach, so anstrengend, schrieb er Kata Levy Ende 1920, daß er abends keine Briefe mehr beantworten könne und diese Arbeit an den Sonntagen erledige.[155]

Doch das Geld, das Freud durch die analytische Arbeit mit seinen »Entente-Leuten« verdiente, erlaubte ihm zu tun, was ihm noch mehr gefiel als Nehmen – Geben. Für einen Mann, der sich sein Leben lang Sorgen gemacht hatte, daß seine Kinder Not leiden könnten, ging er bemerkenswert großzügig mit seinem schwer verdienten Geld um. Als im Herbst 1921 Lou Andreas-Salomé seine Einladung annahm, ihn und seine Familie in der Berggasse 19 zu besuchen – sie hatten einander eine ganze Weile nicht gesehen –, wagte Freud einen Vorschlag: »Einen damit (d. i. mit Ihrer Reise) zusammenhängenden Punkt berühre ich ohne Scheu vor Mißdeutung.« Kurz, er bot ihr Reisegeld an, falls sie es brauchen sollte. »Ich bin durch den Erwerb in gutem, fremden Geld (Amerikaner, Engländer, Schweizer) relativ *reich* geworden.« Taktvoll versicherte er ihr, daß dieser Gebrauch seiner Mittel *ihm* Freude bereiten würde. »Von diesem neuen Reichtum möchte ich aber auch etwas haben.«[156*] Er wußte, daß ihre psychoanalytische Praxis in Göttingen nur knappe Einkünfte abwarf. In den frühen zwanziger Jahren, sehr harten Zeiten für Deutschland, achtete Freud darauf, daß sie ausreichend mit amerikanischen Dollars versorgt war, eine laufende Unterstützung, die sie bereitwillig annahm.[157] Im Sommer 1923, als er aus zuverlässiger Quelle – von seiner Tochter Anna – erfuhr, daß sie nicht weniger als zehn Analysestunden pro Tag habe, tadelte er seine »liebste Lou« väterlich und vergaß dabei seinen eigenen anstrengenden Arbeitsplan im Laufe der Jahre: »Halte es natürlich für einen schlecht verhüllten Selbstmordversuch.« Er beschwor sie, ihre Honorare zu erhöhen und weniger Patienten zu behandeln.[158] Und er schickte ihr mehr Geld.

Er selbst wollte seine Analysestunden ebenfalls einschränken. Im Jahre 1921 schrieb er Blumgart, daß er nur »eine sehr beschränkte Anzahl von Schülern oder Patienten« annehme, und er sprach von sechs.[159] Aber während einiger Monate dieses Jahres hatte er, so müde er war, tatsächlich zehn Analysanden.[160] »Ich bin ein alter Mann und habe ein gutes Recht auf ungestörte Ferien«, schrieb er Blumgart und betonte, wie schon seit einigen Jahren, sein fortgeschrittenes Alter mit einer Art masochistischen Vergnügens.[161] Er zitierte das deutsche Sprichwort »Die Kunst geht nach Brot«

---

* Im September 1922 schickte ihr Freud 20 000 Mark – Inflationsgeld, aber dennoch eine beträchtliche Summe (Freud an Andreas-Salomé, 8. September 1922. Freud Collection, B3, LC).

und erklärte Jones bündig, daß »das Geschäft die Wissenschaft verschlingt«.[162] Aber er setzte sich nicht zur Ruhe. Er leistete wichtige Beiträge zur Zukunft der Psychoanalyse, indem er die, wie er es nannte, »Selbstanalyse« künftiger Analytiker überwachte. Noch wichtiger war, daß Freud inmitten des äußeren und inneren Tumults die drastischen Revisionen an seinem psychoanalytischen System vollendete, mit denen er ein halbes Jahrzehnt zuvor begonnen hatte.

Tod: Erfahrung und Theorie

Freuds Appetit auf Arbeit, der seine Bekundungen von bevorstehender Senilität und Hinfälligkeit Lügen strafte, war nicht einfach die physische Reaktion auf bessere Nahrung, neue Patienten und importierte Zigarren. Die Arbeit war auch seine Methode, Trauer zu überwinden. Ironischerweise war er im Frieden mehr als einmal mit dem konfrontiert, was ihm im Krieg beinahe völlig erspart geblieben war: mit dem Tod. Er ließ sein ganzes materielles Unbehagen trivial erscheinen. Anfang 1920, als er Ernest Jones zum Tode seines Vaters kondolierte, stellte er die rhetorische Frage: »Können Sie sich an eine Zeit erinnern, die so voll von Tod war wie die gegenwärtige?« Er hielt es für einen »Glücksfall«, daß der ältere Jones rasch gestorben war und nicht durchhalten mußte, »bis er Stück für Stück von seinem Krebs aufgefressen wurde«. Gleichzeitig warnte er Jones vor kommenden schweren Zeiten: »Sie werden bald feststellen, was es für Sie bedeutet.« Freud wurde an seine eigene Trauer vor beinahe einem Vierteljahrhundert erinnert: »Ich war etwa so alt wie Sie, als mein Vater starb (43), und es revolutioned* meine Seele.«[163]

Der erste Todesfall in Freuds intimem Kreis, der schreckliche Selbstmord seines Schülers Victor Tausk, »revolutionierte« jedoch seine Seele nicht im mindesten. Er nahm ihn mit klinischer, sachlicher Distanz auf. Tausk hatte sich, nachdem er seine Karriere als Jurist und Journalist zugunsten der Psychoanalyse aufgegeben hatte, in Wiener Analytikerkreisen durch eine Reihe von wichtigen Abhandlungen und durch Vortragskurse rasch ausgezeichnet; Freud erwähnte beides rühmend in seinem offiziellen Nachruf.[164] Aber seine Kriegserlebnisse waren außergewöhnlich aufreibend gewesen, und Freud schrieb seinen psychischen Verfall öffentlich den Anstrengungen seines Militärdienstes zu. Aber in ihm hatte mehr als Erschöpfung gearbeitet. Tausk, ein Mann von vielen Frauen – wir erinnern uns, daß er vor dem Krieg wahrscheinlich eine Affäre mit Lou Andreas-Salomé hatte –, war

* »Revolutioned« (revolutionierte) im Original.

geschieden, mit mehreren Frauen verlobt gewesen und im Begriff, wieder zu heiraten. Lange Zeit an Depressionen und zunehmender Verwirrtheit leidend, bat er Freud um eine Analyse, wurde aber abgewiesen. In früheren Jahren hatte Freud Tausk finanziell und emotionell großzügig unterstützt, aber jetzt schickte er ihn zu Helene Deutsch, einer jungen Schülerin, die sich selbst einer Analyse bei Freud unterzog. Das Ergebnis war ein kompliziertes Dreieck, das nicht gut ging. Tausk sprach mit Deutsch über Freud, und Deutsch sprach mit Freud über Tausk. Zuletzt gewann Tausks Depression die Oberhand, und am 3. Juli 1919 brachte er es mit abartiger Erfindungsgabe fertig, sich zugleich zu erhängen und zu erschießen. »Tausk«, teilte Freud Abraham drei Tage später mit, »hat sich vor einigen Tagen erschossen. Sie erinnern sein Benehmen auf dem Kongreß.« Im vorausgegangenen September in Budapest war Tausk an einem ziemlich aufsehenerregenden Brechanfall erkrankt. »Er war durch seine Vergangenheit und die letzten Kriegserlebnisse erdrückt, sollte in dieser Woche heiraten, konnte sich nicht mehr aufraffen. Trotz seiner bedeutenden Begabung war er für uns unbrauchbar.«[165]

Die Ätiologie von Tausks Selbstmord, schrieb Freud einige Tage später Ferenczi ebenso kühl, war »dunkel, wahrscheinlich psychische Impotenz und letzter Akt seines infantilen Kampfes mit dem Vatergespenst«. Und er gestand: »Trotz Würdigung seiner Begabung kein rechtes Mitgefühl bei mir.«[166] Freud wartete fast einen Monat, bevor er Lou Andreas-Salomé vom Ende des »armen Tausk« benachrichtigte, und wiederholte beinahe Wort für Wort, was er Abraham geschrieben hatte.[167] Sie war überrascht, verstand aber und teilte sogar weitgehend Freuds Einstellung; sie hatte zuletzt gedacht, daß Tausk irgendwie gefährlich für Freud und die Psychoanalyse sei.[168] Freud schrieb ihr wie den anderen, daß Tausk für ihn »unbrauchbar« gewesen sei. Aber nach der Art zu urteilen, wie Freud in diesem Brief von Tausks Selbstmord zu seiner eigenen Arbeit übersprang, hatte Tausk tatsächlich eine gewisse posthume Brauchbarkeit: »Ich habe mir jetzt als Altenteil das Thema des Todes ausgewählt, bin über eine merkwürdige Idee von den Trieben aus gestolpert und muß jetzt allerlei lesen, was dazu gehört, z. B. zum ersten Mal Schopenhauer.«[169] Er sollte bald sehr viel über den Tod zu sagen haben, nicht über die Art und Weise, wie er zu Tausk oder anderen Individuen kam, sondern über den Tod als allgemeines Phänomen.

So gefühllos Freuds Worte über seinen bemitleidenswerten, verirrten Schüler klingen mögen, seine Reaktion auf einen anderen Tod, den Anton von Freunds, bezeugt, daß seine Fähigkeit, einen Verlust zu empfinden, nicht verkümmert war. Bei von Freund trat der Krebs, wie er befürchtet hatte, wieder auf, und er starb Ende Januar 1920 in Wien im Alter von vierzig Jahren. Seine großzügige Unterstützung der psychoanalytischen Bewegung und vor allem ihrer verlegerischen Unternehmen war sein Monument. Aber von Freund war für Freud auch ein Freund, nicht nur ein Wohltäter der Analyse. Freud besuchte ihn während seiner Krankheit täglich und hielt Abraham, Ferenczi und Jones über seinen unaufhaltsamen Verfall auf dem laufenden. Am Tag nach dem Tode seines Freundes schrieb er Eitingon: »Für unsere Sache ein schwerer Verlust, für mich ein scharfer Schmerz, den ich aber im Laufe der letzten Monate«, in denen von Freund sichtlich starb, »assimilieren konnte. Er hat seine Hoffnungslosigkeit mit heldenhafter Klarheit ertragen, der Analyse keine Schande gemacht.« Kurz, er starb, wie Freuds Vater gestorben war und wie er selbst zu sterben hoffte.[170]

Obwohl seit einigen Monaten voraussagbar, war der Verlust von Freunds ein Schock. Aber der plötzliche Tod von Freuds Tochter Sophie, seiner »teuren, blühenden Sophie«[171], die fünf Tage nach von Freund an einer Grippe mit Lungenentzündung starb, war ein weit größerer Schock. Sie war mit ihrem dritten Kind schwanger gewesen.[172] Sophie Halberstadt war ebenso ein Opfer des Krieges, der Millionen für Infektionen anfällig gemacht hatte, wie ein an der Front gefallener Soldat. Ende Februar schrieb Freud Kata Levy, er wisse nicht, ob jemals wieder Frohsinn bei ihnen einkehren werde. Seine arme Frau habe es zu hart getroffen. Er war froh, daß er zu viel Arbeit hatte, um seine Sophie richtig zu betrauern.[173] Aber mit der Zeit trauerte er genug um sie; die Freuds verschmerzten diesen Verlust nie. Acht Jahre später, 1928, als Martha Freud Ernest Jones' Frau, Katherine, ihr Beileid zum Verlust ihrer Tochter aussprach, erinnerte sie sich an ihren eigenen Verlust: »Es sind doch nun schon acht Jahre seit dem Tod unseres Sopherls, aber immer bin ich wie aufgewühlt, wenn sich in unserem Freundeskreis etwas Ähnliches ereignet. Ich war ja damals genau so zerschmettert, wie Sie es heute sind, alle Sicherheit und alles Glück schien für immer verloren.«[174] Und weitere fünf Jahre später, 1933, als die imagistische Dichterin Hilda Doolittle – H.D. – während einer Analysestunde mit Freud das letzte Jahr des Großen Krieges erwähnte, »sagte er, er habe Grund, sich an die Epidemie zu erinnern, da er seine liebste Tochter verloren hatte. ›Sie ist hier‹ sagte er, und er zeigte mir ein kleines Medaillon, das er an seiner Uhrkette trug«.[175]

Freud half sich mit philosophischen Überlegungen und psychoanalytischer Sprache. »Der Verlust eines Kindes«, schrieb er Oskar Pfister, »scheint eine schwere narzißtische Kränkung; was Trauer ist, wird wohl erst nachkommen.« Er kam nicht über »die unverhüllte Brutalität der Zeit« hinweg, die es den Freuds unmöglich machte, zu ihrem Schwiegersohn und seinen beiden kleinen Kindern in Hamburg zu fahren. Es gingen keine Züge. »Sophie«, schrieb Freud, »hinterläßt zwei Söhne von sechs Jahren und von dreizehn Monaten und einen untröstlichen Mann, der das Glück dieser sieben Jahre jetzt teuer bezahlen wird. Das Glück war nur zwischen den beiden, nicht äußerlich: Krieg, Einrückung, Verwundung, Aufzehrung ihrer Habe, aber sie waren tapfer und heiter geblieben.« Und »morgen wird sie eingeäschert, unser armes Sonntagskind!«[176] Er schrieb Frau Halberstadt, der Mutter des Witwers: »Eine Mutter ist ja nicht zu trösten; wie ich jetzt erfahre, kaum ein Vater.«[177] Als er dem Witwer einen herzlichen Beileidsbrief schrieb, sprach Freud von »einem sinnlosen, brutalen Akt des Schicksals, der uns unsere Sophie geraubt hat«. Man könne nicht anklagen und nachgrübeln. »Man muß das Haupt beugen unter dem Streich als hilfloser, armer Mensch, mit dem höhere Gewalten spielen.« Er versicherte Halberstadt, daß sich seine Gefühle für ihn nicht geändert hätten, und forderte ihn auf, sich als seinen Sohn zu betrachten, solange er wolle. Und er unterschrieb den Brief traurig mit »Papa«.[178]

Er hielt diese nachdenkliche Stimmung noch eine Zeitlang aufrecht. »Es ist ein großes Unglück für uns alle«, schrieb er dem Psychoanalytiker Lajos Levy, Kata Levys Mann, in Budapest, »ein Schmerz für die Eltern, aber für uns gibt es wenig zu sagen. Schließlich wissen wir, daß der Tod zum Leben gehört, daß er unvermeidbar ist und kommt, wann er will. Wir waren auch vor diesem Verlust nicht sehr fröhlich. Ein Kind zu überleben ist wirklich nicht angenehm. Das Schicksal hält sich nicht einmal an diese Reihenfolge.«[179] Aber er hielt sich tapfer. »Machen Sie sich um mich keine Sorgen«, beruhigte er Ferenczi. »Ich bin bis auf etwas mehr Müdigkeit derselbe.« So schmerzlich Sophies Tod für ihn war, er änderte nicht seine Einstellung zum Leben. »Jahrelang war ich auf den Verlust meiner Söhne gefaßt; nun kommt der der Tochter. Da ich im tiefsten ungläubig bin, habe ich niemand zu beschuldigen, und ich weiß, daß es keinen Ort gibt, wo man Klage anbringen kann.« Er hoffte auf die beruhigende Kraft seiner täglichen Routine, aber »ganz tief unten wittere ich das Gefühl einer tiefen, nicht verwindbaren narzißtischen Kränkung«.[180] Er blieb ein entschlossener Atheist, der ganz und gar nicht gewillt war, seine Überzeugung gegen Trost einzutauschen. Lieber arbeitete er. »Sie wissen von dem Unglück, das mich getroffen hat, es ist wirklich deprimierend«, schrieb er Ernest Jones, »ein Verlust, den man nicht vergessen kann. Aber wir wollen ihn für den Augenblick beiseite schieben, das Leben und die Arbeit müssen weitergehen, solange wir dauern.«[181] Ähnlich äußerte er sich Pfister gegenüber: »Ich arbeite, soviel ich kann, und bin dankbar für die Ablenkung.«[182]

Freud arbeitete und war dankbar. Auf dem ersten internationalen psychoanalytischen Kongreß nach dem Krieg, der Anfang September 1920 in Den Haag stattfand, hielt er einen Vortrag, der seine Traumtheorie weiterentwickelte und ein wenig revidierte. Es war ein großer Auftritt: Er brachte seine Tochter Anna mit, die bald selbst Psychoanalytikerin werden sollte, und in seinem Vortrag deutete er die Idee des Wiederholungszwanges an, die eine große Rolle in der theoretischen Schrift spielen sollte, die er zur Veröffentlichung vorbereitete. Der Haager Kongreß war eine Wiedervereinigung von Freudianern, die noch zwei Jahre zuvor offiziell als Todfeinde klassifiziert worden waren. Es war etwas Rührendes an der Begegnung, als halbverhungerte Analytiker aus den besiegten Ländern von ihren großzügigen holländischen Gastgebern auf Banketten gefüttert und gefeiert wurden.* Die Engländer, erinnerte sich Jones, gaben Freud und seiner Tochter ein Essen, bei dem Anna eine »charmante kleine Ansprache in sehr gutem Englisch hielt«.[183] Es war ein stark besuchtes und heiteres Konklave: 62 Mitglieder und 57 Gäste waren erschienen. Nur wenige Psychoanalytiker hatten sich über längere Zeit dem Chauvinismus ergeben; daher fanden es amerikanische und englische Analytiker völlig natürlich, mit ihren deutschen, österreichischen und ungarischen Kollegen beisammenzusitzen. Eine Zusammenkunft in Berlin wäre allerdings 1920 unmöglich gewesen, obwohl sich Abraham sehr dafür einsetzte.[184] Wenngleich sie frei von Xenophobie waren, hatten die englischen und amerikanischen Analytiker doch noch Ressentiments gegenüber den Deutschen. Aber nur zwei Jahre später wählte die Internationale Psychoanalytische Vereinigung auf Abrahams Drängen Berlin als Ort für ihren nächsten Kongreß, der ohne politische Störungen verlief. Es war das letzte Konklave, an dem Freud teilnahm.

In den unmittelbaren Nachkriegsjahren war Freuds schriftstellerische Produktion, gemessen an der Zahl der Wörter, gering. Er schrieb Abhandlungen über Homosexualität und das seltsame Thema, das ihn immer fesselte: die Telepathie. Zusätzlich veröffentlichte er drei Bücher, eigentlich nicht mehr als Broschüren: *Jenseits des Lustprinzips* im Jahre 1920, *Massenpsychologie und Ich-Analyse*, 1921, und *Das Ich und das Es*, 1923. Zusammengenommen machen diese Schriften vielleicht nicht mehr als 200 Seiten

---

* Die österreichischen, ungarischen und deutschen Analytiker erinnerte dieser Kongreß an eine Welt des Überflusses, die sie beinahe schon vergessen hatten. Anna Freud erinnerte sich später, daß sie und ihr Vater wenig Geld hatten. »Aber mein Vater war wie immer sehr großzügig. Er gab mir jeden Tag eine gewisse Summe, die ich für Obst (Bananen etc.) ausgeben konnte, das wir in Wien seit Jahren nicht gehabt hatten, und er bestand darauf, daß ich mir neue Kleider kaufte, und setzte dem, was ich ausgeben durfte, keine Grenzen: ›Was immer ich brauche...‹ Ich erinnere mich nicht, daß er etwas für sich selbst kaufte – außer Zigarren« (Anna Freud an Jones, 21. Januar 1955. Jones papers, Archives of the British Psycho-Analytical Society, London).

aus. Aber ihr Umfang täuscht; sie legen sein strukturelles System* dar, dem
Freud bis zum Ende seines Lebens treu blieb. Er hatte dieses System seit dem
Ende des Krieges entwickelt, während er damit beschäftigt war, Kakao und
Stoffe aus England zu bestellen und seine schlechten Füllfederhalter zu ver-
fluchen. »Wo meine Metapsychologie bleibt?« fragte er Lou Andreas-Salomé. »Zunächst«, sagte er mit mehr Nachdruck als zuvor, »bleibt sie un-
geschrieben.« Die »fragmentarische Natur meiner Erfahrungen und der
sporadische Charakter meiner Einfälle« gestatteten keine systematische
Darstellung. Er fügte beruhigend hinzu: »Wenn ich aber noch zehn Jahre
lebe, in dieser Zeit arbeitsfähig bleiben, nicht verhungern, nicht erschlagen werden, nicht von dem Elend der Meinigen oder dem um mich herum
zu stark hergenommen sein sollte – ein bißchen viel Bedingungen –, dann
verspreche ich, weitere Beiträge zu ihr zu leisten.« Ein erster werde *Jenseits
des Lustprinzips* sein.[185] Dieser schmale Band und seine beiden Nachfolger
zeigen, warum er dieses oft angekündigte und oft aufgeschobene Buch über
Metapsychologie nicht veröffentlichen konnte. Er hatte seine Ideen zu
stark verkompliziert und modifiziert. Nicht zuletzt hatten sie nicht genug
über den Tod enthalten – oder genauer gesagt, er hatte das, was sie über den
Tod zu sagen hatten, nicht in seine Theorie integriert.

Man ist versucht, Freuds spätes psychoanalytisches System mit seiner Betonung von Aggression und Tod als Reaktion auf seinen Kummer dieser
Jahre zu lesen. Damals äußerte sich Fritz Wittels, Freuds erster Biograph, in
diesem Sinne: »Im Jahre 1920 [*Jenseits des Lustprinzips*] hat Freud mit der
Entdeckung überrascht, daß es neben dem Lustprinzip, das man seit der
hellenischen Kultur den Eros nannte, auch noch ein anderes Prinzip in allem Lebendigen gibt: Was lebt, will wieder sterben. Vom Staube stammt es,
zu Staub will es wieder werden. Nicht nur der Lebenstrieb ist in ihm, sondern auch der *Todestrieb*. Als Freud der aufhorchenden Welt diese Mitteilung machte, stand er unter dem Eindruck des Todes einer blühenden
Tochter, die er verlor, nachdem er jahrelang um das Leben von einigen
seiner nächsten Angehörigen hatte bangen müssen, die in den Krieg gezogen waren.«[186] Es war eine übereinfache, aber sehr plausible Erklärung.
    Freud protestierte sofort dagegen. Er war Wittels drei Jahre zuvorge-
kommen: Im Frühsommer 1920 hatte er Eitingon und andere gebeten, notfalls zu bezeugen, daß sie einen Entwurf von *Jenseits des Lustprinzips* vor
Sophie Halberstadts Tod gesehen hatten.[187] Als er nun Ende 1923 Wittels'

---

* Es ist üblich, dieses Nachkriegssystem als das »strukturelle« System zu bezeichnen im
Gegensatz zum »topographischen« der Jahre vor dem Krieg. Es gab, wie aus diesen
Seiten hervorgehen sollte, viele Verbindungen und Zusammenhänge zwischen den beiden. Außerdem sind die Namen sprachliche Zufälle und rein konventionell; beide Systeme beschreiben die Topographie und Struktur der Psyche.

Biographie las, gab er zu, daß diese Deutung »sehr interessant« war: Hätte er unter diesen Umständen eine analytische Studie über einen anderen vorgenommen, würde er einen solchen Zusammenhang »zwischen dem Tod meiner Tochter und den Gedankengängen im *Jenseits*« hergestellt haben. Und dennoch, fügte er hinzu, »ist sie falsch. Das *Jenseits* wurde 1919 geschrieben, als meine Tochter gesund und blühend war.« Um zwingende Beweisgründe anzuführen, wiederholte er, daß er das praktisch fertige Manuskript seinen Freunden in Berlin schon im September 1919 vorgelegt habe. »Das Wahrscheinliche ist nicht immer das Wahre.«[188] Er hatte solide Beweise für seinen Einwand. Er ging nicht wegen eines Todesfalles in seiner Familie über das Lustprinzip hinaus.[189] Doch seine merkliche Besorgnis, diesen Punkt über jeden Zweifel hinaus klarzustellen, gibt Anlaß zu der Vermutung, daß er nicht nur hoffte, die Allgemeingültigkeit seiner neuen Hypothesen zu sichern. Schließlich hatte er oft, und ohne sich zu entschuldigen, allgemeine Behauptungen über das psychische Geschehen aus seiner persönlichen Erfahrung abgeleitet. War es ein Zufall, daß der Ausdruck »Todestrieb« eine Woche nach Sophie Halberstadts Tod in seiner Korrespondenz auftauchte?[190] Er erinnert rührend daran, wie tief ihn der Verlust seiner Tochter getroffen habe. Dieser Verlust kann eine Nebenrolle beanspruchen, wenn nicht bei der Auslösung seiner Beschäftigung mit zerstörerischen Gewalten, so doch bei der Bestimmung ihres Gewichtes.

Das große Schlachten von 1914 bis 1918, bei dem sich die Wahrheit über die menschliche Grausamkeit im Kampf und in kriegerischen Leitartikeln enthüllte, hatte Freud auch gezwungen, der Aggression eine größere Bedeutung zuzuweisen. Als er im Wintersemester 1915 seine Vorlesungen an der Universität Wien hielt, hatte er seine Hörer aufgefordert, an die Brutalität, Grausamkeit und Verlogenheit zu denken, die sich jetzt in der Kulturwelt breitmachten, und zuzugeben, daß das Böse aus der Grundnatur des Menschen nicht ausgeschlossen werden konnte.* Aber die Macht der Aggression war schon lange vor 1914 kein Geheimnis für ihn gewesen. Freud war schließlich derjenige, der ihr Wirken in sich selbst enthüllt hatte, privat in seinen Briefen an Fließ und öffentlich in der *Traumdeutung*. Ohne seine gedruckten Geständnisse wären Freuds Todeswünsche gegen seinen kleinen Bruder, seine feindseligen ödipalen Gefühle gegen seinen Vater oder sein Bedürfnis nach einem Feind in seinem Leben vielleicht für immer nur ihm allein bekannt geblieben. Allgemeiner hatte er schon 1896 im Druck auf die Selbstvorwürfe von Zwangsneurotikern wegen »*sexueller Aggressionen im Kindesalter*« angespielt.[191] Ein wenig später hatte er entdeckt, daß aggressive Impulse eine mächtige Komponente des Ödipuskomplexes sind, und in seinen *Drei Abhandlungen zur Sexualtheorie* von 1905 hatte er

---

* Siehe S. 415.

gesagt, daß »die Sexualität der meisten Männer eine Beimengung von *Aggression* zeigt«.[192] In diesem Abschnitt hatte er zwar die Aggression als auf Männer beschränkt bezeichnet, aber das war ein Überbleibsel von Engstirnigkeit, das nach Korrektur verlangte. Was die Aggression überall, auch im Sexualleben, auch bei Frauen, betraf, darüber hatte er bereits ein Jahrzehnt und mehr vor dem Ersten Weltkrieg klare Vorstellungen gehabt. Der Krieg, wiederholte er mit einiger Rechtfertigung immer wieder, habe nicht erst das Interesse der Psychoanalyse an der Aggression geweckt; er habe vielmehr nur bestätigt, was die Analytiker schon immer gesagt hätten. *

Was ihm und anderen damals rätselhaft war, war nur die Frage, warum er gezögert hatte, die Aggressivität in den Rang einer Rivalin der Libido zu erheben. »Warum haben wir selbst so lange Zeit gebraucht«, fragte er sich im Rückblick, »ehe wir uns zur Anerkennung eines Aggressionstriebs entschlossen?«[193] Ein wenig wehmütig erinnerte er sich an seine Zurückweisung eines solchen Triebs, als die Idee zum erstenmal in der psychoanalytischen Literatur auftauchte, und daran, »wie lange es dauerte, bis ich für sie empfänglich wurde«.[194] Er dachte an eine Darstellung der brillanten russischen Analytikerin Sabina Spielrein in den Pioniertagen des Jahres 1911[195] bei einer der Zusammenkünfte am Mittwochabend in der Berggasse 19 und an ihren ein Jahr später erschienenen bahnbrechenden Artikel »Die Destruktion als Ursache des Werdens«.[196]** In jenen Jahren war Freud einfach noch nicht bereit gewesen.

Sein Zögern hatte zweifellos auch noch andere Ursachen. Die bloße Tatsache, daß ausgerechnet Adler für den Begriff des männlichen Protests ein-

---

* Siehe Freuds Brief vom Dezember 1914 an den holländischen Dichter und Psychopathologen Frederick van Eeden. Der Krieg, schrieb er, bestätige nur, was Analytiker »aus den Träumen und Fehlhandlungen des Gesunden wie aus den Symptomen der Nervösen geschlossen« hätten, nämlich daß »die primitiven, wilden und bösen Impulse der Menschheit bei keinem Einzelnen verschwunden sind, sondern noch fortbestehen, wenngleich verdrängt ... und auf die Anlässe warten, um sich wieder zu betätigen« (zitiert in *Jones*, II, S. 434).
** Siehe ihren Artikel »Die Destruktion als Ursache des Werdens« in *Jahrbuch für psychoanalytische und psychopathologische Forschungen*, IV (1912), 465–503, in dem sie über das Wirken von destruktiven Impulsen Vermutungen anstellte, die in den Sexualtrieben selbst enthalten sind. Sabina Spielrein war eine ungewöhnliche junge Analytikerin. Sie war Russin, studierte in Zürich Medizin und begab sich aufgrund einer verzweifelten psychischen Notlage in psychoanalytische Behandlung bei Jung. Sie verliebte sich in ihren Analytiker, und Jung nutzte ihre Abhängigkeit aus und machte sie zu seiner Geliebten. Nach einem schmerzlichen Kampf, bei dem Freud eine kleine, aber nicht rühmliche Rolle spielte, befreite sie sich aus ihrer Verstrickung und wurde Analytikerin. Während ihres kurzen Aufenthalts in Wien lieferte sie regelmäßig Beiträge zu Diskussionen bei den Mittwochabend-Sitzungen. Später kehrte sie nach Rußland zurück, wo sie die Psychoanalyse praktizierte. Nach 1937 hörte man nichts mehr von ihr. Im Jahre 1942, nach der Invasion der Nazis in der Sowjetunion, wurden sie und ihre beiden erwachsenen Töchter von deutschen Soldaten kaltblütig erschossen.

trat, sosehr er sich auch von Freuds späterer Definition unterschied, hinderte Freud daran, einen destruktiven Trieb anzunehmen. Auf ähnliche Weise war Jungs Anspruch, daß er Freud zuvorgekommen sei, indem er argumentierte, daß die Libido ebenso auf den Tod wie auf das Leben gerichtet sei[197], nicht dazu angetan, Freuds Annahme eines Aggressionstriebes zu beschleunigen. Höchstwahrscheinlich hatte sein Zögern auch eine persönliche Dimension. Es kann eines der Abwehrmanöver gewesen sein, die er gegen seine eigene Aggressivität mobilisierte. Er warf der modernen Kultur vor, daß sie die blasphemisch niedrige Einschätzung der menschlichen Natur zurückweise, welche die Aggression zu einem fundamentalen Trieb mache. Vielleicht. Aber sein eigenes Zögern wirkt eher wie ein Stück Projektion, mit der er anderen seine eigene Verleugnung zuschrieb.

Während die erschreckende tägliche Schaustellung der Brutalität des Menschen Freuds Neuformulierungen schärfte, verdankte sich seine neue Klassifikation der Triebe weit mehr den internen Problemen der psychoanalytischen Theorie. Seine Abhandlung über den Narzißmus hatte, wie wir gesehen haben, die Unzulänglichkeit seiner früheren Einteilung der Triebe in Sexual- und Ichtriebe aufgedeckt. Aber weder diese Abhandlung noch die folgenden hatten ein zufriedenstellenderes Schema geliefert. Freud hatte jedoch nicht die Absicht, die Libido zu einer universalen Energie zu verwässern, was er Jung vorwarf. Ebensowenig wollte er die Libido durch eine universale aggressive Kraft ersetzen; das sei, wie er sagte, Adlers fataler Irrtum. In *Jenseits des Lustprinzips* hob er ausdrücklich Jungs »*monistische*« Libidotheorie hervor und verglich sie zu deren Nachteil mit seinem eigenen »*dualistischen*« Schema.[198]

Er blieb überzeugter Dualist aus klinischen, theoretischen und ästhetischen Gründen. Die Fälle seiner Patienten bestätigten reichlich seine Behauptung, daß psychologische Aktivität im wesentlichen von Konflikten geprägt sei. Mehr noch, allein der Begriff der Verdrängung, dieser Eckpfeiler der psychoanalytischen Theorie, setzt eine fundamentale Aufteilung in psychische Operationen voraus: Freud trennte die Verdrängungsenergien vom verdrängten Material. Und schließlich hatte sein Dualismus eine schwer faßbare ästhetische Dimension. Nicht, daß Freud hilflos von dem Bild zweier wütender Schwertkämpfer besessen war, die bis zum Tode aufeinander losschlagen; seine Analyse des ödipalen Dreiecks, zum Beispiel, zeigt, daß er imstande war, Polaritäten beiseitezulegen, wenn es das Beweismaterial verlangte. Aber das Phänomen dramatischer Gegensätze scheint Freud ein Gefühl der Befriedigung und des Abschlusses gegeben zu haben; seine Schriften sind voll von Gegenüberstellungen wie aktiv und passiv, männlich und weiblich, Liebe und Hunger und nun, nach dem Krieg, Leben und Tod.

Die Revisionen, die Freud an seinen Theorien vornahm, hinderten ihn jedoch nicht daran, den Kern seiner vor dem Kriege formulierten Verallgemeinerungen über die Struktur und das Wirken der Psyche zu retten. Psychoanalytiker beschwerten sich damals und beschweren sich weiter, daß Freud nur selten die präzise Bedeutung seiner Selbstkorrekturen klarstellte. Er erkläre nicht genau, was er von seinen früheren Formulierungen ausgeschieden, was er modifiziert und was er intakt beibehalten habe, sondern überlasse die Abstimmung von scheinbar unvereinbaren Aussagen seinen Lesern.* Es konnte jedoch kein Zweifel daran bestehen, daß die Neuformulierungen, die er in *Jenseits des Lustprinzips* anbot, die traditionelle Anordnung von Gedanken und Wünschen nach ihrer Entfernung vom Bewußtsein intakt beibehalten hatten; das bekannte Trio von unbewußt, vorbewußt und bewußt behielt seine Brauchbarkeit. Doch die neue Landkarte der psychischen Struktur, die Freud zwischen 1920 und 1923 zeichnete, brachte ausgedehnte, bisher unvermutete Bezirke der psychischen Funktionen und Fehlfunktionen wie das Schuldgefühl in den Bereich psychoanalytischen Verstehens. Vielleicht am aufregendsten war der Zugang, den Freuds Revisionen zu einer Region der Psyche boten, die das psychoanalytische Denken bis dahin grob vernachlässigt, ungenau benannt und kaum verstanden hatte – das Ich. Mit der Ichpsychologie, die Freud nach dem Krieg ausarbeitete, kam er der Verwirklichung eines alten Ehrgeizes immer näher: eine allgemeine Psychologie zu entwerfen, die über ihr erstes beschränktes Habitat, die Neurosen, hinausreichte zur normalen psychischen Aktivität.

Jenseits des Lustprinzips ist ein schwieriger Text. Die Prosa ist so klar wie immer, wenn auch die Konzentration von beunruhigenden neuen Ideen auf den geringstmöglichen Umfang dem raschen Verständnis des Lesers Hindernisse entgegenstellt. Noch verwirrender ist, daß Freud Flügen der Phantasie nachgibt, die so ungehemmt sind wie irgendwelche, die er je im Druck unternommen hatte. Die Vertrautheit mit der klinischen Erfahrung, die die meisten auch noch so theoretischen Abhandlungen Freuds kennzeichnet, ist hier nur schwach, ja sie fehlt beinahe.** Um noch mehr Verwirrung zu stiften, trieb Freud seine bekannten Beteuerungen der Unsicherheit weiter

* Es gibt einige Ausnahmen, und wir werden eine entdecken, wenn wir seine Änderung der Theorie der Angst im Jahre 1926 diskutieren.
** Max Schur, dem niemand vorwerfen kann, er habe Freud ohne Einfühlung gelesen, sagt entschieden: »Wir können also nur vermuten, daß die Schlüsse, die Freud ... zog ... ad hoc herbeigezogene Argumente sind, um eine vorgefaßte Hypothese zu stützen ... Diese Argumentation, die Freuds sonstigem wissenschaftlichen Stil ganz unähnlich ist, durchzieht den gesamten Aufsatz *Jenseits des Lustprinzips.*« (Max Schur, *Das Es und die Regulationsprinzipien des psychischen Geschehens*, 1973, S. 150.)

als je zuvor. »Man könnte mich fragen«, schrieb er kurz vor dem Schluß, »ob und inwieweit ich selbst von den hier entwickelten Annahmen überzeugt bin. Meine Antwort würde lauten, daß ich weder selbst überzeugt bin, noch bei anderen um Glauben für sie werbe. Richtiger: ich weiß nicht, wie weit ich an sie glaube.« Er stellte sich ein wenig verschmitzt als jemanden dar, der einem Gedankengang gefolgt war, so weit er führte, »nur aus wissenschaftlicher Neugier oder, wenn man will, als *advocatus diaboli*, der sich darum doch nicht dem Teufel selbst verschreibt«.[199]

Gleichzeitig erklärte Freud seine Überzeugung, daß zwei von drei neueren Schritten in der Trieblehre – die Erweiterung des Begriffs der Sexualität und die Einführung des Begriffs des Narzißmus – »direkte Übersetzungen der Beobachtung in Theorie« seien. Aber der dritte, die Behauptung des regressiven Charakters der Triebe, der so wesentlich für Freuds neuen Dualismus war, schien weit weniger gesichert zu sein als die beiden anderen. Auch hier behauptete Freud, sich auf beobachtetes Material zu stützen. »Allein vielleicht habe ich [dessen] Bedeutung überschätzt.« Er dachte jedoch, daß seinen »Spekulationen«[200] zumindest einige Beachtung geschenkt werden sollte, und Beachtung haben sie auch gefunden, bisweilen eine enthusiastische, häufiger eine spöttische. Im Frühjahr 1919, als er einen Entwurf der Abhandlung fertiggestellt hatte und sich darauf vorbereitete, ihn Ferenczi zu schicken, schrieb er, daß er sich »sehr« mit dieser Arbeit »amüsierte«.[201] Es war ein Amüsement, das seine Anhänger nicht teilten.

Jenseits des Lustprinzips beginnt mit einem Gemeinplatz, der damals in der psychoanalytischen Theorie unbestritten war, nämlich »daß der Ablauf der seelischen Vorgänge automatisch durch das Lustprinzip reguliert wird«. Nach näherer Überlegung und in Anbetracht der Unlust, die so viele seelische Vorgänge auszulösen scheinen, schwächte Freud diese kategorische Behauptung zwei Seiten später ab: »Es kann also nur so sein, daß eine starke Tendenz zum Lustprinzip in der Seele besteht.«[202] Mit dieser Neuformulierung näherte sich Freud dem Hauptanliegen seines Essays: Er versuchte zu zeigen, daß es in der Seele fundamentale Kräfte gibt, die das Lustprinzip auf die folgenreichste Weise entkräften. Er führte als Beispiel das Realitätsprinzip an, die erworbene Fähigkeit, den ungeduldigen Drang nach augenblicklicher Befriedigung aufzuschieben und zu hemmen.

An sich bereitet diese Neuformulierung dem traditionellen Analytiker keine Schwierigkeiten, und das gilt auch für Freuds Behauptung, daß die Konflikte, die in allen Menschen wirksam sind, besonders wenn der psychische Apparat reift, normalerweise eher Unlust als Lust produzieren. Aber die Handvoll Beispiele, die Freud damals anbot, sind weder vertraut noch ganz überzeugend, obwohl er sie als Beweis oder zumindest eindrucksvolles Zeugnis für die Existenz von bis dahin unvermuteten psychischen Kräften »jenseits« des Lustprinzips nahm. Eines dieser Beispiele wurde berühmt, obwohl es spielerisch und kaum schlüssig ist: das Fort-da-Spiel, das Freud bei seinem achtzehn Monate alten Enkel, Sophies älterem Sohn, beobachtet hatte. Obwohl er sehr an seiner Mutter hing, war der kleine Ernst Wolfgang Halberstadt ein »braver« Junge, der nie weinte, wenn sie ihn kurz verließ. Aber er spielte ein mysteriöses Spiel; er nahm eine hölzerne Spule, um die ein Stück Schnur gewickelt war, warf sie über den Rand seines mit einem Vorhang versehenen Bettchens und machte dazu »o-o-o-o«, was seine Mutter und sein Großvater als »fort« verstanden. Dann zog er die Spule zurück und begrüßte ihr Wiedererscheinen mit einem glücklichen *Da*. Das war das ganze Spiel, und Freud deutete es als eine Methode, mit einem überwältigenden Erlebnis fertigzuwerden: Der kleine Junge ging von der passiven Hinnahme der Abwesenheit seiner Mutter zur aktiven Inszenierung ihres Verschwindens und ihrer Rückkehr über. Oder vielleicht rächte er sich an seiner Mutter – er warf sie sozusagen weg, als ob er sie nicht mehr brauchte.

Dieses kindliche Spiel stimmte Freud nachdenklich. Warum inszenierte der kleine Junge unaufhörlich eine Situation, die für ihn so beunruhigend war? Freud zögerte, allgemeine Schlüsse aus einem einzelnen Fall zu ziehen, und bot ein Beispiel für das alte scherzhafte psychoanalytische Gebot: Verallgemeinere nicht aufgrund eines Falles, verallgemeinere aufgrund von zwei Fällen! Doch so fragmentarisch und rätselhaft das Beweismaterial, das er seinem aufmerksamen Großvater bot, auch sein mochte, Ernst Halberstadt warf die faszinierende Frage auf, ob die Macht des Lustprinzips über das Seelenleben wirklich so sicher sei, wie die Psychoanalytiker vermutet hatten.[203]

Andere Beweismittel schienen solider zu sein, zumindest für Freud. Im Laufe der psychoanalytischen Behandlung versucht der Analytiker die unglücklichen, oft traumatischen frühen Erlebnisse oder Phantasien bewußt zu machen, die der Patient verdrängt hat. Auf eine perverse Weise gehorchen der Akt der Verdrängung und der Widerstand des Analysanden gegen die Auflösung dieser Verdrängung dem Lustprinzip; es ist angenehmer, gewisse Dinge zu vergessen, als sich an sie zu erinnern. Aber in der Gewalt der Übertragung, bemerkte Freud, kehrten viele Analysanden immer wieder zu Erlebnissen zurück, die nie lustvoll gewesen sein konnten. Nun hatten ihre Analytiker sie zwar aufgefordert, frei über alles zu sprechen, um das Unbewußte bewußt zu machen; aber hier schien etwas Quälenderes im Spiel zu sein, ein Zwang, ein schmerzliches Erlebnis zu wiederholen. Freud bemerkte eine Version dieser monotonen, selbstzerstörerischen Wiederholung von Unlust bei Patienten mit einer »Schicksalsneurose«, Leidenden, deren Los es ist, das gleiche Unglück mehr als einmal durchzumachen.

Freud, der in dieser Abhandlung weniger als im größten Teil seines übrigen Werkes geneigt war, klinisches Material anzuführen, veranschaulichte die Schicksalsneurose durch eine Szene aus Torquato Tassos romantischem Epos *Das befreite Jerusalem*. In einem Zweikampf tötet Tankred, der Held, seine geliebte Clorinda, die ihm in der Rüstung eines feindlichen Ritters entgegengetreten ist. Nach ihrem Begräbnis, als Tankred in einen unheimlichen Zauberwald eindringt, schlägt er mit seinem Schwert auf einen Baum ein, und Blut strömt hervor. Er hört die Stimme Clorindas, deren verzauberte Seele in diesem Baum gefangen ist und die ihn anklagt, seine Geliebte zum zweiten Mal verwundet zu haben.[204] Das in der Psychoanalyse zu beobachtende Verhalten von Patienten mit einer Schicksalsneurose und die wiederholte Beschäftigung mit eigenen Erlebnissen bei ehemaligen Soldaten, die an einer Kriegsneurose litten, waren für Freud echte Ausnahmen von der Herrschaft des Lustprinzips. Der Wiederholungszwang, aus dem sie entstehen, erinnert weder an Lust noch verschafft er Lust irgendeiner Art. Freud stellte fest, daß Patienten, die unter diesem Zwang leiden, ihr Äußerstes tun, um bei Elend und Kränkungen zu verweilen und eine Unterbrechung der Analyse zu erzwingen, bevor sie beendet ist. Es gelingt ihnen, Beweise dafür zu finden, daß sie verachtet werden. Sie entdecken Mittel, realistische Gründe für ihre eifersüchtigen Gefühle zu finden. Sie phantasieren von unrealistischen Plänen, die sie enttäuschen müssen. Es ist, als hätten sie nie gelernt, daß all diese zwanghaften Wiederholungen keine Lust bringen. Es ist etwas »Dämonisches« an ihren Handlungen.[205]

Das Wort »dämonisch« läßt keinen Zweifel an Freuds Strategie. Er sah den Wiederholungszwang als eine höchst primitive psychische Aktivität, die einen »triebhaften« Charakter »im hohen Grade« zeige. Die Art von Wiederholung, um die ein Kind bittet – daß eine Geschichte genauso erzählt wird, wie sie zuvor erzählt wurde, ohne Änderung eines einzigen Details –, ist offensichtlich lustvoll. Aber die unaufhörliche Wiederholung von erschreckenden Erlebnissen oder Kindheitsmiseren in der analytischen Übertragung gehorcht anderen Gesetzen. Sie muß einem elementaren Drang entspringen, der von dem Streben nach Lust unabhängig ist und oft zu diesem im Widerspruch steht. Freud gelangte so zu der Entdeckung, daß zumindest einige Triebe konservativ sind; sie gehorchen dem Drang nicht nach Neuem und nach noch nie gemachter Erfahrung, sondern im Gegenteil, nach der Wiederherstellung eines früheren anorganischen Zustandes. Kurz, »*das Ziel allen Lebens ist der Tod*«. Die Bedeutung der Selbsterhaltungs-, Macht- und Geltungstriebe schrumpfe, in diesem Licht gesehen, ein. Alles, was man sagen könne, sei, »daß der Organismus nur auf seine Weise sterben will«.[206] Freud war bei dem theoretischen Begriff eines Todestriebes angelangt.

Dann enthüllte er listig seine Bedenken und erklärte seine schwerwiegende Entdeckung für zweifelhaft: »Aber besinnen wir uns, dem kann nicht so sein!« Es sei undenkbar, daß das Leben nichts anderes als eine Vorbereitung auf den Tod sein solle. Die Sexualtriebe bewiesen, daß es nicht wirklich so sein könne: Sie seien die Diener des Lebens. Zumindest verlängerten sie den Weg zum Tod, bestenfalls strebten sie nach einer Art Unsterblichkeit.[207] Die Seele ist also ein Schlachtfeld. Nachdem er dies zu seiner Zufriedenheit klargestellt hatte, tauchte Freud in das Dickicht der spekulativen modernen Biologie, ja sogar der Philosophie, ein, um bestätigende Beweise zu finden. Man erinnert sich, was Freud im Sommer 1919 seiner guten Freundin Lou Andreas-Salomé geschrieben hatte: Er sei über die Triebe auf eine seltsame Idee gestoßen und lese alles mögliche, einschließlich Schopenhauer. Das Ergebnis war seine Anschauung von zwei elementaren kämpferischen Kräften in der Seele, Eros und Thanatos, die ewig miteinander ringen.

Freud schien im Jahre 1920 ein wenig unsicher zu sein, ob er wirklich an das furchteinflößende Bild des Kampfes glaubte, das er skizziert hatte. Aber allmählich verschrieb er sich seinem Dualismus mit aller Energie, die ihm zu Gebote stand. Er verteidigte ihn beredt und bot dem Widerstand seiner Analytikerkollegen die Stirn. »Ich hatte die hier vertretenen Auffassungen anfangs nur versuchsweise vertreten«, erinnerte er sich später, »aber im Laufe der Zeit haben sie eine solche Macht über mich gewonnen, daß ich nicht mehr anders denken kann.«[208] Im Jahre 1924 wandte er in seiner Abhandlung »Das ökonomische Problem des Masochismus« das Schema ganz beiläufig an, so als wäre nichts daran umstritten, und er behielt es den Rest seines Lebens unverändert bei. Es beseelt den 1940 posthum veröffentlichten *Abriß der Psychoanalyse* nicht weniger als *Das Unbehagen in der Kultur* von 1930 oder die *Neue Folge der Vorlesungen zur Einführung in die Psychoanalyse*, die drei Jahre später erschien. »Ein Gegensatz einer optimistischen zu einer pessimistischen Lebenstheorie kommt nicht in Frage«, schrieb er 1937. »Nur das Zusammen- und Gegeneinanderwirken beider Urtriebe Eros und Todestrieb erklärt die Buntheit der Lebenserscheinungen, niemals einer von ihnen allein.«[209] Doch obwohl er von dieser unerbittlichen Anschauung überzeugt war, war er nicht dogmatisch. »Natürlich«, schrieb er Ernest Jones 1935, als er noch einmal auf den Konflikt zwischen Leben und Tod zurückkam, »ist das alles tastende Spekulation, bis man etwas Besseres hat.«[210] Kein Wunder, wenn bei aller Autorität Freuds nicht die ganze psychoanalytische Bewegung seinem Beispiel folgte.

Als sie Freuds neue Theorie des Dualismus der Triebe diskutierten, half den Psychoanalytikern seine Unterscheidung zwischen dem stillen Todestrieb, der darauf hinarbeite, lebende Materie auf einen anorganischen Zustand zu reduzieren, und der auffälligen Aggressivität, die man bei der klinischen Arbeit antraf und täglich beweisen konnte. Praktisch ohne Ausnahme konnten sie die Behauptung akzeptieren, daß die Aggressivität zur

Ausstattung des menschlichen Tieres gehöre: Nicht nur Krieg und Plünderung, sondern auch feindselige Scherze, eifersüchtige Verleumdung, häusliche Streitigkeiten, sportliche Wettkämpfe, wirtschaftliche Rivalitäten – und die Fehden der Psychoanalytiker – bestätigen, daß die Aggressivität in der Welt grassiert und nach aller Wahrscheinlichkeit von einem unerschöpflichen Strom triebhaften Drucks genährt wird. Aber für die meisten Analytiker war Freuds Vorstellung von einem verborgenen, primitiven Drang nach dem Tod, einem primären Masochismus, etwas ganz anderes. Sie hatten Probleme mit dem Beweismaterial, gleich ob es aus der Psychoanalyse oder aus der Biologie stammte. Indem er zwischen Todestrieb und reiner Aggression unterschied, ermöglichte es Freud seinen Anhängern, die beiden voneinander zu trennen, seine epische Vision von der Gegenüberstellung von Thanatos und Eros abzulehnen und trotzdem das Konzept von den zwei gegeneinander kämpfenden Trieben beizubehalten.*

Freud war sich der Risiken bewußt, die er einging, und er bereute nichts. »In den Arbeiten meiner letzten Jahre«, schrieb er in seinem Selbstporträt von 1925, »habe ich der lange niedergehaltenen Neigung zur Spekulation freien Lauf gelassen.« Ob sich seine neue Konstruktion als brauchbar erweisen werde, fügte er hinzu, stehe dahin. Es war sein Ehrgeiz gewesen, einige wichtige theoretische Probleme zu lösen, aber er gab zu, daß er »weit über die Psychoanalyse hinaus« gegangen sei.[211] So unbehaglich sich seine Kollegen mit solchen weitreichenden Exkursionen fühlen mochten, Freud begrüßte sie als Fortschritte in seiner Wissenschaft und, nebenbei, als Beweis dafür, daß seine intellektuelle Vitalität noch nicht verkümmert war. »Wenn das wissenschaftliche Interesse, das gerade jetzt bei mir schläft, mit der Zeit wieder erwacht«, schrieb er Ernest Jones im Herbst 1920, als *Jenseits des Lustprinzips* erschien, »könnte ich noch imstande sein, einen

---

* Einige der Anhänger Freuds, vor allem die Kinderanalytikerin Melanie Klein und ihre Schule, zeigten sich in dieser Frage kompromißloser als Freud selbst. »Die vielen Versuche, die schon unternommen wurden, um die Menschheit zu bessern – um sie vor allem friedlicher zu machen«, schrieb Melanie Klein 1933, »sind fehlgeschlagen, da noch niemandem die ganze Tragweite und Wirkung der jedem einzelnen Menschen angeborenen Aggressionsimpulse völlig klar geworden ist« (»Die frühe Entwicklung des Gewissens beim Kind«, in: *Frühstadien des Ödipuskomplexes; Frühe Schriften 1928–1945*, 1985, S. 99). Und mit »Aggressionsimpulse« meinte sie den Todestrieb in seiner ganzen elementaren Freudschen Kraft. In scharfem Gegensatz dazu zog Heinz Hartmann, der prominenteste unter den Ichpsychologen, der Freuds fragmentarische strukturelle Theorie der zwanziger Jahre gründlich ausarbeitete, es vor, sich auf »das Triebkonzept, dem wir tatsächlich in der klinischen psychoanalytischen Theorie begegnen«, zu konzentrieren und ohne »Freuds andere, hauptsächlich biologisch orientierte Hypothesen der ›Lebens‹- und ›Todestriebe‹« auszukommen (»Comments on the Psychoanalytic Theory of the Instinctual Drives«, 1948, in: *Essays on Ego Psychology: Selected Problems in Psychoanalytic Theory*, 1964, S. 71 f.).

neuen Beitrag zu unserer unbeendeten Arbeit zu liefern.«[212] Zu seiner großen Überraschung und sogar zu seinem Bedauern fand der Essay einen gewissen Anklang. »Für das *Jenseits*«, berichtete er Eitingon im März 1921, »bin ich genug gestraft worden, es ist sehr populär, bringt mir Mengen von Zuschriften und Lobsprüchen ein, ich muß da etwas sehr Dummes gemacht haben.«[213] Er gab bald zu erkennen, daß dieses kleine Buch nur die erste Rate eines größeren Unternehmens war.

Eros, Ich und ihre Feinde

Freuds Vitalität mochte ungebrochen sein, aber er war keine Produktionsmaschine. Er mußte warten, bis die Inspiration frei strömte. »Hier bin ich mitten in der erlesenen Schönheit unserer Alpen«, schrieb er Ernest Jones im August 1920 aus Bad Gastein, »ich bin ziemlich erschöpft und warte auf die wohltuenden Wirkungen von radioaktivem Wasser und köstlicher Luft. Ich habe das Material für die Massenpsychologie und Ich-Analyse mitgebracht, aber mein Kopf weigert sich hartnäckig, sich für diese tiefen Probleme zu interessieren.«[214] Er hatte seit einigen Monaten langsam und in Abständen an ihnen gearbeitet. Aber sobald sein Kopf klar war, fand er, daß die Arbeit an seiner »Massenpsychologie« rasch fortschritt. Im Oktober lasen seine Schüler in Berlin den Entwurf, und Anfang 1921 machte er sich an die letzte Überarbeitung.[215] »Ich bin jetzt ziemlich beschäftigt mit der Berichtigung des Büchleins über Massenpsychologie«, schrieb er Jones im März.[216] Bezeichnenderweise hegte er Zweifel gegen das »Büchlein«. Als er Romain Rolland ein Exemplar schickte, wehrte er Kritik durch Selbstkritik ab: »Nicht, daß ich diese Schrift für besonders gelungen hielte, aber sie führt einen Weg von der Analyse des Individuums zum Verständnis der Gesellschaft.«[217]

Das ist in einem Satz das Hauptziel von Freuds *Massenpsychologie und Ich-Analyse*. Freud hatte sich in die Essays und Monographien vertieft, die Massenpsychologen von Gustav Le Bon bis Wilfred Trotter in den letzten dreißig Jahren veröffentlicht hatten, und sie als Anregung für seine eigenen Gedankengänge verwendet. Zuletzt hatte jedoch sein *Totem und Tabu* einen weit größeren Einfluß auf seine Schlußfolgerungen als Le Bons *Psychologie der Massen*. Was Freud interessierte, war die Frage: Was hält Massen außer dem transparenten rationalen Motiv des Eigennutzes zusammen? Seine Antwort trieb ihn notwendigerweise in die Sozialpsychologie. Was aber in seiner »Massenpsychologie« die Aufmerksamkeit am stärksten fesselt, ist seine freizügige Anwendung psychoanalytischer Lehrsätze bei der Erklärung der sozialen Kohäsion. »Der Gegensatz von Individual- und So-

zial- oder Massenpsychologie«, begann er, »der uns auf den ersten Blick als
sehr bedeutsam erscheinen mag, verliert bei eingehender Betrachtung sehr
viel von seiner Schärfe.« Und weiter: »Im Seelenleben des Einzelnen kommt
ganz regelmäßig der Andere als Vorbild, als Objekt, als Helfer und als Gegner in Betracht, und die Individualpsychologie ist daher von Anfang an
auch gleichzeitig Sozialpsychologie.«[218]

Diese Behauptung verallgemeinert stark, ist aber vom psychoanalytischen Standpunkt aus vollkommen logisch. Freud war in den zwanziger
ebenso wie in den 1890er Jahren bereit, den Einfluß der biologischen Ausstattung auf das Seelenleben anzuerkennen. Aber wesentlicher für seine
Sozialpsychologie ist, daß er, indem er die wesentliche Identität von Indivi-
dual- und Sozialpsychologie betonte, klarstellte, daß die Psychoanalyse bei
all ihrem kompromißlosen Individualismus das innere Leben nicht erklären kann, ohne auf die Außenwelt zurückzugreifen. Vom Augenblick der
Geburt an ist das Kind einem Bombardement von Einflüssen anderer ausgesetzt, die sich während der Kindheit vervielfachen und verändern. Im
Laufe der Jahre ist das Kind der prägenden Ermutigung und Herabsetzung,
dem Lob und dem Tadel, dem beneidenswerten und abschreckenden Beispiel anderer ausgesetzt. Die Charakterentwicklung, neurotische Symptome, Konflikte, in deren Mittelpunkt Liebe und Haß stehen, sind Kom-
promißbildungen zwischen inneren Trieben und äußerem Druck.

Deshalb, davon war Freud überzeugt, müsse der Sozialpsychologe, der
die Kräfte analysiert, die Gruppen zusammenhalten, letzten Endes zum
Studium der individuellen psychischen Eigenschaften zurückkehren, eben
der Eigenschaften, welche die Psychoanalytiker seit einem Vierteljahrhundert interessiert hatten. »Das Verhältnis des Einzelnen zu seinen Eltern und
Geschwistern, zu seinem Liebesobjekt, zu seinem Lehrer und zu seinem
Arzt«, schrieb Freud, »also all die Beziehungen, welche bisher vorzugs-
weise Gegenstand der psychoanalytischen Untersuchung geworden sind,
können den Anspruch erheben, als soziale Phänomene gewürdigt zu werden.«[219] Allerdings zeige das Verhalten von Gruppen seine eigenen unverkennbaren Charakteristika. Freud stimmte mit Le Bon darin überein, daß
Massen intoleranter, irrationaler, unmoralischer, herzloser und vor allem
ungehemmter seien als Individuen. Aber die Masse als Masse erfindet
nichts; sie befreit, entstellt, übertreibt die Züge der individuellen Mitglieder. Daraus folgt, daß ohne die Begriffe, die von den Psychoanalytikern für
Individuen entwickelt wurden – Identifizierung, Regression, Libido – keine
sozialpsychologische Erklärung vollständig oder mehr als oberflächlich
sein kann. Kurz, die Massenpsychologie, und mit ihr die gesamte Sozialpsychologie, lebt parasitär von der Individualpsychologie. Das ist Freuds Ausgangspunkt, an den er sich beharrlich hielt.

Freuds Abstecher in die kollektive Psychologie demonstrierte in der Pra-

xis die universelle Relevanz der psychoanalytischen Theorie. In diesem
Punkt unterschied er sich radikal von früheren Erforschern von Organisationen, Massen und Mobs. Massenpsychologen waren im großen ganzen
Amateure gewesen und zudem tendenziöse Amateure – Männer mit einer
Mission. Hippolyte Taine, der in seiner Geschichte der Französischen Revolution deren Massen untersucht hatte, war Literaturkritiker, Historiker
und Philosoph. Émile Zola, der in *Germinal*, seinem aufregenden Roman
über einen Streik von Bergleuten, Massen zu den Hauptakteuren gemacht
hatte, war ein kämpferischer Journalist und produktiver Romanautor.
Gustave Le Bon, der meistgelesene Massenpsychologe, war ein Eklektiker,
der zeitgenössische Wissenschaft gemeinverständlich darstellte. Nur der
Chirurg Wilfred Trotter konnte auf eine gewisse berufliche Kompetenz in
Psychologie Anspruch erheben. Als Ernest Jones' enger Freund und späterer Schwager war er ein kenntnisreicher und alles andere als unkritischer
Leser von psychoanalytischer Literatur.

Alle diese Publizisten waren von der Massenpsychologie fasziniert durch
die Beobachtung dessen, was sie als das ungezügelte Verhalten des modernen Mobs sahen. Für Trotter, einen Engländer, der während des Krieges
über den »Herdentrieb« schrieb, war der Mob deutsch. Sein »kluges« Buch
aus dem Jahre 1916, *Instincts of the Herd in Peace and War*, schrieb Freud
mit Bedauern, »hat sich den durch den letzten großen Krieg entfesselten
Antipathien nicht ganz entzogen«.[220] Schon früher hatte Zola, gewiß kein
Reaktionär, welcher der entschwundenen guten alten Zeit nachtrauerte,
Massen von erregten, oft gewalttätigen Streikenden als eine entzündliche
Mischung von Bedrohung und Hoffnung geschildert. Seine Vorläufer und
Zeitgenossen waren weniger doppelsinnig gewesen: Sie hatten eher um zu
warnen als um zu feiern geschrieben. Für sie war die Masse, besonders die
aufgeputschte Masse, ein rachsüchtiges, blutdürstiges, trunkenes, irratio-
nales modernes Phänomen – Demokratie in Aktion. Freud hatte nichts übrig für das, was er einmal das »blöde Volk« nannte;[221] sein altmodischer
Liberalismus hatte eine aristokratische Färbung. Aber die Politik spielte für
Freud keineswegs eine prominente Rolle, als er sein Buch über Massenpsychologie schrieb. Er betrieb angewandte Psychoanalyse.

Als praktizierender Psychoanalytiker war Freud der Ansicht, daß Gruppen, Massen, Mobs, gleich ob flüchtig gebildet oder stabil, durch diffuse
sexuelle Emotionen, durch »zielgehemmte« Libido zusammengehalten
werden – durch Leidenschaften, ähnlich denen, die Familien verbinden.
»Liebesbeziehungen (indifferent ausgedrückt: Gefühlsbindungen) machen
auch das Wesen der Massenseele aus.« Diese erotischen Beziehungen verbinden die Mitglieder einer Gruppe in zwei Richtungen – sozusagen verti-
kal und horizontal. In »künstlichen Massen«, schrieb Freud, als er die Kirche und das Heer eingehend behandelte, »ist jeder Einzelne einerseits an

den Führer (Christus, Feldherrn), anderseits an die anderen Massenindividuen libidinös gebunden«.[222] Die Intensität dieser doppelten Bindung erklärt die Regression des Individuums, wenn es in der Masse untertaucht: Hier kann es erworbene Hemmungen fallen lassen. Für Freud folgt: Wie erotische Beziehungen die Masse bilden, so führt das Versagen dieser Beziehungen zu ihrer Auflösung. Damit widersprach er den Sozialpsychologen, die Panik für die Schwächung der Gefühlsbindungen innerhalb von Gruppen verantwortlich machen. Im Gegenteil, sagte Freud, erst nachdem sich die libidinösen Bindungen gelockert haben, komme es zur Panik.

Diese sublimierten erotischen Bündnisse erklären auch, warum Kollektive, die ihre Mitglieder mit den Ketten der Liebe aneinander binden, gleichzeitig von Haß gegen Außenseiter erfüllt sind. Ob sie in der kleinen Familieneinheit erlebt werde oder in einer größeren Gruppe (in Wirklichkeit die Familie groß geschrieben), Liebe sei exklusiv und von Gefühlen der Feindseligkeit als ihr Schatten begleitet. »Nach dem Zeugnis der Psychoanalyse enthält fast jedes intime Gefühlsverhältnis zwischen zwei Personen von längerer Dauer«, wie z. B. Ehe, Freundschaft oder Elternschaft, »einen Bodensatz von ablehnenden, feindseligen Gefühlen, der nur infolge der Verdrängung der Wahrnehmung entgeht.« Darum, kommentierte Freud, der sich nie eine Gelegenheit entgehen ließ, Gläubigen eins auszuwischen, »muß eine Religion, auch wenn sie sich die Religion der Liebe heißt, hart und lieblos gegen diejenigen sein, die ihr nicht angehören«.[223]

Freuds *Massenpsychologie*, neue Arten des Denkens über die Seele in der Gesellschaft berührend, äußert Ideen, die immer noch nicht voll erforscht sind. Aber die beinahe atemlose Kürze, mit der Freud verwickelte Fragen der sozialen Kohäsion streifte, verleiht der Studie eine Atmosphäre von Improvisation. Ihre »Nachträge«, die verschiedenartiges Material zusammenfassen, das Freud in den Text zu integrieren verabsäumte, betonen ihren provisorischen Charakter. In mancher Hinsicht blickt Freuds *Massenpsychologie* zurück auf frühere Studien wie *Totem und Tabu* und *Jenseits des Lustprinzips*. Aber sie blickt auch vorwärts. In einer 1922 veröffentlichten anerkennenden Besprechung hob Ferenczi Freuds Vergleich der Verliebtheit mit der Hypnose als besonders originell hervor. Aber bezeichnenderweise fand er, daß Freuds »zweite wichtige Neuerung« auf dem Gebiet der Individualpsychologie lag, in seiner »Entdeckung eines neuen Entwicklungsstadiums im Ich und in der Libido«.[224] Freud begann, Schritte im Wachstum des Ichs zu differenzieren und seine gespannte Wechselwirkung mit dem Ichideal festzustellen – dem Über-Ich, wie er es bald nennen sollte. Sein Abstecher in die Sozialpsychologie war eine Probe für definitivere Feststellungen über das Ich. Aber diese hatten noch zwei Jahre zu warten.

Im Rückblick erscheint die 1923 veröffentlichte Abhandlung *Das Ich und das Es* als unvermeidlicher Höhepunkt einer Neueinschätzung, die Freud ein Jahrzehnt zuvor lanciert und nach dem Krieg beschleunigt hatte. Aber das heißt, seiner Erkenntnis einen stetigen Fortschritt zuschreiben, der zunächst außerhalb seines Gesichtskreises lag. Im Juli 1922 schrieb er Ferenczi, daß er mit einer spekulativen Arbeit beschäftigt sei, etwas, »was das Jenseits fortsetzt« und »entweder ein kleines Buch wird oder nichts«.[225] Im folgenden Monat berichtete er Otto Rank, daß er »geistig klar und arbeitslustig« sei. »Ich schreibe eben an etwas, das sich Das Ich und das Es nennt.« Dies wird »entweder nur ein Aufsatz oder sogar eine kleine Broschüre wie das ›Jenseits‹, dessen Fortführung es eigentlich ist«. Aber wie es seine Art war, wartete Freud auf Inspiration, die ihn vorwärts trieb. »Es ist im Entwurf ziemlich weit gediehen, wartet sonst Stimmungen und Einfälle ab, ohne die es nicht vollendet werden kann.«[226] Freuds beiläufige und provisorische Ankündigungen erlauben einen außergewöhnlichen Einblick in seine Arbeitsgewohnheiten. Er arbeitete an dem grundlegenden Text seiner letzten Jahrzehnte, und dennoch war er unsicher, wann und wie er ihn zu Ende bringen sollte, und ebenso unsicher, ob er nur ein kurzer Aufsatz oder ein Gegenstück zu *Jenseits des Lustprinzips* werden würde.

Während *Das Ich und das Es* zunächst einige Verwirrung unter den Analytikern auslöste, stieß es auf wenig Widerstand und wurde zum größten Teil mit nachdrücklichem Beifall aufgenommen. Das kann nicht überraschen; es paßte zu ihrer klinischen Erfahrung, vertiefte sie und bot mit seiner Dreiteilung der Psyche – Es, Ich, Über-Ich – eine weit detailliertere und weit aufschlußreichere Analyse der psychischen Struktur und Funktion als seine Vorgänger. Nur Freuds Erklärung, daß *Das Ich und das Es* »unter Groddecks Patenschaft« stand,[227] löste einige schwache Proteste aus.

Georg Groddeck, der »wilde Analytiker« von eigenen Gnaden, war einer der Außenseiter, welche die Psychoanalyse in unbequemer Zahl anzuziehen begann. Er und seinesgleichen drohten den Ruf als nüchterne, verantwortungsbewußte Mediziner zu gefährden, den die Analytiker anstrebten. Freud fand, er habe eine Neigung »zur Übertreibung, Vereinheitlichung und einem gewissen Mystizismus«.[228] Als Leiter eines Sanatoriums in Baden-Baden hatte Groddeck psychoanalytische Begriffe – infantile Sexualität, Symbolik, Übertragung, Widerstand – bereits 1909 angewandt, als er Freud nur vom Hörensagen kannte. Dann hatte er 1912, obwohl er noch nicht besser informiert war, ein Buch geschrieben, in dem er die Psychoanalyse vorschnell kritisierte. Seine Bekehrung erfolgte ein Jahr später, als er *Zur Psychopathologie des Alltagslebens* und *Die Traumdeutung* las und überwältigt war. Was er als seine eigenen Ideen zur Schau gestellt hatte, das hatten andere bereits vorher – und besser – gedacht. In einem überschwenglichen Brief, den er Freud 1917 schrieb, einem lange aufgeschobenen Zeichen seiner »verspäteten Ehrlichkeit«, gestand er alle seine Fehltritte und schloß mit der Versicherung, daß er sich hinfort als Freuds Schüler betrachten wolle.[229]

Freud war entzückt; er ignorierte Groddecks bescheidene Erklärungen und nahm ihn in die Reihen der Analytiker auf. Groddecks oft provozierendes Verhalten beeinträchtigte nicht Freuds Gefallen an ihm; er fand etwas Erfrischendes an seinem Schwung, seiner Neigung, originell und schockierend zu sein. Bisweilen ging Groddeck über die Grenzen der Nachsicht seiner neuen Kollegen hinaus. 1920 brachte er zum psychoanalytischen Kongreß in Den Haag seine Geliebte mit und eröffnete den Vortrag, den er dort hielt, mit den Worten, an die man sich noch lange erinnern sollte: »Ich bin ein wilder Analytiker.«[230] Er muß gewußt haben, daß es gerade das war, was sich die Analytiker unter seinen Zuhörern nicht zu sein bemühten oder als was sie nicht erscheinen wollten. Sein Vortrag schien wild genug zu sein; er war eine weitschweifige Übung in freier Assoziation über das, was man später psychosomatische Medizin nennen sollte. Organische Krankheiten, sogar Kurzsichtigkeit, behauptete Groddeck, seien einfach der körperliche Ausdruck von unbewußten emotionalen Konflikten und daher der psychoanalytischen Behandlung zugänglich. Im Prinzip hatten die Analytiker gegen eine solche Anschauung wenig einzuwenden, solange sie maßvoll ausgedrückt wurde. Schließlich bestärkten die Konversionssymptome der Hysterie, dieser klassischen Neurose der psychoanalytischen Praxis, Groddecks allgemeinen Standpunkt. Aber Groddeck sprach im nicht überzeugenden Ton des Enthusiasten, und er fand nur wenige, die ihn verteidigten. Freud gehörte zu ihnen. Später fragte er Groddeck allerdings, ob er gewollt habe, daß man seinen Vortrag ernst nehme, und Groddeck bejahte es.[231]

Groddeck hatte noch andere Tricks im Ärmel. Anfang 1921 bestätigte er seinen Status als wilder Mann der Psychoanalyse, indem er in Freuds Verlag einen »psychoanalytischen Roman«, *Der Seelensucher*, veröffentlichte. Der glücklich gewählte Titel stammte von Rank. Freud selbst hatte den Roman im Manuskript gelesen, und er gefiel ihm.[232] Ebenso Ferenczi, der Groddecks enger Freund geworden war. Er sei kein Literaturkritiker, schrieb er, als er das Buch in *Imago* besprach, und maße sich kein Urteil über den ästhetischen Wert des Romans an, aber er glaube, es könne kein schlechtes Buch sein, dem es wie diesem gelinge, den Leser vom Anfang bis zum Ende zu fesseln.[233] Die meisten Kollegen Freuds waren sittenstrenger. Ernest Jones nannte es abschätzig »eine etwas starke Kost mit einigen unzüchtigen Stellen«.[234] Pfister war entrüstet. Die Psychoanalytiker, die eingeschworenen Feinde der »Vornehmheit«, waren, wie es schien, auf eigene Weise ihre Opfer und Fürsprecher. Freud ließ sich nicht beirren. Er bedauerte zu hören, daß Eitingon Groddeck nicht mochte. »Er ist ein Stück Phantast«, gab er zu, »aber ein origineller Kopf und besitzt die seltene Gabe

eines guten Humors. Ich möchte ihn nicht vermissen.«[235] Ein Jahr später
schrieb er Pfister: »Groddeck verteidige ich energisch gegen Ihre Respektabilität. Was hätten Sie als Zeitgenosse von Rabelais gesagt?«[236] Aber Pfister
war nicht so leicht umzustimmen. Er mochte »frische Butter«, schrieb er
Freud offen im März 1921, »aber Groddeck erinnert mich sehr oft an ran-
zige Butter«. Schließlich kannte er den Unterschied zwischen Rabelais und
Groddeck; ersterer war ein Satiriker und gab nicht vor, ein Gelehrter zu
sein, während letzterer wie ein Chamäleon war und zwischen Wissenschaft
und Belletristik hin und her schwankte.[237] Es war die Mischung der Genres,
die Pfister und andere so beunruhigend fanden.

Aber Groddeck war für Freud mehr als ein amtlich zugelassener Spaß-
macher, der einen leichteren Ton in einen allzu ernsten Beruf brachte. Um
die Zeit, als er den *Seelensucher* veröffentlichte, begann Groddeck an einem Buch zu arbeiten, das seine neuen Lehren über psychosomatische Medizin in einer gemeinverständlichen Sprache zusammenfassen sollte. Er
kleidete sie in die Form einer Reihe von Briefen an eine verständnisvolle
Freundin. Jedesmal, wenn er einige Kapitel fertig hatte, schickte er sie
Freud, der von ihrer flüssigen, musikalischen Sprache entzückt war. »Die
fünf Briefe sind charmant«, schrieb er Groddeck im April 1921.[238] Sie waren mehr als charmant; sie waren revolutionär. Groddeck, der seinen Text
mit Anekdoten und Spekulationen über Schwangerschaft und Geburt,
Masturbation, Liebe und Haß würzte, kehrte immer und immer wieder
zu der Vorstellung eines »Es« zurück, die er schon einige Jahre früher
formuliert hatte. Dieser unschuldig klingende Ausdruck, den er von
Nietzsche geborgt hatte, sollte ein Spektrum umfassen, das weiter war
als das von den Psychoanalytikern traditionellerweise dem Bereich des
Unbewußten zugeordnete. »Ich bin der Ansicht«, schrieb Groddeck im
zweiten Brief, »daß der Mensch vom Unbekannten belebt wird. In ihm
ist ein Es, irgendein Wunderbares, das alles, was er tut und was mit ihm
geschieht, regelt. Der Satz: ›Ich lebe‹ ist nur bedingt richtig, er drückt ein
kleines Teilphänomen von der Grundwahrheit aus: ›Der Mensch wird
vom Es gelebt.‹«[239]

Freud hatte schon eine Zeitlang ähnliche, wenn auch bei weitem nicht
gleiche Gedanken gehegt. Im April 1921, in einem Brief an Groddeck, illu-
strierte er seine neue Ansicht vom Ich durch eine anschauliche kleine Skizze
der psychischen Struktur und schrieb dazu: »Das Ich ist in seinen Tiefen
gleichfalls tief unbewußt und doch mit dem Kern des Verdrängten zusam-
menfließend.«[240] Daß Freud ganze zwei Jahre später eine revidierte Version
dieser Skizze in *Das Ich und das Es* einfügte, zeigt wieder einmal, wie lange
Ideen manchmal in ihm keimten. Aber mit diesen Erkenntnissen war der
Weg zu Freuds endgültiger Anschauung von der Seele offen.

Doch es zeigte sich, daß sich Freuds »Es« stark von Groddecks »Es«

unterschied. Schon 1917 hatte Freud Lou Andreas-Salomé geschrieben, Groddecks »›Es‹ ist mehr als unser *Ubw*, nicht klar von ihm abgegrenzt, aber es ist etwas Wirkliches dahinter«.[241] Die Unterschiede zwischen den beiden »Es« wurden Anfang 1923 deutlich sichtbar, als Groddeck *Das Buch vom Es* und Freud nur wenige Wochen später *Das Ich und das Es* veröffentlichte. Als er Freuds knappe und definitive Darstellung seines neuen Standpunkts las, war Groddeck ein wenig enttäuscht und nicht wenig irritiert. Er beschrieb sich selbst Freud gegenüber bildhaft als den Pflug und Freud als den Bauern, der den Pflug benütze. »In dem einen stimmen wir überein, daß wir den Boden lockern. Aber Sie wollen säen und vielleicht, wenn Gott und Wetter es erlauben, ernten.«[242] Privat war er weniger nachsichtig und tat Freuds Buch als »hübsch«, aber »belanglos« ab. Im Grunde sah er es als einen Versuch, Gedanken zu übernehmen, die er bei ihm und Stekel entlehnt hatte. »Dabei hat sein Es nur bedingten Wert für die Neurosen. Er macht den Schritt in das Organische nur heimlich, mit Hilfe eines von Stekel und Spielrein genommenen Todes- oder Destruktionstriebes. Das Aufbauende meines Es läßt er beiseite, vermutlich um es das nächstemal einzuschmuggeln.«[243] Das war die verständliche, nicht ganz irrationale Gekränktheit des Autors, und es zeigt, wie schwer es sogar für einen selbsternannten Freud-Schüler wie Groddeck war, diese Rolle durchzuhalten.

Freud seinerseits hatte keine Schwierigkeiten, die Fruchtbarkeit der Schriften Groddecks für sein eigenes Denken anzuerkennen. Die Metapher vom Pflug und vom Pflüger war durchaus zutreffend. Aber Freud betonte, mit Recht, den Konflikt zwischen ihren Auffassungen. Gewiß, er hatte seit den späten 1890er Jahren oft wiederholt, daß die Menschen von psychischen Elementen, die sie nicht kennen, geschweige denn verstehen, und von denen sie nicht einmal wissen, daß sie sie beherbergen, umgetrieben werden. Freuds Anschauung vom Unbewußten und von der Verdrängung demonstrierte nachdrücklich, daß die Psychoanalyse nicht den Verstand als unumstrittenen Herrn im eigenen Hause verherrlichte. Aber Freud akzeptierte nicht Groddecks Aussage, daß wir vom Es gelebt würden. Er war Determinist, nicht Fatalist; er glaubte, daß es Kräfte in der Psyche gibt, die im Ich konzentriert sind und die Männer und Frauen eine, wenn auch nur teilweise, Herrschaft über sich selbst und die Außenwelt verleihen. Als er Groddeck zum 60. Geburtstag gratulierte, veranschaulichte Freud den Abstand zwischen den beiden in einem spielerischen Satz: »Mein Ich und mein Es beglückwünschen Ihr Es.«[244]*

---

* Das war natürlich eine freundliche Anspielung auf die Titel der Bücher, welche die beiden Männer drei Jahre zuvor im Abstand von einem Monat veröffentlicht hatten. Aber Freuds Formulierung faßte auch die Unvereinbarkeit ihrer Ideen knapp zusammen.

Gewichtiger dramatisierte er diesen Abstand im letzten Absatz von *Das Ich und das Es*: »Das Es, zu dem wir am Ende zurückführen, hat keine Mittel, dem Ich Liebe oder Haß zu bezeugen. Es kann nicht sagen, was es will; es hat keinen einheitlichen Willen zustande gebracht. Eros und Todestrieb kämpfen in ihm.« Man könnte das Es darstellen, als ob es »unter der Herrschaft der stummen, aber mächtigen Todestriebe stünde, die Ruhe haben und den Störenfried Eros nach den Winken des Lustprinzips zur Ruhe bringen wollen, aber wir besorgen, doch dabei die Rolle des Eros zu unterschätzen«.[245] Freuds Beschreibung des Eros war ein Bericht über einen Kampf, nicht eine Kapitulation.

In der »bekannten Depression« befangen, nachdem er die Korrekturfahnen zu *Das Ich und das Es* gelesen hatte, wertete Freud es als »direkt unklar, künstlich zusammengesetzt und garstig in der Diktion« ab. Er versicherte Ferenczi: »Ich schwöre mir zu, mich nicht wieder auf solches Glatteis zu begeben.« Er fand, daß es mit ihm steil bergab gegangen sei seit *Jenseits des Lustprinzips*, das noch »gedankenreich und schön geschrieben« war.[246] Wie so oft beurteilte er seine eigene Arbeit falsch. *Das Ich und das Es* gehört zu Freuds unentbehrlichsten Texten. In der Gesamtheit seiner Schriften müssen *Die Traumdeutung* und die *Drei Abhandlungen zur Sexualtheorie* immer den Ehrenplatz einnehmen, aber sosehr Freud darüber schimpfen mochte: *Das Ich und das Es* ist ein Triumph klarer geistiger Energie. Freuds Beteuerungen vor dem Krieg, daß er ein alter Mann sei, sein qualvolles Ringen mit persönlichem Verlust, der physische Kampf, im Nachkriegs-Wien zu überleben und seiner Familie das Überleben zu sichern, das alles hätte Vorwände genug geliefert, sich zur Ruhe zu setzen. Aber was andere Entdecker ihren Schülern überlassen hätten, fühlte er sich verpflichtet, selbst zu tun. Wenn *Das Ich und das Es* tatsächlich unklar zu sein scheint, so liegt das an der extremen Verdichtung seiner Arbeit nach dem Krieg.

Das Vorwort zu dem kleinen Buch klingt beruhigend. Freud erklärt seinen Lesern, daß es gewisse Gedankengänge weiterführe, die er in *Jenseits des Lustprinzips* publiziert habe, die er nun um »verschiedene Tatsachen der analytischen Beobachtung« bereichert habe und die frei von den Anleihen seien, die er zuvor bei der Biologie gemacht hatte. Daher stehe die Abhandlung »der Psychoanalyse näher« als das *Jenseits*. Er fügte hinzu, daß er Theorien berühre, die noch nicht von Psychoanalytikern bearbeitet worden seien, und daß er es nicht hätte vermeiden können, »manche Theorien zu streifen, die von Nicht-Analytikern oder von ehemaligen Analytikern auf ihrem Rückzug von der Analyse aufgestellt wurden«. Aber ein wenig trotzig betonte er, daß er sonst immer bereit gewesen sei, seine Verpflichtungen gegenüber anderen anzuerkennen, sich aber in diesem Falle durch keine Dankesschuld belastet fühle.[247]

Im Text von *Das Ich und das Es* fand Freud dann allerdings Platz für die Würdigung einer »Anregung« Groddecks, eines Autors, »der vergebens aus persönlichen Motiven beteuert, er habe mit der gestrengen, hohen Wissenschaft nichts zu tun« – der Anregung, daß wir »gelebt werden von unbekannten, unbeherrschbaren Mächten«. Um dieser Einsicht Unsterblichkeit zu verleihen, schlug Freud vor, Groddecks Nomenklatur, wenn auch nicht ganz das, was er meinte, zu übernehmen und einen bedeutenden Anteil des Unbewußten das »Es« zu nennen.[248] Groddeck mochte diese Anerkennung knauserig finden. Aber Freud war zuversichtlich, daß seine eigene Arbeit, so provisorisch sie sein mochte, höchst originell sei. Sie war »eher eine Synthese als eine Spekulation«.[249]

Freuds Arbeit beginnt mit einer Wiederholung des Bekannten. Die alte psychoanalytische Trennung zwischen den bewußten und den unbewußten Bereichen sei eine absolute Grundvoraussetzung der Psychoanalyse. Sie sei ohne Frage »das erste Schibboleth«[250], das nicht ignoriert werden dürfe: »Denn schließlich ist die Eigenschaft bewußt oder nicht die einzige Leuchte im Dunkel der Tiefenpsychologie.«[251] Außerdem sei das Unbewußte dynamisch. Es sei kein Wunder, daß die Analytiker zuerst durch das Studium der Verdrängung auf es stießen: »Das Verdrängte ist uns das Vorbild des Unbewußten.«[252]

Bis dahin bewegte sich Freud auf Boden, der jedem mit seinem Denken vertrauten Leser bekannt war. Aber er benutzte diesen Boden nur als Ausgangsbasis für seine Erforschung unbekannten Terrains. Die Verdrängung setzt ein verdrängendes Agens voraus, und die Analytiker sehen dieses Agens in »einer zusammenhängenden Organisation von psychischen Prozessen«, dem Ich. Doch das Phänomen des Widerstands, dem man bei jeder psychoanalytischen Behandlung begegnet, wirft eine schwierige theoretische Frage auf, die Freud schon Jahre zuvor identifiziert hatte; der Patient, der Widerstand leistet, ist sich dessen überhaupt nicht bewußt, oder er ahnt in seinem neurotischen Elend nur undeutlich, daß er den Fortschritt seiner Analyse behindert. Daraus folgt, daß das Ich, von dem Widerstand und Verdrängung ausgehen, nicht gänzlich bewußt sein kann. Aber wenn es das nicht sei – argumentierte Freud –, müsse die traditionelle psychoanalytische Formel, die Neurosen aus einem Konflikt zwischen dem Bewußten und dem Unbewußten ableitet, mangelhaft sein. In seiner wichtigen Abhandlung über das Unbewußte hatte Freud bereits angedeutet, daß seine Neurosenlehre einer Revision bedürfe: »Die Wahrheit ist, daß nicht nur das psychisch Verdrängte dem Bewußtsein fremd bleibt, sondern auch ein Teil der unser Ich beherrschenden Regungen.« Kurz: »In dem Maße, als wir uns zu einer metapsychologischen Betrachtung des Seelenlebens durchringen wollen, müssen wir lernen, uns von der Bedeutung des Symptoms ›Bewußtsein‹ zu emanzipieren.«[253] Dieser 1915 geschriebene Abschnitt erinnert daran, wie eng in Freuds Theoretisieren das Alte und das Neue miteinander verflochten waren. Aber erst in *Das Ich und das Es* zog er die vollen Konsequenzen aus seiner Einsicht.

Diese Konsequenzen waren drastisch genug. Die Psychoanalyse erkannte nun, daß das Unbewußte nicht mit dem Verdrängten zusammenfällt; während alles Verdrängte unbewußt sei, sei das Unbewußte nicht notwendigerweise das, was verdrängt werde. »Auch ein Teil des Ichs, ein Gott weiß wie wichtiger Teil des Ichs, kann *ubw* sein, ist sicherlich *ubw*.« Das Ich beginne im heranwachsenden Individuum als Teil des Es, differenziere sich allmählich und werde dann durch Einflüsse aus der Außenwelt modifiziert. Um es ein wenig zu einfach auszudrücken: »Das Ich repräsentiert, was man Vernunft und Besonnenheit nennen kann, im Gegensatz zum Es, welches die Leidenschaften enthält.«[254] In den anderthalb Jahrzehnten, die ihm noch blieben, war Freud nicht ganz konsequent in der Fragestellung, welche Kräfte dem Ich und dem Es zuzuschreiben seien. Aber er zweifelte selten daran, daß normalerweise das Es die Oberhand behalte. Das Ich, schrieb er in *Das Ich und das Es* in einem berühmten Gleichnis, »gleicht so im Verhältnis zum Es dem Reiter, der die überlegene Kraft des Pferdes zügeln soll, mit dem Unterschied, daß der Reiter dies mit eigenen Kräften versucht, das Ich mit geborgten« – nämlich vom Es geborgten. Freud trieb dieses Gleichnis, so weit es trug: »Wie dem Reiter, will er sich nicht vom Pferd trennen, oft nichts anderes übrig bleibt, als es dahin zu führen, wohin es gehen will, so pflegt auch das Ich den Willen des Es in Handlung umzusetzen, als ob es der eigene wäre.«[255]

Das Es ist nicht der einzige lästige Gegner des Ichs. Wir wissen, daß Freud vor dem Krieg in seiner Abhandlung über den Narzißmus und später in der *Massenpsychologie* einen besonderen Teil des Ichs erkannt hatte, das kritisch über es wacht. Dies nannte er schließlich das Über-Ich, und dessen Erläuterung beschäftigte ihn in *Das Ich und das Es* ständig. Der Reiter, das Ich, ist (könnte man sagen) nicht nur verzweifelt damit beschäftigt, sein störrisches Pferd, das Es, im Zaum zu halten, sondern zu gleicher Zeit gezwungen, mit einer Wolke zorniger Bienen, dem Über-Ich, zu kämpfen, die ihn umschwärmen. Wir sehen das Ich, schrieb Freud, »als armes Ding, welches unter dreierlei Dienstbarkeiten steht und demzufolge unter den Drohungen von dreierlei Gefahren leidet, von der Außenwelt her, von der Libido des Es und von der Strenge des Über-Ichs«. Den diesen Gefahren entsprechenden Ängsten ausgesetzt, ist das Ich für Freud ein umzingelter, alles andere als allmächtiger Unterhändler, der ernsthaft zwischen den Kräften zu vermitteln versucht, die ihn bedrohen und die einander bekämpfen. Das Ich bemühe sich, das Es dem Druck der Welt und des Über-Ichs gefügig zu machen, und versuche zugleich, die Welt und das Über-Ich dazu zu bringen, die Wünsche des Es zu erfüllen. Da es in der Mitte zwischen Es

und Realität steht, »unterliegt es nur zu oft der Versuchung, liebediene-
risch, opportunistisch und lügnerisch zu werden, etwa wie ein Staatsmann,
der bei guter Einsicht sich doch in der Gunst der öffentlichen Meinung
behaupten will«.[256] Und doch beherrscht dieser kriecherische, geschmei-
dige Opportunist die Abwehrmechanismen, die zweideutige Gabe der
Angst, das rationale Denken und die Fähigkeit, aus der Erfahrung zu lernen. Das Ich mag ein armes Ding sein, aber es ist des Menschen bestes
Instrument, um innere und äußere Forderungen zu meistern.

Die Implikationen dieser Metaphern reichen sogar noch weiter, als
Freud damals ganz erkannte. Er bestand darauf, daß das Ich »vor allem ein
Körper-Ich« sei, das heißt, daß es letztlich von körperlichen Empfindungen
abgeleitet ist.[257] Aber es erwirbt nicht nur viel von seinem Wissen, sondern
auch viel von seiner Gestalt selbst durch seinen Umgang mit der Außenwelt
– durch seine Erfahrung mit gesehenen Dingen, gehörten Lauten, berühr-
ten Körpern, erforschten Freuden. Freud verfolgte diese Richtung nicht
ausdrücklich in *Das Ich und das Es*, aber in seiner *Massenpsychologie* hatte
er einige Beziehungen des Ichs zu äußeren Einflüssen untersucht. In einigen
seiner letzten Schriften übertrug er jedoch diese Ideen auf größere Gebiete.*
Seine Ichpsychologie diente dazu, die Kammer-Tragikomödie der Vor-
kriegs-Psychoanalyse in ein großes Theaterstück zu verwandeln – in ein
reich kostümiertes historisches Drama. Die Art der analytischen Untersuchung von Kunst, Religion, Politik, Erziehung, Rechtswissenschaft, Geschichte und Biographie, die Freud so faszinierend fand, wurde wesentlich
erleichtert durch seine Auffassung vom Ich als einem Reiter, der, so anstrengend seine doppelte Aufgabe, das Es zu zähmen und das Über-Ich zu
besänftigen, auch sein mag, gleichzeitig die Augen offen hält für die ihn
umgebende Landschaft und der außerdem aus der Erfahrung lernt, während er weitergaloppiert.

Das Ich zu definieren wäre für eine Abhandlung genug gewesen. Aber
Freud ging über seinen Titel hinaus. Er hätte ihn genauer, wenn auch weniger knapp »Das Ich, das Es und das Über-Ich« nennen sollen. Denn wie wir
schon bemerkt haben, mußte Freud, als er die Struktur der Psyche skizzierte, einen Platz für das finden, was er das Ichideal genannt hatte. Wenn
man konventionelle Maßstäbe anwende, schrieb er, so werde man sagen
müssen: Je »höher« man in der ethischen Wertung der psychischen Funktionen steige, desto näher müsse man dem Bewußtsein kommen. Es ver-

---

* Psychoanalytisch informierte Anthropologen, Soziologen und Historiker haben
Freuds Anregung seit den dreißiger Jahren weiterverfolgt. Sie fühlten sich berechtigt
durch Freuds neue Anschauung vom Ich, das ebenso nach außen blickt wie nach innen
und mit der Umwelt nicht weniger kämpft, verhandelt und Kompromisse schließt als mit
dem Es und dem Über-Ich.

halte sich aber ganz anders. Wie so oft in *Das Ich und das Es* berief sich Freud auf die klinische Erfahrung. Sie lehre, daß einige der höchsten moralischen Zustände wie zum Beispiel ein Schuldgefühl unter Umständen nie in das Bewußtsein eintreten: »Nicht nur das Tiefste, auch das Höchste am Ich kann unbewußt sein.« Der stärkste Beweis für diese Behauptung ist, daß bei manchen Analysanden »die Selbstkritik und das Gewissen als überaus hochgewertete seelische Leistungen unbewußt sind«. Trotz ihrer besseren Einsicht sehen sich die Psychoanalytiker daher gezwungen, von einem »*unbewußten Schuldgefühl*« zu sprechen.[258] Freud konfrontierte seine Leser mit dem Über-Ich.

Gewissen und Über-Ich sind nicht ganz dasselbe. »Das normale, bewußte Schuldgefühl (Gewissen)«, schrieb Freud, »bietet der Deutung keine Schwierigkeiten.« Es ist im wesentlichen »der Ausdruck einer Verurteilung des Ichs durch seine kritische Instanz«. Doch das Über-Ich ist ein verwickelteres psychisches Organ. Ob bewußt oder unbewußt, es enthält einerseits die ethischen Werte des Individuums und beobachtet, beurteilt, billigt oder bestraft das Verhalten. Bei Zwangsneurotikern und Melancholikern dringen die sich daraus ergebenden Schuldgefühle ins Bewußtsein ein, aber bei den meisten anderen können sie nur abgeleitet werden. Daher erkennt der Psychoanalytiker eine relativ unzugängliche Quelle quälenden moralischen Unbehagens, die, eben weil sie unbewußt ist, nur fragmentarische, kaum lesbare Spuren hinterläßt. Das moralische Leben des Menschen, sagte Freud, erreiche Extreme, die viel weiter auseinander lägen, als Moralisten gemeinhin glaubten. Daher kann der Psychoanalytiker getrost das scheinbare Paradoxon bestätigen, daß »der normale Mensch nicht nur viel unmoralischer ist, als er glaubt, sondern auch viel moralischer, als er weiß«.[259]

Freud stellte das Phänomen der unbewußten Schuldgefühle dar, indem er das Beispiel von Analysepatienten zitierte, deren Symptome stärker werden, wenn der Analytiker seine Hoffnung auf ihre schließliche Heilung ausspricht oder den Fortschritt lobt, den sie machen. Je besser es ihnen zu gehen scheint, desto schlechter geht es ihnen. Dies ist die berüchtigte »*negative therapeutische Reaktion*«. Wie zu erwarten, bestand Freud darauf, daß es ein Fehler sei, diese Reaktion als eine Art von Trotz abzutun oder als den prahlerischen Versuch des Patienten, sich seinem Arzt überlegen zu zeigen. Vielmehr müsse man diese ziemlich perverse Reaktion als eine ernste, wahrscheinlich verzweifelte Botschaft lesen. Der Ursprung der negativen therapeutischen Reaktion schien für Freud außer Zweifel zu stehen: Sie entstamme einem unbewußten Schuldgefühl, dem Wunsch nach Bestrafung. Aber sie liege außerhalb der Reichweite des Patienten. »Dies Schuldgefühl ist für den Kranken stumm, es sagt ihm nicht, daß er schuldig ist, er fühlt sich nicht schuldig, sondern krank.«[260]

In seiner *Neuen Folge der Vorlesungen zur Einführung in die Psycho-*

analyse, seiner letzten zusammenhängenden Darstellung der psychoanalytischen Theorie, die er ein Jahrzehnt nach *Das Ich und das Es* niederschrieb, faßte Freud diese Analyse klar zusammen. Kinder werden nicht mit einem Über-Ich geboren, und sein Erscheinen ist von großem analytischem Interesse. Nach Freuds Ansicht hängt die Bildung des Über-Ichs von dem Anwachsen der Identifizierungen ab. Er warnte seine Leser, daß er im Begriff sei, eine komplizierte Frage zu diskutieren, die tief in die Schicksale des Ödipuskomplexes verstrickt sei. Diese Schicksale betreffen, um es technisch auszudrücken, die Verwandlung von Objektwahlen in Identifizierungen. Kinder wählen ihre Eltern zuerst als Objekte ihrer Liebe, und gezwungen, diese Wahl als unannehmbar aufzugeben, identifizieren sie sich mit ihnen, indem sie ihre Einstellungen – ihre Normen, Gebote und Verbote – in sich aufnehmen. Kurz, nachdem sie zuerst ihre Eltern *haben* wollten, wollen sie schließlich wie sie *sein*. Aber nicht genau wie sie – sie konstruieren ihre Identifizierungen, wie Freud es ausdrückte, »nicht nach dem Vorbild der Eltern, sondern des elterlichen Über-Ichs«. Auf diese Weise wird das Über-Ich »zum Träger der Tradition, all der zeitbeständigen Wertungen, die sich auf diesem Wege über Generationen fortgepflanzt haben«.[261] Daher wird das Über-Ich, das zugleich kulturelle Werte bewahrt und das Individuum, dem es innewohnt, angreift, zum Agenten des Lebens wie des Todes.

Das ist schwierig genug, aber die Dinge sind noch komplizierter: Das Über-Ich, das die Forderungen und Ideale der Eltern internalisiert, besteht aus mehr als nur einem Residuum der frühesten Objektwahlen des Es oder seiner Identifizierungen. Es schließt auch ein, was Freud »eine energische Reaktionsbildung« gegen beides nannte. Wie zuvor in *Das Ich und das Es* erklärte Freud seine Lehrsätze in einfacher Sprache: Das Über-Ich »erschöpft sich nicht in der Mahnung: so (wie der Vater) *sollst du sein*, sondern umfaßt auch das Verbot: so (wie der Vater) *darfst* du *nicht sein* – das heißt nicht alles tun, was er tut; manches bleibt ihm vorbehalten«. Das Über-Ich bewahrt den Charakter des Vaters und herrscht später »als Gewissen, vielleicht als unbewußtes Schuldgefühl über das Ich«. Mit einem Wort, das »Ichideal« erweist sich als »der Erbe des Ödipuskomplexes«.[262] So werden die »höhere« Natur des Menschen und seine kulturellen Leistungen mit psychologischen Mitteln erklärt. Diese Erklärung, sagte Freud, sei den Philosophen, aber auch anderen Psychologen eben deshalb entgangen, weil das ganze Es, der größte Teil des Ichs und ebenso auch der größere Teil des Über-Ichs unbewußt blieben.*

---

* Eine weitere Komplikation mußte auf Freuds neuerliches Studium der emotionalen Entwicklung von Knaben und Mädchen warten, dem er während dieser Jahre seine Aufmerksamkeit zu widmen begann. Seine Schlußfolgerung lautete, wie wir noch sehen werden, daß sich das Über-Ich bei den beiden Geschlechtern beträchtlich unterscheidet. Siehe S. 579 ff.

Alt und hinfällig – zumindest nach seinem eigenen Zeugnis –, hatte Freud
der internationalen psychoanalytischen Gemeinschaft viel Stoff zum Nachdenken und Debattieren gegeben. Er hatte vieles geändert, vieles geklärt,
aber manche Dinge im unklaren gelassen. Als ihm Ernest Jones 1926 eine
Abhandlung über das Über-Ich schickte, erkannte Freud an, daß »alle die
Unklarheiten und Schwierigkeiten, auf die Sie hinweisen, wirklich existieren«. Aber er glaubte nicht, daß Jones' semantische Übung Abhilfe
schaffte. »Was nötig ist, sind völlig neue Untersuchungen, akkumulierte
Eindrücke und Erfahrungen, und ich weiß, wie schwer diese zu bekommen
sind.« Jones' Schrift, dachte er, »ist ein dunkler Beginn in einer schwierigen
Angelegenheit«.[263]

Vieles hing davon ab, wie man *Das Ich und das Es* las. Im Jahre 1930
schrieb Pfister Freud, daß er den Essay wieder einmal durchgelesen habe,
»vielleicht zum 10. Mal ... und mich gefreut, wie Sie seit dieser Schrift sich
den Gärten der Menschheit zuwandten, nachdem Sie zuvor mehr nur die
Fundamente und Kloaken ihrer Häuser untersucht hatten«.[264] Das war
eine vernünftige Art, Freuds neue Forschungen zu verstehen, und teilweise
durch seine Texte gerechtfertigt. Schließlich gehörte Pfister zu den vielen
Anhängern Freuds, die nicht an den »Todestrieb« glaubten.[265] Aber eine
düsterere Deutung war nicht weniger legitim. Freud hatte seit seinem Aufsatz »Trauer und Melancholie« behauptet, daß das gewöhnlich aggressive
und strafende Über-Ich oft mehr im Dienste des Todes als in dem des Lebens stehe. Und so ging die Debatte unerledigt weiter.

IX

TOD GEGEN LEBEN

Andeutungen der Sterblichkeit

Im Jahre 1923, in dem *Das Ich und das Es* erschien, besuchte der Tod Freud wieder; er raffte einen seiner Enkel hinweg und holte drohend nach ihm aus. Die Katastrophen kamen als grausame Überraschungen. Auch wenn er immer wieder über seinen Magen oder seine Eingeweide klagte, blieb Freud während des Arbeitsjahres kräftig genug. Wie früher sehnte er sich nach seinen langen Sommerferien und hielt diese Monate heilig. Er reservierte sie für Wanderungen in den Bergen, Kuren in einem Badeort, Besichtigungsreisen in Italien und Erforschungen der psychoanalytischen Theorie. Selten unterbrach er diese Ferien mit analytischen Sitzungen, obwohl er nun mit lukrativen Angeboten überhäuft wurde. Als er sich 1922 in Berchtesgaden aufhielt, schrieb er Rank, er habe in Gastein »die Frau eines Kupferkönigs abgewiesen, die gewiß den dortigen Aufenthalt gedeckt hätte«. Ebenso auch eine andere Amerikanerin, »die gewiß 50 Dollar im Tag gezahlt hätte, da sie Brill 20 Dollar in New York für eine *halbe* Stunde zu geben gewohnt war«. Er meinte es ernst: »Ich verkaufe die Zeit hier nicht.« Sein Bedürfnis nach Ruhe und Erholung, sagte er seinen Freunden mehr als einmal, war dringend, und im allgemeinen blieb er fest »im Interesse von Ruhe und Arbeitsmöglichkeit«.[1*]

Trotz seiner Entschuldigungen zeugte Freuds Stundenplan ebenso wie seine unverminderte Produktion von Briefen und wichtigen Veröffentlichungen von beneidenswerten Energiereserven und im großen ganzen von einer guten Gesundheit. Doch im Sommer 1922 begann er einen eher unheilvollen Ton anzuschlagen. Im Juni schrieb er Ernest Jones, er habe sich nicht müde gefühlt »bis jetzt, wo die düsteren Aussichten der politischen Lage offensichtlich wurden«.[2] Indem er Wien entrann, entrann Freud we-

---

* Manchmal ließ er sich jedoch erweichen, besonders wenn er gebeten wurde, einen »Schüler« – einen zukünftigen Analytiker – und nicht einen »Patienten« zu analysieren. So machte er sich 1928 erbötig, Philip Lehrman, einen amerikanischen Arzt, während des Sommers »auf dem Semmering (2 1/2 h von Wien)« zu analysieren, »was bei mir außergewöhnlich ist« (Freud an Lehrman, 7. Mai 1928. In Englisch. A.A. Brill Library, New York, Psychoanalytic Institute).

nigstens für einige Zeit auch der Politik, der irreparablen Spaltung zwischen österreichischen Sozialisten und Katholiken und den Phrasen der politischen Fanatiker.* Tatsächlich konnte er im Juli von seinen Tagen in Bad Gastein mit spürbarer Erleichterung sagen, daß sie »köstlich ruhig« waren; »frei und heiter, dazu die herrliche Luft, das Wasser, die holländischen Zigarren und das gute Essen, alles einem Idyll so ähnlich, als man es nur in der mitteleuropäischen Hölle haben kann«.[3] Aber im August, als er Rank streng vertraulich aus Berchtesgaden schrieb, klang er weniger heiter. Rank hatte sich erkundigt, wie es ihm gehe, und Freud antwortete offen mit der Bitte um einen frommen Betrug: Wenn er den anderen schreibe, solle er sagen, daß Freud völlig gesund sei. Tatsächlich ging es ihm alles andere als gut: »Daß ich mich seit längerer Zeit meiner Gesundheit nicht ganz sicher fühlte, wird Ihnen nicht entgangen sein.«[4] Freud ahnte selbst nicht, wie recht er hatte, wenn er an seinem Gesundheitszustand zweifelte.

Er hatte bald noch andere Gründe für Kummer. Mitte August verübte seine »beste Nichte«, Caecilie Graf, »ein liebes Mädchen von 23«, Selbstmord.[5] Schwanger und ledig, löste sie ihr Problem, indem sie eine Überdosis Veronal nahm. In einem liebevollen und rührenden Brief an ihre Mutter, den sie schrieb, nachdem sie das Schlafmittel bereits genommen hatte, sprach sie alle anderen, einschließlich ihres Liebhabers, von jedem Vorwurf frei. »Ich wußte nicht, daß Sterben so leicht ist und so froh macht«, schrieb sie.[6] Freud war »tief erschüttert«, schrieb er Ernest Jones, und »die düsteren Aussichten unseres Landes und alle Unsicherheiten der Zeiten« dienten nicht dazu, seine Stimmung zu bessern.[7] Aber schließlich verriet ihn sein eigener Körper. Im Frühjahr 1923 hatte man erschreckende Anzeichen dafür, daß er an Gaumenkrebs litt.

Mitte Februar hatte Freud eine, wie er sagte, »leukoplastische Geschwulst an meinem Kiefer und Gaumen« entdeckt. Eine Leukoplakie ist eine gutartige Geschwulst, die durch starkes Rauchen verursacht werden kann, und in panischer Angst, daß ihm sein Arzt verordnen könnte, seine Sucht aufzugeben, behielt Freud seine Entdeckung eine Zeitlang für sich. Aber zwei Monate später, als er Jones am 25. April die Neuigkeit in einem halb beruhigenden, halb alarmierenden Brief mitteilte, »nachdem er eine Woche oder so durch Krankheit (Operation) verloren hatte«, berichtete er, daß die Wucherung entfernt worden sei.[8] Er hatte bereits Jahre zuvor, Ende 1917, eine schmerzhafte Schwellung am Gaumen bemerkt. Ironischerweise war sie bald verschwunden – nachdem ihm ein Patient eine ersehnte Kiste Zigarren geschenkt und er sich eine angezündet hatte.[9] Nun, 1923, war die Wucherung zu groß und zu hartnäckig geworden, um länger vernachlässigt

* Siehe S. 501.

werden zu können. »Man hat mich von der Gutartigkeit der Sache überzeugen wollen, aber wie Sie wissen, kann niemand für ihr Verhalten garantieren, wenn man sie weiter wachsen läßt.« Freud war von Anfang an pessimistisch. »Meine eigene Diagnose lautete auf Epitheliom«, eine bösartige
Geschwulst, »sie wurde aber nicht akzeptiert. Die Schuld an dieser Rebellion der Gewebe wird dem Rauchen gegeben«, fügte er ehrlich hinzu.[10] Als
er sich endlich bereit gefühlt hatte, den Schrecken einer zigarrenlosen Zukunft entgegenzusehen, konsultierte er den Dermatologen Maximilian
Steiner, mit dem er freundschaftlich verkehrte. Steiner forderte ihn auch
auf, das Rauchen aufzugeben, aber er belog Freud und bagatellisierte die
Wucherung.

Einige Tage danach, am 7. April, besuchte ihn Felix Deutsch, der eine
Zeitlang sein Internist gewesen war, und Freud bat ihn, sich seinen Mund
anzusehen. »Seien Sie darauf gefaßt, etwas zu sehen, was Ihnen nicht
gefallen wird«, warnte er seinen Besucher. Freud hatte recht. »Auf den
allerersten Blick«, erinnerte sich Deutsch, sah er, daß Freuds Läsion
krebsartig war. Aber anstatt das schreckliche Wort auszusprechen oder die
technische Diagnose Epitheliom zu stellen, zu der Freud selbst neigte, nahm
Deutsch Zuflucht zu der ausweichenden Erklärung »eine schlimme Leukoplakie«. Er riet Freud, das Rauchen aufzugeben und empfahl eine Exzi-
sion.[11]

Freud war ein von Ärzten umgebener Arzt. Aber er suchte weder
die Meinung eines hervorragenden Spezialisten noch wandte er sich an
einen Kieferchirurgen, zu dem er Vertrauen haben konnte. Statt dessen
wählte er Marcus Hajek, einen Rhinologen – einen zweiten Fließ, könnte
man sagen –, obwohl er früher einige Skepsis über Hajeks Kompetenz geäußert hatte. Für diese Wahl – diesen Fehler – war, wie seine Tochter Anna
Jahre später sagte, Freud allein verantwortlich.[12] Hajek rechtfertigte
schließlich Freuds Zweifel voll und ganz. Er wußte, daß das Verfahren, das
er empfahl, rein kosmetisch und im Grunde zwecklos war, und nahm die
Operation nebenbei in der ambulanten Abteilung seiner eigenen Klinik vor.
Nur Felix Deutsch begleitete Freud, und er blieb nicht bis zum Ende der
Operation. Es war, als könnte er Freuds Krebs wegwünschen, indem er das
Ganze als Bagatelle behandelte. Aber während der Operation kam es zu
Komplikationen. Freud blutete heftig und wurde »in einem winzigen Zimmer auf einer Station des Krankenhauses, da kein anderer Raum zur Verfügung stand«, auf ein Notbett gelegt.[13] Seine einzige Gesellschaft war ein
anderer Patient, den Anna Freud später als einen »netten, freundlichen«
zwergwüchsigen Kretin beschrieb.[14]

Der Zwerg rettete vielleicht Freud das Leben.[15] Martha und Anna Freud
waren gebeten worden, einige nötige Dinge ins Krankenhaus zu bringen, da
Freud vielleicht über Nacht bleiben mußte. Sie fanden ihn mit Blut be-

spritzt auf einem Küchenstuhl sitzend. Zu Mittag waren keine Besucher auf der Station erlaubt, und sie wurden mit der Versicherung, daß sein Zustand zufriedenstellend sei, nach Hause geschickt. Als sie aber am frühen Nachmittag zurückkamen, stellten sie fest, daß er in ihrer Abwesenheit eine schwere Blutung erlitten hatte. Er hatte die Glocke geläutet, um Hilfe herbeizuholen, aber sie funktionierte nicht, und Freud, der sich nicht bemerkbar machen konnte, war hilflos. Zum Glück lief der Zwerg hinaus, um die Schwester zu holen, und mit einigen Schwierigkeiten konnte die Blutung gestillt werden.

Nachdem sie von diesem erschreckenden Zwischenfall erfahren hatte, weigerte sich Anna Freud, ihren Vater zu verlassen. »Die Schwestern«, erinnerte sie sich, »die kein gutes Gewissen wegen des Versagens der Glocke hatten, waren sehr freundlich. Sie gaben mir schwarzen Kaffee und einen Stuhl, und mein Vater, der Zwerg und ich verbrachten die Nacht zusammen. Er war schwach vom Blutverlust, halb betäubt von den Medikamenten und litt große Schmerzen.« Während der Nacht machten sich sie und die Schwester Sorgen wegen Freuds Zustand und schickten nach dem Hauschirurgen, aber er weigerte sich zu kommen. Am Morgen mußte sich Anna Freud »verstecken, während Hajek und seine Assistenten die übliche Visite machten«.[16] Hajek zeigte kein Zeichen der Reue wegen seiner stümperhaften, beinahe tödlich ausgegangenen Operation und ließ Freud später am Tag nach Hause gehen.

Da Freud die Episode nicht länger geheimhalten konnte, täuschte er seine Korrespondenten, und bis zu einem gewissen Grade sich selbst, mit optimistischen Bulletins. »So kann ich Ihnen aber mitteilen« – schrieb er seiner »liebsten Lou« am 10. Mai, vier Tage nach seinem Geburtstag –, »daß ich wieder sprechen, kauen und arbeiten kann, ja selbst Rauchen ist gestattet – in einer gewissen mäßigen, vorsichtigen, sozusagen kleinbürgerlichen Weise.« Die Prognose, fügte er hinzu, sei gut.[17] Er wiederholte noch am selben Tag die gute Nachricht in einem Brief an Abraham und schlug vor, es »mit Ihrer optimistischen Formel zu versuchen: *many happy returns of the day and none of the new growth!*«[18] Ein wenig später, als er seinem Neffen in Manchester schrieb, probierte er eine eigene optimistische Formel aus: »Vor zwei Monaten ließ ich eine Wucherung vom weichen Gaumen entfernen, die hätte degenerieren können, es aber nicht getan hatte.«[19]

Freud wußte es in Wirklichkeit besser, obwohl ihm noch niemand die Wahrheit gesagt hatte. Hajek verordnete schmerzhafte und nutzlose Röntgenstrahlen- und Radiumbehandlungen, in denen Freud seinen Verdacht bestätigt sah, daß seine Läsion tatsächlich krebsartig war. Aber die offizielle Täuschung ging weiter. Hajek erlaubte Freud, in seine üblichen Sommerferien zu fahren, obwohl er häufige Berichte und einen Besuch im Juli zwecks Untersuchung der Narbe verlangte. Freud fuhr nach Bad Gastein und dann nach Lavarone jenseits der österreichischen Grenze in Italien. Aber der Sommer brachte keine Erleichterung. Seine Schmerzen machten ihn so elend, daß er auf Annas Drängen hin Deutsch bat, zu einer Konsultation nach Bad Gastein zu kommen. Deutsch zögerte nicht, er sah, daß eine zweite, radikalere Operation vonnöten war, verschwieg Freud aber immer noch die ganze Wahrheit.

Deutschs unangebrachte, gütige Diskretion deutet wie die der anderen auf eine gewisse Ehrfurcht vor dem großen Mann und eine mangelnde Bereitschaft, seine Sterblichkeit zu akzeptieren. Aber Deutsch hatte noch andere Gründe für seine Unfähigkeit, offen zu sein. Er machte sich Sorgen, daß Freuds Herz auf die Wahrheit nicht gut reagieren könnte. Er hatte einige Hoffnung, daß eine zweite Operation jede Ursache zur Besorgnis beseitigen und Freud weiterleben lassen könnte, ohne daß er je erfuhr, daß er Krebs gehabt hatte. Aber darüber hinaus war Deutsch beunruhigt durch etwas, was er als Freuds Bereitschaft zum Selbstmord deutete. Bei ihrer entscheidenden Begegnung am 7. April hatte Freud Deutsch gebeten, ihm zu helfen, »mit Anstand von dieser Welt zu verschwinden«, falls er zu einem langen Leiden verurteilt sein sollte.[20] Wenn man ihm offen sagte, daß er Krebs hatte, könnte sich Freud versucht fühlen, seine unausgesprochene Drohung wahrzumachen.

Als ob dies nicht genug wäre, hatte Deutsch im Sommer 1923 noch einen weiteren Grund, die Gefühle seines Patienten zu schonen. Freud trauerte um seinen geliebten Enkel Heinele, der im Juni gestorben war. Einige Monate lang war der kleine Vierjährige, der jüngere Sohn von Freuds Tochter Sophie, zu Besuch in Wien gewesen. Die ganze Familie betete ihn an. »Mein kleiner Enkel hier ist das geistreichste Kind dieses Alters (4 J.)«, schrieb der zärtliche Großvater Ferenczi im April 1923. »Er ist auch entsprechend dürr und schwächlich, nichts als Augen, Haare und Knochen.«[21] Das war ein liebevoller Bericht mit unheilvollen Andeutungen. »Meine Älteste, Mathilde, und ihr Mann«, schrieb Freud Anfang Juni, als der Junge schon im Sterben lag, Freunden in Budapest, »haben ihn wie ihr Kind angenommen und sich so gründlich in ihn verliebt, wie man es nicht hätte voraussehen können. Er war« – Freud gebrauchte resigniert die Vergangenheitsform – »auch ein entzückender Kerl, und ich selbst wußte, daß ich kaum je einen Menschen, gewiß nie ein Kind so lieb gehabt wie ihn.«[22]*

Eine Zeitlang hatten Heineles hohes Fieber, seine Kopfschmerzen und das Fehlen spezifischer Symptome keine Diagnose gestattet. Aber im Juni

---

* Als sein Vater 1896 dem Tode nahe war, hatte Freud auch die Vergangenheitsform benutzt, ein Zeichen, daß er sich mit dem Unvermeidlichen abgefunden hatte.

stand fest, daß er an Miliartuberkulose litt, und das bedeutete, daß er verloren war. Während Freud dies schrieb, lag Heinele im Koma, aus dem er
zeitweilig erwachte, »und dann ist er wieder ganz der nämliche, so daß es
schwer ist zu glauben«. Freud litt mehr, als er es für möglich gehalten hätte.
»Diesen Verlust vertrage ich so schlecht, ich glaube, ich habe nie etwas
Schwereres erlebt.« Er arbeitete rein mechanisch. »Im Grund ist mir alles
entwertet.«[23]

Er glaubte, daß seine eigene Krankheit die Erschütterung vertiefte, aber
das Schicksal seines Enkels ging ihm näher als sein eigenes. »*Don't try to
live for ever*«, zitierte er Bernard Shaws Vorwort zu *The Doctor's Dilemma*, »*you will not succeed*«.[24] Das Ende kam am 19. Juni. Als Heinele,
sein »liebes Kind«,[25] gestorben war, weinte Freud, der Mann ohne Tränen.[26]* Ferenczi, ein wenig egozentrisch, fragte Mitte Juli, warum ihm
Freud nicht zum fünfzigsten Geburtstag gratuliert habe. Freud antwortete,
einem Fremden gegenüber hätte er diese Höflichkeit nicht versäumt. Aber
er glaubte nicht, daß es irgendeine Art von Vergeltung war, »vielmehr daß
das mit meiner gegenwärtigen Lebensunlust zusammenhängt. Ich habe
noch nie eine Depression gehabt, aber das muß jetzt eine sein«.[27] Das ist
eine bemerkenswerte Behauptung: Da Freud immer wieder unter depressiven Stimmungen gelitten hatte, muß dieser Anfall ungewöhnlich schwer
gewesen sein. »Noch immer im Maul gequält und von ohnmächtiger Sehnsucht nach dem lieben Kind besessen«, schrieb er Eitingon Mitte August.[28]
Er beschrieb sich selbst als nunmehr dem Leben entfremdet und als Todes-
kandidat. Als er seinem geschätzten lebenslangen Freund Oscar Rie
schrieb, gestand er, daß er den Verlust des Jungen nicht verwinden könne.
»Er bedeutete mir die Zukunft und hat so die Zukunft mit sich genommen.«[29]

So erschien es ihm in diesen Tagen. Drei Jahre später, als Ludwig Binswanger einen acht Jahre alten Sohn durch tuberkulöse Meningitis verlor
und seinen Kummer in einem feinfühligen Brief mit Freud teilte, antwortete
Freud mit Erinnerungen an das Jahr 1923: »Ich kann es doch nicht unterlassen, Ihnen zu schreiben, nicht ein Wort überflüssigen Beileids, sondern –
ja eigentlich nur aus innerem Drange, weil Ihr Brief eine Erinnerung in mir
geweckt hat – unsinnig – die ja nie eingeschlafen war.« Er erinnerte an alle
seine Verluste, besonders an den Tod seiner geliebten Tochter Sophie mit

---

* Die Psychotherapeutin Hilde Braunthal, die als junge Studentin in Mathilde und Robert Hollitschers Haushalt arbeitete, wo Heinele seine letzten Monate verbrachte, meint,
daß Freud »seinen Enkel nicht zu oft sah. Die Freuds wohnten von den Hollitschers aus
gleich um die Ecke. Ich sah Freud oft mit seinem Hund auf der Straße. Er wirkte sehr in
Gedanken versunken« (persönliche Mitteilung, 4. Januar 1986). Aber selbst wenn er
seinen Enkel nur selten sah, scheinen manche von Freuds tiefen Gedanken ihm gegolten
zu haben.

27 Jahren. »Aber«, fügte er hinzu, »dies vertrug ich merkwürdig gut. Es war das Jahr 1920, man war zermürbt durch das Kriegselend, durch Jahre darauf vorbereitet zu hören, daß man einen Sohn oder gar drei Söhne verloren hat. So war die Gefügigkeit gegen das Schicksal vorbereitet.« Aber der Tod von Sophies jüngerem Kind habe ihn aus der Fassung gebracht. Heinele stand ihm »für alle Kinder und anderen Enkel, und seither, seit Heineles Tod, mag ich die Enkel nicht mehr, aber freue mich auch nicht am Leben. Es ist auch das Geheimnis der Indifferenz – Tapferkeit hat man es genannt – bei meiner eigenen Lebensgefahr.« Er fühlte mit Binswanger und stellte fest, daß seine Erinnerungen die alten Wunden aufrissen.[30] Freud besaß noch viel Vitalität und Zuneigung. Aber Heinele blieb für immer sein unumstrittener Liebling. Als der ältere Bruder des kleinen Jungen, Ernst, im Sommer 1923 zwei Monate bei den Freuds verbrachte, fand zumindest sein Großvater, was immer die anderen empfinden mochten, »nicht den geringsten Trost in ihm«.[31]

Dies war Freuds Lage im Sommer 1923, mit der Deutsch fertig werden mußte und nicht fertig werden konnte. Freud war verwundbar, sterblich wie jeder andere auch. Deutsch vertraute sich Rank an und später Freuds Palastwache, dem Komitee. Diese kleine Gruppe von Freuds Vertrauten – Abraham, Eitingon, Jones, Rank, Ferenczi, Sachs – traf sich damals in San Cristoforo in den Dolomiten, unterhalb von Lavarone, wo sich Freud aufhielt. Es gab böses Blut unter ihnen, und das schon seit einer Weile, seit dem Ende des Krieges. Die wöchentlichen Rundbriefe, mit deren Versendung sie im Oktober 1920 begonnen hatten, halfen nicht viel. Sie sollten den ständigen Kontakt zwischen Freuds engsten Anhängern in Wien, Budapest, Berlin und London aufrechterhalten. »Ich bin neugierig, wie diese Einrichtung funktionieren wird«, hatte Freud Ernest Jones geschrieben, als die ersten Briefe in Umlauf gesetzt werden sollten. »Ich erwarte, daß sie sich als sehr nützlich erweisen wird.«[32] Aber ungefähr um dieselbe Zeit hatte Jones das *International Journal of Psycho-Analysis* gegründet, und seine Leitung der Zeitschrift hatte seine Beziehungen zu Rank verschlechtert. Jones verübelte Rank, was er als seine anmaßende Einmischung in seine Herausgeberarbeit ansah. Jones, der darauf bedacht war, in einer Zeit, in der die antideutschen Gefühle noch sehr stark waren, den deutschen Beitrag zur psychoanalytischen Literatur möglichst gering zu halten, und der eifrig amerikanische Beiträge suchte, hatte mehrere Aufsätze angenommen, die unter dem hohen Niveau lagen, das die Wiener für erforderlich hielten, und Rank zögerte nicht, Jones' Wahl zu kritisieren. Freud betrachtete einen solchen Streit als Bedrohung des notwendigen Friedens. In Angelegenheiten des psychoanalytischen Geschäfts von Rank abhängig, hatte er diesen Jones gegenüber mehr als einmal gelobt und Jones wegen seiner Reizbarkeit milde getadelt. »Ich bin nahezu hilflos und gelähmt, wenn Rank fort ist«,

schrieb er Ende 1919[33], und ein wenig später: »In Ihren Bemerkungen über
Rank stelle ich eine Härte fest, die mich an eine ähnliche Stimmung Abraham gegenüber erinnerte. Sie haben sogar während des Krieges eine freund-
lichere Sprache gebraucht. Ich hoffe, es ist alles in Ordnung zwischen Ihnen
und uns.«[34] Er warf Jones vor, seine Leidenschaften und Stimmungen nicht
zu beherrschen, und hoffte auf bessere Tage.[35]

Aber die Gereiztheiten unter den Mitgliedern des Komitees schwelten
weiter. »Ranks Hammer ist wieder gefallen«, beklagte sich Jones im Sommer 1922 in einem Rundbrief, »diesmal auf London und wie mir scheint
sehr ungerecht.«[36] Im Gegensatz dazu kam es zu einer Annäherung zwischen Jones und Abraham, der über Ranks Abweichungen von der Orthodoxie in der analytischen Technik immer besorgter wurde. In dem engen
Kreis der sieben stand Freud Rank und Ferenczi besonders nahe, aber er
brauchte die anderen ebensosehr. Nun, mitten im Sommer 1923, von
Krankheit und Trauer heimgesucht, hoffte er, daß im zerstrittenen Komitee
wenigstens eine Fassade der Freundschaft wiederhergestellt werden
konnte. »Ich bin zu alt, um alte Freunde aufzugeben«, schrieb er kurz darauf. »Wenn jüngere Menschen nur an diese Veränderung im Leben däch-
ten, würde es ihnen leichter fallen, gute Beziehungen aufrechtzuerhalten.«[37]

Aber zumindest für den Augenblick war Freuds Hoffnung, daß die jüngeren Anhänger seine friedliche Haltung einnehmen würden, unrealistisch.
Am 26. August fing Ernest Jones in einem aufschlußreichen Brief an seine
Frau die zugleich zornige und ängstliche Atmosphäre in San Cristoforo ein.
»Die wichtigste Neuigkeit ist, daß F. einen echten Krebs hat, der langsam
wächst & Jahre dauern kann. Er weiß es nicht, & es ist ein ganz schreckliches Geheimnis.« Was seinen Streit mit Rank angehe: Das Komitee habe
»den ganzen Tag damit verbracht, die Rank-Jones-Affäre zu erörtern. Sehr
peinlich, aber ich hoffe, unsere Beziehungen werden nun besser sein.« Dennoch war ihm bewußt, daß keine Besserung in Sicht war, denn eine unangenehme Episode hatte die Spannung verschärft. »Ich nehme an, F[erenczi]
wird kaum mit mir sprechen, denn Brill ist gerade da gewesen und hat ihm
gesagt, daß ich gesagt hätte, R[ank] sei ein schwindelnder Jude.« Er demen-
tierte diese Bemerkung zum Teil, indem er behauptete, sie sei stark übertrieben.[38]

Was immer Jones gesagt hatte, es muß beleidigend genug gewesen sein.*

* Es ist anhand der jetzt verfügbaren fragmentarischen Dokumentation unmöglich,
Jones' Bemerkung zu rekonstruieren. Im Jahre 1924, nachdem sich Rank nicht nur den
Zorn Jones', sondern auch aller anderen einschließlich Freuds zugezogen hatte, gab
Freud kleinlaut zu, daß Jones, was Rank betraf, die ganze Zeit recht gehabt habe. Als er
Abraham schrieb, zitierte Jones diese Stelle in Freuds Brief an ihn und bemerkte dazu:
»So ist auch der Teil meiner berühmten Bemerkung gegenüber Brill, den zu verteidigen

Zwei Tage später berichtete er wieder seiner Frau, daß die Mitglieder des Komitees »stundenlang geredet & geschrien haben, bis ich in einem Tollhaus zu sein glaubte«. Die Gruppe entschied, »daß ich in der Rank-Jones-Affäre unrecht hatte, ja daß ich neurotisch bin«. Er war der einzige Nichtjude in der Gruppe und spürte es sehr. »Ein jüdischer Familienrat, der über einen Sünder zu Gericht sitzt, muß eine große Affäre sein, aber stell Dir vor, wie das ist, wenn alle fünf darauf bestehen, ihn auf der Stelle zu analysieren!« Er beteuerte »Engländer genug zu sein, um das Ganze mit Humor zu nehmen«, ohne sich zu ärgern, gab aber zu, daß der Tag »ein Erlebnis« gewesen sei.[39]

Mitten in all diesen Streitigkeiten erfuhren die Mitglieder des Komitees schockiert von Freuds Krebs. Ihr Dilemma war akut. Es war offensichtlich, daß Freud einen radikalen chirurgischen Eingriff brauchte, aber es war nicht so offensichtlich, wie man es ihm sagen und wieviel man ihm sagen sollte. Freud hatte die Absicht, seiner Tochter Anna Rom zu zeigen, und sie zögerten, ihm diese lange geplanten Ferien zu verderben oder unmöglich zu machen. Zuletzt setzten sich die Ärzte im Komitee – Abraham, Eitingon, Jones, Ferenczi – mehr oder weniger durch. Sie drängten Freud, nach seinem Italien-Ausflug nach Wien zurückzukehren und sich operieren zu lassen. Aber sie verschwiegen ihm noch immer die volle Diagnose. Auch Felix Deutsch konnte sich nicht dazu überwinden, ihm die ungeschminkte Wahrheit zu sagen. Sein unkluges Zartgefühl sollte ihn Freuds Vertrauen und seine Stellung als sein persönlicher Arzt kosten. Er hatte Freuds Fähigkeit, schlechte Nachrichten zu verkraften, und seinen Groll darüber, sich bevormundet zu fühlen, nicht richtig eingeschätzt.* Auch die Mitglieder des Komitees zogen sich Freuds Ärger zu. Als er Jahre später ihre gutgemeinte Täuschung entdeckte, war er wütend. »Mit welchem Recht?« fragte er Jones.[40] In Freuds Augen hatte niemand das Recht, ihn zu belügen, nicht einmal aus den mitleidigsten Motiven. Die Wahrheit zu sagen, so erschreckend sie sein mochte, sei die größte Güte.

Nach der Versammlung des Komitees, bei der Deutsch über Freuds Zustand berichtet hatte, schloß sich Anna Freud der Gruppe zum Abend-

ich in San Cristoforo nicht den Mut hatte, zumindest gerechtfertigt (ich spreche natürlich nicht von der irrtümlichen Hinzufügung, die von Brill stammte)« (Jones an Abraham, 12. November 1924. Karl Abraham papers, LC).
* Deutsch, bemerkte Anna Freud Jahre später, habe ihres Vaters »Sinn für Unabhängigkeit und seine Fähigkeit, die Wahrheit hinzunehmen, unterschätzt« (Anna Freud an Jones, 4. Januar 1956. Jones papers, Archives of the British Psycho-Analytical Society, London). »Was mein Vater nicht verzieh, war die Bevormundung« (Anna Freud an Jones, 8. Januar 1956. Ibid.). Nach einer Zeit der Spannung, unter der Deutsch sehr litt, stellten Freud und Deutsch ihre Freundschaft wieder her. Aber Freud wandte sich an andere Ärzte, um sich behandeln zu lassen.

essen an, und am Abend, im Mondlicht, stieg sie mit Deutsch den Hügel nach Lavarone hinauf und horchte ihn aus. Angenommen, ihr und ihrem Vater gefiele es in Rom besonders gut, meinte sie »halb scherzend«; könnten sie dann nicht eine Weile länger bleiben und nicht nach Hause zurückkehren wie geplant? Erschrocken bat Deutsch sie, nicht einmal daran zu denken. »Sie dürfen nichts dergleichen tun«, sagte er energisch. »Auf keinen Fall, versprechen Sie mir das.« Das, bemerkte Anna Freud viele Jahre später, »war deutlich genug«.[41]* Doch Freuds ersehnte Reise mit seiner jüngsten Tochter nach Rom fand statt. Wie er vorausgesehen hatte, war sie ebenso aufmerksam und begeistert, wie er es immer gewesen war. Er berichtete Eitingon am 11. September aus Rom: »Anna genießt es in vollen Zügen, findet sich glänzend zurecht und ist für alle Seiten der römischen Polydimensionalität gleich empfänglich.«[42] Nach seiner Rückkehr schrieb er Ernest Jones, daß in ihrer »herrlichen Zeit in Rom« seine jüngste Tochter »sich wirklich zu ihrem Vorteil entpuppt hat«.[43]

Nun wurde Freud endlich die Wahrheit gesagt, die er schon lange vermutet hatte. Am 24. September teilte er sie seinem Neffen in Manchester in einer etwas verschleierten Sprache mit: »Ich habe die Wirkungen meiner letzten Operation im Mund noch nicht überwunden, habe Schmerzen und Schwierigkeiten beim Schlucken und bin noch nicht sicher über die Zukunft.«[44] Zwei Tage später war seine Lage klar genug. Er schilderte sie Eitingon offen: »Ich kann heute Ihr Bedürfnis, Neues von mir zu erfahren, befriedigen. Es ist beschlossen worden, daß ich eine zweite Operation zu bestehen habe, eine partielle Oberkieferresektion, da das liebe Neugebilde dort aufgetaucht ist. Die Operation wird Professor Pichler machen«, ein hervorragender Kieferchirurg. Er war die bestmögliche Wahl und von Felix Deutsch empfohlen worden. Hans Pichler, schrieb Freud Eitingon, war »der größte Könner in diesen Dingen, der auch die Prothese für nachher anfertigt. Er verspricht, daß ich in etwa 4–5 Wochen gut werde essen und sprechen können.«[45]

Tatsächlich wurden zwei Operationen vorgenommen, am 4. und am 12. Oktober.[46] Sie waren im allgemeinen erfolgreich, hatten aber als drastische Eingriffe zur Folge, daß Freud eine Zeitlang nicht sprechen und essen konnte. Er mußte durch einen Nasenschlauch ernährt werden. Aber eine Woche nach der zweiten Operation, als er noch im Krankenhaus war, konnte er es nicht unterlassen, Abraham einen Brief im Telegrammstil zu schreiben: »Lieber unverbesserlicher Optimist, heute Tampon er-

---

* Sie selbst dachte mit gemischten Gefühlen an die Episode zurück. »Für mich kam dabei eine unvergeßliche Reise nach Rom heraus, und ich bin immer noch dankbar dafür« (Anna Freud an Jones, 8. Januar 1956. Ibid.).

neuert, aufgestanden, den vorhandenen Rest in Kleider gesteckt. Dank
für alle Nachrichten, Briefe, Grüße, Zeitungsausschnitte. Wenn ich ohne
Injektion schlafen kann, gehe ich bald nach Hause.«[47] Neun Tage später
wurde er entlassen. Aber sein Ringkampf mit dem Tod war noch nicht
vorüber.

Es sollte ein mörderischer Kampf werden, und der Gegner war verschlagen
und unbarmherzig. Freud machte sich auf das Schlimmste gefaßt. Ende
Oktober überlegte er, daß ihn sein »gegenwärtiger Zustand« daran hindern könne, noch weiter Geld zu verdienen, und er schrieb einige Zusätze
zu seinem Testament in Form eines Briefes an seinen Sohn Martin. Seine
Hauptsorge galt seiner Frau und seiner Tochter Anna: Er verlangte, daß
seine Kinder auf ihr »ohnehin bescheidenes Erbe« zugunsten ihrer Mutter
verzichteten und daß Annas Mitgift »vom Pfund-Konto« auf 2000 Pfund
erhöht werde.[48] Dann, Mitte November, unternahm Freud einen ganz anderen Schritt, der verständlich ist, wenn auch weniger rational als die Klärung seines Testaments. Er unterwarf sich einer kleinen Operation an den
Hoden, die aus der Unterbindung beider Samenleiter bestand[49] und von
dem umstrittenen Endokrinologen Eugen Steinach eingeführt worden war.
Das Verfahren hatte einen gewissen Anklang gefunden, weil es angeblich
half, eine nachlassende sexuelle Potenz wiederherzustellen, aber darüber
hinaus wurde es von einigen Fachleuten zur Mobilisierung der Körper-
kräfte empfohlen. Freud, der an die Operation glaubte, hoffte, daß sie das
Wiederauftreten des Krebses verhindern und sogar seine »Sexualität«, sein
Allgemeinbefinden und seine Arbeitskraft verbessern könnte.[50] Nach der
Operation war er sich über ihre Wirkung nicht im klaren, aber zumindest
eine Zeitlang scheint er den Eindruck gehabt zu haben, sich tatsächlich
jünger und kräftiger zu fühlen.[51]
   Im selben Monat entdeckte Pichler restliches krebsartiges Gewebe, und
er sagte Freud tapfer, daß er eine weitere Operation benötige, der sich
Freud ebenso tapfer unterzog. Doch er gab zu, daß sie eine schwere Enttäuschung war. Offensichtlich hatte er magische Erwartungen in seinen Chirurgen gesetzt. Er hatte sich, schrieb er Rank Ende November, »gefühlsmäßig sehr an Professor Pichler angelehnt«, aber »mit der zweiten Operation
kam eine Enttäuschung, Lockerung der homosex[uellen] Bindung«.[52]
Doch so kompliziert seine Gefühle seinem Chirurgen gegenüber auch waren, Tatsache ist, daß Pichler erst 1936 wieder eine Krebswucherung entdeckte.
   Von 1923 an entwickelte Freud jedoch gutartige oder präkanzeröse
Leukoplakien, die behandelt oder ausgeschnitten werden mußten. Pichler war geschickt und freundlich, aber die dreißig oder mehr kleineren
Operationen die er vornahm – und einige waren gar nicht so klein –,

ganz zu schweigen von den unzähligen Anpassungen, Reinigungen und Neuanpassungen von Freuds Prothese, waren lästige und beschwerliche Prozeduren. Oft schmerzten sie sehr.* Das Vergnügen, das Freud das ständige Rauchen verschaffte oder vielmehr sein unheilbares Bedürfnis danach muß unwiderstehlich gewesen sein. Schließlich war jede Zigarre ein weiterer Reiz, ein kleiner Schritt in Richtung eines weiteren schmerzhaften Eingriffs. Wir wissen, daß er zugab, nach Zigarren süchtig zu sein, und daß er das Rauchen letzten Endes als Ersatz für den Prototyp aller Süchte, die Onanie, ansah. Offenbar gab es Tiefen in seiner Psyche, die seine Selbstanalyse nie erreicht hatte, Konflikte, die sie nie hatte lösen können. Freuds Unfähigkeit, das Rauchen aufzugeben, unterstreicht lebhaft die Wahrheit seiner Beobachtung einer allzu menschlichen Veranlagung, die er Wissen-und-nicht-Wissen nannte, einen Zustand rationalen Begreifens, das nicht in eine entsprechende Handlung einmündet.

Freud war Ende 1923 wie ein invalider Athlet, der einer dramatischen körperlichen Rehabilitation bedurfte. Er war einmal ein meisterhafter Redner und brillanter Unterhalter gewesen; nun lernte er wieder zu sprechen, aber seine Stimme gewann nie wieder ihre alte Klarheit und Resonanz. Die Operationen beeinträchtigten auch sein Gehör. Er klagte über ein »beständiges Rauschen«[53] und wurde allmählich beinahe taub auf dem rechten Ohr. Daher wurde die Couch an die andere Wand gestellt, damit er mit dem linken Ohr hören konnte.[54] Das Essen bereitete unangenehme Schwierigkeiten, und er vermied es nun meistens, in der Öffentlichkeit zu speisen. Es war eine Qual, die Prothese, welche die Mundhöhle gegen die Nasenhöhle abschloß – Jones beschreibt sie als ein riesiges monströses Ding, »eine Art vergrößertes Gebiß«[55] –, einzusetzen oder herauszunehmen. Oft bildeten sich wunde Stellen, die schmerzten. In den Jahren, die ihm noch verblieben, wechselte Freud dieses vergrößerte Gebiß mehr als einmal, und er fuhr Ende der zwanziger Jahre nach Berlin, um sich wieder ein neues einpassen zu lassen. Er lebte nur selten ohne ein Maß an Unbehagen. Aber er lehnte es ab, sich dem Mitleid zu ergeben. Er paßte sich seinen neuen Lebensbedingungen mit einer gewissen Forschheit an. »Lieber Sam«, schrieb er im Januar 1924 in einem Brief nach Manchester, den er seiner Tochter Anna diktierte, »ich freue mich, Dir mitteilen zu können, daß ich mich rasch erhole und mit diesem neuen Jahr meine Arbeit wiederaufnehmen konnte.

---

* Die Operationen Freuds waren von dreierlei Art, je nachdem, wie sie vorgenommen wurden: in Dr. Pichlers Praxis mit Lokalanästhesie, im Sanatorium Auersperg mit Lokalanästhesie und »vorher eingeleitetem Schlaf« und im Sanatorium unter Vollnarkose (Anna Freud an Jones, 8. Januar 1956. Ibid.). Zusätzlich wurde Freud in einem neben seinem Sprechzimmer eingerichteten kleinen Raum regelmäßig untersucht.

Meine Sprache mag beeinträchtigt sein, aber sowohl meine Angehörigen als auch meine Patienten sagen, sie sei recht gut verständlich.«[56]

Seine schwer erworbene psychoanalytische Haltung kam ihm zustatten. Er hatte Todesfälle in der Familie erlebt, aber zum Glück wurden sie nun durch Geburten aufgewogen. Seine drei Söhne vergrößerten die Freud-Sippe: Ernst »meldete uns am 24. April die Geburt seines dritten Sohnes«, teilte er Samuel Freud im Frühjahr 1924 mit. »Zwei weitere Kinder sind unterwegs, Martins zweites und Olivers erstes (in Düsseldorf). So gibt es Wachstum und Verfall in der Familie wie bei Pflanzen, ein Vergleich, den Du beim alten Homer finden kannst.«[57] Im Oktober 1924, berichtete Alix Strachey, eine begabte und respektlose Beobachterin der analytischen Szene, aus Berlin ihrem Mann James daheim in London, daß Helene Deutsch »mir – wie alle – die begeistertsten Berichte über Freuds Gesundheit gab. Es scheint, daß er wieder den Vorsitz in der Vereinigung übernommen hat & wie üblich drauf los redet & in sehr gehobener Stimmung ist«.[58] Fünf Monate später, Anfang 1925, teilte sie ihrem Mann mit, daß Freud zwar noch Schwierigkeiten beim Sprechen habe, aber »Anna sagt, seine allgemeine Gesundheit läßt nichts zu wünschen übrig«.[59]

Anna

Anna Freuds Einfluß auf ihren Vater war bereits vor 1923 ausgeprägt gewesen; nach seinen Operationen in diesem Jahr war er unbestreitbar. Im April, nach Freuds schrecklichem Tag in Hajeks Klinik, war seine Tochter Anna, nicht seine Frau, die ganze Nacht bei ihm geblieben. Damit wurde eine Veränderung in der Freudschen Familienkonstellation besiegelt, und Anna wurde der emotionale Anker.* Ein Jahr zuvor, Ende März 1922, als Anna fort war, um sich um ihren Schwager Max Halberstadt und seine beiden Söhne zu kümmern,[60] hatte Freud Ferenczi geschrieben: »Das

---

* Ihre Mutter behielt jedoch die Kontrolle in häuslichen Angelegenheiten. Als Anna 1920 verreist war und schrieb, daß sie eines ihrer beiden Zimmer in der Berggasse 19 gegen ein anderes tauschen wollte, um in zwei nebeneinanderliegenden Zimmern zu arbeiten und zu wohnen, riet ihr Freud, der mit ihrem Vorschlag einverstanden war, ihre Mutter zu konsultieren. Er berichtete, daß ihre Tante Minna bereit war, ihr Zimmer gegen eines von Anna zu tauschen, daß ihre Mutter aber nichts von drastischen Veränderungen in der Wohnung hören wollte: Sie mochte kein Geld für neue Tapeten ausgeben, da sie überhaupt lieber in die Vorstadt ziehen würde. Eine solche Übersiedlung, schrieb Freud Anna, sei völlig unpraktisch. Aber sie müsse ihrer Mutter direkt schreiben. »Ich kann sie nicht dazu zwingen«, schrieb er, »habe ihr im Haus immer ihren Willen gelassen« (Freud an Anna Freud, 12. Oktober 1920. Freud Collection, LC). Zuletzt setzte Anna ihren Willen durch.

Haus ist jetzt öde, denn Anna, die es naturgemäß immer mehr beherrscht, ist seit 4 Wochen in Hamburg.«[61] Drei Wochen früher, als sie für nur eine Woche fort war, »bestätigte« ihr Freud in einem liebevollen Brief, »daß man Dich sehr vermißt. Das Haus ist sehr einsam ohne Dich und nirgends ein voller Ersatz.«[62]

Im Innersten würde es Anna vorgezogen haben, bei ihrem Vater zu bleiben. Sie war – schon seit ihrer Mädchenzeit – sehr darauf bedacht, sich um ihn zu kümmern. Im Jahre 1920 hatte sie einen Teil des Sommers in Aussee verbracht und geholfen, Oscar Rie, den alten Freund der Freuds, während seiner Genesung von einer schweren Krankheit zu pflegen. Rie hatte seiner Familie nichts von seinem Zustand gesagt, bis er ihn nicht mehr verheimlichen konnte. Seine Zurückhaltung und, wie sie fand, unangebrachte Rücksichtnahme ließen Anna an ihren Vater denken, was sie ohnehin sehr oft tat. Sie war entschlossen, ihn nicht dieselbe verschwiegene Haltung einnehmen zu lassen. »Versprichst Du«, schrieb sie ihm aus Aussee, »wenn Du einmal krank werden solltest und ich nicht da bin, daß Du es mir sofort schreibst, damit ich kommen kann?« Sonst, fügte sie hinzu, könnte sie nirgends mehr ruhig sein. Sie hatte ihn schon in Wien, bevor sie nach Aussee fuhr, darum bitten wollen, war aber dann doch zu schüchtern gewesen.[63] Nun, drei Jahre später, nach der ersten Operation ihres Vaters, war kein Platz mehr für Schüchternheit, und sie wiederholte ihr Angebot mit Nachdruck. Freud erhob noch leichte Einwände: »Deinem Wunsch möchte ich nicht gleich nachgeben«, antwortete er. »Du sollst nicht vorzeitig in die traurige Funktion der Pflegerin von alten, kranken Eltern kommen.« Er schrieb aus Wien, wo Hajek seinen Gaumen untersuchte. Aber er fügte hinzu: »Dagegen mache ich Dir die Konzession, daß Du sofort telegraphisch berufen wirst, wenn er mich aus irgendeinem Grund in Wien behalten will.«[64] Anna Freud war nun für ihn verantwortlich – weit mehr als Martha.

Es war daher ganz natürlich, daß sie im Sommer 1923 die erste in der Familie gewesen zu sein scheint, welche die Wahrheit über den Krebs ihres Vaters entdeckte. Und Freuds Korrespondenz aus dieser Zeit bezeugt, wieviel sie ihm nun bedeutete. Als er Mitte August Oscar Rie über seine Frau und seine Schwägerin berichtete, beschränkte er sich auf ihre Gesundheit, aber als er von Anna sprach, änderte sich sein Ton. »Sie blüht und ist eine Stütze in allen Dingen.«[65] Auf der Reise, die sie mit ihrem Vater im September nach Rom unternahm, als er sich vor seiner zweiten Operation sozusagen noch einmal »austoben« durfte, zeigte sie sich, wie wir wissen, von ihrer vorteilhaftesten Seite.

Freud ließ keinen Zweifel daran, daß er an allen seinen Kindern hing und um sie besorgt war. Wir haben gesehen, daß er, als sein Sohn Martin auf dem Eisplatz gedemütigt wurde und väterlichen Trost brauchte, für ihn da war, geduldig, nicht vorwurfsvoll, und aufgeschlossen.* Als seine Tochter Mathilde im Sommer 1912 unerwartet erkrankte, verzichtete er ganz selbstverständlich auf eine Reise nach London, obwohl er sich sehr auf einen Besuch in England gefreut hatte. Er war seinem attraktiven »Sonntagskind« Sophie sichtlich zugetan und machte sich Sorgen wegen der neurotischen Störungen seines Sohnes Oliver.** Während des Krieges behielt er seine Angst um seine Söhne nicht für sich, sondern streute in seine Briefe Details über ihren Verbleib und ihr Befinden ein, so als müßten sie für alle seine Briefpartner von fesselndem Interesse sein. »In einer großen Familie«, philosophierte er einmal gegenüber einem Analysanden, dem amerikanischen Arzt Philip Lehrman, »kann man immer auf Unglücksfälle rechnen. Wer wie Sie die auch mir wohlbekannte Funktion des allgemeinen Helfers in der Familie zugeteilt bekommen hat, ist mit Sorgen und Interessen für sein Leben versehen.«[66] Er konnte – ein wenig – über die Rolle eines Vaters scherzen. »Too bad, wie man bei Ihnen sagt«, schrieb er Lehrman, »daß Sie in der Familie nicht zur Ruhe kommen! Aber wann hat einer von uns Juden Ruhe von seiner Familie? Niemals, solang er nicht die ewige Ruhe gefunden hat.«[67] Was immer für Ansprüche seine Kinder an seine Gefühle stellten, Freud versuchte, keines zu bevorzugen.

Doch bei aller Unparteilichkeit erkannte Freud schließlich, daß sein letztes Kind, Annerl, etwas ganz Besonderes war. »Die Kleine ist aber auch ein besonders liebes und interessantes Geschöpf«, bemerkte er während des Krieges zu Ferenczi.[68] Sie war vielleicht lieber, gewiß aber interessanter als ihre Brüder und Schwestern. »Du bist etwas anders ausgefallen als Mathilde und Sophie«, schrieb er Anna 1914, »hast mehr geistige Interessen und wirst Dich wahrscheinlich mit rein weiblichen Tätigkeiten nicht so bald zufrieden geben.«[69]

Freuds Anerkennung der ungewöhnlichen Intelligenz Annas und des besonderen Platzes, den sie in seinem Leben einnahm, spiegelte sich in dem eigenen Ton – liebevolle Beratung gemischt mit beinahe analytischen Deutungen –, den er ihr gegenüber anschlug. Es war ein Ton, der in seinen Gesprächen mit seinen anderen Kindern weitgehend fehlte. Dafür war An-

---

* Siehe S. 186 f.
** In den frühen zwanziger Jahren war Oliver Freud in analytischer Behandlung bei Franz Alexander in Berlin. Einige Jahre später sprach Freud, als er Arnold Zweig schrieb, anerkennend von Olivers »außerordentlichen« Gaben und dem Umfang und der Zuverlässigkeit seines Wissens. »Sein Charakter ist tadellos. Dann ist die Neurose über ihn gekommen und hat alle Blüten abgestreift.« Er hatte, »leider stark neurotisch gehemmt ... wenig Glück gehabt«. Freud empfand Olivers problematisches Leben als eine schwere Last, schrieb er Zweig (Freud an Arnold Zweig, 28. Januar 1934. Sigmund Freud Copyrights, Wivenhoe).

nas Anspruch auf besondere Intimität mit ihrem Vater beharrlich und stark, und er wurde immer stärker. Als junges Mädchen war sie zeitweise zart und schwächlich, und sie wurde wiederholt in Kurorte geschickt, um sich gründlich auszuruhen, gesunde Spaziergänge zu machen und ein paar Kilo zuzunehmen, um ihre allzu schlanke Gestalt auszufüllen. In ihren Briefen aus dieser Periode ist immer wieder von einem Kilo oder einem halben Kilo die Rede, das sie in einer Woche zugenommen hatte. Und sie sind voller Sehnsucht nach ihrem Vater. Es gehe ihr besser, versicherte sie ihrem »lieben Papa«, als sie im Sommer 1910 – sie war damals vierzehn – aus einem Kurort schrieb. »Ich nehme auch zu und bin schon ganz dick und fett.« Sie benahm sich auch schon in diesem unreifen Alter mütterlich gegenüber ihrem Vater: »Wirst Du Dir im Harz nicht wieder den Magen verderben?« Sie hoffte, daß ihre Brüder, »die Buben«, auf ihn achtgeben würden, ließ aber keinen Zweifel daran, daß sie sich besser um ihn kümmern könnte. Im allgemeinen führte sie einen erbarmungslosen Konkurrenzkampf mit ihren Geschwistern. »Ich möchte auch sehr gerne einmal alleine mit Dir reisen, so wie jetzt Ernst und Oli.« Und sie zeigte ein frühreifes Interesse an Freuds Schriften: Sie hatte ihren »sehr netten« Dr. Jekels gebeten, sie »Gradiva« lesen zu lassen, aber er wollte es nur mit Freuds Erlaubnis genehmigen.[70] Sie liebte die zärtlichen Spitznamen, die er ihr gab: »Lieber Papa«, schrieb sie im folgenden Sommer, »es hat mich schon lange niemand ›Schwarzer Teufel‹ genannt, und das fehlt mir sehr.«[71]

Die meisten ihrer Leiden wie, zum Beispiel, Rückenschmerzen schienen ihrem Vater psychosomatisch zu sein, da sie von Grübeleien begleitet waren, die sie selbst streng als nutzlos kritisierte.* Er ermutigte sie, ihn über ihre Symptome zu informieren. Sie enttäuschte ihn nicht. Anfang 1912, als es ihr noch schlecht ging, besprach sie ihren Zustand offen mit ihrem Vater. Sie sei weder krank noch gesund, schrieb sie, und nicht sicher, woran sie eigentlich leide. »Es kommt irgendwie aus mir heraus«, und dann werde sie sehr müde und müsse sich über alle möglichen Dinge Sorgen machen, auch über ihren Müßiggang.** Sie wollte vernünftig sein wie ihre ältere Schwester Mathilde. »Ich will ein vernünftiger Mensch sein oder wenigstens werden.« Aber sie hatte ihre schlechten Tage. »Weißt Du«, erinnerte sie ihren

---

* Einige dieser Gesundheitsprobleme wie Menstruationsbeschwerden hielten an. »Ich bin besonders glücklich darüber«, schrieb sie ihrem Vater 1920, »daß ich gestern ganz ohne abnorme Zugaben unwohl geworden bin und es diesmal gut zu vertragen scheine« (Anna Freud an Freud, 16. November 1920. Freud Collection, LC).
** Auch das war ein ständiges Thema in ihrer Korrespondenz mit ihrem Vater. »Warum bin ich eigentlich immer so glücklich, wenn ich nichts zu tun habe?« fragte sie ihn ganz unglücklich im Sommer 1919. »Ich arbeite doch sehr gern; oder ist das nur scheinbar?« (Anna Freud an Freud, 2. August 1919. Ibid.).

Vater, »ich hätte Dir nicht das alles geschrieben, weil ich Dich sehr ungern
quäle«, aber er hatte sie darum gebeten, und in einer Nachschrift fügte sie
hinzu: »Ich habe Dir nicht mehr schreiben können,weil ich selbst nicht
mehr weiß, aber Geheimnisse mache ich sicher keine vor Dir.« Sie bat ihn,
bald wieder zu schreiben, »dann werde ich auch vernünftig, wenn Du mir
ein bißchen hilfst«.[72]

Freud half nur zu gern. Im Jahre 1912 war Mathilde verheiratet, und
Sophie machte sich bereit, dem Beispiel ihrer Schwester zu folgen. Anna
war, wie er sie gern nannte, seine »liebe einzige Tochter«.[73] Im November,
als Anna in den beliebten Kurort Meran gefahren war, um dort einige Monate zu verbringen, ermahnte er sie, sich zu entspannen und das Leben zu
genießen; sobald sie sich an das Faulenzen und den Sonnenschein gewöhnt
haben werde, schrieb er, werde sie sicherlich zunehmen und sich besser
fühlen.[74] Anna ihrerseits schrieb ihrem Vater, wie sehr sie ihn vermißte.
»Ich esse auch immer, soviel ich kann, und bin ganz vernünftig«, schrieb sie
aus Meran. »Ich denke sehr viel an Dich und freue mich auf einen Brief von
Dir, wenn Du einmal Zeit zum Schreiben hast.«[75] Das war ein ständiges
Thema: Ihr Vater war ein *so* beschäftigter Mann! Als sie vorschlug, nach
Hause zu kommen, drängte er sie, noch zu bleiben[76], selbst wenn das bedeute, daß sie Sophies Hochzeit, die für Mitte Januar 1913 festgesetzt war,
versäumen würde. Das war ein kluger therapeutischer Vorschlag. Anna
hatte schon früher gestanden, daß der »ewige Streit« mit Sophie für sie
»schrecklich« sei, weil sie Sophie sehr gern habe und bewundere, aber Sophie war nichts an ihr gelegen.[77] Solche Ausbrüche von Selbstverunglimpfung waren und blieben lange charakteristisch für sie. Nicht einmal ihr
Vater, dessen Einfluß auf sie oft entscheidend war, konnte sie ganz davon
abbringen.

Aber er versuchte es. Er entschied, daß Anna alt genug war, um einige
psychoanalytische Wahrheiten aufzunehmen. Jedenfalls untersuchte sie
ihren eigenen Seelenzustand. Offensichtlich weckte die bevorstehende
Hochzeit ihrer Schwester starke und widersprüchliche Gefühle in ihr. Sie
gab zu, daß sie nach Hause kommen und Sophies Hochzeit sehen und
zugleich fernbleiben wolle: Einerseits sei sie froh, sich in Meran schön
ausruhen zu können, andererseits täte es ihr leid, daß sie Sophie nicht
mehr sehen könne, bevor sie das Elternhaus verlasse. Aber jedenfalls sei
sie schon »viel vernünftiger geworden«, als sie es gewesen war. »Du
würdest Dich wundern, wieviel, aber auf die Entfernung kannst Du es
nicht merken. Und so vernünftig werden, wie Du es meinst«, schloß sie
mit einem beinahe hörbaren Seufzer, »das ist viel zu schwer, und ich
weiß auch nicht, ob ich das erlerne.«[78] Solche Selbstprüfungen gaben
Freud seine Chance. Ihre verschiedenen Schmerzen und Leiden, schrieb
er ihr, hätten psychische Ursachen. Sie entsprängen »geteilten Gefühlen«

über Sophies Hochzeit und Max Halberstadt, Sophies zukünftigen
Mann. »Du weißt doch, Du bist ein bißchen närrisch.« Er wollte ihr
keine Vorwürfe machen wegen ihrer »uralten Eifersucht auf Sophie«, an
der ihm weitgehend Sophie selbst schuld zu sein schien. Aber, meinte er,
sie habe diese Eifersucht auf Max übertragen, und das quäle sie. Und sie
verberge etwas vor ihren Eltern, »vielleicht auch etwas vor Dir selbst«.
Er drängte sie: »Mache keine Geheimnisse und geniere Dich nicht.« Er
klang ganz wie ein Analytiker, der seinem Analysanden rät, frei zu sprechen. Aber er schloß als Vater: »Du sollst ja nicht ewig ein Kind bleiben,
sondern den Mut bekommen, dem Leben und was es mit sich bringt mutig ins Auge zu schauen.«[79]

Es war für Freud eines, Anna zu ermutigen, erwachsen zu werden, aber es
war ein anderes, sie auch erwachsen werden zu *lassen*. Sie blieb jahrelang
»die Kleine«. Die zärtliche Bezeichnung »meine liebe einzige Tochter«, die
er spielerisch gebraucht hatte, während Sophie verlobt war, tauchte regelmäßig auf, nachdem sie geheiratet hatte. Anna war im März 1913 seine
»kleine, jetzt einzige Tochter«[80], seine »kleine einzige Tochter«[81], mit der
er in diesem Frühling während eines kurzen Urlaubs eine Reise nach Venedig machte, auf die sich Anna maßlos freute und die sie ungeheuer genoß.
Eine italienische Reise »mit Dir zusammen«, schrieb sie begeistert, mache
es »noch viel schöner, als es sonst gewesen wäre«.[82] Später in diesem Jahr
gestand Freud Ferenczi, daß ihn seine »kleine Tochter« Anna auf Gedanken an Cordelia, König Lears Jüngste[83]*, gebracht habe, Gedanken, die zu
einer Meditation über die Rolle der Frauen im Leben und Sterben eines
Mannes führten, »Das Motiv der Kästchenwahl«, das noch im selben Jahr
erschien. Es gibt ein reizendes Foto von Freud und Anna als geselliges Paar,
das um diese Zeit in den Dolomiten aufgenommen wurde: Freud in Wan-
derausstattung mit flottem Hut, Gürtelrock, Knickerbockern und kräftigen Stiefeln, eine heitere Anna am Arm, deren schlanke Gestalt in ein einfaches Dirndl mit Schürze gekleidet ist.
    Noch im Sommer 1914, als Anna beinahe neunzehn war, nannte Freud
sie in einem Brief an Ernest Jones »meine kleine Tochter«.[84] Aber diesmal
hatte er dabei einen Hintergedanken: Anna vor Jones' verliebten Neigungen zu schützen. »Ich weiß aus den besten Quellen«, warnte er sie am
17. Juli, als sie sich auf ihre Englandreise vorbereitete, »daß Dr. Jones ernsthafte Absichten hat, um Dich zu werben.« Er erklärte, daß er ihr nicht die
Freiheit der Wahl nehmen wolle, die ihre beiden älteren Schwestern genos-

* Das Thema der jüngsten Tochter verlor für Freud nie seine Anziehungskraft. Als ihm
Ernest Jones 1933 mitteilte, daß seine Frau schwanger sei, antwortete Freud: »Falls dies
ein Jüngstes sein sollte: die Jüngsten sind, wie Sie in meiner Familie sehen können, nicht
gerade die schlechtesten« (Freud an Jones, 13. Januar 1933. Freud Collection, D2, LC).

sen hätten. Aber da sie in ihrem »jungen Leben« noch keine Anträge bekommen und »noch intimer« mit ihren Eltern gelebt hatte als Mathilde und
Sophie, meinte Freud, sie solle keine schwerwiegenden Entscheidungen
treffen, »ohne unserer (in diesem Falle: meiner) Zustimmung vorher sicher
zu sein«.[85]

Freud ließ es sich angelegen sein, Jones als Freund und »sehr wertvollen
Mitarbeiter« zu loben. Aber »das könnte eine Versuchung mehr für Dich
sein«. Daher fühle er sich verpflichtet, zwei Einwände gegen eine Verbindung zwischen Jones und seiner »einzigen Tochter« zu erheben. Erstens
»kommt unser Wunsch in Betracht, daß Du Dich nicht in so jungen Jahren
binden oder verheiraten sollst, ehe Du etwas mehr gesehen, gelernt, erlebt
und an Menschen erfahren hast«. Sicherlich solle sie noch fünf Jahre lang
an keine Heirat denken. Und Freud, der aus den Tiefen seiner eigenen
schmerzlichen Erinnerung an das lange, frustrierende Warten auf Martha
Bernays heraus sprach, sagte Anna, eine lange Verlobungszeit solle ihr erspart bleiben. Zweitens, erinnerte Freud sie, war Jones fünfunddreißig, beinahe doppelt so alt wie sie. Obwohl er zweifellos »ein zärtlicher, guter
Mensch« sei, der »seine Frau sehr lieben und für ihre Liebe sehr dankbar
sein wird«, brauche er eine ältere, welterfahrene Frau. Jones, bemerkte
Freud, habe sich »aus sehr kleiner Familie und schwieriger Lebenslage«
herausarbeiten müssen; er sei vorwiegend wissenschaftlichen Dingen zugewandt und »versäumt den Takt und die feineren Rücksichten«, die jemand
wie Anna, ein »verwöhntes«, noch dazu »sehr junges und etwas sprödes
Mädchen«, mit Recht von einem Mann erwarte. Außerdem, fügte Freud
hinzu, sei Jones »viel unselbständiger und anlehnungsbedürftiger«, als man
nach dem ersten Eindruck glauben würde. Und deshalb, schloß Freud, solle
Anna vorsichtig, freundlich und liebenswürdig gegenüber Jones sein, aber
vermeiden, mit ihm allein zu sein.[86]

Offensichtlich beschwichtigten diese sorgfältig überlegten Anweisungen
nicht seine Besorgnis. Fünf Tage später, am 22. Juli, nachdem Anna schon
in England angekommen war, wiederholte er freundlich, aber nachdrücklich seine früheren Anweisungen. Sie solle Jones nicht ausweichen, möglichst
unbefangen sein und sich »auf den Fuß der Freundschaft und Gleichheit
stellen, was gerade in England gut geht«.[87] Doch auch diese zweite Warnung
beruhigte ihn noch nicht. Noch am selben Tag schrieb er Jones »ein paar
Zeilen«, wie er Anna prompt mitteilte, und zwar »von jeder Werbung ab-
mahnende, doch persönliche Kränkung vermeidende Zeilen«.[88]

Diese »paar Zeilen« stellen ein seltsames Dokument dar. »Vielleicht
kennen Sie sie nicht genug«, schrieb Freud Jones. »Sie ist das begabteste
und gebildetste meiner Kinder und dazu ein wertvoller Charakter, voller
Interesse zu lernen, sich umzusehen und die Welt zu verstehen.«[89] Das war
nicht mehr, als er Anna schon direkt gesagt hatte.[90] Aber dann ging Freuds

Ton zu etwas über, was man nur viktorianische Idealisierung nennen kann. »Sie verlangt nicht, als Frau behandelt zu werden, ist noch weit entfernt von sexuellem Verlangen und lehnt Männer eher ab. Es gibt ein ausgesprochenes Einverständnis zwischen mir und ihr, daß sie nicht an Heirat oder die Vorbereitungen dazu denken sollte, bevor sie 2 oder 3 Jahre älter ist. Ich glaube nicht, daß sie den Vertrag brechen wird.«[91] Dieser »Vertrag« existierte, wie wir wissen, nur in seiner Einbildung; Freud hatte Anna nur ausdrücklich nahegelegt, vorerst noch nicht an Männer zu denken. Zweifellos war dieser Kunstgriff weder weit hergeholt noch unvernünftig: Freud sagte anderen und Anna selbst, daß sie emotional jünger sei, als es ihrem Alter entspreche. Wichtiger war jedoch, daß Freud Jones nicht sehr subtil aufforderte, seine Tochter in Ruhe zu lassen. Aber zu behaupten, daß Anna, eine erwachsene junge Frau, keine sexuellen Gefühle hatte, das klang nach einem konventionellen Bourgeois, der nie Freud gelesen hatte. Man könnte dies als einen Wink auffassen, daß Jones eine Art Kindesmißbrauch trieb, wenn er sich Anna näherte – eine verschleierte Warnung, für die Jones in Anbetracht der Anklagen, die ihn ein Jahrzehnt zuvor aus England vertrieben hatten, außerordentlich empfindlich sein mußte. Aber Freuds Verleugnung der Sexualität seiner Tochter paßt offensichtlich nicht zu ihm. Sie liest sich wie das Auftauchen eines Wunsches, daß sein kleines Mädchen ein kleines Mädchen bleiben solle – *sein* kleines Mädchen.*

Annas Reaktion auf die Bitten ihres Vaters war ein weiterer Anflug von geringer Selbstachtung. »Das was Du von dem Ansehen in der Familie geschrieben hast«, antwortete sie ihm aus England, »wäre sehr schön, aber ich kann nicht ganz glauben, daß es wahr ist. Ich glaube nicht, daß es zu Hause zum Beispiel einen großen Unterschied machen würde, wenn ich nicht mehr da wäre. Ich glaube, den Unterschied würde nur ich spüren.«[92] Wieviel Ernest Jones von diesem kleinen Drama, dessen unfreiwilliger Protagonist er war, wirklich verstand, ist schwer zu sagen. Aber in mancher Hinsicht sah er Freuds enge Beziehung zu seiner letzten Tochter sehr klar. Anna, antwortete er Freud, »hat einen schönen Charakter und wird später gewiß eine bemerkenswerte Frau sein, vorausgesetzt, daß ihr ihre sexuelle Verdrängung nicht schadet. Sie ist natürlich ungeheuer an Sie gebunden«, fügte er hinzu, »und dies ist einer der seltenen Fälle, in denen der wirkliche Vater dem Vater-Imago entspricht.«[93] Das war eine scharfsichtige Bemerkung, eine, die Freud nicht überrascht haben kann. Aber er war nicht bereit, ihre Implikationen zu akzeptieren.

---

* Die einzige vergleichbare Stelle in Freuds Schriften, in der er seine eigenen Einsichten mit derselben Entschiedenheit verleugnet, ist der Abschnitt in der *Traumdeutung*, in dem er davon spricht, daß Kinder keine sexuellen Gefühle haben (s. S. 170).

Anna Freud überstand ihr englisches Abenteuer, wie wir wissen, sicher und unbeschadet. Sie kehrte einen Monat später, nachdem sie, zum Teil in Jones' Gesellschaft, viele Sehenswürdigkeiten besichtigt hatte, nach Hause zurück, unverheiratet und unberührt. Ihre nächsten Jahre – Jahre des Krieges, der Revolution und des langsamen Wiederaufbaus – lesen sich im Rückblick wie eine Probe für eine Laufbahn als Psychoanalytikerin. Aber sie wurde Freudianerin auf einigen Umwegen. Sie erhielt eine Ausbildung als Lehrerin, legte ihre Prüfungen ab und arbeitete in ihren frühen Zwanzigern in einer Mädchenschule. Aber es war klar, daß sie nicht dazu bestimmt war, immer Lehrerin zu bleiben.

Als junges Mädchen, erinnerte sie sich Jahre später, saß sie vor der Bibliothek ihres Vaters in der Berggasse 19 und »hörte seinen Diskussionen mit Besuchern zu. Das war sehr nützlich.«[94] Das direkte Studium der Bücher ihres Vaters war noch nützlicher. Während ihres langen Aufenthalts in Meran im Winter 1912–13 berichtete sie, daß sie »einige« las. »Du darfst nicht entsetzt darüber sein«, schrieb sie, sich ein wenig verteidigend, »ich bin doch jetzt schon groß, und da ist es doch kein Wunder, wenn ich mich dafür interessiere.«[95] Sie las weiter, bat ihren Vater um die Erklärung von Fachausdrücken wie »Übertragung«[96] und hörte 1916 die zweite Reihe von Freuds *Vorlesungen zur Einführung in die Psychoanalyse*, über Träume, an der Universität.[97] Diese Vorlesungen trugen viel dazu bei, ihren aufkeimenden Ehrgeiz, Psychoanalytikerin zu werden, zu stärken. Im folgenden Jahr, als sie Freuds letzte Reihe von Vorlesungen, über Neurosen, hörte, entdeckte sie unter ihren Mithörern Helene Deutsch, die ihren weißen Ärztemantel wie ein Berufsabzeichen trug. Beeindruckt kam sie nach Hause und sagte ihrem Vater, daß sie, um sich auf den Analytikerberuf vorzubereiten, Medizin studieren wolle. Freud hatte keine Einwände gegen ihre Pläne, aber gegen ihren Wunsch, Ärztin zu werden, lehnte er sich auf. Anna Freud war nicht die erste noch die letzte unter seinen Anhängern, die er dazu überredete, eine Laufbahn als Laienanalytiker zu verfolgen.[98]

Unterstützt von einer willigen Umgebung, zog Freud nun Anna immer mehr in seine berufliche Familie hinein, und im Jahre 1918 fing er an, sie zu analysieren. Sie wurde in diesem Jahr zum Internationalen Psychoanalytischen Kongreß in Budapest eingeladen, konnte ihn aber nicht besuchen, da sie durch ihre Pflichten als Lehrerin verhindert war.[99] Zwei Jahre später, als die Analytiker in Den Haag zusammenkamen, hatte sie mehr Glück und begleitete ihren stolzen Vater zu den wissenschaftlichen Sitzungen und Banketten. Ihre Briefe entsprachen ihrer zunehmenden psychoanalytischen Erfahrung. Seit einigen Jahren hatte sie ihrem Vater ihre interessantesten, meist erschreckenden Träume mitgeteilt. Nun analysierte sie sie, und er antwortete mit Deutungen.[100] Sie gehörte zu den ersten, die die Publikatio-

nen ihres Vaters lasen.* Sie beobachtete sich selbst, wenn sie sich verschrieb.[101] Sie besuchte psychoanalytische Versammlungen, nicht nur in
Wien. Als sie ihrem Vater im November 1920 aus Berlin schrieb, gab sie
einige treffende, kluge Urteile über seine dortigen Anhänger ab und beneidete diejenigen, die wie »das kleine Fräulein Schott« schon Kinder analysierten. »Du siehst«, fügte sie vorwurfsvoll gegen sich selbst hinzu, »alle
können viel mehr als ich.«[102] Um diese Zeit hatte sie mit gemischten Gefühlen** ihren Posten als Lehrerin aufgegeben und bildete sich zur Psychoanalytikerin aus.

Ihre ersten »Patienten« waren ihre Neffen, die verwaisten kleinen
Söhne ihrer Schwester Sophie, Ernstl und Heinele. Im Jahre 1920 verbrachte sie viel Zeit mit ihnen in Hamburg und, im Sommer, in Aussee.
Ernstl, der nun sechs Jahre alt geworden war und den ihr Vater weniger
gern hatte als den einnehmenden, kränklichen Heinele, galt ihre Hauptsorge. Sie brachte ihn dazu, ihr Geschichten zu erzählen, und besprach
mit ihm große Geheimnisse wie die Herkunft der Kinder und die Bedeutung des Todes.[103] Diese aufschlußreichen vertraulichen Gespräche ermöglichten es ihr, die Angst des kleinen Jungen vor der Dunkelheit als
Folge der Warnung oder vielmehr Drohung seiner Mutter zu analysieren, daß er, »wenn er mit seinem Glied spielt, sehr krank wird«.[104] Es
scheint, daß nicht alle Mitglieder der Familie Freud seine pädagogischen
Gebote befolgten.

Anna blieb nicht bei diesen Versuchen in Kinderanalyse stehen. Sie begann, die Träume anderer zu analysieren[105], und im Frühjahr 1922 schrieb
sie eine psychoanalytische Abhandlung, die sie als ihre Eintrittskarte in die
Wiener Psychoanalytische Vereinigung zu präsentieren hoffte – sofern ihr
Vater es erlaubte. Diese Mitgliedschaft, sagte sie ihm, sei etwas, was sie sich
sehr wünsche.[106] Ende Mai wurde ihr Wunsch erfüllt. Die Abhandlung,
über Schlagephantasien, stützte sich zum Teil auf ihr eigenes Innenleben[107],
aber sie war darum nicht weniger wissenschaftlich. »Meine Tochter
Anna«, teilte ihr erfreuter Vater Anfang Juni Ernest Jones mit, »hat letzten
Mittwoch einen guten Vortrag gehalten.«[108] Zwei Wochen später wurde
sie, nachdem sie diese formale Verpflichtung erfüllt hatte, Vollmitglied der
Vereinigung.

Danach nahm Anna Freuds Ruf unter den Vertrauten Freuds rasch zu.
Bereits 1923 schrieb Ludwig Binswanger Freud, daß der Stil seiner Tochter

---

* Am 26. November 1920 berichtete sie Freud aus Berlin: »Ich lese hier Deine neue
Arbeit [Jenseits des Lustprinzips] mit sehr großer Freude. Ich glaube, das Ichideal ist mir
so sympathisch« (Freud Collection, LC).
** Im August schrieb sie: »Das Aufgeben der Schule habe ich bis jetzt noch keine Minute bereut.« Aber im Oktober beklagte sie sich bei ihrem Vater, daß sie sich elend fühle
und ihre Schule vermisse (siehe Anna Freud an Freud, 25. Oktober 1920. Ibid.).

von seinem eigenen nicht mehr zu unterscheiden sei.[109] Und Ende 1924 schrieben Abraham, Eitingon und Sachs aus Berlin, sie solle in den inneren Kreis aufgenommen werden; sie solle nicht mehr »nur als Sekretärin ihres Vaters arbeiten«, wie sie es jahrelang getan hatte, sondern auch an ihren Beratungen und Zusammenkünften teilnehmen.[110] Gewiß war dies eine Art von Tribut, die, wie die Schreiber wußten, Freud befriedigen würde. Aber der Vorschlag spiegelt auch das Vertrauen wider, das die geschätztesten Kollegen ihres Vaters in Anna Freuds Urteil setzten.

Während Freud die beruflichen Bestrebungen seiner Tochter ohne Vorbehalt ermutigte, konnte er sich mit ihrem Privatleben nicht abfinden. Ihre Gefühle waren nicht verkümmert oder verdrängt. Anna Freud genoß das Leben und die Freuden der Freundschaft sichtlich. Ihr Vater erkannte ihr Bedürfnis nach Gesellschaft und gab sich Mühe, es zu fördern. Als er Ende 1921 Lou Andreas-Salomé in die Berggasse 19 einlud, tat er es hauptsächlich um seiner Tochter willen. »Anna hat einen begreiflichen Durst nach Frauenfreundschaften«, schrieb er Eitingon, »nachdem ihr die englische Loe, die ungarische Kata und Ihre Mirra ... entrückt worden sind.« Loe Kann, einst Ernest Jones' Geliebte und Freuds Analysandin, war nach England zurückgekehrt. Kata Levy lebte nach ihrer Analyse bei Freud in Budapest. Und Mirra, Eitingons Frau, war bei ihrem Mann in Berlin. »Sie ist übrigens zu meiner Freude blühend und heiter«, fügte Freud hinzu, »nur wünsche ich, daß sie bald Grund fände, das Attachement an den alten Vater gegen ein dauerhafteres einzutauschen.«[111] Anna, beklagte er sich bei seinem Neffen in England, »ist ein Erfolg in jeder Hinsicht, außer daß sie noch nicht das Glück hatte, einen Mann zu finden, der zu ihr paßt«.[112]

Freuds wohlwollender Plan, eine würdige Freundin für seine Tochter zu finden, erfüllte sich über alle seine Hoffnungen hinaus. Im April 1922 fuhr Anna nach Göttingen, um ihrer neuen Freundin, die »wirklich sehr großartig« sei, einen langen Besuch abzustatten, und sie nahm die vertraulichen, quasi analytischen Gespräche wieder auf, die während Lou Andreas-Salomés Besuch in Wien im Jahr zuvor begonnen hatten. Ihre Intimität nahm mystische Nebentöne an. Anna behauptete, sie wäre ohne Frau Lous Hilfe, die auf »eine merkwürdige und okkulte Weise« gegeben worden sei, gar nicht imstande gewesen, ihre Abhandlung über Schlagephantasien zu schreiben.[113] Freud war begeistert über seinen Erfolg. »Sie hängt jetzt sehr« an Frau Lou, berichtete er Ernest Jones im Juni 1922[114]; und im folgenden Monat dankte er seiner »lieben Lou« dafür, daß sie »dem Kind so liebevoll entgegenkam. Es war«, schrieb er, »ihr jahrelanger Wunsch, von Ihnen gekannt zu werden.« Und »wenn aus ihr etwas werden soll – ich hoffe, sie bringt einige gute Anlagen mit –, so braucht sie Einfluß und Umgang, die hohen Ansprüchen genügen. Nach der Männerseite durch mich gehemmt, hat sie in ihren Frauenfreundschaften bisher viel Mißgeschick gehabt. Sie hat sich langsam entwickelt«, fügte er hinzu, »ist nicht nur im Aussehen jünger als ihre Jahreszahl.« Er hielt nur wenig zurück und ließ seine widersprüchlichen Wünsche an die Oberfläche steigen: »Manchmal wünsche ich ihr dringend einen guten Mann, manchmal schrecke ich vor dem Verlust zurück.«[115] Die beiden Frauen, die an Jahren weit auseinander, aber in ihrem psychoanalytischen Interesse kongenial und in ihrer Bewunderung für Freud eins waren, duzten einander bald, und ihre gegenseitige Neigung war von Dauer.[116]

Doch der beunruhigende Umstand, daß Anna noch ledig war, ließ Freud keine Ruhe. Im Jahre 1925 kam er wieder darauf zu sprechen, und wieder in einem Brief an Samuel Freud: »Nicht zuletzt Anna: wir können stolz auf sie sein. Sie ist eine pädagogische Analytikerin geworden, behandelt ungezogene amerikanische Kinder, verdient viel Geld, über das sie großzügig verfügt, indem sie verschiedenen armen Leuten hilft, sie ist Mitglied der Internationalen ΨA Vereinigung, hat sich einen guten Namen durch literarische Arbeiten gemacht und nötigt ihren Mitarbeitern Respekt ab. Doch sie hat gerade ihren 30. Geburtstag gehabt und scheint nicht geneigt zu sein zu heiraten, und wer kann sagen, ob ihre gegenwärtigen Interessen sie in kommenden Jahren glücklich machen werden, wenn sie mit dem Leben ohne ihren Vater fertig werden muß?«[117] Das war eine gute Frage.

Immer wieder ließ Anna ihren Vater wissen, wie liebevoll sie an ihn dachte. »Du kannst Dir sicher gar nicht vorstellen, wie viel ich immer an Dich denke«, schrieb sie ihm 1920.[118] Sie wachte über seine Verdauung oder seinen Magen mit der Besorgnis einer Mutter – oder vielleicht besser einer Ehefrau. Mitte Juli 1922 entnahm sie scharfsichtig einigen Hinweisen, daß es ihm vielleicht nicht gut ging. »Worüber sind Deine beiden Abhandlungen?« fragte sie, und dann kam sie besorgt auf ihr Hauptanliegen zu sprechen: »Und bist Du nicht gut aufgelegt oder scheint mir das nur aus Deinen Briefen? Ist Gastein nicht so schön wie sonst?«[119] Das war zwei Wochen, bevor Freud Rank vertraulich gestand, daß es mit seiner Gesundheit nicht zum besten stehe. Sie verteidigte ernsthaft sein Recht auf Ruhe und Erholung selbst auf Kosten der begehrten harten Währung. »Laß Dich nicht von Patienten quälen«, drängte sie ihn, »und laß nur alle Millionärinnen ruhig verrückt bleiben, sie haben doch sonst keine Beschäftigung.«[120] Von 1915 an, Jahre vor ihrer Analyse und während dieser, zeichnete sie für ihren Vater Träume auf, in denen sich ein tiefer innerer Aufruhr ausdrückte. Ihr »Nachtleben«, wie sie es nannte, sei oft »unbequem«[121], aber noch öfter erschreckend. »Meistens kommt jetzt etwas Arges in meinen Träumen vor«, berichtete sie ihrem Vater im Sommer 1919, »von Umbringen, Schießen oder Sterben«.[122] Etwas Schlimmes geschah ihr schon immer in ihren Träumen. Sie träumte immer wieder, daß sie erblinde, und das erschreckte sie.[123] Einmal träumte sie, daß sie einen ihr und ihrem Vater gehörenden Meierhof verteidigen müsse, aber als sie ihren Säbel zog, entdeckte sie, daß er abgebrochen war, und sie schämte sich vor dem Feind.[124] Sie träumte, daß Dr. Tausks Braut eine Wohnung in der Berggasse 20, den Freuds gegenüber, gemietet hatte, um ihren Vater mit einer Pistole zu erschießen.[125] All diese Träume fordern zu Deutungen heraus, die ihre leidenschaftlichen Gefühle für ihren Vater betreffen. Aber ihre transparenteste Liebeserklärung, beinahe wie ein Kindertraum in ihrer Direktheit, kam im Sommer 1915. »Neulich habe ich geträumt«, berichtete sie, »daß Du ein König bist und ich eine Prinzessin und daß man uns durch politische Intrigen auseinander bringen will. Es war nicht schön und sehr aufregend.«[126]*

Freud erhielt im Laufe der Jahre massive Hinweise, daß der zärtliche, ungetrübte Umgang seiner Tochter mit ihm ihre Fähigkeit lähmen könnte, einen geeigneten Ehemann zu finden. Bevor er sie zu analysieren begann, reagierte er auf ihre Traumberichte oberflächlich, beinahe frivol. Aber es war ihm unmöglich, ihre Neigung für ihn zu übersehen.[127] Im Jahre 1919 sprach er zu Eitingon in leichtem Ton vom »Vaterkomplex« seiner Anna.[128] Doch obwohl er ein vollendeter Kenner der Familienpolitik war, wurde ihm nicht völlig klar, wie sehr er zum Widerstreben seiner Tochter gegen eine Heirat beitragen mußte. Andere sahen klarer als er. Im Jahre 1921, als sich Freuds amerikanische »Schüler« fragten, warum Anna Freud, »ein sehr attraktives Mädchen«, nicht heiratete, schlug einer dieser Analysanden, Abram Kardiner, eine Antwort vor, die für ihn offensichtlich war: »Seht euch ihren Vater an«, sagte er zu seinen Freunden. »Das ist ein Ideal, dem nur wenige Männer entsprechen könnten, und es wäre sicherlich ein Abstieg für sie, sich an einen geringeren Mann zu binden.«[129] Wenn Freud das Ausmaß seiner Macht über seine Tochter voll erkannt hätte, würde er vielleicht gezögert haben, sie zu analysieren.

Diese Analyse war ein höchst ungewöhnliches Unterfangen, und Freud muß das ebenso wie seine Tochter gewußt haben. Sie zog sich lange hin. Sie begann 1918, dauerte mehr als drei Jahre und wurde 1924 noch einmal für ein Jahr aufgenommen.[130] Aber Freud spielte auf diese Analyse nie öffent-

* Sie erkannte klar die kindliche Natur ihrer Träume dieser Zeit. Drei Tage, bevor sie diesen Bericht abschickte, hatte sie von einem Traum erzählt, der hauptsächlich von Kaffee und Schlagsahne handelte. Dies, bemerkte sie, sei praktisch eine »Rückkehr« zu dem Traum von den »Erdbeeren«, den sie mit neunzehn Monaten geträumt und von dem sie später in der *Traumdeutung* gelesen habe (Anna Freud an Freud, 3. August 1915. Ibid.).

lich und nur selten privat an, und Anna Freud war nicht weniger diskret. Sie versorgte ihren Analytiker-Vater mit Träumen, die sie nun manchmal zusammen mit ihren quälenden Tagträumen, den Geschichten, die sie sich selbst erzählte, für die Analysestunden mit ihm aufhob.[131] Aber sie behielt diese intimen Angelegenheiten beinahe ganz für sich selbst. Als sie 1919, nach einem Jahr Analyse, mit einer Freundin, Margaretl, eine Sommerkur im ländlichen Bayern machte, vergalt sie Margaretls vertrauliche Mitteilungen über ihre ärztliche Behandlung mit einer Vertraulichkeit ihrerseits. »Ich habe ihr erzählt, daß ich bei Dir in Analyse bin«, berichtete sie ihrem Vater.[132] Natürlich teilte Lou Andreas-Salomé das Geheimnis, ebenso Max Eitingon und später noch einige wenige andere. Aber es blieb eine streng private Angelegenheit.

Kein Wunder! Freuds Anweisungen, wie der Analytiker die Übertragung seines Analysanden und seine eigene Gegenübertragung behandeln solle, sind eindeutig. Die Entscheidung, seine Tochter Anna auf die Couch zu nehmen, erscheint wie ein absichtlicher Verstoß gegen die Regeln, die er mit solcher Strenge und Präzision festgelegt hatte – für andere. Als er 1920 Kata Levy schrieb, nachdem ihre Analyse mit ihm beendet war, drückte er seine Befriedigung darüber aus, daß er ihr nun einfach und herzlich schreiben könne, ohne die didaktische Strenge der Analyse und ohne seine Freundschaft für sie verbergen zu müssen.[133] Und nachdem zwei Jahre später Joan Riviere zur Analyse gekommen war, die sich zuerst durch eine Analyse bei Ernest Jones gequält hatte, überschüttete Freud Jones mit Briefen, in denen er ihm sein analytisches Verhalten ihr gegenüber vorwarf. Sie habe sich in Jones verliebt, und er habe die Übertragungsbeziehung verpfuscht. »Ich bin sehr froh«, schrieb Freud, »daß Sie keine sexuellen Beziehungen zu ihr hatten, was ich nach Ihren Andeutungen vermutete. Es war sicherlich ein technischer Fehler, sich mit ihr anzufreunden, bevor die Analyse abgeschlossen war.«[134]

Wie verhielt es sich dann mit dem technischen Fehler, den Freud im selben Zeitraum bei seiner jüngsten Tochter beging? Er selbst war offensichtlich nicht der Meinung, daß er gegen die Regeln verstoße. In den frühen Jahren der Psychoanalyse wurden die Regeln, die er aufgestellt hatte, nur nachlässig angewandt und oft verletzt. Das Ideal der analytischen Distanz war noch unbestimmt und rudimentär. Jung hatte in seiner Freudschen Phase versucht, seine Frau zu analysieren. Max Graf hatte seinen Sohn, den Kleinen Hans, mit Freud als Berater im Hintergrund analysiert und Ferenczi wiederum seinen Kollegen Jones. Ebenso hatte Freud seine Freunde Eitingon und Ferenczi analysiert. In den frühen zwanziger Jahren, Jahre nachdem Freud in seinen technischen Schriften die Einstellung des Analytikers zu seinem Patienten als verwandt mit dem kühlen professionellen Verhalten des Chirurgen beschrieben hatte, analysierte die bahnbrechende

Kinderanalytikerin Melanie Klein ihre eigenen Kinder. Als sich der älteste
Sohn des italienischen Psychoanalytikers Edoardo Weiss darauf vorbereitete, den Beruf seines Vaters zu ergreifen, und ihn bat, sein Analytiker zu
sein, konsultierte Weiss Freud. In seiner Antwort nannte Freud eine solche
Analyse »eine heikle Sache«. Es komme alles, schrieb er, auf die beiden
Personen und ihr Verhältnis zueinander an. Bei einem jüngeren Bruder
würde es leichter gehen, bei einem Sohn gäbe es besondere Probleme. »Bei
der eigenen Tochter ist es mir gut geraten.«[135]

Vielleicht. Aber die Analyse war, wie Freud zugab, nicht leicht, auch
nicht, als er sie 1924 wiederaufnahm. Er hatte die Zahl seiner Patienten auf
sechs reduziert, aber wie er Lou Andreas-Salomé im Mai schrieb, hatte er
»eine 7. Analyse mit besonderen Gefühlen angenommen: Meine Anna, die
so unvernünftig ist, sich an einen alten Vater zu klammern«. Er war nun
seiner lieben Lou gegenüber ganz offen. »Das Kind macht mir Sorge genug;
wie sie das einsame Leben vertragen wird« – nach Freuds Tod – »und ob
ich ihre Libido aus dem Schlupfwinkel, wohin sie sich verkrochen, heraus-
treiben kann.« Er gab zu, daß sie »ein außerordentliches Talent, unglücklich zu sein, hat und wahrscheinlich doch nicht Begabung genug, sich durch
solches Unglück zu sieghafter Produktion anregen zu lassen«. Er tröstete
sich damit, daß seine Anna, solange Lou lebte, »nicht verlassen sein« wird,
»aber sie ist soviel jünger als wir beide«.[136] Im Sommer 1924 sah es eine
Zeitlang so aus, als müßte die Analyse abgebrochen werden, aber sie ging
weiter. »Was Sie über Annas Chancen im Leben sagen, ist alles zutreffend
und gibt meinen Befürchtungen durchaus Recht«, schrieb Freud Lou Andreas-Salomé im August. Er wußte, daß die Abhängigkeit seiner Tochter
von ihm letzten Endes »eine unerlaubte Verweilung in einer Situation
[war], die nur eine vorbereitende sein sollte«.[137] Aber Anna hing nach wie
vor an ihrem Vater. Im folgenden Mai berichtete Freud seiner »liebsten
Lou«: »Annas Analyse wird fortgesetzt. Sie ist nicht einfach und findet
nicht leicht den Weg, auf sich anzuwenden, was sie jetzt so gut an anderen
sieht. Ihre Entwicklung zur erfahrenen, geduldigen und verständnisvollen
Analytikerin macht schöne Fortschritte.« Aber, fügte er hinzu, im Grunde
passe ihm ja »die ganze Richtung« nicht. »Ich habe die Furcht, daß ihr die
unterdrückte Genitalität einmal einen argen Streich spielen kann. Von mir
bringe ich sie nicht los, es hilft mir auch niemand dabei.«[138] Etwas früher
hatte er sein Dilemma so bildhaft und nachdrücklich dargestellt, wie er
konnte: Wenn sie fortginge, schrieb er Lou Andreas-Salomé, würde er sich
so verarmt fühlen, wie wenn er das Rauchen aufgeben müßte.[139] Es ist
offensichtlich, daß sich Freud – zerrissen, lebensmüde – in seine Beziehung
zu seinem Lieblingskind hilflos verstrickt fühlte. Er war ein Gefangener
seiner eigenen Bedürfnisse und konnte ihnen nicht entrinnen. »Und darum,
bei all diesen unlösbaren Konflikten«, hatte er Lou Andreas-Salomé schon

1922 gestanden, »ist es gut, daß das Leben irgendwann ein Ende nimmt.«[140]

Freud hatte zweifellos gute Gründe, auf sein »Annerl« ebenso stolz zu sein, wie er ihr zugetan war. Aber die emotionalen Kosten ihrer Ausbildung als Psychoanalytikerin sind nie berechnet worden. Vater und Tochter blieben für den Rest seines Lebens die engsten Verbündeten, praktisch gleichgestellte Kollegen. Als in den späteren zwanziger Jahren ihre Ansichten über Kinderanalyse unter Beschuß gerieten, verteidigte Freud seine Tochter grimmig. Anna Freud ihrerseits schöpfte in ihrer klassischen Monographie über Ichpsychologie und Abwehrmechanismen, die um die Mitte der dreißiger Jahre erschien, aus ihrer eigenen klinischen Erfahrung, stützte sich aber auf die Schriften ihres Vaters als die wesentliche und maßgebliche Quelle ihrer theoretischen Einsichten. Sie ergriff Besitz von ihrem Vater, reagierte empfindlich auf alle Anschauungen, die auch nur andeutungsweise seine Arbeit kritisierten, und war eifersüchtig auf andere – Geschwister, Patienten, Freunde –, die ihr ihre Vorrechte streitig machen konnten.* In den frühen zwanziger Jahren waren die beiden geistig und emotional unzertrennlich geworden, und sie sollten es bleiben.

In seinem späteren Leben nannte Freud seine Tochter Anna gern seine Antigone.[141] Man darf diesem zärtlichen Namen kein zu großes Gewicht beimessen: Freud war ein gebildeter Europäer, der zu anderen gebildeten Europäern sprach, und er hatte einen liebevollen Vergleich bei Sophokles gesucht. Aber die Bedeutungen von »Antigone« sind zu vielfältig, um gänzlich übergangen zu werden. Der Name unterstrich Freuds Identifizierung mit Ödipus, dem kühnen Entdecker der Geheimnisse der Menschheit, dem namengebenden Helden des »Kernkomplexes«, dem Mörder seines Vaters und Liebhaber seiner Mutter. Mehr noch. Die Kinder des Ödipus standen ihm ungewöhnlich nahe; da sie mit seiner Mutter gezeugt wurden, waren sie ebenso seine Geschwister wie seine Nachkommen. Aber Antigone nahm die erste Stelle unter den Kindern des Ödipus ein. Sie war seine tapfere und treue Gefährtin, so wie Anna im

---

* Als Ernest Jones Anna Freud konsultierte, während er seine Freud-Biographie schrieb, erinnerte sie sich ohne Vorbehalt an ihre Eifersucht. »Ich wunderte mich ein wenig darüber, daß Sie Mrs. Riviere«, eine Analytikerin und brillante Übersetzerin, »unter den Frauen in seinem Leben erwähnten. Sie muß eine Rolle gespielt haben, denn ich erinnere mich, daß ich eifersüchtig auf sie war (ein sicheres Zeichen!).« Als Jones erwähnte, daß Freud 1909 eine »Schreibhilfe« gehabt habe, fragte sie sich, wer das gewesen sein könnte. Ihre Tante Minna? Nein, das wäre lange vorher gewesen. Ihre Schwester Mathilde? Wahrscheinlich nicht. »Ich weiß es wirklich nicht, und es macht mich ganz eifersüchtig« (Anna Freud an Jones, 14. Februar und 24. April 1954. Jones papers. Archives of the British Psycho-Analytical Society, London).

Laufe der Jahre die erwählte Kameradin ihres Vaters wurde. Antigone ist es, die in *Ödipus auf Kolonos* ihren blinden Vater an der Hand führt, und um 1923 hatte Anna Freud ihren festen Platz als Sekretärin, Vertraute, Vertreterin, Kollegin und Krankenschwester ihres kranken Vaters. Sie wurde sein kostbarster Anspruch an das Leben, seine Verbündete gegen den Tod.

Anna Freuds Arbeit für ihren Vater beschränkte sich nicht darauf, daß sie seine Briefe tippte, wenn er indisponiert war, oder daß sie auf Kongressen und bei Festlichkeiten seine Texte verlas. Von 1923 an pflegte sie seinen Körper auf die intimste Weise. Öffentlich gestand er auch anderen zu, daß sie gut für ihn sorgten. »Meine Frau und Anna haben mich zärtlich gepflegt«, schrieb er Ferenczi im Frühjahr 1923 nach seiner ersten Operation.[142] Und Samuel Freud schrieb er im Dezember, nicht lange nach der zweiten Reihe von Operationen: »Ich brauche nur zu erwähnen, daß ich die körperliche Kraft, die ich noch aus diesem Debakel rette, den zärtlichen Aufmerksamkeiten meiner Frau und meiner beiden Töchter verdanke.«[143] Aber seine Tochter Anna war seine Hauptpflegerin.* Wenn er Schwierigkeiten mit dem Einsetzen seiner Prothese hatte, rief er sie zu Hilfe, und mindestens einmal mußte sie mit dem plumpen Gerät eine halbe Stunde lang kämpfen.[144] Weit davon entfernt, Unmut oder Abscheu einzuflößen, festigte diese physische Nähe nur das Band zwischen Vater und Tochter. Er wurde für sie ebenso unersetzlich, wie sie ihm unentbehrlich war.

Die meisten der verführerischen Manöver Freuds waren zweifellos unbewußt. Bisweilen war er von naiver Offenheit, was seine ambivalenten Gefühle über Annas Leben mit ihm betraf. »Anna geht es übrigens ausgezeichnet«, hatte er seinem »lieben Max« Eitingon im April 1921 geschrieben, »sie ist heiter, fleißig und angeregt. Ich möchte sie ebenso gern im Haus behalten als im eigenen wissen, wenn es ihr nur auch gleich ist!«[145] Häufiger jedoch drückte er Unbehagen wegen ihres Ledigenstandes aus. »Anna ist bei ausgezeichneter Gesundheit«, schrieb er seinem Neffen im Dezember 1921, »und wäre ein reiner Segen, hätte sie nicht ihren 26. Geburtstag (gestern) noch zu Hause erlebt.«[146] Wie die Antigone des Sophokles heiratete auch Freuds Antigone nie. Aber das war für Freud keine ausgemachte Sache. Unter seinem Nachlaß befindet sich ein Umschlag, der wahrscheinlich aus der Mitte der zwanziger Jahre stammt und eindeutig einmal ein Geldgeschenk enthielt, das Anna Freud zweifellos zu ihrem Geburtstag bekam. Auf der Vorderseite steht: »Beitrag zum Heiratsgut oder zur Selbständigkeit.«[147]

---

* Als er 1926 einige Wochen zur Herztherapie in einem Sanatorium verbrachte, hatte er eine »Pflegerin« im Zimmer nebenan, »die sich im Laufe des Tages in Frau und Tochter zerlegt, nachtsüber wohl regelmäßig die letztere bleiben wird« (Freud an Eitingon, 6. März 1926. Sigmund Freud Copyrights, Wivenhoe).

Es ist ein Zeichen für ihre Intimität, daß Freud seine jüngste Tochter zu seinen Experimenten mit der Telepathie hinzuzog. Als er Abraham 1925 schrieb, daß Anna »telepathisches Feingefühl« habe,[148] scherzte er nur halb. Wie Anna Freud einmal gegenüber Ernest Jones treffend bemerkte, »muß ihn das Thema ebenso fasziniert wie abgestoßen haben«.[149] Jones bezeugt, daß Freud gern Geschichten von seltsamen Zufällen und geheimnisvollen Stimmen erzählte, und das magische Denken hatte eine gewisse, wenn auch keine sichere Macht über ihn.[150] Er hatte diese Macht am dramatischsten 1905 demonstriert, als er, um die Götter während einer gefährlichen Krankheit seiner Tochter Mathilde gnädig zu stimmen, »versehentlich« eine seiner geliebten Antiquitäten zertrümmerte.[151] Was ihn aber am meisten interessierte, obwohl er das Beweismaterial nicht für schlüssig hielt, war die Telepathie.

In einem Brief aus dem Jahre 1921 erklärte Freud, daß er nicht zu denen gehörte, die das Studium der sogenannten okkulten psychologischen Phänomene rundheraus als unwissenschaftlich, unwürdig oder gar gefährlich ablehnen. Er beschrieb sich vielmehr als einen »vollständigen Laien und Neuling« auf diesem Gebiet, der sich aber von »gewissen skeptischen materialistischen Vorurteilen« nicht freimachen könne.[152] Im selben Jahr schrieb er ein Memorandum, »Psychoanalyse und Telepathie«, für die vertrauliche Diskussion unter den Mitgliedern des Komitees, in dem er denselben Standpunkt einnahm. Er bemerkte ein wenig boshaft, daß die Psychoanalyse keinen Grund habe, der etablierten Meinung bei der verächtlichen Verurteilung okkulter Geschehnisse zu folgen. »Es wäre nicht das erste Mal, daß sie den dunklen, aber unzerstörbaren Ahnungen des Volkes gegen den Wissensdünkel der Gebildeten ihre Hilfe liehe.« Aber Freud gab bereitwillig zu, daß vieles von der sogenannten Erforschung der Dunkelheiten okkulter Phänomene alles andere als wissenschaftlich war, während die Analytiker »im Grunde unverbesserliche Mechanisten und Materialisten« seien.[153] Als Wissenschaftler war Freud nicht gewillt, dem Aberglauben und der Flucht vor dem Verstand Vorschub zu leisten; aber als Wissenschaftler war er auch bereit, Phänomene zu untersuchen, die unheimlich zu sein und irdischen Lösungen zu trotzen schienen. Beinahe alle solche Phänomene, argumentierte er, lassen sich als natürlich erklären; erstaunliche Prophezeiungen und Zufälle enthüllen sich normalerweise als Projektionen mächtiger Wünsche. Aber einige okkulte Erfahrungen, vor allem auf dem Gebiet der Gedankenübertragung, könnten sich als echt erweisen. Im Jahre 1921 erklärte sich Freud bereit, die Frage offen zu lassen – aber gleichzeitig zog er es vor, ihre Erörterung auf seinen innersten Kreis zu beschränken, damit die offene Diskussion der Telepathie nicht die Aufmerksamkeit von der Psychoanalyse ablenkte.

Im folgenden Jahr gab er jedoch ein wenig von seiner Vorsicht auf und veröffentlichte einen als Vortrag für seine Kollegen in Wien bestimmten Artikel über Traum und Telepathie. Er erklärte sich darin zum Agnostiker. »Sie werden aus meinem Vortrag nichts über das Rätsel der Telepathie erfahren«, warnte er seine Zuhörer, »nicht einmal Aufschluß darüber, ob ich an die Existenz einer ›Telepathie‹ glaube oder nicht.«[154] In seinen Schlußsätzen war er ebenso unverbindlich: »Habe ich bei Ihnen den Eindruck erweckt, daß ich für die Realität der Telepathie im okkulten Sinne versteckt Partei nehmen will? Ich würde es sehr bedauern, daß es so schwer ist, solchen Eindruck zu vermeiden. Denn ich wollte wirklich voll unparteiisch sein. Ich habe auch allen Grund dazu, denn ich habe kein Urteil, ich weiß nichts darüber.«[155] Man fragt sich, warum Freud den Artikel überhaupt veröffentlichte; die darin berichteten Träume beweisen nicht die Echtheit telepathischer Kommunikation und verleiten eher zu einem guten Maß an Skepsis. Prophetische Träume oder Kommunikationen über große Entfernungen hinweg können schließlich, sagte er, nicht mehr sein als eine Tätigkeit des Unbewußten. Es ist, als wollte er die Sache lediglich in Gang halten. »Der Wunsch zu glauben focht bei ihm einen harten Kampf mit der Warnung vor Leichtgläubigkeit«, stellte Ernest Jones treffend fest.[156]

Tatsächlich warnte Freud während der zwanziger Jahre seine Kollegen davor, in dieser Angelegenheit einen zu positiven Standpunkt einzunehmen. Einmal sei das Beweismaterial im besten Falle nicht überzeugend. Zum andernmal liege eine Gefahr darin, wenn ein Psychoanalytiker die Telepathie offen als der ernsthaften Forschung würdig erkläre. Anfang 1925 fragte Ferenczi seine befreundeten Kollegen, was sie sagen würden, wenn er auf dem nächsten psychoanalytischen Kongreß einen Vortrag über die Experimente in Gedankenübertragung halte, die er mit Freud und Anna durchgeführt hatte. Freud war entschieden dagegen. »Ich rate Ihnen ab. Tun Sie es nicht.«[157]

Aber alle diese klugen Vorsichtsmaßregeln, die Freud immer zögernd, wenn überhaupt befolgte, wurden allmählich aufgegeben. Im Jahre 1926 erinnerte er Ernest Jones daran, daß er schon seit langem »ein günstiges Vorurteil für die Telepathie« gehegt und sich nur zurückgehalten habe, um die Psychoanalyse vor der Annäherung an den Okkultismus zu bewahren. »Unterdes aber haben meine eigenen Erfahrungen durch Versuche, die ich mit Ferenczi und meiner Tochter angestellt habe, so überzeugende Kraft für mich gewonnen, daß die diplomatischen Rücksichten dagegen zurücktreten mußten.«* Er finde die Telepathie faszinierend, fügte er hinzu, weil sie

* Leider gab Ferenczi nicht im einzelnen an, was für Experimente das waren. Ebensowenig Anna Freud. Aber viel später berichtete sie Ernest Jones, daß sie und ihr Vater

ihn »in sehr verjüngtem Maßstabe« an »das große Experiment meines Lebens« erinnere, als er sich als der Entdecker der Psychoanalyse gegen die
öffentlichen Schmähungen zu behaupten gehabt habe. Damals habe er sich
auch über die herrschende respektable Meinung hinwegsetzen müssen.
Aber er beruhigte Jones: »Wenn Ihnen jemand meinen Sündenfall vorhält,
so antworten Sie ruhig, das Bekenntnis zur Telepathie sei meine Privatsache
wie mein Judentum, meine Rauchleidenschaft und anderes und das Thema
der Telepathie sei der Psychoanalyse wesensfremd.«[158] Anna Freud, welche
die Gedanken ihres Vaters besser kannte als jeder andere, stellte später
seine Bereitschaft zu glauben als gering dar. Der Telepathie gegenüber,
sagte sie Ernest Jones, »versuche er ›fair‹ zu sein, d. h. sie nicht so zu behandeln, wie andere die Psychoanalyse behandelt hatten. Ich konnte nie sehen,
daß er an mehr glaubte als an die Möglichkeit der Kommunikation zwischen zwei unbewußten Geistern ohne die Hilfe einer bewußten
Brücke.«[159] Diese Verteidigung hat viel für sich, aber Anna stellte sich
schützend vor ihren Vater, wie sie es schon lange getan hatte und immer tun
sollte.

Wenn Freud auch in seiner Tochter eine hilfreiche, ja unentbehrliche
Partnerin fand, so war seine allgemeine Gemütsverfassung verständlicherweise schwankend. Als er im April 1924 Otto Rank schrieb, beklagte
er sich ein wenig gereizt darüber, daß Abraham jedes Verständnis für
seinen Zustand fehle. »Er hofft, daß meine ›Unpäßlichkeit‹ bald überwunden sein wird« und »will nicht glauben, daß es sich bei mir um ein
neues, herabgesetztes Lebens- und Arbeitsprogramm handelt.«[160] Im September gestand Freud Ernest Jones, daß er an etwas arbeite, aber es sei »von
nebensächlicher Bedeutung« – eine autobiographische Skizze. »Es ist jetzt
kein neues wissenschaftliches Interesse in Sicht.«[161] Im Mai 1925 schrieb er
Lou Andreas-Salomé: »Eine Kruste von Unempfindlichkeit umzieht mich
langsam.« Aber das sei ein natürlicher Ablauf, »eine Art des Beginns, anor-
ganisch zu werden«. Das Gleichgewicht zwischen dem Lebens- und dem
Todestrieb, mit dem er sich damals beschäftigte, verlagerte sich allmählich
zum Tode hin.[162] Er hatte gerade seinen 69. Geburtstag »gefeiert«. Aber
acht Jahre später, als er siebenundsiebzig war, vermochte er Hilda Doolittle
noch durch seine Vitalität zu beeindrucken. »Der Professor sagte mir vor
einigen Tagen«, notierte sie in ihrem Tagebuch, »wenn er noch fünfzig
Jahre lebte, würde er noch immer neugierig und fasziniert sein von den
Launen und Schwankungen des Geistes oder der Seele des Menschen.«[163]

beim Pilzesuchen »gewisse abergläubische Vorstellungen ausspielten« und daß dieser
»Unsinn« damals »ein großer Spaß war«. Sie ließ jedoch keinen Zweifel daran, daß diese
Experimente mit »Gedankenübertragung« zu tun hatten (Anna Freud an Jones, 24. No-
vember 1955. Jones papers, Archives of the British Psycho-Analytical Society, London).

Gewiß war es seine Neugier, die ihn auch nach seinen Krebsoperationen noch arbeiten ließ – arbeiten und somit lebendig sein. Kurze Zeit nach diesen Operationen, Mitte Oktober 1923, hatte er gehofft, im November wieder analysieren zu können, aber durch Pichlers Nachoperation wurde dieses Datum hinfällig. Er begann erst am 2. Januar 1924 wieder Patienten zu empfangen, und dann »nur« sechs am Tag. Bald sollte er einen siebenten dazunehmen – Anna.

Der Preis der Popularität

Anfang 1925 verband Anna Freud in einem Bericht an Abraham die Gesundheit ihres Vaters und die seines Landes in einer aufschlußreichen Metapher: »Pichler will die Prothese endgültig ›sanieren‹, wie er sagt«, und vorerst leide ihr Vater darunter, »wie Österreich unter seiner Sanierung«.[164] Sie bezog sich auf die »Sanierung« der österreichischen Währung, die, obwohl sie ein wesentlicher Schritt zur wirtschaftlichen Erholung war, eine hohe, in manchen Gebieten katastrophale Arbeitslosigkeit zur Folge hatte.

Die zwanziger Jahre waren ein stürmisches Jahrzehnt, in Österreich wie anderswo, aber es gab auch einige sonnige Abschnitte. Die mitteleuropäischen Länder bemühten sich mit bescheidenen zeitweiligen Erfolgen, ihre zerrüttete Wirtschaft wiederaufzubauen. Sie lernten mehr oder weniger, mit ihren zerteilten Territorien und ihren unerprobten politischen Institutionen zu leben, so wie ihre ehemaligen Feinde zögernd und oft kleinlich mit ihnen zu leben lernten. Die kleine österreichische Republik wurde 1920, sechs Jahre vor Deutschland, in den Völkerbund aufgenommen. Das war ein diplomatischer Triumph für Österreich, einer der ersten für ein besiegtes Land und auch einer der letzten.

Während dieser Jahre machte Österreich eine hektische Zeit sozialer Experimente und politischer Spannungen durch. Das Patt zwischen dem »roten Wien« und den katholischen Provinzen, zwischen der sozialdemokratischen und der christlichsozialen Partei wurde nie ganz gelöst. Mächtige politische Gruppen agierten im Parlament und auf den Straßen; die Großdeutschen äußerten wortreich ihre gefühlsgeladenen Klagen über Österreichs unerträgliche Trennung von Deutschland. Splitterparteien – Monarchisten, Nationalsozialisten und andere – vergifteten die politische Atmosphäre mit ihrer aufwiegelnden Rhetorik, ihren provozierenden Märschen und blutigen Zusammenstößen. Während die sozialistische Stadtverwaltung von Wien ein ehrgeiziges Programm von Wohnbauten, Mieterschutzgesetzen, Schulbauten und Armenfürsorge durchführte, zeichnete sich die christlichsoziale Partei, die im Rest des Landes dominierte, weniger durch ein positives Programm aus als vielmehr durch ihren Haß. Sie wollte die Macht der Sozialdemokraten brechen, notfalls mit Gewalt, und ihre Mitglieder gaben sich einem Antisemitismus hin, der sich hauptsächlich, wenn auch keineswegs ausschließlich, auf die unglücklichen jüdischen Einwanderer konzentrierte, die vor den Pogromen in Polen, Rumänien und der Ukraine flohen.

Wenn die Weimarer Republik in diesen Jahren des Wiederaufbaus im Rückblick einen goldenen Schimmer von beneidenswerter kultureller Fruchtbarkeit annahm, so versuchten die Österreicher gar nicht, ein so leuchtendes Selbstporträt zu fabrizieren. Die Legende, an die sie sich klammerten, war die glanzvolle Kultur der Vorkriegsjahre im österreichisch-ungarischen Reich. Österreich leistete allerdings Beiträge zu seiner Zeit, aber hauptsächlich zur modernen Barbarei: Eines seiner Geschenke an die Welt war Adolf Hitler. Im Jahre 1889 in der kleinen Stadt Braunau am Inn geboren, war er in der Gossenpolitik Wiens groß geworden, in den Tagen des antisemitischen Bürgermeisters Karl Lueger, der für Hitler »der größte Bürgermeister aller Zeiten« war. In Wien hatte er seine politische »Philosophie« in sich aufgenommen, ein bösartiges Gebräu von rassischem Antisemitismus, geschicktem Populismus, brutalisiertem Sozialdarwinismus und einer vagen Sehnsucht nach der »arischen« Herrschaft über Europa. Wien, die Stadt, die so rührig gefeiert wurde wegen ihres Musiklebens, ihrer »süßen Mädel«, ihrer Sachertorte und ihrer weitgehend mythischen Blauen Donau – die in Wirklichkeit nicht blau, sondern schmutzig-braun war –, lieferte Hitler die Vorstellungen und Anleitungen für die politische Aktion, die er später von dem größeren Bereitstellungsraum Deutschlands aus auf die Welt losließ.

Nachdem er gegen Kriegsende als Invalide aus dem Heer entlassen worden war, schloß sich Hitler 1919 in München einer obskuren Gruppe von nationalsozialistischen Schwärmern mit antikapitalistischen Vorstellungen an. Im folgenden Jahr, als sich die Gruppe den Namen Nationalsozialistische Deutsche Arbeiterpartei gab, übernahm Hitler durch sein Charisma die Führung. Er war ein Politiker neuer Art mit einem unstillbaren Machthunger, er verachtete die traditionellen Methoden und war zugleich schlau und fanatisch. Im Jahre 1922 hatte Benito Mussolini, der bombastischste aller Demagogen, in Italien seine Diktatur errichtet, eine anrüchige Kombination aus Bluff und Gewalt. Aber Mussolini, der in mancher Hinsicht das Vorbild und der Lehrer der Nazis war, konnte es nicht aufnehmen mit Hitlers Fähigkeit, zwischen Rücksichtslosigkeit und Opportunismus hin und her zu wechseln, mit seiner Gabe, Massenkundgebungen und Wirtschaftsführer gleichermaßen zu manipulieren. Die Geschichte hat den italienischen Faschismus, so bombastisch, korrupt, theatralisch und kaltblütig er war, als gemäßigt beurteilt im Vergleich mit der neuen Ordnung der Nazis, von der Hitler seit seinen obskursten Tagen träumte.*

Obwohl er unheimlich geschickt darin war, seine Reden der jeweiligen Zuhörerschaft anzupassen, vergaß Hitler nie seine Todfeinde: die liberale Kultur, die Demokraten, die Bolschewiken und vor allem die Juden. Der Putschversuch im November 1923 scheiterte kläglich, aber Hitler verstand es, Nutzen aus seiner Niederlage zu ziehen: In etwa acht Monaten bequemer Festungshaft arbeitete er an dem Buch *Mein Kampf*, das zur Bibel der Nazibewegung wurde. Als aber die Weimarer Republik Ende 1923 endlich der Inflation Herr wurde, ein ungewohntes Maß an öffentlicher Ordnung zustande brachte und neue diplomatische Respektabilität gewann, war Hitler einige Jahre lang wenig mehr als ein kleiner Redner am Rande, obwohl er sich einflußreicher Sympathisanten und eines ergebenen Kaders von Anhängern rühmte.

Die Mitte der zwanziger Jahre war für Deutschland eher die Periode Gustav Stresemanns, des versöhnlichen Außenministers, als Adolf Hitlers, des fanatischen Visionärs. Stresemann gab den Ton an, als sich Deutschland wieder der internationalen Gemeinschaft anschloß und versuchte, sich aus dem Sumpf der Kriegsreparationen herauszuarbeiten. Hitlers Name erscheint in Freuds Korrespondenz dieser Jahre nicht; er war zu unwichtig. Während es noch gelegentlich Krawalle auf den deutschen Straßen gab und während die Alliierten weiter auf Zahlung der Reparationen drängten, die sich Deutschland kaum leisten konnte, erlebten der Roman, der Film, das Theater, die Oper und die Operette, der Tanz, die Malerei, die Architektur und die Bildhauerei eine hohe Blüte. Desgleichen die Psychoanalyse. Aber Freud war von der Weimarer Republik ebensowenig beeindruckt wie vom Nachkriegsösterreich. Im Jahre 1926 sagte er einem

---

* Das faschistische Italien bildete so etwas wie eine Ausnahme im Sturm des Antisemitismus bei den neuen Regimes – bis zu den späten dreißiger Jahren, in denen Mussolini im Kielwasser Hitlers seine antisemitische Gesetzgebung einführte. Freud hatte zu Mussolini einen indirekten Kontakt, über den der italienische Analytiker Edoardo Weiss berichtet: »Wie ich es von Zeit zu Zeit zu tun pflegte, brachte ich« – 1933 – »einen sehr kranken Patienten nach Wien zu Freud zur Konsultation. Der Vater des Patienten, der uns begleitete, war ein naher Freund Mussolinis. Nach der Konsultation ersuchte der Vater Freud um ein Geschenk für Mussolini und bat um ein Buch Freuds, in das Freud eine Widmung schreiben sollte. Ich war in großer Verlegenheit, denn ich wußte, daß Freud unter diesen Umständen das Ansuchen nicht verweigern konnte ... Die Arbeit, die er wählte, vielleicht mit bestimmter Absicht, war ›Warum Krieg?‹ – ein Briefwechsel mit Albert Einstein«, in dem sich Freud zu pazifistischen Gefühlen bekannt hatte. Die Widmung lautete: »Von einem alten Mann, der im Herrscher den Kulturhelden grüßt«, eine Anspielung, bemerkt Weiss, auf Mussolinis »großangelegte archäologische Ausgrabungen«, an denen Freud »sehr interessiert war« (Edoardo Weiss, »Meine Erinnerungen an Sigmund Freud«, in Freud–Weiss, *Briefe*, S. 34 f.).

Interviewer, George Sylvester Viereck: »Meine Sprache ist deutsch. Meine Kultur, meine Bildung sind deutsch. Ich betrachtete mich geistig als Deutschen, bis ich die Zunahme des antisemitischen Vorurteils in Deutschland und Deutschösterreich bemerkte. Seit dieser Zeit ziehe ich es vor, mich einen Juden zu nennen.«[165]

Freud hätte einigen Trost finden können, als er sich von der größeren Welt abwandte, um die Geschicke der Psychoanalyse nach dem Großen Krieg zu betrachten. Aber er blieb verdrossen und unzufrieden. Als er Pfister am Weihnachtstag 1920 schrieb, berichtete er, daß er einige achtbare Werke zur Verbreitung der Psychoanalyse aus verschiedenen Ländern bekommen habe, und er mußte zugeben: »Die Sache geht überall vorwärts.« Doch dann nahm er sein Zugeständnis an den Optimismus sofort wieder zurück: »Aber mein Vergnügen daran scheinen Sie zu überschätzen. Was man von persönlicher Befriedigung aus der Analyse schöpfen kann, habe ich schon zur Zeit, da ich allein war, genossen, und seit der Anschluß anderer gekommen ist, mich mehr geärgert als gefreut.« Die Art, wie die Menschen die Psychoanalyse aufnähmen, fügte er hinzu, habe seine niedrige Meinung von ihnen nicht geändert, eine Meinung, die aus der Zeit stammte, als sie seine Ideen verständnislos abgelehnt hatten. Vielleicht, fragte er sich, sei seine Haltung ein Teil seiner eigenen psychologischen Geschichte, eine Folge seiner frühen Isolation: »Es muß doch in jener Zeit ein unheilbarer Riß zwischen mir und den anderen entstanden sein.«[166] Im vorausgegangenen Jahr hatte er Eitingon bereits geschrieben, daß es vom Beginn seiner Arbeit an, als er noch ganz allein gewesen sei, seine »drückende Zukunftssorge« gewesen sei, was »das Menschengesindel« aus der Psychoanalyse machen werde, »wenn ich nicht mehr lebte«.[167]

Das klingt ein wenig deprimiert und regelrecht grob. Schließlich propagierte er eine Reihe höchst technischer Ideen – Ideen, die überdies sehr unangenehm und sehr skandalös waren. Die Psychoanalyse zielte auf nicht weniger als den Umsturz der herrschenden Schulen in der Psychologie und Psychiatrie, ganz zu schweigen von der Selbstachtung gewöhnlicher Männer und Frauen. In seinen *Vorlesungen zur Einführung in die Psychoanalyse* hatte Freud ein wenig melodramatisch erklärt, daß die Psychoanalyse der »Größensucht« der Menschheit die dritte von drei historischen Kränkungen zugefügt habe. Kopernikus hatte festgestellt, daß die Erde nicht der Mittelpunkt des Weltalls ist. Darwin hatte die Menschheit in das Tierreich verwiesen. Und nun lehrte er, Freud, daß das Ich weitgehend der Diener unbewußter und unbeherrschbarer Kräfte im Seelenleben sei.[168] Konnte man erwarten, daß die Welt eine solche Botschaft verstehen, geschweige denn willkommen heißen würde?

Die Lehrsätze der Psychoanalyse klangen, im nüchternen Tageslicht betrachtet, unwahrscheinlich, ja absurd, und die Beweise waren vage und schwer einzuschätzen. Sie erforderten einen Glaubenssprung, den viele nicht tun wollten. Im Jahre 1919, als das hungrige Nachkriegs-Wien von seltsamen radikalen Ideen summte, wurde die Psychoanalyse in den Cafés heftig diskutiert. »Die Luft«, erinnert sich der Philosoph Sir Karl Popper, »war voll von revolutionären Schlagworten, Ideen und neuen, oft wilden Theorien«.[169] Karl Kraus' boshafter, vielzitierter Aphorismus, daß die Psychoanalyse die Krankheit sei, deren Heilung sie zu sein vorgebe, war damals schon einige Jahre alt, aber er brachte eine bleibende modische Reaktion zum Ausdruck. Popper – er war damals ganze siebzehn Jahre alt – lehnte die Psychoanalyse zusammen mit der Adlerschen Psychologie und dem Marxismus ab: Alle diese Systeme erklärten zu viel. Sie seien so ungenau in ihren Formulierungen, daß jedes Ereignis, jedes Verhalten, jede beliebige Tatsache sie nur bestätigen könne. Indem sie absolut alles bewiesen, argumentierte Popper, bewiesen sie absolut nichts. Und Popper war nur der intellektuellste von vielen im Augenblick geborenen Experten. In einem solchen Meinungsklima, und wo soviel auf dem Spiel stand, hätte der langsame, gewundene Fortschritt der Psychoanalyse keine Überraschung für Freud sein sollen.

Die Aufnahme Freuds im Kaffeehaus, auf der Cocktailparty, auf der Bühne war kaum dazu angetan, ein nüchternes Verständnis seines Denkens zu fördern. Seine Fachausdrücke und fundamentalen Ideen wurden mißdeutet und gewöhnlich verfälscht, um als allgemeine Währung zu dienen. »Die Psychoanalyse«, schrieb ein Kommentator, Thomas L. Masson, 1923 in einer typischen Besprechung von vier Büchern über das Thema, »färbt nicht nur unsere Literatur, sondern dringt, als eine natürliche Folge, in unser Leben ein und beeinflußt es in vielen anderen Richtungen.« Masson zitierte als Beispiel für diesen Einfluß die zunehmende Anwendung der Psychoanalyse bei der Einstellung von Stellenbewerbern im Geschäftsleben, und er äußerte die Hoffnung, daß sie schließlich »die Probleme lösen wird, die der Ku Klux Klan aufwirft«. Aber er machte diese Hoffnung, wenn auch in einem gewissen ehrerbietigen Ton, rasch wieder zunichte mit seiner Schlußfolgerung, daß wir »offen gestanden skeptisch über ihren endgültigen Wert sind«.[170] Die meisten anderen, die sich bemüßigt fühlten, in den zwanziger Jahren eine Meinung über die Psychoanalyse zu äußern, waren nicht weniger deutlich in ihrer Skepsis.

Die populäre Presse, Tageszeitungen und Zeitschriften gleichermaßen, trug das ihre dazu bei, Verwirrung zu stiften und oberflächliche Urteile zu verbreiten, indem sie den Mann Freud auf eine komische, oft recht bedrohliche Karikatur reduzierte. Das breitere Publikum in der unruhigen Nachkriegszeit fand diese Karikatur ganz unwiderstehlich. Freud war der ernste Herr Professor mit dem drolligen mitteleuropäischen Akzent, welcher der Sexualität Geltung verschafft hatte. Seine Lehren, so hörte man, erlauben die hemmungsloseste erotische Selbstäußerung. Sogar die wenigen respektvollen Rezensenten, die mit seinen Schriften in den Sonntagsbeilagen rangen, erklärten, daß sein Werk sie mehr verwirre als erleuchte. Mary Keyt Isham, die mit Freuds *Jenseits des Lustprinzips* und *Massenpsychologie und Ich-Analyse* zurechtzukommen versuchte, gestand in der Literaturbeilage der *New York Times*, daß »die Rezensentin auf viele Schwierigkeiten in Freuds Werken stößt und in diesen letzten beiden Bänden mehr denn je«, besonders da sie versuchten, wie Isham glaubte, »die Ergebnisse seiner früheren Forschungen in einer ›metapsychologischen‹ Form darzustellen«, was sie fälschlich als eine »neu erfundene Disziplin« beschrieb.[171]

Wenige unter den Gelehrten unternahmen etwas, um die Verleumdungen Freuds oder die Mißdeutungen der Psychoanalyse zu korrigieren. Prediger, Journalisten und Pädagogen prangerten seine obszönen Vorstellungen an und beklagten seinen verderblichen Einfluß. Im Mai 1924 charakterisierte Dr. Brian Brown, Autor von *Power of the Inner Mind*, auf einem Symposium in St. Mark's-in-the-Bowery in New York Freuds Deutungen der unbewußten Psyche als »verderbt«. Auf demselben Symposium versuchte Dr. Richard Borden, der Direktor des Speech Club an der New York University, tapfer fundamentale Freudsche Ideen wie »Seelenkrankheit, Libido, Komplexe und ›der Alte Adam‹« zu erklären, aber Dr. Brown konterte mit dem Hinweis, daß Freud »nicht Psychologie lehrte«. Vielmehr sei es Freuds Idee, »daß es eine äußere Abteilung gab, wo schädliche Ideen gehortet wurden, bereit, in unser Bewußtsein zu stürzen. Außerdem löste er alles in Sex auf«.[172] Die alte Anklage, daß Freud sexbesessen sei, schien unausrottbar zu sein.

Ein Jahr, nachdem Dr. Brown Freuds Ideen verderbt genannt hatte, brachte Stephen S. Wise, der prominente New Yorker Reformrabbi und Verfechter des Zionismus, die gleiche Anklage in einer feineren Sprache vor. Als er im International House in New York vor Studenten sprach, legte er ihnen nahe, sich von H. L. Mencken abzuwenden und die Frische und das Licht von Matthew Arnold wiederzuentdecken. Aber, fuhr er fort, »eine weit ernstere Einsetzung ›neuer Götter für die alten‹« als Menckens Zynismus sei »die Mode des Freudianismus«. Für Wise wie für viele andere besorgte Beobachter war Freud der verführerische Prophet der ungezügelten rohen Triebe. »Ich möchte Freud Kant gegenüberstellen«, erklärte er. »Kants Lehre des ›du mußt, du sollst, du kannst‹ setzt Freud das ›du darfst‹ entgegen.« Der Freudianismus, schloß Wise mit sonorer Stimme, »ist ein Hinuntergraben in die Abwasser unserer Stimmungen und Appetite, Träume und Leidenschaften«.[173] Andere ließen sich zur Frivolität verleiten.

Im Sommer 1926 sagte ein »witziger« Geistlicher, Reverend John

McNeill von der Tenth Presbyterian Church of Philadelphia, auf einer Tagung in Stony Brook, New York: »Jeder dritte ist heute versessen auf das Thema der Psychoanalyse. Wenn Sie sie rasch loswerden wollen, bitten Sie sie, das Wort zu buchstabieren.«[174]

Diese Art von öffentlicher Verurteilung war typisch für die Zeit, und nicht nur in den Vereinigten Staaten. Im November 1922 schrieb Eitingon Freud aus seinem geliebten Paris, daß die Psychoanalyse dort gegen eine lärmende Opposition kämpfe. »Nicht zufällig wohl steht am selben Tag«, an dem eine französische Übersetzung von Freuds *Zur Psychopathologie des Alltagslebens* herauskam, »ein Brandartikel über ›Freud et l'éducation‹ [in der Zeitung], in dem ein Professor Amar die Regierung aufruft, die Kinder vor der Psychoanalyse zu schützen. Er ist sehr zornig, der Herr Amar.«[175] Auch der Zorn war eine Verteidigung gegen Freuds Botschaft.

Die Diskussion um Freuds Ideen, ob zustimmend oder feindselig, spielte sich oft auf einem erschreckend niedrigen Niveau ab. Im Jahre 1922 behauptete ein Rezensent in der Londoner *Times*, der Freuds *Vorlesungen zur Einführung in die Psychoanalyse* besprach, daß die Psychoanalyse »in Unglück geraten war durch den übermäßigen Eifer ihrer Apostel«. Sie hatte begonnen als »Beitrag zur psychischen Wissenschaft«, war dann aber unglücklicherweise »eine ›Mode‹ geworden – das heißt, sie wurde fieberhaft von Leuten diskutiert, die nur eine geringe Kenntnis von ihrer Bedeutung hatten«.[176] Damit wurde die Schuld ein wenig tendenziös Freuds Anhängern allein zugeschoben. Aber die Bemerkung, daß die Psychoanalyse zu einer Art Mode unter Leuten geworden war, die keine Kenntnis von ihr besaßen, war nur allzu wahr. Der Freudianismus, schrieb 1925 der schwedische Arzt Poul Bjerre, den Freud zu seinen Anhängern rechnete, habe Empfindungen erregt, als wäre er eine neue Religion und nicht ein neues Forschungsgebiet. Besonders in Amerika sei die psychoanalytische Literatur zu einer Lawine angewachsen. »*To be psyched*« sei zur Mode geworden.[177] Ein Jahr später bestätigte der hervorragende und produktive amerikanische Psychologe William McDougall Bjerres Urteil: »Zusätzlich zu den beruflichen Anhängern ist ein Heer von Laien, Erziehern, Künstlern und Dilettanten von den Freudschen Spekulationen angezogen worden und hat ihnen eine ungeheure Popularität verschafft, so daß einige der von Freud verwendeten Fachausdrücke in die Alltagssprache Amerikas und Englands aufgenommen worden sind.«[178]

Der europäische Kontinent zeigte sich kaum weniger anfällig für die Verführung durch das Freudsche Vokabular und ebenso ambivalent in seinen Reaktionen. »In der Tagespresse ist viel über Psa. zu lesen«, berichteten Abraham und Sachs im Mai 1925 in einem Rundbrief aus Berlin, »meist im negativen Sinne, aber nicht immer.« Sie hatten auch gute Nachrichten: Die Kurse, die das 1920 gegründete Berliner Psychoanalytische Institut veran-

staltete, zogen eine große Zuhörerschaft und eine befriedigende Anzahl
von Ausbildungskandidaten an. Mehr noch, Abraham und seine Kollegen
würden »für die vielfach unfreundliche Stimmung der Presse« durch »mancherlei andere Tatsachen« entschädigt. Beispielsweise hatte Stefan Zweig
gerade ein neues Buch mit biographischen Essays Freud gewidmet. Es gab
auch Amüsantes zu berichten: Ein gewisser Friedrich Sommer hatte unlängst eine Broschüre, »Die Messung der geistigen Energie«, veröffentlicht,
in der er erklärte: »Da wurde ich eines Tages mit der Psa. bekannt, und
diese brachte mich dann der christlichen Religion näher.«[179] Im Oktober
verschickte Abraham ein weiteres Rundschreiben: »Aus Deutschland ist zu
melden, daß die Diskussion der Psa. in Zeitungen und Zeitschriften nicht
mehr zur Ruhe kommt. Überall findet man sie erwähnt.« Es war nur natürlich, daß es »auch nicht an Angriffen fehlte. Aber«, fügte er beruhigend
hinzu, »ohne Zweifel war das Interesse noch nie so stark wie jetzt.«[180] Ein
großer Teil der Interessenten war jedoch nicht besser informiert, als es
Friedrich Sommer gewesen war, der die Bekanntschaft mit Freuds Ideen als
ein Mittel sah, Gott näherzukommen.

Diese Mischung von hauptsächlich negativen Merkmalen kennzeichnete
auch das Meinungsklima in Wien. Elias Canetti, der kaum ein vernarrter
Student der Psychoanalyse war, erinnert sich, daß es, als er um die Mitte der
zwanziger Jahre dort lebte, kaum ein Gespräch gab, in dem der Name
Freud nicht auftauchte. »Von den maßgeblichen Figuren der Universität
war er noch hochmütig abgelehnt«, die Deutungen von »Fehlleistungen
aber waren eine Art von Gesellschaftsspiel geworden«. Der Ödipuskomplex war kaum weniger in Mode: jeder wollte seinen eigenen. Der arrogan-
teste Verächter des Mobs hatte nichts dagegen, einen zu haben. Es gab viele
Österreicher, für die Freuds Aggressionstheorien von dringender Bedeutung waren: »Was man da an mörderischer Grausamkeit vor Augen gehabt
hatte, war unvergessen. Viele, die aktiv daran teilgehabt hatten, waren nun
zurückgekehrt. Sie wußten wohl, wozu sie – auf Befehl – imstande gewesen
waren, und griffen begierig nach allen Erklärungen für Mordanlagen, die
ihnen die Psychoanalyse bot.«[181]

Wie die meisten Verleumder Freuds hatten auch viele seiner Bewunderer
nur die undeutlichsten Vorstellungen von seiner Botschaft. Unklarheit
herrschte überall, und nicht nur bei den Halbgebildeten: Ein so gelehrter
Psychologe wie Poul Bjerre konnte in seiner volkstümlichen Darstellung
der Psychoanalyse den Ausdruck »Unterbewußtsein« statt »Unbewußtes«
verwenden.[182]* In einem Prospekt, in dem der amerikanische Verleger

---

* Das war und ist ein weitverbreiteter und aufschlußreicher Fehler. Siehe z. B. einen
Arzt, der ein Zeitgenosse Bjerres war: W. Schmidt-Mödling, *Der Ödipus-Komplex der*

B. W. Huebsch die »psychoanalytische Studie Woodrow Wilsons«, *The Story of a Style*, von William Bayard Hales ankündigte, konnte man lesen: »Es mag für diejenigen, die die rasch anwachsende psychoanalytische Literatur nicht verfolgt haben, erstaunlich sein, mit welcher Findigkeit die Anhänger Freuds und Jungs das Wirken von Geist und Seele des Menschen aufdecken.«[183] Diese Art von Ungenauigkeit war ungemein ärgerlich für Freud, und manchmal nahm er Zuflucht zu dem alten Spruch, mit seinen Feinden werde er allein fertig, aber vor seinen Freunden müsse man ihn schützen.

Er war nicht ganz fair. Die größte Bedrohung für die Verbreitung der richtig verstandenen Psychoanalyse waren die Narren und die Profitmacher. Manche von denen, welche die Psychoanalyse ausbeuteten, waren pure, offenkundige Scharlatane. Die *New York Times* schrieb im Mai 1926 mit Recht: »Zum Unglück für Freuds Ruf eignen sich seine Theorien mit schrecklicher Leichtigkeit für die Zwecke der Ignoranz und Quacksalberei.« Während Freud selbst »diese Extravaganzen verurteilt hat«, hätten seine Proteste »wenig Wirkung, was das allgemeine Publikum betrifft«.[184] Das war nicht anders zu erwarten; der große, schlammige Teich des psychologischen Heilens lud selbsternannte Therapeuten ein, ohne Lizenz zu angeln. Ernest Jones zitierte als Beispiel die Anzeige eines »Englischen Psychoanalytischen Verlags«, die lautete: »Möchten Sie 1000 Pfund jährlich als Analytiker verdienen? Wir können Ihnen zeigen, wie. Nehmen Sie bei uns acht Unterrichtsstunden, die wir Ihnen per Post zum Preis von vier Guineen pro Kurs zusenden!«[185]

Ein großer Teil der Erregung über Freud war weit harmlosere Dummheit, die weniger Entrüstung als vielmehr Belustigung über die menschliche Komödie in einer demokratischen Welt verdiente. Im Sommer 1924 machte der sensationelle Mordprozeß gegen Nathan Leopold und Richard Loeb mit dem gefürchteten Anwalt Clarence Darrow als Verteidiger Schlagzeilen in den ganzen Vereinigten Staaten. Colonel Robert McCormick, der gebieterische Herausgeber der *Chicago Tribune*, ließ Freud ein Telegramm schicken, in dem er ihm die eindrucksvolle Summe von 25 000 Dollar »oder jeden beliebigen Betrag« bot, wenn er nach Chicago käme, um die beiden jungen Mörder zu analysieren.[186] Leopold und Loeb, die aus reichen und prominenten Familien stammten und deren Motiv offensichtlich nur der obskure Drang war, an einem Freund ein perfektes Verbrechen

---

Freudschen Psychoanalyse und die Ehegestaltung des Bolschewismus (o.D. [1928?]), S. 1. Später in demselben Buch gebraucht er »unbewußt« als Synonym für »unterbewußt«. Anläßlich des 70. Geburtstags Freuds schrieb die *New York Times* unter dem Titel »Psychology Knows He Has Lived«, daß Freuds »Theorien des Unterbewußten« noch höchst umstritten waren (»Topics of the Times«, *New York Times*, 8. Mai 1926, S. 16).

zu begehen, faszinierten eine Öffentlichkeit, die durch diese grundlose Tat verwirrt und, teils unbewußt, neugierig gemacht war durch Hinweise auf homoerotische Gefühle. McCormick, der wußte, daß Freud alt und nicht gesund war, machte sich sogar erbötig, einen Dampfer zu chartern, um den berühmten Analytiker in die Vereinigten Staaten zu bringen. Freud lehnte ab.[187]

Später in demselben Jahr sagte Sam Goldwyn, der bereits einer der größten Produzenten Hollywoods war, auf seinem Weg nach Europa einem Reporter der *New York Times*, er wolle Freud aufsuchen, »den größten Liebesspezialisten der Welt«. Seine Absicht: Er wollte Freud ein erheblich großzügigeres Honorar anbieten als Colonel McCormick – die fürstliche Summe von 100 000 Dollar. »Liebe und Lachen sind die beiden Ideen, die Samuel Goldwyn vor allem im Sinn hat, wenn er Filme produziert«, bemerkte der Reporter, und er fügte hinzu, daß Goldwyn beabsichtige, »den Experten auf dem Gebiet der Psychoanalyse« dazu zu bewegen, »sein Studium kaufmännisch zu verwerten und eine Geschichte für die Leinwand zu schreiben oder nach Amerika zu kommen und bei einem ›Großangriff‹ auf die Herzen dieser Nation zu helfen«. Schließlich war, wie Goldwyn sagte, »nichts wirklich so unterhaltsam wie eine wirklich große Liebesgeschichte«, und wer sei besser ausgerüstet, eine solche Geschichte zu schreiben oder Ratschläge dafür zu geben, als Freud? »Drehbuchautoren, Regisseure und Schauspieler«, meinte Goldwyn, »können viel lernen durch ein wirklich tiefes Studium des täglichen Lebens. Um wieviel kraftvoller werden ihre Schöpfungen sein, wenn sie wissen, wie man echte emotionale Motivation und unterdrückte Wünsche ausdrückt?«[188] Freud ging es gut genug mit zwanzig und später fünfundzwanzig Dollar pro Stunde, aber er wurde immer älter und war immer hungrig nach harter Währung. Dies war also, wie man so sagt, ein Angebot, das er nicht ausschlagen konnte. Doch die Schlagzeile der *New York Times* vom 24. Januar 1925 berichtete knapp von einem ganz anderen Ergebnis: »FREUD WEIST GOLDWYN AB / Wiener Psychoanalytiker ist an Filmangebot nicht interessiert.« Tatsächlich hatte er laut einer Wiener Boulevardzeitung, *Die Stunde*, die ihre Geschichte auf ein Interview mit Freud zu gründen behauptete, Goldwyns Bitte um ein Gespräch mit einem Brief beantwortet, der nur einen einzigen Satz enthielt: »Ich habe nicht die Absicht, Mr. Goldwyn zu sehen.«[189]

Solche Vorfälle bezeugen zur Genüge, daß Freud um die Mitte der zwanziger Jahre in aller Welt bekannt war. Die Zahl der Menschen, die esoterische Texte wie *Jenseits des Lustprinzips* oder *Das Ich und das Es* lasen, geschweige denn voll verstanden, blieb zwangsläufig klein. Nur von einer erlesenen Minderheit konnte man erwarten, daß sie Freud gerecht wurde.

Unglücklicherweise gehörten die meisten, die sich in diesen Jahren über die Psychoanalyse äußerten, nicht dieser Minderheit an. Doch sein Name und seine Fotografie, die einen ernsten, sorgfältig gekleideten älteren Herrn mit durchdringendem Blick und der unvermeidlichen Zigarre zeigte, waren Millionen bekannt. Aber die McCormick- und Goldwyn-Episoden zeigten auch, warum ihn all das eher irritierte als stolz machte. »Die Popularität an sich ist mir äußerst gleichgültig«, hatte er Samuel Freud Ende 1920 geschrieben; »sie muß bestenfalls als Gefahr für ernstere Leistung angesehen werden.«[190] Seine Popularität, wiederholte er ein Jahr später, sei ihm eine »Last«.[191] Dies wurde ein charakteristischer Refrain in seinen Briefen. Anfang 1922 äußerte er ihn wieder, diesmal Eitingon gegenüber: Er finde seine Popularität »widerlich«.[192] Sie verdiene allenfalls ein spöttisches Lächeln. »In England und Amerika«, hatte er Eitingon ein Jahr zuvor geschrieben, »gibt es jetzt einen großen Psa. Rummel, der mir aber nicht lieb ist und mir nichts bringt als Zeitungsausschnitte und Besuche von Interviewern. Indessen ist es doch amüsant.«[193] Es war Ruhm, aber nicht der Ruhm, den er wollte.

Freud war, wie wir wissen, gegenüber öffentlichem Beifall nicht gleichgültig. Schließlich bestand er auf der Originalität seiner Beiträge zur Wissenschaft von der Seele, für die er auch Anerkennung erwartete. Aber aufdringliche Reporter und ahnungslose Zeitungsartikel, Gerüchte über seine Gesundheit, mit Fehlern gespickte Zusammenfassungen seiner Ideen und der Strom von Briefen, die er erhielt – und die er beinahe alle zu beantworten sich verpflichtet fühlte –, raubten ihm Zeit für wissenschaftliche Arbeit und setzten ihn und seine Sache einer Vulgarisierung aus, die er fürchtete und verabscheute. Doch manchmal mußte er zugeben, daß seine neue Sichtbarkeit ihre Vorteile hatte. »Ich gelte als Berühmtheit«, schrieb er seinem englischen Neffen Ende 1925. »Die Juden in aller Welt rühmen sich meines Namens und vergleichen mich mit Einstein.«[194] Das war keine Erfindung, und den Vergleich stellten nicht nur Juden an. Als er 1925 bei den Eröffnungsfeierlichkeiten der Hebräischen Universität in Jerusalem sprach, nannte Lord Balfour, ein älterer englischer Staatsmann, Freud neben Bergson und Einstein als einen von den drei Männern, alle Juden, die den größten nützlichen Einfluß auf das moderne Denken ausgeübt hätten.[195] Das war Lob von einem Mann, den Freud sehr bewunderte. Ende 1917 hatte Balfour als britischer Außenminister die Unterstützung seines Landes für ein jüdisches Vaterland in Palästina zugesagt, und Freud hatte »das Experiment der Engländer mit dem auserwählten Volke« begrüßt.[196] Seine Begeisterung hatte im Laufe der Jahre nicht nachgelassen. Als er den Empfang des Berichts über Lord Balfours Rede bestätigte, bat er Jones, ihm einen Sonderdruck seiner »Selbstdarstellung« als Dank für die »ehrenvolle Erwähnung« zu schicken.[197]

In einer solchen Stimmung konnte er über seine prominente Stellung philosophieren. »Schließlich«, schrieb er Samuel Freud, »habe ich keinen Grund, mich zu beklagen und dem Ende meines Lebens mit Schrecken entgegenzusehen. Nach einer langen Periode der Armut verdiene ich nun Geld ohne Mühsal, und ich wage zu behaupten, daß ich für meine Frau vorgesorgt habe.«[198] Bei ein oder zwei Gelegenheiten wurde ihm eine Ehrung zuteil, die er respektieren konnte: Im November 1921 ernannte ihn die Niederländische Vereinigung für Psychiatrie und Neurologie zu ihrem Ehrenmitglied, eine Auszeichnung, die ihn befriedigte.[199] Mit gutem Grund: Dies war die erste formelle Anerkennung, die er seit 1909 erhielt, als ihm die Clark University ein Ehrendoktorat der Rechte verliehen hatte. Es waren immer noch Stimmen zu hören, daß Freud nichts anderes sei als ein Scharlatan, aber sein Ruf verbreitete sich über den engen Kreis überzeugter Freudscher Analytiker hinaus. Er begann, mit Berühmtheiten zu korrespondieren, vor allem mit Schriftstellern: Romain Rolland, Stefan Zweig, Thomas Mann, Sinclair Lewis und von 1929 an mit Arnold Zweig, der sich zwei Jahre zuvor mit seinem Antikriegsroman *Der Streit um den Sergeanten Grischa* einen Namen gemacht hatte. »Schriftsteller und Philosophen, die durch Wien kommen«, teilte Freud seinem Neffen in Manchester mit, »besuchen mich, um sich mit mir zu unterhalten.«[200] Freuds Tage der Isolation waren nur noch eine schwache Erinnerung.

Eine Befriedigung blieb ihm weiterhin versagt – der Nobelpreis. Als ihn in den frühen zwanziger Jahren Georg Groddeck, wie bereits andere vor ihm, nominierte, schrieb Freud Groddecks Frau resigniert, daß er schon seit einer Reihe von Jahren vorgeschlagen worden und »jedesmal gründlich durchgefallen« sei.[201] Einige Jahre später, 1928 und dann wieder 1930, zog Dr. Heinrich Meng, ein junger deutscher Psychoanalytiker, der von Paul Federn analysiert worden war, eine gut organisierte Kampagne für Freud auf. Er sammelte eine eindrucksvolle Anzahl von berühmten Unterschriften. Zu denen, die positiv reagierten, gehörten so prominente deutsche Bewunderer wie die Romanautoren Alfred Döblin und Jakob Wassermann, aber auch angesehene Ausländer – Philosophen wie Bertrand Russell, Erzieher wie A. S. Neill, Biographen wie Lytton Strachey, Wissenschaftler wie Julian Huxley und viele andere, die dem gebildeten Publikum kaum weniger bekannt waren. Auch Eugen Bleuler schloß sich den Unterzeichnern an, obwohl er nach einem Flirt von einigen Jahren Freuds Werben abgewiesen hatte. Sogar so unwahrscheinliche Bewunderer wie der norwegische Romancier und Nobelpreisträger Knut Hamsun und der deutsche nationalistische Komponist Hans Pfitzner, beide später Nazi-Sympathisanten, brachten es über sich, Mengs Gesuch zu unterschreiben. Seinen eigenen Interessenbereich absichernd, erklärte sich Thomas Mann bereit, seine Un-

terschrift hinzuzufügen – unter der Voraussetzung, daß es sich um den Preis
für Medizin handelte.[202]* Aber gerade dieser Preis war, wie Meng wußte,
unerreichbar: Der Psychiater, den die Schwedische Akademie als Autorität
konsultierte, tat Freud als Schwindler und als eine Bedrohung ab. Daher
war Literatur die einzige Kategorie, die für ihn in Frage kam. Aber Mengs
Ausweichmanöver in dieser Richtung schlug ebenfalls fehl, und so schloß
sich Freud in einer langen Reihe hervorragender Stilisten von Proust bis
Joyce, von Franz Kafka bis Virginia Woolf, an, die nie nach Stockholm
fuhren.

Freud muß all diese gutgemeinten Bemühungen begrüßt haben, aber er
versuchte auch, sie zu entmutigen. Er gab vor, von Mengs Aktivitäten
nichts zu wissen, und stellte Ernest Jones die rhetorische Frage: »Wer ist so
ein Narr, sich da einzumischen?«[203] Allein die Vehemenz dieser Frage zeigt
schon, daß er, wäre ihm der Preis angeboten worden, mit beiden Händen
zugegriffen hätte. Im Jahre 1932 berichtete er Eitingon, daß er eine für die
Veröffentlichung bestimmte Korrespondenz mit Einstein über die Natur
des Krieges und die Möglichkeit, ihn zu verhindern, führe. Aber, fügte er
hinzu, er erwarte nicht, dafür den Friedensnobelpreis zu bekommen.[204] Es
ist etwas Wehmütiges, ja ein wenig Rührendes in dieser Bemerkung. Doch
er konnte nicht leugnen, daß er einen tiefen Einfluß auf die westliche Kultur
ausübte. Und nicht nur die westliche: In den zwanziger Jahren begann er
mit dem indischen Arzt Girindrasehkhar Bose zu korrespondieren.[205] »Ich
glaube«, schrieb Stefan Zweig 1929, als er Freuds Einfluß zusammenzufassen versuchte, »daß die Revolution, die Sie im Psychologischen und Philosophischen und in der ganzen moralischen Struktur unserer Welt hervorgerufen haben, weitaus den bloß therapeutischen Teil Ihrer Entdeckungen
überwuchert. Denn all die Leute, die von Ihnen gar nichts wissen, jeder
Mensch von 1930, auch der, der den Namen Psychoanalyse nie gehört hat,
ist heute schon indirekt durchgefärbt von Ihrer Seelenverwandlung.«[206]
Zweig ließ sich oft von seiner Begeisterung hinreißen, aber diese Einschätzung ist nicht weit von der nüchternen Wahrheit entfernt.

Zum Glück war zumindest ein Teil der Aufmerksamkeit, die Freud auf sich
zog, nicht ganz so erhaben und sogar eher amüsant. Der ungarische Dra-

---

* Ein Nobelpreisträger, der sich weigerte, Freuds Kandidatur zu unterstützen, war Albert Einstein. Er schrieb Meng am 15. Februar 1928, daß er über den Wahrheitsgehalt
der Freudschen Lehre nicht einmal für sich selbst eine Überzeugung gewinnen könne,
»viel weniger ein Urteil fällen, das auch für andere maßgebend sein soll«. Außerdem
erscheine es ihm fraglich, »ob die Leistung eines Psychologen wie Freud in den Bereich
des Nobel-Preises für Medizin fällt, der doch wohl allein in Betracht gezogen werden
kann«. (Ich verdanke diesen Hinweis Prof. Dr. Helmut Lück und Prof. Hannah S. Dekker.)

matiker Ferenc Molnár, dieser witzigste aller Kosmopoliten, karikierte die
populären Karikaturen der Ideen Freuds in seiner Inhaltsangabe eines geplanten Stückes, für das er, wie er sagte, einen sehr guten Stoff habe. Wie
dieser entwickelt werden solle, wisse er noch nicht, aber die Grundidee sei
ganz einfach wie in allen großen Tragödien: »Junger Mann – glücklich
verheiratet mit seiner Mutter – entdeckt, daß sie gar nicht seine Mutter ist –
erschießt sich.«[207] In England machte sich in den späten zwanziger Jahren
Ronald Knox, Priester, Bibelübersetzer und kultivierter Satiriker, über
pseudo-psychoanalytische Diagnosen lustig. In einem Stück erzählte er
Struwwelpeter, diesen Klassiker der deutschen Kinderliteratur, im Freud-
schen Jargon.[208] Ungefähr um dieselbe Zeit verspotteten in den Vereinigten
Staaten James Thurber und E. B. White die Flut von Sexbüchern, die die
amerikanischen Buchhandlungen überschwemmte, mit dem Buch *Is Sex
Necessary or, Why You Feel the Way You Do*. Zu den scherzhaft-ernsten
Kapiteln dieses kleinen Buches gehörten »Die Natur des amerikanischen
Mannes: eine Studie des Piedestalismus« und »Was sollten Kinder ihren
Eltern sagen?« Wie ihr Glossar von Fachausdrücken zeigt, hatte es ihnen
Freud angetan. Sie definierten »Kernkomplex« als »Schock, verursacht
durch die Entdeckung einer Person des anderen Geschlechts im wahren
Licht; Beginn eines allgemeinen Zusammenbruchs«. Sie erklärten »Exhibitionismus« als »Zu weit gehen, ohne es wirklich zu meinen« und beschrieben »Narzißmus« als »Versuch, selbständig zu sein, mit Nebentönen«.
Hilfreich verwiesen Thurber und White diejenigen, welche die Bedeutung
von »Lustprinzip« wissen wollten, auf »Libido«, und unter »Libido« notierten sie »Lustprinzip«.[209] Manches von all dem war kindisch, aber so
manche vorgeblich ernste Abhandlung war nicht verantwortungsvoller
und weit schädlicher als solche harmlosen Seitenhiebe.

Sehr früh schon hatte Freud auch seine verantwortungsbewußten Studenten, aber ihre gedankenvollen Bemühungen, eine zuverlässige Version
der Psychoanalyse allgemein verständlich zu machen, wurdem zum Scheitern gebracht durch Vorstellungen über Freud, die jedermann akzeptierte,
ohne sich die Mühe zu machen, ihn zu lesen. Im Jahre 1912 hatte der junge
Walter Lippmann, der »die Freudsche Psychologie mit großer Begeisterung
studierte«, dem englischen Sozialpsychologen Graham Wallas erklärt, ihm
sei dabei zumute, »wie es den Menschen bei der *Entstehung der Arten* zumute gewesen sein mag«. Als er nach seiner Entdeckung Freuds noch einmal William James las, hatte Lippmann »das seltsame Gefühl, daß die Welt
in den 1880er Jahren sehr jung gewesen sein mußte«.[210] Auf diese heroischen Tage zurückblickend, erinnerte er sich, daß »ernste junge Männer
Freud sehr ernst nahmen, wie er es auch verdiente. Die Ausbeutung Freuds
als lästige Modetorheit kam erst später und im allgemeinen durch Leute,
die ihn nicht studiert und nur von ihm gehört hatten.«[211]

In Selbstverteidigung betrieben Psychoanalytiker Propaganda für Freuds Ideen, wann immer sie die Gelegenheit dazu hatten. Sie wandten sich an Theologen und Ärzte und schrieben Artikel, die sie in mehr oder weniger anspruchsvollen Zeitschriften unterbrachten. In den zwanziger Jahren unternahm Oskar Pfister Vortragsreisen in Deutschland und England, brachte seinen Zuhörern die Freudsche Botschaft und wirkte in privaten Gesprächen auf einflußreiche Professoren ein, welche die Freudschen Wahrheiten unter ihren Studenten verbreiten konnten.[212] Pfister und andere Analytiker schrieben auch zuverlässige und sogar lesbare Verständnishilfen: Pfisters erschöpfendes, aber verständliches Buch *Die psychanalytische Methode* wurde 1913 veröffentlicht und erschien vier Jahre später in New York in einer englischen Übersetzung. Es war nicht das erste auf seinem Gebiet: Bereits 1911 hatte Eduard Hitschmann eine weit knappere Darstellung, *Freuds Neurosenlehre*, geschrieben, die bald ins Englische übersetzt wurde. Im Jahre 1920 veröffentlichte G. A. (später Sir Arthur) Tansley *The New Psychology and Its Relation to Life*, einen flüssig geschriebenen Überblick, der in zwei Jahren sieben Auflagen erlebte. Und 1926 gaben Paul Federn und Heinrich Meng ein Handbuch »für das Volk« heraus, *Das Psychoanalytische Volksbuch*, für das sie die Mitarbeit einer Anzahl von Kollegen gewannen. Es behandelte das gesamte Gebiet der Psychoanalyse, einschließlich der Analyse von Kunst und Kultur, in 37 kurzen Artikeln, welche die technische Terminologie mieden, Fremdwörter übersetzten und alltägliche Beispiele verwendeten, um Freuds Lehren verständlich zu machen.

Freud mochte darüber spotten, aber all diese Mühe war keineswegs vergebens. Im Mai 1926 gedachten Zeitschriften in einem Land nach dem andern Freuds Geburtstags mit ausführlichen Würdigungen, und einige davon erwiesen sich als gut informiert. Vielleicht die intelligenteste stammte von dem amerikanischen Essayisten und Biographen Joseph Wood Krutch und erschien in der *New York Times*. Freud, schrieb Krutch, »der Vater der Psychoanalyse«, ist »heute vielleicht mit Ausnahme Einsteins der lebende Wissenschaftler, von dem am meisten gesprochen wird«. Dieses willkommene »Wissenschaftler« war genau der Titel, den Freud begehrte und selten bekam. »Es gibt natürlich auch heute noch«, räumte Krutch ein, »die Behavioristen und andere kompromißlose Anti-Freudianer, aber«, fügte er hinzu, »man kann mit Sicherheit sagen, daß sich der Einfluß seiner Hauptideen immer stärker in den Schriften der meisten maßgeblichen Psychologen und Psychiater spiegelt.« Krutch meinte, so wie Darwin und seine Ideen die moderne Kultur durchdrungen hätten, »machen wir bereits weiten Gebrauch von den Freudschen Begriffen, und im Laufe der Zeit werden sie wahrscheinlich wie der Begriff der Evolution ein Teil der geistigen Ausrüstung sein, die jeder Denker als selbstverständlich hinnimmt«.[213] Als um ungefähr dieselbe Zeit ein Professor an der Brown University besorgt war, daß die psychologische Beratung, welche die Universität einführte, die Studenten »einer bloßen Analyse im Namen einer halbgaren Wissenschaft« aussetzen könnte, wies ein Leitartikler der *New York Times* den Skeptiker zurecht. »›Halbgar‹ scheint schlecht gewählt zu sein«, hieß es in seiner Schlagzeile.[214]* Freud beobachtete all das mit sarkastischer Zurückhaltung und bemerkte gegenüber Arnold Zweig: »Ich bin nicht berühmt, aber ich bin ›notorious‹.«[215] Er hatte nur halb recht: Er war beides.

Vitalität: der Berliner Geist

Sogar der Pessimist Freud mußte in den späten zwanziger Jahren zugeben, daß die psychoanalytischen Institutionen trotz aller Kämpfe und Streitigkeiten florierten. In einem Rückblick im Jahre 1935 verwies er mit Stolz auf die »Ortsgruppen Wien, Berlin, Budapest, London, Holland, Schweiz«, zu denen neue hinzugekommen waren in »Paris, Calcutta, zwei in Japan, mehrere in den Vereinigten Staaten, zuletzt je eine in Jerusalem und Südafrika und zwei in Skandinavien«. Es sei kein Zweifel mehr, daß die Psychoanalyse lebensfähig sei und bleiben werde, schrieb Freud triumphierend.[216]

Als Freud diese Zusammenfassung schrieb, hatten mehrere Institute bereits eine interessante Geschichte hinter sich. Abraham hatte 1908 das Modell der Wiener Psychoanalytischen Vereinigung auf Berlin übertragen und regelmäßige Versammlungen für Diskussionen und Vorträge in seiner Wohnung angesetzt. Dies wurde der Kern der Berliner Ortsgruppe der Internationalen Psychoanalytischen Vereinigung, die 1910 auf dem Nürnberger Kongreß gegründet wurde. In den Vereinigten Staaten hatten sich an der Psychoanalyse interessierte Ärzte 1911 nicht ohne Spannungen in zwei Institutionen organisiert, die zugleich Verbündete und Rivalen waren: der New York Psychoanalytic Society und der American Psychoanalytic Association. Zwei Jahre danach hatte Ferenczi die Budapester Psychoanalytische Vereinigung gegründet, die nach dem Krieg kurz florierte, bis das bolschewistische Regime im Sommer 1919 gestürzt wurde und das antisemitische – und antipsychoanalytische – Horthy-Regime im Februar

---

* »Diese Art von Arbeit, so scheint es, ist niemals geleistet worden, jedenfalls nicht in den 1920er Jahren. So hat Philip Lehrman 1927 in den Vereinigten Staaten die Psychoanalyse auf einer Tagung der American Medical Association gegen die Angriffe von Morris Fishbein, den mächtigen Herausgeber des *Journal of the American Medical Association*, verteidigt und ihn tapfer – und zu Recht – als ›uninformiert‹ bezeichnet« (»Presses the Value of Psychoanalysis/Dr. Lehrman Presents Present-Day Status of this Aid to the Mentally Ill«, *New York Times*, 22. Mai 1927).

1920 die Macht übernahm. Budapest brachte einige der hervorragendsten Talente im analytischen Beruf hervor: Außer Ferenczi gehörten zu
ihnen Franz Alexander, Sándor Radó, Michael Balint, Geza Róheim,
René Spitz und andere. Die Britische Psychoanalytische Vereinigung
wurde 1919 konstituiert, und Ende 1924 wurde, hauptsächlich auf Betreiben des unermüdlichen Organisators Ernest Jones, in aller Form das
London Institute of Psycho-Analysis gegründet. Die Franzosen, die den
hartnäckigen Widerstand des medizinischen und psychiatrischen Establishments zu überwinden hatten, gründeten ihr psychoanalytisches Institut zwei Jahre später.* Die Italiener folgten 1932, die Holländer nach
langen Vorbereitungen 1933. Eitingon, der gegen Ende dieses Jahres als
einer der ersten Analytiker, die Hitler-Deutschland verließen, nach Palästina ausgewandert war, gründete unmittelbar nach seiner Ankunft ein
psychoanalytisches Institut in Jerusalem. Die Psychoanalyse sollte wirklich, wie Freud es sah, fortbestehen.

In den zwanziger Jahren befand sich die vitalste aller dieser Organisationen
in Berlin. Anfangs war Abrahams Vereinigung eine tapfere kleine Schar
gewesen; einige der ersten Anhänger (wie der Sexualforscher Magnus
Hirschfeld, der nur an sexueller Befreiung, aber nicht an der Psychoanalyse
interessiert war) fielen wieder ab. Aber in den ersten Jahren der Weimarer
Republik hatte sich Berlin als das Nervenzentrum der Psychoanalyse in
aller Welt etabliert – trotz der prekären Gesundheit der jungen Republik,
die von einer galoppierenden Inflation, politischen Morden, sporadischer
fremder Besetzung und zuweilen einem regelrechten Bürgerkrieg bedroht
war. Im Lichte dieser turbulenten Geschichte mutet es wie eine Ironie an,
daß die Berliner Analytiker von dem noch größeren Elend und von Verfolgungen anderswo profitierten. Hanns Sachs kam 1920 aus Wien nach Berlin. Sándor Radó und Franz Alexander, Michael und Alice Balint, die das
Leben in Horthys Ungarn unmöglich fanden, trafen kurz danach ein. Andere wie Melanie Klein und Helene Deutsch gingen ebenfalls nach Berlin,
um analysiert zu werden und zu analysieren.

Alix Strachey, die Freuds Analysandin gewesen war, bevor sie zu Abra-

---

* Es hatte in Frankreich bereits einige Jahre früher eine private, sozusagen unorgani-
sierte psychoanalytische Tätigkeit gegeben, ebenso wie in England vor der Gründung
des britischen Instituts. Am 25. Oktober 1923 hatte der französische Psychoanalytiker René Laforgue Freud geschrieben: »Nun da die psychoanalytische Bewegung in
Frankreich Form angenommen hat und die ersten Erfolge erzielt wurden, fühle ich
das Bedürfnis, näheren Kontakt mit dem Meister der Psychoanalyse und der Wiener
Schule aufzunehmen« (aus der Freud–Laforgue-Korrespondenz, ins Franz. übers. von
Pierre Cotet und hrsg. von André Bourguignon et al., in »Mémorial«, *Nouvelle Revue de Psychanalyse*, XV, April 1977, S. 251).

ham überwechselte, zog die pulsierende, hektische Atmosphäre Berlins der
des vergleichsweise trägen Wien bei weitem vor. Sie zog auch Abraham
Freud als Analytiker vor. »Es besteht für mich kein Zweifel«, schrieb sie
ihrem Mann im Februar 1925, »daß Abraham der beste Analytiker ist, mit
dem ich arbeiten könnte«. Sie war sicher, daß »in diesen 5 Monaten mehr
psychologische Arbeit geleistet worden ist als in 15 bei Freud«. Sie fand das
merkwürdig, stellte aber fest, daß auch andere wie »Frau Klein« Abraham
für einen tüchtigeren Analytiker hielten als Freud.[217] Vor allem war sie von
Berlin angetan. Psychoanalytiker und Ausbildungskandidaten redeten, debattierten und stritten sich auf Versammlungen, in Konditoreien und sogar
auf Parties. Torten genießen und die Nacht durchtanzen waren nicht unvereinbar mit ernsten Gesprächen über ödipale Bindungen und Kastra-
tionsängste. Der Psychoanalytiker Rudolf Loewenstein, der von Hanns
Sachs analysiert wurde, fand das Berliner Institut »kalt, sehr deutsch«.[218]
Aber auch er gab zu, daß es einige gute Techniker und begeisternde Lehrer
vorzuweisen hatte. Für einen Analytiker war Berlin in den zwanziger Jahren der ideale Ort.

Vor allem wurde, wie die von Berlin ausgehenden Rundbriefe bezeugten,
die Atmosphäre in der Stadt immer weniger ungastlich für die Psychoanalyse. »In diesem Winter«, berichteten Abraham, Sachs und Eitingon im
Dezember 1924, »ist das Interesse an der Psa. in Berlin außerordentlich
gestiegen. Von verschiedenen Seiten werden populäre Vorträge veranstal-
tet.« Auswärtige Redner, darunter Pfister, hielten Vorträge. Sein Vortrag in
der Religionswissenschaftlichen Gesellschaft, »im Ganzen gut, nur an
manchen Stellen schwach und ungeschickt, wurde sehr freundlich aufgenommen von einer Zuhörerschaft von 150 Personen, meist Theologen«.[219]
Drei Monate später hatte Abraham eine weitere »günstige Mitteilung«. Er
hatte gerade in der Berliner Gesellschaft für Gynäkologie über »Psa. und
Gynäkologie« gesprochen. Der Hörsaal der Universitätsklinik war bis zum
letzten Platz gefüllt. »Die Ärzte, bisher sehr wenig orientiert, zeigten an-
fänglich die bekannte lächelnd-skeptische Haltung«, aber im Verlauf des
Abends »änderte sich der Eindruck« ganz zu Gunsten des Redners.[220] Bald
danach bat die Gesellschaft für Gynäkologie Abraham um eine Kopie seines Vortrags, um ihn in ihrer Zeitschrift abzudrucken. »Ein Zeichen des
Ergfolges!« rief er aus.[221]

Berlins größte Attraktion für Psychoanalytiker war Karl Abraham – zuverlässig, selbstsicher, intellektuell, eine feste Stütze für die Jungen und die
Phantasiereichen. Was Freud einmal Abrahams »Prussianity«* genannt

---

* Freuds Wortschöpfung; soviel wie »Preußischkeit«, also preußische Einstellung;
Anm. d. Red.

hatte, war im Kontext des überschwenglichen und erregten Berlins kein
Nachteil. Es gab noch einen anderen Magneten: die Klinik, die Ernst Simmel und Max Eitingon 1920 eingerichtet und mit Eitingons Geld finanziert
hatten.[222] Die Gründer schrieben die Grundidee Freud zu[223], und das war
mehr als bloße Pietät. Als er auf dem Budapester Kongreß von 1918 sprach,
hatte Freud eine Zukunft vorausgesehen, die, wie er zugab, den meisten
seiner Zuhörer phantastisch erscheinen müsse. Es gebe nur eine Handvoll
Analytiker auf der Welt und sehr viel neurotisches Elend, von dem ein großer Teil unter den Armen verbreitet sei, die bis dahin für die Analytiker
unerreichbar seien. Aber »irgend einmal wird das Gewissen der Gesellschaft erwachen und sie mahnen, daß der Arme ein ebensolches Anrecht
auf seelische Hilfeleistung hat wie bereits jetzt auf chirurgische. Und daß
die Neurosen die Volksgesundheit nicht minder bedrohen als die Tuberkulose.« Sobald man dies erkannt habe, werde es öffentliche Anstalten geben,
an denen psychoanalytisch ausgebildete Ärzte angestellt seien, um Männern zu helfen, die sonst dem Alkoholismus erliegen würden, Frauen, die
unter der Last ihrer Entbehrungen zusammenzubrechen drohten, und Kindern, die nur die Wahl zwischen Verwilderung und Neurose zu haben
schienen. »Diese Behandlungen werden unentgeltlich sein.« Freud erwartete, daß es lange dauern werde, bis die Staaten diese Pflichten als dringend
anerkennen würden. »Es ist wahrscheinlich, daß private Wohltätigkeit mit
solchen Instituten den Anfang machen wird; aber irgend einmal wird es
dazu kommen müssen.«[224] Es war eine großzügige und für den altmodischen Liberalen Freud überraschende Aussicht.

Die Berliner Klinik »für die psychoanalytische Behandlung nervöser Leiden« und das angeschlossene Institut waren die erste Verwirklichung von
Freuds Ruf nach Utopia. Als sie anläßlich des zehnten Jahrestages in einer
kleinen Festschrift zurückblickten, machten die Mitglieder des Instituts beachtliche Leistungen geltend. Mit der Klinik und den Lehrmöglichkeiten
des Instituts, schrieb Simmel, hätten die Berliner Psychoanalytiker zusätzlich zu ihren therapeutischen und beruflichen Tätigkeiten die »psychoanalytische Behandlung der öffentlichen Meinung« vorgenommen.[225] Die
Zahlen zeigen, daß dieses Lob nicht nur die Phantasie selbstgefälliger Fei-
ernder war, die sich selbst Lorbeerkränze aufsetzten. Otto Fenichel, damals
ein junger Analytiker in Berlin, berichtete in einem kurzen statistischen
Überblick, daß zwischen 1920 und 1930 das Institut 1955 Konsultationen
vorgenommen hatte, von denen 721 zu Psychoanalysen führten. Von diesen Analysen waren 117 noch im Gange, 241 waren abgebrochen worden,
und 47 mußten als Fehlschläge abgeschrieben werden. Von den 360 übrigen Fällen hatten 116 eine Besserung und 89 eine deutliche Besserung gezeigt, und 111 waren geheilt worden.[226] Behauptete Besserungen oder Heilungen in der Psychoanalyse besitzen wenig Beweiskraft, aber selbst wenn

es Fenichels Zahlen an wissenschaftlicher Gewißheit mangelt, bezeugen sie eine Ausweitung psychoanalytischer Aktivitäten, die ein Jahrzehnt zuvor noch undenkbar gewesen wäre. Insgesamt hatten 94 Therapeuten am Institut und an der Klinik in Berlin analysiert, und davon waren oder wurden 60 Mitglieder der Internationalen Psychoanalytischen Vereinigung. Kurz, mittellose Neurotiker, die zur Behandlung kamen, wurden nicht einfach Ausbildungskandidaten zur Übung überlassen, sondern konnten, zumindest einen Teil der Zeit, damit rechnen, von einem erfahrenen Praktiker behandelt zu werden.[227]

Unterdessen bildete das Institut seine Kandidaten aus, und in Berlin wurde in den zwanziger Jahren ein Studienprogramm sorgfältig – seine Kritiker sagten, zu streng – ausgearbeitet. Es beinhaltete Kurse über die allgemeine Theorie der Psychoanalyse, über Träume, über Technik, über die Weitergabe analytischer Kenntnisse an den praktischen Arzt und über spezielle Themen wie die Anwendung der Psychoanalyse auf Rechtswissenschaft, Soziologie, Philosophie, Religion und Kunst. Wie zu erwarten, waren, vielseitig, wie das Programm des Instituts war, Freuds Werke Pflichtlektüre. Aber obwohl alle Studenten Freud lasen, wurden nicht alle Analytiker. Das Institut unterschied zwischen Ausbildungskandidaten und Gasthörern. Die Kandidaten absolvierten die volle Ausbildung, um eine Karriere in der Psychoanalyse zu verfolgen, während die Gasthörer – größtenteils Pädagogen und einige interessierte Laien – in ihren Berufen soviel analytisches Wissen anzuwenden hofften, wie sie aufzunehmen imstande waren.

Die Richtlinien des Instituts schrieben eine Lehranalyse vor. Diese Forderung war anderswo noch umstritten, aber in Berlin sollte niemand analysieren, der nicht selbst analysiert worden war. Diese Lehranalyse sollte nach den Regeln »mindestens ein Jahr«[228] dauern – eine Empfehlung, die einen therapeutischen Optimismus verrät, der heute reine Frivolität zu sein scheint. Aber selbst mit einer so kurzen Analyse war die Kandidatur eine Zeit der Erprobung, die, wie Hanns Sachs es ausdrückte, »dem Noviziat in einer Kirche«[229] entsprach. Sachs' Metapher, die das Institut einer religiösen Einrichtung gleichsetzte, war leichtfertig und unglücklich gewählt, denn sie spiegelte eine allgemeine Anklage gegen die Psychoanalyse wider. Aber man kann verstehen, warum er sie gebrauchte. Freud protestierte Ernest Jones gegenüber: »Ich spiele nicht gern den Pontifex maximus.«[230] Er protestierte vergeblich.

Sobald sich die hervorragende Stellung des Berliner Psychoanalytischen Instituts unter den angehenden Analytikern herumgesprochen hatte, kamen die Kandidaten in Scharen. Viele waren Ausländer: Briten, Franzosen, Holländer, Schweden, Amerikaner.[231] Nach einiger Zeit kehrten die Absolventen nach Hause zurück, um Praxen zu eröffnen oder eigene Institute zu gründen. Charles Odier, einer der ersten unter den französischen Analytikern, wurde in Berlin von Franz Alexander analysiert, Michael Balint, der sich in London niederließ, von Hanns Sachs; Heinz Hartmann, der später nach New York emigrierte, von Sándor Radó. Die Liste der Analysanden Karl Abrahams liest sich wie eine Aufstellung psychoanalytischer Prominenz: die führenden englischen Analytiker Edward und James Glover, Freuds Analysandin Helene Deutsch, die sich mit ihren Schriften über weibliche Sexualität einen Namen machte, die theoretischen Neuerer Karen Horney und Melanie Klein und die geistreiche englische Beobachterin, die später zu Freuds Übersetzern zählte, Alix Strachey.

Berlin war nur das aufsehenerregendste der Zentren, mit denen die Psychoanalyse ihre Zukunft sicherte. Freud analysierte weiter in Wien und konzentrierte sich mehr und mehr auf die Ausbildung von Psychoanalytikern: So bedeutende Anhänger wie Jeanne Lampl-de Groot und Prinzessin Marie Bonaparte, ganz zu schweigen von einem ganzen Kontingent von Amerikanern, gehörten nach dem Krieg zu Freuds »Schülern«.* Mehr als sechs Jahrzehnte später erinnerte sich Jeanne Lampl-de Groot mit unverminderter Zuneigung an Freud, und daran, wie sie im April 1922, als frischgebackene Doktorin, zierlich, musikalisch, jünger aussehend, als sie tatsächlich war, zum erstenmal in der Berggasse 19 erschienen war. Freud war damals beinahe sechsundsechzig, und sie lernte ihn als höflichen, »charmanten und aufmerksamen altmodischen« Herrn kennen. Als er sie fragte, ob er oder seine Tochter ihr helfen könnten, sich einzurichten, erwähnte sie, daß sie ein Piano brauche. Dies bewog Freud zu dem prompten Geständnis, daß er unmusikalisch sei; ihre spätere Entdeckung dieses Mangels hätte ihre Analyse beeinträchtigen können. Freud sei, fügte sie hinzu, »menschlich« und zugänglich, unedelmütig nur »unanständigen Leuten« gegenüber. Als sie ihm berichtete, daß ihre geliebte ältere Schwester, die immer sehr kräftig gewesen sei, während ihrer Schwangerschaft binnen fünf Tagen an der Spanischen Grippe gestorben sei, erzählte Freud ihr vom Tod seiner Tochter Sophie.[232] In dem herzlichen Briefwechsel, den sie nach ihrer Rückkehr in die Niederlande unterhielten, wurde sie bald seine »liebe Jeanne«.[233] Nicht jeder Analysand erlebte Freud als ganz so charmant, aber in den späten zwanziger Jahren

---

* Abram Kardiner, 1921 von Freud analysiert, erinnert sich, wie sich Freud von einer Sechs- auf eine Fünftagewoche für seine Analysanden umstellte. Konfrontiert mit Amerikanern, die es ablehnten, sich von jemand anderem analysieren zu lassen, befragte er Anna Freud, die »so etwas wie eine Mathematikerin« war und vorschlug, daß er sechs Analysanden behandeln könne, wenn er jedem nur fünf Stunden einräume; nach seinem alten Schema konnte er nur fünf sehen (A. Kardiner, *My Analysis with Freud: Reminiscences*, 1977, S. 17 f.).

überzogen die Fäden seines Einflusses Europa und die Vereinigten Staaten in einem komplizierten Netzwerk.

Die Psychoanalyse zeigte noch andere Zeichen robuster Gesundheit. Bis
zur Machtergreifung der Nazis im Jahre 1933 waren die alle zwei Jahre
veranstalteten internationalen psychoanalytischen Kongresse eine feste
Einrichtung. Sie wurden sehnlich erwartet und getreulich besucht. Freud,
der durch seine Prothese behindert war, nahm nicht mehr an ihnen teil,
obwohl ihm der Entschluß, zu Hause zu bleiben, schwerfiel. Er schob ihn
auf, so lange er konnte. »Sie haben recht zu bemerken, daß ich wieder Pläne
mache«, schrieb er Abraham im März 1925, als die Vorbereitungen für den
Kongreß in Bad Homburg getroffen wurden, »aber wenn es dazu kommt,
verläßt mich oft der Mut zur Ausführung. Wenn es mir, zum Beispiel, um
die Kongreßzeit mit meiner Prothese nicht besser gehen sollte als in der
abgelaufenen Woche, so würde ich gewiß nicht reisen. Treffen Sie also Ihre
Bestimmungen, ohne mit mir zu rechnen.«[234] Er schickte seine Tochter
Anna an seiner Stelle und war so wenigstens im Geiste anwesend.
      Als die Zeit verging und die Institute zu festen Einrichtungen wurden,
erschienen in einem Land nach dem andern psychoanalytische Zeitschriften und ergänzten die vor dem Ersten Weltkrieg gegründeten: die *Revue
Française de Psychanalyse* 1926, die *Rivista Italiana di Psicoanalisi* 1932.
Nicht weniger ermutigend war, daß Freuds Schriften in anderen Sprachen
zugänglich gemacht wurden. Das bedeutete ihm sehr viel. In seiner Korrespondenz der zwanziger Jahre finden sich immer wieder Worte intensiven
Interesses an geplanten und Kommentare zu vollendeten Übersetzungen.
Zur Psychopathologie des Alltagslebens, sein am weitesten verbreitetes
Buch, erschien zu seinen Lebzeiten in zwölf Fremdsprachen, die *Drei Abhandlungen zur Sexualtheorie* in neun und *Die Traumdeutung* in acht. Die
frühesten Fassungen waren nicht immer geglückt. A. A. Brill, der in den
heroischen Tagen eine Art Monopol auf die Übersetzung Freuds ins Englische hatte, war nachlässig und bisweilen sehr ungenau. Aber immerhin
gewährte er der englischsprechenden Welt bereits vor dem Krieg zumindest
einen ersten Blick auf Freuds Theorien: Er veröffentlichte seine Übersetzung der *Drei Abhandlungen zur Sexualtheorie* 1910 und der *Traumdeutung* drei Jahre später.*
      Dann begannen die Übersetzungen besser zu werden: In den Jahren

---

* Freud hatte ein Gefühl für Brills Unzulänglichkeiten als Übersetzer. Im Jahre 1928
deutete er sie diskret an in einem Brief an den ehrgeizigen ungarischen Psychoanalytiker
Sándor Lorand: »Von meiner ›Traumdeutung‹ gibt es, soviel ich weiß, nur eine *englische*
Übersetzung, die von Dr. Brill. Es ist wohl das beste, wenn man das Buch überhaupt liest,
es im Deutschen zu lesen« (Freud an Sándor Lorand, 14. April 1928. Freud Collection,
B3, LC).

1924 und 1925 brachte ein kleines englisches Team Freuds *Collected Papers* in vier Bänden heraus. Das war das Werk von James und Alix Strachey und der unvergleichlichen Joan Riviere, dieser »hochgewachsenen Schönheit aus der Zeit Eduards VII. mit breitkrempigem, federgeschmücktem Hut und scharlachrotem Sonnenschirm«[235], deren Übertragungen mehr von Freuds stilistischer Energie bewahrten als alle anderen. Freud war beeindruckt. »Der erste Band der ›Collection‹ ist angekommen«, schrieb er Ende 1924 Ernest Jones. »Sehr schön! Und respektabel!« Er hatte Bedenken, daß einige seiner »veralteten« Arbeiten nicht die beste Einführung der Psychoanalyse für das englische Publikum sein könnten, hoffte aber auf bessere Dinge, wenn der zweite Band mit den Krankengeschichten einige Wochen später erscheinen würde. Jedenfalls: »Ich sehe, daß Sie Ihre Absicht erreicht haben, die psychoanalytische Literatur in England sicherzustellen, und beglückwünsche Sie zu diesem Resultat, das ich beinah nicht mehr erhofft hatte.«[236] Ein Jahr später bestätigte er den Empfang des vierten Bandes mit Dank und der üblichen Skepsis: »Ich werde nicht überrascht sein, wenn das Buch seinen Einfluß nur sehr langsam zeigt.«[237]

Er war wie gewöhnlich wehleidiger als nötig. Diese englische Übersetzung seiner Schriften war ein bedeutsames Ereignis für die Verbreitung psychoanalytischer Ideen; die Schriftenreihe wurde rasch zum Standardtext für Analytiker, die des Deutschen nicht mächtig waren. Sie enthielt beinahe alle kürzeren Publikationen Freuds von der Mitte der 1880er bis zur Mitte der 1920er Jahre: die wesentlichen Schriften über die Technik, die polemische Geschichte der psychoanalytischen Bewegung, alle veröffentlichten Abhandlungen über Metapsychologie und angewandte Psychoanalyse, die fünf großen Krankengeschichten – Dora, der Kleine Hans, der Rattenmann, Schreber, der Wolfsmann. Da viele jüngere Analytiker in Großbritannien oder den Vereinigten Staaten nicht das Talent hatten oder sich nicht die Mühe machten, Deutsch wie Ernest Jones, die Stracheys und Joan Riviere zu erlernen, war die gute Übersetzung Freuds ein Mittel, die Bande der internationalen psychoanalytischen Familie zu stärken.

Wie wir schon deutlich gesehen haben, war diese Familie nicht vollkommen glücklich. Einige der Streitigkeiten, welche die Bewegung von den frühen zwanziger Jahren an heimsuchten, waren im Grunde persönlicher Natur. Zahlreiche Analytiker hielten Groddeck für zu aggressiv, um ein brauchbarer öffentlicher Sprecher auf einem Kongreß zu sein – für zu aggressiv und zu indiskret.* Ernest Jones grollte Otto Rank, während

---

* Am 15. März 1925 berichtete das Berliner Trio – Abraham, Sachs und Eitingon – in seinem Rundbrief, daß Groddeck, der gelegentlich nach Berlin kam, um vorzutragen, einen Zyklus von drei Vorträgen gehalten und sich dabei »in besonders mißlicher

Ferenczi Jones für einen Antisemiten hielt. Freud war verärgert über Nachrichten, daß sich Abraham zur Herstellung eines Films über die Psychoanalyse hergab. Brill auf seinem Thron in New York stellte jedermanns Geduld auf die Probe, indem er Briefe unbeantwortet ließ. Auf Versammlungen in London ließ sich Melitta Schmideberg, eine Kinderanalytikerin, auf eine ungehörige öffentliche Kontroverse mit der bahnbrechenden Kinderanalytikerin Melanie Klein ein, die ihre Mutter war.

Aber unvereinbare, grimmig verteidigte Anschauungen über die psychoanalytische Theorie und Technik waren nicht einfach Masken für persönliche Feindschaften, ökonomische Ängste oder den verständlichen Ehrgeiz, sich auf einem Gebiet, auf dem die Konkurrenz groß war, einen Namen zu machen. Sie entsprangen zum Teil unterschiedlichen Lesarten von Freuds Texten und zum Teil auch divergierenden klinischen Erfahrungen, die der analytischen Therapie und Theorie neue Richtungen eröffneten. Dies waren Gelegenheiten für Originalität, und Freud ermutigte sie – immer innerhalb bestimmter Grenzen.

Unter den Theoretikern der zwanziger Jahre führte zweifellos Melanie Klein die meisten Neuerungen ein. Sie wurde 1882 in Wien geboren, entdeckte Freud aber erst, als sie mit achtundzwanzig Jahren nach Budapest zog. Sie las sich durch die analytische Literatur, wurde von Ferenczi analysiert und begann sich auf die Analyse von Kindern zu spezialisieren. Zu ihren jungen Patienten gehörten ihr eigener Sohn und ihre Tochter, über die sie einige kaum verhüllte klinische Abhandlungen schrieb. Das war zu einer Zeit, in der die Kinderanalyse noch als höchst problematisches Unterfangen galt, aber Ferenczi und später Abraham waren von Kleins Neuerungen fasziniert und verteidigten sie gegen spöttische Kollegen. Sie brauchte diese Unterstützung dringend, denn sie hatte keine Vorbilder, nach denen sie sich hätte richten können. Freuds Analyse des Kleinen Hans war schließlich weitgehend eine Analyse aus zweiter Hand gewesen. Im Jahre 1919 begann Klein die Ergebnisse ihrer klinischen Arbeit mit Kindern zu veröffentlichen, und 1921 ließ sie sich, angezogen von Abrahams Aufgeschlossenheit für ihre Ideen, in Berlin nieder und analysierte, argumentierte und publizierte.

Weise« hervorgetan habe. In einem Vortrag, scheint es, hatte er sich unterbrochen, nachdem er auf der Straße eine Autohupe gehört hatte, »um seine freien Assoziationen dazu mitzuteilen. Nach zuverlässigem Bericht gab er nun weit über eine Stunde lang alle intimsten Einzelheiten seines Privatlebens zum besten, die sich u. a. auf seine anwesende Frau bezogen; dabei schwelgte er dauernd in den krassesten Ausdrücken.« Eines der Themen, die er diskutierte, war seine Onanie. Am 13. April fügten Abraham und Eitingon hinzu, daß ein Bekannter Groddeck in Baden-Baden besucht und daß Groddeck ihm »spontan« von seinem freien Assoziieren vor den Zuhörern erzählt hatte. »Eine Reihe von andern Details zeigt, daß Groddeck mit der Psa. macht, was ihm gerade paßt« (beide Briefe in Karl Abraham papers, LC).

Alix Strachey lernte Melanie Klein gut kennen und mochte sie sehr. Sie ging mit ihr in Cafés und zum Tanz und bewunderte ihre auffällige Erscheinung, ihre attraktive erotische Verve und ihr sicheres Auftreten als Rednerin. In einem Brief an ihren Mann, James, beschrieb sie einen charakteristischen Sturm um Melanie Klein und spickte ihren Bericht, wie es ihre Gewohnheit war, mit komischen deutschen Brocken. Der Brief ist ein lebhafter Tribut an die Streitlust, aber auch die intellektuelle Stimulierung, welche die analytische Kultur Berlins durchdrang. Die Sitzung der Berliner Psychoanalytischen Vereinigung vom Abend zuvor, schrieb sie, war sehr aufregend gewesen. »Die Klein trug ihre Ansichten & Erfahrungen über Kinderanalyse vor, & schließlich zeigte die Opposition ihr ergrautes Haupt – & es war wirklich *zu* ergraut. Die verwendeten *Wörter* waren natürlich psychoanalytisch: Gefahr der Schwächung des Ichideals etc. Aber der *Sinn*, fand ich, war rein anti-Analyse: wir dürfen Kindern nicht die schreckliche Wahrheit über ihre verdrängten Tendenzen sagen etc. Und das, obwohl die Klein absolut klar demonstrierte, daß diese Kinder (von 2¾ Jahren an) schon vernichtet waren durch die Verdrängung ihrer Wünsche & das schreckliche Schuldbewußtsein (= zu große oder inkorrekte Unterdrückung durch das Über-Ich.)« Alix Strachey bemerkte, daß »die Opposition aus den Doktoren Alexander & Radó bestand & rein affektiv & ›theoretisch‹ war«. Schließlich wußte praktisch niemand außer »der Melanie« etwas von Kindern. Zum Glück sprang ein Redner nach dem anderen in die Bresche, um »die Klein zu verteidigen«. Tatsächlich »stellten sich alle auf ihre Seite & attackierten die 2 bräunlichen Ungarn«.[238]

Die beiden Beispiele, die Klein in dieser stürmischen Sitzung zur Unterstützung ihres Arguments anführte, waren nach Alix Strachey »besonders brillant«. *Wenn* die Klein korrekt berichtet, scheint mir ihr Material ganz überwältigend zu sein. Sie fährt nach Wien, um ihren Vortrag zu halten, & es wird erwartet, daß Bernfeldt & Eichhorn (?), diese hoffnungslosen Pädagogen, gegen sie Stellung nehmen werden, & ich fürchte auch Anna Freud, diese offene oder heimliche Sentimentale.« Alix Stracheys Parteinahme war ein Vorgeschmack der Debatten, die stattfinden sollten, nachdem Melanie Klein 1926 nach England gegangen war und ihre Kollegen mit ihren Theorien entzückte. »Nun«, schloß Alix Strachey ihren Bericht, »es war höchst anregend & es wurde viel mehr Gefühl gezeigt als gewöhnlich«.[239]*

---

* »Bernfeldt & Eichhorn« waren Siegfried Bernfeld und August Aichhorn, zwei der meistversprechenden Analytiker der jüngeren Generation in Wien. Ersterer sammelte später wichtiges biographisches Material und veröffentlichte nicht weniger wichtige biographische Artikel, die Ernest Jones bei seiner Freud-Biographie dienlich waren. Letzterer wurde bekannt durch seine psychoanalytische Arbeit mit straffälligen Kindern.

Das stimmte: Wo immer Melanie Klein erschien, erhitzten sich die Gemüter. Selbst diejenigen, die sich weigerten, ihren theoretischen Neuerungen zu folgen, waren fasziniert von der Spieltechnik, die sie bei der Psychoanalyse von Kindern anwandte. Das Spiel, erklärte sie energisch, sei die beste und oft einzige Methode, um die Phantasien des Kindes zum Zwecke der Deutung auftauchen zu lassen, gleich ob sie um die Neugier in bezug auf den Geschlechtsverkehr, Todeswünsche gegen Geschwister oder Haß gegen einen Elternteil kreisten. In Kleins Händen wurde die Deutung zu einer mächtigen, aber, wie sie behauptete, letzten Endes wohltätigen Waffe. Im Gegensatz zu ihren Kritikern war sie bereit, so offen wie menschenmöglich zu sein, wenn sie ihren kleinen Patienten die Bedeutung ihrer Phantasien deutete. Aber sie war mehr als nur eine einfallsreiche Technikerin. Ihre Neuerungen in der klinischen Technik beruhten auf Neuerungen in der Metapsychologie und führten teils zu solchen Innovationen. Als sie ihr System während ihrer Jahre in England ausarbeitete, postulierte sie das Erscheinen des Ödipuskomplexes und des Über-Ichs viel früher, als es Freud für möglich hielt. Nach Klein ist die innere Welt des kleinen Kindes eine Masse von destruktiven und angstvollen Phantasien voll unbewußter Bilder von Verstümmelung und Tod. Für Freud ist das Kind ein selbstsüchtiger Wilder; für Klein ist es ein Kannibale. Wenn jemand Freuds Todestrieb mit allen Konsequenzen ernst nahm, so war es Melanie Klein.

Doch in ihren Theorien über die Kindheit wich sie von dem Entwicklungsschema ab, das Freud und seine Tochter für das plausibelste hielten. Zunächst nahm Freud eine agnostische Haltung ein. »Die Arbeiten der Melanie Klein haben hier in Wien viel Zweifel und Widerspruch gefunden«, schrieb er Jones 1925. »Ich selbst habe in pädagogischen Dingen ja wenig Urteil.«[240] Zwei Jahre später hatte er sich entschieden. Er erklärte in einem gewichtigen Brief an Jones, daß er zwischen Melanie Klein und Anna Freud unparteiisch zu sein versuche. Einerseits war Kleins beachtenswerteste Gegnerin schließlich seine Tochter, und andererseits war Anna Freuds Arbeit ganz unabhängig von der seinen. »Das eine«, fügte er hinzu, »kann ich Ihnen jedenfalls verraten, daß die Ansichten von Frau Klein über das Verhalten des Ichideals bei Kindern mir ganz unmöglich scheinen und in Widerspruch zu allen meinen Voraussetzungen stehen.«[241] Er begrüßte, »daß Melanie Klein die Kinder reifer macht, als wir früher geglaubt haben«. Aber das »hat doch auch seine Grenzen und ist an sich kein Beweis«.[242]

Die Debatte zwischen Melanie Klein und Anna Freud löste größere Konflikte aus, was nicht überraschen konnte, und ebensowenig war es überraschend, daß Freud nicht so neutral zu bleiben vermochte, wie er beteuerte. Aber er machte seiner leidenschaftlichsten Irritation hauptsächlich in der Privatsphäre seines Briefwechsels mit Ernest Jones Luft, in dem er sich eine ziemlich scharfe Sprache erlaubte. Er beschuldigte Jones, einen Feldzug gegen die Kinderanalyse seiner Tochter zu arrangieren, verteidigte ihre Kritiken an Melanie Kleins klinischen Strategien und ärgerte sich über den Vorwurf, sie sei nicht genügend analysiert worden. Letzteres traf ihn an einer empfindlichen Stelle. Er hielt solche Andeutungen für gefährlich und unzulässig. »Wer ist denn eigentlich genügend analysiert? Ich kann Ihnen versichern«, fügte er ein wenig hitzig hinzu, »Anna ist länger und gründlicher analysiert worden als z. B. Sie selbst.«[243] Er bestritt, daß er die Ansichten seiner Tochter für heilig und immun gegen Kritik halte. Wenn jemand versuchen sollte, Melanie Klein »den Weg zur Äußerung zu versperren«, würde er selbst »dafür sorgen, daß er freigegeben wird«. Aber Klein und ihre Verbündeten waren wirklich sehr irritierend; sie gingen so weit zu behaupten, daß Anna Freud in ihren Analysen dem Ödipuskomplex prinzipiell auswich. Er begann sich zu fragen, ob diese Angriffe gegen seine Tochter nicht in Wirklichkeit gegen ihn selbst gerichtet waren.[244]

Im Druck sagte Freud jedoch wenig. Er äußerte sich nur kurz zu Kleins Ansichten über das Schuldgefühl und, mit Billigung, zu ihrer Behauptung, daß die Strenge des Über-Ichs keineswegs der Strenge der Behandlung entspreche, die ein Kind erfahren habe.[245] Diese politische Diskretion zeigt Freud in der Rolle des älteren Staatsmannes, des Führers, der über dem Kampf steht. Die Kinderanalyse, bemerkte er in einer Fußnote zu seiner »Selbstdarstellung« im Jahre 1935, hat »durch die Arbeiten von Frau Melanie Klein und meiner Tochter Anna Freud einen mächtigen Aufschwung gewonnen«.[246] Von den frühen dreißiger Jahren an finden sich Kleinianer überall, und ihrer Richtung war ein beherrschender Einfluß vor allem in Großbritannien, Argentinien und einigen amerikanischen Instituten beschieden. Aber Freud konzentrierte sein Feuer auf andere Ziele und bewahrte seine Energien für Streitfragen auf, die seiner Intervention dringender bedurften: die strittige Neudefinition der Angst, den Streit um die Laienanalyse und die verwirrendste aller Fragen, die weibliche Sexualität. Aktiv an den Debatten teilzunehmen, die diese Themen auslösten, war ein Weg, weiterzuleben.

X

FLACKERNDE LICHTER AUF DUNKLEN KONTINENTEN

Die Fragen, die Freud von der Mitte der zwanziger Jahre an beschäftigten, waren für ihn keine reinen Abstraktionen, sondern bezogen ihre Dringlichkeit aus Ereignissen in seinem persönlichen Leben. Sie bezeugen wieder einmal den ständigen Austausch zwischen persönlichen Gefühlen und wissenschaftlichen Verallgemeinerungen in seinem Geist – einen Austausch, der weder die Intensität seiner Gefühle noch ihre Relevanz für seine Wissenschaft beeinträchtigte. Unter der Oberfläche seiner rationalen Argumentation lauert Freud der enttäuschte Vater, der besorgte Mentor, der ängstliche Sohn.

Rank und die Folgen

Der letzte Anhänger, von dem Freud Schwierigkeiten erwartet hätte, war sein geschätzter und, wie er glaubte, völlig zuverlässiger psychoanalytischer Sohn Otto Rank. Aber 1923 machte Rank einige qualvolle Episoden durch, die auf kommende Konflikte hindeuteten. Im August sah Anna Freud bei einem Abendessen mit dem Komitee in San Cristoforo einen Ausbruch, den sie später als »hysterische Heiterkeit« beschrieb.[1] Ebenso ominös begann Rank, Techniken und theoretische Ansichten aufzugreifen, die ihn weit von den Ideen wegführten, von denen er zwei Jahrzehnte lang durchdrungen gewesen war und für deren Verbreitung er so viel getan hatte. Aus dem einst orthodoxesten Freudianer wurde ein Rankianer. Nach dem Krieg hatte sich Rank als ein so angenehmer – bereitwilliger, tüchtiger, ergebener – Gehilfe erwiesen, daß sich Freud wünschte, man könnte ihn vervielfältigen.[2] Aber nur wenige Jahre später konnte Freud Rank verächtlich eine »Hochstaplernatur« nennen.[3] Freuds Reaktion beschränkte sich nicht auf bloßes Beschimpfen: Er assimilierte und arbeitete diese späte und unerwartete Enttäuschung durch, indem er eine fundamentale Revision der psychoanalytischen Theorie der Angst vorschlug. Die Abhandlung, die er 1926 unter dem Titel *Hemmung, Symptom und Angst* veröffentlichte, zeigt seine unverminderte Fähigkeit, dem Verlust einen Gewinn abzuringen.

Freud hatte lange und freigebig in Rank investiert. Er hatte rasch die
Talente des jungen Autodidakten erkannt, der ihn 1905 besucht hatte, das
Manuskript von *Der Künstler* in der Hand. Er hatte Ranks akademische
Ausbildung unterstützt, ihn zum Protokollführer der Mittwoch-Gesellschaft ernannt und zur aktiven Teilnahme an den Sitzungen ermutigt, ihn
als Redaktionsassistenten beschäftigt, ihm geholfen, seine Studien und
seine Ferienreisen zu finanzieren. Im Jahre 1912 hatte Freud Rank mit dem
Takt, den er gewöhnlich denen gegenüber aufbrachte, die weniger wohlhabend waren als er, eingeladen, ihn als Gast auf einer Englandreise zu begleiten, und ihn gebeten, die Einladung »als meinen Dank für Ihr letztes
vortreffliches Buch« zu betrachten.[4] Das Wichtigste war, daß Freud den
»kleinen Rank« nachdrücklich ermutigte, sich als Laienanalytiker auszubilden, und daß er ihm immer wieder sein Vertrauen bewies, indem er ihm
verantwortungsvolle Aufgaben übertrug: Rank figurierte 1912 als Gründer und Herausgeber der *Imago* und ein Jahr später der *Internationalen
Zeitschrift für Psychoanalyse*. Als 1919 von Freunds großzügiges Geschenk an die psychoanalytische Sache einen psychoanalytischen Verlag
ermöglichte, wurde Rank einer seiner Gründer und sein Direktor. Um diese
Zeit hatte er bereits jahrelang zum innersten Kreis gehört. Als 1912 das
Komitee, diese Prätorianergarde um Freud, gebildet wurde, verstand es
sich von selbst, daß Rank Mitglied wurde.

Freuds Haltung gegenüber seinem jungen Schüler war liebevoll und väterlich. Er neigte dazu, sich seinetwegen Sorgen zu machen. Im Dezember
1918 schrieb er Abraham von der jungen Frau, die Rank während des Krieges als Redakteur in Krakau kennengelernt und einen Monat zuvor geheiratet hatte: »Rank scheint sich mit seiner Heirat doch recht geschädigt zu
haben, ein kleines polnisch-jüdisches Weibchen, das keinem sympathisch
ist und keine höheren Interessen verrät. Recht traurig und nicht ganz verständlich.«[5] Dies war eines jener leichtfertigen summarischen Urteile, die
sich Freud manchmal gestattete und rasch wieder aufgab. Er änderte bald
seine Meinung über Beata Rank, eine attraktive und nachdenkliche junge
Frau.* Im folgenden Jahr dankte er ihr im Druck für einen brauchbaren
Hinweis, den sie für seine Abhandlung über das »Unheimliche« gegeben
hatte.[6] Er schätzte schließlich ihre Beiträge zum gesellschaftlichen Leben
seines Kreises und unterstützte 1923 ihre Bewerbung um Mitgliedschaft in
der Wiener Psychoanalytischen Vereinigung. Nachdem seine launenhafte

---

* Bezeichnenderweise richtete sich Anna Freuds Meinung von Beata Rank nach der
ihres Vaters. Als sie von Ranks »Persönlichkeitsveränderung« sprach, sagte sie Ernest
Jones: »Ich war einmal geneigt, ihr die Schuld daran zu geben, aber dann schien es, als ob
sie eher das Opfer als irgend etwas anderes war« (Anna Freud an Jones, 8. Februar 1955.
Jones papers, Archives of the British Psycho-Analytical Society, London).

Befürchtung hinsichtlich Beatas ausgeräumt war, machte sich Freud noch mehr Sorgen um Ranks Karriere. Er hatte ihm wie auch seiner Tochter Anna und seinem Freund Pfister geraten, sich nicht die Mühe zu machen, Medizin zu studieren, um Psychoanalytiker zu werden. »Ich bin nie recht sicher, ob ich seinerzeit recht getan habe, Sie vom Studium der Medizin zurückzuhalten«, schrieb er Rank 1922. »Ich glaube im ganzen, ich hatte recht, wenn ich an meine eigene Langeweile während des Medizinstudiums denke.« Mit einem beinahe hörbaren Seufzer der Erleichterung schloß er, daß er es, nun da er gesehen habe, wie Rank seinen rechtmäßigen Platz unter den Analytikern einnehme, nicht mehr für nötig halte, diesen Rat zu rechtfertigen.[7]

Rank war freilich nicht der Empfänger unverdienter Gefälligkeiten. Er bezahlte mit eifrigem Dienst, bedingungsloser Treue und gedankenreichen Publikationen. Die Menge und Vielseitigkeit seiner Aktivitäten – herausgeben, schreiben, analysieren – ließ ihn als ungewöhnlich unter den frühen Analytikern herausragen, die alle für ihre langen und harten Arbeitsstunden und ihre geschickte Feder bekannt waren. Sogar Ernest Jones, der Rank entschieden nicht mochte, räumte ein, daß er in seiner Fähigkeit, Dinge zu managen, unübertroffen sei. Aber diese Geschäftigkeit und diese Unentbehrlichkeit wurden um die Mitte der zwanziger Jahre auf die Probe gestellt und zunichte gemacht.

Freud war der letzte, der gegen Rank mißtrauisch wurde. Im Jahre 1922, als Rank und Ferenczi ein Buch über die Technik schrieben, das andere Analytiker höchst beunruhigend finden sollten, spornte Freud die beiden an. »Ihr Bündnis mit Ferenczi hat, wie Sie wissen, meine volle Sympathie«, schrieb er Rank. »Die frische, draufgängerische Initiative Ihres gemeinsamen Entwurfes ist wirklich erfreulich.« Er habe immer die Angst gehabt, fügte Freud hinzu, die ihm Nächsten von selbständiger Stellungnahme abzuhalten, und war »froh, wenn ich Beweise fürs Gegenteil sehe«.[8] Das Buch, *Die Entwicklung der Psychoanalyse*, erschien Anfang 1924. Es enthielt viel interessantes Material über die Technik, deutete aber eine gewisse Vernachlässigung der Kindheitserlebnisse der Analysanden im Interesse der Verkürzung der Analysen an. Sein therapeutischer Optimismus lief Freuds Gefühl für die Notwendigkeit langweiliger und langwieriger analytischer Arbeit zuwider. Ungefähr zur selben Zeit veröffentlichte Rank *Das Trauma der Geburt*. Er widmete das Buch Freud, aber es war potentiell weit beunruhigender als seine Gemeinschaftsarbeit mit Ferenczi. Es behauptete, daß das Geburtstrauma und die Phantasie, in den Mutterschoß zurückzukehren, weit wichtiger in der Geschichte der Psyche seien als andere, spätere Traumen und Phantasien. Aber Freud blieb gelassen.

Freuds Ruhe war mehr als passive Hinnahme. Er kultivierte sorgfältig seine Gläubigkeit und tat sein Äußerstes, um die zunehmenden Hinweise darauf, daß Rank ein zweiter Adler – oder Jung – werden könnte, zu bagatellisieren. Er bestand darauf, die Spannungen unter seinen Anhängern auf bloße persönliche Feindseligkeiten zurückzuführen. Die anderen waren nicht geneigt, sie auf die leichte Schulter zu nehmen. Nur Eitingon, der von Natur sanguinisch und immer bereit war, sich Freuds Ansichten anzuschließen, weigerte sich eine Zeitlang, sie ernst zu nehmen. Die Fragen, die Rank und Abraham trennten, waren, wie Eitingon Freud im Januar 1924 schrieb, »an sich zwar unangenehm, aber für die Bewegung als Ganzes doch viel belangloser als die Konflikte zwischen R[ank] und Jones«.[9] Im selben Moment erinnerte Freud das Komitee daran, daß er schließlich Ranks Widmung des Geburtstrauma-Buches akzeptiert habe. Zugegeben, er habe einige Probleme mit den Hinweisen auf neue Techniken, die von Rank und Ferenczi verstreut würden, und mehr noch mit Ranks Theorie vom Geburtstrauma, aber er hoffe, daß die Herzlichkeit unter Kollegen unbeeinträchtigt bleiben werde.[10] Anfang Februar zeigte er sich erstaunt darüber, was für eine kritische Anschauung Abraham von Ranks und Ferenczis jüngsten Publikationen hatte. Er zögerte noch, sich auf die Debatte einzulassen. »Ich gebe mir alle Mühe«, schrieb er Eitingon, »meine Autorität nicht dazu zu mißbrauchen, die Selbständigkeit meiner Freunde und Anhänger zu hemmen, und ich verlange gar nicht, daß alles, was sie hervorbringen, meiner Zustimmung sicher sei. Vorausgesetzt natürlich, daß sie den uns gemeinsamen Boden nicht verlassen, und das ist wohl weder von R[ank] noch von F[erenczi] zu erwarten.«[11] Rank war ein wenig enttäuscht über Freuds Stellungnahme zu seiner Arbeit; er schrieb ihm respektvoll, aber offen, er habe den Eindruck, daß sie nicht ganz »ungetrübt« und frei von Mißverständnissen sei. Aber er erklärte, er sei dankbar für Freuds friedliche Haltung.[12]

Mittlerweile war Abraham auf die Barrikaden gestiegen. Ende Februar schrieb er Freud von einer Sorge, »die sich bei wochenlanger, immer erneuter Selbstprüfung nur verstärkt hat«. Er erklärte, er habe nicht die Absicht, eine Ketzerjagd zu veranstalten. »Resultate gleichwelcher Art, auf legitimanalytischem Wege erzielt, würden mir nie den Anlaß zu so schweren Bedenken geben.« Aber hier ging es um etwas anderes. »Ich sehe Anzeichen einer unheilvollen Entwicklung, bei der es sich um Lebensfragen der Psychoanalyse handelt. Sie nötigen mir zu meinem tiefsten Schmerz – nicht zum ersten Mal in 20 Jahren meiner psychoanalytischen Laufbahn – die Rolle des Warnenden auf.«[13] Die Ideen, die von Rank und Ferenczi in ihrer *Entwicklung der Psychoanalyse* und, schlimmer noch, von Rank allein in *Das Trauma der Geburt* verbreitet wurden, erschienen Abraham als zu eigensinnig, um ignoriert oder entschuldigt zu werden.

Im Augenblick jedenfalls weigerte sich Freud, den Alarm zu beachten, den Abraham in Berlin schlug. Im März konnte er trotz der ungeduldigen Fragen, die zu all diesen »draufgängerischen« Initiativen gestellt wurden, Ferenczi, Ranks konsequentestem Parteigänger im inneren Kreis, noch schreiben: »Mein Vertrauen in Sie und Rank ist unbedingt. Es wäre traurig, wenn man sich nach 15–17jährigem Zusammenleben noch getäuscht finden könnte.« Ranks Leistungen, fügte er hinzu, »waren unschätzbar, seine Person unersetzlich«. Er gab zu, daß er hinsichtlich der kurzen analytischen Therapie, die Rank und Ferenczi empfahlen, skeptisch sei. Eine solche Therapie, meinte er, würde »die Analyse der Suggestion opfern«. Aber die wachsende Kluft zwischen Rank und den anderen schmerzte ihn. »Ich habe das Komitee überlebt, das mein Nachfolger werden sollte, vielleicht überlebe ich noch die Internationale Vereinigung. Hoffentlich überlebt mich die Psychoanalyse.« Zum Glück sei jede Ähnlichkeit zwischen Rank und Jung nur oberflächlich. »Jung war ein schlechter Kerl.«[14]

Während Freud diplomatisch, besänftigend und geduldig war, schienen die Protagonisten des bevorstehenden Debakels auf Kampf zu brennen. Ferenczi, der um Ranks willen verärgert war, warf Abraham »maßlose Ambitionen und Eifersucht« vor; sie allein, schrieb er Rank, könnten erklären, daß er es wage, seine und Ranks Schriften »als Abfallserscheinungen anzuschwärzen«.[15] Freud täuschte sich, wenn er immer noch glaubte – oder vielmehr hoffte –, daß Ferenczi »Ranks Erbitterung gegen Abraham« nicht teilte.[16] Aber bei all dem manövrierte Freud, der alte Krieger, der seine schlechte Gesundheit und seine allgemeine Abneigung gegen die Reibungen um ihn her zur Schau stellte, um den Frieden zu bewahren und Rank im Kreise der Familie zu halten. Der Versuch war tapfer, aber vergeblich. Mitte März berichtete Rank Ferenczi vertraulich über ein Gespräch mit Freud. Es hatte ihm einige Überraschungen beschert. Freud arbeitete offenbar an einer Abhandlung, in der er Ranks neueste Theorien kritisieren wollte, aber er hatte sich ausweichend und nicht einmal gut informiert gezeigt. »Der Prof. hat mein Buch noch immer nicht gelesen« oder »erst bis zur Hälfte«. Er scheine nun nicht einmal mehr von den Punkten überzeugt zu sein, die ihm anfangs imponiert hätten. Dennoch endete die Begegnung versöhnlich: Freud hatte Rank die Entscheidung überlassen, wann seine kritische Stellungnahme erscheinen beziehungsweise ob sie überhaupt erscheinen sollte.[17] Aber der Streit war zu grundlegend, um leicht im Zaum gehalten zu werden, und daher schlug Freud vor, daß die Mitglieder des Komitees zusammenkommen sollten, um alle strittigen Fragen zu diskutieren. Er gab nun zu, daß er Ranks neuesten Schriften kritisch gegenüberstehe. Aber, schrieb er, er würde gern hören, welches die drohende Gefahr sein könnte. Er sehe sie nicht.[18] Er sollte allmählich gezwungen werden, sie zu sehen.

Als er Anfang März sein *Trauma der Geburt* mit den Mitgliedern der Wiener Psychoanalytischen Vereinigung diskutierte, sagte Rank ihnen, daß das Buch aus einem Tagebuch entstanden sei, in dem er Eindrücke von Analysen in aphoristischer Form notiert habe. Es sei sozusagen wie ein Mosaik zusammengesetzt worden. Und er fügte hinzu, daß er es auch nicht für Analytiker geschrieben habe.[19] Analytiker fanden es aber bedeutsam genug, um es ausführlich zu diskutieren und vehement zu kritisieren. Später argumentierte Rank, daß seine zentrale These, die Hervorhebung des Geburtstraumas als entscheidendes psychologisches Ereignis, in Wirklichkeit eine Ausarbeitung von Freuds eigenem Denken sei – von einem Denken zudem, mit dem die Analytiker seit Jahren vertraut sein. Diese Behauptung war nicht unberechtigt. Im Jahre 1908, nachdem Rank einen Vortrag über die Mythen gehalten hatte, die sich um die Geburt heroischer Gestalten ranken, hatte Freud lakonisch bemerkt: »Geburtsakt als Quelle der Angst.«[20] Ein Jahr später, als er eine Reihe von Traumen aufzählte, unter denen Kinder leiden, sagte Freud vor der Wiener Psychoanalytischen Vereinigung, »bei der Angst müsse man daran erinnern, daß das Kind die Angst vom Geburtsakt her habe«.[21] In einer Fußnote zur *Traumdeutung* aus dem Jahre 1909 sagte er es noch einmal nachdrücklich: »*Der Geburtsakt ist übrigens das erste Angsterlebnis und somit Quelle und Vorbild des Angstaffekts.*«[22] Daher fand Freud anfangs auch nichts an sich Unwahrscheinliches an Ranks These.

Tatsächlich war diese These weniger ein Rückzug vom psychoanalytischen Denken als vielmehr eine prophetische, wenn auch ziemlich einseitige Vorwegnahme späterer Entwicklungen in der analytischen Theorie. Rank hob die Rolle der Mutter auf Kosten des Vaters und die prototypische Geburtsangst auf Kosten des Ödipuskomplexes hervor. Freud hatte zuerst gedacht, dies könnte sich als ein echter Beitrag zu seinem eigenen Denken erweisen. Als er Ranks Widmung des Buches annahm, zitierte er eine Zeile aus Horaz: *Non omnis moriar* – »Ich werde nicht ganz sterben«.[23] Anfang März 1924 schlug er Abraham vor: »Nehmen wir den extremsten Fall: Ferenczi und Rank kämen direkt mit der Behauptung heraus, daß wir unrecht gehabt haben, beim Ödipuskomplex halt zu machen. Die eigentliche Entscheidung liege beim Trauma der Geburt.« Wenn sich herausstellen sollte, daß sie recht hätten, müßte der Ursprung der Neurosen in einem physiologischen Zufall gesucht werden statt in »unserer sexuellen Ätiologie«. In diesem Fall würden manche Analytiker sicherlich ihre Technik modifizieren. »Was würde da weiter für Unheil geschehen? Man könnte mit größter Gemütsruhe unter demselben Dach zusammen bleiben.« Nach einigen Jahren Arbeit, meinte er, würde sich zeigen, wer von den Theoretikern recht habe.[24]

Freuds Geduld wurde bestärkt durch seine väterlichen Gefühle für

Rank, aber er sprach auch als Wissenschaftler, der bereit war anzunehmen, daß seine Lieblingsentdeckung, der Ödipuskomplex, nicht ganz so entscheidend für die psychische Entwicklung war, wie er lange geglaubt hatte. Er erinnerte die Mitglieder des Komitees daran, daß »völlige Übereinstimmung in allen Detailfragen der Wissenschaft und über alle neueröffneten Themen unter einem Halbdutzend Menschen verschiedener Natur überhaupt nicht möglich ist«. Sie sei nicht einmal wünschenswert.[25] Doch sehr zögernd gab er seine Nachsicht auf, nicht ohne die »Warner«, namentlich Abraham, eines hastigen und taktlosen Vorgehens in ihrem Feldzug gegen Rank zu beschuldigen. Da er den Ernst der Lage nicht einsehen wollte, tadelte er die Boten. Er gab offen zu, daß Rank empfindlich, gefühllos, ungeschickt und schroff in seiner Art sei, sich auszudrücken. Und humorlos. Zweifellos habe er die meisten seiner gegenwärtigen Schwierigkeiten sich selbst zuzuschreiben. Aber Freud dachte auch, daß sich seine Kollegen wenig freundschaftlich gegen ihn verhalten hätten.[26] Als die Monate vergingen, nahm Freud Zuflucht zu seiner olympischen Neutralität und teilte unparteiisch Tadel aus: »Die Feindseligkeit, die [Rank] teils von Ihnen und den Berlinern erfahren, teils sich eingebildet hat, hatte eine verwirrende Wirkung auf seinen Geist.«[27]

Die Psychoanalytiker des innersten Kreises, Freud allen voran, waren damit beschäftigt, einen ungeschickten Tanz von unentschlossenen Drohungen und unerwarteten Wendungen aufzuführen. Aber Abraham blieb unbarmherzig. Er fürchtete, daß Ferenczi und vor allem Rank einen Akt der »wissenschaftlichen Regression« begehen würden.[28] Einige englische Psychoanalytiker, vor allem Ernest Jones und die Brüder Edward und James Glover, stimmten völlig mit Abraham überein: Rank lehne Freuds Lehre von der Rolle des Vaters in der psychologischen Entwicklung ab. Die Lehre vom Geburtstrauma, schrieb Jones Abraham, sei nichts weniger als eine »Flucht vor dem Ödipuskomplex«. Die Gegner Ranks hielten sich nun für konsequenter als der alternde Meister, für Freudscher als Freud. »Es ist nicht schwer, ihm jede Nachsicht angedeihen zu lassen«, schrieb Jones, »wenn man alle Faktoren berücksichtigt: Alter, Krankheit und die hinterhältige Propaganda näher bei ihm zu Hause.« Es wäre schade, wenn sie dem »Prof.« durch eine »zu große Treue zu seinem Werk« entfremdet würden. Aber wenn sie zwischen der Psychoanalyse und »persönlichen Erwägungen« zu wählen hätten, erklärte Jones feierlich, müsse sicherlich die Psychoanalyse den Vorrang haben.[29]

Sie hätten sich keine allzu großen Sorgen zu machen brauchen. Freud wurde immer skeptischer, was den Wert von Ranks neuen Ideen anging. Nach näherer Überlegung sah er in Ranks nachdrücklicher, beinahe fanatischer Betonung des Geburtstraumas ein unduldbares Abrücken von lang erprobten psychoanalytischen Einsichten und in seiner Propaganda für

kurze Analysen ein Symptom der verderblichen Manie zu heilen. Ende
März 1924 konnte er Ferenczi schreiben, daß er, während er zunächst zwei
Drittel von Ranks *Trauma der Geburt* für richtig gehalten habe, nun seine
Billigung auf ein bloßes Drittel beschränkte.[30] Es dauerte nicht lange, und
er fand sogar dieses ziemlich bescheidene Maß von Zustimmung übertrie-
ben.

Im April 1924 reiste Rank in die Vereinigten Staaten, und der Streit wurde
brieflich weitergeführt. Er hielt Vorträge, leitete Seminare, analysierte Patienten, beriet angehende Analytiker. Es war sein erster Besuch in Amerika,
ein berauschendes und recht desorientierendes Erlebnis, und er war
schlecht darauf vorbereitet, es zu bewältigen. Einige amerikanische Analytiker gerieten durch Ranks Botschaft aus der Fassung. Einer von ihnen, der
Psychiater Trigant Burrow, eine seltsame Mischung aus Arzt und komi-
schem Kauz und ein wankelmütiger Verfechter der Psychoanalyse – Freud
hielt ihn für einen »verworrenen Fasler«[31] –, warnte Freud, daß Rank in
den Vereinigten Staaten eine gefährliche Ketzerei verbreite. Freud beruhigte ihn: »Es ist nur eine Neuerung in der Technik, die ausprobiert zu
werden verdient. Sie verspricht eine Abkürzung der Analyse; die Erfahrung
wird zeigen, ob sie dieses Versprechen halten kann.« Trotz all seiner privaten Zweifel brachte Freud noch eine Glaubenserklärung zustande:
»Dr. Rank steht mir zu nahe, als daß ich befürchten müßte, daß er in dieselbe Richtung geht wie andere vor ihm.«[32]
    Rank hatte nie zuvor so viel Schmeichelei genossen, wie ihm in Amerika
zuteil wurde; er hatte nie von all dem Einfluß geträumt, nie so viel Geld
gesehen. Er wollte zweierlei zugleich haben: In seinen Vorträgen hob er die
Tatsache hervor, daß Geburtsangst und kurze analytische Therapie Freuds
Ideen waren. Gleichzeitig erweckte er den Eindruck, daß er seinen erstaunten Zuhörern sensationelle Neuigkeiten brachte. Es war die Mutter, nicht
der Vater, die für die Formung des menschlichen Tiers die entscheidende
Rolle spielte. »Im Gegenteil, die Mutter! *On ze contrary, ze mozer!*«[33] Er
war offizieller Sprecher und kühner Revisionist zur gleichen Zeit, eine Stellung, die er außerordentlich verführerisch fand.*
    Aber Rank konnte Wien nicht hinter sich lassen. Freud verfolgte ihn mit
seinen Briefen bis in die Vereinigten Staaten. Er machte sich die Mühe, ihm
mitzuteilen, daß seine sechs neuesten Analysanden, von denen fünf Ranks
Ideen kannten, die Geburtstrauma-These keineswegs bestätigt hätten. »Ich

---

* Aus den Protokollen der New Yorker Psychoanalytischen Vereinigung geht hervor,
daß Ranks Darlegungen mit ernster Aufmerksamkeit aufgenommen wurden und lebhafte Diskussionen auslösten. Er fand leidenschaftliche Anhänger und ebenso leidenschaftliche Gegner (siehe Protokolle vom 27. Mai, 30. Oktober und 25. November
1924. A. A. Brill Library, New York Psychoanalytic Institute).

mache mir oft große Sorgen um Sie«, erklärte er in seiner alten väterlichen
Art im Juli. Er war nicht feindselig, nicht einmal auf versteckte Weise. Ernst
bat er Rank, sich nicht zu fixieren, »sich einen Rückweg offen zu lassen«.[34]
Aber Rank las Freuds verzweifelte Bitte nur als Mißbilligung und Abbruch
der Kommunikation. »Hätte ich es nicht schon die ganze Zeit über gewußt«, schrieb er in seinem Entwurf einer Antwort, »Ihr heutiger Brief
hätte es mir über jeden Zweifel klar gemacht, daß eine Verständigung hier
ganz unmöglich ist.«[35] Er schickte diesen Brief nicht ab, aber er spiegelte
seine verletzten Gefühle vollkommen wider. Freud war versöhnlicher als
Rank. In einem langen Brief, den er aus seinem Erholungsort auf dem Semmering schrieb, zählte er wichtige Fragen auf, in denen andere Analytiker,
einschließlich Jung in seiner psychoanalytischen Phase, nicht mit ihm über-
eingestimmt hätten, ohne sich seine Ungunst zuzuziehen. Er wolle keine
bloßen Echos. Ferenczi, schrieb er, »legt nach meinem Urteil zu großen
Wert auf die volle Übereinstimmung mit mir, ich keinen«. Und er versicherte Rank: »Meine Gefühle für Sie sind durch nichts erschüttert worden.«[36]

Aber sie waren erschüttert worden, und zwar tief. Sein streng begrenzter
Optimismus vom Sommer hielt nicht an; Freud kam den Anti-Rank-Ge-
fühlen seiner Vertrauten immer näher, die alle dafür waren, die Tür zur
Versöhnung zu schließen. Im September schrieb Eitingon mit ungewohnter
Bitterkeit nach Wien: »Unser Freund Rank reitet wirklich sehr schnell.«
Eitingon nahm das Gerede von einer »Berliner Verschwörung« gegen Rank
übel.[37] Im Oktober stand Anna Freud fest im Lager der Berliner. »Anna
speit Feuer, wenn der Name Rank genannt wird«, schrieb Freud Eitingon
in diesem Monat.[38] Doch Freud schwankte noch und verschickte widersprüchliche Botschaften. Einerseits wollte er Rank, den Mann, nicht aufgeben. »Ich möchte seine Person vom Trauma der Geburt trennen«, schrieb
er Abraham Mitte Oktober ein wenig wehmütig.[39] Andererseits, als Rank
einige Tage später nach Wien zurückkehrte und sich prompt als erstes zu
einem Besuch bei Freud anmeldete, sah Freud dieser Begegnung mit großen
Bedenken entgegen. »Ich hege keine Illusionen hinsichtlich des Ergebnisses
dieses Gesprächs«, schrieb er Ernest Jones.[40] Seine Inkonsequenz zeigt, wie
sehr er litt.

Die Wiener fanden den neuen Rank sehr verwirrend. »Wir können uns
sein Benehmen nicht erklären«, teilte Freud Ernest Jones mit, »aber so viel
steht fest, daß er mit großer Leichtigkeit uns alle von sich geworfen hat und
sich auf eine neue, von uns unabhängige Existenz einrichtet.« Zu diesem
Zweck, fügte er hinzu, habe es Rank offenbar für nötig befunden zu behaupten, daß Freud ihn schlecht behandelt habe. »Anderseits erklärte er,
was von unfreundlichen Äußerungen seinerseits verlautete, für Getratsch
und Erfindung.« Freud fand nun Rank unaufrichtig, nicht mehr glaubwür-

dig. »Es tut mir leid, lieber Jones, daß Sie in solchem Ausmaß Recht behalten haben.«[41] Er hatte solche Briefe Jones – und Abraham – schon früher schreiben müssen.

Zurück in Wien und noch berauscht von seinen jüngsten Triumphen in den Vereinigten Staaten, gab Rank seine verschiedenen offiziellen Stellungen auf. Kaum daheim, plante er schon eine neue Reise, wieder in die Vereinigten Staaten. Seine Ruhelosigkeit war verständlich: Seinen Gegnern war es gelungen, seinen letzten Verbündeten, Ferenczi, für sich zu gewinnen. »Ich war nicht überrascht«, schrieb Ernest Jones seinem »lieben Karl« Abraham Mitte November, »daß sich Sándor durch und durch loyal verhalten hat. Dies war von ihm zu erwarten, denn er ist wenigstens immer ein Gentleman.«[42] Aber Rank war die Unentschlossenheit selbst, deprimiert und von Schuldgefühlen gequält. Im November begleitete ihn seine Frau zum Zug; er war auf dem Weg in die Vereinigten Staaten. Aber kurz darauf erschien er wieder zu Hause. »Er läuft mit einem fürchterlich schlechten Gewissen herum, macht einen verprügelten Eindruck und ein höchst unglückliches, verlegenes Gesicht.« So skizzierte Freud Rank für Lou Andreas-Salomé.[43] Wie üblich bei solchen Widerwärtigkeiten, lehnte Freud jede Verantwortung entschieden ab. Er nehme Ranks Abfall mit solcher Ruhe hin, stellte er fest, nicht nur weil er alt und gleichgültig werde, sondern hauptsächlich weil er sich selbst nicht die geringste Schuld zuschreiben könne.[44] Rank war viel erregter. Ende November brach er ein zweites Mal nach Amerika auf, kam bis Paris und kehrte wieder zurück. Mitte Dezember machte er, zwischen alten Bindungen und neuen Gelegenheiten hin und her gerissen, eine seelische Krise durch und konsultierte Freud täglich.

Am 20. Dezember machte er seine Kollegen in einem erstaunlichen Rundbrief mit seinem Zustand bekannt. Er war zerknirscht, entschuldigte und erniedrigte sich; er erkenne nun, schrieb er dem Komitee, daß sein Verhalten neurotisch gewesen sei, von unbewußten Konflikten beherrscht. Offensichtlich habe er den Krebs des »Professors« als Trauma erlebt und ihn und seine Freunde im Stich gelassen. Seine Qualen sezierend, griff er zurück auf traditionelle psychoanalytische Weisheit und analysierte seine beklagenswerte seelische Verfassung mit den orthodoxen Freudschen Begriffen: Er habe den Ödipuskomplex agiert und den Bruderkomplex obendrein.[45] Unter den Empfängern dieser psychoanalytischen Beichte war zumindest Ernest Jones nicht überzeugt und nicht besänftigt. »Ich habe ehrlich keine Gefühle gegen Rank«, schrieb er Ende Dezember Abraham, und er erklärte sich glücklich zu sehen, daß Rank »Einsicht wiedergewann«. Aber er sei geneigt, sie als bloße »*intellektuelle* Einsicht« abzutun. Kurz, Jones gestand: »Ich mißtraue Rank zutiefst.« Es wäre reine Blindheit, sein früheres neurotisches Verhalten zu übersehen und die vollständige

Wiederherstellung des alten Rank zu erwarten. »Das Realitätsprinzip hat seine Art, sich früher oder später am Lustprinzip zu rächen.« Daher sei es wichtig, ihn daran zu hindern, seine alten verantwortlichen Stellungen wieder einzunehmen.[46]

Freud seinerseits war weniger kritisch und begrüßte Ranks Rundbrief als gute Nachricht. »Obwohl ich weiß, daß Sie seit längerer Zeit mit ihm zerfallen waren«, schrieb er Ernest Jones zwei Wochen, nachdem er Ranks beinahe masochistische Selbstanalyse erhalten hatte, »erwarte ich jetzt doch von Ihrer Einsicht und Menschenfreundlichkeit, daß Sie einen Strich unter die Rechnung machen, das Frühere vergessen und ihm einen neuen Kredit einräumen werden.« Er fand es »erfreulich«, daß »wir nicht wieder einen von uns als Gefallenen oder Marauder auf der Strecke liegen lassen müssen«, und erwartete, Rank werde wieder »wacker in unseren Reihen mitkämpfen«.[47] Ranks Widerruf beeindruckte ihn. »Ich kann nicht glauben«, schrieb er Eitingon im Januar 1925, als er über Ranks früheres schlechtes Betragen sprach, »daß sich je wieder Ähnliches mit ihm zutragen wird.«[48]

Freuds Anhänger waren nicht so leicht bereit zu vergeben, geschweige denn zu vergessen. Sie teilten Ernest Jones' Mißtrauen voll und ganz. Am Weihnachtstag schickte die Berliner Gruppe – Eitingon, Sachs, Abraham – ihrem »lieben Otto« einen Brief, der seine Rückkehr in den Schoß der Familie begrüßte. Aber die Herzlichkeit ihres Grußes verbarg nicht einen gewissen Stachel; die drei Berliner erinnerten Rank an sein neurotisches Verhalten und schlugen vor, daß er, während er mit der Revision seiner bisherigen Ansichten beschäftigt sei und zu den psychoanalytischen Wahrheiten zurückkehre, gut daran tun würde, nichts zu veröffentlichen. Er könne diese Pause zu Kritik und Aussprache mit seinen Kollegen benutzen.[49] Einige Tage darauf schrieb Ernest Jones Rank im selben Sinne einen freundschaftlichen, aber etwas herablassenden Brief. Er äußerte seine Freude über Ranks »klarere Selbsteinsicht und den daraus folgenden Wunsch, die Freundschaft wiederherzustellen«. Und geschickt fünf Jahre des Streits und der Feindseligkeit überspringend, versicherte Jones seinem »lieben Otto«, daß die Freundschaft »auf meiner Seite nie zerbrochen ist« und daß er daher sein »Entgegenkommen ohne Zögern voll Herzlichkeit« begrüße. Aber Jones fand auch ein wenig Strenge angezeigt: Worte allein könnten die Vergangenheit nicht auslöschen. Er paraphrasierte Goethes berühmte Zeile aus dem *Faust*, mit der Freud sein *Totem und Tabu* abgeschlossen hatte, und bemerkte: »Am Ende ist die Tat.«[50] Rank reagierte auf solche unfreundlichen Botschaften – es gab noch andere dieser Art –, indem er Anfang Januar in die Vereinigten Staaten zurückkehrte. Er wollte nicht, er konnte nicht in Wien bleiben. Freud hoffte, immer noch geduldig, Rank werde bei seinem neuen ameri-

kanischen Unternehmen »gutmachen, was er durch sein früheres Auftreten angerichtet hat«.[51]

Tatsächlich bemühte sich Freud im Winter und Frühjahr 1925, seine alte
Einstellung zu Rank wiederzufinden. Im März, nachdem Rank von seiner
zweiten Reise in die Vereinigten Staaten zurückgekehrt war, teilte er Abra-
ham mit: »Ich bringe ihm wieder volles Vertrauen entgegen.«[52] Noch im
Juli hatte Freud einen Funken von Vertrauen in seinen unberechenbaren
Schüler bewahrt.[53] Aber die unangenehmen Vergleiche, die einige seiner
Anhänger zwischen Rank und Jung anstellten, erschienen ihm trotz seines
Wunschdenkens leider angemessen.[54] Auch Jung war in die Vereinigten
Staaten gereist, um Vorträge zu halten, in denen er zugleich seine Anhänglichkeit an Freud beteuerte und seine Originalität proklamierte.
Auch Jung hatte Angst vor seinem eigenen Mut bekommen und sich
wortreich bei Freud für sein abweichendes Verhalten entschuldigt, nur
um später alles wieder zurückzunehmen. Jung hatte schließlich, so schien
es Freud im Rückblick, sehr von seiner Ablehnung der kompromißlosen
Theorien Freuds profitiert. Natürlich war Rank wütend darüber, daß
man ihn mit Jung verglich. Ihm und seinen wenigen Parteigängern erschienen dieses Mißtrauen und diese gehässigen Vergleiche als bloße Beschimpfungen.

Das waren sie zum Teil auch. Rank wurde treulos und Schlimmeres genannt, und er wurde das Ziel wilder Analysen durch seine früheren
Freunde. Das war eine alte Geschichte. Selbst Freud hatte, als er sich Rank
gegenüber noch väterlich verhielt, nicht der Versuchung widerstehen können, ihn zu diagnostizieren, als wäre er ein Gegner. Er sah Rank bald als
ödipalen Sohn, bald als gierigen Unternehmer. Schon im November 1923
hatte er einen Traum Ranks in dem Sinne gedeutet, daß der »junge David«
– Rank – den »prahlerischen Goliath« – Freud – erschlagen wolle. »Und
nun gibt sich allerdings leicht, daß Sie der gefürchtete David sind, der mit
seinem Trauma der Geburt die Entwertung meiner Arbeit durchsetzt.«[55]
Im folgenden Sommer schrieb Freud Rank mit derber Offenheit, daß die
Theorie des Geburtstraumas, welche die »Ausschaltung des Vaters« zur
Folge habe, eine illegitime Übersetzung von Ranks eigenen unglücklichen
frühen Jahren in grandiose theoretische Begriffe sei. Wäre er nur analysiert
worden, schloß Freud, so würde er diese frühen Einflüsse durchgearbeitet
haben, anstatt auf seiner Neurose ein ehrgeiziges Gebäude zu errichten.[56]
Dann, im November, vor Ranks öffentlicher Selbstanalyse, beschrieb
Freud Rank streng als jemanden, der sich »durch meine Erkrankung und
ihre Gefahren in seiner Existenz bedroht« sehe, der »nach einer Rettungsin-
sel suchte« und sie in Amerika gefunden habe. »Eigentlich ist es ein Fall,
daß die Ratte das sinkende Schiff verläßt.« Mit einem schwer neurotischen

Vaterkomplex kämpfend, habe er offenbar die Dollarernte, die ihm New York verspeche, ganz unwiderstehlich gefunden.[57] Auf diese feindselige Diagnose Ranks legte sich Freud letzten Endes fest.

Die Psychoanalytiker, die Freud dazu gedrängt hatten, Rank zurückzuweisen, scheuten nicht vor solch einem analytischen Mißbrauch zurück. Ernest Jones legte Freud nahe, der Erste Weltkrieg habe Ranks »manifeste Neurose« von 1913 zugedeckt und diese Neurose sei »allmählich in Form eines neurotischen Charakters zurückgekehrt«. Dies habe vor allem »eine Verleugnung des Ödipuskomplexes« mit sich gebracht und eine »Regression der Feindseligkeit vom Bruder (mir)... auf den Vater, vermutlich Freud«.[58] Abraham war in seiner Kritik noch vernichtender. Er leugnete jede Feindseligkeit und diagnostizierte erbarmungslos »den neurotischen Prozeß« bei Rank als eine Entwicklung mit einer langen Vorgeschichte. Rank hatte, so wie ihn Abraham sah, seine negativen Gefühle durch übermäßig gewissenhafte Arbeit und ein abnehmendes Bedürfnis nach Freundschaft kompensiert. Er habe es sich gestattet, sich tyrannisch zu verhalten, übermäßig empfindlich zu werden und sein Interesse am Geld immer offener zu pflegen. Kurz: »eine unverkennbare Regression ins Anal-Sadistische«.[59]

Dieser Versuch eines Charaktermords ist ein Beispiel für die Art von aggressiver Analyse, welche die Psychoanalytiker, Freud allen voran, zugleich beklagten und ausübten. So dachten, wie wir zu beobachten Gelegenheit hatten, Analytiker über andere und über sich selbst. Freud konnte Jungs Abfall von der Psychoanalyse »starken neurotischen und egoistischen Motiven« zuschreiben.[60] Gleichzeitig konnte er sich selbst kaum weniger streng beurteilen und zugeben, daß er »egoistisch genug« war, um seine schlechte Gesundheit als Alibi dafür zu gebrauchen, sich den Streitigkeiten der Analytiker fernzuhalten.[61] Aber wenn Freud solche Diagnosen nicht allein anderen stellte, so macht das den Mißbrauch der Psychoanalyse keineswegs berechtigter oder angenehmer. Er war unter Analytikern endemisch, eine allen gemeinsame professionelle Deformation.

Im Juni 1925 erlebte Freud eine vorübergehende, seltsam rührende Ablenkung von der Affäre Rank, die unerbittlich ihrem Ende entgegenging. Der väterliche Freund seiner dreißiger Jahre, Josef Breuer, mit dem er ein Vierteljahrhundert zuvor gebrochen hatte, war im Alter von 83 Jahren gestorben. Auf sein Beileidschreiben antwortend, muß Breuers ältester Sohn Robert Freud versichert haben, daß sein Vater die Entwicklungen der Psychoanalyse mit einem Maß von Sympathie verfolgt habe – mit einer Sympathie, die Freud für unmöglich gehalten hätte –, denn Freud antwortete unverzüglich: Was Robert Breuer über die Beziehung seines Vaters zu seiner späteren Arbeit gesagt habe, sei neu für ihn gewesen und habe wie Balsam

auf eine schmerzende Wunde gewirkt, die sich nie geschlossen habe.[62] Wie
der Brief bezeugt, hatte Freud in all diesen Jahren seine Entfremdung von
Breuer nicht ganz durchgearbeitet: von dem Mann, der ihn emotional und
finanziell unterstützt und, indem er ihm von Anna O. erzählte, so viel dafür
getan hatte, ihn zu seinen psychoanalytischen Entdeckungen hinzuführen,
und dessen Güte er mit trotziger Unhöflichkeit vergolten hatte. Es muß für
Freud eine tiefe Befriedigung gewesen sein, sich über Breuers Einstellung
die ganze Zeit getäuscht zu haben und endlich zu erfahren, daß Breuer ihn
immer wohlwollend aus der Ferne beobachtet hatte – besonders nun, da
sich Rank als eine solche Enttäuschung entpuppte.

Im weiteren Verlauf des Sommers 1925 hatte Freud über etwas nachzu-
grübeln, was weit wichtiger war als Ranks Abfall: Karl Abrahams Gesundheit. Anfang Juni schrieb Abraham Freud aus dem Krankenbett.[63] Er war
von einer Vortragsreise in den Niederlanden mit, wie es schien, den Symptomen einer Bronchitis zurückgekehrt. Dann wurde erklärt, er habe eine
Gräte verschluckt, die sich in den Bronchien festgesetzt habe. Tatsächlich
scheint er an einem nicht diagnostizierten Lungenkrebs gelitten zu haben.
Im Juli fühlte Abraham sich besser und fuhr mit seiner Familie zu einem
geruhsamen Sommeraufenthalt in die Schweiz. Im August konnte er leichte
Wanderungen in den Bergen unternehmen, und Anfang September fühlte
er sich gesund genug, um am internationalen Kongreß in Bad Homburg
teilzunehmen, der jedoch eine Belastung für seine geschwächte Konstitution war. Freud, der laufend mit ihm in Verbindung stand, begann sich
Sorgen zu machen. »Es ist also so geworden, wie ich gefürchtet hatte«,
schrieb er Abraham Mitte September. »Der Kongreß hat Sie schwer angestrengt, und ich kann nur hoffen, daß Ihre Jugendlichkeit die Störung bald
überwinden wird.«[64]

Die Berichte aus Berlin klangen weiterhin optimistisch genug. Mitte
Oktober verschickte Abraham einen Rundbrief: Er fühlte sich recht gut. Er
schrieb – was Freud mißfiel –, daß er von Fließ behandelt werde, und lobte
seine »ganz ungewöhnlichen Eigenschaften als Arzt«. Fließ, meinte er,
wiege drei Professoren der inneren Medizin auf. »Nebenbei«, fügte er
hinzu, »hat der ganze Verlauf meiner Krankheit seine Periodenlehre in
frappanter Weise bestätigt.«[65] Aber die Besserung hielt nicht an. Fieberan-
fälle, Schmerzen und eine Affektion der Gallenblase zeigten an, daß die
Krankheit ernster Natur war. Anfang Dezember war Freud im höchsten
Grade besorgt. »Wir haben keine Lust, diesen Monat einen Rundbrief zu
schreiben«, teilte er Ernest Jones am 13. Dezember mit. »Abrahams Krankheit hält uns alle in Atem, und wir sind sehr unglücklich darüber, daß die
Nachrichten so unbestimmt und darum so unheimlich lauten.«[66] Drei Tage
später informierte er Jones, daß Felix Deutsch Abraham aufgesucht und
gewarnt habe, daß »diese Woche die kritische Periode sein wird und wir auf

das Schlimmste gefaßt sein sollten«. Freud weigerte sich, die Hoffnung aufzugeben: »Es ist eine düstere Aussicht, aber solange er lebt, können wir uns
an die Hoffnung klammern, daß diese Affektion oft eine Genesungschance
gibt.« Er fühlte sich nicht wohl genug, um nach Berlin zu fahren, erwartete
aber, daß Ferenczi die Reise unternehmen werde, und fragte, ob Jones'
Gesundheit es ihm erlauben würde, auch hinzufahren. Freud leugnete die
Realitäten, die er vor sich sah. »Ich nehme absichtlich davon Abstand, die
Folgen auszumalen, falls dieses fatale Ereignis eintritt.«[67]

Einige Tage später, am 21. Dezember, schien ein gewisser Optimismus
gestattet zu sein. »Von Abraham heute keine Nachrichten«, schrieb Freud
Jones, aber »die letzten lauteten beruhigend«. Er tröstete sich mit dem Gedanken, daß Alix Strachey auch einmal von einem Lungenabszeß genesen
war und daß Abrahams Herz gut arbeitete.[68] Aber das Postskriptum, das er
hinzufügte, klang ganz anders. Deutsch hatte gerade angerufen: Er habe
Abraham in befriedigendem Zustand und fieberfrei verlassen, aber soeben
erfahren, daß der Kranke einen Rückfall erlitten habe und daß seine Lage
verzweifelt sei. Vier Tage später, am Weihnachtstag, war alles vorüber.
Abraham war 48 Jahre alt.

Freud nahm sich Abrahams Tod sehr zu Herzen. Der vernünftige Organisator, der berühmte Lehranalytiker, der unentbehrliche Optimist, der interessante Theoretiker, der treue Freund war nicht mehr. »Ich kann nur
wiederholen, was Sie gesagt haben«, schrieb Freud am 30. Dezember Ernest Jones. Er mußte einen regelrechten Schock erlitten haben, denn er
schrieb in deutscher Sprache. »Abrahams Tod ist vielleicht der größte Verlust, der uns treffen konnte, und er hat uns getroffen. Ich nannte ihn in
Briefen scherzhaft meinen *rocher de bronze*. Ich fühlte mich sicher in dem
absoluten Vertrauen, das er mir wie allen anderen einflößte.« Er fügte
hinzu, daß er einen kurzen Nachruf schreiben und auf Abraham das berühmte Lob anwenden werde, das Horaz dem rechtschaffenen, von Lastern
freien Mann gezollt hatte: *Integer vitae scelerisque purus*. Er meinte es
ernst. »Übertreibungen des Todes wegen sind mir immer besonders peinlich gewesen, ich war vorsichtig, sie zu verwenden, aber bei diesem Zitat
habe ich die Empfindung, wahrhaftig zu sein.«[69] Der erschütternde Nachruf, den Freud schrieb, enthält tatsächlich die Zeile aus Horaz und die nicht
weniger aufrichtige traurige Feststellung, daß die psychoanalytische Bewegung mit Abraham »eine der stärksten Hoffnungen unserer jungen, noch so
angefochtenen Wissenschaft« begrabe, »vielleicht ein uneinbringliches
Stück ihrer Zukunft«.[70] Diese Katastrophe brachte die Aussicht, Rank zu
verlieren, in die richtige Perspektive.

Rank ging seinen eigenen Weg. Er pendelte eine Weile zwischen Paris
und New York hin und her, bevor er sich in den Vereinigten Staaten nie-

derließ. Freud hatte andere Sorgen: Anfang 1926 litt er an Herzbeschwer-
den – ein Aufflackern eines alten Leidens. Sie waren so ernst, daß er ein
Sanatorium aufsuchen mußte. Im März schrieb er Eitingon gelassen, daß
er sterben könnte, aber »die einzige Angst, die ich wirklich habe, ist die
vor einem längeren Siechtum ohne Arbeitsmöglichkeit. Direkter gesagt:
ohne Erwerbsmöglichkeit«.[71] So wohlhabend er geworden war, die
Versorgung seiner Familie bereitete ihm immer noch Sorge. Aber im April,
als ihn Rank zum letztenmal besuchte, war Freud genesen und wieder zu
Hause, und er analysierte Patienten. Rank hatte seine endgültigen Theorien noch nicht ausgearbeitet; sie kamen erst zwei oder drei Jahre später
zum Vorschein, als er seinen Begriff des Willens als primäre menschliche
Kraft entwickelte, als den Teil des Ichs, der einerseits die Triebe und
andererseits die Umwelt beherrsche. Aber im Frühjahr 1926 stand Rank
schon nicht mehr im Freudschen Lager. Als er kam, um sich zu ver-
abschieden, war Freud mit ihm fertig. »Der Krankheitsgewinn in Gestalt
der materiellen Unabhängigkeit war sehr groß«, urteilte Freud.[72] Im Juni
hatte er endgültig Bilanz gezogen. »Zur Empörung bringe ich es bei Rank
nicht«, gestand er Eitingon. »Ich lasse ihm das Recht, irre zu gehen und
dafür originell zu erscheinen. Aber es ist klar, daß er nicht mehr zu uns gehört...«[73]*

Die Affäre war schmerzlich gewesen und hatte sich in die Länge gezogen,
aber Freud, über Ranks einzelgängerische Einfälle nachdenkend, lernte
einige wichtige Lektionen. In dem Buch, das aus all dem hervorging, *Hemmung, Symptom und Angst*, bemerkte er: »Die Ranksche Mahnung, der
Angstaffekt sei, wie ich selbst zuerst behauptete, eine Folge des Geburtsvor-
ganges und eine Wiederholung der damals durchlebten Situation, nötigte
zu einer neuerlichen Prüfung des Angstproblems. Mit seiner eigenen Auffassung der Geburt als Trauma, des Angstzustandes als Abfuhrreaktion
darauf, jedes neuerlichen Angstaffekts als Versuch, das Trauma immer
vollständiger ›abzureagieren‹, konnte ich nicht weiter kommen.«[74] Immerhin sah sich Freud gezwungen zuzugeben, daß Rank einige interessante
Fragen aufgeworfen habe.

---

* In einem Brief an Dr. Frankwood Williams, einem angesehenen Mitglied der New
Yorker Psychoanalytischen Vereinigung, aber Bewunderer Ranks, erklärte Freud in seiner schroffsten Art, es habe ihn überrascht, daß sich Williams als Psychoanalytiker be-
zeichne. »Ich wußte von Ihnen nur, daß Sie sich für Rank begeistert hatten und daß es
mir in einer persönlichen Unterhaltung nicht gelungen war, Sie zu überzeugen, daß
einige Monate Arbeit mit Rank wenig mit Analyse in unserem Sinne zu tun haben und
daß R. aufgehört hat, Analytiker zu sein. Wenn Sie seither keine gründliche Wandlung
durchgemacht haben, müßte ich auch Ihnen das Anrecht auf diesen Namen bestreiten«
(Freud an Frankwood Williams, 22. Dezember 1929. Masch. geschr. Kopie, Freud Museum, London).

Freud war im Begriff, seinen 70. Geburtstag zu feiern – oder vielmehr er wehrte sich dagegen, ihn zu feiern –, aber der vertraute Zwang, Probleme zu lösen, hatte ihn noch nicht verlassen. Das kleine Buch, das seine neuen Gedanken über die Angst verkörperte, versprach neue Probleme für die Psychoanalytiker: Sie mußten eine neue weitreichende theoretische Revision assimilieren. »Daß mein letztes Buch die Wässerchen trüben wird, war vorauszusehen«, schrieb Freud Lou Andreas-Salomé mit offensichtlicher Befriedigung. »Nach einer Weile wird es sich wieder klären. Es schadet nichts, wenn die Leutchen merken, daß wir noch nicht das Recht zur dogmatischen Erstarrung haben und daß wir bereit sein müssen, den Weinberg immer wieder umzuackern.« Aber er fügte beruhigend hinzu: »Gar so umstürzend sind ja doch die vorgebrachten Änderungen nicht.«[75] In *Hemmung, Symptom und Angst* wie in seinem Brief an Lou Andreas-Salomé bestand Freuds Taktik darin zuzugeben, daß er eine frühere theoretische Position aufgegeben habe, aber die zurückgelegte Strecke zu bagatellisieren: »Die in diesem Aufsatz vertretene Auffassung der Angst entfernt sich ein Stück weit von jener, die mir bisher berechtigt erschien.«[76] Die Wörter »ein Stück weit« reichen nicht annähernd aus, um die Bedeutung der Neuerung zu vermitteln, die er einführte.

Das Buch ist ästhetisch weniger befriedigend als die meisten anderen Schriften Freuds. Es reiht Gedanken aneinander, anstatt ihre zwangsläufige Verbindung aufzuzeigen. Einige seiner bleibenden Beiträge zum psychoanalytischen Denken, die Abschnitte über Verdrängung und Abwehr wie die über die Angst, sind über den Text verstreut und in einem der Nachträge versteckt. Es ist, als hätte Freud keine Geduld mehr gehabt mit der ermüdenden Aufgabe, seine analytische Struktur zu erneuern. Er scheint darauf bedacht gewesen zu sein, die Arbeit des Umbauens ein für allemal zu erledigen. Viele Jahre zuvor hatte er gesagt: »Eine klare und unzweideutige Schreibweise belehrt uns, daß der Autor hier mit sich einig ist.« Wo wir, im Gegensatz dazu »gezwungenen und gewundenen Ausdruck finden«, da können wir »den Anteil eines nicht genugsam erledigten, komplizierenden Gedankens erkennen oder die erstickte Stimme der Selbstkritik des Autors heraushören«.[77] Das war ein Leitfaden für literarische Detektive: der Stil als Schlüssel. Aber in diesem Falle paßte er nicht: Freud war seinen neuen Ideen gegenüber nicht selbstkritisch genug. Er schien müde zu sein und unentschlossen, wie er die Massen seines Materials ordnen solle. Allein schon der Titel, *Hemmung, Symptom und Angst*, eine bloße Aufzählung, zeigt seine Unsicherheit. Die Abhandlung beginnt mit der Unterscheidung von Hemmungen und Symptomen, obwohl Freud in Wirklichkeit weit mehr an der Natur der Abwehrmechanismen und noch mehr an der Angst interessiert war. Tatsächlich erschien eine amerikanische Fassung unter dem Titel *The Problem of Anxiety*. Doch die Abhandlung ist für sein Denken ebenso entscheidend, wie sie ungeordnet ist.

Der Name Rank erscheint in dem Buch nur einige Male, aber Freud führte mit ihm im ganzen Text eine stille Debatte. Das war seine Art, mit seinem in die Irre gehenden Schüler fertigzuwerden.* Aber eine private Abrechnung allein würde dem Buch keine Bedeutung verliehen haben. Die Angst hatte sich Freuds Aufmerksamkeit von der Mitte der 1890er Jahre an aufgedrängt; sein Gefühl, daß sie nicht nur klinische, sondern auch theoretische Beachtung verdiente, zeigt eine scharfsinnige Wachsamkeit für Phänomene, die andere Forscher vernachlässigt hatten. Während der Jahre, in denen Freud psychoanalytisch zu denken begann, während er seine frühen Schriften über Hysterie und Angstneurosen verfaßte, hatte das psychiatrische Establishment sehr wenig über die Angst zu sagen. Lehrbücher und Abhandlungen boten hauptsächlich oberflächliche physiologische Beschreibungen. D. Hack Tukes maßgebliches *Dictionary of Psychological Medicine* zum Beispiel, welches das berufliche Wissen um 1890 zusammenfaßte, widmete der Angst nur die knappste Definition: »Seelischer Schmerz in Erwartung eines Unglücks oder einer Prüfung mit einem Gefühl der Enge und des Schmerzes in der Präkordialgegend.«[78] Das war alles.

Freud fand, daß dazu mehr zu sagen war. Einige seiner frühesten neurotischen Patienten hatten auffallende Angstsymptome gezeigt, und da er überzeugt war, daß alle Neurosen ihren Ursprung in sexuellen Störungen haben, gelangte er zwangsläufig zu dem Schluß, daß auch die Angst sexuelle Wurzeln haben müsse. Ihre Genese war daher nach Freuds Ansicht nicht sonderlich geheimnisvoll, und die Formel war denkbar einfach: Sexuelle Erregung, die nicht abgeführt wird, wird in Angst verwandelt. Eugen Bleuler sagte kurz nach dem Ersten Weltkrieg in seinem weitverbreiteten *Lehrbuch der Psychiatrie*, daß die Angst zweifellos auf irgendeine Weise mit der Sexualität verbunden sei, eine Tatsache, die man schon lange gewußt, die aber Freud als erster klarer gemacht habe.[79] Freud jedenfalls klärte das Problem, daß das Auftreten von Angst nicht einfach ein blinder physiologischer Vorgang ist, sondern auch auf psychologische Mechanismen zurückgeht: Verdrängung verursacht Angst. An diesem Punkt wird das enge, aber nicht sehr auffällige Band zwischen den beiden Hauptthemen von *Hemmung, Symptom und Angst* – Angst und Abwehrmechanismen – sichtbar. Aber Freud tat mehr, als nur seine erste Erklärung dieser

---

* Rank blieb eine Antwort nicht schuldig. Als er 1927 *Hemmung, Symptom und Angst* in einer amerikanischen Fachzeitschrift, *Mental Hygiene*, besprach, schilderte er noch einmal die Ursprünge des psychoanalytischen Begriffs des Geburtstraumas und die Unterschiede zwischen seinen und Freuds Auffassungen des Ereignisses und seiner Folgen (siehe E. James Lieberman, *Acts of Will: The Life and Work of Otto Rank*, 1985, S. 263–67).

Beziehung zu revidieren. Er kehrte sie um. Die Verdrängung, erklärte er nun, verursache nicht Angst; vielmehr verursache die Angst Verdrängung.

Mit dieser neuen theoretischen Formulierung wies Freud der Angst eine Aufgabe zu, die weder er noch andere Psychologen vorher erkannt hatten: Während seiner Entwicklung lernt das Kind vorauszusagen, was Freud Gefahrensituationen nannte, und reagiert auf ihr erwartetes Eintreten mit Angst. Mit anderen Worten, die Angst kann als Signal für mögliche künftige Traumen wirken. So sah Freud die Angst nicht als bloße passive Reaktion, sondern als Bestandteil eines psychischen Aktes.

So überraschend diese Umkehrung erscheinen mag, es war Freud bereits seit Jahrzehnten bewußt gewesen, daß das ernsthafte Studium der Angst Komplexitäten über Komplexitäten ergeben würde. In einigen seiner ersten psychoanalytischen Schriften hatte er schon zwischen neurotischer und realistischer Angst unterschieden und festgestellt, daß Angstanfälle Reaktionen auf inneren Druck oder äußere Gefahren sein können. In jedem Fall entstehe Angst, wenn die Psyche die sie bombardierenden Reize nicht zu bewältigen vermöge. Was als Aufgabe blieb, war, die Natur der Angst zu definieren, ihre Quellen zu katalogisieren und, vielleicht, ihre Typen zu unterscheiden. Dies wurde die Aufgabe, der Freud seine Abhandlung von 1926 widmete. Für Rank war, wie wir wissen, das Erlebnis der Geburt die einzige Ursache der Angst, auf die es ankomme; alle späteren Angstanfälle seien nur die Versuche der Psyche, dieses Urtrauma zu bewältigen. Freud, der einfachen Schemen und einzigen Ursachen mißtraute, las Ranks Schilderung als eine tendenziöse Übertreibung, die einen Aspekt des reichen und vielfältigen Angsterlebnisses über alle anderen stellte.

Angst, so wie Freud sie nun definierte, ist ein schmerzvoller Affekt, begleitet von bestimmten physischen Empfindungen. Das Trauma der Geburt sei der Prototyp aller Angstzustände; es rufe die Reaktion – bestimmte physiologische Veränderungen – hervor, die diese späteren Zustände imitieren werden. Freud zweifelte nicht daran, daß der Säugling eine gewisse Bereitschaft für Angst mitbringt; mit einem Wort, die Angstreaktion ist angeboren. Aber kleine Kinder leiden unter vielen Ängsten, die nicht auf das Geburtserlebnis zurückgeführt werden können: Angst vor der Dunkelheit, Angst vor der Abwesenheit derer, die für ihre Bedürfnisse sorgen. Freud stellte zwar keinen genauen Zeitplan auf, aber er glaubte, daß jede Phase der psychischen Entwicklung von ihrer eigenen charakteristischen Angst überschattet werde: Auf das Trauma der Geburt folgte die Trennungsangst, auf diese wiederum die Furcht vor dem Liebesverlust, die Kastrationsangst, das Schuldgefühl und die Angst vor dem Tod. So treten die von einem strafenden Über-Ich verursachten Ängste erst in Erscheinung, nachdem bereits andere Ängste ihr Werk verrichtet haben.[80]

Freud war nicht der Ansicht, daß ein Typ von Angst alle anderen ersetzt. Ganz im Gegenteil, jede kann im Unbewußten das ganze Leben lang beste- hen bleiben und jederzeit wieder geweckt werden. Aber alle frühen oder späten Ängste haben eines gemeinsam: ein drängendes, höchst unbehag- liches Gefühl der Hilflosigkeit, der Unfähigkeit, mit überwältigenden Erre- gungen – Schrecken, Wünschen und Gefühlen – fertigzuwerden. Um es zu wiederholen, Freuds gewichtigste Formulierung war diese: Angst ist eine Warnung vor drohender Gefahr. Ob diese Gefahr wirklich oder eingebildet ist, rational eingeschätzt oder hysterisch überschätzt wird, ist irrelevant für das Gefühl selbst; seine Quellen variieren enorm, seine physiologischen und psychologischen Wirkungen sind ziemlich die gleichen.

Indem er seine Definition der Angst drastisch neu formulierte, ging Freud vom Besonderen zum Allgemeinen über. Er hatte sich zuerst für die Angst interessiert, als er seinen Analysanden zuhörte; nun beschrieb er sie als Signal, das die Menschen durch die Gefahren des Lebens leitet, und übersetzte Schlüsse, die er aus seinen speziellen Forschungen auf dem Ge- biet der Psychopathologie gezogen hatte, in psychologische Gesetze, die auf jedermann, ob neurotisch oder nicht, anwendbar waren. Aus Freuds Per- spektive kann die Sage von dem unschuldigen, unerschrockenen Siegfried, der auszog, das Fürchten zu lernen, eine Metapher für einen wesentlichen Bestandteil der menschlichen Reifung sein: Eine Methode, Erziehung zu definieren, ist, sie als Prozeß zu sehen, durch den man die Anwendungen der Angst entdeckt und lernt, zwischen dem, was man zu fürchten und zu meiden hat, und dem, worauf man vertrauen kann, zu unterscheiden. Ganz ohne Angst wären die Menschen ohne Schutz gegen innere Triebe und äu- ßere Drohungen – in der Tat weniger als menschlich.

Freuds verstreute Bemerkungen über die Abwehren in *Hemmung, Sym- ptom und Angst* erwiesen sich als ebenso fruchtbar für die psychoanalyti- sche Theorie wie der radikale Umschwung seiner Ideen über die Angst, ja vielleicht als noch fruchtbarer. Aber diese Bemerkungen verursachten sei- nen Anhängern viel Arbeit noch zu seinen Lebzeiten und danach, denn seine Seiten über die Abwehr sind wenig mehr als rasch skizzierte Hinweise auf große theoretische Möglichkeiten. Soviel machte Freud 1926 vollkom- men klar: Angst und Abwehr haben viel gemeinsam. Wenn die Angst die Wache auf dem Turm ist, die Alarm schlägt, so sind die Abwehren die Truppen, die mobilisiert werden, um den Eindringling zurückzudrängen. Abwehrmanöver können weit schwerer aufzuspüren sein als Angst, denn sie wirken beinahe ganz unter der schützenden, kaum durchdringlichen Deckung des Unbewußten. Aber wie die Angst sind sie unentbehrliche, allzu menschliche und allzu fehlbare Methoden der Bewältigung. Tatsäch- lich ist eines der wichtigsten Dinge, die sich über die Abwehren sagen lassen, daß sie sich aus eifrigen Dienern in unnachgiebige Behinderer der Adaptation verwandeln können.

Freud gab zu, daß er lange die Frage vernachlässigt habe, wie sich das Ich gegen seine drei Gegner, das Es, das Über-Ich und die Welt, verteidigt. »Im Zusammenhange der Erörterungen über das Angstproblem«, schrieb er ein wenig reumütig, »habe ich einen Begriff – oder bescheidener ausgedrückt: einen Terminus – wieder aufgenommen, dessen ich mich zu Anfang meiner Studien vor dreißig Jahren ausschließend bedient und den ich späterhin fallen gelassen hatte. Ich meine den des Abwehrvorganges. Ich ersetzte ihn in der Folge durch den der Verdrängung, das Verhältnis zwischen beiden blieb aber unbestimmt.« Das war milde ausgedrückt. Tatsächlich hatte Freud zuerst zwischen verschiedenen Abwehrmechanismen klar unterschieden und dann die Sache verdunkelt, indem er einen seiner psychoanalytischen Lieblingsbegriffe, Verdrängung, sowohl für die psychische Technik, gewissen Gedanken den Zugang zum Bewußtsein zu verwehren, als auch für alle anderen Methoden der Abwehr unangenehmer Erregungen gebrauchte. Er war nun bereit, diese Ungenauigkeit zu korrigieren und »auf den alten Begriff der Abwehr zurückzugreifen« als »allgemeine Bezeichnung für alle die Techniken«, die das Ich in den Konflikten anwendet, die zur Neurose führen können, »während Verdrängung der Name einer bestimmten solchen Abwehrmethode bleibt«.[81]

Der Gewinn, den Freuds Wiedererweckung seiner ersten Formulierungen mit sich brachte, ist eindrucksvoll. Die Verdrängung behielt für ihn ihre bevorzugte Stellung unter den Abwehrmechanismen und ihren historischen Platz in der psychoanalytischen Theorie. Aber während die meisten Abwehrtaktiken mit dem Zweck, psychologischem Material den Zugang zum Bewußtsein zu verweigern, die Verdrängung nachahmen, gebieten sie doch über ihre eigenen Mittel und Methoden. Einige davon hatte Freud in seinen früheren Abhandlungen und in seinen Krankengeschichten beschrieben: Das Ich kann sich gegen unannehmbare Triebregungen wehren durch die Regression auf eine frühere Phase der psychischen Integration, in der diese Regungen maskiert und entwaffnet werden. Der Neurotiker kann sich bemühen, seinen feindseligen und destruktiven Gefühlen gegenüber geliebten Personen zu entkommen, indem er seine unzulässigen Haßgefühle in übertriebene Zuneigung verwandelt. Das ist nicht alles. Der Psyche stehen noch andere Abwehrwaffen zur Verfügung. Viele von ihnen, wie die Projektion, waren den Lesern Freuds bereits bekannt. Nun, in *Hemmung, Symptom und Angst*, fügte er zwei Mechanismen hinzu, die er zuvor noch nicht erwähnt hatte: das »Ungeschehenmachen« und die »Isolierung«. Ersteres ist eine Art von »negativer Magie«, die versucht nicht nur die Folgen eines Erlebnisses »wegzublasen«, sondern das Erlebnis selbst: Es ist auf wunderbare Weise niemals geschehen. Die Isolierung, die Freud für die

Signatur der Zwangsneurotiker hielt, ist das Bemühen, obszöne, erschrekkende, beschämende Phantasien oder Erinnerungen von den Affekten zu trennen, die in Wirklichkeit zu ihnen gehören.[82] Nur die Wiedereinführung der alten Kollektivbezeichnung »Abwehr«, dachte Freud, könne den vielen Methoden gerecht werden, durch die sich die Psyche gegen andere und gegen sich selbst schützt.

Wie bei der Angst so bezog auch bei der Abwehr Freuds Darstellung viel Autorität und Überzeugungskraft aus Beobachtungen, die er von seinem Lieblingsplatz – dem Sessel hinter seinen Patienten auf der Couch – aus anstellte. In *Hemmung, Symptom und Angst* erinnerte er sich wieder beinahe sehnsüchtig an einige seiner liebsten Fälle: den Kleinen Hans, den Rattenmann, den Wolfsmann. Er sah keinen Grund, diese Informationsquellen zu vernachlässigen. Schließlich sind die Widerstände, die Analysanden entfalten, um eine Änderung ihrer neurotischen Gewohnheiten zu verhindern, um lieber an ihrem Leiden festzuhalten als schmerzliche Einsichten zu gewinnen, aktive Abwehren. Aber wie Freud sehr wohl wußte, haben Neurotiker kein Monopol auf solche Kunstgriffe; sie übertreiben die Bräuche gewöhnlicher Sterblicher nur in einer unverkennbaren, leicht lesbaren Karikatur. Um nur ein Beispiel zu nennen: Die Isolierung mag eine Spezialität von Zwangsneurotikern sein, aber sie ist nur das neurotische Gegenstück zur Konzentration. Der Abzug der Aufmerksamkeit von konkurrierenden Reizen ist ein vollkommen normaler geistiger Vorgang, der dazu dient, eine bestimmte Arbeit zu ermöglichen. So ist die Abwehr mit allen ihren Formen genau wie die Angst universell, fundamental für alle Menschen. Dies hatte das Grübeln über *Das Trauma der Geburt* Freud gelehrt. Gerade indem er sich von Freud trennte, hatte Rank ihm besser gedient, als er wußte.

Das Dilemma der Ärzte

Das ziemlich verwilderte Aussehen von Freuds Buch über Abwehren und Angst mit seinen Wiederholungen und formalen Unzulänglichkeiten fällt vor allem dann ins Auge, wenn man es an seinen üblichen Leistungen mißt. Jedenfalls kündigten diese Mängel keinen permanenten Verlust seiner literarischen Fähigkeiten an. Denn 1926, im selben Jahr, in dem *Hemmung, Symptom und Angst* erschien, veröffentlichte Freud ein anderes kleines Buch, das wieder seine alte stilistische Verve, seinen gewohnten trockenen Witz erkennen ließ: *Die Frage der Laienanalyse.* Es ist eine Mischung aus Polemik und Popularisierung, die als lesbare Einführung in die Psychoanalyse zu Freuds gefälligsten Bemühungen gerechnet werden kann, das Publikum zu überzeugen. Er wählte für seine Argumentation bezeichnenderweise einen Dialog, eine literarische Form, die zu einer zwanglosen Darstellung einlädt und die er zuvor bereits mehr als einmal verwendet hatte.

Zweifellos spornte die Genese des Pamphlets in einer laufenden Debatte Freud dazu an, noch einmal die zuversichtliche Kampfeslust aufzuwenden, die einmal so typisch für ihn war. Ende 1924 wurde er von einem österreichischen Obersanitätsrat offiziell aufgefordert, ein Gutachten über die Frage der Laienanalyse abzugeben, und er schrieb Abraham voll Optimismus: »Ich hoffe nun in all solchen Fragen von den Autoritäten angehört zu werden.«[83] Die Angelegenheit sollte sich jedoch als sehr widerspenstig erweisen. Zu Beginn des nächsten Jahres beschuldigten Bürokraten der Stadtverwaltung, offenbar von Wilhelm Stekel auf die Anwesenheit von Laienanalytikern in Wien aufmerksam gemacht, Theodor Reik der »unbefugten Ausübung ärztlicher Praxis«.[84] Reik, einer der jüngeren Anhänger Freuds, erschien pflichtschuldig vor dem Magistrat und erklärte sein Verfahren. Erregte Debatten, Gutachten und juristische Streitigkeiten folgten, und Reik wurde die Ausübung der Analyse verboten. Er konsultierte einen Anwalt, sicherte sich Freuds Beistand, legte Berufung ein und praktizierte eine Weile weiter.[85] Aber im nächsten Frühjahr wurde er von einem amerikanischen Patienten, Newton Murphy, wegen Kurpfuscherei angeklagt. Murphy, ein Arzt, war nach Wien gekommen, um sich von Freud analysieren zu lassen. Da er keine Stunde erübrigen konnte, hatte Freud ihn an Reik überwiesen, mit dem Murphy einige Wochen lang gearbeitet zu haben scheint. Die Ergebnisse müssen höchst unbefriedigend gewesen sein, sonst hätte Murphy, der offenbar im Prinzip nicht gegen die Psychoanalyse eingestellt war, Reik nicht vor Gericht gebracht. Freud zögerte nicht, etwas zu unternehmen. *Die Frage der Laienanalyse*, innerhalb eines Monats geschrieben, war das Resultat.

Freud machte kein Geheimnis daraus, daß die Anregung dazu aus den Ereignissen des Tages gekommen war: Er nahm als Vorbild für die Figur des verständnisvollen, aber nicht überzeugten Gesprächspartners den Beamten, bei dem er interveniert und der ihn nach seinen Ansichten über den Fall befragt hatte. Offensichtlich war Freud noch auf der Höhe. Pfister, dem er ein Exemplar der *Laienanalyse* schickte, rief begeistert aus, nichts, was Freud sonst geschrieben habe, sei so leicht faßlich gewesen. »Und doch sprudelt alles aus der Tiefe.« Man könnte vermuten, daß Pfister, der ständig mit den ärztlichen Psychoanalytikern in der Schweiz zu kämpfen hatte und stolz darauf war, einer der »ersten Laienschüler« Freuds zu sein[86], voreingenommen war. Aber der Text der Polemik Freuds gibt ihm recht.

Freud kämpfte für Reik, als kämpfte er für sich selbst. »Ich verlange nicht«, schrieb er Paul Federn im März 1926, als die Laienfrage in der Wiener Psychoanalytischen Vereinigung diskutiert wurde, »daß die Mitglieder sich meinen Anschauungen anschließen, aber ich werde dieselben privatim, öffentlich und vor dem Gericht ungeändert vertreten ... Der Kampf für die Laienanalyse«, fügte er hinzu, »muß irgend einmal ausgefochten werden. Besser jetzt als später. Solange ich lebe, werde ich mich dagegen sträuben, daß die Psychoanalyse von der Medizin verschluckt wird.«[87] Tatsächlich kämpfte Freud in eigener Sache: Wenn auch erst Reiks Schwierigkeiten mit dem Gericht in Wien ihn dazu bewogen, sich im Druck zur Laienanalyse zu bekennen, so hatte ihn diese Frage doch schon lange Zeit interessiert, und das Bewußtsein, daß er für Reiks Notlage mehr oder weniger direkt verantwortlich war, muß seine Heftigkeit und seine Hartnäckigkeit verstärkt haben.

Die beiden Männer waren einander 1911 begegnet, nachdem Freud Reiks Dissertation über Flauberts seltsame Erzählung *Die Versuchung des heiligen Antonius* gelesen hatte. Reik vergaß diese erste Begegnung nie. »Ich hatte Streit mit meinen Professoren«, die es mißbilligten, daß ein Student der Literatur und Psychologie eine Doktorarbeit im Freudschen Sinne verfaßte. Eine zufällige abschätzige Bemerkung eines seiner Psychologieprofessoren hatte Reik veranlaßt, Freuds *Zur Psychopathologie des Alltagslebens* zu lesen, und danach hatte er, wie Otto Rank einige Jahre vorher, alles hungrig verschlungen, was er von Freud in die Hände bekommen konnte. Er hatte das Manuskript seiner Dissertation Freud geschickt, der interessiert war und Reik zu sich einlud. Als Reik die Treppe in der Berggasse 19 hinaufstieg, erinnerte er sich viele Jahre später, »fühlte ich mich wie ein junges Mädchen, das zu einem Stelldichein geht, mein Herz schlug so schnell«. Dann betrat er das Sprechzimmer, wo Freud, »umgeben von den ägyptischen und etruskischen Figurinen, die er so sehr liebte«, arbeitete. Es zeigte sich, daß Freud »Flauberts Buch viel besser kannte als ich, und wir diskutierten lange darüber«.[88]

Bald sprachen sie über ernstere Dinge. Reik hatte beabsichtigt, Medizin zu studieren, aber Freud »sagte nein, er habe andere Pläne für mich. Er legte mir nahe, mein Leben der Psychoanalyse und der psychoanalytischen Forschung zu widmen.«[89] Wie wir wissen, teilte Freud diesen Rat sehr freigebig aus. Aber bei Reik beschränkte er sich nicht darauf, Ratschläge zu geben; er unterstützte ihn auch. Einige Jahre lang schickte er dem mittellosen Reik regelmäßig Geld und fand Arbeit für ihn. Auch führte er ihn in die Wiener Psychoanalytische Vereinigung ein, wo Reik, der mündlich oder schriftlich nie um Worte verlegen war, bald an den Diskussionen teilnahm und Vorträge hielt. »Er hat offenkundig Fehler«, schrieb Freud Abraham, der auf Freuds Bitten hin versuchte, Reik den Weg in Berlin zu ebnen, »aber er ist

ein guter, bescheidener Junge von starker Anhänglichkeit und fester Überzeugung und kann gut schreiben.«[90] Ein weiterer Laienanalytiker war geboren, auf Freuds eigenes Drängen hin. Und er überlebte die Angriffe gegen
ihn. Schlagzeilen in der *New York Times* fassen unter dem Datum »Wien,
24. Mai 1927« den Ausgang des Prozesses gegen Reik zusammen: »AMERI-
KANER VERLIERT PROZESS GEGEN FREUD / Entdecker der Psychoanalyse
sagt, sie kann ohne Rücksicht auf medizinische Wissenschaft Gutes tun.«
Freud (der natürlich, was immer die Schlagzeilen auch behaupteten, nicht
der Angeklagte war) wurde wie folgt zitiert: »Ein Mediziner kann nicht die
Psychoanalyse praktizieren, weil er immer die Medizin im Sinne hat, was in
Fällen, in denen meine Behandlung Gutes bewirken kann, nicht nötig
ist.«[91] Die Anklagen gegen Reik wurden fallengelassen, und fürs erste war
die Laienanalyse gerettet.

Freud hatte die Risiken, die Nichtärzten in der analytischen Praxis begegnen, zum erstenmal rund dreißig Jahre zuvor, 1895, in seinem berühmten
Traum von Irmas Injektion angesprochen. Er hatte geträumt, daß Irma,
seine Patientin, vielleicht an einer organischen Krankheit litt, die er –
fälschlich – als psychologisches Symptom diagnostiziert hatte. Dies war die
Gefahr, die Gegner der Laienanalyse wiederholt als eine ihrer Hauptsorgen
bezeichneten. Aber Freud hielt dieses Problem für lösbar. Als er 1913 ein
Geleitwort zu einem Buch Pfisters schrieb, ging er zur Offensive über und
verneinte entschieden, daß psychoanalytische Therapeuten eine medizinische Ausbildung benötigten. Im Gegenteil: »Die Ausübung der Psychoanalyse fordert viel weniger ärztliche Schulung als psychologische Vorbildung
und freien menschlichen Blick; die Mehrzahl der Ärzte aber«, fügte er ein
wenig boshaft hinzu, »ist für die Übung der Psychoanalyse nicht ausgerüstet und hat in der Würdigung dieses Heilverfahrens völlig versagt.«[92]
Daher war es nur natürlich, daß einige der prominentesten Anhänger
Freuds – von Otto Rank bis Hanns Sachs, von Lou Andreas-Salomé bis
Melanie Klein, ganz zu schweigen von der Psychoanalytikerin in seinem
eigenen Haus, seiner Tochter Anna – keine Ärzte waren. Außerdem stießen
begabte jüngere Rekruten zur Sache, Literaturlehrer wie Ella Freeman
Sharpe, Pädagogen wie August Aichhorn, Kunsthistoriker wie Ernst Kris,
die sich als kompetente Kliniker und einfallsreiche Theoretiker erwiesen.
Doch schon seine frühen Texte zeigen klar, daß Freud die Laienanalytiker
nicht verteidigte, weil sie einer besonderen Fürsprache bedurften. Sein Eintreten für sie ergab sich natürlicherweise aus dem, was er als die wesentliche
Natur der Psychoanalyse ansah. Freud hatte bereits Jahre, bevor Theodor
Reik mit dem österreichischen Gesetz in Konflikt geriet, ein großes Interesse an der Laienanalyse gehabt.

Freuds Befürwortung der Laienanalyse war jedoch keine Aufforderung zu leichtfertigen und amateurhaften Diagnosen. Er sprach sich konsequent dafür aus, daß ein potentieller Analysand zuerst von einem Arzt untersucht werden sollte, und er wiederholte diese Ansicht mit Nachdruck in *Die Frage der Laienanalyse*. Es war schließlich möglich, daß die physischen Symptome, die ein begeisterter Laienanalytiker vielleicht einer hysterischen Konversion zuschrieb, wie er es in seinem Irma-Traum getan hatte, sich als Zeichen einer körperlichen Krankheit herausstellten. Aber abgesehen davon, fand Freud, daß die medizinische Ausbildung eher ein Handicap war. Er war sein Leben lang darauf bedacht, die Unabhängigkeit der Psychoanalyse von den Ärzten nicht weniger als von den Philosophen zu bewahren.

Tatsächlich waren nach dem Krieg vier Fünftel seiner »Schüler« Ärzte, aber er wurde nie müde zu erklären, daß die Ärzte »kein historisches Anrecht auf den Alleinbesitz der Analyse haben«. Ein schlecht ausgerüsteter Arzt, der den Analytiker spielt, ist tatsächlich nichts anderes als ein Kurpfuscher. Selbstverständlich, fügte Freud hinzu, brauche kaum betont zu werden, daß der Nichtarzt mit allen Elementen der Psychoanalyse vertraut sein und etwas von der Medizin verstehen müsse, aber »es ist ungerecht und unzweckmäßig, einen Menschen, der den andern von der Pein einer Phobie oder einer Zwangsvorstellung befreien will, zum Umweg über das medizinische Studium zu zwingen«. Kurz, »wir halten es nämlich gar nicht für wünschenswert, daß die Psychoanalyse von der Medizin verschluckt werde« – dies war offensichtlich eine Lieblingsmetapher Freuds – »und dann ihre endgiltige Ablagerung im Lehrbuch der Psychiatrie finde«.[93]

Freud war so versessen auf seinen Standpunkt, daß er nicht zögerte, die Motive seiner Gegner in Frage zu stellen. Der Widerstand gegen die Laienanalyse, behauptete er, sei in Wirklichkeit ein Widerstand gegen die Analyse im allgemeinen. In Anbetracht des Formats und der Argumente der Psychoanalytiker, welche die Frage von der anderen Seite her betrachteten, erscheint dieses Urteil als voreilig und tendenziös. Wenn Freud mit seinen Argumenten auch, zumindest intellektuell, die Oberhand hatte, so war die Opposition nicht einfach unverantwortlich oder egoistisch. Ein Vierteljahrhundert später sollte Ernest Jones, der mit dem Problem aus seiner britischen Sicht rang, es »ein zentrales Dilemma der psychoanalytischen Bewegung« nennen, »für das man noch immer keine Lösung gefunden hat«. Freud, schrieb Jones und versuchte mannhaft allen Parteien gegenüber fair zu sein, »stand außerhalb des Getriebes der Außenwelt, und für ihn war es durchaus richtig, die Sache auf weite Sicht hin zu betrachten und ferne Zukunftsvisionen heraufzubeschwören«.[94] Selbstverständlich hatte Freud das Recht, in phantastischen Plänen zu schwelgen wie, zum Beispiel, dem einer psychoanalytischen Hochschule, an der Nichtärzte auch in die Biologie und Psychiatrie eingeführt würden.[95] »Aber diejenigen unter uns, die an bescheideneren Stellen im Leben standen, waren genötigt, kurzfristiger zu denken und mit den unmittelbaren Gegebenheiten fertig zu werden.«[96] Freuds großartiger Ausblick mochte verlockend sein, aber einstweilen, schloß Jones, habe man es mit einigen weltlichen Realitäten zu tun.

Diese Realitäten waren zu sperrig, um ignoriert zu werden. Die Psychoanalytiker standen unter dem Druck, ein Publikum zu beschwichtigen, das von den Behauptungen der Analytiker keineswegs ganz überzeugt war, und sie mußten ihre lokalen medizinischen und psychiatrischen Establishments mit Takt und bisweilen sogar mit einer Spur von Unterwürfigkeit behandeln. Im Jahre 1925 beschrieb der Psychologe J. McKeen Cattell, damals Präsident der American Association for the Advancement of Science, die Psychoanalyse verächtlich als »nicht so sehr eine Frage der Wissenschaft als vielmehr eine Geschmackssache«. Dr. Freud, fügte er hinzu, »ist ein Künstler, der im Märchenland der Träume unter den Ungeheuern der pervertierten Sexualität lebt«.[97] Cattell sprach nicht für alle, aber er hatte genug einflußreiche Verbündete, um das Streben der Psychoanalytiker nach beruflicher Anerkennung zu bedrohen.

Cattells Argument erhielt zusätzliches Gewicht durch die Flut von Quacksalbern, die behaupteten, Analytiker zu sein. In demselben Jahr, in dem er seine spöttischen Bemerkungen abgab, wurde ein amerikanischer Bürger namens Tyrell Lane vor ein Londoner Gericht gestellt und als »gefährlicher Scharlatan« angeklagt. Er hatte in seiner Ordination am Gordon Square, einer guten Adresse in Bloomsbury, praktiziert und für zwei Guineas die Stunde Behandlungen vorgenommen und Vorträge über die »Philosophie des Individualismus« gehalten.[98] Einige angesehene Bürger, einschließlich des Bischofs von Lincoln, erschienen als Charakterzeugen für Lane, aber der Staatsanwalt machte dunkle Andeutungen von »unschicklichem Benehmen gegenüber Insassinnen einer Mädchenschule, mit der er in Verbindung stand«. Lane wurde zu einem Monat Gefängnis verurteilt, aber zu guter Letzt wurde das Urteil aufgehoben. Er bekam eine Geldstrafe von 40 Shilling und mußte versprechen, Großbritannien innerhalb eines Monats zu verlassen und nicht mehr zurückzukehren.[99] Und Lane wurde in den Gerichtsakten als Psychoanalytiker geführt.

Ebenfalls 1925 sprach in der West Side Unitarian Church in Manhattan der Reverend Charles Francis Potter über »Psychoanalyse und Religion« und wies darauf hin, daß »Quacksalber in der Psychoanalyse« viele betrogen hätten. Seine Lösung bestand darin, daß Analytiker eine Zulassung haben müßten. »Es erscheint unglaublich, ist aber eine Tatsache«, sagte er, »daß, während ein Arzt eine Ausbildung und Vorbereitung von zehn Jahren oder mehr haben muß, bevor er die Körper von Menschen behandeln darf, ein Analytiker, der sich anmaßt, diesen empfindlicheren Organismus, die menschliche Seele, zu behandeln, sein Schild aushängen und 25 Dollar pro Sitzung verlangen kann, nachdem er nicht mehr Vorbereitung hatte als zehn Tage Lektüre von Freud und Jung.«[100] Das war genau das, was die Psychoanalytiker fürchteten – Scharlatane wie Lane, die in die Zeitungen kamen, und Verleumder wie Potter, welche die Meinungen eines breiteren Publikums aussprachen und seinen Widerstand bestärkten.

Um die Mitte der zwanziger Jahre konnte man daher in Frankreich, in Großbritannien und am lautesten in den Vereinigten Staaten Analytiker murren hören, daß viel zu viele selbsternannte Therapeuten versuchten von dem Prestige zu leben, das die Psychoanalyse gewonnen hatte, einem Prestige, das sie zugleich untergruben. An dieser Situation waren zum Teil die Analytiker selbst schuld. Ein prominenter amerikanischer Psychoanalytiker, Smith Ely Jelliffe, schrieb Ernest Jones 1927: »Die vielen ›Kulte‹« wie »Christian Science, Mental Healing, Couéismus und zahllose andere Aspekte pseudomedizinischer Praktiken« wären nie so berühmt geworden, »wenn der ›Doktor‹ aufgepaßt hätte«.[101] Wer immer für dieses Chaos verantwortlich war, die echten Psychoanalytiker mußten sich entschieden von allen Scharlatanen distanzieren. Freuds ausländische »Schüler«, die nach Hause zurückkehrten, um zu praktizieren, begannen über die Vorteile der Respektabilität nachzudenken und professionelle Einrichtungen zu schaffen, um sie zu sichern. Bei diesem Unternehmen konnten Laienanalytiker leicht als störende, möglicherweise peinliche Eindringlinge erscheinen.

Freud hatte andere Ideen. Gerade weil er Arzt war, konnte er es sich leisten, unparteiisch für den geschulten Laien zu sprechen. Aber wenn er auch einen tapferen Feldzug führte, so waren seine Siege sporadisch und beschränkt. Die Frage war höchst umstritten; sie führte während der zwanziger Jahre und darüber hinaus zu fruchtlosen Debatten in psychoanalytischen Zeitschriften und zögernden Resolutionen auf psychoanalytischen Kongressen. Die Institute in der westlichen Welt hielten sich an unterschiedliche Verfahren, aber die meisten verlangten entweder ein abgeschlossenes Medizinstudium als Grundvoraussetzung für die Zulassung oder sie belasteten die Ausbildung von Laien mit drückenden Einschränkungen. Dies war eine Frage, für viele die einzige Frage, in der Psychoanalytiker, die Freud vergötterten und seine Werke als heilige Schriften betrachteten, seine Wünsche mißachteten und sein Mißfallen riskierten. A. A. Brill sprach für viele dieser aufsässigen Getreuen, als er 1927 schrieb: »Vor langer, langer Zeit lernte ich zu akzeptieren, was der Meister bot, bevor ich aus eigenem Wissen davon überzeugt war, denn die Erfahrung lehrte mich, daß ich, immer wenn ich eine Feststellung für weit hergeholt oder unrichtig hielt, bald bemerkte, daß ich unrecht hatte; es war ein Mangel an Erfahrung meinerseits, der den Zweifel verursachte. Ich habe mich jedoch seit vielen Jahren sehr bemüht, mit dem Meister in der Frage der Laienanalyse übereinzustimmen, aber ich habe seine Ansicht nicht akzeptieren können.« Bei der Darlegung dieser Ansicht war der »Meister« zwar »brillant«, aber letzten Endes nicht überzeugend gewesen.[102]

Das Problem war so brennend, daß Eitingon und Jones 1927 beschlossen, eine internationale Sammlung von Beiträgen zusammenzustellen, die zugleich in Deutsch in der *Internationalen Zeitschrift* und in Englisch im *International Journal of Psycho-Analysis* veröffentlicht werden sollten. Mehr als zwanzig Teilnehmer, praktisch alle von ihnen wohlbekannte Analytiker aus einem halben Dutzend Ländern, äußerten ihren Standpunkt in kurzen Erklärungen oder kleinen Aufsätzen. Diese Beiträge bieten keine Überraschungen außer vielleicht der einen: Freud konnte nicht einmal seine lokalen Truppen bei der Stange halten. Natürlich verteidigte Theodor Reik, der ein wenig schalkhaft gestand, daß er nicht ganz unparteiisch sei, die Laienanalyse mit einer Analogie zur psychologischen Weisheit von Priestern und Dichtern. Aber andere Wiener, unter ihnen einige der ältesten Anhänger Freuds, lehnten diese Argumentation ab. Eduard Hitschmann, der sich 1905 Freuds Mittwoch-Gesellschaft angeschlossen hatte und nun Leiter der psychoanalytischen Klinik in Wien war, erklärte entschieden, er halte sich an die gesetzliche Richtlinie des Gesundheitsministers, daß die Psychoanalyse eine Angelegenheit für den Arzt sei.[103] Isidor Sadger, ebenfalls einer der frühesten Anhänger Freuds, meinte nicht weniger kategorisch, er sei aus Prinzip der festen Ansicht, daß kranke Personen ausschließlich von Ärzten behandelt werden sollten und daß jede Analyse solcher Personen durch Laienanalytiker zu vermeiden sei.[104]

Sogar Felix Deutsch konnte, obwohl aus persönlichen Gründen aufs äußerste bedacht, Freud zu gefallen, nicht umhin, seine wahre Meinung hinter gewundenen Definitionen zu verbergen, und er widerstand nicht der Schlußfolgerung, daß Heilen Sache des Arztes sei.[105] Gewiß fand Freud auch Fürsprecher: Einige der britischen Psychoanalytiker, unter ihnen Edward Glover und John Rickman, sahen keine Gefahr darin, daß nichtärztliche Therapeuten Analysen vornahmen, vorausgesetzt, daß die Therapie »scharf von der Diagnose getrennt wird; letztere muß medizinisch qualifizierten Personen überlassen werden«.[106] Tatsächlich blieb Großbritannien ein Land, in dem Laienanalytiker günstige Bedingungen vorfanden: Etwa 40 Prozent seiner Analytiker, erinnerte sich Jones, waren keine Ärzte.[107] Ebenso ermutigend für Freud war die Resolution der Ungarischen Psychoanalytischen Vereinigung in Budapest, in der es hieß, daß die Laienanalyse »in Freuds Buch theoretisch nicht nur als gerechtfertigt, sondern im Interesse des Fortschritts unserer Wissenschaft sogar als wünschenswert hingestellt wurde, und andererseits hat die Laienanalyse in Ungarn in der Praxis, wie die Erfahrung zeigt, bis heute zu keinem Schaden von Patienten geführt«.[108] Hermann Nunberg, der zu den begabtesten der jüngeren Wiener zählte, ging so weit, den Gegnern der Laienanalyse reine Selbstsucht vorzuwerfen. Er habe den Eindruck, schrieb er, daß der Widerstand gegen die Ausübung der Psychoanalyse durch Laien nicht immer auf rein theoretischen Überlegungen beruhe. Es scheine ihm, daß andere Motive wie das ärztliche Prestige und Motive ökonomischer Natur eine Rolle spielten. »In unseren Reihen wie anderswo findet der ökonomische Kampf seine Ideologie.«[109] Das waren starke Worte, aber sie spiegelten ziemlich genau Freuds Ansichten wider.

In seinem eigenen Beitrag, der später als »Nachwort zur ›Frage der Laienanalyse‹« veröffentlicht wurde, führte Freud noch einmal die bekannten Argumente an. In einer nostalgischen Stimmung fügte er eine autobiographische Überlegung ein, die oft zitiert worden ist: »Da es sich um meine Person handelt, kann ich dem, der sich dafür interessiert, einigen Einblick in meine eigenen Motive geben. Nach 41jähriger ärztlicher Tätigkeit sagt mir meine Selbsterkenntnis, ich sei eigentlich kein richtiger Arzt gewesen. Ich bin Arzt geworden durch eine mir aufgedrängte Ablenkung meiner ursprünglichen Absicht, und mein Lebenstriumph liegt darin, daß ich nach großem Umweg die anfängliche Richtung wiedergefunden habe.« Er meinte, seine »sadistische Veranlagung war nicht sehr groß, so brauchte sich dieser ihrer Abkömmlinge« – nämlich leidenden Menschen zu helfen – »nicht zu entwickeln«. Er könne sich auch nicht erinnern, jemals »Doktor« gespielt zu haben. »Meine infantile Neugierde ging offenbar andere Wege. In den Jugendjahren wurde das Bedürfnis, etwas von den Rätseln dieser Welt zu verstehen und vielleicht selbst etwas zu ihrer Lösung beizutragen, übermächtig.« Das Medizinstudium sei ihm als der beste Weg zur Verwirklichung dieses Ehrgeizes erschienen. Aber von Anfang an habe sich sein Interesse auf Zoologie, Chemie und schließlich Physiologie konzentriert, »unter dem Einfluß von Brücke, der größten Autorität, die je auf mich gewirkt hat«. Wenn er sich zuletzt der ärztlichen Praxis zugewandt habe, so sei das aus finanziellen Gründen geschehen; seine »materielle Situation« sei »armselig« gewesen. Aber – und das war natürlich der Zweck seines Ausflugs in seine jüngeren Jahre – »ich meine, mein Mangel an der richtigen ärztlichen Disposition hat meinen Patienten nicht sehr geschadet«.[110]*

---

* Diese Kapitel sollten gezeigt haben, daß Freuds subjektive Selbsteinschätzung zwei Korrekturen erfordert: Er kannte sehr wohl eine humanitäre Motivation, wenn er auch letzten Endes mehr an der Forschung interessiert war als am Heilen. Und die Beschreibung seines Lebenslaufs als lange Abweichung von seinem ursprünglichen Plan ignoriert die theoretische, ja philosophische Arbeit, die er nicht nur in seinen späten Jahren, in den 1920er Jahren und danach, leistete, sondern bereits drei Jahrzehnte früher.

Freud räumte ein, sein Bericht habe zweifellos wenig getan, um die Frage der Laienanalyse zu klären, und es sei nur allzu wahr, daß er wenige zu seiner Anschauung bekehrt habe, wenn es ihm auch, wie er bescheiden feststellte, wenigstens gelungen sei, einige extreme Ansichten zu mäßigen.[111] In einem Brief nach dem anderen, an seine Vertrauten und an Fremde gleichermaßen, beklagte er sich über die Vorurteile der Ärzte. Die Ärzte unter den Analytikern, schrieb er im Oktober 1927, seien nur allzu sehr geneigt gewesen, sich eher mit Forschungen zu beschäftigen, die dem Organischen näher stünden, als mit psychologischer Forschung.[112] Ein Jahr später erklärte er in einem Brief an Eitingon, er habe sich mehr oder weniger mit der Niederlage abgefunden. Die *Laienanalyse*, schrieb er, »war ein Schlag ins Wasser«. Er hatte in dieser Frage ein Gemeinschaftsgefühl unter den Analytikern schaffen wollen, aber es war ihm nicht gelungen. »Ich war sozusagen ein General ohne Armee.«[113]

Wie zu erwarten, entdeckte Freud, daß die wahren Bösewichte in dem Stück die Amerikaner seien. Sicherlich waren die amerikanischen Psychoanalytiker die unnachgiebigsten Gegner der Laienanalyse. Öffentlich äußerte Freud seinen Ärger über sie behutsamer als in seiner Korrespondenz. »Die wesentlich von praktischen Motiven geleitete Resolution unserer amerikanischen Kollegen gegen die Laienanalytiker«, schrieb er im »Nachwort zur ›Frage der Laienanalyse‹«, »erscheint mir unpraktisch, denn sie kann nicht eines der Momente verändern, welche die Sachlage beherrschen. Sie hat etwa den Wert eines Versuches zur Verdrängung.« Und er fragte abschließend, ob es nicht besser wäre, die Existenz von Laienanalytikern zu akzeptieren und sich zu bemühen, sie so gründlich wie möglich auszubilden.[114]

Es war eine rhetorische Frage, auf die Freud die Antwort bereits wußte. Die Amerikaner waren in dieser Frage für ihn weitgehend verloren, und sie waren es mehr oder weniger von Anfang an gewesen. Die New York Psychoanalytic Society, die A. A. Brill im Februar 1911 gründete, war eine Vereinigung von Ärzten. Ihre Statuten sahen eine außerordentliche Mitgliedschaft für Personen vor, »die ein aktives Interesse an der Psychoanalyse haben«[115], aber es war in den Augen der Mitglieder kaum eine Frage, daß es nur Ärzten gestattet war, Patienten zu psychoanalysieren. Um Mißverständnisse zu vermeiden, unterstrich Brill diesen Punkt 1921 energisch in der Einleitung zu seinem populären Buch *Fundamental Conceptions of Psychoanalysis*. Unglücklicherweise, schrieb er, habe die Psychoanalyse »viele Scharlatane und Quacksalber angezogen, die in ihr ein Mittel für die Ausbeutung der unwissenden Klassen finden, indem sie versprechen, alle ihre Krankheiten zu heilen«. Gewiß gäbe es Heiler dieses Schlages in allen Zweigen der Medizin, aber das bedeute nicht, daß man in seinem eigenen

Spezialfach untätig zusehen müsse. »Da ich mich für die Psychoanalyse in diesem Land ein wenig verantwortlich fühle, möchte ich nur sagen, daß die Psychoanalyse, eine ebenso wunderbare Entdeckung in der Psychologie wie etwa die Röntgenstrahlen in der Chirurgie, nur von Personen angewandt werden kann, die in Anatomie und Pathologie geschult worden sind.«[116]*

Brills Gleichnis war, vielleicht nicht bewußt, eine Waffe in dem Nervenkrieg gegen die Laienanalytiker und eine Warnung an alle, die daran dachten, sich von einem solchen Analytiker behandeln zu lassen. Als Jelliffe 1921, noch nicht in Brills Lager, Laienanalytiker unterstützte und nichtärztliche Assistenten beschäftigte, machte ihm Brill scharfe Vorwürfe.[117] Aber seine kritischen Bemerkungen gingen an Freuds Standpunkt vorbei: Freud hatte nie vorgehabt, analytische Patienten ungeschulten Therapeuten zu überlassen. Die Frage hatte nichts mit Röntgenstrahlen oder mit dem Messer des Chirurgen zu tun; es ging vielmehr darum, ob das Medizinstudium die notwendige oder die beste Vorbereitung für die psychoanalytische Praxis darstellt.

Die Frage erhielt 1925 einen dramatischen Anstrich, als sich Caroline Newton um Mitgliedschaft in der New York Psychoanalytic Society bewarb. Die gebildete und gut informierte junge Frau war 1921 eine Zeitlang bei Freud in Analyse gewesen[118], und nach ihrer Rückkehr in die Vereinigten Staaten übersetzte sie die Schriften Ranks. Sie war jedoch keine Ärztin, was für das New Yorker psychoanalytische Establishment ein fataler Mangel war. Die Gesellschaft unterrichtete Abraham, der damals Präsident der Internationalen Psychoanalytischen Vereinigung war, unverzüglich von der Affäre.** Die New Yorker, berichtete Abraham im März in einem Rundbrief, hätten Newton nur als Gast zugelassen und Einwände dagegen erhoben, daß sie eine Praxis eröffne und Empfehlungskarten versende. Außerdem, fügte Abraham hinzu, wollten sie eine Änderung der Statuten der

---

* Isador Coriat war Brill bereits weitgehend zuvorgekommen. Er hatte 1917 in einem kurzen Katechismus die Regel aufgestellt, daß die »Praxis der Psychoanalyse« beschränkt sein solle »auf diejenigen, die eine gründliche Schulung in der Theorie der Psychoanalyse und in allgemeiner Psychopathologie erhalten haben. Die Anwendung der Psychoanalyse durch eine ungeschulte Person ist ebenso zu verurteilen wie die Verwendung von Radium durch jemanden, der die Physik der Radioaktivität nicht kennt, oder ebenso gefährlich wie der Versuch einer chirurgischen Operation ohne Kenntnis der Anatomie« (Isador H. Coriat, *What is Psychoanalysis?*, 1917, S. 22). An sich klingt diese Feststellung nicht ganz eindeutig, aber Coriat spricht durchweg von »Ärzten«.
** Die Protokolle der New York Psychoanalytic Society vom 24. Februar 1925 vermerken, daß Caroline Newton die Gastprivilegien entzogen worden waren, und der Sekretär wurde angewiesen, Abraham zu schreiben, daß es »aus lokalen und anderen Gründen erforderlich war, die Teilnahme an unseren Sitzungen auf Mitglieder des Berufsstandes zu beschränken« – womit natürlich der ärztliche Berufsstand gemeint war (A. A. Brill papers, container 3, LC).

Internationalen Vereinigung in dem Sinne, daß Mitglieder einer Gruppe nicht ohne weiteres Anspruch auf Mitgliedschaft in einer anderen Gruppe hätten. Er fand diese Forderung vernünftig[119], und Freud stimmte zögernd zu. Doch er ergriff die Gelegenheit, um den, wie er sagte, charakteristischen Egoismus seiner amerikanischen Kollegen anzuprangern. »Aber die Ansprüche der Amerikaner scheinen mir doch zu weit zu gehen und allzu sehr von engherzigen, egoistischen Interessen diktiert zu sein«, schrieb er Jones im September.[120]

Die New York Psychoanalytic Society ließ sich durch Freuds Mißbilligung nicht beeinflussen. Sie reagierte auf den Fall Newton abwehrend, indem sie einen Bildungsausschuß einsetzte, der in Zukunft alle Bewerber zu überprüfen hatte. Die Protokolle der Gesellschaft vom 27. Oktober 1925 halten knapp fest, daß »das Haus nach längerer Debatte zu dem einhelligen Beschluß gelangte, daß es gegen die Ausübung der psychoanalytischen Therapie durch Laien ist«.[121] Die in sich etablierenden Organisationen unvermeidliche Bürokratisierung lag in der Luft. Im selben Jahr gründeten die in Bad Homburg versammelten Analytiker eine internationale Ausbildungskommission, um Maßstäbe für die Zulassung zu psychoanalytischen Instituten festzusetzen und Methoden der psychoanalytischen Ausbildung zu definieren. Beides war bis dahin lokal mit schöner Zwanglosigkeit gehandhabt worden. Die Ausbildungskommission erwies sich als kein reiner Segen; sie führte zu Streit mit Instituten, die darauf bedacht waren, sich ihre Selbständigkeit zu bewahren. Immerhin half sie aber, den Anforderungen für die Kandidatur und der Schulung von Analytikern eine feste Form zu geben.

Selbst wenn diese Ausbildungskommission nie existiert hätte, die amerikanischen Analytiker hätten gewußt, was sie wollten. »Gewiß wird das Schicksal über die endgültige Beziehung zwischen ΨA und Medizin entscheiden«, schrieb Freud Ernest Jones im Herbst 1926 über die Haltung der Amerikaner, »aber das heißt nicht, daß wir nicht versuchen sollten, das Schicksal zu beeinflussen, zu versuchen, es durch unsere eigenen Bemühungen zu gestalten.«[122] Doch am 30. November 1926 nahm die New York Psychoanalytic Society eine Resolution an, die im folgenden Jahr der Sammlung von Beiträgen über die Laienanalyse hinzugefügt wurde und damit internationale Geltung erhielt. »Die Praxis der Psychoanalyse für therapeutische Zwecke«, hieß es darin, »soll auf Ärzte (Doktoren der Medizin) beschränkt sein, die anerkannte medizinische Schulen absolviert haben, eine Spezialausbildung in Psychiatrie und Psychoanalyse besitzen und den Anforderungen der Gesetze für die medizinische Praxis entsprechen, denen sie unterliegen.«[123] Das war absolut eindeutig.

Freud setzte seine Bemühungen fort, die Amerikaner zu beeinflussen, aber eine Zeitlang schienen sie weitgehend vergeudet zu sein. Im Sommer 1927 erhielt Freud einen Brief von Brill – den ersten »in ich weiß nicht, wie vielen Jahren«, schrieb er Jones sarkastisch –, in dem Brill ihm versicherte, daß »er und sie alle ihm und seinen Prinzipien treu bleiben werden«. Brill, berichtete Freud, habe von seinen Absichten gehört, »die New Yorker Gruppe aus der Vereinigung zu drängen«, aber »es würde mir sehr leid tun, wenn etwas dergleichen geschähe«. Freud schrieb, die Absicht, die Amerikaner zum Austritt zu treiben, könne er mit gutem Gewissen bestreiten. Er antwortete Brill »streng und aufrichtig« und sagte ihm offen, daß ihn die Amerikaner enttäuscht hätten. Ebenso offen sagte er Brill, wenn sie austreten wollten, würde die Internationale Psychoanalytische Vereinigung »wissenschaftlich, kollegial und materiell nichts verlieren«. »Vielleicht wird er jetzt beleidigt sein«, schrieb Freud Jones, »aber er war es vorher auch. Wenn er seine Empfindlichkeit, die der Ausdruck eines schlechten Gewissens ist, beherrscht, kann sich doch noch ein gutes Verhältnis ergeben.«[124] Im Jahre 1928 schrieb Freud dem Schweizer Analytiker Raymond de Saussure, daß die Amerikaner eine Monroe-Doktrin aufgestellt hätten, die den Europäern jeden Einfluß auf ihre Angelegenheiten versage. Er habe mit seinem Buch über die Laienanalyse nichts erreicht; sie stellten ihre Status-Interessen über die analytische Gemeinschaft und wollten die Gefahren nicht sehen, denen sie die Zukunft der Analyse aussetzten.[125]

Anfang 1929, als die Kontroverse nicht verstummen wollte, fragte sich Freud, ob es nicht sinnvoll wäre, sich friedlich von den Amerikanern zu trennen und in der Frage der Laienanalyse fest zu bleiben.[126] Brills unbehagliches Gefühl, daß Freud den Wunsch haben könnte, die Amerikaner hinauszudrängen, war nicht nur eine unbegründete Phantasie. Aber in diesem Augenblick entwickelte Brill die Qualitäten eines Staatsmannes: Er war nicht gewillt, die Amerikaner zu einer zweifelhaften Unabhängigkeit zu führen, und machte bedeutende taktische Konzessionen, indem er zustimmte, daß die New York Psychoanalytic Society einige Nichtärzte in ihre Reihen aufnehmen sollte. »Ich bin außerordentlich froh«, schrieb Freud Ernest Jones im August 1929, nachdem die Analytiker in Oxford zusammengekommen waren, »daß der Kongreß so versöhnlich verlaufen ist und eine unverkennbare Annäherung der New Yorker an unseren Standpunkt gebracht hat.«[127]* Brill, stellte Freud dankbar fest, nahm

---

* Wie schon seit einigen Jahren vertrat Anna Freud ihren Vater wieder auf dieser internationalen Tagung. Freud riet ihr: »Du sollst Dir aus Ernest Jones' Quälereien und dem ganzen Kongreß nicht viel machen, Oxford als interessantes Abenteuer behandeln und Dich sonst freuen, daß Du Jones nicht geheiratet hast« (Freud an Anna Freud, 25. Juli 1929. Freud Collection, LC). Ihren heiteren, humorvollen Bulletins vom Kongreß nach zu urteilen, beherzigte sie den Rat ihres Vaters. »Mehr Tradition als Bequemlichkeit. Durchhalten!« telegraphierte sie am 27. Juli nach Hause (ibid.). Zwei Tage später, nachdem sie einen Vortrag gehalten hatte, schickte sie ein zweites Telegramm: »Vortrag sehr erfolgreich. Keine Schande für die Familie. Gute Stimmung« (ibid.). Zweifellos trug der Gedanke, daß sie Jones nicht geheiratet hatte, zu ihrer Fröhlichkeit bei.

den guten Kampf gegen »alle die amerikanischen ärztlichen Viertel-, Achtel- und Sechzehntel-Analytiker« auf.[128] Brills friedlichen Bemühungen nachgebend, gestatteten die New Yorker Psychoanalytiker gegen Ende des Jahres widerwillig, daß Laienanalytiker mit Kindern arbeiteten. »Brills Einlenken in dieser Frage der amerikanischen Laienanalyse hat dieses Problem einstweilen von der Tagesordnung abgesetzt«, bemerkte Ferenczi 1930 triumphierend in einem Rundbrief.[129] Aber in der Frage der Erwachsenenanalyse blieben die New Yorker jahrelang hart. Freuds imponierende Autorität war nicht unbegrenzt; sein Wort war nicht Gesetz.

Die Frau, der dunkle Kontinent

In den Jahren, in denen der interne Streit über die Ausbildung und die Qualifikationen angehender Analytiker die zerbrechliche Einheit der Freudschen Bewegung zu zerreißen drohte, debattierten die Analytiker auch über die Psychologie der Frau. Die Diskussion war im großen ganzen höflich, sogar gutmütig, aber sie betraf den Kern von Freuds Theorie, und das Thema hörte nicht auf, die Psychoanalyse zu quälen. Um die Mitte der zwanziger Jahre sagte Freud voraus, daß die Gegner seine Ansichten über die Weiblichkeit als unfreundlich gegenüber den Bestrebungen der Frauen und als voreingenommen zugunsten der Männer kritisieren würden. Seine Voraussage sollte sich bewahrheiten, und die Angriffe waren noch heftiger, als er es sich vorgestellt hatte.

Ein großer Teil der späteren Kommentare hat die Komplexität von Freuds Einstellungen vereinfacht, die eine verwickelte Mischung aus bekannten Gemeinplätzen, vorläufigen Forschungen und unkonventionellen Einsichten darstellen. Er sagte einige zutiefst beleidigende Dinge über Frauen, aber nicht alle seine theoretischen Erklärungen und privaten Meinungen waren antagonistisch oder herablassend. Ebensowenig waren sie alle doktrinär. Was die weibliche Psychologie betraf, war Freud bisweilen beinahe ein Agnostiker. Ende 1924, als er einige Probleme hinsichtlich der klitoralen und vaginalen Sensibilität zu klären versuchte, die Abraham aufgeworfen hatte, gestand Freud, daß ihn die Frage zwar interessiere, daß er aber »gar nichts« darüber wisse. Er gab, vielleicht etwas zu bereitwillig, zu, »daß die weibliche Seite des Problems mir außerordentlich dunkel ist«.[130] Noch 1928 schrieb er Ernest Jones: »Alles, was wir von der weiblichen *Frühentwicklung* wissen, kommt mir unbefriedigend und unsicher vor.«[131] Er habe, meinte er, aufrichtig versucht, das »Geschlechtsleben des erwachsenen Weibes« zu verstehen, aber es bleibe ihm rätselhaft. Es war so etwas wie »ein *dark continent*«.[132]

Zwei Dinge schienen für ihn festzustehen: »daß die erste Vorstellung vom sexuellen Verkehr eine orale ist, Saugen am Penis wie früher an der Mutterbrust, und Aufgeben der Klitorisonanie wegen der schmerzlich erkannten Minderwertigkeit dieser Organe.« Das schien schon sehr viel zu sein, aber »über alles andere muß ich mein Urteil zurückhalten«.[133] Ungefähr zu der Zeit, in der Freud Ernest Jones seine Verwirrung gestand, sagte er Marie Bonaparte, daß er »die weibliche Seele« dreißig Jahre lang studiert und nur wenig vorzuweisen habe. Er fragte: »*Was will das Weib?*«[134] Diese berühmte Frage, die zu seiner Beschreibung der Frau als dunkler Kontinent paßt, ist ein uraltes Klischee in modernem Gewand: Die Männer hatten sich jahrhundertelang gegen ihre obskure Angst vor der verborgenen Macht der Frau gewehrt, indem sie das ganze Geschlecht als unergründlich hinstellten. Aber sie ist auch ein hilfloses Achselzucken, ein Zeichen für seine Unzufriedenheit mit den Lücken in seiner Theorie. Was er über die Weiblichkeit zu sagen hatte, schrieb er noch 1932, sei »gewiß unvollständig und fragmentarisch«; wenn seine Leser mehr wissen wollten, schrieb er, »so befragen Sie Ihre eigenen Lebenserfahrungen, oder Sie wenden sich an die Dichter, oder Sie warten, bis die Wissenschaft Ihnen tiefere und besser zusammenhängende Auskünfte geben kann«.[135] Diese öffentlichen Dementis waren nicht nur rhetorische Kunstgriffe; wie wir wissen, gab Freud auch in seiner Privatkorrespondenz immer wieder ähnliche Erklärungen der Unwissenheit ab. Wenn er einer Sache sicher war, sagte er es auch. Aber bei der Frau war er nicht so sicher.

Die Schriften, die Freud zwischen 1924 und 1933 über die Psychologie der Frau veröffentlichte, beherrschten eine Debatte, zu deren Beginn er mit einigen fragmentarischen Kommentaren in den frühen zwanziger Jahren viel beigetragen hatte. Neben Karl Abraham gehörten zu den wichtigsten Analytikern, die sich mit seinen Ideen auseinandersetzten, Ernest Jones, der seinen eigenen Standpunkt suchte, die junge deutsche Psychoanalytikerin Karen Horney, die freimütig und unabhängig genug war, um den Meister auf seinem eigenen Gebiet öffentlich herauszufordern, und Getreue wie Jeanne Lampl-de Groot und Helene Deutsch, die beide Freuds endgültigen Standpunkt mit wenig Zögern und nur geringfügigen Änderungen übernahmen. Im Gegensatz zu der anfechtbaren Vorstellung eines Todestriebes, die nach wie vor auf starken Widerstand stieß, setzten sich Freuds Anschauungen über die Weiblichkeit unter den Psychoanalytikern weitgehend durch: Von den frühen dreißiger Jahren an galten sie als mehr oder weniger maßgeblich für seinen Beruf. Doch sporadisch flammte Widerspruch auf; Vorschläge zur Revision der nach dem Krieg geäußerten Ansichten Freuds über Frauen sind immer wieder vorgetragen worden. Die psychoanalytischen Revisionisten waren nicht so zornig auf Freud wie die Feministinnen, aber seine Erklärungen verursachten auch ihnen Unbehagen.

Freuds Schriften über Frauen sind ein weiterer Beweis dafür, wie überdeterminiert seine Ideen waren: Unbewußte Phantasien, kulturelle Bindungen und psychoanalytisches Theoretisieren beeinflußten sich in seinem Geist gegenseitig. Von seinen frühesten Tagen an – um mit den Phantasien zu beginnen – war Freud von Frauen umgeben. Seine schöne, herrische junge Mutter formte ihn mehr, als er wußte. Seine katholische Kinderfrau hatte einen etwas mysteriösen, abrupt beendeten, aber unauslöschlichen Anteil an seinem kindlichen Gefühlsleben. Seine Nichte Pauline, etwa so alt wie er, war das erste Ziel seiner kindlichen erotischen Aggressivität gewesen. Seine fünf jüngeren Schwestern kamen in rascher Folge – die jüngste, ebenfalls eine Pauline, wurde geboren, als er noch keine acht Jahre alt war –; sie beanspruchten die Aufmerksamkeit, die er als einziges Kind genossen hatte, und präsentierten sich ebensosehr als unbequeme Konkurrentinnen wie als entzückte Zuhörerinnen. Die eine große Liebe seines Erwachsenenlebens, die Leidenschaft für Martha Bernays um die Mitte seiner zwanziger Jahre, überfiel ihn mit ungezügelter Heftigkeit; sie brachte eine heftige monopolistische Natur zum Vorschein und unterwarf ihn Anfällen von irrationaler Eifersucht. Seine Schwägerin Minna Bernays, die sich Ende 1895 dem Freudschen Haushalt anschloß, war seine geschätzte Gefährtin in Gesprächen, auf Spaziergängen und auf Reisen. Freud konnte Fließ sagen, daß ihm Frauen nie den männlichen Kameraden ersetzt hatten, aber er war sichtlich empfänglich für sie.

Auch Freuds berufliches Leben war von Frauen erfüllt, die alle zu historischen Gestalten in der Psychoanalyse wurden. Die erste war die epochemachende Anna O., die Freud sozusagen von ihrem Arzt auslieh. Ihr folgten seine hysterischen Patientinnen der frühen 1890er Jahre, die ihn viel über die Kunst des Zuhörens lehrten. Eine weitere Lehrerin war Dora, der Gegenstand der ersten seiner fünf großen veröffentlichten Krankengeschichten; ihr verdankte er Lektionen über das Versagen, über die Übertragung und Gegenübertragung. Und Frauen waren auch die beiden einflußreichen Gönnerinnen, die Freud im Winter 1901/2 zu seiner Professur verhalfen.

Mehr noch, in späteren Jahren, als der berühmteste Psychoanalytiker der Welt, genoß er die Gesellschaft und Bewunderung von schönen, interessanten, kultivierten Schülerinnen wie Lou Andreas-Salomé und Analysandinnen wie Hilda Doolittle. Einige dieser Frauen, die er bevorzugte – Helene Deutsch, Joan Riviere, Jeanne Lampl-de Groot, Ruth Mack Brunswick, Marie Bonaparte und natürlich seine Tochter Anna – prägten dem psychoanalytischen Beruf ihren Stempel auf. Als 1910 die Mitglieder der Wiener Psychoanalytischen Vereinigung ihre Statuten einer Revision unterzogen, erklärte sich Isidor Sadger gegen die Zulassung von Frauen, aber Freud widersprach ihm mit Nachdruck; er »würde es als eine arge Inkonsequenz ansehen, wenn wir Frauen prinzipiell ausschlössen«.[136]* Später zögerte Freud nicht zu erklären, daß »weibliche Analytiker« wie Jeanne Lampl-de Groot und Helene Deutsch tiefer als männliche Analytiker wie er in die frühesten Jahre von Patientinnen graben könnten, die »so altersgrau, schattenhaft« seien. Jedenfalls dienten sie in der Übertragung besser als Mutterersatz, als es ein Mann jemals könnte.[137] Freud räumte damit ein, daß Frauen in bedeutsamen Aspekten der analytischen Praxis kompetenter sein könnten als Männer. Das war ein gewichtiges Kompliment, das jedoch eine gewisse Spitze enthielt: eine bemerkenswerte Konzession für einen Mann, der bekannt war für seine unbeugsamen antifeministischen Vorurteile, und zugleich ein subtiler Ausdruck eben dieser Vorurteile. Die Analytikerin, sagte Freud mit anderen Worten, habe den besten Erfolg, wenn sie die Arbeit verrichte, für die sie die Biologie bestimmt hat – die der Mutter.

Dieser Punkt hat beinahe unergründliche biographische Implikationen. Unter den Frauen, die Freud am meisten bedeuteten, war seine Mutter wohl nicht die auffälligste, aber wahrscheinlich die stärkste. Ihre Macht über sein Innenleben war so sicher wie die seiner Frau, seiner Schwägerin und sogar seiner Tochter Anna – und vielleicht entscheidender. Es war Amalia Freud, welche die Augen ihres erstgeborenen Sohns blendete, als er etwa vier Jahre alt war und sie auf einer Bahnfahrt »nudam« erblickte; es war Amalia Freud, nach deren Liebe er sich sehnte und deren Verlust er fürchtete. Als er ein Junge war, wahrscheinlich noch nicht ganz zehn Jahre alt[138], hatte er einen berühmten Angsttraum, den er in seiner *Traumdeutung* berichtete und zum Teil erklärte: »Er war sehr lebhaft und zeigte mir die geliebte Mutter mit eigentümlich ruhigem, schlafenden Gesichtsausdruck, die von zwei (oder drei) Personen mit Vogelschnäbeln ins Zimmer getragen und aufs Bett gelegt wird.« Er erwachte weinend und schreiend.[139] Als er sich an diesen frühen Traum erinnerte, hatte er keine Schwierigkeiten, die Quelle für die Figuren, die seine Mutter trugen, zu entdecken: Die Vogelschnäbel waren die visuellen Gegenstücke des deutschen Vulgärausdrucks

---

* Ich sollte hinzufügen, daß Adler, der unmittelbar vor Freud sprach, »dafür wäre, auch weibliche Ärzte und Frauen, die sich ernsthaft dafür interessieren und mitarbeiten wollen, zuzulassen« (13. April 1910, *Protokolle*, II, S. 440). Das erste weibliche Mitglied war Dr. Margarete Hilferding, die am 27. April 1910 mit 12 gegen 2 Stimmen gewählt wurde (ibid., S. 461).

für Geschlechtsverkehr – »vögeln«. Die andere Quelle, die Freuds Konstruktion dieses derben visuellen Wortspiels zugrunde lag, war eine Illustration mit vogelköpfigen ägyptischen Gottheiten in der Familienbibel, die
er als kleiner Junge eifrig studiert hatte. Seine Analyse dieses Traumes enthüllte also unter anderen, bestens verborgenen Dingen seine geheime knabenhafte Begierde nach seiner Mutter, eine Begierde, die den schrecklich-
sten religiösen Tabus zuwiderlief.

Freuds Mutter mußte für ihren Sohn begehrenswert sein, nicht nur in
seiner eigenen theoretischen Darstellung, sondern in ihrer schönen und eindrucksvollen Realität. Sie war nach allem, was man weiß, eine beachtliche
Persönlichkeit. Freuds Sohn Martin, der sich gut an seine Großmutter erinnerte, beschrieb sie als »eine typische polnische Jüdin mit allen Unzulänglichkeiten, die das bedeutet. Sie war gewiß nicht das, was wir eine ›Dame‹
nennen würden, hatte ein lebhaftes Temperament und war ungeduldig, eigenwillig, scharfsinnig und hochintelligent«.[140]* Freuds Nichte Judith Bernays Heller, die in ihrer Jugend viel mit ihrer Großmutter mütterlicherseits
zusammengewesen war, bekräftigte die Beschreibung ihres Cousins: Amalia Freud, schrieb sie, war launisch, energisch und willensstark; sie setzte in
kleinen und großen Dingen ihren Willen durch, war in ihrer Erscheinung
eitel beinahe bis zu ihrem Tod mit 95 Jahren; sie war tüchtig, kompetent
und egoistisch. »Sie war charmant und lächelte, wenn Fremde anwesend
waren, aber ich zumindest hatte immer das Gefühl, daß sie ihren Vertrauten gegenüber eine Tyrannin war, und zwar eine selbstsüchtige.« Aber –
und das konnte ihre Macht nur stärken – sie war keine, die sich beklagte,
und sie ertrug die Härten des österreichischen Lebens während des Ersten
Weltkriegs und danach ebenso wie die Einschränkungen ihrer Beweglich-
keit durch das fortschreitende Alter mit bewundernswertem Mut. »Sie
hatte Sinn für Humor, war imstande, über sich selbst zu lachen, ja manchmal sogar über sich zu spotten.«[141] Und sie verehrte sichtbar und hörbar
ihren erstgeborenen Sohn und nannte ihn, wie es die Legende richtig über-
liefert, ihren »goldenen Sohn«.[142] Der Gegenwart einer solchen Mutter
konnte man selbst nach der gründlichsten Selbstanalyse nur schwer entkommen.

---

* Es ist charakteristisch für die widersprüchlichen Einstellungen, die verwestlichte Juden zu ihren osteuropäischen Brüdern haben konnten, daß Martin Freud, der offen von
den »Unzulänglichkeiten« sprach, die »typische« polnische Juden an sich hätten, in
demselben Artikel mit unverhohlener Bewunderung auf den Mut osteuropäischer Jus-
studenten angesichts antisemitischer Tumulte an der juristischen Fakultät der Universität Wien hinwies. »Dort widerstanden die verachteten und verschmähten ›polnischen
Juden‹ mit beträchtlicher körperlicher Zähigkeit den Angriffen deutscher und österreichischer Studenten, die ihnen zahlenmäßig weit überlegen waren« (Martin Freud,
»Who was Freud?«, in: *The Jews of Austria: Essays on Their Life, History and Destruction*, hrsg. v. Josef Fraenkel, 1967, S. 207).

Tatsächlich gibt es keine Beweise dafür, daß Freuds systematische Selbsterforschung diese gewichtigste Bindung berührte oder daß er je die Macht seiner Mutter über ihn erforschte und zu bannen versuchte.* Während seines ganzen Lebens als Analytiker erkannte er die entscheidende Bedeutung der Mutter für die Entwicklung des Kindes an. Er konnte kaum weniger tun. »Auch wer die inzestuöse Fixierung seiner Libido glücklich vermieden hat, ist dem Einfluß derselben nicht völlig entzogen«, schrieb er 1905. »Vor allem sucht der Mann nach dem Erinnerungsbild der Mutter, wie es ihn seit den Anfängen der Kindheit beherrscht.«[143] Doch beinahe vorsätzlich dieser Einsicht ausweichend, verbannte Freud die Mütter an den Rand seiner Krankengeschichten. Doras Mutter, die, wie Freud sagte, an einer »Hausfrauenpsychose«[144] litt, ist eine stumme Nebendarstellerin in dem Familienmelodram. Die Mutter des Kleinen Hans wird, obwohl sie nach Meinung ihres Mannes mit ihrem verführerischen Verhalten die Ursache der Neurose ihres Sohnes ist, diesem Mann untergeordnet, dem Hilfsanalytiker, der Freuds Deutungen übermittelt. Die biologische Mutter des Wolfsmannes erlangt nur eine streng begrenzte Bedeutung als Partnerin der Urszene, die er als kleiner Junge beobachtete oder phantasierte, obwohl gewiß Muttersubstitute zu seiner Neurose beitrugen. Die Mutter des Rattenmannes tritt flüchtig in Erscheinung, hauptsächlich als die Person, die der Patient konsultiert, bevor er seine Analyse beginnt. Und Schrebers Mutter könnte ebensogut nie gelebt haben.[145]

Diese summarische Reduzierung der Rolle der Mutter in der neurotischen Geschichte seiner Patienten spiegelte zum Teil mißliche Spärlichkeit der Information wider. Freud beklagte wiederholt die Art, wie die hochgeschätzte Respektabilität seiner Zeit Patientinnen zur Zurückhaltung zwang und daher bei ihnen weniger hilfsbereite Indiskretion zuließ als bei Männern. Die Folge sei, wie er in den frühen zwanziger Jahren bemerkte, daß die Psychoanalytiker erheblich mehr über die sexuelle Entwicklung von Knaben wüßten als von Mädchen. Aber Freuds Beteuerungen seiner Unwissenheit klingen beinahe gewollt, so als gäbe es, was Frauen anging, Dinge, die er auch gar nicht wissen wollte. Es ist bezeichnend, daß die einzige Gefühlsbindung, die Freud je mit Sentimentalität umgab, die Liebe der Mutter zu ihrem Sohn war. Während jede dauerhafte intime Beziehung, schrieb er 1921, ob Ehe, Freundschaft oder Familie, einen Bodensatz von feindseligen Gefühlen verberge, gäbe es vielleicht »eine einzige Ausnahme«, die »Beziehung der Mutter zum Sohn, die, auf Narzißmus gegrün-

---

* Max Schur formulierte, was ich sagen will, mit der gebotenen Vorsicht: »Alles in allem«, schrieb er Ernest Jones, »gibt es viele Hinweise auf komplizierte prägenitale Beziehungen zu seiner Mutter, die er vielleicht nie voll analysierte« (Schur an Jones, 6. Oktober 1955. Jones papers, Archives of the British Psycho-Analytical Society, London).

det, durch spätere Rivalität nicht gestört wird«.[146] Er charakterisierte diese mütterliche Zuneigung zum Sohn als »überhaupt die vollkommenste, am ehesten ambivalenzfreie aller menschlichen Beziehungen«.[147] Das klingt weit mehr wie ein Wunsch denn wie eine nüchterne Folgerung aufgrund klinischen Materials.

Als er Freuds Kühnheit, Unabhängigkeit und unübertroffene produktive Neugier zu erklären versuchte, nannte Ernest Jones »unerschrockenen Mut« als seine »wertvollste Gabe. Welcher anderen Quelle denn konnte er entspringen als dem höchsten Vertrauen in die Liebe seiner Mutter?«[148] Die Diagnose scheint bestätigt zu werden durch Freuds berühmte Bemerkung, daß der junge Mann, welcher der unbestrittene Liebling seiner Mutter gewesen sei, ein Gefühl triumphierender Selbstachtung und damit die Kraft für den Erfolg im späteren Leben entwickle.* Aber auch das ähnelt weit mehr einem Wunsch als einer rationalen Überzeugung oder einer verläßlichen Selbsteinschätzung. Die Gefühle einer Mutter für ihren Sohn mögen weniger konfliktgeladen sein als die des Sohnes für die Mutter, aber sie sind nicht frei von Ambivalenz, von Enttäuschung und Ärger über den geliebten Sohn, ja von regelrechter Feindseligkeit. Es ist sehr wahrscheinlich, daß sich Freud gegen die Anerkennung der Tatsache sträubte, daß das Band zwischen seiner Mutter und ihm in irgendeinem Sinne unvollkommen war, daß es durch die Liebe, die sie seinen Geschwistern entgegenbrachte, auch nur im geringsten gelockert oder durch eine unerlaubte Begierde, die er zu ihr hegte, befleckt werden könne. Er scheint die Konflikte, die sich aus seinen komplizierten Gefühlen für seine Mutter ergaben, dadurch erledigt zu haben, daß er sie nicht erledigte.

Bezeichnenderweise stellte Freud in seiner Abhandlung von 1931 über die weibliche Sexualität die Vermutung an, daß ein Knabe vielleicht an seiner Mutterbindung festhalten und sich seiner Ambivalenz ihr gegenüber entledigen könne, indem er seine feindseligen Gefühle gegen den Vater richte. Er fügte vorsichtig hinzu, daß es klug wäre, über diesen dunklen Punkt keine voreiligen Schlüsse zu ziehen und ein weiteres Studium der präödipalen Entwicklung abzuwarten.[149] Aber dieser Rückzug sollte nicht die Einsicht verdunkeln, die sein Vorschlag enthält, nicht nur für das Gefühlsleben anderer, sondern auch für sein eigenes.

In der Abhandlung über die Weiblichkeit, die er zwei Jahre später veröffentlichte, gab Freud einen weiteren Einblick in sein Innenleben. Als er die Gründe darstellte, aus denen sich das kleine Mädchen von der Mutter ab- und dem Vater zuwende, so stark auch seine erste Bindung gewesen sein möge, erklärte er, daß dieser Wechsel nicht nur der Ersatz des einen Eltern-

---

* Siehe »Eine Kindheitserinnerung aus *Dichtung und Wahrheit*« (1917), G.W., Bd. 12, S. 26.

teils durch den anderen sei. Er werde vielmehr von Feindseligkeit, ja sogar Haß begleitet. Diese bedeutsamste »Anklage gegen die Mutter flammt auf, wenn das nächste Kind in der Kinderstube erscheint«. Dieser Rivale beraube das Erstgeborene der hinreichenden Ernährung, und »merkwürdigerweise ist das Kind auch bei einer Altersdifferenz von nur elf Monaten nicht zu jung, um den Sachverhalt zur Kenntnis zu nehmen«.[150] Dies kommt Freuds eigener Situation nahe: Nur siebzehn Monate trennten ihn von seinem jüngeren Bruder Julius, dessen Ankunft er mit Zorn und bösen Todeswünschen begrüßt hatte.[151]

»Aber nicht allein die Milchnahrung«, fuhr Freud fort, »mißgönnt das Kind dem unerwünschten Eindringling und Rivalen, sondern ebenso alle anderen Zeichen der mütterlichen Fürsorge. Es fühlt sich entthront, beraubt, in seinen Rechten geschädigt, wirft einen eifersüchtigen Haß auf das Geschwisterchen und entwickelt einen Groll auf die ungetreue Mutter, der sich sehr oft in einer unliebsamen Veränderung seines Benehmens Ausdruck schafft.« Das Kind werde reizbar, unfolgsam und regrediere in der Beherrschung der Ausscheidungen. All das, bemerkte Freud, sei nur zu bekannt. »Aber wir machen uns selten die richtige Vorstellung von der Stärke dieser eifersüchtigen Regungen, von der Zähigkeit, mit der sie haften bleiben, sowie von der Größe ihres Einflusses auf die spätere Entwicklung.« Das sei um so wahrer, »da dieser Eifersucht in den späteren Kinderjahren immer neue Nahrung zugeführt wird und die ganze Erschütterung sich bei jedem neuen Geschwisterchen wiederholt. Es ändert auch nicht viel daran, wenn das Kind etwa der bevorzugte Liebling der Mutter bleibt; die Liebesansprüche des Kindes sind unmäßig, fordern Ausschließlichkeit, lassen keine Teilung zu.«[152] Freud behauptete hier von Mädchen zu sprechen, aber sein Porträt sieht verdächtig nach einem Selbstporträt aus. Hatte er sich in seinen Briefen an seine Verlobte nicht als eifersüchtig, exklusiv, keine Konkurrenz ertragend beschrieben? Es scheint, daß Freud gute Gründe hatte, das Thema Frau etwas geheimnisvoll, ja sogar ein wenig bedrohlich zu finden.

Zweifellos wurde es Freud erleichtert, diesem unaufgelösten, weitgehend unbewußten Konflikt auszuweichen, weil seine besitzergreifende Männlichkeit seinem kulturellen Konservatismus entsprach. Er war ein erzkonservativer Gentleman des 19. Jahrhunderts in seinem sozialen und ethischen Stil und sogar in seiner Kleidung. Er paßte seine altmodischen Manieren nie einer neuen Zeit an, ebensowenig seine altmodischen Ideale, seine Art zu sprechen und zu schreiben, seine Kleidung und meistens auch seine Orthographie. Radio und Telefon mißfielen ihm. Er hielt Auseinandersetzungen über moralische Fragen für absurd, da schließlich vollkommen klar sei, was anständig oder nicht anständig, recht oder unrecht sei.

Kurz, seine Anhänglichkeit an ein Zeitalter, das vor seinen Augen zur Geschichte wurde, ließ nie nach. Seine Briefe und Memoranden an Fließ und seine Krankengeschichten aus den 1890er Jahren stellen einen kleinen Katalog von traditionellen Anschauungen – wir nennen sie heute Vorurteile – über Frauen dar. Es sei die Pflicht des Mannes, seine Frau vor ausführlichen sexuellen Details zu schützen, selbst wenn sie in eine medizinische Form gekleidet seien.[153]* Eine intelligente und selbständige Frau verdient Lob, weil sie in dieser Hinsicht wie ein Mann ist.[154] Die Frau ist von Natur aus sexuell passiv.[155] Gleichzeitig konnte er solche populären Gemeinplätze in Frage stellen und zugeben, daß die erotische Passivität der Frauen nicht natürlich, sondern von der Gesellschaft auferlegt sei.[156] Freud erkannte die Gültigkeit der alten Einsicht, die man schon bei Defoe, Diderot und Stendhal findet, daß alle geistigen Schwächen, die man bei Frauen entdecken mag, nicht die Folge einer natürlichen Veranlagung, sondern der kulturellen Unterdrückung sind.

Diese und andere Vorstellungen über Frauen, die sich schlecht miteinander vertrugen und manchmal gegenseitig ausschlossen, belasteten seine Äußerungen im Laufe der Jahre, und einige Gedanken über die männliche Überlegenheit standen im Vordergrund seines Denkens. Im Jahre 1907 konnte er in *Der Wahn und die Träume in W. Jensens »Gradiva«* versichern, daß die Aggression die Pflicht des Mannes im Liebesspiel sei.[157] Zwölf Jahre später bat er Ferenczi, einen Brief an eine Dame in Budapest weiterzuleiten, die ihm unlängst geschrieben, »aber als echtes Frauenzimmer unterlassen [hatte], ihre Adresse in den Brief zu schreiben, was Männer immer tun«.[158] Der kleine Unterschied zwischen den Geschlechtern war für ihn sehr groß. Als er Ernest Jones über Joan Riviere schrieb, die er bewunderte, bemerkte er: »Nach meiner Erfahrung braucht man nicht zu tief an der Haut einer sogenannten maskulinen Frau zu kratzen, um ihre Weiblichkeit ans Licht zu bringen.«[159] Freuds Einstellungen zu den Frauen waren ein Teil größerer kultureller Bindungen, seines viktorianischen Stils.**

Dieser Stil war nie monolithisch gewesen. So wie es gewöhnlich verwendet wird, ist das Adjektiv »viktorianisch« wenig mehr als ein bequemes, oft verächtliches, weitgehend irreführendes Klischee. Es beschwört Bilder vom »Engel im Hause« herauf, von der fügsamen Frau, die das Heim behütet und in der Sorge für die Kinder und den Haushalt aufgeht, während ihr gebieterischer, weit stärker sexualisierter und aggressiver Ehemann drau-

---

* Siehe S. 78 unten.
** Noch 1938 konnte er Stefan Zweig mit dem unverkennbaren Akzent des 19. Jahrhunderts schreiben: »Die Analyse ist wie eine Frau, die erobert werden will, aber weiß, daß sie gering geschätzt wird, wenn sie nicht Widerstand leistet« (Freud an Stefan Zweig, 20. Juli 1938. Sigmund Freud Copyrights, Wivenhoe).

ßen in der bösen Welt des Geschäftslebens und der Politik kämpft. Die Einteilung der Viktorianer in zwei Parteien hinsichtlich der Frauenfrage, in Feministen und Antifeministen, hilft nicht weiter als der Name »viktorianisch« selbst. Es ist wahr, daß sich die Gemüter über der Frauenfrage erhitzten und die Schlagworte billig waren. Aber die Etiketten sind zu oberflächlich, um ein reiches Spektrum von Anschauungen zu erklären. Es gab Antifeministen, die Frauen das Stimmrecht verweigern wollten, aber für ihr Recht auf höhere Bildung, die Kontrolle über ihr Eigentum oder gleichen Zugang zum Scheidungsgericht eintraten, und es gab Feministen, angeblich die Gegner der Antifeministen, die sehr ähnliche Anschauungen vertraten. Freud, der sein Mißtrauen gegen die Frauenbewegung nicht verhehlte, veranschaulicht sehr schön diese Verwirrung von Bündnissen und Standpunkten. Er hielt an seinem Ideal der sanften, tüchtigen Hausfrau fest, aber er behinderte nie, sondern förderte vielmehr ehrgeizige Psychoanalytikerinnen und nahm ihre Anschauungen ernst. Ja er untergrub seine Kommentare über Frauen, die von offener Unsicherheit bis zu großzügiger Höflichkeit reichten, indem er den Vorsitz über einen Berufsstand innehatte, in dem Frauen bis zur Spitze aufsteigen konnten. Er hatte seine Überzeugungen früh erworben und fand sie weiterhin vollkommen befriedigend. Aber sein Verhalten als unumstrittener Begründer und Führer einer internationalen Bewegung, zu der Frauen bedeutende und anerkannte Beiträge leisteten, widersprach seinen Worten.

So wurde Freud zu seinen Lebzeiten ganz unbeabsichtigt zu einem Teilnehmer an dem stürmischen Feldzug für die Frauenrechte. Seit der Mitte des 19. Jahrhunderts hatten sich Feministen in der ganzen westlichen Welt bemüht, gegen juristische, soziale und ökonomische Handicaps anzukämpfen. Kurz vor dem Ersten Weltkrieg gingen englische Suffragetten zum passiven Ungehorsam und manchmal zu offener Gewalt über, aber die meisten Feministen führten ihren Kampf wie immer mit maßvollen Forderungen und in einer vernünftigen, wenn auch leicht gekränkten Sprache. Die erste regelrechte Erklärung der Frauenrechte, über die 1848 auf einer Versammlung in Seneca Falls, New York, abgestimmt wurde, war versöhnlich, fast schüchtern in ihrem Ton: Die Forderung nach dem allgemeinen Wahlrecht kam beinahe nicht zur Sprache und wurde beinahe nicht durchgebracht, als sie schließlich doch laut wurde. Diejenigen, die gegen die Feministinnen und Feministen als hemmungslos Pervertierte wetterten, die darauf aus seien, die Familie und die »natürlichen« Beziehungen zwischen den Geschlechtern zu zerstören, konnten nur von Angst aufgescheucht worden sein. Und nach der Lawine von Karikaturen, Leitartikeln, Predigten und Schimpfkanonaden gegen angriffslustige, männermordende Frauen und ihre unter dem Pantoffel stehenden, verweichlichten männlichen Fürsprecher zu urteilen, muß tatsächlich eine große Anzahl von Männern des 19. Jahrhunderts extreme Angst gehabt haben. Nur eine Freudsche Analyse kann dieses Aufschäumen frauenfeindlicher Gefühle erklären, die in den Jahrzehnten nach Seneca Falls ein Land nach dem andern erfaßten.[160]

Wenn die Feministen auch bedrohlich erscheinen mochten und tapfer und lautstark weiterkämpften, so stießen sie auf eine in Kirche, Staat und Gesellschaft fest verschanzte Opposition. Was ihre Aussichten noch verschlechterte, war, daß sich die Bewegung im späten 19. Jahrhundert mit lähmenden, zunehmend heftigen inneren Spaltungen in Fragen der Strategie und der Endziele konfrontiert sah. Die Sozialisten argumentierten, daß nur der Tod des Kapitalismus die Befreiung der Frauen bringen werde. Politische Taktiker bestanden auf dem allgemeinen Wahlrecht als Grundvoraussetzung für alle anderen Reformen. Besonnenere Feministen waren damit zufrieden, eine Tür nach der anderen zu öffnen; sie reichten Petitionen ein, um Frauen den Zugang zum Medizinstudium oder das Recht auf ein eigenes Bankkonto zu verschaffen. So führten Feministen allmählich und sporadisch die Veränderung herbei. Niemals gab es irgendwo leichte Siege. Auf ihre Weise, und ohne viel Aufhebens davon zu machen, waren prominente Analytikerinnen wie Anna Freud und Melanie Klein lebendige Verkörperungen der feministischen Bestrebungen, und sie profitierten von dem einsamen Mut einer früheren Generation – und von Freuds Einstellung.

In Freuds Österreich war der Fortschritt der feministischen Sache schneckenähnlicher als anderswo. Es herrschte eine allgemeine Frustration. Ein Gesetz von 1867 hatte »weiblichen Personen«, die man mit Ausländern und Minderjährigen in einen Topf warf, ausdrücklich jegliche politische Betätigung verboten. Daher waren feministische Vereinigungen, die sich für die Ausdehnung des Wahlrechts auf Frauen einsetzten, ihrer Natur nach undenkbar. Auch die Sozialisten Österreichs, die in den späten 1890er Jahren zu einer Massenbewegung geworden waren, zögerten, das Frauenstimmrecht zu einem wesentlichen Punkt ihres Programms zu machen. Sie forderten zwar die Abschaffung aller Gesetze, die Frauen benachteiligten, waren aber mehr an der Beseitigung ihrer eigenen traditionellen Beschwerden interessiert: Ihr Führer, Victor Adler, bezeichnete diese 1898 als »wirtschaftliche Ausbeutung, Mangel an politischen Rechten und geistige Knechtschaft«.[161]* Sobald diese überwunden wären, nahm man an, würden auch die Frauen frei sein. Daher beschränkten sich die österreichischen Frauen, sofern sie sich überhaupt organisierten, auf sichere Angelegenhei-

---

* Durch eine merkwürdige Klausel des österreichisch-ungarischen Gesetzes wählte eine Anzahl von Frauen während des letzten Teils des 19. Jahrhunderts in den Provinzen – als Grundeigentümerinnen, nicht als Frauen. Selbst Radikale, die für das Frauenstimmrecht eintraten, wandten sich gegen dieses sonderbare Privileg. Es galt jedenfalls nicht in Wien.

ten, die man schon seit langem für weibliche Belange hielt: Erziehung und Wohltätigkeit. Wenige von ihnen träumten auch nur davon, die Paragraphen des Gesetzbuches von 1811 anzufechten, die den Ehemann offiziell zum »Familienoberhaupt« ernannten und in dieser Eigenschaft zum »Haushaltsvorstand«, dessen Befehlen die Frau zu gehorchen habe. Das bedeutete, daß das österreichische Gesetzbuch des 19. Jahrhunderts Frauen zwar als wirkliche Personen behandelte – manche gratulierten ihnen dazu, daß es ihnen besser erginge als den Frauen in Frankreich –, aber vorsah, daß sie ohne Genehmigung des Mannes ihre Kinder nicht erziehen, ihren Haushalt nicht führen, nicht vor Gericht gehen und keinen Handel treiben konnten. In ihrem 1907 veröffentlichten maßgeblichen Überblick über das Familienrecht nannte Helene Weber die österreichischen Regelungen »vorwiegend deutsch-patriarchalisch«.[162] Diese Charakterisierung war nicht zu streng.

In diesem niederdrückenden gesetzlichen und politischen Klima, das von vorherrschenden kulturellen Einstellungen aufrechterhalten wurde, mußten österreichische Frauen, die den Ehrgeiz hatten, sich zu bilden oder unabhängig zu sein, schonungslosen Spott über sich ergehen lassen. Auf subtile Weise wurde diese Atmosphäre genährt durch eine populäre österreichische Literatur, in der Arthur Schnitzlers pikante erotische Erzählungen nur die vollendetsten waren. Es war eine Literatur, in der es von »süßen Mädeln«, gewöhnlich aus den unteren Schichten – Verkäuferinnen, Kellnerinnen, Tänzerinnen – wimmelte, welche die fügsamen, oft dem Untergang geweihten Opfer junger Offiziere, verlebter Bonvivants oder verwöhnter, reicher Bürger waren, die sie zu ihrem Vergnügen ausbeuteten. Erzählungen, Romane und Theaterstücke proträtierten das »süße Mädel« als notwendiges Sicherheitsventil für die Familien der mittleren und oberen Klassen; es lieferte das sexuelle Vergnügen, das die respektable junge Frau nicht zu bieten wagte, bevor sie verheiratet war, und nur zu selten danach; es rettete Ehen vor dem Zusammenbruch oder sexhungrige Männer vor der Neurose. Tatsächlich zeichnete zumindest Schnitzler kein unbeschwertes Porträt des fröhlichen und leichtlebigen Wiens. Er äußerte eine beißende Kritik an seiner Grausamkeit, Gefühllosigkeit und Heuchelei. Aber oberflächliche Leser faßten diese Literatur als übermütige Bestätigung der Beschäftigung Wiens mit Wein, Weib und Gesang – vor allem Weib – auf. Diese Verleumdung, gegen die Freud energisch protestierte, trug nicht dazu bei, die Aussichten der Feministinnen in seinem Land zu verbessern.

Die Frauen des Mittelstandes waren zum größten Teil nicht darauf vorbereitet, in eigener Sache zu kämpfen. In seiner Autobiographie erinnert sich Stefan Zweig daran, daß die bessere Gesellschaft Wiens ihre jungen Frauen eifrig vor jeder »Ansteckung« behütete und »in einer völlig sterili-

sierten Atmosphäre« einschloß, indem sie ihre Lektüre und ihren Umgang
überwachte und sie von erotischen Gedanken durch Klavierstunden,
Zeichnen und Fremdsprachen ablenkte. »Man bildete und überbildete
sie«; die Gesellschaft »wollte das junge Mädchen töricht und unbelehrt,
wohlerzogen und ahnungslos, neugierig und schamhaft, unsicher und unpraktisch und durch diese lebensfremde Erziehung von vornherein bestimmt, in der Ehe dann willenlos vom Manne geformt und geführt zu
werden«.[163] Es gab über die österreichischen Frauen zu Freuds Zeit gewiß
mehr zu sagen als solche Äußerungen. Aber Zweig mit seiner Begabung für
die Übertreibung und die auffälligen Antithesen hat eine Strähne, eine sehr
bunte Strähne, aus einem wirren Gewebe von Druck und Gegendruck herausgegriffen.

Ein solcher Gegendruck ging von den gut organisierten sozialistischen
Frauen Österreichs aus, die weder Zeit noch Neigung für die Art von zugleich erregender und degradierender Liebelei hatten, die den Stoff für
Wiens Erzähler und Operettenlibrettisten lieferte. Einen weiteren Druck
übte eine Anzahl von großbürgerlichen und liberalen aristokratischen
Frauen aus, viele von ihnen Jüdinnen, denen es gelang, sich – oft im Aus-
land – eine solide Bildung zu verschaffen, und die literarische Salons führten, in denen jede oberfläche Konversation verpönt war. Nicht alle Wiener
Literaten verbrachten ihre freie Zeit in männlichen Reservaten wie dem
Klub oder gewissen Lieblingscafés. Eine Erziehungsreformerin wie Eugenie
Schwarzwald, die in Zürich zum Doktor promovierte und dann 1901
Wiens beste und bekannteste Schule für Mädchen und Jungen gründete,
war in ihrer Hingabe und ihrer Energie zweifellos außergewöhnlich. Aber
sie zeigte beispielhaft die Möglichkeiten auf, die sich Frauen, auch jüdischen Frauen, zu der Zeit eröffneten, in der Freud aufgrund seiner psychoanalytischen Schriften allmählich bekannt wurde. Im Jahre 1913 machte
eine englische Delegierte auf dem Weg zum Internationalen Frauenkongreß
in Budapest, eine gewisse Mrs. de Castro, zu einer Vorbesprechung in Wien
halt, und sie berichtete über die Tüchtigkeit und Rührigkeit der Feministinnen, denen sie dort begegnete. »Mir fiel auf«, schrieb sie, »daß so viele der
führenden Geister in der Wiener Bewegung offensichtlich Jüdinnen sind. Es
gibt ein sehr großes und reiches jüdisches Element in Wien, und sie scheinen
sehr begeisterte Anhängerinnen zu sein.«[164]

Kurz, Freud konnte auf mehrere gegensätzliche Modelle von Frauen zu-
rückgreifen. Er besuchte keine Salons, aber er konnte lebhafte Diskussionen über die Sphäre der Frauen in seinem eigenen Kreis hören. Berühmte
Professoren der Medizin wie Karl Rokitansky und Theodor Billroth hatten
sich gegen die Forderung der Feministinnen nach einer besseren höheren
Schulbildung ausgesprochen, da sie befürchteten, der Zugang zur Universität werde als nächstes auf dem Programm stehen. Andererseits erklärte sich

Theodor Gomperz, der nicht weniger berühmte Klassizist, für eine bessere Schulbildung für Frauen. Freud hielt nichts von den albernen Frauen in Stefan Zweigs lebhafter Karikatur und fand Freude an der Konversation und Korrespondenz mit einigen der kultiviertesten Frauen seiner Zeit. Als er 1904 Vorträge vor den Brüdern der B'nai B'rith hielt, kritisierte er ausdrücklich Paul Julius Moebius' bekannte Behauptung, daß Frauen »physiologisch schwachsinnig« seien.[165] Vier Jahre später wiederholte er seinen Einwand gegen Moebius im Druck.[166] Das Epitheton ging ihm nicht aus dem Sinn: Noch 1927 hielt er es für angebracht, sich ausdrücklich davon zu distanzieren, »daß man den Frauen im allgemeinen den sogenannten ›physiologischen Schwachsinn‹ nachsagt, d. h. eine geringere Intelligenz als die des Mannes. Die Tatsache selbst ist strittig, ihre Auslegung zweifelhaft.« Freud räumte ein, daß man eine gewisse »intellektuelle Verkümmerung« nachweisen könne, aber daran sei die Gesellschaft schuld, welche die Frauen daran hindere, »ihr Denken an das zu wenden, was sie am meisten interessiert hätte, nämlich an die Probleme des Geschlechtslebens«.[167]

Vielleicht zeigt sich Freuds endgültiges Urteil über Frauen schließlich rein zufällig in einem ziemlich unglücklichen Kontext, nämlich in einem Hinweis auf einen seiner Hunde. In einem Brief an Lou Andreas-Salomé aus Berlin gestand er, daß ihm sein Chow-Chow, Jo-Fi, fehle, »fast so wie die Zigarre; sie ist ein entzückendes Geschöpf, so interessant, auch als Frauenzimmer, wild, triebhaft, zärtlich, intelligent und doch nicht so abhängig, wie andere Hunde sein können«.[168] Er zögerte nicht zuzugeben, daß Frauen stärker seien als Männer; was die Gesundheit angehe, schrieb er Arnold Zweig im Sommer 1933, als er und seine Familie die Verschlechterung des politischen Klimas in Deutschland und Österreich mit ohnmächtigem Zorn beobachteten, »halten die Frauen des Hauses besser aus« als die Männer. Freud fand das nicht überraschend. »Sie sind ja das beständigere Element; der Mann ist biologisch mit Recht anfälliger.«[169] Freud wollte von den Frauen nur eben alles: Stärke, Zärtlichkeit, Wildheit – und Intelligenz. Aber die herablassende, wenn auch liebevolle Note in seiner Stimme ließ erkennen, daß ihn die feministische Bewegung nie als Rekruten gewinnen würde, trotz allem, was er für sie in seinem eigenen Beruf tat.

Er wich nie von dem Standpunkt ab, den er schon sehr früh, 1908, vor der Wiener Psychoanalytischen Vereinigung einnahm. Wittels hatte einen Vortrag über »die natürliche Stellung der Frau« gehalten, in dem er »unsere heutige gottverfluchte Kultur« attackiert hatte, weil sie die Frau in den Käfig der Monogamie, Tugendhaftigkeit und einer Besessenheit von der eigenen Schönheit gezwungen habe. Eine Folge davon, schloß Wittels, sei, daß »die Weiber bedauern, nicht als Männer auf die Welt gekommen zu sein; sie suchen aber Männer zu werden (Frauenbewegung). Die Leute haben keinen Sinn für das Verkehrte und Sinnlose dieser Bestrebungen, aber auch die Frauen selbst nicht.«[170] In seinem Kommentar zu dem Vortrag erinnerte Freud »amüsiert und angeregt« noch einmal an die Stelle bei John Stuart Mill über die Erwerbsfähigkeit der Frau, die er 25 Jahre zuvor seiner Verlobten gegenüber kritisiert hatte, und fügte hinzu: »Überhaupt profitieren die Frauen als Gruppe gar nichts durch die moderne Frauenbewegung; höchstens einzelne.«[171]* Daß sich diese Bewegung in den Vereinigten Staaten am lautesten bemerkbar machte und auch am erfolgreichsten war (obwohl sie auch dort quälend langsam Fortschritte machte), konnte sie Freud kaum empfehlen.

In der Debatte über die Natur und Stellung der Frau war das Problem der weiblichen Sexualität besonders heikel. Während des größten Teils der überlieferten Geschichte hatten nur wenige daran gezweifelt, daß die Frau ein leidenschaftliches Wesen sei; die Frage war nur, ob sie den Geschlechtsverkehr mehr genieße als der Mann oder nur ebensosehr. Die frühen Christen schoben diese Frage beiseite und nahmen die unbestrittene erotische Natur der Frau als Zeichen nicht ihrer Menschlichkeit, sondern ihrer fundamentalen Schlechtigkeit. Verderbt, war sie auch die große Verderberin: Die Kirchenväter prangerten die Frau als Urquelle aller Sünde an. Hätte Eva im Bunde mit dem Satan nicht Adam verführt, würden die Menschen vermutlich noch im Paradies leben und den Geschlechtsverkehr ohne Lust vollziehen. Ob man diese frommen Anklagen als einen getreuen Bericht über die früheste Geschichte des Menschen im Garten Eden aufnahm oder sie als kindliche Fabel abtat, die Vorstellung von der Frau als einem sexuellen Wesen war kaum umstritten.

All das sollte sich schließlich ändern, am auffälligsten im 19. Jahrhundert. William Acton, ein beredter englischer Gynäkologe, dessen Bücher weit verbreitet waren und oft übersetzt wurden, stellte 1857 fest, daß »die Mehrheit der Frauen (zu ihrem Glück) nicht sehr von sexuellen Gefühlen irgendwelcher Art beunruhigt wird«.[172] Actons Ruf unter seinen Kollegen war fragwürdig, und seine Ansichten blieben nicht unwidersprochen, aber er sprach für viele, in Großbritannien und anderswo. Wie so oft erwies sich die Verleugnung als die beste Verteidigung: Indem sie sich weigerten, den Frauen überhaupt ein Interesse an der Sexualität zuzugestehen, konnten die

---

* Es ist interessant, daß auch Freuds früherer Freund Fließ eine traditionelle Auffassung vertrat. In seinem Hauptwerk, *Der Ablauf des Lebens* (1906), schrieb er, im Seelenleben der Frau herrsche das Gesetz der Indolenz. Während der Mann auf das Neue begierig sei, widersetze sich die Frau der Veränderung; sie empfange und füge nichts Eigenes hinzu. Das Gefühl sei ihre Domäne, Sympathie ihre Tugend. Das wahrhaft Charakteristische im Leben der gesunden Frau sei, daß ihre sexuelle Aufgabe das Zentrum sei, auf das alles zurückbezogen werde. Liebe zu Kindern sei das Kennzeichen der gesunden Frau.

Freuds Kinder im Jahre 1899. Von links nach rechts: Sophie, Mathilde, Anna, Oliver, Martin und Ernst (Mary Evans).

Freud, seine Mutter und seine Frau 1905, während der Sommerferien in Aussee (Mary Evans).

Wilhelm Stekel, ein früher, beredter Anhänger Freuds, mit dem er 1910 brach.

Alfred Adler, zweifellos das herausragendste und, nach Freud, einflußreichste Mitglied der Psychologischen Mittwoch-Gesellschaft. Ihre heikle Beziehung zerbrach 1911.

Eduard Hitschmann, einer von Freuds anhänglichsten Wiener Weggenossen.

Carl Gustav Jung, für einige stürmische Jahre Freuds erklärter Kronprinz und Nachfolger (Kurt Niehus, Baden, Schweiz).

Oskar Pfister, protestantischer Pfarrer in Zürich, der zu einem eifrigen Streiter für die Psychoanalyse wurde, speziell für ihre Anwendung in der Pädagogik und in der Seelsorge.

Max Eitingon, ein generöser, verläßlicher Anhänger der Freudschen Ansichten und ein enger Freund, der 1920 die erste psychoanalytische Klinik in Berlin gründete.

Freud im Alter von ungefähr 50 Jahren, ein Schnappschuß, aufgenommen von einem seiner Söhne und daher ein wenig freundlicher als seine anderen Fotografien. Freud hat seine unvermeidliche Zigarre in der linken Hand (Freud Collection, LC).

Das als »Gradiva« bekannte Relief von Pompeji, von dem Freud einen Gipsabguß in seinem Sprechzimmer hatte (Alinari/Art Resources).

Vorderseite der von Karl Maria Schwerdtner hergestellten Medaille, die Freud von seinen Bewunderern zum fünfzigsten Geburtstag erhielt. Erforscher von Fehlleistungen bemerken die falsche Schreibweise von Freuds Vornamen (Mary Evans).

Rückseite der Medaille, die Ödipus zeigt, wie er das Rätsel der Sphinx löst (Mary Evans).

Ein Gruppenbild, aufgenommen während des dritten Internationalen Psychoanalytischen Kongresses im September 1911 in Weimar. Freud steht in der Mitte. Rechts von ihm, ein wenig tiefer, Sándor Ferenczi; links von ihm, nach vorn gebeugt, Carl G. Jung. Sitzend, fünfte von links, Lou Andreas-Salomé (Mary Evans).

Feier der Silberhochzeit Freuds am 14. September 1911, mit allen Kindern und Tante Minna. Von links nach rechts: Oliver, Ernst, Anna, Sigmund und Martha Freud, Mathilde, Sophie, Minna Bernays, Martin (Freud Collection, LC).

Sophie Freud mit ihrer Mutter 1912 in den Sommerferien (Mary Evans).

Freud während eines Sommerurlaubs 1918 in den Dolomiten, mit Anna, damals siebzehn Jahre alt, an seinem Arm (Mary Evans).

Michelangelos »Moses« in der Kirche von S. Pietro in Vincoli, Rom. Die Statue analysierte Freud in »Der Moses des Michelangelo« (Alinari/Art Resources).

Leonardo da Vinci, »Heilige Anna Selbdritt«, eines der Gemälde, das Freud in »Eine Kindheitserinnerung des Leonardo da Vinci« analysierte. Das Original hängt im Louvre (Cliché des Musées Nationaux, Paris).

Freud 1909 (Mary Evans).

Freud 1916 mit seinen Söhnen Ernst (links) und Martin, die auf Heimaturlaub waren (Mary Evans).

Freud mit Sándor Ferenczi, der damals, 1917, in der ungarischen Armee Dienst tat (Mary Evans).

Männer ihre verborgene Angst vor dem heimlichen weiblichen Drang beherrschen. Vielleicht das auffälligste Beispiel für eine solche Verleugnung ist das Buch eines Berliner Facharztes, Otto Adler, der 1904 zu beweisen versuchte, daß »der Sexualtrieb (Begierde, Drang, Libido) der Frau in seinen ersten spontanen Ursprüngen wie in seinen späteren Manifestationen merklich geringer ist als der des Mannes«.[173] Die *Drei Abhandlungen zur Sexualtheorie*, die Freud im folgenden Jahr veröffentlichte, gehören einer anderen Welt an. Adler, der sich als gewissenhafter Forscher gab, bot 15 klinische Berichte als Beweis für die weibliche Frigidität an. Aber in mindestens zehn von diesen Fällen zeigten seine Versuchspersonen Zeichen von intensiver, wenn auch etwas unberechenbarer sexueller Erregbarkeit: Es gelang Adler, zwei von ihnen in seiner Praxis auf dem Untersuchungstisch bis zum Orgasmus zu reizen. Kein Wunder, daß Adlers Anschauungen wie die Actons auf lautstarken Widerspruch stießen; viele Ärzte und ebenso einige Pastoren wußten es besser. Sogar im 19. Jahrhundert wurden Schriftsteller, welche die Frau als mit erotischer Begierde ausgestattet schilderten, nie zum Schweigen gebracht oder unterdrückt; französische Romanciers waren nicht die einzigen, die der Frau eine starke Sexualität zuschrieben. Dennoch erhielt die Figur der frigiden Frau damals und später mehr Aufmerksamkeit, als sie verdiente. Sie wurde zum auserlesenen Bestandteil einer defensiven, antifeministischen Ideologie im 19. Jahrhundert und erwies sich später als ein brauchbares tendenziöses Zerrbild, das Postviktorianer gegen ihre Eltern gebrauchen konnten. Es ging um weit mehr als um die technische Frage, wieviel Lust die Frau im Bett genießt oder ob sie überhaupt Lust empfindet: Die sexuell empfindungslose Frau paßte denen, die verlangten, daß die Frau im Hause bleibt, um sich auf ihre häuslichen Pflichten zu konzentrieren und, wie Freud einmal seiner Tochter Mathilde sagte, dem Mann das Leben angenehmer zu machen.

Freuds konservative Einstellungen hinderten ihn, wie wir gesehen haben, nicht daran, es für selbstverständlich zu halten, daß eine Frau ebenso wie der Mann ein sinnliches Wesen ist. Die in den frühen 1890er Jahren entwickelte Theorie, daß alle Neurosen aus sexuellen Konflikten entstehen, setzt voraus, daß Frauen und Männer gleichermaßen für erotische Reize empfänglich sind. In den Manuskripten, die er um ungefähr dieselbe Zeit Fließ schickte, schrieb er neurotische Störungen der Verwendung von empfängnisverhütenden Mitteln zu, welche die Befriedigung des Benutzers, gleich ob Mann oder Frau, beeinträchtigen. Gewiß, Freuds psychoanalytische Schriften vor dem Ersten Weltkrieg deuten die Annahme einer männlichen Überlegenheit an. In einer Bemerkung aus dem Jahre 1908 erklärte er, daß der Sexualtrieb der Frau schwächer sei als der des Mannes.[174] Darüber hinaus meinte Freud, die Libido, diese primitive, fundamentale sexuelle Begierde, sei ihrer Natur nach männlich. Im Jahre 1905, in der ersten

Ausgabe seiner *Drei Abhandlungen*, meinte er, als er von den autoerotischen und masturbatorischen Betätigungen von Mädchen sprach, »man
könnte den Satz aufstellen, die Sexualität der kleinen Mädchen habe durchaus männlichen Charakter«.[175] Und 1913 beschrieb er den Sitz der sexuellen Lust bei Mädchen, die Klitoris, als ein männliches Organ. »Die Sexualität des weiblichen Kindes ... benimmt sich vielfach wie die des Knaben.«[176]
Gleichzeitig war ihm voll bewußt – und er warnte wiederholt davor –, daß
sein Vokabular ungenau und irreführend sei: Die Ausdrücke »männlich«
und »weiblich« hätten die Bedeutung, die jeder Autor ihnen geben wolle.
Die Libido »männlich« zu nennen, erklärte er 1915 ausdrücklich, bedeute
nicht mehr, als daß sie »aktiv« sei.[177] Doch in diesen Jahren und während
des Krieges zählte mehr, daß Freud die Entwicklung des Sexuallebens bei
Knaben und Mädchen als parallel und nur durch sozialen Druck differenziert beschrieb. Als sexuelle Wesen sind Männer und Frauen, so wie es
Freud damals sah, mehr oder weniger Spiegel füreinander. In jedem Falle
waren das technische Fragen, eher ein Gegenstand für die Forschung als für
die Polemik.

Das ist einer der Gründe dafür, daß die interne Diskussion der zwanziger
Jahre über die weibliche Sexualität nicht mit Verbitterung geführt wurde.
Alle Teilnehmer sahen sie hauptsächlich als Problem der psychoanalytischen Theorie. Als aber Freud die vergleichenden Entwicklungsschemata
von Knaben und Mädchen noch einmal überprüfte, brauchten seine Kritiker einige Selbstbeherrschung, um die Kontroverse auf diesem wissenschaftlichen Niveau zu halten. Denn mit seiner kräftigen, ätzenden Sprache
hielt Freud ein Streichholz an entzündliches Material. In der strittigen Frauenfrage stieß er seine eigene, den Feministen so sympathische Idee um, daß
Männer und Frauen eine sehr ähnliche psychologische Geschichte hätten.
Freud war jedoch nicht an Politik interessiert, nicht einmal an Sexualpolitik. Es gab nichts im Klima der zwanziger Jahre und nichts in Freuds psychologischer Biographie, was die Revisionen auslöste, die ihn seine umstrittenen, manchmal skurrilen Ansichten über Frauen vortragen ließen. Sie
ergaben sich aus seiner Enträtselung theoretischer Schwierigkeiten, im besonderen aus neuen Komplikationen in seiner Darstellung des Ödipuskomplexes, seines Auftretens, seiner Blüte und seines Untergangs.

In den frühen zwanziger Jahren scheint Freud den Standpunkt eingenommen zu haben, daß das kleine Mädchen ein mißlungener Knabe und die
erwachsene Frau ein kastrierter Mann sei. Als er 1923 die Phasen der
menschlichen Sexualgeschichte darlegte, identifizierte er eine Phase, die seiner Auffassung nach der oralen und der analen folgt, und nannte sie die
phallische.[178] Kleine Jungen wie kleine Mädchen glaubten zunächst, daß
jeder Mensch, auch die Mutter, einen Phallus habe, und die Enttäuschung

in dieser Frage sei zwangsläufig traumatisch. Der Mann war also Freuds Maßstab. Um diese Zeit hatte er seine frühere Auffassung, die sexuelle Entwicklung von Mädchen und Knaben als parallel zu behandeln, aufgegeben. Er wandelte Napoleons berühmten Ausspruch über die Politik ab und prägte einen provozierenden Aphorismus: »Die Anatomie ist das Schicksal.«[179*]

Der offensichtlichste Beweis für dieses Schicksal, dachte er, sei der feststellbare Unterschied zwischen den Genitalien von Knaben und Mädchen. Dieser führe zu entscheidenden Unterschieden in der psychologischen Entwicklung, besonders im Verlauf des Ödipuskomplexes bei beiden Geschlechtern. Es folgte für Freud, daß sich natürlicherweise die Konsequenzen aus dem Untergang des Ödipuskomplexes, vor allem die Bildung des Über-Ichs, ebenso unterscheiden müßten. Der Knabe erwerbe sein Über-Ich, nachdem die Kastrationsdrohung sein ödipales Eroberungsprogramm zunichte gemacht habe. Das Mädchen, das schon »kastriert« sei und weniger und schwächere Anreize für die Entwicklung des für den Mann typischen anspruchsvollen Über-Ichs habe, bilde ihres aus Angst vor dem Verlust der Liebe.[180]

Im folgenden Jahr, 1925, war Freud bereit, die Implikationen seiner neuen Vermutungen offen auszusprechen. Er hatte allerdings das *savoir-faire* – oder, genauer gesagt, genug Zweifel –, um einige Bedenken zu zeigen: »Man zögert es auszusprechen, kann sich aber doch der Idee nicht erwehren, daß das Niveau des sittlich Normalen für das Weib ein anderes wird« als das des Mannes. »Das Über-Ich wird niemals so unerbittlich, so unpersönlich, so unabhängig von seinen affektiven Ursprüngen, wie wir es vom Manne fordern.« Diese eigentümliche Dünnheit des Über-Ichs der Frau, meinte Freud, verleihe den Vorwürfen Gewicht, die Frauenfeinde seit undenklichen Zeiten gegen den weiblichen Charakter erhoben haben, nämlich daß die Frau »weniger Rechtsgefühl zeigt als der Mann, weniger Neigung zur Unterwerfung unter die großen Notwendigkeiten des Lebens, sich öfter in ihren Entscheidungen von zärtlichen und feindseligen Gefühlen leiten läßt«.[181] Es liegt eine gewisse Ironie darin, daß ausgerechnet Freuds Tochter Anna diesen Aufsatz ihres Vaters auf dem Internationalen Psychoanalytischen Kongreß in Bad Homburg verlas.

Freud erklärte, er sage alle diese Dinge zögernd, aber er sagte sie trotzdem, und er sagte sie mit einer Art von Herausforderung, die zeigt, wie sehr er sich dessen bewußt war, daß er manche Zuhörer und Leser beleidigen mußte. Aber es machte ihm nie etwas aus, beleidigend zu sein. Es hatte ihn

* Er hatte das bereits 1920 in »Über die allgemeinste Erniedrigung des Liebeslebens« (G.W., Bd. 8, S. 90) geschrieben, aber dort bezog er sich nicht auf die Unterschiede zwischen Männern und Frauen.

kurz nach dem Beginn seiner Karriere nicht aufgehalten, als er die kindlichen Ursprünge der Sexualität postulierte, und es sollte ihn gegen Ende seines Lebens nicht aufhalten, als er Moses einen Ägypter nannte. Im Gegenteil, das Gefühl, Opposition herauszufordern, wirkte auf ihn als Stimulans, beinahe als Aphrodisiakum. Er gab zu, daß das Über-Ich bei Männern viel zu wünschen übrig lasse; er gab auch zu, daß seine Schlußfolgerungen über das schwächere Über-Ich der Frau weiterer Bestätigung bedürften. Er hatte schließlich seine Verallgemeinerung auf einer bloßen Handvoll von Fällen gegründet. Aber dennoch nahm Freud eine feste Haltung ein: Man dürfe sich nicht ablenken oder beirren lassen »durch den Widerspruch der Feministen, die uns eine völlige Gleichstellung und Gleichschätzung der Geschlechter aufdrängen wollen«.[182]

Er hatte noch einen anderen Grund dafür zu veröffentlichen, was er in früheren Jahren zurückgehalten hatte, um erst noch mehr Material zu sammeln: Er hatte das Gefühl, nicht mehr »*oceans of time*« vor sich zu haben.[183] Er sah ein, daß die Frage heikel war und daß sie weitere Erforschung verdiente, aber er mochte nicht warten. Er hätte zweifellos ein respektableres Argument vorbringen können, wenn er sich nicht auf sein vorgeschrittenes Alter berufen oder wenn er es unterlassen hätte, die reine Schockwirkung seiner Behauptungen zur Unterstützung ihrer Gültigkeit heranzuziehen. Doch Freuds antifeministische Einstellung war nicht das Produkt seines Gefühls, alt zu sein, oder seines Wunsches zu übertreiben. Er sah sie vielmehr als eine unausweichliche Folge der unterschiedlichen Sexualgeschichte von Männern und Frauen: Die Anatomie ist das Schicksal. Seine vergleichende Geschichte der sexuellen Entwicklung mag nicht völlig überzeugend sein, aber sie wendet sich an die Logik des menschlichen Wachstums, wie er es in den zwanziger Jahren neu definierte. Die psychologischen und ethischen Unterschiede zwischen den Geschlechtern, argumentierte er, ergäben sich auf natürliche Weise aus der Biologie des menschlichen Tiers und aus den Formen der psychischen Arbeit, die diese Unterschiede mit sich bringen. Anfangs sei die Entwicklung von Knaben und Mädchen gleich. Freud hielt nichts von der populären Vorstellung, daß kleine Jungen Aggressivität zeigen und kleine Mädchen Gehorsam. Im Gegenteil, Knaben seien oft passiv und Mädchen sehr aktiv in ihren kindlichen erotischen Unternehmungen. Solche sexuelle Entwicklungen bekräftigten Freuds These der Bisexualität, der Idee, daß jedes Geschlecht einige Merkmale des anderen besitze.

Aber dann, fuhr Freud fort, geschehe etwas. Vielleicht im Alter von drei Jahren oder kurz vorher stehen Mädchen vor einer Aufgabe, die den Knaben glücklicherweise erspart bleibe, und damit beginne sich die männliche Überlegenheit zu behaupten. Alle Säuglinge und kleinen Kinder, männliche wie weibliche, beginnen mit der tiefsten Bindung an die Mutter, die Quelle der Nahrung, Fürsorge und Zärtlichkeit. Die Macht der Mutter über das Kind ist unbegrenzt zu einer Zeit, in der die Beteiligung des Vaters abstrakt, verhältnismäßig distanziert ist. Aber wenn aus den Säuglingen Kinder werden, nimmt der Vater eine immer prominentere Rolle in ihrem täglichen Leben und in ihrer Vorstellung ein, und schließlich divergiert die Art, wie sich Knaben und Mädchen mit ihm auseinandersetzen, entscheidend. Das Leben des Knaben wird stürmisch, wenn er entdeckt, daß sein Vater ein überwältigender Rivale um die Aufmerksamkeit und Liebe seiner Mutter ist; er fühlt sich wie aus dem Paradies vertrieben. Doch das Mädchen hat eine weit schwierigere psychologische Arbeit zu leisten als der Knabe: Seine Mutter kann die Liebe seines Lebens bleiben, selbst wenn die harten Realitäten der Familienkonstellation eine drastische Einschränkung seiner Begierde nach ihr erzwingen. Aber wie wir gesehen haben, ist das Mädchen gezwungen, ihre hauptsächliche erotische Bindung von der Mutter auf den Vater zu übertragen und mit traumatischen Augenblicken fertigzuwerden, die dauernde, gewöhnlich schädliche Ablagerungen in ihrer Psyche hinterlassen.

Die Qualen des Mädchens, argumentierte Freud, beginnen mit dem Penisneid. Wenn es entdeckt, daß es keinen Penis hat, daß seine Genitalien unsichtbar sind und daß sie nicht so eindrucksvoll urinieren kann wie Knaben, entwickelt es Minderwertigkeitsgefühle und eine Fähigkeit zur Eifersucht, welche die ihres Bruders oder ihrer männlichen Spielgefährten bei weitem übersteigt. Gewiß, auch Knaben müssen mit bestürzenden Erfahrungen ringen: Wenn sie die Genitalien eines Mädchens sehen, entwickeln sie Kastrationsangst. Schlimmer noch, wenn ihr Vater, der so viel gebieterischer ist, als sie es sein können, oder ihre Mutter sie beim Masturbieren ertappt, können sie drohen, ihren Penis abzuschneiden. Sogar ein modernes, liberales, psychoanalytisch orientiertes Ehepaar wie die Eltern des Kleinen Hans zögerte nicht, seinem Sohn zu drohen, daß die Mutter, wenn er seine Hand auf den Wiwimacher lege, den Arzt holen würde, um ihn abschneiden zu lassen. Das Mädchen dagegen muß nicht mit Ängsten fertigwerden, sondern mit der Wirklichkeit, mit ihrem »verstümmelten« Zustand. Freud betrachtete die Kastrationsangst des Knaben nicht als ein besonders beneidenswertes Privileg. Aber es schien ihm, daß es weniger schädlich sei zu befürchten, etwas, was man besitze, zu verlieren, als die traurige Gewißheit zu haben, daß man nichts zu verlieren habe.

Nach ihrer narzißtischen Demütigung weist das kleine Mädchen die Mutter zurück, die sie so kläglich unvollständig zur Welt kommen ließ oder vielleicht sogar verantwortlich dafür war, daß ihr der Penis genommen wurde. Dann beginnt ihre kindliche Liebesaffäre mit dem Vater. Dieser entscheidende Wechsel des Liebesobjekts ist schmerzhaft und geht langsam vor sich, weil, wie Freud 1931 in seiner Abhandlung »Über die weibliche Sexualität« feststellte, die präödipale Bindung des Mädchens an die Mutter so intensiv ist. Freud war ein wenig stolz darauf, so tief bis zur frühen Kindheit der Mädchen gegraben zu haben, und er betrachtete diese »Einsicht« in die präödipale Phase, die bei der Analyse so schwer zu erfassen sei, als eine »Überraschung«. Die Leidenschaft des Mädchens für die Mutter sei schwer zu entdecken, weil sie gewöhnlich durch die spätere Leidenschaft für den Vater zugedeckt sei. Freud entlehnte, wie er es gern tat, eine Metapher aus der Archäologie und verglich diese Einsicht mit der »Aufdeckung der minoisch-mykenischen Kultur hinter der griechischen«.[184] Die präödipale Phase sei von besonderer Bedeutung für Frauen, weit wichtiger als für Männer.[185] Indem wir zu dieser Phase zurückgehen, dachte Freud, können wir »viele Erscheinungen des weiblichen Sexuallebens, die früher dem Verständnis nicht recht zugänglich waren«, vollständig aufklären.[186]

Die sichtbarere psychologische Differenzierung zwischen den Geschlechtern erscheint jedoch zuerst ein wenig später, in der ödipalen Phase. Die Pubertät unterstreiche nur – allen gegenteiligen Anzeichen zum Trotz – diese Differenzierung, aber sie schaffe sie nicht. Der Knabe, der mit der Drohung eines nicht wiedergutzumachenden Schadens an seiner körperlichen Integrität konfrontiert ist, zieht sich von seiner leidenschaftlichen Liebe zur Mutter zurück; das Mädchen, das seinen minderwertigen körperlichen Status erkennt, wendet sich um Trost an den Vater und ersetzt den Wunsch nach einem Penis durch den nach einem Kind. Freud faßte diese kontrastierenden sexuellen Entwicklungen in der Art von definitiver Formel zusammen, die seine Spezialität war: »*Während der Ödipus-Komplex des Knaben am Kastrationskomplex zugrunde geht, wird der des Mädchens durch den Kastrationskomplex ermöglicht und eingeleitet.*«[187] Kurz, Knaben und Mädchen müssen ihren Weg durch zwei Komplexe finden, den Kastrations- und den Ödipuskomplex, aber die Reihenfolge, in der sie erlebt werden, ist bei den beiden Geschlechtern verschieden. Freud stellte ein wenig reumütig fest, daß die Psychoanalytiker, da sie sich in der Vergangenheit auf Knaben konzentrierten, angenommen hätten, diese kritischen, entscheidenden Ereignisse würden bei Mädchen der gleichen Entwicklungslinie folgen. Aber die neuesten Arbeiten und weiteres Nachdenken hatten ihn davon überzeugt, daß sich die Psyche von Kindern nicht so entwickelt. Die Geschlechter sind ungleich, und die Frau hat unter dem Unterschied mehr zu leiden.

Diese verschiedenen Fahrpläne erklären Freuds Bereitschaft, der Frau die Fähigkeit abzusprechen, ein anspruchsvolles Über-Ich zu entwickeln. Der Ödipuskomplex des Knaben wird durch die elterliche Kastrationsdrohung angegriffen und zerschlagen. Ähnlich wie ein Baumeister, der Steine von einem niedergerissenen Haus verwendet, nimmt der Knabe zerbrochene Überreste des Komplexes in sein Ich auf und konstruiert aus ihnen sein Über-Ich. Das kleine Mädchen aber hat keine solchen Bausteine zur Hand. Freud nahm radikal vereinfachend an, daß sie ihr Über-Ich aus den Erfahrungen ihrer Erziehung und aus ihrer Angst, die Liebe der Eltern zu verlieren, zusammenflicken müsse. Das ist alles andere als überzeugend. Schließlich borgt der kleine Junge, der seinen Ödipuskomplex verdrängt, die Kraft dazu von seinem Vater und handelt »unter dem Einfluß von Autorität, Religionslehre, Unterricht, Lektüre«.[188] Einflüsse dieser Art wirken, wie die klinische und die allgemeine Beobachtung lehrt, ebenso auf das Mädchen ein. Freuds Klage über das Über-Ich der Frau war nicht so sehr unlogisch als vielmehr parteiisch: In dem Maße, in dem die psychoanalytische Theorie den Einfluß äußerer Kräfte auf die Bildung der Psyche anerkennt, kann sie die Idee eines sehr strengen, ja verfolgenden Über-Ichs bei Frauen nicht weniger als bei Männern gelten lassen. Auch Kultur ist Schicksal.

Freuds Behauptung einer unterschiedlichen Entwicklung des Über-Ichs war anfechtbar genug. Sein Argument bezüglich des Sitzes der sexuellen Lust erwies sich als noch anfechtbarer. Das kleine Kind, erklärte er, verschaffe sich Befriedigung durch die Berührung des Phallus – d. h. im Falle des Mädchens der Klitoris. Aber in der Adoleszenz füge die pubertierende junge Frau auf dem Wege zur erwachsenen Weiblichkeit der Lust, die sie aus ihrem »männlichen« Organ gewinne, noch eine weitere hinzu, indem sie »die von der Kloake abgeleitete Vagina zur herrschenden erogenen Zone« erhebe.[189] So müsse die Frau, argumentierte Freud, in dieser stürmischen Zeit ihres Lebens, nachdem sie schon ihre Liebe von der Mutter auf den Vater übertragen habe, noch einen weiteren mühsamen psychologischen Wechsel durchmachen, der dem jungen Mann erspart bleibe. Freud war überzeugt, daß die Frau, gezwungen, diese zusätzliche Aufgabe zu erfüllen, nur zu leicht erotischen Schiffbruch erleide. Sie werde masochistisch und humorlos, gebe die Sexualität überhaupt auf, klammere sich an ihre männlichen Züge und finde sich mit einer unterwürfigen Häuslichkeit ab. Aber in dem Maße, in dem die erwachsene Frau überhaupt sexuelle Befriedigung gewinne, geschehe dies hauptsächlich durch die Vagina, und die Klitoris diene bestenfalls einer zusätzlichen Lust. Wäre es anders, würde sie keinen Mann brauchen, der ihr erotischen Genuß gibt.

Lange bevor empirische Untersuchungen durch Sexualforscher und Biologen vernichtenden Zweifel an diesem Entwicklungsschema aufkommen ließen, äußerten Psychoanalytiker ihre Vorbehalte. Sie hatten noch nicht genug klinische oder experimentelle Informationen über den weiblichen Orgasmus, um Freuds These in Zweifel zu ziehen, daß die junge Frau in ihrer sexuellen Aktivität von der klitoralen zur vaginalen Lust übergehe.

Andersdenkende wie Karen Horney und Ernest Jones konzentrierten sich vielmehr auf die weibliche Natur und weigerten sich, Freuds Formel zuzustimmen, daß Weiblichkeit im wesentlichen durch den sukzessiven Verzicht auf männliche Züge erworben werde. Als er die Klitoris als Penisrest definierte, bot Freud schließlich eine zweifelhafte und höchst tendenziöse Analogie an.

Im Jahre 1922 stand Karen Horney auf dem Internationalen Psychoanalytischen Kongreß in Berlin, bei dem Freud den Vorsitz führte, mutig auf und schlug eine revidierte Version des Penisneids vor. Sie leugnete nicht, daß er existierte, stellte ihn aber in einen Zusammenhang mit der normalen weiblichen Entwicklung. Der Penisneid schaffe nicht die Weiblichkeit, sagte Horney, sondern er drücke sie aus. Daher wies sie die Idee zurück, daß dieser Neid Frauen notwendigerweise zur »Ablehnung des Weibseins« verführe: »Vielmehr sahen wir, daß der Penisneid eine intensive, ganz weibliche Liebesbindung an den Vater durchaus nicht hindert«.[190] Aus der Freudschen Perspektive gesehen, die diese Kongresse beherrschte, verhielt sich Horney so korrekt wie nur möglich: Sie zitierte respektvoll den Gründer, sie akzeptierte die Idee des Penisneids als solche. Sie spekulierte nur ein wenig trocken: Vielleicht sei es »männlicher Narzißmus«, der Psychoanalytiker dazu gebracht habe, die Anschauung zu akzeptieren, daß die Frauen, schließlich die Hälfte der menschlichen Rasse, mit dem Geschlecht unzufrieden seien, das die Natur ihnen zugeteilt hat. Es sähe so aus, als hielten männliche Analytiker diese Ansicht für zu selbstverständlich, um einer Erklärung zu bedürfen. Doch was immer die Gründe waren, die Schlußfolgerungen, die Psychoanalytiker über die Frau gezogen hätten, erklärte Horney, seien entschieden unbefriedigend, nicht nur für den weiblichen Narzißmus, sondern auch für die biologische Wissenschaft.[191]*

Das war 1922. Vier Jahre später, ein Jahr, nachdem Freud seine provozierende Abhandlung über die Folgen des anatomischen Geschlechtsunterschieds veröffentlicht hatte, äußerte sich Horney noch deutlicher über das männliche Vorurteil der Psychoanalytiker. »Freud weist uns in einigen seiner letzten Arbeiten«, schrieb sie, Freuds Worte für ihre eigenen Zwecke zitierend, »mit wachsender Dringlichkeit auf eine Einseitigkeit in der Richtung der analytischen Forschungen hin, die darin besteht, daß bis vor nicht allzu langer Zeit nur die Psyche des Knaben und des Mannes zum Objekt der Untersuchung gemacht wurde.« In Anbetracht der wohlbekannten Pa-

---

* In der ersten Abhandlung, die sie je veröffentlichte, berichtete Jeanne Lampl-de Groot 1927 ohne Kommentar, nach Horney sei einer der Gründe dafür, daß die weibliche Sexualität immer noch so geheimnisvoll erscheine, der, daß »bisher analytische Beobachtungen hauptsächlich von Männern gemacht wurden« (Jeanne Lampl-de Groot, »The Evolution of the Oedipus Complex in Women«, in: *The Development of the Mind: Psychoanalytic Papers on Clinical and Theoretical Problems*, 1965, S. 4).

tientinnen Freuds war diese Darstellung nicht ganz richtig, aber Horney fuhr unbeirrt fort: »Der Grund hierzu liegt ja auf der Hand: Die Psychoanalyse ist die Schöpfung eines männlichen Genies, und auch fast alle, die seine Ideen weiterbildeten, waren Männer.« Daher sei es nur recht und vernünftig, »daß ihnen eine männliche Psychologie näherlag«.[192] Sie borgte einige Argumente von dem deutschen Philosophen, Soziologen und Kulturkritiker Georg Simmel, einer seltenen Quelle für Psychoanalytiker, und beschrieb die moderne Kultur als im wesentlichen männlich. Simmel war zu dem Schluß gelangt, daß die Frau nicht minderwertig sei, sondern daß vielmehr die herrschenden Ansichten über ihren Charakter verzerrt seien. Die das eigene Selbst erhöhenden, höchst subjektiven Vorstellungen aufzählend, die kleine Jungen über sich selbst und ihre Schwestern entwickeln, wies Horney darauf hin, daß sie Punkt für Punkt den unter Psychoanalytikern üblichen Anschauungen über die weibliche Entwicklung entsprächen.[193] Das Gerede über den natürlichen Masochismus der Frau sei ebenso voreingenommen wie die Herabsetzung der Mutterschaft, eine Gabe der Natur, durch welche die Frau dem Mann offensichtlich überlegen sei. Sie ist tatsächlich eine Fähigkeit, um die Männer Frauen beneiden. Oft genug, stellte Horney fest, sei der Penisneid nicht eine Einführung in die ödipale Liebe, sondern eine Abwehr dagegen. Sie leugnete nicht, daß sich Mädchen nach ihren grausamen Enttäuschungen häufig ganz von der Sexualität abwendeten. Aber sie bestand darauf, daß Mädchen wie Knaben zuerst ihr ödipales Erlebnis durchmachten: Sie lehnte Freuds berühmte Formel bezüglich der umgekehrten Reihenfolge von Kastrations- und Ödipuskomplex als unhaltbar ab. Ja, sie schloß mit einiger Berechtigung, daß die herrschende psychoanalytische Theorie über die Frau den Männern diene, die sie verbreiteten. Das »Dogma der Minderwertigkeit der Frau« habe seine Ursprünge in »einer unbekannten männlichen Tendenz«.[194]

All das war boshaft und wirkungsvoll. Worauf es aber Horney ankam, war nicht, Punkte zu sammeln, sondern ein Prinzip zu formulieren. Was immer Freud und die Analytikerinnen, die ihm folgten, unkritisch glauben mochten: Die Weiblichkeit ist nach ihrer Auffassung eine wesentliche Ausstattung der Frau. Die Frau sei ein ebenso achtbares Geschöpf wie der Mann, so verborgen auch ihre Genitalien sein mögen, so schwer auch ihre Aufgabe, Liebe von der Mutter auf den Vater zu übertragen, sein möge. Eine Analytikerin wie Jeanne Lampl-de Groot mochte Freuds Schlußfolgerungen aufgreifen: »In den ersten Jahren seiner Entwicklung als Individuum benimmt sich das kleine Mädchen genau wie ein Knabe, nicht nur in der Frage der Masturbation, sondern auch in anderen Aspekten des psychischen Lebens: in ihrem Liebesziel und in ihrer Objektwahl ist sie tatsächlich ein kleiner Mann.«[195] Horney konnte ihr nicht beipflichten.

Ebensowenig konnte es Ernest Jones, der mit Freud einen ergebnislosen Briefwechsel über das Thema Frau führte und seine abweichende Meinung in drei wesentlichen Abhandlungen festhielt. Freud sprach, nachdem er seine Abhandlung über die weibliche Sexualität veröffentlicht hatte, die Hoffnung aus, daß Jones seinen Standpunkt noch einmal überdenken werde. Der Gegenstand »ist so wichtig und noch so ungeklärt, daß er es wirklich verdient«, von neuem bearbeitet zu werden.[196] Aber Jones konnte ebenso starrsinnig sein wie Freud. Als er 1935 einen Vortrag vor der Wiener Psychoanalytischen Vereinigung hielt, verteidigte er die »tatkräftige« Karen Horney und bestritt nachdrücklich, daß die Frau »*un homme manqué*« sei, »ein ständig enttäuschtes Wesen, das sich bemüht, sich mit sekundären Substituten, die seiner Natur fremd sind, zu trösten«. Die Frage laute letzten Endes, schloß er, »ob eine Frau geboren oder gemacht wird«.[197] Er zweifelte nicht daran, daß sie geboren wird.

Jones widmete den Band, in dem dieser Vortrag erstmals erschien, »Professor Freud als Zeichen der Dankbarkeit des Autors«.[198] Aber weder die Argumente von Jones und Horney noch drei lange, sorgfältig durchdachte und gründlich dokumentierte Abhandlungen des brillanten jungen Analytikers Otto Fenichel machten Eindruck auf Freud. Fenichel hatte nicht so sehr die Absicht, Freuds These umzustoßen, als vielmehr sie zu differenzieren: Er akzeptierte Freuds grundsätzliche Erklärungen, besonders zur Enttäuschung des kleinen Mädchens über die Mutter und zur Notwendigkeit, die Libido auf den Vater zu übertragen. Aber er war der Ansicht, daß die Entdeckung des Mädchens, daß es »verstümmelt« sei, und die phallische Phase zwar wichtig, aber weit davon entfernt seien, entscheidende psychologische Erlebnisse zu sein.[199] »›Ödipuskomplex‹ und ›Kastrationsangst‹«, schrieb er, »sind Wörter: die psychischen Realitäten, die sie darstellen, sind unendlich vielfältig.«[200] Doch Freud war davon überzeugt, daß seine Kritiker nicht genügend zwischen den angeborenen und den kulturellen Aspekten der weiblichen Sexualität unterschieden. Im Jahre 1935, im selben Jahr, in dem Jones die grundlegende Frage über die Frau stellte, faßte Freud seine Argumente noch einmal zusammen. Die infantile Sexualität sei zuerst an Knaben studiert worden, und der vollkommene Parallelismus zwischen Knaben und Mädchen habe sich als unhaltbar erwiesen. Das kleine Mädchen müsse nicht nur das Sexualobjekt, sondern auch die »leitende Genitalzone« wechseln. »Daraus ergeben sich Schwierigkeiten und mögliche Hemmungen, die für den Mann entfallen.«[201] Das war Freuds nüchternes letztes Wort über die Frau.

Er hätte mehr sagen können. Die Frau einen dunklen Kontinent zu nennen, war, wie wir gesehen haben, die Übernahme eines historischen Gemeinplatzes. All diese populäre Weisheit über die geheimnisvolle Eva deutet auf die fundamentale, triumphierend verdrängte Angst vor der Frau hin, die Männer seit undenklichen Zeiten in ihren Knochen verspürt haben. Freud hatte eine Ahnung von dieser Furcht. Als Marie Bonaparte einmal bemerkte: »Der Mann hat Angst vor der Frau«, antwortete er: »Er hat recht!«[202] In seinen Studententagen hatte er seinem Freund Emil Fluß gegenüber ausgerufen: »Wie weise sind doch unsere Erzieher, daß sie das schönere Geschlecht so wenig mit naturwissenschaftlichen Kenntnissen belästigen!! – (Darin stimmen wir ja, wie ich sehe, alle überein, daß die Weiber zu etwas Besserem auf die Welt gekommen sind, als um weise zu werden.)«[203] Aber er hatte sich nicht damit zufrieden gegeben, die bequeme Dunkelheit des Kontinents, den die Frau darstellte, einfach zu akzeptieren; er hatte versucht, ihn zu erforschen und zu kartographieren. Die Karte, die er zeichnete, hatte viele weiße, leere Flecke, und sie war, wie Forscher nach seinem Tode erkannten, fehlerhaft gezeichnet. Aber er tat sein Bestes. Sein fester Ton, der viele beleidigte, seine Annahme, er sei weit davon entfernt, tendenziös zu sein, und seine unhöflichen Angriffe gegen die Feministen erwiesen ihm keinen guten Dienst. Sie verdunkelten die Frische seiner Gedanken und den provisorischen Charakter seiner Schlußfolgerungen. Er glaubte, daß ihm Analytiker mit feministischen Neigungen männliche Voreingenommenheit vorwerfen, während seine Anhänger diese Art von Reduktionismus gegen seine Gegner wenden würden; eine solche kriegerische Verwendung der Analyse, kommentierte er weise, »führt offenbar nicht zur Entscheidung«.[204] Er weigerte sich zu sehen, daß er selbst kriegerisch genug gewesen war. Aber schließlich wollte er nicht seine ganze Energie auf diese begrenzte, wenn auch wichtige Frage verwenden. Von den späten zwanziger Jahren an war er voll Ungeduld, weiterzugehen und sich von anderen, noch größeren Rätseln quälen zu lassen, von den Rätseln der Religion und der Kultur, die ihn seit seiner frühen Jugend fasziniert hatten.

XI

DIE MENSCHLICHE NATUR AM WERK

Gegen Illusionen

Für Freud war die Psychoanalyse, ob hinter der Couch oder am Schreibtisch vorgenommen, von universaler Bedeutung. Gewiß, die analytische
Situation bot ihm eine einzigartige Gelegenheit, Hypothesen aufzustellen
und zu überprüfen. Hermetisch, höchst professionell und praktisch einzigartig, blieb diese Situation für Freud immer eine unerschöpfliche Informationsquelle, ein Ausgangspunkt für viele Neuerungen.* Aber im Gegensatz
zu den meisten Psychoanalytikern, die nach ihm kamen, betrachtete er jede
seiner analytischen Untersuchungen als gleichermaßen instruktiv und bedeutsam. Die Ursprünge der Kultur aus spärlichem und spekulativem Material herauszuschälen, war etwas ganz anderes als die Auswertung klinischer Daten.[1] Aber Freud war nicht schüchtern und befangen, wenn er mit
seinen psychoanalytischen Instrumenten in die Domänen der Kunst, der
Politik oder der Vorgeschichte eindrang. »Mein Lebenswerk war auf ein
einziges Ziel eingestellt«, sagte er 1930 summarisch.[2]

Nicht lange zuvor hatte er diesem Punkt mit zwei vielgelesenen spekulativen Abhandlungen einen dramatischen Anstrich gegeben: *Die Zukunft
einer Illusion* aus dem Jahre 1927, ein ehrgeiziges und umstrittenes Werk,

---

* Freud respektierte, und zitierte, einige experimentelle Überprüfungen seiner Theorien
(man beachte vor allem seine Kommentare zu Schriften über die Traumdeutung von
Otto Pötzl, auf die er in der Ausgabe der *Traumdeutung* von 1919 anspielte. G.W.,
Bd. 2/3, S. 188 Anm.). Aber im allgemeinen glaubte er, die Tausende von Analysestunden, die er mit seinen Analysanden verbrachte und zu denen Tausende von Stunden
seiner Anhänger kamen, lieferten ausreichend Beweise für seine Ideen. Diese Einstellung,
die sich nicht ganz durchsetzte, war zumindest ein taktischer Fehler.

Als der amerikanische Psychologe Saul Rosenzweig Freud 1934 einige experimentelle
Studien schickte, welche die Gültigkeit verschiedener psychoanalytischer Lehrsätze prüfen sollten, antwortete Freud höflich, aber ein wenig kurz angebunden, daß er solche
Untersuchungen zwar interessant finde, aber ihnen wenig Wert beimesse, da die Fülle
der zuverlässigen Beobachtungen, auf der psychoanalytische Behauptungen beruhten,
sie von der experimentellen Überprüfung unabhängig mache. Immerhin könne sie nicht
schaden (Freud an Rosenzweig, 28. Februar 1934. Der Brief ist vollständig im deutschen
Original abgedruckt in David Shakow und David Rapaport, *The Influence of Freud on
American Psychology*, 1964, S. 129 Anm.).

und, nicht weniger ehrgeizig und womöglich noch umstrittener, *Das Unbehagen in der Kultur* von Anfang 1930. Aber seiner morosen Stimmung nachgebend, setzte Freud diese neueren Abstecher in das Gebiet der Kultur mit schonungsloser Selbstkritik herab. Er machte *Die Zukunft einer Illusion* verächtlich als »kindisch« und »analytisch schwächlich und als Selbstbekenntnis unzureichend«.[3] Diese Art der Sprache, eine Mischung aus Depression *post partum* und einer abergläubischen Abwehrhaltung, war ihm zur Gewohnheit geworden. Sie erstaunte Freuds Mitarbeiter immer wieder. Er hatte einen ähnlichen Ton angeschlagen, als er vor Jahrzehnten *Die Traumdeutung* in die Welt hinaus schickte, und in jüngerer Zeit, als er seine »bekannte Depression« eingestand, nachdem er die Korrekturen von *Das Ich und das Es* gelesen hatte.[4] Aber seine Kritik an *Die Zukunft einer Illusion* war ungewöhnlich in ihrer Vehemenz. Sie grenzte an Selbsthaß. Als er im Oktober 1927 Eitingon einen Abzug versprach, sobald die Fahnen vom Drucker zurückkämen, stellte er fest, daß »der analytische Gehalt der Arbeit sehr gering und sie auch sonst nicht viel wert ist«.[5]

Er spürte sein Alter und die Nachwirkungen seiner Krebserkrankung. Seine Prothese bereitete ihm Schmerzen, und um das Maß voll zu machen, litt er an unangenehmen Anfällen von Angina. Im März 1927, als ihm Arnold Zweig einen Besuch ankündigte, drängte ihn Freud, sein Versprechen ohne Verzögerung einzuhalten: »Warten Sie damit nicht zu lange, ich bin bald 71 Jahre.«[6] Als man ihm im selben Monat sagte, daß er sich in einem Sanatorium ausruhen solle, weil er kränklich aussehe, beklagte er sich Eitingon gegenüber bitter, *für* die Gesundheit zu leben sei ihm unerträglich.[7] Gedanken an seinen Tod waren ihm nur zu vertraut. Als er im Sommer James und Alix Strachey einlud, sich anderen Besuchern auf dem Semmering anzuschließen, mahnte er sie wie Zweig: »Wir haben vielleicht nicht mehr viele Gelegenheiten, einander zu sehen.«[8]

Freud hatte eine Abneigung dagegen, seinen schlechten Gesundheitszustand vor aller Welt zur Schau zu stellen, aber einer kleinen Schar von Vertrauten gegenüber taute er ein wenig auf. Er schickte ihnen lakonische Bulletins, in denen noch sein alter herausfordernder, humoriger Ton aufklang. Seine Briefe an Lou Andreas-Salomé, die zu den liebevollsten und rührendsten seiner letzten Jahre gehören, halten seine schwankende Gesundheit und die entsprechenden Stimmungen fest. Die beiden sahen einander nur selten: Sie lebte mit ihrem betagten Mann in Göttingen und reiste selten; er war in oder nahe Wien eingesperrt. Ihre Freundschaft bestand weiter, weil er ihre Intelligenz respektierte und ihre Gegenwart genoß, und sei es nur per Post. Außerdem teilte sie seine große Zuneigung zu Anna und war ebenso stoisch wie ihr geliebter Professor. Selbstlos und rücksichtsvoll versuchte sie, ihre Krankheiten für sich zu behalten, und zwang ihn, den professionellen Leser subtiler Andeutungen, ihren Zustand anhand ihrer Formulierungen und unausgesprochenen Worte zu erraten. Als er Lou Andreas-Salomé im Mai 1927 für ihre Glückwünsche zu seinem 71. Geburtstag dankte, fand er es wunderbar, daß sie und ihr Mann die Sonne noch genießen konnten. »Bei mir aber ist der Altersgrant eingezogen, die volle, der Monderstarrung vergleichbare Ernüchterung, das innerliche Frieren.«[9] Sein ganzes Leben lang, dachte er gern, habe er Illusionen bekämpft; seine innere Temperatur einzugestehen, gehörte zu seinem langen Krieg gegen Lügen, gegen das Oberflächliche und dagegen, Wünsche für die Wirklichkeit zu halten. Es war ihm nun oft kalt, selbst bei warmem Wetter.

Es gab Augenblicke, in denen er berichten konnte, daß es ihm gut gehe. Aber das waren kostbare Ausnahmen, die er gewöhnlich durch Hinweise auf seine Hinfälligkeit abschwächte. In einem Brief vom Dezember 1927 an seine »liebe Lou« begann er mit einer heiteren Schilderung seines Zustandes, aber unmittelbar darauf entschuldigte er sich dafür, daß er nicht früher auf ihr langes »Geplauder« geantwortet habe. »Ich nehme an Unordentlichkeit und Trägheit zu.«[10] Für einen Mann, der sein Leben lang stolz darauf gewesen war, seine Post prompt zu beantworten, und der jede Verzögerung seitens seiner Briefpartner als ein Zeichen von Untreue gedeutet hatte, war das ein unheilvolles Symptom. Die Erkenntnis, daß sich sein Körper weigerte, ihm zufriedenstellend zu dienen, verdüsterte sein Urteil über *Die Zukunft einer Illusion*. Als der französische Psychoanalytiker René Laforgue, ein gelegentlicher Besucher in den zwanziger Jahren, sein Gefallen an der Abhandlung äußerte, erklärte Freud, obwohl ihn das Kompliment freute, schroff: »Das ist mein schlechtestes Buch!« Laforgue erhob Einwände, aber Freud blieb bei seiner Meinung: Es sei die Arbeit eines alten Mannes. Der echte Freud sei ein großer Mann gewesen, aber der sei nun tot. Wie bedauerlich, daß Laforgue ihn nicht gekannt habe! Verwirrt fragte Laforgue Freud, was in aller Welt er meinte. »Die Durchschlagskraft ist verlorengegangen«, lautete seine Antwort.[11]

Freuds Selbstzerfleischung kann die Tatsache nicht verdunkeln, daß *Die Zukunft einer Illusion* ein Buch war, das er schreiben mußte. »Ich weiß nicht, ob Sie das geheime Band zwischen der ›Laienanalyse‹ und der ›Illusion‹ erraten haben«, schrieb er Pfister ein wenig taktlos. »In der ersten will ich die Analyse vor den Ärzten, in der anderen vor den Priestern schützen.«[12] Aber die Vorgeschichte seiner *Illusion* war viel länger und viel intimer. Jahrzehnte eines prinzipiellen Atheismus und des psychoanalytischen Denkens über Religion hatten ihn darauf vorbereitet. Er war seit seinen Schultagen ein konsequenter militanter Atheist gewesen, der Gott und die Religion verspottete und den Gott und die Religion seiner Familie nicht verschonte. »Für Gottes dunkle Wege«, hatte er seinem Freund Eduard

Silberstein im Sommer 1873 geschrieben, als er siebzehn Jahre alt war, »hat noch niemand eine Laterne erfunden.«[13] Diese Dunkelheit machte die Gottheit für Freud nicht attraktiver oder plausibler. Als er Silberstein belehrte, daß man ungerecht sei, der Religion vorzuwerfen, sie sei metaphysisch und ermangle der Bestätigung durch die Sinne – denn die Religion wende sich vielmehr ausschließlich an die Sinne –, bot er nicht einen ernsthaften Gedanken, sondern nur einen kulinarischen Scherz: Selbst der Gottesleugner, der das Glück habe, einer leidlich frommen Familie anzugehören, könne nicht den Feiertag leugnen, an dem er einen Neujahrsbissen zum Munde führe. Man könne sagen, daß die Religion, mäßig genossen, die Verdauung fördere, ihr aber im Übermaß schade.[14]

Dies war der respektlose Ton, mit dem sich Freud am wohlsten fühlte. Wie wir wissen, hatte er einige Monate an der Universität unter dem Einfluß seines bewunderten Philosophieprofessors Franz Brentano mit dem philosophischen Theismus gespielt. Aber seine wahre Neigung, wie er sie seinem Freund Silberstein beschrieb, war die eines »gottlosen Mediziners«.[15] Er änderte sich nie. »Ich mache weder im Umgang noch in meinen Schriften ein Geheimnis daraus, daß ich ein durchaus Ungläubiger bin.«[16] So faßte er ein Jahr vor seinem Tode seine Karriere als Atheist zusammen. Sein ganzes Leben lang dachte er, daß nicht der Atheismus, sondern der religiöse Glaube einer Erklärung bedürfe.

Als Psychoanalytiker ging er daran, ihn zu erklären. Unter einigen Notizen, die er 1905 für sich selbst festgehalten hatte, findet sich diese knappe, suggestive Eintragung: »Religion als Zwangsneurose – Privatreligion.«[17] Zwei Jahre später brachte er diesen Keim einer Idee in einer ersten, sondierenden Abhandlung, »Zwangshandlungen und Religionsübungen«, unter, die einen eleganten Versuch darstellte, Religion und Neurose unter einen Hut zu bringen. Er hatte eklatante Ähnlichkeiten entdeckt zwischen den »Zeremonien« und »Ritualen«, die für den Zwangsneurotiker so unentbehrlich sind, und den Bräuchen, die ein wesentlicher Bestandteil jedes Glaubens sind. Beide Arten von Handlungen, die neurotischen und die religiösen, argumentierte er, enthielten den Verzicht auf Impulse; beide wirkten als abwehrende Selbstschutzmaßnahmen. »Nach diesen Übereinstimmungen und Analogien könnte man sich getrauen, die Zwangsneurose als pathologisches Gegenstück zur Religionsbildung aufzufassen, die Neurose als eine individuelle Religiosität, die Religion als eine universelle Zwangsneurose zu bezeichnen.«[18]

Im Laufe der Jahre erweiterte Freud diese nüchterne analytische Perspektive auf heilige Dinge. Im Jahre 1911 schrieb er Ferenczi, daß er »wieder« einen Einfall gehabt habe, »der sich auf die Triebherkunft der Religion bezieht«, und er glaubte, daß er ihn eines Tages vielleicht ausarbeiten werde.[19] *Die Zukunft einer Illusion* löste das Versprechen ein, das er sich

selbst gegeben hatte. Die Religion mit psychoanalytischen Waffen zu vernichten, stand also bereits schon seit vielen Jahren auf Freuds Tagesordnung. Pfister gegenüber bestand er darauf, daß seine Ansichten über die
Religion »keinen Bestandteil des analytischen Lehrgebäudes bilden. Es ist
meine persönliche Einstellung, die mit der vieler Nicht- und Voranalytiker
zusammentrifft und gewiß von vielen braven Analytikern nicht geteilt
wird.«[20] Aber das war seine Art, die Gefühle eines Mitarbeiters zu schonen,
dem er seit langem vertraute und mit dem er zwei Jahrzehnte lang eine
gutmütige Fehde über die Theologie geführt hatte. Freuds Schlußfolgerungen in *Die Zukunft einer Illusion* mögen alles andere als einzigartig gewesen sein, aber sein Weg, zu ihnen zu gelangen, war charakteristisch für die
Psychoanalyse.

Wie so oft hatte der Zeitpunkt des Erscheinens der Abhandlung eine
höchst persönliche Dimension. Im Oktober 1927 kündigte er Pfister an,
daß die »Broschüre«, die demnächst herauskommen solle, »viel mit Ihnen zu tun hat. Ich hätte sie nämlich längst schreiben wollen, aber mit
Rücksicht auf Sie zurückgestellt, bis dann der Drang zu stark wurde.«
Sie behandele, was leicht zu erraten sei, fügte er hinzu, »meine durchaus
negative Einstellung zur Religion – in jeder Form und Verdünnung, und
obwohl diese Ihnen nicht neu sein kann, fürchtete ich doch und fürchte
es noch, daß Ihnen ein solches öffentliches Bekenntnis peinlich sein
würde«.[21] Pfister reagierte, wie erwartet – ermutigend. »Ein geistes-
mächtiger Gegner der Religion nützt ihr sicherlich mehr als tausend
nichtsnutzige Anhänger.«[22] Aber auch wenn Pfister Zeichen von Unbehagen verraten oder sich auf einen Streit vorbereitet hätte, würde Freud
seinen Plan nicht aufgegeben haben; und er wäre dazu auch gar nicht
imstande gewesen. Wir haben das schon zuvor gesehen: Wenn eine Idee
in ihm arbeitete, übte sie einen beinahe schmerzhaften Druck aus, der
nur durch das Schreiben erleichtert werden konnte. Von allen Publikationen Freuds ist *Die Zukunft einer Illusion* vielleicht die unvermeidlich-
ste und am leichtesten vorhersehbare.

Von den ersten Abschnitten an erhebt *Die Zukunft einer Illusion* hohe Ansprüche. Ihr erklärtes Thema ist die Religion, aber es ist bedeutsam, daß sie
mit Gedanken über die Natur der Kultur beginnt; sie liest sich wie eine
Probe für sein nächstes Buch *Das Unbehagen in der Kultur*. Dieses Gambit
enthüllt Freuds Vorstellung von seiner Aufgabe: Indem er die Religion in
den größtmöglichen Kontext einbettet, macht er sie wie alles menschliche
Verhalten der wissenschaftlichen Untersuchung zugänglich. Kurz, sein
kompromißloser Säkularismus, den er mit den meisten zeitgenössischen
Psychologen und Religionssoziologen gemein hatte, versagte Glaubensdin-
gen jeden privilegierten Status, jeden Anspruch, von der Analyse verschont

zu werden. Er respektierte keine heiligen Orte, sah keine Tempel, die er als Forscher nicht hätte betreten dürfen.

Anderthalb Jahrhunderte vor Freud hatte einer seiner geistigen Ahnen, Denis Diderot, kühn behauptet, Tatsachen könnten in drei Klassen eingeteilt werden: die Werke der Gottheit, die Phänomene der Natur und die Taten der Menschen. Die ersten gehörten der Theologie, die zweiten der Philosophie und die letzten der Geschichte im eigentlichen Sinne. Alle seien gleichermaßen der Kritik unterworfen.[23] Das ist die Luft, die Freuds Religionsanalyse atmet – der kritische Geist der Aufklärung. Es war nichts Geheimnisvolles oder Verborgenes an diesem geistigen Vermächtnis. »Ihr Religionsersatz«, sagte ihm sein Freund Pfister offen, »ist im wesentlichen der Aufklärungsgedanke des 18. Jahrhunderts in stolzer moderner Auffrischung.«[24] Freud war nicht der Meinung, daß er einen Religionsersatz befürwortete, aber er leugnete nicht seine Dankesschuld. »Außerdem habe ich nichts gesagt«, versicherte er den Lesern von *Die Zukunft einer Illusion*, »was nicht andere, bessere Männer viel vollständiger, kraftvoller und eindrucksvoller vor mir gesagt haben.« Er weigerte sich, die Namen dieser »bekannten« Männer zu erwähnen, damit nicht jemand denke, er versuche, sich »in ihre Reihe zu stellen«.[25] Aber sie sind leicht zu nennen: Spinoza, Voltaire, Diderot, Feuerbach, Darwin.

Neben hervorragenden Vorläufern seiner Arbeit über die Religion hatte Freud auch hervorragende Zeitgenossen. Während der Jahre, in denen er die psychoanalytischen Grundprinzipien für seinen kämpferischen Atheismus entwickelte, war die wissenschaftliche Untersuchung der Religion unter Psychologen und Soziologen weit verbreitet. Die Forschungen von James G. Frazer und W. Robertson Smith auf dem Gebiet der vergleichenden Religionswissenschaft und der primitiven Religionen übten einen spürbaren Einfluß auf Freuds spekulative Schriften aus, vor allem auf *Totem und Tabu*. Die Arbeiten von Havelock Ellis, die religiöse Konversionen auf die Belastungen der Adoleszenz oder der Wechseljahre und religiöse Erregung auf sexuelle Konflikte zurückführen, waren Freuds eigenen Arbeiten kongenial. Ebenso die etwas früheren Bemühungen Jean Martin Charcots, geheimnisvolle »übernatürliche« Phänomene auf natürliche Ursachen zurückzuführen. Und nach 1900 veröffentlichten Max Weber und Émile Durkheim, die beiden prominentesten Soziologen ihrer Zeit, epochale Studien über die Religion. In seiner klassischen Sammlung von Essays, *Die protestantische Ethik und der Geist des Kapitalismus*, die 1904 und 1905 erschien, identifizierte Weber in gewissen religiösen Sekten, vor allem bei asketischen Protestanten, einen geistigen Stil, der zur Entwicklung des Kapitalismus geführt habe. Durkheim, der wie Weber die Absicht verfolgte, die Soziologie von der Psychologie unabhängig zu machen, behandelte den religiösen Glauben als

Ausdruck der sozialen Organisation. Er betonte, daß er alle seine Forschungen, ob sie den Selbstmord, die Erziehung oder die Religion betrafen, auf soziale Fakten und nicht auf individuelle psychische Ereignisse
ausrichtete. So wollte er auch seinen vieldiskutierten Begriff der »Anomie« – des Zusammenbruchs oder der Verwirrung sozialer Normen als
einer der Hauptursachen für Orientierungslosigkeit und Selbstmord – als
soziales Phänomen verstanden und untersucht wissen.* Zweifellos stellten Weber und Durkheim ebenso wie Freud, und in mancher Hinsicht
noch mehr als Freud, eine Beziehung zwischen dem Erlebnis der Religion
und ihren Manifestationen in der Kultur her. Aber obwohl Kategorien
wie Webers »weltliche Askese« und Durkheims »Anomie« starke psychologische Implikationen hatten, so hatte doch keiner der beiden Soziologen diese Implikationen erforscht; keiner hatte die Religion so fest in
der menschlichen Natur verankert wie Freud in *Die Zukunft einer Illusion.*

Doch, wie gesagt, Freuds Abhandlung beginnt mit einer Diskussion der
Kultur. In seiner knappen Definition ist Kultur eine kollektive Bemühung,
die äußere Natur zu meistern und die Beziehungen der Menschen untereinander zu regeln.** Das bedeutete, daß jedem einzelnen notwendigerweise
unangenehme und schwierige Opfer abverlangt wurden, den Aufschub von
Wünschen und den Verzicht auf Lust, alles um des gemeinsamen Überle-
bens willen. Daher sei »jeder Einzelne virtuell ein Feind der Kultur«, und
Zwang sei unentbehrlich. In einem Goldenen Zeitalter könnte es vielleicht
so eingerichtet sein, daß weder Gewalt noch die Unterdrückung der Triebe
nötig wären. Aber das wäre Utopia. »Man hat, meine ich«, behauptete
Freud, »mit der Tatsache zu rechnen, daß bei allen Menschen destruktive,
also antisoziale und antikulturelle Tendenzen vorhanden sind und daß
diese bei einer großen Anzahl von Personen stark genug sind, um ihr Verhalten in der menschlichen Gesellschaft zu bestimmen.«[26]

Freud, der altmodische Liberale, der sich über die demokratische Stimmung seiner Zeit hinwegsetzte, unterschied scharf zwischen Mob und Elite.
»Denn die Massen sind träge und einsichtslos, sie lieben den Triebverzicht
nicht.« Man muß sich damit abfinden, daß Menschen »spontan nicht
arbeitslustig sind und daß Argumente nichts gegen ihre Leidenschaften
vermögen«.[27] Das ist der Freud, der seiner Verlobten 1883 gesagt hatte:
»Es gibt eine Psychologie des gemeinen Mannes, die von der unserigen
ziemlich unterschieden ist.« Das Gesindel lebt sich aus, während die Kul-

---

* Freud hatte Durkheims einflußreichstes Werk über die Religion, *Les formes élé-
mentaires de la vie religieuse* aus dem Jahre 1912, gelesen und unter den »soziologi-
schen Theorien« kurz diskutiert (*Totem und Tabu*, G.W., Bd. 9, S. 137).
** Ich folge auf diesen Seiten dem Brauch Freuds: »Ich verschmähe es, Kultur und
Zivilisation zu trennen« (*Die Zukunft einer Illusion*, G.W., Bd. 14, S. 326).

tivierten wie er selbst und Martha Bernays mit ihren Wünschen sparsam umgehen und ihre natürlichen Triebe unterdrücken.[28] Dieses abfällige Epitheton, Gesindel, floß Freud oft in die Feder.* Doch Freud, der stolze Verächter der Massen, war kein blinder Bewunderer der bestehenden sozialen Ordnung. Er fand es nur natürlich, daß die Armen und Entrechteten diejenigen hassen und beneiden, die weniger opfern; man könne kaum von ihnen erwarten, daß sie soziale Verbote verinnerlichten. »Es braucht nicht gesagt zu werden, daß eine Kultur, welche eine so große Zahl von Teilnehmern unbefriedigt läßt und zur Auflehnung treibt, weder Aussicht hat, sich dauernd zu erhalten, noch es verdient.«[29] Doch ob gerecht oder ungerecht, die Kultur muß sich des Zwangs bedienen, um ihre Regeln durchzusetzen.

Mit all ihren augenfälligen Fehlern, fügte Freud hinzu, hat die Kultur recht gut gelernt, ihre Hauptaufgabe zu erfüllen, nämlich den Menschen gegen die Natur zu verteidigen. Sie konnte es in der Zukunft noch besser machen. Aber das bedeutete nicht, daß »die Natur jetzt schon bezwungen ist«. Weit davon entfernt. Freud zählte eine erschreckende Liste der Feindseligkeit der Natur gegen den Menschen auf: Erdbeben, Überschwemmungen, Stürme, Krankheiten und – einer drängenden persönlichen Sorge näher – »das schmerzliche Rätsel des Todes, gegen den bisher kein Kräutlein gefunden wurde und wahrscheinlich keines gefunden werden wird. Mit diesen Gewalten steht die Natur wider uns auf, großartig, grausam, unerbittlich.« Diese rachsüchtige Natur, eine erbarmungslose und unbezwingbare Feindin und Todbringerin, ist eine ganz andere Göttin als die helfende, allumfassende, erotische Mutter Natur, die Freud als jungen Studenten, der noch das Leben vor sich hatte, zum Medizinstu-

---

* Er gebrauchte es in seiner Jugend und später: als Schüler, der eine Familie von osteuropäischen Juden beschrieb, der er auf einer Bahnfahrt begegnet war, und als Mann in seinen Siebzigern, als er über den allgemeinen Judenhaß nachdachte. »In der Frage des Antisemitismus«, schrieb er Arnold Zweig, »habe ich wenig Lust, Erklärungen zu suchen, verspüre eine starke Neigung, mich meinen Affekten zu überlassen, und fühle mich in der ganz unwissenschaftlichen Einstellung bestärkt, daß die Menschen so durchschnittlich und im großen ganzen doch elendes Gesindel sind« (Freud an Arnold Zweig, 2. Dezember 1927. *Freud–Zweig*, S. 11). Zwei Jahre später, 1929, gestand er Lou Andreas-Salomé: »Im tiefsten Inneren bin ich ja doch überzeugt, daß meine lieben Mitmenschen – mit einzelnen Ausnahmen – Gesindel sind« (Freud an Andreas-Salomé, 28. Juli 1929, *Freud–Salomé*, S. 199). Im Jahre 1932 notierte Ferenczi in seinem privaten Tagebuch, daß ihm Freud einmal gesagt hatte: »Die Neurotiker sind ein Gesindel, nur gut, uns finanziell zu erhalten und aus ihren Fällen zu lernen« (4. August 1932. »Klinisches Tagebuch«, Freud Collection, B22, LC). Ferenczis Erinnerung ist nicht unglaubwürdig. Hatte ihm Freud nicht schon 1909 geschrieben: »Die Patienten sind ekelhaft und geben mir Gelegenheit zu neuen technischen Studien«? (Freud an Ferenczi, 22. Oktober 1909. Freud–Ferenczi Correspondence, Freud Collection, LC).

dium verleitet hatte. Kein Wunder, schloß Freud mit einer unüberhörbaren persönlichen Note, daß »wie für die Menschheit im ganzen, so ... für den Einzelnen das Leben schwer zu ertragen [ist]«.[30] Hilflosigkeit ist das allgemeine Los.

An dieser Stelle führte Freud geschickt die Religion in seine Analyse ein. Geschickt, weil er durch die Betonung der menschlichen Hilflosigkeit das Bedürfnis nach Religion mit Kindheitserlebnissen verbinden konnte. So manövrierte er die Religion auf das eigentliche Element der Psychoanalyse. Zugegeben, die Religion gehört mit Kunst und Ethik zu den am höchsten geschätzten Gütern der Menschheit, aber ihre Usprünge liegen in der Psychologie des Kindes. Das Kind fürchtet die Macht seiner Eltern, aber es vertraut auch ihrem Schutz. Daher fällt es ihm, wenn es aufwächst, auch nicht schwer, sein Gefühl für die elterliche – hauptsächlich väterliche – Macht in seine Gedanken über seinen Platz in der zugleich gefährlichen und verheißungsvollen natürlichen Welt aufzunehmen. Wie das Kind gibt der Erwachsene seinen Wünschen nach und schmückt seine Phantasien auf die einfallsreichste Weise aus. Sie sind im Grund Überbleibsel: Die Bedürfnisse, die Verwundbarkeit und die Abhängigkeit des Kindes leben im Erwachsenenalter weiter, und daher kann der Psychoanalytiker viel zum Verständnis des Entstehens der Religion beitragen.* »Ich habe versucht zu zeigen«, schrieb Freud, »daß die religiösen Vorstellungen aus demselben Bedürfnis hervorgegangen sind wie alle anderen Errungenschaften der Kultur, aus der Notwendigkeit, sich gegen die erdrückende Übermacht der Natur zu verteidigen«, und aus dem »Drang, die peinlich verspürten Unvollkommenheiten der Kultur zu korrigieren«.[31]**

Diese aphoristische Analogie ist geschickt, vielleicht ein wenig zu geschickt. Ihre Überredungskraft hängt von den Überzeugungen ab, die der Leser zur Lektüre des Textes mitbringt. Aber in *Die Zukunft einer Illusion* ließ Freud keinen Zweifel an *seiner* Überzeugung aufkommen, daß er nicht nur auf interessante Ähnlichkeiten hinweisen wollte. Die Menschen erfänden Götter oder akzeptierten passiv die Götter, die ihnen ihre Kultur auferlege, weil sie mit einem solchen Gott im Hause aufgewachsen

---

* Freud wußte natürlich, daß es viele verschiedene Arten von Religionen und divergierende Einstellungen zum Glauben innerhalb jeder Kultur gibt und daß es im Laufe der Zeitalter unterschiedliche, drastische Entwicklungen des religiösen Denkens und Fühlens gegeben hat. Er sprach in *Die Zukunft einer Illusion* hauptsächlich über die Religion des gewöhnlichen modernen Menschen und verwies seine Leser bezüglich einer summarischen Diskussion einiger dieser Entwicklungen im Denken auf *Totem und Tabu*.
** In der *Traumdeutung* hatte er geschrieben, daß »all die komplizierte Denktätigkeit« bei der Suche nach Befriedigung »nur einen durch die Erfahrung notwendig gewordenen *Umweg zur Wunscherfüllung* darstellt. Das Denken ist doch nichts anderes als der Ersatz des halluzinatorischen Wunsches« (G.W., Bd. 2/3, S. 572).

seien. Wie die Phantasien des Kindes angesichts der Macht anderer und seiner eigenen Wünsche und nach dem Vorbild solcher Phantasien sei die Religion im Grunde eine Illusion – eine kindliche Illusion. Die psychologische Analyse religiöser Lehren zeige, daß sie »nicht Niederschläge der Erfahrung oder Endresultate des Denkens sind, es sind Illusionen, Erfüllungen der ältesten, stärksten, dringendsten Wünsche der Menschheit; das Geheimnis ihrer Stärke ist die Stärke dieser Wünsche«.[32] Freud war stolz auf diese psychologischen Argumente und hob sie hervor als seinen einzigartigen Beitrag zum wissenschaftlichen Studium der Religion. Der Gedanke, daß die Menschen die Götter nach ihrem eigenen Bilde schaffen, mochte so alt sein wie die alten Griechen, aber Freud fügte die Behauptung hinzu, daß die Menschen ihre Götter nach dem Bilde ihres Vaters schaffen.

Die Demaskierung religiöser Ideen als Illusionen bedeutet nicht notwendigerweise, daß man ihnen jegliche Gültigkeit abspricht. Freud unterschied nachdrücklich zwischen Illusionen und Täuschungen oder Irrtümern; erstere würden nicht durch ihren Inhalt, sondern durch ihre Quellen definiert. »Für die Illusion bleibt charakteristisch die Ableitung aus menschlichen Wünschen.«[33] Sie könnten sogar wahr werden. Freud führte das Beispiel eines Bürgermädchens an, das davon träume, einem Prinzen zu begegnen und ihn zu heiraten. Es könne geschehen und sei geschehen. Aber religiöse Illusionen wie der Glaube, daß der Messias kommen werde, um ein Goldenes Zeitalter zu begründen, seien weit weniger wahrscheinlich und näherten sich den Wahnideen. Man könnte sagen, daß nach Freuds eigenen Theorien gezeigt werden kann, daß alles Denken einschließlich des abstraktesten und objektivsten nichtrationale Quellen hat. Schließlich hatte er selbst die Wurzeln der wissenschaftlichen Forschung in der sexuellen Neugier des Kindes entdeckt. Spätere Psychoanalytiker zögerten auch nicht, ihr bleibendes Interesse an den Geschichten ihrer Analysanden nach einer lebenslangen klinischen Praxis als einen sublimierten Voyeurismus zu bezeichnen. Die Regel, daß die Ursprünge einer Idee keineswegs ihren Wert – oder Unwert – bestimmen, bleibt intakt. Gewiß sagte Freud in seinen Schriften über Religion nichts, was dazu angetan war, sie zu erschüttern. Aber worauf es Freud ankam, war, wieviel Einfluß diese Ursprünge behalten konnten. Er unterschied scharf zwischen dem wissenschaftlichen Denkstil und dem von Illusionen bestimmten Stil des religiösen Denkens, lobte ersteren als offen für Überprüfung, Demonstration und Widerlegung und tadelte letzteren als offensichtlich immun gegen alle ernsthafte Kritik. Alles Denken einschließlich der wissenschaftlichen Spielart kann als Wunschdenken entstehen, aber die Wissenschaft ist ein Wünschen, das diszipliniert – ja überwunden – wird durch die Notwendigkeit einer zuverlässigen Überprüfung und jener Art von offener Atmosphäre, die es allein gestattet, Überzeugungen und Annahmen zu verfeinern, zu modifizieren und, wenn nötig, wieder aufzugeben.

Freud fand es daher angebracht, ebensoviel Zeit auf religiöse Beweise zu verwenden wie auf die Grundlagen des religiösen Glaubens. Die Gläubigen, bemerkte er, bieten den Skeptikern drei Rechtfertigungen an: das Alter ihres Glaubens, die Zuverlässigkeit der in der Vergangenheit gelieferten Beweise und die Heiligkeit des Glaubens, die ihrer Natur nach jede rationale Untersuchung zu einem Akt der Gottlosigkeit macht. Natürlich beeindruckte Freud keine dieser Rechtfertigungen. Ebensowenig andere Rechtfertigungen: die mittelalterliche Anschauung, daß die Wahrheit der religiösen Lehre gerade durch ihre Absurdität garantiert werde, und die moderne Philosophie des »Als ob«, welche die Ansicht vertritt, daß es vorteilhaft für uns sei zu leben, als ob wir die von den Gläubigen verbreiteten Fiktionen glaubten. Die erste fand Freud praktisch sinnlos. Wenn eine Absurdität, warum dann nicht eine andere? Was die zweite anbetraf, sagte er spöttisch, es sei eine Forderung, »wie sie nur ein Philosoph aufstellen kann«.[34] Das waren keine Argumente, sondern Ausflüchte. »Es gibt keine Instanz über der Vernunft.«[35]

Freud war ebensowenig von dem pragmatischen Anspruch der Religion überzeugt, daß sie ihre Wirkung getan habe. Er konnte auch nicht den zeitgenössischen radikalen Polemikern zustimmen, daß sie eine Verschwörung sei, um die arbeitenden Klassen in Unterwürfigkeit und Anspruchslosigkeit zu halten, indem man sie mit der Aussicht auf die Hölle und die ewige Verdammnis schrecke. Solche Darstellungen waren zu rationalistisch für Freuds Geschmack; sie konnten die mächtige Herrschaft des Glaubens durch die Jahrhunderte hindurch nicht erklären. Außerdem zeige die Geschichte zur Genüge, jedenfalls zu seiner Zufriedenheit, daß die Religion zwar bemerkenswerte Beiträge zur Zähmung der wilden Triebe der Menschheit geleistet habe, aber nicht ausnahmslos eine zivilisierende Macht oder auch nur eine Ordnungsmacht sei. Ganz im Gegenteil, in seiner eigenen Zeit, bemerkte er, hindere die Religion die große Masse nicht daran, in ihrer Kultur unglücklich zu sein, und er meinte, es gebe gute Beweise dafür, daß die Menschen in früheren, frommeren Jahrhunderten auch nicht glücklicher gewesen seien. »Sittlicher waren sie gewiß nicht ... Die Unsittlichkeit hat zu allen Zeiten an der Religion keine mindere Stütze gefunden als die Sittlichkeit.«[36] Die Folgerung war nur allzu durchsichtig: Da die Religion die Menschen weder glücklicher noch besser gemacht habe, könne die Religionslosigkeit nur eine Verbesserung sein.*

---

* Das Beste, was Freud für die Religion sagen konnte, war, daß sie das Individuum zähmt und von seiner Einsamkeit befreit. In seiner Krankengeschichte des Wolfsmannes

Wieder hören wir auf diesen Seiten die Akzente der Vorläufer Freuds, vor allem der Philosophen der Aufklärung. Wie ihre antiklerikalen, antireligiösen Überzeugungen waren auch die seinen unüberwindlich. Freud mochte sich von Voltaire oder seinem Erben, Feuerbach, in Fragen der politischen Taktik oder der psychologischen Diagnose unterscheiden, aber sein letztes Urteil über die Religion war mit ihrem eins: Sie hatte versagt. Er mochte standhaft und aufrichtig versuchen, zwischen Illusionen und Wahnvorstellungen zu unterscheiden. Er mochte ebenso aufrichtig feststellen, daß Illusionen manchmal Wirklichkeit werden können. In dem Maße, in dem er sich für seine Untersuchung der Religion erwärmte, wurde sie zur Polemik, und der Unterschied zwischen Illusionen und Wahnvorstellungen verwischte sich.

Wenn sich die Religion, wie Freud glaubte, als Versager erwiesen habe, sei die Wissenschaft vielleicht ein Erfolg. Diese hoffnungsvolle Vermutung ist das Gegenstück zu Freuds Kritik an früheren und gegenwärtigen Illusionen. Tatsächlich erlaubte sich Freud, als er über die wissenschaftliche Denkweise nachdachte, einen für ihn ungewöhnlichen Optimismus. Das ist der Freud, der Macaulays historische Schriften bewunderte, die unerschütterlich einen ständigen Fortschritt in der europäischen Geschichte vertreten, und Gomperz' Geschichte des altgriechischen Denkens, welche die großen Denker des klassischen Zeitalters in die Schöpfer einer antiken Aufklärung verwandelt. Zumindest in den gebildeten sozialen Schichten, meinte Freud, habe die Vernunft im großen und ganzen den Aberglauben besiegt. »Die Kritik hat die Beweiskraft der religiösen Dokumente angenagt, die Naturwissenschaft die in ihnen enthaltenen Irrtümer aufgezeigt, der vergleichenden Forschung ist die fatale Ähnlichkeit der von uns verehrten religiösen Vorstellungen mit den geistigen Produktionen primitiver Völker und Zeiten aufgefallen.«[37]

Daher erschien ihm die Erwartung, daß der weltliche Rationalismus weiterhin Rekruten finden werde, vollkommen realistisch. »Der wissenschaftliche Geist erzeugt eine bestimmte Art, wie man sich zu den Dingen dieser Welt einstellt; vor den Dingen der Religion macht er eine Weile halt, zaudert, endlich tritt er auch hier über die Schwelle. In diesem Prozeß gibt es keine Aufhaltung, je mehr Menschen die Schätze unseres Wissens zugäng-

schrieb er: Wir können sagen, »die Religion hat in diesem Falle alles das geleistet, wofür sie in der Erziehung des Individuums eingesetzt wird. Sie hat seine Sexualstrebungen gebändigt, indem sie ihnen eine Sublimierung und feste Verankerung bot, seine familiären Beziehungen entwertet und damit einer drohenden Isolierung vorgebeugt, dadurch, daß sie ihm den Anschluß an die große Gemeinschaft der Menschen eröffnete. Das wilde, verängstigte Kind wurde sozial, gesittet und erziehbar« (»Wolfsmann«, G.W., Bd. 12, S. 150).

lich werden, desto mehr verbreitet sich der Abfall vom religiösen Glauben, zuerst nur von den veralteten, anstößigen Einkleidungen desselben, dann aber auch von seinen fundamentalen Voraussetzungen.«[38] Dies ist der Kern von Freuds Argument: Die Grundvoraussetzungen der Wissenschaft seien mit denen der Religion unvereinbar. Er verschmähte alle Brücken, die moderne Historiker zwischen den beiden zu schlagen versucht, alle Subtilitäten, die moderne Theologen gesponnen hatten. Sie waren bloße Apologien – im schlechten Sinne des Wortes. »Der Krieg zwischen Wissenschaft und Religion«, dieses militante Schlagwort des 18. Jahrhunderts, das im 19. Jahrhundert so leidenschaftlich wiederholt wurde, stellte für Freud bis in die Mitte des 20. Jahrhunderts hinein weiterhin eine axiomatische Wahrheit dar. Wie er mehr als einmal, in mehr als einem Text, erklärte, war die Religion ganz einfach der Feind.*

Als er am Kampf gegen diesen Feind teilnahm, reihte Freud seine Psychologie unter der Fahne der Wissenschaft ein. »In Wirklichkeit«, sagte er in *Die Zukunft einer Illusion*, »ist die Psychoanalyse eine Forschungsmethode, ein parteiloses Instrument, wie etwa die Infinitesimalrechnung.«[39] Diese Definition gefiel ihm offensichtlich. Mehrere Jahre zuvor hatte er Ferenczi geschrieben: »Wir«, die Psychoanalytiker, »sind und bleiben tendenzlos bis auf das eine: zu erforschen und zu helfen.«[40] Tendenzlos hieß wissenschaftlich. Daher konnte die Psychoanalyse auch behaupten, oder zumindest danach streben, eine Wissenschaft zu sein.** In Anbetracht von Freuds militanter Haltung war diese Behauptung alles andere als neutral.

---

* Es gibt keine Belege dafür, daß Freud John W. Drapers rationalistisches Manifest von 1874, *History of the Conflict between Science and Religion*, oder Andrew Dickson Whites zweibändige Verteidigung der freien Forschung von 1896, *A History of the Warfare of Science with Theology in Christendom*, gelesen hatte, aber die kompromißlosen Titel dieser Werke (weit mehr als ihr Inhalt) erinnern daran, wie eng und charakteristisch Freuds rationalistische Einstellung dem antiklerikalen Denken des 19. Jahrhunderts ähnelt und folgt – einem Denken, das seine Wurzeln in der Aufklärung des 18. Jahrhunderts hatte. Seine Ansicht von der Religion als einem Feind wurde von der ersten Generation der Psychoanalytiker vollkommen geteilt. Die Versuche einiger späterer Analytiker, die Psychoanalyse mit der Religion zu versöhnen, würden bei Freud und seinen Kollegen nicht die geringste Sympathie gefunden haben. Als Freud Ernest Jones 1911 mitteilte, daß er an einer psychoanalytischen Studie der Religion arbeite – er sprach von den Aufsätzen, aus denen *Totem und Tabu* wurde –, antwortete Jones begeistert: »Offensichtlich ist« das Studium der Religion »das letzte und festeste Bollwerk dessen, was man die antiwissenschaftliche, antirationale oder antiobjektive Weltanschauung nennen kann, und zweifellos können wir dort den heftigsten Widerstand und das dichteste Kampfgetümmel erwarten« (Jones an Freud, 31. August 1911. Sigmund Freud Copyrights, Wivenhoe).
** Die nachdrücklichste Darstellung seines Standpunkts findet sich in seiner wichtigen Abhandlung über eine Weltanschauung, die als letzte der *Neuen Folge der Vorlesungen zur Einführung in die Psychoanalyse* veröffentlicht wurde. Siehe »Über eine Weltanschauung«, G.W., Bd. 15, S. 170–197.

Die Wissenschaften, einschließlich der Psychoanalyse, als tendenzlos zu erklären, hieß einen politischen Anspruch aufstellen und versichern, daß sie frei seien von ideologischen, selbstschützenden Entstellungen.* Wenn die Religion – vom einfachsten Opfer bis zur ausgeklügeltsten Theologie – ins Erwachsenenleben übertragene kindliche Furcht, Ehrfurcht und Passivität ist, dann ist die Wissenschaft, wie ein Psychoanalytiker sagen könnte, eine organisierte Bemühung, die Kindlichkeit zu überwinden. Die Wissenschaft verschmäht die klägliche Bemühung der Gläubigen, Phantasien durch frommes Warten und rituelle Übungen, durch Gebete und Ketzerverbrennungen zu verwirklichen.

Freud hatte eine Ahnung, daß auch der Atheismus durch Ideologien verwundbar sein könnte. Er könnte, um wieder die psychoanalytische Sprache auszuleihen, als Abwehrmechanismus benutzt werden, als die Art von Reaktion, die typisch für den Heranwachsenden ist, der sich gegen seinen Vater auflehnt. Wer mit Gott streitet, könnte in der Sphäre der Religion den ödipalen Kampf wiederholen, den er zu Hause nicht gewonnen hat. Aber Freud hatte keinen solchen Streit; er kämpfte nicht mit Schimären. Sein Atheismus war in seinen Augen etwas Besseres: die Voraussetzung für die schonungslose und aufschlußreiche Untersuchung des religiösen Phänomens. Wir wissen, daß sich Freud nicht in den Mantel des Sozialreformers kleidete. Aber als der moderne Erbe der Aufklärung war er überzeugt, daß es eine der Aufgaben der Wissenschaft sei, ihre Einsichten dazu zu verwenden, geistiges Elend zu erleichtern. In Freuds psychoanalytischer Kritik des Glaubens verbirgt sich die Hoffnung, daß die Entdeckung und Verbreitung der Wahrheit über die Religion helfen könne, die Menschheit von diesem Elend zu befreien.

Gewiß konnte sich auch diese Hoffnung, wie Freud in *Die Zukunft einer Illusion* einräumte, als eine weitere Illusion erweisen. Aber nachdem er die Frage aufgeworfen hatte, ließ er sie wieder fallen, denn »auf die Dauer kann der Vernunft und der Erfahrung nichts widerstehen«. Und weiter: »Unser Gott *Logos* ist vielleicht nicht sehr allmächtig, kann nur einen kleinen Teil von dem erfüllen, was seine Vorgänger versprochen haben.«[41] Es bleibt wahr, daß seine Anhänger bereit sind, ein gut Teil ihrer kindlichen Wünsche aufzugeben; ihre Welt würde nicht zusammenstürzen, wenn sie noch mehr von ihren Träumen aufgeben müßten. Die wissenschaftliche Methode, die sie anwenden, und die Voraussetzungen, die ihre Forschungen regieren, würden ihnen erlauben, ihre Ansichten im Lichte besserer Beweise

---

* *Die Zukunft einer Illusion* wurde auch auf eine andere Weise, die nichts mit ihrer Befürwortung der Wissenschaft zum Nachteil der Religion zu tun hatte, als politisches Dokument aufgefaßt: Im Juli 1928 teilte Freud (der die Nachricht von Eitingon erhalten hatte) Jones mit, daß die sowjetischen Zensoren die Übersetzung des Buches ins Russische verboten hätten (Freud an Jones, 17. Juli 1928, Freud Collection, D2, LC).

zu berichtigen. »Nein«, schloß Freud in einem berühmten Abschnitt, »unsere Wissenschaft ist keine Illusion. Eine Illusion aber wäre es zu glauben, daß wir anderswoher bekommen könnten, was sie uns nicht geben kann.«[42] Dies war sein Bekenntnis eines Glaubens an die Wissenschaft, den er immer hegte und selten zuvor mit so kraftvollem Nachdruck ausgesprochen hatte. Einige Jahre zuvor hatte er sich Romain Rolland gegenüber als einen Mann beschrieben, der »einen großen Teil« seiner Lebensarbeit dazu verwendet habe, »eigene und Menschheitsillusionen zu zerstören«.[43] Ob sich die Menschheit im großen ganzen ihre Illusionen zerstören lassen wollte, war freilich eine andere Frage.

Im Januar 1928 schickte jemand, den Freud nicht kannte, ein Setzer namens Edward Petrikowitsch, »nur ein einfacher Arbeiter«, wie er schrieb, der seinen Kampf gegen die Religion schätzte, Freud einen Ausschnitt aus der *St. Louis Post-Dispatch*. In dem Artikel wurde behauptet, Freuds neues Buch habe zu einer Spaltung unter seinen Anhängern geführt und so etwas wie eine Sensation hervorgerufen.[44] Freud antwortete sofort, höflich und gereizt. Er konnte nicht glauben, daß sein Korrespondent etwas anderes als ein gebildeter Mann sei. Sicherlich, meinte Freud, müsse er ein Europäer sein, der lange in den Vereinigten Staaten gelebt habe, und daher »darf ich mich wundern, daß Sie überhaupt noch etwas glauben, was in einer amerikanischen Zeitung steht«. Er hatte zum Teil recht. Petrikowitsch, ein Gewerkschaftler, Freidenker und Sozialist, war nach dem Ersten Weltkrieg nach St. Louis ausgewandert. Der Artikel, den er geschickt hatte, bemerkte Freud, »schreibt mir Äußerungen zu, die ich nie gemacht habe«. Und: »In Wirklichkeit hat meine kleine Schrift in der Öffentlichkeit hier kaum Beachtung gefunden. Ich könnte sagen, es hat kein Hahn nach ihr gekräht.«[45]

Tatsächlich erregte *Die Zukunft einer Illusion* weit mehr Aufsehen, als Freud zuzugeben gewillt war, während er sich in den abgetragenen, zerrissenen Mantel eines Mannes hüllte, den niemand beachtete. Im Grunde wußte er selbst es besser. Der Ausschnitt, den Petrikowitsch Freud geschickt hatte, war ein Nachdruck eines Artikels, der zuerst Ende Dezember 1927 unter sensationellen und irreführenden Schlagzeilen in der *New York Times* erschienen war: »RELIGION DEM UNTERGANG GEWEIHT / VERSICHERT FREUD / Sagt, sie sei an einem Punkt angelangt, wo sie der Wissenschaft weichen muß / SEINE ANHÄNGER VERÄRGERT / Neues Buch des Meisterpsychoanalytikers beklagt wegen der Spaltung, die es verursachen wird.«[46]* Das dramatisierte den Aufruhr, den *Die Zukunft einer Illusion*

---

* Freuds Ärger über die Meldung ist vollkommen verständlich. Sie vergröberte nicht nur, was er geschrieben hatte, sondern wimmelte auch noch von Fehlern. Sie nannte Freud »Sigismund«, und diesen Namen hatte er seit einem halben Jahrhundert nicht

verursachte, beträchtlich. Immerhin, im April 1928 schrieb Freud Eitin-
gon, daß er sich das allgemeinste Mißfallen zugezogen habe. Er höre ein
Gepolter rings umher mit allen Arten von gedämpften Anspielungen.[47] Das
Buch hatte seine Schüler nicht ernsthaft gespalten, aber es hatte einige von
ihnen nervös gemacht. Die Religion blieb schließlich ein heikles Thema.
»Daß Anna« mit einem Vortrag, den sie in Berlin gehalten hatte, »auf Widerstand gestoßen war«, teilte Eitingon Freud im Juni mit, »hatte seine
Ursache in der ›Zukunft einer Illusion‹, auf welche Anna fußte und gegen
welche hier nach wie vor viel Affekt vorhanden ist, ohne daß sich die Leute
das klarmachen wollen.«[48] Mit all seinen Fehlern und Entstellungen hatte
der Berichterstatter der *Times* in Wien etwas von dieser Atmosphäre einge-
fangen.

Freuds Analyse der Religion – die Kritiker nannten sie einen Angriff –
löste Erwiderungen und Widerlegungen aus.* Die vielleicht zivilisierteste
war, wie nicht anders zu erwarten, Pfisters Antwort, »Die Illusion einer
Zukunft«, die in *Imago* veröffentlicht wurde. Sie war höflich, vernünftig
und sehr freundlich. Er habe sie, stellte Pfister, Freud direkt ansprechend,
fest, »nicht gegen, sondern für Sie« geschrieben, »denn wer für die Psychoanalyse in die Schranken tritt, kämpft für Sie«.[49] Offenbar hatte Freud
keine Einwände gegen den Artikel, den er eine »liebenswürdige Entgegnung« nannte.[50] In dieser Entgegnung hatte Pfister mit seinem alten Freund
die Rollen getauscht, denn er überführte Freud, den eingefleischten Pessi-
misten, eines unberechtigten Optimismus. Wissen, argumentierte Pfister,

mehr verwendet. Der Titel seiner Arbeit wurde mit einem amüsanten Druckfehler übersetzt als *The Future of an Allusion* (Die Zukunft einer Anspielung). Pfister wurde Pfiser
genannt und ausgerechnet als »Oberhaupt der protestantischen Kirche in Zürich« identifiziert, und die psychoanalytische Zeitschrift *Imago*, in der Pfister, wie den Lesern
der *Times* mitgeteilt wurde, Freud antworten wolle, wurde als ein Kirchenblatt bezeichnet.
* Eine der seltsamsten »Antworten« war J.C. Hill, *Dreams and Education*, das sein
Autor, ein englischer Erzieher, Freud schickte. Hills kleines Buch war 1926 erschienen,
ein Jahr vor *Die Zukunft einer Illusion*, aber der Autor – der sich als großer Bewunderer,
wenn auch nicht »praktizierender Psychoanalytiker« und »nicht kompetent«, eine Meinung über einige von Freuds Schriften zu äußern, vorstellte (S. 1) – dachte, es könnte als
Antwort dienen. Freud war einigermaßen verwirrt. In einer Reihe von einfach geschriebenen erklärenden Kapiteln mit alltäglichen Beispielen hatte Hill, was er von psychoanalytischen Ideen verstand, auf »das Studium des Verhaltens« (S. 1), vor allem die
Erziehung angewandt. Aber dann schloß er ohne Übergang und ohne jede Vorbereitung mit der Behauptung, daß der Lehrer, der willens sei, von Freud zu lernen, »die
Wahrheit des Christentums erkennen wird« (S. 114). Freud bestätigte den Empfang dieses Geschenks mit ein paar freundlichen, wenn auch knappen Zeilen. »Ich habe Ihr
Büchlein erhalten und mit Vergnügen und Befriedigung gelesen, und ich bin sicher, es
wird auf viele Menschen einen starken Eindruck machen. Da ist nur ein Punkt, den
ich nicht verstehe: Wie soll einen das, was Sie über die ΨA sagen, zur Wahrheit des
Christentums hinführen?« (Freud an Hill, 18. Februar 1928. In Englisch. Sigmund Freud
Copyrights, Wivenhoe).

garantiere nicht Fortschritt. Noch könne die magere antiseptische Wissenschaft je den Platz der Religion einnehmen; sie könne nicht zu moralischen Werten und bleibenden Kunstwerken inspirieren.

Die meisten Reaktionen auf Freuds Buch waren nicht ganz so höflich. Vor seiner Gemeinde im Tempel Emanu-El in der New Yorker Fifth Avenue nahm der Reformrabbiner Nathan Krass die herablassende Haltung des Fachmanns ein, der den Amateur auf seinen Platz verweist: »In diesem Land haben wir uns daran gewöhnt, Männer und Frauen anzuhören, die über alle Themen sprechen, weil sie auf *einem* Gebiet etwas Besonderes geleistet haben.« Er führte als Beispiel Edison an, der »etwas von Elektrizität versteht« und daher eine Zuhörerschaft für seine »Ansichten über Theologie« finde. Oder jemand, »der sich einen Namen als Flieger gemacht hat« – er dachte natürlich an Lindberg –, »wird gebeten, über alles unter der Sonne Reden zu halten«. Worauf Krass hinaus wollte, war leicht zu sehen: »Alle bewundern Freud, den Psychoanalytiker, aber das ist kein Grund, seine Theologie zu respektieren.«[51]

Es gibt keinen Hinweis darauf, daß Freud je von Krass' scharfer Kritik gehört hat, aber sie war keineswegs eine Seltenheit. Einige Kritiker entdeckten in Freuds Analyse der Religion ein Symptom des verderblichen Relativismus, der an der moralischen Faser der modernen Welt nage.[52] Ein anonymer Kommentator, der in den konservativen *Süddeutschen Monatsheften* schrieb, warf Freuds Ansichten über Religion mit dem, wie er es ein wenig pittoresk nannte, für das Zeitalter endemischen »Panschweinismus« zusammen.[53] Und wie vorauszusagen war, lieferte *Die Zukunft einer Illusion* den Antisemiten in akademischen Kreisen willkommene Munition. Im Jahre 1928 nahm Carl Christian Clemen, Professor der Ethnologie an der Universität Bonn, das Erscheinen des Buches zum Anlaß, die Neigung der Psychoanalyse zu beklagen, überall Sexualität zu entdecken. Man könne dies erklären, meinte er, durch die besonderen Kreise, aus denen ihre Fürsprecher und vielleicht auch die Patienten, die sie behandelte, stammten.[54] Ein anderer prominenter deutscher Professor, Emil Abderhalden, ein vielseitiger Biologe und Chemiker, beklagte den Anblick »eines Juden«, der es, völlig unbefugt, wie er sei, wage, ein Urteil über den christlichen Glauben abzugeben.[55] Soweit Freud von solchen Beschimpfungen erfuhr, behandelte er sie mit Verachtung. Aber für sich selbst dachte er, mehr denn je davon überzeugt, daß seine Schriften den Maßstäben, die er sich setzte, nicht entsprachen, traurig daran, daß er nicht mehr der Freud sei, der er vor einem Jahrzehnt gewesen war.

Er fand in diesen Tagen wenig, was ihm Freude machte, am allerwenigsten bei sich selbst. Im April 1928 schrieb er dem ungarischen Psychoanalytiker István Hollós, daß ihm der Umgang mit Psychotikern widerstrebte: »Ich gestand mir endlich, es komme daher, daß ich diese Kranken nicht liebe, daß ich mich über sie ärgere, sie so fern von mir und allem Menschlichen empfinde.« Er meinte, dies sei »eine merkwürdige Art von Intoleranz«, und er fügte resigniert hinzu: »Im Laufe der Zeit habe ich aufgehört, mich selbst interessant zu finden, was gewiß analytisch inkorrekt ist.« Er fand sich jedoch interessant genug, um über dieses Fehlen von Mitgefühl Vermutungen anzustellen. »Ist es die Folge einer immer deutlicher gewordenen Parteinahme für den Primat des Intellekts, der Ausdruck einer Feindseligkeit gegen das Es? Oder was sonst?«[56]

Gewiß waren die Zeiten kaum geeignet, den Primat des Intellekts geltend zu machen. Der widerwärtige Anblick der politischen Demagogie und die prekäre Lage der Weltwirtschaft zeigten eine zunehmende Irrationalität. Als Wittels Freud im April 1928 wegen einer Einladung, in den Vereinigten Staaten Vorträge zu halten und die Psychoanalyse zu lehren, konsultierte, drängte ihn Freud, sie anzunehmen. »Sie kennen die düsteren wirtschaftlichen Verhältnisse in Wien und die Unwahrscheinlichkeit einer baldigen Änderung.«[57] Er schien sich selbst für die schlechte Lage der Analytiker, die in der Stadt Patienten suchten, verantwortlich zu machen, und je kleiner der »persönliche Einfluß« war, den er für seine »jüngeren Freunde« ausüben könne, schrieb er Wittels, desto »betrübter« fühle er sich.[58]

Aber verständlicherweise quälten ihn seine Leiden – seine Beschwerden beim Essen und Sprechen und seine Schmerzen – noch viel schwerer. Sie hatten beinahe ebenso viele emotionale wie körperliche Auswirkungen. Im Juli 1928 vertraute er Ernest Jones »ein kleines Geheimnis« an, »das ein Geheimnis bleiben sollte«. Er denke dran, Hans Pichler aufzugeben, den Mundchirurgen, der seit seiner ersten Operation im Herbst 1923 so viel für ihn getan hatte. »Ich habe unter Pichlers Bemühungen, mir eine bessere Prothese zu schaffen, im letzten Jahr sehr gelitten, und der Effekt ist sehr wenig befriedigend. So habe ich denn endlich dem Andrängen von vielen Seiten nachgegeben, mich an einen anderen zu wenden.«[59] Pichler selbst habe gestanden, daß er am Ende seiner Weisheit sei.[60] Aber Freud hatte Gewissensbisse. »Es ist mir nicht leicht geworden, denn im Grunde ist es doch ein Abfall von einem Menschen, dem ich bereits 4 Jahre Lebensverlängerung verdanke.« Aber die Situation war unerträglich geworden.[61] Pichlers Aufzeichnungen über den Fall geben Freud recht. »Alles ganz schlecht«, schrieb er am 16. April. »Schmerzen ganz hinten, wo an der hinteren Rachenwand eine Schwellung, Empfindlichkeit und Rötung ist.«[62] Eine neue Prothese funktionierte nicht gut. »Prothese V kann nicht getragen werden, weil zu dick und groß«, notierte Pichler am 24. April.[63] Eine frühere Prothese, Nummer IV, fügte Pichler am 7. Mai hinzu, »hat Druck gemacht und die Zunge stark gestört«.[64] Daher hatte sich Freud dazu über-

reden lassen, Erleichterung von seinem »Prothesenelend«[65] in Berlin bei
dem berühmten Professor Schroeder zu suchen. Zunächst einmal schickte
Schroeder einen Assistenten nach Wien, der sich die Prothese ansah, und
Ende August reiste Freud nach Berlin, um weitere Arbeiten vornehmen zu
lassen. Alles war streng vertraulich. »Es soll auch dann heißen, daß ich zu
meinen Kindern dort gefahren bin. Also Diskretion.«[66]

Die Untersuchungen, Behandlungen und Anpassungen in Berlin erwiesen sich als äußerst unangenehm, und Freuds Leiden wurden nur noch
verschlimmert durch seine Schuldgefühle gegenüber Pichler und seinem
Zweifel daran, ob es überhaupt möglich sei, eine bessere Prothese zu konstruieren. Aber er mochte Schroeder und vertraute ihm; in einem Ausbruch
von Optimismus schrieb er seinem Bruder, daß er in den besten Händen
sei.[67] Beinahe wie um zu beweisen, daß er sich viel besser fühle, behandelte
er zwei Analysepatienten, sooft es ihm sein Zustand gestattete. Um sich das
Leben noch erträglicher zu machen, hatte er seine jüngste Tochter mitgebracht. »Anna ist ausgezeichnet wie immer«, schrieb er seinem Bruder,
»ohne sie wäre ich hier ganz verloren.« Sie hatte ein Boot gemietet und
verbrachte lange Stunden rudernd und schwimmend am Tegeler See, in
dem angenehmen Viertel im Nordwesten der Stadt.[68] Sein Sohn Ernst, der
damals in Berlin lebte, war ein häufiger Besucher, und es kamen alte
Freunde wie Sándor Ferenczi. Im allgemeinen bot diese medizinische
Exkursion Gründe für vorsichtige gute Laune; weit über seine Erwartungen hinaus war die neue Prothese eine merkliche Verbesserung im Vergleich zu ihren Vorgängerinnen.

Das Gerät, das für Freud im Herbst 1923 nach seinen Krebsoperationen
konstruiert worden war, hatte nie sehr gut gepaßt, und selbst wenn er ganz
schmerzfrei war, was nicht oft vorkam, fühlte er sich unbehaglich. Schroeder gelang es, die Schmerzperioden zu reduzieren und sein Unbehagen etwas zu mildern. Aber die Erleichterung war weder dauerhaft noch vollständig. »Ich verrate«, schrieb Freud seiner »lieben Lou« im Sommer 1931,
»daß ich dazwischen allerlei Unangenehmes an meiner Prothese erlebt, was
wie gewöhnlich meine besseren Interessen suspendiert hat.«[69] Es gab Zeiten, in denen die Arbeit Freud seine Leiden vergessen ließ, aber häufiger
beeinträchtigten seine Leiden seine Arbeit. Während seines Aufenthalts in
Berlin hatte ihn Lou Andreas-Salomé besucht, und er hatte bemerkt und
konnte nicht vergessen, wie er die Konversation seiner Tochter Anna überlassen hatte. »Der Grund«, erklärte er später seiner lieben Lou, »war die
Beobachtung, daß ich mit meinem geschädigten Gehör Ihr leises Sprechen
nicht auffaßte und feststellen mußte, daß das Verständnis meiner restlichen
Sprechfähigkeit auch Ihnen beschwerlich war. Das wirkt trotz aller Bereitschaft zur Resignation verstimmend und man verstummt.«[70] Es war ein
grausames Schicksal für diesen einst so ausgezeichneten Unterhalter. Die

Teilnahme an internationalen psychoanalytischen Kongressen kam für Freud schon seit der Mitte der zwanziger Jahre nicht mehr in Frage, und der Mangel an Anregungen fiel ihm schwer. Einige Amateurfilme, die sein amerikanischer Analysand Philip Lehrman 1928 drehte, zeigen ihn hager, deutlich gealtert, mit seiner Tochter Anna spazierengehend, mit seinem Hund in einen Zug steigend.[71]

Gegen Ende dieses Jahres wurde Freud plötzlich an eine Vergangenheit erinnert, die er vor Jahren ausgetrieben zu haben glaubte. Wilhelm Fließ starb, und im Dezember schrieb ihm seine Witwe und bat um die Briefe ihres verstorbenen Mannes. Freud konnte ihre Bitte nicht erfüllen. »Meine Erinnerung sagt mir«, teilte er ihr mit, »daß ich den größeren Anteil unserer Korrespondenz irgendwann nach 1904 vernichtet habe.« Einige Briefe mochten noch erhalten sein, und er versprach ihr, weiter zu suchen.[72] Zwei Wochen später berichtete er, daß seine Suche nichts ergeben habe. Auch andere Briefe, beispielsweise die Charcots, fehlten. Er nahm an, daß er wahrscheinlich die gesamte Korrespondenz vernichtet hatte. Aber die Anfrage erinnerte ihn an seinen eigenen Anteil an dem Briefwechsel. »Gewiß würde auch ich gerne hören, daß meine Briefe an Ihren Mann, meinen langjährigen intimen Freund, ein Schicksal gefunden haben, das sie vor jeder zukünftigen Verwendung bewahrt.«[73] Die Episode muß unangenehme Erinnerungen aufgerührt haben, obwohl er sich nicht dazu äußerte. Sie sollten ein Jahrzehnt später noch einmal wiederkehren, nicht weniger unbequem.

In dieser angstvollen und quälenden Zeit fand Freud unerwartete Zerstreuung in seinem Chow-Chow, Lin Yug. Er hatte einige Jahre lang seine Freude daran gehabt, den Schäferhund seiner Tochter Anna, Wolf, zu beobachten, den die Freuds angeschafft hatten, um sie auf ihren langen Spaziergängen zu beschützen. Väterlich nahm er an Annas Zuneigung zu ihrem Hund teil. Im April 1927, als sie Ferien in Italien machte, telegraphierte er Nachrichten von zu Hause und schloß mit den Worten: »Zärtliche Grüße von Wolf und Familie.«[74] Nun hatte er seinen eigenen Hund. Er war ein Geschenk Dorothy Burlinghams, einer Amerikanerin, die 1925 nach Wien gekommen war. Sie war Mutter von vier kleinen Kindern und lebte von ihrem manisch-depressiven Mann getrennt. Sobald sie in Wien war, nahm sie eine Analyse auf, zuerst bei Theodor Reik, dann bei Freud selbst, und sie ließ auch ihre Kinder analysieren. Die Behandlung, die ihre Kinder erhielten, bewog sie, die Kinderanalyse zu ihrem Beruf zu machen. Sie wurde bald eine vertraute Freundin der Freuds und stand Anna besonders nahe. In den italienischen Ferien von 1927 war Mrs. Burlingham Annas Reisegefährtin. Die beiden, versicherte Anna ihrem Vater, genossen »wirklich die angenehmste und ungetrübteste Kameradschaft«.[75] Freud, der sehr für Dorothy Burlingham eingenommen war, nannte sie »eine recht sympathische Amerikanerin, unglückliche Jungfrau«.[76] Ihr Geschenk hätte nicht besser gewählt sein können: Im Juni berichtete Freud Eitingon, er habe jetzt eine reizende chinesische Hündin, eine Chow-Chow, die viel Freude mache.[77] Sie bedeutete auch eine Verantwortung: Die Dame, die den Hundezwinger besaß, aus dem Lin Yug kam, schickte Freud detaillierte Anweisungen, wie das Tier zu pflegen war. Ende Juni drückte sie ihre Genugtuung darüber aus, daß sich Freud mit seinem Chow-Chow angefreundet habe.[78] Von dieser Zeit an waren Freud und einige aufeinanderfolgende Chow-Chows, vor allem seine Jo-Fi, unzertrennlich. Der Hund saß während der Analysestunde immer still am Fuße der Couch.[79]

Es war also nicht alles nur Trübsal. Freud analysierte weiter und beobachtete den Fortschritt der jüngeren Generation – oder wenigstens eines Teils von ihr – mit wirklicher Befriedigung. Sein beruflicher Kreis ähnelte immer mehr einer eng verbundenen Familie. Im Jahre 1927 heiratete Marianne Rie, eine Tochter seines alten Freundes, Kollegen und Tarockpartners Oscar Rie, den Kunsthistoriker und späteren Psychoanalytiker Ernst Kris. Sie war damals Medizinstudentin und arbeitete auf eine Karriere als Kinderanalytikerin hin.* Im selben Jahr veröffentlichte Heinz Hartmann, der eine vorzügliche Ausbildung als Arzt, Psychiater und Psychologe genossen hatte und ein sachkundiges Interesse an der Philosophie zeigte, sein erstes Buch, *Die Grundlagen der Psychoanalyse*, das die theoretischen Beiträge zur Ichpsychologie ankündigte, die er später liefern sollte. Auch Freuds Tochter Anna fuhr fort, ihren Ruf unter Psychoanalytikern zu festigen. Ihre Ansichten über die Entwicklung des Kindes, die sie 1927 in ihrem ersten Buch, *Einführung in die Technik der Kinderanalyse*, darlegte, widersprachen denen Melanie Kleins und führten zu den schon beschriebenen lebhaften und manchmal erbitterten Kontroversen in den analytischen Kreisen Wiens und Londons. Die Zukunft der Psychoanalyse schien in guten Händen zu liegen.

Doch während Freud an der »schönen Entwicklung« seiner Tochter als Analytikerin viel Freude hatte, gestand er Lou Andreas-Salomé im Frühjahr 1927, daß er sich nach wie vor über ihr Gefühlsleben Sorgen mache. »Sie glauben nicht, wie wenig ich zu ihrem Buch beigetragen habe, nichts als die Einschränkung der Polemik gegen die Melanie Klein. Sonst ist es ganz selbständige Arbeit.« Aber »in anderer Hinsicht bin ich weniger zufrieden. Da das arme Herz durchaus etwas haben muß, hängt es sich an eine der einander ablösenden Freundinnen«. Anna brauchte würdige Gefährtinnen, und er fragte sich, ob ihre neueste Vertraute, Dorothy Burlingham, »die

---

* Später heiratete ihre Schwester Margarete den Analytiker Hermann Nunberg, und beide Familien gründeten Dynastien von Psychoanalytikern.

Mutter ihrer Analysenkinder«, für sie annehmbarer sei, als es die anderen gewesen waren. Er gab allerdings zu, daß sich seine Tochter außerordentlich gut mit Mrs. Burlingham verstand. »Ein dreiwöchentlicher Osterurlaub an den italienischen Seen, mit dieser Freundin zugebracht, hat ihr wenigstens sehr wohl getan.«[80] Aber Freuds Zweifel blieben bestehen. »Anna«, schrieb er im Dezember wieder seiner liebsten Lou, »ist prächtig, gut und geistig selbständig, aber kein Sexualleben.« Und er fragte, wieder einmal auf das alte Problem hinweisend: »Was wird sie ohne Vater anfangen?«[81]

Abgesehen von seiner Tochter war Freuds bemerkenswertester Rekrut der zwanziger Jahre Prinzessin Marie Bonaparte, der »Energieteufel«, wie er sie einmal liebevoll nannte.[82] Sie trug ihren Titel mit Recht, ja sie war eine wandelnde Wunschphantasie. Als Urenkelin von Napoleons Bruder Lucien und Frau des Prinzen Georg, des jüngeren Bruders von Konstantin I., König der Hellenen, und Cousine Christians X., Königs von Dänemark, war sie eine mehrfache Prinzessin. Obwohl sie beneidenswert reich war und ausgezeichnete Beziehungen hatte, war sie nie mit der traditionellen leeren, zeremoniellen Geselligkeit zufrieden gewesen, die für den Hochadel in einem demokratischen Zeitalter als schicklich galt. Mit einer durchdringenden Intelligenz begabt, bürgerlichen Hemmungen fremd und geistig selbständig, hatte sie ihre jungen Jahre mit der Suche nach geistiger, emotionaler und erotischer Befriedigung verbracht. Sie konnte sie nicht von ihrem Mann erwarten, der sie im Bett ebenso enttäuschte wie in der Konversation. Ebensowenig fand sie sie bei ihren distinguierten Liebhabern, zu denen der Staatsmann Aristide Briand, der mehrere Male französischer Ministerpräsident war, und der Psychoanalytiker Rudolph Loewenstein, ein brillanter Techniker und Theoretiker, gehörten. Als René Laforgue »Prinzessin Georg von Griechenland« 1925 zum erstenmal Freud gegenüber erwähnte, litt sie nach Laforgues Diagnose an einer »ziemlich ausgeprägten Zwangsneurose«, die, wie er hinzufügte, ihre Intelligenz nicht beeinträchtigt, aber »das allgemeine Gleichgewicht ihrer Psyche etwas gestört« habe. Sie wollte, daß Freud sie analysierte.[83]

Wenn Freud von ihren klingenden Titeln beeindruckt war, so zeigte er es nicht. Er war bereit, sie als Analysandin anzunehmen, schrieb er Laforgue, vorausgesetzt, »Sie können den Ernst ihrer Absichten und ihren persönlichen Wert garantieren«, und vorausgesetzt, sie spreche Deutsch oder Englisch, denn er traute seinem Französisch nicht mehr. »Im übrigen«, fügte er hinzu, und hier sprach der selbstbewußte Bürger, »muß diese Analysandin genau dieselben Verpflichtungen akzeptieren wie alle anderen Patienten.«[84] Es folgten einige delikate diplomatische Verhandlungen. Laforgue beschrieb die Prinzessin als ernst, gewissenhaft, mit einem überlegenen Geist begabt und so sehr auf eine kurze zweimonatige Analyse bedacht, daß sie zwei Stunden täglich haben wollte.[85] Freud zögerte noch, aber dann schrieb ihm Marie Bonaparte, die keine Geduld mehr mit Mittelsmännern hatte, direkt, und im Juli war alles geregelt. Am 30. September schrieb sie Laforgue aus Wien: »Heute nachmittag habe ich Freud besucht.«[86]

Sie wurde eine »historische« Analysandin. Ende Oktober schrieb Freud Eitingon triumphierend von seiner »lieben Prinzessin Marie Bonaparte«, der er täglich zwei Stunden widmete. Sie war, bemerkte er, »ein ganz hervorragendes, mehr als nur zur Hälfte männliches Frauenzimmer«.[87] Zwei Wochen später konnte er Laforgue schreiben: »Die Prinzessin macht eine sehr schöne Analyse und ist, denke ich, sehr zufrieden mit ihrem Aufenthalt.«[88] Ihre Analyse kurierte nicht ihre Frigidität, aber sie gab ihr ein festes Ziel im Leben und den väterlichen Freund, den sie nie gehabt hatte. Wieder in Paris, half sie mit, die französische psychoanalytische Bewegung zu organisieren; sie nahm fleißig an Versammlungen teil und unterstützte die Sache großzügig aus ihren reichlichen Mitteln. Als unermüdliche Tagebuchschreiberin hielt sie in beredten Details fest, was Freud zu ihr sagte, und sie begann, psychoanalytische Abhandlungen zu schreiben. Am lohnendsten war vielleicht der Wechsel ihrer Beziehung zu Freud von der einer Analysandin zu der einer zuverlässigen Freundin und freigebigen Wohltäterin. Vertrauensvoll übergab sie Freud ihre kindlichen Notizbücher, ihre »Bêtises«, die sie zwischen sieben und neun Jahren in drei Sprachen geschrieben hatte.[89] Sie korrespondierte mit ihm, besuchte ihn, sooft sie konnte, rettete den psychoanalytischen Verlag, der ständig am Rande des Bankrotts schwebte, versorgte Freud mit erlesenen Antiquitäten und brachte ihm eine Liebe entgegen, die seiner Erfahrung nach nur von der Ergebenheit seiner Tochter Anna übertroffen wurde. Ihre Titel waren zweifellos ein Teil ihres Reizes, aber sie waren nicht der Grund für Freuds Zuneigung. Für ihn hatte sie mit einem Wort einfach alles.

Wie die Prinzessin ihm vertraute, so vertraute er der Prinzessin. Im Frühjahr 1928, nachdem sie ihm gesagt hatte, daß sie am Problem des Unbewußten und der Zeit arbeitete, enthüllte er ihr einen seltsamen, sich wiederholenden Traum, den er, wie er sagte, seit Jahren nicht verstanden hatte. Er stand vor dem Tor eines Biergartens, das irgendwie von Statuen getragen wurde, aber er konnte nicht hineingehen und mußte umkehren. Er berichtete der Prinzessin, daß er einmal mit seinem Bruder Padua besucht hatte und die Grotten hinter einem sehr ähnlichen Tor nicht hatte betreten können. Jahre später, als er wieder nach Padua kam, hatte er den Ort als den aus seinem Traum wiedererkannt, und diesmal war es ihm gelungen, die Grotten zu besichtigen. Nun, fügte er hinzu, träume er diesen Traum jedesmal, wenn er sich außerstande sehe, ein Rätsel zu lösen. Zeit und Raum waren Geheimnisse, die Freud zu seinem Bedauern bisher noch nicht entschleiert hatte.[90] Er war nicht abgeneigt zu denken, daß er sie noch entschleiern könnte.

Kultur: das Dilemma des Menschen

»Papa schreibt an etwas«, teilte Anna Freud Anfang Juli 1929 Lou Andreas-Salomé mit.[91] Später im selben Monat bestätigte Freud die Neuigkeit aus dem bayrischen Sommerkurort Berchtesgaden. »Heute habe ich den letzten Satz niedergeschrieben, der die Arbeit, soweit es hier – ohne Bibliothek – möglich ist, beendigt. Sie handelt von Kultur, Schuldgefühl, Glück und ähnlichen hohen Dingen.« Er hatte gerade *Das Unbehagen in der Kultur* abgeschlossen. Er beklagte sich darüber, daß hinter dieser Arbeit kein Drang mehr stecke. »Was sollte ich aber tun? Man kann nicht den ganzen Tag rauchen und Karten spielen, im Gehen bin ich nicht mehr ausdauernd, und das meiste, was man lesen kann, interessiert mich nicht mehr. Ich schrieb, und die Zeit verging mir dabei ganz angenehm.«[92]

Eine angenehme Zerstreuung, vielleicht, aber Freud beurteilte *Das Unbehagen in der Kultur* nicht weniger abschätzig als dessen Vorgängerin: *Die Zukunft einer Illusion*. »Ich habe die banalsten Wahrheiten während dieser Arbeit neu entdeckt.«[93] Das kleine Buch, gestand er Ernest Jones kurz nach seinem Erscheinen, bestehe aus »einem eigentlich dilettantischen Unterbau, auf dem sich eine dünn zugespitzte analytische Untersuchung erhebt«. Sicherlich konnte einem Kenner seiner Schriften wie Jones »die sonderbare Natur dieser neuesten nicht entgangen sein«.[94] Freud konnte sich damals nicht vorstellen, daß sie sich tatsächlich als eines seiner einflußreichsten Werke entpuppen würde.

Wie *Die Zukunft einer Illusion* schließt auch dieses Buch mit einer Note ungewisser Hoffnung, wenn auch einer noch weiter abgeschwächten Hoffnung. *Das Unbehagen in der Kultur* ist Freuds düsterstes Buch und in mancher Hinsicht auch sein unsicherstes. Wiederholt hielt er inne, um zu beteuern, daß er mehr denn je das Gefühl habe, den Leuten Dinge zu sagen, die sie schon wüßten, Papier und Tinte und schließlich die Zeit des Setzers und Druckerschwärze zu vergeuden.[95] Gewiß, keine der Hauptideen in *Das Unbehagen in der Kultur* war neu. Freud hatte sie schon in den 1890er Jahren in Briefen an Fließ skizziert, ein Jahrzehnt später in seiner Abhandlung »Die ›kulturelle‹ Sexualmoral und die moderne Nervosität« kurz dargelegt und erst kurz zuvor in *Die Zukunft einer Illusion* wiederholt. Aber er hatte sie noch nie mit einer so scharfen Konzentration wie jetzt analysiert, noch nie die Implikationen seines Denkens so erbarmungslos herausgearbeitet. Ursprünglich wollte er einen anderen Titel wählen. »Meine Arbeit«, schrieb er Eitingon im Juli 1929, »könnte, wenn sie überhaupt einen Namen braucht, vielleicht heißen: Das Unglück in der Kultur.« Und er fügte hinzu: »Sie wird mir nicht leicht.«[96] Zuletzt entschloß er sich für »Unbehagen« statt »Unglück«. Aber ob er sein Argument offen im Titel ankündigte

oder es mit einer milder klingenden Umschreibung leicht abschwächte –
Freud behandelte das menschliche Elend mit tödlichem Ernst. Wie auf ein
Stichwort hin lieferte die Welt eine spektakuläre Bestätigung, wie erschrek-
kend dieses Elend sein konnte. Ungefähr eine Woche, bevor Freud das Manuskript von *Das Unbehagen in der Kultur* in die Druckerei schickte – am
29. Oktober, dem »Schwarzen Dienstag« –, brach die New Yorker Börse
zusammen, und die Folgen dieses Ereignisses machten sich rasch weltweit
spürbar. Was man bald die Große Depression nennen sollte, hatte begonnen.

Wie um den Zusammenhang zwischen Freuds Psychoanalyse der Kultur
und seiner früheren Psychoanalyse der Religion zu betonen, beginnt *Das
Unbehagen in der Kultur* mit einer Betrachtung des Glaubens. Auf diesen
Ausgangspunkt, bemerkte Freud, hatte ihn der französische Romancier
Romain Rolland, ein Nobelpreisträger für Literatur und engagierter Pazi-
fist, hingewiesen. Freud und Rolland standen seit 1923 in einem herzlichen
und gegenseitig bewundernden Briefwechsel, und als vier Jahre später *Die
Zukunft einer Illusion* erschien, erhielt Rolland ein Exemplar. In seiner
Antwort bekannte sich Rolland zu einer allgemeinen Übereinstimmung mit
Freuds Einschätzung der Religion, aber er fragte sich, ob Freud wirklich die
wahre Quelle der religiösen Empfindung entdeckt hatte, einer Empfindung, die Rolland als ein allgemeines, beständiges »besonderes Gefühl«
charakterisierte. Andere hatten ihm seine Existenz bestätigt, und er nahm
an, daß es von Millionen Menschen geteilt wurde. Es war ein Gefühl der
»Ewigkeit«, ein Gefühl von etwas Grenzenlosem, gleichsam »Ozeani-
schem«. Rein subjektiv und keineswegs eine Garantie der persönlichen Unsterblichkeit, müsse dies »die Quelle der religiösen Energie« sein, die von
den Kirchen gefaßt und in bestimmte Kanäle geleitet wurde.[97] Freud, der
dieses Gefühl in sich selbst nicht entdecken konnte, folgte seinem üblichen
Verfahren: Er analysierte es. Höchstwahrscheinlich, dachte er, sei es ein
Überbleibsel eines sehr frühen Ichgefühls, das zu einer Zeit entstehe, in der
dem kleinen Kind die psychologische Trennung von der Mutter noch nicht
gelungen sei. Sein Wert als Erklärung für die Religion erschien Freud mehr
als zweifelhaft.

All das liest sich wie eine behagliche Wiederholung von *Die Zukunft
einer Illusion*. Aber bald zeigte Freud seine Relevanz für die Psychoanalyse
der Kultur. Wir Menschen, argumentierte er, sind unglücklich: Unsere
Körper werden krank und verfallen, die äußere Natur bedroht uns mit Vernichtung, unsere Beziehungen zu anderen sind Quellen des Elends. Doch
wir tun verzweifelt unser Äußerstes, um diesem Unglück zu entgehen. Unter dem Einfluß des Lustprinzips suchen wir »mächtige Ablenkungen, die
uns unser Elend gering schätzen lassen, Ersatzbefriedigungen, die es verrin-

gern, Rauschmittel, die uns für dasselbe unempfindlich machen«.[98] Die Religion sei eines dieser Linderungsmittel, nicht wirksamer und in vielerlei Hinsicht weniger wirksam als andere.

Freud stellte fest, daß das erfolgreichste (oder, besser gesagt, am wenigsten erfolglose) dieser Mittel die Arbeit sei, besonders eine frei gewählte berufliche Tätigkeit. »Keine andere Technik der Lebensführung bindet den Einzelnen so fest an die Realität als die Betonung der Arbeit, die ihn wenigstens in ein Stück der Realität, in die menschliche Gemeinschaft sicher einfügt.« Als Arbeitssüchtiger sprach Freud mit einigem Nachdruck. Aber unglücklicherweise, bemerkte er und kehrte noch einmal zu *Die Zukunft einer Illusion* zurück, schätzten die Menschen die Arbeit nicht als Weg zum Glück. Im allgemeinen arbeiteten sie unter Zwang. Und ob sie auch versuchten, ihrem Los durch Arbeit, Liebe, Trinken, Wahnsinn, den Genuß der Schönheit oder die Tröstungen der Religion zu entrinnen, sie müßten am Ende scheitern: »Das Leben, wie es uns auferlegt ist, ist zu schwer für uns, es bringt uns zuviel Schmerzen, Enttäuschungen, unlösbare Aufgaben.«[99] Damit kein Zweifel übrigblieb, wiederholte Freud sein Argument schonungslos: »Man möchte sagen, daß der Mensch ›glücklich‹ sei, ist im Plan der ›Schöpfung‹ nicht enthalten.«[100]

Die rührende menschliche Suche nach Glück und ihr vorausbestimmtes Scheitern haben zu einer erstaunlichen Haltung geführt: zum Haß auf die Kultur. Freud wies diese »befremdliche Kulturfeindlichkeit« zurück, aber er glaubte, sie erklären zu können. Sie hatte eine lange Vorgeschichte. Das Christentum, das dem irdischen Leben einen geringen Wert beimaß, war eines ihrer auffallendsten Symptome. Die Reisenden, die im Zeitalter der Entdeckungen auf primitive Kulturen stießen, förderten diese Feindlichkeit, da sie das Leben dieser fremden, scheinbar unzivilisierten Stämme fälschlich als Muster für Einfachheit und Wohlbefinden betrachteten, als eine Art Vorwurf gegenüber der westlichen Kultur. In jüngerer Zeit haben die Fortschritte in den Naturwissenschaften und in der Technik ihrerseits zu Enttäuschungen geführt. Das war keine Stimmung, die Freud zu teilen geneigt war. Die Erkenntnis, daß moderne Erfindungen nicht glücklich machten, solle nur den einen Schluß zulassen, »die Macht über die Natur sei nicht die einzige Bedingung des Menschenglücks, wie sie ja auch nicht das einzige Ziel der Kulturbestrebungen ist«. Doch Kulturpessimisten schmähen alle wissenschaftlichen und technischen Fortschritte. Die Erfindung der Eisenbahn, sagen sie, habe nur dazu gedient, es unseren Kindern zu ermöglichen, sich weit von uns zu entfernen, und der einzige Nutzen des Telefons bestehe darin, daß wir ihre Stimmen hören könnten. Sie verachten sogar die Senkung der Kindersterblichkeit als zweifelhaften Segen. Sie hat moderne Ehepaare dazu verleitet, die Empfängnisverhütung zu praktizieren, und damit ist die Gesamtzahl der Kinder so klein geblieben wie in vorausgegangenen Jahrhunderten. Außerdem hat sie sie neurotisch gemacht. Kurz, »es scheint festzustehen, daß wir uns in unserer heutigen Kultur nicht wohlfühlen«.[101]

Doch dieses Unbehagen sollte die Tatsache nicht verdunkeln, daß die Kultur im Laufe der ganzen Geschichte eine gewaltige Bemühung gewesen ist, die Kräfte der Natur zu unterwerfen. Die Menschen haben gelernt, Werkzeuge und das Feuer zu gebrauchen, sie haben die Wasser gezähmt und den Boden bearbeitet, mächtige Hebe- und Transportmaschinen erfunden, Sehfehler mit Brillen korrigiert, ihrem Gedächtnis durch die Schrift, die Fotografie, den Phonographen geholfen. Sie haben die Zeit und Energie gefunden, großartige nutzlose Dinge zu pflegen, nach Ordnung, Sauberkeit und Schönheit zu streben und die höchsten Fähigkeiten des Geistes zu fördern. Praktisch die ganze Allmacht, die sie einst den Göttern zuschrieben, haben sie nun für sich selbst in Anspruch genommen: Der Mensch ist ein »Prothesengott« geworden.[102*]

Prothesen funktionieren nicht immer, und ihr Versagen kann beunruhigend sein. Aber diese Mängel verblassen vor dem Unglück, das durch die Beziehungen der Menschen untereinander hervorgerufen wird: *homo homini lupus* – der Mensch ist dem Menschen ein Wolf.[103] Daher muß die Menschheit durch Institutionen gezähmt werden. Hier schloß sich Freud an das illusionslose politische Denken von Thomas Hobbes an. Ohne überwältigende Zwänge, hatte Hobbes vor nahezu dreihundert Jahren argumentiert, müsse die Menschheit in einen unaufhörlichen Bürgerkrieg verstrickt sein, und das Leben sei einsam, armselig, widerlich, unmenschlich und kurz. Die Menschheit habe zivilisierte menschliche Beziehungen nur dadurch aufgenommen, daß sie einen Gesellschaftsvertrag geschlossen habe, der das Monopol der Gewalt dem Staat übertrug. Der Freud von *Das Unbehagen in der Kultur* schrieb in der Hobbesschen Tradition: Der bedeutsame Schritt zur Kultur sei getan worden, als die Gemeinschaft die Macht übernommen, als der einzelne auf das Recht verzichtet habe, die Gewalt in seine eigenen Hände zu nehmen. Der Mann, der als erster ein Schimpfwort statt eines Speers nach seinem Feind schleuderte, bemerkte Freud einmal, sei der wahre Begründer der Kultur. Aber wenn ein solcher Schritt unerläßlich war, so bereitete er auch den Boden für die Unzufriedenheiten vor, für die alle Gesellschaften anfällig sind: Er brachte die drastischste Beeinträchtigung der leidenschaftlichen Wünsche des Individuums mit sich, die Unterdrückung – und Verdrängung – von triebhaften Bedürfnissen, die im Unbewußten weiterschwelen und explosive Äußerung suchen.

---

* Freud steigerte noch die Schärfe dieser Metapher mit seiner Bemerkung, der Mensch sei »recht großartig, wenn er alle seine Hilfsorgane anlegt, aber sie sind nicht mit ihm verwachsen und machen ihm gelegentlich noch viel zu schaffen« (*Das Unbehagen in der Kultur*, G.W., Bd. 14, S. 451).

Freuds besonderer Beitrag zur politischen Theorie liegt in seiner Vision von Leidenschaften, die durch Kultur unterdrückt werden. Diese Perspektive verleiht *Das Unbehagen in der Kultur* seine Kraft und Originalität: Das Buch ist eine kurz dargestellte psychoanalytische Theorie der Politik. Freud war ebensowenig ein politischer Theoretiker, wie er Religionshistoriker oder Archäologe war. Er war ein Psychoanalytiker, der die Ressourcen seines Denkens auf die verschiedenen Manifestationen der menschlichen Natur anwandte. Die größten politischen Theoretiker bis zu Platon und Aristoteles hatten ebendas getan. Aber Freud verankerte seine Analyse des sozialen und politischen Lebens in einer ganz eigenen Theorie der menschlichen Natur.

Im Rückblick erklärte er, daß eine solche Analyse seit Jahrzehnten sein Ziel gewesen sei. »Bereits mitten auf der Höhe der psychoanalytischen Arbeit, im Jahre 1912«, bemerkte er in einem späten autobiographischen Kommentar, »hatte ich in *Totem und Tabu* den Versuch gemacht, die neu gewonnenen analytischen Einsichten zur Erforschung der Ursprünge von Religion und Sittlichkeit auszunützen.« Mit *Die Zukunft einer Illusion* und *Das Unbehagen in der Kultur* war er in diesem Sinne fortgefahren. »Immer klarer erkannte ich, daß die Geschehnisse der Menschheitsgeschichte, die Wechselwirkungen zwischen Menschennatur, Kulturentwicklung und jenen Niederschlägen urzeitlicher Erlebnisse, als deren Vertretung sich die Religion vordrängt, nur die Spiegelung der dynamischen Konflikte zwischen Ich, Es und Über-Ich sind, welche die Psychoanalyse beim Einzelmenschen studiert, die gleichen Vorgänge, auf einer weiteren Bühne wiederholt.«[104] Er hätte die wesentliche Einheit seines Denkens nicht kraftvoller darstellen können. Und da *Das Unbehagen in der Kultur* einen grundlegenden Bestandteil seines gesamten Denkens bildet, erhält es seine volle Wirkung erst vor dem Hintergrund des psychoanalytischen Denkstils Freuds. Die Abhandlung zeichnet die Umrisse des Freudschen Menschen in der Kultur – in jeder Kultur. Er ist der von seinen unbewußten Bedürfnissen bedrängte Mensch mit seiner unheilbaren Ambivalenz, seinem primitiven, leidenschaftlichen Lieben und Hassen, durch äußere Zwänge und innere Schuldgefühle kaum in Zaum gehalten. Soziale Institutionen sind für Freud vielerlei, aber vor allem sind sie Dämme gegen Mord, Vergewaltigung und Inzest.

Freuds Theorie der Kultur sieht das Leben in der Gesellschaft als einen auferlegten Kompromiß und daher als ein im wesentlichen unlösbares Dilemma. Dieselben Institutionen, die das Überleben der Menschheit sichern, verursachen auch ihre Unzufriedenheiten. Da er das wußte, war Freud bereit, mit der Unvollkommenheit und mit den bescheidensten Erwartungen hinsichtlich der Besserung des Menschen zu leben. Es ist bezeichnend, daß er, als der Erste Weltkrieg vorüber und das deutsche Reich zusammenge-

brochen war, seine Befriedigung darüber ausdrückte, daß das neue
Deutschland den Bolschewismus ablehnte.[105] Wenn er an Politik dachte,
war er ein vorsichtiger Anti-Utopist. Aber Freud einfach als einen Konservativen zu qualifizieren, hieße die Spannung in seinem Denken übersehen
und seinen unausgesprochenen Radikalismus ignorieren. Er respektierte
nicht den Traditionalismus im Sinne Burkes; aus seinem Denken folgt, daß
ein zaghafter Traditionalismus ebenso der Analyse bedarf wie ein rücksichtsloser Idealismus. Was alt ist, hätte Freud mit John Locke sagen können, ist nicht deshalb das Richtige. Er war sogar zu der Spekulation bereit,
daß »eine reale Veränderung in den Beziehungen der Menschen zum Besitz« eher als die Ethik oder Religion eine Erleichterung von den modernen
Unzufriedenheiten bringen könnte.[106]

Das machte den Sozialismus nicht anziehender für Freud. Er sah sich,
wie wir mehr als einmal bemerkt haben, als radikaler Sozialkritiker nur auf
dem Gebiet der Sexualität. Aber in dieses Reich mit revolutionären Manife-
sten einzudringen, war eine zutiefst subversive Tat; die sexuellen Sitten, als
Ideal wie als Praxis, berühren die Quintessenz der Politik. Ein Reformer der
Sexualität sein, hieß ein Kritiker der bürgerlichen Gesellschaft sein, wie
Freud sie sah, ebenso und noch mehr aber auch ein Kritiker der asketischen
Diktaturen, die während der letzten Jahre Freuds ihre Herrschaft über die
Welt festigten. Tatsächlich warf Freuds Beschäftigung mit der Libido uner-
wartete Dividenden für seine Sozialtheorie ab. Die weitverbreiteten schwe-
ren Symptome des sexuellen Elends, die den Arzt Freud zum Studium der
Neurosen getrieben hatten, leisteten ihm gute Dienste, als er sich für das
Studium der Religion und Kultur interessierte: Die Kultur ist für ihn im
wesentlichen ein großes Spiegelbild der dynamischen Konflikte, die das Individuum bevölkern. Daher fiel es ihm leicht, das Dilemma der zivilisierten
Menschheit zu beschreiben: Die Menschen können ohne Kultur nicht leben, aber sie können in ihr nicht glücklich leben. Sie sind so beschaffen, daß
die heitere Ruhe, ein ständiger Frieden zwischen drängenden Leidenschaften und kulturellen Zwängen, für immer außerhalb ihrer Reichweite liegt.
Das meinte Freud, als er sagte, Glück sei im Schöpfungsplan nicht vorgesehen. Bestenfalls könnten vernünftige Menschen einen Waffenstillstand
zwischen Begierde und Beherrschung herstellen.

Dieses Dilemma betrifft alle Dimensionen des zivilisierten Lebens und
vielleicht besonders die Liebe. Freud stellte den Sachverhalt dramatisch
dar: Ananke, die Notwendigkeit, ist nur der eine Elternteil der Kultur.
Eros, die Liebe, ist der andere. Liebe – die erotische triebmäßige Kraft,
welche die Menschen dazu treibt, Sexualobjekte außerhalb ihrer selbst zu
suchen, oder in ihrer zielgehemmten Form Freundschaft nährt – ist an der
Gründung so fundamentaler Gruppierungen von Autorität und Zuneigung
wie der Familie beteiligt. Doch die Liebe ist auch der Feind der Kultur:

»Aber das Verhältnis der Liebe zur Kultur verliert im Laufe der Entwicklung seine Eindeutigkeit. Einerseits widersetzt sich die Liebe den Interessen der Kultur, andererseits bedroht die Kultur die Liebe mit empfindlichen Einschränkungen.«[107] Die Liebe ist exklusiv. Paare und eng verbundene Familien lehnen Außenseiter als ungeladene Eindringlinge ab. Frauen, die in zunehmendem Maße die Hüterinnen der Liebe geworden sind, sind besonders feindselig gegen eine Kultur eingestellt, welche die Aufmerksamkeit ihrer Männer und den Dienst ihrer Kinder mit Beschlag belegt. Die Kultur ihrerseits trachtet danach, die erotischen Leidenschaften zu regulieren und die legitime Liebe durch die Errichtung strenger Tabus zu umgrenzen.*

Im Laufe der ganzen Geschichte, meinte Freud, hätten die Menschen versucht diesem unheilbaren Antagonismus zu entgehen, größtenteils indem sie ihn leugneten. Ein gutes Beispiel für solche Manöver sei das Gebot, das das Christentum stolz für sich beanspruchte: Liebe deinen Nächsten wie dich selbst. Diese Forderung ist in Freuds Augen ebenso unrealistisch wie aufdringlich. Jeden lieben heißt, niemanden sehr lieben. Außerdem sei der Nächste im allgemeinen der Liebe nicht wert. »Ich muß ehrlich bekennen, er hat mehr Anspruch auf meine Feindseligkeit, sogar auf meinen Haß.« Die christliche Forderung nach allgemeiner Liebe sei eben deshalb so nachdrücklich und so überwältigend, weil sie so dringend nötig zu sein scheine als Schutz gegen die menschliche Aggressivität und Grausamkeit. Der Mensch sei kein sanftes, liebendes, liebenswertes Geschöpf, »sondern darf zu seinen Triebbegabungen auch einen mächtigen Anteil von Aggressionsneigung rechnen«.[108] Niemand, der die menschliche Natur am Werk sieht, erklärte Freud ernst, könne diese Wahrheit leugnen. Und er führte als Beispiel die Greueltaten der Hunnen, der Mongolen und der frommen Kreuzritter und die Schrecken des Ersten Weltkriegs an.

Daß Freud darauf bestand, die Aggressivität zu den wesentlichen Veranlagungen des menschlichen Tiers zu rechnen, bestimmte auch seine kritischen Kommentare über den russischen Kommunismus, über das Regime, das manche irregeführte Intellektuelle seiner Zeit auch nach den »Säuberungen« Stalins noch das sowjetische Experiment nannten. Nach Freuds Ansicht entsprang die Abschaffung des Privateigentums durch die Kommunisten einer irregeleiteten Idealisierung der menschlichen Natur.[109] Er maßte sich keine Meinung an über die ökonomischen Folgen des Versuchs der Sowjets, den Kommunismus einzuführen, aber »seine psychologische Voraussetzung vermag ich als haltlose Illusion zu erkennen«. Da die Ag-

---

* Freud stellte die Vermutung an, daß die zudringliche und dominierende Kultur möglicherweise nicht das einzige Agens sei, das die Liebe lähme; vielleicht wirke etwas in der Natur der sexuellen Liebe selbst gegen ihre volle Befriedigung. Aber Freud ließ diesen dunklen Hinweis fallen, ohne ihn weiter zu entwickeln (*Das Unbehagen in der Kultur*, G.W., Bd. 14, S. 465).

gression »nicht durch das Eigentum geschaffen wurde«, könne sie auch
nicht durch seine Abschaffung beseitigt werden. Die Wahrheit sei, daß die
Aggressivität eine Quelle der Lust sei, welche die Menschen wie andere
Lüste nur äußerst widerstrebend aufgeben, wenn sie sie einmal genossen
hätten. »Sie fühlen sich nicht wohl dabei.«[110] Die Aggressivität diene als
Ergänzung der Liebe: Die libidinösen Bande, welche die Mitglieder einer
Gruppe in Zuneigung und Zusammenarbeit zusammenhielten, würden ge-
stärkt, wenn die Gruppe Außenstehende habe, die sie hassen könne.

Freud nannte diesen zweckdienlichen Haß den »Narzißmus der kleinen
Differenzen«.[111] Die Menschen, bemerkte er, scheinen ein besonderes Vergnügen daran zu finden, ihre unmittelbaren Nachbarn zu hassen und zu
verfolgen oder zumindest lächerlich zu machen: die Spanier die Portugie-
sen, die Nord- die Süddeutschen. Die besondere Aufgabe des über die Welt
verstreuten jüdischen Volkes, fügte Freud sarkastisch hinzu, scheine es gewesen zu sein, als bevorzugtes Ziel eines solchen Narzißmus zu dienen. Die
Diaspora, in der die Juden so lange lebten, habe ihnen die Dankbarkeit
ihrer Nachbarn eingetragen; sie habe den Christen jahrhundertelang Gelegenheit geboten, ihren Aggressionen Luft zu machen. »Leider haben alle
Judengemetzel des Mittelalters nicht ausgereicht, dieses Zeitalter friedlicher und sicherer für die christlichen Genossen zu gestalten.« Und dennoch bestehe eine lohnende, wenn auch offensichtlich unvollkommene Methode, die Aggression zu zügeln, darin, sie auf ein ausgewähltes Opfer zu
konzentrieren. Das geschähe in der Sowjetunion, wo die Verfolgung der
Bourgeoisie durch die Bolschewiken dem Versuch, eine neue Kultur zu
gründen, psychologische Unterstützung leihe. »Man fragt sich nur«, kommentierte Freud trocken, »was die Sowjets anfangen werden, nachdem sie
ihre Bourgeois ausgerottet haben.«[112]

Diese Analyse, meinte Freud, sollte es leichter machen zu verstehen, warum
es den Menschen so schwerfalle, in der Kultur glücklich zu sein: Sie auferlege »nicht allein der Sexualität, sondern auch der Aggressionsneigung des
Menschen« große Opfer. Als nächstes behandelte Freud kurz die komplizierte, gewundene Geschichte der psychoanalytischen Triebtheorie und
räumte noch einmal ein, daß er lange gebraucht habe, um die unabhängige
Existenz einer fundamentalen Aggressivität zu erkennen. Erst hier, mit der
Einführung dieses Themas, wird vollends offenbar, wie fest *Das Unbehagen in der Kultur* auf dem triebmäßigen Dualismus und dem strukturellen
System aufgebaut ist, das Freud einige Jahre zuvor entwickelt hatte. Die
großen Antagonisten, Liebe und Haß, ringen im sozialen Leben des Menschen ebensosehr wie in seinem Unbewußten um die Vorherrschaft – auf
ganz dieselbe Weise und mit ganz denselben Taktiken. Sichtbare Aggressivität sei die äußerliche Manifestation des unsichtbaren Todestriebes. »Und

nun, meine ich, ist uns der Sinn der Kulturentwicklung nicht mehr dunkel. Sie muß uns den Kampf zwischen Eros und Tod, Lebenstrieb und Destruktionstrieb zeigen, wie er sich an der Menschenart vollzieht. Dieser Kampf ist der wesentliche Inhalt des Lebens überhaupt, und darum ist die Kulturentwicklung kurzweg zu bezeichnen als der Lebenskampf der Menschenart. Und diesen Streit der Giganten wollen unsere Kinderfrauen beschwichtigen mit dem ›Eiapopeia vom Himmel‹!«[113] Der Atheist in Freud war immer froh, wenn er eine Gelegenheit fand, sich zu Wort zu melden.

Aber Freuds Hauptanliegen war die Klärung der Frage, wie die Kultur Aggression hemme. Eine Methode, die bemerkenswerteste, sei die Verinnerlichung, das Zurückdrängen aggressiver Gefühle in die Psyche, wo sie entstanden seien. Dieser Akt oder diese Reihe von Akten ist die Grundlage dessen, was Freud das Kultur-Über-Ich nannte.[114] Zunächst fürchtet das Kind die Autorität und benimmt sich nur in dem Maße gut, in dem es berechnen kann, was für eine Strafe es von seinem Vater zu erwarten hat. Aber sobald es die Verhaltensnormen der Erwachsenen verinnerlicht hat, werden äußere Drohungen unnötig; das Über-Ich des Kindes hält es im Zaum. Der Kampf zwischen Liebe und Haß liegt dem Über-Ich wie der Kultur selbst zugrunde; diese psychologische Entwicklung des Individuums wird in der Geschichte einer Gesellschaft häufig wiederholt. Ganze Kulturen können von Schuldgefühlen heimgesucht werden. Die alten Israeliten schufen sich Propheten, die sie wegen ihrer Sündhaftigkeit anklagten, und entwickelten aus ihrem kollektiven Gefühl heraus, sich gegen Gott vergangen zu haben, ihre unerbittliche Religion mit deren strengen Geboten.

Es ist alles sehr paradox: Kinder, die nachsichtig behandelt werden, erwerben oft ein strenges Über-Ich. Man kann Schuldgefühle ebenso aufgrund nur vorgestellter wie aufgrund tatsächlich ausgeführter Aggressionen entwickeln. Gleich welchen Ursprungs sie sind, Schuldgefühle, besonders die unbewußten, sind eine Form von Angst. Mehr noch, Freud verteidigte noch einmal seine Behauptung, daß nicht alle Erfahrung aus der Außenwelt stamme. Die angeborene Ausstattung einschließlich des phylogenetischen Erbes spiele während der Umwälzungen des Ödipuskomplexes ihre Rolle bei der Schaffung des inneren Polizisten, den das Individuum und mit ihm seine Kultur danach mit sich herumträgt. Indem er so die Angst in seine Kultur-Analyse ebenso wie in die des individuellen Über-Ichs einführte, das Wirken der Aggression ebenso wie der Liebe aufzeigte und noch einmal über den jeweiligen Anteil von Veranlagung und Umwelt im Wachstum der Psyche nachdachte, verwob Freud in *Das Unbehagen in der Kultur* die Hauptfäden seines Systems. Das Buch ist eine große Zusammenfassung des Denkens eines ganzen Lebens.

Ebenso erinnern Freuds abschließende Betrachtungen an einen alten inneren Kampf. Sie zeigen, wie er seinem Hang zur Spekulation nachgibt, während er zugleich vor ihren Exzessen warnt. Die Idee des Kultur-Über-Ichs, meinte er, solle es dem Betrachter ermöglichen, von neurotischen Kulturen zu sprechen und für sie wie für einen Patienten therapeutische Empfehlungen anzubieten. Er empfahl jedoch, diese Angelegenheit mit der größten Umsicht zu behandeln. Die Analogie zwischen dem Individuum und seiner Kultur möge eng und informativ sein, aber sie sei nur eine Analogie. Dieser Hinweis ist wichtig; er half Freud, sich als einen Erforscher und nicht als einen Reformer der Gesellschaft zu definieren. Er stellte klar, daß er nicht den Wunsch habe, als Arzt der Gesellschaft mit Rezepten für ihre Krankheiten aufzutreten. »So sinkt mir der Mut«, schrieb er in einem oft zitierten Satz, »vor meinen Mitmenschen als Prophet aufzustehen, und ich beuge mich ihrem Vorwurf, daß ich ihnen keinen Trost zu bringen weiß, denn das verlangen sie im Grunde alle, die wildesten Revolutionäre nicht weiger leidenschaftlich als die bravsten Frommgläubigen.« Zuletzt ließ er die entscheidende Frage offen: Wird die Kultur imstande sein, den menschlichen Trieb nach Aggression und Zerstörung zu zähmen? Nachdem er die Gelegenheit ergriffen hatte, die moderne Technologie zu loben, warnte Freud nun davor, daß sie das Überleben der Menschheit gefährdete. »Die Menschen haben es jetzt in der Beherrschung der Naturkräfte so weit gebracht, daß sie es mit deren Hilfe leicht haben, einander bis auf den letzten Mann auszurotten. Sie wissen das, daher ein gut Stück ihrer gegenwärtigen Unruhe, ihres Unglücks, ihrer Angststimmung.«[115]

Obwohl es als Analyse des Unbehagens in der modernen Kultur gedacht war und wirkte, spiegelt das Buch Freuds eigene Stimmung vollkommen wider. Kurz nachdem er es beendet hatte, mußte er wieder zu einer Konsultation wegen seiner Prothese nach Berlin fahren; auch sein Herz machte ihm viel zu schaffen. Er litt an Herzklopfen, das offiziell als harmlos bezeichnet wurde, ihm aber doch Sorge bereitete. In seinem lakonischen Tagebuch, der »Kürzesten Chronik«, vermerkte er im November und Dezember 1929 »Neuralgie«, »Herz-Darm-Anfall«, »schlechte Herztage«.[116] Anfang November notierte er gleichsam nebenbei »antisemitische Krawalle« und einige Tage vorher, am 31. Oktober, nüchtern und ohne sichtbare Empfindung: »Für den Nobelpreis übergangen.«[117] Dennoch, so freudlos das Leben für ihn war und so freudlos seine Botschaft in *Das Unbehagen in der Kultur* war: Er konnte sich mit der erstaunlichen Popularität seines Buches trösten; innerhalb eines Jahres war die für ein Werk Freuds ungewöhnlich hohe Auflage von 12 000 Exemplaren vergriffen.[118]

Ein Nebenprodukt war ein unerwartetes Wiederaufleben der Debatte unter Psychoanalytikern über Freuds düsterste intellektuelle Stütze, die Idee des Todestriebes. Ernest Jones, dem er ein Exemplar mit einer herzlichen Widmung schickte und der das Buch bereits in Joan Rivieres Übersetzung gelesen hatte, spendete Freuds Ansichten über die Kultur und die »Schuldtheorie« rückhaltloses Lob. Er stimmte auch mit Freud darin überein, daß Feindseligkeit eine zentrale Tatsache des Lebens sei. »Der einzige Unterschied zwischen Ihren und meinen Ansichten bleibt meine Unsicherheit in bezug auf den Todestrieb.« Jones sah im Todestrieb einen Sprung von der Wirklichkeit der Aggressivität zu einer ungerechtfertigten Verallgemeinerung.[119] Freud antwortete mehr mit Behauptungen als mit Argumenten: »Ich komme ohne die Annahme dieses Grundtriebes weder psychologisch noch biologisch mehr aus und meine, man braucht die Hoffnung nicht aufzugeben, daß Sie noch den Weg zu ihr finden werden.«[120]

Als Pfister seinerseits Einwände erhob und schrieb: »Den ›Todestrieb‹ sehe ich nur als Nachlassen der ›Lebenskraft‹«[121], nahm sich Freud die Mühe, sein Argument ausführlicher zu wiederholen. Er bemerkte, daß er nicht nur seine persönliche düstere Stimmung in psychoanalytische Theorie übersetze: Wenn er an der Bestimmung der Menschheit zweifele, »zu einer größeren Vollkommenheit aufzurücken«, wenn er im Leben »einen fortwährenden Kampf zwischen Eros und Todestrieb« erblicke, einen Kampf, dessen Ausgang ihm unbestimmbar erscheine, »so glaube ich damit keiner meiner eigenen konstitutionellen Anlagen oder erworbenen Gefühlsdispositionen Ausdruck gegeben zu haben«. Er beteuerte, daß er »weder ein Selbstquäler noch ein Bosnickel« sei und es weit schöner fände, wenn er für sich und andere etwas Gutes oder eine glänzende Zukunft für die Menschheit voraussehen könnte. »Aber es scheint wiederum ein Fall des Widerstreites zwischen Illusion (Wunscherfüllung) und Erkenntnis.« Es handle sich um »jene rätselhafte Wirklichkeit, die es doch außer uns gibt«, nicht darum, was erfreulich oder vorteilhaft sei. »Der Todestrieb«, behauptete er, »ist mir kein Herzensbedürfnis, er erscheint mir nur als unvermeidliche Annahme aus biologischen wie aus psychologischen Gründen. Mein Pessimismus erscheint mir also als ein Resultat, der Optimismus meiner Gegner als eine Voraussetzung.« Er könne sagen, daß er mit seinen düsteren Theorien »eine Vernunftehe« geschlossen habe, »die anderen leben mit den ihren in einer Neigungsehe«. Er wünsche ihnen alles Gute. »Hoffentlich werden sie dabei glücklicher als ich.«[122]

Immerhin beschloß Freud *Das Unbehagen in der Kultur* mit einem Funken von Optimismus, wenn auch sein Eintreten für den Lebenstrieb, der sich im Duell mit dem Tod befinde, weit mehr eine Angelegenheit der Pflicht als der Überzeugung zu sein scheint. »Und nun ist zu erwarten, daß die andere der beiden ›himmlischen Mächte‹, der ewige Eros, eine Anstrengung machen wird, um sich im Kampf mit seinem ebenso unsterblichen Gegner zu behaupten.« Das waren die letzten Worte von *Das Unbehagen in der Kultur* im Sommer 1929. Als der gute Verkauf des Buches eine zweite Auflage erlaubte, die 1931 erscheinen sollte, ergriff er die Gelegenheit, um eine ominöse Frage hinzuzufügen. Durch die sich verdunkelnde wirtschaft-liche und politische Szene noch weiter ernüchtert – Hitlers Nazipartei hatte gerade im September 1930 bei den Reichstagswahlen einen überwältigen-den Sieg davongetragen und die Zahl ihrer Abgeordneten von 12 auf 107 erhöht –, fragte er: »Aber wer kann den Erfolg und Ausgang vorausse-hen?«[123] Freud konnte nicht voraussehen, was kommen sollte, aber er hatte nur wenige Illusionen. »Wir leben schlechten Zeiten entgegen«, schrieb er Arnold Zweig gegen Ende dieses Jahres. »Ich sollte mich mit der Stumpf-heit des Alters darüber hinwegsetzen, aber ich kann's nicht helfen, daß mir meine sieben Enkel leid tun.«[124] Von Mitleid mit seiner Familie und Angst für die Welt bewegt, schrieb Freud seine endgültige Synthese nieder.

Die häßlichen Amerikaner

Nicht alles, was Freud in diesen Jahren schrieb, war denkwürdig. Um 1930 ließ er sich auf ein Unternehmen ein, das mit einer peinlichen Produktion endete – einer »psychologischen Studie« Woodrow Wilsons, geschrieben in Zusammenarbeit mit William Bullitt, einem amerikanischen Journali-sten und Diplomaten. Bullitt hatte Freud um die Mitte der zwanziger Jahre aufgesucht, um ihn wegen seines, wie er es sah, selbstzerstörerischen Ver-haltens zu konsultieren[125], und während einer ihrer Begegnungen erzählte er Freud, daß er dabei sei, ein Buch über den Vertrag von Versailles zu schreiben. Er plante, sich auf die führenden Beteiligten zu konzentrieren, und Woodrow Wilson würde natürlich einer der Protagonisten sein.

Er hatte offenbar den richtigen Namen fallenlassen; als er Wilson er-wähnte, erinnerte er sich, »leuchteten Freuds Augen auf, und er wurde sehr lebhaft«. Bullitt kam auch zur rechten Zeit. Freud erschien ihm deprimiert und bereit zu sterben; er war sicher, daß »sein Tod für ihn oder irgend jemanden sonst unwichtig wäre, denn er hatte alles geschrieben, was er schreiben wollte, und sein Geist war leer«.[126] Die verächtlichen Worte, die Freud in diesen Jahren über sein Werk fand, verleihen Bullitts Erinnerun-gen eine gewisse Glaubwürdigkeit. Freud hatte immer Patienten gebraucht, die ihn anregten, und jetzt hatte er nur sehr wenige. Als seine Praxis wäh-rend des Ersten Weltkriegs stark eingeschränkt war, hatte er sich elend und leer gefühlt, so wie Bullitt ihn nun sah. Zugegeben, Woodrow Wilson war kein idealer Patient; er lag nicht auf der Couch. Mehr noch, Freud hatte feierlich erklärt, daß die Psychoanalyse, seine Schöpfung, nicht als Aggres-sionswaffe verwendet werden dürfe. Aber in seinem vorgeschrittenen Al-ter, mit seiner unsicheren Gesundheit und in seiner verbitterten Stimmung war Freud bereit, mit Woodrow Wilson eine Ausnahme zu machen.

Die harten Realitäten der Verhandlungen in Versailles hatten Freuds begrenzte und flüchtige Hoffnungen für Wilson in wütende Unzufriedenheit verwandelt. Er war nicht geneigt, dem amerikanischen Messias zu vergeben, daß er ihn enttäuscht hatte. Im Spätsommer 1919, als er Ernest Jones nach der Trennung der Kriegsjahre wiedersah, war Freuds Meinung von Wilson bereits bitter geworden. Jones hatte vernünftigerweise darauf hingewiesen, daß kein einzelner Mensch die komplizierten Kräfte beherrschen könne, die nach einem so zerstörerischen Krieg am Werk waren, und daß Wilson nicht den Frieden diktieren könne. »Dann«, erwiderte Freud, »hätte er nicht alle diese Versprechungen machen sollen.«[127] Im Jahre 1921 äußerte er etwas von seinem Ärger öffentlich und machte »die 14 Punkte des amerikanischen Präsidenten« als »phantastische Versprechungen«, die zuviel Glauben gefunden hätten, verächtlich.[128]

Aber obwohl Freud nun Wilson, wie er selbst sagte, »verabscheute«[129], war er nicht gewillt, sein psychoanalytisches Ideal der wohlwollenden Neutralität aufs Spiel zu setzen. Im Dezember 1921 schickte William Bayard Hale, ein amerikanischer Publizist, der einmal Wilsons Vertrauter und Wahlkampf-Biograph gewesen war, Freud sein Buch *The Story of a Style*. Es war eine boshafte und verheerende Sektion des Charakters Wilsons – offensichtlich waren die beiden Männer keine Freunde mehr –, die als Beweismittel Wilsons Stil verwendete: die angehäuften Adjektive und unaufhörlichen rhetorischen Fragen, das ganze Arsenal der fragwürdigen oratorischen Kunstgriffe. Freud antwortete, er würde einen Kommentar schicken, wenn es gewünscht würde, aber er warnte: »Ich könnte möglicherweise zurückgehalten werden durch die Überlegung, daß Mr. Wilson eine lebende Persönlichkeit ist und nicht ein Produkt der dichterischen Phantasie, wie es die schöne Gradiva war. Meiner Meinung nach« – er sagte es noch einmal ausdrücklich – »sollte die Psychoanalyse nie als Waffe in literarischen oder politischen Polemiken gebraucht werden, und die Tatsache, daß ich mir einer tiefen Antipathie gegen den Präsidenten bewußt bin, ist ein zusätzliches Motiv für Zurückhaltung meinerseits.«[130]

Freud hatte sein boshaftes Vergnügen an *The Story of a Style*, aber er ließ sich durch das Buch nicht seine Maßstäbe verderben. Anfangs, teilte er Hale mit, war er »gegen es eingenommen, weil Ihr Verleger es als eine ›psychoanalytische Studie‹ ankündigte«[131], was es offensichtlich nicht war.[132] Doch er fand darin »den wahren Geist der Psychoanalyse« und meinte, diese »höhere und wissenschaftlichere ›Graphologie‹ hatte der analytischen Forschung ein neues Gebiet eröffnet«. Das Buch mochte nicht, wie es Hale beschrieben hatte, eine kühle wissenschaftliche Studie sein – Freud entdeckte leicht »tiefe Leidenschaft hinter Ihrer Untersuchung« –, aber dessen, versicherte er Hale, brauche man sich nicht zu schämen. Dennoch konnte Freud den Einwand nicht überwinden, »daß das, was Sie getan haben, ein Stück Vivisektion ist und daß die Psychoanalyse nicht an einer lebenden [historischen] Persönlichkeit praktiziert werden sollte«. Er gestand, daß er für Wilson keine positiven Gefühle mehr übrig habe. »Soweit ein einzelnes Individuum für das Elend in diesem Teil der Welt verantwortlich sein kann, ist er es sicherlich.«[133] Dennoch müsse Selbstverleugnung das Los des verantwortungsvollen Psychoanalytikers sein. Man solle einfach keine Fernanalyse an einer lebenden, allgemein bekannten Persönlichkeit vornehmen.[134]*

Doch nur acht Jahre später ließ sich Freud auf eine ausgedehnte Übung in wilder Analyse ein. Bullitt erwies sich als ein geschickter Verführer, der ihn vom geraden Weg der psychoanalytischen Zurückhaltung und des Respekts vor der Komplexität abbrachte. Er war charmant, impulsiv und ruhelos, stammte aus einer alten wohlhabenden und prominenten Familie in Philadelphia und war auf Abruf bereit, Memoranden vorzulegen, die Strategien für den internationalen Frieden oder wirtschaftlichen Wiederaufbau entwarfen. Er hatte sich im Journalismus versucht, bevor er eine Karriere im auswärtigen Dienst begann. Er kannte alle Welt. Einer seiner väterlichen Freunde war Colonel Edward H. House, Woodrow Wilsons engster Berater, bis der Präsident in Versailles plötzlich mit ihm brach. Nach dem Krieg hatte Bullitt in Wilsons Stab gearbeitet, sowohl während der Friedensverhandlungen in Versailles als auch in geheimer Mission im revolutionären Rußland für Außenminister Robert Lansing. Aber verletzt durch Wilsons Nichtbeachtung seiner Empfehlungen und entsetzt über das Debakel von Versailles, war er von seinem Amt zurückgetreten. Dann beging er die eine große Sünde des Diplomaten: Er ging mit seiner Enttäuschung an die Öffentlichkeit. Im September 1919 sagte er vor dem Senatsausschuß für auswärtige Beziehungen aus, daß sogar Lansing über den Vertrag unglücklich sei. Nach dieser Indiskretion, die ihm sofort internationale Bekanntheit einbrachte, floh Bullitt nach Europa, wo er schrieb, reiste und seine Bekanntschaft mit den Großen pflegte. Als er 1930 Freud vorschlug, mit ihm an einer psychologischen Studie Wilsons zu arbeiten, waren die beiden, wie Bullitt später behauptete, »Freunde seit einigen Jahren«.[135]

Diese Intimität war mehr eingebildet als wirklich. Aber Freud stimmte einem geheimen Projekt mit Bullitt zu, der seinerseits nur wenige ins Vertrauen zog, unter ihnen Colonel House. Als er House im Juli 1930 schrieb, verglich er Wilsons Biographen, Ray Stannard Baker, mit sich selbst: Er meinte, daß Baker, der majestätisch von Band zu Band schritt, »die Fakten

---

* In diesem Brief unterlief Freud ein verräterischer Fehler, der andeutet, daß er vielleicht bereit war, seine eigenen Gebote zu vergessen. Man solle nicht die Psychoanalyse an einer lebenden historischen Persönlichkeit praktizieren, schrieb er, »es sei denn sie unterwirft sich ihr gegen ihren eigenen Willen«. Er wollte natürlich so etwas wie »in Übereinstimmung mit ihrem eigenen Willen« schreiben.

hat, aber so wenig Psychologe & so wenig vertraut mit internationalen
Angelegenheiten ist, daß er nicht weiß, welche Fakten wichtig sind, und
seine Interpretationen melodramatisch bleiben«. Der boshafte Vergleich ist
augenfällig. Bullitt *war* mit den internationalen Angelegenheiten vertraut
und im Bunde mit einem großen Psychologen. Er wollte sich mit Freud
beraten und einige unerläßliche Untersuchungen anstellen. »Meine Pläne
werden klarer«, schrieb er House. »Nachdem ich F. aufgesucht und die
Papiere des Prinzen Max von Baden durchgesehen habe, werde ich wahrscheinlich nach Moskau fahren.«[136] Max von Baden, der bei Kriegsende
deutscher Reichskanzler gewesen war und die Friedensverhandlungen mit
den Alliierten eingeleitet hatte, besaß vielleicht aufschlußreiche Informationen in seinen Archiven, und in Moskau winkte Lenins Nachlaß, zu dem
Bullitt, der nie vor anstrengenden und unwahrscheinlichen Aufgaben zurückscheute, Zugang zu gewinnen hoffte.

Bullitts Reise nach Moskau sollte eine Donquichotterie werden; seine
Beratungen mit Freud waren weit weniger frustrierend. Colonel House
drängte Bullitt: »Sie sind im Begriffe, ein Buch zu schreiben, das nicht nur
Ihnen und Ihren Freunden Ehre machen, sondern von Nutzen für die Welt
sein wird.«[137] Bullitt antwortete, daß er »meinem Freund in Wien« einiges
Material schicken werde, und garantierte Freuds Diskretion und Umsicht:
»Er ist so unvoreingenommen und wissenschaftlich in seiner Anschauung
vom ganzen menschlichen Leben, wie es nur irgendeiner sein kann.« House
hatte Bullitt ersucht, sein heikles Thema in einem gemäßigten Ton zu behandeln, und Bullitt versprach, seiner Bitte zu entsprechen. Die »Untertreibung«, stimmte er zu, sei der einzige für eine Studie Wilsons angebrachte
Stil.[138] Anfang September war Freud krank, aber er hoffte, bald wieder
arbeitsfähig zu sein,[139] und Mitte des Monats konnte Bullitt berichten, daß
»Freud glücklich von seiner akuten Erkrankung genesen und für den Augenblick in ausgezeichneter Verfassung & darauf begierig ist, mit der Arbeit zu beginnen«.[140] Tatsächlich gab es noch eine lästige Verzögerung:
Pichler operierte Freud Mitte Oktober, und obendrein mußte Freud mit
einer Lungenentzündung kämpfen. Als Bullitt ihn am 17. Oktober besuchte, hatte Freud, wie in seiner *Chronik* vermerkt ist, Fieber.[141] Erst am
26. Oktober konnte Bullitt eine als »persönlich« gekennzeichnete Nachricht an Colonel House schicken: »Morgen gehen F. und ich an die Arbeit.«[142]

Er fügte eine berechnende Anmerkung hinzu; er sei, nachdem er den
Nachlaß Max von Badens gelesen habe, »wegen F.'s prekären Gesund-
heitszustandes«[143] nach Wien geeilt. Kurz, es war Bullitt eingefallen, daß
Freud vielleicht nicht mehr lange genug leben würde, um das Projekt zu
beenden, in das sich beide Männer mit soviel Emotion gestürzt hatten. Aber
drei Tage später notierte Freud: »Arbeit aufgenommen.«[144] Bullitt war

überschwenglich – viel zu überschwenglich. »Die Arbeit geht großartig voran«, schrieb er Colonel House im November; sie »dauerte zwar länger als erwartet«, aber er hoffte, bis Mitte Dezember fertig zu sein.[145] Freud seinerseits teilte Arnold Zweig ein wenig geheimnisvoll mit, er möchte ja überhaupt nichts mehr schreiben, »doch schreibe ich wieder eine Einleitung für etwas, was ein anderer macht, ich darf nicht sagen, was es ist, ist zwar auch eine Analyse, aber dabei doch höchst gegenwärtig, beinahe politisch«. Er schloß mit geradezu sichtbarer Zurückhaltung: »Sie können es nicht erraten.«[146]

Das Schreiben ging langsam voran. Als Freud jünger war und allein arbeitete, hatte er weit schneller geschrieben. Doch Bullitt unterhielt ein Sperrfeuer von überschwenglichen Kommuniqués. Im August 1931 berichtete er Colonel House, daß Freud »nach drei Operationen« wieder »bei ausgezeichneter Gesundheit« sei; »der erste Entwurf des Buches ist beinahe fertig«. Er schrieb von seinem Zuhause in den Vereinigten Staaten aus, plante aber, im November nach Wien zurückzukehren und sich dort eine Weile niederzulassen; es sollte »im Mai ein fertiges Manuskript« geben – das heißt, im Mai 1932. »Es ist eine ungeheure, aber faszinierende Aufgabe.«[147] Mitte Dezember 1931 hatte er sich in Wien niedergelassen, und seine Tochter besuchte dort die Schule.

Aber Bullitts Gedanken waren schon nicht mehr ganz bei dem Buch über Wilson. Er fand die Atmosphäre der Großen Depression alles beherrschend, bedrückend – und anregend. Als er sah, wie Österreich »langsam auf den Abgrund der Stagnation und des Hungers zuglitt« und es den anderen nicht viel besser erging[148], wurde er ungeduldig; die innere Wirtschaftskrise, durch die eine allgemeine politische Katastrophe drohte, faszinierte ihn. Sie schien nach seinen Talenten zu rufen. Aber er und Freud arbeiteten weiter, beharrlich und umsichtig. Bullitt las neue Bände von Bakers Wilson-Biographie und fand sie schlecht. Und Colonel House drängte: »Wie kommen Sie und Prof. Freud mit Ihrem Buch vorwärts?« hatte er Bullitt im Dezember 1931 gefragt. »Ich bin begierig darauf, es zu sehen.«[149] Ende April 1932 bekam House seine Antwort. »Das Buch ist endlich fertig«, schrieb ihm Bullitt, »das heißt, das letzte Kapitel ist geschrieben, und es könnte veröffentlicht werden, wenn F. und ich heute abend sterben müßten.« Aber mit »fertig« meinte Bullitt nicht, daß es reif für die Veröffentlichung sei. Jedes Zitat mußte noch einmal überprüft werden. Außerdem mußte das Manuskript noch »gesäubert« werden – es war zu lang. Was man brauchte, war eine Pause von einem halben Jahr vor einer neuerlichen Überarbeitung mit der Art von Abstand, die jetzt nicht möglich war. »Aber zumindest gibt es jetzt ein vollständiges Manuskript, und ich beginne wieder an die Politik zu denken.«[150] Ende November erklärte Freud, daß er seinen »Mitarbeiter« erwartete und von ihm zu hören hoffte, wann »das

Wilson-Buch in die Öffentlichkeit geschickt werden kann«.[151] Es war fertig, aber dann erschien *Thomas Woodrow Wilson* erst 1967, in dem Jahr von Bullitts Tod.

Das Buch, wie es schließlich veröffentlicht wurde, bietet einige interessante Rätsel. An der Verzögerung ist nichts Geheimnisvolles. Bullitt wartete bis nach dem Tod der Witwe Woodrow Wilsons im Jahre 1961, und bis seine eigene politische Karriere eindeutig zu Ende war.* Es kann auch kein Zweifel daran bestehen, daß Wilson zu einer psychoanalytischen Studie einlud: Wie alle Menschen war er eine Masse von Widersprüchen, aber seine Widersprüche erreichten Extreme. Wilson war geistreich und beschränkt, zielbewußt und gehemmt, gefühlvoll und eiskalt, kämpferisch und furchtsam, ein schlauer Politiker bei einer Gelegenheit und ein unnachgiebiger Fanatiker bei einer anderen. Als Präsident der Princeton University von 1902 bis 1910 führte er bemerkenswerte Reformen im Lehrbetrieb und im Gesellschaftsleben der Universität ein, aber sein Starrsinn in kleinen Dingen und sein herrisches Wesen Kollegen und Verwaltungsbeamten gegenüber entfremdeten ihm alte Freunde und stießen zuletzt die meisten seiner Pläne um. Als Gouverneur von New Jersey hielt er, was Freud und Bullitt als seinen unbewußten Hang zum Märtyrertum bezeichneten, im Zaum; Wilson, der Mann mit den hochgesinnten Prinzipien, zeigte sich als Opportunist, der spektakuläre legislative Triumphe errang und rücksichtslos mit den Politikern brach, denen er sein Amt verdankte. Aber als Präsident der Vereinigten Staaten inszenierte er wieder auf höherer Ebene das traurige Schauspiel des halb gewollten Versagens, das seine Amtszeit in Princeton gekennzeichnet hatte. Nachdem er ein eindrucksvolles Programm innenpolitischer Reformen durchgebracht hatte, begann er die Niederlage heraufzubeschwören, nachdem ihm der Kriegseintritt Amerikas im Jahre 1917 eine neue Rolle auferlegt hatte. Sein Verhalten während der komplizierten Friedensverhandlungen war unberechenbar und verschlimmerte alles. Das gleiche gilt für seine erschöpfende Redekampagne daheim in den Staaten, wo er versuchte den Vertrag einem skeptischen Land und einem feindseligen Senat schmackhaft zu machen. In Europa hatte er Konzessionen gemacht, die seinen leidenschaftlich proklamierten und religiös empfundenen Idealen Gewalt antaten, aber danach, in den Vereinigten Staaten, weigerte er sich, einige triviale Änderungen zu unterstützen, die den Vertrag gerettet hätten, ohne ihm Schande zu machen.

Wilsons eigentümliche Kombination widersprüchlicher Züge ergab sich

---

* »Das Buch, das Sie erwähnen«, schrieb Bullitt 1955 Ernest Jones, »ist nie erschienen. Ich persönlich war der Meinung, daß es nicht vor dem Tod von Mrs. W. veröffentlicht werden sollte. Sie lebt noch!« (Bullitt an Jones, 18. Juni 1955. Jones papers, Archives of the British Psycho-Analytical Society, London).

aus unbewußten Konflikten, die so gewaltig waren, daß er keine Möglichkeit fand, sie zu mildern, geschweige denn zu lösen. Die Faszination, die dieser Mann auf Freud und Bullitt ausübte, ist vollkommen verständlich; er hatte die jüngste Geschichte zweier Kontinente mitgestaltet und, dessen waren sie sicher, seine Neurosen auf einer Weltbühne agiert. Sie hatten keine Zweifel an ihrer Kenntnis Wilsons und glaubten, »den Hauptweg seiner psychischen Entwicklung nachzeichnen« zu können. Aber sie beanspruchten weder Allwissenheit noch Vollständigkeit für ihr Persönlichkeitsprofil. »Wir werden nie imstande sein, eine volle Analyse seines Charakters zu erreichen. Über viele Teile seines Lebens und seiner Natur wissen wir nichts. Die Tatsachen, die wir kennen, scheinen weniger wichtig zu sein als die, welche wir nicht kennen.« Sie lehnten es daher ab, ihr Buch eine Psychoanalyse Wilsons zu nennen, sondern kündigten es bescheidener an als »eine psychologische Studie, gegründet auf das jetzt erhältliche Material, nicht mehr«.[152] Die Kritik, daß das Buch unvollständig sei, ist daher unangebracht. Aber der Vorwurf des höhnischen Antagonismus und des mechanischen Psychologisierens ist berechtigt. Im ganzen Buch ist der Ton verächtlich, als ob Wilsons Neurosen ein moralischer Defekt wären. Und immer wieder zieht das Buch nur eine einzige Konsequenz aus jedem einzelnen emotionalen Zustand, als ob die Autoren nie etwas von Überdeterminiertheit gehört hätten. Alfred North Whiteheads berühmtes Gebot für den Wissenschaftler – Suche die Einfachheit und mißtraue ihr –, das Freuds Motto hätte sein können, findet hier keine Anwendung. *Thomas Woodrow Wilson* konzentriert sich auf Wilsons verdrängten Zorn gegen seinen Vater, den Reverend Joseph Ruggles Wilson. »Feindseligkeit gegen den Vater« – das Buch stellt dies als allgemeine Regel auf – »ist unvermeidbar für jeden Knaben, der auch nur den geringsten Anspruch auf Männlichkeit hat.«[153] Während die Autoren Wilson seine Portion Männlichkeit nicht absprachen, entdeckten sie – und warfen es ihm praktisch vor –, daß er seinen Vater sein Leben lang verehrt hatte. »Er wuchs nie über seine Vateridentifikation hinaus.«[154] Es mag sein, daß »viele kleine Jungen ihre Väter verehren; aber«, fügten sie unmittelbar hinzu, »nicht viele verehren so intensiv und vollständig wie Tommy Wilson«.[155] Um es ganz offen zu sagen, der Reverend Joseph Ruggles Wilson war Woodrow Wilsons Gott. Indem er sich mit seinem Vater identifizierte, war Woodrow Wilson von der Überzeugung durchdrungen, daß seine Mission im Leben göttlich sei. »Er mußte glauben, daß er aus dem Krieg irgendwie als der Erlöser der Welt hervorgehen werde.«[156]

Aber diese Identifikation war komplex. Manchmal war Woodrow Wilson Gott, manchmal war er Christus. Als ersterer verkündete er das Gesetz; als letzterer erwartete er, tödlich verraten zu werden. Woodrow Wilson hatte einen jüngeren, unterwürfigen Bruder, der ihn sehr bewunderte, aber durch seine bloße Ankunft auf der Welt ein Konkurrent um die elterliche Liebe geworden war. In seinem Erwachsenenleben reproduzierte Wilson dieses intime Drama, indem er ständig jüngere Freunde suchte, die er mit Zuneigung überhäufen konnte, bis sie ihn verrieten. Das Schema seiner Psyche war sehr einfach. Wilson war der kleine Junge, der sich immer nach Liebe sehnte und Verrat fürchtete; er wiederholte seine kindlichen Verhaltensmuster in jedem Amt, das er innehatte, und er forderte auf subtile – und manchmal nicht so subtile – Weise zur Vernichtung heraus. Mehr noch, der Zorn, den er nie gegen seinen Vater ausdrücken konnte, schwelte in ihm, bis er als monumentale Wut hervortrat. Was oberflächliche Beobachter für Wilsons Heuchelei hielten, war in Wirklichkeit eine übergroße Begabung für die Selbsttäuschung; seine Scheinheiligkeit war ein unerschöpfliches Reservoir von verborgenem Haß. Als das Ende kam, war er nur ein alt gewordener Junge. »Er liebte und bemitleidete sich selbst. Er verehrte seinen toten Vater im Himmel. Er ließ seinen Haß auf denselben Vater auf viele Menschen los.«[157] Und das war mehr oder weniger alles.

Es bleibt die Frage, warum sich Freud für diese Karikatur der angewandten Analyse hergab. Als das Buch endlich erschien, argumentierten sensible Rezensenten aus stilistischen Gründen, daß die kurze Einleitung, die Freuds Unterschrift trägt, der einzige Teil des Werkes sei, der mit Sicherheit ihm zugeschrieben werden könne. Sie ist knapp, geistreich und informativ, während der Rest des Buches voll von Wiederholungen, schwerfällig und oft höhnisch ist. Das Ideal der Untertreibung, von dem sich Bullitt, wie er Colonel House schrieb, leiten lassen wollte, ist unterwegs verlorengegangen. Die Anhäufung kurzer Sätze im Text ist auch nicht Freuds Art, mit Worten umzugehen. Die herablassende Haltung, Wilson immer und immer wieder »Tommy« zu nennen, ähnelt nichts, was Freud je geschrieben hat. Der plumpe Sarkasmus, der sich durch das ganze Buch zieht, erscheint bei Freud, wenn überhaupt, nur in seiner privatesten Korrespondenz. Freuds Ideen sind stark vereinfacht, streitsüchtig ausgedrückt und bis zur Unkenntlichkeit vergröbert.[158] Doch laut Bullitt war die Studie eine echte Zusammenarbeit: Jeder der beiden Autoren habe einige Kapitel entworfen und seine Arbeit gründlich mit dem anderen diskutiert; er habe jedes Kapitel unterzeichnet und Änderungen im Manuskript mit seinen Initialen am Rand versehen. Gewiß muß Freud für den allgemeinen geistigen Rahmen des Buches verantwortlich gemacht werden. Er nannte Bullitt »meinen Patienten (und Mitarbeiter)«[159] und gab zu, daß er mehr getan habe, als nur seine Ratschläge zum Text zu geben. Als er 1934 nach seinem »wohlüberlegten Urteil über die Person und die Tüchtigkeit Präsident Wilsons« gefragt wurde, teilte Freud einem amerikanischen Korrespondenten mit, daß er »eine Beurteilung Wilsons geschrieben hatte, die alles andere als günstig war«, die er aber »wegen besonderer persönlicher Komplikationen« nicht habe veröffentlichen können.[160]

Alles deutet darauf hin, daß Freud das Manuskript zurückwies, das ihm Bullitt gegen Ende seines Lebens in London zeigte, daß er aber schließlich, müde, alt und über die Zukunft der Psychoanalyse, das Überleben seiner Schwestern und den stets drohenden Krebs besorgt, seine Einwilligung gab.* Ebenso wahrscheinlich ist, daß Bullitt das Manuskript nach Freuds Tod noch einmal überarbeitete und die ungeschickten Ausdrücke und mechanischen Anwendungen psychoanalytischer Kategorien einführte, über die sich Rezensenten und Leser beklagten. Aber Freud teilte Bullitts Feindseligkeit gegen Wilson; er hatte, wie wir gesehen haben, eine starke Abneigung gegen Propheten und religiöse Fanatiker, und er sah in Wilson ein melodramatisches Exemplar dieser Plage der Menschheit. Er fand in ihm, was der amerikanische Historiker Richard Hofstadter treffend »die Unbarmherzigkeit derer, die reinen Herzens sind«, genannt hat.[161] Schlimmer noch: Wilsons vergeblicher Versuch, die Karte Europas seinen hohen Idealen anzupassen und die europäische Politik zu reinigen, stellte seine Unbarmherzigkeit als leere Überheblichkeit – die hassenswerteste Kombination – bloß. In seiner Einleitung zitierte Freud Wilson, der als zukünftiger Präsident einem Politiker erklärte, sein Wahlsieg sei göttliche Bestimmung, und er machte darauf aufmerksam, daß im anderen Lager der deutsche Kaiser ebenfalls beteuert habe, »ein erwählter Liebling der Vorsehung« zu sein. Freuds trockener Kommentar: »Niemand gewann dadurch; die Achtung vor Gott wurde nicht erhöht.«[162]

Aber Freuds Rolle in dem *Woodrow Wilson*-Debakel kann nicht gänzlich mit Gefühlen erklärt werden. Einer der Gründe dafür, daß er sich entschloß, mit Bullitt zusammenzuarbeiten, war, daß ihr Buch eine entscheidende Unterstützung für den notleidenden analytischen Verlag sein konnte. Ende der zwanziger Jahre war er wieder einmal, wie schon so oft zuvor, dem Bankrott nahe. Freud hing sehr am Verlag und kam ihm wiederholt zu Hilfe; er leistete großzügige Beiträge aus seiner eigenen Tasche, rang reichen Bewunderern freigebige Spenden ab und schickte ihm einige seiner eigenen Schriften, welche die zuverlässigsten »Zugnummern« waren, zur Veröffentlichung. Im Jahre 1926 hatte er dem Verlag 24 000 Reichsmark geschenkt, vier Fünftel des Betrags, den seine Kollegen gesammelt hatten, um seinen 70. Geburtstag zu feiern.[163] Im folgenden Jahr übergab er dem Verlag eine Spende von 5000 Dollar von einem an-

---

* Ich stimme hier Anna Freuds Urteil zu: »Warum war mein Vater nach langer (verständlicher) Weigerung schließlich einverstanden? Ich glaube, es war nach seiner Ankunft in London, und um diese Zeit waren andere Dinge so viel wichtiger als das Bullitt-Buch« (Anna Freud an Schur, 17. September 1966. Max Schur papers, LC).

onymen amerikanischen Wohltäter.* Im Jahre 1929 wendeten Marie
Bonaparte und andere Spender wieder eine finanzielle Krise ab.[164]
Freud nannte den Verlag sein Kind, und er wollte es nicht überleben.[165] Er
wußte, daß sein Schicksal weitgehend von den politischen Ereignissen in
Deutschland abhing: Ein Triumph der »Hitlerei«, wie er es nannte,
würde verheerende Folgen haben.[166] Aber abgesehen davon brauchte er
finanzielle Unterstützung. Die Suche nach Geld war für Freud ein ernsthafter Anreiz, mit Begeisterung an das Wilson-Projekt heranzutreten. Im
Jahre 1930 war es für ihn offensichtlich, daß ein Buch über Woodrow
Wilson den Umsatz des Verlages entscheidend fördern, ja ihn vielleicht sogar retten würde.

Freuds Vertrauen in Bullitts Mitarbeit erwies sich als begründet. »Bullitt«, schrieb er Ende 1931 Eitingon, »ist wieder hier, um an seiner Analyse
und an Wilson weiterzuarbeiten. Meine Hoffnung bleibt ja, daß wir mit
Hilfe dieses Buches und der Poe-Übersetzung der Prinzessin« – der deutschen Fassung von Marie Bonapartes Abhandlung über Edgar Allan Poe –
»dem Verlag über die schwierige Zeit der Sanierung werden helfen können.«[167]** Anfang des nächsten Jahres konnte er endlich von greifbaren
Resultaten berichten: Er hatte von Bullitt £ 2500 – ungefähr $ 10 000 – als
Vorschuß auf die amerikanischen Tantiemen erhalten.[168] Dieser Vorschuß,
den ihm Bullitt schickte, erwies sich, weit mehr als die Begleichung einer
alten Rechnung mit einem enttäuschendem amerikanischen Idealisten, als

---

* Als sie über diese Überweisung von Geldmitteln berichtete, schrieb die *New York
Times*, der unbekannte Spender habe – wie seine Frau und seine beiden Kinder – von der
Psychoanalyse profitiert und die folgende Erklärung abgegeben: »Freud ist zweifellos
der wichtigste Mann unserer Zeit. Diejenigen von uns, die Geld haben, schulden es der
Kultur der Welt, dafür zu sorgen, daß Freud mit den nötigen Mitteln versehen ist, um mit
seinen wissenschaftlichen Untersuchungen fortzufahren und diejenigen auszubilden, die
das Werk in Zukunft fortsetzen werden« (»Gibt $ 5000, um Freud zu helfen /Anonymer
Spender hat von Psychoanalyse profitiert / $ 100 000 gesucht«, *New York Times*,
18. Mai 1927, S. 25).
** Die Schwierigkeiten des Verlages wurden zu einer ständigen Last für Freud. Im
Herbst 1931 übernahm Martin Freud die Geschäftsführung und tat sein Bestes in der
elenden und sich stetig verschlechternden wirtschaftlichen Lage. Wiederholte Infusio-
nen mit Geldern großzügiger Spender wie Marie Bonaparte waren nur Notbehelfe. Im
Jahre 1932 unternahm Freud einen weiteren Schritt; er schrieb eine Reihe von »Vorlesungen«, die vom Verlag veröffentlicht werden sollten; obwohl sie nirgends tatsächlich
gehalten wurden, wurden sie als Ergänzungen zu den einführenden Vorlesungen präsentiert, die er während des Ersten Weltkriegs gehalten hatte. Die *Neue Folge der Vorlesungen zur Einführung in die Psychoanalyse* brachte die alten *Vorlesungen zur Einführung
in die Psychoanalyse* auf den neuesten Stand, faßte seine neuen Gedanken über die weibliche Sexualität zusammen und schloß mit einem wichtigen Kapitel über die Weltanschauung der Psychoanalyse. In dieser letzten »Vorlesung« wiederholte Freud entschiedener – und schärfer – als je zuvor seine Überzeugung, daß die Psychoanalyse keine
eigene Weltanschauung formulieren könne und auch keine brauche. Sie sei ganz einfach
ein Teil der Wissenschaft.

der hauptsächliche Nutzen, den Freud von dem Wilson-Projekt hatte.
Danach folgte Schweigen, als sich Bullitt der Politik der Demokraten in
den Vereinigten Staaten zuwandte und Freud über Demagogen nahe bei
sich zu Hause nachdachte, die weit bösartiger waren, als es Wilson je gewesen war.

Daß Woodrow Wilson Amerikaner war, verschaffte Freud zweifellos ein
besonderes Vergnügen daran, seiner aggressiven Laune Luft zu machen.
Mit seiner erhabenen Verachtung der Dinge dieser Welt schien ihm Wilson
einfach das Gegenteil des materialistischen Amerikaners zu sein, wie ihn
Colonel Robert McCormick und Sam Goldwyn verkörperten. Es ist ein
Gemeinplatz der psychoanalytischen Lehre, daß die dramatischsten Unter-
schiede wie weit auseinanderstehende Äste aus demselben Stamme ent-
springen können. Was für eine Gestalt der Amerikaner immer annahm, ob
Heiliger oder Geldraffer, Freud war bereit, ihn als ein höchst unattraktives
Exemplar des menschlichen Zoos abzuschreiben.

Er hatte seinen antiamerikanischen Gefühlen bereits Jahre, bevor er die
Vereinigten Staaten betrat, Ausdruck verliehen: Im Jahre 1902 hatte er,
einer sarkastischen Stimmung nachgebend, seine eigene Alte Welt, die »von
der Autorität regiert wird«, mit der Neuen verglichen, die »vom Dollar«
regiert wird.[169] Später hatte er, obwohl er von Amerikanern die erste offizielle Ehrung erhalten hatte, nie aufgehört, Gefallen daran zu finden, sie zu
beschimpfen. Gewiß, er nahm gern den Ehrendoktor an, den ihm die Clark
University 1909 verliehen hatte, und fand Gelegenheit, die Europäer an-
züglich daran zu erinnern. Ja er hatte am Beginn seiner Karriere sogar
daran gedacht, in die Vereinigten Staaten auszuwandern. »Heute vor
33 Jahren«, schrieb er Ferenczi am 20. April 1919, als er an den Frühling des Jahres 1886 dachte, in dem er seine ärztliche Praxis eröffnet und
geheiratet hatte, »stand ich als neugebackener Arzt vor einer unbekannten Zukunft mit dem Vorsatz, nach Amerika zu gehen, wenn die drei Monate, für die mein Vorrat reichte, sich nicht sehr hoffnungsvoll anließen.«
Er fragte sich, ob es nicht besser gewesen wäre, »wenn das Schicksal damals nicht so freundlich gelächelt hätte«.[170] Aber solche Sehnsüchte nach
einer Karriere in den Vereinigten Staaten waren ungewöhnlich. Wenn
man ihn so reden hörte, waren das Land und seine Bewohner heuchlerisch,
unkultiviert, oberflächlich, allein ins Geld verliebt und insgeheim antisemi-
tisch.*

Bezeichnenderweise trat Freuds Antiamerikanismus während der Abste-

---

* Freud schrieb Eitingon 1932, Brill, der versuchte, die Psychoanalyse in den Vereinigten Staaten zu organisieren, »hat den in seiner Latenz riesenhaften, großen amerikanischen Antisemitismus gegen sich« (Freud an Eitingon, 27. April 1932. Sigmund Freud
Copyrights, Wivenhoe).

cher seiner Anhänger in die Vereinigten Staaten mit besonderer Virulenz in Erscheinung. Sooft Jung und später Rank oder Ferenczi dorthin reisten, um Vorträge zu halten oder analytische Konsultationen zu geben, sah er in der Reise eine Einladung, der Sache untreu zu werden. Es war beinahe so, als betrachtete er die Vereinigten Staaten als einen verführerischen Rivalen, reich, verlockend, auf eine primitive Weise Europa mit seinen nüchternen Attraktionen überlegen. Amerika, schrieb er einmal Arnold Zweig, die selbstzufriedenen amerikanischen Behauptungen parodierend, ist ein »Anti-Paradies«.[171] Das war gegen Ende seines Lebens. Einige Jahre früher hatte er Jones anvertraut: »Ja, Amerika ist gigantisch, aber ein gigantischer Irrtum.«[172] Kurz, er fürchtete die Vereinigten Staaten als ein Land, das seine Anhänger dazu verleitete, gigantische Irrtümer zu begehen.

Diese Gefühle ziehen sich durch Freuds Korrespondenz wie ein unangenehmes, monotones Thema. Sie verraten auch einige Widersprüche. Als er im Januar 1909 mit der Clark University verhandelte, hatte er G. Stanley Halls knauserige Entschädigung für die Reisekosten »zu ›amerikanisch‹« gefunden, das heißt zu sehr um die finanzielle Seite der Dinge besorgt. Was ihn betraf, sollte Amerika Geld bringen, »nicht Geld kosten«.[173] Diese krasse Formulierung gebrauchte er gern. »Wozu sind die Amerikaner gut, wenn sie kein Geld bringen?« fragte er Ende 1924 Ernest Jones rhetorisch. »Sie taugen für nichts anderes.«[174] Dies war einer seiner Lieblings-Refrains. »Ich habe immer gesagt«, wiederholte er ein Jahr später in einem Brief an Jones, »daß Amerika zu nichts anderem zu brauchen ist, als Geld herzugeben.«[175] Während Ranks Besuch in den Vereinigten Staaten im Jahre 1924 hatte Freud das gleiche in seinem maßlosesten Stil gesagt. Er erklärte Rank, er sei »sehr froh, daß Sie die einzige vernünftige Art des Benehmens gefunden haben, die dem Aufenthalt unter diesen Wilden entspricht: sein Leben möglichst teuer zu verkaufen«. Und um das Maß voll zu machen, fügte er hinzu: »Mir schien oft, zum Amerikaner passe die Analyse wie zum Raben ein weißes Hemd.«[176]* Es ist kaum nötig, darauf hinzuweisen, daß eine solche Einstellung gerade den moralischen Defekt zeigt, den Freud gern bei den Amerikanern sah. Aber Freud kannte keine Bedenken. Er beutete nur die Ausbeuter aus.

Seine verschrobene Einschätzung der amerikanischen Schlauheit in

---

* Es ist interessant festzustellen, daß Freud aus diesen extremen Formulierungen Lieblingsausdrücke machte. So schrieb er am 8. Juli 1928 Wittels, daß »der Amerikaner und die Psychoanalyse oft so schlecht zueinander passen, daß man an Grabbes Parabel erinnert wird, ›als wollte ein Rabe ein weißes Hemd anziehen‹« (Wittels, »Wrestling with the Man«, S. 177 f.). Und auch die verblüffende Bezeichnung »Wilde« war keine einmalige Verirrung. Am 10. Juli 1935 schrieb Freud Arnold Zweig, der triumphierend berichtete, daß ein amerikanischer Buchklub einen seiner Romane ausgewählt hatte: »Ist es nicht traurig, daß wir von diesen Wilden, die keine besseren Menschen sind, materiell abhängen? Es geht uns hier ja ebenso« (Sigmund Freud Copyrights, Wivenhoe).

Geldfragen war nur ein anderer Ausdruck derselben gewinnsüchtigen Einstellung. »Wenn Sie doch mit Amerika zu tun bekommen sollten«, warnte
er Pfister 1913, »werden Sie gewiß geprellt werden. Die sind uns geschäft-
lich über!«[177] Da ihm offensichtlich nicht klar war, daß er bezüglich der
Auslandsrechte an seinen Schriften eine heillose Unordnung angerichtet
hatte, war er geneigt, die Amerikaner für die Verwirrungen verantwortlich
zu machen, die sich daraus ergaben. »Amerikanische Verleger«, schrieb
er 1922 einer amerikanischen Korrespondentin, sind »eine gefährliche
Menschensorte«.[178] Im selben Geiste nannte er Albert Boni und Horace
Liveright, deren Verlag eine Anzahl seiner frühen Bücher in New York
herausgebracht hatte, »zwei Gauner«.[179] Was er aus diesen findigen Wilden herausholen wollte, war finanzielle Unterstützung. »Alle Popularität in
Amerika«, klagte er 1922 Ferenczi, »hat der Analyse nicht das Wohlwollen
eines der dortigen Dollaronkel verschafft.«[180] Die Knappheit solcher Dollaronkel enttäuschte ihn und nährte seine Vorurteile.

Im Umgang mit amerikanischen Analysanden, den er in den zwanziger Jahren immer häufiger hatte, gestattete sich Freud eine Gefühllosigkeit, die er
bei anderen unzivilisiert und, hätte er sie analysiert, bei sich selbst symptomatisch gefunden haben würde. Er konnte einige der amerikanischen
Ärzte, die zur Lehranalyse in die Berggasse 19 kamen, recht gut leiden und
denen, die er mochte, echte Wärme entgegenbringen. Aber sein Urteil über
führende amerikanische Analytiker war oft sarkastisch. Im allgemeinen,
vertraute er Eitingon an, waren diese »im Ganzen minderwertigen Amerikaner« hauptsächlich gut, um »Fragen der Technik« zu studieren.[181] Als
Pfister Freud 1921 berichtete, daß der eklektische amerikanische Psychoanalytiker Smith Ely Jelliffe auf dem Weg in die Berggasse 19 war, fügte er
hinzu, daß ihm »Yelliffe« den Eindruck »eines gewandten, gescheiten
Mannes« gemacht habe.[182] Freud gab diesen anerkennenden Eigenschafts-
wörtern eine verächtliche Wendung. Er hatte Jelliffe bereits einmal »einen
der schlimmsten Business-Amerikaner – einfacher gesagt: Gauner –, die
Kolumbus je entdeckt hat«, genannt.[183] Nun antwortete er Pfister, Jelliffe
»gilt als sehr smart, d.h. gerieben, sehr gescheit und nicht hervorragend
anständig«.[184] Clarence Oberndorf, ein begeisterter früher Anhänger und
lange eine dominierende Persönlichkeit unter den amerikanischen Psychoanalytikern, war für Freud nur »der schlimmste« von ihnen. »Er scheint
dumm und arrogant zu sein.« Freud gestand Ernest Jones 1921, daß ihn
Oberndorf verblüffte: »Warum sollte ein Mann, der für so brillant und
erfolgreich gehalten wurde, die Analyse aufgenommen haben, wenn nicht
sein Kopf oder sein Herz Teil daran hatte.«[185] Er fragte sich, warum die
amerikanischen Psychoanalytiker, selbst die »besseren Elemente« unter
ihnen, so wenig Gemeinschaftsgeist zeigten. »Brill«, fügte er, ungeduldig

mit seinem aktivsten Fürsprecher, hinzu, »benimmt sich schändlich und muß fallengelassen werden.«[186] Das war eine übertriebene Drohung, die er nie wahr machte, was er wahrscheinlich auch nie vorgehabt hatte.

Ohne Rücksicht auf ihre Gefühle sagte Freud seinen amerikanischen Korrespondenten, daß ihre Exzentrizitäten oder unerwarteten Reaktionen auf die analytische Behandlung nationale Charakterzüge sein müßten. »Ihr Amerikaner seid doch merkwürdige Leute«, schrieb er seinem Analysanden Leonard Blumgart, nachdem dieser gestanden hatte, daß er sich gerade in dem Augenblick verlobt habe, in dem er sich für sechs Monate von seiner zukünftigen Frau trennen mußte, »und zu Euren Frauen habt Ihr alle nicht die richtige Einstellung.«[187] Als ihm ein anderer amerikanischer Analysand, Philip Lehrman, ein kritisches Referat über *Das Unbehagen in der Kultur* schickte, bestätigte Freud den Empfang mit einem unhöflichen Kommentar: »Es ist natürlich genau so dumm und unwissend, wie man es von einem amerikanischen Journalisten erwarten kann.«[188] Einige Monate später äußerte Freud, auch nicht höflicher, seine etwas erstaunte Befriedigung darüber, daß es Lehrman und seiner Familie gut ging. Es war schließlich die Zeit der Depression in den Vereinigten Staaten, »und was ist der Amerikaner ohne *prosperity*?«[189] Wenn er in dieser Stimmung war, und das war er oft, verbannte er seine Erinnerungen an so bewundernswerte Amerikaner wie William James und James Jackson Putnam.

Freud fand es sogar möglich, darüber zu murren, daß diese elenden Amerikaner nicht einmal gesund bleiben konnten, wenn man sie brauchte. Im Jahre 1924 erlitt Freuds begabter Analysand Horace Frink einen psychotischen Anfall. Frink war für Freud eine der seltenen Ausnahmen unter den Amerikanern: Er hatte eine hohe Meinung von ihm und wollte ihn an der Spitze der psychoanalytischen Organisation in den Vereinigten Staaten sehen. Aber Frinks Zusammenbruch, der zur Einweisung in eine Klinik führte, machte diesen Plan zunichte. Als er Frinks erschreckende psychische Verfassung betrachtete, behandelte Freud dieses persönliche Unglück so, als wäre es eine typisch amerikanische Schwäche. »Mein Versuch, Ihnen in der Person Frinks einen Anführer zu geben, der so kläglich scheiterte, ist das letzte, was ich je für Sie tun werde«, schwor er, »und müßte ich die hundert Jahre leben, die Sie für die Aufnahme der ΨA in die Psychiatrie festgesetzt haben.«[190] Dieser gefühllose Ausbruch kam freilich im September 1924, während Freud noch mit den Nachwirkungen seines Krebses rang. Aber die Einstellung, die ihm zugrunde lag, war dauerhaft.* Als ihn

---

* Man darf annehmen, daß Freuds herzlose Verurteilung Frinks zum großen Teil auf uneingestandene, wenn auch weitgehend bewußte Schuldgefühle zurückging. Freud hatte es zunächst verabsäumt, die Möglichkeit einer Psychose zu erkennen, die sich hinter Frinks neurotischen Schwierigkeiten verbarg, und sich dann geweigert, eine frühe psychotische Episode ernst zu nehmen. Mehr noch, er hatte mit der besten Absicht, aber

Ernest Jones 1929 wegen eines amerikanischen Vorschlags konsultierte, ein Buch mit Leseproben – ein »source book« – von Freuds psychoanalytischen Schriften für eine amerikanische Leserschaft herauszugeben, schickte ihm Freud eine charakteristische Antwort: »Im Grunde ist mir die ganze Sache als echt amerikanisch recht zuwider. Man kann sich darauf verlassen, daß, wenn ein solches ›source book‹ vorliegt, kein Amerikaner je ein Original zur Hand nehmen wird. Aber vielleicht wird er es auch ohnedies nicht tun, sondern seine Kenntnis weiterhin aus den trübsten populären Quellen schöpfen.«[191]

Kommentare wie dieser waren nicht allein der Privatkorrespondenz vorbehalten, Freud zögerte nicht, sie zu veröffentlichen. Als er 1930 einige einleitende Worte für eine Sondernummer der *Medical Review of Reviews* schrieb, die von dem amerikanischen Analytiker Dorian Feigenbaum herausgegeben wurde, gestand er, daß ihm der mutmaßliche Fortschritt der Psychoanalyse in den Vereinigten Staaten nur eine »getrübte« Befriedigung bereite. Verbale Zustimmung sei weit verbreitet, aber ernsthafte Praxis und finanzielle Unterstützung seien selten. Ärzte und Publizisten gleichermaßen gäben sich mit psychoanalytischen Schlagworten zufrieden. Sie seien stolz auf ihre »*broad-mindedness*«, die nur ihren »*lack of judgment*« beweise. Freud dachte, »daß die Popularität des Namens der Psychoanalyse in Amerika weder eine freundliche Einstellung zur Sache noch eine besondere Verbreitung oder Vertiefung ihrer Kenntnis bedeutet«. Er dachte es – und sagte es.[192]

Freuds Aversion wurzelte also zum Teil in seiner Besorgtheit über die impulsive amerikanische Aufnahmefähigkeit, die, wie es schien, verbunden war mit einem höchst schädlichen Mangel an wissenschaftlicher Strenge und einer nicht minder schädlichen Angst vor der Sexualität, ganz zu schweigen von der Gleichmacherei. Bereits 1912 hatte er Ernest Jones angewiesen, sich James Jackson Putnam »warm zu halten«, so daß »Amerika auf der Seite der Libido gehalten werden kann«.[193] Er dachte damals und auch später, daß dies eine undankbare Aufgabe sein werde, denn unter den amerikanischen Psychoanalytikern sei Führerschaft eine politische Ange-

---

einer gewissen sorglosen Arroganz Frinks emotionalen Aufruhr verstärkt, indem er sich in sein Privatleben einmischte. Im Laufe seiner Analyse hatte Frink beschlossen, sich von seiner Frau scheiden zu lassen, um eine seiner Patientinnen zu heiraten, und Freud hatte ihn und seine zukünftige Frau ermutigt, ihren Plan auszuführen. Als aber Frinks erste Frau 1923, einen Monat nach der Scheidung, starb, verschlechterte sich seine psychische Gesundheit katastrophal. Und ein Jahr später scheiterte auch seine zweite Ehe. Kurz bevor er 1936 im Alter von 53 Jahren starb, fragte ihn seine Tochter Helen Kraft, was sie Freud sagen solle, falls sie ihm je begegnete. »Sag ihm, er ist ein großer Mann«, antwortete Frink, »wenn er auch die Psychoanalyse erfand« (Helen Kraft, zit. in Michael Specter, »Sigmund Freud and a Family Torn Asunder: Revelations of an Analysis Gone Awry«, in: *Washington Post*, 8. November 1987, Sec. G, S. 5).

legenheit, und hohe Leistung bleibe unbelohnt. In den zwanziger Jahren verurteilte er die Analytiker in den Vereinigten Staaten ärgerlich wegen der Art und Weise, wie sie ihre Organisation führten. »Die Amerikaner«, schrieb er Sándor Radó, »übertragen das demokratische Prinzip aus der Politik in die Wissenschaft. Jeder muß einmal Präsident werden, keiner darf es bleiben, keiner sich vor dem anderen auszeichnen, und somit lernen und leisten sie alle miteinander nichts.«[194] Als 1929 eine Gruppe von amerikanischen Psychoanalytikern – einige von ihnen Rankianer – einen Kongreß veranstalten wollte und sich an Freud wandte, um seine Tochter einzuladen, äußerte er auf seine übliche unhöfliche Weise Bedenken. »Überhaupt kann ich nicht hoffen, daß der Kongreß – dem ich den besten Erfolg wünsche – für die Analyse viel bedeuten kann«, schrieb er einem der Organisatoren, Frankwood Williams. »Er ist nach dem amerikanischen Muster des Ersatzes der Qualität durch Quantität gemacht.«[195] Seine Befürchtungen waren nicht völlig grundlos, aber sie nahmen in seiner voreingenommenen Phantasie unrealistische, beinahe alptraumhafte Formen an.

Einige seiner Beschwerden waren mehr als bloße Phantasien. Seine Dyspepsie, zum Beispiel, war durchaus real.[196] Nachdem er im Herbst 1909 von der Clark University zurückgekehrt war, hatte er darüber geklagt, daß seine Gesundheit nicht sei, was sie sein sollte, und er wußte auch, wen er dafür verantwortlich machen mußte. »Amerika hat mich viel gekostet.«[197] Spät in diesem Winter verbrachte er drei Wochen in Karlsbad, um »meine Colitis, die ich mir in New York geholt habe«, behandeln zu lassen.[198] Als er nach dem Krieg Prostata-Beschwerden hatte, kam er manchmal »in die peinlichsten Situationen wie zuerst vor 20 Jahren in Amerika«.[199] Er erfand solche Leiden nicht, aber er verschob seinen Zorn gegen sie auf ein einziges geeignetes Ziel. Und es gab dazu noch starke berufliche Irritationen. Die hartnäckigen Einwände des amerikanischen psychoanalytischen Establishments gegen die Laienanalyse trugen nicht dazu bei, Freuds Antipathie zu mildern. Sie bewiesen ihm nur: Die Amerikaner sind gierig und konventionell, wenn sie nicht naiv und prüde sind. Allein schon ihre Art zu sprechen, fand Freud, solle sie verdammen. »Diese Rasse«, sagte er einmal zu seinem Arzt Max Schur, »ist zum Untergang verurteilt. Sie können den Mund nicht mehr zum Sprechen aufmachen, bald werden sie es auch zum Essen nicht können.«[200]

Man kann sich dem Schluß nicht entziehen, daß Freud, wenn er blindlings, mit phantasievoller Wildheit auf die Amerikaner im großen ganzen losschlug, eher einem inneren Bedürfnis Luft machte, als auf seine Erfahrung hörte. Sogar der treue Ernest Jones mußte zugeben, daß Freuds Antiamerikanismus nicht wirklich etwas mit Amerika zu tun hatte. Freud hatte eine

Ahnung, daß seine Gefühle nicht ganz objektiv waren. In den zwanziger Jahren unternahm er sogar flüchtige Bemühungen, die geheimnisvollen Amerikaner zu diagnostizieren. Erbost über zwei psychoanalytische Artikel amerikanischer Autoren, schrieb er Jones 1921: »Die Amerikaner sind wirklich zu schlecht.« Aber, fügte er vorsichtig hinzu, er wolle »kein Urteil darüber abgeben, warum sie so sind, ohne eine bessere Gelegenheit zur Beobachtung«. Er wagte allerdings den Gedanken zu äußern, daß »die Konkurrenz bei ihnen viel schärfer ist; keinen Erfolg zu haben, bedeutet den bürgerlichen Tod für jeden, und sie haben keine privaten Ressourcen neben ihrem Beruf, kein Hobby, keine Spiele, Liebe oder andere Interessen eines gebildeten Menschen. Und Erfolg bedeutet Geld. Kann ein Amerikaner in Opposition zur öffentlichen Meinung leben, wie wir es zu tun bereit sind?«[201]* Die Amerikaner, schien es, hatten den Materialismus mit dem Konformismus vermählt. Drei Jahre später nahm Freud Ranks Reise in die Vereinigten Staaten zum Anlaß, um dieser Diagnose einen vernichtenden Namen zu geben: »Nirgends wird man von der Sinnlosigkeit des menschlichen Treibens so überwältigt wie dort, wo auch die lustvolle Befriedigung der natürlichen animalischen Bedürfnisse nicht mehr als Lebensziel anerkannt wird. Es ist eine verrückte anale Adlerei.«[202] Freud konnte nichts Spöttischeres tun, als die Amerikaner mit dem Namen seines am meisten verabscheuten ehemaligen Schülers zu bedenken. Um es technisch auszudrücken: Er sah die Amerikaner allesamt als Opfer einer analsadistischen Zurückhaltung, die lustfeindlich sei, aber zugleich zum aggressivsten Verhalten im Geschäftsleben und in der Politik führe. Deshalb sei die Existenz des Amerikaners durch »Hast« gekennzeichnet.[203] Deshalb auch seien die nichtutilitaristischen Aspekte des Lebens, gleich ob unschuldige Hobbys oder die höheren Bereiche der Kultur, den Amerikanern unerreichbar.

Freud entdeckte diese Manifestationen des amerikanischen Charakters überall. Rechtschaffenheit war schwer zu finden. Das wollte Freud sagen, als er seinen amerikanischen Neffen Edward Bernays, den erfolgreichen Begründer der Public-Relations-Industrie, »einen ehrlichen Jungen, als ich ihn kannte«, nannte und hinzufügte: »Ich weiß nicht, wie weit er amerikanisiert worden ist.«[204] Mehr noch, die Vereinigten Staaten boten Liebenden ein kaltes Klima. Das ist im wesentlichen die Bedeutung der Bemerkung Freuds gegenüber Blumgart, daß die amerikanischen Männer nie die richtige Einstellung zu ihren Frauen gefunden hätten. Aber das Schlimmste: Amerika sei durch das Lieblingsprodukt analer Erwachsener, Geld, versklavt. Für Freud waren die Vereinigten Staaten mit einem Wort »Dollaria«.[205]

---

* In *Das Unbehagen in der Kultur* zog er sich von festen Urteilen zurück und erklärte: »Aber ich vermeide die Versuchung, in die Kritik der Kultur Amerikas einzugehen«, da er sich (wie er unnötigerweise hinzufügte) nicht selbst amerikanischer Methoden bedienen wolle (*Das Unbehagen in der Kultur*, G.W., Bd. 14, S. 475).

Nichts davon ist originell, wenn man vom psychoanalytischen Vokabular absieht. Die meisten Bezeichnungen Freuds waren ein Jahrhundert alt, und viele von ihnen waren Gemeinplätze in den Kreisen, in denen er verkehrte.* Im Jahre 1927 konnte der französische Psychoanalytiker René Laforgue einen Amerikaner, den er als »P.« bezeichnete, in einem Satz beschreiben, den Freud kongenial gefunden haben muß: »Als echter Amerikaner hat P. immer gedacht, daß man sich Analytiker kaufen kann.«[206] Im selben Jahr machte sich Ferenczi, der die Vereinigten Staaten nach einem langen Besuch verließ, Sorgen, daß neurotische Amerikaner, von denen es nur allzu viele gab, viel mehr und viel bessere psychoanalytische Behandlung brauchten, als sie bekamen. »Ich bin nach vielen Jahren hierher zurückgekehrt«, wurde er zitiert, »und fand das Interesse an der Psychoanalyse viel größer als in Europa, aber ich habe auch festgestellt, daß dieses Interesse etwas oberflächlich ist und daß die tiefere Seite etwas vernachlässigt wird.«[207]

Solche Meinungen zeigen nur zu deutlich, daß Freud und seine Anhänger, oft mit den gleichen Worten, die herablassenden Erklärungen kopierten, die gebildete Europäer seit Jahren abgegeben hatten. Und diese wiederholten weitgehend die Ansichten ihrer Väter und Großväter, die seit einem Jahrhundert gewisse, teils wirkliche und zum größeren Teil erfundene Laster auf die Amerikaner projiziert hatten. Es war lange ein beliebtes Gesellschaftsspiel gewesen, die Verrücktheit der Amerikaner nach Gleichheit, ihre nicht minder ausgeprägte Verrücktheit nach dem Neuen und ihren Materialismus verächtlich zu machen. Schon 1822 hatte sie Stendhal in seiner geistreichen Studie *De l'amour* als die leibhaftige Anti-Phantasie verleumdet. Er hielt sie für unfähig zu lieben: »In Boston kann man ein junges Mädchen mit einem gutaussehenden Fremden allein lassen und gewiß sein, daß sie nur an die Mitgift ihres zukünftigen Gatten denken wird.«[208] Die Amerikaner, wiederholte Stendhal in seinem Roman *Lucien Leuwen*, »denken an nichts anderes als an Geld und daran, wie sie es anhäufen können«.[209] Einige Jahre später wurde Charles Dickens bei einem Besuch der Vereinigten Staaten bis zur Unerträglichkeit gefeiert und von Raubdruckern ausgebeutet. Seine beißende Karikatur in *Martin Chuzzlewit* ist ein

* Hier ein bemerkenswertes Beispiel. Im Jahre 1908 schrieb Ernest Jones Freud: »Die Amerikaner sind eine seltsame Nation mit ganz eigenen Gewohnheiten. Sie zeigen Neugier, aber selten echtes Interesse ... Ihre Einstellung zum Fortschritt ist beklagenswert. Sie wollen von der ›neuesten‹ Behandlungsmethode hören, ein Auge starr auf den allmächtigen Dollar gerichtet, und denken nur an die Ehre oder ›kudos‹, wie sie es nennen, die sie ihnen einbringen wird. Viele lobende Artikel sind neuerdings über Freuds Psychotherapie geschrieben worden, aber sie sind absurd oberflächlich, und ich fürchte, sie werden sie streng verurteilen, wenn sie von ihrer sexuellen Grundlage hören und erkennen, was sie bedeutet« (Jones an Freud, 10. Dezember [1908]. Sigmund Freud Copyrights, Wivenhoe).

Triumph der Empörung über die Einfühlung. Die Amerikaner, erfahren wir aus diesem Roman, predigen Freiheit, haben aber Angst vor der öffentlichen Meinung, sie heucheln Gleichheit, halten aber Sklaven, sie sind snobistisch und raffgierig. Die meisten amerikanischen Gespräche »können mit einem Wort zusammengefaßt werden – Dollars. Alle ihre Sorgen, Freuden, Hoffnungen, Gemütsbewegungen, Tugenden und Beziehungen schienen zu Dollars eingeschmolzen zu sein.«[210] Dieser Vorwurf, der schon ein Klischee war, als Freud zu schreiben begann, behielt seine Gültigkeit für europäische Beobachter. Im Jahre 1904 faßte Sir Philip Burne-Jones die alte Anklage im Titel seines Berichts über die Vereinigten Staaten zusammen: *Dollars and Democracy*. »Und wie sie von Geld sprechen!« rief Burne-Jones aus. »In Gesprächsfetzen auf den Straßen, in den Restaurants und in den Wagen« höre man nichts anderes als »Dollars-Dollars-Dollars«.[211] Freud hatte Stendhal gegenüber einen Vorteil. Er hatte wenigstens wie Dikkens und Burne-Jones die Vereinigten Staaten besucht. Aber er war darum nicht viel besser über sie informiert.

Bleibt die Frage, warum Freud dieses starke, aber zu seiner Zeit schon abgestandene Gebräu aus tendenziöser Beobachtung und ungemilderter kultureller Arroganz so unkritisch schluckte. Tatsächlich war es so, daß sein Konformismus und sein Radikalismus auf seltsame Weise zusammenarbeiteten, um seinen Antiamerikanismus lebendig zu erhalten. Als konventioneller, tadelloser europäischer Bürger dachte er über die Amerikaner so wie alle anderen. Verglichen mit dieser gedankenlosen Übernahme üblicher Klischees, verblassen seine realistischen Gründe für Ärger über die Amerikaner – die messianische Politik, der Widerstand gegen die Laienanalyse, ganz zu schweigen von der amerikanischen Küche. Aber gleichzeitig sah er als radikaler Antibourgeois mit seinem Ideal von freien sexuellen Beziehungen in den Amerikanern das Muster sexueller Heuchelei. Freud, der Sexualreformer, so schien es, schuf für sich selbst ein Amerika, das in der konzentriertesten Form die Kräfte der Heuchelei repräsentierte, die zu bekämpfen er sich berufen fühlte.

Es ist sicherlich kein Zufall, daß sich seine frühesten Kommentare über die Amerikaner auf ihre – wie er es sah – Unfähigkeit konzentrierten, Liebe zu fühlen oder auszudrücken. Einige Monate vor seinem Besuch in der Clark University hatte er Ferenczi geschrieben, daß er »die Prüderie des neuen Kontinents« fürchte.[212] Kurz nach seiner Rückkehr teilte er Jung mit, die Amerikaner hätten »für die Libido keine Zeit«.[213] Er wurde dieser Anklage nie müde; er beklagte »die Strenge der amerikanischen Keuschheit«[214] und sprach spöttisch vom »prüden«[215] und vom »tugendhaften«[216] Amerika. Als er 1915 in seinem berühmten Brief an James Jackson Putnam die moderne sexuelle Moralität als sehr verächtlich abtat, wies er darauf hin, daß diese Moralität am extremsten von der amerikanischen

Gesellschaft definiert worden sei.[217] Ein solches Land müsse die unbequemen, unkonventionellen Wahrheiten der Psychoanalyse entweder zurückweisen oder in ihrer Umarmung ersticken. In der *Traumdeutung* hatte Freud ehrlich gestanden, daß er sein Leben lang einen Feind ebenso wie einen Freund gebraucht habe. Ein solches regressives Bedürfnis muß ein Maß von übermäßiger Vereinfachung und reiner Gefühllosigkeit mit sich bringen: Der Kämpfer teilt wie das Kind seine Welt scharf in Helden und Schurken ein, um seinen Kampfgeist hochzuhalten und seine Grausamkeit zu legitimieren. Das Amerika, das Freud konstruierte, stand als gigantische kollektive Manifestation des Feindes da, auf den er, wie er sagte, nicht verzichten konnte.

Aus eigenen unangenehmen Gründen klammerte sich Freud nach dem Ersten Weltkrieg noch verzweifelter als vorher an diese starre, monochrome Travestie. Er fand es peinlich, »für den Dollar zu arbeiten«.[218]* Diese Abhängigkeit verletzte seinen Stolz, aber er wußte nicht, wie er sich ihr entziehen sollte. In den zwanziger Jahren baten ihn Amerikaner, sie zur Analyse anzunehmen, und Amerikaner brachten die harte Währung, die er begehrte und zu verachten vorgab. Die Konflikte, die dieses Dilemma in ihm weckte, ließen nicht nach. Noch 1932 vertraute er Eitingon an: »Mein Mißtrauen gegen Amerika ist nicht zu besiegen.«[219] Kurz, je mehr er die Amerikaner brauchte, desto größer wurde seine Feindseligkeit gegen sie. Als er die Amerikaner sezierte und damit die menschliche Natur am Werk zeigte, enthüllte er unbeabsichtigt auch seine eigene Natur.

Trophäen und Nachrufe

Während der Jahre, in denen Freud mit Bullitt an der Studie Woodrow Wilsons arbeitete, beschleunigte sich der Zyklus der öffentlichen Anerkennung und der privaten Kümmernisse. Ende Juli 1930 erhielt er die Mitteilung, daß ihm die Stadt Frankfurt ihren begehrten Goethe-Preis zuerkannt habe. Die Verleihungsurkunde war feierlich vom Oberbürgermeister von Frankfurt unterschrieben. »In streng wissenschaftlicher Methode«, begann

---

* Ende 1920 schrieb er seiner Tochter Anna, daß er gerade eine Einladung abgelehnt hatte, für 10 000 Dollar sechs Monate in New York zu verbringen. Die Hälfte davon, schätzte Freud, würde für seine Spesen draufgehen. Zwar waren auch 5000 Dollar immer noch zweieinhalb Millionen österreichische Kronen, aber mit den Steuern und den anderen Auslagen glaubte er zu Hause ebensoviel verdienen zu können. »Zu anderen Zeiten«, bemerkte er ärgerlich, »hätte kein Amerikaner gewagt, mir einen solchen Antrag zu machen. Sie rechnen eben schon mit unserem Dalles und wollen uns billig kaufen« (Freud an Anna Freud, 6. Dezember 1920. Freud Collection, LC).

sie, leicht übertrieben in der Art solcher Dokumente, »und zugleich in kühner Deutung der von Dichtern geprägten Gleichnisse hat Sigmund Freud einen Zugang zu den Triebkräften der Seele gebahnt und dadurch die Möglichkeit geschaffen, Entstehen und Aufbau vieler Kulturformen zu verstehen und Krankheiten zu heilen. Die Psychoanalyse hat aber nicht nur die ärztliche Wissenschaft, sondern auch die Vorstellungswelt der Künstler und Seelsorger, der Geschichtsschreiber und Erzieher aufgewühlt und bereichert.« Nach einer für den Anlaß passenden Sprache suchend, lenkte die Urkunde die Aufmerksamkeit auf die Wurzeln der Psychoanalyse in Goethes Aufsatz »Die Natur«, auf die »mephistophelische« Weise, in der Freud alle Schleier zerrissen habe, und auf seine »Faustische Unersättlichkeit und Ehrfurcht vor den im Unbewußten schlummernden bildnerisch-schöpferischen Gewalten«. Sie schloß mit subtilem Selbstlob, daß Freud, dem großen Gelehrten, Schriftsteller und Kämpfer, bisher jede äußerliche Ehrung versagt geblieben sei.[220] Das war nicht ganz korrekt; er hatte im Laufe der Jahre einige befriedigende Zeichen der Anerkennung erhalten. Aber im großen und ganzen hatte die Urkunde nicht ganz unrecht. Freud war nicht gerade mit Ehrungen überschüttet worden. Im November 1930 notierte er lakonisch in seiner *Chronik*: »Endgültig für den Nobelpreis übergangen.«[221]

Der Goethe-Preis war daher wie ein Sonnenstrahl an einem bewölkten, gewitterigen Himmel. Er lenkte Freuds Aufmerksamkeit für einen Augenblick ab von seinem Kampf mit behindernden, aufreizenden persönlichen Handicaps und seiner Beobachtung der sich rasch verschlechternden Weltlage. Die 10 000 Reichsmark, mit denen der Preis dotiert war, bildeten eine willkommene Ergänzung seines Einkommens. Es kam ihm ein wenig seltsam vor, daß er auserwählt worden war, und er glaubte, die Tatsache, daß der Oberbürgermeister Jude, wenn auch getaufter, war, könne etwas damit zu tun haben.[222] Doch er war ehrlich erfreut darüber, daß der Preis den Namen seines geliebten Goethe trug.[223] Seit seiner Stiftung im Jahre 1927 war er Stefan George, dem als Kultfigur gefeierten Dichter, Albert Schweitzer, dem Missionar und Bach-Biographen, und Leopold Ziegler, einem Kulturphilosophen, verliehen worden. Freud befand sich in guter Gesellschaft. Er schrieb eine kurze geziemende Dankesansprache und schlug vor, daß seine Tochter Anna an seiner Statt nach Frankfurt reise. Er sei zu gebrechlich für die Reise, schrieb er Dr. Alfons Paquet, dem Sekretär des Kuratoriums des Goethe-Preises, aber er meinte, die Festgesellschaft werde nichts dadurch verlieren: »Meine Tochter Anna ist gewiß angenehmer anzusehen und anzuhören als ich.«[224] Das Ereignis erwies sich als lohnend in mehr als einer Hinsicht. Freud vermittelte Jones den Eindruck seiner Tochter, daß »die Feier, die am 28. August, Goethes Geburtstag, stattfand, sehr würdig war und daß die Leute dort Respekt und Sympathie für die Analyse äußern«.[225]

Der Preis verbesserte Freuds Stimmung, aber nicht sehr und nicht für lange. Er fürchtete, daß die willkommene, auffällige Ehrung unwillkommene Aufmerksamkeit nach sich ziehen werde. »An weitere Konsequenzen dieser überraschenden Episode glaube ich nicht, weder für den Nobelpreis noch für die allgemeine Einstellung zur Analyse in Deutschland«, schrieb er Ernest Jones Ende August. »Ich würde mich, im Gegenteil, nicht wundern, wenn der Widerstand nach dieser unvermuteten Schlappe mit neuer Kraft vorstoßen würde.«[226] Das bereitete ihm weiterhin Sorge. Zwei Wochen später schrieb er Jones, daß ausländische Zeitungen alarmierende Nachrichten über sein Befinden brächten, und er sah das als eine Folge der Verleihung des Goethe-Preises: »So bringen sie mich eiligst um.«[227]* Aber so neidisch andere auch sein mochten, der Preis bot Freud eine Gelegenheit, die ihm besondere Befriedigung bereitete. Er schickte Lou Andreas-Salomé – die sich nun in ihren späten Sechzigern befand, oft kränkelte und nicht sehr wohlhabend war – 1000 Reichsmark mit einem Brief, der ihr die Annahme des Geldes erleichterte: »Auf diese Weise kann ich von dem Unrecht, das bei der Verleihung des Preises begangen wurde, ein Stück wieder abbauen.«[228] Daß er noch imstande war zu geben, verschaffte ihm das Gefühl, lebendiger, vielleicht sogar ein wenig jünger zu sein.

Er brauchte diese Art von Trost. Die Zeit der weiten Entdeckungsreisen war endgültig vorüber. Die Erholungsreisen, die er mit seinem Bruder Alexander, mit Ferenczi, mit Minna Bernays oder mit seiner Tochter Anna in die sonnige klassische Welt des Mittelmeers unternommen hatte, waren nun nur noch Erinnerungen. Um in Reichweite seines Chirurgen zu bleiben, wählte Freud nun Kurorte in der Nähe von Wien. Eine Zigarre war ein Fest, ein gestohlenes, erlesenes Vergnügen, das der Erwähnung wert war. Im Frühjahr 1930 berichtete Freud Jones aus Berlin, wo er eine neue Prothese probierte, im vorausgegangenen Monat hätten »Herz, Magen und Darm« so sehr versagt, daß er für kurze Zeit ein Sanatorium habe aufsuchen müssen. Das Schlimmste war, daß er »eine absolute Intoleranz gegen die Zigarre erworben hatte«.[229] Jones, der Freuds Sucht nur zu gut kannte, schickte eine mitfühlende Antwort, auf die Freud einige Tage später hoffnungsvoll erwiderte: »Ich habe eben gestern die schüchterne erste und vorläufig im Tag einzige Zigarre versucht.«[230] Während seiner Arbeitsmonate in der Stadt analysierte er nach wie vor angehende Analytiker, wenn auch nach einem reduzierten Stundenplan, und Dr. Pichler suchte ihn oft auf, um seinen Gaumen auf Anzeichen neu auftretender bösartiger Wucherungen

---

* Noch im Juni 1931 schrieb er Jones: »Seit dem Goethepreis im Vorjahr hat sich das Benehmen der Mitwelt gegen mich zu einer immerhin noch widerwilligen Anerkennung gewandelt, nur um zu zeigen, wie gleichgiltig das eigentlich ist. Etwa im Vergleich zu einer erträglichen Prothese, die nicht Selbst- und Hauptzweck der Existenz sein sollte« (Freud an Jones, 2. Juni 1931. Freud Collection, D2, LC).

zu untersuchen und kurze, schmerzhafte Operationen an verdächtig aussehenden Stellen vorzunehmen. Als er Lou Andreas-Salomé für einen liebevollen Brief zu seinem 74. Geburtstag im Mai 1930 dankte, klagte Freud
darüber, daß er einen hohen Preis für das bißchen Gesundheit zahle, das
ihm noch bleibe: »Ich habe das Rauchen völlig aufgegeben, nachdem es mir
genau 50 Jahre lang als Schutz und Waffe im Kampf mit dem Leben gedient
hat. Ich bin also jetzt wohler als vorhin, nicht glücklicher.« Er unterschrieb
als ihr »sehr alter Freud«.[231] Es war ein Zeichen der Zuneigung wie ein
fröhliches, leicht zitterndes Winken mit der Hand.

Unterdessen lichteten sich die Reihen um Freud. Seine alten Kartenpartner,
mit denen er jeden Samstagabend Tarock gespielt hatte, gingen dahin. Leopold Königstein, der Ophthalmologe, ein intimer Freund seit seinen Studententagen, starb 1924, Ludwig Rosenberg, ein anderer Arzt, mit dem er
lange befreundet gewesen war, 1928. Oscar Rie sollte bald darauf folgen,
im Jahre 1931. Diese Männer gehörten zu den wenigen, mit denen sich
Freud geduzt hatte. Von seinen geschätzten nichtanalytischen Freunden
kam nur noch der Archäologe Emanuel Löwy, der sich ebensosehr für Antiquitäten begeisterte wie Freud und natürlich besser informiert war, zu einem Besuch und einer langen Plauderei.
    Seine Familie blieb nicht verschont. Im September 1930 starb Freuds
Mutter im hohen Alter von 95 Jahren. Freud hatte ihr Ende August Lebewohl gesagt, am selben Tag, an dem eine Delegation aus Frankfurt mit der
Verleihungsurkunde des Goethe-Preises in der Berggasse 19 erschienen
war.[232] Amalia Freud hatte sich ihre Energie, ihren Lebenshunger und ihre
Eitelkeit bis ins hohe Alter bewahrt. Ihr Tod brachte Gedanken, die Freud
lange beiseitegeschoben hatte, an die Oberfläche. Im vorausgegangenen
Jahr, als Eitingons Mutter starb, hatte er in seinem Beileidschreiben die
Betrachtung angestellt: »Der Verlust der Mutter muß etwas ganz Merkwürdiges, mit anderem Unvergleichbares sein und Erregungen wecken, die
schwer zu fassen sind.«[233] Er fühlte nun solche Erregungen und versuchte
sie zu fassen. »Gewiß, there is no saying, was ein solches Erlebnis in tieferen
Schichten anstellen mag, oberflächlich verspüre ich nur zweierlei, den Zu-
wachs an persönlicher Freiheit, den ich erworben habe, denn es war mir
immer ein abschreckender Gedanke, daß sie von meinem Tod erfahren
sollte, und zweitens die Befriedigung, daß ihr endlich die Befreiung geworden ist, auf die sie sich in einem so langen Leben ein Recht erworben hatte.«
Er fühle keine Trauer und keinen Schmerz, fügte er hinzu, und habe beschlossen, dem Begräbnis fernzubleiben.[234] Wie er seinem Bruder Alexander zur Beschönigung sagte, ging es ihm nicht so gut, wie man meinte, und
außerdem mochte er keine Zeremonien.[235] Seine Tochter Anna vertrat ihn
wie etwa zwei Wochen zuvor in Frankfurt. »Ihre Bedeutung für mich ist

kaum mehr zu steigern«, schrieb er Ernest Jones.[236] Über den Tod seiner
Mutter empfand er vor allem Erleichterung. Nun konnte er sterben.

Tatsächlich hatte Freud noch lange zu leben und zu leiden, und er hatte
auch einige Freuden vor sich. Im Januar 1931 lud ihn David Forsyth, einer
seiner englischen »Schüler«, den er hoch schätzte, ein, die Huxley Comme-
moration Lecture zu halten. Sie war eine angesehene zweijährliche Veranstaltung, von der Forsyth sagte, sie sei »die höchste uns zu Gebote stehende
Würdigung der wissenschaftlichen Arbeit, der Ihr Leben gewidmet war«.
Forsyth legte eine Liste der hervorragenden Männer bei, die bei früheren
Gelegenheiten gesprochen hatten. Unter ihnen befanden sich der große
englische Chirurg Joseph Lister, der für die Einführung der Antisepsis geadelt worden war, und der berühmte russische Psychologe Iwan Petro-
witsch Pawlow.[237] Freud wußte sehr gut, wieviel diese Einladung bedeutete. »Das ist eine sehr große Ehre, und seit R. Virchow 1898 hat kein
Deutscher diese Aufforderung erhalten«, teilte er Eitingon mit.[238] Trotz all
seiner zornigen, endgültig klingenden Dementis waren offensichtlich noch
Reste seiner deutschen Identität in ihm lebendig. Aber so schmerzlich die
Ablehnung für ihn war, die Einladung war mehrere Jahre zu spät gekommen. Er war nicht gesund genug, um zu reisen, und er konnte nicht gut
genug sprechen, um einen Vortrag zu halten. Ende April mußte er sich einer
weiteren schmerzhaften Operation unterziehen, die ihm körperlich und
seelisch sehr zu schaffen machte. Er hatte das Gefühl, daß er wieder dort
sei, wo er 1923 vor seinen großen Operationen gewesen war, und daß sein
Leben in Gefahr sei. »Die letzte Erkrankung hat die Sicherheit aufgehoben,
die ich durch 8 Jahre genossen habe«, schrieb er bald danach Jones.[239] Und
er klagte, daß er viel von seiner Arbeitskraft verloren habe. Er sei »kraftlos,
kampfunfähig und sprachgehemmt«, schrieb er Arnold Zweig, »gar kein
erfreulicher Rest von Realität«.[240] Er kehrte erst am 5. Mai, dem Tag vor
seinem 75. Geburtstag, aus dem Krankenhaus nach Hause zurück.[241]

Der nächste Tag bescherte Feiern, die zu vermeiden er sein Bestes getan
hatte – doch völlig vergeblich. Sie brachen wie eine »Flut« über ihn herein,
schrieb er Lou Andreas-Salomé.[242] Er konnte Festlichkeiten verbieten, aber
nicht eine Lawine von Briefen von Freunden und Fremden, Psychoanalytikern und Psychiatern und bewundernden Literaten aufhalten. Telegramme
kamen von Organisationen und Würdenträgern, und die Berggasse 19
quoll über vor Blumen. Auf einem deutschen Kongreß von Psychotherapeuten wurden Vorträge zu seinen Ehren gehalten, und Anhänger in New
York organisierten ein Festbankett im Ritz-Carlton-Hotel mit Ansprachen
von William Alanson White und A.A. Brill, denen sich berühmte Männer
wie Theodore Dreiser und Clarence Darrow anschlossen. Die Feiernden
schickten Freud ein Telegramm: »Männer und Frauen aus den Reihen der

Psychoanalyse, Medizin und Soziologie haben sich in New York versammelt und geben sich die Ehre, den unerschrockenen Forscher, der die versunkenen Regionen des Ichs entdeckt und der Wissenschaft und dem Leben eine neue Richtung gewiesen hat, zu seinem 75. Geburtstag zu würdigen.«[243] Der Bürgermeister von Frankfurt, Alfons Paquet, Romain Rolland, alle gedachten des Tages. Albert Einstein schrieb einen besonders anerkennenden Brief: Jeden Dienstag lese er zusammen mit einer befreundeten Dame Freud und könne »die Schönheit und Klarheit« seiner Darstellung nicht genug bewundern. »Außer Schopenhauer«, fügte er hinzu, »gibt es für mich keinen, der so schreiben kann und konnte.« Doch der Sieg der Ideen Freuds über Einsteins Skepsis war unvollständig. Da er ein »Dickhäuter« sei, schrieb Einstein, schwanke er zwischen »Glauben und Unglauben«.[244] Der Herzl-Klub begrüßte in Freud »ehrfurchtsvoll den großen Sohn unseres Volkes, dessen 75. Geburtstag für die gesamte Judenheit ein Tag der Freude und des Stolzes ist«.[245] Wiener Institutionen wie die Psychiatrisch-Neurologische Klinik und der Verein für angewandte Psychopathologie und Psychologie sandten ihre herzlichen Grüße.[246]

Freud nahm einige dieser Tribute kühl, ja sogar grollend auf. Als er im März erfuhr, daß die Gesellschaft der Ärzte vorhabe, ihn zur Feier seines 75. Geburtstages zu ihrem Ehrenmitglied zu ernennen, erinnerte er sich voll Bitterkeit an die Demütigungen, die ihm das Wiener medizinische Establishment Jahrzehnte zuvor zugefügt hatte. Privat, in einem Brief an Eitingon, nannte er die Ernennung eine »feige Verbeugung vor dem Anschein des Erfolgs, sehr ekelhaft und zuwider«. Er gedachte sich mit dem kühlsten Dank aus der Affäre zu ziehen.[247] Ein Gratulationsbrief könnte ihn allerdings amüsiert haben. Er kam von David Feuchtwang, dem Oberrabbiner von Wien, der in aller Gemütlichkeit erklärte: »Mir ist der Verfasser der ›Zukunft einer Illusion‹ näher stehend, als er glaubt.«[248] Dies war die Art von Nähe, auf die Freud verzichten konnte.

Allmählich verebbte die Flut, und Freud arbeitete sich durch den Berg von Briefen und Telegrammen, die alle eine Antwort verlangten. Aber es stand ihm noch eine andere Feier bevor, eine Ehrung, die er viel mehr zu schätzen wußte als die zu seinem Geburtstag, und die sehnsüchtige Gefühle weckte. Wie die gedruckte Einladung in etwas unsicherem Deutsch verkündete, sollte am Sonntag, dem 25. Oktober, die »Enthüllung einer Gedenktafel an dem Geburtshause Professor Dr. Sigmund Freuds in Příbor-Freiberg, Mähren«, stattfinden.[249] Er konnte nicht selbst teilnehmen, aber die Größe und Qualität der Freud-Delegation – seine Kinder Martin und Anna, sein Bruder Alexander, seine treuen Anhänger Paul Federn und Max Eitingon – spiegeln die Bedeutung wider, die Freud dem Anlaß zuschrieb. Die kleine Stadt war mit Fahnen geschmückt, und wie so oft in diesen Jahren sprach Anna Freud wieder für ihren Vater. Der Brief, den sie verlas, ist so beredt wie kurz. Freud dankte dem Bürgermeister und allen Anwesenden für die Ehre, die sie ihm erwiesen, und dies schon zu seinen Lebzeiten, während die Mitwelt in der Würdigung seiner Leistung noch nicht einig sei. Er habe, erinnerte er sich, Freiberg im Alter von drei Jahren verlassen und es mit sechzehn Jahren, als Gymnasiast auf Ferien, wieder besucht. Es werde ihm mit 75 Jahren nicht leicht, sich in jene Frühzeit zu versetzen, aber des einen, schrieb er, sei er sicher: »Tief in mir überlagert, lebt noch immer fort das glückliche Freiberger Kind, der erstgeborene Sohn einer jugendlichen Mutter, der aus dieser Luft, aus diesem Boden die ersten unauslöschlichen Eindrücke empfangen hat.«[250]

An seinem 75. Geburtstag hatte sich Freud zu elend gefühlt, um außer seinen nächsten Angehörigen jemanden zu sehen. Eine bemerkenswerte, und vielleicht die einzige Ausnahme war Sándor Ferenczi, der sich damals in Wien aufhielt. Freud widmete ihm etwa zwei Minuten[251], ein Zeichen der besonderen Beziehung, welche die beiden Männer seit mehr als zwei Jahrzehnten verband. Ferenczi war für Freud ein treuer Zuhörer gewesen, der vor keiner noch so kühnen Phantasie zurückschreckte, und, was noch mehr zählte, er war selbst Verfasser brillanter Abhandlungen. Dennoch war es seit einigen Jahren zu einer merklichen Abkühlung zwischen den beiden gekommen. Sie hatten nie Streit, aber Ferenczis unersättliche Forderungen nach Vertrautheit und Bestätigung, ganz zu schweigen von seinem schwelenden Groll gegen den Meister, den er verehrte, hatten ihren Zoll gefordert. Zuweilen hatte die Freundschaft den beiden beinahe ebensoviel Schmerz wie Freude bereitet. Als Freuds Analysand nutzte Ferenczi das Privileg aus, ohne Zurückhaltung zu sprechen und zu schreiben. Freud seinerseits sprach zu ihm oft wie ein besorgter und manchmal wie ein erboster Vater. Im Jahre 1922 hatte Ferenczi, der ein Stück Selbstanalyse praktizierte, die Frage gestellt, warum er Freud nicht öfter schreibe. »Es unterliegt keinem Zweifel, daß auch ich der Versuchung nicht widerstehen könnte, Sie mit dem ganzen Ausmaße überzärtlicher und überempfindlicher Gefühlsregungen zu ›bescheren‹, die meinem leiblichen Vater gegenüber am Platze sind. Das Stadium, in dem ich mich jetzt zu befinden scheine, ist die – arg verspätete – Entwöhnung und der Versuch, mich in mein Geschick zu fügen.« Er dachte, er werde von nun an ein angenehmerer Mitarbeiter sein, als er es auf der unheilvollen Urlaubsreise in den Süden gewesen war, die er mit Freud vor dem Krieg unternommen hatte.[252]

Tatsächlich wurde Ferenczi nie ganz von seiner Abhängigkeit von Freud oder dem daraus folgenden Zorn entwöhnt. Ein auffälliges Symptom seiner Ambivalenz war eine Flut von Schmeicheleien, die Freud nicht schätzte. »Es scheint, daß Sie – wie immer – recht haben«, hatte er Freud 1915 typischerweise geschrieben.[253] Freud versuchte diese Lobhudelei abzuwehren und wünschte sich, Ferenczi würde ihn weniger vergöttern.[254] Nach dem Krieg klagte Ferenczi darüber, daß er mit seinen Einkünften nicht auskomme, obwohl er täglich neun bis zehn Stunden analysiere, und er bewunderte Freuds »unerschöpfliche Energiequelle«.[255] Bei dieser Gelegenheit fiel Freuds Antwort schroffer aus als sonst: »Ich höre es natürlich gerne, wenn Sie von meiner Jugend und Leistungsfähigkeit schwärmen wie in Ihrem Brief. Wenn ich mich aber dann zum Realitätsprinzip wende, weiß ich, daß es nicht wahr ist.«[256] Im Spätsommer 1923, als er aus »der wundervollen Römerstadt« schrieb, erinnerte sich Ferenczi an die Zeit, als er und Freud gemeinsam »die heiligen Stätten« besucht hatten: »Ich rechne jene Tage zu den schönsten meines Lebens und denke in Dankbarkeit an den unvergleichlichen Führer, der Sie mir waren.«[257] Ferenczi sah nicht, konnte nicht sehen, daß Freud, wie er es einmal anschaulich ausdrückte, »kein psychoanalytischer Übermensch« war[258] und nicht ein Führer, sondern ein Freund sein wollte.

So verwirrend Ferenczis Komplimente für Freud waren, sein gelegentliches langes Schweigen war noch beunruhigender. Einmal, kurz nach dem Beginn ihrer Freundschaft, schickte Freud Ferenczi in einer dieser Pausen einen Brief, der zwischen Anrede und Unterschrift nur aus Fragezeichen bestand.[259] Das war eine mahnende Geste, die er mehr als einmal hätte wiederholen können.* Gewiß, manchmal hielt auch Freud nicht Schritt. »Unser einst so lebhafter Briefverkehr ist im Laufe der letzten Jahre eingeschlafen«, schrieb er Ferenczi 1922. »Sie schreiben nur selten, und ich antworte noch seltener.«[260] Im allgemeinen war jedoch Ferenczi der Schweiger. Als er Ende Juni 1927 von seiner Reise in die Vereinigten Staaten zurückkehrte, besuchte Ferenczi London, verabsäumte es aber offenbar, in Wien Station zu machen, was Freud mit gemischten Gefühlen aufnahm. »Daß er keine Eile hat, mich zu besuchen«, schrieb er Eitingon, »ist gewiß nicht sehr zärtlich. Aber ich bin nicht anspruchsvoll. Irgendeine Art von Emanzipationsbestreben wird schon dabei sein.« Aber Freud konnte die Distanz der reinen Analyse nicht beibehalten. »Wenn man alt genug wird«, fügte er mit einem gewissen Kummer hinzu, »hat man endlich alles gegen sich.«[261] Auch Eitingon gefiel nicht, was er sah. Er müsse gestehen, schrieb er, daß er seit seiner Begegnung mit Ferenczi in Berlin ziemlich alarmiert sei.[262] Im Dezember verlieh Freud seiner Sorge um Ferenczi direkten Ausdruck. »Lieber Freund«, schrieb er, »was bedeutet Ihr Schweigen? Ich hoffe, Sie sind nicht krank. Geben Sie noch vor Weihnachten Nachricht.«[263]

Aber Ferenczi erwies sich nicht als hilfreich. Gequält, wie er war, schwankte er weiterhin zwischen Redseligkeit und Verschlossenheit. Wenn Freud Eitingon am 8. August 1927 berichten konnte: »Wir korrespondieren jetzt lebhafter«[264], so sah es etwas mehr als zwei Wochen später schon

wieder anders aus: »Die Korrespondenz mit Fer. hat plötzlich wieder aufgehört. Ganz begreife ich ihn auch nicht.«[265] Was Freud schließlich verstand oder zumindest vermutete, war, daß Ferenczis auffällige Neuerungen
in der psychoanalytischen Technik, die er zuerst begrüßt und dann bedauert hatte, nicht rein berufliche Neuansätze waren, sondern »ein Ausdruck
innerer Unbefriedigung«.[266]

Ferenczi lieferte reichliche Beweise zur Bestätigung dieser Diagnose. Im
Jahre 1925 schrieb er Freud in einem aufschlußreichen Brief: »Über meine
eigene Gesundheit kann ich (beim bösesten Willen) nichts Trauriges schreiben.«[267] Er schien entschlossen, krank zu sein. Anfang 1930 schrieb er
Freud einen langen Brief und klagte über beunruhigende Symptome einschließlich der Angst, vorzeitig zu altern.[268] Im November dieses Jahres
berichtete Freud, daß er keine Nachricht von Ferenczi habe und fürchte,
daß er »trotz aller unserer Bemühungen immer mehr in die Isolierung gerät«.[269] Ferenczi war sich seines Zustandes voll bewußt. »Sie werden sich
wohl denken, wie schwierig es ist, nach so langer Pause wieder anzuknüp-
fen«, schrieb er Freud Mitte September 1931. »Aber Sie sind an so viel
Menschliches im Laufe Ihres Lebens gestoßen, daß Sie auch solche Zustände des Auf-sich-Zurückgezogenseins verstehen und verzeihen können.« Er sei, schrieb er, »in einer recht schwierigen inneren und äußeren,
wohl auch wissenschaftlichen Läuterungsarbeit versunken«, die noch
nichts Endgültiges ergeben habe.[270] Freud, der froh war, überhaupt von
Ferenczi zu hören, antwortete unverzüglich. »Endlich wieder ein Lebens-
und Liebeszeichen von Ihnen!« rief er mit der alten Wärme aus. »Nach so
langer Zeit!« Er sagte Ferenczi offen: »Es ist kein Zweifel, daß Sie sich
durch diese Unterbrechung des Kontakts immer mehr von mir entfernen.
Ich sage und hoffe nicht: entfremden.« Er übernahm nicht die Verantwortung für Ferenczis widerwärtige Stimmung: »Aber ich habe nach Ihrem
eigenen Zeugnis immer Ihre Selbständigkeit respektiert.«[271] Eine solche
Selbständigkeit, deutete er an, brauche nicht um den Preis der Trennung
erkauft zu werden.

Während Freud nach Jahren wohlwollenden Zusehens Ferenczis psychoanalytische Abweichungen schließlich als unheilvoll interpretierte, hielt
er es für um so notwendiger, sie nach ihrer technischen im Gegensatz zu
ihrer symptomatischen Bedeutung zu beurteilen. Immerhin war Ferenczi
schon sehr lange ein prominentes, im Blickpunkt der Öffentlichkeit stehen-
des Mitglied der internationalen psychoanalytischen Bewegung, ein einflußreicher, origineller und fruchtbarer Autor. »Das interessante symbioti-
sche Verhältnis zwischen nährendem Patienten und lehrendem Arzte
scheint sich allmählich einzubürgern«, hatte Ferenczi Freud schon im Sommer 1922 mitgeteilt. »Ich, zum Beispiel, nehme die meinen nach Baden-
Baden mit.«[272] In den späten zwanziger Jahren war er schon weit über diese

relativ harmlose Weise, die Übertragungen seiner Patienten zu behandeln, hinausgegangen. Er enthüllte Freud nicht alles, was er in der Analysestunde tat, aber Freud erfuhr von Patienten Ferenczis wie Clara Thompson, wie aktiv ihr Analytiker seine Analysandinnen liebte und sich von ihnen lieben ließ.

Ende 1931 überwand schließlich Freuds zunehmende Besorgnis über Ferenczis Experimente mit seinen Patienten seinen oft beteuerten Respekt vor Ferenczis Unabhängigkeit. »Ich habe mich wie immer mit Ihrem Brief gefreut, weniger mit seinem Inhalt«, schrieb er Ferenczi streng in einer vier Seiten langen Mitteilung, die einem einzigen Thema gewidmet war, Ferenczis psychoanalytischer Technik. Er hielt es für unwahrscheinlich, daß Ferenczi seine Ansichten über seine Neuerungen ändern werde, aber der Weg, den er eingeschlagen hatte, war nach Freuds Urteil »nicht fruchtbar«. Er sei nicht prüde, versicherte er Ferenczi, nicht durch bürgerliche Konventionen gehemmt. Aber Ferenczis Art, mit seinen Patienten umzugehen, hieß seiner Meinung nach das Unglück herausfordern. »Sie haben kein Geheimnis daraus gemacht, daß Sie Ihre Patienten küssen und sich von ihnen küssen lassen.« Gewiß, ein Kuß mochte als harmlos betrachtet werden. Die Menschen in der Sowjetunion machten sehr freien Gebrauch von dieser Begrüßung. »Aber das ändert nichts an den Tatsachen, daß wir nicht in Rußland leben und daß bei uns der Kuß eine unverkennbar erotische Intimität bedeutet.« Die akzeptierte psychoanalytische Technik war eindeutig: Dem Patienten »sind erotische Befriedigungen zu versagen«. Ferenczis »Mutterzärtlichkeit« wich von dieser Regel ab. Freud meinte, Ferenczi habe zwischen zwei Dingen zu wählen: Er könne verbergen, was er tue, oder es veröffentlichen. Ersteres war unehrenhaft; letzteres forderte Extremisten dazu auf, über Ferenczis Küsse zu intimeren Liebkosungen hinauszugehen. »Nun malen Sie sich aus, was die Folge der Veröffentlichung Ihrer Technik sein wird.« Wenn Ferenczi die zärtliche Mutter spielte, so spielte er, Freud, den »brutalen« Vater, und er konnte ihn nur warnen. Aber er fürchtete, seine Warnung werde vergeblich sein, da Ferenczi entschlossen zu sein schien, seinen eigenen Weg zu gehen. »Das Bedürfnis nach trotziger Selbstbehauptung scheint mir Ihnen mächtiger, als Sie es anerkennen.« Aber wenigstens, schloß Freud, habe er seiner Vaterrolle getreu gehandelt.[273]

Ferenczi antwortete mit einiger Ausführlichkeit und in friedlichem Ton. »Ich halte Ihre Angst, daß ich mich zu einem zweiten Stekel entwickle, für unbegründet.« Die Technik, die er in den frühen zwanziger Jahren entwickelt habe, die sogenannte »aktive Therapie«, welche die Analyse beschleunigen sollte, sei »höchst asketisch«; er habe statt dessen versucht, »die Steifigkeit der Verbote und Vermeidungen« in der Analysestunde zu »relativieren« und eine »milde, passionslose Atmosphäre zu schaffen«. Er schloß mit den Worten: Nachdem er den Schmerz überwunden, den Freuds strenge Lektion ihm bereitet habe, hoffe er, ihre Meinungsverschiedenheiten würden das »freundschaftliche persönliche und wissenschaftliche Einvernehmen« zwischen ihnen nicht stören.[274]

Anfang 1932 begann Ferenczi ein, wie er es nannte, »klinisches Tagebuch« zu führen, eine intime, anschauliche Sammlung von psychoanalytischen Skizzen, theoretischen und technischen Überlegungen und zugleich scharfsichtigen und respektlosen Bemerkungen über Freud. Dieses Tagebuch, das Ferenczi den ganzen Sommer hindurch führte, bis er mehr als zweihundert Seiten geschrieben hatte, ist ein etwas düsterer, oft erregter Versuch einer ehrlichen Reportage und Selbstanalyse. Er setzte seine quälende Diskussion mit Freud mit anderen Mitteln fort und versuchte, seine Verfahren für sich selbst zu klären und seinen Platz und Rang in der Freudschen Armee zu bestimmen. Vieles von dem, was Ferenczi schrieb, wäre keine Überraschung für Freud gewesen, vieles würde sogar ihn verblüfft haben.

Das Tagebuch beginnt mit einer Verurteilung der klassischen »Gefühllosigkeit« des Analytikers, seiner manierierten Art zu grüßen, seiner formellen Aufforderung, »alles zu sagen«, seiner sogenannten »freischwebenden Aufmerksamkeit«. All das sei Heuchelei. Es beleidige den Patienten, reduziere die Qualität seiner Mitteilungen und lasse ihn an der Realität seiner Gefühle zweifeln. Die analytische Einstellung, die Ferenczi in scharfem Gegensatz dazu empfahl und in den kommenden Monaten immer und immer wieder erforschte, entspringe der »Natürlichkeit und Aufrichtigkeit« des Analytikers.[275] Diese Einstellung, um die er sich schon seit Jahren bemühte, führte Ferenczi dazu, »intensives Mitfühlen«[276] mit seinen Analysanden zu äußern und alle Probleme zu lösen, die eine solche Freundlichkeit mit sich brachte. Er notierte – Freuds Vorwürfe waren nicht aus der Luft gegriffen –, daß ihn manche seiner Patientinnen küßten, was Ferenczi gestattete und dann »voller Affektlosigkeit« analysierte.[277] Gelegentlich kam es sogar dazu, »daß das Erleben des fremden und eigenen Leides eine Träne aus den Augen preßt, und diese Rührung soll man vor dem Patienten nicht verhehlen«.[278] In Ferenczis Praxis war nichts mehr übriggeblieben von dem kühlen, unpersönlichen Analytiker – dem Seelenchirurgen –, über den Freud vor dem Ersten Weltkrieg so autoritativ geschrieben hatte, wenn er auch selbst mehr Gefühl gezeigt hatte, als seine kalten Metaphern andeuten.

Ferenczis *Klinisches Tagebuch* bezeugt, daß es sein Ziel war, aus seinen Analysanden vollwertige Partner zu machen. Er empfahl und praktizierte, was er »mutuelle Analyse« nannte. Wenn ein Patient das Recht beanspruchte, ihn zu analysieren, gab Ferenczi die Existenz seines eigenen Unbewußten zu und ging so weit, Einzelheiten aus seiner Vergangenheit zu enthüllen.[279] Es muß gesagt werden, daß ihm bei diesem Verfahren nicht ganz wohl war: Es war nicht zuträglich für einen Patienten, wenn er entdeckte, daß ein Mitpatient Ferenczi analysierte, oder wenn Ferenczi mehr gestand, als der Patient aufnehmen konnte. Aber er hoffte, daß »die demütige Bekenntnis der eigenen Schwächen und der eigenen traumatischen Erfahrungen, Enttäuschungen vor den Patienten« zuletzt die Gefühle der Minderwertigkeit und der Distanz gegenüber dem Analytiker aufheben würde. »Ja, wir vergönnen den Patienten die Freude, uns helfen zu können, sozusagen passagere unser Analytiker zu werden, was ihre Selbsteinschätzung mit Recht steigert.«[280]

Diese energische Mißachtung der traditionellen psychoanalytischen Technik war mehr als nur technischer Natur. Ferenczis leidenschaftlicher Wunsch nach gefühlsmäßiger Harmonie, nach einem regelrechten Verschmelzen mit seinen Analysanden, war ein wesentlicher Teil seines mystischen Gefühls der Vereinigung mit dem Universum, eine Art von selbstgemachtem Pantheismus. Freud hatte geschrieben, daß die Psychoanalyse hochmütige Menschen mit der dritten von drei narzißtischen Kränkungen konfrontiere: Kopernikus habe die Menschheit aus dem Zentrum des Alls vertrieben; Darwin habe sie gezwungen, ihre Verwandtschaft mit den Tieren anzuerkennen; er, Freud, habe gezeigt, daß der Verstand nicht Herr im eigenen Hause sei. »Möglicherweise«, glossierte Ferenczi diese berühmte Stelle, »steht uns da eine vierte ›narzißtische Kränkung‹ bevor, die nämlich, daß sogar die Intelligenz, auf die wir auch noch als Analytiker so stolz sind, nicht unser Eigentum ist, sondern durch rhythmisches Ausströmen des Ichs ins Universum, das allein allwissend und daher intelligent ist, neu geholt oder regeneriert werden muß.«[281] Ferenczi bot solche Grübeleien mit einigem Zögern an, aber er war unleugbar stolz auf sie. »Die gewagten Suppositionen über den Kontakt eines Einzelnen mit dem ganzen Universum müssen nicht nur von dem Standpunkte betrachtet werden, daß dieses Allwissen den Einzelnen zu besonderen Leistungen befähigt, sondern (und das ist das Pradoxeste, das vielleicht je gesagt wurde) daß ein solcher Kontakt auch auf das ganze Universum humanisierend wirken kann.« Sein »Utopia« war »*Ausschaltung der Haßimpulse, Beendigung der blutracheartigen Kette von Grausamkeiten; fortschreitende Zähmung der ganzen Natur durch Erkenntniskontrolle*«.[282] Die Zukunft der Psychoanalyse, spekulierte Ferenczi, könne teilhaben an der Erreichung dieses höchst wünschenswerten Ziels: einer Zeit, in der »alle selbstischen Impulse der Welt durch ein menschliches Gehirn gehend gezähmt werden«.[283] Es war Ferenczi vollkommen bewußt, daß er ausgetretene Pfade verließ. Mitten in der Entwicklung seiner Spekulationen gestand er Georg Groddeck, der sein vertrauter Freund geworden war, daß seine »›wissenschaftliche‹ Phantasie« – die ironischen Anführungszeichen um »wissenschaftlich« sind aufschlußreich – ihn »zu Ausflügen über das Unbewußte hinaus gelegentlich zum sogenannten Metaphysischen« verleitete.[284]

Eine so verschwommene, unweltliche Metaphysik lähmte keineswegs Ferenczis kritischen Geist. In der privaten Sphäre seines Tagebuchs analysierte er einige Schwächen seines Meisters mit einem Wahrnehmungsvermögen, das zugleich geschärft und entstellt war durch lange gehegte, lange verborgene Ressentiments. Er sah sich als den Mann, den Freud »entgegen allen von ihm festgestellten technischen Regeln beinahe als seinen Sohn adoptiert hatte«. Ja, er erinnerte sich, daß Freud selbst ihm gesagt habe, er, Ferenczi, sei »der vollkommenste Erbe seiner Ideen«.* Aber ob er oder Jung dieser Erbe sein sollte, Freud, dachte Ferenczi, scheine davon überzeugt gewesen zu sein, daß, sobald der Sohn bereit sei, den Platz des Vaters einzunehmen, der Vater sterben müsse. Daher könne Freud seinen Söhnen nicht erlauben, erwachsen zu werden, sondern müsse, wie seine hysterischen Angriffe zeigten, selbst in die Kindheit regredieren – in die, wie Ferenczi sagte, »kindliche Blamage«, die Freud erlebe, wenn er »seine amerikanische Eitelkeit unterdrückte«. Diesen Gedanken weiterverfolgend, fand Ferenczi eine originelle Deutung der antiamerikanischen Gefühle Freuds: »Möglicherweise ist seine Verachtung der Amerikaner eine Reaktion auf die Schwäche, die er vor uns und vor sich nicht hat verbergen können. ›Wie könnte ich mich mit den amerikanischen Auszeichnungen so freuen, da ich doch die Amerikaner so verachte.‹«[285]

Freuds Angst vor dem Tode, argumentierte Ferenczi, zeige, daß Freud, der Sohn, seinen eigenen Vater habe ermorden wollen. Und sie habe ihn dazu bewogen, die Theorie vom vatermörderischen Ödipus zu entwikkeln.[286] Ferenczi glaubte, daß seine Konzentration auf die Vater-Sohn-Beziehung Freud zu Übertreibungen verleitet habe. Zweifellos konnte Ferenczi, der nach seinem eigenen Geständnis den Meister so sehr verehrte, so schweigsam in seiner Gegenwart war, so sehr zögerte, ihm zu widersprechen, so überwältigt war von »Kronprinz-Phantasien«[287], mit besonderem Nachdruck von dieser Beziehung sprechen. Aber er hatte nicht ganz unrecht. Diese Konzentration, argumentierte er, habe Freuds Sexualtheorie in eine »einseitige androphile Richtung« gedrängt, habe ihn gezwungen, das Interesse der Frau dem des Mannes zu opfern und die Mutter zu idealisieren. Ferenczi vermutete, daß das Mitansehen der Urszene Freud »relativ impotent« gemacht haben könnte. Der Wunsch des Sohnes nach »*der Kastration des Vaters, des Potenten, als Reaktion auf die erfahrene Erniedrigung führte zum Konstruieren einer Theorie, in der der Vater den Sohn kastriert*«.[288]

Ferenczi selbst arbeitete, wie andere Abschnitte seines *Klinischen Tage-*

---

* Ich habe keine unabhängige Bestätigung dieser Behauptung gefunden, wenn sich Freud auch einmal, wie wir wissen, in der Frühzeit ihrer Freundschaft Ferenczi kurz als seinen Schwiegersohn vorgestellt hatte.

buchs bezeugen, darauf hin, Freuds Theorie des Ödipuskomplexes zu revidieren. Er zweifelte nicht an der Existenz der infantilen Sexualität, war aber
überzeugt, daß die Erwachsenen, gewöhnlich die Eltern, sie allzuoft künstlich stimulierten, oft indem sie ihre Kinder sexuell mißbrauchten.[289]
      Ferenczi stand seiner eigenen sklavischen Einstellung zu Freud nicht un-
kritisch gegenüber. Er hatte lange gebraucht, um sich gegen ihn zur Wehr
zu setzen, er war in seinen technischen Experimenten in radikale Extreme
verfallen. Aber nun war er »in Menschlichkeit und Natürlichkeit« und voll
guten Willens dabei, »an der Erkenntnis und dadurch als Helfer zu arbeiten«.[290] Doch in seiner schonungslosen Selbstanalyse ließ er keinen Zweifel
daran, daß die Tatsache, daß er sich Freud unterordnete und sich insgeheim
als seinen »Großwesir« sah, schließlich zu der enttäuschenden Einsicht geführt hatte, daß sein Meister »niemanden liebt, nur sich und sein Werk«.
Die Folge: »Ambivalenz.« Erst als er seine Libido von Freud losgelöst hatte,
schloß Ferenczi, habe er gewagt, sich auf seine »›revolutionären‹ technischen Neuerungen« wie »Aktivität, Passivität, Elastizität, Rückkehr zum
Trauma (Breuer)« als Ursache der Neurosen einzulassen.[291] Doch so tief-
gründig seine Selbstprüfung gewesen sein mag, Ferenczi täuschte sich. Sosehr er es auch versuchte, er hörte nie ganz auf, Freuds phantasievoller,
eigensinniger, leidender Sohn zu sein.

Kein Wunder, daß alle Bemühungen Ferenczis, seine Meinungsverschiedenheiten mit Freud zu bagatellisieren, und Freuds Bemühungen, die Debatte auf einem wissenschaftlichen Niveau zu halten, ihn nicht daran hindern konnten, Ferenczis klinisches Verhalten als eine verborgene, aber
transparente Rebellion gegen ihn, den Vater, zu deuten. Die langen Pausen
zwischen Ferenczis Briefen waren zu verräterisch, um ignoriert zu werden.
»Ist es nicht ein Kreuz mit Ferenczi?« fragte Freud Eitingon im Frühjahr 1932. »Wieder Monate lang keine Nachricht von ihm. Er ist beleidigt,
weil man nicht entzückt darüber ist, daß er mit seinen Schülerinnen Mutter
und Kind spielt.«[292] Im Spätsommer äußerte er seine Besorgnis um Ferenczi
in einem Brief an Ernest Jones noch deutlicher: »Seit drei Jahren beobachte
ich schon seine zunehmende Entfremdung, seine Unzugänglichkeit für
Warnungen auf seinem inkorrekten technischen Weg und, was wahrscheinlich das Entscheidende ist, eine persönliche Feindseligkeit gegen
mich, zu der ich gewiß noch weniger Anlaß gegeben habe als in früheren
Fällen.« Das war ein bedrohlicher Ton: Freud verglich Ferenczi im stillen
mit den anderen Abtrünnigen. Wie in deren Fällen und besonders bei Jung
faßte er nun Ferenczis Feindseligkeit als Todeswunsch gegen ihn auf; vielleicht sei Ferenczi so schwierig, »weil ich noch immer da bin«.[293] Er wird,
sagte Freud im Sommer 1932 voraus, »den Weg von Rank gehen«.[294] Das
war eine Aussicht, die ihm nicht behagte.

Andere Streitfragen, die in dieser ohnehin schon schwierigen Zeit auftraten, verschärften die Spannungen zwischen den beiden. Ferenczi wollte Präsident der Internationalen Psychoanalytischen Vereinigung werden, ein Posten, auf den er durch seine lange ergebene Arbeit ein Anrecht hatte. Aber Freud zeigte sich ambivalent: Die Ausübung des Ehrenamtes, schrieb er ihm, könne als Gewaltkur auf ihn wirken und ihn von seiner Isolation und seinen technischen Abweichungen abbringen. Aber sie würde auch erfordern, »die Trauminsel, auf der Sie mit Ihren Phantasiekindern hausen«, zu verlassen und in die Welt zurückzukehren. Und das, deutete Freud an, würde schwer sein.[295] Ferenczi protestierte gegen diese Einschätzung: Freud dürfe die von ihm gebrauchten Ausdrücke – »Traumleben«, »Tagträumen«, »Pubertätskrise« – nicht so auffassen, daß sich nicht etwas Brauchbares aus der »relativen Verwirrung« entwickeln werde.[296] Das war im Mai 1932. Mitte August hatte sich Ferenczi »nach langem qualvollen Zögern« entschlossen, auf die Kandidatur zu verzichten. Er sei, schrieb er Freud, zu sehr damit beschäftigt, seine klinischen Verfahren, die von der akzeptierten analytischen Praxis abwichen, neu zu überdenken. Unter diesen Umständen könne es ausgesprochen unaufrichtig sein, die Präsidentschaft anzunehmen.[297]

Freud, der sich wieder im Mahlstrom der psychoanalytischen Politik befand, machte nun Ausflüchte. Ende August beteuerte er, daß er Ferenczis Entscheidung bedauere und sich weigere, seine Argumente zu akzeptieren. Aber, schloß er und ließ sich einen Ausweg offen, Ferenczi müsse selbst am besten wissen, was in ihm vorgehe.[298] Zwei Wochen später, nachdem Ernest Jones zum Präsidenten der Internationalen Psychoanalytischen Vereinigung gewählt worden war, teilte Freud Jones andere Empfindungen mit: »Es hat mir zu leid getan, daß Ferenczis offenkundiger Ehrgeiz nicht befriedigt werden konnte, aber dann war es keinen Augenblick zweifelhaft, daß nur Sie zur Leitung berufen sein können.« Wenn auch das nicht ganz ehrlich war – Freud hatte seine stillen Vorbehalte gegenüber Jones –, so kommt die Erklärung seiner wirklichen Meinung immerhin nahe. Seine Skepsis gegenüber Ferenczi war schließlich nichts Neues. »Ferenczis Wendung ist gewiß ein höchst bedauerliches Ereignis«, bemerkte er, aber man habe sie schon seit drei Jahren kommen sehen.[299] In mancher Hinsicht schon sehr viel länger, könnte man Freud verbessern.

Zu Ferenczis »Wendung« gehörte seine Wiederentdeckung der Verführungstheorie, die Freud vor Jahrzehnten aufgegeben hatte. Seine Patienten hatten Ferenczi Beweise für Verführung und Vergewaltigung im Kindesalter, nicht in der Phantasie, sondern in Wirklichkeit, geliefert, und er hatte die Absicht, ihre Enthüllungen in einem Vortrag auszuwerten, den er für den kommenden internationalen Kongreß in Wiesbaden schrieb. Am 30. August suchte er Freud auf und bestand darauf, ihm den Vortrag vorzu-

lesen. Natürlich war vieles davon nichts Neues für Freud. Aber er war bestürzt über Ferenczis Benehmen und über die Substanz seiner Bemerkungen. Drei Tage später schickte er Eitingon ein Telegramm mit einem kurzen
Urteil: »Ferenczi Vortrag vorgelesen. Harmlos dumm, sonst unzulänglich.
Eindruck unerfreulich.«[300]

Wie unerfreulich, geht aus einem langen Brief hervor, den Freud seiner
Tochter Anna am 3. September schrieb, als der Eindruck der Begegnung
noch frisch war. Die Ferenczis, Mann und Frau, waren am späten Nachmittag gekommen. »Sie liebenswürdig wie immer, von ihm ging eine eisige
Kälte aus. Ohne weitere Frage oder Begrüßung begann er: ich will Ihnen
meinen Vortrag vorlesen. Das tat er auch, und ich hörte erschüttert zu. Er
hat eine volle Regression gemacht zu ätiologischen Ansichten, die ich vor
35 Jahren geglaubt und aufgegeben, daß die regelmäßige Ursache der Neurosen grobe sexuelle Traumen der Kindheit sind, sagt es fast mit den nämlichen Worten wie ich damals.« Ferenczi, bemerkte Freud, schwieg über die
Technik, mit der er sich dieses Material verschafft hatte. Hätte Freud Zugang zu seinem *Klinischen Tagebuch* gehabt, wo würde er gesehen haben,
daß Ferenczi das Zeugnis einiger seiner Analysanden für bare Münze
nahm, so wie es Freud selbst um die Mitte der 1890er Jahre getan hatte.
»Mitten drin«, fuhr Freud fort, machte Ferenczi »Bemerkungen über die
Feindseligkeit der Patienten und die Notwendigkeit, ihre Kritik anzunehmen und seine Fehler *vor* ihnen zu bekennen«.[301] Das war natürlich die
Technik der mutuellen Analyse, mit der Ferenczi seit einiger Zeit mit wachsendem Eifer experimentierte.

Freud war wirklich entsetzt. Ferenczis Folgerungen, schrieb er Anna,
waren »verworren, unübersichtlich, verkünstelt«. Mitten in der Vorlesung
kam Brill, der später das Versäumte nachholte, hörte mit Freud zusammen
zu und flüsterte ihm zu, daß er nicht aufrichtig sei: »*He is not sincere.*« Das
war auch Freuds schmerzlicher Eindruck. Er entlockte Ferenczi einige, wie
er sagte, halbherzige, widersprüchliche Kommentare über seine Abweichungen von den klassischen psychoanalytischen Formulierungen des Ödipuskomplexes, fragte sich, wie es Ferenczi gelungen sei, Erfahrungen zu
sammeln, die für andere Analytiker unzugänglich waren, und fragte sich
auch, warum er darauf bestand, den Vortrag vorzulesen. »Es kam heraus,
daß er doch Präsident werden will«, schrieb Freud. Der ganze Vortrag,
dachte er, könne, so harmlos, wie er sei, nur Ferenczi schaden, aber er
würde sicherlich die Stimmung des Kongresses verderben. »Dasselbe wie
bei Rank und viel trauriger.«[302] Das hatte er bereits Ende August Eitingon
geschrieben.[303] Es gab gewiß wenig, was Freud – oder seine Tochter – an
diesem neuesten Gedankenflug Ferenczis überraschen konnte. »Nun, zum
Teil hast Du den Vortrag ja schon gehört und konntest selbst urteilen«,
schrieb Freud in seinem Bericht an Anna.[304] Sosehr er und seine Mitarbeiter

auch versuchten, Ferenczi von seinem Vortrag abzuhalten, er bestand darauf. Er erschien in Wiesbaden, hielt seinen Vortrag und erlebte, daß er in
der *Internationalen Zeitschrift*, nicht aber in englischer Übersetzung im
International Journal of Psycho-Analysis abgedruckt wurde. Die Verbitterung über seinen Inhalt und über die Versuche, die unternommen wurden,
um zu verhindern, daß er gehalten oder veröffentlicht wurde, legte sich eine
Zeitlang nicht. All das muß Freud etwa so empfunden haben wie die Briefe
von Fließ' Witwe vor mehr als vier Jahren: als die Wiederbelebung einer
alten traumatischen Angelegenheit, von der er angenommen hatte, sie sei
ein für allemal erledigt.

Freud erkannte, daß keineswegs alle Symptome Ferenczis neurotische
Botschaften von einem verärgerten Sohn waren. »Leider«, schrieb er Ernest
Jones Mitte September 1932, »scheint bei ihm die regressive intellektuelle und affektive Entwicklung einen Hintergrund von körperlichem Verfall zu haben. Seine kluge und brave Frau ließ mir sagen, ich solle an ihn
denken wie an ein krankes Kind.«[305] Einen Monat später teilte er Eitingon mit, daß Ferenczis Arzt eine »perniziöse Anämie« diagnostiziert
habe.[306] Der körperliche und seelische Zustand seines leidenschaftlichen,
einst so geschätzten Freundes bereitete Freud große Sorgen, und er war
nicht gewillt, einen Bruch zu beschleunigen. Im Dezember hatte er eine
Ablenkung, die ihm willkommen erscheinen mußte. Er las die soeben erschienene Studie des französischen Surrealisten André Breton, *Die kom-
munizierenden Gefäße*, in der Breton – mit Recht – feststellte, daß
Freud bei der Analyse seiner eigenen Träume vor den sexuellen Motiven
zurückgescheut sei, die er in den Träumen anderer gefunden habe. Freud
wies den Vorwurf prompt zurück und behauptete, daß ein vollständiger
Bericht über seine Träume unwillkommene Enthüllungen über seine Beziehungen zu seinem Vater erforderlich gemacht hätte. Breton wollte
diese Entschuldigung nicht gelten lassen, und der Briefwechsel schlief
ein.[307]

Doch nichts konnte Freud lange von Ferenczi ablenken. Im Januar 1933,
als er auf Ferenczis herzliche Neujahrsgrüße antwortete, erinnerte er sich
an die »innige Lebens-, Gefühls- und Interessengemeinschaft«, die sie einst
verbunden habe und die nun durch »irgendein psychologisches Verhängnis« gestört sei.[308] Aus Budapest kam keine Nachricht; Ferenczi rang mit
seiner Krankheit. Dann, Ende März, versprach Ferenczi versöhnlich und
selbstkritisch, sein »kindisches Schmollen« aufzugeben, und er berichtete,
daß seine perniziöse Anämie zurückgekehrt sei und daß er sich langsam von
»einer Art nervösen Zusammenbruchs« erhole.[309] Alarmiert antwortete
Freud einige Tage später in seiner väterlichsten Art. Er drängte Ferenczi,
der schon schwer krank war, sich gut zu pflegen. »Die Auseinandersetzungen zwischen uns über Ihre technischen und theoretischen Neuerungen

können warten.«[310] Das war Freuds letzter Brief an ihn. Am folgenden Tag
teilte er Eitingon mit, daß Ferenczi »einen schweren wahnhaften Ausbruch« gehabt habe, sich aber wieder zu erholen scheine.[311] Doch die Besserung war trügerisch. Ferenczi diktierte am 9. April einen Brief, und am
4. Mai schickte er Freud eine Botschaft durch seine Frau, Gisela. Am
22. Mai starb er.

Einige Tage später, in einer ungewöhnlichen Antwort auf Ernest Jones'
Beileidschreiben, mischte Freud Kummer und Analyse und räumte der
Analyse den ersten Platz ein. »Unser Verlust«, schrieb er, »ist groß und
schmerzlich.« Ferenczi »nimmt ein Stück der alten Zeit mit sich, dann wird
wohl mit meinem Abtreten eine andere beginnen«. Der Verlust, fügte er
hinzu, »war allerdings kein neuer. Seit Jahren war Ferenczi nicht mehr bei
uns, eigentlich auch nicht mehr bei sich. Man übersieht jetzt leichter den
langsamen Destruktionsprozeß, dem er zum Opfer gefallen ist. Sein organischer Ausdruck in den beiden letzten Jahren war eine perniziöse Anämie,
die sich bald mit schweren motorischen Störungen verband.« Eine Leber-
therapie habe nur eine äußerst geringe Besserung gebracht. »In den letzten
Wochen konnte er überhaupt nicht mehr gehen und stehen. Gleichzeitig
entwickelte sich mit unheimlicher Folgerichtigkeit eine psychische Degene-
ration, die die Form einer Paranoia annahm.« Letztere sei unausweichlich
gegen Freud gerichtet gewesen. »Im Mittelpunkt stand die Überzeugung,
daß ich ihn nicht genug liebte, seine Arbeiten nicht anerkennen wollte, auch
daß ich seine Analyse schlecht gemacht hatte.« Das liefere den Schlüssel zu
Ferenczis notorischen klinischen Experimenten. Wie Freud schon seit einigen Jahren gesagt hatte, standen Ferenczis technische Neuerungen im Zusammenhang mit seinen Gefühlen für ihn. »Er wollte mir zeigen, wie liebevoll man seine Patienten behandeln müsse, um ihnen zu helfen. Es waren in
der Tat Regressionen zu den Komplexen seiner Kindheit, deren größte
Kränkung die Tatsache war, daß die Mutter ihn, ein mittleres Kind unter
11 oder 13, nicht heiß, nicht ausschließlich genug geliebt hatte. So wurde er
selbst eine bessere Mutter, fand auch die Kinder, die er brauchte.« Er hatte
unter der Wahnvorstellung gelitten, daß eines dieser Kinder, eine amerikanische Patientin, der er vier oder fünf Stunden täglich widmete, ihn nach
ihrer Rückkehr in die Vereinigten Staaten durch Schwingungen über den
Ozean beeinflußt habe. Er bildete sich ein, daß sie ihn analysiert und dadurch gerettet habe.* »Er spielte also beide Rollen, war Mutter und Kind«;

* Ernest Jones gibt Freuds Schilderung wieder oder stützt sich vielleicht auf eine andere
Quelle, die er nicht nennt. Ferenczi, schreibt Jones, »erzählte, wie eine seiner amerikanischen Patientinnen, der er vier bis fünf Stunden zu widmen pflegte, ihn analysiert und
damit von allen Beschwerden geheilt habe«. Sie hatte es zudem telepathisch, über den

und er nahm ihre Berichte von seltsamen Kindheitsträumen als Wahrheit hin. In solchen »Wirren«, schloß Freud trauervoll, »erlosch seine einst so glänzende Intelligenz«. Und vertraulich fügte er noch hinzu: »Aber wir wollen seinen traurigen Ausgang als Geheimnis unter uns bewahren.«[312]*

Durch Ferenczis Tod war der Posten des Vizepräsidenten der Internationalen Psychoanalytischen Vereinigung frei geworden, und Freud schlug Marie Bonaparte vor, »nicht nur darum, weil man mit ihr nach außen Staat machen kann. Sie ist eine Person von hoher Intelligenz, von männlicher Arbeitskraft, hat schöne Arbeiten gemacht, ist der Sache voll ergeben, bekanntlich auch in der Lage, materiellen Beistand zu leisten. Sie ist jetzt 50 Jahre alt geworden, wird voraussichtlich sich immer mehr von ihren privaten Interessen abwenden und sich in die analytische Arbeit vertiefen. Ich brauche nicht zu erwähnen, daß sie allein die franz[ösische] Gruppe zusammenhält.« Außerdem sei sie keine Ärztin, und die Berufung eines Laien in den Vorstand »wäre eine deutliche Demonstration gegen die unerwünschte Überheblichkeit der Ärzte, die gern daran vergessen, daß die Psychoanalyse doch etwas anderes ist als ein Stück Psychiatrie«.[313]

Dieser Brief an Jones liest sich wie ein kleines Manifest eines alten Mannes, der das Schicksal herausfordert. Während des letzten Jahrzehnts hatte Freud schreckliche Verluste erlitten; seine Tochter Sophie, sein Enkel Heinele, seine Tarockpartner, seine analytischen Anhänger von Abraham bis Ferenczi und, auf andere Weise, Rank. Er selbst war an Krebs erkrankt. Die Welt war aus den Fugen, aber das war kein Grund, mit dem Analysieren aufzuhören. Noch war es ein Grund, die Zuflucht zu humorvoller Distanz aufzugeben. Freud ähnelte ein wenig dem Vogel in einem berühmten Gedicht von Wilhelm Busch, dem humorvollen Verseschmied und Zeichner, den er so gern zitierte. Der Vogel war auf den Leim gegangen, und als er sich vergeblich zu befreien versucht, schleicht ein schwarzer Kater, der sich eine

Atlantik hinweg, getan. (*Jones*, III, S. 214). Ferenczis *Klinisches Tagebuch* für 1932 verleiht dieser Beschreibung seines Geisteszustandes gegen Ende eine gewisse Glaubwürdigkeit, bestätigt die Behauptung aber nicht wirklich. Er berichtet dort von einer Patientin, die so »überempfindlich« war, daß sie »Telefonnachrichten« über ungeheuer große Entfernungen senden konnte. Sie glaubte an Fernheilung durch Konzentration ihres Willens, besonders aber durch ihr Mitleid (S. Ferenczi, *Ohne Sympathie keine Heilung. Das klinische Tagebuch von 1932*; 7. Juli 1932). Ferenczi behauptete aber nicht, daß *er* das alles glaubte.
* In seiner Freud-Biographie gibt Jones nur den pietätvollen ersten Teil dieses Briefes wieder (*Jones*, III, S. 214) und läßt den analytischen Teil weg. Daher blieb es weitgehend ein Geheimnis, daß seine Beschreibung der psychischen Verfassung Ferenczis (die man als Ausdruck neidischer Rivalität mit einem Analytiker deutete, der Freud, wie er wußte, näher stand als er) in Wirklichkeit beinahe eine wörtliche Abschrift der Diagnose Freuds ist.

leichte Beute erhofft, immer näher. Da es sein unvermeidliches Ende nahen sieht, beschließt das Opfer, in seinen letzten Augenblicken aus voller Kehle zu singen. »Der Vogel, scheint mir, hat Humor«, kommentiert Busch.[314] Den hatte auch Freud, obwohl er immer mehr daran zweifelte, daß es noch viel Sinn hatte, sich anzustrengen.

XII

IN FREIHEIT STERBEN

Die Katastrophenpolitik

Die öffentlichen Ereignisse, die Freuds letzte Jahre verbitterten, ließen seine düstersten Vorstellungen von der menschlichen Natur verblassen. »Überflüssig, etwas über die allgemeine Weltlage zu sagen«, schrieb er Ernest Jones im April 1932. »Vielleicht wiederholen wir nur die lächerliche Aktion, ein Vogelbauer zu retten, während das Haus niederbrennt.«[1] Da er nur wenige Analysanden hatte, verbrachte er das Frühjahr und den Sommer mit der Arbeit an der *Neuen Folge der Vorlesungen zur Einführung in die Psychoanalyse.*[2] Trotz der politischen Unruhen hatte es in den zwanziger Jahren, vor allem um die Mitte des Jahrzehnts, berauschende Aussichten auf Gesundung gegeben. Aber sie waren trügerisch oder jedenfalls flüchtig und zerbrechlich. Die Große Depression, die im Herbst 1929 ausbrach, veränderte alles.

Eine ihrer unheilvollsten Folgen war der meteorhafte Aufstieg von Hitlers Nazipartei. Bei den Reichstagswahlen von 1928 hatte sie sich mit zwölf Sitzen zufrieden geben müssen. Bei den Septemberwahlen von 1930 wurde sie auf einen Schlag mit 107 Sitzen die zweitstärkste Partei nach den Sozialdemokraten. Was geschehen war, lag offen genug zutage: Deutschlands neue Wählerinnen und Wähler, die an den Mittelstandsparteien verzweifelten, die gelähmt waren durch die zunehmende Arbeitslosigkeit, Bankkrachs und Bankrotte, ganz zu schweigen von den einander widersprechenden Verordnungen, scharten sich um die Fahne Hitlers. Die Weimarer Republik schleppte sich dahin bis Januar 1933, aber nach den Wahlen von 1930 wurde sie von Heinrich Brüning, einem konservativen Katholiken, mit Notverordnungen regiert. Das Land war auf dem Wege, sich der totalitären Welle zu überlassen.

Die kurze und zuletzt tragische Geschichte der Weimarer Republik zeigt, wieviel trockener Zunder für neue Brände sich in der Folge des Ersten Weltkriegs angehäuft hatte. Die Depression, die weit zerstörerischer war als die langen für den modernen Kapitalismus endemischen Konjunkturzyklen, setzte den Zündstoff in Brand. Die New Yorker Börse brach am 29. Oktober 1929 zusammen, aber der »Schwarze Dienstag« war weit mehr ein

melodramatisches Symptom wirtschaftlicher Mißverhältnisse, die ihm als
Ursache zugrunde lagen. Daher wirkte sich der Zusammenbruch rasch auf
die verwundbare europäische Wirtschaft aus, die von amerikanischem Kapital und von amerikanischen Kunden abhing. Die abschreckenden Zollta-
rife, die der Kongreß der Vereinigten Staaten 1930 einführte, waren zusammen mit der amerikanischen Unbeugsamkeit bei der Eintreibung von
Kriegsschulden Zeichen dafür, daß die gebrechlichen finanziellen Struktu-
ren Europas wenig Hilfe von dieser Seite zu erwarten hatten. Als Präsident
Hoover im Juli 1931 die Kriegsschulden und Reparationen auf ein Jahr
stundete, war es zu spät. Während sich rachsüchtige und ungeschickte Politiker stritten, sahen Investoren ihre Spekulationen zusammenbrechen, und
Millionen gewöhnlicher Bürger verloren ihre Ersparnisse. Nur jemand wie
William Bullitt konnte diese Katastrophen stimulierend finden.

In dem weltweiten Elend ging es den Österreichern nicht besser als anderen
und schlechter als den meisten. Bedrängt von politischen Unruhen und
wirtschaftlicher Not, warteten sie nicht erst den Zusammenbruch von Bör-
sen und Banken ab, um sich auf blutige Auseinandersetzungen einzulassen.
Am 15. Juli 1927 fanden in Wien erbitterte Kämpfe zwischen der Polizei
und Demonstranten statt. Mehrere rechtsextreme Mörder, die sich eindeutig politischer Verbrechen schuldig gemacht hatten, waren von willfähri-
gen Geschworenen freigesprochen worden, und dieses eklatante Fehlurteil
trieb die Sozialdemokraten auf die Straße. Die Bilanz des Tages: 89 Tote
und eine verheerende Schwächung des gemäßigten Flügels der Sozialisten.
»Dieser Sommer ist eigentlich katastrophal, als ob ein großer Komet am
Himmel stünde«, schrieb Freud Ferenczi vom Semmering, seinem Urlaubs-
ort. »Jetzt hören wir von Aufruhr in Wien, sind fast alle abgeschnitten und
ohne tiefere Kenntnis, was dort vorgeht und was daraus werden wird. Es ist
eine faule Sache.«[3]
    Freud hätte kein besseres Adjektiv wählen können. »Es ist nichts gesche-
hen«, versicherte er seinem Neffen in Manchester zwei Wochen später und
meinte damit, daß ihm und seiner Familie nichts zugestoßen sei. Aber, fügte er hinzu, die »sozialen und materiellen Bedingungen in Wien waren
schlecht«.[4] Als einige Jahre später österreichische Anhänger Hitlers die ter-
roristischen Taktiken der deutschen Nazis einzuführen begannen, war das
Ende der republikanischen Institutionen nur eine Frage der Zeit. »Die allgemeinen Zustände«, teilte Freud seinem Neffen Samuel Ende 1930 mit,
»sind besonders trostlos in Österreich.«[5]
    Anfang 1931 vereitelte das Veto Frankreichs, Italiens und anderer
Mächte Österreichs Vorschlag einer Zollunion mit Deutschland; ihre Entscheidung, die im Herbst vom Internationalen Ständigen Gerichtshof ratifi-
ziert wurde, war für die Österreicher ein weiterer Schritt in die Katastro-

phe. Im Mai dieses Jahres war die Creditanstalt, Wiens größte Handels-
bank mit engen Verbindungen zu Banken in anderen Ländern, gezwungen,
ihre Zahlungsunfähigkeit zu erklären. Sie wurde nur durch Intervention
der Regierung vor dem Bankrott gerettet. Aber der Schwund an Vertrauen
und der Verlust von Aktiva machten sich in benachbarten Ökonomien bemerkbar, die alle im internationalen System miteinander verbunden waren
wie Bergsteiger, die am selben Seil hängen. »Die öffentlichen Zustände
werden, wie Du wissen dürftest, immer schlechter«, schrieb Freud seinem
Neffen im Dezember 1931.[6]

Freud konnte sich gegen diese Ereignisse nicht völlig abschirmen, aber er
war vor wirtschaftlicher Not geschützt durch sein solides Einkommen, das
zum größten Teil von in harter Währung zahlenden ausländischen analytischen »Schülern« hereinkam. Einige Mitglieder seiner Familie hatten weniger Glück. »Meine drei Söhne haben alle ihre Stellung«, schrieb er 1931,
aber seine Schwiegersöhne konnten sich nicht ihren Lebensunterhalt verdienen. »Robert [Hollitscher] verdient in seinem Geschäft keinen Gro-
schen, und Max [Halberstadt] kämpft müde gegen den Zusammenbruch
des Lebens in Hamburg an. Sie leben von der Beihilfe, die ich ihnen geben
kann.«[7] Zum Glück konnte er sich diese Zuwendungen leisten. Er arbeitete
nicht mehr den ganzen Tag, aber sein gutes Honorar, 25 Dollar für die
Analysestunde, ermöglichte es ihm, seine ausgedehnte Familie zu unterstützen und sogar noch Geld zu sparen.*

Ende 1931 war Großbritannien von der Goldwährung abgegangen,
amerikanische Banken machten in erschreckender Anzahl bankrott, und
überall war die Arbeitslosigkeit enorm gestiegen. Im Jahre 1932 gab es
fünfeinhalb Millionen Arbeitslose in Deutschland und beinahe drei Millionen in Großbritannien. Der Produktionsindex erzählt die alarmierende Geschichte in nüchternen Zahlen: Wenn man den Index für 1929 mit 100
ansetzt, so war er 1932 auf 84 in Großbritannien, 67 in Italien und 53 in
den Vereinigten Staaten und in Deutschland gesunken. Die menschlichen
Kosten waren unberechenbar. Persönliche Tragödien waren überall alltäglich – vielversprechende Karrieren wurden vernichtet, Armut kam über
Nacht, gebildete Männer verkauften Schnürsenkel oder Äpfel an den Stra-

* Dieses Honorar war nicht notwendigerweise fix. Freud, der gelegentlich Patienten
kostenlos behandelte, war bereit, auf finanzielle Rückschläge seiner Patienten Rücksicht
zu nehmen. Als der Amerikaner Smiley Blanton 1935 zu einer kurzen Analyse zurückkehrte, nachdem er schon 1929 und 1930 mit Freud gearbeitet hatte, fragte er, ob das
Honorar noch dasselbe sei wie früher. Freud bejahte und fragte Blanton, ob es ihm recht
sei, es weiter zu zahlen. »Aus dem Klang seiner Stimme und seiner Haltung ging deutlich
hervor, daß er das Honorar reduzieren würde, wenn ich mir den üblichen Betrag von
25 Dollar pro Stunde nicht leisten könnte« (Smiley Blanton, *Diary of My Analysis with
Freud*, 1971, S. 63 f.).

ßenecken, stolze Bürger nahmen Almosen von ihren Verwandten. In den Höfen der Mietshäuser in den deutschen Städten sangen wandernde Gruppen in der Hoffnung auf ein paar Pfennige ein rührseliges Lied über ihre Misere: »Arbeitslosigkeit, Arbeitslosigkeit, / Oh wie bringst du uns so weit.« In den Vereinigten Staaten lieh Bing Crosby seine sanfte Stimme dem sehr unsanften Refrain: »*Brother, can you spare a dime?*« Im Oktober 1932 gehörte Yip Harburgs rührendes Lied zu den zehn meistgesungenen – offensichtlich drückte es eine überwältigende Sorge aus. Die politischen Folgen waren leicht vorauszusagen: Das wirtschaftliche Elend führte zu einer verzweifelten Suche nach Allheilmitteln. Dies war eine Zeit für die Verkäufer von Quacksalbermedizin. Während verführerische Redner großen Zulauf hatten, verlor die vernünftige Mitte an Unterstützung.

Österreich blieb nichts erspart. Eine hohe Arbeitslosenziffer war nichts Neues für das Land. Von 1923 an waren knapp zehn Prozent der Arbeitskräfte ohne Beschäftigung. Diese Durchschnittsziffer verbarg einige harte Realitäten: In einigen Wirtschaftszweigen wie der Metallindustrie suchten nicht weniger als drei von zehn Arbeitern einen Arbeitsplatz. Zu der Zeit, als die Creditanstalt beinahe schließen mußte, erinnerten sich die Österreicher mit einigem Neid an diese Statistik, denn die Arbeitslosigkeit hatte unerhörte Höhen erreicht. Im Jahre 1932 waren beinahe 470 000 Menschen, fast 22 Prozent aller arbeitsfähigen Österreicher, ohne Arbeit, und im Februar 1933 erreichte die Arbeitslosigkeit einen Gipfel mit 580 000 Personen oder 27 Prozent. Fabriken wurden stillgelegt, die Sozialversicherung war erschütternd unzulänglich, und ganze Landstriche wurden verlassen oder von Arbeitslosen mit ihren Familien bewohnt. Viele resignierten nach einer verzweifelten und vergeblichen Arbeitssuche und saßen in den Parks herum oder gaben ihr letztes Geld für Alkohol aus, aber eine große Anzahl der Jungen, die von der Schule kamen und vor dem Nichts standen, fanden Interesse an den Wunderheilmitteln, die die österreichischen Nazis und ihresgleichen zu verkaufen versuchten. »Daß Sie mit 60 Jahren den Drachen des Unverstandes noch nicht erlegt haben«, tröstete Freud, der all das beobachtete, Pfister im Frühjahr 1932, »soll Sie nicht kränken, ich habe es mit 76 auch nicht weiter gebracht, und er wird noch manchen anderen Kämpfen standhalten. Er ist zäher als wir.«[8]

Von Ende 1932 an regierte in Österreich der christlichsoziale Bundeskanzler Engelbert Dollfuß mit Notstandsgesetzen wie Brüning in Deutschland. Zu Beginn des folgenden Jahres lieferten ihm die Deutschen ein Modell für eine noch autoritärere Regierung. Die Nazis zeigten den Österreichern und allen anderen, die daran interessiert waren, wie man die Demokratie umbringt. Hitler wurde am 30. Januar 1933 zum Reichskanzler ernannt, und in den folgenden Monaten schaltete er systematisch politische Parteien, parlamentarische Institutionen, die Rede- und Pressefreiheit, unabhängige kulturelle Institutionen und Universitäten und die Herrschaft des Gesetzes aus. Vom März 1933 an folgte Dollfuß Hitler ein Stück des Weges: Er regierte ohne Parlament. Aber das Naziregime ging viel weiter. Es errichtete Konzentrationslager für politische Gegner und führte eine Regierung durch Lüge, Einschüchterung, Verbote und Mord ein. Regierungsämter und Lehrstühle, Zeitungen und Verlage, Orchester und Theater wurden von Sozialisten, Demokraten, unbequemen Konservativen und Juden »gesäubert«. Der rassische Antisemitismus wurde zur Regierungspolitik.

Unter den ersten Juden, die ihr Land – das nicht mehr ihres war – verließen, befanden sich Psychoanalytiker wie Max Eitingon und Otto Fenichel, Erich Fromm und Ernst Simmel und mehr als fünfzig andere. Sie suchten Zuflucht im Ausland und stellten fest, daß sie in einer Welt, in der die Depression und eine gewisse defensive Xenophobie herrschten, nicht sehr willkommen waren. So verzweifelt waren die Zeiten geworden, daß sich sogar einige der Holländer, die gewöhnlich gegen den Bazillus des Antisemitismus immun sind, für etwas anfällig zeigten, was ein holländischer Analytiker, Westerman Holstijn, »nazistisch-narzißtische« Regressionen nannte.[9] Zwei von Freuds Söhnen, Oliver und Ernst, die sich in der Weimarer Republik niedergelassen hatten, hielten es auch für klug zu emigrieren. Für sie, schrieb Freud seinem Neffen Samuel in Manchester, »ist das Leben in Deutschland unmöglich geworden«.[10] Oliver ging für eine Weile nach Frankreich, Ernst nach England, wo er auch blieb.

Am 10. Mai 1933 schlossen die Nazis Freud bei einer spektakulären Bücherverbrennung indirekt in ihre Verfolgung ein. Die Ausschaltung der »linken«, demokratischen und jüdischen Literatur hatte Vorrang vor allem anderen gehabt, schreibt der deutsche Historiker Karl Dietrich Bracher. Die schwarzen Listen, die im April 1933 zusammengestellt wurden, enthielten die Schriften von deutschen Sozialdemokraten wie August Bebel und Eduard Bernstein, von Hugo Preuß, dem Vater der Weimarer Verfassung, von Dichtern und Romanciers (sowohl Thomas als auch Heinrich Mann stand auf der Liste) und von Wissenschaftlern wie Albert Einstein. »Der Katalog wurde ausreichend zurückverlängert, um auch die Literatur von Heine und Marx bis Kafka zu erfassen. Die Bücherverbrennungen, die am 10. Mai 1933 auf den Plätzen der Haupt- und Universitätsstädte inszeniert wurden, setzten das äußere Zeichen für das Autodafé eines Jahrhunderts deutscher Kultur. Umrahmt von studentischen Fackelzügen und Feuersprüchen der Professoren, aber inszeniert vom Propagandaministerium, eröffnete dieser Akt eine Epoche, von der einst Heinrich Heine prophetisch geschrieben hatte: Wo man Bücher verbrenne, dort verbrenne man am Ende auch Menschen.«[11] Psychoanalytische Publikationen, Freuds Bücher allen voran, fehlten nicht bei der großen Kulturverbrennung.

Es waren »tolle Zeiten«, schrieb Freud Lou Andreas-Salomé vier Tage
nach diesem theatralischen Ereignis.[12] Seine Freunde stimmten ihm mit
scharfen Worten bei. »Letzte Woche«, schrieb Pfister gegen Ende dieses
Monats Freud, »war ich in Deutschland und holte mir einen Ekel, den ich
lange nicht mehr loswerde. Der Proletenmilitarismus riecht noch übler als
der blaublütige, junkerliche Geist der Wilhelminischen Ära. Feig nach außen, läßt er seine kindische Wut an wehrlosen Juden aus und plündert sogar
die Bibliotheken.«[13] Freud brachte es noch fertig, sarkastisch und amüsiert
zu sein. »Was wir für Fortschritte machen!« sagte er zu Ernest Jones. »Im
Mittelalter hätten sie mich verbrannt, heutzutage begnügen sie sich damit,
meine Bücher zu verbrennen.«[14] Das dürfte das am wenigsten vorausschau-
ende Bonmot sein, das er jemals prägte.

Das Leben in Wien wurde immer unsicherer, als die Umarmung Österreichs durch seine mächtigen Nachbarn, das faschistische Italien und Nazideutschland, enger und immer bedrohlicher wurde. Dennoch waren Freuds
Briefe in den ersten Jahren des Hitlerregimes zwar finster und zornig, aber
auch von Optimismus gefärbt. Im März 1933 – in einem seiner letzten
Briefe – bat Ferenczi Freud liebevoll und drängend, Österreich zu verlassen.
Freud wollte nichts davon hören. Er sei zu alt, antwortete er, zu krank, zu
sehr von seinen Ärzten und seinen Bequemlichkeiten abhängig. Es sei auch
nicht gewiß, tröstete er sich selbst und Ferenczi, »daß das Hitlerregime
auch Österreich überwältigen wird. Möglich ist es freilich, aber alle glauben, daß es hier nicht die Höhe der Brutalität erreichen wird wie in
Deutschland.« Er räumte ein, daß sein Urteil zum Teil durch Emotionen
und »Rationalisierungen« beeinflußt werde. Aber »persönliche Gefahr besteht wohl nicht«. Er schloß nachdrücklich: »Flucht, meine ich, wäre nur
durch direkte Lebensgefahr gerechtfertigt.«[15] Im April schrieb er Jones einen langen Brief und drückte Gedanken aus, die auch viele Deutsche noch
ein Jahr zuvor über die Nazis gehegt hatten. Der österreichische Nazismus,
meinte er, werde zweifellos »durch die Allianz mit den anderen Rechtsparteien gebunden werden«. Als alter österreichischer Liberaler verstand
er, daß eine Diktatur der Rechtsparteien außerordentlich unangenehm
für die Juden sein würde. Aber er konnte sich keine diskriminierenden
Gesetze vorstellen, da sie der Friedensvertrag ausdrücklich verbot und
der Völkerbund sofort einschreiten würde. Was den Anschluß an
Deutschland betraf, in welchem Falle die Juden aller Rechte verlustig
gingen, so würden Frankreich und seine Verbündeten ihn nie zulassen.[16]
Einige Wochen später bemerkte er vorsichtig: »Natürlich hängt die Zukunft immer noch davon ab, was sich aus dem deutschen Hexenkessel
entwickeln wird.«[17] Aber wie die meisten seiner Zeitgenossen hatte er
nicht vorausgesehen, daß sich der Völkerbund oder Frankreich oder

seine Verbündeten als außerordentlich schwach erweisen würden, sobald sie auf die Probe gestellt wurden.

In seinem Brief an Ferenczi hatte er von »Rationalisierungen« gesprochen. Das war der richtige Ausdruck. Wenn Hitler auch vor einer Besetzung Österreichs so kurz nach seiner Machtergreifung zurückschreckte, wiegelte er doch die österreichischen Nazis und ihre paramilitärischen Sympathisanten auf. Doch zumindest eine Zeitlang schützte Mussolini Österreich noch vor den Ambitionen Nazideutschlands. Unterdessen drückten die Bulletins, die aus dem Freudschen Haushalt kamen, zwar einige Besorgnis, aber auch Hoffnung aus. Die Zukunft, schrieb Freud seinem Neffen Samuel im Sommer 1933, sei außerordentlich dunkel. »Du weißt aus den Zeitungen (ich bin nun ein regelmäßiger Leser des ›Manchester Guardian‹), wie ungesichert unsere Lage in Österreich ist. Das einzige, was ich sagen kann, ist, daß wir entschlossen sind, hier bis zum letzten auszuharren. Vielleicht wird es nicht zu schlimm werden.«[18] Er analysierte fünf Stunden täglich, schrieb er der amerikanischen Dichterin Hilda Doolittle, einer ehemaligen Analysandin, im Oktober 1933, und er war erfreut, daß ihre Zusammenarbeit nun Resultate zeigte. »Ich bin tief befriedigt zu hören, daß Sie schreiben, schaffen; deshalb, erinnere ich mich, tauchten wir in die Tiefen Ihres unbewußten Geistes hinab.« Er habe vor, sich nicht von der Stelle zu rühren. »Ich glaube nicht, daß ich nach London kommen werde, wie Ihre lieben Freunde vermuten – es könnte keine Provokationen geben, Wien zu verlassen.«[19]

Doch es gab bald darauf Provokationen genug, und die Emigration bot sich Freud immer mehr als Alternative an – und wurde verworfen. Er fand kein Gefallen an der Vorstellung, Flüchtling zu sein. Anfang April 1933 hatte er Ferenczi aufgefordert zu überlegen, wie unangenehm das Exil sein würde, ob in England oder der Schweiz. Aber ein Jahr später war er weniger zuversichtlich; er warnte Pfister: »Wenn Sie nicht nach Wien kommen, werden wir uns in diesem Leben kaum wiedersehen.« Flugreisen kamen für ihn nicht mehr in Frage. Er hatte es einmal, 1930, versucht, aber er mochte das Erlebnis nicht wiederholen. »Und wenn ich gezwungen werde auszuwandern«, fügte er hinzu, »würde ich nicht die Schweiz wählen, die als besonders ungastlich verrufen ist.« Im übrigen glaubten alle, daß Österreich nur »einen gemäßigten Faschismus (was immer das sein mag!)« zu erwarten habe.[20]

Einige Tage, bevor Freud diesen Brief abschickte, Mitte Februar, hatte Kanzler Dollfuß einen Wink gegeben, wie ein solcher Faschismus aussehen könnte. Er schlug einen von den Sozialisten angeführten politischen Streik in Wien mit aller Macht nieder, die ihm zu Gebote stand. Er verbot die Sozialdemokraten und die kleine kommunistische Partei und ließ die Führer der Sozialisten verhaften und in Lager bringen. Manche entkamen ins

Ausland, andere wurden ins Gefängis gesteckt, einige hingerichtet. »Unser
Stückchen Bürgerkrieg war gar nicht schön«, berichtete Freud Arnold
Zweig. »Ohne Paß konnte man nicht auf die Straße, die Elektrizität versagte über einen Tag, die Vorstellung, daß das Wasser ausbleiben könnte,
war sehr unbehaglich.«[21] Einige Tage später erwähnte er dieselben Ereignisse Hilda Doolittle gegenüber: Es habe eine Woche Bürgerkrieg gegeben, »nicht viel persönliches Leiden, nur einen Tag ohne elektrisches
Licht, aber die Stimmung war schrecklich und das Gefühl wie bei einem
Erdbeben«.[22]

Er bemitleidete die Opfer, aber ziemlich kühl. »Zweifellos«, schrieb er
H. D., »gehörten die Aufständischen dem besten Teil der Bevölkerung an,
aber ihr Erfolg wäre sehr kurzlebig gewesen und hätte zu einer militärischen Invasion des Landes geführt. Außerdem waren sie Bolschewiken,
und ich erwarte kein Heil vom Kommunismus. So konnten wir unsere Sympathie keiner Seite der Kämpfenden geben.«[23] Seinem Sohn Ernst schrieb er
sarkastisch: »Natürlich sind jetzt die Sieger die Helden und die Retter der
heiligen Ordnung, die anderen die frechen Rebellen.« Aber er weigerte sich,
das Dollfuß-Regime zu streng zu verurteilten. »Mit der Diktatur des Prole-
tariats, die das Ziel der sogenannten Führer war, ist doch auch nicht zu
leben.« Die Sieger würden nun natürlich alle Fehler machen, die in ihrer
Macht stünden, und die Zukunft bleibe ungewiß. »Entweder ein österreichischer Faschismus oder das Hakenkreuz. Im letzteren Falle müßten
wir weg.«[24] Aber die blutigen Ereignisse vom Februar ließen Freud an *Ro-
meo und Julia* denken, und er zitierte Arnold Zweig, der sich nun unbehaglich in Palästina niedergelassen hatte, Shakespeares Mercutio: »*A plague
on both your houses.*«[25]

Freuds Neutralität war zum Teil klug, zum Teil auf einen Mangel an
Wahrnehmungsvermögen zurückzuführen. Ein Sieg der Linken in Österreichs »Stückchen Bürgerkrieg« hätte tatsächlich zur Folge haben können,
daß deutsche Truppen die Grenze überschritten. Es ist auch richtig, daß die
Kommunisten am Februaraufstand teilgenommen und daß die Sozialdemokraten nie formell auf ihr revolutionäres Programm verzichtet hatten.
Aber der Anteil der »Bolschewiken« an den Ereignissen des Februars 1934
war ehrenhaft und gering, und die Taten der Sozialdemokraten hatten wenig Ähnlichkeit mit ihrer radikalen Rhetorik. Freud hätte den Februar-
unruhen mehr Gerechtigkeit widerfahren lassen, wenn er seine Verurteilung auf die Unterdrücker beschränkt und die Unterdrückten verschont
hätte.

Eine Methode, sein Gefühl der Ohnmacht zu bemeistern, fand Freud, bestand darin, Spekulationen über die politischen Aussichten anzustellen.
»So kann es nicht bleiben«, sagte er Arnold Zweig Ende Februar 1934

voraus. »Etwas muß geschehen.« Wie jemand in einem Hotelzimmer, schrieb er, wartete er darauf, »wann der zweite Stiefel gegen die Wand geworfen wird«. Die Lage erinnerte ihn an die Erzählung »The Lady and the Tiger«. Wie er sich undeutlich und ein wenig ungenau entsann, wartet ein armer Gefangener in einem römischen Zirkus darauf, ob aus einem Tor die Bestie herauskommen wird, um ihn zu verschlingen, oder eine Dame, um ihn zu heiraten. Hitler konnte in Österreich einmarschieren, der »heimgebackene« Faschismus konnte die Macht übernehmen, oder Otto von Habsburg, der Kronprinz, der nie auf den Thron verzichtet hatte, konnte das alte Regime wiederherstellen. Als er über seinen Kurs inmitten dieses Aufruhrs nachdachte, ließ er einen pathetischen Ton in seinen Brief einfließen: »Sie erwarten richtig, daß wir in Ergebung hier ausharren wollen. Wohin sollte ich auch in meiner Abhängigkeit und körperlichen Hilflosigkeit? Und die Fremde ist überall so ungastlich.« Er vergaß in diesem Augenblick des Selbstmitleids all die Asylangebote. Aber er gab zu, daß er, wenn ein »Hitlerscher Statthalter« in Wien regierte, gehen müßte, gleichgültig wohin.[26]

Freuds Widerstreben, Wien zu verlassen, wurde zu einem Refrain in seinen Briefen. Er konnte sich nicht ganz dazu bringen, einen Nazi-Statthalter in Österreich vorauszusehen, und seine Routine hielt ihn an seinem gewohnten Platz fest. Er analysierte und schrieb noch und war erfreut festzustellen, daß seine Werke in so esoterische Sprachen wie Hebräisch, Chinesisch und Japanisch übersetzt wurden; ebenso freute er sich über die antiken Statuetten, die ihm aufmerksame Freunde schenkten. Er empfing Besucher in der Berggasse 19. Seine heimatlos gewordenen Söhne Ernst und Oliver suchten ihn auf. Analysanden und Mitarbeiter aus aller Welt – Max Eitingon, Edoardo Weiss, William Bullitt, Marie Bonaparte, Jeanne Lampl-de Groot, Arnold Zweig – ließen sich bei ihm sehen. Die Besuche neuer Bewunderer wie H. G. Wells waren wichtig genug, um in seiner *Chronik* vermerkt zu werden.[27] Verglichen mit einem solchen Leben, konnte die Emigration nur schlechter sein. Jedenfalls, schrieb Freud Hilda Doolittle, »weiß ich, daß ich überfällig bin, und alles, was ich noch habe, ist ein unerwartetes Geschenk. Es ist auch kein zu schmerzlicher Gedanke, diese Szene und diese Reihe von Phänomenen für immer zu verlassen. Es ist nicht viel zu bedauern übrig, die Zeiten sind grausam, und die Zukunft erscheint katastrophal.«[28]

In diesen düsteren Jahren trug Hitler nur einmal zu Freuds ungetrübter Genugtuung bei. Am 30. Juni 1934 ließ er eine Anzahl seiner alten Kameraden, die er als Rivalen und Verschwörer zu fürchten behauptete, aus ihren Betten holen und kurzerhand erschießen. Das prominenteste Opfer war Ernst Röhm, der Führer der braunen Nazi-Miliz, der SA, und wahrscheinlich nicht weniger als 200 andere folgten ihm in den plötzlichen Tod. Die

kontrollierte Nazipresse erklärte das blutige Gemetzel pflichtschuldig als
notwendige Säuberung, welche die Bewegung von Homosexuellen und
machthungrigen Intriganten befreit habe. Für Hitler war das Ergebnis die
unumstrittene Macht über sein Drittes Reich. Aber Freud frohlockte und
sah nur die unmittelbare Realität: Nazis brachten Nazis um. »Die Ereignisse in Deutschland«, schrieb er Arnold Zweig, »erinnern mich auf dem
Wege des Kontrasts an ein Erlebnis aus dem Sommer 1920. Es war der erste
Kongreß außerhalb unseres Kerkers im Haag.« Für viele österreichische,
deutsche und ungarische Analytiker war dies die erste Auslandsreise nach
dem Krieg gewesen. »Wie liebenswürdig unsere holländischen Kollegen
gegen die verhungerten und verluderten Mitteleuropäer waren, tut noch
heute wohl zu erinnern. Am Ende des Kongresses gaben sie uns ein Diner
von echt holländischer Üppigkeit, für das wir nichts zahlen durften, aber
wir hatten es auch verlernt zu essen. Als die Hors d'œuvres gereicht wurden, schmeckten sie uns allen, und dann waren wir fertig, mehr konnten
wir nicht nehmen. Und nun der Gegensatz! Nach den Nachrichten vom
30. Juni hatte ich nur die eine Empfindung: was, nach der Vorspeise soll ich
vom Tisch aufstehen! Und dann kommt nichts nach! Ich bin noch hungrig.«[29]

Leider kam nichts mehr nach, was Freuds Appetit auf Rache befriedigt
hätte. Im Juli 1934 wurde Bundeskanzler Dollfuß von österreichischen Nazis bei einem erfolglosen Putsch ermordet. Der Putsch mißglückte nur, weil
Mussolini noch nicht bereit war, Österreich den Deutschen zu überlassen.
Hitler, der zur Invasion bereitstand, aber gewillt war zu warten, zog sich
zurück. Die österreichische Republik sollte noch wie unter Dollfuß mit
Notverordnungen vier Jahre überleben. »Die verhaltene Wut«, hatte Freud
Lou Andreas-Salomé im Frühjahr 1934 geschrieben, »verbraucht einen
oder was noch vom früheren Ich da ist. Und ein neues bildet man nicht mit
78 Jahren.«[30]

Trotz als Identität

Paradoxerweise war es für Freud in diesen Jahren gut, Jude zu sein. Er sah
schwere Zeiten für Juden besonders geeignet an, um seine »rassische«
Loyalität zu verkünden, und dies waren schwere Zeiten für Juden. Die
Depression und die politischen Unruhen hatten rationale Lösungen dis-
kreditiert und, besonders in Mitteleuropa, einen fruchtbaren Boden für
Antisemiten geschaffen. Aber im Gegensatz zu Adler, der zum Protestantismus übertrat, oder Rank, der sich für kurze Zeit dem römisch-katholischen Glauben zuwandte, verleugnete oder verbarg Freud nie seine Her-

kunft. Wir wissen, daß er in der 1924 geschriebenen *Selbstdarstellung* ausdrücklich, ja sogar ein wenig trotzig feststellte, daß seine Eltern Juden waren und daß auch er Jude geblieben war. Er erklärte es mit demselben Nachdruck zwei Jahre später, als seine Brüder der B'nai B'rith im Mai in großem Stil seinen siebzigsten Geburtstag feierten. Sie organisierten eine Festversammlung mit vielen Ansprachen und widmeten eine Sondernummer der *B'nai B'rith-Mitteilungen* ihrem berühmtesten Mitglied. Dankbar erinnerte sich Freud an die frühen Tage, als er sich dem Verein B'nai B'rith angeschlossen hatte: »Daß Sie Juden sind, konnte mir nur erwünscht sein, denn ich war selbst Jude, und es war mir immer nicht nur unwürdig, sondern direkt unsinnig erschienen, es zu verleugnen.«[31] Als er beinahe achtzig war, sagte er es wieder: »Ich hoffe, es ist Ihnen nicht unbekannt«, schrieb er einem Dr. Siegfried Fehl, »daß ich mich immer treu zu unserem Volk gehalten und nie für etwas anderes ausgegeben habe, als ich bin: ein Jude aus Mähren, dessen Eltern aus dem österreichischen Galizien stammten.«[32]

In der vergifteten Atmosphäre der späten zwanziger und frühen dreißiger Jahre tat er jedoch mehr, als seine jüdische Herkunft nicht zu verleugnen. Er verkündete sie laut. Freuds Einstellung zum Judentum während seines ganzen Lebens enthüllt diese weitgehend unbewußte Strategie. In seinem ersten Jahr an der Universität, 1873, hatte er entdeckt, daß er sich wegen seiner »Rasse« minderwertig fühlen sollte. Seine Reaktion war Trotz. Er sah keinen Grund, sich dem Urteil der Mehrheit zu beugen. Später, 1897, fühlte er sich praktisch allein mit seinen subversiven Entdeckungen, als er einer neuen lokalen Loge der B'nai B'rith beitrat und dort gelegentlich Vorträge hielt. Sobald er einige gleichgesinnte Ärzte fand, die bereit und imstande waren, seine Ideen aufzunehmen, nahm er seltener an den Versammlungen teil und hielt weniger Vorträge. Als er dann 1908 kämpfte, um seine nichtjüdischen Schweizer Rekruten in Reih und Glied zu halten, bat er in Briefen an seine jüdischen Vertrauten Abraham und Ferenczi um Geduld und Takt und hob die »rassischen« Affinitäten, die sie verbanden, als wesentlichen Grund für verständnisvolle Zusammenarbeit in diesem kritischen Augenblick hervor.

Störende politische Entwicklungen hatten eine ganz ähnliche, wenn auch etwas langsamere Wirkung auf ihn. Als sich Kaiser Franz Josef 1895 weigerte, den antisemitischen Politiker Karl Lueger als Bürgermeister von Wien einzusetzen, obwohl die Volksabstimmung zu seinen Gunsten ausgefallen war, feierte Freud das Ereignis, indem er sich verbotene Zigarren gönnte.[33] Aber der Kaiser konnte Luegers Amtsantritt nur aufschieben, nicht verhindern. Als Freud 1897 Mitglied der B'nai B'rith wurde, war Lueger Bürgermeister. Ein Traum, den Freud Anfang 1898 träumte, nachdem er Theodor Herzls Stück über den Antisemitismus, *Das neue*

Getto, gesehen hatte, liest sich wie eine Reaktion auf die politische Situation; er träumte über »die Judenfrage, die Sorge um die Zukunft der Kinder, denen man ein Vaterland nicht geben kann«.[34] Herzl ist als Anreger eines Traums interessant. Freud, der seine Botschaft sehr gut kannte, beobachtete die Entwicklung des Zionismus mit wohlwollendem Interesse, aber er wurde in der Bewegung nicht aktiv.* Dennoch ist es auffallend, daß er Herzl, dem beredten Kämpfer für ein jüdisches Vaterland, erlaubte, in sein Traumleben einzudringen und ihm dabei behilflich zu sein, zu definieren, was es bedeutete, Jude in einer antisemitischen Kultur zu sein. Doch wie wir gesehen haben, brauchte Freuds politische Erziehung einige Zeit. Was an seiner Korrespondenz der späten 1890er Jahre, als die »Judenfrage« in Österreich akut wurde, auffällt, ist nicht, wieviel er über Politik schrieb, sondern wie wenig. Nach dem Ersten Weltkrieg wurden jedoch seine trotzigen Reaktionen nachdrücklicher. Wir erinnern uns an das Interview vom Juni 1926, in dem Freud, entsetzt über das Aufkommen des politischen Antisemitismus, auf seine deutsche Identifikation verzichtete.

Freuds jüdische Identifikation war betont weltlich. Die intellektuelle und ethische Kluft zwischen den Juden, die sich taufen ließen, und Freud, der diesen Weg zur Annehmbarkeit verachtete, war unüberbrückbar, aber nicht weniger groß war die Kluft zwischen ihm und denen, die weiterhin den Glauben ihrer Väter praktizierten. Freud war ebensosehr Atheist, wie er Jude war. Tatsächlich scheint er die an Verehrung grenzende Ach-

---

* »Der Zionismus«, schrieb er J. Dwossis in Jerusalem, der einige seiner Schriften ins Hebräische übersetzte, »erweckte meine stärksten Sympathien, die ihm heute noch treu anhängen. Von allem Anfang an knüpfte ich an ihn jene Besorgnisse, welche die heutige Lage zu rechtfertigen scheint. Ich möchte mich gerne geirrt haben« (Freud an Dwossis, 15. Dezember 1930. Maschinengeschr. Kopie, Freud Museum, London). Sein ausführlichster Kommentar über den Zionismus findet sich in einem Brief an Albert Einstein. Offenbar hatte Einstein Freud gebeten, eine Erklärung über die Frage abzugeben, und Freud lehnte das ab. »Wer eine Menge beeinflussen will, muß ihr etwas Volltönendes, Enthusiastisches zu sagen haben, und das gestattet meine nüchterne Beurteilung des Zionismus nicht.« Er beteuerte seine Sympathie für die Bewegung und erklärte, daß er auf »unsere« Universität in Jerusalem »stolz« sei und sich über das Gedeihen »unserer« Siedlungen freue. »Aber andererseits glaube ich nicht, daß Palästina jemals ein jüdischer Staat werden kann und daß die christliche wie die islamische Welt je bereit sein werden, ihre Heiligtümer jüdischer Obhut zu überlassen. Mir wäre es verständiger erschienen, ein jüdisches Vaterland auf neuem, historisch unbelastetem Boden zu gründen.« Es sei ihm bewußt, fügte er hinzu, daß man für eine so »rationale« Absicht »nie die Begeisterung der Massen und die Mittel der Reichen gewonnen hätte«. Aber er sah mit Bedauern, wie »der wirklichkeitsfremde Fanatismus unserer Volksgenossen« das Mißtrauen der Araber weckte. »Gar keine Sympathie kann ich für die mißleitete Pietät aufbringen, die aus einem Stück der Mauer des Herodes eine nationale Religion macht und ihretwegen die Gefühle der Einheimischen herausfordert« (Freud an Einstein, 26. Februar 1930. Freud Collection, B3, LC).

tung, mit der ihn die Mitglieder der B'nai B'rith als einen der ihren beanspruchten, ein wenig peinlich und eher amüsant gefunden zu haben. »Die Juden überhaupt«, schrieb er Marie Bonaparte im Mai 1926 nach seinem 70. Geburtstag, »haben mich wie einen Nationalheros gefeiert, obwohl mein Verdienst um die jüdische Sache sich auf den einen Punkt beschränkt, daß ich mein Judentum nie verleugnet habe.«[35] Das war eine ziemlich distanzierte Selbstdefinition – seine Wendung »die Juden« läßt ihn selbst unter denen als Fremder erscheinen, die sich für seine Brüder hielten.

Er wiederholte diesen Punkt unermüdlich, besonders in seinen späteren Jahren, als ob er wollte, daß niemand seine Einstellung mißverstehen sollte. »Ich hänge der jüdischen Religion ebenso wenig an wie irgendeiner anderen«, schrieb er 1929 einem Korrespondenten.[36] Er hatte das gleiche bereits zuvor gesagt und sagte es jedem, der ihn danach fragte. »Die Juden«, schrieb er Arthur Schnitzler mit ähnlichen Worten wie Marie Bonaparte, »haben sich von allen Seiten und aller Orten mit Begeisterung meiner Person bemächtigt als ob ich ein gottesfürchtiger großer Rabbi wäre. Ich habe nichts dagegen nachdem ich meine Stellung zum Glauben unzweideutig klargelegt habe, das Judentum bedeutet mir noch sehr viel affektiv.«[37] Im Jahre 1930, in seiner Vorrede zu einer hebräischen Übersetzung von *Totem und Tabu*, beschrieb er sich wieder als einen Mann, der »der väterlichen Religion – wie jeder anderen – völlig entfremdet ist, an nationalistischen Ideen nicht teilnehmen kann und doch die Zugehörigkeit zu seinem Volk nie verleugnet hat«.[38] Als ein frommer amerikanischer Arzt Freud von der religiösen Vision berichtete, die ihn zu Christus geführt habe, und ihn drängte, seine Gedanken »auf diesen wichtigen Gegenstand zu richten«, damit auch er Gott finde, brachte Freud höflich, aber entschieden seine Einwände vor. Für ihn habe Gott nicht so viel getan, er habe ihm keine inneren Stimmen geschickt, und deshalb werde er wohl bis zum Ende »*an infidel Jew*«, ein ungläubiger Jude, bleiben.[39]

Freud unterstrich seine Ungläubigkeit dadurch, daß er das wenige Hebräisch vergaß, das er je gekonnt hatte. In der Schule hatte er Religionsunterricht bei seinem bewunderten Lehrer und späteren Freund und Wohltäter Samuel Hammerschlag gehabt. Aber Hammerschlag, ein inspirierter und mitreißender Lehrer, hatte die ethischen Werte und die historische Erfahrung des jüdischen Volkes auf Kosten von Grammatik und Vokabular hervorgehoben. »Meine Jugend«, erinnerte sich Freud, »fiel in eine Zeit, da unsere freisinnigen Religionslehrer keinen Wert auf die Erwerbung von Kenntnissen in der hebräischen Sprache und Literatur bei ihren Schülern legten.«[40] Außerdem hatte er keine Übung in der hebräischen Sprache und sah auch nicht ein, wozu er sie brauchte. Zu seinem 35. Geburtstag hatte ihm sein Vater eine Bibel mit einer liebevollen, blumenreichen Inschrift in hebräischer Sprache geschenkt, in der er davon schwärmte, daß der Geist Gottes zu seinem siebenjährigen Sohn gesprochen habe. Es war offenbar das Geschenk eines Juden an einen anderen, aber das Geschenk eines aufgeklärten, wahrscheinlich nicht praktizierenden Juden.* Freud warf seinem Vater, der »die heilige Sprache wie Deutsch oder besser« gesprochen habe, jedenfalls vor, daß er ihn »in voller Unwissenheit über alles, was das Judentum betrifft«, habe aufwachsen lassen.[41]** Wenn Jacob Freud die Widmung in Hebräisch schrieb, so bedeutete das nicht, daß er von seinem Sohn erwartete, daß er sie auch las. Tatsächlich bedauerte Freud, daß er nicht Hebräisch lesen konnte. Als er 1928 J. Dwossis für seine Übersetzung von *Massenpsychologie und Ich-Analyse* dankte, sagte er, er verlasse sich auf die Versicherung eines ungenannten Verwandten, »der unsere heilige alte und jetzt verjüngte Sprache beherrscht«, daß die Übersetzung ganz vortrefflich sei.[42]***

Freuds rigoroser Säkularismus erlaubte nicht, daß auch nur die geringste Spur von religiösen Bräuchen in seinem Haushalt überlebte. Die Freuds ignorierten sogar geflissentlich die geselligen jüdischen Familienfeste wie Passah, die Freuds Eltern trotz ihrer Loslösung von der Tradition noch gefeiert hatten. Rücksichtslos fegte Freud die jugendliche Strenggläubigkeit seiner Frau beiseite, sehr zu ihrem Schmerz und Bedauern. »Unsere Feiertage«, erinnerte sich Freuds Sohn Martin, »waren Weihnachten mit Geschenken unter einem Baum mit brennenden Kerzen und Ostern mit fröhlich bemalten Ostereiern. Ich war nie in einer Synagoge, und meines

* »Wenn man die Widmung als hebräisches Dokument analysiert, wird offenbar, daß Jacob Freud weder ein religiöser noch ein nationalistischer Jude war, sondern ein Mitglied der Haskala, einer Bewegung, die im Judaismus den Ausdruck der Religion der Aufklärung sah. Kein orthodoxer Jude würde leichtfertig davon sprechen, daß der Geist Gottes zu einem Siebenjährigen spricht. Ebensowenig würde ein frommer Jude die Bibel als der ganzen Menschheit gehörig betrachten« (Martin S. Bergmann, »Moses and the Evolution of Freud's Jewish Identity«, in: *Israel Annals of Psychiatry and Related Disciplines,* XIV [März 1976] S. 4).
** Im Jahre 1930 schickte A. A. Roback, ein amerikanischer Jiddist und Psychologe, Freud eines seiner Bücher mit einer Widmung in Hebräisch. Freud bedankte sich für das Geschenk und bemerkte, daß sein Vater, obwohl er aus einem »chassidischen Milieu« stammte, »seinen heimatlichen Bindungen seit beinahe zwanzig Jahren entfremdet war«. Er fügte hinzu: »Ich hatte eine so nichtjüdische Erziehung, daß ich heute nicht einmal imstande bin, Ihre Widmung zu lesen, die offensichtlich in hebräischer Schrift geschrieben ist. In späteren Jahren habe ich diese Lücke in meiner Erziehung oft bedauert« (Roback, *Freudiana* [1957], S. 57).
*** Eine beiläufige Bemerkung gegenüber Fließ im Jahre 1895 zeigt, daß dies eine Lücke war, die Freud nicht erst in seinen letzten Jahren beklagte. Fließ hatte ihm eine Beobachtung über die Angst in dem Schamgefühl des nackten Adam vor dem Herrn mitgeteilt, und Freud, der die Bemerkung »frappant« fand, schrieb Fließ, er möchte die Stelle nachlesen und »einen Hebräer [d. h. einen, der Hebräisch liest] nach dem Wortsinn fragen« (Freud an Fließ, 27. April 1895. *Freud–Fließ,* S. 128).

Wissens hatten auch meine Brüder und Schwestern nie eine besucht.«[43]*
Martin Freud schloß sich nach dem Krieg der Kadimah an, einer zionistischen Studentenorganisation, und sein Bruder Ernst beteiligte sich aktiv an
der Herausgabe einer zionistischen Zeitschrift, was ihr Vater mit Billigung
aufzunehmen schien oder jedenfalls als Angelegenheit seiner Söhne behandelte.[44] Aber seine Kinder wußten von jüdischem Brauchtum ebenso wenig
wie er. Als Martin Freud heiratete, mußte er die vom österreichischen Gesetz geforderte religiöse Zeremonie absolvieren. Im Hochzeitsstaat betrat
er den Tempel und nahm als Zeichen des Respekts vor dem heiligen Ort den
Zylinder ab. Sein Begleiter zur Linken, der besser informiert war, drückte
den Hut wieder fest auf Martin Freuds Kopf. Doch der Bräutigam, der
nicht glauben konnte, daß man während einer religiösen Zeremonie den
Kopf bedeckte, nahm ihn wieder ab, worauf ihm sein Begleiter zur Rechten
den Zylinder wieder aufstülpte.[45] Diese Episode ist ein Beispiel für die weltliche Einstellung, die Freud in seiner Familie förderte. Er gab sich vor Antisemiten viel jüdischer als zu Hause.

Gleichzeitig glaubte Freud, daß es ein unfaßbares, undefinierbares Element
gebe, das ihn zum Juden mache. Was ihn an das Judentum band, schrieb er
den Brüdern der B'nai B'rith 1926, sei nicht der Glaube, »denn ich war
immer ein Ungläubiger, bin ohne Religion erzogen worden, wenn auch
nicht ohne Respekt vor den ›ethisch‹ genannten Forderungen der menschlichen Kultur«. Es war auch nicht der Nationalstolz, den er für »unheilvoll
und ungerecht« hielt. »Aber es blieb genug anderes übrig, was die Anziehung des Judentums und der Juden so unwiderstehlich machte, viele dunkle
Gefühlsmächte, umso gewaltiger, je weniger sie sich in Worten erfassen ließen, ebenso wie die klare Bewußtheit der inneren Identität, die Heim-
lichkeit der gleichen seelischen Konstruktion.«[46] Freud mochte auf dieser
»klaren Bewußtheit« der jüdischen Identität bestehen, aber diese vagen
Andeutungen verdunkeln ebenso viel, wie sie klären. Sie fordern zur
intuitiven Zustimmung heraus, stellen aber kaum eine rationale Analyse
dar.
      Und doch sind sie eine konkrete Folge von Freuds Glauben an die Ver-
erbung erworbener Eigenschaften; auf irgendeine geheimnisvolle Weise

---

* Diese Erinnerung entkräftet die Erklärung von Freuds Neffen Harry, Freud sei
»durchaus antireligiös, wenn auch keineswegs ein Atheist« gewesen. »Er hielt nur nicht
viel von Riten und Dogmen und lehnte sich gegen jeden religiösen Zwang oder jede
religiöse Verpflichtung auf. Die hohen Feiertage wurden von ihm nicht gehalten, und in
die Synagoge ist er kaum gegangen« (Richard Dyck, »Mein Onkel Sigmund«, Interview
mit Harry Freud in Aufbau, New York, 11. Mai 1956, S. 3). Wenn Freud je in die Synagoge ging, muß es zu einem Gedenkgottesdienst für einen seiner Freunde gewesen sein.
Es gibt jedoch keine Hinweise darauf, daß das jemals geschah.

mußte sein Judentum, die ihn identifizierende Beschaffenheit, Teil seines phylogenetischen Erbes sein. Er erforschte nie, wie diese Lamarcksche »rassische« Ausstattung in ihm selbst wirkte, aber er war davon überzeugt, daß sie da sei. Im Jahre 1922 klagte er Ferenczi, daß sich etwas in ihm gegen den Zwang sträube, immer noch Geld zu verdienen und sich mit einer verachtenswerten Welt und dem Älterwerden auseinanderzusetzen. »Sonderbare geheime Sehnsüchte«, schrieb er, »steigen in mir auf, vielleicht aus der Erbschaft der Ahnen nach dem Orient und dem Mittelmeer und einem Leben ganz anderer Art, spätkindliche Wünsche, unerfüllbar und der Wirklichkeit unangepaßt.«[47] Zehn Jahre später, 1932, schrieb er Arnold Zweig, der gerade aus Palästina zurückgekehrt war: »Und wir stammen von dort (obwohl sich einer von uns auch einen Deutschen glaubt, der andere nicht), unsere Vorfahren haben dort vielleicht durch ein halbes Jahrtausend, vielleicht ein ganzes, gelebt (aber auch dies nur vielleicht), und es ist nicht zu sagen, was wir vom Leben in diesem Land als Erbschaft in Blut und Nerven (wie man fehlerhaft sagt) mitgenommen haben.« Es sei alles sehr verwirrend. »Oh, das Leben könnte sehr interessant sein, wenn man nur mehr davon wüßte und verstünde.«[48]

Man kann Freuds Leidenschaft für Antiquitäten im Lichte dieser Verwirrungen sehen. Zweifellos war sie stark überdeterminiert. Aber eine der unmißverständlichen Bedeutungen seiner Statuetten und Tafeln war, daß sie ihn an eine Welt erinnerten, die er nie besuchen würde und von der er doch dachte, daß sie auf eine geheimnisvolle Weise seine eigene war. Das ist die Botschaft, die Freud in seiner »Vorrede zur hebräischen Ausgabe von *Totem und Tabu*« vermitteln wollte: Er habe viel von dem, was er mit anderen Juden gemein habe, aufgegeben, aber was von seinem Judentum bleibe, sei »noch sehr viel, wahrscheinlich die Hauptsache«. Er konnte »dieses Wesentliche« nicht in Worte fassen, jedenfalls noch nicht. »Es wird sicherlich später einmal wissenschaftlicher Einsicht zugänglich sein.«[49] Dies war Freud, der Forscher, an der Arbeit: Sein Gefühl der jüdischen Identität, das gegenwärtig noch rätselhaft war und sich der Wissenschaft entzog, mußte sein wie Romain Rollands ozeanisches Gefühl – ein psychologisches Phänomen, das im Prinzip erforschbar war.

Während das Wesen des Judentums oder seine persönliche jüdische Identität der Analyse widerstehen mochte, sah Freud keine Unklarheiten hinsichtlich der Frage, was es bedeutete, in seiner Gesellschaft Jude zu sein. Ohne den Glauben seiner Väter und voller Groll gegen die mächtigen antisemitischen Elemente in dem Österreich, in dem er leben und arbeiten mußte, fühlte er sich doppelt entfremdet. Kurz, Freud sah sich als marginale Existenz und dachte, daß ihm seine Stellung einen unschätzbaren Vorteil biete. Ende 1918 beendete er einen herzlichen Brief an Pfister mit einigen provozierenden Fragen: »Ganz nebenbei, warum hat keiner von all den

Frommen die Psychoanalyse geschaffen, warum mußte man da auf einen ganz gottlosen Juden warten?«[50] Pfister ließ sich nicht aus der Fassung bringen und antwortete, daß Frömmigkeit noch nicht Entdeckergenie sei und daß die Frommen »zum guten Teil gar nicht wert waren, solche Leistungen zu zeitigen«. Außerdem war Pfister geneigt, seinen Freund weder als gottlos noch als Juden zu sehen: »Ein besserer Christ war nie.«[51]

Freud äußerte sich nicht direkt zu diesem gut gemeinten, wenn auch zweifelhaften Kompliment.* Aber er wußte die Antwort auf seine eigenen Fragen, und sie unterschied sich maßgeblich von Pfisters fröhlichem und ungeschicktem Lob. Wie wir wissen, hatte ihn der Ausschluß vom »Österreichertum« an der Universität früh damit vertraut gemacht, in der Opposition zu stehen, und so den Weg zu »einer gewissen Unabhängigkeit des Urteils« vorbereitet.[52] Als er 1925 den weitverbreiteten Widerstand gegen die Psychoanalyse untersuchte, meinte er, ein Grund müsse der sein, daß ihr Begründer ein Jude sei, der aus seiner Herkunft nie ein Geheimnis gemacht habe.[53] Ein Jahr später äußerte er sich dazu ausführlicher in seinem Brief an die Mitglieder der B'nai B'rith. Er hatte entdeckt, »daß ich nur meiner jüdischen Natur die zwei Eigenschaften verdankte, die mir auf meinem schwierigen Lebensweg unerläßlich geworden waren. Weil ich Jude war, fand ich mich frei von vielen Vorurteilen, die andere im Gebrauch ihres Intellekts beschränkten, als Jude war ich dafür vorbereitet, in die Opposition zu gehen.«[54] Auf seine eigene Weise und für seine eigenen Zwecke war Freud gewillt, dem antisemitischen Vorwurf Glauben zu schenken, daß Juden zwangsläufig klüger sein müssen als die Mehrheit.

Die These ist plausibel, aber bei weitem nicht vollständig oder schlüssig. Andere Juden, die sich in der gleichen Außenseiterposition befanden wie Freud, ließen sich taufen oder wandten sich mit ihrem nominellen Judentum dem Geschäftsleben zu, schlossen sich der kommunistischen Partei an oder emigrierten nach Amerika und erwiesen sich im großen und ganzen als nicht klüger oder origineller als irgend jemand sonst. Andererseits war Darwin, mit dem sich Freud vielleicht am besten vergleichen läßt, fest zu Hause im englischen Establishment und blieb es auch, nachdem er seine *Entstehung der Arten* veröffentlicht hatte. Es ist etwas an Freuds Bemerkung, daß ein frommer Jude oder Christ die Psychoanalyse nicht hätte entdecken können: Sie war zu ikonoklastisch, zu respektlos gegenüber dem religiösen Glauben und zu verachtungsvoll gegenüber der Apologetik. Da Freud den religiösen Glauben – jeden Glauben einschließlich des jüdischen – als Gegenstand des psychoanalytischen Studiums sah, konnte er sich ihm nur mit

---

* Als sie diesen Brief einige Jahre später las, rief Anna Freud mit Recht aus: »Was in aller Welt meint Pfister hier, und warum will er die Tatsache bestreiten, daß mein Vater Jude ist, anstatt sie zu akzeptieren?« (Anna Freud an Ernest Jones, 12. Juli 1954. Jones papers, Archives of the British Psycho-Analytical Society, London).

der Betrachtungsweise des Atheisten nähern. Es ist kein Zufall, daß auch
Darwin – obwohl kein Außenseiter – Atheist war.

Während daraus nicht folgt, daß nur ein Außenseiter – im besonderen
ein marginaler Jude – Freuds Lebenswerk hätte leisten können, lag wahrscheinlich der prekäre Status der Juden in der österreichischen Gesellschaft
der bekannten Tatsache zugrunde, daß beinahe alle der ersten Psychoanalytiker in Wien Juden waren. Ihre Gesellschaft gestattete ihnen, sich als
Ärzte auszubilden, gab ihnen aber nicht das Gefühl, in der konventionellen
medizinischen Elite besonders willkommen zu sein. »Ich denke mir«,
schrieb Ernest Jones in seiner Autobiographie, als er über das jüdische Phänomen in der Psychoanalyse nachdachte, »die Gründe dafür waren in
Österreich und Deutschland hauptsächlich lokaler Natur, da es ein Charakteristikum ist, das sich, außer in geringem Grade in den Vereinigten
Staaten, in keinem anderen Land wiederholt hat.« Er hielt es für offensichtlich, daß es in Wien »für jüdische Ärzte leichter war, Freuds Ostrazismus zu
teilen, der nur eine Verschlimmerung des Lebens darstellte, das sie gewohnt
waren, und dasselbe galt für Berlin und Budapest, wo der Antisemitismus
beinahe ebenso ausgeprägt war«.[55]* Angesichts des gesellschaftlichen
Konservatismus im Verein mit Engstirnigkeit empfanden die ersten Psychoanalytiker ein gewisses Maß von Zähigkeit als höchst adaptive Eigenschaft.

Außerdem war Freud, wie wir gesehen haben, von einer Stimmung des
Trotzes beherrscht. Es bereitete ihm Vergnügen, der Führer der Opposition
zu sein, der Enthüller von Betrug und Schein, die Nemesis von Selbsttäuschung und Illusionen. Er war stolz auf seine Feinde – die intolerante rö-
misch-katholische Kirche, die heuchlerische Bourgeoisie, das stumpfsinnige psychiatrische Establishment, die materialistischen Amerikaner –, so
stolz, daß sie in seinem Geist zu mächtigen Gespenstern wurden, viel bös-
williger und geschlossener, als sie in Wirklichkeit waren. Er verglich sich
mit Hannibal, mit Ahasver, mit Joseph, Moses, lauter Männern mit historischen Missionen, mächtigen Gegnern und schwierigen Schicksalen. In einem vielzitierten Brief hatte Freud seiner Verlobten geschrieben: »Man
würde es mir kaum ansehen, und doch war ich schon in der Schule immer
ein kühler Oppositionsmann, war immer dort, wo es ein Extrem zu bekennen und in der Regel dafür zu büßen galt.« Eines Abends sagte ihm Breuer,
»er hätte herausgefunden, daß in mir unter der Hülle der Schüchternheit
ein maßlos kühner und furchtloser Mensch stecke. Ich habe es immer ge-

* Jones, der einige primitive Vorstellungen von nationalen und rassischen Eigenschaften hatte, spricht dann jedoch beinahe in der Art Freuds allgemein von der »Gabe der
psychologischen Intuition« der Juden »und ihrer Fähigkeit, der öffentlichen Verleumdung standzuhalten«, was, wie er meint, »auch zu diesem Sachverhalt beigetragen haben
kann« (*Free Associations*, S. 209).

glaubt und mich nur nie getraut, es wem zu sagen. Mir war oft so, als hätte ich den ganzen Trotz und die ganze Leidenschaft unserer Ahnen, als sie ihren Tempel verteidigten, geerbt, als könnte ich für einen großen Moment mit Freude mein Leben hinwerfen.«[56]

Gewiß, das war der Gefühlsausbruch eines jugendlichen Liebhabers, der sich vor der Frau, die er heiraten wollte, in Szene setzte. Aber Freud war so und blieb immer so. Seine exponierte Stellung als Jude gab ihm reichlich Gelegenheit, diese Haltung zu kultivieren; seine noch exponiertere Stellung als Psychoanalytiker erprobte und erhärtete sie im Laufe der Jahre. Aber Freud war einzigartig in seiner Begabung nicht weniger als in der besonderen Form seiner Familienkonstellation und seiner seelischen Entwicklung. Am Ende, so unbefriedigend es klingt, kommt man zurück auf Freuds eigene Behauptung, daß der Psychoanalytiker vor dem Schöpferischen die Waffen strecken muß. Freud war Freud.

Der Geist der Herausforderung, der Freud drängte, sein Judentum in schwierigen Zeiten zu bekennen, beseelt auch sein letztes großes Werk, *Der Mann Moses und die monotheistische Religion*, wenn auch mit einem anderen Ziel. Viele seiner besorgten oder wütenden Leser sahen es als einen unglücklichen Umschwung; mit dieser spekulativen Studie über Moses schien Freud die Juden verletzen zu wollen, anstatt sie zu verteidigen. Das Werk ist ein seltsames Produkt, mehr auf Mutmaßungen aufgebaut als *Totem und Tabu*, unordentlicher als *Hemmung, Symptom und Angst*, noch beleidigender als *Die Zukunft einer Illusion*. Die Form allein ist schon eigenartig. So wie das Buch Ende 1938 gedruckt wurde, besteht es aus drei eng verbundenen Abhandlungen von sehr unterschiedlicher Länge: »Moses ein Ägypter« ist eine rasche Skizze von nur wenigen Seiten. »Wenn Moses ein Ägypter war ...« ist viermal so lang. Die dritte Abhandlung, »Moses, sein Volk und die monotheistische Religion«, nimmt viel mehr Raum ein als die ersten beiden zusammen. Diese abschließende Abhandlung ist obendrein mit zwei Vorbemerkungen, die einander weitgehend aufheben, und einer »Zusammenfassung und Wiederholung« als Einleitung zum zweiten Teil in der Mitte versehen und angefüllt mit absichtlich wiederholtem Material aus den früheren Abhandlungen. Das ist nicht Senilität. Wenn man *Der Mann Moses und die monotheistische Religion* liest, nimmt man teil an seiner Entstehung, an dem inneren und dem politischen Druck, der während dieser Zeit auf Freud wirkte, und man fängt Echos aus früheren, weniger qualvollen Zeiten auf.

Die Figur des Moses, schrieb Freud 1935 Lou Andreas-Salomé, habe ihn sein ganzes Leben lang verfolgt.[57] Ein ganzes Leben ist eine lange Zeit, aber ein Vierteljahrhundert zuvor hatte er tatsächlich schon Jung mit einem Joshua verglichen, der das gelobte Land der Psychiatrie in Besitz nehmen werde, während er als Moses es nur von ferne erblicken dürfe.[58] Die erste Frucht seiner Beschäftigung mit Moses war seine 1914 veröffentlichte anonyme Studie der berühmten Statue Michelangelos. Als sein zwanghaftes Interesse an Moses in den frühen dreißiger Jahren wiederkehrte, sah Freud in ihm einen alten, vertrauten, wenn auch alles andere als bequemen Gefährten. In einem rätselhaften Brief an Arnold Zweig erklärte er: »Moses war doch ein starker Antisemit und machte kein Geheimnis daraus. Vielleicht«, spekulierte Freud, »war er wirklich ein Ägypter. Und gewiß hatte er recht.«[59] Diese für Freud einzigartige Bemerkung unterstreicht seine bittere Stimmung in diesen Jahren. Er verabscheute alle Anzeichen von unterwürfigem jüdischem Selbsthaß bei anderen und nahm nicht an, daß er dessen selbst im geringsten schuldig sei. Offenbar war Moses für Freud eine ebenso gefährliche wie verführerische Gestalt.

Er begann mit der Arbeit an *Der Mann Moses und die monotheistische Religion* im Sommer 1934, hielt sie aber mehr oder weniger geheim. Er sprach zu Eitingon davon und zu Arnold Zweig. Gegen Ende des Jahres berichtete Anna Freud Lou Andreas-Salomé, daß ihr Vater im Sommer eine »besondere Arbeit« vollendet habe, sagte aber nichts über ihren Inhalt.[60] Als Freud von der diskreten Indiskretion seiner Tochter erfuhr, schrieb er seiner »lieben Lou«, die Arbeit »ging von der Frage aus, was eigentlich den besonderen Charakter des Juden geschaffen hat«. Offenbar war seine Beschäftigung mit Moses ein Teil dieses größeren Problems, des Geheimnisses des Judentums. Seine Schlußfolgerung: »Der Jude ist eine Schöpfung des Mannes Moses«, der ein vornehmer Ägypter war. Wer dieser Moses war und wie er auf die Juden eingewirkt hatte, wollte er »in einer Art von historischem Roman« beantworten.[61]*

So faszinierend Freud auch seine Untersuchung fand, das Genre, auf das er sich eingelassen hatte, war kaum kongenial. Er glaubte nicht, gestand er Eitingon, daß historische Romane seine Stärke seien. Thomas Mann sei derjenige, der sie schreiben müsse. Außerdem war das historische Beweismaterial unzulänglich.[62] Doch mit einem »Überschuß an Muße«, schrieb er Arnold Zweig, und »angesichts der neuen Verfolgungen« habe er sich gefragt, »wie der Jude geworden ist und warum er sich diesen unsterblichen Haß zugezogen hat«. Die Formel »Moses hat den Juden geschaffen« hatte

---

* Als er 1937 Hans Ehrenwald für ein Exemplar seines Buches *Über den sogenannten jüdischen Geist* dankte, gestand er: »Ich habe vor einigen Jahren begonnen, mir die Frage vorzulegen, wie der Jude den ihm eigentümlichen Charakter erworben hat ... Ich bin nicht weit gekommen.« Immerhin hatte er sich jedoch zu der Schlußfolgerung genötigt gesehen, »daß schon das erste, sozusagen embryonale Erlebnis des Volkes, der Einfluß des Mannes Moses und der Auszug aus Ägypten, die ganze weitere Entwicklung bis auf den heutigen Tag festgelegt hat« (Freud an Ehrenwald, 14. Dezember 1937. Maschinengeschr. Kopie, Freud Museum, London).

er rasch gefunden, aber der Rest bereitete ihm große Schwierigkeiten. Er wußte bereits – das war Ende September 1934 –, daß sich »das Zeug« in drei Abschnitte gliedern sollte, »der erste romanhaft interessant, der zweite mühselig und langweilig«. Am dritten drohte das Unternehmen zu scheitern, denn der Abschnitt sollte eine Religionstheorie einschließen, die er, wie er fürchtete, in dem höchst sensiblen, streng katholischen Österreich seiner Zeit, das bereit war, die Psychoanalyse jeden Augenblick zu verbieten, nicht veröffentlichen könne.[63] Aber er konnte nicht aufhören.

Die ersten beiden kurzen Teile von *Der Mann Moses und die monotheistische Religion* sind zwar etwas verblüffend, aber nur mäßig subversiv. Der Gedanke, daß Moses ein Ägypter gewesen sei, war schon seit Jahrzehnten von angesehenen Gelehrten geäußert worden. Sein Name war ägyptisch, und die Geschichte, daß die ägyptische Prinzessin das Kind im Schilf gefunden hatte, klang zumindest für Antiklerikale wie ein durchsichtiges Alibi. Im Jahre 1935, während Freud über seinem Buch saß, konnte das amerikanische Publikum in George Gershwins Volksoper *Porgy and Bess* die sarkastische Warnung hören, daß nicht alles, was man in der Bibel lese, auch notwendigerweise stimmen müsse. Und eines der Dinge, die der Librettist Ira Gershwin aufzählte, war die bequeme Art und Weise, wie die ägyptische Prinzessin Moses »gefunden« habe: »Sie fischte ihn, sagt sie, aus diesem Fluß.« Es gibt keinen Anhaltspunkt dafür, daß Freud jemals von *Porgy and Bess* gehört hatte, aber die gleiche Skepsis gegenüber frommen Geschichten war auch in Österreich durchaus bekannt.

Ebensowenig waren Zweifel über das Buch Exodus besonders neu oder für Freuds Zeit einzigartig. Fromme Gelehrte, Juden und Christen, hatten große Schwierigkeiten gehabt, in Moses eine einheitliche Persönlichkeit zu sehen; sie konnten seinen Ausschluß aus dem Gelobten Land nicht rational erklären oder sich über die Umstände seines Todes einigen. Schon im späten 17. und im 18. Jahrhundert hatten sich Deisten lustig gemacht über die wunderbare Erzählung von den Kindern Israels, die durchs Rote Meer gezogen seien, und über die nicht weniger wundersamen Erzählungen von Moses' Taten. Im Jahre 1764 hatte Voltaire in seinem *Dictionnaire philosophique* triftige Gründe dafür angeführt, daß Moses den Pentateuch (der schließlich seinen Tod verzeichnet) nicht geschrieben haben könne, und dann eine noch radikalere Frage gestellt: »Ist es wirklich wahr, daß es einen Moses gab?« Im Jahre 1906 stellte der berühmte deutsche Althistoriker Eduard Meyer, dessen Arbeit Freud mit Respekt zitierte, die gleiche Frage und behauptete, daß Moses eine Legende und nicht eine wirkliche Persönlichkeit sei.[64] Freud ging nicht so weit. Die historische Existenz des Moses war vielmehr das Kernstück seiner Theorie. Doch wie Max Weber in seiner Studie der alten jüdischen Religion bestand er darauf, daß Moses kein Jude gewesen sei.

Freud wußte sehr wohl, daß diese Hypothese unbequeme Fragen über Moses als Prediger des Monotheismus aufwirft. Die Ägypter hatten schließlich eine große Anzahl der verschiedensten Gottheiten verehrt. Freud glaubte die Antwort gefunden zu haben: Es gab einen Augenblick in der Geschichte Ägyptens, um 1375 v. Chr., in dem ein Pharao, Amenhotep IV., für kurze Zeit einen strengen, intoleranten Monotheismus, den Aton-Kult, einführte.[65] Dies sei die Lehre, die Moses, ein hoher ägyptischer Adeliger, vielleicht ein Mitglied des Königshauses, dem damals in Sklaverei lebenden jüdischen Volk vermittelt habe. Aber zunächst sei diese ernste, strenge Theologie auf steinigen Boden gefallen. Die Gottheit, welche die Juden auf ihren Wanderungen nach dem Auszug aus Ägypten angenommen hätten, sei Jahwe, ein roher, rachsüchtiger, blutgieriger »Vulkangott« gewesen.[66] Es habe Jahrhunderte gedauert, bis das auserwählte Volk endlich die Lehren einer anderen Moses genannten Gestalt angenommen habe, einen erhabenen Monotheismus mit selbstverleugnenden moralischen Vorschriften. Wenn sich diese Vermutung als richtig erweise, bemerkte Freud trocken, würden viele liebgewordene Legenden hinfällig werden: »Den biblischen Bericht über Moses und den Auszug kann kein Historiker für anderes halten als für fromme Dichtung, die eine entlegene Tradition im Dienste ihrer eigenen Tendenzen umgearbeitet hat.« Seine Rekonstruktion habe keinen Raum »für so manche Prunkstücke der biblischen Erzählung wie die zehn Plagen, den Durchzug durchs Schilfmeer, die feierliche Gesetzgebung am Berge Sinai«.[67] Die Verfasser der Bibel hätten alle Arten von unvereinbaren Gestalten wie die beiden Männer namens Moses zusammengefaßt und die Geschehnisse bis zur Unkenntlichkeit ausgeschmückt.

Ein solcher Ikonoklasmus bereitete Freud keine Schwierigkeit. Aber es schien unmöglich, die primitive Jahwe-Verehrung der alten Hebräer mit Moses' strenger Lehre zu versöhnen. Hier fand Freud die Unterstützung, die er brauchte, in einer Monographie des Gelehrten Ernst Sellin, der 1922 erklärt hatte, daß Moses von dem Volk, das er aus Ägypten geführt hätte, ermordet und daß seine Religion nach seinem Tode aufgegeben worden sei.[68] Vielleicht nicht weniger als acht Jahrhunderte lang war Jahwe der Gott des jüdischen Volkes geblieben. Aber zuletzt habe es ein neuer Prophet, der sich den Namen von dem früheren Reformer ausgeliehen habe, gezwungen, sich dem Glauben zu unterwerfen, den ihm der ursprüngliche Moses vergeblich aufzuerlegen versucht hatte. »Und dies ist das wesentliche Ergebnis, der schicksalsschwere Inhalt der jüdischen Religionsgeschichte.« Sellins Vermutung bezüglich der Ermordung des Moses war, wie Freud wußte, äußerst gewagt und nicht gut belegt, aber sie erschien ihm als höchst glaubhaft, ja wahrscheinlich. »Das Judenvolk des Moses war ebensowenig imstande, eine so hoch vergeistigte Religion zu ertragen, in ihren Darbietungen eine Befriedigung seiner Bedürfnisse zu finden, wie die Ägypter der 18ten Dynastie.«[69]

Ein Gründer, ermordet von Anhängern, die nicht fähig sind, sich auf sein Niveau zu erheben, aber an den Folgen ihres Verbrechens tragen und sich schießlich unter dem Druck ihrer Erinnerungen bessern – keine Phantasie konnte für Freud kongenialer sein. Er war schließlich der Autor von *Totem und Tabu*, das ein sehr ähnliches Verbrechen als Grundlage der menschlichen Kultur postuliert hatte. Mehr noch, er sah sich selbst als den Schöpfer einer subversiven Psychologie, der nun an das Ende einer langen, kämpferischen Laufbahn gelangt war, die ständig durch beleidigende Feinde und feige Deserteure behindert worden war. Der Gedanke, daß es Männer darauf abgesehen hätten, ihn zu ermorden, war ihm, wie wir wissen, nur zu vertraut: Hatte nicht C. G. Jung und nach ihm Rank und vielleicht sogar Sándor Ferenczi solche vatermörderischen Gedanken gehegt?

Dann, gegen Ende 1934, hielt Freud plötzlich inne. Er rang mit »inneren Bedenken«, die nicht weniger verwirrend waren als die von den österreichischen Behörden drohenden »äußeren Gefahren«.[70] Die wahre Qualität und Autorität der religiösen Tradition, den Einfluß großer Männer in der Geschichte, die Macht religiöser Ideen, die stärker sind als alle materiellen Überlegungen – dies zu verstehen, erschien Freud als ungeheure und erdrückende Aufgabe; er fürchtete, daß ihre Größe, die sie höchst anziehend für ihn machte, seine Kräfte übersteigen könnte. Unglücklicherweise, schrieb er Arnold Zweig im November, könne der historische Roman nicht vor seiner eigenen Kritik bestehen. »Ich verlange doch mehr Sicherheit und mag nicht, daß die mir wertvolle Schlußformel des Ganzen durch die Montierung auf eine tönerne Basis gefährdet wird.«[71] Verärgert über sich selbst, bat er seinen Freund: »Mit dem Moses lassen Sie mich in Ruhe. Daß dieser wahrscheinlich letzte Versuch, etwas zu schaffen, gescheitert ist, deprimiert mich genug. Nicht daß ich davon losgekommen wäre. Der Mann, und was ich aus ihm machen wollte, verfolgt mich unablässig.«[72] Diese rührende Bitte bezeugt, daß er mit 78 Jahren noch ebenso von seiner Arbeit besessen sein konnte wie als jüngerer Forscher. Und diese Besessenheit ließ auch nicht nach. Anfang Mai 1935 berichtete er Arnold Zweig, daß er weder rauche noch schreibe, aber »der ›Moses‹ gibt meine Phantasie nicht frei«.[73] Einige Tage später gestand er Eitingon: »Der ›Moses‹ ist für mich eine Fixierung geworden. Ich komme nicht von ihm weg und mit ihm nicht weiter.«[74] Der Mann Moses war ein Gast, dem er nicht die Tür weisen konnte.

Doch Moses war nicht sein einziger Besucher; zum Glück steigerte sich Freuds Besessenheit nicht zur Monomanie. Er las so eifrig und so kritisch wie eh und je* und konnte noch die Sonne, die Blumen und seine Ferien genießen. »Es tut mir leid, daß Sie nie unser Haus und unseren Garten hier in Grinzing gesehen haben«, schrieb er Hilda Doolittle im Mai 1935. »Es ist der hübscheste Ort, den wir je hatten, ein richtiger Tagtraum und nur etwa 12 Minuten im Wagen von der Berggasse entfernt. Das rauhe Wetter hatte den Vorteil, daß es den Frühling seine Pracht sehr langsam entfalten ließ, während in anderen Jahren das meiste schon verblüht war, wenn wir herauskamen. Gewiß, ich werde alt und meine Beschwerden nehmen zu, aber ich versuche zu genießen, soviel ich kann, und arbeite 5 Stunden täglich.«[75] Nach einem hauptsächlich in Grinzing verbrachten angenehmen Sommer schrieb er ihr im November, daß er, »wieder in der Berggasse, einem sehr bequemen Gefängnis«, noch fünf Patienten täglich hatte.[76] Gequält von seiner Prothese, von der Politik, von Moses, konnte er noch heitere Gefühle aufbringen oder zumindest heitere Mitteilungen schreiben.

Was Freud auch beschäftigte, waren die Entwicklungen in den Instituten im Ausland. Als Ernest Jones zu Anfang des Frühjahrs 1935 nach Wien kam, um Vorträge zu halten, zeigte sich Freud sehr interessiert an den »überraschenden Neuheiten der englischen Psychoanalyse«, in die Jones »unsere Leute« einführte.[77] Jones' »Neuheiten« waren hauptsächlich sein Widerspruch gegen Freuds Theorie des Todestriebes und sein Eintreten für die Ideen Melanie Kleins. Aber Freud hatte zu diesen Themen sein letztes Wort gesagt; er begnügte sich mit der Rolle des gelassenen Zuschauers und kommentierte mit ungewohnter Sanftheit, daß die Londoner Psychoanalytische Vereinigung seiner Meinung nach »der Frau Klein auf einem falschen Weg gefolgt ist«.[78] Immerhin, die Psychoanalyse gewann Konvertiten oder zumindest Prestige. Es bereitete Freud besondere Befriedigung, etwa um die Zeit, in der Jones Wien besuchte, »einstimmig« zum Ehrenmitglied der englischen Royal Society of Medicine gewählt zu werden. »Da dies nicht wegen meiner schönen Augen geschehen sein kann«, schrieb er Jones mit kaum unterdrückter Freude, »muß es beweisen, daß der Respekt vor unserer Psychoanalyse in den offiziellen Kreisen Englands große Fortschritte gemacht hat.«[79]

Und dann war da noch seine Korrespondenz. In der Nazizeit, in der seine Kinder und Kollegen über die ganze Welt verstreut waren, war sie internationaler denn je zuvor. Ernst Freud und seine Familie hatten sich in London niedergelassen, und Freud nahm mit Befriedigung zur Kenntnis, daß Hilda Doolittle, die damals in London lebte, mit ihnen Kontakt hatte.[80] Oliver

---

* Der populäre englische Romancier James Hilton, dessen Werk Freud bewunderte, mißfiel ihm mit seinem Buch *The Meadows of the Moon* (1926) – »ein völliger Versager« – und im allgemeinen durch seine übergroße Produktivität. »Ich fürchte, er ist zu fruchtbar«, schrieb Freud Hilda Doolittle am 24. September 1934 (in Englisch. Hilda Doolittle papers, Beinecke Rare Books and Manuscript Library, Yale University).

war noch in Frankreich, Hanns Sachs in Boston, Ernest Jones in London, Jeanne Lampl-de Groot in Amsterdam, Max Eitingon in Palästina; alle schrieben treu und erwarteten eine verdiente Antwort.* Als berühmter Mann bekam er außerdem Briefe von Fremden, und einige bewogen ihn zu langen, aufmerksamen Antworten. Eine davon, in englischer Sprache an eine Amerikanerin gerichtet, faßt seine Einstellung zur Homosexualität zusammen. Der Brief ist – mit Recht – oft zitiert worden: »Ich entnehme Ihrem Brief, daß Ihr Sohn ein Homosexueller ist. Den stärksten Eindruck machte mir die Tatsache, daß Sie dieses Wort in Ihrem Bericht über ihn nicht selber gebrauchen. Darf ich Sie fragen, warum Sie es vermeiden?« Anstatt seine Korrespondentin wegen typisch amerikanischer Prüderie zu tadeln, beschloß er, einfach hilfreich zu sein. »Homosexualität ist gewiß kein Vorzug«, schrieb er, »aber es ist nicht etwas, dessen man sich schämen muß, kein Laster, keine Entwürdigung und kann nicht als Krankheit bezeichnet werden; wir betrachten sie als eine Abweichung der sexuellen Funktionen, hervorgerufen durch eine gewisse Stockung der sexuellen Entwicklung.« Diese Einstellung würde Homosexuelle nicht befriedigen, die ihre sexuelle Orientierung als alternative erwachsene Art zu lieben verstanden wissen wollen. Aber zu der Zeit, als Freud diesen Brief schrieb, waren seine Ansichten über die Homosexualität noch höchst unkonventionell und nicht weit verbreitet, jedenfalls nicht in der Öffentlichkeit. »Viele hochachtbare Personen in alten und neueren Zeiten sind Homosexuelle gewesen«, schrieb er beruhigend, »unter ihnen viele der größten Männer (Plato, Michelangelo, Leonardo da Vinci etc.). Es ist eine große Ungerechtigkeit, Homosexualität als ein Verbrechen zu verfolgen und auch eine Grausamkeit. Wenn Sie mir nicht glauben, lesen Sie die Bücher von Havelock Ellis.« Ob er dem Sohn seiner Korrespondentin helfen konnte, ein »normaler« Heterosexueller zu werden, war eine schwierige Frage, aber er konnte dem jungen Mann vielleicht »Harmonie, Seelenfrieden und volle Leistungsfähigkeit bringen, unabhängig davon, ob er homosexuell bleibt oder sich ändert«.[81]**

Freuds herausfordernde Geisteshaltung, die seiner jüdischen Identität

---

* Eitingon versuchte tapfer, aber ein wenig verzweifelt, sich in Palästina heimisch zu fühlen. Er hatte kurz nach seiner Ankunft ein psychoanalytisches Institut gegründet und war, wenn auch ein Fremder, zumindest nicht müßig. »Zu tun haben wir Analytiker alle sehr viel«, berichtete er Freud im Frühjahr 1935. Die Patienten, die er und seine Kollegen behandelten, waren von einer Art, die ihnen vertraut war, da weder die Araber noch die schon länger in Palästina ansässigen orthodoxen Juden als Analysanden in Betracht kamen (Eitingon an Freud, 25. April 1935. Sigmund Freud Copyrights, Wivenhoe).

** In der »Freud Collection« befindet sich eine Fotokopie dieses Briefes mit einem Vermerk »von einer dankbaren Mutter«, mit dem der Brief an Alfred Kinsey weitergegeben wird: »Hiermit schließe ich einen Brief von einem großen und guten Mann bei, den Sie behalten können« (Freud Collection, B4, LC).

Nachdruck verlieh und es ihm gleichzeitig gestattete, jüdische Empfind-
lichkeiten zu verletzen, formte auch seine subversive Einstellung zu respektablen sexuellen Sitten und bestärkte seinen Entschluß, trotz der zunehmenden Gefahr in Wien zu bleiben. Er schrieb seiner anonymen
amerikanischen Korrespondentin, wenn ihr Sohn analysiert werden wolle,
müsse er nach Wien kommen. »Ich habe nicht die Absicht, von hier wegzu-
gehen.«[82] Nicht, daß er für die Drohungen völlig blind war. »Eine bange
Ahnung sagt uns«, schrieb er Arnold Zweig im Oktober 1935, »daß wir, oh
die armen österreichischen Juden, einen Teil der Rechnung werden bezahlen müssen. Es ist traurig«, fügte er hinzu, »daß wir Weltereignisse auch
vom Judenstandpunkt beurteilen, aber wie könnten wir anders!«[83]

Finis Austriae

Freud sah sich durch Hitler gedrängt, seinen jüdischen Standpunkt zu betonen; wie seine Vertrauten war er von Zorn erfüllt. »Mein Leibarzt Dr. Max
Schur«, berichtete er im Herbst 1935 Arnold Zweig, »ein sehr tüchtiger
Doktor, ist so tief empört über die Vorgänge in Deutschland, daß er keine
deutschen Medikamente mehr verschreibt.«[84] In seiner mißlichen Lage sah
Freud in Moses mehr als eine Obsession; er war für ihn eine Zuflucht. Aber
während es ihn faszinierte, über Moses nachzudenken, war er sehr skeptisch bezüglich der Veröffentlichung seiner Forschungen. »Der Moses«,
versicherte er Stefan Zweig im November, »wird niemals das Licht der
Öffentlichkeit erblicken.«[85] Als er im folgenden Januar Arnold Zweig über
einige archäologische Funde in Ägypten schrieb, weigerte sich Freud, in
ihnen einen Anreiz zu sehen, sein Buch zu vollenden. Das Schicksal des
Moses, sagte er resigniert, sei der Schlaf.[86] Schon der Titel der Arbeit, »Der
Mann Moses, ein historischer Roman«, schrieb er Ernest Jones, »verrät,
warum ich dieses Werk nicht veröffentlicht habe und nicht veröffentlichen
werde.« Es war nicht genug Material für eine zuverlässige Konstruktion
vorhanden, und außerdem würde es nur unglückliches Aufsehen erregen,
die »jüdisch-nationale Sagengeschichte« in Zweifel zu ziehen. »Nur wenige
Personen, Anna, Martin, Kris, haben das Ding gelesen.«[87] Aber zumindest
konnte man über Moses diskutieren. Als die Aussicht eines Besuches von
Arnold Zweig bestand, der damals in Palästina war, wo er sich isoliert und
ruhelos fühlte, freute sich Freud auf das gute Gespräch, das sie haben würden: »Wir werden alles Elend und alle Kritik vergessen und über Moses
phantasieren.«[88] Der Besuch verzögerte sich noch lange, aber am 18. August 1936 verzeichnet Freuds *Chronik*: »Moses mit Arn. Zweig.«[89]

So angenehm es war, mit Freunden zu sprechen, das Jahr 1936 erwies sich als eine Zeit der Wiederholungen und der Gespenster. Am 6. Mai wurde Freud achtzig, und das Schauspiel, das ihn schon bei früheren Gelegenheiten irritiert und erschöpft hatte, wiederholte sich nun.[90] Er liebte Anerkennung, aber der bloße Geburtstag, selbst eine hohe runde Zahl wie achtzig, war etwas, was man nicht genoß, sondern ertrug. Zweigs Besuch erfolgte, kurz nachdem er die unausweichlichen Feiern überstanden hatte. Wenigstens war es ihm gelungen, Ernest Jones von seinem wohlgemeinten Plan abzubringen, ein Gedenkbuch mit Aufsätzen über ihn herauszugeben. Die psychoanalytische ebenso wie die politische Situation, schrieb er Jones, seien gänzlich ungeeignet für ein so festliches Unternehmen.[91] Aber die Gratulationen, die ihn überwältigten, mußten beantwortet werden, sei es nur mit einer gedruckten Dankeskarte. Er mußte die distinguierten Besucher empfangen, die sich bei ihm einstellten. Manche von ihnen waren willkommen, andere waren Verpflichtungen, die stoisch ertragen wurden. Einen Monat später, am 5. Juni, schrieb Martha Freud einer Nichte, Lilly Freud Marlé: »Der arme Onkel hat wie ein Schwerarbeiter geschuftet, um nur einen Bruchteil der schuldigen Bedankungen zu erledigen.«[92]

Unter den Geburtstagstributen befand sich eine Glückwunschadresse, die von Stefan Zweig und Thomas Mann geschrieben und von 191 Künstlern und Schriftstellern unterzeichnet worden war. Als er Stefan Zweig dafür dankte, bemerkte Freud: »Obwohl ich ungewöhnlich glücklich in meinem Hause gewesen bin, mit Frau und Kindern und einer Tochter besonders, die in seltenem Ausmaß alle Ansprüche eines Vaters befriedigt, so kann ich mich der Armseligkeit und Hilflosigkeit des Altseins doch nicht befreunden und sehe dem Übergang ins Nichtsein mit einer Art von Sehnsucht entgegen.«[93] Thomas Mann feierte den 80. Geburtstag Freuds auch mit einem Vortrag, »Freud und die Zukunft«, den er am 14. Juni den Freuds in der Berggasse 19 persönlich vorlas.[94] Am Ende des Monats kam die Auszeichnung, die Freud am meisten schätzte, noch mehr als seine Aufnahme in die Royal Society of Medicine: Die noch exklusivere Royal Society, die für immer mit den leuchtenden Namen Newton und Darwin verbunden ist, erwählte ihn zum korrespondierenden Mitglied.[95] Einige Tage später äußerte er in einem Brief an Ernest Jones seine Freude über die »sehr große Ehre«, die ihm zuteil geworden sei.[96] Im Vergleich damit waren die spärlichen und oberflächlichen Ehrungen, die sich seine Landsleute für ihn ausdenken konnten, nicht mehr als ausgesuchte Beleidigungen.

Die wichtigsten Realitäten, die, abgesehen von der Drohung des Nazismus, Freuds Leben beherrschten, waren sein fortgeschrittenes Alter und seine unsichere Gesundheit. »Ich bin ein alter Mann«, schrieb er Abraham Schwadron von der Bibliothek der hebräischen Universität in Jerusalem, »habe offenbar nicht mehr lang zu leben.« Schwadron hatte Freud um seine

Handschriften gebeten, aber Freud hatte ihm wenig zu bieten. »Ich habe
eine, wahrscheinlich gar nicht zu rechtfertigende, Antipathie gegen persönliche Reliquien, Autogramme, Handschriftensammlungen und alles, was
davon rührt. Diese ging so weit, daß ich z. B. alle Manuskripte vor 1905,
darunter auch das der ›Traumdeutung‹, unbedenklich dem Papierkorb
überantwortet hatte.« Seither habe er sich dazu bewegen lassen, seine Manuskripte aufzubewahren, aber er gebe sich nicht gern mit ihnen ab.
»Meine Tochter Anna Freud wird meine Bücher und Schriften erben.«[97]*

Seine Tochter Anna blieb für ihn, was sie seit mehr als einem Jahrzehnt
gewesen war: der Mittelpunkt seines Lebens. Er hatte seine Freude an ihr
und machte sich Sorgen um sie wie seit Jahren. »Meine Anna ist sehr brav
und tüchtig«, schrieb er Arnold Zweig stolz im Frühsommer 1936, aber
dann kam seine alte Sorge wieder an die Oberfläche: »Wenn ein leidenschaftliches Weib seine Sexualität fast restlos sublimiert!«[98] Er konnte sie
nie genug loben. »Das Erfreulichste in meiner Nähe«, schrieb er Eitingon
einige Monate später, »ist Annas Arbeitslust und ungehemmte Leistung.«
Über seine Frau berichtete er nüchterner, daß es ihr sehr gut gehe.[99] Am
14. September 1936 feierten er und Martha ihre goldene Hochzeit; aber
seine alte Leidenschaft für Martha Bernays, schrieb Freud etwas trocken
Marie Bonaparte, sei nur noch eine blasse Erinnerung. »Es war wirklich
keine üble Lösung des Eheproblems, und sie ist noch heute zärtlich, gesund
und leistungsfähig.«[100]

Im Gegensatz zu seiner Frau war Freud zwar noch leistungsfähig, aber
weder zärtlich noch gesund. Sein Blick war so forschend wie je zuvor, aber
sein Mund war zu einem harten, dünnen, leicht abwärts gebogenen Strich
geworden und vermittelte den Eindruck eines enttäuschten Beobachters
der Menschheit, dessen liebster Humor der Galgenhumor war. Mitte Juli
1936 operierte ihn Dr. Pichler wieder wie bereits zweimal in diesem Jahr
und stellte ein Wiederauftreten des Krebses fest. Freud betrachtete sich erst
eine Woche später als nicht mehr »schwer krank«.[101] Im Dezember operierte Pichler noch einmal, und am 24. notierte Freud in seinem knappen
Stil: »Weihnachten in Schmerzen.«[102]

Ein peinlicher Schock erwartete ihn nur eine Woche später. Zum letzten-
mal drang Wilhelm Fließ in sein Leben ein. Am 30. Dezember 1936 schrieb
Marie Bonaparte, daß ihr ein Berliner Buchhändler namens Stahl seine
Briefe an Fließ und die langen Manuskripte, in denen er sich in den 1890er
Jahren seinen Weg in die Psychoanalyse erarbeitet hatte, zum Kauf angebo-

---

* In dem Testament, das Freud am 28. Juli 1938 unterzeichnete und das am 1. Dezember 1939 mit Martin, Ernst und Anna Freud als Vollstreckern bestätigt wurde, bedachte
Freud seine Witwe und seine Kinder im allgemeinen zu gleichen Teilen, aber er ver-
machte seiner Schwägerin Minna 300 Pfund und Anna seine Antiquitäten und seine
Bücher über Psychologie und Psychoanalyse (A.A. Brill papers, container 3, LC).

ten habe. Fließ' Witwe habe sie ihm verkauft, und er verlange 12 000 Francs.* Stahl, schrieb Marie Bonaparte Freud, habe ein Angebot aus den Vereinigten Staaten, aber er wolle, daß die Sammlung in Europa bleibe. Die Prinzessin hatte sich einen Brief angesehen, um die Echtheit zu überprüfen. »Ich kenne ja Ihre Schrift!« schrieb sie Freud.[103]

Freud war entsetzt. Als ihn Fließ' Witwe kurz nach dem Tode von Fließ Ende 1928 gebeten hatte, ihr die Briefe ihres Mannes zurückzugeben, hatte er sie nicht finden können. Aber ihre Bitte hatte seine Sorge um seine eigenen Briefe an Fließ geweckt. Ihre Korrespondenz, schrieb er nun Marie Bonaparte, »war die intimste, die Sie sich denken können. Es wäre höchst peinlich gewesen, wenn sie in fremde Hände gefallen wäre.« Er machte sich erbötig, sich an den Kosten für die Briefe zu beteiligen. Offenbar wollte er, daß sie vernichtet werden. »Ich möchte nichts davon zur Kenntnis der sogenannten Nachwelt kommen lassen.«[104] Aber Stahl, ein Mann von einiger Rechtschaffenheit, wollte die Briefe Freuds nur unter der Bedingung verkaufen, daß sie nicht in die Hände der Familie Freud fielen – aus ebendiesem Grunde. Offenbar war die Leidenschaft der Freuds für die Wahrung der Privatsphäre, eine Leidenschaft, die ganz zu den Bürgern des 19. Jahrhunderts paßte, die sie waren, kein Geheimnis.

Nun begann ein liebevolles Duell: auf der einen Seite Freud, der darauf bedacht war, die Briefe zu bekommen, auf der anderen Seite die Prinzessin, die ebenso darauf bedacht war, sie für »die sogenannte Nachwelt« zu bewahren. Anfang Januar 1937 versicherte sie Freud, auf seine Einstellung zu Fließ' Witwe anspielend, daß die Briefe zwar noch in Deutschland seien, aber wenigstens »nicht mehr in den Händen der ›Hexe‹«. Sie versprach, sie nicht zu lesen, schlug aber vor, die Briefe in einer sicheren Bibliothek aufzubewahren mit der Verfügung, daß sie bis »achtzig oder hundert Jahre nach Ihrem Tod« niemandem gezeigt werden dürften. Vielleicht, argumentierte sie, gegen ihren ehemaligen Analytiker Stellung nehmend, schätze Freud seine Größe nicht richtig ein. »Sie gehören der Geschichte des menschlichen Denkens wie Plato, sagen wir, oder Goethe.« Wieviel wäre verlorengegangen, wenn wir Goethes Gespräche mit Eckermann nicht hätten oder wenn die Dialoge Platos vernichtet worden wären, um den Ruf des Päderasten Sokrates zu schützen! »Und wenn ich es richtig erahne, würde an der Geschichte der Psychoanalyse, dieser einzigen neuen Wissenschaft, Ihrer Schöpfung, die wichtiger ist als die Ideen von Plato selbst, etwas verlorengehen, wenn für einige persönliche Bemerkungen, die in diesen Briefen stehen, das gesamte Material vernichtet wäre!« Sie schloß mit den Worten:

---

* Als sie um die Mitte der fünfziger Jahre Ernest Jones schrieb, gab Marie Bonaparte den Betrag an, den sie für die Briefe gezahlt hatte: DM 1200 (siehe Marie Bonaparte an Jones, 8. November 1957. Jones papers, Archives of the British Psycho-Analytical Society, London).

»Ich liebe Sie... und verehre Sie, und deshalb habe ich Ihnen in dieser Weise geschrieben.«[105]

Freud war erleichtert, daß von allen Menschen gerade sie seine Briefe an Fließ in Besitz nehmen sollte, aber er wies ihre Argumente und Vergleiche zurück wie vor einem Vierteljahrhundert, als Ferenczi darauf bestanden hatte, ihn mit Goethe zu vergleichen. »Bei der so intimen Natur unseres Verkehrs verbreiten sich diese Briefe natürlich über alles Mögliche«, schrieb er. Sie enthielten Sachliches wie Persönliches. »Und das Sachliche, das alle Ahnungen und Irrwege der keimenden Analyse betrifft, ist in diesem Falle auch recht persönlich.«[106] Die Prinzessin hörte respektvoll zu, war aber nicht überzeugt. Mitte Februar befand sich die Sammlung in ihren Händen, und gegen Anfang März war sie selbst in Wien und widerstand Freuds zudringlichen Bitten von Angesicht zu Angesicht. Freud, der immer noch hoffte, daß sie einer Verbrennung der Briefe zustimmen werde, war damit einverstanden, daß sie sie las. Ihre Reaktion war nicht nach seinem Geschmack. Sie machte ihn auf einige der bemerkenswertesten Abschnitte aufmerksam, und dann widersetzte sie sich dem Mann, den sie liebte und verehrte, handelte als wahre Freundin des Historikers und deponierte die Briefe in der Rothschild-Bank in Wien. Eine jüdische Bank war nicht die klügste Wahl, aber daß Hitler Österreich besetzen würde, war noch keine ausgemachte Sache.

Mit achtzig war Freud noch fähig zu arbeiten, zu lieben und zu hassen. Anfang 1937 wandte er sich in einer nüchternen professionellen Stimmung wieder Fragen der analytischen Technik zu. Seine lange Abhandlung »Die endliche und die unendliche Analyse« ist seine illusionsloseste Erklärung über die Wirksamkeit der Psychoanalyse. Diese zweifelnde Einstellung war nichts Neues; Freud war nie ein therapeutischer Enthusiast gewesen. Aber nun betonte er die Stärke der angeborenen Triebe und den Widerstand des Todestriebes und der Charakterdeformationen gegen den analytischen Einfluß und fand neue Gründe dafür, den heilenden Kräften der Psychoanalyse den bescheidensten Umfang zuzuschreiben. Er erklärte sogar, daß eine erfolgreiche Analyse nicht notwendigerweise das Wiederauftreten einer Neurose verhindere. Die Abhandlung las sich, als wollte Freud das Ziel der Therapie, das er nur wenige Jahre zuvor in einer berühmten Formulierung festgelegt hatte, aufgeben oder zumindest in Frage stellen. Die Absicht der Psychoanalyse, hatte er in der *Neuen Folge der Vorlesungen zur Einführung in die Psychoanalyse* geschrieben, »ist ja, das Ich zu stärken, es vom Über-Ich unabhängiger zu machen, sein Wahrnehmungsfeld zu erweitern und seine Organisation auszubauen, so daß es sich neue Stücke des Es aneignen kann. Wo Es war, soll Ich werden. Es ist Kulturarbeit etwa wie die Trockenlegung der Zuydersee.«[107] Nun schrieb er so, als wären die Gewinne des Ichs bestenfalls vorübergehend. Es wäre zu einfach, diese klein-mütige Ansicht allein den Zeitumständen zuzuschreiben, aber sie spielten ihre Rolle. Die Politik machte alles zunichte.

»Die endliche und die unendliche Analyse« erschien im Juni 1937. Im selben Monat nahm Freud mit Befriedigung zur Kenntnis, daß er Alfred Adler überlebt hatte. Während einer Vortragsreise in Großbritannien war Adler auf einer Straße in Aberdeen mit einem tödlichen Herzanfall zusam-mengebrochen. Als Arnold Zweig bei dieser Nachricht einige Sympathie zeigte, wollte Freud nichts davon hören. Er hatte Adler seit mehr als einem Vierteljahrhundert gehaßt, und ebenso lange und ebenso beredsam hatte Adler ihn gehaßt. »Für einen Judenbuben aus einem Wiener Vorort«, ant-wortete Freud Zweig, »ist ein Tod in Aberdeen, Schottland, eine unerhörte Karriere und ein Beweis, wie weit er es gebracht hat. Wirklich hat ihn die Mitwelt für das Verdienst, der Analyse widersprochen zu haben, reichlich belohnt.«[108] Freud hatte bereits in *Das Unbehagen in der Kultur* eine ent-sprechende Bemerkung gemacht, als er nämlich sagte, er könne das christ-liche Gebot der allgemeinen Liebe nicht verstehen, und viele Menschen seien eher hassenswert. Und am hassenswertesten waren in seinen Augen diejenigen, die ihn seiner Ansicht nach enttäuscht und ihr Glück gemacht hatten, indem sie einem Publikum nach dem Munde redeten, das sich mit seiner Libidotheorie unbehaglich fühlte.

Während Adlers Tod Freud Befriedigung oder jedenfalls keinen Schmerz bereitete, gaben ihm andere Menschen Anlaß zur Sorge. Einigen, die ihm nahe standen, ging es nicht gut, oder sie konnten nicht ohne Beschwerden altern. Seine Schwägerin Minna Bernays, die noch zu den Menschen ge-hörte, die ihm am liebsten waren, war ernstlich krank. Seine Kinder, die von der Hitlerflut umhergestoßen wurden, waren Wanderer auf der Suche nach einem bleibendem Heim und einem Lebensunterhalt. Nur seine Toch-ter Anna machte große Fortschritte. Was immer sie anfangs an Prestige vom Namen und von der Protektion ihres Vaters bezogen hatte, war längst der Autorität gewichen, die sie durch ihre eigene psychoanalytische Arbeit mit Kindern und durch ihre klugen Schriften erworben hatte. Aber trauri-gerweise starb Lou Andreas-Salomé, ihre und ihres Vaters Freundin, im Februar 1937 im Alter von 75 Jahren »eines sanften Todes in ihrem Häus-chen in Göttingen«. Freud mußte von ihrem Tod aus den Zeitungen er-fahren. »Habe sie sehr gerne gehabt«, vertraute er Arnold Zweig an, »merkwürdigerweise ohne Spur sexueller Anziehung.«[109] Er gedachte ihrer in einem kurzen, aber warmen Nachruf.[110] Eitingon, der aus Palästina schrieb, drückte Freuds Gefühle treffend aus: Lous Tod, meinte er, er-scheine so seltsam unwirklich. Sie schiene von aller Zeit so unabhängig gewesen zu sein.[111]

So beschäftigt er auch mit seinem eigenen Leben war, Freud konnte die
Drohung nicht ignorieren, die von Nazideutschland ausging. Er klammerte
sich noch an die zunehmend verlorene Hoffnung, daß er verhältnismäßig
friedlich in Österreich sterben könne, experimentierte dann und wann mit
ungerechtfertigt optimistischen Voraussagen und sah seine Illusionen über
die weitere Unabhängigkeit Österreichs verblassen. Seine beruhigenden
Verleugnungen schmolzen vor den unleugbaren Realitäten: Deutschlands
Wiederaufrüstung, das Zögern des Westens, sich Hitler entgegenzustellen.
Nicht nur seine eigenen Aussichten, sondern auch die der Psychoanalyse
bedrückten ihn. Bereits im Sommer 1933 hatte er Ernest Jones geschrieben:
»Ich bin fast vorbereitet darauf, daß in der gegenwärtigen Weltkrise auch
unsere Organisation zu Grunde gehen wird. Berlin ist verloren, Budapest
durch den Verlust von Ferenczi entwertet, wohin sie in Amerika treiben, ist
nicht zu sagen.«[112] Zwei Jahre später, im September 1935, drängte er Arnold Zweig, seine geplante Europareise nicht aufzuschieben: »Wien darf
nicht deutsch werden, ehe Sie mich besuchen.«[113] Sein Ton war scherzhaft,
aber er meinte es ernst. Zweig spielte noch mit der Vorstellung, daß die
Naziherrschaft in Deutschland ein Ende haben werde und daß auf die
»braune« Ära eine »liberal getünchte Monarchie« folgen könne.[114] Auch
Freud gab sich noch solchen Phantasien hin, jedoch mit immer geringerer
Überzeugung. Noch im Februar 1936 äußerte er die Hoffnung, daß er den
Zusammenbruch des Naziregimes erleben werde.[115] Das war weniger ein
Zeichen von unbesiegbarer Naivität als vielmehr eine Folge der verworrenen, oft unverständlichen Signale, die politische Beobachter von der Rechten wie von der Linken erhielten. Er besaß nicht den unschätzbaren Vorteil
der Nachklugheit.
    Mitte 1936 klangen in Freuds Briefen öfter die düstersten Töne an.
»Österreichs Weg zum Nationalsozialismus scheint unaufhaltsam«, schrieb
er Arnold Zweig im Juni. »Alle Schicksale haben sich mit dem Gesindel
verschworen. Mit immer weniger Bedauern warte ich darauf, daß für mich
der Vorhang fällt.«[116] Weniger als ein Jahr später, im März 1937, sah er
nur noch Unheil voraus. »Unsere politische Situation scheint sich immer
mehr zu trüben«, schrieb er Ernest Jones. »Das Eindringen der Nazis ist
wahrscheinlich nicht aufzuhalten. Die Folgen, auch für die Analyse, sind
unheilvoll.« Er verglich die Situation Wiens mit der Notlage im Jahre 1683,
als die Türken vor den Toren standen. Aber damals war Hilfe gekommen –
jetzt bestand wenig Hoffnung darauf. Mussolini, der Österreich bisher vor
den Deutschen geschützt hatte, war nun offenbar entschlossen, ihnen freie
Hand zu lassen. »Ich möchte wie Ernst in England leben und wie Sie nach
Rom reisen.«[117] Nicht weniger ominös klang, was er Arnold Zweig
schrieb: »Alles herum wird immer dunkler, drohender und das Bewußtsein
der eigenen Hilflosigkeit immer aufdringlicher.«[118] Vier Jahre früher war

er noch gewillt gewesen, seinen Landsleuten einen lauen Tribut zu zollen. Eine Rechtsdiktatur, hatte er Ernest Jones geschrieben, würde das Leben für die Juden unangenehm machen, aber der Völkerbund würde einschreiten, um Verfolgungen zu verhindern, und »außerdem ist dem Österreicher die deutsche Brutalität nicht gelegen«.[119] Nun sah er die Dinge mit erbarmungsloser Klarheit, wenigstens manchmal. »Die Regierung hier ist eine andere, aber das Volk ist dasselbe, in der Anbetung des Antisemitismus durchaus einig mit den Brüdern im Reich«, kommentierte er im Dezember 1937. »Die Kehle wird uns immer enger zugeschnürt, wenn wir auch nicht erwürgt werden.«[120] Die Begeisterung, mit der die Österreicher drei Monate später Hitler zujubelten, kann ihn nicht überrascht haben.

Die Katastrophe Österreichs hatte sich schon lange angebahnt und war seit einiger Zeit praktisch unausweichlich. Im Juli 1936 hatte der Bundeskanzler Kurt von Schuschnigg ein Abkommen mit Nazideutschland geschlossen, wie Freud in seiner *Chronik* vermerkte. Es enthielt geheime Klauseln mit der Verpflichtung, die Tätigkeiten der illegalen österreichischen Nazipartei zu übersehen und einige ihrer Führer wie Arthur Seyß-Inquart ins Kabinett zu bringen. Die Schlinge hatte sich, um Freuds Metapher zu gebrauchen, bereits seit einiger Zeit fester zugezogen. Im Februar 1938 zwang Hitler Schuschnigg dazu, Seyß-Inquart zum Sicherheits- und Innenminister zu ernennen. Das trojanische Pferd stand an Ort und Stelle. Schuschnigg konterte mit einer tapferen, aber vergeblichen Geste, indem er für den 13. März eine Volksabstimmung über die Unabhängigkeit Österreichs festsetzte. Überall waren Gehsteige und Mauern mit Schuschnigg-Parolen beschriftet.

Freud sah in der Krise eine endgültige Auseinandersetzung, deren verheerender Ausgang wahrscheinlich, aber noch nicht ganz sicher war. »Unsere in ihrer Art brave und tapfere Regierung«, schrieb er Eitingon im Februar 1938, »ist gegenwärtig energischer in der Abwehr der Nazis als zuvor.« Aber er wagte nicht vorauszusagen, daß ihr Mut die Deutschen daran hindern werde, in Österreich einzumarschieren.[121] Doch er und seine Familie blieben ruhig. »In Wien war Panikstimmung«, schrieb Anna Freud am 20. Februar Ernest Jones, und sie fügte hinzu: »Wir machen die Panik nicht mit.«[122] Zwei Tage später, als er seinem Sohn Ernst schrieb, wagte Freud zögernd daran zu zweifeln, daß Österreich wie Deutschland enden werde. »Die katholische Kirche ist sehr stark und wird großen Widerstand leisten.« Außerdem: »Unser Schuschnigg ist ein anständiger, mutiger und charaktervoller Mensch.« Schuschnigg hatte eine Gruppe jüdischer Industrieller eingeladen, um ihr zu versichern, »daß die Juden hier nichts zu befürchten haben«. Natürlich, wenn er gehen müsse oder wenn es wirklich zur Nazi-Invasion komme, würden alle Hoffnungen zunichte.

Aber Freud wollte immer noch nicht fliehen. Man müsse bedenken, daß seine Flucht »das Signal für die völlige Auflösung der analytischen Gruppe geben würde«, und das war eine Möglichkeit, die er vermeiden wollte. »Ich glaube nicht, daß Österreich, sich selbst überlassen, an den Nazismus verfallen würde. Das ist ein Unterschied gegen Deutschland, den man in der Regel vernachlässigt.«[123] Wie schwach der Strohhalm war, an den sich Freud klammerte, kommt darin zum Ausdruck, daß er seine schwindende Hoffnung auf einen höchst unwahrscheinlichen Verbündeten setzte – die Kirche. »Wird es immer noch möglich sein, im Schutze der katholischen Kirche Sicherheit zu finden?« fragte er Marie Bonaparte am 23. Februar. Aber er glaubte es nicht wirklich. »Wer weiß?« fragte er in seinem Schulspanisch – »*Quién sabe?*«[124] Es ist etwas Erschütterndes an diesen Versuchen einer Selbstberuhigung in letzter Minute. Freud hatte die Lage zuvor schon realistischer beurteilt.

Hitler verfolgte seine Pläne, Österreich seinem Dritten Reich einzuverleiben, ungehindert weiter. Schuschniggs Volksabstimmung war wie ein Blechschild gegen ein Maschinengewehr. Die deutschen Botschafter meldeten aus London und Rom nach Berlin, daß die Annexion Österreichs auf keinen Widerstand stoßen würde. Schuschnigg wurde gezwungen, die Volksabstimmung abzusagen. Am 11. März, nach einem Ultimatum Hitlers, dankte er zugunsten Seyß-Inquarts ab. Freuds Urteil war lakonisch und präzise: »*Finis Austriae.*«[125] Am nächsten Morgen lud der neue österreichische Bundeskanzler, den Anweisungen seiner Herren in Berlin gehorchend, die deutschen Truppen ein, die Grenze zu überschreiten.

An diesem Tage, am 12. März 1938, und dem folgenden saß Freud vor seinem Radio und hörte zu, wie die Deutschen Österreich übernahmen. Er hörte tapfere Widerstandserklärungen, auf die der Zusammenbruch folgte, den Jubel auf der einen Seite und dann auf der anderen. So krank er sich unter den Nachwirkungen einer Operation fühlte, die politischen Ereignisse ließen ihn seine Schmerzen vergessen. Seine *Chronik* hält in knapper Form die Tatsachen fest. Sonntag, 13. März: »Anschluß an Deutschland«, und am nächsten Tag: »Hitler in Wien.«[126] Die Schreckensherrschaft begann, eine widerliche Mischung aus geplanten »Säuberungen« der Deutschen und den spontanen lokalen Ausbrüchen grausamer Vergnügungen – Terror gegen Sozialdemokraten, gegen unbequeme Führer der alten Rechten, vor allem gegen Juden. Freud hatte seine Landsleute unterschätzt. Ende 1937 hatte er die Österreicher als nicht weniger brutal als die Deutschen charakterisiert. Tatsächlich zeigten sie sich williger als ihre Nazivorbilder bei der Mißhandlung von Hilflosen.

Die Deutschen hatten fünf Jahre gebraucht, um den Fanatismus und die sadistische Rachsucht zu erwerben oder auszudrücken, welche die Österreicher in ebenso vielen Tagen erlernten. Viele Deutsche hatten unter dem unbarmherzigen Propagandabombardement nachgegeben, eingeschüchtert durch einen Staat, der harte Forderungen stellte, durch eine wachsame Partei und eine kontrollierte Presse. Viele Österreicher brauchten keinerlei Druck. Nur ein kleiner Teil dieses Verhaltens kann als erzwungene Unterwerfung unter den Naziterror erklärt oder entschuldigt werden. Der Mob, der jüdische Wohnungen plünderte und jüdische Geschäftsleute terrorisierte, handelte ohne offiziellen Befehl und genoß sein Werk. Die österreichischen Prälaten, die Hüter des römisch-katholischen Gewissens, taten nichts, um die noch verbliebenen Kräfte der Vernunft und Anständigkeit zu mobilisieren. Kardinal Innitzer gab den Ton an, und die Priester verherrlichten Hitlers Errungenschaften von der Kanzel herab, gelobten freudige Mitarbeit in dem neuen System und ließen bei passenden Gelegenheiten die Hakenkreuzfahne auf den Kirchtürmen hissen. Diese klerikale Anerkennung Hitlers stellt einen vernichtenden Kommentar zu der traurigen Frage dar, die Freud erst wenige kurze Wochen zuvor gestellt hatte, ob die mächtige katholische Kirche sich nicht in ihrem eigenen Interesse gegen Hitler stellen würde.*

Die Zwischenfälle auf den Straßen österreichischer Städte und Dörfer unmittelbar nach der deutschen Invasion waren abscheulicher als alle, die man bis dahin in Hitlers Reich erlebt hatte. Die obszönen antisemitischen Verleumdungen durch Nazizeitungen wie dem *Stürmer*, die Verordnungen, welche die Berufsausübung der deutschen Juden einschränkten, die Nürnberger Rassengesetze von Ende 1935, die stolzen Ankündigungen der Dörfer, daß sie »judenrein« seien, gaben den Juden Deutschlands einen Vorgeschmack der Hölle. Aber sie hatten vergleichsweise wenig von der Art der willkürlichen Gewalttätigkeit erlebt, die sich in Österreich nach dem Anschluß ausbreitete: Österreich war im März 1938 eine Generalprobe für die deutschen Pogrome im kommenden November. Der bekannte deutsche Dramatiker Carl Zuckmayer, ein Liberaler, war in diesen Tagen zufällig in Wien, und er vergaß sie nie. »Die Unterwelt hatte ihre Pforten aufgetan und ihre niedrigsten, scheußlichsten, unreinsten Geister losgelassen. Die Stadt verwandelte sich in ein Alptraumgemälde des Hieronymus Bosch... Die Luft war von einem unablässig gellenden, wüsten, hysterischen Gekreische erfüllt, aus Männer- und Weiberkehlen...« Für Zuckmayer hatten alle diese Menschen ihr Gesicht verloren, sie »glichen verzerrten Fratzen: die einen in Angst, die andren in Lüge, die andren in

---

* Um der Gerechtigkeit willen muß hinzugefügt werden, daß die katholische Politik der unterwürfigen Zusammenarbeit mit Österreichs Naziherrschern noch vor Ende des Jahres der Verbitterung wich und die Naziführung sich über »politische Priester« beklagte. Aber jeder Widerstand, den die österreichischen Priester hätten leisten können, wäre zwangsläufig schwach und vergeblich gewesen.

wildem, haßerfülltem Triumph«. Er hatte einige erschreckende Dinge in
Deutschland mitangesehen, unter anderem den Münchner Hitlerputsch
von 1923 und die Machtergreifung der Nazis im Januar 1933. Aber nichts
kam an die Szenen heran, die sich jetzt auf den Straßen Wiens abspielten.
»Was hier entfesselt wurde, war der Aufstand des Neids, der Mißgunst, der
Verbitterung, der blinden böswilligen Rachsucht.«[127]

Ein Boykott der jüdischen Geschäftsleute in Wien und anderen österreichischen Städten war noch das geringste, aber er war häßlich genug. Er
wurde von Schlägertypen in Braunhemden oder von plündernden Jugendlichen mit den allgegenwärtigen Hakenkreuzbinden erzwungen, die sich
wütend an allen rächten, die sie ignorierten oder ihnen Widerstand leisteten. Mit Listen in der Hand, die umsichtig für diese Gelegenheit vorbereitet
worden waren, raubten österreichische Nazis und ihre Mitläufer jüdische
Wohnungen und Geschäfte und Synagogen aus. Aber noch erschreckender
war die spontane Gewalttätigkeit. Der Anblick eines hilflosen Juden beflü-
gelte die Phantasie des Mobs in einer Stadt nach der anderen. Orthodoxe
osteuropäische Juden, die durch ihre breitrandigen Hüte, Schläfenlocken
und langen Bärte auffielen, waren bevorzugte Ziele, aber auch die anderen
wurden nicht verschont. Während ihre Peiniger vor Vergnügen brüllten,
wurden Juden, ob Jugendliche, Frauen oder alte Männer, gezwungen, mit
den bloßen Händen oder mit Zahnbürsten die Parolen wegzureiben, die
noch von der verhinderten Volksabstimmung Schuschniggs übrig waren.
Ein englischer Journalist war Zeuge einer dieser »Reibpartien«, wie sie
bald genannt wurden: »SA-Männer zerrten einen älteren jüdischen Arbeiter und seine Frau durch die applaudierende Menge. Tränen rollten der
alten Frau über die Wangen, und während sie vor sich hin starrte und buchstäblich durch ihre Peiniger hindurchsah, konnte ich sehen, wie der alte
Mann, dessen Arm sie hielt, ihre Hand zu streicheln versuchte. ›Arbeit für
die Juden‹, brüllte die Menge. ›Endlich Arbeit für die Juden. Wir danken
unserem Führer, er hat den Juden Arbeit gegeben!‹«[128] Andere Banden
zwangen jüdische Schuljungen unter höhnischen Rufen und Fußtritten,
»Jud« auf die Mauern zu schreiben oder erniedrigende Gymnastik zu treiben oder mit dem Hitlergruß zu grüßen.[129]

Das war nicht nur der Ausbruch eines Tages. Eine Depesche der Associated Press aus Wien vom 13. März berichtete, daß »das Schlagen von Juden
und die Plünderung jüdischer Geschäfte heute zunahm. Die Juden verschwanden aus dem Leben von Wien. Nur wenige, wenn überhaupt welche, waren auf den Straßen oder in den Kaffeehäusern zu sehen. Einige
wurden aufgefordert, die Straßenbahn zu verlassen.« Der Reporter sah einen Mann, der »geschlagen und verwundet auf der Straße liegen gelassen
wurde. Ein anderer, der ein Café verließ, wurde geschlagen, während seine
Frau hilflos zusah. Eine Jüdin, die in einer Bank 40 000 Schilling abhob,

wurde ohne Anklage verhaftet.« Unterdessen »suchten Nazis die Zentrale des jüdischen Sportvereins Makkabi auf, zertrümmerten einen Teil der Einrichtung und rissen die Vereinsabzeichen herunter«.[130]

Es gab einige, die nicht glauben konnten, was sie sahen, und für die der bezaubernde Traum von Wien, der Stadt der Fröhlichkeit an der blauen Donau, noch nicht ganz erloschen war: »Jüdische Führer äußerten die Meinung, daß der Antisemitismus in Österreich milder sein würde als in Deutschland.«[131] Tatsächlich erwies sich das Gegenteil als richtig. In einer Depesche vom 15. März berichtete ein Reporter: »Adolf Hitler hat in Österreich einen Antisemitismus zurückgelassen, der sich weit rascher ausbreitet als jemals in Deutschland.« Der Reporter beschrieb Szenen, die in den vergangenen ein oder zwei Tagen Zeitungslesern in der westlichen Welt nur allzu vertraut geworden waren – Reibpartien und alles übrige. Und er bemerkte, daß, wenn die Juden zwischen einem Österreicher, der sich amüsierte, und einem Deutschen, der Befehle ausführte, die Wahl hätten, der Deutsche vorzuziehen sei. »Der Verfasser sah eine Frau in einem Pelzmantel in der Nähe des Sächsischen Hotels, die, umgeben von sechs Naziwachen mit Stahlhelmen und Gewehren, gezwungen wurde niederzuknien und vergeblich zu versuchen, die Worte ›Heil Schuschnigg!‹ wegzuwischen, die mit weißem Lack auf das Pflaster gemalt waren. Aber die Juden hatten Grund, selbst diesen Peinigern trotz der Demütigungen, die sie ihnen auferlegten, dankbar zu sein, weil die Wachen sie sonst nicht mißhandelten, wie es der Mob nur zu gern tat.« Dieser Mob, der »in einer extrem gefährlichen Stimmung und auf Plünderung aus war«, wurde von Naziwachen mit Stahlhelmen auseinandergetrieben. »Es ist klar«, überlegte der Reporter, »daß nicht nur die Juden den Preis des Anschlusses gelehrt werden.« Ein deutscher Nazi aus Berlin, mit dem dieser Journalist sprach, »drückte einige Überraschung über die Schnelligkeit aus, mit der der Antisemitismus hier eingeführt wurde, was, wie er sagte, die Notlage der Juden in Wien viel schlimmer machen würde als in Deutschland, wo der Wechsel eher allmählich gekommen war«.[132] Was allen Journalisten, die in diesen Tagen aus Österreich berichteten, auffiel, war die allgemeine festliche Stimmung. »WIENER AUSGELASSEN; DRÄNGEN DURCH LÄRMENDE STRASSEN«, lautete eine Schlagzeile am 14. März. »Brüllende, singende, fähnchenschwingende Mengen ziehen durch die Stadt und rufen ›Sieg Heil!‹ / JUGEND AUF DEM MARSCH / Deutsche Marschklänge statt Walzer in Kaffeehäusern – Keine Opposition zu sehen.«[133] Eine Zeitlang, als die deutschen Nazis die theatralische Massenmanipulation einführten, die in ihrem eigenen Land so gut gewirkt hatte, herrschte in Österreich Feiertagsstimmung.

Die Nachtseite der Festlichkeiten waren Gewalt und Mord. Der März 1938 wurde in Wien und im übrigen Österreich zu einer Zeit des organisierten politischen Mordes und auch des improvisierten Tötens. Der jüdische sozialdemokratische Rechtsanwalt Hugo Sperber, ein Original, das auf seine geistreiche, schlampige Weise lange eine Herausforderung für die österreichischen Nazis gewesen war, wurde buchstäblich totgetrampelt.[134] Dieser Vorfall war nicht der einzige seiner Art. Im April wurde ein Ingenieur, Isidor Pollack, der Direktor einer chemischen Fabrik, auf die gleiche Weise von SA-Männern getötet, die bei ihm eine, wie sie es nannten, Hausdurchsuchung vornahmen.[135] Andere österreichische Juden wie der Essayist, Kabarettist und Amateur-Kulturhistoriker Egon Friedell betrogen die Folterer und Mörder um ihre Beute; am 16. März, als SA-Männer die Treppe zu seiner Wohnung heraufkamen, sprang Friedell aus einem Fenster in den Tod. Dieser Ausweg wurde zur Epidemie: Am 11. März hatte es in Wien zwei Selbstmorde gegeben; drei Tage später war die Zahl auf vierzehn gestiegen, und acht davon waren Juden.[136] Während des Frühjahrs wählten an die 500 österreichische Juden den Freitod, um der Erniedrigung, unerträglicher Angst oder dem Konzentrationslager zu entgehen.[137] Die Todesfälle erregten solches Aufsehen, daß sich die Behörden Ende März gezwungen sahen, die »Gerüchte von Tausenden von Selbstmorden seit der Machtergreifung der Nazis« zu dementieren. Mit der Art von mechanischer Exaktheit, welche die ganze Mordmaschinerie der Nazis charakterisieren sollte, lautete die Erklärung: »Vom 12. März bis 22. März verübten in Wien 96 Personen Selbstmord, von denen nur 50 direkt mit dem Wechsel der politischen Lage in Österreich verbunden waren.«[138]

Der Gedanke an Selbstmord kam in diesem Frühjahr auch im Freudschen Haushalt auf. Freuds Arzt Max Schur, der während dieser verzweifelten Monate der Familie nahe war, berichtet, daß Anna Freud, als die Flucht aus Nazi-Österreich hoffnungslos zu sein schien, ihren Vater fragte: »Wäre es nicht besser, wenn wir uns alle das Leben nähmen?« Freuds Antwort war charakteristisch: »Warum? Weil sie gerne möchten, daß wir das tun?«[139] Er konnte murren, daß es sich nicht mehr zu leben lohne, und mit Sehnsucht davon sprechen, daß der Vorhang fallen möge, aber er war nicht bereit, die Bühne zu verlassen, weil es dem Feind so paßte. Die trotzige Stimmung, die einen so großen Teil seines Lebens beherrschte, regte sich noch in ihm. Wenn er gehen mußte, dann zu seinen eigenen Bedingungen.

Die neuen Herrscher vollzogen Österreichs Integration in Hitlers Reich rasch und rücksichtslos. Ihre Arbeit bedeutete buchstäblich *finis Austriae*: In weniger als einer Woche waren die österreichische Armee, die Gesetze und öffentlichen Einrichtungen nur noch Ableger ihrer deutschen Gegenstücke, und das Land war nicht mehr Österreich, sondern eine östliche Provinz Deutschlands, die mit einem berechneten Archaismus die »Ostmark« genannt wurde. Jüdische Richter, Beamte, Industrielle, Bankiers, Professoren, Journalisten und Musiker fielen unmittelbar der »Säuberung«

zum Opfer. Innerhalb weniger Wochen erklärten sich die Oper, die Zeitungen, die Geschäftswelt, die Hochkultur und die Kaffeehäuser eifrig für »rein arisch«. Zuverlässige Nazis wurden mit allen hohen Stellungen und Verantwortlichkeiten belohnt. Es gab praktisch keinen Widerstand oder auch nur Einwände. Aber Widerstand wäre auch wirkungslos und irrational gewesen. Die geringe Opposition, die sich in Österreich regte, wurde von Heinrich Himmler und seiner Schwarzhemden-Elite, der SS, mit bewährten Methoden erstickt. Wer in den Verdacht geriet, möglicherweise antinazistische Kräfte zu mobilisieren oder auch nur im Wege zu stehen, wurde verhaftet, erhängt, erschossen oder in das gefürchtete Konzentrationslager Dachau in Bayern gebracht. Eine Handvoll entkam ins Ausland, nur um zu entdecken, daß die übrige Welt nicht daran dachte, für sie zu intervenieren.

Zum Teil durch seinen internationalen Ruf und seine eifrigen Freunde geschützt, entging Freud dem Terror, wenn auch nicht ganz. Am 15. März, dem Tag nachdem er Hitlers Ankunft in Wien vermerkt hatte, notierte Freud, daß es eine »Kontrolle« in seiner Wohnung und im Verlag gegeben habe.[140] Banden von Zivilisten und Braunhemden drangen in das Büro des psychoanalytischen Verlags in der Berggasse 7 und in Freuds Wohnung in der Berggasse 19 ein. Sie durchsuchten die Papiere des Verlags und hielten Martin Freud den ganzen Tag fest, fanden aber die kompromittierenden Dokumente im Büro nicht. Das war ein Glück: Freuds Testament, das dort aufbewahrt wurde, würde verraten haben, daß er Gelder im Ausland besaß. In der Wohnung hielten sich die Eindringlinge lange auf; sie waren vielleicht etwas verwirrt durch Martha Freud, diese kompetente und höfliche Bürgersfrau, aber nicht verwirrt genug. Anna Freud führte sie zu dem Safe in der Wohnung und öffnete ihn, damit sie sich bedienen konnten.[141] Der nächste Besuch der Nazis eine Woche später sollte weniger zwanglos sein.

Es war nur zu deprimierend offenkundig, daß es für die Psychoanalyse in Wien keine Zukunft gab. Auch Freuds eigene Zukunft war keineswegs klar. Er war berühmt genug, um nicht unbemerkt zu bleiben. Westliche Zeitungen berichteten, daß die Regierung Palästinas Freud Asyl angeboten habe, daß ihm aber die neuen Machthaber Österreichs keinen Paß ausstellten.[142] Doch Freuds *Chronik* verzeichnet Hilfe: »Jones« in der Eintragung vom 16. März, und »Prinzessin« am nächsten Tag.[143] Die beiden bedeuteten Beziehungen – »Protektion«, wie die Österreicher gern sagten – auf die eindrucksvollste Weise: Ernest Jones mit Verbindungen zu Mitgliedern des britischen Kabinetts und Prinzessin Marie Bonaparte mit ihrem Reichtum, ihrem Stammbaum und ihren königlichen Verbindungen, die sogar der Gestapo zu denken gaben. Aus der Schweiz schickte Ludwig Binswanger eine

Einladung in der chiffrierten Sprache, die alle, die Briefe in von den Nazis besetztes Gebiet schrieben und aufmerksam genug waren, zu gebrauchen, gelernt hatten. »Der Zweck meiner heutigen Zeilen«, schrieb er Freud am 18. März, »ist, Ihnen zu sagen, daß ich Sie jederzeit zu mir einlade, falls Sie einmal eine Luftveränderung wünschen.« Er versicherte ihm: »Sie können sich denken, daß Ihre Schweizer Freunde in steter Hilfsbereitschaft an Sie denken.«[144] Von noch größerer Bedeutung war, daß William Bullitt, nun amerikanischer Botschafter in Frankreich, über seinen alten Mitautor wachte. Der amerikanische Generalkonsul in Wien, John Cooper Wiley, der auf Betreiben Bullitts ernannt worden war, stand als sein Agent an Ort und Stelle bereit. Freud hatte auch Glück mit den nichtjüdischen Österreichern, von denen er so sehr abhing, vor allem mit seinem Chirurgen Hans Pichler, der ihn weiter als Patienten behandelte, so als hätte sich in ihrer Welt nichts geändert.

Dennoch gab es keine Garantie dafür, daß diese eindrucksvolle Reihe von Beschützern Freud retten konnte. Berauscht von einem Sieg nach dem andern und voll Verachtung für die kleinmütigen westlichen Mächte, die Frieden wollten und die Konfrontation fürchteten, waren die Nazis geneigt, britische, französische oder amerikanische Proteste auf die leichte Schulter zu nehmen. Erinnerungen an den Ersten Weltkrieg suchten die alliierten Staatsmänner heim und lähmten sie geradezu. Diese Erinnerungen wirkten als Helfershelfer des Appeasement. Einige der unbesonneneren Politikmacher der Nazis wie Himmler drängten darauf, Freud und die ganze Bande der Analytiker, die sich noch in Wien befanden, zu verhaften, aber sie schienen von Hermann Göring zurückgehalten zu werden, der vom deutschen Auswärtigen Amt, das zur Vorsicht riet, unterstützt wurde.[145] Am 15. März telegraphierte Wiley dem amerikanischen Außenminister, Cordell Hull: »Fürchte Freud trotz Alter und Krankheit in Gefahr.«[146] Hull gab die Botschaft an Präsident Franklin Roosevelt weiter und notierte am folgenden Tag, daß er »in Übereinstimmung mit den Weisungen des Präsidenten« den amerikanischen Botschafter in Berlin, Hugh Robert Wilson, gebeten hatte, »diese Angelegenheit persönlich und informell mit den entsprechenden deutschen Behörden zu besprechen«. Wilson sollte versuchen zu erreichen, daß Freud mit seiner Familie nach Paris reisen konnte, »wo, wie der Präsident informiert ist, Freunde bereit sind, ihn aufzunehmen«. Von diesem Augenblick an fesselte Freuds Schicksal das Interesse in den höchsten Regierungskreisen Amerikas, wobei das Außenministerium – Cordell Hull, sein mächtiger Stellvertreter Sumner Welles und die amerikanischen Botschafter in Paris und Berlin – am direktesten beteiligt waren. Wiley kabelte dem Außenminister am 17. März, daß Freuds Paß beschlagnahmt worden sei, daß aber »der Wiener Polizeipräsident persönliches Interesse an dem Fall« zugesagt habe. Bullitts energische Vorhaltungen gegenüber dem deutschen Botschafter in Paris, Graf von Welczeck, daß jede Mißhandlung Freuds einen weltweiten Skandal auslösen würde, konnten Freuds Aussichten auch nicht schaden.

Eines der zähesten Hindernisse für die Rettung Freuds war Freud selbst. Ernest Jones, der rasch nach Wien geflogen war, um zu helfen, hinterließ einen rührenden Bericht über dieses »offene« Gespräch mit Freud kurz nach dem 15. März, in dem Freud alle Arten von teils triftigen, teils weithergeholten Gründen für sein Verbleiben in Wien anführte. Er sei zu alt, er sei zu schwach, er könne nicht einmal mehr die Stufen zu einem Eisenbahnabteil hinaufsteigen, er würde nirgends eine Aufenthaltsgenehmigung bekommen. Dieses letzte Argument, gab Jones zu, war leider nicht ungerechtfertigt. In jenen Tagen, erinnerte er sich, war beinahe jedes Land, das die Arbeitslosenziffern betrachtete und unter dem Druck stand, ausländische Konkurrenten um Arbeitsplätze auszuschließen, sehr ungastlich gegenüber neuen Einwanderern.[147] Die Welt war im Jahrzehnt Hitlers wenig großzügig. Es gab bereits zu viele Arbeitslose, ohne daß man neue hinzufügte, und viele wollten gern glauben, daß die entsetzlichen Geschichten von Verfolgungen in Nazi-Deutschland und Nazi-Österreich vielleicht ebensoviel wert seien wie die phantasievollen Propagandamärchen, welche die Alliierten im Ersten Weltkrieg über die Greueltaten der Deutschen verbreitet hatten. Außerdem, wer brauchte noch mehr Juden?

Nach langem Ringen konnte Jones Freud überreden. Als er sah, daß seine Argumente für ein Verbleiben in Wien nacheinander widerlegt wurden, bot Freud eine »letzte Erklärung« an: »Er könne sein Heimatland nicht verlassen; das wäre, wie wenn ein Soldat seinen Posten verließe.« Jones war darauf vorbereitet. Er erzählte die Geschichte von Lightoller, dem Ersten Offizier der *Titanic.* Lightoller war, als ein Kessel der sinkenden *Titanic* explodierte, an die Wasseroberfläche geschleudert worden. Als er während der offiziellen Untersuchung gefragt wurde, wann er das Schiff verlassen habe, antwortete er: »Ich habe das Schiff nie verlassen, Sir. Es hat mich verlassen.« Die Anekdote gewann Freuds endgültige Zustimmung.[148] Beruhigt kehrte Jones am 20. März nach England zurück, um seine Verbindungen zu Hause auszunutzen und Visa für die Freuds zu bekommen.

Freud machte andere Schwierigkeiten. Wie Wiley dem Außenminister am 19. März telegraphierte, wollte er seine gesamte Familie einschließlich der angeheirateten Verwandten und dazu seinen Arzt und die Familie seines Arztes mitnehmen – insgesamt sechzehn Personen. Dies, kabelte Bullitt Wiley, war »gänzlich jenseits aller mir zur Verfügung stehenden Mittel«, und er meinte, daß Freuds Karawane auch die Mittel Marie Bonapartes übersteigen könnte. Er bot 10 000 Dollar, aber »ich kann nicht (wiederhole kann nicht) für mehr verantwortlich sein«. Wiley antwortete, Freud »plant nach England zu gehen. Erklärt, es geht nur um die Ausreisevisa«. Das half, und weitere Hilfe war zur Stelle. »Prinzessin hier«, berichtete Wiley Bullitt. »Auch Mrs. Burlington [Burlingham].« Die lästige Geldfrage rückte in den Hintergrund; die Ausreisegenehmigung für die Freuds zu erwirken, wurde zum Hauptproblem.

Ein kompliziertes telegraphisches Ballett begann nun in der diplomatischen Stratosphäre. Jones mobilisierte seine Freunde Sir Samuel Hoare, den Innenminister, und Earl De la Warr, den Lordsiegelbewahrer, um Aufenthaltsgenehmigungen für Freud und seine Familie zu beschaffen. Das ging nicht automatisch, es war nicht einmal leicht, aber Jones' Verbündete in der Regierung versprachen zu helfen. Doch die Herrscher des nazifizierten Österreich waren mit der Familie Freud noch nicht fertig. Am 22. März telegraphierte Wiley dem Außenminister »für Bullitt«, daß von Stein, der mächtige »deutsche Berater« in Wien, die Frage nach »Freuds Ausreise mit Himler [sic] aufgenommen hatte. Ich wies darauf hin, daß Freuds Alter und Gesundheit eine besondere Behandlung an der Grenze erforderlich machten.« Aber am selben Tag um 2 Uhr nachmittag kabelte Wiley denselben Empfängern: »Anna Freud soeben verhaftet.« Freud vermerkte in seiner *Chronik*, wo sie war: »Anna bei Gestapo.«[149]

Die kurze Eintragung verbirgt Freuds Erregung. Als man seiner Tochter Anna sagte, daß sie im Gestapo-Hauptquartier im Hotel Metropol zu erscheinen habe, konsultierten sie und ihr Bruder Martin, der die gleiche gebieterische Aufforderung erwartete, Dr. Schur. Sie fragten sich nicht ohne Grund, ob sie gefoltert werden können oder nicht mehr lebendig herauskommen würden. »Auf ihr Verlangen«, erinnert sich Schur, »händigte ich ihnen eine genügende Menge Veronal aus.« Er versprach, sich so lange wie irgend möglich um Freud zu kümmern. Das, kommentierte Schur, war Freuds schlimmster Tag.[150]

Niemand wird diese Einschätzung bestreiten. »Ich ging in die Berggasse und blieb bei Freud«, erinnerte sich Schur. »Die Stunden zogen sich endlos hin. Es war das einzige Mal, daß ich Freud tief besorgt sah. Er ging im Zimmer auf und ab und rauchte ununterbrochen. Ich versuchte ihn zu beruhigen, so gut ich konnte.«[151] Bei der Gestapo verlor unterdessen seine Tochter Anna nie die Beherrschung. »Sie war klug genug zu fühlen«, schreibt ihr Bruder Martin, »daß die Hauptgefahr für sie darin lag, daß man sie auf dem Korridor warten ließ und vergaß, bis das Büro geschlossen wurde. In diesem Fall, vermutete sie, würde sie einfach zusammen mit anderen jüdischen Gefangenen hinausgetrieben und deportiert oder erschossen werden.« Die Einzelheiten bleiben unklar, aber es scheint, daß es ihr, indem sie irgendwie ihre einflußreichen Freunde mobilisierte, gelang, zum Verhör geführt zu werden. Die Gestapo wollte etwas über die internationale Gesellschaft wissen, der sie angehörte, und es gelang ihr, sie davon zu überzeugen, daß die Internationale Psychoanalytische Vereinigung eine

völlig unpolitische, rein wissenschaftliche Körperschaft war.[152] Um sieben
Uhr abends konnte Wiley dem Außenminister, wie immer »für Bullitt«, die
gute Nachricht telegraphieren: »Anna Freud freigelassen.«* In seiner Erleichterung, erinnerte sich Schur, erlaubte sich ihr Vater, seine Gefühle
»ziemlich unverhüllt« zu zeigen.

Dieser Vorfall überzeugte Freud mehr als Ernest Jones' Beredsamkeit
davon, daß es Zeit sei zu gehen. »Zwei Aussichten erhalten sich in diesen
trüben Tagen«, schrieb er kurz darauf seinem Sohn Ernst. »Euch alle bei-
sammen zu sehen und – to die in freedom.«[153] Aber der Preis der Freiheit
war die Unterwerfung unter die Art von organisiertem bürokratischen
Diebstahl, auf den sich die Nazis spezialisiert hatten. Niemand konnte
Nazi-Österreich legal verlassen ohne eine »Unbedenklichkeitserklärung«,
die nur zu bekommen war, nachdem der potentielle Emigrant alle finanziellen Verpflichtungen erfüllt hatte, die das Regime einfallsreich erfand und
vervielfältigte. Am 13. März hatte der Vorstand der Wiener Psychoanalytischen Vereinigung beschlossen, den jüdischen Mitgliedern die unmittelbare Auswanderung zu empfehlen. Der neue Sitz der Vereinigung sollte der
Ort sein, an dem sich Freud schließlich niederließ. Das einzige nichtjüdische Mitglied, Richard Sterba, weigerte sich, einer »arisierten« psychoanalytischen Vereinigung vorzustehen, und zog es vor, mit seinen jüdischen
Kollegen das Exil zu teilen.

Dies brachte die Österreicher in den Besitz der Aktiva und der Bibliothek
der Vereinigung, und sie beschlagnahmten das Eigentum des Verlags.[154] So
schäbig in kleinen Dingen, wie sie unmenschlich in großen waren – ein
Charakteristikum aller totalitären Regimes –, erweiterten die Behörden
nun die Liste ihrer Forderungen an die Freuds: Sie bestanden darauf, die
Steuer, die man Juden für ihre »Flucht« aus dem Land auferlegt hatte, die
sogenannte Reichsfluchtsteuer, einzuheben, und zusätzlich verlangten sie
den Vorrat von Freuds »Gesammelten Schriften« – den Martin Freud umsichtig in die Schweiz geschickt hatte –, um ihn zu verbrennen. Bezeichnenderweise berechneten sie Martin Freud die Kosten für den Rücktransport
der Bücher nach Österreich.[155] Freud hatte nicht die Mittel, um diese Forderungen zu erfüllen; sein Barvermögen war wie sein Bankkonto beschlagnahmt worden. Aber Marie Bonaparte war da. Sie war im März und Anfang April in der Nähe der Freuds geblieben und kehrte Ende April nach
Wien zurück und zahlte, was zu zahlen war. Ihre Gegenwart war unschätz-

---

* Als sie sich später an die Ereignisse dieses Tages erinnerte, dachte Anna Freud, daß es
»eine Intervention hinter den Kulissen gegeben haben könnte. Es kam jedenfalls ein
mysteriöser Anruf, nachdem ich einige Stunden dort gewesen war, und danach wartete
ich nicht mehr draußen auf dem Korridor, sondern saß in einem inneren Zimmer« (Anna
Freud an Jones, 20. Februar 1956. Jones papers, Archives of the British Psycho-Analytical Society, London).

bar. »Ich glaube, unsere letzten traurigen Wochen in Wien vom 11. März bis Ende Mai wären ohne die Anwesenheit der Prinzessin ganz unerträglich gewesen«, schrieb Martin Freud später voll Dankbarkeit. Sie brachte nicht nur ihr Geld und ihren Frohsinn mit, sondern auch ihre Unerschrockenheit: Als die SS kam, um Anna Freud zur Gestapo zu bringen, verlangte die Prinzessin, ebenfalls verhaftet zu werden.[156]

Sogar Anna Freud, die gewöhnlich so selbstbeherrscht war, ließ sich manchmal entmutigen. »In ruhigeren Zeiten«, schrieb sie Ernest Jones am 3. April, »hoffe ich, Dir zeigen zu können, daß ich im ganzen Umfang verstehe, was Du jetzt für uns tust.«[157] Was die Erteilung der Ausreisevisa hauptsächlich aufhielt, berichtete Wiley Sumner Welles, war die »Liquidierung« von Freuds Verlag. Marie Bonaparte war unermüdlich, aber die endlosen Laufereien zu den Behörden waren zum größten Teil Anna Freuds Aufgabe. »Zwischen gestern und heute war ich 5mal bei unserem Advokaten und 3mal auf dem amerikanischen Konsulat«, berichtete sie Ernest Jones Ende April. »Es geht alles langsam.«[158] Manchmal kam ihre Entmutigung in ihren Briefen nach London zum Ausdruck, und diszipliniert und selbstkritisch bedauerte sie es. Am 26. April entschuldigte sie sich regelrecht bei Ernest Jones: »Es tut mir auch leid, wenn meine Briefe manchmal etwas mutlos klingen. Ich schreibe sie gewöhnlich spät abends, wenn ich schon einen großen Vorrat von sogenanntem ›Mut‹ verbraucht habe, und lasse mich dann vielleicht etwas zu sehr dabei gehen.« Sie machte sich vor allem Sorgen um ihren Vater. »Was machen wir, wenn seine Gesundheit nicht aushält? Aber das«, fügte sie nachdenklich hinzu, »gehört auch schon zu den Dingen, die man besser nicht fragt.«[159]

Tatsächlich hielt Freuds Gesundheit der Belastung bemerkenswert gut stand, aber er war zur Passivität verurteilt, die er verabscheute. Um sich die Zeit zu vertreiben, während er darauf wartete, daß die neuen Machthaber ihr Handwerk lernten und ihr diebisches Geschäft beendeten, sortierte er seine Bücher, seine Antiquitäten und seine Papiere. Er schied Titel aus, die er nicht mehr haben wollte, und versuchte Briefe und Dokumente wegzuwerfen, aber Marie Bonaparte und Anna Freud gelang es, einige für die Nachwelt zu retten, indem sie sie buchstäblich aus dem Papierkorb fischten.[160] Angenehmer waren die Stunden, in denen er zusammen mit seiner Tochter Marie Bonapartes schmales, dem Gedenken an ihren Chow Topsy gewidmetes Bändchen übersetzte. Er fand sogar die Energie, ein wenig – »eine Stunde täglich« – an seinem *Der Mann Moses und die monotheistische Religion* zu arbeiten.[161] Am 6. Mai – seinem 82. Geburtstag – berichtete Botschafter Wilson dem Außenminister aus Berlin, daß der mit dem Fall Freud betraute Gestapobeamte nur noch ein Hindernis für die Ausreise der Familie sah: die Begleichung der Schulden, die Freud bei seinem Verleger hatte. Aber diese einzige Angelegenheit nahm mehr Zeit in Anspruch,

Freud mit seinem »Sonntagskind«
Sophie, die 1920 an Grippe starb
(Mary Evans).

Freud mit Heinz (»Heinele«), links, und Ernst (»Ernstl«) Halberstadt, den beiden Söhnen seiner Tochter Sophie (Mary Evans).

Lou Andreas-Salomé,
Freuds enge Freundin während der
letzten 25 Jahre seines Lebens
(Mary Evans).

Freud mit dem »Komitee«, der kleinen, engen Gruppe, die sich 1912 um ihn bildete. Auf diesem Foto von 1922 ist auch Max Eitingon zu sehen, der sich den Gründungsmitgliedern 1919 zugesellte. Stehend, von links nach rechts: Otto Rank, Karl Abraham, Max Eitingon und Ernest Jones. Sitzend, gleichfalls von links nach rechts: Freud, Sándor Ferenczi und Hanns Sachs (Mary Evans).

Freud 1919, nach dem Ersten Weltkrieg, wieder mit Ernest Jones vereint (Mary Evans).

Prinzessin Marie Bonaparte – hier mit ihrem Chow-Chow Topsy –, Freuds Freundin, Vertraute und Wohltäterin, die in den gefährlichen Tagen nach dem »Anschluß« entscheidend half (Mary Evans).

Der deutsche Schriftsteller Arnold Zweig, Freuds Brieffreund in seinen letzten Lebensjahren und Autor eines realistischen Romans über den Ersten Weltkrieg, den Freud sehr bewunderte.

Freud um 1921 (Mary Evans).

Freud mit Anna im Herbst 1928 in Berlin, wo ihm eine neue Prothese angepaßt wurde (Mary Evans).

Freud 1931, ein Jahr nach der Veröffentlichung seiner weithin gelesenen Schrift über »Das Unbehagen in der Kultur« (Mary Evans).

Freud 1932 in einem Landhaus in der Nähe von Wien, das seiner Tochter Anna und deren amerikanischer Freundin Dorothy Burlingham gehörte (Mary Evans).

Freud 1937 mit seiner Schwester Marie (links von ihm), seiner Frau und seinem Bruder Alexander (Mary Evans).

Ein beredtes Beispiel für die Art und Weise, in der Juden nach dem An- schluß Österreichs Mitte März 1938 behandelt wurden: Ein jüdischer Junge wird gezwungen, das Wort »Jud« an eine Hauswand in Wien zu malen, dabei beobachtet von gleich- altrigen Jugendlichen und einem Erwachsenen (Institut für Zeit- geschichte, Wien).

Freud 1938 in seinem Arbeitszimmer, auf die Genehmigung
zur Ausreise nach England
wartend (Fotografie von
Edmund Engelmann).

Freud und seine Tochter Anna im Zug,
der sie nach Frankreich und damit in die
Freiheit bringt. Die Aufnahme entstand
irgendwann am 4. oder 5. Juni 1938
(Mary Evans).

Brand der Zeremonienhalle auf dem jüdischen Friedhof von Graz in der Steiermark, ein typisches Beispiel für die Akte der Barbarei, mit denen die Nazis am 10. November 1938 Österreich und Deutschland heimsuchten. Die Nazis bezeichneten die Verfolgungen und Verwüstungen als »spontane« Protesthandlungen der Bevölkerung gegen die Juden (Landesmuseum Johanneum Graz, Bild- und Tonarchiv).

Freud im Sommer 1938 an seinem Schreibtisch in London bei der Arbeit, bis zuletzt auch in der Kleidung ein Bürger ohne Fehl und Tadel (Mary Evans).

als erwartet. Drei Tage später dankte Freud seinem Sohn Ernst für seine Geburtstagsglückwünsche. Sie warteten mehr oder weniger geduldig auf die Erledigung ihrer Angelegenheiten, schrieb er. Im Hinblick auf die kurze Lebenszeit, die ihm noch blieb, ärgerte er sich über die Verzögerung. Annas jugendliche Kraft und optimistische Energie waren zum Glück ungebrochen. Sonst wäre das Leben schwer zu ertragen. Er fügte eine Bemerkung hinzu, die ein altes Problem berührte, die Unterschiede zwischen Männern und Frauen. Im allgemeinen hielten die Frauen besser durch als die Männer, meinte er.[162]* Zu diesem Zeitpunkt war Freud ganz auf die Emigration eingestellt, und Mitte Mai gestand er Ernest Jones sein stärkstes Motiv: »Der Vorteil, den die Übersiedlung Anna bringen wird, ist all unsere kleinen Opfer wert. Für uns alte Leute (73 – 77 – 82)« – seine Schwägerin, seine Frau, er selbst – »hätte die Übersiedlung nicht gelohnt.«[163]

Der Treck nach England war bereits eine Weile unterwegs. Am 5. Mai hatte Minna Bernays als erstes Mitglied der Familie Wien verlassen. Sie war schwer krank und beinahe blind, und die treue Dorothy Burlingham hatte sie nach London begleitet. Martin Freud fuhr neun Tage später ab. Und am selben Tag, dem 14. Mai, setzte Freud sich in sein immer leerer werdendes Arbeitszimmer – die Frauen waren beim Packen – und schrieb seiner Schwägerin einen Brief; seine Handschrift war so fest und klar wie immer. Er konnte nicht mit einer Antwort rechnen, aber der Brief gab ihm etwas zu tun. Er berichtete, die Familie habe jetzt Visa für Frankreich und England erhalten, aber »alles hängt noch davon ab, wann wir die Unbedenklichkeitserklärung von der Steuer bekommen. Ohne sie sind wir der Grenzüberschreitung nicht sicher.« Ohne dieses Dokument konnten auch die Fahrkarten nicht bestellt werden.

Wie üblich, schrieb Freud Minna Bernays, tue Anna alles. »Die Männer wie Robert & Martin waren unbrauchbar, halb närrisch.« Andere Analytiker – Kris, Waelder, Bibring und Lampl –, denen Anna ebenfalls geholfen hatte, waren bereits ausgewandert, doch Freud war sicher, daß bald andere sie wieder in Anspruch nehmen würden: »Sie findet noch immer andere zum Ersatz.« Und da war noch etwas sehr Wichtiges, Freuds geliebte Antiquitäten: »In den verhängnisvollen ersten Tagen der nächsten Woche soll auch die Commission kommen, von der das Schicksal der Sammlung abhängt. Der Spediteur lauert im Hintergrund.« Verärgert über seine erzwungene Passivität, rief er aus: »Was sind das für Zeiten. Seid froh beide, Du und Dorothy, daß Ihr draußen seid« (Freud an Minna Bernays, Freud Collection, LC).

Sechs Tage später, am 20. Mai, konnte er nur »Stimmungsberichte« ge-

---

* Bereits am 28. April hatte er Jones geschrieben: »Die Frauen sind die tüchtigsten« (Freud Collection, D2, LC).

ben. »Das Tatsächliche erfährst Du am Telephon oder es ist nicht mitteil-
bar.« Es war eine eigenartige Situation: »Wir sind zwischen Tür und Angel,
wie jemand der den Raum verlassen möchte, aber seinen Rock einge-
klemmt findet.« Mathilde und ihr Mann Robert, berichtete Freud weiter,
seien bereits frei. Und in der Tat, die beiden hatten die »Ostmark« am
24. Mai verlassen können. Freud nahm die Gelegenheit wahr, seine Anna
erneut zu loben: »Wir hängen noch an der Steuer. Anna bemüht sich mit
viel Geschick und gutem Humor, uns loszumachen. Sie trifft es viel besser,
als es Martin gelungen wäre. Sie stellt sich gut mit den Leuten, wird beliebt
bei ihnen und gewinnt Einfluß auf sie.« Freud war nicht nur ein Gefangener
in seiner Wohnung: »Ich bin in dieser Woche zweimal ausgefahren, um von
Wien Abschied zu nehmen. Der Kobenzl in der ersten Frühlingspracht war
wunderschön« (Freud an Minna Bernays, 20. Mai 1938, Freud Collection,
LC). Es ist ein ergreifendes Bild: Freud auf dem Hintersitz des Autos, eine
warme Decke über die Beine, in der Stadt, die er gehaßt und geliebt hatte,
unterwegs, um ihr für immer Lebewohl zu sagen.

Aber am 23. Mai hatte Freud eine großartige Nachricht für Minna Bernays: »Die eine gute Neuigkeit ist, daß meine Sammlung freigegeben
wurde. Keine einzige Beschlagnahme, eine geringe Abgabe von RM 400.
Direktor Dehmel vom Museum war sehr gnädig, er hat das Ganze zwar auf
RM 30,000 geschätzt, aber damit sind wir noch weit unter der Steuer-
fluchtsgrenze« (Freud an Minna Bernays, 23. Mai 1938. Freud Collection,
LC) – einer von vielen netten Erfindungen des Naziregimes, um aus den
Auswanderern soviel wie möglich herauszuschlagen. Andere Neuigkeiten
gab es nicht; nur zärtliche Abschiedsbesuche von Freunden waren zu erwähnen. Aus der intimen, liebevollen Freundschaft zwischen Freud und
seiner Tochter Anna war inzwischen so etwas wie eine gemeinsame Identität geworden: Am 25. Mai hatte Anna Ernest Jones gestanden, sie leide an
einem Gefühl der Unwirklichkeit: »Man wäre auch nicht erstaunt, wenn es
hundert Jahre so weiter geht. Wir sind nicht mehr ganz hier und noch gar
nicht dort.«[164] Und am nächsten Tag, am 26., beschrieb Freud dieselben
Gefühle, in einem weiteren Brief an seine Schwägerin mit ganz ähnlichen
Worten: »Alles ist in gewissem Sinne unwirklich. Wir sind nicht mehr hier
und noch nicht dort« (Freud an Minna Bernays, 26. Mai 1938). Eine Tarockpartie am Abend zuvor mit Königstein und Aichhorn war für Freud
eine weitere Möglichkeit, sich die Zeit zu vertreiben. Endlich, am 2. Juni,
konnte er berichten, daß alles in Ordnung sei und daß nur noch »xyz Formalitäten« zu erledigen seien. Dieser letzte Brief an Minna Bernays bot
Freud noch einmal eine willkommene Gelegenheit, auf seinen Liebling,
Anna, zurückzukommen: »Du kannst Dir nicht vorstellen, was für Kleinigkeiten jetzt eine Rolle spielen, und alles, das Wichtigste wie das Unwesent-
liche, muß Anna alleine besorgen. Sie hat keine Hilfe, die ihr einmal etwas

abnimmt, und dabei wird sie von Fremden noch immer bedrängt u. belästigt.« Kein Zweifel, »es war unrecht, Anna so allein zu lassen«. Und dann erst erwähnte er seine Frau in diesen Briefen: »Martha hält sich sehr tapfer« (Freud an Minna Bernays, 2. Juni 1938. Freud Collection, LC). Ohne Frage war seine Frau eine tapfere Gefährtin, aber sie war auch nicht mehr die Jüngste. Anna behielt Augenblicke der Erschöpfung und Verzweiflung für sich oder gab ihnen, nur ganz privat, Ausdruck in Briefen an enge, verläßliche Freunde. Die »öffentliche« Anna Freud blieb ruhig, zuverlässig, unermüdlich.

Neben diesen letzten Briefen an Minna Bernays blieb für Freud die Arbeit der sicherste Schutz gegen Verzweiflung. Auch sein sarkastischer Humor verließ ihn nicht ganz. Kurz bevor die Behörden die Freuds gehen ließen, bestanden sie darauf, daß er eine Erklärung unterschrieb, daß sie nicht mißhandelt worden waren. Freud unterzeichnete und fügte den Kommentar hinzu: »Ich kann die Gestapo jedermann auf das beste empfehlen.«[165] Das ist eine merkwürdige Handlung, die zu einigen Spekulationen herausfordert. Freud hatte Glück, daß die SS-Männer, die seine Empfehlung lasen, den starken Sarkasmus nicht bemerkten, der sich darin verbarg. Nichts wäre natürlicher gewesen, als seine Worte beleidigend zu finden. Warum ging er im Augenblick der Befreiung ein so tödliches Risiko ein? War in Freud etwas am Werk, was ihn wünschen ließ, in Wien zu bleiben und zu sterben? Was immer der tiefere Grund sein mochte, sein »Lob« der Gestapo war sein letzter Akt der Herausforderung auf österreichischem Boden.

Als der Paß zur Freiheit endlich am 2. Juni eingetroffen war, untersuchte Dr. Pichler Freud noch einmal und fand wenig Grund zur Sorge. Zwei Tage später, am Samstag, dem 4. Juni, verließ Freud endlich Wien. Seine letzten beiden Mitteilungen aus der Berggasse waren ein kurzer Brief an Arnold Zweig und eine Postkarte an seinen Neffen Samuel, auf der er seine neue Londoner Adresse angab.[167] In seiner *Chronik*, die diese Ereignisse kurz festhielt, unterlief Freud die Art von Fehler, die er die Welt ernst zu nehmen gelehrt hatte: Er gab als Tag seiner Abreise irrtümlich Samstag, den 3. Juni, statt 4. Juni, an.[168] War das eine subtile Botschaft aus seinem Unbewußten, die der hinter seinem unpolitischen Kompliment gegenüber der Gestapo verborgenen Enthüllung widersprach? Hatte er es schließlich doch eilig, Wien zu verlassen? Oder gab er, im Gegenteil, ein Zeichen, daß seine Abreise aufschieben wollte? Man kann nur Vermutungen anstellen. Vier Wochen zuvor, am 10. Mai, hatte er notiert: »Abreise in zwei Wochen?«[169] Zweifellos sah er dem Exil mit tiefer, zum Teil unbewußter Ambivalenz entgegen. »Das Triumphgefühl der Befreiung«, schrieb er in seinem ersten Brief aus London, »vermengt sich zu stark mit der Trauer, denn man hat das Gefängnis, aus dem man entlassen wurde, immer noch sehr geliebt.«[170]

Der Exodus ging nicht reibungslos vor sich. Max Schur, der Freud als sein Leibarzt begleiten sollte, war so »ungeschickt«[171], im letzten Augenblick eine Blinddarmoperation zu benötigen, und konnte seinem Patienten erst am 15. Juni folgen. Auf Anna Freuds Vorschlag hin begleitete eine junge Kinderärztin, Josefine Stroß, Freud.[172] Sie waren, wie Freud mit dankbarer Präzision festhielt, am 5. Juni um »2:45 morgens«[173] in Sicherheit, als der Orient-Expreß bei Kehl die französische Grenze überquerte. »Nach der Rheinbrücke waren wir frei!« schrieb Freud in Erinnerung an diesen Augenblick. Abgesehen von der Müdigkeit, die sich in seinen gewohnten Herzschmerzen äußerte, überstand er die Reise gut. Der Empfang in Paris war herzlich, wenn auch ein wenig lärmend mit all den Journalisten und Fotografen auf dem Bahnhof, die Interviews und Bilder haben wollten. Aber auch Bullitt war da und mit ihm Ernst und Harry Freud, die schützend an seine Seite traten, und Marie Bonaparte, die ihn rasch in ihr elegantes Haus brachte. Dort verbrachte er einen angenehmen, ruhigen Tag. »Marie«, berichtete er, »hat sich an Zärtlichkeiten und Rücksichten übertroffen.« Dann unternahmen die Freuds mit dem Nachtboot die Überfahrt nach England. Am Morgen des 6. Juni kamen sie in der Victoria Station an und wurden von Mitgliedern ihrer Familie und den Jones begrüßt und zu einem gemieteten Haus in Nordwest-London, in der Nähe des Regent's Parks, gebracht. Als Jones die Freuds durch das »schöne London«[174] fuhr, kamen sie an einigen der Sehenswürdigkeiten vorbei – Buckingham Palace, Piccadilly Circus, Regent Street –, und Freud zeigte sie seiner Frau.[175] Er hätte sich nicht träumen lassen, daß er sein Leben in London im Exil beenden würde.

Tod eines Stoikers

Freud war, wie er gesagt hatte, nach England gekommen, »um in Freiheit zu sterben«. Aber sein erster Brief aus London bezeugt, daß weder die Ängste und Beunruhigungen, die er in letzter Zeit durchgestanden hatte, noch der Krebs, der seit fünfzehn Jahren sein intimer Feind war, noch sein fortgeschrittenes Alter seine Vitalität, seine Beobachtungsgabe und sein treffendes Ausdrucksvermögen und seine Mittelstandsgewohnheiten ausgelöscht hatten. »Lieber Freund«, schrieb er Max Eitingon in Jerusalem, »ich habe Ihnen in den letzten Wochen wenig Nachrichten gegeben. Dafür schreibe ich Ihnen heute den ersten Brief aus dem neuen Haus, noch ehe ich neues Briefpapier bekommen habe.«[176] Eine ganze bürgerliche Welt, die nun Geschichte geworden war, steckt hinter dieser Bemerkung: Es war einfach eine Selbstverständlichkeit – nicht wahr? –, daß man, wo immer man wohnte, und wenn es ein gemietetes möbliertes Haus wie 39 Elsworthy Road war, Briefpapier mit aufgedruckter Adresse hatte. Aber auch ohne den neuen Briefkopf konnte Freud seinem alten Freund aus Berlin den Lauf der jüngsten Ereignisse schildern: die Fahrt der Familie Freud mit Haushälterin, Ärztin und Chow von Wien über Paris nach London, Schurs ungelegene Appendizitis, die Wirkung der anstrengenden Reise auf Freuds Herz, die beispielhafte Güte Marie Bonapartes, die reizende Lage seiner neuen Unterkunft mit ihrem Garten und ihrer schönen Aussicht.

Es war etwas Abwehrendes an dieser sachlichen Berichterstattung, und Freud, der alte Psychoanalytiker, wußte es und sagte es auch. Aber seine Frau, die keine Analytikerin war, empfand ihre neue Lage ebenso deutlich. Wenn man nicht unaufhörlich an diejenigen denken müsse, die man zurückgelassen habe, schrieb sie Ende Juni einer Nichte, »könnte man restlos glücklich sein«.[177] Vier von Freuds Schwestern waren noch in Wien. Er hatte sie mit 160 000 Schilling, einer beachtlichen Summe, versorgt. Aber das Schicksal dieser Gelder, ganz zu schweigen von dem Schicksal der alten Damen, war ungewiß unter einem so brutalen und unberechenbaren Regime. Selbst die Erlebnisse, die ihm Erleichterung brachten oder ihn glücklich machten, erschütterten Freud. Zuviel war in den letzten Monaten geschehen. Was ihn umgab, barg zu viele Überraschungen. Er konnte die starken Kontraste nicht gelassen assimilieren. Alles, schrieb er Eitingon, sei traumhaft, unwirklich. »Die Affektlage dieser Tage ist schwer zu fassen, kaum zu beschreiben.« Sein Entzücken darüber, in dieser neuen Welt zu leben, wurde ein wenig beeinträchtigt durch einige ihrer kleinen Eigentümlichkeiten, durch die Frage, wie lange sein Herz noch aushalten würde, durch die schwere Krankheit seiner Schwägerin. Minna Bernays lag im Stockwerk über ihm im Bett; er war noch nicht imstande gewesen, sie zu besuchen. Es konnte nicht überraschen, daß er gelegentlich an Depressionen litt. »Aber die Kinder, die echten sowohl wie die angenommenen, benehmen sich reizend. Mathilde zeigt sich hier so tüchtig wie Anna in Wien.« Das war sein höchstes Kompliment, »Ernst ist wirklich wie man ihn genannt hat, a tower of strength, Lux« – seine Frau – »und die Kinder seiner würdig, die Männer Martin und Robert tragen den Kopf wieder hoch. Soll ich der einzige sein, der nicht mitgeht, der die Seinigen enttäuscht? Und meine Frau ist gesund und siegreich geblieben.«[178]

Er hatte ungewöhnliches Glück gehabt. Der *Manchester Guardian*, der die Ankunft der Freuds am 7. Juni in einem herzlichen Artikel meldete, zitierte Anna Freud: »In Wien gehörten wir zu den sehr wenigen Juden, die anständig behandelt wurden. Es ist nicht wahr, daß wir unter Hausarrest standen. Mein Vater ging wochenlang nicht aus, aber das war wegen seiner Gesundheit.« Ernst Freud bestätigte den Bericht seiner Schwester. »Die allgemeine Behandlung der Juden war abscheulich, aber nicht im Falle meines

Vaters. Er war eine Ausnahme.« Martin Freud fügte hinzu, daß sein Vater
»in England bleiben wird, weil er das Land liebt und seine Menschen
liebt«.[179] Das war zugleich diplomatisch und aufrichtig.

In Sicherheit zu sein, war erfreulich genug, aber Freud hatte noch andere
Gründe, gehobener Stimmung zu sein. Am 28. Juni berichtete er Arnold
Zweig mit unverhohlenem Stolz, daß ihn drei Sekretäre der »R. S.« besucht
hätten, um ihm »das heilige Buch der [Royal] Society« zu bringen, damit er
seinen Namen eintrage. »Ein Faksimile des Buches haben sie bei mir gelassen, und wenn Sie bei mir wären, könnte ich Ihnen die signatures von
I. Newton to Charles Darwin zeigen. Gute Gesellschaft!« Die Aufforderung, seinen Namen denen dieser berühmten Wissenschaftler hinzuzufügen, war Wonne genug; die Bereitschaft der Royal Society, gegen ihre
Regeln zu verstoßen und ihm das Ehrenregister zu bringen, war ein zusätz-
licher Willkommensgruß. Sie hatte diese Ausnahme erst ein einziges Mal
gemacht, für den König von England. Aber Freud konnte nicht umhin zu
bemerken, daß dieses England ein »absonderliches Land« sei. Man verlange von ihm sogar, daß er seine Unterschrift ändere. Man sage ihm, daß
hier nur ein Lord allein mit seinem Familiennamen zeichne. Deshalb unterschrieb Freud seinen Brief an Arnold Zweig versuchsweise in einem Stil,
den er vor mehr als vierzig Jahren aufgegeben hatte: »Sigm. Freud.«[180]

Was weit mehr zählte als diese kleinen Eigentümlichkeiten, waren die
Güte und Sympathie, die Freud in England erfuhr. Berühmte Persönlichkeiten und gewöhnliche Engländer, beinahe alle völlig Fremde, bereiteten ihm
einen herzlichen und aufmerksamen Empfang, der beinahe sein Fassungs-
vermögen überstieg. »Wir sind mit einem Schlag populär in London geworden«, schrieb er Eitingon. »Der Bankmanager sagt: ›I know all about you‹;
der Chauffeur, der Anna führt, bemerkt: ›Oh, it's Dr. Freud's place.‹ Wir
ersticken in Blumen.« Und vielleicht das Bemerkenswerteste von allem
war: »Jetzt dürfen Sie auch wieder schreiben, und zwar was Sie wollen.
Briefe werden nicht geöffnet.«[181] Zwei Wochen später, als er einen Brief
seines Bruders Alexander beantwortete, dem es im März gelungen war,
Österreich zu verlassen, und der sich in der Schweiz in Sicherheit befand,
bestätigte Freud seine euphorische, beinahe ungläubige Einschätzung. Mit
all seinen Eigenheiten sei England »ein gesegnetes, ein glückliches Land,
von wohlwollenden, gastfreundlichen Menschen bewohnt, das ist wenigstens der Eindruck der ersten Wochen«. Er war erstaunt zu sehen, daß vom
dritten Tag seines Aufenthaltes an »die Post Briefe mit der Adresse: Dr.
Freud, London, oder ›Overlooking Regent's Park‹ richtig befördert«.[182]
Seine Frau war nicht weniger erstaunt.[183] Aber all diese Post konnte nicht
vernachlässigt werden. »Und die Briefe!« rief Freud in gespieltem Entsetzen
aus. »Ich habe zwei Wochen lang wie ein Schreibkuli gearbeitet, um die
Spreu vom Weizen zu sondern«, und die zu beantworten, die eine Antwort

verdienten. Er bekam Zuschriften von Freunden und »überraschend viele von völlig Fremden, die nur ihre Freude ausdrücken wollen, daß wir entkommen und jetzt in Sicherheit sind, und nichts dafür verlangen«. Daneben wurde er, wie zu erwarten, heimgesucht von der »Schar von Autographenjägern, Narren, Verrückten und Frommen, die Traktate und Evangelien schicken, das Seelenheil retten, die Wege Christi weisen und über die Zukunft Israels aufklären wollen. Und dann erst die gelehrten Gesellschaften, deren Mitglied ich schon bin, und die unendlich vielen jüdischen ›associations‹, deren Ehrenmitglied ich werden soll. Kurz, zum ersten Mal und spät im Leben habe ich erfahren, was Berühmtheit heißt.«[184]

Inmitten all dieser Befriedigungen litt Freud ein wenig an einem Symptom, das er vor Jahren als das Schuldgefühl des Überlebenden identifiziert hatte. Er hatte eine regelrechte Hemmung gegen die Beantwortung des Briefes seines Bruders bemerkt, denn ihm und seiner Familie ging es gut, beinahe zu gut. Seine in Wien zurückgelassenen Schwestern erwähnte Freud zwar nicht, aber es war offensichtlich, daß er an sie dachte. Und er fühlte die Schmerzen des Exils. »Vielleicht haben Sie den einen Punkt ausgelassen, den der Emigrant so besonders schmerzlich empfindet«, schrieb er einem früheren Analysanden, dem Schweizer Psychoanalytiker Raymond de Saussure, der ihn zu seinem Entkommen beglückwünscht hatte. Es sei »der Verlust der Sprache, in der man gelebt und gedacht hat und die man bei aller Mühe zur Einfühlung durch eine andre nie wird ersetzen können. Mit schmerzlichem Verständnis beobachte ich, wie mir sonst vertraute Mittel des Ausdrucks im Englischen versagen, und wie *Es* sich sogar sträuben will, die gewohnte gothische Schrift aufzugeben. Und dabei hat man so oft gehört, daß man kein Deutscher ist. Und dazu ist man selbst ja froh, daß man ein Deutscher nicht mehr zu sein braucht.«[185] Aber das war ein Unbehagen, mit dem man fertig wurde. Vorerst einmal starb Freud nicht in Freiheit, sondern er lebte in Freiheit und genoß es, soweit es sein schlechter Gesundheitszustand, seine Schuldgefühle und die Welt zuließen.

Freuds Reaktion auf die erfrischende Wirkung seines Empfangs war die Rückkehr zu ernsthafter Arbeit, was immer ein gutes Zeichen war. Am 21. Juni, nur zwei Wochen nach seiner Ankunft in England, notierte er in seiner *Chronik*: »Moses III wieder begonnen.«[186] Eine Woche später schrieb er Arnold Zweig, daß er mit Lust am dritten Teil des *Moses* arbeite. Es war offenbar eine Lust, die wenige andere teilten. Er habe, fuhr er fort, gerade einen Brief »eines jungen jüdischen Amerikaners« bekommen, »in dem ich gebeten werde, den armen, unglücklichen Volksgenossen nicht den einzigen Trost zu rauben, der ihnen im Elend geblieben ist«.[187] Ungefähr um dieselbe Zeit besuchte ihn der berühmte jüdische Orientalist Abraham Shalom Yahuda, um die gleiche Bitte auszusprechen.[188] Freud hatte das

Manuskript von *Der Mann Moses und die monotheistische Religion* noch nicht einmal beendet, aber die bloße Aussicht auf seine Veröffentlichung bereitete Juden Sorge, die in dieser schwierigen, schrecklichen Zeit darauf bedacht waren, an Moses festzuhalten. Freud hatte 1937 die ersten beiden Abhandlungen in *Imago* veröffentlicht, aber ein Buch, das dem allgemeinen Publikum zugänglich war, stellte eine weit gefährlichere Drohung dar als zwei Aufsätze über Moses als Ägypter in einer letzten Endes obskuren Zeitschrift für Psychoanalytiker.

Von diesem Zeitpunkt an wurden ängstliche Bitten, zornige Anklagen, verachtungsvolle Widerlegungen und spärlicher Applaus zu einem Leitmotiv. Freud blieb ungerührt, gab aber vor zu glauben, daß das, was andere seinen Starrsinn oder seine Arroganz nannten, in Wirklichkeit ein Zeichen von Bescheidenheit sei. Er sei nicht einflußreich genug, erklärte er, um den Glauben eines einzigen gläubigen Juden zu stören.[189]* Leidenschaftlich an seiner Lösung der Moses-Frage interessiert und von der Bedeutung dieser Lösung für die Geschichte der Juden überzeugt, war Freud eigensinnig und überraschend blind für die psychologischen Folgen für diejenigen, die Moses als ihren Stammvater betrachteten. Er war nicht immer so gefühllos gewesen. In den ersten Sätzen der ersten Abhandlung, »Moses ein Ägypter«, hatte er sich mit der Frage direkt auseinandergesetzt: »Einem Volkstum den Mann abzusprechen, den es als den größten unter seinen Söhnen rühmt, ist nichts, was man gern oder leichthin unternehmen wird, zumal wenn man selbst diesem Volke angehört. Aber man wird sich durch kein Beispiel bewegen lassen, die Wahrheit zugunsten vermeintlicher nationaler Interessen zurückzusetzen.«[190] Er hatte es schmerzlich genug gefunden, daß ihn österreichische Politiker eingeschüchtert und zumindest vorübergehend zum Schweigen gebracht hatten, und er wollte sich das gleiche von seinen jüdischen Volksgenossen nicht gefallen lassen. Daher arbeitete er weiter an seinem »Moses III«; es war eine Idee, die er zu Ende verfolgen mußte. Am 17. Juli konnte er seinem Bruder Alexander triumphierend melden: »Habe soeben den letzten Satz meines Moses III niedergeschrieben.«[191] Zu Beginn des folgenden Monats verlas seine Tochter Anna einen Abschnitt dieses dritten Teils auf dem Internationalen Psychoanalytischen Kongreß in Paris.

---

* Dies blieb ein ständiges Thema. »Niemand, der Trost in der heiligen Bibel oder in den Gebeten der Synagoge sucht«, schrieb er noch im Juli 1939, »ist in Gefahr, durch meine Predigten seinen Glauben zu verlieren. Ich meine sogar, er wird nie erfahren, was immer ich glaube und in meinen Büchern vertrete. Der Glaube kann durch solche Mittel nicht erschüttert werden. Ich schreibe nicht für das Volk oder die Menge der Gläubigen. Ich produziere nur wissenschaftliches Material für das Interesse einer Minderheit, die keinen Glauben zu verlieren hat« (Freud an einen Dr. Magarik, 4. Juli 1939. In Englisch. Maschinengeschr. Kopie, Freud Collection, Z3, LC).

Während der *Moses* den größten Teil seiner Aufmerksamkeit beanspruchte, vernachlässigte Freud seine anderen beruflichen Interessen nicht ganz. Anfang Juli zeigte er in einem seiner letzten Briefe an Theodor Reik, daß sich an seiner alten Erbitterung gegen die Amerikaner in der Frage der Laienanalyse nichts geändert hatte. Reik, der vor zwölf Jahren gewissermaßen die ganze Debatte ausgelöst hatte, ließ sich nun in den Vereinigten Staaten nieder. Was für ein böser Wind ausgerechnet ihn nach Amerika verschlagen habe, fragte ihn Freud sarkastisch. Er hätte doch wissen müssen, wie freundlich die Kollegen dort die Laienanalyse aufnehmen, da für sie die Analyse nichts anderes ist als eine Dienerin der Psychiatrie. Seine Feindseligkeit war stärker als sein Urteilsvermögen, und er fragte Reik, ob er nicht noch in den Niederlanden hätte bleiben können.[192] Im selben Monat verneinte er kategorisch, daß er seine Meinung über die Laienanalyse geändert habe, und er bezeichnete den Bericht als »ein dummes Gerücht«. Tatsächlich, schrieb er, »habe ich diese Ansichten nie verworfen, und ich bestehe auf ihnen sogar noch stärker als zuvor«.[193]

Die Gefahren für die Psychoanalyse, ob im unzuverlässigen Amerika oder, weit schlimmer noch, im von den Nazis beherrschten Mitteleuropa, bedrückten Freud. Der Verlag in Wien war im März 1938 nach dem Anschluß aufgelöst worden. Um *Der Mann Moses und die monotheistische Religion* drucken zu lassen, mußten Vereinbarungen mit einem Verleger in Amsterdam getroffen werden. Nun schrieb Hanns Sachs, der Berlin klugerweise schon 1932, ein Jahr vor der Machtergreifung Hitlers, verlassen hatte und nach Boston gegangen war, und schlug eine Zeitschrift für angewandte Psychoanalyse als Nachfolgerin der eingestellten *Imago* vor. Freud zögerte, seine Zustimmung zu dem Vorhaben zu geben; er fürchtete, daß es das Ende aller Bemühungen bedeuten würde, weiterhin psychoanalytische Zeitschriften in deutscher Sprache zu veröffentlichen. Sein Plan für eine neue, englischsprachige *Imago* in Amerika habe ihm zuerst nicht gefallen, schrieb er Sachs. Er wolle nicht, daß in Deutschland das Licht ganz ausgehe. Aber Anna Freud und Ernest Jones überzeugten ihn davon, daß seine Einwände unbegründet seien, und er schlug den Titel *American Imago* vor, den Sachs prompt akzeptierte.[194] Einige Tage später, am 19. Juli, brachte Stefan Zweig, der damals in England im Exil war, Salvador Dalí zu einem Besuch mit, und Freud, der eine eher fragwürdige Beziehung zu den Surrealisten hatte, war sehr eingenommen von »dem jungen Spanier mit seinen treuherzig fanatischen Augen und seiner unleugbar technischen Meisterschaft«.[195]

Drei Tage später, am 22. Juli, begann Freud mit seinem *Abriß der Psychoanalyse* und notierte sorgfältig das Datum auf der ersten Seite. Er schrieb ihn mit ungeduldiger Eile nieder, verwendete Abkürzungen und ließ Artikel aus und fand seine »Ferienarbeit«, wie er seiner Tochter Anna schrieb, die sich gerade zu einer Konferenz in Paris aufhielt, »eine amüsante Beschäftigung«.[196] Aber der *Abriß* ist eine kraftvolle, wenn auch knappe Darstellung seiner reifen Ansichten. Auf den fünf Dutzend Seiten, die er zu schreiben vermochte, ehe er das Manuskript aufgab, faßte er zusammen, was er über den psychischen Apparat, die Trieblehre, die Entwicklung der Sexualität, die Natur des Unbewußten, die Traumdeutung und die psychoanalytische Technik herausgefunden hatte. Doch nicht alles in diesem gehaltvollen Fragment ist reine Zusammenfassung: Freud ließ Hinweise auf neue Ansatzpunkte in seinem Denken fallen, besonders über das Ich. In einem fesselnden Abschnitt stellte er die Vermutung an, daß eine Zeit kommen könnte, in der chemische Stoffe den seelischen Apparat beeinflussen und die psychoanalytische Therapie, nun die bestmögliche Behandlung für Neurosen, überflüssig machen würden. Mit 82 Jahren war Freud noch offen für die Zukunft, konnte er noch an radikale Revisionen der psychoanalytischen Praxis denken. Der *Abriß der Psychoanalyse* sieht aus wie ein stark kondensiertes Elementarbuch, ist aber nicht für Anfänger geeignet. Unter Freuds »Popularisierungen« ist er die bei weitem schwierigste. Mit seiner umfassenden Darstellung und seinen implizierten Warnungen davor, das psychoanalytische Denken verknöchern zu lassen, kann er als Freuds Testament für den Beruf gelten, den er begründet hatte.

Freud vollendete die Arbeit am *Abriß* Anfang September, als es alarmierende Anzeichen dafür gab, daß sein Krebs wieder aktiv war. Nach besorgten Konsultationen mit englischen Ärzten ließen die Freuds Dr. Pichler aus Wien kommen, und am 8. September nahm er eine große Operation vor, die über zwei Stunden dauerte. Er schnitt von außen durch Freuds Wange, um besser an den Tumor heranzukommen. Nach der Operation erstattete Anna Freud sofort mit offensichtlicher Erleichterung Marie Bonaparte Bericht. »Ich bin sehr froh, daß es bereits heute ist und nicht mehr gestern.«[197] Diese Operation war Freuds letzte. Er war nun zu gebrechlich, um noch Stärkeres auszuhalten als Radiumbehandlungen, die schon stark genug waren.

Freud durfte die Klinik einige Tage später verlassen, und am 27. September zog er in das Haus ein, das für ihn in Hampstead, 20 Maresfield Gardens, vorbereitet worden war. Es war geräumig und angenehm und wurde noch angenehmer durch einen schönen Garten, der voller Blumen und von hohen Bäumen beschattet war. Der Herbst war mild, und er verbrachte viel Zeit im Freien, wo er in einer Gartenschaukel las und sich ausruhte. Das Haus war nach seinen Bedürfnissen und Wünschen eingerichtet, damit er sich zu Hause fühlen konnte, soweit es menschenmöglich war. Die Besitztümer, die er von den Nazis hatte loskaufen müssen – seine Bücher, seine Antiquitäten, seine berühmte Couch – waren endlich angekommen und wurden so aufgestellt, daß seine beiden ebenerdigen Räume ungefähr seinem Sprechzimmer und dem anschließenden Arbeitszimmer in der Berggasse 19 ähnelten. Paula Fichtl, die Haushälterin, die seit 1929 bei den Freuds war und in Wien seine Statuetten mit der größten Sorgfalt abgestaubt hatte, stellte sie nun, so gut sie es aus der Erinnerung vermochte, so auf, wie sie in Wien gestanden hatten. Unter diesen hochgeschätzten Antiquitäten befand sich auch der griechische Mischkrug, ein Geschenk Marie Bonapartes, der in Wien hinter Freuds Schreibtisch gestanden hatte und eines Tages seine Asche und später die seiner Frau aufnehmen sollte. Hier in Maresfield Gardens, in seiner wiederhergestellten alten Umgebung, verlebte Freud das Jahr, das ihm noch beschieden war.

Die Operation hatte seine Kraftreserven erschöpft, aber er war noch rege genug, um die Tagesereignisse zu verfolgen. Die internationale Situation verschlechterte sich stetig, und die Kriegsdrohung hing über der zivilisierten Welt wie ein giftiger Nebel. Am 29. September 1938 trafen sich Neville Chamberlain und Édouard Daladier mit Hitler in München und gaben ihr Einverständnis dazu, daß Deutschland gegen das zweifelhafte Versprechen einer friedlichen Haltung in Zukunft die »deutschen« Gebietsteile der Tschechoslowakei schluckte. Bei seiner Rückkehr nach England wurde Chamberlain von vielen jubelnd als Retter begrüßt und von einigen wenigen als schändlicher Beschwichtigungspolitiker verurteilt. Als er Freud schrieb, fragte sich Arnold Zweig, ob die »Pießmacher«* nicht allmählich begriffen, »was für einen Preis sie andere zahlen lassen – bis sie selbst ihn zahlen werden«.[198] München verschaffte den Alliierten einige Monate Zeit und, nach dem Erwachen, den Ruf des Verrats und der Feigheit. Der bloße Name der Stadt, in der die Premierminister von Großbritannien und Frankreich die Tschechoslowakei an die Nazis verkauft hatten, wurde zum Synonym für jämmerliche Kapitulation. Freuds Kommentar zu München in seiner *Chronik* am 30. September lautete knapp: »Frieden.«[199]

Er fühlte sich noch nicht gut genug, um mit seiner Korrespondenz auf dem laufenden zu bleiben. Der erste Brief, den er vom »Home«, an Marie Bonaparte, abschickte, wurde am 4. Oktober geschrieben, eine ganze Woche, nachdem er eingezogen war. Die alte zwanghafte Pünktlichkeit, die für ihn charakteristisch gewesen war, hatte er verloren; er mußte mit seinen Kräften haushalten. In seinem Brief erklärte er, warum. Die Operation, schrieb er seiner Prinzessin, »war die schwerste seit 1923 und hat mich viel gekostet«. Er hatte nur genug Energie für eine kurze Mitteilung: »Ich kann kaum schreiben, nicht besser als sprechen und rauchen.« Er klagte darüber, daß er »abscheulich müde« und schwach sei. Aber trotzdem nahm er drei

---

* Eine Kombination aus Miesmacher und engl. peacemaker = Friedensmacher (Anm. d. Übers.).

Analysepatienten an.[200] Sobald er sich genügend erholt hatte, kehrte er an seinen Schreibtisch zurück. Nachdem er den *Abriß der Psychoanalyse* aufgegeben hatte, begann er am 20. Oktober mit einer anderen didaktischen Abhandlung, in deutscher Sprache, aber mit dem englischen Titel »Some Elementary Lessons in Psychoanalysis«. Auch sie sollte ein Fragment bleiben, und ein sehr kurzes dazu. Wie er Marie Bonaparte Mitte November schrieb, war er »noch ganz leistungsfähig«. Aber was er tun konnte, war sehr begrenzt: »Briefe kann ich schreiben, aber nichts anderes.«[201] Eine letzte Phantasie quälte ihn. Er wollte seine alte Zuneigung zu England und, wahrscheinlich, seine unversöhnliche Ablehnung Österreichs dadurch besiegeln, daß er als britischer Staatsbürger naturalisiert wurde. Aber hier versagten seine einflußreichen englischen Freunde und seine ausgezeichneten Beziehungen, und er starb, ohne daß dieser Wunsch erfüllt wurde.

Eine Atmosphäre des Abschieds hing über diesen Herbstmonaten. Freuds letzte Schriften, die posthum veröffentlicht wurden, lesen sich wie Abschiedsworte. In dem Bewußtsein, daß sein Tod bevorstand, drängte er seine Freunde, bald zu kommen. Als ihm die berühmte französische Diseuse Yvette Guilbert, die er seit Jahren kannte und schätzte, im Oktober schrieb, daß sie ihn im nächsten Mai besuchen wolle, um mit ihm Geburtstag zu feiern, war er gerührt, aber besorgt wegen der Monate, die er noch warten mußte: »In meinem Alter hat auch jeder Aufschub eine schmerzliche ›connotation‹.«[202] Der Strom der Besucher, der von Martha und Anna Freud rücksichtsvoll reguliert wurde, verlangsamte sich, aber er versiegte nicht. Manche, wie Stefan Zweig, waren alte Bekannte, andere, wie H. G. Wells, waren Bewunderer jüngeren Datums. Seine Vertrauten waren natürlich die kongenialsten Besucher. Marie Bonaparte, die oft eine Zeitlang in Maresfield Gardens blieb, war praktisch ein Mitglied der Familie Freud. Arnold Zweig, der von den meisten gewohnten Einkommensquellen abgeschnitten war, verwendete einen Tantiemenscheck aus der Sowjetunion, um im September einen Besuch bei Freud zu finanzieren, und er blieb mehrere Wochen. Als er Freud Mitte Oktober von Paris aus noch einmal Lebewohl sagte, erinnerte er sich an ihre langen Gespräche, die erschöpfend gewesen sein mußten, wie er, sich entschuldigend, schrieb.[203]

Während all dieser Zeit wurden Versuche unternommen, Freud davon abzubringen, sein Buch über Moses zu veröffentlichen.* Mitte Oktober bat

---

* Im Oktober meinte ein Korrespondent aus Palästina, Israel Doryon, Freud könne die Idee, daß Moses ein Ägypter war, von Josef Popper-Lynkeus, einem österreichischen Physiker, Philosophen und Essayisten, übernommen haben, dessen einfühlsame Arbeit über Träume und andere psychologische Fragen Freud sehr bewunderte. Doryons Andeutung brachte ihn keineswegs in Verlegenheit, sondern interessierte ihn sehr. »Phänomene von sogenannter Kryptomnesie« – einem unbewußten und schuldlosen Borgen

Charles Singer, ein hervorragender Wissenschaftshistoriker, einen der Söhne Freuds, dem Vater auszurichten, daß es klug wäre, *Der Mann Moses und die monotheistische Religion* im Schreibtisch zu behalten, vor allem da die englischen Kirchen, Bollwerke gegen den Antisemitismus, das Buch als Angriff auf die Religion auffassen würden. Seine politische Bitte war so vergeblich, wie es Abraham Yahudas frühere Intervention gewesen war. Das Buch, schrieb Freud Singer, indem er treu noch einmal seine lebenslange Verpflichtung gegenüber der Wissenschaft ausdrückte, »kann man nur insofern einen Angriff auf die Religion heißen, als ja jede wissenschaftliche Untersuchung eines religiösen Glaubens den Unglauben zur Voraussetzung hat«. Er erklärte, er sei betrübt über die Reaktion der Juden auf seine wissenschaftlichen Spekulationen. »Natürlich kränke ich auch meine Volksgenossen nicht gerne. Aber was kann ich dabei machen? Ich habe mein ganzes Leben damit ausgefüllt, für das einzutreten, was ich für die wissenschaftliche Wahrheit hielt, auch wenn es für meine Nebenmenschen unbequem und unangenehm war. Ich kann es nicht mit einem Akt der Verleugnung beschließen.« Er deutete an, daß keine geringe Ironie in all diesen Forderungen nach Selbstzensur lag: »Nun, man wirft uns Juden vor, daß wir im Laufe der Zeiten feige geworden sind. (Wir waren einmal eine tapfere Nation.) An dieser Verwandlung habe ich keinen Anteil erworben. Ich muß es also riskieren.«[204]

Weit davon entfernt, sein Projekt aufzugeben, drängte Freud energisch auf eine englische Übersetzung – und prompt arbeitete auch Katherine Jones mit Hilfe ihres Mannes daran, aber Ende Oktober kam von Ernest Jones die enttäuschende Nachricht, daß die Übersetzung nicht vor Februar oder März 1939 fertig sein werde. In einer langen, drängenden Antwort verbarg Freud nicht seine Bestürzung. Er gab zu, daß die Zeit der Jones wertvoll und ihre Gewissenhaftigkeit sehr groß sei. Aber schließlich hätten sie diese Last freiwillig auf sich genommen, und der Aufschub sei für ihn in mehr als einer Hinsicht unangenehm. Er erinnerte Jones an sein hohes Alter und seine unsichere Lebenserwartung: »Vor allem bedeuten einige Monate für mich mehr als für einen anderen.« Es war ein »begreiflicher Wunsch«, die englische Ausgabe noch zu Lebzeiten fertig zu sehen. Vielleicht konnte Jones jemanden finden, der einen Teil übersetzte, so daß das Buch in zwei Monaten fertig sein könne. »Andererseits«, erinnerte er Jones, »haben wir mit der Ungeduld des amerikanischen Verlegers (Knopf NY) zu rechnen, von dem wir bereits Zahlung angenommen haben.«[205]

Das war kein Vorwand. Seit dem Sommer stand Blanche Knopf mit

---

von Material – »sind bei mir sehr häufig vorgefallen und haben die Herkunft von scheinbar originellen Ideen geklärt.« Es machte ihm nichts aus, nicht originell zu sein; sein einziger Beitrag, schrieb er, sei »das Stückchen psychoanalytischer Bekräftigung« einer alten Behauptung (Freud an Doryon, 7. Oktober 1938. Freud Museum, London).

Martin Freud in Verbindung, um sich die amerikanischen Rechte an *Der Mann Moses und die monotheistische Religion* zu sichern. Zusammen mit ihrem Mann, Alfred, leitete Blanche Knopf einen anspruchsvollen Verlag in New York, der berühmt war für seine hervorragenden einheimischen Autoren wie H.L.Mencken und seine noch hervorragendere Liste ausländischer Autoren, zu denen Thomas Mann gehörte. Bei Knopf zu erscheinen, war tatsächlich wünschenswert. Mitte November suchte Blanche Knopf Freud auf und machte verschiedene Vorschläge für geringfügige Änderungen, die Freud nicht zu akzeptieren gewillt war. Es muß eine spannungsgeladene Begegnung gewesen sein: die schlanke, eifrige, selbstsichere amerikanische Verlegerin, die einige »kleine Vorschläge«[206] machte und versuchte, einen starrsinnigen Freud dazu zu überreden, ein Manuskript zu revidieren, das ihn vielleicht mehr gekostet hatte als jedes andere. Freud machte sich erbötig, vom Vertrag zurückzutreten, aber Blanche Knopf lehnte das klugerweise ab, und zuletzt brachte der Knopf Verlag *Der Mann Moses und die monotheistische Religion* in den Vereinigten Staaten heraus.[207] Während dieser Verhandlungen korrespondierte Freud mit seinem Übersetzer J. Dwossis in Jerusalem wegen einer Übersetzung des *Moses* ins Hebräische. Sosehr er sich auf die Übersetzung freute – er fühlte sich verpflichtet, Dwossis zu warnen: »Es ist eine Fortführung des Themas von Totem und Tabu in Anwendung auf die jüdische Religionsgeschichte. Ich bitte Sie aber in Erwägung zu ziehen, daß sein Inhalt besonders geeignet ist, jüdisches Empfinden, soweit es sich nicht der Wissenschaft unterordnen will, zu kränken.«[208] Er wünschte sich die Übersetzung, aber er versäumte es nicht, seinen Übersetzer darauf aufmerksam zu machen, daß sie riskant sein könnte.

Das Schicksal seines *Moses* war ungeheuer wichtig für Freud, aber die Nazis konfrontierten ihn mit Ereignissen von weit größerer Bedeutung. Am 10. November notierte er in seiner *Chronik*: »Pogroms in Germany.«[209] In der vorausgegangenen Nacht hatte das Naziregime eine Reihe von »spontanen« Demonstrationen – Sprechchöre, Einschlagen von Fenstern, Plünderungen und Gewalttaten – und Massenverhaftungen organisiert. Der Vorwand war der Tod eines deutschen Diplomaten in Paris, der von einem verzweifelten jungen polnischen Juden erschossen worden war, aber die große Aktion war bereits lange vorher sorgfältig vorbereitet worden. Im ganzen Land, in kleinen und großen Städten wurden an die 7000 jüdische Geschäfte demoliert; beinahe alle Synagogen wurden niedergebrannt, und an die 50 000 deutsche Juden wurden in Konzentrationslager gebracht. Unmäßige kollektive Geldstrafen und irrationale und erniedrigende bürokratische Forderungen machten die Auswanderung unumgänglich und zugleich schwierig. Das Ende des jüdischen Lebens in Deutschland, das bereits durch die früheren Rassengesetze und diskriminierenden Bestimmungen erschwert worden war, zeichnete sich ab, als deutsche Juden verzweifelt in einer Welt Zuflucht suchten, die sie nur widerwillig aufnahm. Der Vandalismus und die Brutalität dieser »letzten abscheulichen Ereignisse«, die mit einem schwarzen Euphemismus als »Kristallnacht« bezeichnet wurden, weckten in Freud Erinnerungen an Wien im März; sie »verschärften das Problem, was mit den vier alten Frauen zwischen fünfundsiebzig und achtzig« – seinen Schwestern, die noch in Wien lebten – »geschehen soll«. Er fragte Marie Bonaparte, ob sie sie vielleicht nach Frankreich bringen könne,[210] und das versuchte sie auch energisch, aber die Bürokratie und die Zeiten waren gegen sie.

Bei diesen Dingen ging es um Leben und Tod. Aber sie konnten Freuds Aufmerksamkeit nicht ganz von der Angelegenheit ablenken, die für ihn von Bedeutung war, der Psychoanalyse. Sie stellte eine weitere Reihe von unangenehmen Problemen dar, mit denen die Nazis seine Welt heimgesucht hatten. Während die Psychoanalyse in Deutschland unter der Schutzherrschaft der Allgemeinen Deutschen Medizinischen Gesellschaft für Psychotherapie, dem von einem Vetter Görings geleiteten sogenannten Göring-Institut, mehr oder weniger überlebte, war sie gezwungen, sich der Rassenideologie der Nazis anzupassen, ein gesäubertes Vokabular zu verwenden und auf jüdische Analytiker zu verzichten. Keine Unabhängigkeit des Geistes, geschweige denn der Forschung war von dieser Seite zu erwarten. In Österreich waren alle Spuren der Psychoanalyse ausgelöscht worden. Die Schweizer unter der zweifelhaften Führung Jungs, der eine Zeitlang über den Unterschied zwischen dem germanischen und dem jüdischen Unbewußten gesprochen hatte, waren kaum Verbündete, denen Freud trauen konnte. In Frankreich blieb die Psychoanalyse umstritten. Die Vereinigten Staaten hatten zwar eine wachsende Anzahl von deutschen, österreichischen und ungarischen Analytikern aufgenommen, aber Freud setzte, wie wir wissen, wenig Vertrauen in die Amerikaner, und die Laienanalytiker, die nach New York und anderen großen amerikanischen Städten strömten, stießen sich ständig an Bestimmungen, die ihnen die Ausübung der Psychoanalyse untersagten. Daher hatten es, wie Freud Ernest Jones gegenüber zugab, »die Ereignisse der letzten Jahre gefügt, daß London Hauptort und Mittelpunkt der psychoanalytischen Bewegung geworden ist«.[211] Unter diesen Umständen war Freud froh, daß ein englischer Verleger, John Rodker, einen Verlag, die Imago Publishing Company, gründete, um eine neue und verbesserte Ausgabe seiner Gesammelten Werke in deutscher Sprache herauszubringen.[212] Auch die deutschsprachigen psychoanalytischen Zeitschriften, deren Erscheinen die »politischen Ereignisse in Österreich«[213] verhindert hatten, erhielten neues Leben. Ab Anfang 1939 erschien in England eine Zeitschrift, welche die alte *Internationale Zeit-*

schrift für Psychoanalyse und *Imago* vereinigte und als deren Herausgeber Freud zeichnete.

Freud schrieb noch ein wenig – einen kurzen Kommentar über den Antisemitismus, den eine von Arthur Koestler in Paris herausgegebene Emigrantenzeitschrift publizierte, und einen Brief an den Herausgeber von *Time and Tide* über dasselbe Thema. Und immer noch kamen Besucher. Gegen Ende Januar 1939 wurden seine englischen Verleger, Leonard und Virginia Woolf, die Eigentümer der Hogarth Press, zum Tee in Maresfield Gardens eingeladen. Leonard Woolf war überrascht bis zur Bewunderung. Er hatte kraft seiner eigenen Persönlichkeit und als Mann einer gesellschaftlich prominenten und international berühmten Romanautorin sein Leben lang mit Berühmtheiten Umgang gehabt und war nicht leicht zu beeindrucken. Aber Freud, erinnerte er sich in seiner Autobiographie, »war nicht nur ein Genie, sondern auch im Gegensatz zu vielen Genies ein außerordentlich netter Mann«. Woolf fühlte »keinen Anlaß, die berühmten Männer zu loben, die ich gekannt habe. Beinahe alle berühmten Männer sind enttäuschend oder langweilig. Freud war keines von beidem; er hatte eine Aura nicht von Ruhm, sondern von Größe.« Der Tee mit Freud, meinte Woolf, war »kein leichtes Interview. Er war außerordentlich höflich auf eine förmliche, altmodische Weise – zum Beispiel überreichte er Virginia beinahe feierlich eine Blume. Es war etwas an ihm wie von einem halb erloschenen Vulkan, etwas Düsteres, Unterdrücktes, Reserviertes. Er gab mir das Gefühl, das mir nur sehr wenige Menschen gaben, denen ich begegnet bin, ein Gefühl von großer Güte, aber, hinter der Güte, großer Kraft.«[214]

Freuds Familie, bemerkte Woolf, habe seine Räume in Maresfield Gardens in eine Art Museum verwandelt, »denn überall um ihn her war eine Anzahl ägyptischer Antiquitäten, die er gesammelt hatte«. Als Virginia Woolf die Vermutung anstellte, daß es, wenn die Alliierten den Ersten Weltkrieg verloren hätten, vielleicht keinen Hitler gegeben hätte, widersprach ihr Freud. »Hitler und die Nazis wären gekommen und noch viel schlimmer gewesen, wenn Deutschland den Krieg gewonnen hätte.« Woolf beschloß seinen Bericht mit einer reizenden Anekdote. Er hatte einen Zeitungsartikel über einen Mann gelesen, der überführt worden war, einige Bücher aus Foyles Buchhandlung in London gestohlen zu haben, darunter einen Band von Freud. Der Richter, der ihm eine Geldstrafe auferlegte, sagte, er wünschte, er könnte ihn dazu verurteilen, zur Strafe sämtliche Werke von Freud zu lesen. Freud amüsierte sich über die Geschichte, aber er »mißbilligte sie auch. Seine Bücher, sagte er, hätten ihn berüchtigt, nicht berühmt gemacht. Ein phantastischer Mann.«[215] Virginia Woolf urteilte schärfer, wie es ihre Art war. Freud war in ihren Augen »ein verschlossener, zusammengeschrumpfter sehr alter Mann mit den hellen Augen eines Af-

fen«, schweigsam, aber rege. Die anderen Freuds fand sie gesellschaftlich
und psychologisch extrem hungrig – was sie in ihrer Lage als Flüchtlinge
zweifellos waren. Aber auch sie konnte nicht leugnen, daß sie einer unvergeßlichen Persönlichkeit begegnet war.[216]

Die Woolfs waren bei einem Mann zum Tee gewesen, der bereits sehr
krank war. Freud nahm im Januar 1939 nur zwei Eintragungen in seiner
Chronik vor, beide verzeichneten Augenblicke körperlichen Leidens:
»Lumbago« am zweiten des Monats und »Knochenschmerzen« am ein-
unddreißigsten.[217] Von der Monatsmitte an ist in Freuds Briefen in alarmie-
rendem Ausmaß von seinem Krebs die Rede. Er hatte verdächtige Schwel-
lungen in der Nähe der kanzerösen Läsionen und immer stärkere Schmerzen. Der Mann, der Medikamente abgelehnt hatte, damit sie nicht seinen
Geist betäubten, lebte nun schon seit einiger Zeit mit schwachen schmerz-
stillenden Mitteln wie Pyramidon.[218] Mitte Februar schrieb er Arnold
Zweig über sein »Befinden, das interessant zu werden droht. Ich leide seit
der Operation im September an Schmerzen im Kiefer, die sich langsam,
aber stetig verstärken, so daß ich ohne Wärmflasche und größere Dosen
Aspirin meine Tagesaufgaben und meine Nächte nicht bewältigen kann.«
Er war nicht sicher, ob es »eine harmlose Verzögerung oder ein Fortschritt
des unheimlichen Prozesses ist, gegen den wir seit 16 Jahren kämpfen«.
Marie Bonaparte, die ständig mit ihm in Verbindung stand, hatte einen
französischen Spezialisten auf dem Gebiet der Radiumtherapie konsultiert,
und man sprach davon, Freud nach Paris fahren zu lassen. »Vorläufig weiß
ich aber gar nichts«, schrieb er Zweig, »und kann mir sehr gut vorstellen,
daß das Ganze den Anfang vom Ende bedeutet, das ja stets auf uns lauert.
Unterdes habe ich diese lähmenden Schmerzen.«[219] Ende Februar kam
Dr. Antoine Lacassagne aus Paris, um Freud in Schurs Gegenwart zu untersuchen, und er kehrte zwei Wochen später zurück, um Radiumbehandlungen vorzunehmen.[220] Aber die Schmerzen hielten an.

Freud war noch an der Welt interessiert, er war noch sarkastisch, er
schrieb noch seinen engsten Freunden, obwohl die Korrespondenz mit vielen von ihnen zu Ende ging. Am 21. Februar erinnerte ihn Pfister: »Wie
richtig haben Sie doch bei meinem letzten Wienbesuch die deutsche Menta-
lität beurteilt! Und wie dürfen wir uns darüber freuen, daß Sie einer zum
sadistischen Vater regredierten Nation entronnen sind!«[221] Am 5. März, in
seinem letzten Brief an Arnold Zweig, schilderte Freud einige Einzelheiten
seiner Leiden und schrieb, daß die Ärzte nach wie vor im ungewissen seien,
und dann schlug er Zweig vor, eine »Naziseele« zu analysieren.[222] Aber
während der Zustand der Welt für Freud interessant blieb, hatte sein eigener Zustand notwendigerweise den Vorrang. Eine Woche später teilte er
auf seine zurückhaltende Art einige seiner Gefühle Sachs mit. Die Ärzte

meinten, daß eine Mischung aus Röntgen- und Radiumtherapie wirksam sein und sein Leben um einige Wochen oder Monate verlängern könnte. Er war nicht sicher, ob sich die Mühe lohnte. Er täusche sich nicht über die Chancen des Endergebnisses in seinem Alter, schrieb er. Er fühle sich müde und erschöpft durch alles, was sie mit ihm machten. Als Weg zum unvermeidlichen Ende sei es so gut wie alles andere, aber er selbst würde ihn nicht gewählt haben.[223]

Um diese Zeit stand das Urteil über seinen Zustand fest. Eine Biopsie, die am 28. Februar vorgenommen wurde, war positiv. Der Krebs war wieder am Werk, so weit hinten im Mund, daß eine Operation nicht angezeigt war. Eine Zeitlang hielt eine Röntgenbehandlung die Wucherung zurück, wirksamer als Schur erwartet hatte, aber es zeigte sich, daß die Besserung nur vorübergehend war. Doch während der ganzen Zeit wies Freud den leichten Trost falscher Hoffnungen zurück. »Meine liebe Marie«, schrieb er seiner Prinzessin Ende April, »ich habe Ihnen lange nicht geschrieben, während Sie im blauen Meer gebadet haben.« Marie Bonaparte machte Ferien in St. Tropez. »Ich nehme an, Sie wissen warum, erkennen es auch an meiner Schrift.« Er gestand ihr, daß es ihm nicht gut ging. »Mein Leiden und die Folgen der Behandlung teilen sich in die Verursachung in einem mir unbekannten Verhältnis. Man hat versucht, mich in eine Atmosphäre von Optimismus zu ziehen: das Carcinom ist in Schrumpfung, die Reaktionserscheinungen sind vorübergehend. Ich glaube nicht daran und mag es nicht, betrogen zu werden.« Seine Tochter, die Psychoanalytikerin, wurde ihm immer unentbehrlicher. »Sie wissen, daß Anna nicht zur Versammlung nach Paris kommt« – einem Kongreß französischsprechender Psychoanalytiker –, »ich werde immer unselbständiger und abhängiger von ihr.« Und wieder, wie so oft in diesen Tagen, wünschte er sich den Tod. »Etwas Interkurrentes, was den grausamen Prozeß kurz abschneidet, wäre sehr erwünscht.«[224]

Der Brief ist aufschlußreich. Er bezeugt wieder einmal, wie sehr Freud seine Tochter liebte und brauchte, und zugleich, wie sehr er seine Abhängigkeit verabscheute. Und er unterstreicht wieder sein Gefühl, daß er das Recht auf die volle Wahrheit über sich selbst habe, so entmutigend sie auch sein mochte. Zumindest konnte er sich darauf verlassen, daß ihn sein Leibarzt, Max Schur, in dieser Hinsicht nicht enttäuschen würde, wie es Felix Deutsch 1923 getan hatte. Unglücklicherweise war Schur gezwungen, Freud für einige kritische Wochen zu verlassen. Ende April reiste er in einem grausamen Dilemma in die Vereinigten Staaten, um seine Frau und seine beiden kleinen Kinder unterzubringen, seine vorläufigen Einbürgerungspapiere zu beantragen und die Prüfungen für die Zulassung als Arzt abzulegen. Er fühlte sich schuldig, aber Freud schien sich nach seinen Röntgenbehandlungen besser zu fühlen, und Schur konnte seine Reise nicht

mehr mit gutem Gewissen aufschieben. Er hatte ein Visum für die Vereinigten Staaten erhalten, und als er erklärte, daß er bei Freud bleiben müsse,
hatte man ihm eine Verlängerung bis Ende April gewährt. Aber das amerikanische Konsulat, das sich an strenge Einwanderungsgesetze halten
mußte, wollte das Visum nicht noch einmal verlängern. Angesichts der
Drohung, sein Recht auf Einwanderung auf Jahre hinaus zu verlieren, beschloß Schur zu reisen und so schnell wie möglich wieder zurückzukehren.[225]

Während dieser Monate wie zuvor schon in den dunkelsten Tagen in
Nazi-Österreich war Max Schur für Freud beinahe ebenso wichtig wie
seine Tochter Anna. Freuds wiederholte Anspielung auf ihn als seinen
»Leibarzt«[226] klingt beinahe königlich, aber er mochte Schur und behandelte ihn als vertrauenswürdigen Gefährten – wie auch seine Kinder: Wir
erinnern uns, daß es Schur war, der Martin und Anna Freud die tödliche
Droge gab, von der er hoffte, daß sie sie nicht schlucken müßten. Schur
hatte Freud 1915 entdeckt, als er als junger Medizinstudent mit wachsender Erregung die Vorlesungen hörte, die später als *Vorlesungen zur Einführung in die Psychoanalyse* veröffentlicht wurden. Er spezialisierte sich zwar
auf innere Medizin, beschäftigte sich aber weiter mit der Psychoanalyse,
und durch diese für einen Internisten seltene beständige Faszination empfahl er sich Prinzessin Marie Bonaparte, die ihn zufällig 1927 und im folgenden Jahr noch einmal zu einer intensiveren Behandlung konsultierte. Sie
drängte Freud, Schur als seinen Arzt aufzunehmen, was er im März 1929
tat.[227] Er bedauerte nie, ihren Rat befolgt zu haben, und beschrieb sich als
Schurs »gefügiger Patient, auch wenn es mir nicht leicht wird«.[228] Tatsächlich rebellierte er gegen Schur in nur zwei Dingen: Er beklagte sich wiederholt darüber, daß Schurs Rechnungen zu niedrig waren;[229] und – was ein
folgenschwerer Ungehorsam war – er mißachtete Schurs Rat, seine geliebten, notwendigen Zigarren aufzugeben. Bei ihrer ersten Begegnung hatten
Freud und Schur die heikle Frage der Offenheit geregelt, und dann hatte
Freud eine noch schwierigere Frage angeschnitten: »Versprechen Sie mir
auch noch: wenn es mal so weit ist, werden Sie mich nicht unnötig quälen
lassen.« Schur versprach es, und die beiden Männer gaben sich die Hand
darauf.[230] Im Frühjahr 1939 war die Zeit, dieses Versprechen zu halten,
beinahe reif.

Eine Gelegenheit, die Schur durch seine notwendige Abwesenheit versäumte, war Freuds 83. Geburtstag. Marie Bonaparte kam nach 20 Maresfield Gardens und blieb einige Tage. Auch Yvette Guilbert kam wie versprochen und gab Freud ihre Fotografie mit einer herzlichen Widmung: *De
tout mon cœur au grand Freud! Yvette Guilbert, 6 mai 1939.*[231] Dann, am
19. Mai, hatte Freud einen wirklichen Grund zum Feiern. Er notierte trium-

phierend in seiner *Chronik*: »Moses in Englisch.«[232] Seine Hoffnung hatte
sich erfüllt; er hatte es noch erlebt, daß *Der Mann Moses und die monotheistische Religion* für die englischsprechende Welt veröffentlicht wurde.
Aber sein Erscheinen war kein reiner Segen für ihn oder für seine Leser.

Ein Blick auf die lange Abhandlung, die das Trio von Aufsätzen über
Moses vervollständigte, bestätigt die Weisheit von Freuds früherer Vorsicht. Er verlor nicht Moses und seine zentrale Frage aus den Augen: Was
machte den Juden zu dem, was er ist? Aber in der abschließenden Abhandlung über Moses und den Monotheismus verallgemeinerte er seine Untersuchung, so daß sie jede Religion umfaßte. Er hätte das Buch gut »Die
Vergangenheit einer Illusion« nennen können. Trotz all seiner persönlichen
Abschweifungen und Nebenbemerkungen, all seiner autobiographischen
Hinweise, erinnert *Der Mann Moses und die monotheistische Religion* an
gewisse ständige Themen in seiner psychoanalytischen Arbeit: den Ödipuskomplex, die Anwendung dieses Komplexes auf die Vorgeschichte, das
neurotische Ingrediens aller Religionen, die Beziehung zwischen dem Führer und seinen Anhängern.* Darüber hinaus befaßt sich das Buch mit dem
nur allzu traurig aktuellen, offenbar unausrottbaren Phänomen des Antisemitismus und mit Freuds jüdischer Abstammung.[233] Sogar eine der exzentrischen Vorstellungen, die er sich spät im Leben zu eigen gemacht hatte,
erscheint schüchtern als Fußnote: seine Überzeugung, daß Edward de Vere,
Earl of Oxford, in Wirklichkeit Shakespeares Stücke geschrieben habe, eine
weit hergeholte und etwas peinliche Theorie, mit der er seine ungläubigen
Besucher und nicht weniger ungläubigen Leser traktierte.[234]** Doch die
Identität Shakespeares war von nebensächlicher Bedeutung für sein Hauptanliegen. Freud, der unheilbare Säkularist, kehrte zu der gottlosen Behauptung zurück, die er seit Jahrzehnten vertreten hatte: Religion ist eine kollektive Neurose.

Sobald Freuds vollständiges Argument gedruckt war, zeigte es sich, daß
die Christen ebenso gute Gründe hatten, *Der Mann Moses und die monotheistische Religion* unverdaulich, ja skandalös zu finden, wie die Juden.
Freud deutete die Ermordung des Moses durch die alten Hebräer, die er in
der zweiten Abhandlung postulierte, als Wiederholung des Urverbrechens
gegen den Vater, des Verbrechens, das er in *Totem und Tabu* analysiert

---

* In diesen Jahren hatte Freud mit Marie Bonaparte, die ihn verehrte, einen freundlichen Disput darüber, ob er ein großer Mann sei oder nicht. Er entschied, daß er keiner
sei, aber große Dinge entdeckt habe.
** Freud verfolgte diese Schimäre einige Jahre lang und diskutierte sie vor allem mit
Ernest Jones, der tapfer versuchte, sie ihm auszureden. Er war sehr beeindruckt worden
von Thomas Looneys Buch »*Shakespeare*« *Identified* (1920), in dem Shakespeare als der
Earl of Oxford »entlarvt« wird, und hatte es zweimal gelesen (siehe unter seinen Briefen
vor allem Freud an Jones, 11. März 1928. Freud Collection, D2, LC).

hatte. Als Neuausgabe eines prähistorischen Traumas stelle es die Rückkehr des Verdrängten dar. Daher müsse die christliche Erzählung von einem makellosen Jesus, der sich für die sündhafte Menschheit opfere, in
»offenbar tendenziöser Entstellung« ein anderes Verbrechen dieser Art verbergen. Denn, fragte Freud und klang wie ein erbarmungsloser Detektiv,
der einen in die Ecke getriebenen Verbrecher verhört, »wie soll ein an der
Mordtat Unschuldiger die Schuld des Mörders auf sich nehmen können
dadurch, daß er sich selbst töten läßt? In der historischen Wirklichkeit bestand ein solcher Widerspruch nicht. Der ›Erlöser‹ konnte kein anderer sein
als der Hauptschuldige, der Anführer der Brüderbande, die den Vater überwältigt hatte.« Freud hielt es nicht für nötig zu entscheiden, ob ein solches
vages Verbrechen jemals stattgefunden oder ob es einen solchen Hauptre-
bellen je gegeben habe. In seiner Ordnung der Dinge waren Wirklichkeit
und Phantasie schließlich Brüder, wenn nicht gar Zwillinge. Wenn das Verbrechen nur eingebildet war, »dann ist Christus der Erbe einer unerfüllt
gebliebenen Wunschphantasie«. Wenn es aber wirklich geschehen war,
dann war er »der Nachfolger und die Reinkarnation« des großen Verbre-
chers. Was immer die historische Wahrheit war, »die christliche Zeremonie
der heiligen Kommunion« sei eine Wiederholung der alten Totemmahlzeit,
»freilich nur in ihrem zärtlichen, die Verehrung ausdrückenden ... Sinn«.
Judentum und Christentum unterschieden sich also trotz vieler Affinitäten
in ihrer Einstellung zum Vater. »Das Judentum war eine Vaterreligion gewesen, das Christentum wurde eine Sohnesreligion.«[235]

Freuds Analyse ist, gerade weil sie so wissenschaftlich und leidenschafts-
los klingt, extrem respektlos dem Christentum gegenüber. Sie behandelt
das Kernstück der christlichen Überlieferung als eine gigantische, wenn
auch unbewußte Täuschung. Aber Freud hatte noch mehr zu bieten. Ein
Jude, Saul aus Tarsus – Paulus –, war der erste, der dunkel den Grund für
die Depression erkannte, die auf der Zivilisation seiner Zeit lastete: »Wir
haben Gottvater getötet.« Es war eine Wahrheit, die er »nicht anders erfassen konnte als in der wahnhaften Einkleidung der frohen Botschaft«.[236]
Kurz, die christliche Geschichte von der Erlösung durch Jesus, sein Leben
und sein Schicksal, sei eine dem Selbstschutz dienende Fiktion, die schreckliche Taten – oder Wünsche verberge.

Der Mann Moses und die monotheistische Religion verschonte auch die
Juden nicht. Sie hatten die Ermordung des Vaters nie zugegeben. Aber die
Christen waren von der Verleugnung abgerückt und hatten den Mord eingestanden – und waren so gerettet worden. In den späten zwanziger Jahren
hatte Freud die Religion, jede Religion, eine Illusion genannt. Nun charakterisierte er das Christentum als die schwerste Art der Illusion, die in den
Wahnsinn der Täuschung übergehe. Mit dieser Beleidigung der Christen
noch nicht zufrieden, fügte er eine weitere hinzu: »In manchen Hinsichten

bedeutet die neue Religion eine kulturelle Regression gegen die ältere, jüdische, wie es ja beim Einbruch oder bei der Zulassung neuer Menschenmassen von niedrigerem Niveau regelmäßig der Fall ist. Die christliche Religion
hielt die Höhe der Vergeistigung nicht ein, zu der sich das Judentum aufgeschwungen hatte.«[237] Durchdrungen von Moses' Botschaft, daß die Kinder
Israels Gottes auserwähltes Volk seien, hätten die Juden »Magie und Mystik« abgelehnt, sich ermutigt gefühlt »zu Fortschritten in der Geistigkeit«
und seien »durch den Besitz der Wahrheit beseligt« zur »Hochschätzung
des Intellektuellen und zur Betonung des Ethischen« gelangt.[238]

In dieser Einschätzung des historischen Judentums zeigte sich Freud, der
atheistische Jude, als wahrer Erbe seines Vaters, Jacob Freud, dessen Wahlspruch einfach gelautet hatte: »Sittlich denken und moralisch handeln.«[239]
»Wir wissen«, kommentierte Freud, »daß Moses den Juden das Hochgefühl vermittelt hatte, ein auserwähltes Volk zu sein; durch die Entmaterialisierung Gottes kam ein neues, wertvolles Stück zu dem geheimen Schatz des
Volkes hinzu. Die Juden behielten die Richtung auf geistige Interessen bei,
das politische Unglück der Nation lehrte sie, den einzigen Besitz, der ihnen
geblieben war, ihr Schrifttum, seinem Werte nach einzuschätzen.«[240] Stolze
Worte, die man der systematischen Verleumdung, den Bücherverbrennungen und den mörderischen Konzentrationslagern der Nazis entgegenschleudern konnte.

Die gegensätzlichen Einstellungen von Juden und Nichtjuden zum Urverbrechen halfen Freud auch, die Hartnäckigkeit des Antisemitismus zu
erklären, dem er einige scharfe Seiten widmete. Was immer seine Ursprünge seien, erklärte er, der Judenhaß lasse eine deprimierende Wahrheit
erkennen: Christen seien keineswegs gute Christen, sondern unter einer
dünnen Tünche die polytheistischen Barbaren geblieben, die sie immer waren.[241] Gewiß war ein wesentliches Ingrediens in dem fortdauernden Phänomen des Antisemitismus in Freuds Augen Eifersucht, reiner Neid.

Dieses etwas zweideutige Lob des Judentums besänftigte die jüdischen Gelehrten nicht. Anfang Juli fand ein Rezensent von Freuds *Moses and Monotheism* im *John O'London's Weekly,* Hamilton Fyfe, das Buch »historisch und geistig von lebhaftestem Interesse«. Aber er bemerkte nicht ohne
Grund: »Was die jüdischen Genossen des Autors dazu sagen werden, wage
ich mir nicht auszudenken!«[242] Sie sagten sehr viel, und wenig davon war
schmeichelhaft. Besorgt und daher zornig über das, was sie als wahrscheinliche Konsequenzen voraussahen, behandelten sie *Moses and Monotheism*
mit Verachtung oder Stillschweigen. Sie wandten die Waffen der Psychoanalyse gegen ihren Gründer und fragten sich, warum er versucht habe, den
Juden ihren Moses zu nehmen. War es der Wunsch, mit einer endgültigen
Geste dem Judentum zu entfliehen? Tat er, da er die Wiederkehr des Ver

drängten fühlte, verzweifelt sein Bestes, um nicht wie sein Vater zu werden? War es vielleicht so (und diese Frage wurde besonders oft gestellt), daß sich Freud großartig mit Moses identifizierte, dem Fremden, der einem großen Volk seine Gesetze gegeben und seinen Charakter für immer geprägt hatte? Später beschränkte Martin Buber in seiner Moses-Studie seine Kommentare über Freuds Buch auf eine einzige verächtliche Fußnote und nannte es ein »bedauerliches« Werk, »unwissenschaftlich« und »auf unbegründete Hypothesen gestützt«.[243]* J. M. Lask, der in der Jerusalemer *Palestine Review* schrieb, nannte Freud »mit allem Respekt vor seiner großen Gelehrsamkeit und Originalität auf seinem eigenen Gebiet« einen »*am haaretz*« — einen Ignoranten.[244] Und Abraham Yahuda klagte an: »Es kommt mir vor, als hörte man in diesen Worten die Stimme eines der fanatischsten Christen in seinem Haß gegen Israel.«[245]

Aber die Christen waren in ihrem eigenen Namen empört.** Pater Vincent McNabb, der im Londoner *Catholic Herald* schrieb, fand in *Moses and Monotheism* »Seiten, die man nicht zitieren kann«, Seiten, die »uns veranlassen uns zu fragen, ob ihr Autor nicht unter einer sexuellen Obsession leidet«. Pater McNabb ging sogar von Beschimpfungen zu Drohungen über. »Professor Freud ist natürlich dem ›freien, großzügigen England‹ dankbar für das Willkommen, das es ihm gewährt hat«, schrieb er. »Aber wenn sein freies Eintreten für Atheismus und Inzest allgemein bekannt wird, fragen wir uns, wie lange er noch in einem England willkommen sein wird, das sich noch christlich nennt.«[246] Wenn er die Besprechung gelesen hätte, würde Freud die Akzente der österreichischen Kleriker in seinen Wiener Tagen wiedererkannt haben.

Auch die briefeschreibende Öffentlichkeit rührte sich, bevor der *Moses* noch erschienen war. Ein wahres Sperrfeuer ging auf Freud nieder, als

---

* Anfang 1939 hatte Max Eitingon in Jerusalem eine lange Diskussion mit Martin Buber und berichtete Freud, sobald *Der Mann Moses und die monotheistische Religion* erscheine, werde Buber eine Widerlegung schreiben müssen. Als »jüdischer Religionssoziologe« habe er schon in *Totem und Tabu* wenig gefunden, womit er einverstanden sein konnte, und er habe auch Freuds *Traumdeutung* nicht akzeptiert, die seiner Meinung nach die schöpferische Arbeit der Träume zu gering veranschlage. »Es ist klar«, kommentierte Eitingon, »daß wir nun im Lande einen großen Kritiker der Psychoanalyse haben« (Eitingon an Freud, 16. Februar 1939. Freud Museum, London). Freud antwortete am 5. März gereizt: »Martin Bubers fromme Redensarten werden der Traumdeutung wenig schaden. Der Moses ist weit vulnerabler, und ich bin auf den jüdischen Ansturm gegen ihn vorbereitet« (Sigmund Freud Copyrights, Wivenhoe).
** Von Interesse ist auch eine marxistische Reaktion. Howard Evans, der im Londoner *Daily Worker* aus seiner doktrinären Perspektive schrieb, war gewillt, einige Nachsicht mit Freud zu üben: In Anbetracht seiner »ideologischen Beschränkungen« könne man kaum »erwarten, daß dieser große bürgerliche Wissenschaftler im Alter von 83 Jahren eine dialektische Haltung einnimmt« (Besprechung von *Moses and Monotheism. Daily Worker,* London, 5. Juli 1939. Freud Museum, London).

Fremde aus Palästina und den Vereinigten Staaten, Südafrika und Kanada
ihr Mißfallen an seinen Ideen mit ungehemmter Freiheit äußerten. Einer
meinte, die Art von Bibelkritik, die er anwende, sei typisch für gottlose
Juden, die ihren Abfall von den fundamentalen Wahrheiten der jüdischen
Religion zu rechtfertigen suchten.[247] Ein anderer drückte die Hoffnung aus,
daß Freud »dieses Buch nicht veröffentlichen« werde, da es »nicht wiedergutzumachenden Schaden« stiften und nur »Goebbels und den anderen
Bestien eine weitere Waffe« liefern würde.[248] Wieder ein anderer, ein anonymer Schreiber aus Boston, beschimpfte Freud mit wütenden Sätzen:
»Ich lese in der lokalen Presse von Ihrer Behauptung, daß Moses kein Jude
war. Es ist bedauerlich, daß Sie nicht in Ihr Grab gehen konnten, ohne sich
zu blamieren, Sie alter Schwachkopf. Wir haben Abtrünnige wie Sie zu
Tausenden, wir sind froh, daß wir sie los sind, und wir hoffen, auch Sie bald
los zu sein. Es ist bedauerlich, daß die Gangster in Deutschland Sie nicht
in ein Konzentrationslager gesteckt haben, denn dort gehören Sie hin.«[249]
Andere, Briefeschreiber und später Rezensenten, waren etwas höflicher,
und einige fanden Freuds Ideen sogar anregend oder zum Teil richtig. Einer
von diesen, ein gewisser Alexandre Burnacheff, der aus Rio de Janeiro
schrieb, teilte Freud mit, daß er an einem ähnlichen Buch arbeite und
daß seine eigene Ansicht mit der Freuds übereinstimme, und bat um ein
Exemplar der englischen Ausgabe, *Moses and Monotheism,* per Nach-
nahme.[250]

Gewiß war das Beweismaterial, auf das sich Freud stützte, bei weitem
nicht solide, es war bestenfalls spekulativ, zum Teil überholt, unsicher in
Einzelheiten. Freuds Annahme, daß das hebräische Wort für »Herr«, *Ado-
nai,* von der ägyptischen monotheistischen Verehrung des Aton herstam-
men könnte, eine Vermutung, zu der er selbst wenig Vertrauen hatte,
scheint abwegig. Sein unbeirrbarer Lamarckismus, demzufolge historische
Ereignisse im Unbewußten von Generation zu Generation weitergegeben
werden, war in *Der Mann Moses und die monotheistische Religion* nicht
glaubwürdiger als in irgendeiner seiner früheren Konstruktionen. Aber der
Freud, der in seinen letzten Jahren über Moses, den Ägypter, und seinen
späteren Namensvetter nachdachte, war kein geheimer Antisemit oder
selbsternannter Prophet, der seine undankbaren Anhänger zum gelobten
Land der psychoanalytischen Wahrheit führte, einem Land, das er von
ferne erblicken, aber nie betreten sollte. Er war der intellektuelle Theoretiker, ungehemmt durch klinisches Material, getrieben, Mutmaßungen
Raum zu geben, in die er verliebt war.

Solche Mutmaßungen hielten Freud in ihrem Griff trotz überzeugender
Stimmen, die gegen sie Zeugnis ablegten. Der Freud, der Moses den Ägyp-
tern gab und ihn von den alten Hebräern ermorden ließ, war der Forscher,
der entgegen der vorherrschenden Gelehrtenmeinung davon überzeugt

war, daß der Autor der Werke Shakespeares nicht irgendein unbedeutender, ungebildeter Schauspieler sein könne. Freud war schließlich der unerschrockene Entdecker, der dem wissenschaftlichen Establishment getrotzt und sich auf die Seite der Abergläubischen und kaum Gebildeten gestellt hatte, die glaubten, daß Träume eine Bedeutung hätten. Hatte diese empfängliche Naivität nicht zu einem der entscheidenden Durchbrüche in der Wissenschaft von der Seele geführt? Ebenso verhielt es sich mit Moses; die spekulativen Wagnisse seines hohen Alters waren aus dem gleichen Stoff wie frühere Spekulationen. Er spielte ein intellektuelles Spiel um einen hohen Einsatz und genoß es. Aber selbst wenn er es nicht genossen hätte, würde ihn etwas in ihm gezwungen haben weiterzumachen. Er wäre nicht gewillt gewesen, die These von Sellins Monographie von 1922 aufzugeben, die den Schlüssel des Rätsels lieferte – die Tötung des Moses –, selbst wenn ihr Argument stichhaltig widerlegt worden wäre; tatsächlich blieb er unerschüttert, als man ihm sagte, daß Sellin widerrufen habe. Er hielt daran fest, während er zugab, daß »der zweite Moses ganz meine Erfindung ist«.[251] Früher, im Jahre 1935, als er vorübergehend aufgehört hatte, an seiner Moses-Studie zu arbeiten, hatte er seine Situation mit einer verglichen, die Psychoanalytikern vertraut ist: »Wenn man« in einer Psychoanalyse »ein bestimmtes Thema unterdrückt hat, kommt nichts anderes dafür. Das Gesichtsfeld bleibt leer. So bleibe ich auf den beiseitegelegten Moses fixiert.«[252]

Etwas von dieser zwanghaften Qualität erschien im Druck. In einer seiner Vorbemerkungen zum dritten Teil von *Der Mann Moses und die monotheistische Religion*, die im Juni 1938 in London geschrieben wurde, erklärte er, daß er glücklich sei, in England zu sein; als gern gesehener Gast atme er auf, nun da der Druck der Selbstzensur von ihm genommen sei und er »wieder reden und schreiben – bald hätte ich gesagt: denken darf, wie ich will oder muß«.[253] *Will oder muß*: er war ein freier Mann, aber nicht frei aufzuhören, über Moses zu schreiben. Er war tatsächlich bereit gewesen, den letzten Teil des Buches zu unterdrücken, solange er in Wien gelebt hatte, »aber [er] quälte mich wie ein unerlöster Geist«.[254] Das ist der Freud, den wir kennen: der Mann, der manchmal jahrelang von einer Idee verfolgt wurde. Im Laufe der Durcharbeitung seines Zwanges sagte Freud viele interessante und viele unhaltbare Dinge. Er hatte seinen *Moses* im Trotz konzipiert, im Trotz geschrieben und im Trotz veröffentlicht. Dies war die Haltung, die er für einen Entdecker angemessen fand, der sein ganzes Leben lang uneins mit der »kompakten Mehrheit« gewesen war. Und zu seiner Überraschung verkaufte sich das Buch gut. Am 15. Juni 1939 teilte er seiner »lieben Marie« Bonaparte in seinem letzten Brief an sie mit: »Vom deutschen Moses sollen schon 1800 Exemplare verkauft sein.«[255] Aber in der Gesamtheit von Freuds Werk bleibt *Der Mann Moses und die monotheisti-*

sche Religion so etwas wie eine Kuriosität, auf seine Art extravaganter als *Totem und Tabu*. Als er zum erstenmal daran dachte, hatte er geplant, ihm den Untertitel »Ein historischer Roman« zu geben. Er hätte gut daran getan, bei seiner ursprünglichen Absicht zu bleiben.

Anfang Juni 1939, während Max Schur in den Vereinigten Staaten war und sich alle Mühe gab, seine Angelegenheiten rasch zu erledigen, um zu seinem Patienten zurückkehren zu können, berichtete ihm Anna Freud von einigen leichten Zeichen der Besserung im Befinden ihres Vaters. Freud hatte trotzdem noch starke Schmerzen, die Prothese ließ sich nur schwer einsetzen und herausnehmen, und der Geruch seines kanzerösen Gewebes, das zu schwären begonnen hatte, war höchst unangenehm.[256] Als Schur am 8. Juli nach England zurückkehrte, fand er seinen Patienten zum Schlechten verändert vor. Freud war magerer und geistig weniger rege. Er schlief schlecht und ruhte die meiste Zeit. Freunde kamen von weither zu einem letzten Besuch. Hanns Sachs konnte im Juli nach London reisen und besuchte Freud täglich zu einer kurzen Plauderei. »Er sah sehr krank aus«, erinnerte sich Sachs, »und unglaublich alt. Es war offensichtlich, daß er jedes Wort auf Kosten einer ungeheuren Anstrengung aussprach, die beinahe über seine Kräfte ging. Aber diese Qualen hatten seinen Willen nicht zermürbt.« Freud gab noch einige Analysestunden, wenn ihn der Schmerz nicht zu sehr quälte, und »schrieb seine Briefe noch mit eigener Hand, wenn er kräftig genug war, die Feder zu halten«. Er beklagte sich nicht, sondern sprach von der Analyse in den Vereinigten Staaten. Als sich Sachs, der wußte, wie sehr Freud Gefühlsäußerungen verabscheute, von ihm verabschiedete, sprach er leichthin von Reiseplänen. Freud verstand die Geste, schreibt Sachs; »er drückte mir die Hand und sagte: ›Ich weiß, daß ich wenigstens *einen* Freund in Amerika habe.‹«[257] Einige Tage später, Ende Juli, kam Marie Bonaparte und blieb eine Woche; sie wußte, daß sie ihn nie wiedersehen würde. Am 1. August schloß Freud in einer endgültigen Geste des Lebewohls an das Leben offiziell seine ärztliche Praxis.[258]

Seine letzten Besucher, die ihre Eindrücke mit einem leichten Erstaunen notierten – obwohl sie ihren Freud intim kannten –, sprachen von seiner unveränderten Höflichkeit. Er erkundigte sich nach anderen und zeigte nie ein Zeichen von Ungeduld oder Reizbarkeit. Er ließ nicht zu, daß seine Krankheit ihn infantilisierte. Am 13. August sagte ihm sein Neffe Harry Lebewohl. »Als ich auf seine Frage, wann ich von den Vereinigten Staaten zurück sein werde, antwortete ›Weihnachten‹, da huschte ein trauriges Lächeln um seinen Mund und er sagte: ›Ich glaube nicht, daß Du mich dann hier noch wiederfindest‹.«[259] Einige Tage später bezeichnete er sich in einem herzlichen kurzen Brief an den deutschen Dichter Albrecht Schaeffer als »überfällig«, und er zitierte Schaeffers eigene Worte: Er könne nichts anderes tun als »warten, warten«.[260]

Gegen Ende dieses Monats erreichte seine Schwestern in Wien die Nachricht, daß es dem »geliebten Alten« gar nicht gut gehe. »Anna«, schrieb ihre Tante Rosa Graf in einem Brief, »soll Unerhörtes leisten in ihrer Arbeit um ihres Vaters Pflege.« Sie schrieb eine Woche vor Kriegsausbruch und berichtete, daß die französischen Visa trotz der »hohen Protektion« der guten Freundin ihres Bruders in Paris noch nicht gekommen seien.[261]* Am 27. August nahm Freud die letzte Eintragung in seiner *Chronik* vor. Sie endete mit dem Wort »Kriegspanik«.[262]

Das Ende war nun nahe. Freuds schwärende Krebswunde strömte einen so üblen Geruch aus, daß sein Chow vor ihm zurückscheute und nicht dazu verlockt werden konnte, in die Nähe seines Herrn zu kommen. Freud, schreibt Schur, »wußte, was das bedeutete, und sah ihn mit tiefen, tragisch wissenden Blicken an«.[263] Er wurde von Schmerzen gequält und fand nur gelegentlich und immer seltener Erleichterung. Aber in seinen wachen Stunden war er noch rege und verfolgte die Ereignisse in den Zeitungen. Am 1. September marschierten die Deutschen in Polen ein, und Max Schur übersiedelte nach Maresfield Gardens, um bei Freud zu sein und im Falle eines Luftangriffs auf London helfen zu können. Am 3. September traten Frankreich und Großbritannien in den Krieg ein, den zu vermeiden sie sich so krampfhaft bemüht hatten. An diesem Tag schrieb Jones Freud einen herzlichen Brief. Er erinnerte ihn daran, daß ihre Länder vor 25 Jahren Gegner gewesen waren, »aber selbst damals fanden wir einen Weg, einander unsere Freundschaft mitzuteilen. Jetzt sind wir einander nahe und vereint in unseren militärischen Sympathien.« Und zum letzten Mal äußerte er seine »Dankbarkeit für alles, was Sie in mein Leben gebracht haben«.[264]

Der Krieg kam Anfang September mit einem Fliegeralarm nach Maresfield Gardens. Vorsichtshalber wurde Freuds Bett in den »sicheren« Teil des Hauses gebracht, ein Unternehmen, berichtet Schur, das Freud »mit einem gewissen Interesse« beobachtete. Er war schon »weit fort«, fügt Schur hinzu. »Die Distanz«, die er ein Jahr zuvor, zur Zeit von München, hergestellt hatte, »war noch ausgeprägter«. Aber gelegentlich brach noch sein Humor durch. Als die beiden Männer eine Rundfunksendung hörten, in der erklärt wurde, dies sei der letzte Krieg, fragte Schur Freud, ob er das glaube, und Freud antwortete trocken: »*Mein* letzter Krieg.« Auch seine

---

* Einige Wochen vorher, am 2. August 1939, hatte Marie Bonaparte an das griechische Konsulat geschrieben und ein Visum für Rosa Graf empfohlen (Freud Collection, B2, LC). Aber weder französische noch griechische Visa trafen jemals ein. Freud hatte das Glück zu sterben, ohne zu erfahren, wie seine Schwestern endeten: Adolfine verhungerte im Lager Theresienstadt, die anderen drei wurden 1942, wahrscheinlich in Auschwitz, ermordet (Martin Freud, *Freud*, S. 15 f.). Seine Schwester Anna, die Eli Bernays, Marthas Bruder, geheiratet hatte, war bereits viele Jahre zuvor in die Vereinigten Staaten ausgewandert.

bürgerlichen Gewohnheiten behielt er bei. Schur notiert, daß Freud eine Taschenuhr und eine Siebentage-Uhr besaß, und bis zu seinem Tode zog er sie auf, wie er es sein ganzes Leben lang getan hatte. »Er sagte mir«, erinnert sich Schur, »was für ein Glück er gehabt hatte, so viele wertvolle Freunde zu finden.« Anna hatte gerade das Zimmer verlassen, was Freud die Gelegenheit gab, Schur zu sagen: »Das Schicksal hat es gut mit mir gemeint, daß es mir die Beziehung zu einer solchen Frau gewährt hat – ich meine natürlich Anna.« Die Bemerkung, fügt Schur hinzu, war äußerst zärtlich, obwohl Freud sich, was seine Tochter betraf, nie demonstrativ verhalten hatte.[265] Sie war immer zur Stelle, rund um die Uhr im Dienst. Ebenso Schur und Josefine Stroß, die in der Familie Freud liebevoll »Fiffi« genannt wurde, die junge Kinderärztin, die die Freuds nach England begleitet hatte und immer in der Nähe blieb.[266]

Freud war nun sehr müde, und es war schwer, ihn zu ernähren. Aber während er sehr litt und die Nächte besonders beschwerlich waren, bekam und wollte er kein Beruhigungsmittel. Er konnte noch lesen, und sein letztes Buch war Balzacs geheimnisvolle Erzählung von der magisch schrumpfenden Haut, *Le Peau de chagrin*. Als er das Buch beendet hatte, sagte er Schur beiläufig, dies sei das richtige Buch für ihn gewesen, da es vom Schrumpfen und Verhungern handelte. Es war das Schrumpfen, dachte Anna Freud, das ihn in seinem Zustand besonders anzusprechen schien. Seine Zeit ging zu Ende.[267] Er verbrachte die letzten Tage in seinem Arbeitszimmer im Erdgeschoß und sah auf den Garten hinaus. Ernest Jones, der von Anna Freud, die glaubte, ihr Vater sterbe, hastig herbeigerufen wurde, kam am 19. September. Freud, erinnerte er sich, döste wie so oft in diesen Tagen, aber als Jones »Herr Professor« rief, öffnete Freud ein Auge, erkannte seinen Besucher »und hob die Hand zum Gruß, dann ließ er sie mit einer überaus eindrucksvollen Geste fallen, in der so vieles lag: Grüße, Lebewohl, Resignation«. Dann sank er wieder in Schlaf.[268]

Jones las Freuds Geste richtig. Freud grüßte seinen alten Verbündeten zum letzten Mal. Er hatte dem Leben entsagt. Schur quälte sich wegen seiner Unfähigkeit, Freuds Leiden zu erleichtern, aber zwei Tage nach Jones' Besuch, am 21. September, als er an Freuds Bett saß, nahm dieser seine Hand und sagte zu ihm: »Schur, Sie erinnern sich an unseren ›Vertrag‹, mich nicht im Stich zu lassen, wenn die Zeit gekommen ist. Das ist jetzt nur noch Quälerei und hat keinen Sinn mehr.« Schur gab zu verstehen, daß er nicht vergessen hatte. Freud stieß einen Seufzer der Erleichterung aus, drückte einen Augenblick seine Hand und sagte: »Ich danke Ihnen.« Dann, nach einem leichten Zögern, fügte er hinzu: »Besprechen Sie es mit der Anna, und wenn sie es für richtig hält, machen Sie ein Ende.«[269] Wie seit so vielen Jahren war auch in diesem Augenblick Freuds Antigone die erste in seinen Gedanken. Anna Freud wollte den fatalen Augenblick hinausschieben, aber Schur bestand darauf, daß es sinnlos sei, Freud am Leben zu erhalten, und sie fügte sich wie ihr Vater in das Unvermeidliche. Die Zeit war gekommen; er wußte es und handelte danach. Das war Freuds Deutung seines Ausspruchs, daß er nach England gekommen sei, um in Freiheit zu sterben.

Schur war den Tränen nahe, als er sah, wie Freud dem Tod mit Würde und ohne Selbstmitleid begegnete. Er hatte noch niemanden so sterben sehen. Am 21. September injizierte er Freud 30 mg Morphin – die normale Beruhigungsdosis war 20 mg –, und Freud versank in einen friedlichen Schlaf. Schur wiederholte die Injektion, als er unruhig wurde, und gab ihm eine letzte am folgenden Tag, dem 22. September. Freud fiel in ein Koma, aus dem er nicht mehr erwachte. Er starb um drei Uhr morgens, am 23. September 1939. Beinahe vier Jahrzehnte zuvor hatte Freud Oskar Pfister geschrieben und sich gefragt, was man eines Tages tun würde, wenn »die Gedanken versagen oder die Worte sich nicht einstellen wollen? Man wird ein Zittern vor dieser Möglichkeit nicht los. Darum habe ich bei aller Ergebung in das Schicksal, die einem ehrlichen Menschen geziemt, doch eine ganz heimliche Bitte: nur kein Siechtum, keine Lähmung der Leistungsfähigkeit durch körperliches Elend. Im Harnisch laßt uns sterben, wie König Macbeth sagt.«[270] Er hatte dafür gesorgt, daß seine geheime Bitte erfüllt wurde. Der alte Stoiker hatte die Kontrolle über sein Leben behalten – bis zum Ende.[271]

ANHANG

ABKÜRZUNGEN

Briefe: Sigmund Freud, *Briefe 1873−1939*, ausgew. und hrsg. von Ernst und Lucie Freud, 2. erw. Auflage, S. Fischer Verlag, Frankfurt am Main 1968.

Clark, *Freud:* Ronald W. Clark, *Sigmund Freud* (aus dem Englischen von Joachim A. Frank), S. Fischer Verlag 1981.

Freud−Abraham: Sigmund Freud, Karl Abraham, *Briefe 1907−1926*, hrsg. von Hilda Abraham und Ernst L. Freud, S. Fischer Verlag 1965.

Freud−Fließ: Sigmund Freud, *Briefe an Wilhelm Fließ 1887−1904*, hrsg. von Jeffrey Moussaieff Masson, Bearbeitung der deutschen Fassung von Michael Schröter, Transkription von Gerhard Fichtner, S. Fischer Verlag 1986.

Freud−Jung: Sigmund Freud, C. G. Jung, *Briefwechsel*, hrsg. von William McGuire und Wolfgang Sauerländer, 3. verb. Auflage, S. Fischer Verlag 1979.

Freud−Pfister: Sigmund Freud, Oskar Pfister, *Briefe 1909−1939*, hrsg. von Ernst L. Freud und Heinrich Meng, S. Fischer Verlag 1963.

Freud−Salomé: Sigmund Freud, Lou Andreas-Salomé, *Briefwechsel*, hrsg. von Ernst Pfeiffer, S. Fischer Verlag 1966.

Freud−Zweig: Sigmund Freud, Arnold Zweig, *Briefwechsel*, hrsg. von Ernst L. Freud, Fischer Verlag 1968 (Paperback 1984).

G. W.: Sigmund Freud, *Gesammelte Werke. Chronologisch geordnet*, unter Mitwirkung von Marie Bonaparte, Prinzessin Georg von Griechenland, hrsg. von Anna Freud, E. Bibring, W. Hoffer, E. Kris und O. Isakower, 18 Bde. Imago Publishing Co., London, 1940−1952. Bd. 18 Frankfurt a.M. 1968. Seit 1960 die gesamte Edition bei S. Fischer Verlag.

Int. J. Psycho-Anal.: International Journal of Psycho-Analysis.

Int. Rev. Psycho-Anal.: International Review of Psycho-Analysis.

J. Am. Psychoanal. Assn.: Journal of the American Psychoanalytic Association.

Jones, I, II, III: Ernest Jones, *Das Leben und Werk von Sigmund Freud*, Bd. I, *Die Entwicklung zur Persönlichkeit und die großen Entdeckungen 1856−1900* (deutsch von Katherine Jones); Bd. II, *Jahre der Reife 1901−1919* (deutsch von Gertrud Meili-Dworetzki und Katherine Jones); Bd. III, *Die letzte Phase 1919−1939* (deutsch von Gertrud Meili-Dworetzki und Katherine Jones); 3. unver. Auflage, Verlag Hans Huber, Bern 1982.

LC: Library of Congress.

Protokolle: Protokolle der Wiener Psychoanalytischen Vereinigung, hrsg. von Hermann Nunberg und Ernst Federn, 4 Bde., S. Fischer Verlag 1962−75.

Selbstdarstellung: Sigmund Freud, *Selbstdarstellung*, Schriften zur Geschichte der Psychoanalyse, hrsg. und eingel. von Ilse Grubrich-Simitis, Fischer Taschenbuch Verlag, BdW Nr. 6096.

Y-MA: Yale University Library, Manuscripts and Archives.

ANMERKUNGEN

Vorwort

1 Freud an Martha Bernays, 28. April 1885. *Briefe*, S. 144 f.

2 »Eine Kindheitserinnerung des Leonardo da Vinci« (1910), G.W., Bd. 8, S. 202.

3 Freud an Arnold Zweig, 31. Mai 1936. *Briefe*, S. 445.

4 *Die Traumdeutung* (1900), G.W., Bd. 2/3, S. 126.

5 Freud an Fließ, 1. Februar 1900. *Freud–Fließ*, S. 437.

6 »The Pope's Secrets«, verteilt von Tony Alamo, Pastor, Präsident der Tony and Susan Alamo Christian Foundation, Alma, Arizona, o.D.

7 »Zur Geschichte der psychoanalytischen Bewegung« (1914), G.W., Bd. 10, S. 60. Freud zitiert Christian Friedrich Hebbel.

8 Freud an Stefan Zweig, 14. April 1925. Mit frdl. Genehmigung von Sigmund Freud Copyrights, Wivenhoe.

9 Freud an Ferenczi, 10. Januar 1910. Freud–Ferenczi Correspondence, Freud Collection, LC.

10 Freud an Einstein, 8. Dezember 1932. Freud Collection, B3, LC.

11 »Eine Kindheitserinnerung aus *Dichtung und Wahrheit*« (1917), G.W., Bd. 12, S. 17.

12 »Bruchstück einer Hysterie-Analyse« (1905), G.W., Bd. 5, S. 240.

13 Freud an Edward Bernays, 10. August 1929. *Briefe*, S. 408.

I. Eine Art von Wißbegierde

1 »Der Wahn und die Träume in W. Jensens *Gradiva*« (1907), G.W., Bd. 7, S. 31.

2 Freud an L. Darmstaeder, 3. Juli 1910. Freud Collection, B3, LC.

3 *The Interpretation of Dreams*, 3. (rev.) engl. Auflage, 1932. Standard Edition, Bd. IV, S. XXXII.

4 Ihr Name wird beinahe immer als »Amalie« angegeben, und so scheint sie auch genannt worden zu sein. Aber auf ihrem Grabstein auf dem Wiener Friedhof, auf dem sie mit ihrem Mann begraben wurde, steht »Amalia« (siehe das Foto in Ernst Freud, Lucie Freud und Ilse Grubrich-Simitis, Hrsg., *Sigmund Freud. Sein Leben in Bildern und Texten*, 1976). Ihr Mädchenname wird gewöhnlich »Nathanson« geschrieben und erscheint auch so auf ihrem Trauschein, aber sie bestand gern darauf, daß die korrekte Schreibung »Nathansohn« war. Die in Freiberg lebenden Tschechen nannten das Städtchen Příbor, und das ist heute, da es in der ČSSR liegt,

auch sein offizieller Name. Er war offenbar allgemein geläufig. Freud verwendete ihn gelegentlich in der Korrespondenz seiner Schulzeit (siehe Freud an Emil Fluß, 28. September 1872. *Selbstdarstellung*, S. 110).

5 Siehe Freud an Silberstein, 11. Juni 1872. Freud Collection, D2, LC. *S.a.* Anna Freud an Ernest Jones, 18. Januar 1954. Jones papers, Archives of the British Psycho-Analytical Society, London.

6 In dem Gelehrtenstreit um Freuds frühe Lebensjahre entging nicht einmal sein Geburtsdatum den Spekulationen der Forscher. Irregeführt durch die unleserliche Eintragung eines lokalen Beamten, versuchten einige ihm ein früheres Datum, den 6. März, anzuhängen. Das wäre eine interessante Korrektur gewesen, da Jacob Freud Amalia Nathanson am 29. Juli 1855 heiratete. Aber die Unterlagen im Verein mit der Familienbibel der Freuds zeigen, daß Jacob Freud und seine Braut offenbar den Anstand wahrten: Das übliche Datum der Biographien, der 6. Mai, ist korrekt.

7 »Selbstdarstellung« (1925), G.W., Bd. 14, S. 34.

8 Aus Aufzeichnungen Marie Bonapartes (in Französisch) für eine Freud-Biographie, »mitgeteilt von Freud im April 1928«. Jones Papers, Archives of the British Psycho-Analytical Society, London.

9 Freud an Wilhelm Fließ, 3. Oktober 1897. *Freud–Fließ*, S. 289.

10 *Die Traumdeutung*, G.W., Bd. 2/3, S. 427 f.

11 Siehe *Zur Psychopathologie des Alltagslebens*, G.W., Bd. 4, S. 60.

12 »Selbstdarstellung«, G.W., Bd. 14, S. 34.

13 Freud an J. Dwossis (in Jerusalem), 15. Dezember 1930. Freud Museum, London.

14 Ibid.

15 »Selbstdarstellung«, G.W., Bd. 14, S. 34. (Satz 1935 hinzugefügt, als sich Freud besonders mit Moses beschäftigte.)

16 Freud an Fließ, 15. Oktober 1897. *Freud–Fließ*, S. 291.

17 Siehe Freud an Fließ, 4. Oktober 1897. Ibid., S. 290.

18 Ibid., S. 292.

19 Siehe John E. Gedo, »Freud's Self-Analysis and His Scientific Ideas«, in: *Freud: The Fusion of Science and Humanism: The Intellectual History of Psychoanalysis*, hrsg. von John E. Gedo u. George H. Pollock (1976), S. 301.

20 Siehe die bahnbrechenden Forschungen von Josef Sajner: »Sigmund Freuds Beziehungen zu seinem Geburtsort Freiberg (Příbor) und zu Mähren«, in: *Clio Medica*, III (1968), S. 167−80, und »Drei dokumentarische Beiträge zur Sigmund-Freud-Biographik aus Böhmen und Mähren«, in: *Jahrbuch der Psychoanalyse*, XIII (1981), S. 143−52.

21 »Über Deckerinnerungen« (1899), G.W., Bd. 1, S. 542.

22 Siehe »R. ist mein Onkel« in: *Die Traumdeutung*, G.W., Bd. 2/3, S. 143 ff.

23 »Über Deckerinnerungen«, G.W., Bd. 1, S. 542 f.

24 Freud an den Bürgermeister der Stadt Příbor, 25. Oktober 1931, G.W., Bd. 14, S. 561.

25 Freud an Max Eitingon, 6. Juni 1938. *Briefe*, S. 462.

26 Freud an Fluß, 18. September 1872, *Selbstdarstellung*, S. 109.

27 Freud an Martha Bernays, 10. März 1886. *Briefe*. S. 219.

28 Freud an Fließ, 11. März 1900. *Freud–Fließ*, S. 442.

29 Siehe »Zur Geschichte der psychoanalytischen Bewegung«, G.W., Bd. 10, S. 80 f.

30 Martin Freud, *Sigmund Freud: Man and Father* (1958).

31 Freud an Fließ, 3. Oktober 1897. *Freud–Fließ*, S. 288 f.

32 Anna Freud an Ernest Jones, 29. Mai 1951. Jones papers, Archives of the British Psycho-Analytical Society, London.

33 *Die Traumdeutung*, G.W., Bd. 2/3, S. 202 f.

34 Ibid., S. 202.

35 Ibid., S. 427.

36 Die Bibel ist im Freud-Museum in London ausgestellt. Bezügl. dieser Inschrift siehe Ernst Freud et al., Hrsg., *Sigmund Freud. Sein Leben in Bildern und Texten*.

37 *Die Traumdeutung*, G.W., Bd. 2/3, S. 198.

38 Ibid., S. 198.

39 Siehe Marianne Krüll, *Freud und sein Vater* (1979).

40 Anna Freud-Bernays, »My Brother, Sigmund Freud«, in: *American Mercury*, LI (1940), S. 336. Anna Bernays' Erinnerungen enthalten viele Fehler und müssen mit Vorsicht verwendet werden.

41 Siehe zu diesem Abschnitt vor allem Robert A. Kann, *A History of the Habsburg Empire, 1526–1918* (1974, korr. Aufl. 1977), S. 243–366 *passim*.

42 Ilsa Barea, *Vienna* (1966), S. 244 f.

43 Max Eyth, ein schwäbischer Dichter und Ingenieur, der Wien besuchte, an seine Eltern, 7. Juni 1873. Zit. in Bernhard Zeller, Hrsg., *Jugend in Wien. Literatur um 1900* (1974), S. 30.

44 Siehe Wolfdieter Bihl, »Die Juden«, in: *Die Habsburger Monarchie 1848–1918*, hrsg. von Adam Wandruszka und Peter Urbanitsch, Bd. III, *Die Völker des Reiches* (1980), 2. Teil, S. 890–96.

45 *Die Traumdeutung*, G.W., Bd. 2/3, S. 199.

46 Freud an Martha Bernays, 2. Juni 1885. Sigmund Freud Copyrights, Wivenhoe.

47 Was diesen komplexen Aspekt Luegers anbetrifft, siehe vor allem John W. Boyer, »Karl Lueger and the Viennese Jews«, in: *Leo Baeck Yearbook*, XXVI (1981), S. 125–41, und John W. Boyer, *Political Radicalism in Late Imperial Vienna: Origins of the Christian Social Movement, 1848–1897* (1981).

48 Freud an Arnold Zweig, 26. November 1930. *Freud–Zweig*. S. 33.

49 Zitiert in Zeller, Hrsg., *Jugend in Wien*, S. 69.

50 Dennis B. Klein, *Jewish Origins of the Psychoanalytic Movement* (1981), S. 4.

51 Siehe Joseph Samuel Broch, *Der nationale Zwist und die Juden in Österreich* (1886), S. 25 f.

52 Siehe Marsha L. Rosenblit, *The Jews of Vienna, 1867–1914: Assimilation and Identity* (1983), S. 13–45 *passim*.

53 Freud an Fluß, 18. September 1872. *Selbstdarstellung*, S. 107 f.

54 Siehe Klein, *Jewish Origins*, S. 48.

55 Darin sind nur die Juden enthalten, die legale Einwohner der Stadt waren; die tatsächliche Zahl war zweifellos größer (siehe Rosenblit, *The Jews of Vienna*, S. 17).

56 Burckhardt an Friedrich von Preen, 3. Oktober 1872. *Briefe*, hrsg. von Max Burckhardt, 10 Bde. (1849–86), Bd. 5, S. 175.

57 Burckhardt an Johann Jacob Oeri-Burckhardt, 14. August 1884. Ibid., Bd. 8, S. 228.

58 *Die Traumdeutung*, G.W., Bd. 2/3, S. 202.

59 Arthur Schnitzler, *Jugend in Wien* (1968), S. 78 f.

60 Barea, *Vienna*, S. 305.

61 »Selbstdarstellung«, G.W., Bd. 14, S. 34.

62 Freud an Silberstein, 11. Juni 1872. Freud Collection, D2, LC.

63 Freud an Silberstein, 4. September 1872. Ibid.

64 Ibid.

65 Siehe Freud an Silberstein, 25. März 1872, vor seinem Besuch in Freiberg. Dort
bezeichnete er Gisela Fluß als »Ichth« und ihren Bruder Emil als »Ichthyosaurus«.
(Freud Collection, D2, LC.) Für später *s.* Freud an Fluß, 18. und 28. September
1872 (*Selbstdarstellung*, S. 109, 110). In dem früheren dieser Briefe verwendete
Freud die Abkürzung »Ich.«; wie der frühere Brief an Silberstein zeigt, war dieser
Code-Name eine Zeitlang beiden vertraut.

66 »Über Deckerinnerungen«, G.W., Bd. 1, S. 543.

67 Siehe Freud an Silberstein, 4. September 1872. Freud Collection, D2, LC.

68 Ibid. *S.a.* Ronald W. Clark, *Sigmund Freud*, Frankfurt a.M. 1981, S. 36.

69 *Die Traumdeutung*, G.W., Bd. 2/3, S. 221 f.

70 *Selbstdarstellung*, S. 40 f. (Text mit späteren Zusätzen, die in »Selbstdarstellung«,
G.W., Bd. 14, noch nicht enthalten sind, A.d.Ü.)

71 Siehe zusätzlich zu seiner »Selbstdarstellung« eine Bemerkung gegenüber seinem
Bekannten Friedrich Eckstein, dem er dieses Erlebnis als eine entscheidende Wende
in seiner geistigen Entwicklung beschrieb (zit. in Friedrich Eckstein, »*Alte unnennbare Tage!« Erinnerungen aus siebzig Lehr- und Wanderjahren* [1936], S. 21).

72 Goethe-Forscher stimmen nun darin überein, daß das Fragment in Wirklichkeit
von einem Bekannten Goethes, dem Schweizer Schriftsteller Christoph Tobler, geschrieben wurde. Siehe die Anmerkung von Andreas Speiser in *Johann Wolfgang
Goethe, Gedenkausgabe der Werke, Briefe und Gespräche*, hrsg. von Ernst Beut-
ler, 24 Bde. (1949), Bd. 16, S. 978.

73 Freud an Fluß, 17. März 1873. *Selbstdarstellung*, S. 114.

74 Freud an Fluß, 1. Mai 1873. Ibid., S. 116.

75 Freud an Silberstein, 2. August 1873, Freud Collection, D2, LC.

76 Siehe Fritz Wittels, *Sigmund Freud: der Mann, die Lehre, die Schule* (1924), S. 19.
Freud verwendete den Ausdruck »Deckerinnerungen« zum erstenmal in der Abhandlung von 1899 »Über Deckerinnerungen«.

77 »Selbstdarstellung«, G.W., Bd. 14, S. 34.

78 Freud an Martha Bernays, 2. Februar 1886. *Briefe*, S. 208 f.

79 *Jones*, I, S. 49.

80 Freud an Marie Bonaparte, 12. November 1938. *Briefe*, S. 471.

81 Freud an Silberstein, 7. März 1875. Freud Collection, D2, LC.

82 »Selbstdarstellung«, G.W., Bd. 14, S. 34.

83 Freud an Fluß, 28. September 1872. *Selbstdarstellung*, S. 111.

84 Freud an Silberstein, 17. August 1872. Freud Collection, D2, LC.

85 Freud an Fluß, 16. Juni 1873. *Selbstdarstellung*, S. 120 f.

86 Freud an Silberstein, 9. September 1875. Freud Collection, D2, LC.

87 Freud an Martha Bernays, 28. August 1883. *Briefe*, S. 54.

88 Nachwort zu »Die Frage der Laienanalyse«, G.W., Bd. 14, S. 290.

89 Nachschrift (1935) zur »Selbstdarstellung«, G.W., Bd. 16, S. 32.

90 »Selbstdarstellung«, G.W., Bd. 14, S. 34 f.

91 Freud an Silberstein, 27. März 1875. Freud Collection, D2, LC.

92 Freud an Martha Bernays, 16. Dezember 1883. *Briefe*, S. 84 f.

93 Siehe Martin Freud, *Freud*, S. 70 f.

94 Freud an Silberstein, 11. Juli 1873. Freud Collection, D2, LC.
95 Freud an Silberstein, 6. August 1873. Ibid.
96 Freud an Silberstein, 7. März 1875. Ibid.
97 Ludwig Feuerbach, Vorwort zur 2. Auflage von *Das Wesen des Christentums* (1843), S. III.
98 Ibid., S. 408.
99 Ibid., S. XII, IX—XI.
100 Feuerbach an Christian Kapp, November 1840. Zit. in Max W. Wartofsky, *Feuerbach* (1977), S. 202.
101 Feuerbach, *Das Wesen des Christentums*, S. X.
102 Freud an Silberstein, 7. März 1875. Freud Collection, D2, LC.
103 Freud an Silberstein, 13.—15. März 1875. Freud Collection, D2, LC.
104 Freud an Silberstein, 8. November 1874. Ibid.
105 Henry Hun, *A Guide to American Medical Students in Europe* (1883). Zit. in Sherwin B. Nuland, *The Masterful Spirit – Theodor Billroth*, The Classics of Surgery Library (1984), S. 9.
106 »Selbstdarstellung«, G.W., Bd. 14, S. 35.
107 Freud an Silberstein, 6. August 1873. Freud Collection, D2, LC.
108 Freud an Silberstein, 9. September 1875. Ibid.
109 Freud an Martha Bernays, 16. August 1882. *Jones*, I, S. 215.
110 Freud an Silberstein, 9. September 1875. Freud Collection, D2, LC.
111 Siehe *Jones*, I, S. 58 f.
112 »Beobachtungen über Gestaltung und feineren Bau der als Hoden beschriebenen Lappenorgane des Aals« (1877), in: Siegfried Bernfeld, »Freud's Scientific Beginnings«, in: *American Imago*, VI (1949), S. 165.
113 Freud an Silberstein, 5. April 1876. Freud Collection, D2, LC.
114 Freud an Silberstein, o.D. (April 1876?). Ibid.
115 *Selbstdarstellung*, S. 41.
116 Nachwort zu *Die Frage der Laienanalyse*, G.W., Bd. 14, S. 290.
117 *Die Traumdeutung*, G.W., Bd. 2/3, S. 425.
118 Siehe Bernfeld, »Freud's Scientific Beginnings«, S. 169—74.
119 Emil Du Bois-Reymond, »Über die Grenzen des Naturerkennens« (1872), in: *Reden von Emil Du Bois-Reymond*, hrsg. v. Estelle Du Bois-Reymond, 2 Bde. (1885, 2. erw. Aufl. 1912), I, S. 461.
120 Freud an Silberstein, 24. Januar 1875. Freud Collection, D2, LC.
121 Siehe die Einleitung von Ernst Kris zu den Briefen Freuds an Fließ: »Einleitung zur Erstausgabe« (1950) in *Freud–Fließ*, S. 526.
122 »Über eine Weltanschauung« (geschr. 1932) in: *Neue Folge der Vorlesungen zur Einführung in die Psychoanalyse* (1933), G.W., Bd. 15, S. 197.
123 *Zur Psychopathologie des Alltagslebens* (1901), G.W., Bd. 4, S. 164.
124 Freud an Wilhelm Knoepfmacher, 6. August 1878. Maschinengeschriebene Kopie. Freud Collection, B3, LC.
125 *Jones*, I, S. 55.
126 »Qualifications Eingabe« (1886). Freud Museum, London.
127 Siehe »Selbstdarstellung«, G.W., Bd. 14, S. 35.
128 Siehe dazu *Jones*, I, S. 84, der einen unveröffentlichten Brief Freuds an Martha Bernays vom 9. September 1884 zitiert.
129 Ibid., S. 126.

130 Siehe Freud an Fließ, 7. März 1896. *Freud–Fließ*, S. 187.

131 »The Enfranchisement of Women«, zuerst erschienen in der *Westminster Review* vom Juli 1851, wurde von John Stuart Mill selbst eine Gemeinschaftsarbeit genannt, geschrieben in Zusammenarbeit mit Harriet Taylor, die er in diesem Jahr heiratete. Ich akzeptiere Alice S. Rossis Urteil, daß der Essay hauptsächlich das Werk Harriet Taylors ist. *S*. Rossis Ausgabe von John Stuart Mill und Harriet Taylor Mill, *Essays on Sex Equality* (1970), S. 41 f.

132 Freud an Martha Bernays, 15. November 1883. *Briefe*, S. 81 f.

133 Freud an Martha Bernays, 22. Januar 1884. Sigmund Freud Copyrights, Wivenhoe.

134 Freud an Martha Bernays, 5. Dezember 1885. Ibid.

135 Siehe z. B. Martha Bernays an Freud, Silvester (31. Dez.−1. Jan.) 1885−86. Ibid.

136 Freud an Martha Bernays, 22. Januar 1884. Ibid.

137 »Über einige neurotische Mechanismen bei Eifersucht, Paranoia und Homosexualität« (1922), G.W., Bd. 13, S. 195.

138 Freud an Martha Bernays, 19. Juni 1882. *Briefe*, S. 20.

139 Freud an Martha Bernays, 22. August 1883. Ibid., S. 50.

140 Freud an Martha Bernays, 18. August 1882. Ibid., S. 37.

141 Siehe *Jones*, I, S. 87.

142 *Die Traumdeutung*, G.W., Bd. 2/3, S. 488.

143 Freud an Martha Bernays, 5. Oktober 1882. *Briefe*, S. 41.

144 Freud an Martha Bernays, 2. Februar 1886. Ibid., S. 208.

145 *Die Traumdeutung*, G.W., Bd. 2/3, S. 439.

146 Siehe *Die Traumdeutung*, G.W., Bd. 2/3, S. 439, und »Selbstdarstellung«, G.W., Bd. 14, S. 35.

147 Freud an Martha Bernays, 22. August 1883. *Briefe*, S. 58.

148 Freud an Martha Bernays, 12. Mai 1885. Ibid., S. 148.

149 »Selbstdarstellung«, G.W., Bd. 14, S. 38 f.

150 Freud an Martha Bernays, 21. April 1884. *Briefe*, S. 114.

151 »Selbstdarstellung«, G.W., Bd. 14, S. 38, und Brief an Professor Meller, 8. November 1934, Freud Museum, London. *S.a. Jones*, I, S. 102.

152 »Selbstdarstellung«, G.W., Bd. 14, S. 39.

153 Freud an Professor Meller, 8. November 1934, Freud Museum, London.

154 »Selbstdarstellung«, G.W., Bd. 14, S. 39.

155 Freud an Martha Bernays, 2. Juni 1885. Sigmund Freud Copyrights, Wivenhoe.

156 Siehe Martha Bernays an Freud, 4. Juni 1885. Ibid.

157 Siehe Freud an Martha Bernays, 7. Januar 1885. *Briefe*, S. 138.

158 Freud an Martha Bernays, 7. Januar 1885. Ibid., S. 137.

159 Siehe S. 19 in Freuds Exemplar von Wittels, *Sigmund Freud*, Freud Museum, London.

160 Freud an Martha Bernays, 22., 23. August, 8. September 1883. *Briefe*, S. 50, 52, 62.

161 Freud an Fließ, 1. Februar 1900. *Freud–Fließ*, S. 438.

162 Freud auf der Psychologischen Mittwoch-Gesellschaft, 1. April 1908. *Protokolle*, I, S. 338.

163 Freud an Martha Bernays, 12. Februar 1884. Sigmund Freud Copyrights, Wivenhoe.

164 Siehe zwei Beispiele: »Über Deckerinnerungen«, G.W., Bd. 1, S. 546, und »Die psychogene Störung in psychoanalytischer Auffassung«, G.W., Bd. 8, S. 97 f.

165 »Selbstdarstellung«, G.W., Bd. 14, S. 36.

166 Freud an Martha Bernays, 3. Juni 1885. Sigmund Freud Copyrights, Wivenhoe.

167 Fleischl-Marxow an Freud, o.D. (Anna Freud datiert den Brief auf Juni 1885). Freud Collection, LC, nicht katalogisiert.

168 Freud an Martha Bernays, 19. Oktober 1885. *Briefe*, S. 176–78.

169 Ibid., S. 176. *S.a.* Freud an Martha Bernays, 8. November 1885. Ibid., S. 182–85.

170 Freud an Martha Bernays, 19. Oktober 1885. Ibid., S. 176.

171 Freud an Minna Bernays, 18. Oktober 1885. Sigmund Freud Copyrights, Wivenhoe.

172 Ibid.

173 Freud an Martha Bernays, 24.–26. November 1885. Ibid.

174 Freud an Martha Bernays, 22. Januar 1884. Ibid.

175 Freud an Martha Bernays, 5. Dezember 1885. Ibid.

176 Freud an Martha Bernays, 24. November 1885. *Briefe*, S. 189.

177 »Charcot« (1893), G.W., Bd. 1, S. 28 f.

178 Siehe ibid., S. 23.

179 »Selbstdarstellung«, G.W., Bd. 14, S. 36 f.

180 Pierre Janet, *L'État mental des hystériques* (1892; 1911), S. 132–35.

181 »Selbstdarstellung«, G.W., Bd. 14, S. 52.

182 Freud an Martha Bernays, 5. Dezember 1885. Sigmund Freud Copyrights, Wivenhoe.

183 Freud an Martha Bernays, 2.–3. Februar 1886. *Briefe*, S. 209 f.

184 »Charcot«, G.W., Bd. 1, S. 23 f.

185 J. M. Charcot und Gilles de la Tourette, »Hypnotism in the Hysterical«, in: D. Hack Tuke, Hrsg., *A Dictionary of Psychological Medicine*, 2 Bde. (1892), I, S. 606.

186 »Vorrede des Übersetzers« in: Hippolyte Bernheim, *Die Suggestion und ihre Heilwirkung* (1888).

187 »Bericht über meine mit Universitäts-Jubiläums-Reisestipendium unternommene Studienreise nach Paris und Berlin« (geschr. 1886, veröffentl. 1960), *Selbstdarstellung*, S. 130–34.

188 Undatierte Visitenkarte. Freud Collection, B3, LC.

189 Freud an Martha Bernays, 13. Mai 1886. *Briefe*, S. 225.

190 Siehe »Selbstdarstellung«, G.W., Bd. 14, S. 39.

191 Zit. in Clark, *Sigmund Freud*, S. 108 f.

192 Freud an Emmeline und Minna Bernays, 16. Oktober 1887. *Briefe*, S. 231.

193 Freud an Emmeline und Minna Bernays, 21. Oktober 1887. Ibid., S. 232.

194 Freud an Emmeline und Minna Bernays, 16. Oktober 1887. Ibid., S. 231.

II. Die Entstehung der Theorie

1 *Die Traumdeutung*, G.W., Bd. 2/3, S. 487.

2 Freud an Fließ, 24. November 1887. *Freud–Fließ*, S. 3.

3 Freud an Fließ, 21. Mai 1894. Ibid., S. 66.

4 Freud an Fließ, 29. September 1893. Ibid., S. 49.

5 Abraham an Freud, 26. Februar 1911. *Freud–Abraham*, S. 106 f.

6 Freud an Fließ, 21. Mai 1894. *Freud–Fließ*, S. 67.

7 Freud an Fließ, 30. Juni 1896. Ibid., S. 203.

8 Freud an Fließ, 14. Juli 1894. Ibid., S. 81.

9 Havelock Ellis, *Studies in the Psychology of Sex*, 2 Bde. (hrsg. 1900), II, S. 83.

10 Siehe Freud an Carl G. Jung, 16. April 1909. *Freud–Jung*, S. 242.

11 Siehe *Zur Psychopathologie des Alltagslebens*, G.W., Bd. 4, S. 289.

12 Freud an Jung, 16. April 1909. *Freud–Jung*, S. 243.

13 Freud an Fließ, 19. April 1894. *Freud–Fließ*, S. 63.

14 Freud an Fließ, 20. August 1893. Ibid., S. 47.

15 Siehe Peter Gay, »Six Names in Search of an Interpretation: A Contribution to the Debate over Sigmund Freud's Jewishness«, in: *Hebrew Union College Annual*, LIII (1982), 295−307.

16 Siehe Martin Freud, *Freud*, S. 32−34, 38, 44 f.

17 Gespräch mit Helen Schur, 3. Juni 1986.

18 Martha Freud an Elsa Reiss, 8. März 1947. Freud Collection, B1, LC.

19 Siehe Freud an Fließ, 29. August 1894. *Freud–Fließ*, S. 90.

20 Freud an Martha Bernays, 2. August 1882. *Jones*, I, S. 128 f.

21 Freud an Fließ, 13. Februar 1896. *Freud–Fließ*, S. 180.

22 Martha Freud an Ludwig Binswanger, 7. November 1939. Sigmund Freud Copyrights, Wivenhoe.

23 Martha Freud an Paul Federn, o.D. (Anfang November 1939?). Ibid.

24 René Laforgue, »Personal Memories of Freud« (1956), in: *Freud As We Knew Him*, hrsg. v. Hendrik M. Ruitenbeck (1973), S. 342.

25 Freud an Fließ, 3. Dezember 1895. *Freud–Fließ*, S. 159.

26 Freud an Fließ, 8. Dezember 1895. Ibid., S. 160.

27 »Selbstdarstellung«, G.W., Bd. 14, S. 41.

28 *Zur Auffassung der Aphasien. Eine kritische Studie* (1891), S. 18, 106 f.

29 Siehe »Ein Fall von hypnotischer Heilung« (1892−93), G.W., Bd. 1, S. 3−17.

30 »Selbstdarstellung«, G.W., Bd. 14, S. 39.

31 Ibid., S. 40.

32 Freud an Fließ, o.D. (8. Februar 1893). *Freud–Fließ*, S. 27−32.

33 Ibid., S. 32.

34 »Selbstdarstellung«, G.W., Bd. 14, S. 47.

35 Freud an Martha Bernays, 13. Juli 1883 (»2 Uhr nachts«). *Briefe*, S. 47.

36 Siehe *Jones*, I, S. 269.

37 Freud an Martha Bernays, 13. Juli 1883. *Briefe*, S. 48.

38 Breuer an Auguste Forel, 21. November 1907. Der Brief wird im vollen Wortlaut zitiert in Paul E. Cranefield, »Josef Breuer's Evaluation of His Contribution to Psycho-Analysis«, in: *Int. J. Psycho-Anal.*, XXXIX (1958), S. 320.

39 »Selbstdarstellung«, G.W., Bd. 14, S. 44.

40 Josef Breuer, »Krankengeschichte Bertha Pappenheim« (1882), von Breuer Robert Binswanger übergeben, dem Leiter des Schweizer Sanatoriums in Kreuzlingen, wohin er B. P. überwies, nachdem er sie »geheilt« hatte. Abgedruckt in Albrecht Hirschmüller, *Physiologie und Psychoanalyse im Leben und Werk Josef Breuers*, Nachtrag 4 zu *Jahrbuch der Psychoanalyse*, X (1978), S. 348−62. Zit. Stellen auf S. 348.

41 Breuer, »Krankengeschichte Bertha Pappenheim« in Hirschmüller, op. cit., S. 349.

42 »Selbstdarstellung«, G.W., Bd. 14, S. 47.

43 Anna O. gebrauchte die englischen Ausdrücke. Siehe Breuer in S. Freud und
    J. Breuer, *Studien über Hysterie*, Fischer TB-Ausgabe (1970), S. 27.

44 Ibid., S. 35.

45 »Bertha Pappenheim über ihre Krankheit« (September 1882). Im vollen Wortlaut
    zit. in Hirschmüller, op. cit., S. 369 f.

46 S. Freud und Josef Breuer, *Studien über Hysterie*, op. cit., S. 35.

47 Breuer an Forel, 21. November 1907. Zit. in Cranefield, »Breuer's Evaluation«,
    op. cit., S. 320.

48 Freud an Stefan Zweig, 2. Juni 1932. *Briefe*, S. 427 f. Freud erklärte, er sei sich
    seiner, wie er es nannte, »Rekonstruktion« sicher, denn Breuers jüngste Tochter
    habe Freuds Darstellung gelesen und ihren Vater befragt, der sie bestätigt habe.
    Doch hier stimmt etwas nicht. Freud dachte, diese Tochter sei »kurz nach Abschluß
    jener Behandlung geboren [worden], auch das nicht ohne Belang für tiefere Zusam-
    menhänge!« (*Briefe*, S. 428). In seiner Biographie arbeitete Ernest Jones die Ge-
    schichte aus: Frau Breuer war auf die junge, faszinierende Patientin ihres Mannes
    so eifersüchtig geworden, daß Breuer die Behandlung in einer gewissen Panik ab-
    brach und mit seiner Frau zu zweiten Flitterwochen nach Italien fuhr, wo seine
    jüngste Tochter empfangen wurde (*Jones*, I, 267 ff.). Freud scheint etwas dieser Art
    geglaubt zu haben. Untersuchungen von Henri Ellenberger und Albrecht Hirsch-
    müller haben jedoch gezeigt, daß die Chronologie der Geburt der Kinder Breuers
    einfach nicht mit dieser Darstellung übereinstimmt. Dora Breuer wurde am
    11. März 1882, drei Monate, *bevor* ihr Vater die Behandlung Anna O.'s beendete,
    geboren, und in jedem Falle verbrachte er diesen Sommer nicht in Italien, sondern
    in Gmunden am Traunsee. (Siehe Henri Ellenberger, »The Story of ›Anna O.‹: A
    Critical Review with New Data«, in: *Journal of the History of Behavioral Sciences*,
    VIII 1972, S. 267—79, und Hirschmüller, *Physiologie und Psychoanalyse im Le-
    ben und Werk Josef Breuers*, S. 47 f.)

49 Zit. in Hirschmüller, op. cit., S. 256.

50 Freud an Minna Bernays, 13. Juli 1891. *Briefe*, S. 239.

51 Freud an Fließ, 18. Dezember 1892. *Freud–Fließ*, S. 24.

52 Freud an Fließ, 29. September 1893. Ibid., S. 49.

53 Freud an Fließ, 22. Juni 1894. Ibid., S. 80.

54 Siehe Freud an Fließ, 16. April und 4. Juni 1896. Ibid., S. 191, 202.

55 Siehe Freud an Fließ, 22. Januar 1898. Ibid., S. 322.

56 Freud und Breuer, *Studien über Hysterie*, op. cit. S. 203.

57 Siehe George H. Pollock, »Josef Breuer«, in: *Freud, Fusion of Science and Huma-
    nism*, hrsg. v. Gedo und Pollock, S. 133—63, vor allem 141—44.

58 Freud an Fließ, 8. November 1895. *Freud–Fließ*, S. 154 f. Hirschmüller nimmt an,
    daß Breuer, vorsichtiger als Freud, gesagt haben muß: »Ich glaube nicht alles.«
    (Hirschmüller, op. cit., S. 234).

59 Freud an Fließ, 16. Mai 1900. *Freud–Fließ*, S. 453 f.

60 Freud an Fließ, 7. August 1901. Ibid., S. 491.

61 Breuer an Forel, 21. November 1907. Zit. in Cranefield, »Breuer's Evaluation«,
    op. cit., S. 319 f.

62 Siehe S. 33 in Freuds Exemplar von Wittels, *Sigmund Freud*. Freud Museum, Lon-
    don.

63 Freud an Fließ, 8. Februar 1897. *Freud–Fließ*, S. 243.

64 Freud an Fließ, 1. August 1890. Ibid., S. 12.
65 Freud an Fließ, 12. Juli 1892. Ibid., S. 18.
66 Siehe ibid., S. 12, 13 Anm., und Peter J. Swales, »Freud, His Teacher, and the Birth of Psychoanalysis«, in: *Freud, Appraisals and Reappraisals: Contributions to Freud Studies*, hrsg. v. Paul E. Stepansky, I (1986), S. 3–82.
67 »Studien über Hysterie«, G.W., Bd. 1, S. 162 Anm.
68 Ibid., S. 116.
69 Der deutsche Originalbrief wird im vollen Wortlaut zitiert in Ola Andersson, »A Supplement to Freud's Case History of ›Frau Emmy v. N.‹ in Studies on Hysteria 1895«, in: *Scandinavian Psychoanalytic Review*, II (1979), S. 5–15.
70 »Studien über Hysterie«, G.W., Bd. 1, S. 86.
71 Ibid., S. 198.
72 Ibid., S. 201.
73 Ibid., S. 212, 224, 226.
74 »Memorandum for the Sigmund Freud Archives«, unsigniert, aber der jüngsten der drei Töchter von Ilona Weiss zugeschrieben; dat. 11. Januar 1953. Freud Museum, London.
75 »Studien über Hysterie«, G.W., Bd. 1, S. 168.
76 Siehe z. B. »Ratschläge für den Arzt bei der psychoanalytischen Behandlung«, G.W., Bd. 8, S. 377.
77 Freud an Fließ, 20. August 1893. *Freud–Fließ*, S. 48.
78 »Studien über Hysterie«, G.W., Bd. 1, S. 193.
79 Ibid., S. 195 Anm.
80 Freud an Fließ, 25. Mai 1895. *Freud–Fließ*, S. 130.
81 Freud an Fließ, 16. Oktober 1895. Ibid., S. 149.
82 Freud an Fließ, 17. Mai 1896. Ibid., S. 196.
83 Freud an Fließ, 21. Mai 1894. Ibid., S. 66.
84 Freud an Fließ, 22. November 1896. Ibid., S. 215.
85 Freud an Fließ, 16. August 1895. Ibid., S. 139.
86 Freud an Fließ, 23. Februar 1898. Ibid., S. 328.
87 Freud an Fließ, 12. August 1896, S. 207.
88 Freud an Fließ, 16. Mai 1897. Ibid., S. 259.
89 Freud an Fließ, 16. Mai 1897. Ibid., S. 260.
90 Freud an Fließ, 24. März 1898. Ibid., S. 334.
91 Freud an Fließ, 12. April 1897. Ibid., S. 250.
92 Freud an Fließ, 27. März 1899. Ibid., S. 382.
93 Freud an Fließ, 8. Dezember 1895. Ibid., S. 160 f.
94 Freud an Minna Bernays, 28. August 1884. Sigmund Freud Copyrights, Wivenhoe.
95 Freud an Minna Bernays, 12. Oktober 1884. Ibid.
96 Gespräch mit Helen Schur, 3. Juni 1986, 20. Januar 1987. Fotografien in Ernst Freud et al., Hrsg., *Sigmund Freud, sein Leben in Bildern und Texten*.
97 Freud an Fließ, 21. Mai 1894. *Freud–Fließ*, S. 66.
98 Freud an Fließ, 6. Februar 1896. Ibid., S. 179.
99 Adolf von Strümpell, »Studien über Hysterie«, in: *Deutsche Zeitschrift für Nervenheilkunde*, VIII (1896), S. 159–61.
100 Siehe Freud an Minna Bernays, 17. April 1893. Zit. in *Freud–Fließ*, S. 34 Anm.
101 Freud an Fließ, 27. November 1893. Ibid., S. 54.
102 Freud an Fließ, 8. Oktober 1895. Ibid., S. 146.

103 Freud an Fließ, 15. Oktober 1895. Ibid., S. 147.

104 Freud an Fließ, 20. Oktober 1895. Ibid., S. 149.

105 Freud an Fließ, 31. Oktober 1895. Ibid., S. 151 f.

106 Freud an Fließ, 8. November 1895. Ibid., S. 153 f.

107 Siehe ibid., S. 155−57.

108 Freud an Fließ, 25. Mai 1895. Ibid., S. 130.

109 Freud an Fließ, 27. April 1895. Ibid., S. 129.

110 Freud an Fließ, 25. Mai 1895. Ibid., S. 130 f.

111 Freud an Fließ, 29. November 1895. Ibid., S. 158.

112 Die englischen Herausgeber der psychoanalytischen Schriften Freuds hatten recht
     mit der Schlußfolgerung, daß der *Entwurf* zwar »offensichtlich ein neurologisches
     Dokument« sei, aber »in sich den Keim eines großen Teils der späteren psychologi-
     schen Theorien Freuds enthält«. Tatsächlich »spukt der *Entwurf* oder vielmehr
     sein unsichtbarer Geist in der ganzen Reihe der theoretischen Schriften Freuds bis
     zu ihrem Ende« (»Editor's Introduction« to »Project for a Scientific Psychology«,
     Standard Edition, Bd. 1, S. 290).

113 »Entwurf einer Psychologie« (1895) in: *Aus den Anfängen der Psychoanalyse*,
     hrsg. v. Ernst Kris, Marie Bonaparte und Anna Freud (1950), S. 305.

114 Freud an Fließ, 20. Oktober 1895. *Freud–Fließ*, S. 149 f.

115 *Abriß der Psychoanalyse* (1940), G.W., Bd. 17, S. 80.

116 Ibid., S. 108.

117 Siehe Robert C. Solomon, »Freud's Neurological Theory of Mind«, in: *Freud:
     A Collection of Critical Essays*, hrsg. v. Richard Wollheim (1974), S. 25−52.

118 *Jenseits des Lustprinzips* (1920), G.W., Bd. 13, S. 30 f.

119 »Entwurf« in: *Aus den Anfängen der Psychoanalyse*, op. cit., S. 305.

120 Ibid., S. 306.

121 *Die Traumdeutung*, G.W., Bd. 2/3, S. 111 Anm. (1914 hinzugef.)

122 Ibid., S. 126.

123 Freud an Fließ, 24. Juli 1895. *Freud–Fließ*, S. 137. Die entscheidende Information
     in diesem und den folgenden Abschnitten wird dargestellt und gedeutet in Max
     Schur, »Some Additional ›Day Residues‹ of ›The Specimen Dream of Psychoanaly-
     sis‹« in: *Psychoanalysis – a General Psychology: Essays in Honor of Heinz Hart-
     mann*, hrsg. v. Rudolph M. Loewenstein, Lottie M. Newman, Max Schur und Al-
     bert J. Solnit (1966), S. 45−85. Schurs Diskussion bedarf der Ergänzung durch
     Didier Anzieu, *Freud's Self-Analysis* (1975) und Jeffrey Moussaieff Masson, *The
     Assault on Truth: Freud's Suppression of the Seduction Theory* (1984), S. 205.

124 Freud an Fließ, 6. August 1895. *Freud–Fließ*, S. 137.

125 Freud an Fließ, 12. Juni 1900. Ibid., S. 458.

126 *Die Traumdeutung*, G.W., Bd. 2/3, S. 111 f.

127 Ibid., S. 123.

128 Ibid., S. 125.

129 Ibid., S. 298 f.

130 Freud an Fließ, 8. März 1895. *Freud–Fließ*, S. 116 f.

131 Ibid., S. 117 f.

132 Freud an Fließ, 11. April 1895. Ibid., S. 125.

133 Freud an Fließ, 20. April 1895. Ibid., S. 127.

134 Freud an Fließ, 26. April 1895. Ibid., S. 128.

135 Freud an Fließ, 16. April 1896. Ibid., S. 191.

136 Freud an Fließ, 28. April 1896. Ibid., S. 193.

137 Freud an Fließ, 4. Juni 1896. Ibid., S. 202.

138 Ibid.

139 *Die Traumdeutung*, G.W., Bd. 2/3, S. 122.

140 Freud an Fließ, 3. Januar 1899. *Freud–Fließ*, S. 371.

141 Freud an Fließ, 7. Mai 1900. Ibid., S. 452.

142 Freud an Fließ, 7. August 1901. Ibid., S. 492.

143 Freud an Fließ, 2. April 1896. Ibid., S. 190.

144 Freud an Fließ, 4. Mai 1896. Ibid., S. 195.

145 Freud an Fließ, 8. November 1895. Ibid., S. 154.

146 Freud an Fließ, 15. Juli 1896. Ibid., S. 205.

147 Freud an Fließ, 30. Juni 1896. Ibid., S. 203 f.

148 Freud an Fließ, 15. Juli 1896. Ibid., S. 205 f.

149 Freud an Fließ, 26. Oktober 1896. Ibid., S. 212.

150 Freud an Fließ, 2. November 1896. Ibid., S. 212 f.

151 Siehe »Brief an Romain Rolland (Eine Erinnerungsstörung auf der Akropolis)« (1936), G.W., Bd. 16, S. 250–57.

152 *Die Traumdeutung*, G.W., Bd. 2/3, S. X.

153 Siehe George F. Mahl, »Father-Son Themes in Freud's Self-Analysis«, in: *Father and Child: Developmental and Clinical Perspectives*, hrsg. von Stanley H. Cath, Alan R. Gurwitt und John Munder Ross (1982), S. 33–64, und Mahl, »Freud, *Father*, and *Mother*: Quantitative Aspects«, in: *Psychoanalytic Psychology*, II (1985), S. 99–113.

154 »Studien über Hysterie«, G.W., Bd. 1, S. 227.

155 Freud zitiert, was Fließ in einem seiner Briefe schrieb (Freud an Fließ, 7. August 1901. *Freud–Fließ*, S. 492).

156 »Zur Geschichte der psychoanalytischen Bewegung« (1914). G.W., Bd. 10, S. 52.

157 Freud an Fließ, 8. Februar 1893. *Freud–Fließ*, S. 27.

158 Freud an Fließ, 15. Oktober 1895. Ibid., S. 147.

159 »Weitere Bemerkungen über die Abwehr-Neuropsychosen«, G.W., Bd. 1, S. 380.

160 Ibid., S. 381 f.

161 »Zur Ätiologie der Hysterie« (1896), G.W., Bd. 1, S. 423–459 *passim*.

162 Freud an Fließ, 26. April 1896. *Freud–Fließ*, S. 193.

163 Freud an Fließ, 4. Mai 1896. Ibid., S. 195. Als er 1914 zurückblickte, sprach Freud von einer »Leere«, die sich um seine Person bilde (»Zur Geschichte der psychoanalytischen Bewegung«, G.W., Bd. 10, S. 59).

164 Freud an Fließ, 31. Mai 1897. *Freud–Fließ*, S. 266.

165 Freud an Fließ, 21. September 1897. Ibid., S. 283 f.

166 Freud an Fließ, 12. Dezember 1897. Ibid., S. 312.

167 Siehe Freud an Fließ, 22. Dezember 1897. Ibid., S. 314.

168 Was den öffentlichen Widerruf betrifft, siehe *Drei Abhandlungen zur Sexualtheorie* (1905), G.W., Bd. 5, S. 91 und 91 Anm., und »Meine Ansichten über die Rolle der Sexualität in der Ätiologie der Neurosen«, G.W., Bd. 5, S. 153.

169 »Weitere Bemerkungen über die Abwehr-Neuropsychosen«, G.W., Bd. 1, S. 385 Anm. (Zusatz 1924).

170 Freud an Fließ, 21. September 1897. *Freud–Fließ*, S. 284 f.

171 »Zur Geschichte der psychoanalytischen Bewegung«, G.W., Bd. 10, S. 55.

172 Ibid.

173 Freud an Fließ, 15. Oktober 1897. *Freud–Fließ*, S. 293.
174 *Jones*, I, S. 373.
175 Freud an Fließ, 14. November 1897. *Freud–Fließ*, S. 305, 301.
176 *Zur Psychopathologie des Alltagslebens*, G.W., Bd. 4, S. 5.
177 Ibid., S. 58.
178 Ibid., S. 153.
179 »Zur Geschichte der psychoanalytischen Bewegung«, G.W., Bd. 10, S. 59.
180 Freud an Fließ, 7. Juli 1897. *Freud–Fließ*, S. 273.
181 *Die Traumdeutung*, G.W., Bd. 2/3, S. 455–58.
182 Freud an Fließ, 16. Mai 1897. *Freud– Fließ*, S. 258.
183 Freud an Fließ, 18. Juni 1897. Ibid., S. 270.
184 Freud an Fließ, 22. Juni 1897. Ibid., S. 272.
185 Freud an Fließ, 7. Juli 1897. Ibid., S. 272.
186 Freud an Fließ, 14. August 1897. Ibid., S. 281.
187 Freud an Fließ, 3. Oktober 1897. Ibid., S. 288.
188 Freud an Fließ, 27. Oktober 1897. Ibid., S. 295.
189 Freud an Fließ, 3. Oktober 1897. Ibid., S. 289.
190 Freud an Fließ, 15. Oktober 1897. Ibid., S. 293.
191 Freud an Fließ, 16. April 1896. Ibid., S. 192.
192 Freud an Fließ, 16. Januar 1899. Ibid., S. 372.
193 Freud an Fließ, 8. Juli 1899. Ibid., S. 394.
194 Freud an Fließ, 27. Juni 1899. Ibid., S. 391.
195 Freud an Fließ, 5. Dezember 1898. Ibid., S. 368.
196 Freud an Fließ, 1. Mai 1898. Ibid., S. 341.
197 Ibid., S. 342.
198 Freud an Fließ, 27. Juni 1899. Ibid., S. 391.
199 Freud an Fließ, 1. Mai 1898. Ibid., S. 341.
200 Freud an Fließ, 18. Mai 1898. Ibid., S. 342.
201 Siehe Freud an Fließ, 17. Juli 1899. Ibid., S. 396.
202 Freud an Fließ, 9. Juni 1898. Ibid., S. 344 f.
203 Siehe Freud an Fließ, 20. Juni 1898. Ibid., S. 346.
204 Freud an Fließ, 30. Juli 1898. Ibid., S. 351.
205 Freud an Fließ, 7. August 1901. Ibid., S. 491 f. Als Marie Bonaparte Freud diesen
     Brief 1937 zeigte, bezeichnete er ihn als »sehr wichtig« (ibid., S. 490 Anm.).

III. Die Psychoanalyse

 1 Siehe »L'hérédité et l'étiologie des névroses« (1896), G.W., Bd. 1, S. 416, und
    »Weitere Bemerkungen über die Abwehr-Neuropsychosen«, G.W., Bd. 1, S. 379.
 2 *Die Traumdeutung*, G.W., Bd. 2/3, S. 613.
 3 Ibid., S. IX.
 4 Freud an Fließ, 9. Februar 1898. *Freud–Fließ*, S. 325.
 5 Freud an Fließ, 23. Februar 1898. Ibid., S. 327.
 6 Freud an Fließ, 1. Mai 1898. Ibid., S. 341.
 7 Freud an Fließ, 6. September 1899. Ibid., S. 405.

8 Freud an Fließ, 11. September 1899. Ibid., S. 407.

9 Freud an Fließ, 21. September 1899. Ibid., S. 410.

10 Freud an Werner Achelis, 30. Januar 1927. *Briefe*, S. 389 f. In demselben Brief vermerkt Freud, daß er das Motto nicht Vergil direkt entnommen habe, sondern einem Buch des deutschen Sozialisten Ferdinand Lassalle.

11 Freud an Fließ, 6. September 1899. *Freud–Fließ*, S. 405.

12 Freud an Fließ, 6. August 1899. Ibid., S. 400.

13 *Die Traumdeutung*, G.W., Bd. 2/3, S. VII.

14 Ibid., S. 1.

15 Freud an Fließ, 9. Februar 1898. *Freud–Fließ*, S. 325.

16 Freud an Fließ, 5. Dezember 1898. Ibid., S. 368.

17 Freud an Fließ, 6. August 1899. Ibid., S. 400.

18 *Die Traumdeutung*, G.W., Bd. 2/3, S. 100.

19 Ibid., S. 104, 126.

20 Freud berichtete Fließ am 4. März 1895. *Freud–Fließ*, S. 114 f.

21 Siehe *Die Traumdeutung*, G.W., Bd. 2/3, S. 130.

22 Ibid., S. 141.

23 Ibid., S. 132, 135.

24 Ibid., S. 149.

25 Ibid., S. 163.

26 Ibid., S. 166.

27 Ibid., S. 169, 189.

28 Ibid., S. 193 f.

29 Ibid., S. 170.

30 Siehe ibid., S. 175–82, 287–90.

31 Ibid., S. 197.

32 Ibid., S. 214–24.

33 Ibid., S. 221 f.

34 »Über infantile Sexualtheorien« (1908), G.W., Bd. 7, S. 176.

35 *Die Traumdeutung*, G.W., Bd. 2/3, S. 267.

36 Ibid., S. 283 f.

37 Ibid., S. 344.

38 Ibid., S. 365 (Satz 1909 hinzugefügt).

39 Freud an Pfister, 6. November 1910. Sigmund Freud Copyrights, Wivenhoe.

40 *Die Traumdeutung*, G.W., Bd. 2/3, S. 284, 304–8.

41 Ibid., S. 424 f.

42 Ibid., S. 425 f., 484 f., 489.

43 Freud an Fließ, 22. Juni 1897. *Freud–Fließ*, S. 271.

44 Siehe *Die Traumdeutung*, G.W., Bd. 2/3, S. VIII.

45 Freud an Fließ, 25. Mai 1895. *Freud–Fließ*, S. 130.

46 Freud an Fließ, 2. April 1896. Ibid., S. 190.

47 Freud an Fließ, 1. Januar 1896. Ibid., S. 165.

48 »Eine Kindheitserinnerung des Leonardo da Vinci« (1910), G.W., Bd. 8, S. 210.

49 *Das Ich und das Es* (1923), G.W., Bd. 13, S. 280 Anm.

50 Richard von Krafft-Ebing, *Nervosität und Neurasthenische Zustände* (1895), S. 4, 16, 9, 17.

51 Ibid., S. 37, 51, 53.

52 Siehe ibid., S. 124–60.

53 Siehe ibid., S. 188−210.

54 Zit. in Erna Lesky, *Die Wiener Medizinische Schule im 19. Jahrhundert* (1965).

55 Laurence Sterne, *Tristram Shandy* (1760−67), 3. Buch, 4. Kap.

56 William Hammond in seiner Besprechung von John P. Gray, *The Dependence of Insanity on Physical Disease* (1871) in: *Journal of Psychological Medicine*, V (1876), S. 576. Zit. in Bonnie Ellen Blustein, »›A Hollow Square of Psychological Science‹: American Neurologists and Psychiatrists in Conflict«, in: *Madhouses, Mad-Doctors, and Madmen: The Social History of Psychiatry in the Victorian Era*, hrsg. v. Andrew Scull (1981), S. 241.

57 Henry Maudsley, *Responsibility in Mental Disease* (2. Aufl. 1874), S. 154. Zit. in Michael J. Clark, »The Rejection of Psychological Approaches to Mental Disorder in Late Nineteenth-Century British Psychiatry«, in: ibid., S. 271.

58 Jean Étienne Esquirol, *Des maladies mentales considérées sous les rapports médical, hygiénique et médico-légal*, 3 Bde. (1838), I, S. 5 (aus einer Abhandlung von 1816, die in das spätere größere Werk übernommen wurde).

59 Zit. in Karin Obholzer, *Gespräche mit dem Wolfsmann; Eine Psychoanalyse und die Folgen*, Reinbek bei Hamburg 1980, S. 44.

60 »Selbstdarstellung«, G.W., Bd. 14, S. 50.

61 Freud an Fließ, 22. September 1898. *Freud–Fließ*, S. 357.

62 Esquirol, *Des maladies mentales*, I, S. 24.

63 Siehe *Drei Abhandlungen zur Sexualtheorie*, G.W., Bd. 5, S. 73.

64 Martin Freud, *Freud*, S. 67.

65 Siehe Abraham an Freud, 8. Januar 1908. *Freud–Abraham*, S. 32.

66 Freud an Abraham, 9. Januar 1908. Ibid., S. 34.

67 Jung an Freud, 14. Februar 1911. *Freud–Jung*, S. 433.

68 Freud an Jung, 17. Februar 1911. Ibid., S. 435 f.

69 Siehe Anmerkung des Herausgebers in *Freud–Fließ*, S. 355.

70 Freud an Fließ, 26. August 1898. Ibid., S. 354 f.

71 Freud an Fließ, 22. September 1898. Ibid., S. 357 f.

72 Siehe »Zum psychischen Mechanismus der Vergeßlichkeit«, G.W., Bd. 1, S. 519 bis 527.

73 Freud an Fließ, 27. August 1899. *Freud–Fließ*, S. 404.

74 Freud an Fließ, 24. September 1900. Ibid., S. 467.

75 Siehe *Zur Psychopathologie des Alltagslebens*, G.W., Bd. 4, S. 270 f.

76 Freud an Fließ, 8. Mai 1901. *Freud–Fließ*, S. 485.

77 Freud an Fließ, 7. August 1901. Ibid., S. 492.

78 Siehe *Zur Psychopathologie des Alltagslebens*, G.W., Bd. 4, S. 159 f. Der abgekürzte Name von Fließ erscheint nur in den ersten Auflagen (1901 und 1904); der Hinweis muß also einigen Eindruck auf Fließ gemacht haben.

79 Siehe ibid., S. 67. Er zitiert aus einem Artikel von R. Meringer, »Wie man sich versprechen kann«, *Neue Freie Presse*, 23. August 1900.

80 Henry James, »The Aspern Papers« (1888), in: *Tales of Henry James*, hrsg. v. Christof Wegelin (1984), S. 185.

81 »Selbstdarstellung«, G.W., Bd. 14, S. 56.

82 Ibid., S. 55.

83 Siehe »Bemerkungen über einen Fall von Zwangsneurose« (1900), G.W., Bd. 7, S. 407. Das Zitat stammt von Nietzsche, *Jenseits von Gut und Böse*.

84 Carlyle, *Sartor Resartus*, 2. Buch, 2. Kap.

85 Zit. in Jerome Hamilton Buckley, *The Turning Key: Autobiography and the Subjective Impulse since 1800* (1984), S. 4.

86 Karl Kraus, »Die demolierte Literatur«, in: Zeller, Hrsg., *Jugend in Wien*, S. 265 ff.

87 Freud an Schnitzler, 8. Mai 1906. *Briefe*, S. 266 f.

88 *Die Traumdeutung*, G.W., Bd. 2/3, S. 559, 566.

89 Ibid., S. 583, 625.

90 Freud an Darmstaeder, 3. Juli 1910. Freud Collection, B3, LC.

91 Siehe Freud an Fließ, 3. Dezember 1897. *Freud–Fließ*, S. 309.

92 Siehe Freud an Fließ, 6. Februar 1899. Ibid., S. 376.

93 Freud an Fließ, 27. August 1899. Ibid., S. 404.

94 Siehe Freud an Fließ, 23. Oktober 1898. Ibid., S. 363.

95 Freud an Fließ, 3. Dezember 1897. Ibid., S. 309.

96 *Die Traumdeutung*, G.W., Bd. 2/3, S. 202.

97 Siehe ibid., S. 403 Anm.

98 Freud an Fließ, 4. Oktober 1899. *Freud–Fließ*, S. 414.

99 Freud an Fließ, 27. Oktober 1899. Ibid., S. 417 f.

100 Freud an Fließ, 21. Dezember 1899. Ibid., S. 430. Siehe auch Anmerkung des Herausgebers ibid., S. 430.

101 Ibid., S. 430 f.

102 Freud an Fließ, 8. Januar 1900. Ibid., S. 433.

103 Freud an Fließ, 1. Februar 1900. Ibid., S. 437.

104 Freud an Fließ, 11. März 1900. Ibid., S. 441, 443.

105 Freud an Fließ, 7. Mai 1900. Ibid., S. 452.

106 Siehe Freud an Fließ, 11. März 1900. Ibid., S. 442.

107 Freud an Fließ, 23. März 1900. Ibid., S. 444.

108 Freud an Fließ, 7. Mai 1900. Ibid., S. 452 f.

109 Freud an Margarethe, Lilly und Martha Gertrude Freud (Postkarte), 20. Mai 1900. Freud Collection, B2, LC.

110 Freud an Margarethe, Lilly und Martha Gertrude Freud, 8. Mai 1901. Ibid.

111 Freud an Fließ, 23. März 1900. *Freud–Fließ*, S. 444.

112 Freud an Fließ, 11. März 1900. Ibid., S. 442.

113 Freud an Fließ, 19. September 1901. Ibid., S. 493.

114 Freud an Martha Freud (Postkarte), 3. September 1901. Freud Museum, London.

115 Freud an Martha Freud (Postkarte), 5. September 1901. Ibid.

116 Freud an Martha Freud (Postkarte), 6. September 1901. Ibid.

117 Siehe Freud an Minna Bernays (Postkarte), 27. August 1902. Ibid.

118 Ernest Jones schreibt Freud aus Rom, 5. Dezember 1912, und zitiert Freud. Sigmund Freud Copyrights, Wivenhoe.

119 Freud an Mathilde Freud, 17. September 1907. Freud Collection, B1, LC.

120 Freud an Fließ, 7. Mai 1900. *Freud–Fließ*, S. 452. Freud benutzte diesen englischen Ausdruck mehr als einmal.

121 *Die Traumdeutung*, G.W., Bd. 2/3, S. 142.

122 Freud an Elise Gomperz, 25. November 1901. *Briefe*, S. 256.

123 Siehe K. R. Eissler, *Sigmund Freud und die Wiener Universität. Über die Pseudo-Wissenschaftlichkeit der jüngsten Wiener Freud-Biographik* (1966), S. 170.

124 Philipp Freud an Marie Freud, 12. März 1902. Freud Collection, B1, LC.

125 Freud an Fließ, 11. März 1902. *Freud–Fließ*, S. 501 f.

126 Ibid., S. 502 f.

127 Siehe Eissler, *Sigmund Freud und die Wiener Universität*, S. 181–85.

128 Zitiert in Freud an Fließ, 8. Februar 1897. *Freud–Fließ*, S. 244.

129 Arthur Schnitzler, *Der Weg ins Freie*, Fischer TB Nr. 1963 (Gesammelte Werke in Einzelausgaben), S. 276.

130 Freud an Elise Gomperz, 25. November 1901. *Briefe*, S. 256.

131 Freud an Fließ, 11. März 1902. *Freud–Fließ*, S. 501.

132 Freud an Mitglieder der B'nai B'rith, 6. Mai 1926. *Briefe*, S. 381. *S. a.* Hugo Knoepfmacher, »Sigmund Freud and the B'nai B'rith«, undatiertes Manuskript, Freud Collection, B27, LC.

133 »Selbstdarstellung«, G.W., Bd. 14, S. 74.

134 Freud an Fließ, 11. Oktober 1899. *Freud–Fließ*, S. 416.

135 Freud an Fließ, 26. Januar 1900. Ibid., S. 436.

136 Freud an Fließ, 1. Februar 1900. Ibid., S. 437.

137 Freud an Fließ, 25. November 1900. Ibid., S. 471.

138 Freud an Putnam, 8. Juli 1915. *James Jackson Putnam and Psychoanalysis: Letters between Putnam and Sigmund Freud, Ernest Jones, William James, Sándor Ferenczi, and Morton Prince, 1877–1917*, hrsg. v. Nathan G. Hale Jr. (1971), S. 376.

139 Freuds Antworten auf die Anfrage der Kulturpolitischen Gesellschaft wurden zum erstenmal vollständig in Deutsch veröffentlicht in John W. Boyer, »Freud, Marriage, and Late Viennese Liberalism: A Commentary from 1905«, in: *Journal of Modern History*, L (1978), S. 72–102. Zitierte Stellen auf S. 100.

140 Bezüglich Dokumentationen s. Peter Gay, *The Bourgeois Experience, Victoria to Freud*, vol. I, *Education of the Senses* (1984), und vol. II, *The Tender Passion* (1986).

141 *Drei Abhandlungen zur Sexualtheorie* (1905), G.W., Bd. 5, S. 33 Anm.; *s.a.* S. 74 Anm.

142 Adolf Patze, *Über Bordelle und die Sittenverderbnis unserer Zeit* (1845), S. 48 Anm. S. Peter Gay, *Freud for Historians* (1985), S. 58.

143 Henry Maudsley, *The Physiology and Pathology of Mind* (1867), S. 284. S. Stephen Kern, »Freud and the Discovery of Child Sexuality«, in: *History of Childhood Quarterly: The Journal of Psychohistory*, I (Sommer 1973), S. 117–41.

144 *Die Traumdeutung*, G.W., Bd. 2/3, S. 136.

145 Siehe *Drei Abhandlungen zur Sexualtheorie*, G.W., Bd. 5, S. 29.

146 Freud an Abraham, 12. November 1908. *Freud–Abraham*, S. 67.

147 *Drei Abhandlungen zur Sexualtheorie*, G.W., Bd. 5, S. 61.

148 Ibid., S. 71, 63.

149 Ibid., S. 67, 92 ff.

150 Ibid., S. 73.

151 Ibid., S. 88, 91.

152 Ibid., S. 32.

IV. Skizze eines belagerten Gründers

1 *Jones*, II, S. 27 f.
2 Fließ an Freud, 20. Juli 1904. *Freud–Fließ*, S. 508.
3 Freud an Fließ, 23. Juli 1904. Ibid., S. 508.
4 Siehe Fließ an Freud, 26. Juli 1904. Ibid., S. 510 f.
5 Siehe Freud an Fließ, 27. Juli 1904. Ibid., S. 512 ff.
6 Abraham an Eitingon, 1. Januar 1908. Der Brief ist vollständig abgedruckt in Hilda Abraham, *Karl Abraham. Sein Leben für die Psychoanalyse* (1976), S. 73.
7 Freud an Sándor Ferenczi, 10. Januar 1910. Freud–Ferenczi Correspondence, Freud Collection, LC.
8 Max Graf, »Reminiscences of Professor Sigmund Freud«, in: *Psychoanalytic Quarterly*, XI (1942), S. 467.
9 Joan Riviere, »An Intimate Impression«, in: *The Lancet* (30. September 1939). Abgedr. in *Freud As We Knew Him*, hrsg. v. Ruitenbeek, S. 129.
10 Wittels, *Sigmund Freud*, S. 129.
11 Freud an Pfister, 6. März 1910. *Freud–Pfister*, S. 32.
12 Ernst Waldinger, »My Uncle Sigmund Freud«, in: *Books Abroad*, XV (Winter 1941), S. 7.
13 Bezüglich der täglichen Betätigungen Freuds siehe Anna Freud an Jones, 31. Januar 1954. Jones papers, Archives of the British Psycho-Analytical Society, London.
14 Freud an Fließ, 11. März 1900. *Freud–Fließ*, S. 443.
15 Freud an Abraham, 24. April 1914. Karl Abraham papers, LC.
16 Siehe *Jones*, II, S. 39 f. Martin Freud, *Freud, passim*, und »Brief an Romain Rolland (Eine Erinnerungsstörung auf der Akropolis)«, G.W., Bd. 16, S. 250–57.
17 Siehe die undatierten Erinnerungen des Psychoanalytikers (und Analysanden Freuds) Ludwig Jekels, offenbar als Antwort auf die Anfragen Siegfried Bernfelds, der eine Freud-Biographie vorbereitete, die dann nie geschrieben wurde. Siegfried Bernfeld papers, container 17, LC.
18 Abraham an Eitingon, 1. Januar 1908. Zit. in Hilda Abraham, *Abraham*, S. 72.
19 »Selbstdarstellung«, G.W., Bd. 14, S. 78.
20 Martin Freud, *Freud*, S. 9, 27.
21 Anna Freud an Jones, 16. Juni 1954. Jones papers, Archives of the British Psycho-Analytical Society, London.
22 Siehe *Jones*, II, S. 486.
23 Wittels, *Sigmund Freud*, S. 129 f.
24 Freud an Lilly Freud Marlé, 14. März 1911. Freud Collection, B2, LC.
25 Bruno Goetz, »Erinnerungen an Sigmund Freud«, in: *Neue Schweizer Rundschau*, XX (Mai 1952), S. 3–11.
26 Martin Freud, *Freud*, S. 32.
27 Martha Freud an Elsa Reiss, 17. Januar 1950. Freud Collection, B1, LC.
28 Martin Freud, *Freud*, S. 40–43.
29 Richard Dyck, »Mein Onkel Sigmund«, Interview mit Harry Freud in *Aufbau* (New York), 11. Mai 1956, S. 3 f.
30 Freud an Jones, 1. Januar 1929. *Briefe*, S. 402.
31 *Jones*, II, S. 454.
32 Freud an Jung, 9. Juni 1910. *Freud–Jung*, S. 361.

33 Freud an Fließ, 17. Dezember 1896. *Freud–Fließ*, S. 229.

34 Freud an Fließ, 31. Mai 1897. Ibid., S. 266.

35 Freud an Fließ, 11. März 1900. Ibid., S. 443.

36 Maschinengeschriebene Kopie. Freud Museum, London. Das handschriftliche Original ist (noch) nicht gefunden worden. Der Bericht von Freuds Träumen und ihre Analyse nimmt fünf Seiten in Anspruch. Er trägt den Titel »Traum vom 8./ 9. Juli, D(onnerstag), Fr(eitag) beim Erwachen.« Freud schickte einen Teil dieses Berichtes, der von einem prophetischen (aber zum Glück falschen) Traum vom Tode seines Sohnes Martin handelt, der damals in der Armee diente, am 10. Juli 1915 an Ferenczi (Freud–Ferenczi Correspondence, Freud Collection, LC). Dieser Brief bekräftigt die Echtheit dieses etwas mysteriösen Memorandums.

37 Freud an Putnam, 8. Juli 1915. *James Jackson Putnam: Letters*, S. 376.

38 Freud auf der Psychologischen Mittwoch-Gesellschaft, 16. Oktober 1907 und 12. Februar 1908. *Protokolle*, I, S. 202, 293.

39 Janet Malcolm, *In the Freud Archives* (1984), S. 24.

40 Emma Jung zitierte Freud in diesem Sinne in einem Brief an ihn vom 6. November 1911. *Freud–Jung*, S. 504.

41 »Die ›kulturelle‹ Sexualmoral und die moderne Nervosität«, (1908), G.W., Bd. 7, S. 156.

42 Freud an Jung, 19. September 1907. *Freud–Jung*, S. 98.

43 *Der Witz und seine Beziehung zum Unbewußten*, G.W., Bd. 6, S. 120.

44 Freud an Abraham, 31. Juli 1913. *Freud–Abraham*, S. 144.

45 Freud an Abraham, 26. Dezember 1922. Ibid., S. 309. Die Bezeichnung »modernste« stammt von Abraham und charakterisiert die ästhetische Richtung, die der Maler, der sein Porträt zeichnete, kurz zuvor eingeschlagen hatte (Abraham an Freud, 7. Januar 1923. Ibid., S. 310).

46 Siehe Freud an Pfister, 21. Juni 1920. *Freud–Pfister*, S. 80.

47 Siehe Anna Freud an Jones, undatierte maschinengeschriebene Kommentare zum Band III der Freud-Biographie von Jones. Jones papers, Archives of the British Psycho-Analytical Society, London.

48 Siehe *Briefe*, S. 267.

49 »Der Moses des Michelangelo« (1914), G.W., Bd. 10, S. 172.

50 Freud an Jones, 8. Februar 1914. In Englisch. Freud Collection, D2, LC.

51 *Die Traumdeutung*, G.W., Bd. 2/3, S. 214.

52 Siehe Anna Freud an Jones, 29. Mai 1951. Jones papers, Archives of the British Psycho-Analytical Society, London.

53 Anna Freud an Jones, 23. Januar 1956. Ibid.

54 Siehe Anna Freud an Jones, 29. und 31. Mai 1951; und Marie Bonaparte an Jones (mit der Wiedergabe eines Kommentars von Freuds ältester Tochter, Mathilde), 8. November 1951. Ibid.

55 Siehe Mina Curtiss, *Bizet and His World* (1958), S. 426—30.

56 Figaro: siehe *Die Traumdeutung*, G.W., Bd. 2/3, S. 214. Sarastro: Freud an Ferenczi, 9. August 1909 (Freud–Ferenczi Correspondence, Freud Collection, LC); Leporello: Freud an Fließ, 25. Mai 1897. *Freud–Fließ*, S. 261.

57 Martin Freud, *Freud*, S. 33. Siehe auch Freud an Fließ, 27. Oktober 1899. *Freud–Fließ*, S. 418.

58 Freud an Victor Richard Rubens, 12. Februar 1929, als Antwort auf eine Anfrage über das Rauchen (Arents Collection, No. 3270, New York Public Library). Dieser

Brief wird im deutschen Original voll zitiert in Max Schur, *Sigmund Freud, Leben und Sterben*, S. 628. Als Adressat wird aber fälschlicherweise Wilhelm Fließ genannt.

59 Martin Freud, *Freud*, S. 110.

60 Dyck, »Mein Onkel Sigmund«, Interview mit Harry Freud. *Aufbau* (New York), 11. Mai 1956. S. 4.

61 Freud an Fließ, 22. Dezember 1897. *Freud–Fließ*, S. 312 f.

62 Freud an Fließ, 30. Januar 1899. Ibid., S. 374.

63 Max Schur, *Freud, Leben und Sterben*, S. 296.

64 Hanns Sachs, *Freud, Meister und Freund*, S. 43.

65 »Meine Erinnerungen an Sigmund Freud«, in: *Der Wolfsmann vom Wolfsmann*, hrsg. von Muriel Gardiner, S. 174.

66 Freud an Stefan Zweig, 7. Februar 1931. *Briefe*, S. 420 f.

67 Gardiner, Hrsg., *Der Wolfsmann vom Wolfsmann*, S. 174.

68 Freud an Fließ, 6. Dezember 1896. *Freud–Fließ*, S. 226.

69 Freud an Fließ, 6. August 1899. Ibid., S. 402.

70 Freud an Ferenczi, 30. März 1922. Freud–Ferenczi Correspondence, Freud Collection, LC.

71 Freud an Fließ, 28. Mai 1899. *Freud–Fließ*, S. 387.

72 »Zur Ätiologie der Hysterie« (1896), G.W., Bd. I, S. 427.

73 Freud an Fließ, 21. Dezember 1899. *Freud–Fließ*, S. 430.

74 »Bruchstück einer Hysterie-Analyse« [»Dora«] (1905), G.W., Bd. 5, S. 169 f.

75 *Das Unbehagen in der Kultur*, G.W., Bd. 14, S. 426.

76 Siehe *The Autobiography of Wilhelm Stekel: The Life Story of a Pioneer Psychoanalyst*, hrsg. v. Emil A. Gutheil (1950), S. 116.

77 »Zur Geschichte der psychoanalytischen Bewegung«, G.W., Bd. 10, S. 63.

78 *Autobiography of Wilhelm Stekel*, S. 106.

79 Siehe »Zur Geschichte der psychoanalytischen Bewegung«, G.W., Bd. 10, S. 63.

80 Siehe *Jones*, II, S. 19.

81 *Autobiography of Wilhelm Stekel*, S. 116. Bezügl. einiger früher Wortmeldungen Reitlers siehe *Protokolle*, I, S. 70–76, 105–6, 149, 167.

82 Graf, »Reminiscences«, S. 470 f.

83 Siehe 9. Oktober 1907. *Protokolle*, I, S. 194.

84 15. Januar 1908. Ibid., S. 264–68.

85 Ranks Buch, *Das Inzestmotiv in Dichtung und Sage*, erschien schließlich erst 1912.

86 Siehe 5. Februar 1908. *Protokolle*, I, S. 284 f.

87 4. Dezember 1907. Ibid., S. 239–43.

88 5. Februar 1908. *Protokolle*, I, S. 284.

89 Siehe Freud an Rank, 22. September 1907. Maschinengeschriebene Kopie, Freud Collection, B4, LC.

90 Abraham an Eitingon, 1. Januar 1908. Zit. in Hilda Abraham, *Abraham*, S. 73.

91 Ernest Jones, *Free Associations: Memories of a Psycho-Analyst* (1959), S. 169 f.

92 Siehe Ludwig Binswanger, *Erinnerungen an Sigmund Freud* (1956), S. 13.

93 Freud an Abraham, 14. März 1911. Karl Abraham papers, LC.

94 Eitingon an Freud, 6. Dezember 1906. Sigmund Freud Copyrights, Wivenhoe.

95 Freud an Eitingon, 10. Dezember 1906. Ibid.

96 Freud gebrauchte den Ausdruck *Menschenfischer* in Erinnerung daran, was Jesus

aus seinen Jüngern machen wollte (Matth. 4,19), in einem Brief vom 3. März 1910, der wahrscheinlich an John Rickman gerichtet war, einen englischen Arzt, der später Psychoanalytiker wurde. Maschinengeschriebene Kopie. Freud Collection, B4, LC.

97 *Jones*, II, S. 48.

98 Eitingon hatte sich schon mehr als ein halbes Jahr vor seiner Übersiedlung nach Berlin Freuds »Schüler« genannt (Eitingon an Freud, 5. Februar 1909. Sigmund Freud Copyrights, Wivenhoe).

99 Siehe Eitingon an Freud, 9. Februar, 5. Mai und 10. Juni 1912. Ibid.

100 Freud an Eitingon, 17. Februar 1910. Ibid.

101 Siehe Eitingon an Freud, 10. Februar 1910. Ibid.

102 Freud an Eitingon, 10. Juli 1914. Ibid.

103 Siehe Hilda Abraham, *Abraham*, S. 41.

104 *Jones*, II, S. 194.

105 Freud an Abraham, 19. April 1908. Karl Abraham papers, LC.

106 Jones an Abraham, 18. Juni 1911. Ibid.

107 Freud an Abraham, 11. Juli 1909. Ibid.

108 Siehe Freud an Abraham, 19. April 1908. Ibid.

109 Freud an Abraham, 29. Mai 1908. Ibid.

110 Siehe Andreas-Salomé an Abraham, 6. November 1914. Ibid.

111 Hall an Abraham, 2. Januar 1914. Ibid.

112 Abraham an Freud, 26. Februar 1911. Ibid.

113 Abraham an Freud, 9. März 1911. Ibid.

114 Ibid.

115 Abraham an Freud, 24. Juli 1912. Ibid.

116 Abraham an Freud, 28. April 1912. Ibid.

117 Abraham an Freud, 25. Dezember 1911. Ibid.

118 Abraham an Freud, 28. Mai 1912. Ibid.

119 Siehe Hilda Abraham, *Abraham*, S. 39.

120 Freud an Abraham, 13. Februar 1911. Karl Abraham papers, LC. In *Freud–Abraham*, S. 105, ist nur ein Teil dieses Briefes abgedruckt. Die Charakterisierung »schlecht« und die Warnung vor Frau Dr. Fließ sind weggelassen.

121 Abraham an Freud, 17. Februar 1911. Karl Abraham papers, LC.

122 Siehe Abraham an Freud, 26. Februar 1911. *Freud–Abraham*, S. 106 f.

123 Siehe, zum Beispiel, Abraham an Freud, 9. April 1911, wo er erwähnt, daß ihm Fließ eine Patientin überwiesen habe, aber kein Wort über Frau Fließ sagt. Karl Abraham papers, LC.

124 Fließ an Abraham, 26. September 1917. Ibid.

125 Jones, *Free Associations*, S. 159 f.

126 Am 13. Mai 1908 dankte Jones Freud für die »freundliche Aufnahme« in Wien. Sigmund Freud Copyrights, Wivenhoe.

127 Jones an Freud, 3. November 1913. Sigmund Freud Copyrights, Wivenhoe. Nicht alle diese Mitglieder waren übrigens Freudianer. Einige zogen Jung vor.

128 Jones an Freud, 19. Juni 1910. Sigmund Freud Copyrights, Wivenhoe.

129 Freud an Jones, 28. April 1912. Freud Collection, D2, LC.

130 Jones an Freud, 8. November 1908. Sigmund Freud Copyrights, Wivenhoe. *S.a.* Freud an Jones, 20. November 1908. In Englisch. Freud Collection, D2, LC.

131 Jung an Freud, 12. Juli 1908. *Freud–Jung*, S. 181 f.

132 Freud an Jung, 18. Juli 1908. Ibid., S. 183.

133 Jones an Freud, 18. Dezember 1909. Sigmund Freud Copyrights, Wivenhoe.

134 Freud an Jones, 15. April 1910. In Englisch. Freud Collection, D2, LC.

135 Freud an Jones, 24. Februar 1912. In Englisch. Ibid.

136 Jones an Freud, 3. Juni, 25. Juni, 8. Juli 1913. Sigmund Freud Copyrights, Wivenhoe.

137 Freud an Jones, 22. Februar 1909. In Englisch. Freud Collection, D2, LC.

138 Freud an Jones, 1. Juni 1909. In Englisch. Ibid.

139 Freud an Jones, 10. März. In Englisch. Ibid.

140 Freud an Jones, 16. Januar 1914. In Englisch. Ibid.

141 Freud an Jones, 8. Februar 1914. In Englisch. Ibid. »Cet. censeo« sind, wie Jones natürlich wußte, die ersten Worte der berühmten Mahnung Catos, daß Karthago zerstört werden müsse: *Ceterum censeo Cartaginem esse delendam.*

142 Freud an Jones, 21. Februar 1914. Ibid.

143 Freud an Jones, 1. Januar 1929. *Briefe*, S. 402.

144 *Jones*, II, S. 192.

145 Lou Andreas-Salomé, *In der Schule bei Freud. Tagebuch eines Jahres, 1912/1913*, hrsg. v. Ernst Pfeiffer (1958), S. 193.

146 Michael Balint, »Einleitung des Herausgebers«, in: Sándor Ferenczi, *Schriften zur Psychoanalyse*, 2 Bde. (1970), I, S. XI.

147 Siehe Freud an Ferenczi, 30. Januar 1908. Freud−Ferenczi Correspondence, Freud Collection, LC. *S.a. Jones*, II, S. 52.

148 Jones an Freud, 8. Juli 1913. Sigmund Freud Copyrights, Wivenhoe.

149 Freud an Ferenczi, 11. Februar 1908. Freud−Ferenczi Correspondence, Freud Collection, LC.

150 Freud an Ferenczi, 4. August 1908. Ibid.

151 Siehe, zum Beispiel, Freud an Ferenczi, 6. Oktober 1909. Ibid. Freud sprach Abraham ein Jahr später, im Sommer 1910, als »Lieber Freund« an. Siehe seinen Brief vom 22. August 1910. *Freud−Abraham*, S. 97.

152 Freud an Ferenczi, 27. Oktober 1908. Freud−Ferenczi Correspondence, Freud Collection, LC.

153 Freud an Ferenczi, 2. Oktober 1910. Ibid.

154 Freud an Ferenczi, 17. November 1911. Ibid.

155 Freud an Ferenczi, 30. November 1911. Ibid.

156 Freud an Ferenczi, 5. Dezember 1911. Ibid.

157 Freud an Jones, 2. August 1920. In Englisch. Freud Collection, D2, LC.

158 Freud an [Rickman?], 3. März 1910. Freud Collection, B4, LC.

159 Oskar Pfister, »Oskar Pfister«, in: *Die Pädagogik der Gegenwart in Selbstdarstellungen*, hrsg. v. Erich Hahn, 2 Bde. (1926−27), II, S. 168−70.

160 Jahre später drückte Pfister Freud seine Dankbarkeit dafür aus, daß er ihm 1912 vom Medizinstudium abgeraten hatte (Pfister an Freud, 14. Juni 1927. Sigmund Freud Copyrights, Wivenhoe).

161 Willi Hoffer, Nachruf auf Pfister, *Int. J. Psycho-Anal.*, XXXIX (1958), S. 616. *S.a.* Peter Gay, *A Godless Jew: Freud, Atheism, and the Making of Psychoanalysis* (1987), S. 74.

162 Freud an Jung, 17. Januar 1909. *Freud−Jung*, S. 217.

163 Freud an Ferenczi, 26. April 1909. Freud−Ferenczi Correspondence, Freud Collection, LC.

164 Anna Freud, Vorbemerkung 1962. *Freud–Pfister*, S. 10.

165 Hoffer, Nachruf auf Pfister. *Int. J. Psycho-Anal.*, XXXIX (1958), S. 616.

166 Pfister an Freud, 25. November 1926. Sigmund Freud Copyrights, Wivenhoe.

167 Pfister an Freud, 30. Dezember 1923. *Freud–Pfister*, S. 94 f.

168 Pfister an Freud, 29. Oktober 1918. Ibid., S. 64.

169 Freud an Pfister, 16. Oktober 1922. Sigmund Freud Copyrights, Wivenhoe.

170 »Lou Andreas-Salomé« (1937), G.W., Bd. 16, S. 270.

171 Abraham an Freud, 28. April 1912. *Freud–Abraham*, S. 118.

172 Freud an Ferenczi, 2. Oktober 1912. Freud–Ferenczi Correspondence, Freud Collection, LC.

173 Freud an Ferenczi, 31. Oktober 1912. Ibid.

174 Freud an Ferenczi, 20. März 1913. Ibid.

175 Siehe 30. Oktober 1912. *Protokolle*, IV, S. 104.

176 23. Oktober 1912. Ibid., S. 103.

177 Siehe, z. B., 27. November 1912. Ibid., S. 120. Eine Ausnahme ist die Eintragung am 15. Januar 1913, wo sie als »Frau Lou« erscheint. Ibid., S. 138.

178 Siehe Freud an Andreas-Salomé, 10. November 1912. *Freud–Salomé*, S. 12.

179 Siehe »Selbstdarstellung«, G.W., Bd. 14, S. 74.

180 Siehe *Jones*, II, S. 138.

181 Jung an Freud, 4. September 1907. *Freud–Jung*, S. 92 f.

182 Jung an Freud, 11. September 1907. Ibid., S. 93 f.

183 Abraham an Freud, 10. November 1908. *Freud–Abraham*, S. 65 f.

184 Freud an Abraham, 14. Dezember 1908. Karl Abraham papers, LC.

185 Freud an Abraham, 9. März 1909. Ibid.

186 *Drei Abhandlungen zur Sexualtheorie*, G.W., Bd. 5, S. 74 Anm.

187 Freud an Abraham, 23. Mai 1909. Karl Abraham papers, LC.

188 Freud an Ferenczi, 26. April 1909. Freud–Ferenczi-Correspondence, Freud Collection, LC.

189 Siehe Wilhelm Weygandt, Besprechung der *Traumdeutung* im *Centralblatt für Nervenheilkunde und Psychiatrie*, XXIV (1901), S. 548 f.

190 Siehe *Jones*, II, S. 136.

191 Jones an Freud, 20. April 1910. Sigmund Freud Copyrights, Wivenhoe.

192 Jones an Freud, 2. Januar 1910. Ibid.

193 Boris Sidis, »Fundamental States in Psychoneuroses«, in: *Journal of Abnormal Psychology*, V (Februar-März 1911), S. 322 f. Zit. in Nathan G. Hale, Jr., *Freud and the Americans: The Beginnings of Psychoanalysis in the United States, 1876–1917* (1971), S. 297.

194 Boris Sidis, *Symptomatology, Psychogenesis and Diagnosis of Psychopathic Diseases* (1914), VI–VII, zit. in ibid., S. 300.

195 »Attacks Dr. Freud's Theory / Clash in Academy of Medicine When Vienna Physician Was Honored«, in *New York Times*, 5. April 1912, S. 8.

196 Freud an Jones, 28. April 1912. In Englisch. Freud Collection, D2, LC.

197 »Dreams of the Insane Help Greatly in Their Cure«, in: *New York Times*, Sonntag, 2. März 1913, S. 10.

V. Psychoanalytische Politik

1 Jones, *Free Associations*, S. 165.
2 Siehe William McGuire, Einleitung zu *Freud–Jung*, S. XIII.
3 Carl G. Jung, *Über die Psychologie der Dementia Praecox. Ein Versuch* (1907). Einleitung (Juli 1906), S. III—IV.
4 Ibid., S. IV. *S. a.* ibid., S. 38, 50 Anm., 62.
5 Siehe »Psychoanalyse und Assoziationsexperiment« (1906).
6 Jones, *Free Associations*, S. 165.
7 Freud an Jung, 11. April 1906. *Freud–Jung*, S. 3.
8 Jung an Freud, 5. Oktober 1906. Ibid., S. 5.
9 Freud an Jung, 7. Oktober 1906. Ibid., S. 5 f.
10 Jung an Freud, 26. November 1906. Ibid., S. 10.
11 Jung an Freud, 4. Dezember 1906. Ibid., S. 11.
12 Freud an Jung, 6. Dezember 1906. Ibid., S. 12 f.
13 Siehe Freud an Jung, 30. Dezember 1906. Ibid., S. 16 ff.
14 Freud an Jung, 1. Januar 1907. Ibid., S. 18.
15 In seinen Briefen an Ferenczi verwendete Freud für Jung den Ausdruck »prächtig« mindestens dreimal. Siehe seine Briefe vom 18. Januar 1909, 17. Mai 1909 und 29. Dezember 1910. Freud–Ferenczi Correspondence, Freud Collection, LC.
16 Freud an Ferenczi, 29. Dezember 1910. Ibid.
17 Freud an Jung, 13. August 1908. *Freud–Jung*, S. 186.
18 Jung an Freud, 20. Februar 1908. Ibid., S. 135.
19 Martin Freud, *Freud*, S. 108 f.
20 Siehe Carl G. Jung, *Erinnerungen, Träume, Gedanken* (1962), S. 153.
21 Martin Freud, *Freud*, S. 109.
22 Binswanger, *Erinnerungen*, S. 11.
23 Jung an Freud, 31. März 1907. *Freud–Jung*, S. 28, 26.
24 Freud an Jung, 7. April 1907. Ibid., S. 29.
25 Binswanger, der diese Episode aufzeichnete, konnte sich an den Inhalt von Jungs Traum nicht mehr erinnern, sondern nur noch an Freuds Deutung. (*S.* Binswanger, *Erinnerungen*, S. 10.)
26 Jung an Freud, 24. Mai 1907. *Freud–Jung*, S. 54.
27 Freud an Jung, 21. April 1907. Ibid., S. 44.
28 Jung an Freud, 4. Juni 1907. Ibid., S. 62.
29 Freud an Jung, 10. Juli 1907. Ibid., S. 83.
30 Freud an Jung, 18. August 1907. Ibid., S. 85.
31 Freud an Jung, 27. August 1907. Ibid., S. 88.
32 Jung an Ferenczi, 6. Januar 1909. Carl G. Jung, *Briefe*, hrsg. von Aniela Jaffé u. Gerhard Adler, 3 Bde. (1946—55, 3. Aufl. 1981), I, S. 26.
33 Jung an Freud, 28. Oktober 1907. *Freud–Jung*, S. 105.
34 Freud an Jung, 15. November 1907. Ibid., S. 108.
35 Freud an Abraham, 3. Mai 1908. *Freud–Abraham*, S. 47.
36 Freud an Sabine Spielrein, 28. August 1913. Maschinengeschriebene Kopie. Sigmund Freud Copyrights, Wivenhoe.
37 Freud an Abraham, 23. Juli 1908. *Freud–Abraham*, S. 57.

38 Freud an Abraham, 11. Oktober 1908. Ibid., S. 64.

39 Freud an Abraham, 26. Dezember 1908. Ibid., S. 73.

40 Siehe Freud an Abraham, 20. Juli 1908. Karl Abraham papers, LC.

41 Freud an Abraham, 23. Juli 1908. *Freud–Abraham*, S. 57.

42 Freud an Abraham, 20. Juli 1908. Ibid., S. 57.

43 Freud an Ferenczi, 8. Juni 1913. Freud–Ferenczi Correspondence, LC.

44 Jung an Freud, 8. Januar 1907. *Freud–Jung*, S. 21.

45 Jung an Freud, 11. März 1909. Ibid., S. 234.

46 »Selbstdarstellung«, G.W., Bd. 14, S. 78.

47 Thorndike an James Cattell, 6. Juli 1904. Zit. in Dorothy Ross, *G. Stanley Hall: The Psychologist as Prophet* (1972), S. 385.

48 Hall an »Siegmund« Freud, 15. Dezember 1908. Zit. ibid., S. 386.

49 Siehe William A. Koelsch, »*Incredible Day Dream«: Freud and Jung at Clark*. The Fifth Paul S. Clarkson Lecture (1984), nicht paginiert.

50 »Zur Geschichte der psychoanalytischen Bewegung«, G.W., Bd. 10, S. 44, 70.

51 »Selbstdarstellung«, G.W., Bd. 14, S. 78.

52 Freud an Ferenczi, 10. Januar 1909. Freud–Ferenczi Correspondence, Freud Collection, LC.

53 Freud an Ferenczi, 17. Januar 1909. Ibid.

54 Freud an Ferenczi, 2. Februar 1909. Ibid.

55 Freud an Ferenczi, 28. Februar 1909. Ibid.

56 Siehe Ferenczi an Freud, 11. Januar 1909. Ibid.

57 Ferenczi an Freud, 2. März 1909. Ibid.

58 Freud an Ferenczi, 9. März 1909. Ibid.

59 Freud an Abraham, 9. März 1909. Karl Abraham papers, LC.

60 Freud an Ferenczi, 25. April 1909. Freud–Ferenczi Correspondence, Freud Collection, LC.

61 Freud an Ferenczi, 25. Juli 1909. Ibid.

62 Freud an Jung, 18. Juni 1909. *Freud–Jung*, S. 258.

63 Freud an Ferenczi, 25. Juli 1909. Freud–Ferenczi Correspondence, Freud Collection, LC.

64 Siehe Freud an Jung, 7. Juli 1909. *Freud–Jung*, S. 264.

65 Siehe *Jones*, II, S. 75.

66 Brill an Smith Ely Jelliffe, 4. Dezember 1940. Zit. in Hale, *Freud and the Americans*, S. 390.

67 Ibid., S. 391.

68 Jones, *Free Associations*, S. 230 f.

69 Zit. in *Jones*, II, S. 75.

70 Über das Eiswasser siehe Anna Freud an Ernest Jones, 10. März 1954. Jones papers, Archives of the British Psycho-Analytical Society, London.

71 Freud an Pfister, 17. März 1910. Sigmund Freud Copyrights, Wivenhoe.

72 Jones an Freud, 12. Februar 1910. Ibid.

73 Siehe Freud an Jones, 27. Januar 1910. Freud Collection, D2, LC. *S.a. Jones*, II, S. 80.

74 *Jones*, II, S. 80.

75 Siehe Koelsch, *Incredible Day Dream*, nicht paginiert.

76 Siehe Hale, *Freud and the Americans*, S. 3–23.

77 »Selbstdarstellung«, G.W., Bd. 14, S. 78.

78 *Jones*, II, S. 77.
79 James an Mary W. Calkins, 19. September 1909. Zit. in Ralph Barton Perry, *The Thought and Character of William James*, 2 Bde. (1936), II, S. 123.
80 James an Flournoy, 28. September 1909. *The Letters of William James*, hrsg. v. Henry James, 2 Bde. (1920), II, S. 327 f.
81 Siehe Jung an Virginia Payne, 23. Juli 1949. Jung, *Briefe*, II, S. 159.
82 Siehe Jung an Freud, 14. Oktober 1909. *Freud–Jung*, S. 275. *S. a.* Jung an Virginia Payne, 23. Juli 1949. Jung, *Briefe*, II, S. 158.
83 Freud an Mathilde Hollitscher, 23. September 1909. Freud Collection, B1, LC.
84 Siehe Jung an Freud, 14. Oktober 1909. *Freud–Jung*, S. 275.
85 Freud an Jung, 11. November 1909. Ibid., S. 286. Freud notierte den Fehler in einer Randbemerkung, bagatellisierte aber seine Bedeutung.
86 Freud an Ferenczi, 6. April 1911. Freud–Ferenczi Correspondence, Freud Collection, LC.
87 Jones, *Free Associations*, S. 219.
88 Siehe ibid., S. 219 f.
89 Freud an Jones, 20. November 1908. In Englisch. Freud Collection, D2, LC. Dieser Brief ist vollständig, aber mit der falschen Jahreszahl 1909 wiedergegeben in *Jones*, II, S. 83.
90 Freud an Otto Rank, 13. September 1912. Rank Collection, Box 1b. Rare Book and Manuscript Library, Columbia University.
91 »Zur Geschichte der psychoanalytischen Bewegung«, G. W., Bd. 10, S. 58.
92 Siehe Freud an Jones, 15. November 1912. Freud Collection, D2, LC.
93 Freud an Ferenczi, 10. April 1911. Freud–Ferenczi Correspondence, Freud Collection, LC.
94 Freud an Ferenczi, 17. Oktober 1912. Ibid.
95 Freud an Jones, 21. Februar 1914. In Englisch. Freud Collection, D2, LC.
96 Siehe 26. April 1911. *Protokolle*, III, S. 223–26.
97 Freud an Ferenczi, 13. Februar 1910. Freud–Ferenczi Correspondence, Freud Collection, LC.
98 Freud an Ferenczi, 12. April 1910. Ibid.
99 Bleuler an Freud, 4. Dezember 1911. Freud Collection, D2, LC.
100 Freud an Ferenczi, 30. November 1911. Freud–Ferenczi Correspondence, Freud Collection, LC.
101 Jones, *Free Associations*, S. 169.
102 7. November 1906. *Protokolle*, I, S. 36–46.
103 27. November 1907. Ibid., S. 237.
104 18. Dezember 1907. Ibid., S. 257.
105 Freud an Abraham, 1. Januar 1913. Karl Abraham papers, LC.
106 Freud an Ferenczi, 3. April 1910. Freud–Ferenczi Correspondence, Freud Collection, LC.
107 Freud an Jones, 15. April 1910. In Englisch. Freud Collection, D2, LC.
108 Freud an Ferenczi, 3. April 1910. Freud–Ferenczi Correspondence, Freud Collection, LC.
109 Wittels, *Freud*, S. 140. Eine melodramatischere, aber weniger glaubwürdige Schilderung, in der Freud die Tränen über die Wangen rinnen, findet sich in der *Autobiography of Wilhelm Stekel*, S. 128 f.
110 »Zur Geschichte der psychoanalytischen Bewegung«, G. W., Bd. 10, S. 84–86.

111 6. April 1910. *Protokolle*, II, S. 427.

112 Ibid., S. 425.

113 Freud an Ferenczi, 12. April 1910. Freud–Ferenczi Correspondence, Freud Collection, LC.

114 Siehe 6. April 1910. *Protokolle*, II, S. 422–30.

115 »Zur Geschichte der psychoanalytischen Bewegung«, G.W., Bd. 10, S. 94.

116 Freud an Ferenczi, 3. April 1910. Freud–Ferenczi Correspondence, Freud Collection, LC.

117 Siehe Carl Furtmüller, »Alfred Adler: A Biographical Essay«, in Alfred Adler, *Superiority and Social Interest: A Collection of Later Writings*, hrsg. v. Heinz L. und Rowena R. Ansbacher (1964, 3. Aufl. 1979), S. 345–48. Besonders informativ, weil Furtmüller ein entschiedener Parteigänger Adlers war.

118 Freud an Jung, 18. Juni 1909. *Freud–Jung*, S. 259 f.

119 Freud an Pfister, 26. Februar 1911. *Freud–Pfister*, S. 47.

120 Freud an Jung, 3. Dezember 1910. *Freud–Jung*, S. 415.

121 Freud an Ferenczi, 23. November 1910. Freud–Ferenczi Correspondence, Freud Collection, LC.

122 4. Januar und 1. Februar 1911. *Protokolle*, III, S. 103–11, 139–49.

123 1. Februar 1911. *Protokolle*, III, S. 143–47.

124 Siehe ibid., S. 147 f.

125 22. Februar 1911. Ibid., S. 168 f.

126 Freud an Ferenczi, 12. März 1911. Freud–Ferenczi Correspondence, Freud Collection, LC.

127 Freud an Jones, 9. August 1911. In Englisch. Freud Collection, D2, LC.

128 Siehe Freud an Jung, 15. Juni und 13. Juli 1911. *Freud–Jung*, S. 473, 479.

129 Adler an Jones, 7. Juli 1911. Jones papers. Archives of the British Psycho-Analytical Society, London.

130 Adler an Jones, 10. Juli 1911. Ibid. Adler übertrieb die Zeitspanne seiner Loyalität gegenüber der Psychoanalyse. Wenn seine Datierung stimmte, wäre er schon 1896 ein Freudianer gewesen.

131 Adler an Jones, 7. September 1911. Ibid.

132 Freud an Ferenczi, 5. Oktober 1911. Freud–Ferenczi Correspondence, Freud Collection, LC.

133 Freud an Jung, 12. Oktober 1911. *Freud–Jung*, S. 493.

134 Phyllis Bottome, *Alfred Adler: Apostle of Freedom* (1939, 3. Aufl. 1957), S. 76 f. Da Bottome Adlers authorisierte Biographin war und der Zwischenfall kaum zu Adlers Vorteil gereicht, trägt er den Stempel der Echtheit, obwohl es sehr unwahrscheinlich klingt, daß Freud Adler gebeten haben sollte zu bleiben.

135 Freud an Jung, 15. Juni 1911. *Freud–Jung*, S. 472.

136 Emma Jung an Freud, 30. Oktober 1911. Ibid., S. 499.

137 Freud an Ferenczi, 5. November 1911. Freud–Ferenczi Correspondence, Freud Collection, LC.

138 Siehe Jung an Freud, 3. Dezember 1912. *Freud–Jung*, S. 583 f. (526, 526 Anm.).

139 Freud an Pfister, 4. Juli 1912. *Freud–Pfister*, S. 57.

140 »The Houston Films« (1957), ein Interview in C. G. *Jung Speaking: Interviews and Encounters*, hrsg. v. William McGuire und R. F. C. Hull (1977), S. 339.

141 »The ›Face to Face‹ Interview with John Freeman«, BBC. 1959. Ibid., S. 433.

142 Jung an Freud, 14. Dezember 1909. *Freud–Jung*, S. 303.

143 Jung an Freud, 15. November 1909. Ibid., S. 289.

144 Jung an Freud, 30. November/2. Dezember 1909. Ibid., S. 297.

145 Jung an Freud, 25. Dezember 1909. Ibid., S. 308.

146 Freud an Jung, 2. Januar 1910. Ibid., S. 312.

147 Siehe Freud an Ferenczi, 1. Januar 1910. Freud–Ferenczi Correspondence, Freud Collection, LC.

148 Jung an Freud, 7. März 1909. *Freud–Jung*, S. 229.

149 Jung an Freud, 11. Februar 1910. Ibid., S. 324.

150 Freud an Jung, 13. Januar 1910. Ibid., S. 316.

151 Freud an Ferenczi, 13. Februar 1910. Freud–Ferenczi Correspondence, Freud Collection, LC.

152 Freud an Ferenczi, 3. März 1910. Ibid.

153 Freud an Jung, 19. Dezember 1909. *Freud–Jung*, S. 304.

154 Jung an Freud, 25. Dezember 1909. Ibid., S. 307.

155 Freud an Jung, 2. Januar 1910. Ibid., S. 311.

156 Freud an Jung, 6. März 1910. Ibid., S. 331.

157 Jung an Freud, 9. März 1910. Ibid., S. 333.

158 Jung an Freud, 26. Juli und 29. August 1911. Ibid., S. 482, 484.

159 Jung an Freud, 14. November 1911. Ibid., S. 509.

160 Jung an Freud, 3. März 1912. Ibid., S. 544.

161 Jung an Freud, 10. März 1912. Ibid., S. 546.

162 Freud an Jung, 5. März 1912. Ibid., S. 545.

163 Jung an Freud, 3. März 1912. Ibid., S. 544. Das Zitat ist aus *Also sprach Zarathustra*, I, 3.

164 Freud an Jung, 5. März 1912. *Freud–Jung*, S. 545 f.

165 Freud an Binswanger, 14. April 1912. Maschinengeschriebene Kopie, Freud Collection, D1, LC.

166 Am 3. Juni 1912 bemerkte Freud in einem Brief an Abraham: »Nach Zürich gings nicht mehr« (Karl Abraham papers, LC).

167 Jung an Freud, 8. Juni 1912. *Freud–Jung*, S. 564. Jung gebrauchte den Ausdruck »die Geste von Kreuzlingen« zum erstenmal in einem Brief an Freud vom 18. Juli 1912. Ibid., S. 566.

168 Freud an Jung, 13. Juni 1912. Ibid., S. 565 f.

169 *Jones*, II, S. 186.

170 Freud an Jones, 1. August 1912. In Englisch. Freud Collection, D2, LC.

171 Ibid.

172 Freud an Jones, 10. August 1912. In Englisch. Ibid.

173 Jones an Freud, 7. August 1912. Sigmund Freud Copyrights, Wivenhoe.

174 Freud an Jones, 22. Juli 1912. In Englisch. Freud Collection, D2, LC.

175 Freud an Abraham, 29. Juli 1912. Karl Abraham papers. LC.

176 Ibid.

177 Freud an Ferenczi, 28. Juli 1912. Freud–Ferenczi Correspondence, Freud Collection, LC.

178 Freud an Rank, 18. August 1912. Rank Collection, Box 1b. Rare Book and Manuscript Library, Columbia University.

179 Freud an Ferenczi, 28. Juli 1912. Freud–Ferenczi Correspondence, Freud Collection, LC.

180 Freud an Jones, 22. September 1912. In Englisch. Freud Collection, D2, LC.

181 Freud an Ferenczi, 23. Juni 1912. Freud–Ferenczi Correspondence, Freud Collection, LC.

182 Jung an Freud, 11. November 1912. *Freud–Jung*, S. 571 f.

183 Ibid., S. 573.

184 Siehe 9. Oktober 1912. *Protokolle*, IV, S. 99.

185 Siehe *Autobiography of Wilhelm Stekel*, S. 141 ff.

186 Freud an Jones, 9. August 1911. In Englisch. Freud Collection, D2, LC.

187 Freud an Abraham, 3. November 1912. *Freud–Abraham*, S. 127.

188 Ibid. *S. a.* 6. November 1912. *Protokolle*, IV, S. 108, 109 Anm.

189 Freud an Jones, 15. November 1912. In Englisch. Freud Collection, D2, LC.

190 Freud an Abraham, 1. Januar 1913. Karl Abraham papers, LC.

191 Freud an Jung, 14. November 1912. *Freud–Jung*, S. 573.

192 Eitingon an Freud, 11. November 1912. Sigmund Freud Copyrights, Wivenhoe.

193 Freud an Ferenczi, 26. November 1912. Freud–Ferenczi Correspondence, Freud Collection, LC.

194 *Jones*, I, S. 370.

195 Jung an Freud, 26. November 1912. *Freud–Jung*, S. 579.

196 Freud an Jung, 29. November 1912. Ibid., S. 581 f.

197 Jung an Freud, 3. Dezember 1912. Ibid., S. 583 f.

198 Freud an Jung, 5. Dezember 1912. Ibid., S. 587.

199 Siehe Jung an Freud, 7. Dezember 1912. Ibid., S. 589—91.

200 Freud an Jung, 9. Dezember 1912. Ibid., S. 592.

201 Jung an Freud, o. D. (geschr. zwischen 11. und 14. Dezember 1912). Ibid., S. 592.

202 Freud an Jung, 16. Dezember 1912. Ibid., S. 593.

203 Freud im Gespräch mit Jones. (*Jones*, II, S. 110.)

204 Jung an Freud, 18. Dezember 1912. *Freud–Jung*, S. 594.

205 Ibid., S. 594.

206 Siehe Freud an Jung, 22. Dezember 1912. Ibid., S. 596.

207 Freud an Jones, 26. Dezember 1912. In Englisch. Freud Collection, D2, LC.

208 Freud an Ferenczi, 23. Januar 1912. Freud–Ferenczi Correspondence, Freud Collection, LC.

209 Siehe Freud an Jones, 26. Dezember 1912. Freud Collection, D2, LC.

210 Ibid.

211 Freud an Jones, 1. Januar 1913. In Englisch. Ibid.

212 Freud an Jung, 3. Januar 1913. *Freud–Jung*, S. 598 f.

213 Freud an Ferenczi, 23. Dezember 1912. Freud–Ferenczi Correspondence, Freud Collection, LC.

214 Jung an Freud (maschinengeschriebene, signierte Postkarte), 6. Januar 1913. *Freud–Jung*, S. 600.

215 Maschinengeschriebenes Memorandum. Karl Abraham papers, LC. Es ist undatiert, aber am 13. März schrieb Jones eine detaillierte Antwort (ibid.); es muß also ungefähr am 10. oder 11. März abgeschickt worden sein.

216 Freud an Ferenczi, 8. Mai 1913. Freud–Ferenczi Correspondence, Freud Collection, LC.

217 Abgeschickt am 4. Juli 1913. Freud–Jones Correspondence, Freud Collection, D2, LC.

218 Jung an Freud, 29. Juli 1913. *Freud–Jung*, S. 609 f.

219 Siehe Jung an Henri Flournoy, 29. März 1949. In diesem Brief steht der englische Ausdruck »pattern of behaviour«. Jung, *Briefe*, II, S. 151.

220 Jung an J. H. van der Hoop, 14. Januar 1946. Ibid., S. 9.

221 Freud an Jung, 18. Februar 1912. *Freud–Jung*, S. 537.

222 Jung an Freud, 25. Dezember 1909. Ibid., S. 307.

223 Freud an Ferenczi, 8. Juni 1913. Freud–Ferenczi Correspondence, Freud Collection, LC.

224 Freud an Ferenczi, 4. Mai 1913. Ibid.

225 Siehe *Jones*, II, S. 129.

226 Siehe Jones, *Free Associations*, S. 224.

227 »Zur Geschichte der psychoanalytischen Bewegung«, G.W., Bd. 10, S. 88.

228 Andreas-Salomé, *In der Schule bei Freud*, S. 190 f.

229 Freud an Abraham, 2. November 1913. *Freud–Abraham*, S. 150.

230 Jungs Erklärung im *Jahrbuch*, wiedergegeben in *Freud–Jung*, S. 612.

231 Jung an Freud, 27. Oktober 1913. Ibid., S. 612.

232 Freud an Jones, 13. November 1913. In Englisch. Freud Collection, D2, LC.

233 Freud an Ferenczi, 30. Oktober 1913. Freud–Ferenczi Correspondence, Freud Collection, LC.

234 Freud an Jones, 8. Januar 1914. In Englisch. Freud Collection, D2, LC.

235 Freud an Abraham, 17. Mai 1914. Karl Abraham papers, LC.

236 Jones an Abraham, 29. Dezember 1913. Ibid.

237 Jones an Abraham, 14. Januar 1914. Ibid.

238 Abraham an Jones, 11. Januar 1914. Jones papers, Archives of the British Psycho-Analytical Society, London.

239 Freud an Ferenczi, 9. November 1913. Freud–Ferenczi Correspondence, Freud Collection, LC.

240 Freud an Ferenczi, 12. Januar 1914. Ibid.

241 Abraham und Eitingon an Freud (Telegramm), 22. April 1914. Karl Abraham papers, LC.

242 Freud an Ferenczi, 24. April 1914. Freud–Ferenczi Correspondence, Freud Collection, LC.

243 Freud an Abraham, 18. Juli 1914. *Freud–Abraham*, S. 178.

244 Freud an Abraham, 26. Juli 1914. Ibid., S. 180.

245 Eitingon an Freud, 6. Juli 1914. Sigmund Freud Copyrights, Wivenhoe.

246 Freud an Putnam, 8. Juli 1915. *James Jackson Putnam: Letters*, S. 376.

247 Freud an Abraham, 14. Juni 1912. Karl Abraham papers, LC.

248 »Selbstdarstellung«, G.W., Bd. 14, S. 80.

249 Freud an Binswanger, 31. Dezember 1909. Zit. in Binswanger, *Erinnerungen*, S. 32.

VI. Therapie und Technik

1 *Protokolle*, I, S. 213. *S. a.* 30. Oktober und 6. November 1907. Ibid., S. 212–23.

2 Jones, *Free Associations*, S. 166.

3 Ibid.

4 Ihr wirklicher Name war Ida Bauer, und ihr Bruder Otto wurde einer der führenden sozialistischen Politiker in Österreich.

5 Freud an Fließ, 14. Oktober 1900. *Freud–Fließ*, S. 469.

6 Freud an Fließ, 25. Januar 1901. Ibid., S. 476.

7 Ibid.

8 Freud an Fließ, 11. März 1902. Ibid., S. 501.

9 Siehe »Editor's Note«, Standard Edition, VII, S. 5.

10 »Bruchstück einer Hysterie-Analyse« [»Dora«] (1905), G.W., Bd. 5, S. 167.

11 Ibid., S. 165.

12 Ibid., S. 186.

13 »Dora war zweifellos in Herrn K. verliebt, den Freud recht präsentabel fand. Aber ich frage mich, wie viele von uns heute ohne Protest Freuds Behauptungen akzeptieren können, daß ein gesundes junges Mädchen Herrn K.'s Annäherungsversuche unter solchen Umständen ›weder taktlos noch kränkend‹ gefunden haben würde« (Erik H. Erikson, »Psychological Reality and Historical Actuality« [1962], in: *Insight and Responsibility: Lectures on the Ethical Implications of Psychoanalytic Insight* [1964], S. 169).

14 »Dora«, G.W., Bd. 5, S. 219.

15 Ibid., S. 207.

16 Ibid., S. 231 f.

17 Ibid., S. 232.

18 Ibid., S. 272 f.

19 Ibid., S. 272.

20 Ibid., S. 282.

21 Ibid., S. 281, 282 f.

22 Ibid., S. 272.

23 »Die zukünftigen Chancen der psychoanalytischen Therapie«, G.W., Bd. 8, S. 108.

24 Ibid., S. 108.

25 »Dora«, G.W., Bd. 5, S. 240.

26 Siehe ibid., S. 239 f.

27 Freud an Jones, 22. September 1912. In Englisch. Freud Collection, D2, LC.

28 Freud an Jones, 1. Juni 1909. In Englisch. Ibid.

29 Freud an Jones, 15. April 1910. In Englisch. Ibid.

30 »Analyse der Phobie eines fünfjährigen Knaben« [»Der kleine Hans«] (1909), G.W., Bd. 7, S. 377.

31 Ibid., S. 372.

32 Ibid., S. 252.

33 Ibid., S. 245, 247.

34 Ibid., S. 260 f.

35 Ibid., S. 263.

36 Ibid., S. 299.

37 Ibid., S. 269.

38 Ibid., S. 307, 307 Anm.

39 Ibid., S. 243 f.

40 Ibid., S. 377.

41 »Nachschrift zur Analyse des kleinen Hans« (1922), G.W., Bd. 13, S. 431.

42 Siehe Freud an Jung, 7. Juli 1909. *Freud–Jung*, S. 263.

43 Freud an Jones, 1. Juni 1909. In Englisch. Freud Collection, D2, LC.

44 »Bemerkungen über einen Fall von Zwangsneurose« [»Rattenmann«] (1909), G.W., Bd. 7, S. 463 Anm.

45 Siehe »Rattenmann«. Ibid., S. 384. Der richtige Name des Rattenmannes wurde zum erstenmal enthüllt in Patrick J. Mahony, *Freud and the Rat Man* (1986).

46 »Rattenmann«, G.W., Bd. 7, S. 382 f.

47 Die erhaltenen Aufzeichnungen betreffen nur die ersten dreieinhalb Monate des Falles von der ersten Sitzung am 1. Oktober 1907 bis zum 20. Januar 1908. Es ist wahrscheinlich, daß Freud weitere Aufzeichnungen machte und daß der Rest verlorenging.

48 Ibid., S. 386.

49 Ibid., S. 384–87.

50 Ibid., S. 388.

51 Ibid., S. 391 f.

52 Ibid., S. 392.

53 Ibid., S. 394, 397.

54 Freud an Jung, 30. Juni 1909. *Freud–Jung*, S. 263.

55 Jung an Ferenczi, 25. Dezember 1909. Jung, *Briefe*, I, S. 33.

56 »Rattenmann«, G.W., Bd. 7, S. 400.

57 Ibid., S. 404, 405 Anm.

58 Ibid., S. 400 ff.

59 Siehe die Aufzeichnungen, vollständig herausgegeben mit Anmerkungen und Kommentaren von Elza Ribeiro Hawelka: Sigmund Freud, *L'Homme aux rats. Journal d'une analyse* (1974), S. 230–34.

60 »Rattenmann«, G.W., Bd. 7, S. 423.

61 Ibid., S. 425.

62 Ibid., S. 426 f., 454.

63 Ibid., S. 433.

64 Ibid., S. 438.

65 Ibid., S. 429.

66 Freud, *L'Homme aux rats*, hrsg. v. Hawelka, S. 210.

67 Freud an Ferenczi, 10. November 1909. Freud–Ferenczi Correspondence, Freud Collection, LC.

68 Freud an Jung, 17. Oktober 1909. *Freud–Jung*, S. 280.

69 »Eine Kindheitserinnerung des Leonardo da Vinci« (1910), G.W., Bd. 8, S. 207.

70 Ibid., S. 128 u. 128 Anm.

71 Freud an Fließ, 9. Oktober 1898. *Freud–Fließ*, S. 362.

72 Siehe Freud an Abraham, 30. August 1910. *Freud–Abraham*, S. 98.

73 Freud an Ferenczi, 21. November 1909. Freud–Ferenczi Correspondence, Freud Collection, LC.

74 Freud an Ferenczi, 17. März 1910. Ibid.

75 Freud an Andreas-Salomé, 9. Februar 1919. *Freud–Salomé*, S. 100.

76 Freud an Ferenczi, 10. November 1909. Freud–Ferenczi Correspondence, Freud Collection, LC.

77 Freud an Jones, 15. April 1910. In Englisch. Freud Collection, D2, LC.

78 Freud an Struck, 7. November 1914. *Briefe*, S. 317 f.

79 Freud an Ferenczi, 7. Juni 1910. Freud–Ferenczi Correspondence, Freud Collection, LC.

80 Abraham an Freud, 6. Juni 1910. *Freud–Abraham*, S. 96.

81 Jung an Freud, 17. Juni 1910. *Freud–Jung*, S. 364.

82 Freud an Abraham, 3. Juli 1910. *Freud–Abraham*, S. 97.

83 Ibid.

84 »Leonardo«, G.W., Bd. 8, S. 128.

85 Ibid., S. 202 f., 207.

86 Ibid., S. 150.

87 Ibid., S. 158−60, 186 f.

88 Freud an Jung, 17. Oktober 1909. *Freud–Jung*, S. 281.

89 »Leonardo«, G.W., Bd. 8, S. 169 f.

90 Ibid., S. 194.

91 Siehe Eric Maclagan, »Leonardo in the Consulting Room«, in: *Burlington Magazine*, XLII (1923), S. 54−57.

92 Freud an Jung, 21. November 1909. *Freud–Jung*, S. 292 f.

93 Siehe Freud an Jung, 2. Dezember 1909. Ibid., S. 298.

94 Freud an Ferenczi, 16. Dezember 1910. Freud–Ferenczi Correspondence, Freud Collection, LC.

95 Freud an Jung, 3. Dezember 1910. *Freud–Jung*, S. 415.

96 Freud an Jung, 17. Februar 1908. Ibid., S. 134.

97 Freud an Ferenczi, 6. Oktober 1910. Freud–Ferenczi Correspondence, Freud Collection, LC.

98 Freud an Jung, 24. September 1910. *Freud–Jung*, S. 390.

99 Freud an Fließ, 7. August 1901. *Freud–Fließ*, S. 492.

100 Freud an Jones, 8. Dezember 1912. In Englisch. Freud Collection, D2, LC.

101 Freud an Ferenczi, 9. Dezember 1912. Freud–Ferenczi Correspondence, Freud Collection, LC.

102 Freud an Jones, 8. Dezember 1912. In Englisch. Freud Collection, D2, LC.

103 Jones an Freud, 23. Dezember 1912. Sigmund Freud Copyrights, Wivenhoe.

104 Freud an Jones, 26. Dezember 1912. In Englisch. Freud Collection, D2, LC.

105 Freud an Binswanger, 1. Januar 1913. Zit. in Binswanger, *Erinnerungen*, S. 64.

106 Freud an Ferenczi, 1. Juni 1911. Freud–Ferenczi Correspondence, Freud Collection, LC.

107 Freud an Ferenczi, 31. Dezember 1912. Ibid.

108 Freud an Jung, 17. Februar 1908. *Freud–Jung*, S. 134.

109 Freud an Jung, 22. April 1910. Ibid., S. 343.

110 Freud an Ferenczi, 11. Februar 1908. Freud–Ferenczi Correspondence, Freud Collection, LC.

111 Freud an Ferenczi, 25. März 1908. Ibid.

112 Freud an Ferenczi, 2. Mai 1909. Ibid.

113 Freud an Abraham, 24. Oktober 1910. *Freud–Abraham*, S. 101. Freud fügte höflich hinzu: »auf dem Weg, den Sie betreten haben«. Er bezog sich auf Abrahams Artikel »Die psychosexuellen Differenzen der Hysterie und der Dementia praecox«, in: *Centralblatt für Nervenheilkunde und Psychiatrie*, Neue Reihe XIX, 1908, S. 521−33.

114 Siehe Freud an Jung, 24. September 1910. *Freud–Jung*, S. 390.

115 Freud an Jung, 22. Dezember 1910. Ibid., S. 422 f.

116 Siehe eine Anmerkung Jungs in *Symbole der Wandlung* (1952), zit. in *Freud–Jung*, S. 339 Anm.

117 Jung an Freud, 19. März 1911. Ibid., S. 449.

118 Jung an Freud, 14. November 1911. Ibid., S. 509.

119 Jung an Freud, 11. Dezember 1911. Ibid., S. 521.

120 Zit. in »Psychoanalytische Bemerkungen über einen autobiographisch beschriebenen Fall von Paranoia (Dementia Paranoides)« [»Schreber«] (1911), G.W., Bd. 8, S. 248.

121 Siehe ibid., S. 252.

122 Siehe ibid., S. 245.

123 Siehe ibid., S. 259.

124 Ibid., S. 299.

125 Siehe ibid., S. 299 f.

126 Ibid., S. 308.

127 Ibid., S. 272.

128 Siehe Freud an Ferenczi, 6. Oktober 1910. Freud–Ferenczi Correspondence, Freud Collection, LC.

129 Ibid.

130 »Schreber«, G.W., Bd. 8, S. 286 f.

131 Ibid., S. 315.

132 Ibid., S. 287.

133 Siehe Freud an Abraham, 18. Dezember 1910. Freud–Abraham, S. 102.

134 »Aus der Geschichte einer infantilen Neurose« [»Wolfsmann«] (1918), G.W., Bd. 12, S. 29.

135 Freud an Ferenczi, 8. Februar 1910. Freud–Ferenczi Correspondence, Freud Collection, LC.

136 »Wolfsmann«, G.W., Bd. 12, S. 29 Anm.

137 Freud sprach davon, daß er die Krankengeschichte im Winter 1914–15 geschrieben habe, aber er scheint sie tatsächlich im Herbst 1914 beendet zu haben.

138 »Wolfsmann«, G.W., Bd. 12, S. 82.

139 Freud an Ferenczi, 13. Februar 1910. Freud–Ferenczi Correspondence, Freud Collection, LC. Diese Stelle ist ein wenig vornehm umschrieben in Jones, II, S. 327.

140 Siehe »Wolfsmann«, G.W., Bd. 12, S. 54.

141 Siehe ibid., S. 55.

142 Ibid., S. 63.

143 Ibid., S. 131.

144 Siehe ibid., S. 84.

145 Die Traumdeutung, G.W., Bd. 2/3, S. 625.

146 »Wolfsmann«, G.W., Bd. 12, S. 83.

147 Die erste dieser Abhandlungen, »Über einen besonderen Typus der Objektwahl beim Manne«, erschien 1910; die zweite, »Über die allgemeinste Erniedrigung des Liebeslebens«, 1912, und eine dritte, »Das Tabu der Virginität«, wurde 1917 als Vortrag gehalten, nachdem die Analyse des Wolfsmannes beendet, aber bevor sie veröffentlicht worden war.

148 »Angst und Triebleben«, in: Neue Folge der Vorlesungen zur Einführung in die Psychoanalyse (1933), G.W., Bd. 15, S. 115.

149 »Über die allgemeinste Erniedrigung des Liebeslebens«, G.W., Bd. 8, S. 79.

150 Siehe ibid., S. 82.

151 »Wolfsmann«, G.W., Bd. 12, S. 32 f.

152 Ibid., S. 33 f.

153 »Die endliche und die unendliche Analyse« (1937), G.W., Bd. 16, S. 62.

154 »Die zukünftigen Chancen der psychoanalytischen Therapie«, G.W., Bd. 8, S. 107 f.

155 »Über ›wilde‹ Psychoanalyse« (1910), G.W., Bd. 8, S. 118.

156 Ibid., S. 122, 124.

157 Freud an Abraham, 14. Juni 1912. Karl Abraham papers, LC.

158 Freud an Ferenczi, 26. November 1908. Freud–Ferenczi Correspondence, Freud Collection, LC.

159 Siehe Freud an Ferenczi, 11. Dezember 1908. Ibid.

160 Siehe Freud an Ferenczi, 2. Februar 1909. Ibid.

161 Freud an Jones, 1. Juni 1909. In Englisch. Freud Collection, D2, LC.

162 Freud an Ferenczi, 22. Oktober 1909. Freud–Ferenczi Correspondence, Freud Collection, LC.

163 »Die zukünftigen Chancen der psychoanalytischen Therapie«, G.W., Bd. 8, S. 105.

164 Jones an Freud, 6. November 1910. Sigmund Freud Copyrights, Wivenhoe.

165 Freud an Ferenczi, 26. November 1908. Freud–Ferenczi Correspondence, Freud Collection, LC.

166 »Zur Einleitung der Behandlung« (1913), G.W., Bd. 8, S. 455.

167 Ibid., S. 467.

168 Ibid., S. 467.

169 Ibid., S. 464.

170 Ibid., S. 460, 462.

171 Freud diskutierte die Grundregel in »Zur Einleitung der Behandlung«, G.W., Bd. 8, S. 468, 469 Anm., und in »Ratschläge für den Arzt bei der psychoanalytischen Behandlung«. Ibid., S. 378, 381.

172 Freud an Ferenczi, 26. November 1908. Freud–Ferenczi Correspondence, Freud Collection, LC.

173 »Zur Einleitung der Behandlung«, G.W., Bd. 8, S. 474.

174 Die Traumdeutung, G.W., Bd. 2/3, S. 521.

175 »Zur Dynamik der Übertragung« (1912), G.W., Bd. 8, S. 368 f.

176 »Zur Einleitung der Behandlung«, G.W., Bd. 8, S. 473.

177 Freud an Eitingon, 13. Februar 1912. Sigmund Freud Copyrights, Wivenhoe.

178 Freud an Jung, 6. Dezember 1906. Freud–Jung, S. 13.

179 Freud an Abraham, 4. März 1915. Freud–Abraham, S. 204.

180 »Bemerkungen über die Übertragungsliebe« (1915), G.W., Bd. 10, S. 307.

181 Ibid., S. 312, 314.

182 Ibid., S. 308, 313.

183 »Ratschläge für den Arzt bei der psychoanalytischen Behandlung«, G.W., Bd. 8, S. 380 f., 384.

184 Bezügl. Freuds Analyse Eitingons s. Freud an Ferenczi, 22. Oktober 1909. Freud–Ferenczi Correspondence, Freud Collection, LC.

185 »Erinnern, Wiederholen und Durcharbeiten« (1914), G.W., Bd. 10, S. 136.

186 Ibid., S. 136, 134 f.

187 Freud an Eitingon, 23. Juni 1912. Sigmund Freud Copyrights, Wivenhoe.

188 Eitingon an Freud, 18. Juni 1912. Sigmund Freud Copyrights, Wivenhoe.

VII. Anwendungen und Folgerungen

1 »Der Dichter und das Phantasieren« (1908), G.W., Bd. 7, S. 213, 222.

2 Ibid., S. 214.

3 Ibid., S. 216.

4 Ibid., S. 223.

5 Siehe Freud an Abraham, 19. Januar 1908. Karl Abraham papers, LC.

6 Freud an Pfister, 17. März 1910. Sigmund Freud Copyrights, Wivenhoe.

7 Freud an Mathilde Freud, 26. März 1908. *Briefe*, S. 286–88.

8 Siehe Freud an Ferenczi, 7. Februar 1909. Freud–Ferenczi Correspondence, Freud Collection, LC.

9 Freud an Halberstadt, 7. Juli 1912. Freud Collection, B1, LC.

10 Freud an Halberstadt, 24. Juli 1912. Ibid.

11 Freud an Mathilde Hollitscher, 24. Juli 1912. Ibid.

12 Freud an Halberstadt, 27. Juli 1912. Ibid.

13 Freud an Halberstadt, 12. August 1912. Ibid.

14 Freud an Halberstadt (Postkarte), 17. September 1912. Ibid.

15 Sachs, *Freud: Master and Friend*, S. 68–69, 71.

16 Freud an Jung, 5. Juli 1910. *Freud–Jung*, S. 375.

17 Freud an Ferenczi, 10. Januar 1910. Freud–Ferenczi Correspondence, Freud Collection, LC.

18 Siehe Freud an Ferenczi, 17. Oktober 1910. Ibid.

19 »Das Interesse an der Psychoanalyse« (1913), G.W., Bd. 8, S. 414–15.

20 Siehe Freud an Jung, 17. Oktober 1909. *Freud–Jung*, S. 280.

21 Jung an Freud, 17. April 1910. Ibid., S. 340–41.

22 Siehe Freuds Bericht über diese Diskussion an Ferenczi, 29. Dezember 1910. Freud–Ferenczi Correspondence, Freud Collection, LC.

23 Freud an Jones, 10. März 1910. In Englisch. Freud Collection, D2, LC.

24 Freud an Jones, 24. Februar 1912. In Englisch. Ibid.

25 Freud an Jones, 28. April 1912. In Englisch. Ibid.

26 Freud an Abraham, 14. Juni 1912. Karl Abraham papers, LC.

27 Jones an Abraham, 18. Juni 1911. Ibid.

28 Abraham an Freud, 29. Juni 1913. *Freud–Abraham*, S. 141.

29 »Das Interesse an der Psychoanalyse«, G.W., Bd. 8, S. 415.

30 Freud an Jones, 1. Juni 1909. In Englisch. Freud Collection, D2, LC.

31 Freud an Abraham, 14. Juni 1912. Karl Abraham papers, LC. Im Jahre 1913 veröffentlichte Freud tatsächlich eine Abhandlung in *Imago*, »Das Motiv der Kästchenwahl«, in der diese drei Themen miteinander verwoben sind.

32 Freud an Ferenczi, 21. Mai 1911. Freud–Ferenczi Correspondence, Freud Collection, LC.

33 Freud an Ferenczi, 17. Juli 1914. Ibid.

34 Siehe »Der Moses des Michelangelo« (1914), G.W., Bd. 10, S. 174 f.

35 Freud an Martha Freud, 25. September 1912. *Briefe*, S. 308.

36 Abraham an Freud, 2. April 1914. Karl Abraham papers, LC.

37 Freud an Edoardo Weiss, 12. April 1933. *Sigmund Freud–Edoardo Weiss, Briefe zur psychoanalytischen Praxis. Mit den Erinnerungen eines Pioniers der Psychoanalyse*, eingel. von Martin Grotjahn (1973), S. 84.

38 Freud an Jones, 19. März 1914. In Englisch. Freud Collection, D2, LC.

39 Freud an Jones, 15. November 1912. In Englisch. Ibid.

40 Jones an Freud, 5. Dezember 1912. Sigmund Freud Copyrights, Wivenhoe.

41 Siehe *Jones*, II, S. 428.

42 Freud an Weiss, 12. April 1933. *Freud–Weiss, Briefe*, S. 84.

43 »Der Moses des Michelangelo«, G.W., Bd. 10, S. 175.

44 Freud an Ferenczi, 3. November 1912. Freud–Ferenczi Correspondence, Freud Collection, LC.

45 Freud an Jones, 26. Dezember 1912. In Englisch. Freud Collection, D2, LC.

46 Siehe *Jones*, II, S. 431.

47 Siehe Freud an Ferenczi, 13. August 1913. Freud–Ferenczi Correspondence, Freud Collection, LC.

48 Freud an Jones, 21. September 1913. In Englisch. Freud Collection, D2, LC.

49 Freud an Ferenczi, 1.(?) Oktober 1913. Freud–Ferenczi Correspondence, Freud Collection, LC.

50 Freud an Jones, 8. Februar 1914. In Englisch. Freud Collection, D2, LC.

51 »Der Moses des Michelangelo«, G.W., Bd. 10, S. 194, 199.

52 Freud an Ferenczi, 17. Oktober 1912. Freud–Ferenczi Correspondence, Freud Collection, LC.

53 11. Dezember 1907. *Protokolle*, I, S. 249.

54 Freud an Schnitzler, 8. Mai 1906. *Briefe*, S. 266 f.

55 Zitiert in *Jones*, I, S. 139.

56 Siehe Freud an Jung, 26. Mai 1907. *Freud–Jung*, S. 57.

57 »Der Wahn und die Träume in W. Jensens *Gradiva*« (1907), G.W., Bd. 7, S. 120 f.

58 Eitingon an Freud, 23. Dezember 1909. Sigmund Freud Copyrights, Wivenhoe. Freud würde diese Formulierung unterschrieben haben.

59 Freud an Stefan Zweig, 4. September 1926. Sigmund Freud Copyrights, Wivenhoe.

60 Freud an Jung, 26. Mai 1907. *Freud–Jung*, S. 57.

61 »Gradiva«, G.W., Bd. 7, S. 35. Ich schreibe »Gradiva« für Hinweise auf Freuds Abhandlung über Jensens Novelle und *Gradiva* für Hinweise auf Freuds Exemplar der Novelle mit den Randanmerkungen, das sich im Freud Museum in London befindet.

62 *Gradiva*, auf S. 7. Freud Museum, London.

63 Ibid., auf S. 22.

64 Ibid., auf S. 26.

65 Freud notierte »Quelle Zoë« auf S. 7 und später mit weiteren Assoziationen auf S. 135, 136, 142.

66 Ibid., S. 141.

67 »Gradiva«, G.W., Bd. 7, S. 65.

68 Ibid., S. 47.

69 *Gradiva*, auf S. 88. Freud Museum, London.

70 Ibid., auf S. 151.

71 »Gradiva«, G.W., Bd. 7, S. 31.

72 *Gradiva* auf S. 11, 12, 31, 76, 92, 96, 97. Freud Museum, London.

73 Ibid., auf S. 13.

74 Ibid., auf S. 94.

75 Ibid., auf S. 108, 112.

76 Siehe vor allem ibid., auf S. 58, 84.

77 Ibid., *passim*, aber vor allem auf S. 124, 139.

78 »Gradiva«, G.W., Bd. 7, S. 122.

79 Siehe Freud an Jung, 8. Dezember 1907. *Freud–Jung*, S. 114.

80 »Leonardo«, G.W., Bd. 8, S. 202, 209.

81 Vorwort zu *Edgar Poe, eine psychoanalytische Studie*, der deutschen Ausgabe
    (1934) von Marie Bonaparte, *Edgar Poe, étude psychanalytique* (1933).

82 11. November 1908. *Protokolle*, II, S. 46.

83 25. November 1908. Ibid., S. 64.

84 Freud an Ferenczi, 13. November 1911. Freud–Ferenczi Correspondence, Freud
    Collection, LC.

85 Freud an Ferenczi, 30. November 1911. Ibid.

86 Freud an Ferenczi, 1. Februar 1912. Ibid.

87 Freud an Jones, 24. Februar 1912. In Englisch. Freud Collection, D2, LC.

88 Siehe 15. Mai 1912. *Protokolle*, IV, S. 95.

89 Freud an Jones, 1. August 1912. In Englisch und Deutsch. Freud Collection, D2,
    LC.

90 Freud an Ferenczi, 16. Dezember 1912. Freud–Ferenczi Correspondence, Freud
    Collection, LC.

91 Freud an Ferenczi, 31. Dezember 1912. Ibid.

92 Freud an Ferenczi, 10. April 1913. Ibid.

93 Freud an Ferenczi, 4. Mai 1913. Ibid.

94 Freud an Ferenczi, 13. Mai 1913. Ibid.

95 Freud an Ferenczi, 8. Juni 1913. Ibid.

96 Vorwort zu *Totem und Tabu* (1913), G.W., Bd. 9, S. 3.

97 Freud an Jung, 12. Februar 1911. *Freud–Jung*, S. 432.

98 Freud an Abraham, 13. Mai 1913. *Freud–Abraham*, S. 139.

99 Freud an Ferenczi, 26. Juni 1913. Freud–Ferenczi Correspondence, Freud Collec-
    tion, LC.

100 Abraham an Freud, 29. Juni 1913. *Freud–Abraham*, S. 141.

101 Freud an Abraham, 1. Juli 1913. Ibid., S. 142.

102 Vorwort zu *Totem und Tabu*, G.W., Bd. 9, S. 3.

103 Freud an Jones, 8. März 1920. In Englisch. Freud Collection, D2, LC.

104 *Massenpsychologie und Ich-Analyse* (1921), G.W., Bd. 13, S. 136.

105 *Totem und Tabu*, G.W., Bd. 9, S. 129.

106 Ibid., S. 160.

107 Ibid., S. 171–73.

108 Ibid., S. 172 Anm.

109 Ibid., S. 189 Anm.

110 Ibid., S. 172 f.

111 Ibid., S. 186.

112 Ibid., S. 189.

113 Ibid., S. 194.

114 Ibid., S. 172.

115 Carl G. Jung, »Der Gegensatz Freud und Jung«, Gesammelte Werke, Bd. 4,
     S. 391.

116 *Totem und Tabu*, G.W., Bd. 9, S. 182.

117 Ibid., S. 188.

118 Siehe »Dora«, G.W., Bd. 5, S. 216.

119 »Der kleine Hans«, G.W., Bd. 7, S. 332.

120 Freud an Ferenczi, 28. Juni 1908. Freud–Ferenczi Correspondence, Freud Collection, LC.

121 »Rattenmann«, G.W., Bd. 7, S. 428 Anm.

122 Siehe »Über einen besonderen Typus der Objektwahl beim Manne«, G.W., Bd. 8, S. 73.

123 *Drei Abhandlungen zur Sexualtheorie*, G.W., Bd. 5, S. 127 Anm.

124 Ernest Jones war vielleicht der Erste, der darauf hinwies, aber nicht der Letzte.

125 Freud an Ferenczi, 8. August 1912. Freud–Ferenczi Correspondence, Freud Collection, LC.

126 Siehe Freud an Jones, 28. April 1912. Freud Collection, D2, LC.

127 *Jones*, II, S. 418.

128 Ibid.

129 Ferenczi, »Ein kleiner Hahnemann« (1913), in: *Schriften zur Psychoanalyse*, hrsg. v. Balint, I, S. 169. *S. a.* Derek Freeman, »Totem and Taboo: A Reappraisal«, in: *Man and His Culture: Psychoanalytic Anthropology after »Totem and Taboo«*, hrsg. von Warner Muensterberger (1970), S. 61.

130 Siehe Freud an Fließ, 22. Dezember 1897. *Freud–Fließ*, S. 312—14.

131 Freud an Jung, 27. Oktober 1906. *Freud–Jung*, S. 8 f.

132 Diese Fischfang-Metapher ist von Freud entlehnt. Als er Otto Rank aus Bad Gastein schrieb, wo er einige wichtige Ideen durcharbeitete, sagte Freud: »Glauben Sie übrigens nicht, daß ich etwas Besonderes in diesen Ferien zustande bringen werde. Der Fischer wirft sein Netz aus, manchmal fängt er einen fetten Karpfen, oft nur ein paar Weißfischchen« (Freud an Rank, 8. Juli 1922. Rank Collection, Box 1b. Rare Book and Manuscript Library, Columbia University).

133 Freud an Ferenczi, 27. Oktober 1910. Freud–Ferenczi Correspondence, Freud Collection, LC. *S. a.* 26. Oktober 1910. *Protokolle*, III, S. 33—40.

134 »Formulierungen über die zwei Prinzipien des psychischen Geschehens« (1911), G.W., Bd. 8, S. 232.

135 Ibid., S. 235 f.

136 Ibid., S. 232.

137 Ibid., S. 237 f.

138 Freud an Ferenczi, 17. Juni 1913. Freud–Ferenczi Correspondence, Freud Collection, LC.

139 Freud an Jones, 1. Oktober 1913. In Englisch. Freud Collection, D2, LC.

140 Siehe Freud an Ferenczi, (1.?) Oktober 1913. Freud–Ferenczi Correspondence, Freud Collection, LC.

141 Freud an Jones, 1. Oktober 1913. In Englisch. Freud Collection, D2, LC.

142 *Jones*, II, S. 358.

143 Freud an Abraham, 16. März 1914. *Freud–Abraham*, S. 163.

144 Siehe Freud an Abraham, 25. März 1914. Ibid., S. 164.

145 Siehe Abraham an Freud, 2. April 1914. Ibid., S. 165.

146 Freud an Abraham, 6. April 1914. Ibid., S. 166.

147 10. November 1909. *Protokolle*, II, S. 282.

148 Freud hatte seinen eigenen Namen für Schizophrenie. »Den Namen Paraphrenie gedenke ich festzuhalten«, schrieb er Ferenczi (Freud an Ferenczi, 31. Juli 1915. Freud–Ferenczi Correspondence, Freud Collection, LC). Zuletzt setzte sich in der Literatur jedoch Bleulers Neologismus durch.

149 »Zur Einführung des Narzißmus« (1914), G.W., Bd. 10, S. 138 f.

150 Ibid., S. 142.
151 Ibid., S. 156–58.
152 Siehe Abraham an Freud, 2. April 1914. *Freud–Abraham*, S. 165.
153 Siehe »Die psychogene Sehstörung in psychoanalytischer Auffassung«, G.W., Bd. 8, S. 94–102.
154 »Narzißmus«, G.W., Bd. 10, S. 143.
155 *Jones*, II, S. 358.
156 »Narzißmus«, G.W., Bd. 10, S. 143. Noch 1932 charakterisierte Freud die Trieb- lehre zugleich sarkastisch und geduldig als »sozusagen unsere Mythologie«. Die Triebe sind »mythische Wesen, großartig in ihrer Unbestimmtheit«. »Angst und Triebleben« in *Neue Folge der Vorlesungen zur Einführung in die Psychoanalyse*, G.W., Bd. 15, S. 101.
157 Ich fand das erste Beispiel in einem unveröffentlichten Brief an Martha Bernays vom 12. Februar 1884.
158 »Memoirs of the Wolf-Man«, in: *The Wolf-Man*, hrsg. v. Gardiner, S. 90.
159 Freud an Ferenczi, 28. Juni 1914. Freud–Ferenczi Correspondence, Freud Collec- tion, LC.
160 Freud an Abraham, 25. Juni 1914. *Freud–Abraham*, S. 175.
161 John Maynard Keynes, *The Economic Consequences of the Peace* (1920), S. 11.
162 Ibid., S. 11 f.
163 Graham Wallas, *Human Nature in Politics* (1908), S. 285.
164 Freud an Pfister, 9. Dezember 1912. *Freud–Pfister*, S. 59.
165 Freud an Ferenczi, 9. Dezember 1912. Freud–Ferenczi Correspondence, Freud Collection, LC.
166 »Zeitgemäßes über Krieg und Tod« (1915), G.W., Bd. 10, S. 340.
167 Eine Sammlung solcher Erklärungen findet sich in Fritz Fischer, *Griff nach der Weltmacht. Die Kriegszielpolitik des kaiserlichen Deutschland 1914–1918* (1961, 3. Aufl. 1964), *passim*, bes. S. 60–79.
168 Zit. in Oron J. Hale, *The Great Illusion, 1900–1914* (1971), S. 300.
169 Alexander Freud an Freud, 29. Juli 1914. Freud Museum, London.
170 Freud an Abraham, 26. Juli 1914. *Freud–Abraham*, S. 180.
171 Siehe *Jones*, II, S. 209.
172 Siehe Freud an Eitingon, 10. Juli 1914. Sigmund Freud Copyrights, Wivenhoe.
173 Freud an Ferenczi, 22. Juli 1914. Freud–Ferenczi Correspondence, Freud Collec- tion, LC.
174 Mathilde Hollitscher an Freud (Postkarte), 23. Juli 1914. Freud Museum, London.
175 Freud an Abraham, 26. Juli 1914. *Freud–Abraham*, S. 180.
176 Freud an Abraham, 29. Juli 1914. Ibid., S. 181.
177 Abraham an Freud, 29. Juli 1914. Ibid., S. 182.
178 Viscount Grey of Fallodon, *Twenty-Five Years, 1892–1916*, 2 Bde. (1925), II, S. 20.
179 Alexander Freud an Freud, 4. August 1914. Freud Museum, London.
180 Ibid.
181 Rainer Maria Rilke, »Fünf Gesänge: August 1914«, in *Werke in drei Bänden*, hrsg. von Ruth Sieber-Rilke und Ernst Zinn (1966), II, S. 86 f.
182 Siehe Edward Timms, *Karl Kraus. Apocalyptic Satirist: Culture and Catastrophe in Habsburg Vienna* (1986), S. 289–95.
183 Thomas Mann, »Gedanken im Kriege«, *Neue Rundschau*, XXV (November 1914), S. 1475.

184 Abraham an Freud, 29. August 1914. *Freud–Abraham*, S. 187.

185 Abraham an Freud, 13. September 1914. Ibid., S. 189.

186 Eitingon an Freud, 11. September 1914. Sigmund Freud Copyrights, Wivenhoe.

187 Freud an Abraham, 22. September 1914. *Freud–Abraham*, S. 190.

188 Freud an Eitingon (Postkarte), 15. September 1914. Sigmund Freud Copyrights, Wivenhoe.

189 Freud an Abraham, 26. Juli 1914. *Freud–Abraham*, S. 180.

190 Freud an Abraham, 2. August 1914. Ibid., S. 184.

191 Abraham an Freud, 29. August 1914. Ibid., S. 188.

192 Freud an Jones, 22. Oktober 1914. In Jones' Handschrift transkribiert. Freud Collection, D2, LC.

193 Siehe *Jones*, II, S. 206.

194 Freud an Ferenczi (Postkarte), 14. August 1914. Freud–Ferenczi Correspondence, Freud Collection, LC.

195 Siehe Freud an Ferenczi, 8. April 1915. Ibid.

196 Freud an Ferenczi, 31. Juli 1915. Ibid.

197 Siehe Freud an Abraham, 11. Dezember 1914. *Freud–Abraham*, S. 197.

198 Freud an Ferenczi, 2. Dezember 1914. Freud–Ferenczi Correspondence, Freud Collection, LC. *S. a. Jones*, II, S. 213.

199 Freud an Abraham, 26. Dezember 1917. *Freud–Abraham*, S. 252.

200 Freud an Jones, 25. Dezember 1914. In Jones' Handschrift transkribiert. Freud Collection, D2, LC. *S. a. Jones*, II, S. 216.

201 Freud an Jones? oder Putnam?, 17. Januar 1915. Maschinengeschriebene Kopie in Freud–Jones Correspondence, Freud Collection, D2, LC.

202 Siehe Freud an Ferenczi, 17. Juli 1914 und (Postkarte) 14. August 1914. Freud–Ferenczi Correspondence, Freud Collection, LC. *S. a.* Freud an Eitingon (Postkarte), 28. August 1914. Sigmund Freud Copyrights, Wivenhoe. *S. a. Jones*, II, S. 209.

203 Freud an Jones, 22. Oktober 1914. In einer anderen Handschrift als der von Jones transkribiert. Freud Collection, D2, LC.

204 Freud an Abraham, 27. Juli 1914. Karl Abraham papers, LC.

205 Freud an Eitingon, 29. Juli 1914. Sigmund Freud Copyrights, Wivenhoe.

206 Martin Freud an Freud, 17. August 1914. Freud Museum, London.

207 Martin Freud an Freud, 18. August 1914. Freud Museum, London.

208 Freud an Eitingon, 17. Januar 1915. Sigmund Freud Copyrights, Wivenhoe.

209 Freud an Abraham, 25. November 1914. Karl Abraham papers, LC.

210 Freud an Jones, 22. Oktober 1914. In einer anderen Handschrift als der von Jones transkribiert. Freud Collection, D2, LC.

211 Freud an Andreas-Salomé, 25. November 1914. *Freud–Salomé*, S. 22 f.

212 Freud an Abraham, 3. September 1914. *Freud–Abraham*, S. 188.

213 Abraham an Freud, 28. Oktober 1914. Ibid., S. 193.

214 Freud nannte Abraham oft so. Siehe z. B. Freud an Abraham, 19. Oktober 1923. Ibid., S. 318.

215 Abraham an Freud, 19. November 1914. Ibid., S. 194.

216 Freud an Eitingon (Postkarte), 3. Januar 1915. Sigmund Freud Copyrights, Wivenhoe.

217 Freud an Abraham, 25. Januar 1915. *Freud–Abraham*, S. 201.

218 Freud an Jones? oder Putnam?, 17. Januar 1915. Maschinengeschriebene Kopie in Freud–Jones Correspondence, Freud Collection, D2, LC.

219 Freud an Abraham, 18. Februar 1915. *Freud–Abraham*, S. 203.
220 Freud an Abraham, 4. Mai 1915. Ibid., S. 212.
221 Freud an Abraham, 3. Juli 1915. Ibid., S. 215.
222 Freud an Ferenczi, 8. April 1915. Freud–Ferenczi Correspondence, Freud Collection, LC.
223 Freud an Ferenczi, 10. Juli 1915. Ibid.
224 Ibid. *S. a.* ein Memorandum, »Traum vom 8./9. Juli Dr./Fr. 3/4 2, 1:45 morgens beim Erwachen.« Maschinengeschriebene Kopie. Freud Museum, London.
225 Die Aufsätze wurden unter dem Sammeltitel »Zeitgemäßes über Krieg und Tod« in *Imago* veröffentlicht.
226 »Zeitgemäßes über Krieg und Tod«, G.W., Bd. 10, S. 324−29.
227 Ibid., S. 324 f.
228 Ibid., S. 336.
229 *Das Unbehagen in der Kultur* (1930), G.W., Bd. 14, S. 506.
230 »Zeitgemäßes über Krieg und Tod«, G.W., Bd. 10, S. 325.
231 Ibid., S. 344.
232 Ibid., S. 333.
233 Ibid., S. 354 f.

VIII. Aggressionen

 1 Freud an Andreas-Salomé, 30. Juli 1915. *Freud–Salomé*, S. 35.
 2 Freud an Abraham, 18. Dezember 1916. *Freud–Abraham*, S. 232.
 3 Freud an Andreas-Salomé, 25. November 1914. *Freud–Salomé*, S. 23.
 4 Dieser Ansicht ist auch Barry Silverstein. »›Now Comes a Sad Story‹: Freud's Lost Metapsychological Papers«, in: *Freud, Appraisals and Reappraisals*, hrsg. von Stepansky, I, S. 144.
 5 Freud an Abraham, 21. Dezember 1914. *Freud–Abraham*, S. 198.
 6 Freud an Andreas-Salomé, 31. Januar 1915. *Freud–Salomé*, S. 29.
 7 Freud an Ferenczi, 18. Februar 1915. Freud–Ferenczi Correspondence, Freud Collection, LC. Dies war aller Wahrscheinlichkeit nach eine frühe Fassung (oder vielleicht eine Zusammenfassung) einer der Abhandlungen über Metapsychologie, die er erst 1917 veröffentlichen sollte.
 8 Freud an Ferenczi, 8. April 1915. Ibid. Bei dieser Darstellung bin ich zu Dank verpflichtet Ilse Grubrich-Simitis' Abhandlung »Metapsychologie und Metabiologie: Zu Sigmund Freuds Entwurf einer ›Übersicht der Übertragungsneurosen‹« in ihrer Ausgabe eines bisher unveröffentlichten Entwurfs der zwölften der metapsychologischen Abhandlungen, *Übersicht der Übertragungsneurosen* (1985), S. 83−119.
 9 Freud an Ferenczi, 23. April 1915. Freud–Ferenczi Correspondence, Freud Collection, LC.
10 Freud an Ferenczi, 21. Juni 1915. Ibid.
11 Freud an Andreas-Salomé, 30. Juli 1915. *Freud–Salomé*, S. 35.
12 Freud an Fließ, 10. März 1898. *Freud–Fließ*, S. 329.
13 Siehe *Zur Psychopathologie des Alltagslebens*, G.W., Bd. 4, S. 288.

14 Freud an Fließ, 17. Dezember 1896. *Freud–Fließ*, S. 228.

15 Freud an Abraham, 4. Mai 1915. *Freud–Abraham*, S. 212.

16 Freud an Ferenczi, 8. April 1915. Freud–Ferenczi Correspondence, Freud Collection, LC.

17 Freud an Abraham, 4. Mai 1915. *Freud–Abraham*, S. 212.

18 »Triebe und Triebschicksale« (1915), G.W., Bd. 10, S. 216 f.

19 Ibid., S. 214–16.

20 Ibid., S. 232.

21 Ibid., S. 219. Im Jahre 1936 faßte seine Tochter Anna die in seinen Schriften verstreuten Abwehrmechanismen zusammen, analysierte sie und fügte eigene hinzu. Siehe Anna Freud, *Das Ich und die Abwehrmechanismen* (1936).

22 »Zur Geschichte der psychoanalytischen Bewegung«, G.W., Bd. 10, S. 54. (Siehe »Editor's Note« to »Repression«, Standard Edition, XIV, S. 143 f.)

23 Ibid., S. 53. In seinem Selbstporträt von 1925 wiederholte er diesen Anspruch: Der Vorgang der Verdrängung »war eine Neuheit, nichts ihm Ähnliches war je im Seelenleben erkannt worden« (»Selbstdarstellung«, G.W., Bd. 14, S. 55).

24 Siehe »Selbstdarstellung«, G.W., Bd. 14, S. 54.

25 »Die Verdrängung« (1915), G.W., Bd. 10, S. 253.

26 Siehe Platon, *Phaidros* (34, 35).

27 Zit. in Lancelot Law Whyte, *The Unconscious before Freud* (1960, Paperback 1962), S. 126.

28 William Wordsworth, *The Prelude*, Book First, I, 562, und Book Third, II, 246–47.

29 Siehe Freud an Ferenczi, 21. Juni 1915. Freud–Ferenczi Correspondence, Freud Collection, LC.

30 Freud an Ferenczi, 9. August 1915. Ibid.

31 Freud an Ferenczi, 8. April 1915. Ibid.

32 Freud an Ferenczi, 18. Juli 1915. Ibid. *S. a.* Freud an Ferenczi, 28. Juli 1915, und Ferenczi an Freud, 24. Juli 1915. Ibid.

33 Siehe Freud an Ferenczi, 12. Juli 1915. Ibid.

34 Vorwort zu den *Vorlesungen zur Einführung in die Psychoanalyse*, G.W., Bd. 11, S. 3.

35 Siehe Anna Freud an Jones, 6. März 1917, in einem Postskriptum zu einem Brief ihres Vaters. Freud–Jones Correspondence, Freud Collection, D2, LC. Eine weitere Bestätigung findet sich in einer späteren Erklärung: »Ich begleitete meinen Vater bei diesen Gelegenheiten und hörte alle diese Vorlesungen« (Anna Freud an Jones, 10. November 1953. Jones papers, Archives of the British Psycho-Analytical Society, London).

36 Siehe »Bibliographische Anmerkung«, G.W., Bd. 11, S. 484 f.

37 Siehe Abraham an Freud, 2. Januar 1917. *Freud–Abraham*, S. 232 f.

38 Siehe Freud an Andreas-Salomé, 9. November 1915. *Freud–Salomé*, S. 39.

39 Freud an Andreas-Salomé, 25. Mai 1916. Ibid., S. 50.

40 Freud an Andreas-Salomé, 14. Juli 1916. Ibid., S. 53.

41 Freud an Abraham, 27. August 1916. *Freud–Abraham*, S. 228.

42 Freud an Ferenczi, 8. April 1915. Freud–Ferenczi Correspondence, Freud Collection, LC.

43 Freud an Eitingon, 8. Mai 1916. *Jones*, II, S. 227.

44 Abraham an Freud, 1. Mai 1917. *Freud–Abraham*, S. 224.

45 Freud an Abraham, 20. Mai 1917. Ibid., S. 238.

46 Freud an Andreas-Salomé (Postkarte), 23. November 1916. *Freud–Salomé*, S. 59.

47 Siehe Abraham an Freud, 11. Februar 1917. Karl Abraham papers, LC.

48 Freud an Ferenczi, 30. April 1917. Freud–Ferenczi Correspondence, Freud Collection, LC.

49 *Prochaskas Familienkalender*, 1917. Freud Collection, B2, LC.

50 *Vorlesungen zur Einführung in die Psychoanalyse*, G.W., Bd. 11, S. 147.

51 Siehe Freud an Ferenczi, 9. Oktober 1917. Freud–Ferenczi Correspondence, Freud Collection, LC.

52 Freud an Abraham, 18. Januar 1918. *Freud–Abraham*, S. 253.

53 Bezügl. der Einzelheiten dieses Abschnitts siehe vor allem *Jones*, II, S. 231.

54 *Prochaskas Familienkalender*, 1917. Freud Collection, B2, LC.

55 Siehe Abraham an Freud, 10. Dezember 1916, und Freud an Abraham, 18. Dezember 1916. Beide in *Freud–Abraham*, S. 231 f.

56 Zwei aus einem Notizbuch gerissene Blätter mit dem Titel »Kriegswitze«. Freud Collection, LC. Nicht katalogisiert.

57 Freud an Abraham, 5. Oktober 1917. *Freud–Abraham*, S. 244. Jones war während des ganzen Krieges optimistisch gewesen. Schon am 3. August 1914 hatte er Freud zuversichtlich geschrieben: »Niemand zweifelt hier daran … daß Deutschland und Österreich eine schwere Niederlage erleiden werden« (Sigmund Freud Copyrights, Wivenhoe).

58 Freud an Abraham, 11. November 1917. *Freud–Abraham*, S. 246 f. Die beiden Abhandlungen waren »Metapsychologische Ergänzung zur Traumlehre« und »Trauer und Melancholie«.

59 Siehe Freud an Abraham, 10. Dezember 1917. Ibid., S. 249.

60 Freud an Ferenczi, 9. Oktober 1917. Freud–Ferenczi Correspondence, Freud Collection, LC.

61 Freud an Abraham, 10. Dezember 1917. *Freud–Abraham*, S. 249.

62 Freud an Abraham, 22. März 1918. Ibid., S. 257.

63 Freud an Andreas-Salomé, 25. Mai 1916. *Freud–Salomé*, S. 50.

64 Ibid.

65 Freud an Ferenczi, 20.(?) November 1917. Freud–Ferenczi Correspondence, Freud Collection, LC.

66 Siehe Freud an Abraham, 11. November 1917. *Freud–Abraham*, S. 246 f.

67 Freud an Andreas-Salomé, 1. Juli 1918. *Freud–Salomé*, S. 92.

68 Kann, *History of the Habsburg Empire*, S. 481.

69 Freud an Eitingon, 25. Oktober 1918. Sigmund Freud Copyrights, Wivenhoe.

70 Freud an Abraham, 27. August 1918. *Freud–Abraham*, S. 261.

71 Freud an Abraham, 27. Oktober 1918. Ibid., S. 263.

72 *Jones*, II, S. 238. *S. a.* Freud an Andreas-Salomé, 4. Oktober 1918. *Freud–Salomé*, S. 92 f.

73 W. H. R. Rivers, »Freud's Psychology of the Unconscious«, Vortrag vor dem Edinburgh Pathological Club am 7. März 1917; abgedruckt in *The Lancet* (16. Juni 1917). Zit. in Clark, *Freud*, S. 435.

74 Das 5 Seiten lange »Gutachten über die elektrische Behandlung der Kriegsneurotiker von Prof. Dr. Sigm. Freud« mit dem Datum »Wien, 23. Februar 1920« erschien erst 1972 in *Psyche*, Bd. 26, S. 942.

75 *Prochaskas Familienkalender*, 1918. Freud Collection, B2, LC.

76 Freud an Abraham, 25. Dezember 1918. *Freud–Abraham*, S. 266.

77 *Prochaskas Familienkalender*, 1918. Freud Collection, B2, LC. Zu den Mitteilungen Martin Freuds an seine Familie gehört eine vom 8. November 1918 (»Kriegsgefangenenpostkarte«), eine vom 14. November, in der er berichtet, daß er noch im Lazarett liege, daß es ihm aber besser gehe – diese scheint eine Woche gebraucht zu haben, um Wien zu erreichen – und eine vom 24. Dezember 1918 (alle im Freud Museum, London).

78 Freud an Eitingon, 25. Oktober 1918. Sigmund Freud Copyrights, Wivenhoe.

79 Freud an Ferenczi, 9. November 1918. Freud–Ferenczi Correspondence, Freud Collection, LC.

80 Freud an Ferenczi, 17. November 1918. Ibid.

81 Freud an Ferenczi, 27. Oktober 1918. Ibid.

82 Siehe Freud an Ferenczi, 7. November 1918. Ibid.

83 Zit. in *Jones*, II, S. 242.

84 Eitingon an Freud, 25. November 1918. Sigmund Freud Copyrights, Wivenhoe.

85 Freud an Jones, 22. Dezember 1918. In Englisch. Freud Collection, D2, LC. Die meisten Sachen Anna Freuds wurden zurückgeschickt und kamen gut an (siehe Freud an Jones, 18. April 1919. In Englisch. Ibid.).

86 Freud an Ferenczi, 24. Januar 1919. Freud–Ferenczi Correspondence, Freud Collection, LC.

87 Freud an Jones, 15. Januar 1919. In Englisch. Freud Collection, D2, LC.

88 Zit. in George Lichtheim, *Europe in the Twentieth Century* (1972), S. 118.

89 Freud an Abraham, 5. Februar 1919. *Freud–Abraham*, S. 267.

90 Edward Bernays, »Uncle Sigi«, in: *Journal of the History of Medicine and Allied Sciences*, XXXV (April 1980), S. 217.

91 Freud an Jones, 18. April 1919. In Englisch. Freud Collection, D2, LC.

92 Siehe Freud an Eitingon, 25. Oktober 1918. Sigmund Freud Copyrights, Wivenhoe.

93 Freud an Ferenczi, 17. März 1919. Freud–Ferenczi Correspondence, Freud Collection, LC.

94 Stefan Zweig, *Die Welt von Gestern. Erinnerungen eines Europäers* (1944), S. 259–66.

95 Anna Freud an Jones, 7. März 1955. Jones papers. Archives of the British Psycho-Analytical Society, London.

96 Ibid.

97 Freud an Ferenczi, 17. März 1919. Freud–Ferenczi Correspondence, Freud Collection, LC.

98 Freud an Abraham, 13. April 1919. *Freud–Abraham*, S. 269.

99 Freud an Samuel Freud, 22. Mai 1919. In Englisch. Rylands University Library, Manchester.

100 Freud an Samuel Freud, 27. Oktober 1919. In Englisch. Ibid.

101 Freud an Ferenczi, 9. April 1919. Freud–Ferenczi Correspondence, Freud Collection, LC.

102 Siehe Zitat aus der *Reichspost*, 25. Dezember 1918, in *Dokumentation zur Österreichischen Zeitgeschichte, 1918–1928*, hrsg. von Christine Klusacek und Kurt Stimmer (1984), S. 124.

103 Freud an Abraham, 5. Februar 1919. *Freud–Abraham*, S. 267.

104 Siehe Freud an Andreas-Salomé, 9. Februar 1919, *Freud–Salomé*, S. 100.

105 Siehe Freud an Abraham, 4. Juni 1920. Karl Abraham papers, LC.

106 Freud an Jones, 18. April 1919. In Englisch. Freud Collection, D2, LC.

107 Freud an Max und Mirra Eitingon, 9. Mai 1919. Maschinengeschriebene Kopie. Sigmund Freud Copyrights, Wivenhoe.

108 Freud an Jones, 28. Mai 1919. In Englisch. Freud Collection, D2, LC.

109 Freud an Samuel Freud, 22. Mai 1919. In Englisch. Rylands University, Manchester.

110 Martha Freud an Jones, 26. April 1919. Freud Collection, D2, LC.

111 Freud an Abraham, 18. Mai 1919. Karl Abraham papers, LC.

112 Siehe *Dokumentation*, hrsg. von Klusacek und Stimmer, S. 156, 296 f.

113 Freud an Jones, 28. Mai 1919. In Englisch. Freud Collection, D2, LC.

114 Siehe Freud an Abraham, 6. Juli 1919. Karl Abraham papers, LC.

115 Ibid.

116 Freud an Jones, 28. Juli 1919. In Englisch. Freud Collection, D2, LC.

117 Freud an Samuel Freud, 27. Oktober 1919. In Englisch. Rylands University, Manchester.

118 Freud an Samuel Freud, 27. Oktober 1919. In Englisch. Ibid.

119 Freud an Eitingon, 2. Dezember 1919. *Briefe*, S. 341 f.

120 Freud an Samuel Freud, 22. Februar 1920. In Englisch. Rylands University, Manchester.

121 Freud an Samuel Freud, 5. Februar 1922. In Englisch. Ibid.

122 Freud an Max und Mirra Eitingon, 9. Mai 1919. Maschinengeschriebene Kopie. Sigmund Freud Copyrights, Wivenhoe.

123 Freud an Ferenczi, 10. Juli 1919. Freud–Ferenczi Correspondence, Freud Collection, LC.

124 Freud an Samuel Freud, 27. Oktober 1919. In Englisch. Rylands University, Manchester.

125 Freud an Samuel Freud, 24. November 1919. In Englisch. Ibid.

126 Freud an Samuel Freud (Postkarte), 8. Dezember 1919. In Englisch. Ibid.

127 Freud an Samuel Freud, 17. Dezember 1919. In Englisch. Ibid.

128 Freud an Samuel Freud, 26. Januar 1920. In Englisch. Ibid.

129 Freud an Samuel Freud, 15. Oktober 1920. In Englisch. Ibid.

130 Freud an die »Geehrte Administration«, 7. Mai 1920. (Auf diesen Brief machte mich Dr. J. Alexis Burland aufmerksam.)

131 Dr. J. Alexis Burland, persönliche Mitteilung an den Autor, 29. Dezember 1986.

132 Freud an Samuel Freud, 15. Februar 1920. In Englisch. Rylands University, Manchester.

133 Siehe Freud an Samuel Freud, 22. Juli 1920. In Englisch. Ibid.

134 Freud an Samuel Freud, 15. Oktober 1920. In Englisch. Ibid.

135 Siehe Zweig, *Die Welt von Gestern*, S. 279.

136 Richard F. Sterba, *Reminiscences of a Viennese Psychoanalyst* (1982), S. 21, dt.: *Erinnerungen eines Wiener Psychoanalytikers*, Fischer Taschenbuch 7354.

137 Zweig, *Die Welt von Gestern*, S. 279.

138 Freud an Abraham, 21. Juni 1920. *Freud–Abraham*, S. 291.

139 Siehe Freud an Abraham, 9. Dezember 1921. Ibid., S. 304.

140 Freud an Kata Levy, 18. Oktober 1920. Freud Collection, B9, LC.

141 Freud an Rank, 8. September 1922. Rank Collection, Box 1b. Rare Book and Manuscript Library, Columbia University.

142 Freud an Jones, 28. Juli 1919. In Englisch. Freud Collection, D2, LC.

143 Freud an Eitingon, 31. Oktober 1920. Sigmund Freud Copyrights, Wivenhoe.

144 Freud an Leonhard Blumgart, 10. April 1921. A. A. Brill Library, New York, Psy-
     choanalytic Institute. Blumgart war später von 1942 bis 1945 Präsident des New
     York Psychoanalytic Institute.

145 Freud an Abram Kardiner, 10. April 1921. In Englisch. Zit. in A. Kardiner, *My
     Analysis with Freud: Reminiscences* (1977), S. 15.

146 Freud an Jones, 8. März 1920. In Englisch. Freud Collection, D2, LC.

147 Freud an Jones, 28. Januar 1921. In Englisch. Ibid.

148 Freud an Kata Levy, 28. November 1920. Freud Collection, B9, LC.

149 Freud an Eitingon, 12. Oktober 1919. Sigmund Freud Copyrights, Wivenhoe.

150 Freud an Samuel Freud, 28. November 1920. In Englisch. Rylands University, Man-
     chester.

151 Freud an Jones, 8. März 1920. In Englisch. Freud Collection, D2, LC.

152 Freud an Samuel Freud, 25. Juli 1921. In Englisch. Rylands University, Manche-
     ster.

153 Freud an Blumgart, 12. Mai 1921. In Englisch. A. A. Brill Library, New York Psy-
     choanalytic Institute.

154 Freud an Ferenczi, 28. November 1920. Freud–Ferenczi Correspondence, Freud
     Collection, LC.

155 Freud an Kata Levy, 28. November 1920. Freud Collection, B9, LC.

156 Freud an Andreas-Salomé, 20. Oktober 1921. *Freud–Salomé*, S. 120.

157 Siehe z. B. Andreas-Salomé an Freud (Anfang September 1923). Ibid., S. 139. Es
     gibt zahlreiche andere Beispiele.

158 Freud an Andreas-Salomé, 5. August 1923. Ibid., S. 137.

159 Freud an Blumgart, 12. Mai 1921. In Englisch. A. A. Brill Library, New York Psy-
     choanalytic Institute.

160 Siehe Freud an Samuel Freud, 4. Dezember 1921. Rylands University, Manchester.

161 Freud an Blumgart, 10. April 1921. A. A. Brill Library, New York Psychoanalytic
     Institute.

162 Freud an Jones, 18. November 1920. In Englisch und Deutsch. Freud Collection,
     D2, LC.

163 Freud an Jones, 12. Februar 1920. In Englisch. Ibid. Tatsächlich war Freud natür-
     lich 40, nicht 43 Jahre alt, als sein Vater 1896 starb.

164 Siehe »Victor Tausk«, G.W., Bd. 12, S. 316. Dieser Nachruf erschien ursprünglich
     in der *Internationalen Zeitschrift für ärztliche Psychoanalyse*, V (1919), mit der
     Unterschrift »Die Redaktion«.

165 Freud an Abraham, 6. Juli 1919. Karl Abraham papers, LC. In seinen maschinen-
     geschriebenen Erinnerungen (S. 8) berichtet der Psychoanalytiker Ludwig Jekels,
     daß Freud, als er ihn gefragt habe, warum er Tausk nicht in die Analyse nehme,
     geantwortet habe: »Er bringt mich um!« (Siegfried Bernfeld papers, container 17,
     LC.)

166 Freud an Ferenczi, 10. Juli 1919. Freud–Ferenczi Correspondence, Freud Collec-
     tion, LC.

167 Freud an Andreas-Salomé, 1. August 1919. *Freud–Salomé*, S. 109.

168 Siehe Andreas-Salomé an Freud, 25. August 1919. Ibid., S. 109. Sie nannte Tausk
     bildhaft einen »Seelenberserker mit einem zarten Herzen«.

169 Freud an Andreas-Salomé, 1. August 1919. Ibid., S. 109.

170 Freud an Eitingon, 21. Januar 1920. Zit. in Schur, *Sigmund Freud, Leben und Sterben*, S. 651.

171 Freud an seine Mutter, Amalia Freud, 26. Januar 1920. *Briefe*, S. 344.

172 Das sagte Freud seiner Analysandin und späteren Freundin Jeanne Lampl-de Groot (Gespräch des Autors mit Lampl-de Groot, 24. Oktober 1985).

173 Freud an Kata Levy, 26. Februar 1920. Freud Collection, B9, LC.

174 Martha Freud an »Kitty« Jones, 19. März 1928. Jones papers, Archives of the British Psycho-Analytical Society, London.

175 H. D. (Hilda Doolittle), »Advent«, in: *Tribute to Freud* (1956), S. 128.

176 Freud an Pfister, 27. Januar 1920. *Freud–Pfister*, S. 77 f.

177 Freud an »Mutter« Halberstadt, 23. März 1920. Freud Collection, B1, LC.

178 Freud an Max Halberstadt, 25. Januar 1920. *Briefe*, S. 343 f.

179 Freud an Lajos Levy, 4. Februar 1920. Freud Collection, B9, LC.

180 Freud an Ferenczi, 4. Februar 1920. Freud–Ferenczi Correspondence, Freud Collection, LC.

181 Freud an Jones, 6. Februar 1920. In Englisch. Freud Collection, D2, LC.

182 Freud an Pfister, 27. Januar 1920. *Freud–Pfister*, S. 78.

183 *Jones*, III, S. 43.

184 Siehe Karl Abraham an Jones, 4. Januar 1920. Jones papers, Archives of the British Psycho-Analytical Society, London.

185 Freud an Andreas-Salomé, 2. April 1919. *Freud–Salomé*, S. 105.

186 Wittels, *Sigmund Freud*, S. 231. (Dieses Buch erschien mit dem Datum 1924, aber wir wissen aus einem Brief, den Freud Wittels unmittelbar, nachdem er es erhalten hatte, am 18. Dezember 1923 schrieb, daß es 1923 fertiggestellt war. *S. Briefe*, S. 363 f.)

187 Am 18. Juli 1920, zum Beispiel, schrieb Freud Eitingon: »Das ›Jenseits‹ ist endlich fertig geworden. Sie werden bestätigen können, daß es halbfertig war, als Sophie lebte und blühte« (Sigmund Freud Copyrights, Wivenhoe). *S. a.* Freud an Jones, 18. Juli 1920. Maschinengeschriebener Auszug, Freud Collection, D2, LC.

188 Freud an Wittels (Dezember 1923?). Das Original dieses Briefes existiert nicht mehr (jedenfalls habe ich es nicht finden können). Aber auf dem Rand eines Exemplars von Wittels, *Sigmund Freud*, das sich jetzt in der Ohio State University befindet und offensichtlich das Arbeitsexemplar der Übersetzer Eden und Cedar Paul war, kopierte Wittels den Text des Briefes Freuds an ihn, und nach dieser Transkription zitiere ich.

189 Im Herbst 1919 veröffentlichte Freud »Das Unheimliche«, eine seltsame Abhandlung, teils lexikographische Studie, teils psychoanalytische Mutmaßung, die schon einige der Grundkonzepte von *Jenseits des Lustprinzips* enthielt, vor allem das des Wiederholungszwanges. Und die Ideen in dieser Abhandlung waren auch damals nicht neu für Freud (*s.* »Editor's note« zu »The Uncanny«, Standard Edition, XVII, S. 218).

190 Siehe Freud an Eitingon, 8. Februar 1920. Sigmund Freud Copyrights, Wivenhoe. *S. a.* Schur, *Sigmund Freud, Leben und Sterben*, S. 392–97.

191 »Zur Ätiologie der Hysterie«, G.W., Bd. 1, S. 457.

192 *Drei Abhandlungen zur Sexualtheorie*, G.W., Bd. 5, S. 57.

193 »Angst und Triebleben«, in: *Neue Folge der Vorlesungen zur Einführung in die Psychoanalyse*, G.W., Bd. 15, S. 110.

194 *Das Unbehagen in der Kultur*, G.W., Bd. 14, S. 479.

195 Siehe 29. November 1911, *Protokolle*, III, S. 314–20.

196 Bezügl. Freuds Anerkennung von Spielreins Beitrag s. *Jenseits des Lustprinzips*, G.W., Bd. 13, S. 59 Anm.

197 Siehe z. B. Jung an J. Allen Gilbert, 4. März 1930. *Briefe*, I, S. 102.

198 *Jenseits des Lustprinzips*, G.W., Bd. 13, S. 56 f.

199 Ibid., S. 63 f.

200 Ibid. In *Jenseits des Lustprinzips* verwendete Freud den vagen Ausdruck »Spekulationen« mehr als einmal.

201 Freud an Ferenczi, 28. März 1919. Freud–Ferenczi Correspondence, Freud Collection, LC.

202 *Jenseits des Lustprinzips*, G.W., Bd. 13, S. 3, 5.

203 Siehe ibid., S. 11–15.

204 Siehe ibid., S. 21.

205 Ibid., S. 20.

206 Ibid., S. 36–41.

207 Ibid., S. 41.

208 *Das Unbehagen in der Kultur*, G.W., Bd. 14, S. 478 f.

209 »Die endliche und die unendliche Analyse«, G.W., Bd. 16, S. 88 f.

210 Freud an Jones, 3. März 1935. Freud Collection, D2, LC.

211 »Selbstdarstellung«, G.W., Bd. 14, S. 84.

212 Freud an Jones, 4. Oktober 1920. In Englisch. Freud Collection, D2, LC.

213 Freud an Eitingon, 27. März 1921. Sigmund Freud Copyrights, Wivenhoe.

214 Freud an Jones, 2. August 1920. In Englisch. Freud Collection, D2, LC.

215 Siehe *Jones*, III, S. 59 f.

216 Freud an Jones, 18. März 1921. In Englisch. Freud Collection, D2, LC.

217 Freud an Rolland, 4. März 1923. *Briefe*, S. 360.

218 *Massenpsychologie und Ich-Analyse* (1921), G.W., Bd. 13, S. 73.

219 Ibid.

220 Ibid., S. 130.

221 Freud an Andreas-Salomé, 22. November 1917. *Freud–Salomé*, S. 75.

222 *Massenpsychologie*, G.W., Bd. 13, S. 100, 104.

223 Ibid., S. 110, 107.

224 Ferenczi, »Freuds ›Massenpsychologie und Ich-Analyse‹. Der individualpsychologische Fortschritt« (1922) in: *Schriften zur Psychoanalyse*, hrsg. v. Balint, II, S. 123 f.

225 Freud an Ferenczi, 21. Juli 1922. Freud–Ferenczi Correspondence, Freud Collection, LC.

226 Freud an Rank, 4. August 1922. Rank Collection, Box 1b. Rare Book and Manuscript Library, Columbia University.

227 Ibid.

228 Freud an Andreas-Salomé, 7. Oktober 1917. *Freud–Salomé*, S. 71.

229 Groddeck an Freud, 27. Mai 1917. Georg Groddeck–Sigmund Freud, *Briefe über das Es*, hrsg. von Margaretha Honegger (1974), S. 7–13.

230 Zit. in Carl M. u. Sylvia Grossman, *The Wild Analyst: The Life and Work of Georg Groddeck* (1965), S. 95.

231 Siehe Groddeck an Freud, 11. September 1921. *Briefe über das Es*, S. 32.

232 Siehe Freud an Groddeck, 7. u. 8. Februar 1920. Ibid., S. 25 f.

233 Ferenczi, »Georg Groddeck, *Der Seelensucher. Ein psychoanalytischer Roman*« (1921) in: *Schriften zur Psychoanalyse*, hrsg. von Balint, II, S. 95.

234 *Jones*, III, S. 100.

235 Freud an Eitingon, 27. Mai 1920. Sigmund Freud Copyrights, Wivenhoe.

236 Freud an Pfister (Postkarte), 4. Februar 1921. *Freud–Pfister*, S. 83.

237 Pfister an Freud, 14. März 1921. Sigmund Freud Copyrights, Wivenhoe.

238 Freud an Groddeck, 17. April 1921. *Briefe über das Es*, S. 38.

239 Groddeck, *Das Buch vom Es. Psychoanalytische Briefe an eine Freundin* (1923, rev. Ausg. 1979). S. Fischer Verlag, Bücher des Wissens Nr. 6367, S. 27.

240 Freud an Groddeck, 17. April 1921. *Briefe über das Es*, S. 38 f.

241 Freud an Andreas-Salomé, 7. Oktober 1917. *Freud–Salomé*, S. 71.

242 Groddeck an Freud, 27. Mai 1923. *Briefe über das Es*, S. 63.

243 Groddeck an seine zweite Frau, 15. Mai 1923. Ibid., S. 103.

244 Freud an Groddeck, 13. Oktober 1926. Ibid., S. 81.

245 *Das Ich und das Es*, G.W., Bd. 13, S. 289.

246 Freud an Ferenczi, 17. April 1923. Freud–Ferenczi Correspondence, Freud Collection, LC.

247 *Das Ich und das Es*, G.W., Bd. 13, S. 237.

248 Ibid., S. 251.

249 Ibid., S. 239.

250 Ibid., S. 239.

251 Ibid., S. 245.

252 Ibid., S. 241.

253 »Das Unbewußte« (1915), G.W., Bd. 10, S. 291.

254 *Das Ich und das Es*, G.W., Bd. 13, S. 244, 252 f.

255 Ibid., S. 253.

256 Ibid., S. 286 f.

257 Ibid., S. 255. Die erklärende Anmerkung wurde mit Freuds Genehmigung erstmals in Englisch in der Übersetzung von 1927 gedruckt. Eine deutsche Fassung scheint nicht zu existieren.

258 Ibid., S. 254 f.

259 Ibid., S. 280–82.

260 Ibid., S. 278–80.

261 »Die Zerlegung der psychischen Persönlichkeit«, in: *Neue Folge der Vorlesungen zur Einführung in die Psychoanalyse*, G.W., Bd. 15, S. 73.

262 *Das Ich und das Es*, G.W., Bd. 13, S. 262–64.

263 Freud an Jones, 20. November 1926. In Englisch. Freud Collection, D2, LC.

264 Pfister an Freud, 5. September 1930. *Freud–Pfister*, S. 147.

265 Pfister an Freud, 4. Februar 1930. Ibid., S. 142. Bezügl. Freuds nachdrücklicher Verteidigung seines Standpunkts siehe seine Antwort, 7. Februar 1930. Ibid., S. 143–45.

IX. Tod gegen Leben

1 Freud an Rank, 4. August 1922. Rank Collection, Box 1b. Rare Book and Manuscript Library, Columbia University.

2 Freud an Jones, 25. Juni 1922. In Englisch. Freud Collection, D2, LC.

3 Freud an Rank, 8. Juli 1922. Rank Collection, Box 1b. Rare Book and Manuscript Library, Columbia University.

4 Freud an Rank, 4. August 1922. Ibid.

5 Freud an Jones, 24. August 1922. In Englisch. Freud Collection, D2, LC.

6 Caecilie Graf an Rosa Graf, »Liebe Mutter«, 16. August 1922. Maschinengeschriebene Kopie. Freud Collection, LC.

7 Freud an Jones, 24. August 1922. In Englisch. Freud Collection, D2, LC. So erschüttert er war, war er doch nicht bestürzt genug, um seine sarkastische Zunge im Zaum zu halten. Er nannte seine Schwester Rosa, deren einziges überlebendes Kind Caecilie gewesen war, »eine Virtuosin der Verzweiflung« (Freud an Ferenczi, 24. August 1922. Freud–Ferenczi Correspondence, Freud, Collection, LC).

8 Freud an Jones, 25. April 1923. In Englisch. Freud Collection, D2, LC.

9 Freud an Ferenczi, 6. November 1917. Freud–Ferenczi Correspondence, Freud Collection, LC. Anna Freud kopierte die relevanten Abschnitte in einem Brief an Max Schur, 20. August 1965. Max Schur papers, LC.

10 Freud an Jones, 25. April 1923. In Englisch. Freud Collection, D2, LC.

11 Schur, *Sigmund Freud, Leben und Sterben*, S. 417. Bezüglich des Materials, das ich in diesen Abschnitten hauptsächlich verwendet habe, siehe den bibliographischen Essay für dieses Kapitel.

12 Siehe Anna Freud an Jones, 4. Januar 1956. Jones papers, Archives of the British Psycho-Analytical Society, London. In Anbetracht der Abneigung Anna Freuds, ihren Vater zu kritisieren, ist dies ein bedeutsames Zeugnis.

13 Deutsch, »Reflections«, S. 280.

14 Anna Freud an Jones, 16. März 1955. Jones papers, Archives of the British Psycho-Analytical Society, London.

15 Dies ist Ernest Jones' begründete Vermutung. (*Jones*, III, S. 114)

16 Anna Freud an Jones, 16. März 1955. Jones papers, Archives of the British Psycho-Analytical Society, London. Jones' Schilderung (*Jones*, III, S. 114) folgt Anna Freuds Bericht praktisch Wort für Wort; ebenso Clark, *Freud*, S. 495, der sich auf die Berichte von Jones und Deutsch stützt.

17 Freud an Andreas-Salomé, 10. Mai 1923. *Freud–Salomé*, S. 136.

18 Freud an Abraham, 10. Mai 1923. *Freud–Abraham*, S. 315.

19 Freud an Samuel Freud, 26. Juni 1923. In Englisch. Rylands University Library, Manchester.

20 Aus den Notizen von Felix Deutsch nach seinem Besuch vom 7. April 1923 bei dem ihm Freud seine Läsion zeigte. Zit. in Gifford, »Notes on Felix Deutsch«, S. 4.

21 Freud an Ferenczi, 17. April 1923. Freud–Ferenczi Correspondence, Freud Collection, LC.

22 Freud an Kata und Lajos Levy, 11. Juni 1923. *Briefe*, S. 361 f.

23 Ibid.

24 Ibid., S. 361.

25 Freud an Ferenczi (Postkarte), 20. Juni 1923. Freud–Ferenczi Correspondence, Freud Collection, LC.

26 *Jones*, III, S. 115.

27 Freud an Ferenczi, 18. Juli 1923. Freud–Ferenczi Correspondence, Freud Collection, LC.

28 Freud an Eitingon, 13. August 1923. Sigmund Freud Copyrights, Wivenhoe.

29 Freud an Rie, 18. August 1923. Freud Museum, London.

30 Freud an Binswanger, 15. Oktober 1926. Zit. in Binswanger, *Erinnerungen*, S. 94 f.
31 Freud an Samuel Freud, 24. September 1923. In Englisch. Rylands University Library, Manchester.
32 Freud an Jones, 4. Oktober 1920. In Englisch. Freud Collection, D2, LC.
33 Freud an Jones, 11. Dezember 1919. In Englisch. Ibid.
34 Freud an Jones, 23. Dezember 1919. In Englisch. Ibid.
35 Siehe Freud an Jones, 7. Januar 1922. Ibid.
36 Jones an das Komitee, August 1922. Rank Collection, Box 1b. Rare Book and Manuscript Library, Columbia University.
37 Freud an Jones, 24. September 1923. In Englisch. Freud Collection, D2, LC.
38 Jones an Katherine Jones, 26. August 1923. Jones papers, Archives of the British Psycho-Analytical Society, London.
39 Jones an Katherine Jones, 28. August 1923. Ibid.
40 *Jones*, III, S. 117.
41 Anna Freud an Jones, 8. Januar 1956. Jones papers. Archives of the British Psycho-Analytical Society, London.
42 Freud an Eitingon, 11. September 1923. Sigmund Freud Copyrights, Wivenhoe.
43 Freud an Jones, 24. September 1923. In Englisch. Freud Collection, D2, LC.
44 Freud an Samuel Freud, 24. September 1923. In Englisch. Rylands University Library, Manchester.
45 Freud an Eitingon, 26. September 1923. Zit. in Schur, *Sigmund Freud, Leben und Sterben*, S. 652.
46 Ich folge hier Schur, *Sigmund Freud, Leben und Sterben*, S. 431.
47 Freud an Abraham, 19. Oktober 1923. *Freud–Abraham*, S. 318.
48 Freud an »Lieber Martin!«, gez. »Herzlich, Papa«. 30. Oktober 1923. Freud Museum, London. Bis auf die Unterschrift nicht in Freuds Handschrift.
49 *Jones*, III, S. 123. *S. a.* Sharon Romm, *The Unwelcome Intruder: Freud's Struggle with Cancer* (1983), S. 73—85.
50 Max Schur, »The Medical Case History of Sigmund Freud«, unveröffentlichtes Manuskript, dat. 27. Februar 1954. Max Schur papers, LC.
51 Gespräch mit Helen Schur, 3. Juni 1986.
52 Freud an Rank, 26. November 1923. Rank Collection, Box 1b. Rare Book and Manuscript Library, Columbia University.
53 Freud an Eitingon, 22. März 1924. Sigmund Freud Copyrights, Wivenhoe.
54 Bezüglich einer Skizze der Stellung der Couch vor und nach Freuds Operation siehe Anna Freud an Jones, 4. Januar 1956. Jones papers, Archives of the British Psycho-Analytical Society, London.
55 *Jones*, III, S. 119.
56 Freud an Samuel Freud, 9. Januar 1924. In Englisch. Rylands University Library, Manchester.
57 Freud an Samuel Freud, 4. Mai 1924. In Englisch. Ibid.
58 Alix Strachey an James Strachey, 13. Oktober 1924. *Bloomsbury/Freud: The Letters of James and Alix Strachey, 1924—1925*, hrsg. v. Perry Meisel und Walter Kendrick (1985), S. 72 f.
59 Alix Strachey an James Strachey, 20. März 1925. Ibid., S. 224.
60 Siehe Anna Freud an Jones, 2. April 1922. Sigmund Freud Copyrights, Wivenhoe.
61 Freud an Ferenczi, 30. März 1922. *Freud–Ferenczi Correspondence*, Freud Collection, LC.

62 Freud an Anna Freud, 7. März 1922. Freud Collection, LC.

63 Anna Freud an Freud, 4. August 1920. Ibid.

64 Freud an Anna Freud, 21. Juli 1923. Ibid.

65 Freud an Rie, 18. August 1923. Freud Museum, London.

66 Freud an Lehrman, 21. März 1929. A. A. Brill Library, New York Psychoanalytic Institute.

67 Freud an Lehrman, 27. Januar 1930. Ibid.

68 Freud an Ferenczi, 7. September 1915. Freud–Ferenczi Correspondence, Freud Collection, LC.

69 Freud an Anna Freud, 22. Juli 1914. Freud Collection, LC.

70 Anna Freud an Freud, 13. Juli 1910. Ibid.

71 Anna Freud an Freud, 15. Juli 1911. Ibid.

72 Anna Freud an Freud, 7. Januar 1912. Ibid.

73 Freud an Anna Freud, 21. Juli 1912. Ibid. *S. a.* Freud an Anna Freud, 2. Februar 1913. Ibid.

74 Siehe Freud an Anna Freud, 28. November 1912. Ibid.

75 Anna Freud an Freud, 26. November 1912. Ibid.

76 Siehe Anna Freud an Freud, 16. Dezember 1912, und Freud an Anna Freud, 1. Januar 1913. Ibid.

77 Anna Freud an Freud, 7. Januar 1912. Ibid.

78 Anna Freud an Freud, 16. Dezember 1912. Ibid.

79 Freud an Anna Freud, 5. Januar 1913. Ibid.

80 Freud an Pfister, 11. März 1913. *Freud–Pfister*, S. 61.

81 Freud an Abraham, 27. März 1913. *Freud–Abraham*, S. 137.

82 Anna Freud an Freud, 13. März 1913. Freud Collection, LC.

83 Freud an Ferenczi, 7. Juli 1913. Freud–Ferenczi Correspondence, Freud Collection, LC.

84 Freud an Jones, 22. Juli 1914. In Englisch. Freud Collection, D2, LC.

85 Freud an Anna Freud, 17. Juli 1914. Freud Collection, LC.

86 Ibid.

87 Freud an Anna Freud, 22. Juli 1914. Ibid.

88 Freud an Anna Freud, 24. Juli 1914. Ibid.

89 Freud an Jones, 22. Juli 1914. In Englisch. Freud Collection, D2, LC.

90 Siehe Freud an Anna Freud, 22. Juli 1914. Freud Collection, LC.

91 Freud an Jones, 22. Juli 1914. In Englisch. Freud Collection, D2, LC.

92 Anna Freud an Freud, 26. Juli 1914. Freud Collection, LC.

93 Jones an Freud, 27. Juli 1914. Sigmund Freud Copyrights, Wivenhoe.

94 Anna Freud an Joseph Goldstein, 2. Oktober 1975. Zit. in Joseph Goldstein, »Anna Freud in Law«, *The Psychoanalytic Study of the Child*, XXXIX (1984), S. 9.

95 Anna Freud an Freud, 31. Januar 1913. Freud Collection, LC.

96 Siehe Anna Freud an Freud, 30. Juli 1915. Ibid.

97 Siehe Anna Freud an Freud, 28. August 1916. Ibid.

98 Ich verdanke diesen Bericht Dr. Jay Katz, der ihn von Anna Freud selbst hatte.

99 Siehe Anna Freud an Freud, 13. September 1918. Freud Collection, LC.

100 Siehe Anna Freud an Freud, 24. Juli und 2. August 1919. Ibid.

101 Siehe Anna Freud an Freud, 28. Juli 1919. Ibid.

102 Anna Freud an Freud, 12. November 1920. Ibid.

103 Siehe Anna Freud an Freud, 4. Juli 1921. Ibid.

104 Anna Freud an Freud, 4. August 1921. Ibid.

105 Siehe Anna Freud an Freud, 9. August 1920. Ibid.

106 Siehe Anna Freud an Freud, 27. April 1922. Ibid.

107 Siehe die demnächst erscheinende Biographie Anna Freuds von Elisabeth Young-Bruehl, aus der Teile bei einer Tagung des Muriel Gardiner Program in Psychoanalysis and the Humanities, Yale University, 15. Januar 1987, zusammengefaßt wiedergegeben wurden.

108 Freud an Jones, 4. Juni 1922. In Englisch. Freud Collection, D2, LC.

109 Binswanger an Freud, 27. August 1923. Sigmund Freud Copyrights, Wivenhoe.

110 Abraham, Eitingon und Sachs an Freud, 26. November 1924. Karl Abraham papers, LC.

111 Freud an Eitingon, 11. November 1921. Sigmund Freud Copyrights, Wivenhoe.

112 Freud an Samuel Freud, 7. März 1922. In Englisch. Rylands University Library, Manchester.

113 Anna Freud an Freud, 30. April 1922. Freud Collection, LC. *S. a.* Anna Freud an Freud, 27. April und 15. Juli 1922. Ibid.

114 Freud an Jones, 4. Juni 1922. In Englisch. Freud Collection, D2, LC.

115 Freud an Andreas-Salomé, 3. Juli 1922. Freud Collection, B3, LC.

116 In einer liebevollen Nachschrift zu einem Brief ihres Vaters schrieb Anna Freud 1930: »Ich küsse Dich viele Male, Deine Anna« (Freud und Anna Freud an Andreas-Salomé, 22. Oktober 1930. Ibid.)

117 Freud an Samuel Freud, 19. Dezember 1925. In Englisch. Rylands University Library, Manchester.

118 Anna Freud an Freud, 9. August 1920. Freud Collection, LC.

119 Anna Freud an Freud, 18. Juli 1922. Ibid.

120 Anna Freud an Freud, 20. Juli 1922. Ibid.

121 Anna Freud an Freud, 23. Juli 1915. Ibid.

122 Anna Freud an Freud, 5. August 1919. Ibid.

123 Anna Freud an Freud, 12. Juli 1915. Ibid.

124 Anna Freud an Freud, 27. Juli 1915. Ibid.

125 Anna Freud an Freud, 24. Juli 1919. Ibid.

126 Anna Freud an Freud, 6. August 1915. Ibid.

127 Eine humorvolle »Deutung« von Annas König-Prinzessin-Traum findet sich in Freud an Anna Freud, 14. Juli 1915. Ibid.

128 Freud an Eitingon, 2. Dezember 1919. Sigmund Freud Copyrights, Wivenhoe.

129 Kardiner, *My Analysis with Freud*, S. 77.

130 Auch hier wieder bin ich Elisabeth Young-Bruehl zu Dank verpflichtet für ihren Vortrag auf der Tagung des Muriel Gardiner Program in Psychoanalysis and the Humanities, Yale University, 15. Januar 1987.

131 Siehe Anna Freud an Freud, 5. August 1918 und 16. November 1920. Freud Collection, LC.

132 Anna Freud an Freud, 24. Juli 1919. Ibid.

133 Freud an Kata Levy, 16. August 1920. Freud Collection, B9, LC.

134 Freud an Jones, 23. März 1923. In Englisch. Freud Collection, D2, LC. *S. a.* unter vielen anderen Briefen Freud an Jones, 4. und 25. Juni 1922. In Englisch. Ibid.

135 Freud an Weiss, 1. November 1935. *Freud–Weiss*, S. 91.

136 Freud an Andreas-Salomé, 13. Mai 1924. Freud Collection, B3, LC.

137 Freud an Andreas-Salomé, 11. August 1924. Ibid.

138 Freud an Andreas-Salomé, 10. Mai 1925. Ibid.

139 Siehe Freud an Andreas-Salomé, 13. März 1922. Ibid.

140 Freud an Andreas-Salomé, 13. März 1922. Ibid.

141 Diese Tatsache bemerkte unter anderen auch Uwe Henrik Peters in *Anna Freud. Ein Leben für das Kind* (1979), S. 38–45.

142 Freud an Ferenczi, 10. Mai 1923. Freud–Ferenczi Correspondence, Freud Collection, LC.

143 Freud an Samuel Freud, 13. Dezember 1923. In Englisch. Rylands University Library, Manchester.

144 Siehe *Jones*, III, S. 119.

145 Freud an Eitingon, 24. April 1921. Sigmund Freud Copyrights, Wivenhoe. Freud redete Eitingon zum erstenmal am 4. Juli 1920 mit »Lieber Max« an und blieb dann dabei. Nach einigem Zögern betrachtete er Eitingon schließlich als Mitglied seiner Familie (siehe Freud an Eitingon, 24. Januar 1922. Sigmund Freud Copyrights, Wivenhoe). Eitingon war wahrscheinlich das einzige Mitglied seiner beruflichen Familie, auf das Freud nie sehr oder nicht lange böse war.

146 Freud an Samuel Freud, 4. Dezember 1921. In Englisch. Rylands University Library, Manchester.

147 Freud Collection, LC.

148 Freud an Abraham, 9. Juli 1925. *Freud–Abraham*, S. 360.

149 Anna Freud an Jones, 24. November 1955. Jones papers, Archives of the British Psycho-Analytical Society, London.

150 Siehe *Jones*, III, S. 441 f.

151 Siehe ibid., S. 444.

152 Freud an Nandor Fodor, 24. Juli 1921. Maschinengeschriebene Kopie, Siegfried Bernfeld papers, container 17, LC.

153 »Psychoanalyse und Telepathie« (geschr. 1921, ersch. 1941), G. W., Bd. 17, S. 28 f.

154 »Traum und Telepathie« (1922), G. W., Bd. 13, S. 165.

155 Ibid., S. 191.

156 *Jones*, III, S. 472.

157 Freud an Ferenczi, 20. März 1925. Freud–Ferenczi Correspondence, LC. *S. a.* Ferenczi an »Liebe Freunde«, 15. Februar und 15. März 1925, und Ferenczi an Freud, 16. Februar und 16. März 1925. Ibid.

158 Freud an Jones, 7. März 1926. Maschinengeschr. Kopie, Freud Collection, D2, LC. In den frühen 1930er Jahren spielte Freud in einer seiner *Neuen Vorlesungen zur Einführung in die Psychoanalyse* mit weniger Zurückhaltung auf die Telepathie an.

159 Anna Freud an Jones, 24. November 1955. Jones papers, Archives of the British Psycho-Analytical Society, London.

160 Freud an Rank, 10. April 1924. Rank Collection, Box 1b. Rare Book and Manuscript Library, Columbia University.

161 Freud an Jones, 25. September 1924. In Englisch. Freud Collection, D2, LC.

162 Freud an Andreas-Salomé, 10. Mai 1925. *Freud–Salomé*, S. 169.

163 H. D., »Advent«, in: *Tribute to Freud*, S. 171.

164 Anna Freud an Abraham, 20. März 1925, in einer langen Nachschrift zu einem Brief, den ihr Vater diktiert hatte. Karl Abraham papers, LC.

165 George Sylvester Viereck, *Glimpses of the Great* (1930), S. 34. Dieses Gespräch wurde auch drei Jahre früher, 1927, getrennt veröffentlicht.

166 Freud an Pfister, 25. Dezember 1920. *Freud–Pfister*, S. 81 f.
167 Freud an Eitingon, 23. November 1919. Sigmund Freud Copyrights, Wivenhoe.
168 Siehe *Vorlesungen zur Einführung in die Psychoanalyse*, G.W., Bd. 11, S. 294 f.
169 Karl R. Popper, »Philosophy of Science: A Personal Report« (1953), in: *British Philosophy in the Mid-Century: A Cambridge Symposium*, hrsg. v. C. A. Mace (1957), S. 156 ff.
170 Thomas L. Masson, »Psychoanalysis Rampant«, in: *New York Times*, 4. Februar 1923, sec. 3, 13.
171 Mary Keyt Isham, Besprechung von *Jenseits des Lustprinzips* und *Massenpsychologie und Ich-Analyse* in *New York Times*, 7. September 1924, sec. 3, 14−15.
172 »Critics Make Freud Symposium Target / Dr. Brian Brown Calls His Interpretation of the Unconscious Mind ›Rotten‹ / Discussion at St. Mark's / Dr. Richard Borden Explains Soul-Sickness, Libido, Complexes and the ›Old Adam‹«, *New York Times*, 5. Mai 1924, S. 8.
173 »Dr. Wise Attacks Modern Writers / Tells Students at International House to Abandon Mencken for the Classics / Regrets Freudian Vogue / Declares War Has Lost for Religion the Faith and Loyalty of Millions«, *New York Times*, 16. März 1925, S. 22.
174 »Declares Freud Devotees / Can't Spell Psychoanalysis«, *New York Times*, 27. August 1926, S. 7.
175 Eitingon an Freud, 10. November 1922. Sigmund Freud Copyrights, Wivenhoe.
176 »Mind Cure. / Professor Freud's Lectures«, London *Times*, 15. April 1922, S. 17.
177 Poul Bjerre, *Wie deine Seele geheilt wird! Der Weg zur Lösung seelischer Konflikte*, aus dem Schwedischen von Amalie Brückner (1925), S. 163.
178 William McDougall, *An Outline of Abnormal Psychology* (1926), S. 22. Zit. in Carl Christian Clemen, *Die Anwendung der Psychoanalyse auf Mythologie und Religionsgeschichte* (1928), S. 2−3.
179 Abraham und Sachs an »Liebe Freunde«, 16. Mai 1925. Karl Abraham papers, LC.
180 Abraham an »Liebe Freunde«, 17. Oktober 1925. Ibid.
181 Elias Canetti, *Die Fackel im Ohr. Lebensgeschichte 1921−1931* (1980), S. 137 ff.
182 Poul Bjerre, *Wie deine Seele geheilt wird!*, S. 163.
183 William Bayard Hale papers, box 1, folder 12. Y-MA.
184 »Topics of the Times«, *New York Times*, 8. Mai 1926, S. 16.
185 *Jones*, III, S. 66 Anm.
186 Zit. ibid., S. 128.
187 Siehe ibid.
188 »To Ask Freud to Come Here«, *New York Times*, 21. Dezember 1924, sec. 7, 3. *S. a. Jones*, III, S. 141, und Clark, *Freud*, S. 519.
189 Zit. in *New York Times*, 24. Januar 1925, S. 13. *S. a. Jones*, III, S. 141, und Clark, *Freud*, S. 520. Das Original des Briefes Freuds ist unauffindbar.
190 Freud an Samuel Freud, 5. November 1920. In Englisch. Rylands University Library, Manchester.
191 Freud an Samuel Freud, 4. Dezember 1921. In Englisch. Ibid.
192 Freud an Eitingon, 24. Januar 1922. Sigmund Freud Copyrights, Wivenhoe.
193 Freud an Eitingon, 17. Februar 1921. Ibid.
194 Freud an Samuel Freud, 19. Dezember 1925. In Englisch. Rylands University Library, Manchester.
195 Siehe *Jones*, III, S. 136.

196 Freud an Abraham, 10. Dezember 1917. *Freud–Abraham*, S. 249.

197 Freud an Jones, 9. Juni 1925. Anna Freud diktiert. Freud Collection, D2, LC.

198 Freud an Samuel Freud, 19. Dezember 1925. In Englisch. Rylands University Library, Manchester.

199 Siehe die Urkunde, die die Nederlandsche Vereeniging voor Psychiatrie en Neurologie nach ihrer Versammlung vom 17. November 1921 Freud schickte. Freud Museum, London. *S. a. Jones*, III, S. 104 (hier wird als Datum Dezember statt November angegeben).

200 Freud an Samuel Freud, 19. Dezember 1925. In Englisch. Rylands University Library, Manchester.

201 Freud an Emmy Groddeck, 18. Dezember 1923. Groddeck, *Briefe über das Es*, S. 70 f.

202 Siehe Mann an Meng, 8. September 1930. A. A. Brill Library, New York Psychoanalytic Institute.

203 Freud an Jones, 18. Februar 1928. In Englisch. Freud Collection, D2, LC.

204 Siehe Freud an Eitingon, 18. August 1932.

205 Siehe *Bose–Freud Correspondence* (o.D. 1964?), eine in Calcutta veröffentlichte Broschüre.

206 Stefan Zweig an Freud, 8. Dezember 1929. Sigmund Freud Copyrights, Wivenhoe.

207 Zit. in Friedrich Torberg, *Die Erben der Tante Jolesch* (1978, 1982), S. 26 f.

208 Ronald A. Knox, »Jottings from a Psycho-Analyst's Note Book«, in *Essays in Satire* (1928), S. 265–76.

209 James Thurber und E. B. White, *Is Sex Necessary? or, Why You Feel the Way You Do* (1929), S. 190–93.

210 Lippmann an Wallas, 30. Oktober 1912. Zit. in Ronald Steel, *Walter Lippmann and the American Century* (1980), S. 46.

211 Lippmann an Frederick J. Hoffman, 18. November 1942. *Public Philosopher: Selected Letters of Walter Lippmann*, hrsg. v. John Morton Blum (1985), S. 429.

212 Siehe Pfister an Freud, 24. Oktober 1921; 23. Dezember 1925; 6. Mai und 21. Oktober 1927. Sigmund Freud Copyrights, Wivenhoe.

213 Joseph Wood Krutch, »Freud Reaches Seventy Still Hard at Work / Father of Psychoanalysis Continues to Expand and Alter the Theories That Have Made Him a Storm Centre«, *New York Times*, 9. Mai 1926, sec. 9, 9.

214 »Topics of the Times«, *New York Times*, 10. Mai 1926, S. 20.

215 Freud an Arnold Zweig, 20. Dezember 1937. *Freud–Zweig*, S. 164.

216 »Nachschrift 1935 zur ›Selbstdarstellung‹«, G.W., Bd. 16, S. 34.

217 Alix Strachey an James Strachey, 9. Februar 1925. *Bloomsbury/Freud*, S. 184.

218 »The Reminiscences of Rudolph M. Loewenstein« (1965), S. 19–25. Oral History Collection, Columbia University.

219 Abraham, Eitingon und Sachs an »Liebe Freunde«, 16. Dezember 1924. Karl Abraham papers, LC.

220 Abraham, Eitingon und Sachs an »Liebe Freunde«, 15. März 1925. Ibid.

221 Abraham und Sachs an »Liebe Freunde«, 13. April 1925. Ibid.

222 Siehe Phyllis Grosskurth, *Melanie Klein: Her World and Her Work* (1986), S. 94.

223 Siehe Ernst Simmel, »Zur Geschichte und sozialen Bedeutung des Berliner Psychoanalytischen Instituts«, in: *Zehn Jahre Berliner Psychoanalytisches Institut (Poliklinik und Lehranstalt)*, hrsg. v. d. Deutschen Psychoanalytischen Gesellschaft (1930), S. 7 f.

224 »Wege der psychoanalytischen Therapie« (1919), G.W., Bd. 12, S. 192 f.

225 Simmel, »Zur Geschichte«, in: *Zehn Jahre Berliner Psychoanalytisches Institut*, S. 12.

226 Siehe Otto Fenichel, »Statistischer Bericht über die therapeutische Tätigkeit 1920–1930«. Ibid., S. 16.

227 Ibid., S. 19.

228 »Anhang: Richtlinien für die Lehrtätigkeit des Instituts« nach Karen Horney, »Die Einrichtungen der Lehranstalt, A) Zur Organisation«. Ibid., S. 50.

229 Hanns Sachs, »Die Einrichtungen der Lehranstalt, B) Die Lehranalyse«. Ibid., S. 53.

230 Freud an Jones, 4. Juni 1922. In Englisch. Freud Collection, D2, LC.

231 Siehe, z. B., Gregory Zilboorg, »Ausländisches Interesse am Institut. A) Aus Amerika«, in: *Zehn Jahre Berliner Psychoanalytisches Institut*, S. 66–69, und Ola Raknes, »Ausländisches Interesse am Institut. B) Aus Norwegen«. Ibid., S. 69 f.

232 Gespräch des Autors mit Jeanne Lampl-de Groot, 28. August 1985.

233 Siehe z. B. Freud an Lampl-de Groot, 28. August 1924. Freud Collection, D2, LC.

234 Freud an Abraham, 3. März 1925. Anna Freud diktiert. Karl Abraham papers, LC.

235 Katharine West, *Inner and Outer Circles* (1958), zit. in Paula Heimann, »Obituary, Joan Riviere (1883–1962)«, *Int. J. Psycho Anal.*, XLIV (1963), S. 233.

236 Freud an Jones, 16. November 1924. Anna Freud diktiert. Freud Collection, D2, LC.

237 Freud an Jones, 13. Dezember 1925. Anna Freud diktiert. Ibid.

238 Alix Strachey an James Strachey, 13. [tats. 14.] Dezember 1924. *Bloomsbury/Freud*, S. 131 f.

239 Ibid., S. 132 f.

240 Freud an Jones, 22. Juli 1925. Anna Freud diktiert. Freud Collection, D2, LC.

241 Freud an Jones, 31. Mai 1927. Anna Freud diktiert. Ibid.

242 Freud an Jones, 6. Juli 1927. Ibid.

243 Freud an Jones, 23. September 1927. Ibid.

244 Siehe Freud an Jones, 23. September und 9. Oktober 1927. Ibid.

245 Siehe *Das Unbehagen in der Kultur*, G.W., Bd. 14, S. 490 Anm., 498 Anm.

246 »Selbstdarstellung«, G.W., Bd. 14, S. 96 Anm.

X. Flackernde Lichter auf dunklen Kontinenten

1 Anna Freud an Jones, 8. Januar 1956. Jones papers, Archives of the British Psycho-Analytical Society, London.

2 Siehe Freud an Ferenczi, 18. Juli 1920. Freud–Ferenczi Correspondence, Freud Collection, LC.

3 Freud an Eitingon, 2. Juli 1927. Sigmund Freud Copyrights, Wivenhoe.

4 Freud an Rank, 18. August 1912. Rank Collection, Box 1b. Rare Book and Manuscript Library, Columbia University. Er dachte an Ranks umfangreiche Studie über das Inzest-Thema in der Literatur.

5 Freud an Abraham, 25. Dezember 1918. Karl Abraham papers, LC.

6 Siehe »Das Unheimliche«, G.W., Bd. 12, S. 241 Anm.

7 Freud an Rank, 8. Juli 1922. Rank Collection, Box 1b. Rare Book and Manuscript Library, Columbia University.

8 Freud an Rank, 8. September 1922. Ibid.

9 Eitingon an Freud, 31. Januar 1924. Sigmund Freud Copyrights, Wivenhoe.

10 Siehe Freud an »Liebe Freunde«, Januar 1924. Fotokopie einer maschinengeschriebenen Kopie. Rank Collection, Box 1b. Rare Book and Manuscript Library, Columbia University.

11 Freud an Eitingon, 7. Februar 1924. Sigmund Freud Copyrights, Wivenhoe.

12 Rank an Freud, 15. Februar 1924. Rank Collection, Box 1b. Rare Book and Manuscript Library, Columbia University.

13 Abraham an Freud, 21. Februar 1924. *Freud–Abraham*, S. 324.

14 Freud an Ferenczi, 20. März 1924. Maschinengeschriebene Kopie. Rank Collection, Box 1b. Rare Book and Manuscript Library, Columbia University.

15 Ferenczi an Rank, 18. März 1924. Ibid.

16 Freud an Ferenczi, 26. März 1924. Maschinengeschriebene Kopie. Ibid.

17 Rank an Ferenczi, 20. März 1924. Ibid. Tatsächlich legen die Rundbriefe, die Freud während dieser Zeit schrieb, die Annahme nahe, daß er vollkommen verstanden hatte, was Rank sagen wollte.

18 Freud an »Liebe Freunde«, 25. Februar 1924. Ibid.

19 5. März 1924. Wiener Psychoanalytische Vereinigung, Protokolle für 1923–24, geführt von Otto Isakower. Freud Collection, B27, LC.

20 25. November 1908. *Protokolle*, II, S. 65.

21 17. November 1909. Ibid., S. 293.

22 *Die Traumdeutung*, G.W., Bd. 2/3, S. 406 Anm.

23 Freud an Rank, 1. Dezember 1923. Rank Collection, Box 1b. Rare Book and Manuscript Library, Columbia University.

24 Freud an Abraham, 4. März 1924. *Freud–Abraham*, S. 328.

25 Freud an »Liebe Freunde«, Januar 1924. Rank Collection, Box 1b. Rare Book and Manuscript Library, Columbia University.

26 Siehe bes. Freud an Ferenczi, 26. März 1924. Maschinengeschr. Kopie. Ibid.

27 Freud an Jones, 25. September 1924. In Englisch. Freud Collection, D2, LC.

28 Abraham an Freud, 26. Februar 1924. *Freud–Abraham*, S. 326.

29 Jones an Abraham, 8. April 1924. Karl Abraham papers, LC.

30 Siehe Freud an Ferenczi, 26. März 1924. Maschinengeschr. Kopie. Rank Collection, Box 1b. Rare Book and Manuscript Library, Columbia University.

31 Freud an Sándor Radó, 30. September 1925. Anna Freud diktiert. Freud Collection, B9, LC.

32 Freud an Burrow, 31. Juli 1924. Trigant Burrow papers, series I, box 12, Y-MA.

33 Zit. in E. James Lieberman, *Acts of Will: The Life and Work of Otto Rank* (1985), S. 235.

34 Freud an Rank, 23. Juli 1924. Rank Collection, Box 1b. Rare Book and Manuscript Library, Columbia University.

35 Rank an Freud, 7. August 1924. Ibid. Der Brief, den er tatsächlich abschickte, ist sehr ähnlich, enthält aber diesen entscheidenden Abschnitt nicht. (9. August 1924. Ibid.)

36 Freud an Rank, 27. August 1924. Ibid.

37 Eitingon an Freud, 2. September 1924. Sigmund Freud Copyrights, Wivenhoe.

38 Freud an Eitingon, 7. Oktober 1924. Ibid.

39 Freud an Abraham, 17. Oktober 1924. *Freud–Abraham*, S. 345.

40 Freud an Jones, 23. Oktober 1924. In Englisch. Freud Collection, D2, LC. Bezügl. Beispielen dafür, daß sich Freud um diese Zeit darauf vorbereitete, Rank aufzugeben, siehe Freud an Eitingon, 27. September und 19. November 1924. Sigmund Freud Copyrights, Wivenhoe.

41 Freud an Jones, 5. November 1924. Anna Freud diktiert. Freud Collection, D2, LC.

42 Jones an Abraham, 12. November 1924. Karl Abraham papers, LC. *S. a.* Rundbrief an »Liebe Freunde« aus Berlin, 26. November 1924. Ibid.

43 Freud an Andreas-Salomé, 17. November 1924. *Freud–Salomé*, S. 157.

44 Siehe Freud an Jones, 16. November 1924. Anna Freud diktiert. Freud Collection, D2, LC.

45 Rank an das Komitee, 20. Dezember 1924. Zit. in Lieberman, *Rank*, S. 248 ff.

46 Jones an Abraham, 29. Dezember 1924. Karl Abraham papers, LC.

47 Freud an Jones, 6. Januar 1925. Anna Freud diktiert. Freud Collection, D2, LC.

48 Freud an Eitingon, 6. Januar 1925. Sigmund Freud Copyrights, Wivenhoe.

49 Eitingon, Sachs und Abraham an Rank, 25. Dezember 1924. Rank Collection, Box 1b. Rare Book and Manuscript Library, Columbia University.

50 Jones an Rank, 3. Januar 1925. Ibid.

51 Freud an Jones, 6. Januar 1925. Anna Freud diktiert. Freud Collection, D2, LC.

52 Freud an Abraham, 3. März 1925. Karl Abraham papers, LC.

53 Siehe Freud an Eitingon, 16. Juli 1925. Sigmund Freud Copyrights, Wivenhoe.

54 Siehe Abraham an Freud, 26. Februar 1924. *Freud–Abraham*, S. 326. Freud selbst hatte einen solchen Vergleich zögernd angestellt. Siehe Freud an Ferenczi, 20. März 1924. Rank Collection, Box 1b. Rare Book and Manuscript Library, Columbia University.

55 Freud an Rank, 26. November 1923. Ibid.

56 Freud an Rank, 23. Juli 1924. Ibid.

57 Freud an Andreas Salomé, 17. November 1924. *Freud–Salomé*, S. 157.

58 Jones an Freud, 29. September 1924. Zit. in Vincent Brome, *Ernest Jones: Freud's Alter Ego* (engl. Ausg. 1982, amerik. Ausg. 1983), S. 147.

59 Abraham an Freud, 20. Oktober 1924. *Freud–Abraham*, S. 347.

60 Freud an Abraham, 4. März 1924. Ibid., S. 327.

61 Freud an Abraham, 31. März 1924. Ibid., S. 331.

62 Freud an Robert Breuer, 26. Juni 1925. Vollständig zit. in Albrecht Hirschmüller, »Balsam auf eine schmerzende Wunde – Zwei bisher unbekannte Briefe Sigmund Freuds über sein Verhältnis zu Josef Breuer«, in: *Psyche*, XLI (1987), S. 58.

63 Siehe Abraham an Freud, 7. Juni 1925. *Freud–Abraham*, S. 355.

64 Freud an Abraham, 11. September 1925. Ibid., S. 367.

65 Abraham an »Liebe Freunde«, 17. Oktober 1925. Karl Abraham papers, LC.

66 Freud an Jones, 13. Dezember 1925. Anna Freud diktiert. Freud Collection, D2, LC.

67 Freud an Jones, 16. Dezember 1925. In Englisch. Ibid.

68 Freud an Jones, 21. Dezember 1925. Anna Freud diktiert. Ibid.

69 Freud an Jones, 30. Dezember 1925. Ibid.

70 »Karl Abraham« (1926), G.W., Bd. 14, S. 564. Erstmals veröffentlicht in: *Internationale Zeitschrift für Psychoanalyse*, XII (1926), S. 1.

71 Freud an Eitingon, 19. März 1926. Sigmund Freud Copyrights, Wivenhoe.

72 Freud an Eitingon, 13. April 1926. Ibid.

73 Freud an Eitingon, 7. Juni 1926. Ibid.

74 *Hemmung, Symptom und Angst* (1926), G.W., Bd. 14, S. 194.

75 Freud an Andreas-Salomé, 13. Mai 1926. *Freud–Salomé*, S. 178.

76 *Hemmung, Symptom und Angst*, G.W., Bd. 14, S. 193.

77 *Zur Psychopathologie des Alltagslebens*, G.W., Bd. 4, S. 112.

78 D. Hack Tuke, Hrsg., *A Dictionary of Psychological Medicine*, Bd. I, S. 96.

79 Eugen Bleuler, *Lehrbuch der Psychiatrie* (1916).

80 Siehe *Hemmung, Symptom und Angst*, G.W., Bd. 14, S. 170.

81 Ibid., S. 195 f.

82 Ibid., S. 149—52.

83 Freud an Abraham, 28. November 1924. Karl Abraham papers, LC.

84 Zit. in einem Brief Reiks an Abraham, 11. April 1925. Karl Abraham papers, LC.

85 Ibid.

86 Pfister an Freud, 10. September 1926. *Freud–Pfister*, S. 109. Pfisters Hauptgegner
    war Emil Oberholzer, Präsident der Schweizer Gesellschaft für Psychoanalyse bis
    1927, laut Freud, der auf Pfisters Seite stand, »ein eigensinniger Narr, den man am
    besten allein läßt« (Freud an Pfister, 11. Februar 1928. Sigmund Freud Copyrights,
    Wivenhoe). Unter Pfisters Schilderungen psychoanalytischer Angelegenheiten in
    der Schweiz siehe vor allem Pfister an Freud, 16. Februar 1925 (Ibid.).

87 Freud an Federn, 27. März 1926. Maschinengeschr. Kopie. Sigmund Freud Copy-
    rights, Wivenhoe.

88 Zit. in Erika Freeman, *Insights: Conversations with Theodor Reik* (1971), S. 86 f.

89 Zit. ibid., S. 87. Reik einnert sich daran auch in seinem langen Brief an Abraham,
    11. April 1925. Karl Abraham papers, LC.

90 Freud an Abraham, 15. Februar 1914. Ibid. *S. a.* Freud an Abraham, 25. März,
    17. Mai und 15. Juli 1914. Ibid.

91 *New York Times*, 25. Mai 1927, S. 6.

92 »Geleitwort« zu Pfister, *Die psychoanalytische Methode*, G.W., Bd. 10, S. 448.

93 *Die Frage der Laienanalyse. Unterredungen mit einem Unparteiischen* (1926),
    G.W., Bd. 14, S. 216, 282 f.

94 *Jones*, III, S. 339, 341.

95 Siehe *Die Frage der Laienanalyse*, G.W., Bd. 14, S. 281.

96 *Jones*, III, S. 341.

97 Zit. in John C. Burnham, »The Influence of Psychoanalysis upon American Cul-
    ture«, in: *American Psychoanalysis: Origins and Development*, hrsg. v. Jacques
    M. Quen und Eric T. Carlson (1978), S. 61.

98 »American Accused As London ›Charlatan‹ / Bow Street Police Recommend De-
    portation for Homer Tyrell Lane, Psychoanalist [sic], ›Individualist‹«, *New York
    Times*, 18. März 1925, S. 19.

99 »Imprisons Psychoanalyst / London Magistrate Sentences H. T. Lane of Boston«,
    New York Times, 25. März 1925, S. 2. *S. a.* »London Court Fines American Alie-
    nist / And He Must Leave Country / Letters From Women Signed ›God‹ and ›Devil‹
    Read«, *New York Times*, 15. Mai 1925, S. 22.

100 »Pastor Rakes Quacks in Psychoanalysis / Many Mulcted by Fakers, Warns Rev.
    C. F. Potter – / Would License Teachers«, *New York Times*, 30. März 1925, S. 20.

101 Jelliffe an Jones, 10. Februar 1927. Zit. in John C. Burnham, *Jelliffe: American
    Psychoanalyst and Physician* (1983), S. 124.

102 »Discussion on Lay Analysis«, in: *Int. J. Psycho-Anal.*, VIII (1927), S. 221 f.

103 Ibid., S. 246.

104 Ibid., S. 274.

105 Ibid., S. 251.

106 Rickman, ibid., S. 211.

107 *Jones*, III, S. 346.

108 Ibid., S. 281.

109 Ibid., S. 248.

110 Nachwort zur »Frage der Laienanalyse«, G.W., Bd. 14, S. 290 f.

111 Siehe Freud an Jones, 31. Mai 1927. Anna Freud diktiert. Freud Collection, D2, LC.

112 Freud an »Sehr geehrter Herr Kollege«, 19. Oktober 1927. Freud Collection, B4, LC.

113 Freud an Eitingon, 3. April 1928. Sigmund Freud Copyrights, Wivenhoe.

114 Nachwort zur »Frage der Laienanalyse«, G.W., Bd. 14, S. 295 f.

115 Satzung der New York Psychoanalytic Society vom 28. März 1911. Zit. in Samuel Atkin, »The New York Psychoanalytic Society and Institute: Its Founding and Development«, in: *American Psychoanalysis*, hrsg. v. Quen und Carlson, S. 73.

116 A. A. Brill, *Fundamental Conceptions of Psychoanalysis* (1921), S. IV.

117 Siehe Brill an Jelliffe, 1. Mai 1921. Zit. in Burnham, *Jelliffe*, S. 118.

118 Siehe Freud an Leonhard Blumgart, 19. Juni 1921. A. A. Brill Library, New York Psychoanalytic Institute. Aus diesem Brief geht hervor, daß Newton schon bei Blumgart in Analyse war, bevor er nach Wien kam.

119 Siehe Abraham, Sachs und Eitingon an »Liebe Freunde«, 15. März 1925. Karl Abraham papers, LC.

120 Freud an Jones, 25. September 1925. Anna Freud diktiert. Freud Collection, D2, LC.

121 Protokolle der New York Psychoanalytic Society vom 27. Oktober 1925. A. A. Brill Library, New York Psychoanalytic Institute.

122 Freud an Jones, 27. September 1926. In Englisch. Freud Collection, D2, LC.

123 »Discussion on Lay Analysis«, in: *Int. J. Psycho-Anal.*, VIII (1927), S. 283.

124 Freud an Jones, 23. September 1927. Freud Collection, D2, LC.

125 Freud an de Saussure, 21. Februar 1928. Freud Collection, Z3, LC.

126 Siehe *Jones*, III, S. 351.

127 Freud an Jones, 4. August 1929. Freud Collection, D2, LC.

128 Freud an Jones, 19. Oktober 1929. Ibid.

129 Ferenczi an »Liebe Freunde«, 30. November 1930. Freud Collection, LC.

130 Freud an Abraham, 8. Dezember 1924. *Freud–Abraham*, S. 350.

131 Freud an Jones, 22. Februar 1928. Freud Collection, D2, LC.

132 *Die Frage der Laienanalyse*, G.W., Bd. 14, S. 241.

133 Freud an Jones, 22. Februar 1928. Freud Collection, D2, LC.

134 Undatierte Bemerkung gegenüber Marie Bonaparte. Zit. in *Jones*, II, S. 493.

135 »Die Weiblichkeit« in *Neue Folge der Vorlesungen zur Einführung in die Psychoanalyse* (1933), G.W., Bd. 15, S. 145.

136 13. April 1910. *Protokolle*, II, S. 440.

137 »Über die weibliche Sexualität« (1931), G.W., Bd. 14, S. 519.

138 Bezügl. der widersprüchlichen Datierung – Freud selbst verlegt den Traum in sein »siebentes oder achtes Jahr« – siehe William J. McGrath, *Freud's Discovery of*

Psychoanalysis: The Politics of Hysteria (1986), S. 34, und Eva M. Rosenfeld, »Dreams and Vision: Some Remarks on Freud's Egyptian Bird Dream«, in: *Int. J. Psycho-Anal.*, XXXVII (1956), S. 97–105.

139 *Die Traumdeutung*, G.W., Bd. 2/3, S. 589 f.

140 Martin Freud, »Who was Freud?«, in: *The Jews of Austria: Essays on Their Life, History and Destruction*, hrsg. v. Josef Fraenkel (1967), S. 202.

141 Judith Bernays Heller, »Freud's Mother and Father. A Memoir«, in: *Commentary*, XXI (1956), S. 420.

142 Es gibt eine Ansichtskarte, die Amalia ihrem Sohn schickte (ohne Datum) und die sie vor einem alpinen Hintergrund sitzend zeigt. Die Inschrift lautet: »Meinem goldenen Sohn« (Freud Museum, London).

143 *Drei Abhandlungen zur Sexualtheorie*, G.W., Bd. 5, S. 129.

144 »Dora«, G.W., Bd. 5, S. 178.

145 »Wenn ich diese Krankengeschichten las, konnte ich nicht umhin, mich über die Diskrepanz in Freuds Darstellungen der Väter und Mütter seiner Patienten zu wundern. Warum ist es immer der Vater, der zum zentralen Teil der Kind-Eltern-Beziehung wird, ohne Rücksicht darauf, ob das Kind männlich oder weiblich ist? ... Vielleicht waren diese Schilderungen eng verknüpft mit Freuds Selbstanalyse oder, genauer gesagt, mit seiner damaligen Beschäftigung mit der Beziehung zwischen ihm und seinem Vater. Was immer der Grund sein mag, die ›ödipale Mutter‹ in Freuds frühem Werk ist eine statische Figur, die, ohne es zu wissen, ihr Schicksal ausspielt, während Laios wieder lebendig wird« (Iza S. Erlich, »What Happened to Jocasta?« in: *Bulletin of the Menninger Clinic*, XLI, 1977, S. 283 f.).

146 *Massenpsychologie und Ich-Analyse*, G.W., Bd. 13, S. 110 Anm.

147 »Die Weiblichkeit« in *Neue Folge der Vorlesungen zur Einführung in die Psychoanalyse*, G.W., Bd. 15, S. 143. Er hatte etwa das gleiche schon ein wenig früher gesagt, als er schrieb, die Aggression »bildet den Bodensatz aller zärtlichen und Liebesbeziehungen unter den Menschen, vielleicht mit alleiniger Ausnahme der einer Mutter zu ihrem männlichen Kind« (*Das Unbehagen in der Kultur*, G.W., Bd. 14, S. 473).

148 *Jones*, II, S. 507.

149 Siehe »Über die weibliche Sexualität«, G.W., Bd. 14, S. 528 f.

150 »Die Weiblichkeit«, G.W., Bd. 15, S. 131.

151 Ernest Jones (*Jones*, I, S. 25) und Robert D. Stolorow und George E. Atwood (»A Defensive-Restitutive Function of Freud's Theory of Psychosexual Development«, in: *Psychoanalytic Review*, LXV, 1978, S. 217–38) haben versichert, daß Freud tatsächlich *elf* Monate alt war, als sein Bruder Julius geboren wurde. Wenn das stimmte, würde es die emotionale Relevanz und den Beweiswert von Freuds Erwähnung der »elf Monate« in seiner Abhandlung über die Weiblichkeit erhöhen. Freud mag das auch geglaubt haben. Jones liefert keine Dokumentation für seine Behauptung, und man darf annehmen, daß er die Information von Freud selbst erhalten hatte. Die Tatsachen widersprechen dieser Behauptung jedoch. Freud wurde am 6. Mai 1856 geboren; Julius wurde im Oktober 1857 geboren und starb am 15. April 1858 (siehe Marianne Krüll, *Freud und sein Vater*, S. 214. Bezüglich dieser Details zitiert Krüll die Forschungen von Josef Sajner).

152 »Die Weiblichkeit«, G.W., Bd. 15, S. 131 f.

153 Siehe Freud an Fließ, Manuskript B im Brief vom 8. Februar 1893. *Freud–Fließ*, S. 27.

154 Siehe »Frau Emmy von N.« in *Studien über Hysterie*, G.W., Bd. 1, S. 161.
155 Siehe Freud an Fließ, Manuskript K im Brief vom 1. Januar 1896. *Freud–Fließ*, S. 176 f.
156 Siehe Freud an Fließ, Manuskript G, o.D. (nach den Herausgebern 7. Januar 1895). Ibid., S. 101.
157 Siehe »Gradiva«, G.W., Bd. 7, S. 64.
158 Freud an Ferenczi, 12. Januar 1919. Freud–Ferenczi Correspondence, Freud Collection, LC.
159 Freud an Jones, 23. März 1923. In Englisch. Freud Collection, D2, LC.
160 Ich habe versucht, eine solche Analyse vorzunehmen in *Education of the Senses*, Bd. I von *The Bourgeois Experience*; siehe bes. 2. Kap., »Offensive Women and Defensive Men«.
161 Zit. in Erika Weinzierl, *Emanzipation? Österreichische Frauen im 20. Jahrhundert* (1975), S. 37.
162 Helene Weber, *Ehefrau und Mutter in der Rechtsentwicklung. Eine Einführung* (1907), S. 343. *S. a.* Richard J. Evans, *The Feminists: Women's Emancipation Movements in Europe, America and Australasia 1840–1920* (1977), S. 92–98.
163 Stefan Zweig, *Die Welt von Gestern*, S. 79, 81.
164 Zit. in Juliet Mitchell, *Psychoanalysis and Feminism: Freud, Reich, Laing and Women* (1974), S. 419.
165 Freuds Vorlesung vom 16. April 1904 ist zusammengefaßt in Klein, *Jewish Origins of the Psychoanalytic Movement*, S. 159.
166 Siehe »Die ›kulturelle‹ Sexualmoral und die moderne Nervosität«, G.W., Bd. 7, S. 162.
167 *Die Zukunft einer Illusion*, G.W., Bd. 14, S. 371.
168 Freud an Andreas-Salomé, 8. Mai 1930. *Freud–Salomé*, S. 205.
169 Freud an Arnold Zweig, 18. August 1933. Sigmund Freud Copyrights, Wivenhoe.
170 11. März 1908. *Protokolle*, I, S. 329.
171 Ibid., S. 331.
172 William Acton, *The Function and Disorders of the Reproductive Organs, in Childhood, Youth, Adult Age, and Advanced Life. Considered in their Physiological, Social and Moral Relations* (1857, 3. Aufl. 1865), S. 133.
173 Otto Adler, *Die mangelhafte Geschlechtsempfindung des Weibes. Anaesthesia sexualis feminarum. Dyspareunia. Anaphrodisia* (1904), S. 124.
174 Siehe »Die ›kulturelle‹ Sexualmoral und die moderne Nervosität«, G.W., Bd. 7, S. 154.
175 *Drei Abhandlungen zur Sexualtheorie*, G.W., Bd. 5, S. 120.
176 »Die Disposition zur Zwangsneurose« (1913), G.W., Bd. 8, S. 452.
177 *Drei Abhandlungen zur Sexualtheorie*, G.W., Bd. 5, S. 121 Anm.
178 »Die infantile Genitalorganisation«, G.W., Bd. 13, S. 293–98.
179 »Der Untergang des Ödipuskomplexes« (1924), G.W., Bd. 13, S. 400.
180 Siehe ibid.
181 »Einige psychische Folgen des anatomischen Geschlechtsunterschieds« (1925), G.W., Bd. 14, S. 29 f. Die Debatte über Freuds Ideen über die weibliche Sexualität geht weiter, sowohl in psychoanalytischen Kreisen als auch außerhalb. James A. Kleeman, ein führender Fachmann (und selbst Analytiker), erklärte trotz seiner kritischen Einstellung zu Freud: »Das Bemerkenswerte an Freuds Ideen über die frühe Sexualität, die ja weitgehend aus der Analyse Erwachsener gewonnen wurde,

ist, daß so viele von ihnen die Probe der Zeit bestanden haben (James A. Kleeman, »Freud's Views in Early Female Sexuality in the Light of Direct Child Observation«, in: *Female Psychology: Contemporary Psychoanalytic Views*, hrsg. v. Harold P. Blum, 1977, S. 3). Bezügl. einer detaillierten Erörterung der Kontroversen und der Literatur siehe den bibliographischen Essay zu diesem Kapitel.

182 »Einige psychische Folgen des anatomischen Geschlechtsunterschieds«, G.W., Bd. 14, S. 30.

183 Ibid., S. 20.

184 »Über die weibliche Sexualität«, G.W., Bd. 14, S. 519.

185 Siehe ibid., S. 523, 529, 531 ff.

186 Ibid., S. 523.

187 »Einige psychische Folgen des anatomischen Geschlechtsunterschieds«, G.W., Bd. 14, S. 28.

188 *Das Ich und das Es*, G.W., Bd. 13, S. 263.

189 »Die Disposition zur Zwangsneurose«, G.W., Bd. 8, S. 452.

190 Karen Horney, »Zur Genese des weiblichen Kastrationskomplexes«, in: *Die Psychologie der Frau*, Fischer Taschenbuch 42246 (»Geist und Psyche«), S. 10–25.

191 Ibid., in *Die Psychologie der Frau*, S. 25.

192 Horney, »Flucht aus der Weiblichkeit – Der Männlichkeitskomplex der Frau im Spiegel männlicher und weiblicher Betrachtung«, in: *Die Psychologie der Frau*, op. cit., S. 26.

193 Siehe ibid., *Die Psychologie der Frau*, S. 29.

194 Ibid., S. 33.

195 Jeanne Lampl-de Groot, »The Evolution of the Oedipus Complex in Women«, in: *The Development of the Mind: Psychoanalytic Papers on Clinical and Theoretical Problems* (1965), S. 9.

196 Freud an Jones, 23. Januar 1932. Freud Collection, D2, LC.

197 Ernest Jones, »Early Female Sexuality« (1935), in: *Papers on Psycho-Analysis* (4. Aufl. 1938), S. 606, 616.

198 Widmung in Jones, *Papers on Psycho-Analysis*.

199 Siehe Otto Fenichel, »The Pregenital Antecedents of the Oedipus Complex« (1930), »Specific Forms of the Oedipus Complex« (1931) und »Further Light upon the Pre-oedipal Phase in Girls« (1934) in: *The Collected Papers of Otto Fenichel*, hrsg. v. Hanna Fenichel und David Rapaport, 1st Series (1953), S. 181–203, 204–20, 241–88. Freud erwähnte die erste dieser Abhandlungen in »Über die weibliche Sexualität«, G.W., Bd. 14, S. 536.

200 Fenichel, »Specific Forms of the Oedipus Complex«, in *Collected Papers*, S. 207.

201 »Selbstdarstellung«, G.W., Bd. 14, S. 64 Anm. »Wir haben es mit nur einer Libido zu tun, die auf männliche Weise wirkt«, schrieb Freud dem deutschen Psychoanalytiker Carl Müller-Braunschweig am 21. Juli 1935 (vollständig im deutschen Original zit. in Donald L. Burnham, »Freud and Female Sexuality: A Previously Unpublished Letter«, in: *Psychiatry*, XXXIV [1971], S. 329).

202 Tagebuch von Marie Bonaparte. Zit. in *New York Times*, 12. November 1985, sec. C, S. 3.

203 Freud an Emil Fluß, 7. Februar 1873. *Selbstdarstellung*, S. 111 f.

204 »Über die weibliche Sexualität«, G.W., Bd. 14, S. 523 Anm.

XI. Die menschliche Natur am Werk

1 Siehe »Nachwort zur ›Frage der Laienanalyse‹«, G.W., Bd. 14, S. 294.

2 »Ansprache im Frankfurter Goethe-Haus«, G.W., Bd. 14, S. 547.

3 Freud an Ferenczi, 23. Oktober 1927. Freud–Ferenczi Correspondence, Freud Collection, LC.

4 Freud an Ferenczi, 17. April 1923. Ibid.

5 Freud an Eitingon, 16. Oktober 1927. Sigmund Freud Copyrights, Wivenhoe.

6 Freud an Arnold Zweig, 20. März 1927. *Freud–Zweig*, S. 10.

7 Freud an Eitingon, 22. März 1927. Sigmund Freud Copyrights, Wivenhoe.

8 Freud an James Strachey, 13. August 1927. In Englisch. Sigmund Freud Copyrights, Wivenhoe.

9 Freud an Andreas-Salomé, 11. Mai 1927. *Freud–Salomé*, S. 181.

10 Freud an Andreas-Salomé, 11. Dezember 1927. Ibid., S. 188.

11 Laforgues Bericht über diese Episode ist zitiert in Clark, *Freud*, S. 530.

12 Freud an Pfister, 25. November 1928. *Freud–Pfister*, S. 136.

13 Freud an Silberstein, 6. August 1873. Freud Collection, D2, LC.

14 Freud an Silberstein, 18. September 1874. Ibid.

15 Freud an Silberstein, 8. November 1874. Ibid.

16 Freud an Charles Singer, 31. Oktober 1938. *Briefe*, S. 469.

17 Freud Collection, LC. Nicht katalogisiert.

18 »Zwangshandlungen und Religionsübungen« (1907), G.W., Bd. 7, S. 138 f.

19 Freud an Ferenczi, 20. August 1911. Freud–Ferenczi Correspondence, Freud Collection, LC.

20 Freud an Pfister, 26. November 1927. *Freud–Pfister*, S. 126.

21 Freud an Pfister, 16. Oktober 1927. Ibid., S. 116.

22 Pfister an Freud, 21. Oktober 1927. Ibid., S. 117.

23 Denis Diderot, »Fait«, in *Encyclopédie* (1756). Nachgedruckt in seinen *Œuvres complètes*, hrsg. v. Jules Assezat und Maurice Tourneux, 20 Bde. (1875–77), XV, S. 3.

24 Pfister an Freud, 24. November 1927. *Freud–Pfister*, S. 123.

25 *Die Zukunft einer Illusion*, G.W., Bd. 14, S. 358.

26 Ibid., S. 326 ff.

27 Ibid., S. 328 ff.

28 Freud an Martha Bernays, 29. August 1883. *Briefe*, S. 57.

29 *Die Zukunft einer Illusion*, G.W., Bd. 14, S. 333.

30 Ibid., S. 336 f.

31 Ibid., S. 343.

32 Ibid., S. 352.

33 Ibid., S. 353.

34 Ibid., S. 351.

35 Ibid., S. 350.

36 Ibid., S. 361.

37 Ibid., S. 362.

38 Ibid., S. 362.

39 Ibid., S. 360.

40 Freud an Ferenczi, 20. April 1919. Freud–Ferenczi Correspondence, Freud Collection, LC.
41 *Die Zukunft einer Illusion*, G.W., Bd. 14, S. 378 f.
42 Ibid., S. 380.
43 Freud an Rolland, 4. März 1923. *Briefe*, S. 359.
44 Petrikowitsch an Freud, Entwurf des Briefes vom 1. Januar 1928. Leo Baeck Institute, New York. *S. a.* Fred Grubel, »Zeitgenosse Sigmund Freud«, in: *Jahrbuch der Psychoanalyse*, XI (1979), S. 73−80.
45 Freud an Petrikowitsch, 17. Januar 1928. Zit. ibid., S. 78.
46 *New York Times*, 27. Dezember 1927, S. 6 (Datumszeile Wien, 26. Dezember).
47 Freud an Eitingon, 3. April 1928. Sigmund Freud Copyrights, Wivenhoe.
48 Eitingon an Freud, 19. Juni 1928. Sigmund Freud Copyrights, Wivenhoe.
49 Oskar Pfister, »Die Illusion einer Zukunft. Eine freundschaftliche Auseinandersetzung mit Prof. Dr. Sigmund Freud«, in: *Imago*, XIV (1928), S. 149 f.
50 Freud an »Liebe Freunde«, 28. Februar 1928. Anna Freud diktierter Rundbrief. Jones papers, Archives of the British Psycho-Analytical Society, London.
51 Nathan Krass, 22. Januar 1928, wie berichtet in »Psychoanalyzing a Psychoanalyst«, in: *New York Times*, 23. Januar 1928. Zit. in Clark, *Freud*, S. 528.
52 Siehe, z. B., Emil Pfenningsdorf, *Praktische Theologie*, 2 Bde. (1929−30), II, S. 597.
53 »Psychoanalyse und Religion«, in: *Süddeutsche Monatshefte*, XXV (1928). Zit. in A. J. Storfer, »Einige Stimmen zu Sigm. Freuds ›Zukunft einer Illusion‹«, in: *Imago*, XVI (1928), S. 379.
54 Clemen, *Die Anwendung der Psychoanalyse auf Mythologie und Religionsgeschichte*, S. 127 f.
55 Emil Abderhalden, »Sigmund Freuds Einstellung zur Religion«, in: *Ethik*, V (1928−29), S. 93.
56 Freud an Hollós, 10. April 1928. Freud Museum, London.
57 Freud an Wittels, 20. April 1928. Ibid. (Wittels zitiert den ganzen Brief − in einer ziemlich ungeschickten Übersetzung − in seiner unveröffentlichten Autobiographie, »Wrestling with the Man: The Story of a Freudian«, S. 176. Maschinengeschr. Text, Fritz Wittels Collection, Box 2, A. A. Brill Library, New York Psychoanalytic Institute.)
58 Freud an Wittels, 11. Juli 1928. In Übersetzung zit. in Wittels, »Wrestling with the Man«, S. 176 f. Ibid.
59 Freud an Jones, 1. Juli 1928. Freud Collection, D2, LC.
60 Siehe Zusammenfassung der Notizen Pichlers für den 8. Mai 1928 in: *Jones*, III, S. 172.
61 Freud an Jones, 1. Juli 1928. Freud Collection, D2, LC.
62 Pichler, Notizen für den 16. April 1928. Zit. in »Auszug aus der Krankengeschichte«, in: *Jones*, III, S. 550.
63 Pichler, Notizen für den 24. April 1928. Ibid.
64 Pichler, Notizen für den 7. Mai 1928. Ibid.
65 Freud an Andreas-Salomé, 9. Mai 1928. *Freud–Salomé*, S. 191.
66 Freud an Jones, 1. Juli 1928. Freud Collection, D2, LC.
67 Freud an Alexander Freud, 28. September 1928. Ibid., B1, LC.
68 Freud an Alexander Freud, 24. September 1928. Ibid. *S. a.* Freud an Alexander Freud, 4. September 1928. Ibid.
69 Freud an Andreas-Salomé, o.D. [kurz vor 10. Juli 1931]. *Freud–Salomé*, S. 212.

70 Freud an Andreas-Salomé, 9. Mai 1929. Ibid., S. 196.
71 Diese Filme sind enthalten in »Sigmund Freud, His Family and Colleagues, 1928–1947«, einer Gruppe von Filmen hrsg. von Lynne Weiner. A. A. Brill Library, New York Psychoanalytic Institute.
72 Freud an Ida Fließ, 17. Dezember 1928. Sigmund Freud Copyrights, Wivenhoe.
73 Freud an Ida Fließ, 30. Dezember 1928. Ibid.
74 Freud an Anna Freud (Telegramm), 12. April 1927. Freud Collection, LC.
75 Anna Freud an Freud, o.D. [Frühjahr 1927]. Ibid.
76 Freud an Andreas-Salomé, 11. Mai 1927. Freud Collection, B3, LC.
77 Freud an Eitingon, 22. Juni 1928. Sigmund Freud Copyrights, Wivenhoe.
78 Siehe Brandes an Freud, 11. und 26. Juni 1928. Freud Museum, London.
79 Siehe Joseph Wortis, Fragments of an Analysis with Freud (1954), S. 23.
80 Freud an Andreas-Salomé, 11. Mai 1927. Freud Collection, B3, LC.
81 Freud an Andreas-Salomé, 11. Dezember 1927. Ibid.
82 Freud an Ferenczi, 23. Oktober 1927. Freud–Ferenczi Correspondence, Freud Collection, LC.
83 Laforgue an Freud, 9. April 1925. Aus der Freud–Laforgue-Korrespondenz, ins Französische übers. von Pierre Cotet und hrsg. von André Bourguignon et al., in »Mémorial«, Nouvelle Revue de Psychanalyse, XV (April 1977), S. 260. Einige der hier zitierten Abschnitte wurden auch verwendet in Celia Bertin, Marie Bonaparte: A Life (1982), S. 145–50.
84 Freud an Faforgue, 14. April 1925. »Mémorial«, S. 260 f.
85 Siehe Laforgue an Freud, 1. Mai 1925. Ibid., S. 261.
86 Zit. in Bertin, Marie Bonaparte, S. 150.
87 Freud an Eitingon, 30. Oktober 1925. Sigmund Freud Copyrights, Wivenhoe.
88 Freud an Laforgue, 15. November 1925. »Mémorial«, S. 273.
89 Siehe fünf Notizbücher mit weichem, schwarzem Kunstledereinband. Eintragungen vom 22. November 1889 bis 21. Juli 1891. In Englisch, Französisch und Deutsch. Freud Museum, London.
90 Siehe Aufzeichnungen Marie Bonapartes für eine mögliche Freud-Biographie, »von Freud bekommen im April 1928«. In Französisch. Jones papers, Archives of the British Psycho-Analytical Society, London.
91 Zit. in Andreas-Salomé an Freud, 14. Juli 1929. Freud–Salomé, S. 198.
92 Freud an Andreas-Salomé, 28. Juli 1929. Ibid., S. 198.
93 Ibid.
94 Freud an Jones, 26. Januar 1930. Freud Collection, D2, LC.
95 Siehe Das Unbehagen in der Kultur, G.W., Bd. 14, S. 476.
96 Freud an Eitingon, 8. Juli 1929. Sigmund Freud Copyrights, Wivenhoe.
97 Das Unbehagen in der Kultur, G.W., Bd. 14, S. 421 ff.
98 Ibid., S. 432.
99 Ibid., S. 438 Anm., 434.
100 Ibid., S. 434.
101 Ibid., S. 445 ff.
102 Ibid., S. 451.
103 Ibid., S. 471. Der Spruch stammt ursprünglich von Plautus.
104 »Nachschrift 1935 zur ›Selbstdarstellung‹«, G.W., Bd. 16, S. 32 f.
105 Siehe Freud an Ferenczi, 17. November 1918. Freud–Ferenczi Correspondence, Freud-Collection, LC.

106 *Das Unbehagen in der Kultur*, G.W., Bd. 14, S. 504.

107 Ibid., S. 462.

108 Ibid., S. 469 f.

109 Ibid., S. 504.

110 Ibid., S. 473.

111 Ibid., S. 474. Wie in einer Anmerkung zu Freuds Text angegeben (s. ibid., S. 475 Anm.), hatte er den Ausdruck schon etwas früher geprägt und in einer Abhandlung von 1918, »Das Tabu der Virginität«, und in *Massenpsychologie und Ich-Analyse* (1921) verwendet.

112 *Das Unbehagen in der Kultur*, G.W., Bd. 14, S. 474.

113 Ibid., S. 474, 481.

114 Ibid., S. 502–6.

115 Ibid., S. 506.

116 *Kürzeste Chronik*, 11. und 14. November, 7.–10. Dezember 1929. Freud Museum, London.

117 7. November und 31. Oktober 1929. Ibid.

118 Siehe *Jones*, III, S. 180.

119 Jones an Freud, 1. Januar 1930. Maschinengeschr. Kopie, Freud Collection, D2, LC.

120 Freud an Jones, 26. Januar 1930. Ibid.

121 Pfister an Freud, 4. Februar 1930. *Freud–Pfister*, S. 142.

122 Freud an Pfister, 7. Februar 1930. Freud Museum, London.

123 *Das Unbehagen in der Kultur*, G.W., Bd. 14, S. 506.

124 Freud an Arnold Zweig, 7. Dezember 1930. *Freud–Zweig*, S. 37.

125 Siehe Will Brownell und Richard N. Billings, *So Close to Greatness: A Biography of William C. Bullitt* (1987), S. 123.

126 William Bullitt, »Foreword« to Freud and Bullitt, *Thomas Woodrow Wilson: A Psychological Study* (1967), S. V–VI.

127 *Jones*, III, S. 31.

128 *Massenpsychologie und Ich-Analyse*, G.W., Bd. 13, S. 103.

129 Freud an William Bayard Hale, 15. Januar 1922. In Englisch. William Bayard Hale papers, box 1, folder 12. Y-MA.

130 Freud an Hale, 3. Januar 1922. In Englisch. Ibid.

131 Freud an Hale, 15. Januar 1922. In Englisch. Ibid.

132 Als Ernest Jones das Buch besprach, begrüßte er es als »eine bemerkenswerte und originelle Studie«, war aber mit Freud einer Meinung, daß es nicht Psychoanalyse sei (*Int. J. Psycho-Anal.*, III, 1922, S. 385 f.).

133 Freud an Hale, 15. Januar 1922. In Englisch. William Bayard Hale papers, box 1, folder 12. Y-MA.

134 Siehe Freud an Hale, 20. Januar 1922. In Englisch. Ibid.

135 Bullitt, »Foreword« to *Thomas Woodrow Wilson*, S. V.

136 Bullitt an House, 29. Juli 1930. Colonel E. M. House papers, series I, box 21. Y-MA.

137 House an Bullitt, 31. Juli 1930. Ibid.

138 Bullitt an House, 4. August 1930. Ibid.

139 Bullitt an House, 3. September 1930. Ibid.

140 Bullitt an House, 20. September 1930. Ibid.

141 *Kürzeste Chronik*, 17. Oktober 1930. Freud Museum, London.

142 Bullitt an House, 26. Oktober 1930. Colonel E. M. House papers, series I, box 21. Y-MA.

143 Ibid.

144 *Kürzeste Chronik*, 29. Oktober 1930. Freud Museum, London.

145 Bullitt an House, 23. November 1930. Colonel E. M. House papers, series I, box 21. Y-MA.

146 Freud an Arnold Zweig, 7. Dezember 1930. *Freud–Zweig*, S. 37.

147 Bullitt an House, 17. August 1931. Colonel E. M. House papers, series I, box 21. Y-MA.

148 Bullitt an House, 13. Dezember 1931. Ibid.

149 House an Bullitt, 28. Dezember 1931. Ibid.

150 Bullitt an House, 29. April 1932. Ibid.

151 Freud an Eitingon, 20. November 1932. Sigmund Freud Copyrights, Wivenhoe.

152 Freud and Bullitt, *Thomas Woodrow Wilson*, S. 59 f.

153 Ibid., S. 69.

154 Ibid., S. 86.

155 Ibid., S. 83.

156 Ibid., S. 228.

157 Ibid., S. 338.

158 Nach einem Memorandum von Alick Bartholomew vom Verlag Houghton Mifflin, der das Buch herausbrachte, erklärte Anna Freud, das veröffentlichte Buch sei »eine Art Parodie« geworden »durch die gedankenlose Wiederholung von Wendungen wie ›passiv gegen seinen Vater‹ und ›Identifizierung mit Jesus Christus‹. Die Wiederholung psychoanalytischer Formeln wurde zur Litanei« (zit. in Brownell und Billings, *So Close to Greatness*, S. 349). Im August 1965, nachdem sie das Werk noch einmal gelesen hatte, urteilte sie ebenso hart: »Bullitts Anwendung der ihm gegebenen analytischen Deutungen sind unmöglich, kindisch und ungeschickt, fast lächerlich« (Anna Freud an Schur, 10. August 1965. Max Schur papers, LC).

159 Freud an Eitingon, 25. Juli 1931. Sigmund Freud Copyrights, Wivenhoe.

160 Freud an Paul Hill, 16. November 1934. Paul Hill Collection, Hoover Institution Archives, Stanford University. (Ich verdanke diesen Hinweis Juliette George.)

161 Richard Hofstadter, *The American Political Tradition and the Men Who Made It* (1948), S. 248.

162 Freud, Einleitung zu *Thomas Woodrow Wilson*, S. XIII–XIV.

163 Siehe *Jones*, III, S. 152.

164 Siehe ibid., S. 175.

165 Siehe Freud an Pfister, Ostern 1932. Sigmund Freud Copyrights, Wivenhoe.

166 Freud an Jones, 12. September 1932. Freud Collection, D2, LC.

167 Freud an Eitingon, 15. November 1931. Sigmund Freud Copyrights, Wivenhoe.

168 Siehe *Kürzeste Chronik*, 18. Januar 1932. Freud Museum, London. Als er Eitingon schrieb, verwendete Freud irrtümlich ein Dollarzeichen. Das war eindeutig ein Verschreiben, denn Freud fragte Eitingon unmittelbar darauf: »Wieviel ist das in Dollars?« (Freud an Eitingon, 19. Januar 1932. Sigmund Freud Copyrights, Wivenhoe).

169 Freud an Fließ, 11. März 1902. *Freud–Fließ*, S. 503.

170 Freud an Ferenczi, 20. April 1919. Freud–Ferenczi Correspondence, Freud Collection, LC.

171 Freud an Arnold Zweig, 5. März 1939. *Freud–Zweig*, S. 186.

172 Jones, *Free Associations*, S. 191.
173 Freud an Ferenczi, 10. Januar 1909. Freud–Ferenczi Correspondence, Freud Collection, LC.
174 Freud an Jones, 25. September 1924. In Englisch. Freud Collection, D2, LC.
175 Freud an Jones, 21. Dezember 1925. Anna Freud diktiert. Ibid.
176 Freud an Rank, 23. Mai 1924. Rank Collection, Box 1b. Rare Book and Manuscript Library, Columbia University.
177 Freud an Pfister, 11. März 1913. Sigmund Freud Copyrights, Wivenhoe.
178 Freud an »Miss Downey«, 1. März 1922. Freud Collection (in series B einzuordnen), LC.
179 Freud an Rank, 6. August 1924. Rank Collection, Box 1b. Rare Book and Manuscript Library, Columbia University.
180 Freud an Ferenczi, 30. März 1922. Freud–Ferenczi Correspondence, Freud Collection, LC.
181 Freud an Eitingon, 11. November 1921. Sigmund Freud Copyrights, Wivenhoe.
182 Pfister an Freud, 21. Juli 1921. Ibid.
183 Freud an Abraham, 24. August 1912. Karl Abraham papers, LC.
184 Freud an Pfister, 29. Juli 1921. Sigmund Freud Copyrights, Wivenhoe.
185 Freud an Jones, 9. Dezember 1921. In Englisch. Freud Collection, D2, LC.
186 Freud an Jones, 18. März 1921. In Englisch. Ibid.
187 Freud an Blumgart, 28. November 1922. A. A. Brill Library, New York Psychoanalytic Institute.
188 Freud an Lehrman, 27. Januar 1930. Ibid.
189 Freud an Lehrman, 5. Oktober 1930. Ibid.
190 Freud an Jones, 25. September 1924. In Englisch. Freud Collection, D2, LC.
191 Freud an Jones, 4. Januar 1929. Ibid. *S. a. Jones*, III, S. 174.
192 »Geleitwort zu ›Medical Review of Reviews‹, Vol. XXXVI, 1930«, G.W., Bd. 14, S. 570 f.
193 Freud an Jones, 26. Dezember 1912. In Englisch. Freud Collection, D2, LC.
194 Freud an Radó, 30. September 1925. Ibid., B9, LC.
195 Freud an Frankwood Williams, 22. Dezember 1929. Maschinengeschr. Kopie, Freud Museum, London.
196 Siehe *Jones*, II, S. 80.
197 Freud an Ferenczi, 21. November 1909. Freud–Ferenczi Correspondence, Freud Collection, LC.
198 Freud an Jones, 10. März 1910. In Englisch. Freud Collection, D2, LC.
199 Freud an Ferenczi, 20. April 1919. Freud–Ferenczi Correspondence, Freud Collection, LC.
200 Zit. in Schur an Jones, 10. September 1955. Max Schur papers, LC.
201 Freud an Jones, 12. April 1921. In Englisch. Freud Collection, D2, LC.
202 Freud an Rank, 23. Mai 1924. Rank Collection, Box 1b. Rare Book and Manuscript Library, Columbia University.
203 »Die endliche und die unendliche Analyse«, G.W., Bd. 16, S. 60.
204 Freud an Jones, 8. März 1920. In Englisch. Freud Collection, D2, LC.
205 Freud an Pfister, 20. August 1930. *Freud–Pfister*, S. 147.
206 Laforgue an Freud, 8. Juli 1927. »Mémorial«, S. 288.
207 »Warns of Danger in American Life / Dr. Ferenczi of Budapest Sees Need for Psychoanalysis to Treat Neurotics / Sails after Lecture Tour / Associate of Dr. Freud

Trains Psychoanalysts Here to Carry on His Work«, in: *New York Times*, 5. Juni 1927, sec. 2, 4.

208 Stendhal, *De l'amour* (1822), hrsg. von Henri Martineau (1938), S. 276.

209 Stendhal, *Lucien Leuwen*, hrsg. von Anne-Marie Meininger, 2 Bde. (1982), I, S. 113.

210 Charles Dickens, *Martin Chuzzlewit* (1843), 16. Kapitel.

211 Philip Burne-Jones, *Dollars and Democracy* (1904), S. 74. (Ich verdanke diesen Hinweis C. Vann Woodward.)

212 Freud an Ferenczi, 17. Januar 1909. Freud–Ferenczi Correspondence, Freud Collection, LC.

213 Freud an Jung, 17. Oktober 1909. *Freud–Jung*, S. 282.

214 Freud an Jones, 21. September 1913. In Englisch. Freud Collection, D2, LC.

215 Freud an Dr. Samuel A. Tannenbaum, 19. April 1914. Ibid., B4, LC.

216 Freud an Jones, 11. Mai 1920. In Englisch. Ibid., D2, LC.

217 Siehe Freud an Putnam, 8. Juli 1915. *James Jackson Putnam Letters*, S. 376.

218 Freud an Pfister, 3. November 1921. *Freud–Pfister*, S. 86.

219 Freud an Eitingon, 21. Juli 1932. Sigmund Freud Copyrights, Wivenhoe.

220 Verleihungsurkunde des Goethe-Preises, gez. »Landmann«, Oberbürgermeister von Frankfurt. Maschinengeschr. Kopie, Freud Collection, B13, LC. Siehe auch Brief von Dr. Alfons Paquet, Sekretär des Kuratoriums des Goethe-Preises, an Freud, 26. Juli 1930. G.W., Bd. 14, S. 545 f. Anm.

221 *Kürzeste Chronik*, 6. November 1930. Freud Museum, London.

222 Siehe Freud an Eitingon, 26. August 1930. Sigmund Freud Copyrights, Wivenhoe.

223 Siehe *Jones*, III, S. 183.

224 Freud an Paquet, 3. August 1930. G.W., Bd. 14, S. 546.

225 Freud an Jones, 30. August 1930. Freud Collection, D2, LC.

226 Ibid.

227 Freud an Jones, 15. September 1930. Ibid.

228 Freud an Andreas-Salomé, 22. Oktober 1930. *Freud–Salomé*, S. 207.

229 Freud an Jones, 12. Mai 1930. Freud Collection, D2, LC.

230 Freud an Jones, 19. Mai 1930. Ibid.

231 Freud an Andreas Salomé, 8. Mai 1930. *Freud–Salomé*, S. 205.

232 Siehe *Kürzeste Chronik*, 24. August 1930. Freud Museum, London.

233 Freud an Eitingon, 1. Dezember 1929. Sigmund Freud Copyrights, Wivenhoe. *S. a.* Freud an Abraham, 29. Mai 1918. *Freud–Abraham*, S. 259.

234 Freud an Jones, 15. September 1930. Freud Collection, D2, LC.

235 Siehe Freud an Alexander Freud, 10. September 1930. Ibid., B1, LC.

236 Freud an Jones, 15. September 1930. Ibid., D2, LC.

237 Forsyth an Freud, 7. Januar 1931. Freud Museum, London.

238 Freud an Eitingon, 18. Januar 1931. Sigmund Freud Copyrights, Wivenhoe. *S. a.* Freud an Jones, 12. Februar 1931. Freud Collection, D2, LC.

239 Freud an Jones, 2. Juni 1931. Ibid.

240 Freud an Arnold Zweig, 10. Mai 1931. Sigmund Freud Copyrights, Wivenhoe.

241 Siehe *Kürzeste Chronik*, 5. Mai 1931. Freud Museum, London.

242 Freud an Andreas Salomé, 9. Mai 1931. *Freud–Salomé*, S. 210.

243 Zit. in *Jones*, III, S. 191.

244 Einstein an Freud, 29. April 1931. Freud Collection, B3, LC.

245 Dr. M. Bernhard, Präsident des Herzl-Klubs, und Dr. Wilhelm Stein, Schriftführer, an Freud, 5. Mai 1931. Freud Museum, London.

246 Alle im Freud Museum, London.
247 Siehe *Jones*, III, S. 188.
248 Feuchtwang an Freud, 7. April 1931. Freud Museum, London.
249 Gedruckte Einladung zur Feier in Příbor am 25. Oktober 1931. Ibid.
250 »Brief an den Bürgermeister der Stadt Příbor«, G.W., Bd. 14, S. 561.
251 Siehe *Jones*, III, S. 190.
252 Ferenczi an Freud, 15. Mai 1922. Freud–Ferenczi Correspondence, Freud Collection, LC.
253 Ferenczi an Freud, 14. Oktober 1915. Ibid.
254 Siehe z. B. Freud an Ferenczi, 8. April 1915. Ibid.
255 Ferenczi an Freud, 20. März 1922. Ibid.
256 Freud an Ferenczi, 30. März 1922. Ibid.
257 Ferenczi an Freud, 3. September 1923. Ibid.
258 Freud an Ferenczi, 6. Oktober 1910. Ibid.
259 Freud an Ferenczi, 28. Juni 1909. Ibid.
260 Freud an Ferenczi, 21. Juli 1922. Ibid.
261 Freud an Eitingon, 30. Juni 1927. Sigmund Freud Copyrights, Wivenhoe.
262 Eitingon an Freud, 10. August 1927. Ibid.
263 Freud an Ferenczi (Postkarte), 18. Dezember 1927. Freud–Ferenczi Correspondence, Freud Collection, LC.
264 Freud an Eitingon, 8. August 1927. Sigmund Freud Copyrights, Wivenhoe.
265 Freud an Eitingon, 26. August 1927. Ibid.
266 Freud an Ferenczi, 18. September 1931. Freud–Ferenczi Correspondence, Freud Collection, LC.
267 Ferenczi an Freud, 6. Februar 1925. Ibid.
268 Siehe Ferenczi an Freud, 14. Februar 1930. Ibid.
269 Freud an Eitingon, 3. November 1930. Sigmund Freud Copyrights, Wivenhoe.
270 Ferenczi an Freud, 15. September 1931. Freud–Ferenczi Correspondence, Freud Collection, LC.
271 Freud an Ferenczi, 18. September 1931. Ibid.
272 Ferenczi an Freud, 17. August 1922. Ibid.
273 Freud an Ferenczi, 13. Dezember 1931. Ibid.
274 Ferenczi an Freud, 27. Dezember 1931. Ibid.
275 7. Januar 1932. Sándor Ferenczi, *Ohne Sympathie keine Heilung. Das klinische Tagebuch von 1932*, hrsg. von Judith Dupont, S. Fischer, Frankfurt a. M. 1988 (französische Ausgabe 1985).
276 17. März 1932. Ibid., S. 105.
277 7. Januar 1932. Ibid., S. 41.
278 20. März 1932. Ibid., S. 111.
279 7. Januar 1932. Ibid., S. 42.
280 20. März 1932. Ibid., 111.
281 14. Februar 1932. Ibid., S. 75.
282 28. Juni 1932. Ibid., S. 203.
283 Ibid.
284 Ferenczi an Georg und Emmy Groddeck, 3. März 1932. Sándor Ferenczi und Georg Groddeck, *Briefwechsel 1921–1933* (1986), S. 85.
285 4. August 1932. Sándor Ferenczi, *Das klinische Tagebuch von 1932*, S. 246 ff.
286 Ibid., S. 247.

287 Ibid., S. 249.
288 Ibid., S. 250 f.
289 Siehe 5. April und 26. Juli 1932. Ibid., S. 127, 235.
290 4. August 1932. Ibid., S. 249.
291 19. Juli 1932. Ibid., S. 218.
292 Freud an Eitingon, 18. April 1932. Sigmund Freud Copyrights, Wivenhoe.
293 Freud an Jones, 12. September 1932. Freud Collection, D2, LC.
294 Siehe Freud an Eitingon, 24. August 1932. Sigmund Freud Copyrights, Wivenhoe.
295 Freud an Ferenczi, 12. Mai 1932. Freud–Ferenczi Correspondence, Freud Collection, LC.
296 Ferenczi an Freud, 19. Mai 1932. Ibid.
297 Ferenczi an Freud, 21. August 1932. Ibid.
298 Siehe Freud an Ferenczi, 24. August 1932. Ibid.
299 Freud an Jones, 12. September 1932. Freud Collection, D2, LC.
300 Freud an Eitingon (Telegramm), 2. September 1932. Sigmund Freud Copyrights, Wivenhoe.
301 Freud an Anna Freud, 3. September 1932. Freud Collection, LC.
302 Ibid.
303 Siehe Freud an Eitingon, 24. August 1932. Sigmund Freud Copyrights, Wivenhoe.
304 Freud an Anna Freud, 3. September 1932. Freud Collection, LC. Dieser letzte Satz widerlegt die Andeutung Jeffrey Moussaieff Massons, daß Freud Ferenczis Ideen in einem Brief an Eitingon am 29. August, einen Tag bevor Ferenczi seinen Vortrag Freud in Wien vorlas, ungehört verurteilt habe (siehe Masson, *The Assault on Truth*, S. 170 f.). Offenbar waren Freud und seine Tochter mit Ferenczis neuesten Vorstellungen seit einiger Zeit gründlich vertraut.
305 Freud an Jones, 12. September 1932. Freud Collection, D2, LC.
306 Freud an Eitingon, 20. Oktober 1932. Sigmund Freud Copyrights, Wivenhoe.
307 Siehe Spector, *The Aesthetics of Freud*, S. 149–55.
308 Freud an Ferenczi, 11. Januar 1933. Freud–Ferenczi Correspondence, Freud Collection, LC.
309 Ferenczi an Freud, 27. März 1933. Ibid.
310 Siehe Freud an Ferenczi, 2. April 1933. Ibid.
311 Freud an Eitingon, 3. April 1933. Sigmund Freud Copyrights, Wivenhoe.
312 Freud an Jones, 29. Mai 1933. Freud Collection, D2, LC.
313 Freud an Jones, 23. August 1933. Ibid.
314 Wilhelm Busch, »Es sitzt ein Vogel auf dem Leim«, in *Kritik des Herzens* (1874). Wilhelm Busch Gesamtausgabe, hrsg. von Friedrich Bohne, 4 Bde. (1959), II, S. 495.

XII. In Freiheit sterben

1 Freud an Jones, 26. April 1932. Freud Collection, D2, LC.
2 Siehe Freud an Jones, 17. Juni 1932. Ibid.
3 Freud an Ferenczi, 16. Juli 1927. Freud–Ferenczi Correspondence, Freud Collection, LC.

4 Freud an Samuel Freud, 3. August 1927. In Englisch. Rylands University Library, Manchester.

5 Freud an Samuel Freud, 31. Dezember 1930. In Englisch. Ibid.

6 Freud an Samuel Freud, 1. Dezember 1931. In Englisch. Ibid.

7 Ibid.

8 Freud an Pfister, 15. Mai 1932. Sigmund Freud Copyrights, Wivenhoe.

9 Holstijn an Karl Landauer, September 1933. Zit. in Karen Brecht et al., Hrsg., »Hier geht das Leben auf eine merkwürdige Weise weiter ...« Zur Geschichte der Psychoanalyse in Deutschland (1985), S. 57.

10 Freud an Samuel Freud, 31. Juli 1933. In Englisch. Rylands University Library, Manchester.

11 Karl Dietrich Bracher, Die deutsche Diktatur; Entstehung, Struktur, Folgen des Nationalsozialismus (1969), 282 f.

12 Freud an Andreas-Salomé, 14. Mai 1933. Freud–Salomé, S. 213.

13 Pfister an Freud, 24. Mai 1933. Freud–Pfister, S. 151.

14 Zit. in Jones, III, S. 218.

15 Freud an Ferenczi, 2. April 1933. Freud–Ferenczi Correspondence, Freud Collection, LC.

16 Freud an Jones, 7. April 1933. Freud Collection, D2, LC.

17 Freud an Jones, 23. Juli 1933. Ibid.

18 Freud an Samuel Freud, 31. Juli 1933. In Englisch. Rylands University Library, Manchester.

19 Freud an Hilda Doolittle, 27. Oktober 1933. In Englisch. Hilda Doolittle papers, Beinecke Rare Book and Manuscript Library, Yale University.

20 Freud an Pfister, 27. Februar 1934. Sigmund Freud Copyrights, Wivenhoe.

21 Freud an Arnold Zweig, 25. Februar 1934. Freud–Zweig, S. 76.

22 Freud an Hilda Doolittle, 5. März 1934. In Englisch. Vollständig zitiert in »Appendix« zu H. D., Tribute to Freud, S. 192.

23 Ibid.

24 Freud an Ernst Freud, 20. Februar 1934. Freud Collection, B1, LC.

25 Freud an Arnold Zweig, 25. Februar 1934. Freud–Zweig, S. 77.

26 Ibid., S. 76 f.

27 Siehe Kürzeste Chronik, 5. Juni 1933. Freud Museum, London.

28 Freud an Hilda Doolittle, 5. März 1934. In Englisch. Vollständig zitiert in »Appendix« zu H. D., Tribute to Freud, S. 192.

29 Freud an Arnold Zweig, 15. Juli 1934. Freud–Zweig, S. 96 f.

30 Freud an Andreas-Salomé, o. D. [16. Mai 1934]. Freud–Salomé, S. 220.

31 Freud an die Mitglieder der B'nai B'rith, o. D. [6. Mai 1926]. Briefe, S. 381.

32 Freud an Fehl, 12. 11. 1935. Maschinengeschr. Kopie, Freud Collection, B2, LC.

33 Siehe Freud an Fließ, 8. November 1895. Freud–Fließ, S. 153.

34 Die Traumdeutung, G.W., Bd. 2/3, S. 444.

35 Freud an Marie Bonaparte, 10. Mai 1926. Briefe, S. 383.

36 Freud an Isaac Landman, 1. August 1929. Maschinengeschr. Kopie, Freud Collection, B3, LC.

37 Freud an Schnitzler, 24. Mai 1926. Sigmund Freud, »Briefe an Arthur Schnitzler«, in: Neue Rundschau, LXVI (1955), S. 100.

38 »Vorrede zur hebräischen Ausgabe von Totem und Tabu« (geschr. 1930, veröffentl. 1934), G.W., Bd. 14, S. 569.

39 Zit. in »Ein religiöses Erlebnis« (1928), G.W., Bd. 14, S. 394.

40 »Brief an den Herausgeber der *Jüdischen Presszentrale Zürich*« (1925), G.W., Bd. 14, S. 556.

41 Freud an Dwossis, 15. Dezember 1930. Maschinengeschr. Kopie, Freud Museum, London.

42 Freud an Dwossis, 20. September 1928. Maschinengeschr. Kopie, Freud Museum, London. Im Jahre 1930 erwähnte er seine Unkenntnis des Hebräischen im Druck in seiner Vorrede zu Dwossis' Übersetzung von *Totem und Tabu,* G.W., Bd. 14, S. 569, und 1938 wiederholte er: »Ich kann leider nicht hebräisch lesen« (Freud an Dwossis, 11. Dezember 1938. Freud Museum, London).

43 Martin Freud, »Who Was Freud?« in: *The Jews of Austria,* hrsg. von Fraenkel, S. 203.

44 Siehe Ernst Freud an Siegfried Bernfeld, 20. Dezember 1920. Siegfried Bernfeld papers, container 17, LC. *S. a.* Avner Falk, »Freud and Herzl«, in: *Contemporary Psychoanalysis,* XIV (1978), S. 378.

45 Siehe Martin Freud, »Who Was Freud?« in: *The Jews of Austria,* hrsg. von Fraenkel, S. 203 f.

46 Freud an die Mitglieder der B'nai B'rith, o. D. [6. Mai 1926]. *Briefe,* S. 381.

47 Freud an Ferenczi, 30. März 1922. Freud–Ferenczi Correspondence, Freud Collection, LC.

48 Freud an Arnold Zweig, 8. Mai 1932. *Freud–Zweig,* S. 51 f.

49 »Vorrede zur hebräischen Ausgabe von *Totem und Tabu*«, G.W., Bd. 14, S. 569.

50 Freud an Pfister, 9. Oktober 1918. *Freud–Pfister,* S. 64.

51 Pfister an Freud, 29. Oktober 1918. Ibid., S. 64.

52 »Selbstdarstellung«, G.W., Bd. 14, S. 35.

53 Siehe »Die Widerstände gegen die Psychoanalyse«, G.W., Bd. 14, S. 110.

54 Freud an die Mitglieder der B'nai B'rith, o. D. [6. Mai 1926]. S. 381 f.

55 Jones, *Free Associations,* S. 208 f.

56 Freud an Martha Bernays, 2. Februar 1886. *Briefe,* S. 208 f.

57 Siehe Freud an Andreas-Salomé, 6. Januar 1935. *Freud–Salomé,* S. 224.

58 Siehe Freud an Jung, 17. Januar 1909. *Freud–Jung,* S. 218.

59 Freud an Arnold Zweig, 18. August 1933. Sigmund Freud Copyrights, Wivenhoe.

60 Zit. in Andreas-Salomé an Freud, 2. Januar 1935. *Freud–Salomé,* S. 221.

61 Freud an Andreas-Salomé, 6. Januar 1935. Ibid., S. 222 f.

62 Siehe Freud an Eitingon, 13. November 1934. Sigmund Freud Copyrights, Wivenhoe.

63 Freud an Arnold Zweig, 30. September 1934. *Freund–Zweig,* S. 102.

64 Siehe Martin Buber, *Moses: The Revelation and the Covenant* (1946; Paperbackausgabe 1958), S. 7.

65 Karl Abraham hatte diesen Pharao und seine religiöse Neuerung bereits 1912 in einer bedeutenden Schrift behandelt, die Freud merkwürdigerweise in *Der Mann Moses und die monotheistische Religion* zu erwähnen verabsäumte.

66 *Der Mann Moses und die monotheistische Religion. Drei Abhandlungen* (1939), G.W., Bd. 16, S. 133.

67 Ibid., S. 132.

68 Siehe Ernst Sellin, *Mose und seine Bedeutung für die israelitisch-jüdische Religionsgeschichte* (1922).

69 *Der Mann Moses und die monotheistische Religion,* G.W., Bd. 16, S. 148.

70 Freud an Arnold Zweig, 16. Dezember 1934. *Freud–Zweig*, S. 108 f.
71 Freud an Arnold Zweig, 6. November 1934. Ibid., S. 108.
72 Freud an Arnold Zweig, 16. Dezember 1934. Ibid., S. 108.
73 Freud an Arnold Zweig, 2. Mai 1935. Ibid., S. 117.
74 Freud an Eitingon, 12. Mai 1935. Sigmund Freud Copyrights, Wivenhoe.
75 Freud an Hilda Doolittle, 19. Mai 1935. In Englisch. Hilda Doolittle papers, Beinecke Rare Books and Manuscript Library, Yale University.
76 Freud an Hilda Doolittle, 3. November 1935. In Englisch. Ibid.
77 Freud an Hilda Doolittle, 19. Mai 1935. In Englisch. Ibid.
78 Freud an Jones, 26. Mai 1935. Freud Collection, D2, LC.
79 Ibid.
80 Siehe Freud an Hilda Doolittle, o. D. [16. oder 17. November] 1935. Hilda Doolittle papers, Beinecke Rare Book and Manuscript Library, Yale University.
81 Freud an Mrs. N. N., 9. April 1935. In Englisch. *Briefe*, S. 438.
82 Ibid.
83 Freud an Arnold Zweig, 14. Oktober 1935. Sigmund Freud Copyrights, Wivenhoe.
84 Ibid.
85 Freud an Stefan Zweig, 5. November 1935. Sigmund Freud Copyrights, Wivenhoe.
86 Siehe Freud an Arnold Zweig, 20. Januar 1936. *Freud–Zweig*, S. 129.
87 Freud an Jones, 3. März 1936. Freud Collection, D2, LC.
88 Freud an Arnold Zweig, 21. Februar 1936. *Freud–Zweig*, S. 133.
89 *Kürzeste Chronik*, 18. August 1936. Freud Museum, London.
90 Bezügl. Freuds Versuchen, Feiern, Gedenkbände und dergleichen zu vermeiden, siehe Freud an Jones, 21. Juli 1935 und 3. März 1936. Freud Collection, D2, LC. *S. a. Jones*, III, S. 239.
91 Siehe Freud an Jones, 21. Juli 1935. Freud Collection, D2, LC. *S. a. Jones*, III, S. 239.
92 Martha Freud an Lilly Freud Marlé, 5. Juni 1936. Freud Collection, B2, LC.
93 Freud an Stefan Zweig, 18. Mai 1936. Sigmund Freud Copyrights, Wivenhoe.
94 Siehe *Kürzeste Chronik*, 14. Juni 1936. Freud Museum, London.
95 Siehe *Kürzeste Chronik*, 30. Juni 1936. Ibid.
96 Freud an Jones, 4. Juli 1936. Freud Collection, D2, LC.
97 Freud an Schwadron, 12. Juli 1936. Freud Museum, London.
98 Freud an Arnold Zweig, 17. Juni 1936. Sigmund Freud Copyrights, Wivenhoe.
99 Freud an Eitingon, 5. Februar 1937. Sigmund Freud Copyrights, Wivenhoe.
100 Freud an Marie Bonaparte, 27. September 1936. Zit. in *Jones*, III, S. 250.
101 *Kürzeste Chronik*, 23. Juli 1936. Freud Museum, London.
102 *Kürzeste Chronik*, 24. Dezember 1936. Ibid.
103 Marie Bonaparte an Freud, 30. Dezember 1936. Zit. in der Einleitung zu *Freud–Fließ*, S. XVIII.
104 Freud an Marie Bonaparte, 3. Januar 1937. Ibid., S. XVIII–XIX.
105 Marie Bonaparte an Freud, 7. Januar 1937. Ibid., S. XIX–XX.
106 Freud an Marie Bonaparte, 10. Januar 1937. Ibid., S. XX.
107 »Die Zerlegung der Persönlichkeit« in: *Neue Folge der Vorlesungen zur Einführung in die Psychoanalyse*, G.W., Bd. 15, S. 86.
108 Freud an Arnold Zweig, 22. Juni 1937. Sigmund Freud Copyrights, Wivenhoe.
109 Freud an Arnold Zweig, 10. Februar 1937. Ibid.
110 Siehe »Lou Andreas-Salomé« (1937), G.W., Bd. 16, S. 270.

111 Eitingon an Freud, 24. Februar 1937. Sigmund Freud Copyrights, Wivenhoe.

112 Freud an Jones, 23. August 1933. Freud Collection, D2, LC.

113 Freud an Arnold Zweig, 23. September 1935. *Freud–Zweig*, S. 121.

114 Siehe Arnold Zweig an Freud, 22. November 1935. Ibid., S. 124.

115 Siehe Freud an Arnold Zweig, 21. Februar 1936, Ibid., S. 132.

116 Freud an Arnold Zweig, 22. Juni 1936. Ibid., S. 142 f.

117 Freud an Jones, 2. März 1937. Freud Collection, D2, LC.

118 Freud an Arnold Zweig, 2. April 1937. *Freud–Zweig*, S. 149.

119 Freud an Jones, 7. April 1933. Freud Collection, D2, LC.

120 Freud an Arnold Zweig, 20. Dezember 1937. *Freud–Zweig*, S. 163.

121 Freud an Eitingon, 6. Februar 1938. Sigmund Freud Copyrights, Wivenhoe.

122 Anna Freud an Jones, 20. Februar 1938. Jones papers, Archives of the British Psy-cho-Analytical Society, London.

123 Freud an Ernst Freud, 22. Februar 1938. Freud Collection, B1, LC.

124 Freud an Marie Bonaparte, 23. Februar 1938. *Jones*, III, S. 258.

125 *Kürzeste Chronik*, 11. März 1938. Freud Museum, London.

126 *Kürzeste Chronik*, 13. und 14. März 1938. Ibid.

127 Carl Zuckmayer, *Als wär's ein Stück von mir. Horen der Freundschaft* (1966), S. 71.

128 G. E. R. Gedye von Londoner *Daily Telegraph*. Zit. in Dieter Wagner und Gerhard Tomkowitz, *»Ein Volk. Ein Reich. Ein Führer!« Der Anschluß Österreichs 1938* (1968), S. 267.

129 Bezügl. Einzelheiten und Dokumentation *s.* Herbert Rosenkranz, »The Anschluss and the Tragedy of Austrian Jewry, 1938–1945«, in: *The Jews of Austria,* hrsg. von Fraenkel, S. 479–545.

130 »Vienna Jews Beaten; Stores Plundered / Offices of Societies and Papers Occupied by Nazis – Arrests Made on Money Charges«, *New York Times,* 14. März 1938.

131 Ibid.

132 »Jews Humiliated by Vienna Crowds / Families Compelled to Scrub Streets, Though German Guards Drive Off Mob / Nazis Seize Big Stores / Total of Arrests Enormous – Austria German Districts as Ministries Are Absorbed«, *New York Times,* 16. März 1938 (Depesche der Associated Press).

133 *New York Times,* 14. März 1938 (Depesche der Associated Press vom 13. März 1938).

134 Siehe Friedrich Torberg, *Die Tante Jolesch oder Der Untergang des Abendlandes in Anekdoten* (1975, Paperback 1977), S. 154–67, bes. 155.

135 Siehe Raul Hilberg, *The Destruction of the European Jews,* (1961, 1981), S. 61.

136 Siehe Wagner und Tomkowitz, »Ein Volk. Ein Reich. Ein Führer!« S. 341.

137 Siehe Martin Gilbert, Hrsg., *The Macmillan Atlas of the Holocaust* (1982), S. 22. Von den 60 000 Juden, die Österreich nicht verlassen konnten, wurden an die 40 000 ermordet.

138 Zit. in »Jews Scrub Streets in Vienna Inner City / Forced to Remove Crosses of Fatherland Front«, *New York Times,* 24. März 1938 (Depesche der Associated Press vom 23. März 1938).

139 Schur, *Sigmund Freud, Leben und Sterben,* S. 587.

140 *Kürzeste Chronik*, 15. März 1938. Freud Museum, London.

141 Siehe Anna Freud an Ernest Jones, o. D., Jones papers, Archives of the British Psy-cho-Analytical Society, London. Dieser Bericht widerspricht der populären Ge-

schichte, daß Martha Freud sie bat, sich zu setzen, und ihnen dann den Inhalt der Geldkassette anbot.

142 Siehe »Aid for Freud Offered / Palestine Will Grant Entry to Professor Neumann Also«, *New York Times,* 23. März 1938 (Datumszeile »Jerusalem, 22. März 1938«). *S. a.* »Freud Forbidden to Go / Can't Get Passport, Member of Dutch Group Inviting Him Says«, *New York Times,* 30. März 1938 (Datumszeile »Den Haag, 29. März 1938«).

143 *Kürzeste Chronik,* 16. und 17. März 1938. Freud Museum, London.

144 Binswanger an Freud, 18. März 1938. Sigmund Freud Copyrights, Wivenhoe.

145 Das ist die Deutung von Max Schur, die ich überzeugend finde. Siehe Schur, *Sigmund Freud, Leben und Sterben,* S. 583.

146 In diesem Falle und in den folgenden Abschnitten zitiere ich nach Fotokopien der Originaltelegramme, Sigmund Freud Copyrights, Wivenhoe. *S. a.* Clark, *Freud,* S. 567 ff., der sich auf Dokumente im Public Record Office und im Foreign Office in London und in den National Archives in Washington stützt. Clarks Deutung dieser Dokumente und meine eigene stimmen eng überein.

147 *Jones,* III, S. 261.

148 Ibid., I, S. 345.

149 *Kürzeste Chronik,* 22. März 1938. Freud Museum, London.

150 Schur, *Sigmund Freud, Leben und Sterben,* S. 585. *S. a.* Anna Freud an Schur, 28. April 1954. Max Schur papers, LC, und Martin Freud, *Freud,* S. 214.

151 Schur, *Sigmund Freud, Leben und Sterben,* S. 585.

152 Martin Freud, *Freud,* S. 212 f.

153 Freud an Ernst Freud, 12. Mai 1938. *Briefe,* S. 459.

154 Siehe *Jones,* III, S. 263.

155 »Der Nazibeamte, der dieses Unternehmen organisierte, bewies einen seltsamen Sinn für Humor, als er Vaters Konto mit den ganz beträchtlichen Kosten für den Transport der Bücher zu ihrem Scheiterhaufen in Wien belastete« (Martin Freud, *Freud,* S. 214).

156 Ibid. Es verdient festgehalten zu werden, daß Freud, peinlich genau wie immer, diese Summen zurückzahlte, sobald er dazu in der Lage war.

157 Anna Freud an Jones, 3. April 1938. Jones papers, Archives of the British Psycho-Analytical Society, London.

158 Anna Freud an Jones, 22. April 1938. Ibid.

159 Anna Freud an Jones, 26. April 1938. Ibid.

160 Siehe McGuire, Einleitung zu *Freud–Jung,* S. XIX Anm.

161 Freud an Jones, 28. April 1938. Freud Collection, D2, LC.

162 Freud an Ernst Freud, 9. Mai 1938. Fotokopie des Originals mit frdl. Genehmigung von Dr. Daniel Offer. (Ich verdanke diesen Hinweis George F. Mahl.)

163 Freud an Jones, 13. Mai 1938. Freud Collection, D2, LC.

164 Anna Freud an Jones, 25. Mai 1938. Jones papers, Archives of the British Psycho-Analytical Society, London.

165 Martin Freud, *Freud,* S. 217.

166 Diese Ziffer ist entfallen.

167 Siehe Freud an Arnold Zweig, 4. Juni 1938. *Freud–Zweig,* S. 168, und Freud an Samuel Freud, 4. Juni 1938. In Englisch. Rylands University Library, Manchester.

168 Siehe *Kürzeste Chronik,* Freud Museum, London. Bis zum Tag der Abreise sind die Daten in der *Chronik* korrekt. Aber »Samstag, 3. Juni« folgt auf »Donnerstag,

2. Juni«. Freud korrigierte die falschen Daten nicht bis zur Mitte der folgenden Woche. So lautet die erste Eintragung über London »Montag, 5. Juni«, statt 6. Juni. Erst am Donnerstag ist das Datum wieder richtig angegeben: »9. Juni.«

169 *Kürzeste Chronik,* 10. Mai 1938. Ibid.

170 Freud an Eitingon, 6. Juni 1938. *Briefe,* S. 462.

171 Ibid., S. 461.

172 Siehe Anna Freud an Jones, 25. Mai 1938. Jones papers, Archives of the British Psycho-Analytical Society, London.

173 *Kürzeste Chronik,* 3. Juni 1938. Freud Museum, London. Wie schon bemerkt, sind Freuds Eintragungen um diese Zeit falsch datiert. Samstag war der 4., nicht der 3. Juni. Und natürlich war es um 2:45 morgens genau genommen schon Sonntag, der 5. Juni.

174 Freud an Eitingon, 6. Juni 1938. *Briefe,* S. 461 f.

175 Siehe *Jones,* III, S. 270.

176 Freud an Eitingon, 6. Juni 1938. *Briefe,* S. 461.

177 Martha Freud an Lilly Freud Marlé und ihren Mann, Arnold, 22. Juni 1938. Freud Collection, B2, LC.

178 Freud an Eitingon, 6. Juni 1938. *Briefe,* S. 461 ff.

179 »Prof. Freud / In London After Sixty Years / Well But Tired.« *Manchester Guardian,* 7. Juni 1938, S. 10.

180 Freud an Arnold Zweig, 28. Juni 1938. *Freud–Zweig,* S. 173.

181 Freud an Eitingon, 6. Juni 1938. *Briefe,* S. 463.

182 Freud an Alexander Freud, 22. Juni 1938. Ibid., S. 463 f.

183 »In der zweiten Woche bereits«, schrieb sie, »kamen die Briefe ohne nähere Angabe der Straße, einfach ›Freud, London‹, richtig an!« (Martha Freud an Lilly Freud Marlé und ihren Mann, Arnold, 22. Juni 1938. Freud Collection, B2, LC.)

184 Freud an Alexander Freud, 22. Juni 1938. *Briefe,* S. 464.

185 Freud an de Saussure, 11. Juni 1938. Freud Collection, Z3, LC.

186 *Kürzeste Chronik,* 21. Juni 1938. Freud Museum, London.

187 Freud an Arnold Zweig, 28. Juni 1938. *Freud–Zweig,* S. 172.

188 Siehe *Jones,* III, S. 277.

189 Siehe Freud an Arnold Zweig, 28. Juni 1938. *Freud–Zweig,* S. 172.

190 *Der Mann Moses und die monotheistische Religion,* G.W., Bd. 16, S. 103.

191 Freud an Alexander Freud, 17. Juli 1938. Freud Collection, B1, LC. S. a. *Kürzeste Chronik,* 17. Juli 1938. Freud Museum, London.

192 Freud an Reik, 3. Juli 1938. Maschinengeschr. Kopie, Siegfried Bernfeld papers, container 17, LC.

193 Freud an Jacques Schnier, 8. Juli 1938. In Englisch. Ibid.

194 Freud an Sachs, 11. Juli 1938. Zit. in Sachs, *Freud, Master and Friend,* S. 180 f.

195 Freud an Stefan Zweig, 20. Juli 1938. Vollständig zitiert in *Jones,* III, S. 278.

196 Freud an Anna Freud, 3. August 1938. Freud Collection, LC.

197 Anna Freud an Marie Bonaparte, 8. September 1938. Zit. in Schur, *Sigmund Freud, Leben und Sterben,* S. 599.

198 Arnold Zweig an Freud, 8. November 1938. *Freud–Zweig,* S. 179.

199 *Kürzeste Chronik,* 30. September 1938. Freud Museum, London.

200 Freud an Marie Bonaparte, 4. Oktober 1938. *Briefe,* S. 467.

201 Freud an Marie Bonaparte, 12. November 1938. Ibid., S. 471.

202 Freud an Yvette Guilbert, 24. Oktober 1938. Ibid., S. 468.

203 Siehe Arnold Zweig an Freud, 5. August und 16. Oktober 1938. *Freud–Zweig,*
     S. 176, 178.
204 Freud an Singer, 31. Oktober 1938. *Briefe,* S. 469 f.
205 Freud an Jones, 1. November 1938. Freud Collection, D2, LC.
206 Blanche Knopf an Freud, 15. November 1938. Freud Museum, London.
207 Siehe Blanche Knopf an Martin Freud, 19. und 27. September 1938; Blanche
     Knopf an Freud, 15. November, 9. und 22. Dezember 1938 und 16. Januar,
     31. März und 28. April 1939. Alle im Freud Museum, London. Das Buch erschien
     Mitte Juni 1939 in den Vereinigten Staaten.
208 Freud an Dwossis, 11. Dezember 1938. Maschinengeschr. Kopie, Freud Museum,
     London.
209 *Kürzeste Chronik,* 10. November 1938. Freud Museum, London.
210 Freud an Marie Bonaparte, 12. November 1938. *Briefe,* S. 471. Wenigstens einige
     Monate wurde seinen Schwestern die monatliche Summe ausbezahlt, die er für sie
     hinterlassen hatte. Siehe Freud an Anna Freud, 3. August 1938. Freud Collection,
     LC.
211 Freud an Jones, 7. März 1939. Freud Collection, D2, LC.
212 Siehe *Jones,* III, S. 276.
213 *Internationale Zeitschrift für Psychoanalyse und Imago,* XXIV (1939) Nr. 1/2
     (kombinierte Ausgabe), Titelseite.
214 Leonard Woolf, *Downhill All the Way* (1967), S. 166, 168 f.
215 Ibid., S. 169.
216 *The Diary of Virginia Woolf,* hrsg. von Anne Oliver Bell, Bd. V, 1936–1941
     (1984), S. 202.
217 *Kürzeste Chronik,* 2. und 31. Januar 1939. Freud Museum, London.
218 Siehe Anna Freud an [Pichler?], 20. September 1938. Max Schur papers, LC.
219 Freud an Arnold Zweig, 20. Februar 1939. *Freud–Zweig,* S. 183 f.
220 Siehe Marie Bonapartes handschriftl. Kopie eines Briefes Dr. Lacassagnes an sie
     vom 28. November 1954, in dem er feststellt, daß er Freud am 26. Februar 1939
     untersucht und bei der Anwendung von Radium am 14. März assistiert hatte (ei-
     nem Brief Marie Bonapartes an Jones, o. D., beigeschlossen. Jones papers, Archives
     of the British Psycho-Analytical Society, London).
221 Pfister an Freud, 21. Februar 1939. Sigmund Freud Copyrights, Wivenhoe.
222 Freud an Arnold Zweig, 5. März 1939. *Freud–Zweig,* S. 186 f.
223 Freud an Sachs, 12. März 1939. Zit. in Sachs, *Freud, Master and Friend,* S. 181 f.
224 Freud an Marie Bonaparte, 28. April 1939. *Briefe,* S. 474 f.
225 Siehe Schur, *Sigmund Freud, Leben und Sterben,* S. 613 ff.
226 Ein solcher Hinweis findet sich z. B. in Freud an Marie Bonaparte, 28. April 1939.
     Briefe, S. 474.
227 Siehe Freud an Marie Bonaparte, 6. März 1929: »Ich habe Schur gewissermaßen
     als Hausarzt engagiert« (zit. in Jones an Schur, 9. Oktober 1956. Max Schur pa-
     pers, LC).
228 Freud an Schur, 28. Juni 1930. *Briefe,* S. 415. Bezügl. Schurs Beziehungen zu Freud
     siehe sein Buch *Sigmund Freud, Leben und Sterben,* bes. seine Einleitung und Kapi-
     tel 18.
229 Siehe Freud an Schur, 10. Januar 1930, 10. Januar und 26. Juli 1938. Max Schur
     papers, LC.
230 Zit. in Schur, *Sigmund Freud, Leben und Sterben,* S. 483.

231 Siehe Ernst Freud et al., Hrsg., *Sigmund Freud, Sein Leben in Bildern und Texten.*

232 *Kürzeste Chronik,* 19. Mai 1939. Freud Museum, London.

233 Siehe *Der Mann Moses und die monotheistische Religion,* G.W., Bd. 16, S. 196.

234 Siehe ibid., S. 168 Anm.

235 *Der Mann Moses,* G.W., Bd. 16, S. 193 f.

236 Ibid., S. 244.

237 Ibid., S. 194.

238 Ibid., S. 191 f.

239 Zit. in Anna Freud Bernays, Korrekturfahnen von »Erlebtes« (1933), S. 5. Freud Collection, B2, LC.

240 *Der Mann Moses,* G.W., Bd. 16, S. 222 f.

241 Siehe ibid., S. 198.

242 Hamilton Fyfe, Besprechung von *Moses and Monotheism. John O'London's Weekly,* 2. Juni 1939.

243 Buber, *Moses,* S. 7 Anm.

244 J. M. Lask, Besprechung von *Moses and Monotheism. Palestine Review* (Jerusalem), IV (30. Juni 1939), S. 169 f.

245 Zit. in *Jones,* III, S. 431.

246 Pater Vincent McNabb, O.P., Besprechung von *Moses and Monotheism. Catholic Herald* (London), 14. Juli 1939.

247 Siehe N. Perlmann (aus Tel Aviv) an Freud, 2. Juli 1939. Freud Museum, London.

248 S. J. Birnbaum (ein Rechtsanwalt in Toronto) an Freud, 27. Februar 1939. Ibid.

249 Brief an Freud ohne Unterschrift, 26. Mai 1939. Ibid. Bezügl. anderer Meinungen siehe *Jones,* III, S. 422–31.

250 Alexandre Burnacheff an Freud, 4. Juli 1939. Freud Museum, London.

251 Freud an Rafael da Costa, 2. Mai 1939. Maschinengeschr. Kopie. Ibid.

252 Freud an Arnold Zweig, 13. Juni 1935. *Freud–Zweig,* S. 118.

253 »Vorbemerkung II« in *Der Mann Moses,* G.W., Bd. 16, S. 159.

254 »Zusammenfassung und Wiederholung«, ibid., S. 210.

255 Freud an Marie Bonaparte, 15. Juni 1939. Zit. in Schur, *Sigmund Freud, Leben und Sterben,* S. 669.

256 Siehe Anna Freud an Schur, 9. Juni 1939. Max Schur papers, LC.

257 Sachs, *Freud, Master and Friend,* S. 185 ff.

258 Siehe *Kürzeste Chronik,* 1. August 1939. Freud Museum, London.

259 Dyck, »Mein Onkel Sigmund«, Interview mit Harry Freud. *Aufbau,* New York, 11. Mai 1956, S. 4.

260 Freud an Schaeffer, 19. August 1939. A. Freud diktiert. Isakower Collection, LC.

261 Rosa Graf an Elsa Reiss, o. D. [23. August 1939]. Freud Collection, B2, LC.

262 *Kürzeste Chronik,* 27. August 1939. Freud Museum, London.

263 »The Medical Case History of Sigmund Freud«, dat. 27. Februar 1954. Max Schur papers, LC.

264 Jones an Freud, 3. September 1939. Sigmund Freud Copyrights, Wivenhoe.

265 »The Medical Case History of Sigmund Freud«, Max Schur papers, LC.

266 Schur behandelte Freuds letzte Tage in »The Problem of Death in Freud's Writings and Life«, seinem Vortrag am 19. Mai 1964 im Rahmen der angesehenen Freud Anniversary Lecture Series unter der Schirmherrschaft des New Yorker Psychoanalytic Institute. In demselben Jahr äußerte sich Anna Freud über den Vortrag: »Sollte Dr. Stroß nicht auch darin vorkommen? Sie war sehr unentbehrlich, auf der

Reise und in den letzten Nächten, die sie ganz geteilt hat« (Anna Freud an Schur, 12. Oktober 1964. Max Schur papers, LC).

267 Siehe Anna Freud an Jones, maschinengeschr. Kommentar zu Band III von Jones' Biographie, o. D., Jones papers, Archives of the British Psycho-Analytical Society, London.

268 *Jones*, III, S. 290. Wichtige Details stammen aus einem Brief, den Jones am 21. Februar 1956 Schur schrieb (Max Schur papers, LC). Jones glaubte, daß Freud das Bewußtsein verlor und nicht mehr zu sich kam. Schurs Bericht in »The Medical Case History of Sigmund Freud« widerspricht dem (ibid.).

269 Ibid.

270 Freud an Pfister, 6. März 1910. *Freud–Pfister*, S. 33.

271 Die Hauptquelle für meine Seiten über Freuds letzte Tage ist Max Schurs unveröffentlichtes Memorandum »The Medical Case History of Sigmund Freud« mit dem Datum vom 27. Februar 1954 (Max Schur papers, LC). Er schrieb sie für die Freud-Archive – die Freud Collection, LC – und als Aide-memoire für Ernest Jones, der damals an seiner Freud-Biographie arbeitete. Später benutzte Schur dieses Memorandum als Grundlage für seinen Freud-Vortrag von 1964, »The Problem of Death in Freud's Writings and Life«. (Ein Auszug daraus von Milton E. Jucovy findet sich im *Psychoanalytic Quarterly*, XXXIV, 1965, S. 144–47.) Es existieren sechs oder mehr Entwürfe für diesen Vortrag unter den Papieren Schurs – Schur scheint sich mit diesen Seiten mehr gequält zu haben als mit irgend etwas anderem in seinem Leben. Ich habe Schurs Memorandum ergänzt durch ein angenehmes und höchst fruchtbares Gespräch (3. Juni 1986) und einen Briefwechsel mit Helen Schur und, hauptsächlich, um einige Details zu bestätigen, einen Brief von Freuds Neffen Harry, den er am 25. September 1939 aus New York an seine Tanten schrieb und der sich, wie Harry Freud in diesem Brief sagt, auf »teils direkte, teils telegraphische Informationen von Freunden« stützt (Freud Collection, B1, LC). Höchst nützlich fand ich einige Briefe Anna Freuds an Ernest Jones, vor allem einen vom 27. Februar 1956, der bedeutsame Details enthält (Jones papers, Archives of the British Psycho-Analytical Society, London). Einige Diskrepanzen bleiben, die, wie ich meine, teilweise den starken Emotionen zuzuschreiben sind, mit denen die Beteiligten diese erschütternden Ereignisse erlebten und später aus der Erinnerung wiedergaben.

Mein eigener Bericht weicht in scheinbar geringfügigen, tatsächlich aber bedeutenden Einzelheiten von Max Schurs *veröffentlichtem* Bericht (*Sigmund Freud, Leben und Sterben*, S. 620 f.) und dem Auszug Jucovys aus Schurs Freud-Vortrag von 1964 ab. Im Vortrag sagte Schur – was nicht zutraf: »Am 21. September gab er [Freud] seinem Arzt zu verstehen, daß sein Leiden keinen Sinn mehr hatte, und *bat um Beruhigung. Als er Morphin für seine Schmerzen bekam,* versank er in einen friedlichen Schlaf und fiel dann in ein Koma und starb um drei Uhr morgens am 23. September« (Jucovys Auszug aus Schurs Freud-Vortrag, S. 147. Kursiv durch den Autor). Spätere Biographen, die keinen anderen brauchbaren Bericht besaßen – schließlich war Schur der autoritativste Zeuge –, folgten einfach dieser veröffentlichten Version und seinem Freud-Vortrag (siehe z. B. Clark, *Freud*, S. 592 f.).

Als er seine klassische Biographie schrieb, scheute Jones zuerst vor all den »morbiden Details« zurück, aber dann machte er freizügig Gebrauch von Schurs Memorandum; er gab es in enger Anlehnung wieder und zitierte es bisweilen regelrecht. Anna Freud berichtete Schur, daß Jones in bezug auf Freuds schwere Leiden zögerte, aber, bemerkte sie, »die Krankheit mit allen ihren schrecklichen Einzelheiten war gleichzeitig der höchste Ausdruck seiner Einstellung zum Leben« (Anna Freud an Schur, 2. September 1956. Max Schur papers, LC). Anna Freud hatte gewollt, daß Jones Schurs Memorandum als letztes Kapitel in seiner Biographie verwendete, aber er beschloß mit Recht, es statt dessen ausführlich frei wiederzugeben und zu zitieren (siehe *Jones,* III, S. 290). Er sprach Schur seinen besonderen Dank im Vorwort (ibid., S. 10 f.) aus. Die Unterschiede zwischen Schurs Memorandum und Jones' Bericht sind subtil, aber bemerkenswert: Während Schur in der Art eines Rechtsanwalts keinen Kommentar zu diesem heiklen Punkt abgibt, sagt Jones ausdrücklich (und, Schurs Freud-Vortrag folgend, unrichtig), daß Schur, als ihn Freud um Hilfe bat, nun da sein Leben nur noch eine Quälerei war, »seine Hand drückte und ihm eine ausreichende Beruhigung zu geben versprach«. Dann sagte Jones, daß Schur am 22. September »Freud ein Drittel eines Gramms Morphium gab« (*Jones,* III, S. 290). Das ist eine Dosis von 0,0216 Gramm, praktisch identisch mit der, die Schur in *Sigmund Freud, Leben und Sterben* angibt, wo er sagt, er gab Freud »eine Injektion von zwei Zentigramm Morphium« (S. 621). Aber während Jones von nur einer Injektion spricht, erwähnt Schur zwei auch im veröffentlichten Bericht. »Nach ungefähr zwölf Stunden wiederholte ich die Dosis« (ibid.). Und in der Einleitung, die Schur für sein unveröffentlichtes Memorandum schrieb, bemerkt er, daß er in dem, was er zu veröffentlichen beabsichtigte, die Dosis ändern und ein Gespräch zwischen Freud und ihm auslassen werde. Als er Anna Freud am 7. April 1954 schrieb, bot er ein anderes Verzeichnis an und gab an, daß die »korrekte Version (Dosis und mehr als eine Injektion) dem [Freud]-Archiv übergeben wurde« (Durchschlag, Max Schur papers, LC).

In meinem eigenen Text habe ich mich hauptsächlich an diese »korrekte Version« gehalten: Die Dosis betrug eher drei Zentigramm als zwei, wie er in seinem Buch schreibt, und Schur könnte eher drei als zwei Injektionen gegeben haben. Wie Schur am 19. März 1954 in einem Brief an Anna Freud erklärt, hatte er einen Rechtsanwalt in der Frage der Euthanasie konsultiert und daraufhin seinen Bericht verwässert (Durchschlag, ibid.). Wie Jerome H. Jaffe und William R. Martin in ihrer Abhandlung »Opioid Analgesics and Antagonists«, in: Goodman and Gilman: *The Pharmacological Basis of Therapeutics,* hrsg. von Alfred Goodman Gilman, Louis S. Goodman und Alfred Gilman (1941, [6]1980), der Bibel der Ärzte für die Verwendung und Wirkung von Drogen, erklären, ist ein Zentigramm eine normale Dosis für Patienten mit Schmerzen: »10 mg werden allgemein als optimale Anfangsdosis Morphin betrachtet und bewirken zufriedenstellende Analgie bei etwa 70% der Patienten mit mäßigen bis starken Schmerzen« (S. 509). Während »nachfolgende Dosen höher sein können«, empfahlen die Autoren in keinem Fall mehr als 20 mg (S. 509, *s. a.* S. 499). Während schwer kranke und sehr alte Patienten – und Freud war natürlich beides – die Droge sehr langsam absorbieren und imstande sein können, mehr zu vertragen als ein Patient in besserer Verfassung, sind 30 mg aller Wahrscheinlichkeit nach eine praktisch tödliche Dosis für alle.

Eine andere Entstellung in Schurs veröffentlichter Version über Freuds letzte Tage, die er aus Respekt für Anna Freuds Wunsch nach Wahrung ihrer Privatsphäre vornahm, ist die Bagatellisierung ihrer Rolle. In einem Entwurf für seinen Vortrag läßt Schur die »Sagen-Sie-Es-Anna«-Episode völlig aus. Auch das verdient einen Kommentar. In der veröffentlichten Fassung heißt es: »Sagen Sie es der

Anna« (Schur, *Sigmund Freud, Leben und Sterben*, S. 620). Jones, der Schur treu
folgt, schreibt: »Sagen Sie bitte Anna von unserem Gespräch« (*Jones*, III, S. 290).
In dem unveröffentlichten Memorandum heißt es aber: »Besprechen Sie es mit der
Anna.« Diese Version scheint die echte zu sein; sie wird besonders glaubwürdig
durch das, was Freud laut Schur als nächstes sagte: »Und wenn sie es für richtig
hält, machen Sie ein Ende.« Man darf vermuten, daß sie, so unschuldig sie in dem
großen Ausgang des Dramas war und so wohlgemeint und gerechtfertigt Schurs
Handlungen gewesen sein mögen, an einem schweren Schuldgefühl litt, weil sie
zuletzt der Entscheidung zugestimmt hatte, dem Elend ihres Vaters ein Ende zu
machen. Sie kämpfte dagegen an, erinnert sich Schur in seinem Memorandum, und
resignierte schließlich traurig. Diese Deutung der Situation hat meine Behandlung
im Text diktiert. Ich sehe Freuds Ende als einen stoischen Selbstmord; da er selbst
zu schwach war, ausgeführt von seinem treuen und liebevollen Arzt und widerstrebend gebilligt von seiner nicht minder treuen und noch liebevolleren Tochter.

BIBLIOGRAPHISCHER ESSAY

Allgemeines

Die Sekundärliteratur über Freud ist umfangreich, nimmt rasch zu und gerät beinahe außer Kontrolle. Ein Teil dieser Lawine ist aufschlußreich, vieles ist nützlich, mehr noch provokativ, und ein erstaunlicher Anteil ist böswillig oder geradezu absurd. Ich habe mich in diesem Essay nicht um Vollständigkeit bemüht, sondern mich vielmehr auf die Werke konzentriert, die ich für informativ bezüglich ihres Tatsachenmaterials, interessant aufgrund ihrer Deutungen oder der Debatte für wert halte. Ich habe ihn sozusagen geschrieben, um (kurz) die Gründe dafür anzugeben, warum ich den einen oder anderen Standpunkt eingenommen oder nicht eingenommen habe, und um kundzutun, von wem ich am meisten erfahren habe.

Die vollständigste *deutsche* Ausgabe der psychoanalytischen Schriften Freuds sind die *Gesammelten Werke. Chronologisch geordnet*, herausgegeben von Anna Freud, Edward Bibring, Willi Hoffer, Ernst Kris und Otto Isakower unter Mitwirkung von Marie Bonaparte, 18 Bde. (1940–1968). Obwohl sehr wertvoll, sind sie nicht frei von Mängeln. Sie sind nicht ganz vollständig, ihre Kolumnentitel sind nicht so hilfreich, wie sie sein könnten, die Anmerkungen der Herausgeber und die Register der einzelnen Bände sind knapp. Was am meisten stört, ist, daß die *Gesammelten Werke* nicht zwischen den verschiedenen Angaben so oft revidierter Bücher Freuds wie *Die Traumdeutung* und *Drei Abhandlungen zur Sexualtheorie* unterscheiden. Diese Unterscheidung findet sich in der handlichen *Studienausgabe*, hrsg. von Alexander Mitscherlich, Angela Richards und James Strachey, 12 Bde. (1969–1975). Die *Studienausgabe* hat wieder ihre eigenen Beschränkungen; sie läßt einige kleinere Abhandlungen und Freuds autobiographische Schriften aus und ist nicht chronologisch, sondern nach Themen geordnet. Aber der editorische Apparat, der sich auf die englische *Standard Edition* stützt, ist umfangreich.

Die internationale Autorität dieser *Standard Edition of the Complete Psychological Works of Sigmund Freud*, übersetzt unter der allgemeinen Herausgeberschaft von James Strachey in Zusammenarbeit mit Anna Freud unter Mitwirkung von Alix Strachey und Alan Tyson, 24 Bde. (1953–1975), ist verdientermaßen gesichert, was auch immer für neue und bessere Übersetzungen in der Zukunft noch kommen mögen. Sie ist ein heroisches Unternehmen. Wo nötig, bietet sie verschiedene Lesarten, sie ringt mit schwer zu behandelndem Material (wie den deutschen Witzen, die Freud in seinem Buch über den Witz zitiert) und leitet jede Arbeit, auch den kleinsten Aufsatz, mit unerläßlichen bibliographischen und historischen Informationen ein. Die Übersetzungen sind ziemlich umstritten – und nicht zu Unrecht: Wechsel der Zeitformen und wenig elegante Übersetzungen wie »anaclitic« und »cathexis« für technische Ausdrücke, für die Freud gewöhnliche, anschauliche deutsche Wörter verwendete, haben zu strenger Kritik herausgefordert. Die strengste (und meiner Ansicht nach verschrobene) ist Bruno Bettelheims

Freud and Man's Soul (1983), die im wesentlichen behauptet, daß die Übersetzer Freuds Argument ruiniert hätten und daß jeder, der Freud nur in Stracheys Übersetzung lese, seine Beschäftigung mit der Seele des Menschen nicht verstehen könne. Weit nüchterner und vernünftiger sind die Abhandlungen von Darius G. Ornston; siehe vor allem »Freud's Conception is Different from Strachey's«, in: *J. Am. Psychoanal. Assn.*, XXXIII (1985), S. 379–410; »The Invention of ›Cathexis‹ and Strachey's Strategy«, in: *Int. Rev. Psycho-Anal.*, XII (1985), S. 391–99, und »Reply to William I. Grossman«, in: *J. Amer. Psychoanal. Assn.*, XXXIV (1986), S. 489–92. Die *Standard Edition* kann nun in Verbindung mit S. A. Guttman, R. L. Jones und S. M. Parrish, *The Concordance to the Standard Edition of the Complete Psychological Works of Sigmund Freud*, 6 Bde. (1980), verwendet werden. Die kraftvollsten Übersetzungen ins Englische, die Freuds männlichen und geistreichen deutschen Stil besser erfassen als jede andere, finden sich in Bd. I–IV der *Collected Papers* (1924–25), die unter der Aufsicht der brillanten Joan Riviere übersetzt worden sind. Band V, hrsg. von James Strachey, erschien 1950. Kein Wunder, daß diese Ausgabe, die praktisch alle kürzeren Abhandlungen und die Krankengeschichten Freuds enthält, nach wie vor von älteren amerikanischen Psychoanalytikern bevorzugt wird.

Gelegentliche seltene Funde erweitern den Korpus von Freuds psychoanalytischen Schriften. Wir verdanken die aufregendste Neuentdeckung, eine der fehlenden metapsychologischen Abhandlungen, Ilse Grubrich-Simitis, die sie auch vortrefflich herausgab und einleitete: Sigmund Freud, *Übersicht der Übertragungsneurosen; Ein bisher unbekanntes Manuskript* (1985). Eine Ausgabe von Freuds umfangreichen und für den Biographen wichtigen voranalytischen Schriften ist seit langem in Vorbereitung und ist ein Desideratum.

Ein großer Teil von Freuds ungeheurer Korrespondenz ist veröffentlicht worden. Eine chronologische Auswahl, die zur Lektüre einlädt, ist *Briefe 1873–1939*, hrsg. von Ernst und Lucie Freud (1960, 2. erw. Aufl. 1968). Die meisten anderen Ausgaben präsentieren die mit den einzelnen Korrespondenten ausgetauschten Briefe. Die Ausgaben sind von sehr unterschiedlichem Wert und müssen mit Vorsicht behandelt werden. Zu den maßgeblichsten gehört Sigmund Freud, C. G. Jung, *Briefwechsel*, vorzüglich herausgegeben von William McGuire und Wolfgang Sauerländer (1974). Eine dritte Auflage (1979) enthält einige Korrekturen, hauptsächlich in den Anmerkungen. Freuds äußerst wichtige Briefe an seinen »Andern«, Wilhelm Fließ, bilden eine Sammlung, auf die das Wort »unentbehrlich« einmal unbedingt zutrifft. Die amerikanische Ausgabe, *The Complete Letters of Sigmund Freud to Wilhelm Fliess, 1887–1904*, hrsg. und übers. von Jeffrey Moussaieff Masson (1985), erschien zuerst und ist trotz ihrer kleinen Übersetzungsmängel außerordentlich wertvoll. Aber die Ausgabe der deutschen Originalbriefe, *Briefe an Wilhelm Fließ, 1887–1904*, die später (1986) erschien und ebenfalls von Masson unter Mitwirkung von Michael Schröter und Gerhard Fichtner herausgegeben wurde, ist der amerikanischen überlegen in den Anmerkungen und enthält auch Ernst Kris' lange, faszinierende Einleitung zu der zuerst 1950 erschienenen Auswahl. Eine interessante, wenn auch kleine Auswahl, die Briefe Freuds an den italienischen Analytiker Edoardo Weiss, die Kommentare des letzteren enthält, ist *Sigmund Freud – Edoardo Weiss. Briefe zur psychoanalytischen Praxis. Mit den Erinnerungen eines Pioniers der Psychoanalyse* (1973), hrsg. von Martin Grotjahn. H. D. (Hilda Doolittle), *Tribute to Freud* (1956), enthält als Anhang mehrere Briefe Freuds an sie. Die vollständige Sammlung befindet sich in der Beinecke Library in Yale. Freuds Briefe aus der Schulzeit an seinen Freund Emil Fluß wurden sorgfältig herausgegeben von Ilse Grubrich-Simitis in ihrer schönen

Ausgabe von Freuds »Selbstporträt«: Sigmund Freud, »*Selbstdarstellung*«. *Schriften zur Geschichte der Psychoanalyse* (1971, verb. Aufl. 1973), S. 103–23. (Diese Ausgabe enthält die vollständige Fassung der Autobiographie Freuds. Die Fassung in den G. W., die ich gewöhnlich als »Selbstdarstellung« zitiere, läßt einige Sätze aus, die ich aus der *Selbstdarstellung* übernehme. Zusätzlich zu den Briefen an Emil Fluß enthält das Bändchen auch einige Dokumente.) Für Freuds Briefe an seinen noch engeren Freund Eduard Silberstein, die seit langem für die gelehrte Veröffentlichung vorbereitet werden, verwendete ich die Originale in der Library of Congress. Ich habe auch mit Gewinn die sorgfältigen Transkriptionen von William J. McGrath für sein Buch über Freuds jüngere Jahre, *Freud's Discovery of Psychoanalysis. The Politics of Hysteria* (1986) verwendet. (Bezüglich einer Beurteilung dieses Buches siehe den folgenden Essay für das 1. Kapitel.) Siehe auch Heinz Stanescu, »Unbekannte Briefe des jungen Sigmund Freud an einen rumänischen Freund«, in: *Zeitschrift des Schriftstellerverbandes der RVR*, XVI (1965), S. 12–29.

Die Ausgaben der anderen Briefwechsel Freuds bieten, gerade weil die Briefe so aufschlußreich sein könnten, ein ziemlich gemischtes Bild. Eine Auswahl der wichtigen Korrespondenz mit seinem zuverlässigsten Lieblingsschüler in Berlin bietet Sigmund Freud, Karl Abraham, *Briefe 1907–1926*, hrsg. von Hilda Abraham und Ernst L. Freud (1965). In dieser Ausgabe werden die Gesamtzahl der Briefe, welche die beiden austauschten, und die Zahl der abgedruckten angegeben, aber es wird nicht gesagt, *welche* Briefe weggelassen wurden. Die Herausgeber strichen außerdem ganze Abschnitte, Sätze und manchmal einzelne Wörter aus dem Text, ohne die Auslassungen durch Punkte anzuzeigen. Sie versehen zwar jeden Brief, der Kürzungen enthält, mit einem Sternchen – aber das ist keine große Hilfe. Ernst Pfeiffer, der Herausgeber von Sigmund Freud, Lou Andreas-Salomé, *Briefwechsel* (1966), verwendet wenigstens Punkte, um Auslassungen anzudeuten, schließt aber einige der wichtigsten Briefe (vor allem jene, die Anna Freud [in der Freud Collection, LC] betreffen) gänzlich aus. Ernst L. Freud und Heinrich Meng, die Herausgeber von Sigmund Freud, Oskar Pfister, *Briefe 1909–1939* (1963), verwenden Punkte, um die Stellen zu kennzeichnen, wo sie die Schere gebraucht haben, aber sie lassen viele bedeutende (gewiß die intimsten) Briefe zwischen den beiden Freunden weg. Auslassungen beeinträchtigen auch den Wert von Sigmund Freud, Arnold Zweig, *Briefwechsel*, hrsg. von Ernst L. Freud (1968, Paperback 1984), in dem sich einige nicht gekennzeichnete drastische Streichungen befinden. Ludwig Binswanger traf seine eigene Auswahl aus seinem Briefwechsel mit Freud mit Kommentaren in *Erinnerungen an Sigmund Freud* (1956). Siehe auch F. B. Davis, »Three Letters from Sigmund Freud to André Breton«, in: *J. Amer. Psychoanal. Assn.*, XXI (1973), S. 127–34. Andere höchst instruktive Korrespondenzen (vor allem Freud–Jones und Freud–Ferenczi, die derzeit nur in Archiven zugänglich sind) werden gegenwärtig für die Veröffentlichung vorbereitet. Lohnen würde sich auch die Veröffentlichung des Briefwechsels zwischen Freud und Eitingon und zwischen Freud und Anna Freud, ganz zu schweigen von dem Briefwechsel zwischen ihm und seiner Verlobten Martha Bernays, von dem Ernst Freud nur eine verlockende Auswahl von dreiundneunzig Briefen herausgegeben hat. Viele Hundert mehr liegen unter Verschluß in der Library of Congress und eine Anzahl von unveröffentlichten, die ich einsehen konnte, bei den Sigmund Freud Copyrights, Wivenhoe. Ernest Jones druckte zahlreiche und lange Auszüge aus Briefen Freuds in seiner dreibändigen Biographie ab.

Offensichtlich sind Freuds offene und versteckte autobiographische Erklärungen von besonderer Bedeutung, sowohl in bezug auf das, was sie enthüllen, als auch auf das,

was sie sich zu enthüllen weigern. Seine »Selbstdarstellung« von 1925 ist zweifellos das
wichtigste dieser Dokumente. Freuds Reminiszenzen in *Die Traumdeutung* (1900), die
praktisch alle ans Licht kamen, als er seine eigenen Träume analysierte, sind natürlich
unschätzbar und oft zitiert worden. Sie müssen nach Möglichkeit zusammen mit dem
gelesen werden, was wir sonst über ihn wissen. Das gleiche gilt für die Enthüllungen, die
er in Abhandlungen wie »Über Deckerinnerungen« (1899) und *Zur Psychopathologie
des Alltagslebens* (1901) verstreute.

Ich werde die vielen biographischen Studien, die besondere Abschnitte von Freuds
Leben betreffen, unter den entsprechenden Kapiteln behandeln. Die klassische Freud-
Biographie bleibt trotz ihrer offenkundigen und oft kritisierten Mängel Ernest Jones,
The Life and Work of Sigmund Freud, 3 Bde. (1953–57), dt. *Das Leben und Werk von
Sigmund Freud*. Jones kannte Freud intim und während vieler Jahre des Kampfes (mit
anderen und, in geringerem Grade, mit ihm selbst). Als bahnbrechender Psychoanalytiker und keineswegs sklavischer Anhänger Freuds war er über alle technischen Fragen
ausgezeichnet informiert. Und er konnte zuverlässig über Freuds Familienleben ebenso
schreiben wie über die Kämpfe innerhalb des analytischen Establishments. Wenn sie
auch in einem ziemlich reizlosen Stil geschrieben ist und (was wichtiger ist) so angeord-
net ist, daß sie den Mann von seinem Werk trennt, enthält Jones' Biographie doch viele
scharfsinnige Urteile. Die schwerwiegendste Anklage, die gegen Jones erhoben wurde,
ist die einer angeblich unbezwingbaren Eifersucht gegen andere Anhänger Freuds, die
ihn zu scharfen Äußerungen über Rivalen wie Ferenczi verleitet habe. Es ist etwas an
dieser Kritik, aber weniger, als man gemeinhin glaubt. Jones' endgültiges Urteil über
Ferenczi, das andeutet, daß Ferenczi in seinen letzten Jahren psychotische Episoden
durchgemacht habe, und gegen das starke Einwände erhoben wurden, spiegelt weitgehend die Meinung wider, die Freud in einem unveröffentlichten Brief an Jones äußerte.
Jedenfalls bleibt seine Freud-Biographie unentbehrlich.

Es gibt viele andere Biographien in vielen Sprachen. Die erste von allen, die Freud
nicht sehr mochte und in einem Brief an den Autor kritisierte, war Fritz Wittels, *Sigmund
Freud: der Mann, die Lehre, die Schule* (1924). Die brauchbarste jüngste Biographie ist
Ronald W. Clark, *Freud: The Man and the Cause* (1980), dt. *Sigmund Freud* (1981). Sie
basiert auf viel fleißiger Forschung, ist vernünftig im Urteil und enthält besonders viele
Details über Freuds Privatleben, ist aber sehr knapp und verläßt sich sehr auf andere in
der Beurteilung von Freuds Theorien. Eine Bildbiographie mit guten Anmerkungen, die
Freud-Zitate als Bildunterschriften verwendet, ist Ernst Freud, Lucie Freud und Ilse
Grubrich-Simitis, Hrsg., *Sigmund Freud, sein Leben in Bildern und Texten* (1976). Sie
wird ergänzt durch eine zuverlässige biographische Skizze von K. R. Eissler. Max Schur,
Freud, Living and Dying (1972), dt. *Sigmund Freud, Leben und Sterben* (1973), von
dem Arzt, der Freuds Leibarzt während seiner letzten zehn Jahre war und später Psychoanalytiker wurde, ist unschätzbar wegen seiner privaten Enthüllungen und klugen, gut
informierten Urteile. Ich zitiere es wiederholt. Unter den kürzeren Biographien ist vielleicht O. Mannoni, *Freud* (1968, aus dem Französischen von Renaud Bruce, 1971), die
informativste. J. N. Isbister, *Freud: An Introduction to His Life and Work* (1985), ist
typisch für die verleumderische Schule und stützt sich unkritisch auf die biographischen
Spekulationen und Rekonstruktionen von Peter J. Swales. Steven Marcus' Besprechung
dieses Buches, »The Interpretation of Freud« in *Partisan Review* (Winter 1987),
S. 151–57, ist vernichtend, und das mit Recht. Ludwig Marcuse, *Sigmund Freud: Sein
Bild vom Menschen* (o. D.) ist eine formlose Mischung von Essay und Biographie. Gun-
nar Brandell, *Freud: A Man of His Century* (1961, rev. Ausg. 1976, aus dem Schwedi-

schen von Iain White, 1979), versucht, Freud unter Naturalisten wie Zola und Schnitzler einzureihen. Siehe auch Louis Breger, *Freud's Unfinished Journey: Conventional and Critical Perspectives in Psychoanalytic Theory* (1981), in dem Freud an der Verbindungsstelle zwischen den Kulturen des 19. und des 20. Jahrhunderts gesehen wird. Helen Walker Puner, *Freud: His Life and His Mind* (1947), eine der frühen Biographien, ist ziemlich feindselig und weder sehr gelehrt noch sehr zuverlässig; sie war einflußreich genug, um von Jones in den ersten beiden Bänden *seiner* Biographie ausdrücklich angegriffen zu werden.

Dann ist da noch Paul Roazen. Sein *Freud and His Followers* (1975; dt.: *Freud und sein Kreis*, 1988) widmet Freuds Umgebung besondere Aufmerksamkeit und enthält viel brauchbares Material. Als aufreizende Mischung von harter Forschungsarbeit, langen Interviews, schnellen Urteilen und unsicherem Ton muß es mit Vorsicht verwendet werden. Als er es für das *Times Literary Supplement* (26. März 1986, S. 341) besprach, charakterisierte Richard Wollheim scharfsinnig das Buch und eine ganze Schule: »Professor Roazen hat viel Kritik an Freud vorzubringen. Freud, sagte er uns bei verschiedenen Gelegenheiten, war kalt, snobistisch, übermäßig an Geld interessiert, gleichgültig gegenüber seiner Familie: er gab seinen Kindern nie das Fläschchen noch wechselte er ihnen einmal die Windeln; er respektierte Personen, aber nicht die Wahrheit, war übermäßig beherrscht, übelnehmerisch, engstirnig, autoritär. Aber neben all diesen verschiedenen Kritiken, und es gibt wenige, die nicht auf der einen oder anderen Seite auftauchen, erscheint immer wieder ein Lob: Freud war ein großer Mann, wir dürfen nicht vergessen, ihn wegen seiner Tapferkeit und seines Genies zu loben. Freud hat an Professor Roazen einen ebenso guten Freund, wie ihn Brutus an Mark Anton hatte.« In scharfem Gegensatz dazu ist die beste Studie über Freuds Denken meiner Ansicht nach Richard Wollheims eigener, kompakter, präziser, erläuternder *Freud* (1971). Ich muß jedoch zugeben, daß sich Roazen mit Recht über die Art beklagt, in der die Familie und manche Verehrer Freuds einen Teil des interessantesten Materials zurückgehalten oder versucht haben, sein Bild für die Nachwelt zu »korrigieren«. Siehe auch »The Legend of Freud«, in: *Virginia Quarterly Review*, XLVII (Winter 1971), S. 33–45.

Natürlich bewerten viele dieser Schriften explizite oder implizite Freuds Charakter. Das gilt auch für andere Werke, die ich an entsprechender Stelle nennen werde. Besonders erwähnt zu werden verdient *Jones*, »Der Mensch«, 3. Teil, Bd. II, ein tapferer Versuch einer zusammenhängenden Beurteilung, die wertvoll ist, aber (wie ich im Text zu zeigen versuche) Freuds gelassene »Reife« überschätzt und Freuds Beziehungen zu seiner Mutter mißdeutet, die, glaube ich, weit weniger sicher waren, als Jones meinte. Jones, *Sigmund Freud: Four Centenary Essays* (1956), ist natürlich sehr bewundernd, aber nicht ohne Einsichten. Philip Rieff, *Freud: The Mind of the Moralist* (1959, rev. Aufl. 1961), ist ein eleganter langer, außerordentlich lesenswerter Essay. Unter zahllosen anderen Beurteilungen hebe ich hervor John E. Gedo, »On the Origins of the Theban Plague: Assessments of Freud's Character«, in: *Freud, Appraisals and Reappraisals: Contributions to Freud Studies*, hrsg. von Paul E. Stepansky, I (1986), S. 241–59. Hanns Sachs, *Freud: Master and Friend* (1945), ist von geringem Umfang, aber reich an intimer Information, bewundernd, aber nicht schmeichlerisch; es »fühlt« sich richtig an. *Freud and the Twentieth Century*, hrsg. von Benjamin Nelson (1957), enthält eine Reihe von kurzen und manchmal erhellenden Bewertungen und Beurteilungen von Alfred Kazin, Gregory Zilboorg, Abram Kardiner, Gardner Murphy, Erik H. Erikson und anderen. Lionell Trilling, *Freud and the Crisis of Our Culture* (1955), sein etwas revidierter und erweiterter Freud-Vortrag für 1955, ist eine brillante, nachdenkliche Verteidigung. Ilse

Grubrich-Simitis, die sich durch eine unschätzbare Herausgabe von Freud-Texten ausgezeichnet hat, hat eine besonders einfühlsame »Einleitung« zu ihrer Ausgabe von
Freuds *Selbstdarstellung* geschrieben (siehe oben), S. 7–33. Richard Sterba, der den alten Freud in Wien kannte, fand einige rührende Worte der Wertschätzung, »On Sigmund Freud's Personality«, in: *American Imago*, XVIII (1961), S. 289–304.

Die Debatte über den wissenschaftlichen Status der Ideen Freuds dauert schon so
lange an (und ist bisweilen so erbittert), daß ich hier nur einige Titel zitieren kann. Die
scharfsinnigste, sorgfältigste und nach meinem Dafürhalten befriedigendste Studie ist
Paul Kline, *Fact and Fantasy in Freudian Theory* (1972, [2]1981). Siehe auch Seymour
Fisher und Roger P. Greenberg, *The Scientific Credibility of Freud's Theories and Therapy* (1977), ein umfassender und gut informierter Überblick, etwas weniger positiv als
Kline; er sollte ergänzt werden durch die Anthologie derselben Autoren, *The Scientific
Evaluation of Freud's Theories and Therapy* (1978), die gerechterweise ein Spektrum
von Ansichten einschließt. Helen D. Sargent, Leonard Horwitz, S. Wallerstein und Ann
Appelbaum, *Prediction in Psychotherapy Research: A Method for the Transformation
of Clinical Judgments into Testable Hypotheses*, Psychological Issues, monograph 21
(1968), ist technisch und verständnisvoll. *Empirical Studies of Psychoanalytic Theories*,
hrsg. von Joseph Masling, 2 Bde. (1983–85), enthält viel faszinierendes Material über
die Arbeit von psychoanalytischen Experimentatoren wie Hartvig Dahl. Der beachtlichste unter den Skeptikern, der die Glaubwürdigkeit der Freudschen Wissenschaft (oder
deren Mangel) ein Jahrzehnt lang zu einem obsessiven Anliegen gemacht hat, ist der
Philosoph Adolf Grünbaum. Er hat seine Forschungen zusammengefaßt in *The Foundations of Psychoanalysis: A Philosophical Critique* (1984). Das Buch wird ernst genommen, aber geschickt in Frage gestellt von Marshall Edelson, »Is Testing Psychoanalytic
Hypotheses in the Psychoanalytic Situation Really Impossible?« in: *The Psychoanalytic
Study of the Child*, XXXVIII (1983), S. 61–109. Siehe auch Edelson, »Psychoanalysis
as Science. Its Boundary Problems, Special Status, Relations to Other Sciences, and For-
malization«, in: *Journal of Nervous and Mental Disease*, CLXV (1977), S. 1–28, und
Edelson, *Hypothesis and Evidence in Psychoanalysis* (1984). Die Debatte über Grün-
baum mit einem Abriß des Buches, einer Reihe von Kommentaren und der Antwort des
Autors ist dargestellt in »Précis of *The Foundation of Psychoanalysis: A Philosophical
Critique*«, in: *Behavioral and Brain Sciences*, IX (Juni 1986), S. 217–84. Eine gründ-
liche, kritische, aber nicht ganz ablehnende Analyse von Grünbaums Buch ist Edwin
R. Wallace IV, »The Scientific Status of Psychoanalysis: A Review of Grünbaum's *The
Foundation of Psychoanalysis*«, in: *Journal of Nervous and Mental Disease*, CLXXIV
(Juli 1986), S. 379–86. Ein Nutzen, der sich nebenbei aus Grünbaums Polemik ergab,
ist, daß sie Karl Poppers (von vielen) lange für unabweisbar gehaltenes Argument erledigt, die Psychoanalyse sei eine Pseudowissenschaft, weil ihre Behauptungen nicht
widerlegt werden können. Bezüglich dieses Arguments siehe besonders Popper, »Philosophy of Science: A Personal Report«, in: *British Philosophy in the Mid-Century: A
Cambridge Symposium*, hrsg. von C. A. Mace (1957), S. 155–91. Dieser Essay ist auch
enthalten in Popper, *Conjectures and Refutations: The Growth of Scientific Knowledge*
(1963, [2]1965), S. 33–65. Andere instruktive Bewertungen des Anspruchs der Psychoanalyse auf wissenschaftliche Gültigkeit schließen eine Reihe von Vorträgen von Ernest
R. Hilgard, Lawrence S. Kubie und E. Pumpian-Mindlin ein: *Psychoanalysis as Science*,
hrsg. von E. Pumpian-Mindlin (1952); diese sind sehr positiv. B. A. Farrell, *The Standing
of Psychoanalytic Theory* (1981), ist weit kritischer. Ebenso Barbara von Eckardt, »The
Scientific Status of Psychoanalysis«, in: *Introducing Psychoanalytic Theory*, hrsg. von

Sander L. Gilman (1982), S. 139−80. Bezüglich einiger aufschlußreicher Abhandlungen über Freud von Philosophen siehe die Anthologie *Freud: A Collection of Critical Essays*, hrsg. von Richard Wollheim (1974); 2. erw. Aufl. *Philosophical Essays on Freud*, hrsg. von Wollheim und J. Hopkins (1983). Paul Ricoeur, *De l'Interpretation. Essai sur Freud* (1965), dt. *Die Interpretation. Ein Versuch über Freud* (1969), ist eine hochdisziplinierte Studie von dem führenden Vertreter der Psychoanalyse als Hermeneutik. Eine (wie man sagt) herausfordernde Deutung von Freuds Denken, die Aufmerksamkeit verdient, aber Ricoeurs Freud ist nicht mein Freud. Bezügl. Kommentaren über Freud als Kind der Aufklärung siehe Peter Gay, *A Godless Jew: Freud, Atheism, and the Making of Psychoanalysis* (1987), bes. Kapitel 2, dt.: »*Ein gottloser Jude«; Sigmund Freuds Atheismus und die Entwicklung der Psychoanalyse*, S. Fischer, Frankfurt am Main 1988; und Ilse Grubrich-Simitis, »Reflections on Freuds Relationship to the German Language and to Some German-Speaking Authors of the Enlightenment«, in: *Int. J. Psycho-Anal.*, LXVII (1986), S. 287−94 – kurze, aber wertvolle Kommentare zu Vorträgen von Didier Anzieu und Ernst A. Ticho, die 1985 auf dem Internationalen Psychoanalytischen Kongreß in Hamburg gehalten wurden.

Eine endgültige Zählung der Bücher Freuds ist noch nicht erhältlich, aber Harry Trosman und Roger Dennis Simmons »The Freud Library«, in: *J. Amer. Psychoanal. Assn.*, XXI (1973), S. 646−87, ist eine wertvolle vorläufige Schätzung.

I. Eine Art von Wißbegierde

Freuds Abstammung, die Lebensumstände und die geheimnisvolle zweite Frau seines Vaters und seine frühen Jahre in Freiberg und Wien sind erschöpfend dargestellt worden in Marianne Krüll, *Freud und sein Vater; Die Entstehung der Psychoanalyse und Freuds ungelöste Vaterbindung* (1979), einem Buch, das auf viel geduldiger, aber oft zu spekulativer Untersuchung beruht. Krüll beruft sich wie alle, die diese Jahre in Freuds Leben studieren, auf die bahnbrechenden Forschungen Josef Saijners, »Sigmund Freuds Beziehungen zu seinem Geburtsort Freiberg (Příbor) und zu Mähren«, in: *Clio Medica*, III (1968), S. 167−80, und »Drei dokumentarische Beiträge zur Sigmund-Freud-Biographik aus Böhmen und Mähren«, in: *Jahrbuch der Psychoanalyse*, XIII (1981), S. 143−52. Wilma Iggers liefert Hintergrundmaterial über Böhmen in ihrer Anthologie *Die Juden in Böhmen und Mähren. Ein historisches Lesebuch* (1986). Didier Anzieu, *L'Auto-analyse de Freud et la découverte de la Psychanalyse* (1975), ist eine wichtige, enorm detaillierte (wenn auch in geringfügigen Einzelheiten anfechtbare) Studie über Freuds junge Jahre, wie sie sich in den Träumen spiegeln, die er in der *Traumdeutung* erzählte und analysierte. Einen anderen sehr klaren Einblick in Freuds intimes frühes Leben bietet Alexander Grinstein, *On Sigmund Freud's Dreams* (1968, [2]1980). Die Erinnerungen von Freuds Schwester Anna Freud Bernays, *Erlebtes* (Privatdruck ca. 1930) und »My Brother, Sigmund Freud«, in: *American Mercury*, LI (1940), S. 335−42, sind oft zitiert worden, da sie lebhafte Episoden aus Freuds Kindheit (wie seine Einwände gegen die Klavierstunden seiner Schwestern) berichten, die sowohl pittoresk als auch unmöglich anderswo auffindbar (und somit überprüfbar) sind. Leider muß mit der größten Vorsicht aufgenommen werden, was sie schreibt, da sich einige der Fakten, die nachprüfbar *sind*, wie z. B. das Alter ihres Vaters bei seiner Heirat, als falsch herausstellten. Judith Bernays Heller, »Freud's Mother and Father«, in: *Commentary*, XXI (1956), S. 418–21, ist kurz, aber beziehungsreich. Siehe auch Franz Kobler, »Die Mutter Sigmund Freuds«, in: *Bulletin des Leo Baeck Instituts*, V (1962), S. 149–71, das so informativ ist, wie es das begrenzte Beweismaterial erlaubt. Für seine ersten Jahre gibt es noch Siegfried und Suzanne Cassirer Bernfeld, »Freud's Early Childhood«, in: *Bulletin of the Menninger Clinic*, VIII (1944), S. 107–15. Marie Balmary, *Psychoanalizing Psychoanalysis: Freud and the Hidden Fault of the Father* (1979), ist phantasievoll genug, um auch für diejenigen von einigem Interesse zu sein, die wie ich keine rationale Basis für ihre Spekulation finden, daß Freuds Mutter vor ihrer Hochzeit mit Freuds Vater schwanger war (eine Behauptung, die nur aufrechterhalten werden kann, wenn – und das ist ein sehr unwahrscheinliches Wenn – Freud am 6. März und nicht am 6. Mai 1856, dem allgemein anerkannten und, wie ich glaube, richtigen Datum, geboren wurde). Balmary behauptet auch, daß Jacob Freuds zweite Frau, Rebecca, über die wir zur Zeit nichts wissen, Selbstmord verübte, indem sie aus einem Zug sprang. Bei Freud scheint die Dichtung leicht die Tatsachen zu ersetzen. Kenneth A. Grigg, »›All Roads Lead to Rome‹: The Role of the Nursemaid in Freud's Dreams«, in: *J. Amer. Psychoanal. Assn.*, XXI (1973), S. 108–26, trägt Material zusammen, das sich auf die katholische Kinderfrau bezieht, die Freud als kleiner Junge liebte. P. C. Vitz hat in »Sigmund Freud's Attraction to Christianity: Biographical Evidence«, in: *Psychoanalysis and Contemporary Thought*, VI (1983), S. 73–183, eine reichliche Anzahl von römisch-katholischen Themen in Freuds frühem Leben gesammelt, aber er hat, glaube ich, die Anziehungskraft des Christentums auf Freud nicht mit Erfolg demonstriert.

Freuds Onkel Josef Freud, der Falschgeldhändler, den Freud in seinem »R.-war-mein-Onkel«-Traum in der *Traumdeutung* erwähnt, wird kurz mit wertvoller urkundlicher Dokumentation diskutiert in Krüll, *Freud und sein Vater*, S. 164–166. Krüll kritisiert mit Recht Renée Gicklhorns zornige und boshafte Broschüre *Sigmund Freud und der Onkeltraum. Dichtung und Wahrheit* (1976) wegen unbegründeter Spekulationen. Mehr Beweismaterial, das die Beteiligung Jacob Freuds (und möglicherweise seiner Söhne Emanuel und Philipp, die sich 1865 in Manchester niederließen) betrifft, wäre willkommen. Siehe auch Leonard Shengolds interessante Untersuchung »Freud and Joseph«, in: *The Unconscious Today: Essays in Honor of Max Schur*, hrsg. von Mark Kanzer (1971), S. 473–94, die von Freuds Onkel Josef ausgeht, um prägnante Kommentare über Freuds Begegnungen mit anderen Josephs und über seine Charakterbildung im allgemeinen abzugeben.

Bezüglich Freuds intellektueller und emotionaler Entwicklung während seiner Jahre in der Schule, an der Universität und in der medizinischen Praxis bis zur Entdeckung der Psychoanalyse in den 1890er Jahren siehe natürlich *Die Traumdeutung, passim*, und die ersten Seiten seiner »Selbstdarstellung«. Anzieu, *L'Auto-analyse de Freud*, ist besonders aufschlußreich. Reichlich gutes Material findet sich (mit oft originellen Illustrationen) in Ernst Freud et al., Hrsg., *Sigmund Freud, Sein Leben in Bildern und Texten*, und siehe auch *Jones*, I. Jones stützt sich weitgehend auf die bahnbrechenden Forschungen Siegfried Bernfelds. Zusätzlich zu den obenerwähnten Artikeln umfassen diese »Freud's Earliest Theories and the School of Helmholtz«, in: *Psychoanalytic Quarterly*, XIII (1944), S. 341–62, eine sehr einflußreiche Abhandlung; »An Unknown Autobiographical Fragment by Freud«, in: *American Imago*, IV (1946–47), S. 3–19; »Freud's Scientific Beginnings«, in: *American Imago*, VI (1949), S. 163–96; »Sigmund Freud M. D. 1882–1885«, in: *Int. J. Psycho-Anal.*, XXXII (1951), S. 204–17, und, mit Suzanne Cassirer Bernfeld, »Freud's First Year in Practice 1886–1887«, in: *Bulletin of the Men-*

ninger Clinic, XVI (1952), S. 37–49. A. Pokornys beinahe unauffindbare Geschichte von Freuds Schule (ich entdeckte sie in den Siegfried Bernfeld papers, container 17, LC), *Das erste Dezennium des Leopoldstädter Communal-, Real- und Obergymnasiums (1864–1874). Ein historisch-statistischer Rückblick* (o. D., offensichtlich 1874) zeigt (S. 44), daß dieses Gymnasium 1865 von 32 Juden besucht wurde und daß 1874 ihre Zahl 335 betrug; die Zahl der römisch-katholischen Schüler war nur von 42 auf 110 gestiegen, die der Protestanten von 1 auf 3. Dennis B. Klein, *Jewish Origins of the Psychoanalytic Movement* (1981), enthält instruktive Seiten über Freuds Schulzeit (und frühe jüdische Bindungen). McGrath, *Freud's Discovery of Psychoanalysis*, ist eine eindrucksvolle gelehrte Studie (besonders wertvoll in bezug auf Freuds Zeit an der Universität und seine Studien bei Brentano), etwas beeinträchtigt durch die unhaltbare These, daß Freud die Psychoanalyse als eine »Gegenpolitik« entwickelte, die er, wie McGrath nachdrücklich behauptet, wählte, weil ihm die politische Karriere, die er erstrebte, im antisemitischen Wien verschlossen war. (Diese These wurde zum erstenmal ausgesprochen von McGraths Mentor Carl Schorske in einem einflußreichen, aber meiner Meinung nach exzentrischen Artikel, »Politics and Patricide in Freud's *Interpretation of Dreams*«, in: *American Historical Review*, LXXVIII [1973], S. 328–47, abgedruckt in seinem Buch *Fin-de-Siècle Vienna: Politics and Culture* [1980], S. 181–207, dt.: *Wien; Geist und Gesellschaft im Fin-de-Siècle*, S. Fischer, Frankfurt am Main 1985.) Abgesehen von dieser These, kann man aus McGraths Buchs viel lernen. Bezüglich der Übersetzungen Freuds aus Mill siehe Adelaide Weinberg, *Theodor Gomperz and John Stuart Mill* (1963). Viel Interessantes findet sich auch in Theo Pfrimmer, *Freud lecteur de la Bible* (1982), mit einem langen Abschnitt über den jungen Freud zu Hause und Gedanken über die Rolle der Religion bei der Bildung seines Geistes.

Aus der umfangreichen Sammlung von biographischen Studien in *Freud: The Fusion of Science and Humanism: The Intellectual History of Psychoanalysis*, hrsg. von E. Gedo und George H. Pollock (1976), sind die folgenden von besonderer Bedeutung für dieses Kapitel: Gedo und Ernest S. Wolf, »From the History of Introspective Psychology: The Humanist Strain«, S. 11–45; Harry Trosman, »Freud's Cultural Background«, S. 46–70; Gedo und Wolf, »The ›Ich‹ Letters«, S. 71–86; Gedo und Wolf »Freud's *Novelas Ejemplares*«, S. 87–111; Julian A. Miller, Melvin Sabshin, Gedo, Pollock, Leo Sadow und Nathan Schlessinger, »Some Aspects of Charcot's Influence on Freud«, S. 115–132. S. B. Vranich, »Sigmund Freud and ›The Case History of Berganza‹: Freud's Psychoanalytic Beginnings«, in: *Psychoanalytic Review*, LXIII (1976), S. 73–82, stellt eine interessante (etwas extravagante) Behauptung in bezug auf Freuds Rolle als »Psychoanalytiker« in seiner jugendlichen Identifizierung mit Cipio auf, einem der Hunde in Cervantes' *Coloquio de los perros*. Was Freuds Jugendliebe zu Gisela Fluß betrifft, siehe die Abhandlung K. R. Eisslers, »Creativity and Adolescence: The Effect of Trauma on Freud's Adolescence«, in: *The Psychoanalytic Study of the Child*, XXXIII (1978), S. 461–517. Heinz Stanescu veröffentlichte ein frühes Gedicht Freuds in »Ein ›Gelegenheitsgedicht‹ des jungen Sigmund Freud«, in: *Deutsch für Ausländer. Informationen für den Lehrer* (1967), S. 13–16.

Freuds Wien wurde seziert in Ilsa Barea, *Vienna* (1966), einem desillusionierten, ernüchternden Essay über die Stadt, die fälschlich als die Hauptstadt der Fröhlichkeit, des Walzers und der schönen blauen Donau bekannt ist. Arthur Schnitzlers posthume Autobiographie, *Meine Jugend in Wien* (1968), ist voll von scharfen, zitierbaren Bemerkungen. Robert A. Kann, *A History of the Habsburg Empire 1526–1918* (1974, verb. Aufl. 1977), setzt die Stadt in ihren österreichischen und historischen Kontext. A. J. P. Taylor,

The Habsburg Monarchy, 1809–1918: A History of the Austrian Empire and Austria-Hungary (1941, [2]1948), ist Taylor von seiner besten Seite: amüsant, geistreich, eigenwillig. David F. Good, *The Economic Rise of the Habsburg Empire, 1750–1914* (1984), ist eine vernünftige Monographie. William M. Johnston, *The Austrian Mind: An Intellectual and Social History, 1848–1938* (1972), bietet einen nüchternen Überblick über führende Persönlichkeiten des kulturellen Lebens (Wirtschaftsfachleute, Juristen und politische Denker ebenso wie Musiker und bildende Künstler). Johnstons reich illustriertes Bilderbuch *Vienna, Vienna: The Golden Age 1815–1914* (1981, italienische Ausgabe 1980 vorausgegangen), zeigt auf attraktive Weise viel bekanntes, aber auch viel unbekanntes Material. Siehe auch den faszinierenden Katalog einer Ausstellung im Schiller-Nationalmuseum, Marbach: *Jugend in Wien. Literatur um 1900*, hrsg. von Ludwig Greve und Werner Volke (1974). In einer umfangreichen Literatur über Politik ist Richard Charmatz, *Adolf Fischhof. Das Lebensbild eines österreichischen Politikers* (1910), zwar altmodisch, aber besonders informativ. Sehr viel lernen kann man aus Joseph Roths schönem Roman über das zerfallende Reich, *Radetzkymarsch* (1932). Allan Janik und Stephen Toulmin, *Wittgenstein's Vienna* (1973), ein anspruchsvolles Kompendium des intellektuellen Lebens Wiens, tut sich meiner Ansicht nach zu schwer, Verbindungen zwischen völlig verschiedenen Gruppen zu konstruieren. Bezüglich Freuds Absonderung vom größten Teil dieses Wiens siehe den ausgezeichneten Artikel von George Rosen, »Freud and Medicine in Vienna«, in: *Psychological Medicine*, II (1972), S. 332–44, der auch zugänglich ist in *Freud: The Man, His World, His Influence*, hrsg. von Jonathan Miller (1972), S. 21–39. Die meisten anderen kurzen Aufsätze in Millers gut illustriertem Band sind eher knapp. Siehe auch Rupert Feuchtmüller und Christian Brandstätter, *Markstein der Moderne. Österreichs Beitrag zur Kultur- und Geistesgeschichte des 20. Jahrhunderts* (1980), und die ersten Kapitel von David S. Luft, *Robert Musil and the Crisis of European Culture, 1880–1942* (1980).

Schorske, *Fin-de-Siècle Vienna*, ist eine Sammlung eleganter Essays; der beste davon, weit vertretbarer als der über Freud, ist »The Ringstraße, Its Critics, and the Birth of Modern Urbanism«, S. 24–115. Siehe in diesem Zusammenhang auch William J. McGraths erstes Buch, *Dionysian Art and Populist Politics in Austria* (1974). John W. Boyer, *Political Radicalism in Late Imperial Vienna: Origins of the Christian Social Movement, 1848–1897* (1981), erläutert eindrucksvoll mit gelehrter Gründlichkeit die politische Situation, in der Freud bis in seine frühen vierziger Jahre lebte. Kirk Varnedoe, *Vienna 1900: Art, Architecture and Design* (1986), ist ein glänzend illustrierter Ausstellungskatalog, der im Text mit Recht darauf verzichtet, die Maler und Designer dieser Zeit zu idealisieren oder zwischen ihnen und Freud Verbindungen herzustellen, die nicht existierten.

Über die Juden in Wien gibt es viel zuverlässiges modernes Wissen. Siehe vor allem die maßgebliche, prägnante Monographie von Marsha L. Rosenblit, *The Jews of Vienna, 1867–1914: Assimilation and Identity* (1983), und John W. Boyer »Karl Lueger and the Viennese Jews«, in: *Leo Baeck Yearbook*, XXVI (1981), S. 125–41. Gelernt habe ich von Steven Beller, »Fin de Siècle Vienna and the Jews: The Dialectic of Assimilation«, in: *Jewish Quarterly*, XXXIII (1986), S. 28–33, und zu Dank verpflichtet bin ich auch Bellers unveröffentlichtem Manuskript »Religion, Culture and Society in Fin de Siècle Vienna: The Case of the Gymnasien«, das er mich im Sommer 1986 lesen ließ. Siehe auch Wolfdieter Bihl, »Die Juden«, in: *Die Habsburger Monarchie, 1848–1918*, hrsg. von Adam Wandruszka und Peter Urbanitsch, Bd. III, *Die Völker des Reiches* (1980), 2. Teil, S. 890–96. Über jüdischen Liberalismus einschließlich des Liberalismus Freuds siehe Walter B. Simon, »The Jewish Vote in Austria«, in: *Leo Baeck Yearbook*, XVI (1971), S. 97–121. Eine erschütternde Sammlung von Essays über die Juden Wiens – Reminiszenzen, Memoiren, Abhandlungen über den jüdischen Anteil am Berufsleben der Stadt, über die Geschichte der Gemeinde und ihre Vernichtung – ist *The Jews of Austria: Essays on Their Life, History and Destruction*, hrsg. von Josef Fraenkel (1967); unvermeidlich ungleich in der Qualität, erhellt diese Sammlung mehr als ein Jahrhundert jüdischen Lebens. Sie enthält auch einen aufschlußreichen Essay Martin Freuds über seinen Vater mit einigen Bemerkungen über seine Mutter: »Who was Freud?«, S. 197–211. Obwohl Martin Freuds liebevolles, humorvolles und hervorragend brauchbares Buch *Sigmund Freud: Man and Father* (1958) vor allem für das 4. Kapitel relevant ist, bietet es auch gutes Material über Freuds Jugend. Verschiedene Informationen finden sich auch in Johannes Barta, *Jüdische Familienerziehung. Das jüdische Erziehungswesen im 19. und 20. Jahrhundert* (1975); Friedrich Eckstein, »*Alte unnennbare Tage!*« *Erinnerungen aus siebzig Lehr- und Wanderjahren* (1936), und Sigmund Mayer, *Ein jüdischer Kaufmann, 1891–1911, Lebenserinnerungen* (1911). Mayer, *Die Wiener Juden. Kommerz, Kultur, Politik* (1917, ²1918), ist persönlich, von Trauer geprägt, aber aufschlußreich in bezug auf das späte 19. Jahrhundert. Peter G. J. Pulzer, *The Rise of Political Antisemitism in Germany and Austria* (1964), ist ein ausgezeichneter knapper Überblick. Besonders relevant ist das 4. Kapitel, »Austria 1867–1900«.

Was Freuds Dankesschuld an das Denken und die Denker seiner Zeit betrifft, siehe die Abhandlungen von Lucille B. Ritvo, bes. »Darwin as the Source of Freud's Neo-Lamarckianism«, in: *J. Amer. Psychoanal. Assn.*, XIII (1965), S. 499–517; »Carl Claus as Freud's Professor of the New Darwinian Biology«, in: *Int. J. Psycho-Anal.*, LIII (1972), S. 277–83; »The Impact of Darwin on Freud«, in: *Psychoanalytic Quarterly*, XLIII (1974), S. 177–92, und mit Max Schur »The Concept of Development and Evolution in Psychoanalysis«, in: *Development and Evolution of Behavior*, hrsg. von L. R. Aronson et al. (1970), S. 600–619. Freuds Bekannter Friedrich Eckstein berichtet in seinem Buch »*Alte unnennbare Tage!*« von Freuds Wechsel von der Jurisprudenz zur Medizin. Bezüglich Brentanos Einfluß auf Freud siehe – zusätzlich zu McGrath, *Freud's Discovery of Psychoanalysis* – Philip Merlan, »Brentano and Freud«, in: *Journal of the History of Ideas*, VI (1945), S. 375 ff., und Raymond E. Fanchers ausführlichere Abhandlung »Brentano's *Psychology from an Empirical Standpoint* and Freud's Early Metapsychology«, in: *Journal of the History of the Behavioral Sciences*, XIII (1977), S. 207–27. Die Standard-Studie in englischer Sprache über Feuerbach ist Max W. Wartofsky, *Feuerbach* (1977). Bezüglich Freuds Lektüre dieses Denkers siehe Simon Rawidowicz, *Ludwig Feuerbachs Philosophie. Ursprung und Schicksal* (1931), S. 348 ff. Peter Amacher, *Freud's Neurological Education and Its Influence on Psychoanalytic Theory*, Psychological Issues, monograph 16 (1965), ist brauchbar, könnte aber länger sein. Larry Stewart, »Freud before Oedipus«, in: *Journal of the History of Biology*, IX (1976), S. 215–28, ist ziemlich schwach. Substantieller ist Rudolf Brun, »Sigmund Freuds Leistungen auf dem Gebiet der organischen Neurologie«, in: *Schweizer Archiv für Neurologie und Psychiatrie*, XXXVII (1936), S. 200–207.

Was Freuds Lehrer an der medizinischen Fakultät anbetrifft, siehe (neben Rosens Artikel »Freud and Medicine in Vienna«) Erna Leskys monumentales Werk *Die Wiener medizinische Schule im 19. Jahrhundert* (1978), dem jeder verpflichtet sein muß, der sich mit der Wiener Medizin beschäftigt, ferner Dora Stockert Meynert, *Theodor Meynert und seine Zeit: Zur Geistesgeschichte Österreichs in der zweiten Hälfte des 19. Jahrhunderts* (1930); Ernst Theodor Brücke, *Ernst Brücke* (1928), und Sherwin B. Nuland, *The*

Masterful Spirit – Theodor Billroth, The Classics of Surgery Library (1984), S. 3–44.
Julius Wagner-Jauregg, *Lebenserinnerungen*, hrsg. und ergänzt von L. Schönauer und M. Jantsch (1950), enthält einige lebhafte Erwähnungen Freuds.

Die beste Sammlung von Materialien über die umstrittene Kokain-Episode sind die *Cocaine Papers by Sigmund Freud*, hrsg. von Robert Byck (1974) mit Anmerkungen von Anna Freud. Sie enthalten Freuds Publikationen über das Thema und eine gründliche, zuverlässige Einleitung. Siehe auch Siegfried Bernfeld, »Freud's Studies on Cocaine, 1884–1887«, in: *J. Amer. Psychoanal. Assn.*, I (1953), S. 581–613. Hortense Koller Becker, »Carl Koller and Cocaine«, in: *Psychoanalytic Quarterly*, XXXII (1963), S. 309–73, erläutert sorgfältig den Anteil der Freunde Freuds an der Entdeckung des Kokains als Anästhetikum. Peter J. Swales, »Freud, Cocaine, and Sexual Chemistry: The Role of Cocaine in Freud's Conception of the Libido« (Privatdruck 1983), enthält einige charakteristische Spekulationen. Siehe auch Jürgen vom Scheidt, »Sigmund Freud und das Kokain«, in: *Psyche*, XXVII (1973), S. 385–430. E. M. Thornton, *Freud and Cocaine: The Freudian Fallacy* (1983), ist ein Musterbeispiel für die verleumderische Literatur. Es versucht den Leser davon zu überzeugen, daß Freud, »ein falscher und treuloser Prophet« (S. 312), die Psychoanalyse in der Verwirrtheit einer Kokain-Psychose schuf. Der Autor behauptet, daß »die ›unbewußte Psyche‹ nicht existiert, daß seine Theorien unbegründet und irrig waren und, was der größte Mangel an Ehrfurcht ist, daß Freud selbst, als er sie formulierte, unter dem Einfluß einer toxischen Droge mit spezifischen Wirkungen auf das Gehirn stand« (S. 1).

Bezüglich Charcot siehe A. R. G. Owens ziemlich knappes Buch *Hysteria, Hypnosis and Healing: The Work of J.-M. Charcot* (1971). Georges Guillain, *J.-M. Charcot, 1825–1893: His Life – His Work* (1955, engl. von Pearce Bailey, 1959), ist weit substantieller, konzentriert sich aber auf Charcots frühe neurologische Arbeiten auf Kosten seiner späteren Studien über Hysterie. Für diese veröffentlichte Mark S. Micale (dessen Dissertation über Charcot und die männliche Hysterie [Yale 1987] maßgeblich ist) bereits »The Salpêtrière in the Age of Charcot: An Institutional Perspective on Medical History in the Late Nineteenth Century«, in: *Journal of Contemporary History*, XX (1985), S. 703–31. Siehe auch den Artikel von Miller et al., »Some Aspects of Charcot's Influence on Freud.«

II. Die Entstehung der Theorie

Für Freuds schicksalhafte Freundschaft mit Fließ ist natürlich *Freud–Fließ* eine hervorragende Quelle. Max Schur, der in den sechziger Jahren Zugang zu damals noch unveröffentlichten Teilen der Korrespondenz hatte, machte dazu scharfsinnige Bemerkungen in *Sigmund Freud, Leben und Sterben*. Schurs bahnbrechender Artikel »Some Additional ›Day Residues‹ of ›The Specimen Dream of Psychoanalysis‹«, in: *Psychoanalysis – a General Psychology: Essays in Honor of Heinz Hartmann*, hrsg. von Rudolph M. Loewenstein, Lottie M. Newman, Schur und Albert J. Solnit (1966), S. 45–85, ist trotz seines harmlosen Titels explosiv: Indem er den Traum von Irmas Injektion erläutert, wirft er ein ziemlich trübes Licht auf Freuds Vernarrtheit in Fließ. K. R. Eissler, »To Muriel M. Gardiner on Her 70th Birthday«, in: *Bulletin of the Philadelphia Association for Psychoanalysis*, XXII (1972), S. 110–30, ist ein ideenreicher und im besten Sinne sugge-

stiver Essay über Freud und Fließ. Siehe auch Edith Buxbaum, »Freud's Dream Interpretation in the Light of His Letters to Fliess«, in: *Bulletin of the Menninger Clinic*, XV
(1951), S. 197–212. Frank J. Sulloways ausführliches Buch *Freud, Biologist of the
Mind: Beyond the Psychoanalytic Legend* (1979; dt.: *Freud, der Biologist der Seele;
Jenseits der psychoanalytischen Legende*, 1982) leidet an einem gewissen »Overkill«: Es
präsentiert sich als großes enthüllendes Dokument, bringt aber die im wesentlichen alte
Neuigkeit, daß Freuds Theorie einen biologischen Hintergrund habe. Die Kapitel 5 und
6, die Freuds Abhängigkeit von Fließ und was Sulloway »die Psychophysik des 19. Jahrhunderts« nennt, analysieren, sind jedoch wertvoll. Patrick Mahony, »Friendship and
Its Discontents«, in: *Contemporary Psychoanalysis*, XV (1979), S. 55–109, ist eine
gründliche Untersuchung Freuds in den 1890er Jahren unter besonderer Berücksichtigung des deutschen Materials. Erik H. Erikson, »The Dream Specimen of Psychoanalysis«, in: *J. Amer. Psychoanal. Assn.*, II (1954), S. 5–56, untersucht hauptsächlich den
Irma-Traum, kommentiert aber auch die Verbindung Freud–Fließ. Peter J. Swales,
»Freud, Fliess, and Fratricide: The Role of Fliess in Freud's Conception of Paranoia«
(Privatdruck 1982), geht so weit anzudeuten, daß Freud versucht haben könnte, Fließ
während ihres letzten »Kongresses« im Jahre 1900 zu ermorden. George F. Mahl, »Ex-
plosions of Discoveries and Concepts: The Freud–Fliess Letters«, Kap. 4 von *A First
Course in Freud*, bisher unveröffentlicht, erörtert diesen Briefwechsel gründlich und
zuverlässig. Die Verschlechterung der Freundschaft zwischen Freud und Fließ hinterließ
ihre Spuren in den Widmungen, die Fließ in seine Bücher schrieb. Als er Freud 1897 seine
Monographie *Die Beziehung zwischen Nase und weiblichen Geschlechtsorganen. In
ihrer biologischen Bedeutung dargestellt* schickte, schrieb er »Seinem teuren Sigmund,
innigst d. V.«. Fünf Jahre später, 1902, schickte er sein Buch *Über den ursächlichen
Zusammenhang von Nase und Geschlechtsorgan* mit der weit kühleren Widmung »Seinem lieben Sigmund!«. (Diese Exemplare befinden sich im Freud Museum, London.)
    Bezüglich Martha Bernays Freud siehe die Biographien ihres Mannes, vor allem *Jo-
nes*, I, und die unveröffentlichten Brief-Fragmente, die ich im Text zitiere. Ein kurzer
Artikel der Frau Martin Freuds, Esti D. Freud, »Mrs. Sigmund Freud«, in: *Jewish Spec-
tator*, XLV (1980), S. 29–31, erwähnt das »heitere Wesen«, das man ihr (nicht ganz
unwidersprochen) nachsagte. Peter Gay, »Six Names in Search of an Interpretation: A
Contribution to the Debate over Sigmund Freud's Jewishness«, in: *Hebrew Union College Annual*, LIII (1982), S. 295–307, läßt etwas von Freuds häuslicher Autorität durchblicken. Unter Studien über Stefan Zweig (über den sich Martha Freud so vernichtend
äußerte) liefert D. A. Prater, *European of Yesterday: A Biography of Stefan Zweig*
(1972), den nötigen Hintergrund.
    Die bei weitem maßgeblichste Studie des Falls der »Anna O.« und Breuers im allge-
meinen ist Albrecht Hirschmüllers erschöpfende (aber nicht ermüdende) Dissertation
Physiologie und Psychoanalyse im Leben und Werk Josef Breuers, Beilage 4 zum *Jahrbuch der Psychoanalyse*, X (1978); sie stellt falsche Vermutungen und zweifelhafte Deutungen zufriedenstellend richtig und erforscht Freuds medizinische Welt. Die Dokumente, die Anna O.'s medizinische Geschichte betreffen, und die von Anna O. selbst
stammenden sind faszinierend. Hirschmüller argumentiert instruktiv mit Julian A. Miller, Melvin Sabshin, John E. Gedo, George H. Pollock, Leo Sadow und Nathan Schlessinger, »The Scientific Styles of Breuer and Freud and the Origins of Psychoanalysis«,
und mit Pollock, »Josef Breuer«, beide in: *Freud, Fusion of Science and Humanism*,
hrsg. von Gedo und Pollock, S. 187–207, 133–63. Paul E. Cranefield, »Josef Breuer's
Evaluation of His Contribution to Psycho-Analysis«, in: *Int. J. Psycho-Anal.*, XXXIX

(1958), S. 319–22, zitiert und analysiert einen interessanten Brief Breuers an Auguste Forel aus dem Jahre 1907, der ein retrospektives Licht auf seine früheren Einstellungen wirft. Henri Ellenberger, »The Story of ›Anna O.‹: A Critical Review with New Data«, in: *Journal of the History of the Behavioral Sciences*, VIII (1972), S. 267–79, korrigiert überzeugend Jones' Mißdeutung des Falles und Freuds falsche Erinnerung daran. Hirschmüller hat auch eine faszinierende Krankengeschichte einer schwer Hysterischen, »Nina R.«, endeckt, die von Freud und Breuer an das Bellevue-Sanatorium in Kreuzlingen überwiesen wurde: »Eine bisher unbekannte Krankengeschichte Sigmund Freuds und Josef Breuers aus der Entstehungszeit der ›Studien über Hysterie‹«, in: *Jahrbuch der Psychoanalyse*, X (1978), S. 136–68. Was die bewundernswerte spätere Karriere Anna O.'s (Bertha Pappenheims) als führende jüdische Feministin und Sozialarbeiterin anbetrifft, siehe Ellen Jensen, »Anna O., A Study of Her Later Life«, in: *Psychoanalytic Quarterly*, XXXIX (1970), S. 269–93. Richard Karpe, »The Rescue Complex in Anna O.'s Final Identity«, in: *Psychoanalytic Quarterly*, XXX (1961), S. 1–24, bringt ihre Neurose mit ihrer späteren Leistung in Verbindung. Lucy Freeman, *The Story of Anna O.*, ist eine populäre Darstellung. S. aber die ausgezeichnete Studie von Marion Kaplan, *The Jewish Feminist Movement in Germany: The Campaign of the Jüdischer Frauenbund, 1904–1938* (1979), die wichtiges Material über B. Pappenheims Karriere enthält.

Bezüglich Freuds Studie über die Aphasien, einen ziemlich vernachlässigten Text, siehe die brauchbare, wenn auch vielleicht zu stark komprimierte Abhandlung von E. Stengel, »A Re-evaluation of Freud's Book ›On Aphasia‹: Its Significance for Psychoanalysis«, in: *Int. J. Psycho-Anal.*, XXXV (1954), S. 85–89. Eine von Freuds frühen hysterischen Patientinnen, »Frau Cäcilie M.«, wurde mit lohnenden Details studiert von Peter J. Swales, »Freud, His Teacher, and the Birth of Psychoanalysis«, in: *Freud, Appraisals and Reappraisals*, hrsg. von Stepansky, I, S. 3–82. Siehe auch Swales' Essay über »Katharina«: »Freud, Katharina and the First ›Wild Analysis‹«, Maschinenschrift eines Vortrags mit zusätzlichem Material (1985). Ola Andersson, »A Supplement to Freud's Case History of ›Frau Emmy v. N.‹ in Studies on Hysteria 1895«, in: *Scandinavian Psychoanalytic Review*, II (1979), S. 5–15, enthält biographisches Material. Siehe auch Else Pappenheim, »Freud and Gilles de la Tourette: Diagnostic Speculations on ›Frau Emmy von N.‹«, in: *Int. Rev. Psycho-Anal.*, VII (1980), S. 265–77, wo die Meinung vertreten wird, daß diese Patientin vielleicht gar keine Hysterische war, sondern (wie Freud selbst eine Zeitlang vermutete) an der Gilles-de-la-Tourette-Krankheit litt.

Freuds »Psychologie für Neurologen«, die unvollendet blieb, wurde zum erstenmal veröffentlicht in *Aus den Anfängen der Psychoanalyse. Briefe an Wilhelm Fließ, Abhandlungen und Notizen aus den Jahren 1887–1902*, hrsg. von Ernst Kris, Marie Bonaparte und Anna Freud (1950). In seiner Einleitung zu dieser ersten, stark beschnittenen Ausgabe der Fließ-Briefe behandelt Ernst Kris den Platz des Projekts in Freuds Denken. Das Projekt wurde gut gewürdigt in Wollheim, *Freud*, bes. Kapitel 2. Isabel F. Knight argumentiert in »Freud's ›Project‹: A Theory for *Studies on Hysteria*«, in: *Journal of the History of the Behavioral Sciences*, XX (1984), S. 340–58, daß das Projekt als Kritik an den Theorien Breuers beabsichtigt war. John Friedman und James Alexander, »Psychoanalysis and Natural Science. Freud's 1895 *Project* Revisited«, in: *Int. Rev. Psycho-Anal.*, X (1983), S. 303–18, ein wichtiger Essay, vertritt die Ansicht, daß Freud zu diesem frühen Datum versuchte, sich von den Zwängen des wissenschaftlichen Diskurses des späten 19. Jahrhunderts freizumachen. Siehe auch über Freuds »Newtonismus« Robert C. Solomon, »Freud's Neurological Theory of Mind«, in: *Freud: A Collection of Critical Essays*, hrsg. von Wollheim, S. 25–52.

Die Diskussion über Freuds sogenannte Verführungstheorie ist von Jeffrey Moussaieff Masson in *The Assault on Truth: Freud's Suppression of the Seduction Theory* (1984; *Was hat man dir, du armes Kind, getan? Sigmund Freuds Unterdrückung der Verführungstheorie,* 1986) verwirrt worden. Der Autor behauptet – absurderweise –, Freud habe diese Theorie aufgegeben, weil er die Isolation vom Wiener medizinischen Establishment nicht ertragen konnte, zu der ihn seine radikalen Ideen verdammt hatten. Man fragt sich, warum Freud, wenn ihm das so angst machte, dann noch beunruhigendere Theorien veröffentlichte wie die über die infantile Sexualität und die Allgegenwart der Perversion. Tatsächlich sind die Gründe, die Freud in seinem Brief an Fließ vom 21. September 1897 (*Freud–Fließ,* S. 283–86) angab, gut und ausreichend. Außerdem bestritt Freud nie die deprimierende Wahrheit, daß die Verführung oder Vergewaltigung junger Mädchen – oder Knaben –, ob versucht oder vollzogen, ein nur zu wirkliches Ereignis war. Er konnte auf eigene Patienten (einschließlich Katharinas) hinweisen. Die üblichen Berichte über Freuds Einstellung zu seiner Verführungstheorie, die in *Jones,* I, bes. S. 313 ff., und von anderen Autoren geliefert werden, behalten ihre Gültigkeit.

Bezüglich Freuds Selbstanalyse, besonders insofern sie seinen Vater betrifft, siehe das schon im Essay für das 1. Kapitel angeführte Material, vor allem *Die Traumdeutung,* Krüll, *Freud und sein Vater,* Anzieu, *L'Auto-analyse de Freud,* und Grinstein, *On Sigmund Freud's Dreams.* Siehe auch George F. Mahl, »Father-Son Themes in Freud's Self-Analysis«, in: *Father and Child: Developmental and Clinical Perspectives,* hrsg. von Stanley H. Cath, Alan R. Gurwitt und John Munder Ross (1982), S. 33–64, und Mahl, »Freud *Father* and *Mother:* Quantitative Aspects«, in: *Psychoanalytic Psychology,* II (1985), S. 99–113. Beide bringen Präzision in ein verworrenes Gebiet. Schurs ausführliche Kommentare in *Sigmund Freud, Leben und Sterben* sind unentbehrlich. *Freud and His Self-Analysis,* hrsg. von Mark Kanzer und Jules Glenn (1979), stellt einige interessante Abhandlungen zusammen, ist aber ein wenig uneinheitlich.

Hatte Freud ein Verhältnis mit seiner Schwägerin Minna Bernays? Der erste, der diese Anklage erhob, scheint Carl G. Jung gewesen zu sein, zuerst privat (wie berichtet wird) und dann 1957 in einem Gespräch mit John M. Billinsky, der es 1969 veröffentlichte: »Jung and Freud (The End of a Romance)«, in: *Andover Newton Quarterly,* X (1969), S. 39–43. Der relevante Abschnitt kommt in Jungs Bericht über seinen ersten Besuch in der Berggasse im Jahre 1907 vor: »Bald lernte ich die jüngere Schwester von Freuds Frau kennen. Sie war sehr hübsch, und sie wußte nicht nur genug über die Psychoanalyse, sondern über alles, was Freud tat. Als ich einige Tage darauf Freuds Laboratorium besuchte, fragte mich Freuds Schwägerin, ob sie mit mir sprechen könne. Sie war sehr beunruhigt durch ihre Beziehung zu Freud und fühlte sich schuldig. Von ihr erfuhr ich, daß Freud in sie verliebt war und daß ihre Beziehung tatsächlich sehr intim war. Es war eine schockierende Entdeckung für mich, und noch jetzt erinnere ich mich an die Qual, die ich damals empfand. Zwei Jahre später wurden Freud und ich an die Clark University in Worcester eingeladen, und wir waren sieben Wochen lang jeden Tag zusammen. Gleich vom Beginn der Reise an fingen wir an, jeder die Träume des anderen zu analysieren. Freud hatte einige Träume, die ihn sehr beunruhigten. Die Träume waren über das Dreieck – Freud, seine Frau und die jüngere Schwester seiner Frau. Freud hatte keine Ahnung, daß ich von dem Dreieck und seiner Beziehung zu seiner Schwägerin wußte. Und als er mir von dem Traum erzählte, in dem seine Frau und ihre Schwester wichtige Rollen spielten, bat ich ihn, mir einige seiner persönlichen Assoziationen mit dem Traum zu erzählen. Er sah mich voll Bitterkeit an und sagte: ›Ich könnte Ihnen mehr sagen, aber ich kann meine Autorität nicht riskieren‹« (S. 42).

Was soll man davon halten? Jung war, wie viele seiner widersprüchlichen autobiographischen Kommentare zeigen, kein zuverlässiger Berichterstatter. Die Geschichte von
Freuds Weigerung, bei der Deutung eines seiner eigenen Träume an Bord des Schiffes zu
helfen, mag stimmen. Jung wiederholte sie mehr als einmal zu Freuds Lebzeiten, einmal
in einem Brief an Freud (Jung an Freud, 3. Dezember 1912. *Freud–Jung*, S. 583 f., 584
Anm.), und Freud hat sie nie bestritten. Aber in manch anderer Hinsicht ist dieser Bericht
außerordentlich seltsam. Freud hatte natürlich kein »Laboratorium«. Sein Sprechzimmer lag neben seinem Arbeitszimmer, und Jung könnte einen dieser beiden Räume gemeint haben, aber der Ausdruck bleibt sonderbar. Außerdem möchte ich sagen, obwohl
solche Urteile natürlich höchst subjektiv sind, daß die Fotografien, die wir besitzen,
nicht zeigen, daß Minna Bernays »sehr hübsch« war. Sie mag tatsächlich nach Freuds
Geschmack gewesen sein, aber es ist höchst unwahrscheinlich, daß Jung, der einen Blick
für weibliche Schönheit hatte, sie wirklich hübsch gefunden haben sollte. Schur, der
Minna Bernays allerdings nur in einem relativ fortgeschrittenen Alter kannte, fand sie
ganz unattraktiv (Gespräch mit Dr. Helen Schur, 3. Juni 1986). Es klingt auch ganz
unwahrscheinlich, daß Minna Bernays eine so intime Angelegenheit einem völlig Fremden anvertraut haben sollte – einem Mann, den sie gerade erst kennengelernt hatte und
der ihr der Religion und Kultur und den beruflichen Interessen nach fremd war. Gewiß,
sie könnte möglicherweise gerade in einem Außenseiter, vor allem einem, der bald wieder abreisen würde, die Person gesehen haben, der sie sich anvertrauen konnte. Aber ich
finde es praktisch unmöglich, mir die Szene vorzustellen.

In jüngerer Zeit hat Peter J. Swales dieselbe Behauptung aufgestellt und Mutmaßun-
gen als erwiesene Tatsachen ausgegeben in »Freud, Minna Bernays, and the Imitation of
Christ« (einem unveröffentlichen Vortrag aus dem Jahre 1982; Fotokopie mit frdl. Ge-
nehmigung von Mr. Swales) und »Freud, Minna Bernays, and the Conquest of Rome.
New Light on the Origins of Psychoanalysis«, in: *New American Review: A Journal of
Civility and the Arts*, I (Frühjahr/Sommer 1982), S. 1 – 23. Swales verwendet, was ich die
»Bernfeldsche Deutungsweise« nennen würde, eine fruchtbare, aber riskante Methode.
Siegfried Bernfeld, der eine Freud-Biographie zu schreiben beabsichtigte und eine Un-
menge Material sammelte, las gewisse Texte Freuds, vor allem »Über Deckerinnerungen« (1899), als verkleidete autobiographische Enthüllungen. So entdeckte er Freuds
jugendliche Vernarrtheit in Gisela Fluß. Sicherlich können vollkommen plausible und
manchmal korrekte Schlüsse aus vielen von Freuds Erklärungen gezogen werden (*Zur
Psychopathologie des Alltagslebens* ist eine besonders reiche Quelle indirekter Selbstenthüllungen); zusammengestellt, bis sie eine zusammenhängende Geschichte erzählen,
können sie ein Gewicht annehmen, daß sie individuell nicht haben würden. Swales
macht das sehr gut, und die psychoanalytische Technik des Grabens unter manifesten
Oberflächen lädt praktisch dazu ein. Indem er sich auf Material aus Freuds »Über Deckerinnerungen«, *Die Traumdeutung* und *Zur Psychopathologie des Alltagslebens* konzentriert, konstruiert Swales eine Sequenz von Ereignissen in Freuds Leben, die er als
Beweis dafür nimmt, daß Freud tatsächlich ein Verhältnis mit seiner Schwägerin hatte.
Wenn eine Feststellung, die Freud über jemand anderen macht, gut auch auf ihn selbst
zutreffen könnte, legt Swales sie als Beweis aus; wenn eine Feststellung nicht paßt, beschuldigt er Freud, das Material zu verschleiern oder schamlos zu täuschen. Er kann
natürlich recht haben: Die Traumarbeit, eine Mischung aus Enthüllung und Verheimlichung, geht etwa so vor sich, und jeder kluge Geschichtenerzähler weiß, daß es die
wirksamste Taktik ist, Wahrheit und Dichtung zu vermischen. Freud *könnte* also ein
Verhältnis mit Minna Bernays gehabt haben.

Ernest Jones' diesbezügliche Kommentare deuten nicht so sehr darauf hin, daß Jungs Geschichte vielleicht wahr wäre, aber doch darauf, daß sie in Umlauf und (zumindest für manche) glaubwürdig genug war, um eine ausdrückliche Widerlegung zu verdienen. Freilich, Jones drückt sich in dieser Sache mit solcher Entschiedenheit aus, daß sich Mißtrauische fragen könnten, ob er nicht ein wenig zu defensiv ist. So nennt er Freud »ungewöhnlich monogam«, einen Mann, der »auf seine Umgebung immer den Eindruck eines ungewöhnlich sauberen – man könnte sagen eines ›puritanischen‹ Menschen machte« (*Jones*, I, S. 171, 319). In seiner Kritik an Puners Freud-Biographie fühlte er sich gezwungen, einige Worte über Freuds »Eheleben« zu sagen, »da darüber merkwürdige Legenden umzugehen scheinen ... Bestimmt war seine Frau in seinem Liebesleben die einzige Frau überhaupt, und immer kam sie für ihn vor allen anderen Sterblichen ... [Minna Bernays'] scharfe Zunge gab Anlaß zu vielen Epigrammen, die in der Familie hochgehalten wurden. Freud schätzte ihre Unterhaltung zweifellos, aber zu sagen, sie habe in seinem Gefühl irgendwie ihre Schwester ersetzt, ist einfach Unsinn« (*Jones*, II, S. 453 f.). Auch Clark (siehe seinen *Freud*, S. 68) hat das Beweismaterial, vor allem das Jung-Interview, geprüft und verwirft es als höchst unwahrscheinlich.

Die Freud Collection in der Library of Congress enthält ein Päckchen von Briefen zwischen Freud und Minna Bernays, die vor ihrer Freigabe noch genau geprüft wurden. Während dieses Buch entstand, waren sie noch nicht zugänglich. Seit September 1988 könnnen sie vom Publikum eingesehen werden. Ich konnte als einer der ersten diese fragmentarische Korrespondenz lesen. Über die Briefe habe ich im Literaturteil der *New York Times* geschrieben, unter dem Titel »Sigmund Freud and Minna? The Biographer as Voyeur« (29. Januar 1989, S. 1, 43 ff.). Wichtige Stellen dieser Korrespondenz konnte ich in die deutsche Ausgabe dieses Buches einarbeiten. Ich war durch sie nicht gezwungen, meine Meinung zu ändern. Angesichts der Unvollständigkeit des Beweismaterials kann man nicht dogmatisch sein – ich jedenfalls kann es nicht. Freud schrieb Minna Bernays einige leidenschaftliche Briefe, während er mit ihrer Schwester verlobt war, aber das scheint mir die Jung-Swales-Theorie, anstatt sie zu erhärten, nur um so weniger wahrscheinlich zu machen. Wenn zuverlässige unabhängige Beweise (im Gegensatz zu Vermutungen und klugen Ketten von Schlüssen) dafür auftauchen sollten, daß Freud wirklich eine Affäre mit seiner Schwägerin hatte und sogar (wie Swales ausführt) eine Schwangerschaftsunterbrechung vornehmen ließ, werde ich meinen Text entsprechend revidieren. Einstweilen muß ich die überlieferte, weniger skandalöse Ansicht von Freud als korrekt akzeptieren.

III. Die Psychoanalyse

Für die Entstehung der *Traumdeutung* sind natürlich die Briefe *Freud–Fließ* von unvergleichlichem Wert. Siehe auch hier wieder bezüglich einer detaillierten Untersuchung seiner Träume, die Freud im Buch verwendet, Anzieu, *L'Auto-analyse de Freud*, und Grinstein, *On Sigmund Freud's Dreams*. Freuds Traumtheorie wird ferner untersucht in Fisher und Greenberg, *Scientific Credibility of Freud's Theories*, 2. Kap. (eine gute, ausführliche Diskussion), und in *Jones*, I, und anderen biographischen Studien, die ich bereits angeführt habe. Aus den im Essay zum 1. Kapitel angeführten Gründen kann ich McGraths »politische« Interpretation Freuds in *Freud's Discovery of Psychoanalysis* nicht akzeptieren, aber ich habe viele seiner Deutungen von Freuds Träumen subtil gefunden. Siehe auch Ella Freeman Sharpe, *Dream Analysis* (1937, [2]1978), einen eleganten Text von einer hervorragenden englischen Laienanalytikerin; Bertram D. Lewins suggestiven Freud-Vortrag *Dreams and the Uses of Regression* (1958) und mehrere frühe Abhandlungen von Ernest Jones, gesammelt in seinen *Papers on Psycho-Analysis* (3. Aufl. 1923) und zusammen interessant als Hinweise darauf, wie die Traumdeutung den psychoanalytischen Beruf durchdrang: »Freud's Theory of Dreams« (1910), S. 212—46; »Some Instances of the Influence of Dreams on Waking Life« (1911), S. 247—54; »A Forgotten Dream« (1912), S. 255—65; »Persons in Dreams Disguised as Themselves« (1921), S. 266—69, und »The Relationship between Dreams and Psychoneurotic Symptoms« (Vortrag aus dem Jahre 1911), S. 270—92.

Zu den neueren Abhandlungen gehören ein Überblick von D. R. Hawkins, »A Review of Psychoanalytic Dream Theory in the Light of Recent Psycho-Physiological Studies of Sleep and Dreaming«, in: *British Journal of Medical Psychology*, XXXIX (1966), S. 85—104, und ein lohnender Aufsatz von Leonard Shengold, »The Metaphor of the Journey in ›The Interpretation of Dreams‹«, in: *American Imago*, XXIII (1966), S. 316—31. Ein kurzer, lesbarer und eklektischer Essay des Analytikers Charles Rycroft, *The Innocence of Dreams* (1979), bietet einen Überblick über die neuere Literatur und beschränkt sich nicht auf psychoanalytische Arbeiten. Die Forschung über Träume geht weiter: eine interessante Theorie, die zugegebenermaßen sehr provisorisch ist (und Freud ausdrücklich kritisiert), bieten Francis Crick und Graeme Mitchison, »The Function of Dream Sleep«, in: *Nature*, CCCIV (1983), S. 111—14, die behaupten, der REM-Schlaf sei dazu bestimmt, »unerwünschte Arten von Interaktion in Zellnetzwerken in der Gehirnrinde« zu beseitigen. Siehe auch James L. Fosshage und Clemens A. Loew, Hrsg., *Dream Interpretation: A Comparative Study* (1978), und Liam Hudson, *Night Life: The Interpretation of Dreams* (1985), in dem dieser Psychologe ein eigenes Deutungsschema anbietet. Ein anderes gewinnbringendes Werk in der Literatur, die Freuds Traumbuch hervorgebracht hat, Walter Schönau, *Sigmund Freuds Prosa. Literarische Elemente seines Stils* (1968), enthält interessantes und meiner Ansicht nach überzeugendes Material (S. 53—89) über die Motti, die Freud für seine *Traumdeutung* ablehnte, und über das eine, das er verwendete. Erikson, »The Dream Specimen of Psychoanalysis«, ist eine interessante lange Abhandlung über den Irma-Traum. Siehe auch A. Keiper und A. A. Stone, »The Dream of Irma's Injection: A Structural Analysis«, in: *American Journal of Psychiatry*, CXXXIX (1982), S. 1225—34. Andere nützliche Abhandlungen über Freuds Träume sind der kurze Aufsatz von Leslie Adams, »A New Look at Freud's Dream ›The Breakfast Ship‹«, in: *American Journal of Psychiatry*, CX (1953), S. 381—84; der verdientermaßen gut bekannte Aufsatz von Eva M. Rosenfeld, »Dream and Vision: Some Remarks on Freud's Egyptian Bird Dream«, in: *Int. J. Psycho-Anal.*, XXXVIII (1956), S. 97—105, und noch einmal Buxbaum, »Freud's Dream Interpretation in the Light of His Letters to Fliess« (der schon im Essay für das 2. Kapitel zitiert wurde).

Die Art von Autobiographie, die im 19. Jahrhundert eine ungewöhnliche Blüte erlebte und zu der Freuds Darbietung auf ihre eigene, einzigartige Weise gehört, zieht eine zunehmende Zahl von Gelehrten an. Ich erwähne hier nur einige der interessantesten neueren Titel: Jerome Hamilton Buckley, *The Turning Key: Autobiography and the Subjective Impulse since 1800* (1984), von dem ich sehr viel gelernt habe; William C. Spengemann, *The Forms of Autobiography: Episodes in the History of a Literary Genre* (1980), das im letzten Kapitel einige Beispiele des 19. Jahrhunderts behandelt;

Linda H. Peterson, *Victorian Autobiography: The Tradition of Self-Interpretation* (1986), das konzentrierter ist; A. O. J. Cockshut, *The Art of Autobiography in Nineteenth and Twentieth Century England* (1984), das voll kluger Kommentare ist, und Avrom Fleishman, *Figures of Autobiography: The Language of Self-Writing* (1983).

Direkt zu Freuds Werk: Für Freuds eigene Ideen in diesen Jahren haben wir die wertvolle Studie von Kenneth Levin, *Freud's Early Psychology of the Neuroses: A Historical Perspective* (1978). Unter den Historikern herrscht kein Konsens über die Wissenschaft von den Geisteskrankheiten oder über Irrenhäuser im 19. Jahrhundert. Diese Themen haben in jüngerer Zeit viel Aufmerksamkeit auf sich gezogen und Debatten ausgelöst, nicht zuletzt dank Michel Foucaults (meiner Ansicht nach stimulierendem, aber unheilvollem) radikalem Revisionismus. Ich denke vor allem an Foucaults einflußreiches Werk *Madness and Civilization: A History of Insanity in the Age of Reason* (1965; franz. Originalausgabe 1961; dt.: *Wahnsinn und Gesellschaft. Eine Geschichte des Wahns im Zeitalter der Vernunft*, 1973). Lancelot Law Whyte, *The Unconscious before Freud* (1960, Paperback 1962), ist ein kurzer, aber hilfreicher Überblick. Weit umfassender ist Henri F. Ellenberger, *The Discovery of the Unconscious: The History and Evolution of Dynamic Psychiatry* (1970; dt.: *Die Entdeckung des Unbewußten*, 1985), ein ziemlich angeschwollenes, aber gründlich recherchiertes Werk von 900 Seiten mit langen Kapiteln über die frühe Geschichte der Psychologie und über Jung, Adler und Freud. Obwohl alles andere als elegant und eigensinnig, nicht immer zuverlässig in seinen raschen Urteilen (so wird z. B. Freud als der Inbegriff des Wieners bezeichnet), ist es eine reiche Informationsquelle. Robert M. Young, *Mind, Brain and Adaptation in the Nineteenth Century: Cerebral Localization and Its Biological Context from Gall to Ferrier* (1970), ist ein kleiner moderner Klassiker. Es gibt eine schöne Anthologie, *Madhouses, Mad-Doctors and Madmen: The Social History of Psychiatry in the Victorian Era*, hrsg. von Andrew Scull (1981). Ohne einige Beiträge auf Kosten der anderen hervorzuheben, kann ich sagen, daß ich am meisten gelernt habe von William F. Bynum, Jr., »Rationales for Therapy in British Psychiatry«, S. 35–57, und von Michael J. Clark, »The Rejection of Psychological Approaches to Mental Disorder in Late Nineteenth-Century British Psychiatry«, S. 271–312. Eine andere faszinierende Anthologie, die Foucaults Einfluß zeigt, aber alles Sensationelle meidet, ist *The Anatomy of Madness: Essays in the History of Psychiatry*, Vol. I, *People and Ideas*, und Vol. II, *Institutions and Society*, hrsg. von Bynum, Roy Porter und Michael Shepherd (1985). Raymond E. Fancher, *Pioneers of Psychology* (1979), behandelt klar und mit sparsamen Mitteln die Geschichte der Psychologie von René Descartes bis B. F. Skinner. J. C. Flugel, *A Hundred Years of Psychology: 1833–1933* (1933), umfaßt ein weites Gebiet, zwangsläufig auf die knappste Weise. Siehe auch Clarence J. Karier, *Scientists of the Mind: Intellectual Founders of Modern Psychology* (1986), mit objektiven Kapiteln über zehn moderne Psychologen von William James bis Otto Rank, nicht zu vergessen Freud, Adler und Jung. Gerald N. Grob, Hrsg., *The Inner World of American Psychiatry, 1890–1940: Selected Correspondence* (1985), ist gut ausgewählt und angemerkt. Siehe auch Kenneth Dewhurst, *Hughlings Jackson on Psychiatry* (1982), eine ausgezeichnete kurze Monographie, und *Essays in the History of Psychiatry*, hrsg. von Edwin R. Wallace IV und Lucius C. Pressley (1980), eine nützliche Sammlung von Aufsätzen über George M. Beard (von Eric T. Carlson) und andere. Steven R. Hirsch und Michael Shepherd, *Themes and Variations in European Psychiatry: An Anthology* (1974), haben neben anderem Material aus der Zeit vor dem Ersten Weltkrieg Abhandlungen von Emil Kraepelin, Karl Bonhoeffer und anderen gesammelt. Barry Silverstein, »Freud's Psychology and Its Organic Foundations: Sexuality and Mind-Body Interactionism«, in: *Psychoanalytic Review*, LXXII (1985), S. 203–28, legt erfolgreich dar, daß der Einfluß der neurologischen Ausbildung Freuds nicht übertrieben werden sollte und daß die Psychoanalyse, obwohl sie die Wechselwirkung zwischen Seele und Körper nicht aufgibt, auf der Unabhängigkeit des Seelischen besteht. Ein faszinierender moderner Versuch eines Analytikers, psychoanalytische mit neurologischen Theorien zu verbinden, ist Morton F. Reiser, *Mind, Brain, Body: Toward a Convergence of Psychoanalysis and Neurobiology* (1986). Und siehe auch R. W. Angel, »Jackson, Freud and Sherrington on the Relation of Brain and Mind«, in: *American Journal of Psychiatry* (1961), S. 193–97. Anne Digby, *Madness, Morality and Medicine: A Study of the New York Retreat, 1796–1914* (1986), ist eine gute spezielle Studie, die anderen als Vorbild dienen sollte. Ebenso exemplarisch sind die Schriften von Janet Oppenheim, vor allem »The Diagnosis and Treatment of Nervous Breakdown: A Dilemma for Victorian and Edwardian Psychiatry«, in: *The Political Culture of Modern Britain. Studies in Memory of Stephen Koss*, hrsg. von J. M. W. Bean (1987), S. 75–90, und ihre Monographie *The Other World: Spiritualism and Psychical Research in England, 1850–1914* (1985).

K. R. Eissler, *Sigmund Freud und die Wiener Universität. Über die Pseudo-Wissenschaftlichkeit der jüngsten Wiener Freud-Biographik* (1966), ist die maßgebliche Studie über Freuds langsame Erlangung der Professur; sie beweist in einer temperamentvollen Polemik gegen zwei österreichische Forscher, Joseph und Renée Gicklhorn, daß Freuds Ernennung zum Professor tatsächlich jahrelang hinausgezögert wurde.

Die eingehendste, extrem negative Untersuchung von Freuds These, daß die seelische Ordnung in gewöhnlichen Versprechern und ähnlichen Symptomhandlungen enthüllt wird, ist Sebastiano Timpanaro, *Il Lapsus Freudiano* (1974, übers. ins Engl. von Kate Soper 1975), das eine Beschäftigung wert ist, obwohl ich es nicht überzeugend finde.

Freud über Sexualität ist wahrscheinlich noch gründlicher erforscht worden als Freud über Träume. Bezüglich einer Untersuchung der respektablen Sexualität, Normen und Realitäten des 19. Jahrhunderts, von denen Freud sowohl ein Teil als auch ein Kritiker war, siehe Peter Gay, *Education of the Senses* (1984; dt.: *Erziehung der Sinne; Sexualität im bürgerlichen Zeitalter*, 1986), und den Begleitband *The Tender Passion* (1986; dt.: *Die zarte Leidenschaft; Liebe im bürgerlichen Zeitalter*, 1987), Bd. I und II von *The Bourgeois Experience: Victoria to Freud*. Diese porträtieren die »viktorianische« Bourgeoisie als weit weniger heuchlerisch, weit weniger unter Verdrängung leidend, als ihre Kritiker behauptet haben. Siehe auch den aufschlußreichen, umfassenden Aufsatz von Stephen Kern, »Freud and the Discovery of Child Sexuality«, in: *History of Childhood Quarterly: The Journal of Psychohistory*, I (Sommer 1973), S. 117–41; er sollte zusammen mit Kern, »Freud and the Birth of Child Psychiatry«, in: *Journal of the History of the Behavioral Sciences*, IX (1973), S. 360–68, gelesen werden. Siehe auch Sterling Fishman, »The History of Childhood Sexuality«, in: *Journal of Contemporary History*, XVII (1982), S. 269–83, nützlich, aber schwächer als Kern. Es gibt einen Überblick über die zeitgenössische medizinische Meinung in K. Codell Carter, »Infantile Hysteria and Infantile Sexuality in Late Nineteenth-Century German-Language Medical Literature«, in: *Medical History*, XXVII (1983), S. 186–96. Freuds Ansicht über die Ehe wird diskutiert in John W. Boyer, »Freud, Marriage, and Late Viennese Liberalism: A Commentary from 1905«, in: *Journal of Modern History*, L (März 1978), S. 72–102, mit einer wichtigen Aussage Freuds im deutschen Original.

IV. Skizze eines belagerten Gründers

Für meine Skizze Freuds im Alter von fünfzig Jahren schöpfte ich aus allen schon
erwähnten relevanten Biographien, Monographien und Erinnerungen, aus seiner veröffentlichten und unveröffentlichten Korrespondenz, aus Anna Freuds wichtigen Briefen an Ernest Jones (in Jones papers, Archives of the British Psycho-Analytical Society, London) und aus den unveröffentlichten Erinnerungen von Freuds Analysand,
dem Psychoanalytiker Ludwig Jekels (in Siegfried Bernfeld papers, container 17, LC).
Jones, Schur, Sachs und vor allem Martin Freud sind unentbehrlich. Für Freuds Wohnung sind die Fotografien von Edmund Engelman in *Berggasse 19: Sigmund Freud's
Home and Office, Vienna 1938* (1976) maßgeblich. Diese Fotografien, die im Mai
1938 aufgenommen wurden, zeigen Freuds Sprechzimmer so, wie er es neu anord-
nete, als er auf einem Ohr beinahe taub geworden war. Siehe auch meine Einführung
zu diesem Bildband »Freud: For the Marble Tablet«, S. 13−54, und die revidierte
Fassung »Sigmund Freud: A German and His Discontents«, in: Gay, *Freud, Jews and
Other Germans: Masters and Victims in Modernist Culture* (1978; dt.: *Freud, Juden
und andere Deutsche; Herren und Opfer in der modernen Kultur*, 1986), S. 29−92.
Rita Ransohoffs Legenden zu Engelmans Bildern sind nur mäßig hilfreich; ein professioneller Katalog der Besitztümer Freuds, vor allem seiner Antiquitäten, ist ein Desiderat. Siehe auch die gedankenvollen Kommentare eines frühen vertrauten Freundes,
Max Graf, »Reminiscences of Professor Sigmund Freud«, in: *Psychoanalytic Quarterly*, XI (1942), S. 465−77; Ernst Waldinger, »My Uncle Sigmund Freud«, in: *Books
Abroad*, XV (Winter 1941), S. 3−10, und ein Interview von Richard Dyck mit einem
anderen Neffen, Harry Freud, »Mein Onkel Sigmund«, in: *Aufbau* (New York),
11. Mai 1956, S. 3−4. Bruno Goetz, »Erinnerungen an Sigmund Freud«, in: *Neue
Schweizer Rundschau*, XX (Mai 1952), S. 3−11, ist kurz, aber reizend und rührend.
Auszüge aus einer Anzahl dieser Erinnerungen und aus vielen anderen wurden fleißig
gesammelt in *Freud As We Knew Him*, hrsg. von Hendrik M. Ruitenbeek (1937), einer sehr umfassenden Anthologie. Was Freuds musikalischen Geschmack (besonders
an der Oper) anbetrifft, habe ich eine umfangreiche Literatur durchgesehen. Ich hebe
hervor Paul Robinsons faszinierendes und überzeugendes Werk *Opera and Ideas
from Mozart to Strauss* (1985), das argumentiert, daß Musik Ideen vermitteln *kann*.
Bezüglich Karl Kraus siehe vor allem Edward Timms, *Karl Kraus, Apocalyptic Satirist: Culture and Catastrophe in Habsburg Vienna* (1986), eine gelehrte Biographie,
die weitverbreitete Mißdeutungen der Beziehungen Freuds zu Wiens berühmtester
literarischer »Stechfliege« sorgfältig korrigiert.

Bezüglich Freuds früher Anhänger siehe Franz Alexander, Samuel Eisenstein und
Martin Grotjahn, Hrsg., *Psychoanalytic Pioneers* (1966), eine reichhaltige, aber sehr
unterschiedliche Anthologie, die Material enthält, das sonst nirgends zugänglich ist.
Die biographischen Kommentare der vier Bände der *Protokolle* der Wiener Psychoanalytischen Vereinigung, die Freuds Kreis betreffen, sind zwar durchaus informativ,
aber viel zu kurz. Lou Andreas-Salomé, *In der Schule bei Freud. Tagebuch eines Jahres, 1912/13*, hrsg. von Ernst Pfeiffer (1958), ist kraftvoll und scharfsichtig. Einem
der wichtigsten unter den Wienern, Otto Rank, wurde mehr als eine bewundernde
Biographie gewidmet: Jesse Taft, *Otto Rank* (1958), und die ausführlichere Studie
von E. James Lieberman, *Acts of Will: The Life and Work of Otto Rank* (1985), die
die Akzente etwas anders setzt als ich in diesem Kapitel und später. Eine knappe, ei-

genwillige und informative Darstellung der Frühzeit der Bewegung in Wien und anderswo ist Ernest Jones' Autobiographie *Free Associations: Memories of a Psychoanalyst* (1959).

Die »Ausländer« könnten eine ausführlichere Behandlung brauchen, als sie bisher erhalten haben. Es gibt keine Biographie von Pfister, aber seine autobiographische Darstellung »Oskar Pfister« in: *Die Pädagogik der Gegenwart in Selbstdarstellungen*, hrsg. von Erich Hahn, 2 Bde. (1926–27), II, S. 161–207, ist ein guter Anfang. Beinahe die vollständige Korrespondenz zwischen Freud und Pfister befindet sich bei den Sigmund Freud Copyrights, Wivenhoe, und zusammen mit den Pfister-Papieren in der Zentralbibliothek Zürich würde sie die Grundlage für eine Biographie bilden. Siehe einstweilen Willi Hoffers Nachruf auf Pfister in: *Int. J. Psycho-Anal.*, XXXIX (1958), S. 615 f., und Gay, *A Godless Jew*, 3. Kapitel. Die Biographie Karl Abrahams von seiner Tochter Hilda Abraham, *Karl Abraham: An Unfinished Biography* (1974), ist eine mutige, aber unvollständige Bemühung. (Die deutsche Übersetzung von Hans-Horst Henschen, *Karl Abraham. Sein Leben für die Psychoanalyse*, 1976, enthält einige im Original zitierte wichtige Briefe Abrahams.) Weit mehr bleibt zu tun. Ernest Jones, eine faszinierende und gut dokumentierte Persönlichkeit, verdient etwas Besseres als Vincent Brome, *Ernest Jones: Freud's Alter Ego* (engl. Ausg. 1982, amer. Ausg. 1983). Die Hauptvorzüge dieser Biographie sind Berichte über Gespräche mit Jones und reichliche Zitate von Texten aus den Archiven, aber es fehlt ihr das kritische Urteil, und sie bleibt an der Oberfläche. Die anläßlich des hundertsten Geburtstags von Jones veröffentlichten Schriften in *Int. J. Psycho-Anal.*, LX (1979), sind, wie zu erwarten, bewundernd, aber es finden sich auch einige Goldkörner: Katharine Jones, »A Sketch of E. J.'s Personality«, S. 171–73; William Gillespie, »Ernest Jones: The Bonny Fighter«, S. 273–79; Pearl King, »The Contributions of Ernest Jones to the British Psycho-Analytical Society«, S. 280–87, und Arcangelo R. T. D'Amore »Ernest Jones: Founder of the American Psychoanalytic Association«, S. 287–90. Binswanger, *Erinnerungen*, ein Buch, aus dem schon Briefe Freuds an den Autor zitiert wurden, enthält auch Binswangers Antworten. Es gibt viel zu wenig über die hübsche, elegante und geistreiche Joan Riviere, aber wir haben zwei liebevolle Nachrufe von James Strachey und Paula Heimann in *Int. J. Psycho-Anal.*, XLIV (1963), S. 228–30, 230–33. Die vielleicht größte Lücke ist eine vollständige Biographie Ferenczis (oder eine Geschichte des Budapester Intituts). Die besten Quellen sind zur Zeit Michael Balints liebevolle und gut informierte »Einleitung des Herausgebers« zu Sándor Ferenczis *Schriften zur Psychoanalyse*, 2 Bde. (1970), I, S. IX–XXII, und Ilse Grubrich-Simitis, »Six Letters of Sigmund Freud and Sándor Ferenczi on the Interrelationship of Psychoanalytic Theory and Technique«, in: *Int. Rev. Psycho-Anal.*, XIII (1986), S. 259–77, mit guten Anmerkungen und Kommentaren. Paul Harmat, *Freud, Ferenczi und die ungarische Psychoanalyse* (1988), erschien zu spät, um noch berücksichtigt zu werden.

Hannah S. Decker, *Freud in Germany: Revolution and Reaction in Science, 1893–1907* (1977), ist eine beispielhafte Monographie über die frühe Aufnahme Freuds in Deutschland; sie revidiert übermäßige Vereinfachungen in Freuds und Jones' Hinweisen auf diese Aufnahme, ohne in die Falle des Revisionismus um seiner selbst willen zu gehen. Ähnliche Monographien über Freuds frühe Aufnahme anderso wären wünschenswert.

Bezüglich Otto Weiningers, über den sich eine umfangreiche Literatur angesammelt hat, fand ich besonders instruktiv Hans Kohns Broschüre *Karl Kraus, Arthur Schnitzler, Otto Weininger. Aus dem jüdischen Wien der Jahrhundertwende* (1962), die entsprechenden Seiten von Johnstons *The Austrian Mind*, bes. S. 158–62, Paul Biro, *Die Sitt-lichkeitsmetaphysik Otto Weiningers. Eine geistesgeschichtliche Studie* (1927), und Emil Lucka, *Otto Weininger, sein Werk und seine Persönlichkeit* (1905, [2]1921).

V. Psychoanalytische Politik

Es gibt keine Biographie von Jung, die der Freud-Biographie von Jones annähernd vergleichbar wäre. Der Hauptgrund ist die Schwierigkeit, Zugang zu wichtigen Dokumenten zu erlangen. Jungs phantasievolle, sehr verinnerlichte Autobiographie *Erinnerungen, Träume, Gedanken* (1962) trägt ihren Titel mit Recht, denn sie betont die Träume. Wie viele Autobiographien enthüllt sie mehr, als der Autor beabsichtigte. Nicht weniger enthüllend ist die umfangreiche Sammlung von Jungs Aussprüchen, *C. G. Jung Speaking: Interviews and Encounters*, hrsg. von William McGuire und R. F. C. Hull (1977), die seine Autobiographie erweitert, modifiziert und ihr manchmal widerspricht. Es gibt mittlerweile einige recht informative Biographien, hauptsächlich von Menschen, die ihn kannten und ungeheuer bewunderten. Liliane Frey-Rohn, *Von Freud zu Jung; Eine vergleichende Studie zur Psychologie des Unbewußten* ([2]1980), ist typisch für diese Literatur. Siehe unter anderen Biographien E. A. Bennet, *C. G. Jung* (1961), sehr knapp, und, von einer engen Vertrauten, Barbara Hannah, *Jung: His Life and Work. A Biographical Memoir* (1976), das Jungs Mystizismus hervorhebt – und teilt. Die beste Biographie ist Gerhard Wehr, *Carl Gustav Jung; Leben, Werk, Wirkung* (1985). Ellenberger, *Die Entdeckung des Unbewußten*, Kap. 9, ist sehr gründlich. Robert S. Steele, *Freud and Jung: Conflicts of Interpretation* (1982), ist lesenswert. Aldo Carotenuto, *Diario di una segreta simmetria* (engl. 1980, übers. von Arno Pomerans, John Shepley und Krishna Winston, 1982; 2. Aufl. mit zusätzlichem Material 1984), das reichlich Dokumente verwendet, wirft ein trübes und unangenehmes Licht auf Jung, indem es die Geschichte von Jungs brillanter Patientin (und höchstwahrscheinlich Geliebten) erzählt – eine Geschichte, bei der auch Freud nicht besonders gut abschneidet.

Jungs Werke sind leicht zugänglich in umfassenden Ausgaben. Bezüglich der Jahre der Verbindung Jungs mit Freud siehe bes. die in Jung, *Freud und die Psychoanalyse*, gesammelten Schriften (1961, korr. Ausg. 1970), Band IV der *Gesammelten Werke*, und Jung, *The Psychoanalytic Years*, hrsg. von William McGuire (1974), aus den Bänden II, IV und XVII zusammengestellt. Ich habe bereits McGuires bewundernswerte Herausgabe der so wichtigen Korrespondenz zwischen Freud und Jung erwähnt. In der anwachsenden monographischen Literatur fand ich Peter Homans, *Jung in Context: Modernity and the Making of a Psychology* (1979), besonders ideenreich. Edward Glover, *Freud or Jung?* (1956), ist eine für Freud Partei ergreifende – aber meiner Ansicht nach vertretbare – Polemik. Andererseits ist Paul E. Stepansky, »The Empiricist as Rebel: Jung, Freud and the Burdens of Discipleship«, in: *Journal of the History of the Behavioral Sciences*, XII (1976), S. 216–39, nach meinem Urteil zwar sorgfältig und intelligent, aber zu sehr für Jung eingenommen. K. R. Eissler, »Eine angebliche Disloyalität Freuds einem Freunde gegenüber«, in: *Jahrbuch der Psychoanalyse*, XIX (1986), S. 71–88, bietet eine sorgfältig durchdachte Verteidigung von Freuds Verhalten gegenüber Jung im Jahre 1912. Andrew Samuels, *Jung and the Post-Jungians* (1984), verfolgt das Schicksal der Ideen Jungs über dessen Tod hinaus aus einer Jungschen Perspektive. Unter den vielen Besprechun-

gen der Freud-Jung-Korrespondenz hebe ich als am aufschlußreichsten hervor Hans
W. Loewald, »Transference and Counter-Transference: The Roots of Psychoanalysis«,
in: *Psychoanalytic Quarterly*, XLVI (1977), S. 514–27, leicht zugänglich in Loewald,
Papers on Psychoanalysis (1980), S. 405–18; Leonard Shengold, »The Freud/Jung Let-
ters: The Correspondence between Sigmund Freud and C. G. Jung«, in: *J. Amer. Psycho-
anal. Assn.*, XXIV (1976), S. 669–83, und D. W. Winnicott in: *Int. J. Psycho-Anal.*,
XLV (1964), S. 450–55. Zu der umstrittenen Frage des Bruchs zwischen Freud und
Jung siehe Herbert Lehman »Jung contra Freud/Nietzsche contra Wagner«, in: *Int. Rev.
Psycho-Anal.*, XIII (1986), S. 201–9, ein Versuch, Jungs Geistesverfassung zu ergründen. Siehe auch den intelligenten Essay von Hannah S. Decker, »A Tangled Skein: The
Freud-Jung Relationship«, in: *Essays in the History of Psychiatry*, hrsg. von Wallace
and Pressley, S. 103–11.

Freuds Besuch in den Vereinigten Staaten kann weitere Studien lohnen. William
A. Koelsch, »*Incredible Day Dream«: Freud and Jung at Clark*, The Fifth Paul S. Clarkson Lecture (1984), ist kurz und gemeinverständlich, aber autoritativ und beruht auf
gründlicher Kenntnis des Archivmaterials. Nathan G. Hale, Jr., *Freud and the Americans: The Beginnings of Psychoanalysis in the United States, 1876–1917* (1971), eine
gute, detaillierte Studie (bezügl. Freud in Clark University siehe bes. Teil I), stellt den
Besuch in seinen Kontext. Das gleiche gilt für Dorothy Ross, *G. Stanley Hall. The Psychologist as Prophet* (1972), eine sehr ausführliche und verantwortungsvolle Biographie.

Der produktive Stekel erzählt seine Version seines Bruchs mit Freud (oder Freuds
Bruch mit ihm) in der posthum veröffentlichten *The Autobiography of Wilhelm Stekel:
The Life Story of a Pioneer Psychoanalyst*, hrsg. von Emil A. Gutheil (1950). Fritz Wittels' unveröffentlichte Autobiographie, »Wrestling with the Man: The Story of a Freudian« (Maschinenschrift, Fritz Wittels Collection, Box 2, A.A. Brill Library, New York
Psychoanalytic Institute), behandelt Stekel weit freundlicher, als es sich Freud gestattete.
Bezüglich der langen Onanie-Diskussion in der Wiener Pschoanalytischen Vereinigung,
an der Stekel noch teilnahm, siehe bes. Annie Reich, »The Discussion of 1912 on Masturbation and Our Present-Day Views«, in: *The Psychoanalytic Study of the Child*, VI
(1951), S. 80–94. Die beste Adler-Biographie ist Phyllis Bottomes autorisierte Biographie *Alfred Adler: Apostle of Freedom* (1939, [3]1957); sie ist anekdotisch, nicht sehr
gründlich und zeigt, was nicht überrascht, ihren Gegenstand im bestmöglichen Licht.
Paul E. Stepansky, *In Freud's Shadow: Adler in Context* (1983), ist weit anspruchsvoller; sie analysiert gründlich und genau die Beziehung zwischen Freud und Adler einschließlich des entscheidenden Bruches, ist aber geneigt (man beachte Stepanskys Adjektive), die meisten Zweifel in der Kontroverse zu Gunsten Adlers auszulegen. Ellenberger,
Die Entdeckung des Unbewußten, enthält ein wesentliches Kapitel (Kap. 8), das unter
anderem unveröffentlichtes Material ein Manuskript von einem fleißigen Adler-For-
scher enthält: Hans Beckh-Widmanstetter, »Kindheit und Jugend Alfred Adlers bis zum
Kontakt mit Sigmund Freud«. Adlers Schriften sind leicht zugänglich in Taschenbuchausgaben. Bezüglich informativer biographischer Details siehe den einleitenden Essay
von Heinz L. Ansbacher über Adlers zunehmenden Einfluß und die biographische Studie
von Carl Furtmüller, beide in Alfred Adler, *Superiority and Social Interest. A Collection
of Later Writings*, hrsg. von Heinz L. und Rowena R. Ansbacher (1964, [3]1979). Freuds
eigener Bericht, »Zur Geschichte der psychoanalytischen Bewegung« (1914), G. W.,
Bd. 10, S. 43, ist feurig und parteiisch und muß als Polemik gelesen werden, bleibt aber
höchst aufschlußreich. Jones' Autobiographie, *Free Associations*, enthält ebenfalls in-

teressante Seiten über diese Jahre und Kämpfe. Walter Kaufmanns umfassende Studie *Discovering the Mind*, voll. III, *Freud versus Adler and Jung* (1980), stellt Freuds Dispute in einen größeren Zusammenhang.

VI. Therapie und Technik

Die Literatur über Freuds Krankengeschichten ist begreiflicherweise beinahe unüberschaubar. Ebenso begreiflicherweise hat der Fall »Dora« mit seinen unwiderstehlichen Implikationen für die feministische und literarische Deutung die umfangreichste und leidenschaftlichste Literatur hervorgebracht. Was folgt, ist daher nur eine repräsentative Auswahl. Was die Schriften von Psychoanalytikern betrifft, siehe bes. Jules Glenn, »Notes on Psychoanalytic Concepts and Style in Freud's Case Histories« und »Freud's Adolescent Patients: Katharina, Dora and the ›Homosexual Woman‹«, beide in *Freud and His Patients*, hrsg. von Mark Kanzer und Glenn (1980), S. 3–19, 23–47. Derselbe Band enthält auch lesenswerte Abhandlungen von Melvin A. Scharfman, »Further Reflections on Dora«, S. 48–57; Robert J. Langs, »The Misalliance Dimension in the Case of Dora«, S. 58–71; Kanzer, »Dora's Imagery: The Flight from a Burning House«, S. 72–82, und Isidor Bernstein, »Integrative Summary: On the Re-viewings of the Dora Case«, S. 83–91. Siehe auch die Sondernummer der *Revue Française de Psychanalyse*, XXXVII (1973) mit nicht weniger als sieben Abhandlungen, die diesem Fall gewidmet sind. Ferner Alan und Janis Krohn, »The Nature of the Oedipus Complex in the Dora Case«, in: *J. Amer. Psychoanal. Assn.*, XXX (1982), S. 555–78, und Hyman Muslin und Merton Grill, »Transference in the Dora Case«, in: *J. Amer. Psychoanal. Assn.*, XXVI (1978), S. 311–28. Ideenreiche Arbeit über denselben Fall aus der historischen Perspektive wurde geleistet von Hannah S. Decker, »Freud and Dora: Constraints on Medical Progress«, in: *Journal of Social History*, XIV (1981), S. 445–64, und in ihrem geistreichen »The Choice of a Name: ›Dora‹ and Freud's Relationship with Breuer«, in: *J. Amer. Psychoanal. Assn.*, XXX (1982), S. 113–36. Felix Deutschs wohlbekannte (ich hoffe berüchtigte) und unnötig gehässige Untersuchung, die eine Dora mittleren Alters auf die gefühlloseste Weise beschreibt, »A Footnote to Freud's ›Fragment of an Analysis of a Case of Hysteria‹«, in: *Psychoanalytic Quarterly*, XXVI (1957), S. 159–67, ist ein Dokument der Analyse als Aggression. Arnold A. Rogow, »A Further Footnote to Freud's ›Fragment of an Analysis of a Case of Hysteria‹«, in: *J. Amer. Psychoanal. Assn.*, XXVI (1978), S. 331–56, eine gutmütigere Folgeschrift zu Deutsch, wendet sich dem familiären Kontext von Doras Leben zu. Siehe auch die brillanten (wenn auch, wie ich meine, etwas harten) Kommentare in Janet Malcolm, *Psychoanalysis: The Impossible Profession* (1981): sie behauptet (S. 167 f.), daß in dem Pseudonym »Dora« der Name des mythischen Wesens Pandora widerhallt, das mit seiner »Büchse« alle Übel in die Welt brachte.

In Dora's Case: Freud – Hysteria – Feminism, hrsg. von Charles Bernheimer und Claire Kahane (1985), ist eine provokative Anthologie von Essays, die hauptsächlich von Literaturkritikern stammen; die Beiträge sind von höchst unterschiedlichem Wert, und ihre Autoren verfolgen sehr verschiedene Zwecke. Das Buch enthält zwei interessante längere Einleitungen der Herausgeber und lange Auszüge aus Steven Marcus, »Freud and Dora: Story, History, Case History« (ursprünglich erschienen in *Partisan Review* [Winter 1974], S. 12–108, und abgedruckt in seinen *Representations* [1975]),

S. 247−309). Marcus, der darauf bestand, die Krankengeschichte als eine Art von Literatur zu lesen, ist zum Teil verantwortlich für die schwere Last oft willkürlicher Deutungen, die »Dora« nun zu tragen hat.

Der »Kleine Hans« hat weit weniger Beachtung gefunden. Joseph William Slap, »Little Hans's Tonsillectomy«, in: *Psychoanalytic Quarterly*, XXX (1961), S. 259−61, hat eine interessante Hypothese, die Freuds Deutung von Hans' Phobie kompliziert. Martin A. Silverman bietet »A Fresh Look at the Case of Little Hans«, in: *Freud and His Patients*, hrsg. von Kanzer und Glenn, S. 95−120, mit einer ausführlichen Bibliographie über Kindheits-Erlebnisse. Siehe auch in demselben Band Glenns interessanten Aufsatz »Freud's Advice to Hans' Father: The First Supervisory Sessions«, S. 121−34.

Die gründlichste Untersuchung der Krankengeschichte des Rattenmanns, seiner Familie und seiner Neurose und der Unterschiede zwischen Freuds Aufzeichnungen während der Analyse und der veröffentlichten Krankengeschichte ist Patrick J. Mahony, *Freud and the Rat Man* (1986). Elza Ribeiro Hawelka hat eine genaue Transkription des vollständigen deutschen Textes von Freuds Aufzeichnungen vorgenommen und eine französische Übersetzung, Anmerkungen und Kommentare hinzugefügt: *L'homme aux rats. Journal d'une analyse* (1974). Das Manuskript dieser Aufzeichnungen mit Anmerkungen, die sehr nach Freuds späterer Handschrift aussehen, befindet sich unter noch unsortiertem Material in der Library of Congress. Die ziemlich spärlichen Unterstreichungen und Randbemerkungen deuten darauf hin, daß Freud möglicherweise zu diesem Fall zurückkehren wollte, aber es kam kein anderes Manuskript über den Rattenmann ans Licht. Elizabeth R. Zetzel bietet eine interessante psychoanalytische Kritik in »1965: Additional Notes upon a Case of Obsessional Neurosis: Freud 1909«, in: *Int. J. Psycho-Anal.*, XLVII (1966), S. 123−29, die in Verbindung mit dem unmittelbar folgenden Artikel gelesen werden muß: Paul G. Myerson, »Comment on Dr. Zetzel's Paper«, S. 130−42. Siehe auch in *Int. J. Psycho-Anal.* Samuel D. Lipton, »The Advantages of Freud's Technique As Shown in His Analysis of the Rat Man«, LVIII (1977), S. 255−73, und seine Fortsetzung »An Addendum to ›The Advantages of Freud's Technique As Shown in His Analysis of the Rat Man‹«, LX (1979), S. 215 f.; ebenso Béla Grunberger, »Some Reflections on the Rat Man«, LX (1979), S. 160−68. Wie zuvor sind die Beiträge zu *Freud and His Patients*, hrsg. von Kanzer und Glenn, von Interesse, hier vor allem Judith Kestenberg, »Ego Organization in Obsessive-Compulsive Development: The Study of the Rat Man, Based on Interpretation of Movement Patterns«, S. 144−79; Robert J. Langs, »The Misalliance Dimension in the Case of the Rat Man«, S. 215−30, und Mark Kanzer, »Freud's Human Influence on the Rat Man«, S. 231−40. Einer der frühesten Kommentare erschien in Ernest Jones' Abhandlung »Hate and Anal Erotism in the Obsessional Neurosis« (1913) in: Jones, *Papers on Psycho-Analysis* (3. Aufl. 1923), S. 553−61.

Für Freuds Abhandlung über Leonardo da Vinci ist Meyer Schapiro, »Leonardo and Freud: An Art-Historical Study«, in: *Journal of the History of Ideas*, XVII (1956), S. 147−78, mit einem Wort unentbehrlich. K. R. Eisslers Antwort, *Leonardo da Vinci: Psycho-Analytic Notes on the Enigma* (1961), holt weit aus und bietet einige brillante Kommentare, ist aber ein Beispiel für Eisslerschen »Overkill« − ein 350 Seiten starkes Buch, das versucht, einen Artikel von weniger als 30 Seiten zu sezieren. Aus den Büchern über Leonardo hebe ich hervor Kenneth Clark, *Leonardo da Vinci: An Account of His Development as an Artist* (1939, rev. Ausg. 1958), kurz, klar, gut informiert und einfühlsam. Der erste, der auf Freuds Irrtum bezüglich des »Geiers« aufmerksam machte, war Eric Maclagan, »Leonardo in the Consulting Room«, in: *Burlington Magazine*,

XLII (1923), S. 54—57. Edward MacCurdy, Hrsg., *The Notebooks of Leonardo da Vinci* (1939), ist höchst brauchbar.

Die maßgebliche Studie über Schreber, die frühere Arbeiten sorgfältig korrigiert, ist die These von Hans Israëls, *Schreber, Father and Son* (1980; von H. S. Lake aus dem Holländischen übersetzt 1981, weiter modifiziert in der französischen Fassung *Schreber, père et fils*, übers. von Nicole Sels, 1986). Ein besonderer Vorzug von Israëls' Arbeit ist, daß sie Schreber in seine familiäre Umgebung versetzt. Das Buch hat jedoch eine Reihe bahnbrechender Artikel von William G. Niederland nicht ganz überholt. Drei davon sind enthalten in *Freud and His Patients*, hrsg. von Kanzer und Glenn, S. 251—305, und alle sind gesammelt in *The Schreber Case: Psychoanalytic Profile of a Paranoid Personality* (1974). Sie zeigen, daß einige von Schrebers »Erfindungen« wie die Maschinen, die ihn marterten, eine starke Ähnlichkeit mit Geräten aufwiesen, an denen ihn sein Vater festband, als er noch ein Junge war. Zusammen behandeln Israëls und Niederland sowohl die realen als auch die polemischen Aspekte des Falles ausreichend – und eindrucksvoll.

Patrick J. Mahony hat den Wolfsmann in *Cries of the Wolf Man* (1984) so gründlich behandelt wie den Rattenmann und Freuds Stil besondere Aufmerksamkeit gewidmet. (Mahony hat auch eine eigene Studie über diesen Stil geschrieben, *Freud as a Writer* [1982].) Unter den Abhandlungen von Psychoanalytikern über den Fall ist die interessanteste William Offenkrantz und Arnold Tobin, »Problems of the Therapeutic Alliance: Freud and the Wolf Man«, in: *Int. J. Psychoanal.*, LIV (1973), S. 75—78. Harold P. Blum, »The Borderline Childhood of the Wolf Man«, in: *J. Amer. Psychoanal. Assn.*, XXII (1974), S. 721—42, leicht zugänglich in *Freud and His Patients*, hrsg. von Kanzer und Glenn, S. 341—58, behauptet, daß dieser berühmte Analysand stärker gestört war, als es nach Freuds Diagnose den Anschein hatte. Dieser Band enthält auch einen guten Artikel von Mark Kanzer, »Further Comments on the Wolf Man: The Search for a Primal Scene«, S. 359—66. Ruth Mack Brunswick, die den Wolfsmann in den zwanziger Jahren eine Zeitlang analysierte, berichtet über ihn in »Nachtrag zu Freuds Geschichte einer infantilen Neurose« (1928), abgedruckt in *The Wolf Man by the Wolf Man*, hrsg. von Muriel Gardiner (1971), S. 263—307 (dt.: *Der Wolfsmann vom Wolfsmann*). Dieser faszinierende Band enthält auch die Erinnerungen des Wolfsmannes einschließlich seines Berichts über Freud und Gardiners Bericht über die späteren Jahre des Wolfsmannes. J. Harnik begann eine Diskussion, die es wert ist, verfolgt zu werden, indem er Brunswicks Schrift über den Wolfsmann kritisierte: »Kritisches über Mack Brunswicks ›Nachtrag zu Freuds Geschichte einer infantilen Neurose‹«, in: *Int. J. Psycho-Anal.*, XVI (1930), S. 123—27. Brunswicks unmittelbar folgende Antwort ist »Entgegnung auf Harniks kritische Bemerkungen«, S. 128 f. Diese provozierte ihrerseits Harniks »Erwiderung auf Mack Brunswicks Entgegnung«, in: *Int. J. Psycho-Anal.*, XVII (1931), S. 400 ff., auf die in derselben Nummer Brunswicks »Schlußwort«, S. 402, folgte. Karin Obholzer, *Gespräche mit dem Wolfsmann; Eine Psychoanalyse und die Folgen* (1980), bringt einige Gespräche mit dem sehr alten Wolfsmann, die von recht begrenztem Wert sind.

Die meisten späteren Abhandlungen und Bücher von Psychoanalytikern über psychoanalytische Technik können als Kommentare zu Freuds klassischen Schriften betrachtet werden, obwohl natürlich die besten unter ihnen einer gewissen Originalität nicht ermangeln und Verfeinerungen zu Freuds bahnbrechenden Darstellungen einführen. Zu denen, die ich am lehrreichsten fand – ich übergehe eine Anzahl von wichtigen kürzeren Artikeln –, gehören Edward Glover, *Technique of Psycho-Analysis* (1955), klar und kraftvoll geschrieben; Karl Menninger, *Theory of Psychoanalytic Technique* (1958), beneidenswert prägnant, und der glänzende Essay von Leo Stone, ein erweiterter Freud-Vortrag, *Die psychoanalytische Situation* (1973). Ralph R. Greenson, *The Technique and Practice of Psychoanalysis*, vol. I (1967) – es ist nur ein Band erschienen – ist ein gründliches, sehr technisches Lehrbuch mit einer instruktiven Behandlung des Arbeitsbündnisses; es ist hauptsächlich für Kandidaten in psychoanalytischen Instituten gedacht. Viel gelernt habe ich aus Loewalds Reihe von eleganten (subtil revisionistischen) Abhandlungen, die unter dem Untertitel »The Psychoanalytic Process« zusammengefaßt sind in seinen *Papers on Psychoanalysis*. Vor allem sind zu nennen: »On the Therapeutic Action of Psychoanalysis«, S. 221–56; »Psychoanalytic Theorie and the Psychoanalytic Process«, S. 277–301; »The Transference Neurosis: Comments on the Concept and the Phenomenon«, S. 302–14; »Reflections on the Psychoanalytic Process and Its Therapeutic Potential«, S. 372–83, und der anregende, originelle Aufsatz »The Waning of the Oedipus Complex«, S. 384–404. Sándor Ferenczis umstrittene Schriften über die Technik sind erhältlich in den zweibändigen *Schriften zur Psychoanalyse*, hrsg. von Michael Balint. Zu den wertvollsten Schriften über die Technik gehören auch Rudolf M. Loewensteins kurzer Überblick »Developments in the Theory of Transference in the Last Fifty Years«, in: *Int. J. Psycho-Anal.*, L (1969), S. 583–88, und mehrere Beiträge von Phyllis Greenacre, gesammelt in ihrem Werk *Emotional Growth: Psychoanalytic Studies of the Gifted and a Great Variety of Other Individuals*, 2 Bde., durchlaufend paginiert (1971), bes. »Evaluation of Therapeutic Results: Contributions to a Symposium« (1948), S. 619–26; »The Role of Transference: Practical Considerations in Relation to Psychoanalytic Therapy« (1954), S. 627–40; »Re-evaluation of the Process of Working Through« (1956), S. 641–50, und »The Psychoanalytic Process, Transference and Acting Out« (1968), S. 762–76, um nur die wichtigsten zu nennen. Janet Malcolms geistreiches und boshaftes Buch *Psychoanalysis: The Impossible Profession* wurde von Psychoanalytikern (mit Recht) gelobt als zuverlässige Einführung in die analytische Theorie und Technik. Es hat ernsteren Texten gegenüber den Vorzug, ebenso witzig wie informativ zu sein.

VII. Anwendungen und Folgerungen

Freuds Schriften über Ästhetik sind verstreut. *Der Wahn und die Träume in W. Jensens ›Gradiva‹* (1907), G. W., Bd. 7, S. 29, ist nach einigen Hinweisen in Briefen an Fließ und in der *Traumdeutung* sein erster veröffentlichter Versuch, die Psychoanalyse auf die Enträtselung eines literarischen Textes anzuwenden. (Wilhelm Jensens Briefe an Freud über die *Gradiva* sind in *Psychoanalytische Bewegung*, I [1929], S. 207–11, zu finden.) »Der Dichter und das Phantasieren« (1908), G. W., Bd. 7, S. 211, war ein einflußreicher früher Text, eine Fingerübung, die nie zu einer Theorie entwickelt wurde. Siehe auch Freuds Deutung zweier berühmter Szenen, eine in *König Lear*, die andere im *Kaufmann von Venedig*, in »Das Motiv der Kästchenwahl« (1913), G. W., Bd. 10, S. 23. Sein erstes Eindringen in die Biographie eines Künstlers ist natürlich *Eine Kindheitserinnerung des Leonardo da Vinci* (1910), G. W., Bd. 8, S. 127, eine gewagte, in wichtigen Dingen fehlerhafte Erkundung. (Über diese berühmte Abhandlung ist viel zu erfahren aus Schapiros bereits zitiertem schönen Artikel »Leonardo and Freud: An Art-Historical Study«.) Freuds nächstes, anonym veröffentlichtes Unternehmen war »Der Moses des Michelangelo« (1914) mit einem »Nachtrag« (1927), G. W., Bd. 10, S. 171 (bzw. Bd. 14, S. 319). In einer umfangreichen Literatur gibt es einige besonders gewichtige Kommentare über diese Statue in Erwin Panofsky, *Studies in Iconology: Humanistic Themes in the Art of the Renaissance* (1939), 6. Kap. Siehe auch die Bemerkungen in Robert S. Liebert, *Michelangelo: A Psychoanalytic Study of His Life and Images* (1983), 14. Kap. Eine andere umstrittene Abhandlung Freuds ist »Dostojewski und die Vatertötung« (1928), G. W., Bd. 14, S. 397; ein wenig zu wütend (aber nicht ohne Grund) angegriffen von Joseph Frank in »Freud's Case-History of Dostoevsky«, dem Anhang zu seinem *Dostoevsky: The Seeds of Revolt. 1821–1849* (1976), S. 379–91.

Die befriedigendste allgemeine Analyse der komplizierten Einstellung Freuds zu den Künsten, aus der ich viel gelernt habe, ist Jack J. Spectors präzise und scharfsinnige Arbeit *The Aesthetics of Freud: A Study in Psychoanalysis and Art* (1972). Siehe auch Harry Trosman, *Freud and the Imaginative World* (1985), besonders Teil II. Unter den früheren Kunstkritikern, die sich mit Freud beschäftigten, ist wahrscheinlich der interessanteste Roger Fry, der in *The Artist and Psycho-Analysis* (1924) Freud kritisierte, weil er das ästhetische Vergnügen, das auf den formalen Aspekten der Kunst beruht, zu gering veranschlagte – eine Kritik, der Freud zugestimmt hätte.

Viele Psychoanalytiker unter Freuds frühesten Anhängern widerstanden nicht der Versuchung, Dichter und Maler zu psychoanalysieren (manchmal zu Freuds Kummer). Zu den bemerkenswerten und meistgelobten ihrer Bemühungen gehört Karl Abrahams früher Essay *Giovanni Segantini* mit dem Untertitel *Ein psychoanalytischer Versuch* (1911). In »Methodik der Dichterpsychologie«, einem Vortrag, den er am 11. Dezember 1907 in der Psychologischen Mittwoch-Gesellschaft hielt, versuchte der Musikwissenschaftler Max Graf, der Freud einige Jahre lang nahestand, mit einem faszinierenden Vorschlag, seine Kollegen von den traditionellen Pathographien von Künstlern und Schriftstellern abzubringen (siehe *Protokolle*, I, S. 244–49). Dieser Vortrag blieb unveröffentlicht, aber Graf veröffentlichte *Aus der inneren Werkstatt des Musikers* (1911) und *Richard Wagner im »Fliegenden Holländer«. Ein Beitrag zur Psychologie des künstlerischen Schaffens* (1911). Letzteres war zunächst ein Vortrag in der Mittwoch-Gesellschaft. Im Vorwort zollte Graf seinem »ununterbrochenen Gedankenaustausch mit Professor Freud« dankbar seinen Tribut. Eduard Hitschmann, der viele Jahre lang Mitglied des inneren psychoanalytischen Kreises in Wien war, schrieb eine Anzahl »Psychoanalysen« von Dichtern und Romanciers, mehr tastende Versuche als endgültige Forschungen. Ernest Jones wagte sich ebenfalls an die literarische Analyse; er ging von einigen gewichtigen Seiten in der *Traumdeutung* aus in einer Abhandlung von 1910 (die er ständig erweiterte, bis daraus 1949 das Buch *Hamlet und Oedipus* wurde). Der Essay ist streng und, wie ich glaube, wegen seines angeblichen Reduktionismus unangemessen scharf kritisiert worden – er verfolgte das bescheidene Ziel, nur zu erklären, warum Hamlet zögert, Claudius zu töten –, aber Jones' umstrittene Darstellung hat nichts von ihrem Interesse eingebüßt. Otto Rank war unermüdlich in seiner Psychoanalyse von literarischen Figuren und Themen. Das Manuskript, das er bei seinem ersten Besuch bei Freud bei sich hatte, wurde veröffentlicht als *Der Künstler* (1907, 4. erw. Ausg. 1918). *Der Mythos von der Geburt des Helden* ist wahrscheinlich sein bleibender Essay. (Ein anspruchsvolles Gegenstück, das auf 1930 zum erstenmal veröffentlichtes Material zurückgreift, ist Ernst Kris und Otto Kurz, *Legend, Myth, and Magic in the Image of the Artist: A Historical Experiment* [1979].) Aber sein umfangreichstes Unternehmen, von dem Freud offensichtlich viel hielt, ist seine Studie *Das Inzest-Motiv in Dichtung und Sage* (1912, ²1926). Unter Ranks anderen Schriften ist vielleicht am interessantesten sein langer Essay *Der Doppelgänger*, in: *Imago*, III (1914), S. 97–164. Er erscheint auch in einer nützlichen Sammlung von Schriften aus *Imago: Psychoanalytische Literaturinterpretationen*, hrsg. von Jens Malte Fischer (1980); mit einer ausführlichen Einleitung versehen, enthält diese Anthologie auch Schriften von (unter anderen) Hanns Sachs und Theodor Reik. Letzterer führte sich, wie ich im Text berichtete, bei Freud ein mit einer These über Flaubert, die in der Folge als *Flaubert und seine »Versuchung des heiligen Antonius«. Ein Beitrag zur Künstlerpsychologie* (1912) veröffentlicht wurde. Ein einflußreicher Text in »angewandter Analyse« war Marie Bonapartes Psychobiographie *Edgar Poe, étude psychanalytique* (1933); sie ist etwas steif und mechanisch, aber geistreich. Nach einem Jahrzehnt in den Vereinigten Staaten veröffentlichte Hanns Sachs, dieser kultivierte Mitteleuropäer, eine Sammlung von Abhandlungen über Kunst und Schönheit, *The Creative Unconscious: Studies in the Psychoanalysis of Art* (1942), die zu Unrecht vernachlässigt wurde: bes. Kapitel 4, »The Delay of the Machine Age« ist ein suggestives Stück mutmaßlicher Geschichte aus einer Freudschen Perspektive.

Verständlicherweise haben Psychoanalytiker (und psychoanalytisch geschulte Laien) aktiv auf diesem Gebiet weitergearbeitet. Eine kurze Auswahl muß genügen. Um mit den Analytikern zu beginnen: Gilbert J. Roses gehaltvolles Buch *The Power of Form: A Psychoanalytic Approach to Aesthetic Form* (1980) studiert die komplizierte Interaktion des Primär- und Sekundärvorgangs in den Künsten. Der geistvolle britische Psychoanalytiker D. W. Winnicott befaßte sich in einer Reihe seiner Abhandlungen mit der ästhetischen Erfahrung, am anregendsten vielleicht in »Transitional Objects and Transitional Phenomena« (1953), das in einer Fassung, die er eine »Entwicklung« nennt, zugänglich ist in seinem *Playing and Reality* (1971), S. 1–25. Diese Sammlung enthält auch seine wichtige Abhandlung »The Location of Cultural Experience« (1967), S. 95–103. William G. Niederland, »Psychoanalytic Approaches to Artistic Creativity«, in: *Psychoanalytic Quarterly*, XLV (1976), S. 185–212, lohnt ebenso eine genaue Lektüre wie seine frühere Abhandlung »Clinical Aspects of Creativity«, in: *American Imago*, XXIV (1967), S. 6–34. Robert Waelders Freud-Vortrag *Psychoanalytic Avenues to Art* (1965) ist trotz der Kürze des Textes reich an Ideen. John E. Gedo, *Portraits of the Artist: Psychoanalysis of Creativity and Its Vicissitudes* (1983), ist eine Sammlung von Essays, die versuchen, den Geheimnissen des schöpferischen Künstlers näherzukommen. Aus den Bemühungen vieler Psychoanalytiker, eine gründliche Psychobiographie zu schreiben, hebe ich hervor Liebert, *Michelangelo* (siehe oben), nicht unumstritten, aber höchst interessant, und Bernhard C. Meyer, *Josef Conrad: A Psychoanalytic Biography* (1967).

Zu den »Amateuren«: Meredith Ann Skura, *The Literary Use of the Psychoanalytic Process* (1981), ist eine anspruchsvolle Analyse, die vier Hauptthemen der Psychoanalyse – Krankengeschichte, Phantasie, Traum, Übertragung – als mögliche Modelle für Literaturkritik nimmt. Viel habe ich auch gelernt von Elizabeth Dalton, *Unconscious Structure in »The Idiot«: A Study in Literature and Psychoanalysis* (1979), einer kurzen, gewagten Studie, die (wie ich meine, mit Erfolg) versucht, Gestalten in Dostojewskis Roman als wirkliche, analysierbare Wesen zu behandeln. Ellen Handler Spitz, *Art and Psyche: A Study in Psychoanalysis and Aesthetics* (1985), untersucht die Gegenwart des Künstlers in seinem Werk, dessen psychologische Implikationen und die Beziehungen des Künstlers zu seinem Publikum. Zu den anregendsten Studien über dieses letzte Problem – die Aufnahme des Kunstwerks – gehören die von Norman N. Holland, vor allem *Psychoanalysis and Shakespeare* (1966), *The Dynamics of Literary Response* (1968) und *Poems in Persons: An Introduction to the Psychoanalysis of Literature* (1973).

Richard Ellmann, »Freud and Literary Biography«, in: *American Scholar*, LIII (Herbst 1984), S. 465—78, ist zugleich kritisch und, wie zu erwarten, ungemein intelligent. *The Practice of Psychoanalytic Criticism*, hrsg. von Leonard Tennenhouse (1976), sammelt eine Anzahl ziemlich neuer Artikel, hauptsächlich aus *American Imago*. *Literature and Psychoanalysis*, hrsg. von Edith Kurzweil und William Phillips (1983), beginnt mit Freud und geht zur modernen analytischen Kritik über; es enthält auch eine klassische Abhandlung von Lionel Trilling, »Art and Neurosis«, die zuvor in Trilling, *The Liberal Imagination: Essays on Literature and Society* (1950), S. 160—80, erschien. Siehe auch die theoretische Darstellung von Simon O. Lesser, *Fiction and the Unconscious* (1957), zu ergänzen durch die Sammlung von Lessers Schriften, *The Whispered Meanings*, hrsg. von Robert Sprinch und Richard W. Noland (1977).

Philosophen haben dieses Gebiet nicht vernachlässigt. Siehe bes. Richard Wollheim, *On Art and the Mind* (1974), und die bereits zitierte Anthologie *Philosophical Essays on Freud*, hrsg. von Wollheim und Hopkins. Richard Kuhns, *Psychoanalytic Theory of Art: A Philosophy of Art on Developmental Principles* (1983), schöpft aus Ichpsychologen wie Heinz Hartmann und Objektbeziehungs-Theoretikern wie D. W. Winnicott, um eine anregende Integration aller Dimensionen der künstlerischen Produktivität zu schaffen. In *Art and Act: On Causes in History – Manet, Gropius, Mondrian* (1976) habe ich versucht, die künstlerische Schöpfung innerhalb des Netzwerks von privater, handwerklicher und kultureller Erfahrung zu zeigen. *Freud for Historians* (1985), meine Bemühung, meine Historikerkollegen davon zu überzeugen, daß die Psychoanalyse produktiv in meinem Beruf angewandt werden sollte und sicher angewandt werden kann, ist, soviel ich sehen kann, weitgehend auf steinigen Boden gefallen. Auf der ermutigenden Seite hebe ich hervor Peter Loewenberg, *Decoding the Past: The Psychohistorical Approach* (1983), eine Reihe von Abhandlungen über Theorie und Anwendung (die meisten gehen meiner eigenen Arbeit voraus) von einem psychoanalytisch geschulten Historiker. Das 1. Kapitel, »Psychohistory: An Overview of the Field«, S. 9—14, bietet einen Überblick über das Territorium, während die folgenden Kapitel, die Beispiele für die psychoanalytische Methode bringen, mehrere über österreichische Geschichte einschließen: »Theodor Herzl: Nationalism and Politics«, S. 101—35; »Victor and Friedrich Adler: Revolutionary Politics and Generational Conflict in Austro-Marxism«, S. 136—60, und »Austro-Marxism and Revolution: Otto Bauer, Freud's ›Dora‹ Case and the Crises of the First Austrian Republic«, S. 161—204, ein Kapitel von besonderer Relevanz für diese Biographie. Saul Friedländer, *History and Psychoanalysis: An Inquiry into the Possibilities and Limits of Psychohistory* (1975), ist ein Muster an rationaler Argumentation.

Für *Totem und Tabu* bietet Edwin R. Wallace IV, *Freud and Anthropology: A History and a Reappraisal* (1983), einen ausgezeichneten, verständnisvollen Überblick. Alfred R. Kroebers zwei berühmte Besprechungen von Freuds Buch (die zweite weniger vernichtend als die erste) verdienen eine neuerliche Lektüre: »*Totem and Taboo:* An Ethnologic Psychoanalysis«, in: *American Anthropologist*, XXII (1920), S. 48—55, und »*Totem and Taboo* in Retrospect«, in: *American Journal of Sociology*, LV (1939), S. 446—57. Dasselbe gilt für die geistreiche Behandlung von R. R. Marett, »Psycho-Analysis and the Savage«, in: *Athenaeum* (1920), S. 205 f. Suzanne Cassirer Bernfeld, »Freud and Archeology«, in: *American Imago*, VIII (1951), S. 107—28, ist eine reiche Quelle, aus der andere geschöpft haben. Der überzeugendste neuere Versuch, Freuds Hauptargument (wenn auch nicht die historische Realität des Urverbrechens) zu retten, ist Derek Freeman, »Totem and Taboo: A Reappraisal«, in: *Man and His Culture: Psychoanalytic Anthropology after »Totem and Taboo«*, hrsg. von Warner Muensterberger (1970), S. 53—78. Sandor S. Feldman, »Notes on the ›Primal Horde‹«, in: *Psychoanalysis and the Social Sciences*, hrsg. von Muensterberger, I (1947), S. 171—93, ist ein relevantes Gegenstück. Siehe auch Robin Fox, »*Totem and Taboo* Reconsidered«, in: *The Structural Study of Myth and Totemism*, hrsg. von Edmund Leach (1967), S. 161—78. Ich muß auch den brillanten Essay von Melford E. Spiro, *Oedipus in the Trobriands* (1982), erwähnen, die psychoanalytisch informierte Widerlegung eines Anthropologen der Skepsis Malinowskis bezüglich der Anwendbarkeit von Freuds Ideen auf die Trobriand-Insulaner – ganz auf Malinowskis eigenes Material gestützt.

Da Freud die Idee des Charakters – dieses organisierten Bündels von Gewohnheiten und Fixierungen – nie voll entwickelte, besteht die Neigung, auf seine frühen Erklärungen zurückzugreifen, auf die kurze, wichtige Abhandlung »Charakter und Analerotik« (1908) und auf das acht Jahre später unter dem Sammeltitel »Einige Charaktertypen aus der psychoanalytischen Arbeit«, G. W., Bd. 10, S. 363, veröffentlichte Trio von Abhandlungen. Die drei Typen sind »Die Ausnahmen«, »Die am Erfolge scheitern« und »Die Verbrecher aus Schuldbewußtsein«. Eine interessante Erweiterung der Freudschen Definition der »Ausnahmen« ist Edith Jacobson, »The ›Exceptions‹: An Elaboration of Freud's Character Study«, in: *The Psychoanalytic Study of the Child*, XIV (1959), S. 135—54; und ein nicht weniger interessanter Kommentar zu derselben Abhandlung Freuds ist Anton O. Kris, »On Wanting Too Much: The ›Exceptions‹ Revisited«, in: *Int. J. Psycho-Anal.*, LVII (1976), S. 85—95. Da es Freud verabsäumt hat, das Material zusammenzufassen, sind Otto Fenichels annähernd systematische Kommentare besonders willkommen. Siehe vor allem »Psychoanalysis of Character« (1941), in: *The Collected Papers of Otto Fenichel*, hrsg. von Hanna Fenichel und David Rapaport, 2nd Series (1954), S. 198—214. Siehe auch die entsprechenden Kapitel in Fenichels gründlichem, keineswegs veralteten Werk *The Psychoanalytic Theory of Neurosis* (1945), vor allem »Digression about the Anal Character«, S. 278—84, und »Character Disorders«, S. 463—540. In diesem Zusammenhang ist David Shapiros knapper Essay *Neurotic Styles* (1965) eine hilfreiche Lektüre, ebenso P. C. Giovacchini, *Psychoanalysis of Character Disorders* (1975).

Dies ist nicht der Ort, die Debatten über den Narzißmus aufzunehmen, die in den letzten Jahren die Psychonanalytiker bewegt haben. Sydney Pulver, »Narcissism: The Term and the Concept«, in: *J. Amer. Psychoanal. Assn.*, XVIII (1970), S. 319—41, stellt einen klärenden Überblick dar. Unter den zahlreichen klinischen und theoretischen Studien über narzißtische Störungen von Otto F. Kernberg siehe vor allem *Borderline Conditions and Pathological Narcissism* (1975). Zwei Abhandlungen von Heinz Kohut in *The Psychoanalytic Study of the Child* – »The Psychoanalytic Treatment of Narcissistic Personality Disorders«, XXIII (1968), S. 86—113, und »Thoughts on Narcissism and Narcissistic Rage«, XXVII (1972), S. 360—400 – sind noch experimentell und provisorisch; sie wurden geschrieben, bevor Kohut seine besondere Deutung des Narzißmus in eine Ideologie verwandelte. Siehe auch R. D. Stolorow, »Toward a Functional Definition of Narcissism«, in: *Int. J. Psycho-Anal.*, LVI (1975), S. 179—85, und Warren Kingston, »A Theoretical and Technical Approach to Narcissistic Disorders«, in: *Int. J. Psycho-Anal.*, LXI (1980), S. 383—94. Arnold Rothstein, *The Narcissistic Pursuit of Perfection* (1980), überprüft den Begriff und versucht ihn neu zu definieren. Unter den Diskussionen des Problems von »klassischen« Analytikern sind hier gewisse Abhandlungen von Heinz Hartmann besonders sachdienlich, vor allem »Comments on the Psychoanalytic Theory of the Ego« (1950) und »The Development of the Ego Concept in Freud's Work« (1956), in: *Essays on Ego Psychology: Selected Problems in Psychoana-*

lytic Theory (1964), S. 113−41, 268−96. Die bekannte Monographie Edith Jacobsons, *The Self and the Object World* (1964; dt.: *Das Selbst und die Welt der Objekte*, 1978), ist nicht weniger wichtig.

Oron J. Hale, *The Great Illusion, 1900−1914* (1971), ist eine zuverlässige Synthese der neueren Geschichtsschreibung über die Atmosphäre vor Armageddon. Walter Laqueur und George L. Mosse gaben eine interessante Sammlung von Essays heraus, die ein Land nach dem andern behandelt, *1914: The Coming of the First World War* (1966). Zu der Kriegspsychose, die kosmopolitische und intelligente Akademiker auf allen Seiten, Freud bis zu einem gewissen Grade mit inbegriffen, erfaßte, siehe den gut dokumentierten, ernüchternden Essay von Roland N. Stromberg, *Redemption by War: The Intellectuals and 1914* (1982); er kann zusammen mit Robert Wohl, *The Generation of 1914* (1979), gelesen werden. Bezüglich des Ersten Weltkriegs, über den ganze Bibliotheken geschrieben worden sind, mögen einige zuverlässige Texte genügen: B. H. Liddel-Hart, *The Real War, 1914−1918* (1930); Corelli Barnett, *The Swordbearers: Supreme Command in the First World War* (1964), und René Albrecht-Carrié, *The Meaning of the First World War* (1965). Fritz Fischer, *Griff nach der Weltmacht. Die Kriegszielpolitik des kaiserlichen Deutschland 1914/1918* (1961, ³1964), verursachte einen Sturm unter deutschen Historikern mit seiner scharfen Kritik an den deutschen Kriegszielen und seiner Verletzung deutscher Tabus bezüglich der offenen Erforschung der Ursachen des Krieges; es ist ein heilsamer Text, in diesem Kapitel besonders nützlich wegen seiner Sammlung von kriegerischen, »männlichen« Erklärungen von Diplomaten. Er kann in Verbindung mit Hans W. Gatzke, *Germany's Drive to the West* (1950), gelesen werden.

VIII. Aggressionen

Bezüglich der Geschichte des Unbewußten aus einer nicht-psychoanalytischen Perspektive siehe wieder Whyte, *The Unconscious before Freud*, und den weit umfassenderen Ellenberger, *Die Entdeckung des Unbewußten*. Für psychoanalytische Kommentare über das Unbewußte siehe unter einer umfangreichen Literatur vor allem Edward Bibring, »The Development and Problems of the Theory of the Instincts«, in: *Int. J. Psycho-Anal.*, XXII (1934), S. 102−31; Bibring, »The Conception of the Repetition Compulsion«, in: *Psychoanalytic Quarterly*, XII (1942), S. 486−516; Robert Waelder, »Critical Discussion of the Concept of an Instinct of Destruction«, in: *Bulletin of the Philadelphia Association for Psychoanalysis*, VI (1956), S. 97−109, und mehrere einflußreiche Abhandlungen des Ichpsychologen Heinz Hartmann in seinen *Essays on Ego Psychology*. Dazu gehören »Comments on the Psychoanalytic Theory of Instinctual Drives« (1948), S. 69−89; »The Mutual Influences in the Development of Ego and Id« (1952), S. 155−81, und (bereits zitiert) »Comments on the Psychoanalytic Theory of the Ego« und »The Development of the Ego Concept in Freud's Work«, ein besonders hilfreicher historischer Essay. Hartmann schloß sich auch den Ichpsychologen Ernst Kris und Rudolph M. Loewenstein an in »Comments on the Formation of Psychic Structure« (1946) in ihren *Papers on Psychoanalytic Psychology* (1964), S. 27−55. Die knappe Studie Max Schurs, *Das Es und die Regulationsprinzipien des psychischen Geschehens* (1973), ist von großem Wert. David Holbrook, Hrsg., *Human Hope and the Death Instinct: An Exploration of Psychoanalytic Theories of Human Nature and Their Impli-*

cations for Culture and Education (1971), sammelt, obwohl keineswegs gegen die Psychoanalyse eingestellt, Abhandlungen, die der Befreiung vom Zerstörerischen gewidmet sind und ein humanistisches Gewissen suchen.

Über den Tod, wie er Freud – als Idee und als Drohung – berührte, ist Schur, *Sigmund Freud, Leben und Sterben*, maßgeblich. Was Freuds lange verzögerte Anerkennung des Aggressionstriebes (der allerdings nicht ganz außer acht gelassen wurde) anbetrifft, siehe den Überblick von Paul E. Stepansky, *A History of Aggression in Freud* (1977), der ergänzt werden kann durch Rudolf Brun, »Über Freuds Hypothese vom Todestrieb«, in: *Psyche*, VII (1953), S. 81–111. Aus der Lawine von Abhandlungen über dieses Thema wähle ich einige hervorragende Beiträge aus: Otto Fenichels wichtige Schrift »A Critique of the Death Instinct« (1935), in: *Collected Papers*, 1st Series (1953), S. 363–72; zwei Abhandlungen in *The Psychoanalytic Study of the Child* III/IV (1949): Anna Freud, »Aggression in Relation to Emotional Development: Normal and Pathological«, S. 37–42, und Beata Rank, »Aggression«, S. 43–48; Heinz Hartmann, Ernst Kris und Rudolph M. Loewenstein, »Notes on the Theory of Aggression« (1949), in ihren *Papers on Psychoanalytic Psychology*, S. 56–85; René A. Spitz, »Aggression: Its Role in the Establishment of Object Relations«, in: *Drives, Affects, Behavior: Essays in Honor of Marie Bonaparte*, hrsg. von Rudolph M. Loewenstein (1953), S. 126–38; T. Wayne Downey, »Within the Pleasure Principle: Child Analytic Perspectives on Aggression«, in: *The Psychoanalytic Study of the Child*, XXXIX (1984), S. 101–36; Phyllis Greenacre, »Infant Reaction to Restraint: Problems in the Fate of Infantile Aggression« (1944), in ihrem Buch *Trauma, Growth, and Personality* (1952), S. 83–105; Albert J. Solnit, »Aggression«, in: *J. Amer. Psychoanal. Assn.*, XX (1972), S. 435–50, und – für mich am wichtigsten – Solnit, »Some Adaptive Functions of Aggressive Behavior«, in: *Psychoanalysis – A General Psychology*, hrsg. von Loewenstein, Newman, Schur und Solnit, S. 169–89. Unter denen, die im Gegensatz zu den meisten anderen Analytikern Freuds Lehre vom Todestrieb ernst nehmen, ist K. R. Eissler der Überzeugendste in »Death Drive, Ambivalence, and Narcissism«, in: *The Psychoanalytic Study of the Child*, XXVI (1971), S. 25–78, einer lebhaften Verteidigung der umstrittenen Idee Freuds. Alexander Mitscherlich untersucht sie aus der Perspektive der psychoanalytischen Sozialpsychologie in »Psychoanalysis and the Aggression of Large Groups«, in: *Int. J. Psycho-Anal.*, LII (1971), S. 161–67. Ein hervorragender Psychoanalytiker, Leo Stone, ist zutiefst skeptisch hinsichtlich der Möglichkeit, die Aggression als eine einzige Einheit zu betrachten; siehe seine »Reflections on the Psychoanalytic Concept of Aggression«, in: *Psychoanalytic Quarterly*, XL (1971), S. 195–244, eine sehr beunruhigende Schrift.

Es gibt aus offensichtlichen Gründen wenig Material über Freuds »verlorene« metapsychologische Schriften. Ein brillanter Essay ist Ilse Grubrich-Simitis, »Trauma or Drive; Drive and Trauma: A Reading of Sigmund Freud's Phylogenetic Fantasy of 1915«, die Thirty-Seventh Freud Anniversary Lecture, die sie am 28. April 1987 in New York hielt und die, während ich an diesem Buch schrieb, noch nicht veröffentlicht vorlag (inzwischen ist sie unter dem Titel »Trauma oder Trieb – Trieb und Trauma; Lektionen aus Sigmund Freuds phylogenetischer Phantasie von 1915« in: *Psyche*, XLI (1987), S. 992–1023, auch in Deutsch erschienen). In ihrem Essay über den Entwurf von Freuds zwölfter metapsychologischer Abhandlung, den sie entdeckte, edierte und unter dem Titel *Übersicht der Übertragungsneurosen; Ein bisher unbekanntes Manuskript* 1985 publizierte, verbindet Grubrich-Simitis suggestiv das hochfliegende Theoretisieren von Freuds phylogenetischer Phantasie mit seinem lebenslangen Ringen um eine Klärung des

Verhältnisses von Traumatheorie und Triebtheorie der Neurosen. Diese Ansicht ist kongruent mit dem Freud, den ich in diesem Buch darstelle: einem Mann, der einen titanischen inneren Kampf austrägt zwischen dem Drang zu spekulieren und der Notwendigkeit der Selbstdisziplin. Es gibt auch brauchbare Vermutungen in Barry Silverstein, »›Now Comes a Sad Story‹: Freud's Lost Metapsychological Papers«, in: *Freud, Appraisals and Reappraisals*, hrsg. von Stepansky, I, S. 143–95. (Ich möchte auch auf die antimetapsychologische Schule des psychoanalytischen Denkens aufmerksam machen, die statt dessen Freuds klinisches Denken betont. Zu den brillantesten, aber meiner Ansicht nach letzten Endes nicht überzeugenden Schriften dieser Richtung gehören die Abhandlungen George S. Kleins, vor allem »Two Theories or One?« in seinem Buch *Psychoanalytic Theory: An Exploration of Essentials* [1976], S. 41–71, zusammen mit anderen Abhandlungen in diesem Band zu lesen. Merton M. Gill und Philip S. Holzman haben einige suggestive Abhandlungen aus dieser Perspektive gesammelt in *Psychology versus Metapsychology; Psychoanalytic Essays in Memory of George S. Klein* [1976].)

In bezug auf das Ende des Krieges und seine unmittelbaren Folgen für die geschlagenen Mittelmächte ist der beste Bericht F. L. Carstens gelehrte Studie *Revolution in Central Europe, 1918–1919* (1972), die sich auf unveröffentlichte Quellen und auf gedrucktes Material stützt und ausführliche Kapitel über Österreich enthält. John Williams, *The Other Battleground: The Home Fronts, Britain, France and Germany 1914–1918* (1972), geht über seinen Titel hinaus mit Kommentaren über Österreich auf dem Weg zur Niederlage. Otto Bauer, *Die österreichische Revolution* (1923), ist ein Bericht von einem sozialistischen Teilnehmer. Modernes Wissen wird nüchtern und ökonomisch präsentiert in *Österreich 1918–1938. Geschichte der Ersten Republik*, hrsg. von Erika Weinzierl und Kurt Skalnik, 2 Bde. (1983). Man beachte vor allem Wolfdieter Bihl, »Der Weg zum Zusammenbruch – Österreich-Ungarn unter Karl I. (IV.)«, S. 27–54; Karl R. Stadler, »Die Gründung der Republik«, S. 55–84, und Fritz Fellner, »Der Vertrag von St. Germain«, S. 85–106. Von besonderer Bedeutung in diesem Werk sind auch Hans Kernbauer, Eduard März und Fritz Weber, »Die wirtschaftliche Entwicklung«, S. 343–79; Ernst Bruckmüller, »Sozialstruktur und Sozialpolitik«, S. 381–436, und Erika Weinzierl, »Kirche und Politik«, S. 437–96. Die Erinnerungen von Anna Eisenmenger, *Blockade: The Diary of an Austrian Middleclass Woman, 1914–1924*, sind erschütternd. Lesenswert ist in diesem Zusammenhang auch Ottokar Landwehr-Pragenau, *Hunger. Die Erschöpfungsjahre der Mittelmächte 1917/1918* (1931). *Aufbruch und Untergang. Österreichische Kultur zwischen 1918 und 1938*, hrsg. von Franz Kadrnoska (1981), ist ein aufschlußreiches Pendant, das Essays über Theater und Zirkus, Karikaturen und Filme, Maler und Feste enthält. Ursula Kubes' Artikel »›Moderne Nervositäten‹ und die Anfänge der Psychoanalyse«, S. 267–80, ist hier besonders relevant. Walter Goldinger, *Geschichte der Republik Österreich* (1962), ist ein nüchterner Überblick. Unter den Erinnerungen siehe vor allem Bertha Zuckerkandl, *Österreich intim. Erinnerungen 1892–1942*, hrsg. von Reinhard Federmann (1970). Christine Klusacek und Kurt Stimmer, Hrsg., *Dokumentation zur österreichischen Zeitgeschichte, 1928–1938* (1982), bietet gut ausgewählte Fragmente aller Aspekte der österreichischen Geschichte dieses Jahrzehnts. Jacques Hannak, *Karl Renner und seine Zeit. Versuch einer Biographie* (1965), ist eine erschöpfende Biographie des sozialistischen Politikers und Theoretikers mit langen Zitaten aus Dokumenten. Peter Csendes, *Geschichte Wiens* (1981), ist ein knapper Überblick. *The Jews of Austria*, hrsg. von Fraenkel, ist auch hier wieder mit einer Anzahl von Beiträgen unentbehrlich. Von A. J. May stammt ein nützlicher Essay, »Woodrow Wilson and Austria-Hungary to the End of 1917«, in: *Festschrift für Heinrich Benedikt*, hrsg. von H. Hantsch et al. (1957), S. 213—42. Wilson ist auch der Gegenstand von Klaus Schwabe, *Woodrow Wilson; Ein Staatsmann zwischen Puritanertum und Liberalismus* (1971). Drei bereits zitierte Biographien sind für diese Zeit wertvoll: Timms, *Karl Kraus, Apocalyptic Satirist;* Luft, *Robert Musil and the Crisis of European Culture,* und Prater, *European of Yesterday: A Biography of Stefan Zweig.*

Victor Tausks Selbstmord ist Gegenstand erbitterter Kontroversen geworden. Er wurde zum erstenmal erörtert in Paul Roazens tendenziöser Studie *Brother Animal: The Story of Freud and Tausk* (1969); dt.: *Brudertier; Sigmund Freud und Viktor Tausk* (1973), die Freud zum Schurken des Stückes macht. Er wurde neuerlich behandelt von K. R. Eissler in einer charakteristischen (sehr entrüsteten und sehr ausführlichen) Entgegnung: *Talent and Genius: The Fictitious Case of Tausk Contra Freud* (1971) und dann noch einmal in *Victor Tausk's Suicide* (1983).

Freuds Zeugenaussage über den Kriegsneurosen vor den Wiener Gerichten wird diskutiert in K. R. Eisslers sehr gründlichem *Freud as an Expert Witness: The Discussion of War Neuroses between Freud and Wagner-Jauregg* (1979). Siehe auch Eissler, »Malingering«, in: *Psychoanalysis and Culture*, hrsg. von George Wilbur und Warner Muensterberger (1951), S. 218—53. Die Erkenntnis von Analytikern, daß die psychologischen Traumen von Soldaten ihre Angelegenheit waren, wurde in einer breiten Öffentlichkeit bekannt durch einige Vorträge auf dem Internationalen Psychoanalytischen Kongreß in Budapest im Jahre 1918. Siehe Sándor Ferenczi, Karl Abraham, Ernst Simmel und Ernest Jones, *Zur Psychoanalyse der Kriegsneurosen* (1919). Freuds »Einleitung« zu diesem Band ist in G. W., Bd. 12, S. 321, nachzulesen. Sein »Gutachten über die elektrische Behandlung der Kriegsneurotiker« (geschr. 1920) erschien zunächst in englischer Sprache (»Memorandum on the Electrical Treatment of War Neurotics«, *Standard Edition*, Bd. 17, S. 211) und deutsch 1972 in *Psyche*, Bd. 26 (12), S. 942. Ein Pionier auf diesem Gebiet in Deutschland war Ernst Simmel, dessen *Kriegsneurosen und psychisches Trauma* (1918) einflußreich war. Ein weiterer Pionier, in England, war M. D. Eder; siehe sein Buch *War-Shock. The Psycho-Neuroses in War: Psychology and Treatment* (1917).

Einzelheiten über Freuds Leben im hungernden, kalten Wien nach 1918 kommen reichlich in seiner Korrespondenz mit seinen Vertrauten in Budapest, Berlin und London sowie mit seinem Neffen Samuel in Manchester vor. Siehe auch den kurzen Artikel eines anderen Neffen, Edward L. Bernays, »Uncle Sigi«, in: *Journal of the History of Medicine and Allied Sciences*, XXXV (April 1980), S. 216—20. Ich habe von einer instruktiven Abhandlung über den Einfluß des Krieges und der »gesellschaftlichen Realität« auf Freuds Denken in diesen Jahren profitiert: Louise E. Hoffman, »War, Revolution, and Psychoanalysis: Freudian Thought Begins to Grapple with Social Reality«, in: *Journal of the History of the Behavioral Sciences*, XVII (1981), S. 251—69. Stefan Zweig, *Die Welt von Gestern. Erinnerungen eines Europäers* (1944), besonders das Kapitel »Heimkehr nach Österreich«, enthält viele lebhafte – vielleicht, wie üblich, ein wenig zu lebhafte Details. Als nüchterne Korrektur der Übertreibungen Zweigs siehe wieder Prater, *European of Yesterday: A Biography of Stefan Zweig*, bes. Kapitel 4, »Salzburg and Success, 1919—1925«. Der autobiographische Text von Richard F. Sterba, *Reminiscences of a Viennese Psychoanalyst* (1982); dt.: *Erinnerungen eines Wiener Psychoanalytikers* (Fischer Taschenbuch 7354), ist dünn. A. Kardiner, *My Analysis with Freud: Reminiscences* (1977), ist zwar keineswegs gründlich, vermittelt aber etwas davon, was es hieß, nach dem Krieg ein ausländischer »Schüler« Freuds zu sein.

Bezüglich Groddeck siehe vor allem Carl M. und Sylva Grossman, *The Wild Analyst: The Life and Work of Georg Groddeck* (1965), kurz und populär, aber mit einer vollständigen Bibliographie Groddecks versehen. Sándor Ferenczi besprach 1921 Groddecks Roman *Der Seelensucher* (siehe *Schriften zur Psychoanalyse*, hrsg. von Balint, II, S. 94–98). Die Würdigung Lawrence Durrells, »Studies in Genius: VI, Groddeck«, in: *Horizon*, XVII (Juni 1948), S. 384–403, ist interessant. Margaretha Honegger hat eine kleine Auswahl seines Briefwechsels mit Freud und anderen herausgegeben: *Georg Groddeck – Sigmund Freud. Briefe über das Es* (1974). Groddecks Hauptwerk über das Es ist *Das Buch vom Es* (rev. u. erg. Ausg. 1979).

Was Freuds Sozialpsychologie anbetrifft, siehe vor allem Sándor Ferenczi, »Freuds ›Massenpsychologie und Ich-Analyse‹. Der individualpsychologische Fortschritt« (1922), in: *Schriften zur Psychoanalyse*, II, S. 122–26, und Philip Rieff, »The Origins of Freud's Political Psychology«, in: *Journal of the History of Ideas*, XVII (1956), S. 235–49. Robert Bocock behandelt Freud als Soziologen in *Freud and Modern Society: An Outline and Analysis of Freud's Sociology* (1976). Übrigens gibt es ein mit Anmerkungen versehenes Manuskript von Freuds *Massenpsychologie und Ich-Analyse*, einen seltenen Fund, in der Rare Book and Manuscript Library, Columbia University.

IX Tod gegen Leben

Für Freuds Kampf gegen den Krebs ist Schur, *Sigmund Freud, Leben und Sterben*, wieder einmal der maßgebliche Text, der ergänzt – und in Einzelheiten korrigiert! – wird durch sein unveröffentlichtes Memorandum »The Medical Case History of Sigmund Freud« mit dem Datum vom 27. Februar 1954 (Max Schur papers, LC). Anna Freuds Briefe an Schur und Ernest Jones fügen präzise Details und persönliches schmerzliches Erleben hinzu. Sharon Romm, *The Unwelcome Intruder: Freud's Struggle with Cancer* (1983), enthält medizinische Details und Informationen über Freuds Ärzte, Chirurgen und Operationen, die sonst schwer zu finden sind. Zu Dank verpflichtet bin ich einem gut informierten, unveröffentlichten Manuskript von Sanford Gifford, »Notes on Felix Deutsch as Freud's Personal Physician« (1972), das Verständnis für Deutschs Dilemma zeigt, aber unsentimental ist. Deutschs eigene »Reflections on Freud's One Hundredth Birthday«, in: *Psychosomatic Medicine*, XVIII (1956), S. 279–83, sind ebenfalls hilfreich. Wieder erwies sich mein Gespräch mit Helen Schur vom 3. Juni 1986 als unschätzbar. Über Freuds Enkel Heinele half mir eine private Mitteilung von Hilde Braunthal, die als junge Studentin in Mathilde und Robert Hollitschers Heim arbeitete, wo Heinele in seinen letzten Monaten lebte. H. D. (Hilda Doolittle), *Tribute to Freud*, enthält einige Rückblicke aus den dreißiger Jahren in die zwanziger Jahre. George Sylvester Vierecks Interview von 1926, das 1927 getrennt und dann in *Glimpses of the Great* (1930) veröffentlicht wurde, enthält charakteristische Zitate, muß aber mit Vorsicht gelesen werden.

Amüsante Abschnitte über Freuds Popularität im Österreich der zwanziger Jahre finden sich in Elias Canetti, *Die Fackel im Ohr. Lebensgeschichte 1921–1931* (1980), bes. S. 137–39. Was Amerika betrifft, können die kurzen Erwähnungen in Ronald Steel, *Walter Lippmann and the American Century* (1980), ergänzt werden durch einige von Lippmanns Briefen, die von Morton Blum geschickt herausgegeben wurden in *Public Philosopher: Selected Letters of Walter Lippmann* (1985). Alfred Kazin, *On Native*

Grounds: An Interpretation of Modern American Prose Literature (1942), enthält
flüchtige Kommentare über Freuds Einfluß in den zwanziger Jahren; ebenso Richard
Weiss, *The American Myth of Success, from Horatio Alger to Norman Vincent Peale*
(1969). Martin Wangh, Hrsg., *Fruition of an Idea: Fifty Years of Psychoanalysis in New
York* (1962), ist dünn und ziemlich selbstgefällig; was wir benötigen, ist eine vollständig
dokumentierte Geschichte des New York Psychoanalytic Institute. Eine frühere Studie
von jemandem, der dabei war, C. P. Oberndorf, *A History of Psychoanalysis in America*
(1953), ist sehr persönlich, aber brauchbar. David Shakow und David Rapaport, *The
Influence of Freud on American Psychology* (1964), führt die Geschichte über Hales
Buch *Freud and the Americans* hinaus fort. Ein guter Begleitband zu Hale ist John
C. Burnham, *Psychoanalysis in American Medicine, 1894–1918: Medicine, Science,
and Culture* (1967). Gutes Material findet sich auch in Burnham, *Jelliffe: American
Psychoanalyst and Physician* (1983), das Jelliffes Korrespondenz mit Freud und Jung,
hrsg. von William McGuire, enthält. Siehe auch John Demos, »Oedipus and America:
Historical Perspectives on the Reception of Psychoanalysis in the United States«, in: *The
Annual of Psychoanalysis*, VI (1978), S. 23–39. (Titel, welche die Laienanalyse in den
Vereinigten Staaten betreffen, finden sich im Essay zum 10. Kapitel.)

Uwe Henrik Peters, *Anna Freud; Ein Leben für das Kind* (Fischer Taschenbuch
5625), müht sich, wie andere biographische Versuche, tapfer, aber ziemlich fruchtlos
ohne die Hilfe der Papiere Anna Freuds ab; die Biographie von Elisabeth Young-Bruehl
Anna Freud; A Biography (1988) erschien zu spät, um hier berücksichtigt werden zu
können. Sie teilte einige ihrer Forschungen mit in einer Diskussion beim Muriel Gardiner
Program in Psychoanalysis and the Humanities, Yale University, 15. Januar 1987, in
mehreren Gesprächen und in einem Brief an mich vom 17. Mai 1987. Einige der Anna
Freud gewidmeten Gedenkschriften in *The Psychoanalytic Study of the Child*, XXXIX
(1984), helfen, das Porträt einer zurückhaltenden und faszinierenden Persönlichkeit ab-
zurunden. Siehe vor allem Joseph Goldstein, »Anna Freud in Law«, S. 3–13; Peter
B. Neubauer, »Anna Freud's Concept of Developmental Lines«, S. 15–27; Leo Rangell,
»The Anna Freud Experience«, S. 29–42; Albert J. Solnit und Lottie M. Newman,
»Anna Freud, the Child Expert«, S. 45–63, und Robert S. Wallerstein, »Anna Freud:
Radical Innovator and Staunch Conservative«, S. 65–80. Der Vortrag der Nichte Anna
Freuds, Sophie Freud, *The Legacy of Anna Freud* (1987), ist persönlich und rührend.
Kardiner, *My Analysis with Freud*, enthält einige fesselnde, aber kurze Kommentare.
Anna Freuds unveröffentlichte Briefe, vor allem an Max Schur und Ernest Jones, und
Freuds unveröffentlichte Briefe an Ernest Jones und – mehr noch – an seine unentbehr-
liche Freundin und Vertraute, Lou Andreas-Salomé, sind eine weitere Hilfe für den Bio-
graphen. (Bezüglich Andreas-Salomé siehe ihre autobiographischen Schriften, vor allem
ihren *Lebensrückblick* [1951], und Angela Livingstone, *Lou Andreas-Salomé* [1984],
das sich auf einiges unveröffentlichtes Material stützt.) Die lohnendste Quelle für Anna
Freud ist aber natürlich der unveröffentlichte Briefwechsel zwischen ihr und ihrem Vater
(Freud Collection, LC).

Bezüglich der Psychoanalyse in Berlin siehe die aufschlußreiche (und höchst amüsante) Korrespondenz zwischen den Stracheys: *Bloomsbury/Freud: The Letters of James
and Alix Strachey, 1924–1925*, hrsg. von Perry Meisel und Walter Kendrick (1985).
Siehe dazu die außerordentlich instruktive Festschrift *Zehn Jahre Berliner Psychoanalytisches Institut (Poliklinik und Lehranstalt)*, hrsg. von der Deutschen Psychoanalytischen Gesellschaft (1930), mit informativen kurzen Berichten von Ernst Simmel, Otto
Fenichel, Karen Horney, Hanns Sachs, Gregory Zilboorg und anderen über alle Aspekte

des Instituts, seine Regeln, seine Studenten, seine Patienten und sein Programm. Melanie Klein, die sich zuerst in Berlin einen Namen machte, bleibt außerordentlich umstritten, und die Biographie von Phyllis Grosskurth, *Melanie Klein: Her World and Her Work* (1986), hat die Debatte nicht zum Schweigen gebracht, obwohl sie sehr vollständig ist und sich auf ausgedehnte Forschungen in den Papieren Melanie Kleins stützt. Ich habe aus dem Buch gelernt, wenn ich auch mit Grosskurths ziemlich niedriger Einschätzung Anna Freuds nicht übereinstimme. Hanna Segal, eine bedeutende Anhängerin Kleins, hat zwei sehr hilfreiche kurze Überblicke geschrieben: *Introduction to the Work of Melanie Klein* (1964) und *Melanie Klein* (Fischer Taschenbuch 7325).

Was Freuds Einfluß in Frankreich anbetrifft, siehe Sherry Turkles kurzes, aber gehaltvolles *Psychoanalytic Politics: Freud's French Revolution* (1978), das die Entstehung einer typisch französischen psychoanalytischen Kultur beschreibt. Der Briefwechsel zwischen Freud und René Laforgue, ins Französische übersetzt von Pierre Cotet und hrsg. von André Bourguignon et al., in »Mémorial«, *Nouvelle Revue de Psychanalyse*, XV (April 1977), ist aufschlußreich. Ebenso der sehr ausführliche Bericht in Elisabeth Roudinesco, *La bataille de cent ans. Histoire de la psychanalyse en France*, vol. I, *1885–1935* (1982), und vol. II, *1925–1985* (1986). Siehe auch Ilse und Robert Baraude, *Histoire de la psychanalyse en France* (1975). Die Psychoanalyse in Frankreich ist natürlich mit Marie Bonaparte verbunden. Celia Bertin, *Marie Bonaparte: A Life* (1982), ist leider ziemlich unbefriedigend, besonders was Bonapartes Ideen und ihre organisatorische Arbeit angeht. Es fehlt noch eine bessere Biographie.

Zu den Analysanden, die über Freud berichten, gehören Hilda Doolittle, bekannt als H. D., Kardiner und Jeanne Lampl-de Groot (in einem herzlichen, faszinierenden, oft fesselnden Gespräch mit mir am 24. Oktober 1985). Was H. D. betrifft, siehe die reichhaltige Biographie von Janice R. Robinson, *H. D.: The Life and Work of an American Poet* (1982), zu der man als Ergänzung lesen kann: Susan Stanford Friedman, »A Most Luscious ›Vers Libre‹ Relationship: H. D. and Freud«, in: *The Annual of Psychoanalysis*, XIV (1986), S. 319–43. Das Buch des »experimentellen« Analysanden Joseph Wortis, *Fragments of an Analysis with Freud* (1954), zeichnet einige bemerkenswerte Äußerungen Freuds auf, ist aber letzten Endes unbefriedigend, da Wortis nicht wirklich daran interessiert war, analysiert zu werden. Auf Freuds Bekannte und Korrespondenten in diesen Jahren werfen zwei Artikel von David S. Werman in *Int. Rev. Psycho-Anal.* Licht: »Stefan Zweig and His Relationship with Freud and Rolland: A Study of the Auxiliary Ego Ideal«, VI (1979), S. 77–95, und »Sigmund Freud and Romain Rolland«, IV (1977), S. 225–42. Siehe auch den wichtigen Essay von David James Fisher, »Sigmund Freud and Romain Rolland: The Terrestrial Animal and His Great Oceanic Friend«, in: *American Imago*, XXXIII (1976), S. 1–59. Mary Higgins und Chester M. Raphael, Hrsg., *Reich Speaks of Freud. Wilhelm Reich Discusses His Work and His Relationship with Sigmund Freud* (1967), enthält einige Kommentare (von zweifelhafter Zuverlässigkeit) über Freuds spätere Jahre einschließlich des langen Interviews K. R. Eisslers mit Reich. Albrecht Hirschmüller hat zwei aufschlußreiche Briefe Freuds an Josef Breuers Sohn anläßlich des Todes von Breuer veröffentlicht: »›Balsam auf eine schmerzende Wunde‹ – zwei bisher unbekannte Briefe Sigmund Freuds über sein Verhältnis zu Josef Breuer«, in: *Psyche*, XLI (1987), S. 55–59.

Über das strittige Problem von Freuds Interesse am Okkulten könnte vielleicht noch mehr Arbeit geleistet werden. Nandor Fodor, *Freud, Jung, and Occultism* (1971), ist alles andere als schlüssig. Andererseits ist *Jones*, III, S. 437–73, sehr ausführlich und fair.

X. Flackernde Lichter auf dunklen Kontinenten

In bezug auf Otto Rank siehe zusätzlich zu den schon zitierten Biographien – Lieberman, *Rank*, und Taft, *Otto Rank*, beides mit Liebe geschriebene Biographien – Esther Menaker, *Otto Rank: A Rediscovered Legacy* (1983), ein Buch, das Rank als Ichpsychologen sieht und auf einige Kritiken von Ernest Jones an seiner Arbeit und seinem Charakter antwortet. Ranks und Ferenczis Studie *Die Entwicklung der Psychoanalyse* (1924) hat mehrere Neuauflagen erlebt. Ranks populärstes Buch, *Das Trauma der Geburt* (Fischer Taschenbuch 6770), ist nach wie vor erhältlich. Es gibt auch eine Auswahl seiner umfangreichen Schriften: Philip Freund, Hrsg., *The Myth of the Birth of the Hero and Other Writings* (1959), hauptsächlich über Kunst und Mythen. Ein enthusiastischer Anhänger Ranks war der verstorbene prominente Soziologe Ernest Becker, wie seine Bücher *The Denial of Death* (1973) und *Escape from Evil* (1975) bezeugen.

Über Angst ist die »Editor's Introduction« zu *Inhibitions, Symptoms and Anxiety*, Standard Edition, Bd. 20, S. 77–86, besonders hilfreich. Weit ausführlicher ist der dreiteilige Überblick von Allan Compton, »A Study of the Psychoanalytic Theory of Anxiety«, der im *J. Amer. Psychoanal. Assn.* erschien: »I. The Development of Freud's Theory of Anxiety«, XX (1972), S. 3–44; »II. Developments in the Theory of Anxiety since 1926«, XX (1972), S. 341–94, und »III. A Preliminary Formulation of the Anxiety Response«, XXVIII (1980), S. 739–74. Otto Fenichel hat wie üblich mehrere interessante Schriften über das Thema, vor allem »Organ Libidinization Accompanying the Defense Against Drives« (1928), in: *Collected Papers*, 1st Series, S. 128–46; »Defense against Anxiety, Particularly by Libidinization« (1934), in: *Collected Papers*, 1st Series, S. 303–17, und die besonders originelle Abhandlung »The Counter-Phobic Attitude« (1939), in: *Collected Papers*, 2nd Series, S. 163–73. Phyllis Greenacres überzeugende zweiteilige Abhandlung »The Predisposition to Anxiety« (1941), in: *Trauma, Growth, and Personality*, S. 27–82, führt die Veranlagung zurück auf die uterine Existenz. Siehe auch Ishak Ramzy und Robert S. Wallerstein, »Pain, Fear, and Anxiety: A Study in Their Interrelations«, in: *The Psychoanalytic Study of the Child*, XIII (1958), S. 147–89; René Spitz, »Anxiety in Infancy«, in: *Int. J. Psycho-Anal.*, XXXI (1965), S. 138–43, und dazu das faszinierende Material in Spitz, *The First Year of Life* (1965); Clifford Yorke and Stanley Wiseberg, »A Developmental View of Anxiety: Some Clinical and Theoretical Considerations«, in: *The Psychoanalytic Study of the Child*, XXXI (1976), S. 107–35; Betty Joseph, »Different Types of Anxiety and Their Handling in the Analytic Situation«, in: *Int. J. Psycho-Anal.*, LIX (1978), S. 223–28, und den direkt folgenden Artikel von Leo Rangell, »On Understanding and Treating Anxiety and Its Derivatives«, S. 229–36. Max Schur, »The Ego in Anxiety«, in: *Drives, Affects, Behavior*, hrsg. von Loewenstein, S. 67–103, ist ein kleiner Klassiker. Eine ziemlich individuelle Behandlung des Themas bietet der wichtige Text von Silvan Tomkins, *Affects, Imagery, Consciousness*, vol. II., *The Negative Affects* (1963), bes. S. 511–29. Es gibt einige aufschlußreiche (manchmal vehemente) Diskussionen über Ranks einzelgängerische Ideen in den Protokollen der New York Psychoanalytic Society in der A. A. Brill Library, New York Psychoanalytic Institute.

Theodor Reiks Erinnerungen (mit zahlreichen Zitaten aus Briefen Freuds an ihn) bieten viele interessante Details. *The Search Within: The Inner Experience of a Psychoanalyst* (1956) ist eine umfangreiche Zusammenfassung; sein früher erschienenes Buch *From Thirty Years with Freud* (1940) ist ökonomischer und pointierter. Erika Freeman regte Reik zu Erinnerungen an. Siehe ihre *Insights: Conversations with Theodor Reik* (1971). Das große Symposium über die Laienanalyse, das von Max Eitingon und Ernest Jones organisiert wurde, erschien im *Int. J. Psycho-Anal.*, VIII (1927), S. 174−283, 391−401. Die vollständige Geschichte der amerikanischen Einstellung zu Laienanalytikern ist noch nicht geschrieben worden und bleibt angesichts ihres großen historischen Interesses ein Desiderat. Die Protokolle der New York Psychoanalytic Society sind bezüglich der Laienanalyse leider sehr knapp. Vorerst siehe vor allem *American Psychoanalysis: Origins and Development*, hrsg. von Jacques M. Quen und Eric T. Carlson (1978). In Oberndorf, *History of Psychoanalysis in America*, siehe vor allem Kap. 9, »Status of Psychoanalysis at the Beginning of the Third Decade«, und Kap. 10, »Stormy Years in Psychoanalysis under New York Leadership«, die energisch, subjektiv und allzu kurz sind. Wieder zeichnet Hale in *Freud and the Americans* ein sehr klares Bild, obwohl es nur bis 1917 reicht, und auch Burnham, *Jelliffe*, ist in dieser Frage von Nutzen.

Jones, III, S. 339−54, bietet eine gerechte allgemeine Zusammenfassung der Kontroverse um die Laienanalyse, die bei aller Knappheit bemerkenswert informativ ist. Knappheit kann man K. R. Eissler nicht vorwerfen; sein Buch *Medical Orthodoxy and the Future of Psychoanalysis* (1965) ist umfassend, beeinträchtigt durch hemmungslose Abschweifungen, aber stellenweise lehrreich. Zu einigen jüngeren Beiträgen gehören Lawrence S. Kubie, »Reflections on Training«, in: *Psychoanalytic Forum*, I (1966), S. 95−112; Shelley Orgel, »Report from the Seventh Pre-Congress Conference on Training«, in: *Int. J. Psycho-Anal.*, LIX (1978), S. 511−15; Robert S. Wallerstein, »Perspectives on Psychoanalytic Training Around the World«, in: *Int. J. Psycho-Anal.*, LIX (1978), S. 477−503, und Newell Fischer, der über ein Podiumsgespräch der Amerikanischen Psychoanalytischen Vereinigung, »Beyond Lay Analysis: Pathways to a Psychoanalytic Career«, in: *J. Amer. Psychoanal. Assn.*, XXX (1982), S. 701−15, berichtet. Harald Leupold-Löwenthal, »Zur Geschichte der ›Frage der Laienanalyse‹«, in: *Psyche*, XXXVIII (1984), S. 97−120, bringt zusätzliches Material.

Ein großer, ja der größte Teil der Literatur zu Freuds Ansichten über die weibliche Entwicklung und vor allem die weibliche Sexualität ist polemisch; das Problem ist beinahe völlig politisiert worden. Zum Glück haben Analytiker und Analytikerinnen die Ruhe bewahrt. Es gibt zwei verantwortungsvolle Überblicke über die Geschichte der Ideen Freuds von Zenia Oldes Fliegel: »Feminine Psychosexual Development in Freudian Theory: A Historical Reconstruction«, in: *Psychoanalytic Quarterly*, XLII (1973), S. 385−408, und »Half a Century Later: Current Status of Freud's Controversial Views on Women«, in: *Psychoanalytic Review*, LXIX (1982), S. 2−82; beide liefern ausgezeichnete bibliographische Information. Eine umfassende Anthologie, *Female Psychology: Contemporary Psychoanalytic Views*, hrsg. von Harold P. Blum (1977), enthält eine großzügige Auswahl von Abhandlungen aus dem *J. Amer. Psychoanal. Assn.* Zu den für mich wertvollsten gehören James A. Kleeman, »Freud's Views on Early Female Sexuality in the Light of Direct Child Observation«, S. 3−27, die Freuds Ideen zugleich kritisiert und würdigt; Eleanor Galenson und Herman Roiphe, »Some Suggestive Revisions Concerning Early Female Development«, S. 29−57, eine sehr anregende Abhandlung; Samuel Ritvo, »Adolescent to Woman«, S. 127−37, das die Geschichte über die Kindheit hinaus überzeugend fortführt; William I. Grossman und Walter A. Stewart, »Penis Envy: From Childhood Wish to Developmental Metaphor«, S. 193−212, ein weiterer Hinweis auf eine Revision innerhalb der Psychoanalyse; Roy Schafer, »Problems in Freud's Psychology of Women«, S. 331−60, eine scharfsinnige Analyse einiger fundamentaler Fragen; Daniel S. Jaffe, »The Masculine Envy of Woman's Procreative Function«, S. 361−92, das die andere Seite des Penisneids behandelt, und Peter Barglow und Margret Schaefer, »A New Female Psychology?«, S. 393−438, das mit ausgezeichnetem Erfolg die neuere nicht-, halb- und pseudo-psychoanalytische Literatur untersucht. Beinahe alle diese Beiträge liefern umfangreiche Bibliographien. Andere bedeutende Abhandlungen von in der Anthologie vertretenen Autoren sind: Kleeman, »The Establishment of Core Gender Identity in Normal Girls. (a) Introduction; (b) Development of the Ego Capacity to Differentiate«, in: *Archives of Sexual Behavior*, I (1971), S. 103−29, und Galenson und Roiphe, »The Impact of Early Sexual Discovery on Mood, Defensive Organization, and Symbolization«, in: *The Psychoanalytic Study of the Child*, XXVI (1971), S. 195−216, und (als Ergänzung und Kontrast) »The Preoedipal Development of the Boy«, in: *J. Amer. Psychoanal. Assn.*, XXVIII (1980), S. 805−28. Eine kluge Zusammenfassung von Material, das seit der Anthologie von 1977 erschienen ist, bietet Shahla Chehrazi, »Female Psychology: A Review«, in: *J. Amer. Psychoanal. Assn.*, XXXIV (1986), S. 141−62. Siehe auch den höchst instruktiven kurzen Aufsatz von Iza S. Erlich, »What Happened to Jocasta?« in: *Bulletin of the Menninger Clinic*, XLI (1977), S. 280−84, der mit Recht nach den Müttern in Freuds Krankengeschichten fragt. Und siehe auch Jean Strouse, Hrsg., *Women and Analysis: Dialogues on Psychoanalytic Views on Femininity* (1974).

Am prominentesten unter den klassischen psychoanalytischen Texten, die, wenn auch nicht ohne einige Kritik, der Freudschen Deutung der weiblichen sexuellen Entwicklung folgen, sind Marie Bonaparte, *Female Sexuality* (1951, übers. von John Rodker, 1953), das zuerst 1949 in Form von drei Artikeln in der *Revue Française de Psychanalyse* erschien, Helene Deutsch, *The Psychology of Women*, 2 Bde. (1944−45), und Ruth Mack Brunswick, »The Preoedipal Phase of Libido Development« (1940), in: *The Psychoanalytic Reader*, hrsg. von Robert Fliess (1948), S. 261−84. Jeanne Lampl-de Groots Schriften, erhältlich in ihrer Sammlung *The Development of the Mind: Psychoanalytic Papers on Clinical and Theoretical Problems* (1965), stellen Freuds Ansichten mit besonderer Klarheit dar: »The Evolution of the Oedipus Complex in Women« (1927), S. 3−18; »Problems of Femininity« (1933), S. 19−46; Besprechung von Sándor Radó, »Fear of Castration in Women« (1934), S. 47−57, und ein wichtiger Beitrag zur Frage eines sehr frühen Stadiums beim Knaben, »The Preoedipal Phase in the Development of the Male Child« (1946), S. 104−113. Siehe auch Joan Riviere, »Womanliness as a Masquerade« (1929), in: *Psychoanalysis and Female Sexuality*, hrsg. von Hendrik M. Ruitenbeek (1966), S. 209−20.

Bezüglich Abrahams zu diesem Problem siehe zusätzlich zu seinem Briefwechsel mit Freud seine Abhandlung »Äußerungsformen des weiblichen Kastrationskomplexes« (1921), in: *Psychoanalytische Studien*, II, S. Fischer, Frankfurt am Main 1971. Ernest Jones' bedeutendste Schriften, alle in *Papers on Psycho-Analysis* (4. Aufl. 1938), sind »The Early Development of Female Sexuality« (1927), S. 556−70, »The Phallic Phase« (1933), S. 571−604, und »Early Female Sexuality« (1935), S. 605−16.

Die einflußreichen Abhandlungen Karen Horneys sind: »Zur Genese des weiblichen Kastrationskomplexes« (1924), »Flucht aus der Weiblichkeit − Der Männlichkeitskomplex der Frau im Spiegel männlicher und weiblicher Betrachtung« (1926), »Die Angst vor der Frau − über den spezifischen Unterschied in der männlichen und weiblichen Angst vor dem anderen Geschlecht« (1932) und »Die Verleugnung der Vagina. Ein Beitrag zur Frage der spezifisch weiblichen Genitalängste« (1933). *The Adolescent Diaries of Karen Horney* (1980) sind rührend und aufschlußreich. Marcia Westkott, *The*

Feminist Legacy of Karen Horney (1986), diskutiert ihre Ideen im Zusammenhang. Die neue Biographie von Susan Quinn (die mich die Autorin in Manuskript lesen ließ), *A Mind of Her Own: The Life of Karen Horney* (1987), ist eine ausführliche Behandlung, die ihrem Privatleben gerecht wird.

Dies ist nicht der Ort, den feministischen Protest gegen Freuds »phallozentrische« Ansichten zu diskutieren, so interessant er auch ist. Der (oben zitierte) Artikel von Barglow und Schaefer verteidigt die psychoanalytische Perspektive nachdrücklich, ja kämpferisch. Der wertvollste und verantwortungsvollste Beitrag, der versucht die »Sexualpolitik« und Freuds »männlichen Chauvinismus« zu berücksichtigen, aber auch darüber hinauszugehen, ist die Studie einer geschulten Psychotherapeutin und aktiven Feministin, Juliet Mitchell, *Psychoanalysis and Feminism* (1974; dt.: *Psychoanalyse und Feminismus*, 1984). Mary Jane Sherfey, *The Nature and Evolution of Female Sexuality* (1972), ist ein rationaler Versuch, die Freudsche Theorie auf der Grundlage der modernen Biologie zu revidieren. K. R. Eissler, »Comment on Penis Envy and Orgasm in Women«, in: *The Psychoanalytic Study of the Child*, XXXII (1977), S. 29–83, versucht die neuere feministische und psychoanalytische Literatur in Betracht zu ziehen. In bezug auf Aspekte der faszinierenden Geschichte der weiblichen Sexualität und der Einstellungen zur Liebe im Europa des 19. Jahrhunderts, die alles andere als irrelevant für Freuds Ansichten sind, siehe Gay, *The Bourgeois Experience*, Bd. I, *Education of the Senses* (dt.: *Erziehung der Sinne*), und Bd. II, *The Tender Passion* (dt.: *Die zarte Leidenschaft*). Aus einer umfangreichen Literatur hebe ich nur hervor: Helene Weber, *Ehefrau und Mutter in der Rechtsentwicklung. Eine Einführung* (1907), das ebenso einen Abschnitt über Österreich enthält wie Richard J. Evans, *The Feminists: Women's Emancipation Movements in Europe, America and Australasia 1840–1920* (1977). Die beste kurze Geschichte der österreichischen Frauen in der Gegenwart ist Erika Weinzierl, *Emanzipation? Österreichische Frauen im 20. Jahrhundert* (1975), eine Einführung. Eine längere Geschichte wäre willkommen.

Über das heikle Thema Freud und seine Mutter siehe zusätzlich zu *Jones, passim*, und McGrath, *Freud's Discovery of Psychoanalysis*, Eva M. Rosenfeld, »Dreams and Vision: Some Remarks on Freud's Egyptian Bird Dream«, in: *Int. J. Psycho-Anal.*, XXXVII (1956), S. 97–105, und Robert D. Stolorow und George E. Atwood, »A Defensive-Restitutive Function of Freud's Theory of Psychosexual Development«, in: *Psychoanalytic Review*, LXV (1978), S. 217–38, ein wichtiger Aufsatz, der Freuds Beziehungen zu Amalia Freud ganz ähnlich behandelt wie ich. Die Autoren verwenden mit Gewinn Tomkins' *Affect, Imagery, Consciousness*. Donald L. Burnham hat einen späten Brief Freuds an den deutschen Psychoanalytiker Carl Müller-Braunschweig veröffentlicht: »Freud and Female Sexuality: A Previously Unpublished Letter«, in: *Psychiatry*, XXXIV (1971), S. 328 f.

Viel bisher unveröffentlichtes Material wird zum erstenmal enthüllt in *Arnold Zweig, 1887–1968. Werk und Leben in Dokumenten und Bildern*, hrsg. von Georg Wenzel (1978).

XI. Die menschliche Natur am Werk

Für Ferenczis letzten Jahre (wie für die früheren) ist natürlich die Freud-Ferenczi-Korrespondenz, Freud Collection, LC., von grundlegender Bedeutung. Michael Balint bietet einige wichtige, wenn auch flüchtige Kommentare in *The Basic Fault: Therapeutic Aspects of Regression* (1968), bes. Kap. 23, »The Disagreement between Freud and Ferenczi and Its Repercussions«. Ferenczis Korrespondenz mit dem guten Freund seiner späteren Jahre, Georg Groddeck, *Briefwechsel 1921–1933* (1986), ist aufschlußreich. Masson, *Assault on Truth*, enthält ein überzeugend klingendes, aber ganz unzuverlässiges Kapitel, »The Strange Case of Ferenczi's Last Paper«, über Ferenczis späte Beziehungen zu Freud. So zitiert Masson als Beispiel für Freuds starke positive Gefühle für Ferenczi die Art, wie er »ihn oft als ›lieber Sohn‹« anredete (S. 145). Tatsächlich fand ich diese Anrede nur ein einziges Mal, und Freud gebrauchte sie in seiner Erbitterung darüber, daß Ferenczi nicht erwachsen werden wollte (siehe Freuds Briefe an Ferenczi, 30. November und 5. Dezember 1911. Freud–Ferenczi Correspondence, Freud Collection, LC). Die Tatsachen widersprechen auch Massons Behauptung, Ferenczis Wiederbelebung der Verführungstheorie »kostete ihn die Freundschaft Freuds« (S. 148). Ferenczis klinisches Tagebuch (das ich im Manuskript benutzte) ist mittlerweile beim S. Fischer Verlag, Frankfurt am Main, erschienen: Sándor Ferenczi, *»Ohne Sympathie keine Heilung«. Das klinische Tagebuch von 1932*, hrsg. von Judith Dupont (1988).

Es gibt keine vollständige Behandlung des Antiamerikanismus Freuds. Hale, *Freud and the Americans*, liefert den Hintergrund bis 1917. Was einen der frühesten und ernsthaftesten Anhänger Freuds in Amerika betrifft, siehe wiederum Steel, *Walter Lippmann*. (Martin J. Wiener, *Between Two Worlds: The Political Thought of Graham Wallas*, 1971, enthält einige interessante Kommentare über Lippmann.) Burnham, *Jelliffe*, ist ebenfalls wieder hilfreich. Die gründlichste biographische Studie Bullitts ist Will Brownell und Richard N. Billings, *So Close to Greatness: A Biography of William C. Bullitt* (1987), die ich im Manuskript zu lesen die Gelegenheit hatte. Sie kann jedoch die Geheimnisse, die die Studie Woodrow Wilsons von Freud und Bullitt umgeben, nicht völlig aufklären. Bei dem Versuch, die Entstehung dieses Buches zu rekonstruieren, machte ich Gebrauch von Bullitts Briefen an Colonel House (in Colonel E. M. House papers, series I, box 21, Y-MA). Beatrice Farnsworth, *William C. Bullitt and the Soviet Union* (1967), konzentriert sich auf Bullitts frühe diplomatische Missionen, geht aber glücklicherweise über den Titel hinaus. William Bayard Hale, *The Story of a Style* (1920), das Buch, das Freud genoß, aber nicht öffentlich gutheißen wollte, seziert Wilson anhand seiner Stilmittel. Eine amerikanische Besprechung dieses Buches, die ihrem Verfasser eine gute Gelegenheit bot, mit Wilson unsanft umzuspringen, ist H. L. Mencken, »The Archangel Woodrow« (1921), in: *The Vintage Mencken*, hrsg. von Alistair Cooke (1955), S. 116–20.

Orville H. Bullitt, der das Manuskript von *Thomas Woodrow Wilson* 1932 sah, während er sich bei seinem Bruder William aufhielt, bestätigt, daß Freud und Bullitt tatsächlich jedes Kapitel signiert hatten. Um 1950 sah er es noch einmal und bemerkte keine Veränderungen. (Siehe Orville Bullitt an Alexander L. George, 6. Dezember 1973; mit frdl. Genehmigung von Alexander M. George.) Dr. Orville Horwitz, ein Cousin, der das Manuskript in den dreißiger Jahren ebenfalls gründlich kannte, ist derselben Meinung (Telefongespräch mit Dr. Horwitz, 31. Mai 1986). Andererseits bestätigt der Stil des

Buches nicht diese Erinnerungen. Mehr als ein Rezensent hat mit Recht bemerkt, daß die Einleitung zweifellos von Freud stammt, daß aber dem Text sein Humor und seine Feinheit der Formulierung und des Ausdrucks fehlen. So schrieb Max Schur Miß M. Legru, Lektorin im Verlag Houghton Mifflin am 19. Januar 1968: »Das Studium des Manuskripts zeigte deutlich, daß nur die Einleitung, obwohl sie nicht in seiner Handschrift vorlag (Freud hatte *alle* seine Manuskripte und Briefe mit der Hand geschrieben), alle unverkennbaren Merkmale von Freuds Stil aufwies und seinen analytischen Standpunkt widerspiegelte. Wir [Schur, Ernst Freud und Anna Freud] mußten zu dem Schluß gelangen, daß dies eine erhaltene Transkription von Freuds Originalbeitrag war. Was den Rest des Buches anbetraf, so mußte er von Mr. Bullitt geschrieben worden sein, der, so gut er konnte (*und wir zweifeln seine gute Absicht keineswegs an*), aus dem Gedächtnis und aus Notizen, die er sich bei und nach den Begegnungen mit Freud gemacht hatte, die analytischen Formulierungen anwandte, die dieser ihm gegeben hatte« (mit frdl. Genehmigung von Helen Schur). Freud selbst schrieb Arnold Zweig im Dezember 1930: »Ich schreibe wieder eine Einleitung für etwas, was ein anderer macht, ich darf nicht sagen, was es ist, ist zwar auch eine Analyse, aber dabei doch höchst gegenwärtig, beinahe politisch« (Freud an Arnold Zweig, 7. Dezember 1930, *Freud–Zweig*, S. 37).

Die am besten geeignete Möglichkeit, diese Widersprüche aufzulösen, ist, glaube ich, anzunehmen, daß Bullitt das Manuskript nach Freuds Tod überarbeitet hat. Aber Anna Freud vertrat eine andere Ansicht. »Sie wissen, wie wenig ich Bullitt mag«, schrieb sie Max Schur am 24. Oktober 1966, »aber das würde er nicht tun« (Max Schur papers, LC). Andererseits schrieb sie Schur am 6. November 1966: »Ich bin absolut sicher, daß mein Vater das Vorwort selbst schrieb. Das ist sein Stil und seine Art zu denken, und ich wäre jederzeit bereit, es zu beschwören. Ich bin ebenso sicher und ebenso bereit zu beschwören, daß keines der späteren Kapitel von meinem Vater geschrieben wurde, weder ganz noch teilweise. Erstens ist es nie in seinem Stil; zweitens hat er nie in seinem Leben Wiederholungen gebraucht, die in diesem Buch *ad nauseam* verwendet werden; drittens hat er nie eine analysierte Person angeschwärzt oder lächerlich gemacht, was in dem Buch geschieht.« Zweifellos, fügte sie hinzu, habe ihr Vater »Bullitt analytische Deutungen vorgeschlagen, aber sich nie vorgestellt, daß sie auf diese ungeschickte Weise verwendet werden würden« (Max Schur papers, LC). Aus einigen der Briefe Anna Freuds an Jones in den fünfziger Jahren geht hervor, daß sie das Manuskript der Wilson-Studie zu Lebzeiten ihres Vaters nie gesehen hat (siehe Anna Freud an Jones, 16. und 25. April 1955. Jones papers, Archives of the British Psycho-Analytical Society, London). Bullitt selbst schrieb Jones am 22. Juli 1955, daß das Buch »das Ergebnis vieler Kämpfe war. Freud und ich waren beide außerordentlich dickköpfig: irgendwie überzeugt, daß jeder von uns einen Gott war. Daher war jedes Kapitel, ja jeder Satz Gegenstand einer heftigen Debatte.« Im Juni 1956, als er wieder Jones schrieb, fügte Bullitt hinzu: »Ich besuchte London zweimal [im Jahre 1939], um mit ihm [Freud] gewisse Änderungen zu besprechen, die ich für wesentlich hielt. Wir einigten uns über den Wortlaut dieser Änderungen, und ich nahm sie vor. Aber ich hatte das Gefühl, daß sein Tod weitere Änderungen ausschloß« (beide Briefe in Jones papers, Archives of the British Psycho-Analytical Society, London). Vielleicht hatte Anna Freud das beste Urteil: »Es ist nicht daran zu zweifeln, daß mein Vater Bullitt überschätzte. Ich tat das nie. Aber in solchen Dingen ließ sich mein Vater von niemandem leiten« (Anna Freud an Max Schur, 6. November 1966. Max Schur papers, LC). Doch das Manuskript bleibt unzugänglich.

Über den Fall Horace Frink siehe Michael Specter, »Sigmund Freud and a Family Torn Asunder: Revelations of an Analysis Gone Awry«, in: *Washington Post*, 8. November 1987, sec. G. 1, 5. Die Frink papers in den Alan Mason Chesney Medical Archives, The Johns Hopkins University, werfen weiteres Licht auf den Fall.

Unter den Studien über Freuds Religiosität ist Reuben M. Raineys Dissertation *Freud as Student of Religion: Perspectives on the Background and Development of His Thought* (1975) nicht uninteressant. Über Freuds Judentum ist der Artikel seines Sohnes Martin, »Who Was Freud?« in: *The Jews of Austria*, hrsg. von Fraenkel, S. 197−211, unentbehrlich. A. A. Roback, *Freudiana* (1957), das »unveröffentlichte Briefe von Freud, Havelock Ellis, Pawlow, Bernard Shaw, Romain Roland et alii« enthält, ist eher irritierend als informativ. Ich habe in diesem Kapitel reichlich aus meinem Buch *»Ein gottloser Jude«* geschöpft, das die Fragen vollständiger erörtert, als ich es hier zu tun Gelegenheit hatte. (Was Titel über Freuds Judentum anbetrifft, siehe den Essay für das 12. Kapitel.)

Zu den Werken, die *Das Unbehagen in der Kultur* behandeln, gehört Paul Roazens Überblick *Freud: Political and Social Thought* (1968), der einige Seiten über die menschliche Natur in der Politik enthält. Eine interessante Erörterung der sozialen (und politischen) Implikationen von Freuds Denken aus einer Freudschen Perspektive bietet J. C. Flugel, *Man, Morals and Society: A Psycho-Analytical Study* (1945). R. E. Money-Kyrle, *Psychoanalysis and Politics: A Contribution to the Psychology of Politics and Morals* (1951), ist ein knapper, aber gehaltvoller Essay aus derselben Perspektive. »Politics and the Individual«, in Rieff, *Freud: The Mind of the Moralist*, ist ein sehr gutes Kapitel. Heinz Hartmanns beträchtlich erweiterter Freud-Vortrag *Psychoanalysis and Moral Values* (1960), eine kluge Verteidigung des Über-Ichs und (weitgehend implizite) der Freudschen sozialen und politischen Theorie, lohnt eine genaue Lektüre. Ebenfalls über das Über-Ich siehe Michael Friedman, »Toward a Reconceptualization of Guilt«, in: *Contemporary Psychoanalysis*, XXI (1985), S. 501−47, mit einer Erörterung des neuen Denkens nach Freud einschließlich Melanie Kleins und solcher Objektbeziehungs-Theoretiker wie W. R. D. Fairbairn und D. W. Winnicott. Der hervorragende amerikanische Soziologe Talcott Parsons studierte die soziale Bedeutung von Freuds Ideen in mehreren bedeutenden Abhandlungen, vor allem »The Superego and the Theory of Social Systems« (1952), die zusammen mit Abhandlungen über das Vater-Tabu und das Inzest-Tabu und über Charakter und Gesellschaft in *Social Structure and Personality* (1964) enthalten sind. Bocock, *Freud and Modern Society*, ist auch hier wieder brauchbar. Ich habe versucht, ein Beispiel dafür zu geben, wie der Historiker psychoanalytische Ideen mit Kultur verbinden kann, in »Liberalism and Regression«, in: *The Psychoanalytic Study of the Child*, XXXVII (1982), S. 523−45.

XII. In Freiheit sterben

Die große wirtschaftliche – und schließlich politische – Katastrophe, die im Herbst 1929 begann und die Ereignisse der dreißiger Jahre auslöste, ist am besten wiedergegeben in John A. Garraty, *The Great Depression* (1986), einer guten vergleichenden Studie mit Kommentaren über Österreich. Was Freuds Leben in Österreich zwischen 1933 und 1938 betrifft, siehe bes. den Briefwechsel zwischen Freud und Arnold Zweig und einige der späteren Briefe Freuds an Lou Andreas-Salomé und Max Eitingon (ab 1933 in Palästina). Schur *(Sigmund Freud, Leben und Sterben)* ist zwangsläufig *der* unentbehrliche

Augenzeuge für Freuds Monate unter Hitler. Clark, *Freud*, bes. Kapitel 23, »Ein Entlassungsbefehl«, stützt sich zum Teil auf – von anderen Biographen vernachlässigte – diplomatische Dokumente, die ich unabhängig verwendet habe. Dr. Josefine Stroß, die Freud vom Mai 1938 bis zu seinem Tode (buchstäblich) nahe war, war so freundlich, mein Wissen über Freud in diesen Monaten zu erweitern (bes. in den Briefen vom 12. Mai und 19. Juni 1987). Detlef Berthelsen, *Alltag bei Freud. Die Erinnerungen der Paula Fichtl* (ein Buch, das ich in den Druckfahnen sah und das 1988 erschien), bietet viele außerordentlich intime Details aus dem Freudschen Haushalt, die aus den Erinnerungen einer Haushälterin auftauchten, die seit 1929 für die Freuds arbeitete und sie nach London begleitete. Zu den »Enthüllungen« gehört der Schock der jungfräulichen Paula Fichtl, einmal Freuds Penis gesehen zu haben. Das Ganze, die ungeprüften Erinnerungen einer alten Dienstbotin, ist kein Dokument, dem man unbedingt vertrauen kann. Carl Zuckmayers Autobiographie *Als wär's ein Stück von mir. Horen der Freundschaft* (1966), bes. S. 64–95, enthält lebhafte Erinnerungen an seine Erlebnisse in Österreich – in Wien und anderswo – im März 1938. Was Österreich zur Zeit des Anschlusses betrifft, habe ich die besten Titel schon im Essay zum 8. Kapitel angeführt; siehe bes. die Beiträge von Kadrnoska, Goldinger, Zuckerkandl, Klusacek und Stimmer, Hannak, Csendes und Weinzierl und Skalnik. Aus dem Band, den die beiden letzten herausgaben, *Österreich 1918–1938*, sollte noch ein Kapitel eigens erwähnt werden: Norbert Schausberger, »Der Anschluß«, S. 517–52. Zusätzliche hilfreiche Titel sind *Dokumentation zur österreichischen Zeitgeschichte, 1938–1945*, hrsg. von Christine Klusacek, Herbert Steiner und Kurt Stimmer (1971), deren erste zwei Abschnitte reichliches (und erschreckendes) Material über den Anschluß und Österreich als »Ostmark« bis zum Ausbruch des Zweiten Weltkriegs enthalten; Christine Klusacek, *Österreichs Wissenschaftler und Künstler unter dem NS-Regime* (1966), eine lakonische, beredte Auflistung verfolgter Wissenschaftler (einschließlich Freuds) und Künstler und ihrer Schicksale; Dieter Wagner und Gerhard Tomkowitz, *»Ein Volk, ein Reich, ein Führer!« Der Anschluß Österreichs 1938* (1968), journalistisch, aber zuverlässig und ergänzt durch einige eindrucksvolle Fotografien von Juden, die im März 1938 mißhandelt werden. Siehe auch wieder einige der Abhandlungen in *The Jews of Austria*, hrsg. von Fraenkel, bes. Herbert Rosenkranz, »The Anschluss and the Tragedy of Austrian Jewry, 1938–1945«, S. 479–545, mit erschreckenden Statistiken und nicht minder erschreckenden Erinnerungen. Und siehe T. Friedmann, Hrsg., *»Die Kristall-Nacht.« Dokumentarische Sammlung* (1972), welche die barbarischen Angriffe auf Synagogen, Gemeindezentren – und Juden selbst – im November 1938 dokumentiert. Paul Hilberg, *The Destruction of the European Jews* (1961, [2]1981), ist zwar umstritten in seiner allgemeinen These von der jüdischen Passivität, aber wissenschaftlich einwandfrei. Weitere relevante Statistiken über die österreichischen Juden unter Hitler finden sich in Martin Gilbert, Hrsg., *The Macmillan Atlas of the Holocaust* (1982). Wie die Texte zeigen, sind die täglichen Artikel von Reportern in Wien, die hauptsächlich in der *New York Times*, im *Manchester Guardian* und im Londoner *Daily Telegraph* erschienen, Zeugnisse tatsächlicher Ereignisse.

Die deutsche Psychoanalyse und Psychiatrie unter Hitler werden lebhaft dokumentiert in Karen Brecht et al., Hrsg., *»Hier geht das Leben auf eine sehr merkwürdige Weise weiter . . .« Zur Geschichte der Psychoanalyse in Deutschland* (1985), einer ernüchternden, informativen Zusammenfassung. Sie sollte ergänzt werden durch Geoffrey Cocks, *Psychotherapy in the Third Reich: The Goering Institute* (1985), eine gelehrte und effektiv revisionistische Arbeit, die allerdings mehr dazu neigt, ein gewisses Überleben der Psychoanalyse unter den Nazis zu sehen, als nach meinem Urteil die Beweise ganz rechtfertigen können. In der umfangreichen Literatur über Nazideutschland behält Karl Dietrich Bracher, *Die deutsche Diktatur; Entstehung, Struktur, Folgen des Nationalsozialismus* (1969), weitgehend seine Autorität.

Freuds Judentum fordert zu mehr und mehr Kommentaren heraus. Was meine eigenen Ansichten betrifft, siehe wieder mein *»Ein gottloser Jude«* und die ebenfalls bereits zitierte Abhandlung »Six Names in Search of an Interpretation«. Justin Miller, »Interpretation of Freud's Jewishness, 1924−1974«, in: *Journal of the History of the Behavioral Sciences*, XVII (1981), S. 357−74, faßt die Literatur eines halben Jahrhunderts zusammen. Ein wichtiger früher Essay, der versucht, Freuds Stellung zu klären, ist Ernst Simon, »Sigmund Freud, the Jew«, in: *Leo Baeck Yearbook*, II (1957), S. 270−305. Er sollte zusammen mit Peter Loewenberg, »›Sigmund Freud as a Jew‹: A Study in Ambivalence and Courage«, in: *Journal of the History of the Behavioral Sciences*, VII (1971), S. 363−69, gelesen werden. Martin S. Bergmann, »Moses and the Evolution of Freud's Jewish Identity«, in: *Israel Annals of Psychiatry and Related Disciplines*, XIV (März 1976), S. 3−26, dem ich zu Dank verpflichtet bin, erörtert erschöpfend Freuds Kommentare über das Thema und enthält interessante Bemerkungen über die Religiosität von Freuds Vater. Marthe Robert, *D'Oedipe à Mose; Freud et la Conscience juive* (1974; engl. Übersetzung Ralph Mannheim 1976), ist eine eindrucksvolle und subtile Deutung, obwohl sie vielleicht Freuds Identifizierung mit Moses, dem ermordeten Propheten, übertreibt. Stanley Rothman und Phillip Isenberg, »Sigmund Freud and the Politics of Marginality«, in: *Central European History*, VII (1974), S. 58−78, zerstreut geschickt tendenziöse Mißdeutungen. »Freud and Jewish Marginality« von denselben Autoren in: *Encounter* (Dezember 1974), S. 46−54, trägt auch dazu bei, Schorske, »Politics and Patricide in Freud's *Interpretation of Dreams*« (bereits zitiert) zu erschüttern. Henri Baruk, »La signification de la psychanalyse et le Judaïsme«, in: *Revue d'Histoire de la Médicine Hébraïque*, XIX (1966), S. 15−28, 53−65, ist Freud gegenüber ziemlich kritisch eingestellt und räumt gründlich mit so weit hergeholten Vorstellungen wie der Idee auf, daß Freud tief von der Kabbala beeinflußt war, was (ohne überzeugende Beweise) in David Bakan, *Sigmund Freud and the Jewish Mystical Tradition* (1958), behauptet wird. (Zu Bakans wirkungsvollsten Kritikern gehört Harry Trosman in seinem bereits zitierten Buch *Freud and the Imaginative World*, das zusätzlich interessante Kommentare über Freuds jüdische Identität enthält.) A. A. Roback, *Jewish Influence in Modern Thought* (1929), liegt auf derselben problematischen Linie wie Bakan, enthält aber einige Briefe Freuds an den Autor. Siehe auch noch einmal Roback, *Freudiana*. Sander Gilman, *Jewish Self-Hatred: Anti-Semitism and the Hidden Language of the Jews* (1986), kommt mir, obwohl es teuflisch klug bezüglich des Selbsthasses ist, exzentrisch vor. *Judaism and Psychoanalysis*, hrsg. von Mortimer Ostow (1982), bietet eine abwechslungsreiche Reihe von Abhandlungen einschließlich eines Kapitels aus Rabbi Richard Rubinsteins provokativer Studie *The Religious Imagination* (1968). Ich ziehe jedoch die nüchternen Analysen von Bergmann, Rothman und Isenberg und sogar Robert vor. Jüdischer Humor sollte als möglicher Schlüssel zu Freuds jüdischer Identität nicht vernachlässigt werden. Kurt Schlesinger, »Jewish Humor as Jewish Identity«, in: *Int. Rev. Psycho-Anal.*, VI (1979), S. 317−30, ist eine brauchbare Arbeit. Theodor Reik hat sich das Thema zu eigen gemacht, am ausführlichsten in *Jewish Wit* (1962). Siehe auch Elliott Oring, *The Jokes of Sigmund Freud: A Study in Humor and Jewish Identity* (1984), kurz, suggestiv, ein wenig humorlos. »Mein Onkel Sigmund«, das (bereits zitierte) Interview Richard Dycks mit Freuds Neffen Harry, der bestreitet, daß sein berühmter Onkel Atheist war, muß mit einiger Skepsis gelesen werden. Avner Falk, »Freud and Herzl«, in: *Contemporary Psychoanalysis*, XIV (1978), S. 357–87, untersucht Freuds Judentum aus der Perspektive seiner Vertrautheit mit Herzls Ideen.

Viele der soeben zitierten Titel, vor allem Bergmann, »Moses and the Evolution of Freud's Jewish Identity«, und Robert, *D'Oedipe à Mose*, haben viel über Freuds *Der Mann Moses und die monotheistische Religion* zu sagen. Ich füge hinzu Rieff, *Freud: The Mind of the Moralist*, Kap. 6, »The Authority of the Past«, und zwei Titel von Edwin R. Wallace IV: *Freud and Anthropology* und »The Psychodynamic Determinants of *Moses and Monotheism*«, in: *Psychiatry*, XL (1977), S. 79–87. Siehe auch die sorgfältige Diskussion in »Freud and the Religion of Moses«, Kap. 5 von W. W. Meissner, *Psychoanalysis and the Religious Experience* (1984), und F. M. Cross, »Yahweh and the God of the Patriarchs«, in: *Harvard Theological Review*, LV (1962), S. 225–59. Einige interessante Mutmaßungen darüber, warum Freud Abrahams für seine intellektuelle Exkursion ins alte Ägypten so wichtige frühe Abhandlung über Amenhotep IV. (1912) nicht erwähnte, finden sich in Leonard Shengold, »A Parapraxis of Freud's in Relation to Karl Abraham«, in: *American Imago*, XXIX (1972), S. 123–59.

Mehrere Augenzeugenberichte geben die Atmosphäre der letzten anderthalb Jahre von Freuds Leben wieder. Die Reaktionen der Woolfs auf den Tee bei Freud Anfang 1939 in 20 Maresfield Gardens sind bemerkenswert – und etwas unterschiedlich im Ton. Siehe Leonard Woolf, *Downhill All the Way* (1967), S. 95 f., 163–69, und *The Diary of Virginia Woolf*, hrsg. von Anne Olivier Bell unter Mitarbeit von Andrew McNeillie, vol. V., *1936–1941* (1984), S. 202, 248–52. Hanns Sachs beschrieb seinen Abschied von Freud in *Freud, Master and Friend*, Kap. 9, und Jones den seinen in *Jones*, III, Kap. 6, »London – das Ende«.

Was Freuds berühmten Brief an eine anonyme amerikanische Mutter über ihren homosexuellen Sohn betrifft, siehe den instruktiven Artikel von Henry Abelove, »Freud, Male Homosexuality and the Americans«, in: *Dissent* (Winter 1986), S. 59–69.

Zusätzlich zu den üblichen Nachrufen gibt es einen allzu kurzen Rückblick auf Max Schur im *American Psychoanalytic Association Newsletter*, III (Dezember 1969), S. 2.

Bezüglich meiner Behandlung von Freuds letzten Tagen siehe die letzte Anmerkung zum 12. Kapitel.

Ein Postskriptum: Im Laufe meiner Arbeit stieß ich auf einen interessanten, aber, wie ich fand, ziemlich zweifelhaften Bericht über eine Episode, die sich angeblich nach dem Anschluß in der Berggasse 19 abspielte. Barbara Hannah berichtet in ihrer bereits zitierten Biographie Jungs (S. 254 f.), daß nicht lange, nachdem die Nazis Mitte März 1938 in Österreich einmarschiert waren, Franz Riklin, jr., der Sohn von Jungs langjährigem Mitarbeiter Franz Riklin, von einigen sehr reichen Schweizer Juden ausgewählt worden sei, mit einem sehr großen Geldbetrag *sofort* nach Österreich zu fahren, um führende Juden dazu zu überreden, das Land zu verlassen, bevor die Nazis Zeit hätten, sie zu verfolgen. Der junge Riklin, der damals beinahe dreißig war und am Beginn seiner medizinischen Karriere stand, habe geglaubt, er sei wegen seiner Selbstbeherrschung und seines »außergewöhnlich germanischen Aussehens« ausgewählt worden. Im allgemeinen sei er »außerordentlich erfolgreich« bei der Ausführung seiner Mission gewesen, aber nicht bei den Freuds. Sein Vater habe ihm ausdrücklich nahegelegt, Freud dazu zu überreden, Österreich sofort zu verlassen und die höchst ungewöhnlichen Mittel, die er bieten konnte, auszunutzen. Als aber der junge Riklin Freud aufgesucht und ihm die Lage erklärt habe, habe Freud ihn enttäuscht und schroff gesagt: »Ich weigere mich, meinen Feinden verpflichtet zu sein.« Riklin habe die Situation, so gut er konnte, erklärt und betont, daß weder sein Vater noch Jung Feindschaft gegen Freud empfänden. Aber Freud habe nur seinen kompromißlosen Standpunkt wiederholt. Dennoch, schloß Hannah, hätten sich die Freuds sehr herzlich gegenüber dem Boten verhalten und ihn sogar zum Essen eingeladen.

Soweit Hannah. Sie bietet keine Dokumentation für diese überraschende Geschichte, aber da sie den jungen Riklin sehr gut kannte und ihm oft bei den Jungs begegnete, ist es mehr als wahrscheinlich, daß Riklin ihre Quelle war. Doch ihr Bericht hat seine unwahrscheinlichen Aspekte: Diese »sehr reichen Schweizer Juden« müssen gewußt haben, daß die Verfolgung der Juden in Österreich in dem Augenblick begann, in dem die Nazis einmarschierten. Aber was noch wichtiger ist: Der Gedanke, daß Schweizer Juden den Sohn eines der berühmtesten Feinde Freuds als ihren Boten ausgesucht haben sollen, klingt nicht glaubhaft. Nur Freuds standhafte und kompromißlose Weigerung scheint zu ihm zu passen. Ich legte also den Bericht beiseite.

Dann, letztes Jahr, als der Text dieser Biographie schon gesetzt wurde, bestätigte mir Dr. Robert S. McCully (jetzt Professor der Psychologie und Mitte der sechziger Jahre an der psychiatrischen Abteilung des Cornell University Medical College in New York City und in Ausbildung am dortigen Jung-Institut) zum Teil Hannahs Bericht und korrigierte ihn. Als der junge Riklin in New York Vorlesungen hielt, lernte ihn McCully kennen und hörte die Geschichte seiner Mission in Wien in allen Einzelheiten. Soweit er sich an Riklins Bericht erinnerte, waren es nicht reiche Schweizer Juden, sondern Jung und der ältere Riklin, die 10 000 Dollar aus ihren eigenen Mitteln zur Verfügung stellten und wollten, daß dieses Geld Freud allein erhielt. Als Riklin in der Berggasse 19 ankam, öffnete Anna Freud die Tür einen Spalt breit, wollte ihn aber nicht in die Wohnung lassen und sagte ihm, daß ihr Vater ihn nicht empfangen werde. Dann kam Freud selbst an die Tür und sagte, was Hannah zitierte: »Ich weigere mich, meinen Feinden verpflichtet zu sein.« Die Feindseligkeit der Freuds, berichtete Riklin McCully, sei so groß gewesen, daß er gegangen und nach Zürich zurückgekehrt sei, das Geld noch in seinem Geldgürtel (siehe Robert S. McCully, »Remarks on the Last Contact Between Freud and Jung«, ein Brief an den Herausgeber, *Quadrant: Journal of the C. G. Jung Foundation* [New York], XX [1987], S. 73 f.).

Dr. McCully (den ich konsultierte) erinnert sich sehr deutlich an Riklins Bericht, und seine Version klingt zugleich glaubwürdiger und interessanter als Hannahs. Sie würde Jung in ein neues Licht stellen. Seinem Brief zufolge kann sich Dr. McCully nur wundern, »wie Miß Hannah zu ihrer Beschreibung dieses Ereignisses kam«, aber er ist sicher, daß der (mittlerweile verstorbene) Franz Riklin, jr., »weder ihr Manuskript sah noch befragt wurde« (S. 73). Wie ich schon bemerkte, zweifle ich kaum daran, daß Hannahs Informant, so entstellt ihr Bericht auch ist, Riklin selbst gewesen sein muß. Ich habe gute Gründe, Dr. McCullys Bericht über seine Gespräche mit Riklin zu glauben, und Freuds schroffe Antwort klingt, wie ich bereits sagte, ganz nach ihm. Aber in Ermanglung einer unabhängigen Dokumentation – ich hatte schließlich nur zwei Berichte über Berichte – beschloß ich, das letzte Kapitel nicht vom Drucker zurückzufordern, um diese faszinierende Geschichte in meinen Text einzufügen. Dennoch verdient sie, festgehalten zu werden. Vielleicht kann sie, wenn einmal der Zugang zu den Jung-Papieren gewährt wird, zur historischen Tatsache erhoben werden.

DANKSAGUNGEN

An diesem Buch habe ich lange gearbeitet, viel länger als die zweieinhalb kurzen und intensiven Jahre, die ich brauchte, um es zu schreiben. Mein Interesse an Freud geht zurück auf meine Studentenzeit Ende der vierziger Jahre, und ich machte dieses Interesse zum Zentrum meiner Arbeit als Historiker, als ich Mitte der siebziger Jahre als Kandidat im Western New England Institute for Psychoanalysis aufgenommen wurde. Die Kandidatur bot mir eine einmalige Gelegenheit, mich mit der Welt der Psychoanalyse vertraut zu machen. Aber wenn sich das als unschätzbar für das Schreiben dieser Biographie erwies, so habe ich mich doch auf meine professionelle Distanz als Historiker verlassen, um mich vor der Idealisierung zu hüten, die Freud für das unausweichliche Schicksal des Biographen hielt.

Wenn ich an die auffällige Diskrepanz zwischen der Zeit der Niederschrift und den Jahren der Inkubation denke, fällt mir Whistlers berühmte Bemerkung während des Verleumdungsprozesses ein, den er gegen Ruskin führte, weil dieser eines seiner Bilder einen Topf Farbe genannt hatte, den er dem Publikum ins Gesicht geschleudert habe. Ruskins Verteidiger zeigte eines der dunstigsten Nachtstücke Whistlers vor und fragte ihn, wie lange er gebraucht habe, um *das* zu malen. Whistlers denkwürdige Antwort: »Mein ganzes Leben.« Nun wäre »mein ganzes Leben« sicherlich eine Übertreibung, wenn ich es auf die Herstellung dieser Freud-Biographie anwenden wollte, aber es gab während des Schreibens Zeiten, in denen ich das Gefühl hatte, nie etwas anderes getan zu haben. Zum Glück genoß ich die ständige Hilfe von Archivaren, Bibliothekaren, Freunden und Kollegen. Auch Fremde, die mich nach einem Vortrag aufsuchten oder mir unverlangtes Material schickten, nachdem sie von meinem Projekt gelesen hatten, bekundeten ein willkommenes, hilfreiches Interesse.

Tatsächlich bewährte sich ein großer Förderer des Dialogs – wenn man diesem stark überanstrengten Wort seine volle Bedeutung geben will –, etwas, auf das ich mich zu verlassen gelernt habe und das ich in meinen anderen Büchern zu erwähnen Gelegenheit hatte, auch diesmal wieder: der formelle Vortrag, der zu Fragen, Kommentaren und manchmal lebhaften Meinungsverschiedenheiten herausfordert und einige Male einen unveröffentlichten Brief einbringt. Seit 1985 habe ich vor einer Vielfalt von Zuhörern über meine in Arbeit befindliche Biographie, über wesentliche Dinge in Freuds Leben, über die Beziehung der Psychoanalyse zur Geschichte und Biographie und über die gegenwärtige öffentliche Aufnahme Freuds gesprochen. Ich habe diese Gelegenheiten genossen und gewöhnlich von ihnen profitiert. Im Jahre 1985 sprach ich an der Clark University über Freuds literarischen Geschmack und vor der Indiana Historical Society und der American Psychological Association über die Beziehung zwischen der Psychoanalyse und dem Historiker, ein Thema, das ich mit unterschiedlichen Betonungen auch an der Rice University, Houston, und in einem großen öffentlichen Vortrag in Groningen, in den Niederlanden, erörterte. Im Jahre 1986 setzte ich diese Reihe von Vorträgen vor verschiedenen mehr oder weniger formlosen Foren in Yale fort: vor der Hillel Foun-

dation und einer Versammlung ehemaliger Yale-Studenten, vor den Doktoranden meiner Fakultät und einer Gruppe von Studenten an der Architekturschule und vor den
Friends of the Medical Library. In diesem Jahr sprach ich auch an der State University of
New York, Stony Brook, an der Ohio University, Athens, Ohio, vor der Boston Psychoanalytic Society, an der University of California in San Diego (bei einer fröhlichen und
rührenden Feier zu Ehren der hervorragenden Karriere von H. Stuart Hughes), bei einem
Lunch der Southern Historical Association, die sich in Charlotte, North Carolina, versammelte, und – eine besonders angenehme und lohnende Gelegenheit – am Hebrew
Union College in Cincinnati, wo ich eine Woche verbrachte und Vorträge über Freud,
den gottlosen Juden, hielt. Im Jahre 1987 sprach ich am Chicago Institute for Psychoanalysis, bei einem Workshop für Psychoanalyse und Sozialwissenschaften an der University of Chicago, als zweiter George-Rosen-Vortragender im Beaumont Club an der
medizinischen Schule meiner Universität und schließlich vor meinen Mit-Fellows am
Humanities Center in Yale. Wie ich bereits sagte, war das alles außerordentlich anregend
und wertvoll – zumindest für mich. Da ich diesen Zuhörern so viel verdanke und mich
auch sehr vielen anderen zutiefst verpflichtet fühle, kann ich nur hoffen, daß ich bei
diesen Danksagungen niemanden übersehen habe.

Außerordentlich dankbar bin ich zunächst einmal Ronald S. Wilkinson, Manuskript-
Historiker an der Manuskriptabteilung der Library of Congress. Als Hüter des größten
und wertvollsten Schatzes von Freud-Material teilte er mit mir ohne Vorbehalt sein
Wissen von seinen Beständen und von Beständen anderswo; großzügig und einfallsreich
erleichterte er meine Suche nach schwer auffindbaren Dokumenten. Mark Paterson, der
Direktor der Sigmund Freud Copyrights in Wivenhoe bei Colchester, machte mir
freundlicherweise sein gesamtes reiches Freud-Material zugänglich. Er wurde geschickt
unterstützt von zwei Archivarinnen, Celia Hirst und Jo Richardson. David L. Newlands,
der, während ich dieses Buch schrieb, Kustos des Freud-Museums, 20 Maresfield Gardens, Hampstead, London, war, hieß mich willkommen, und Steve Neufeld vom Museum ersparte mir zahllose Arbeitsstunden, indem er mir wichtige Informationen gab
und einige seltene Juwelen entdeckte. Pearl H. M. King, ehrenamtliche Archivarin in den
Archiven der British Psycho-Analytical Society, ebenfalls in London, gab mir die Erlaubnis, die Reichtümer der Ernest Jones papers zu erforschen und zu nutzen, was es mir
ermöglichte, die Entstehung der Freud-Biographie von Jones zu rekonstruieren, während Jill Duncan, Verwaltungsbeamtin in den Archiven, auf meine Fragen einging und
einige wichtige Briefe für mich heraussuchte. Zwei Bibliothekare und Archivare, Ellen
Gilbert und nach ihr David J. Ross, nahmen mich freundlich in der A. A. Brill Library des
New York Psychoanalytic Institute auf und führten mich durch ihre interessanten Be-
stände, hauptsächlich (aber nicht ausschließlich) die Papiere von Freuds amerikanischen
Analysanden. Kenneth A. Lohf, Bibliothekar für seltene Bücher und Manuskripte an der
Columbia University, half mir ebenso wie Rudolph Ellenbogen bei der Otto Rank-
Sammlung. Glenise A. Matheson, zuständig für Manuskripte in der John Rylands Uni-
versity Library in Manchester, England, war sehr entgegenkommend in bezug auf die
aufschlußreiche Korrespondenz zwischen Freud und seinem Neffen Samuel. Judith
A. Schiff, Chief Research Archivist der Abteilung Manuskripte und Archive der Yale
University Library, war (wie immer) hilfreich, diesmal mit den Papieren von Colonel
E. M. House. Alan S. Divack, Hilfsarchivar am Leo Baeck Institute in New York, ver-
sorgte mich mit mehreren unveröffentlichten Briefen. Bernard McTigue, Kustos der
Arents Collection in der New York Public Library, machte mir einen wichtigen Brief
Freuds über seine Rauchgewohnheiten zugänglich (der schon zuvor veröffentlicht, aber

falsch identifiziert wurde). Ich danke auch Elena S. Danielson, Hilfsarchivarin an der Hoover Institution on War, Revolution and Peace, für die Zusendung eines Briefes Freuds an Paul Hill. A. M. J. Izermans vom Internationalen Institut für Sozialgeschichte in Amsterdam gab mir die Erlaubnis, einen Teil eines Briefes Freuds an Hendrik de Man abzudrucken. Sally Leach vom Harry Ransom Humanities Research Center an der University of Texas, Austin, war behilflich, Korrespondenz zwischen Blanche Knopf und den Freuds aufzuspüren. Wie immer fand ich die historische Bibliothek der Yale Medical Library (unter der Leitung von Ferenc A. Gyorgyey) die Herzlichkeit selbst.

Sehr dankbar bin ich allen, die mir unveröffentlichtes Material oder Information über wenig bekannte Ereignisse in Freuds Leben lieferten. J. Alexis Burland schickte mir einen faszinierenden Brief, den Freud kurz nach dem Ersten Weltkrieg seinem Vater schrieb, und schilderte mir die Begleitumstände. Anton O. Kris und seine Schwester, Anna K. Wolff, überließen mir freundlicherweise mehrere Briefe Freuds an Ernst Kris und Oscar Rie und fügten nützliche anekdotische Information hinzu. Sanford Gifford schickte mir sein aufschlußreiches unveröffentlichtes Manuskript über Felix Deutsch, das wertvolles, bisher unbekanntes Material enthält. Willi Köhler, mein Lektor im S. Fischer Verlag, Frankfurt am Main, schickte mir wichtiges Material vor seiner Veröffentlichung. Josefine Stroß, die den Freuds in Sigmund Freuds letzten Jahren nahe war, teilte mir ihre Erinnerungen mit, ohne die ärztliche Schweigepflicht zu verletzen.

Die verstorbene Jeanne Lampl-de Groot, eine Analysandin Freuds und hervorragende holländische Psychoanalytikerin, überwand ihre Skepsis gegenüber noch einem Freud-Biographen und gewährte mir am 24. Oktober 1985 ein denkwürdiges Interview in ihrer Wohnung in Amsterdam. Helen Schur, die von Anfang an keine Skepsis kannte, empfing mich am 3. Juni 1986. Sie tat noch mehr; sie suchte in ihrem Gedächtnis und in ihrem Safe und fand für mich einige Briefe von ihrem Mann und an ihren Mann, die ein helles Licht auf Freuds letzte Jahre werfen. Die Papiere Max Schurs in der Library of Congress, die zu prüfen ich als erster das Glück hatte, bereicherten das 11. und 12. Kapitel. Ingeborg Meyer-Palmedo vom S. Fischer Verlag nahm sich die Mühe, mir die korrigierte Fassung des Briefwechsels zwischen Freud und Edoardo Weiss zu schicken. Mein besonderer Dank gebührt auch Ilse Grubrich-Simitis – der Psychoanalytikerin, Herausgeberin und Autorin – für ihre Briefe, ihre Gespräche und die Aufmerksamkeit, mit der sie mir Korrekturbogen von wichtigen Texten (wie den Freud–Fließ-Briefen im deutschen Original) zuschickte, lange bevor sie allgemein zugänglich wurden. Wie sie weiß, ist ihr Freud auch mein Freud, aber sie trug viel dazu bei, diesen Freud für mich zu klären.

Ich habe immer und immer wieder diesen Vorteil genossen, daß mich Freunde durch gute Gespräche und gute Briefe anregten. Janet Malcolm, deren geistreiche und sorgfältige Bücher die Uneingeweihten belehrten und die Eingeweihten entzückten, war eine reine Freude als das, was man im Deutschen einen »Gesprächspartner« nennt. Die Katwans, Jackie und Gaby, waren wunderbar. Iza S. Erlich, eine praktizierende Psychoanalytikerin und geschätzte Freundin, mit der ich mich mehr als ein Jahrzehnt lang immer wieder über Freud unterhalten habe, schickte mir eine ihrer lehrreichen Abhandlungen und machte mich auf andere aufmerksam. Elise Snyder erwies sich als treue Komplicin, nicht zuletzt (und nicht nur) indem sie mir Türen öffnete. Im Laufe der Jahre hat mir Susanna Barrows mein Leben als Wissenschaftler leichter und weit angenehmer gemacht. Peter Loewenberg, der seit langem mir und meiner Arbeit gegenüber sehr großzügig ist, erforschte theoretische Fragen, schickte mir Sonderdrucke und gab mir Hinweise auf Informationsquellen. Juliette L. George und ihr Mann, Alexander, bereicherten mein Verständnis der Studie Woodrow Wilsons von Freud und Bullitt beträchtlich.

Jay Katz erzählte mir gute wahre Geschichten über Anna Freud, die ich verwenden konnte. Joseph Goldstein erwies sich als große Stütze, ebenso Albert J. Solnit, mein Kollege und Freund, dem ich großen Dank schulde für Ermutigung im rechten Augenblick, präzise Information und rechtzeitigen Zugang zu schwer erhältlichem Material. Ernst Prelinger und ich hatten ein Jahrzehnt lang und länger lohnende Diskussionen über Freud; er hat diesem Buch seinen Stempel aufgedrückt. Mein Freund, der verstorbene Richard Ellmann, dessen große Biographie von James Joyce mir ein Ansporn war und dessen Gegenwart ich sehr vermisse, klärte mehrere dunkle Punkte. Martin S. Bergmann zeigte mir das Manuskript seiner psychoanalytisch-historischen Studie über die Liebe, schickte mir wertvolle Sonderdrucke und führte zusammen mit Marie Bergmann ein ständiges Gespräch über Freud mit mir. Mehrere Analytiker am Western New England Institute for Psychoanalysis, von denen ich behaupten darf, daß sie mehr als nur beiläufige Bekannte sind – James Kleeman, Richard Newman, Morton Reiser, Samuel Ritvo, Paul Schwaber, Lorraine Siggins –, verdienten sich meinen Dank, indem sie Information, gedrucktes Material und (unschätzbar für einen Dokumentenjäger in unsicherem Terrain) taktische Ratschläge lieferten. Phyllis Grosskurth und ich debattierten über unsere unterschiedliche Einschätzung Anna Freuds. William McGuire teilte mit mir geduldig sein Wissen über Jung, Ferenczi, Spielrein und andere. Ich profitierte von meinen Gesprächen mit Ivo Banac, John Demos, Hannah S. Decker und David Musto. Stanley A. Leavy half mir, Ernest Jones' Monographie über den Eiskunstlauf zu bekommen. Meine Freunde C. Vann Woodward und Harry Frankfurt erwiesen sich als gute Zuhörer oder gute Skeptiker, wenn ich diese Reaktionen brauchte. Wie immer machten mir die Webbs, Bob und Pattie, mit denen mich seit dreißig Jahren Zuneigung verbindet, meine Aufenthalte in Washington, D. C., zu einem reinen Vergnügen. Das gleiche kann ich von Joe und Millie Glazer sagen. Und weit über ihre Pflicht als die erfahrene Lektorin, die sie bei der Yale University Press ist, hinaus verstand meine alte Freundin Gladys Topkins ausgezeichnet die Bedürfnisse eines Autors, auch wenn er ein Buch für einen anderen Verlag schrieb.

Ich danke auch (für Informationen, für die Beantwortung von Fragen und für die Zusendung von Sonderdrucken oder Büchern) Henry Abelove, Ola Andersson, Roger Nicholas Balsiger, Hortense K. Becker, Steven Beller, Edward L. Bernays, Gerard Braunthal, Hilde Braunthal, Paul Brooks, Robert Byck, Edward T. Chase, Francis Crick, Hana Davis, Howard Davis, George E. Ehrlich, Rudolf Ekstein, Jason Epstein, Avner Falk, Max Fink, David James Fisher, Sophie Freud, Alfreda S. Galt, John E. und Mary Gedo, Robert Gottlieb, Henry F. Graff, Fred Grubel, Edwin J. Haeberle, Hendrika C. Halberstadt-Freud, Hugh R. B. Hamilton, John Harrisson, Louise E. Hoffman, Margo Howard, Judith M. Hughes, Orville Hurwitz, Han Israëls, Alice L. Kahler, Marie Kann, Mark Kanzer, Jonathan Katz, John und Robert Kebabian (die den Teppich auf Freuds Couch identifizierten), George Kennan, Paul Kennedy, Dennis B. Klein, W. A. Koelsch, Richard Kuisel, Nathaniel S. Lehrman, Harry M. Lessin, E. James Lieberman, Arthur S. Link, Murray Louis, H. E. Lück, John Maass, Patrick J. Mahony, Henry Marx, Robert S. McCully, Frank Meissner, Graeme Mitchison, Melvin Muroff, Peter B. Neubauer, Lottie M. Newman, Fran H. Ng, Sherwin B. Nuland, R. More O'Ferrall, Daniel Offer, Alice Oliver, Darius Ornston, Peter Paret, Alan P. Pollard, Susan Quinn, Robert Rieber, Ana-Maria Rizzuto, Paul Roazen, Arthur Rosenthal, Rebecca Saletan, Perdita Scheffner, Josef und Eta Selka, Leonard Shengold, Michael Shepherd, Barry Silverstein, Rozsi Stein, Leo Steinberg, Riccardo Steiner, Paul E. Stepansky, Anthony Storr, John Toews, Don Heinrich Tolzman, Edwin R. Wallace IV, Robert S. Wallerstein, Lynne

L. Weiner, David S. Werman, Dan S. White, Jay Winter, Elisabeth Young-Bruehl (die großzügig einige ihrer Erkenntnisse über Anna Freud mit mir teilte) und Arthur Zitrin.

Mein Kollege William Cronon verdient einen eigenen Absatz. Ohne seine begeisterte Belehrung, die oft zeitraubend war, aber nie widerwillig gegeben wurde, und ohne seine Rettungsaktionen in kritischen Zeiten hätte ich niemals die Kompliziertheiten meines IBM-XT-Computers gemeistert, und die Fertigstellung dieses Buches wäre um unberechenbare Monate verzögert worden.

Ehemalige Studenten – namentlich Carl Landauer, Mark Micale und Craig Tomlison – und derzeitige Studenten wie Andrew Aisenberg, Patricia Behre, John Cornell, Robert Dietle, Judith Forrest, Michèle Plott und Helmut Smith haben mir geduldig zugehört, wenn ich über Freud sprach, und wertvolle eigene Kommentare beigesteuert. Ich möchte auch meinen Studenten-Assistenten James Lochart und Rebecca Haltzel für ihre wertvolle Hilfe danken.

Besonderes Glück hatte ich mit der Art, wie W. W. Norton dieses lange, keineswegs unkomplizierte Manuskript handhabte. Donald S. Lamm übernahm es trotz seiner mannigfaltigen Verpflichtungen als Leiter des Verlages, mein Lektor zu sein. Darüber bin ich froh; bei all meiner beträchtlichen Erfahrung mit dem gedruckten Wort hatte ich doch noch nie eine Biographie geschrieben, und Don lehrte mich viel über Klarheit und Chronologie, was mir zuvor nur viel undeutlicher bewußt gewesen war. Amy Cherry fungierte als Leitung und Puffer – glänzend in beiden Rollen. Esther Jacobson ist eine Dämonin von einer Redakteurin; das Gewimmel von Korrekturzeichen am rechten Rand meines Manuskripts erinnerte daran, daß es, so sorgfältig ich und meine ersten Leser gewesen waren, immer noch möglich und wünschenswert war, noch größere Sorgfalt walten zu lassen. Es ist ein Maß meiner Dankbarkeit ihr gegenüber, daß wir so viele hundert Seiten später noch immer herzlich miteinander sprechen.

Wie bei meinen früheren Büchern habe ich mich weitgehend auf informierte Leser verlassen. Mein früherer Student und jetziger guter Freund Hank Gibbons, ein Historiker mit einem tiefen Verständnis für die Forderungen der Geistesgeschichte, gab mir freundliche und hochgeschätzte Ratschläge in großen und kleinen Dingen, vor allem in großen. Dick und Peggy Kuhns gingen das Manuskript mit dem geübten Auge des psychoanalytisch geschulten Philosophen beziehungsweise Psychologen sorgfältig durch. Ihre Belesenheit zusammen mit den wunderbaren Gesprächen über Freud und die Psychoanalyse, die wir seit Jahren führen, hat tiefe Spuren in dem Buch hinterlassen. Jerry Meyer, mein Studienkollege am Western New England Institute for Psychoanalysis, ein praktizierender Analytiker und kultivierter Leser, widmete seine besondere Aufmerksamkeit den technischen und medizinischen Problemen dieser Biographie und trug zu ihrer Klarheit bei, soweit sie darauf Anspruch erheben darf. Meinen besonderen Dank möchte ich George Mahl aussprechen, einem erfahrenen Psychoanalytiker und Lehrer, der selbstlos Zeit für ein eigenes Buch über Freud opferte, um diesen Text mit der größten Sorgfalt zu lesen. Durch seine ausgezeichnete Kenntnis der Geschichte der Psychoanalyse, seinen unfehlbaren Respekt vor Genauigkeit und seine freundliche, aber immer nüchterne Art, Fehler zu korrigieren und Verbesserungen und treffende Neuformulierungen vorzuschlagen, stehe ich tief in seiner Schuld. Meine Frau, Ruth, spielte ihre gewohnte Rolle als endgültige Leserin mit Virtuosität und Takt. Ich danke allen meinen Lesern und hoffe, daß sich die fertige Arbeit der Zeit und Sorgfalt, die sie ihr widmeten, würdig erweisen wird.

P. G., Hamden, Connecticut, Februar 1989

NAMEN- UND SACHREGISTER

Zusammengestellt von Bernadette Eckert

SIGMUND FREUD
WERKE IM TASCHENBUCH

Herausgegeben von Ilse Grubrich-Simitis
Redigiert von Ingeborg Meyer-Palmedo

Die Sammlung präsentiert das Lebenswerk des Begründers der Psychoanalyse breiten Leserschichten in neuer Gliederung und Ausstattung. Sie löst sukzessive die früheren Taschenbuchausgaben der Schriften Sigmund Freuds ab. Erstmals werden auch die Bereiche Behandlungstechnik und Krankheitslehre sowie einige voranalytische Schriften einbezogen. Zeitgenössische Wissenschaftler haben Begleittexte verfaßt; sie stellen Verbindungen zur neueren Forschung her, gelangen zu einer differenzierten Neubewertung des Freudschen Œuvres und beschreiben dessen Fortwirkung in einem weiten Spektrum der intellektuellen Moderne.

EINFÜHRUNGEN:

Vorlesungen zur Einführung in die Psychoanalyse
Biographisches Nachwort von Peter Gay
Band 10432

*Neue Folge der Vorlesungen
zur Einführung in die Psychoanalyse*
Biographisches Nachwort von Peter Gay
Band 10433

Abriß der Psychoanalyse
Einführende Darstellungen. Einleitung von F.-W. Eickhoff
Band 10434

»Selbstdarstellung«
Schriften zur Geschichte der Psychoanalyse
Herausgegeben und eingeleitet von Ilse Grubrich-Simitis
Band 10435 *(in Vorbereitung)*

FISCHER TASCHENBUCH VERLAG

fi 1581 / 3 a

FISCHER TASCHENBUCH VERLAG

fi 1581 / 5 b

SIGMUND FREUD
WERKE IM TASCHENBUCH

KRANKHEITSLEHRE UND BEHANDLUNGSTECHNIK:

Schriften zur Krankheitslehre der Psychoanalyse
Einleitung von Clemens de Boor. Band 10444

Zur Dynamik der Übertragung
Behandlungstechnische Schriften
Einleitung von Hermann Argelander. Band 10445

KRANKENGESCHICHTEN:

Studien über Hysterie
(zusammen mit Josef Breuer)
Einleitung von Stavros Mentzos
Band 10446

Bruchstück einer Hysterie–Analyse
Nachwort von Stavros Mentzos
Band 10447

Analyse der Phobie eines fünfjährigen Knaben
(inkl. Nachschrift)
Einleitung von Veronica Mächtlinger
Im Anhang: Vorwort 1979 von Anna Freud
Band 10448

Zwei Krankengeschichten
»Rattenmann«/»Wolfsmann«
Einleitung von Carl Nedelmann
Band 10449

Zwei Fallberichte
Einleitung von Mario Erdheim
Band 10450 (*in Vorbereitung*)

FISCHER TASCHENBUCH VERLAG

fi 1581 / 5 c

SIGMUND FREUD
WERKE IM TASCHENBUCH

ÜBER KUNST UND KÜNSTLER:

Der Moses des Michelangelo
Schriften über Kunst und Künstler
Einleitung von Peter Gay
Band 10456

Eine Kindheitserinnerung des Leonardo da Vinci
Einleitung von Janine Chasseguet-Smirgel
Band 10457

VORANALYTISCHE SCHRIFTEN:

Schriften über Kokain
Aufgrund der Vorarbeiten von Paul Vogel
Herausgegeben und eingeleitet von Albrecht Hirschmüller
Band 10458

Zur Auffassung der Aphasien
Eine kritische Studie
Herausgegeben von Paul Vogel
Bearbeitet von Ingeborg Meyer-Palmedo
Einleitung von Wolfgang Leuschner
Band 10459

FISCHER TASCHENBUCH VERLAG

fi 1581 / 7 e